中国黄金海岸年鉴

1994

群 言 出 版 社

(京)新登字178号

图书在版编目(CIP)数据

中国黄金海岸年鉴 1994/《中国黄金海岸年鉴》编辑部编
—北京：群言出版社，1994. 10
ISBN 7－80080－094－6

Ⅰ. 中…
Ⅱ. 中…
Ⅲ. 地方经济－中国－年鉴
Ⅳ. F127.6

群言出版社出版发行
(北京东城区东厂胡同北巷1号)
济南翰林印务有限公司印刷
新华书店总店北京发行所经销

*

787×1092毫米 16开本 43.25印张 26 插页 1506千字
1994年10月 第1版 1994年10月济南第1次印刷

*

定价：100.00元 (国外美元100元)

编辑说明

一、本年鉴是反映中国沿海12省、自治区、直辖市经济、贸易、改革开放和对外经济合作等方面情况的资料书、工具书，每年出版一卷，基本上不重复上一年内容。

二、本年鉴内的论文和专题分析部分的稿件，系由国务院有关部委和科研部门供稿，但实行个人署名，文责自负。

三、本年鉴内富有大量沿海省市的统计资料，均由国家统计局供稿，大部分系首次发表，带有公报性质，具有权威性。

四、排列顺序：直辖市按北京、上海、天津排列；省、自治区按地理位置，由北往南、自东到西顺序排列。省、自治区所属各沿海城市按政府颁布的行政区划顺序排列。

五、本年鉴所含资料时间界限是1993年。

六、各部类的资料数据，除特别说明者外，都未包括台湾省。文、表中各项产值，除特别说明者外，都是按当年价格计算的，比上年增长速度，都是按可比价格计算的。

深圳市区

穆青摄

珠海之夜

张肄文摄

青岛市

岳国芳摄

名誉主编　费孝通

总 顾 问　谷　牧

顾　　问

(按姓氏笔画顺序)

马万祺	万国权	王光英	王郁昭
叶迪生	孙孚凌	厉以宁	卢瑞华
刘　江	刘中一	刘国光	阮崇武
陆宇澄	张荣茂	张家坤	张瑞凤
沙　麟	陈立友	陈焕友	吴　振
汪道涵	谷永江	经叔平	房维中
胡　平	陶大镛	顾秀莲	葛洪升
程思远	韩培信	雷　宇	

主　　编　罗涵先

特　邀　编　委

(一)经 济 学 界

赵　靖　全国政协委员、北京大学经济系教授
姜　习　全国政协委员、原商业部副部长
高尚全　全国政协委员、国家体改委原副主任
徐更生　社会科学院世界经济研究所副所长
陶文达　中国人民大学教授
黄正岩　《远东经济画报》总编辑
裘元伦　中国社会科学院世界经济研究所研究员
潘履孚　中国人民保险公司常务董事

(二)市长及省市机关

(按姓氏笔画顺序)

马延利　鞍山市市长
王大海　威海市副市长
王志泉　晋江市副市长
王和先　淄博市副市长
王永春　三亚市市长
王德和　烟台市副市长
王俊莲　丹东市副市长
韦强明　钦州市副市长
巴殿璞　盘锦市市长
叶　耀　东莞市市长
叶　坚　江苏省外经贸委主任
邓文初　中共南海市委副书记
司徒捷　江门市副市长
帅立国　北海市市长
刘相荣　朝阳市市长
刘景云　潍坊市副市长
刘玉池　中山市政府秘书长
许德立　中共汕头市委书记
庄礼祥　湛江市市长
李近维　惠州市市长
李曼影　广西壮族自治区外经委副主任
李少权　顺德市副市长
应国根　镇江市副市长

张先平　青岛市副市长
张　健　福建省特区办主任
余茂桂　泉州市副市长
何立峰　厦门市副市长
何顺民　广东省经委副主任
陈家元　浙江省政府办公厅副主任
陈开技　广州市副市长
陈来立　秦皇岛市副市长
陈冠群　慈溪市副市长
吴凤鸣　河北省外经贸委主任
吴寿炎　茂名市副市长
吴新雄　无锡市副市长
吴彩珍　合浦县代县长
周学志　营口市副市长
钟光超　佛山市市长
钟裕辉　南京市副市长
赵少麟　淮阴市市长
赵友六　嘉兴市副市长
赵　祥　锦西市市长
赵福清　萧山市副市长
夏阿国　舟山市市长
唐广安　中共肇庆市委书记
龚　雄　福州市副市长
莫章德　阳江市副市长
徐　力　山东省外经贸委副主任
徐　燕　南通市市长
徐守盛　连云港市代市长
徐其耀　盐城市市长
袁振兴　江阴市副市长
章新胜　苏州市市长
黄仲渊　漳州市副市长
黄　静　中共珠海市委副书记
梁志忠　唐山市市长
韩兆春　常州市副市长

曾浩荣　海口市市长
褚光宇　锦州市副市长
蒋云峰　温州市副市长
蒋宏坤　张家港市副市长
谢汝煊　南宁市市长
谢建邦　宁波市副市长
潘景阳　深圳市政府办公厅副主任
滕化迎　东营市副市长
薄熙来　大连市市长
戴　卫　北京市政府研究室副主任

(三)企　业　界

(按姓氏笔画顺序)

王基铭　上海石油化工股份有限公司董事长兼总经理
王炳新　北京金谷旅游资源开发公司总经理
刘大力　多思科技工业园股份有限公司董事长兼总经理
华玉伦　中国东方技术实业公司总经理
李华蓉　北京新华公司总经理
吴正林　上海市第一百货商店股份有限公司总经理
邱　晴　全国人大常委、光大实业公司董事长兼总经理
严瑞藩　全国政协委员、中国广联实业公司董事长兼总经理
张永年　易达咨询公司总经理
张达夫　上海华联商厦股份有限公司董事长兼总经理
陈孝石　中协服务开发中心总经理
陈森辉　全国人大代表、江苏双沟酒厂厂长
洪积明　上海大众汽车股份有限公司总经理
郝　枫　珠海珠宝首饰进出口总公司总经理
姚美良　全国政协委员、永芳集团公司董事长兼总经理
梅显利　发景集团公司总经理
曹　顺　北京市北芪生物养植公司总经理
葛子平　全国政协委员、天津立达集团公司董事长兼总经理
韩相卿　深圳金帝食品有限公司董事长
蔡伊强　上海富达文化企业有限公司总经理
戴凤举　中国人民保险公司副总经理

目　　录

北京、上海、天津三(直辖)市改革开放与经济发展

沿海九省(自治区)改革开放与经济发展

沿海开放城市选介

举措与经验（海岸城市专题介绍）

沿海开放城市统计资料…………………………国家统计局供稿

Contents

The Reform, Open and Economic Development of Beijing, Shanghai and Tianjing which are Municipalities Directly Under the Central Government

The Reform, Open and Economic Development in Nine Provinces and Autonomous Regions Along the Coast

Selected Recommandation of Opening Cities Along the Golden Coast

Measures and Experience (Special Introduction to Cities Along the Coast)

特　　载

关于1993年国民经济和社会发展计划执行情况与1994年国民经济和社会发展计划草案的报告

——1994年3月11日在第八届全国人民代表大会第二次会议上

国家计划委员会主任　陈　锦　华

各位代表:

现在,我受国务院委托,向大会报告1993年国民经济和社会发展计划执行情况与1994年国民经济和社会发展计划草案,请予审议,并请全国政协各位委员和其他列席人员提出意见。

一、1993年国民经济和社会发展基本情况

1993年,在邓小平同志建设有中国特色社会主义的理论和党的十四大精神指引下,全国各族人民团结奋斗,继续胜利前进。总的来看,1993年国民经济和社会发展计划执行情况是好的。建立社会主义市场经济体制的各项改革,正在按照中共十四届三中全会的决定有计划有步骤地深入展开,并取得重要进展,对外开放进一步扩大,国民经济持续、快速、健康发展,各项社会事业全面进步。

(一)社会生产继续快速增长　全年国内生产总值达到31380亿元,比上年增长百分之十三点四,超过计划增长百分之八的速度。其中,第一产业增长百分之四,第二产业增长百分之二十点四,第三产业增长百分之九点三。农村经济全面发展。粮食、油料产量创造历史最好纪录,全年粮食总产量4564亿公斤,完成计划的百分之一百零三点一,比上年增加138亿公斤。油料总产量1761万吨,完成计划的百分之一百零六点七,比上年增加120万吨。棉花、糖料生产由于种植面积减少和病虫害影响,产量减少,没有完成计划。农作物种植结构向优质、高产、高效方向发展。畜牧业、渔业生产增长较快。肉类总产量比上年增长百分之十点二;水产品产量增长百分之十四点六。乡镇企业继续蓬勃发展,特别是中西部地区乡镇企业发展速度加快。全国完成工业增加值14140亿元,比上年增长百分之二十一点一,其中重工业增长百分之二十二点二,轻工业增长百分之十九点九。主要产品产量持续增加。煤炭产量达到11.41亿吨,增长百分之二点二;原油1.44亿吨,增长百分之一点三;发电量达到8200亿千瓦时,增长百分之八点八;钢8868万吨,增长百分之九点六;乙烯203.9万吨,增长百分之一点八;十种有色金属329.8万吨,增长百分之十点二;水泥3.6亿吨,增长百分之十六点八;汽车131万辆,增长百分之二十二点八;化学纤维221.5万吨,增长百分之三点九;家用洗衣机和电冰箱增长百分之二十以上。工业经济效益有所提高。工业产品销售率由百分之九十五点五提高到百分之九十六点四;资金利税率由百分之十点一提高到百分之十点六;流动资金周转次数由1.66次加快到1.71次。建筑业生产经营继续快速发展。地质勘探取得新成果。第三产业得到新的发展。交通、通信业挖掘潜力,努力满足生产和生活需要。铁路货物周转量完成11936亿吨公里,比上年增长百分之三点一;邮电业务总量完成461亿元,比上年增长百分之五十八点九。金融、会计、审计、信息、咨询以及为居民生活直接服务的行业发展较快。

(二)重点建设和技术改造得到加强　全年全社会固定资产投资完成11829亿元,为年计划的百分之一百四十七点九,比上年增长百分之五十点六,扣除价格因素,实际工作量增长百分之二十二;其中,国有单位基本建设投资完成4647亿元,更新改造投资完成2192亿

元。为缓解国民经济发展的"瓶颈"制约，交通、通信业投资增加较多，在国有单位基本建设投资中所占比重由上年的百分之十四点七上升到百分之二十点二。铁路建设的投资强度和施工进度都是建国以来少有的。全国人民代表大会决定兴建的长江三峡水利枢纽工程施工准备全面展开，一期土石围堰工程和导流明渠施工进展顺利，移民工作正在抓紧进行，建设资金的筹措和到位情况较好，有关重大装备和技术问题的研究取得新的进展。国家重点项目建设完成情况好于往年，一批属于结构调整的骨干项目建成投产。全年全部建成投产的大中型基本建设项目133个，限额以上更新改造项目128个。新增加的发电装机容量1438万千瓦，石油开采能力1542万吨，铁路新线、复线和电气化线路交付运营里程1019公里，公路3556公里，港口吞吐能力3752万吨，住宅电话367.2万户。还有一批社会公益性项目建成交付使用。

(三)对外贸易和经济技术交流进一步扩大　沿海地区对外开放向优化产业结构的方向发展，上海浦东开发开放步伐加快，新设立了一批沿边、沿海、沿江城市的经济技术开发区。对外贸易持续发展，全年进出口总额1958亿美元，比上年增长百分之十八点二。其中出口总额918亿美元，增长百分之八；进口总额1040亿美元，增长百分之二十九。出口商品结构进一步优化，工业制成品比重上升，其中附加值较高的机电产品已上升到百分之二十四点七。利用外资大幅度增加，全年实际利用外资367.7亿美元，比上年增长百分之九十一点五。其中，外商实际直接投资258亿美元，增长1.3倍；利用国外贷款108亿美元，增长百分之三十六点五。外商投资结构有所改善，中长期开发投资增多，境外大公司、大财团投资增加，投资领域逐步向基础设施、基础工业扩展，向中西部地区的投资增多。国际旅游业取得好成绩，旅游外汇收入增加较多。年末国家现汇结存达到212亿美元，比年初增长百分之九。

(四)国内市场繁荣活跃　1993年社会消费品零售总额12237亿元，比上年增长百分之二十六点一，扣除价格因素，实际增长百分之十一点六。消费品货源充裕，花色品种丰富，供求平衡和供过于求的商品占百分之九十以上。生产资料流通量扩大。全年县及县以上物资供销企业销售生产资料7796亿元，比上年增长百分之三十二点三。全年农业生产资料零售额1356亿元，扣除价格因素，实际下降百分之七点八。

(五)科技、教育和各项社会事业蓬勃发展　国家重点科技项目取得新成果。1993年全国共取得省部级以上重大科技成果3.3万项，获国家奖励的成果781项。科技成果向现实生产力转化取得新进展。主要粮食作物新品种推广面积2000多万亩。工业新产品、新技术、新工艺的开发和应用取得较好的经济效益和社会效益。铁路重载运输配套技术在一些重要干线推广应用；光纤通信技术已进入产业化阶段，建成开通了北京—武汉—广州四次群光纤通信线；新一代钻井技术在开发特殊油藏中发挥了作用；"曙光一号"计算机在技术方面取得重大突破。国家对基础科学研究增加了投入，在超导、植物基因工程、大气与地球科学、信息技术研究等领域取得一批达到国际先进水平的成果。技术市场健康发展，全年技术交易额达到207.6亿元。

教育事业进一步发展。基础教育得到加强，小学学龄儿童入学率达到百分之九十七点七，各类中等职业教育又有新发展。普通高等学校招收本专科生92.4万人，比上年增长百分之二十二点五；在校学生253.6万人，增长百分之十六点一。研究生招生4.2万人，增长百分之二十七点三。文化、新闻、出版、广播、电影、电视、卫生、体育等事业都取得新的成绩。计划生育工作取得新进展，人口自然增长率为千分之十一点四五，比计划要求低2.43个千分点。环境污染治理取得新成绩。

(六)城乡人民生活继续改善　居民收入总体上继续增加。全年城镇居民人均生活费收入2337元，扣除价格因素，比上年增长百分之十点二；农村居民人均纯收入921元，扣除价格因素，增长百分之三点二。城乡居民储蓄存款余额14764亿元，比上年末增加3219亿元，增长百分之二十七点九。居民持有的股票、债券等金融资产也有较多增加。城镇新安排就业705万人，年末城镇失业率为百分之二点六。城乡居住条件继续改善，全年新建住宅8.36亿平方米；其中，城镇2.66亿平方米，农村5.7亿平方米。

1993年是国民经济和社会发展取得重大成就的一年，也是建立社会主义市场经济体制的改革取得重要进展的一年。以公有制为主体的多种经济成分继续发展，国民经济的市场化程度进一步提高。农村改革不断深化。《企业法》和《全民所有制工业企业转换经营机制条例》进一步贯彻落实，国有企业改革取得新进展。价格改革迈出较大步伐，价格关系进一步理顺。绝大多数地方放开了粮油购销价格，放开了大部分统配煤炭和钢材价格，提高了部分原油、铁路货运、电力和棉花定购价格。资本、劳动力、技术和信息等生产要素市场发展加快。在金融、财税、投资、计划、外贸、劳动、工资、住房和社会保障制度等领域，研究制定了深化改革的方案，有的已经付诸实施，有的将逐步实施。

1993年各项成就的取得，是全国人民在党中央领导下，继续贯彻邓小平同志重要谈话和党的十四大精神，抓住机遇，加快改革开放和现代化建设的结果。同时，也是党中央和国务院针对经济运行中出现的突出矛盾，及时采取深化改革、加强和改善宏观调控措施的结果。去年的实践证明，为了实现国民经济持续、快速、健康发展，加快建立社会主义市场经济体制，既要充分发挥市场对配置资源的基础性作用，又必须切实加强和改善国家对经济的宏观调控。宏观调控要适应新形势，主要采用经济的和法律的手段，实行间接调控。

1993年，国民经济在取得重大成就的同时，经济生活中还存在着一些突出的矛盾和问题。主要是：固定资产投资规模过大，投资结构不够合理，经济增长的结构性矛盾还很突出，交通、通信、石油、电力等基础设施和基础工业仍然是国民经济的“瓶颈”制约环节。一部分国有企业比较困难，亏损额和亏损面较大。特别是物价上涨幅度比较高，较多地超过了计划确定的宏观调控目标，全国商品零售物价总水平比上年上涨百分之十三；居民生活费用价格指数上升百分之十四点七，其中35个大中城市职工生活费用价格指数上升百分之十九点六。这些前进中的问题，引起了各级政府的严重关注，已经和正在采取积极措施加以解决。在物价方面，国务院先后召开了平抑粮油价格和“菜篮子”工作会议，投放粮食等重要物资，平抑市场价格，增加有效供给能力，加强市场物价监管，以保障居民生活的稳定。

二、1994年国民经济和社会发展计划的主要目标与任务

1994年是建立社会主义市场经济体制改革的关键一年，是继续保持国民经济良好发展势头的重要一年。抓住机遇，深化改革，扩大开放，促进发展，保持稳定，是全国工作的大局。1994年国民经济和社会发展计划的制定和实施，应服从和服务于这个大局，要以邓小平同志建设有中国特色社会主义的理论和党的基本路线为指导，全面贯彻党的十四大和十四届三中全会精神，加快建立社会主义市场经济体制，扩大对外开放，加强和改善宏观调控，大力调整经济结构，推动技术进步，积极开拓市场，提高经济效益，控制通货膨胀，保持国民经济持续、快速、健康发展。

按照以上要求，1994年国民经济和社会发展计划的主要宏观调控目标是：

——国内生产总值比上年增长百分之九。其中，第一产业增长百分之三，第二产业增长百分之十点七，第三产业增长百分之十一或略高一些。

——全社会固定资产投资总规模13000亿元。其中，国有单位投资8750亿元，集体和个体投资4250亿元。

——当年财政赤字669亿元，加上今年到期需归还的国内外债务本息和专项用于重点建设的国外借款，今年内外债务总额为1292亿元。

——银行新增贷款4700亿元。

——社会商品零售总额16000亿元。其中，农业生产资料零售额1490亿元。

——进出口总额2000亿美元。其中，出口1000亿美元，进口1000亿美元。

——全国商品零售物价总水平上涨幅度控制在百分之十以内。

——提高经济效益，企业的产品销售率、资金利税率、劳动生产率、流动资金周转次数和节能率都要有所提高。

——全国人口自然增长率控制在千分之十三左右。

以上宏观调控目标，既考虑了国民经济持续、快速、健康发展的要求，又注意到为今年各项重大改革出台和实施创造比较宽松的环境；既考虑到今年经济继续又快又好地发展，又考虑到为明年乃至以后几年保持持续增长创造条件。

1994年国民经济和社会发展的主要任务有以下几个方面：

（一）坚持把农业放在首要位置，全面发展农村经济

继续加强农业的基础地位，繁荣农村经济，增加农民收入，关系到国民经济发展和社会稳定的全局。要千方百计争取农业有个好收成，确保粮食、棉花、油料等主要农产品稳产增产。全年计划粮食产量4500亿公斤，棉花485万吨，油料1765万吨。全面落实党的十四届三中全会和中央农村工作会议精神，继续执行党在农村的各项经济政策，贯彻落实《农业法》、《农业技术推广法》和《九十年代中国农业发展纲要》。进一步深化改革，稳定和完善以家庭联产承包为主的责任制和统分结合的双层经营体制，逐步把农业和农村经济引入社会主义市场经济轨道。今年着重抓好以下几个方面：(1)切实保护好耕地，稳定主要农作物播种面积，其中粮食播种面积16.5亿亩，棉花播种面积争取9000万亩，抓好早籼稻等高产作物的种植，努力提高单位面积产量。(2)因地制宜地开发农、林、牧、副、渔等各种资源，大力发展多种经营、农产品加工业和第三产业，提高农产品附加值，增加农民收入。继续落实减轻农民负担的各项措施。(3)从新粮新棉上市起，适当提高粮食收购价格和棉花定购价格。(4)支持粮棉主产区发展经济。国家将重点扶持500个商品粮大县和150个优质棉大县发展经济。(5)大力发展高产优质高效农业，建立一批各具特色的示范区，实行科技、资金和物资综合配套投入。(6)加强农业基础设施建设，改善农业生产条件。继续搞好大江大河大湖的综合治理骨干工程建设，抓紧南水北调中线工程的前期准备工作。进一步加强农田水利基本建设。继续进行“三北”、长江中上游、沿海

等大型生态防护林体系工程建设，搞好长江、黄河中上游的水土保持工作。(7)增加对农业的投入。1994年中央安排的基本建设预算内拨款和银行基建贷款中用于农林水利的投资，比1993年计划增长百分之三十五点六。各级地方政府也要尽力增加对农业的投入，同时引导农民增加劳动积累和资金积累。(8)加快推广先进适用的农业科学技术成果。1994年推广杂交水稻2.3亿亩，杂交玉米2.7亿亩，配方施肥面积6.5亿亩，秸秆还田4亿亩次，地膜覆盖面积7000万亩，改良涝洼盐碱地5000万亩。积极推广化肥深施技术、农作物模式化栽培技术和农牧渔主要病虫害防治技术。加强对灾害性天气的预报和监测。搞好农业社会化服务体系建设。(9)继续引导乡镇企业按照国家产业政策优化结构，提高效益。落实中央关于扶持中西部地区和少数民族地区乡镇企业发展的措施。加强规划，引导乡镇企业适当集中，按照注重效益的原则，充分利用和改造现有小城镇，建设新的小城镇。(10)认真贯彻落实党中央、国务院确定的用7年时间解决8000万贫困人口温饱和脱贫致富问题的“攻坚计划”。1994年国家安排61亿元库存工业品和粮食以工代赈计划，比上年增长百分之十九点六，重点支持“老少边穷”地区发展经济。

(二)大力调整结构，改善经营管理，提高效益，搞好国有大中型企业 经济结构不合理，经济效益低下，是当前我国经济发展中的突出问题。1994年工业生产必须真正把重点放到优化结构、提高效益上来，通过深化改革、开拓市场、强化管理、加快技术进步，保持有效益的增长速度。为此，应当着重抓好以下工作：一是积极增产短线的基础工业产品，增强对国民经济持续快速增长的支撑能力。1994年计划原煤产量11.6亿吨，原油1.441亿吨，发电量8900亿千瓦时，钢9100万吨，十种有色金属330万吨，乙烯210万吨。二是以市场需求为导向，及时调整产品结构，积极扶持适销对路产品的生产，做好积压产品的限产压库促销工作，大力开拓国内外市场，特别是农村市场。适应不同消费层次的需要，积极开发新产品、新花色、新款式、新品种。三是切实把提高产品质量放在首位，健全质量管理和保障体系，实行质量否决制度，充分发挥市场竞争机制在提高产品质量方面的优胜劣汰作用。坚决依法惩处生产和销售假冒伪劣产品的行为。四是努力减少能源、原材料消耗，加快资金周转，降低生产成本。进一步抓好扭亏增盈。全年要求，每万元工业总产值耗电比去年降低百分之八至百分之十，工业产品销售率保持在百分之九十六以上，流动资金周转次数由上年的1.71次提高到1.75次，全员劳动生产率、资金利税率、成本费用利润率进一步提高，企业亏损面和亏损额都要有所减少。

国有企业特别是国有大中型企业，是我国经济发展和振兴的支柱，要在搞好国有大中型企业上花更大的力量。按照转换企业经营机制、建立现代企业制度的要求，深化企业改革，把企业应有的各项权利和责任真正落到实处，增强企业活力，提高企业适应市场变化的竞争能力和新产品、新技术开发能力。认真贯彻《企业财务通则》和《企业会计准则》，建立规范化的财务会计制度。切实加强国有资产管理，落实企业国有资产保值增值责任，防止国有资产流失。积极发挥大型企业集团在调整产业结构和企业组织结构中的作用。高度重视和切实加强安全生产。

(三)保持合理的固定资产投资规模，着力优化投资结构 鉴于当前固定资产投资在建规模已经很大，今年必须严格控制投资的过快增长，把工作的重点放在优化投资结构、提高投资效益上。1994年国有单位固定资产投资中，基本建设投资4850亿元，技术改造投资2500亿元，房地产开发建设投资800亿元。按照产业政策的要求，加大基础设施、基础产业和支柱产业的投资强度，把增加的国家投资主要用于农业、水利、交通、通信、能源、重要原材料、电子以及科技、教育等方面，增加开发中西部资源的投资。重点建设投资，首先集中用于竣工投产项目和续建项目，列入“八五”计划必须新开工的重点项目，特别是集中力量抓好一批关系全局的重大项目。包括淮河、太湖、洞庭湖治理工程，黄河小浪底水利枢纽工程等水利项目，京九、兰新等铁路工程，秦皇岛、大连、上海等重点港口工程，京沈哈、京汉广、西兰乌等光缆干线，东部地区和山西、内蒙古、陕西大型煤炭基地和大型水、火电站等重要工程，抓紧建设国家定点的轿车项目、无锡微电子工程和应用卫星专项等。搞好长江三峡工程前期准备工作，左右岸工程同时展开，对外交通工程和西陵大桥全面施工，完成坝区征地移民工作。继续抓好宝钢三期等一批重大项目的前期准备工作。对生产能力过剩的加工工业的项目投资严格加以控制。基础设施和基础工业项目，也要按照国家统筹规划、合理布局、注重效益、量力而行的原则，分别轻重缓急，首先抓好关系全局的国家重点项目，避免盲目建设、重复建设。今年不再批准设立各类新的开发区。因对外开放确需兴建的旅游设施、宾馆、写字楼等项目，必须按国家规定程序报批，从严控制。

进一步抓好现有企业特别是国有大中型企业和老工业基地的技术改造，以提高经济效益为中心，增强企业自我发展实力，走内涵扩大再生产的道路。技术改造投资按照调整结构、提高效益的要求，重点用于开发新产品，提高产品性能、质量和档次，降低能源、原材料消耗，以及有利于安全生产和环境保护等方面。加大交通运输、通信、能源、原材料工业企业技术改造资金的投入。

控制投资规模、优化投资结构、提高投资效益，关键在于加快投资体制改革。逐步建立法人投资和银行信贷投资的风险责任，按不同的投资领域实行不同的投融资方式，逐步使企业成为投资主体。合理划分各级政府在基础设施和公益事业投资方面的范围和责任。发挥国家开发银行政策性投融资的职能。根据国家的政策和法规，采取联合投资、股份投资等多种形式，引导地方和企业把更多的资金投向基础设施和基础产业。推行建设项目法人代表责任制、招标投标制，建立建设项目申报备案制度。

(四)进一步扩大对外开放，积极有效地利用国外资金、资源、技术和市场 抓住当前国际上对我有利的时机，进一步扩大对外贸易和经济技术交流。通过外贸外汇体制改革，促进扩大出口，合理引导进口，努力实现当年外汇收支平衡。出口贸易必须坚定不移地贯彻市场多元化和以质取胜的战略，在保持和发展现有市场的同时，开拓新市场。继续改善出口商品结构，加快由初加工制成品向深加工制成品的转变，鼓励和促进高新技术产品出口。实行技、工、贸结合，大力促进国际竞争力强、技术含量高、附加价值大、出口前景好的机电产品和成套设备出口。抓紧建立质量认证制度。鼓励和支持有实力、有信誉的大中型企业，以高质量的商品和优良的售后服务，开拓国外市场。发展国际化、实业化、集团化的综合贸易公司。严格执行出口结汇、售汇制度，提高出口结汇率，完善出口退税制度。加强进口管理，优化进口结构。继续严厉打击走私。从严控制境外投资和资本项目的外汇流出，加强对境外企业的监督管理。继续大力发展国际旅游业，增加非贸易外汇收入。认真抓好进出口贸易和非贸易收付汇的核销，加强外汇收付的监督、检查，堵塞逃汇、套汇和资本外流的漏洞。

继续搞好经济特区、上海浦东新区、沿海开放城市和开放地带、经济技术开发区，以及沿边、沿江和内陆中心城市的对外开放。进一步改善投资环境，拓宽利用外资领域，提高利用外资的效益和质量，积极有效地利用外资。根据国内资金配套能力，更多吸收外商直接投资，提高外商资金到位率。按照国家产业政策引导外资投向，使外资更多地投向基础设施、基础产业，引向重点建设和现有企业技术改造，特别是出口创汇项目。支持中西部地区利用外资开发资源。中外合资、合作经营企业应当严格遵守中外双方利益共享、风险共担的原则，做到外汇自求平衡。国有企业对外出售股权或以存量资产与外商进行合资或合作经营的，必须经过资产评估，防止国有资产流失。借用国际商业性贷款要从严控制，继续实行指令性计划管理。鼓励和支持地方、部门及外债较多的企业建立偿债基金制度，确保外债按期还本付息。

(五)切实把经济建设转到依靠科技进步的轨道，进一步发展教育事业 继续贯彻科学技术是第一生产力的指导思想，贯彻《国家中长期科学技术发展纲要》。今年科技工作着重抓好以下几个方面:一是大力推进产业技术进步。通过技术市场和必要的信贷、投资支持，抓好一批覆盖面广、附加值高、效益好、带动作用强的科技成果的推广应用，促使科技成果更多更快地应用于生产建设。二是继续抓好对经济和社会发展有重大作用的科技攻关和重大科技的产业化工程。在一些重点产业和高技术领域，安排一批国家重点工业试验项目，继续抓好高技术研究发展计划、“火炬”计划的贯彻实施，加快高新技术商品化、产业化、国际化进程。三是加强科研基础设施和队伍的建设。新建和扩建一批工程技术研究中心和国家重点实验室。进一步实施“攀登”计划。四是尽快使企业成为技术开发的主体。进一步发挥市场机制作用，积极促进科技经济一体化。鼓励和引导科技开发机构面向市场、创办高新技术企业。提倡企业与高等院校、科研单位联合建立不同形式的技术开发机构，支持有条件的企业集团和大中型企业建立技术开发中心。在科技人才的分布和科技开发资金的使用上，增加企业所占的比重，形成市场、科研、生产密切结合的技术进步机制。

继续把教育摆在优先发展的战略地位，认真贯彻落实《中国教育改革和发展纲要》。进一步加强基础教育，重点抓好九年制义务教育，对边远和贫困地区实施义务教育要给予更多的扶持。大力发展中等职业教育和各种形式的成人教育。在保证办学条件和教学质量的前提下，稳步发展高等教育。1994年全国普通高等学校本专科招生89.5万人，研究生4.2万人。各级各类学校都要注重提高教学质量和办学效益。继续增加教育投入。义务教育主要由政府投资办学，同时鼓励多渠道、多形式社会集资办学和民间办学。职业教育、成人教育更多地面向市场需求，发挥社会各方面办学的积极性。改革高等学校办学体制，鼓励联合办学，逐步实行中央和地方两级管理的体制，扩大地方和院校的办学自主权。各级各类学校都要重视和改善德育教育。认真贯彻执行《教师法》，努力改善教师待遇，进一步加强教师队伍建设。

(六)继续改善人民生活，发展各项社会事业 在发展经济和提高劳动生产率的基础上，继续提高人民生活水平。要把努力增加农民收入，作为今年经济工作的一项重要任务。全面发展农村经济，适当提高粮、棉收购价格，使农民收入有较多增加。国有企业要随着生产发展和经济效益的提高，相应增加职工工资。继续推行公务员制度和事业单位工资改革。注意关心和妥善安排离退休人员、生产经营困难企业职工和贫困地区农民的生活，采取措施，帮助他们解决困难。继续广开门路，拓宽劳动力市场，合理引导机关、企业和农村富余人员的流动，增加城镇就业。积极推进城镇居民住宅商品化改革，降低住宅建设成本，增加居民住房建设。适应深化改革、保持社会稳定的需要，加快社会保障制度的改革，逐步建立多形式、多层次的社会保障体系。

促进社会事业全面进步是国家宏观调控的重要任务。进一步加强社会主义精神文明建设，积极发展文化、新闻、出版、广播、影视、卫生、体育等事业。通过多渠道、多形式增加投入，改善社会发展领域的基础设施。继续认真抓好计划生育工作，重点放在农村和流动人口上，努力将人口自然增长率控制在宏观调控目标之内。进一步加强环境保护，切实搞好污染治理，大力植树造林，改善生态环境。保护和合理利用土地、矿藏、森林和水等自然资源。今年国家还要组织制定全国社会事业发展纲要，以引导社会事业更好地发展。

三、加强和改善宏观调控，全面实现1994年国民经济和社会发展计划

1994年改革和发展的任务都很繁重。全面完成今年国民经济和社会发展计划，必须从多方面积极努力，进行扎扎实实的工作。其中一个重要方面，是要根据建立社会主义市场经济体制、深入进行各项重大改革和保持经济持续发展良好势头的要求，加强和改善宏观调控。

(一)宏观调控的基本出发点是保持改革、发展和稳定的相互协调、相互统一 我们面临着加快改革开放和现代化建设的难得的历史性机遇。我们要在国民经济的快速发展中推进经济体制改革，又要在加快建立社会主义市场经济体制进程中保持国民经济的快速增长，同时还必须保持社会环境的稳定。改革是经济社会发展的动力，发展是改革和稳定的基础，而稳定是改革和发展的前提，没有社会环境的稳定，一切都无从谈起。

今年，在国民经济连续两年高速增长之后，“瓶颈”产业制约强化，通货膨胀压力加大。在这种情况下，处理好改革、发展和稳定的关系，必须十分注意把握几点：一是国民经济既要继续保持快速增长的势头，又要注意宏观经济环境趋紧的情况，不能不顾实际可能盲目追求过高的速度。就全国来说，今年计划百分之九的经济增长速度，是比较符合实际的，各地区应当根据自己的实际情况确定适当的增长速度，不要互相攀比。发展是硬道理。发展要有新思路，关键是把重点放到优化经济结构，加快技术进步，强化经营管理，提高经济效益上。这样，才能为改革创造比较好的经济环境，又有利于保持社会稳定。二是按照党中央和国务院的部署，精心组织好财税、金融、投资、外贸和企业制度等重大改革的实施，搞好各项改革措施的协调配套和新旧体制的过渡衔接，继续做好舆论引导和宣传思想工作。同时，密切注意并及时解决改革进程中出现的新情况、新问题。三是抑制通货膨胀，保持市场稳定，这是关系到经济稳定增长和广大人民切身利益的大事，是当前维护社会稳定的重要方面。各地区、各部门要高度重视，通力合作，综合协调运用好各种经济手段、法律手段和必要的行政手段，保证国民经济的健康运行。

(二)宏观调控的主要任务是保持社会总供给与总需求的大体平衡 当前，为了保持社会供求总量大体平衡，要在千方百计增加有效供给的同时，注意控制社会总需求的过快增长。

首先，严格控制固定资产投资规模。认真执行今年一月国务院《关于继续加强固定资产投资宏观调控的通知》，任何地方和部门都不能突破国家下达的固定资产投资规模，对去年已经决定停建、缓建的项目，不得擅自恢复建设。各级银行必须严格执行国家的固定资产投资贷款计划，严格控制固定资产投资贷款，不准对未经国务院和国家计委批准的新开工项目和计划外项目发放贷款。

加强对银行同业拆借市场的规范化管理，严格执行国家下达的证券发行计划，坚决制止各种形式的非法集资活动。切实防止开发区热和房地产热再次抬头。房地产开发建设重点是配合住房制度改革进行商品住宅建设，各地不得以住宅建设为名，扩大固定资产投资规模。为了防止盲目布点、重复建设，国家计委将会同有关部门、地区抓紧制定一些热点产品和项目的专项规划，更好地运用市场和计划两种手段进行资源优化配置。

其次，合理控制和引导消费需求的增长。认真执行去年国务院《关于机关和事业单位工作人员工资制度改革问题的通知》，严格控制工资增加的水平。采取有力措施保证企业职工工资总额的增长率低于企业经济效益增长率，职工平均工资增长率低于本企业劳动生产率的增长幅度。防止以侵蚀国有资产的方式增加个人收入。运用经济手段对个人收入进行调节，加强税收征管，特别是个人收入所得税的征收。坚决制止各种滥发奖金、津贴的现象。在全社会提倡崇俭尚实、艰苦创业的作风，坚决克服比较普遍存在的铺张浪费现象。

第三，继续把好货币和信贷两个闸门，强化财政预算约束。通过深化金融体制改革，强化中央银行的货币调控和对各类金融机构的监管职能，从严控制基础货币投放。各家银行和其他金融机构都要严格控制贷款规模，大力优化信贷结构，保证重点生产建设需要，提

高资金使用效益。继续整顿金融秩序。积极推进财税改革，大力开源节流，增加财政收入，控制财政支出的过快增长，缩小收支差额，把财政赤字控制在宏观调控目标之内。

(三)宏观调控要着力控制物价总水平的上涨幅度 为了进一步理顺价格关系，培育和发展市场体系，促进经济结构调整和经济发展，今年要在充分考虑国家、企业和群众承受能力的基础上，适当调整能源和粮、棉等价格。鉴于去年以来物价上涨的幅度较高，今年的物价上涨面临着较大压力，在推进价格改革的同时，必须千方百计把物价总水平上涨幅度控制在计划确定的宏观调控目标之内。为此，需要采取以下措施：(1)努力增加社会有效供应，用最大的力量抓好居民生活必需品的生产和供应，特别是抓好粮、棉、油、糖、肉等主要农产品生产和城市"菜篮子"工程。(2)按照中央的统一部署，周密组织好国家已安排的调价措施，各部门各地方都不得趁机"搭车"出台新的提高商品价格和服务收费的措施。同时，正确贯彻执行新的税收制度，不准借机提高现行出厂价、批发价和零售价。(3)疏通流通渠道，清除各种流通障碍，减少流通环节，降低费用，建立城市副食品产区与销区长期稳定的供销关系，加强粮、油等重要商品的调运工作。(4)建立和完善粮、棉、油、肉、糖等主要农产品储备制度和粮食、副食品风险基金，搞好市场吞吐调节，平抑市场价格。(5)完善市场监控体系。加强对居民基本生活必需品和基本服务价格的监管。各地区都要从本地的实际情况出发，明确提出实行价格监管的重要商品目录。同时，建立和实行对商品和服务项目的明码标价制度和少数重要商品提价备案申报制度。国务院颁布的《关于加强对居民基本生活必需品和服务价格监审的通知》和国家计委《关于商品和服务项目实行明码标价的规定》，各地方必须认真贯彻执行。继续清理各种乱收费，制止垄断行业的乱涨价和变相涨价，充分发挥舆论部门、消费者组织和行业组织的作用，加强对物价的社会舆论监督和群众监督。(6)规范市场秩序，加强市场管理。加快市场立法和价格立法，鼓励正当竞争，反对垄断，保护合法盈利，制止欺诈暴利。加强物价的执法检查。国务院决定，今年上半年和下半年要组织力量分别进行两次全国性的物价大检查，严肃查处非法涨价和扰乱市场秩序的行为。(7)各级物价、工商行政管理等部门要切实加强对市场物价和市场秩序的监督检查，更好地履行对物价和市场的监管职能。

(四)宏观调控体系需要在深化改革中不断完善 发展社会主义市场经济，保持国民经济持续、快速、健康发展，必须按照中共十四届三中全会《关于建立社会主义市场经济体制若干问题的决定》，逐步建立健全宏观调控体系。一是各部门、各地区都必须维护国家宏观调控的权威性，努力保证今年国家宏观调控目标和任务的实现，在制定本部门、本地区工作部署时，认真考虑和服从国家宏观调控的大局。二是建立计划、金融、财政之间相互配合和制约的机制，加强对经济运行的综合协调，促进各项宏观经济政策的相互衔接，以及经济手段、法律手段和必要的行政手段的综合运用，使之密切配合，形成合力，及时地进行微调，避免矛盾积累，防止经济大起大落，提高宏观调控的有效性。三是加强对经济走势的监测和预警、预报。密切跟踪经济运行的态势，研究经济生活中可能出现的矛盾和问题，及时发出预警并采取切实有效的政策措施。加强和完善国民经济和各类市场的信息收集、分析、发布制度，充分发挥信息引导对促进国民经济健康运行的作用。四是继续深化计划体制改革，发挥国家计划在宏观调控中的应有作用。按照中共十四届三中全会决定的要求，计划工作要突出宏观性、战略性、政策性，搞好中长期计划和年度计划的制定，合理确定国民经济和社会发展的战略、宏观调控目标和产业政策，规划重大经济结构、生产力布局、国土整治和重点建设，综合协调宏观经济政策和经济杠杆的运用。

各位代表：做好今年的经济计划工作，对于加快建立社会主义市场经济体制，保持国民经济持续、快速、健康发展，促进社会全面进步，具有重要意义。我们要更加紧密地团结在以江泽民同志为核心的党中央周围，在邓小平同志建设有中国特色社会主义理论和党的基本路线指引下，解放思想，实事求是，服从大局，扎实工作，为全面完成1994年国民经济和社会发展计划而努力奋斗！

(原载《人民日报》1994年3月25日)

国家统计局关于1993年国民经济和社会发展的统计公报

(1994年2月28日)

1993年，各地区、各部门深入贯彻党的十四大精神，改革开放和现代化建设迈出新步伐，加强和改善宏观调控取得积极成效，国民经济持续快速增长，人民生活继续改善，社会事业进一步发展。初步统计，全年国内生产总值31380亿元，比上年增长百分之十三点四，其中第二产业增加值16245亿元，增长百分之二十点四；第三产业8485亿元，增长百分之九点三。经济运行中的主要问题是：市场价格涨幅高；固定资产投资在建规模过大；基础产业和基础设施发展还不适应国民经济快速发展的需要。

一、农　业

农业生产获得好收成，农林牧渔业持续发展。全年农业增加值6650亿元，比上年增长百分之四。

主要农产品产量中，粮食、油料产量创历史最好纪录，蔬菜、水果生产再获丰收，但棉花、糖料产量下降。

主要农产品产量如下：

	1993年	比上年增长％
粮食	45644万吨	3.1
其中：谷物	40956万吨	2.0
油料	1761万吨	7.3
其中：花生	801万吨	34.6
油菜籽	695万吨	－9.2
棉花	376万吨	－16.6
黄红麻	65万吨	4.5
甘蔗	6413万吨	－12.2
甜菜	1210万吨	－19.7
烤烟	308万吨	－1.2
蚕茧	76万吨	9.6
茶叶	60万吨	6.8
水果	2988万吨	22.5

林业建设取得新成就。1993年，全国完成造林面积8833万亩。造林质量提高，国家林业重点工程建设进展显著，森林防火和病虫害防治工作进一步加强，实现了森林面积和森林蓄积量双增长的目标，森林覆盖率继续提高。

畜牧业生产稳步发展，肉、禽、蛋、奶等畜产品和牲畜存栏数继续增加。

主要畜产品产量和牲畜存栏头数如下：

	1993年	比上年增长％
肉类	3780万吨	10.2
其中：猪牛羊肉	3224万吨	9.7
禽肉	516万吨	13.7
牛奶	498万吨	－1.0
绵羊毛	24万吨	持平
猪年末存栏数	39087万头	1.7
羊年末存栏数	21832万只	5.3
大牲畜年末存栏数	13803万头	2.4

渔业生产稳定增长。全年水产品产量1785万吨，比上年增长百分之十四点六。其中，淡水产品产量741万吨，增长百分之十八点九；海水产品产量1044万吨，增长百分之十一点九。

农业生产条件进一步改善。1993年末全国农业机械总动力3.18亿千瓦，比上年末增长百分之四点八；大中型拖拉机72万台，下降百分之五点三；小型和手扶拖拉机784万台，增长百分之四点四；农用载重汽车68万辆，增长百分之六点三；排灌动力机械7545万千瓦，增长百分之二点八；农村用电量1253亿千瓦小时，增长百分之十三点二。农田水利建设继续加强，全年新增有效灌溉面积1387万亩。但滥占耕地现象依然突出，不利于农业生产的稳定增长。

二、工业和建筑业

工业生产继续高速增长。全年完成工业增加值14140亿元，比上年增长百分之二十一点一。在全部工业中，国有企业增长百分之六点四；集体企业增长百分之二十八点六，其中乡办工业增长百分之四十一点三；中外合资、合作经营和外资企业增长百分之四十六点二。大中型企业增长百分之十四点一，保持了稳定增长的势头。

轻重工业全面发展。全年轻工业完成增加值6690亿元，比上年增长百分之十九点九；重工业完成增加值7450亿元，比上年增长百分之二十二点二。受市场需求变动影响，主要工业产品产量有升有降。

主要工业产品产量如下：

	1993年	比上年增长%
化学纤维	221.5万吨	3.9
纱	502万吨	0.1
布	191亿米	0.2
机制纸及纸板	1820万吨	5.5
糖	744.6万吨	-10.4
原盐	2953万吨	4.1
卷烟	3367万箱	2.5
合成洗涤剂	176.5万吨	5.9
彩色电视机	1387万部	4.1
家用洗衣机	876.3万台	23.8
家用电冰箱	622万台	28.0
能源生产总量（折标准燃料）	10.61亿吨	2.2
原煤	11.41亿吨	2.2
原油	1.44亿吨	1.3
发电量	8200亿千瓦时	8.8
钢	8868万吨	9.6
钢材	7600万吨	13.5
十种有色金属	329.8万吨	10.2
水泥	3.6亿吨	16.8
木材	6100万立方米	-1.2
硫酸	1314万吨	-6.7
纯碱	530万吨	16.5
化肥（折百分之一百）	2016万吨	-1.6
化学农药（折百分之一百）	24.9万吨	-11.3
发电设备	1534万千瓦	18.3
金属切削机床	26.2万台	14.5
汽车	131万辆	22.8
拖拉机	3.7万台	-35.3

工业经济效益有所提高。1993年工业企业经济效益综合指数由上年的89.5提高到96.6。其中工业产品销售率由百分之九十五点五提高到百分之九十六点四；资金利税率由百分之十点一提高到百分之十点六；成本费用利润率由百分之四点二提高到百分之四点七；流动资金周转次数由1.66次加快到1.71次；按增加值计算的全员劳动生产率提高百分之十九点八。但工业增加值率比上年下降0.6个百分点，国有企业亏损面由百分之二十六点四上升到百分之三十点三，亏损额增加。

建筑业生产经营继续快速发展。全年建筑业增加值为2105亿元，比上年增长百分之十五。国有建筑施工企业房屋建筑施工面积为3.05亿平方米，增长百分之十七点八；房屋建筑竣工面积超过1亿平方米。全员劳动生产率比上年提高百分之八点五；人均创利税达到900元，增长百分之四。

地质勘查取得新成果。1993年新发现或新证实为工业矿床的主要矿产地166处；取得重大新发现的勘查矿区90处；有30种矿产新增加了探明储量，其中煤矿7.63亿吨，铁矿1.45亿吨，铜矿258万吨(金属量)，铝土矿7586万吨。地质勘查行业完成机械岩心钻探工作量750万米。

三、固定资产投资

固定资产投资高速增长。全年全社会完成固定资产投资11829亿元，比上年增长百分之五十点六(扣除价格因素，实际工作量增长百分之二十二)。其中国有单位投资8321亿元，增长百分之五十七点八；集体所有制单位投资2092亿元，增长百分之五十三点九；城乡居民个人投资1416亿元，增长百分之十五点八。在国有单位投资中，基本建设投资4647亿元，增长百分之五十四点二；更新改造投资2192亿元，增长百分之五十点一；商品房建设投资1138亿元，增长百分之一百二十四点九；其他投资344亿元，增长百分之十七。但固定资产投资在建总规模过大，投资结构不尽合理。年末国有单位基本建设和更新改造项目的计划总投资达23271亿元，比上年末增长百分之四十一点五；扣除已完工程，年末未完工程工作量达13200亿元，增长百分之六十。

国有单位投资中，第一产业投资158亿元，比上年增长百分之十九点六，投资比重由百分之二点八下降到百分之二点二；第二产业投资3850亿元，增长百分之三十七点一，投资比重由百分之五十八点九下降到百分之五十三点六，其中能源、原材料工业投资比重由百分之三十九点五下降到百分之三十五点六；第三产业投资3175亿元，增长百分之七十三点七，投资比重由百分之三十八点三上升为百分之四十四点二，其中，交通运输邮电通信业投资增加较多，所占比重由百分之十四点七上升为百分之二十点二。但高消费的楼堂馆所、高级别墅、度假村、游乐场项目上得过多。

全年全部建成投产的大中型基本建设项目133个，限额以上更新改造项目128个。建成投产的重大工程主要有：发电机组容量100万千瓦的山西神头二电厂，发电机组容量70万千瓦的无锡利港电力有限公司，兰新铁路复线新增正线铺轨里程309.7公里，浙赣铁路复线新增正线铺轨里程143.9公里，吞吐能力1500万吨的青岛前湾港区一期工程，上海30万吨乙烯工程，年加工原油500万吨的洛阳石油化工总厂，年产水泥66万吨的长春双阳水泥厂。

1993年，全国通过基本建设新增加的主要生产能力有：煤炭开采800万吨，发电机组容量1438万千瓦，石油开采1542万吨，天然气开采10亿立方米(石油开采和天然气开采含更新改造和其他投资增加的能力)，炼铁100万吨，木材采运23.5万立方米，水泥192万吨，新建铁路交付运营里程274公里，增建铁路复线交付运营里程553公里，电气化铁路交付运营里程192公里，新扩建港口吞吐能力3752万吨，新建公路3556公里，其中高速公路493公里。

四、交通和邮电

交通运输生产稳步发展。全年完成增加值1661亿元，比上年增长百分之七点五。但铁路运输“瓶颈”制约矛盾依然突出，车皮保证率进一步下降。

	1993年	比上年增长%
货物周转量	30405亿吨公里	4.1
铁路	11936亿吨公里	3.1
公路	4175亿吨公里	11.2
水运	13672亿吨公里	3.1
其中：远洋	9324亿吨公里	3.2
民航	16亿吨公里	22.4
管道	606亿吨公里	-1.8
旅客周转量	7807亿人公里	12.4
铁路	3505亿人公里	11.2
公路	3582亿人公里	12.2
水运	205亿人公里	3.5
民航	515亿人公里	26.9
沿海主要港口货物吞吐量	6.7亿吨	10.1

邮电通信业迅速发展。全年完成增加值240亿元，比上年增长百分之五十五。邮电业务总量461亿元，比上年增长百分之五十八点九。无线寻呼、移动电话增幅均在1倍以上。电话已成为一些居民家庭新的消费对象。到1993年末，住宅电话用户达782.6万户，比上年末增加367.2万户。

五、国内贸易和市场物价

国内消费品市场繁荣。1993年社会消费品零售总额12237亿元，比上年增长百分之二十六点一(扣除价格因素，实际增长百分之十一点六)。其中城市7176亿元，增长百分之三十一点二；农村5061亿元，增长百分之十九点五。

各类消费品销量中，吃的商品有增有减，其中食用植物油增长百分之七点一，水产品增长百分之五，酒增长百分之四，粮食、猪肉、鲜蛋、食糖等销量有不同程度的减少；穿的商品中，棉布销量与上年持平，各种服装销量增长百分之十六点一，呢绒、绸缎分别下降百分之三点六和百分之四点四；耐用消费品中，除电风扇、黑白电视机、自行车销量比上年减少外，其余均有不同程度增长，其中彩色电视机增长百分之十七点四，录音机增长百分之八点九，录像机增长百分之六，照相机增长百分之六点五，洗衣机增长百分之二十二点一，电冰箱增长百分之二十三点九。

生产资料市场活跃。1993年全国县及县以上物资供销企业购进生产资料7423亿元，比上年增长百分之三十四点六；销售7796亿元，增长百分之三十二点三。但全年农业生产资料零售额1356亿元，扣除价格因素，实际下降百分之七点八。

价格改革进一步深化。1993年国家加大了价格改革力度，放开了大部分钢材及部分统配煤炭的出厂价格；提高了铁路货运价格和电力价格；放开了统配水泥的出厂价格；提高了原油价格；继续放开了粮食购销价格。这些价格调整措施，对改变基础产品价格和基础设施收费标准长期偏低状况，促进市场机制的形成发挥了重要作用。

市场价格总水平涨幅高，特别是大中城市涨幅更高，服务项目价格涨势较猛。

1993年各类价格比上年上涨幅度(%)

1. 居民生活费用价格	14.7
其中：城镇	16.1
35个大中城市	19.6
农村	13.7
2. 零售物价	13.0
其中：食品类	14.3
粮食	27.7
食用植物油	16.2
衣着类	6.2
日用品类	7.9
文化娱乐用品类	1.6
书报杂志类	7.1
药及医疗用品类	9.2
建筑装潢材料类	28.8
燃料类	35.0
3. 服务项目价格	27.9
其中：城镇	30.8
35个大中城市	38.6
农村	25.7
4. 工业品出厂价格	24.0
5. 农业生产资料零售价格	14.1
6. 农副产品收购价格	13.8

六、对外经济

进出口规模扩大。据海关统计，1993年出口总额918亿美元，比上年增长百分之八；进口总额1040亿美元，增长百分之二十九。进出口商品结构进一步改善，出口中机电产品比重由上年的百分之二十三上升到百分之二十四点七，传统初级产品减少较多；进口中国内紧缺的原材料及机械运输设备类明显增加。外商投资企业出口继续大幅度上升，全年出口额252.4亿美元，增长百分之四十五点四，占出口总额的比重由上年的百分之二十点四提高到百分之二十七点五。扣除不收付外汇的货物，全年出口大于进口46亿美元。

利用外资继续高速增长。1993年新签利用外资协议金额1227亿美元，比上年增长百分之七十六点七；实际使用外资367.7亿美元，增长百分之九十一点五。其中外商直接投资协议金额1109亿美元，实际投资257.6亿美元，分别增长百分之九十点七和1.3倍。到1993年末，已注册的外商投资企业达16.75万户，比上年末增加8.31万户。

对外经济技术合作取得较大发展。1993年对外承包工程和劳务合作新签合同67.7亿美元，比上年增长百分之二点八；完成营业额45.2亿美元，增长百分之四十八点二。

国际旅游业取得好成绩。1993年来我国旅游、访问、从事商务以及各项活动的外国、台湾、港澳和华侨旅游者达4153万人次，比上年增长百分之九；旅游外汇收入46.8亿美元，增长百分之十八点七。

七、金融和保险业

1993年，金融系统认真贯彻执行中央加强和改善宏观调控的精神，实施稳健的货币政策，及时纠正金融工作中出现的问题，在抑制过高的固定资产投资规模和较高的货币投放以及保持币值稳定的基础上，大力组织存款，及时增加信贷投入，调整结构，保证了国家重点建设和工农业生产以及农副产品收购等合理资金需要，缓解了一些重点企业的流动资金紧张状况，有力地支持了国民经济持续、快速、健康发展。

1993年末，国家银行各项存款余额为23245亿元，比上年末增加4339亿元，增长百分之二十三，其中：企业存款余额为7672亿元，比上年末增加855.9亿元，增长百分之十二点六，城乡储蓄存款余额达14764亿元，比上年末增加3219亿元，增长百分之二十七点九；银行各项贷款余额为26461亿元，比上年末增加4846亿元，增长百分之二十二点四，其中流动资金贷款余额为18689亿元，增长百分之十九点五；固定资产贷款余额为5171亿元，增长百分之三十一点七。到1993年末，市场现金流通量为5865亿元，比上年增长百分之三十五点三，当年现金发行量为1529亿元；广义货币M2比上年增长百分之二十四。

国家外汇储备增加。1993年末国家现汇结存为212亿美元(不包括中国银行外汇存款)，比年初增加17.6亿美元。

保险事业进一步发展。1993年全国财产险承保总额51372亿元，比上年增长百分之十二点六。全国有77.6万户企业参加了企业财产保险，1.3亿户居民参加了家庭财产保险，有2.5亿人次参加了人身保险。保险公司共处理国内财产险赔案690.3万件，支付赔款137亿元，为664万人次支付人身保险金91亿元。

八、科学、教育、文化和卫生、体育

科技队伍扩大。1993年末国有企事业单位共有各类专业技术人员2551万人，比上年末增长百分之二点三。全国县级以上国有独立研究开发机构5852个，高等院校办科研机构3000个，大中型工业企业办科研机构10200个；从事科技活动人员234.5万人，其中科学家和工程师137.3万人。

科技经费投入增加。1993年，全国科技机构、高等院校和大中型工业企业等单位用于科技活动的经费支出为563亿元，比上年增长百分之三十三点七。其中研究与发展经费支出196亿元，增长百分之十六，相当于国内生产总值的百分之零点六二。

科技事业蓬勃发展。1993年，全国共取得省部级以上重大科技成果3.3万项；获国家奖励的成果781项，其中国家发明奖175项，国家自然科学奖52项，国家科学技术进步奖441项，国家星火奖113项。受理国内外专利申请7.7万件，授权专利6.2万件，分别比上年增长百分之十五和百分之九十七。1993年新建成国家重点实验室4个。到1993年末，我国批准设立的国家级高新技术产业开发区52个，有高新技术企业1.4万家。

质量检测、标准化建设和天气预报服务进一步完善。1993年，全国共有产品质量监测机构1500个，其中国家检测中心233个。全年制定、修订各类国家标准1411个。全国共建立了超短波天气警报服务系统发射台1874个。

技术市场更加活跃。全年全国共签订技术合同24.6万份，成交金额207.6亿元，分别比上年增长百分之四点四和百分之三十七点四。

各类教育事业取得新的进展。普通高等教育规模继续扩大。1993年全国招收研究生4.2万人，比上年增加0.9万人；在学研究生10.7万人，增加1.3万人。普通高等学校招收本、专科学生92.4万人，增长百分之二十二点五；在校学生253.6万人，增加35.1万人。中等职业技术教育不断发展。1993年各类中等职业技术学校在校学生762.3万人(含技工学校学生173.9万人)，占高中阶段在校学生总数1419万人的百分之五十三点七。

基础教育稳步发展，普及九年义务教育有新进展。1993年全国初中在校学生4082万人，小学在校学生1.24亿人。小学学龄儿童入学率达百分之九十七点七；小学毕业生升学率由上年的百分之七十九点七提高到百分之八十一点八。普通初中和小学学生辍学率分别为百分之七点一和百分之二点三。

成人学历教育招生迅速增加，多种形式的技术培训蓬勃开展。1993年成人高等学校招收本、专科学生(包括电大、函授及夜大招生的普通班学员)86.3万人，比上年增长百分之四十五点八；在校学生186.3万人，增长百分之二十六；成人中等专业学校在校学生206.8万人，增加32.4万人；成人技术培训学校培训学员5342万人次；成人中、小学在校学生856.3万人；全年共扫除文盲548.2万人。

文化事业稳步发展。1993年末全国共有艺术表演团体2723个，文化馆2897个，公共图书馆2585个；博物馆1116个，档案馆3585个，广播电台983座，中、短波广播发射台和转播台725座，电视台683座，一千瓦以上电视发射台和转播台1085座，各类电影放映单位11.3万个。1993年生产电影故事片154部，发行各种新片(长片)222部，有30部(次)影片在国际电影节上获奖。全国性和省级报纸全年出版199亿份，各类杂志出版24.3亿册，图书出版64.1亿册(张)。

卫生事业继续发展。1993年末全国医院共有病床279.5万张，比上年末增长百分之一点九。专业卫生技术人员411.7万人，增长百分之一点一；其中医生183.2万人(含中、西医师137.3万人)，增长百分之一点三；护师、护士105.6万人，增长百分之一点六。

体育事业取得优异成绩。在1993年国内外重大比赛中，我国运动员在18个项目中获得103个世界冠军；38人7队124次创57项世界纪录，81人3队242次创81项亚洲纪录，176人16队368次创173项全国纪录。群众体育事业蓬勃发展，近百分之八十九的学校推行《国家体育锻炼标准》，百分之八十六的学生达到合格标准。

九、人口与人民生活

1993年全国人口出生率为千分之十八点零九，死亡率为千分之六点六四，自然增长率为千分之十一点四五。1993年末全国人口为118517万人，比上年末增加1346万人。

居民收入继续增加。1993年城镇居民人均生活费收入为2337元，比上年增长百分之二十八，扣除价格因素，实际增长百分之十点二。农村居民人均纯收入921元，比上年增长百分之十七点五，扣除价格因素，实际增长百分之三点二。但地区之间、城乡之间的收入差距扩大，一部分居民生活水平下降。

劳动领域的改革步伐加快，劳动就业服务体系进一步发展。1993年各级职业介绍所发展到1.3万个，全年城镇新增就业人员705万人，年末城镇失业率为百分之二点六。国家还为12.8万失业职工提供了生活救济。劳动合同制有了较大进展，国有单位合同制职工达2330万人，占城镇国有单位全部职工的百分之二十一。年末全国职工人数为15040万人，比上年末增加248万人。城镇私营企业从业人员和个体劳动者1116万人，增加278万人。

职工工资水平进一步提高。1993年全国职工工资总额4770亿元，比上年增长百分之二十一点一；职工平均工资3236元，增长百分之十九点四。

城乡居住条件继续改善。1993年城镇新建住宅2.66亿平方米，农村新建住宅5.7亿平方米。

社会福利事业不断发展。1993年全国各类社会福利院床位达95.4万张，收养70.6万人；城乡各种社会救济对象得到国家救济的达4051万人次。全国已有百分之三十一点五的乡镇建立了农村社会保障网络，城镇社会服务网络也有较快发展，已建立起各种社区服务设施9.7万个。职工养老保险社会统筹面继续扩大。

环境保护事业进一步加快发展。1993年末全国环境保护系统人员共有8.1万人，各级环境监测站2290个，环境监测人员3.3万人。全国自然保护区中有10个自然保护区加入了国际人与生物圈保护区网，有国家级自然保护区77个。到1993年末，制定的各类环境保护标准已达313项，在全国472个城市中建成了2935个烟尘控制区，面积达10492平方公里，在363个城市中建成了1774个环境噪声达标区，面积达3689平方公里。1993年完成环境污染限期治理项目5737个，总投资25.4亿元。

注:

(1) 本公报各项统计数据未包括台湾省和香港、澳门地区。

(2) 公报中国内生产总值和各产业增加值指标绝对数按现价计算，增长速度按可比价格计算。

(新华社发)

论　文

论计划经济体制向市场经济体制的转变

厉以宁

一、中共十四大报告指出，中国经济体制改革的目标是建立社会主义市场经济体制。

从传统的计划经济体制转轨到社会主义市场经济体制，并不是在原来的经济体制上修修补补，而是经济体制的一场根本性变革。

社会主义市场经济体制与社会主义计划经济体制的区别可以归结为:

第一，从经济体制的微观基础来看，市场经济体制的微观基础是政企分开的、自主经营和自负盈亏的企业，企业有充分的活力，有自我成长与自我约束的机制，投资主体是明确的，产权是清晰的，企业作为市场主体承担着投资风险和生产经营责任;而传统经济体制的微观基础则是政企不分的、不自主经营和不自负盈亏的企业，企业成为行政部门的附属物，既不承担投资风险和生产经营责任，又不具有自我成长与自我约束的机制，因此企业毫无生气，毫无活力。

第二，从经济运行方式来看，市场经济体制下的经济运行方式是:企业作为市场主体，根据市场需要进行生产，按照价值规律和市场供求情况来配置资源，重新组合资源，生产要素的流动性大，市场主体的选择性也大，所有的交易都处于同一条起跑线上，在竞争中发挥自己的优势;然而在传统经济体制之下，企业作为行政部门的附属物，按上级主管机构的指令进行生产，资源是按照上级主管机构制定的配额分配的，配额不仅排斥了竞争，排斥了选择，而且还大大限制了生产要素的流动与重新组合。

第三，从经济运行与政府机构之间的关系来看，在市场经济体制之下，市场对资源配置起着基础性的作用，在此基础上，政府根据经济的实际情况发挥宏观调节作用，而政府的宏观经济调节和对市场的管理，将引导市场健康发展;在传统经济体制之下，市场对资源配置的基础性作用是被否定的，政府对经济的宏观调节作用由于企业缺乏自我成长和自我约束的机制而不可能取得明显的效果，从而政府的直接行政干预占据着主要的位置。政府把许多本来应当由市场去实现的事情包揽到自己身上，如直接制定价格，直妾规定产量、产品品种、销售地域等。

第四，从经济运行的规则来看，在市场经济体制之下，经济活动以法律为依据，任何单位(包括企业、个人和政府机构)的经济活动都必须在法律规定的界限之内进行，从而经济秩序是正常的，交易者是受到法律约束的，也是受到法律保护的;而在传统经济体制之下，由于政府直接主持着资源的分配和价格的制定，把企业变成行政部门的附属物，所以经常出现的是“权大于法”、“长官意志大于法”、交易者的正当权益得不到保护等不正常现象，经济秩序被打乱，经济活动不能正常地进行。

第五，从指导思想来看，市场经济体制下的指导思想是:市场本身有使供给与需求自行趋于平衡的力量，因此市场对资源配置的调节是基础性调节，基础性调节时时存在，处处存在;但由于市场对资源配置的调节有各种局限性，所以政府调节是必要的。换言之，凡是市场能做得到的都由市场去做，政府做市场所做不到的事情;凡是市场能解决的问题都让市场去自行解决，政府解决市场所解决不了的问题。而传统经济体制下的指导思想则是:政府有足够的能力来配置资源，能够解决经济中的各种问题，只是由于政府目前的力量还不足，所以让出一块地盘，由市场去拾遗补缺。换言之，在资源配置方面，市场只不过起一个配角的作用，资源配置的任务主要由政府承担，由政府直接从事。

二、关于建立社会主义市场经济体制的学说，是邓小平同志在社会主义经济理论中的重大创新。

在马克思、恩格斯的著作中，社会主义社会是在生产力高度发达的基础上建立的，社会主义作为自觉地有计划，按比例分配社会总产品的社会组织，可以充分发挥出自己的优越性。然而，后来的实际情况表明，社会主义制度产生于经济不发达的国家。经济不发达的社会主义国家，在革命胜利后，面临着既要坚持社会主义道路，又要实现现代化的任务。这是马克思、恩格斯所没有遇到的问题。不仅如此，在生产力水平较低的条件下，社会主义不可能自觉地有计划、按比例分配社会总产品，假定硬性地靠命令来分配社会总产品，那就只能阻碍生产力的发展，使社会主义社会的效率低下，丧失吸引力。这又是马克思、恩格斯不曾遇到的问题。

十月革命以后，列宁研究了建成社会主义的具体途径和过渡形式，设计了如何通过全面的计划，加速生产力的发展以实现社会主义的宏伟蓝图。但实践中所遇到的困难，使列宁转而采取新经济政策。从列宁的一些论述中可以看出，新经济政策带有暂时让步的色彩，也就是计划经济对市场的一种让步，所以其中包含了兼用市场和计划两种方法的思想，不过列宁并未从理论上对市场和计划的关系进行深入的分析，加之，新经济政策并没有实行多久，等不到总结经验，列宁就逝世了。有关社会主义现代化的一些重大理论问题仍然有待于继续探讨。此后，在斯大林主持下，在苏联确立的是高度集中的计划经济体制。这种计划经济体制过去从未有过，所以世界上许多人对它充满着希望，认为它能够给社会带来物质产品极大丰富的未来。但他们把计划经济体制理想化了。实践检验的结果表明，高度集中的，由国家制定价格和分配资源的体制是不适应生产力发展要求的经济体制。从理论上说，在苏联当时的著作中，计划经济被视为社会主义的本质特征，被当做区别社会主义与资本主义的基本标志。理论的僵化使得体制也僵化不变。在计划经济体制占支配地位的苏联，长时期内，生产力发展受阻，物资匮乏，人民生活水平难以提高，社会主义制度的优越性未能得到发挥，以致于不少人对社会主义失去了信心，最终导致苏联的瓦解。

我国解放后，把苏联的计划经济体制移植到中国的土地上，从而对中国经济发生深刻影响。应当承认，在当时，政府集中资源，分配资源，使国民经济从长期遭到破坏后迅速恢复和好转。这说明计划经济曾经起过积极的作用，但计划经济同进一步发展生产力的矛盾也渐渐暴露出来。毛泽东同志认识到中国的国情不同于苏联，也认识到苏联那种高度集中的计划经济体制有不少弊病，因此曾经设想对高度集中的计划经济体制进行一些改革，并且后来也采取了一些措施，但主要的着眼点放在中央与地方的管理权限的划分上，而没有触动、当时也不可能触动与计划经济体制紧密联系在一起的政企分开，让企业摆脱行政部门的束缚，把企业推向市场等实质性问题。从五十年代后期起，在当时错综复杂的国际国内政治经济环境中，毛泽东同志脱离了中国国情，偏离了马克思主义的基本原理，也违背了马克思主义的实事求是原则，计划经济不仅没有被改革，反而更为强化，把经济管理得更死了，到“文革”中，终于酿成了国民经济的灾难性后果。中国究竟怎样循着社会主义道路前进？ 怎样实现社会主义现代化？ 怎样走向繁荣、富强？ 怎样充分发挥社会主义制度的优越性？ 这一系列问题并没有被毛泽东同志所解决。毛泽东同志逝世时，我们的国民经济濒临于崩溃边缘，而中国如何实现现代化这一理论上的难题，也在困扰着广大干部和群众。

邓小平同志的分析是从界定社会主义的本质着手的。尽管社会主义作为一种思想和学说已有很长的历史，社会主义作为一种社会制度的诞生，也已七十余年，但究竟什么是社会主义，解释是不一的。例如，在以往的经济学著作中，通常把公有制、按劳分配、计划经济三者并列为社会主义的本质特征，而且也往往从马克思、恩格斯、列宁、毛泽东那里摘引一些语录来证实这种观点。虽然这种摘引不一定与马克思、恩格斯、列宁、毛泽东的原意相符，但至少可以看出，在社会主义经济理论中一直缺少对社会主义本质的简明而科学的概括。理论界关于社会主义解释的混乱，与此不无关系。邓小平同志明确地指出：“社会主义的本质是解放生产力，发展生产力，消灭剥削，消除两极分化，最终达到共同富裕。”这一界定在经济理论上有重要意义，因为它抓住了本质，而把非本质的东西排除在社会主义定义之外了。比如说，对经济发展和经济改革中的是与非，要联系社会主义的本质来进行判断。判断的依据是生产力标准。邓小平同志指出：“判断的标准，应该主要看是否有利于发展社会主义社会的生产力，是否有利于增强社会主义国家的综合国力，是否有利于提高人民的生活水平。”这里，充分突出了生产力标准，因为只有发展生产力，才能增强综合国力，才能提高人民的生活水平。社会上有关姓“社”姓“资”的争论，恰恰忽视了社会主义的本质，把一些非社会主义本质的东西当做社会主义本质而坚持不放，结果必定束缚了生产力的发展，阻碍共同富裕的实现，从而有损于社会主义本质。

正因为阐明了社会主义的本质，所以社会主义经济改革就可能以市场经济体制为目标模式，否则，按照传统的说法，把社会主义同计划经济划上等号，把资本主义同市场经济划上等号，那么，要谈经济体制改革，就只能在计划经济体制的范围内作某种修补或进行某些调整。社会主义经济理论中不突破这个教条的束缚，经济体制改革很难取得实质性的进展，解放生产力和实现共同富裕也就成为可望而不可及的理想目标。邓小平同志明确地把计划和市场看成是两种经济手段，指出资本主义也有计划，社会主义也有市场;在社会主义社会中，“计划和市场都得要。”这大大丰富了社会主义经济理论，并为社会主义经济理论指导下的经济体制改革指明了方向。

计划经济作为两种经济手段或两种资源配置方式，可供我们根据经济的实际情况而选择使用。但计划经济体制和市场经济体制作为两种不同的经济体制，则不可能并存。这是因为，计划经济体制是以计划作为资源配置主要方式的体制，市场经济体制是以市场作为资源配置主要方式的体制。以这种资源配置方式为主就不可能又以另一种资源配置方式为主，所以两种经济体制之中，只能选择其中一种。改革，就是要建立社会主义市场经济体制，以替代不适应生产力发展的计划经济体制。这正是出于解放生产力和实现共同富裕的需要。

在社会主义市场经济体制之下，可以结合使用计划与市场两种经济手段或两种资源配置方式，正如在计划经济体制也可兼用这两种经济手段或资源配置方式一样。区别在于:在计划经济体制之下，资源主要用中央计划进行配置，市场只不过起着“拾遗补缺”的作用，也就是说，社会主义经济被人为地分成两块，一大块由计划调节，一小块由市场调节;而在市场经济体制之下，市场对资源配置的调节是基础性调节;而政府则起着高层次的宏观调控作用。市场经济体制之下对计划和市场的兼用，既可以充分调动企业和劳动者的积极性，按照市场供求状况来配置资源和重新组合资源，促进生产力的迅速发展，又可以通过国家的宏观调控，使社会主义经济在持续、稳定、协调中前进，兼顾效率与公平。长时期以来，正由于那种认为社会主义与市场经济必定相互排斥的观点在社会主义经济理论中占据支配地位，社会主义现代化进程的受阻是不言而喻的事情。邓小平同志对这一传统理论的突破，意义是非常深远的。中国的经济改革与经济发展在邓小平经济理论的指导下，今后必将取得越来越显著的成效。

三、计划经济体制在相当长的时间内支配着中国经济

要打破这种经济体制的支配地位，远不是容易的事情。尽管传统的计划经济体制严重束缚生产力的发展，使中国同发达国家以及某些发展中国家在经济和技术上的差距越来越大，使人民群众的生活水平提高缓慢，但传统的计划经济体制仍然可以照常维持下去。这一体制的性质决定了它有可能在一个社会主义国家中顽强地存在下去。对此，可以从三个方面进行解释:

第一，计划经济体制把企业置于行政部门附属物的地位，企业既不能自主经营，又不能自负盈亏。企业的生产数量、生产品种、价格、以及企业的生产要素供给与生产成果的销售都处于计划当局和有关行政主管机构的控制之下，企业如果想自行决定生产和经营，稍稍摆脱一下计划的安排，稍稍违背一下行政主管机构的意愿，就会受到制裁，直到把企业领导人撤职或给予其它处分。行政权力支撑着整个计划经济体制的运转。因此，一个企业想背离计划经济的轨道，是十分困难的。同样的道理，在计划经济体制之下，居民个人实际上也处于行政部门附属物的地位。个人作为劳动者，在什么工作岗位上就业和担任什么工作，都由劳动人事机构按计划安排好，流动难以如愿，抵制这种安排等于自己断送了再工作的机会。个人作为消费者，也要由计划部门安排，具体表现为生活必需品是凭票证供应的，住房是由单位提供的，甚至子女的升学、就业也无一不同行政主管机构的安排有关。假定居民个人想离开计划经济所安排的居住地点或工作单位，他在生活上将遇到很大的困难。这样，从居民个人的角度来看，同样可以认为整个计划经济的运转得到了行政权力的支撑。这就是计划经济体制即使束缚了生产力的发展和限制了人民生活水平的提高，但依然可以在社会主义国家中维持下去的第一个原因。

第二，计划经济体制是由若干个次一级的体制组成的，例如，计划的企业体制、计划的财税体制、计划的金融体制、计划的价格体制、计划的劳动用工体制与人事体制等等。它们彼此紧密地结合在一起，这个次一级的体制依存于另一个次一级的体制，而另一个次一级的体制又依存于第三个次一级的体制，盘根错节，难解难分，此存则彼存，此损则彼损。于是，要想冲破计划经济体制的束缚，对任何单个的企业或单个的居民个人来说，简直是不可思议的事情。而且，就算某个企业或某个居民个人在某种情况下能够违背计划经济体制的规定而使自己的经济活动有所发展，那也只能被当做偶然的、非常规的事情，而不可能成为经常性的、别人可以效法的行为。在这种情况下，绝大多数企业或单个居民都只好对计划经济体制下的安排采取默认和顺从

的态度，企业和个人都感觉到自己的力量同强大的计划经济体制相比是太微不足道了，有什么勇气、毅力和决心来挣脱计划经济体制的束缚呢？

第三，计划经济体制不仅同行政权力牢牢地结合在一起，而且它还有一种被认为是正确无误、不容怀疑的计划经济理论体系作为支柱，这种经济理论为计划经济体制下的种种做法进行辩护，作出论证，把计划经济体制的建立说成是社会主义社会的唯一选择，把任何背离计划经济体制的经济行为说成是资本主义的、修正主义的、反社会主义的。这就是说，通过计划理论的解释，选择计划经济体制是天经地义的事情，即使计划经济体制之下出现了这种或那种问题，但一来这是历史所注定的选择，无法更改这种选择，二来如果要离开计划经济的轨道，那就是滑到了资本主义的邪路上去了，对社会、对企业、对个人的后果都是十分严重的，因为这等于背叛。计划经济体制既有行政权力作为支撑，又有计划经济理论体系为之进行辩护和论证，要想冲破计划经济体制的难度之大，可想而知。不仅如此，由于长时期内计划经济理论在意识形态方面占据着统治地位，被确定为正统的经济理论，任何对计划经济提出怀疑，甚至想作出修正的观点都被打成异端。由于人们从学校里，从书籍报刊上，从电影电视中所读到的和看到的都是宣传计划经济的东西，于是人们也就自觉地或不自觉地对各种想摆脱计划经济束缚的行为加以谴责，加以抵制。某个企业或某个居民个人如果想在摆脱计划经济体制方面有些举动，就会陷于非常孤立的境地，周围的人鄙视他，嘲笑他，斥责他，使他不得不屈从于舆论的压力、周围的人的压力，尽管这些压力往往是无形的。以致于到后来，连最初怀疑过计划经济体制的人也会进而怀疑自己可能真的错了，不是立场错了，就是观点错了，方法错了。错了就改，于是一次本来正确而且很有创新意义的改革尝试，就这样被扼杀了，消失了。

四、以上说明了计划经济体制之下要想冲破计划经济体制的束缚是何等艰巨。

计划经济体制是怎样被逐渐打破的？ 人们是怎样从迷信计划经济体制和服从计划经济体制到怀疑计划经济体制，最终到下决心摒弃计划经济体制的呢？ 这必须归功于邓小平同志关于建设有中国特色的社会主义的理论指导，归功于党的十一届三中全会作出的历史性的决策，归功于成千成万的经济实践者最近十多年来在推进改革与开放的事业方面的努力。以八十年代前期的三项突出成绩（农村家庭联产承包责任制的推广、乡镇企业的兴起、经济特区的建立）来说，它们都是对于计划经济体制的有力的冲击，正是这些冲击的结果导致了计划经济体制逐步失去阵地，最终不得不趋于解体。那么不禁要问：不是说计划经济体制异常巩固、不易被打破吗？ 为什么在计划经济体制之下会出现农村家庭联产承包责任制？ 为什么农村家庭联产承包责任制会大面积推广？ 为什么在计划经济体制之下乡镇企业有可能兴起？ 为什么在计划经济体制下的大环境中会建立经济特区，而且经济特区能以很高的速度发展？ 这一切仍应从党的十一届三中全会所制定的建设有中国特色的社会主义的路线、方针、政策谈起。

前面已经谈过，计划经济体制之所以能够长期存在，之所以能够在事实证明计划经济无法解放生产力和提高人民生活水平的条件下继续维持下去，是同行政权力的支持和计划经济理论体系的支持分不开的。因此，农村家庭联产承包责任制的推广、乡镇企业的兴起，经济特区的建立都依赖于改革开放政策的制定，依赖于真理标准问题的讨论以及由此开展的学术界的思想解放。如果没有这些，即使有的农村中出现了家庭联产承包这种生产组织形式，那么它不仅不会持久，而且更不会在全国范围内推广。有较大可能的是：在农民实在生活不下去的时候，政府对农村家庭责任制的出现不闻不问，待农民生活状况稍许好转之后，再来取缔。

即使有的乡镇办起了一些不受计划经济控制的小企业，那么它们顶多只是小型企业，在计划经济体制之下生产一些被计划经济体制下的国有大中型企业所不注意或不屑于生产的小商品，起着“拾遗补缺”的作用，而不可能扩大生产规模，不可能成为与国有大中型企业一争高下的经济力量。更有可能的：它们迟早会被上级主管部门以各种方式纳入计划经济的轨道，朝着所谓“更高级的公有制形式”过渡。

至于经济特区的建立，那更是决不可能的。中国经济特区的建立与农村家庭联产承包责任制的出现和乡镇企业的兴起之间的一个重要区别是：农村家庭联产承包责任制的出现和乡镇企业的兴起，最初纯粹是自发性的，而不是政府部门有意识地倡导的，只是在政府领导人发现了农村家庭联产承包责任制的好处及其意义，发现了乡镇企业的作用及其在中国经济中的不可替代性之后，经过研究甚至辩论，统一了认识，才加以肯定，给予扶植。经济特区则不然，在计划经济体制之下，经济特区没有自发建立的任何可能性，经济特区的建立完全是政府的有意识的行动，只有这样，在中国这块土地上才有可能出现深圳等经济特区。从经济特区建立与发展这一事实，可以更清楚地了解到计划经济体制与行政权力怎样牢固地结合在一起。假定不是政府采取有意识的行动，那是不可能在计划经济体制与行政权力牢固结合的条件下使某一个地区冲破计划经济体制的束缚，按市场经济的规则来发展经济的。

八十年代前期中国经济终于发生了有深远意义的变化。农村家庭联产承包责任制推广了，乡镇企业兴起了，经济特区建立了，计划经济体制大一统的格局被打破了，计划经济体制遭到了来自农村和来自经济特区两个方面的冲击。这里，既有看得见的、有形的冲击、又有看不见的、无形的冲击。有形的冲击主要表现于:计划经济所控制的范围缩小了，控制的力度减弱了，相当数量的居民和劳动者(农村的居民和劳动者、经济特区的居民和劳动者)不再像过去那样按照计划经济体制所设定的生活方式生活了，也不再按照传统的就业渠道参加工作了。更重要的是:一部分企业在按照市场规则生产与经营之后，计划配额(包括生产资料供应配额、市场配额、资金配额等)在经济中的作用开始下降，市场调节在经济中的作用开始上升，计划配额与市场调节之间的摩擦日益明显，计划配额不得不逐渐让位于市场调节。这些有形的冲击使八十年代的中国经济呈现出新的面貌。来自农村和来自经济特区两个方面对计划经济体制的无形冲击则主要表现于:农村经济改革的成就给人们这样一种启示，即只要摆脱计划经济体制的僵硬的控制，让农民能够自主经营，自己承担生产经营的风险，并得到自己劳动成果中应当归于本人的部分，蕴藏于广大农村中的生产潜力就会充分发挥出来，使农村的经济走向繁荣;经济特区建设的成就给人们这样一种启示，即中国与世界发达国家在经济技术上的差距是可以通过改革与开放而大大缩短的，只要计划经济少管一些，计划配额少一些，市场调节多一些，经济就会以较快的速度增长，人民的生活水平也就会以较快的幅度提高。启示的威力是巨大的，农村经济改革和特区经济建设的惊人成就向全国广大人民传达了一个信息:城市经济改革，尤其是国有企业的改革，是不是已经远远滞后了呢？国有企业的改革可以从农村经济改革中得到什么样的借鉴？从经济特区的建设中又可以得到什么样的借鉴？没有农村经济改革和经济特区建设的成就，计划经济体制能这样迅速地被认为是不符合实际的，从而迟早必将退出历史舞台么？市场经济体制能这样顺利地被认定为中国经济改革的模式，从而成为社会各界努力争取实现的目标么？八十年代前期中国经济改革中最突出的三项成绩，尽管还没有触及计划经济体制的微观经济基础——国有大中型企业——的改革问题，但它们已经预示着一场更深刻、更艰巨的改革即将展开。

五、中国的下一步改革该怎么进行？这个问题在学术界已经争论好几年。我的一贯看法是，必须以改造国有大中型企业为改革主线。

理由是：第一，中国当前的经济处于非均衡状态，不具备价格改革一步到位的客观条件。各国经济的历史经验一再证明，只有在市场较完善，信息较畅通，企业自主经营和自负盈亏的条件下价格才能真正调节供需关系。否则，在缺乏平等的竞争条件、缺乏充分的供需信息，缺乏真正自主决策的情况下，企业对价格变化难以承受，难以随机变化。在经济非均衡状态下，光凭借价格放开，是不可能促进供需平衡的，目前我国的情况正是这样。

第二，政府的行为不是理想化的，而对价格改革功效的预期恰恰是寄希望于政府行为的理想化，似乎只要政府事先测算好了，然后根据预测按部就班去做，就可以使价格改革完成了。但实际上是不可能做到的。要知道，政府只有一个，而企业是无数个，政府无法注意到每一个企业的活动，所有的企业的眼睛都紧盯着政府。政府掌握的、能据以决策的信息肯定不充分，决策过程肯定是较为缓慢的，决策中又难免有失误，“上有政策，下有对策”也几乎不可避免。因此，政府首先推进价格改革，势必就要承担价格改革的全部风险。假如先实行政企分开，让企业有了充分的自主决策权，又使企业受到利益约束，那么，改革的风险就主要由整个社会分担，特别是那些决策失误的、经营不善的企业承担。这样一来，政府将超脱得多，政府的宏观经济管理也会主动得多。

第三，在中国目前条件下，由于受到经济资源、物资短缺的约束，供给与需求的价格弹性都是较小的，并不是价格上调，供给就必然大幅度上升。近年来的实践证明，历次局部价格改革出台后，供给和需求均未达到预期上升或下降的目标。价格放开后，需求之所以不会有相应幅度的下降，原因是构成中国重要购买力之一的投资主体购买力和社会集团购买力不受到利益约束，它们花的是公家的钱，价格再高，一般也是照买不误;同时，国家准备价格全面开放的政策和准备“过关”的信息传开后，势必会造成城乡居民对货币价值预期的紊乱，这种大范围的不稳定的预期必然导致“晚买不如早买”的抢购行为。因此，不能在中国现在的条件下说“价格一放就灵”。

第四，商品价格的背后是生产要素价格，而最重要的生产要素市场恰恰是企业固定资产市场。生产要素市场的改革就是要建立固定资产市场，而固定资产市场的建立则必须先明确产权。如果不明確产权归属，就不能建立固定资产市场，也就无法确定合理的固定资产价格，无法确定合理的商品价格。主张全面价格改革为先导的经济专家，实际上只看到价格的表面，没有深入地探究价格的背后究竟是什么。从这里可以看出，企业财产制度的改革是经济改革的关键，价格改革是随企业改革深化而必然带来的结果。

企业改革实际上是改革企业的运行机制，而价格改革也应改革价格的运行机制，即定价的机制。商品比价调整并不是真正意义上的价格改革，因为它并没有触动定价机制。以往这些年的价格改革其实只是比价调整而已。

但是，尽管我们力主以企业改革为主，却不是主张避开价格改革。价格改革是绕不过去的。我们主张审时度势，创造条件，分步骤地实现价格改革。早在1986年，我就曾作过一个判断：中国的改革如果遭到失败，可能就失败在价格改革上；中国的改革如果获得成功，必然是因所有制的改革而获得成功，也就是因深化企业改革而获得成功。

怎样才能使企业真正成为自主经营、自负盈亏的商品生产者呢？承包制只是过渡形式，企业改革的目标模式应是公有制为主的股份制。承包制带有如下的根本性缺陷：

1. 政企并未分开；政府作为发包方，依旧直接管理企业并干预企业的生产经营活动。

2. 承包制企业“负盈而不负亏”的问题未解决；

3. 企业行为短期化。即使把承包期适当延长，但只要有承包期限，那么在承包期过半后，拼设备、吃老本的现象仍难以避免；

4. 生产要素不易在社会范围内优化组合；承包制实际上把全民所有制分割为条条所有、块块所有了；

5. 在承包制之下，国有资产有可能被企业以各种方式侵蚀，形成“虚盈实亏”，结果，国有资产不断流失；

由此可见，企业改革的目标模式应是股份制。实行股份制，不仅可以避免上述缺陷，而且可以使企业经济效益不断提高。这是因为：

1. 股份企业以股东大会为最高权力机构，股东大会选举董事会，董事会聘任厂长。于是就可以做到政企分开，自主经营。

2. 股份企业是由多方投资者所创办的。投资者必须承担风险，承担亏损责任。投资者按股权大小在董事会中拥有一定席位。董事会由多方投资者的代表组成，这些代表通过一定的程序对企业投资行为进行审议，以保证投资的盈利性。

3. 股份企业的生产经营好坏影响到股票的升值与否。股份企业如果把利润分尽，不留积累，拼设备，那就必然在竞争中失败。这迫使股份企业重视设备更新，重视长期发展战略，重视积累。于是可以避免企业行为的短期化。

4. 实行股份制以后，企业兼并容易进行，企业集团容易组建，而证券市场的发展又有利于资源的有效配置，这样，生产要素得以在社会范围内优化组合，产业结构的调整也会顺利得多。

5. 股份制之下，国家股由国有资产管理部门持有，并对之负责，从而可以使国有资产得到维护，避免流失。

总之，从承包制走向股份制是必然的趋势。

六、在中共十四届三中全会通过的《中共中央关于建立社会主义市场经济体制若干问题的决定》中，有这样一句话：“公司可以有不同的类型。具备条件的国有大中型企业，单一投资主体的可依法改组为独资公司，多个投资主体的可依法改组为有限责任公司或股份有限公司。”

独资公司一词在这里正式被提出。上述决定中还有这样两句话：“国有股权在公司中占有多少份额比较合适，可按不同产业和股权分散程度区别处理。生产某些特殊产品的公司和军工企业应由国家独资经营，支柱产业和基础产业中的骨干企业，国家要控股并吸收非国有资金入股，以扩大国有经济的主导作用和影响范围。”在这里，又把独资公司的范围作了明确的限定，即不把支柱产业和基础产业中的骨干企业包括在独资公司的范围之内。这些规定对于国有大中型企业的改革十分重要。

国家独资公司是有限责任公司中的一种特殊形式。换句话说，有限责任公司有两种形式。一是普遍形式，即由多个投资主体投资组成的有限责任公司。另一种是特殊形式，即由单一投资主体投资组成的有限责任公司。

在西方，有限责任公司一般都是由多个投资主体(多个股东)投资组成的，但容许建立只有一个股东的有限责任公司，称做“一人公司”、“独股公司”。这种公司的股东只有一人，该股东以其出资额对公司负有限责任。它是怎么建立或形成的？不外两条途径。一条途径是：公司是由某个投资主体独自建立的。第二条途径是：公司本来由多个投资主体投资建立，但后来，股份逐渐转到某一个投资主体的手中，于是公司就成为“一人公司”或“独股公司”。“一人公司”或“独股公司”与独资的自然人企业不同，前者是有限责任制公司，后者则是自然人企业，其业主以个人全部财产对企业承担无限责任。

在中国的企业改革过程中，建立国家独资公司主要出于以下两方面的考虑：

第一，国有大中型企业应当尽可能改组为多个投资主体的有限责任公司或股份有限公司，但某些行业的性质特殊，这里的企业原来只有国家这一投资主体，改组时不便吸收其他的投资主体加入，于是就改组为国家独资公司。

第二，有的行业的经济效益较低，即使在改组时想吸收其他的投资主体加入，但很可能缺乏吸引力，于是只好改组为国家独资公司。

正因为如此，所以在中国的企业改革过程中，国家独资公司是作为有限责任公司中的特例而存在的，其范围限定于性质特殊的企业或经济效益较低的企业，如生产某些特殊产品的企业和军工企业。支柱产业和基础产业中的骨干企业，如钢铁、运输、能源、造船、汽车、机车、机器制造、化工、电子等大型企业不包括在组建国家独资公司的范围内，它们的目标模式是多个投资主体的有限责任公司或股份有限公司。

明确国家独资公司的有限范围是很必要的。在中国，很容易犯"一哄而起"的毛病。一听说可以改组为国家独资公司，就会有不少国有企业闻风而动，以为"改为国家独资公司那还不好办，改个名称，换个招牌就行了"，于是一下子就会冒出成千上万家所谓的"国家独资公司"，换汤不换药，与建立现代企业制度的要求格格不入。限定国家独资公司的有限范围，有助于遏止这种"公司换牌风"。

即使是生产某些特殊商品的企业和军工企业，要想改组为国家独资公司，仍必须按规范的要求改组。

同其它的公司(多个投资主体的有限责任公司和股份有限公司)一样，国家独资公司也是实行独立核算，自主经营，自负盈亏的企业法人，国家作为出资者只以投入公司的资本额对公司负有限责任。国家独资公司不套用行政级别，国家公务员不担任公司的董事或经理。

国家独资公司自身的特殊之处主要表现在以下三点：

1．国家独资公司由于只有国家这一个出资者，所以没有股东会这种组织，而只需设立董事会，负责公司的经营管理。

2．由于没有股东会，所以国家独资公司的董事会成员不是股东会选出的，而是由国家授权投资的机构或国家授权的有关部门委派的。

3．本来由公司股东会行使的职权，包括决定增加或减少注册资本，向股东以外的人转让股份等，改由国家授权投资的机构审批。

至于公司的经营活动，仍应同其它公司一样，不受国家行政部门的干预。

还需要指出，国家独资公司是指单一投资主体组成的公司。如果有两个投资主体，并且都是政府出资的(比如上海市与江苏省各出一部分资本建立一个公司)，那么这不能被称为国家独资公司，而应是多个投资主体组成的有限责任公司，一切都按多个投资主体的有限责任公司的规定组建与经营管理。

七、完全自由放任的市场经济，无论在资本主义国家还是在社会主义国家都不存在，市场经济与国家的宏观调控始终是连结在一起的。市场对资源配置起基础性的调节作用，而国家的宏观调控则对市场经济的稳定与持续发展发挥高层次的调节作用。

与计划经济中凭长官意志干预经济的做法不同，在市场经济中，宏观调控需要有法律作为依据，政府行为应当以法律为准则。

具体地说，在市场经济活动中，政府的职能将转变，政府作为资产所有者的职能同政府作为管理者的职能将分开，政府对经济的管理将由直接的管理转变为间接的管理，而且，由于财产关系明确了，国家在某一企业的具体的资产同整个国家的资产区分开来了，某一企业的具体资产的代表者只是这个企业的法人代表，而不再是政府。这样，在合同上的国家资产利益的代表者，也就不再是政府主管部门，而是国家投资的某个公司、某个具体经济单位。再说，在经济中，各种合同的签约者也不再是政府主管部门，而是代表国家资产利益的某个公司、某个具体经济单位。这和情况是正常的，是与市场经济的性质相适应的。在这种情况下，如果交易活动中出现了纠纷，政府可以根据法律对纠纷进行公正裁决。公正裁决的标志就是以法律为尺度，严明契约的责任，对违约一方采取应有的制裁措施，并尽可能降低合同的履行成本，减少契约纠纷给当事人造成的经济损失。当政府以市场管理者的身份出现时，市场经济的运行将会顺畅得多。

当政府运用经济调节手段对经济进行调节时，政府的调节应当有法律的根据。缺乏法律根据的、完全凭行政主管人意志的调节对资源配置是有害的。在市场经济中，不仅市场运行要在法律规定的范围内实现，而且宏观调控也要按照法律来进行。

宏观调控包括两大领域，一是对社会供给与需求之间的平衡关系进行调控，二是对收入分配与再分配进行调控。关于这个问题，可以从以下两方面来说明。

第一，从社会供给与需求之间的平衡关系来看，在市场调节之下，如果出现了较大的供需差额而市场又无法解决这一问题时，政府从维持经济稳定这一角度出发，有必要采取财政手段，金融手段等对经济进行调节。政府调节将影响微观经济单位对成本与收益的评价，调整各自投入与产出的品种和数量，进而使微观经济单位投入与产出的品种和数量同市场的需要趋于一致。但政府调节不应是随意性的，而应以法律为根据。宏观调控部门按法律办事，宏观调控过程中就可以使各个微观经济单位直接或间接取得比较准确的信息，在调整各自的投入与产出方面同市场的需要比较接近，同政府调节的意图之间的差距也会缩小，于是宏观调控的成效就比较显著。

第二，从收入分配与再分配的角度来看，在市场调节之下，收入按人们提供的生产要素的数量和质量支付，按生产要素所产生的效益支付，这样，收入差距的扩大是难以避免的。虽然这种收入分配的格局不一定符合社会分配总的格局的要求。但由于市场机制起作用的结果会使得效益增长，而效益增长又是符合经济发展的要求的，因此，在收入分配方面，一个重要的原则应当是：市场按效益的分配是第一次分配，国家在收入领域内进行第二次分配。第一次分配着重效率，第二次分配兼顾效率与公平。例如，国家征收个人所得税，给贫困地区与贫困户以各种帮助，在国家、单位、个人共同出资的条件下统筹社会保障事业等等，都属于第二次分配的范围。这样，就可以避免收入差距的偏大，以有利于社会利益的协调。在政府进行收入的第二次分配时，同样需要以法律为依据。政府依法调节收入，调节的成效就显著，否则，政府对收入的调节将达不到预定的目的。

(作者所在单位：北京大学工商管理学院)

建立社会主义市场经济体制的行动纲领

高 尚 全

党的十四届三中全会通过的《中共中央关于建立社会主义市场经济体制若干问题的决定》，充分体现了邓小平同志建设有中国特色社会主义的理论，是对党的十四大提出的建立社会主义市场经济体制目标的具体化、系统化，在理论和实践上有重要突破和发展，是建立社会主义市场经济体制的行动纲领。

改革以来，我们党对经济体制改革有过许多重要决策，其中关键性的、综合性的改革设计有过两次：一次是1984年《中共中央关于经济体制改革的决定》；一次是1993年11月作出的《中共中央关于建立社会主义市场经济体制若干问题的决定》。这两个《决定》都是全党智慧的结晶，有着显著的特点：

一、勾画了建立社会主义市场经济体制的基本框架，设计了继续深化改革的总体蓝图。

(一) 建立社会主义市场经济体制，就是要使市场在国家宏观调控下对资源配置起基础性作用 建立社会主义市场经济体制的根本要求是：要把市场经济优化资源配置、提高效率的功能，同公有制维护社会公正、促进共同富裕的目标结合起来。既要体现市场经济的一般法律，吸收和借鉴国外的成功经验，又要体现社会主义制度的本质特征，总结我们自己的实践经验。现代市场经济的一般规律主要是：一切商品和包括土地、资本、劳动力、技术在内的全部生产要素，都要进入市场，市场机制在资源配置中起基础性作用；产权关系明晰，利益主体多元，企业成为自主经营、自负盈亏、自我发展、自我约束的独立法人和市场竞争的主体；政府主要通过经济手段对经济活动实行间接调控，培育良好的市场环境，保护社会整体利益，实现公共目标；经济关系法制化，企业依法经营，政府依法管理。在社会主义条件下搞市场经济，必须坚持公有制的主体，多种经济形式共同发展。确保公有资产的保值、增值、才能不断发展、壮大公有制经济。建立社会主义市场经济体制，除了要讲公有制、按劳分配为主体和共同富裕外，要突出效率和效益，同时兼顾公平。只有这样，才能最大限度地发挥社会主义制度的优越性。

建立一个规范完善的社会主义市场经济体制是一个长期的、艰巨的过程。因此，我们既要大胆解放思想，又要坚持实事求是，从我国的国情出发，既要有一个比较完整的基本框架，又要紧紧抓住当前改革和发展中的突出矛盾和问题重点突破；既要反映抓住时机、加快建立新体制的紧迫性，又要考虑到建立和完善新体制需要有一个发展过程。

要在本世纪末初步建立社会主义市场经济体制，需要做的工作很多，但必须抓住重点，首先确立新体制的基本框架。

(二) 社会主义市场经济体制的基本框架由五个环节组成 一是建立适应市场经济要求的现代企业制度，形成以公有制为主体、多种经济成分共同发展的充满生机和活力的微观基础；

二是建立全国统一的市场体系，实现城乡市场紧密结合，国内市场与国际市场相互衔接，促进资源的优化配置；

三是建立以间接手段为主的完善的宏观调控体系，转变政府管理经济的职能，保证国民经济的健康运行；

四是建立以按劳分配为主体，效率优先、兼顾公平的收入分配制度，鼓励一部分地区一部分人先富起来，走共同富裕的道路；

五是建立多层次的社会保障制度，为城乡居民提供同我国国情相适应的社会保障，促进经济和社会的稳定。

正如《决定》所说："这些主要环节是相互联系和相互制约的有机整体，构成社会主义市场经济体制的基本框架。"同时，也阐明了社会主义市场经济的基本特征。必须围绕这些主要环节，加快改革步伐，把社会主义市场经济体制的基本框架建立起来。

(三) 正确认识和把握建立社会主义市场经济体制框架主要环节的地位以及相互之间的内在联系 理顺产权关系，建立适应市场经济要求的现代企业制度，是建立社会主义市场经济体制的基础和中心环节。这是因为，企业是市场的主体，现代企业制度是社会主义市场经济体制的基本制度。没有现代企业制度，社会主义市场经济就成了无源之水和无本之木。由于企业是各种生产要素组合而成的经济实体，包括劳动力、资本、技术在内的要素市场和整个市场体系，既是建立现代企业制度的前提条件，又是现代企业经济运行的必然结果。在生产力诸要素中，人是最活跃的因素。与建立现代企业制度相配套，为了调动和充分发挥劳动者的积极性、主动性和创造性，必须建立合理的收入分配制度，打破平均主义，实行多劳多得，以体现效率优先、兼顾公平的原则，形成市场经济运行的动力机制。只有这样，才能提高劳动生产率和经济效益。

应当看到，在发展社会主义市场经济过程中，市场并不是万能的，建立健全有效的宏观经济调控和社会保障制度，是企业行为和市场机制所不能替代的，因为企业和市场不具有也不可能有宏观调控和社会保障的功能。宏观调控体系是社会主义市场经济体制的调节器，而社会保障制度则是社会主义市场经济体制的安全阀和稳定器。只有建立以间接手段为主的完善的宏观调控体系，建立多层次的社会保障制度，才能确保社会主义市场经济体制的系统性、完整性和统一性，有了这样一个新体制，才能促进经济和社会的稳定，保证国民经济健康有序地运行。

二、把理顺产权关系、建立现代企业制度放在突出的位置，明确提出了"法人财产权"的概念

(一) 国有企业实现自主经营、自负盈亏所需要的市场环境 国有企业实现自主经营和自负盈亏，早在1984年《中共中央关于经济体制改革的决定》中就明确提出来了，但是到现在还没有实现这一目标，原因在于有两大难点还没有解决：一是还没有形成企业自主经营所需要的市场环境，二是还没有找到企业自负盈亏的具体实现形式，没有解决好企业产权的理论和实践问题。

企业自主经营需要有一个市场环境，而形成市场环境是一系列体制配套改革的结果。如果不改革有关体制，形成市场环境、把企业推向市场只能是一种愿望，不可能成为现实。概括地说，要形成商品市场，必须改革计划体制、流通体制、价格管理体制。在按指令性计划安排生产、通过统配调拨实现流通、由政府决定产品价格的条件下，就没有商品进入市场，价格也不能成为反映供求状况、调节供求关系的信号，企业就只能依靠政府的指挥调度进行生产经营，而无法进入市场。进一步说，企业自主经营只有商品市场是不够的，还必须有要素市场，主要是资本市场，劳动力市场和技术市场。这又必须改革投资体制、金融体制、劳动人事体制和社会保障体制。到目前为止，这几个方面的体制改革都有不同程度的进展，但都还没有到位，尤其是资本市场和劳动力市场不发育，这是制约企业自主经营和进一步面向市场的重要原因。

根据有关方面的抽样调查，我国市场环境的现状有以下几个基本特点：

第一，商品市场和要素市场发育程度有很大差异。由于计划、流通、价格等体制改革的步子比较大，因此形成商品市场比较快，企业在产、供、销方面的自主权也就比较大。投资、金融、劳动、人事、社会保障体制的改革步子比较小，形成要素市场比较慢，企业在这方面的自主权也就比较小。

第二，大中小型企业面对的市场环境有很大差异。小型企业面对的市场环境较好，因而经营自主权也较大；大中型企业，特别是生产重要产品的骨干企业面对的市场环境比较差，因而自主经营的程度也就比较小。

第三，不同行业的企业面对的市场环境有很大差异。生产投资类产品和生产消费类产品行业的企业，面对的市场环境比较好，经营自主权比较大；原材料部门和基础工业部门的企业面对的市场环境比较差，经营自主权比较小。

第四，不同地区的市场环境有很大差异。特区、开发区市场发育较好，其余地区市场发育较差。

从以上这四个方面的差异中，既可以看到我们过去改革的成果，也可以看出改革进程中的滞后环节；既可以明确继续前进的现实基础，也可以明确深化改革的重点所在。在此基础上就可以找到转换企业经营机制的途径和方法。

（二）国有企业改革需要产权理论上的突破 企业自负盈亏，必须有具体的实现形式，需要理论上的突破。无论负盈还是负亏，都是对企业财产权主体的要求，企业要实现自负盈亏，就必须使企业成为其财产权的主体，而国有企业其财产属全民所有，企业怎样才能拥有财产权主体呢？这就是我们要解决的国有企业自负盈亏的实现形式问题，也是迫切需要解决的产权理论问题。

对于企业产权制度改革，理论界和实际部门进行了有益的探索。大体有三种提法：一是法人财产支配权；二是法人所有权；三是法人财产权。

关于企业法人财产支配权：按照《企业法》和《全民所有制工业企业转换经营机制》的规定，企业对国家授予的财产享有占有、使用和依法处分的权利。在讨论中，许多人认为这个概念表述不清，虽然《民法通则》已明确经营权是一种独立的民事财产权利，但是人们仍然把它看作是一种行政管理权限，即不触动产权关系的企业活动权。在计划经济体制下，企业是政府的附属物，给企业放权实际上是行政管理权的下放。企业作为商品生产者实际上并不具有独立的财产。因此，企业难以做到对国有资产保值增值、自负盈亏。

关于企业法人所有权。赞成使用"法人所有权"概念的同志认为，法人所有权是现代市场经济的产物。以法人所有权即股东权这一权利结构处理企业与其出资人的法律关系，是现代各国民法、商法的通例。商品交换是商品所有者彼此让渡自己的商品，因此是一种商品所有权或产权的交换。"在这里，人们彼此只是作为商品的代表即商品所有者而存在"。（《马克思恩格斯全集》第23卷第103页）要使国有企业成为真正的商品生产者、经营者和市场主体，必须对自身的商品、自身的财产具有独立的所有权。企业享有法人所有权，作为独立的民事主体，独立从事法律行为，承担法律责任，可以摆脱出资人对企业生产经营活动的直接干预。法人所有权只是一种法律形式，它不会改变企业的所有制性质，决定所有制性质的是实际控制公司的股东本身的性质。

关于企业法人财产权。所谓企业法人财产权是企业对国家授予其经营管理的财产依法享有的独立支配权。法人财产权是经营权与法人制度的结合。经营权一旦与法人制度相结合，就构成法人财产权。企业经营权是相对于国家所有权而言的，重点规定的是企业和国家之间的财产权利义务关系。法人财产权是相对于企业的其他民事权利而言的，重点规定的是企业作为独立法人与企业财产之间的权利义务关系。企业法人财产权既与《企业法》、《企业转换经营机制条例》所规定的经营权相衔接，又充实了经营权的内容。法人财产权与企业经营权有什么不同？一是《企业转换经营机制条例》所规定的经营权是指："企业对国家授予其经营管理的财产享有占有、使用和依法处分的权利"，不包括收益权，而"企业法人财产权"包括了收益权的有关内容。随着经济的发展和改革的深化，竞争性企业投资将由国家为主体逐步向企业为主体转变。企业以现金、实物、无形资产或购买股票、债券等有价证券方式进行投资，应分得利润或股利，享有收益权。二是《企业转换经营机制条例》只规定了"企业以国家授予其经营管理的财产承担民事责任"，而没有明确规定对企业是否承担连带责任。企业法人财产权概念明确后，国家对企业债务不承担连带责任。提出企业法人财产权，有利于正确理解和进一步落实企业经营权，有利于理顺产权关系，保障国家所有权，实现国有资产的保值增值。因此，《决定》采用了"企业法人财产权"的提法。

（三）建立现代企业制度是国有企业改革的方向 《决定》指出，"建立现代企业制度，是发展社会化大生产和市场经济的必然要求，是我国国有企业改革的方向。"什么是现代企业制度？其基本特征是什么？根据国际经验和我国的实际情况，第一，要有明晰的产权关系，企业拥有法人财产权，这样就能使企业成为享有民事权利、承担民事责任的法人实体；第二，要使企业以其全部法人财产，自主经营、自负盈亏，照章纳税，对出资者承担资产保值增值的责任；第三，出资者按投入的资本承担有限责任；第四，企业按照市场需求组织生产经营，在市场竞争中优胜劣汰，政府不直接干预企业的经营活动；第五，要建立科学的企业组织结构和管理制度，使所有者、经营者和职工之间形成互相激励和约束的机制。

《决定》指出，"国有大中型企业是国民经济的支柱，推行现代企业制度，对于提高经营管理水平和竞争能力，更好地发挥主导作用有重要意义。""国有企业实行公司制，是建立现代企业制度的有益探索。"公司制是现代市场经济体制下企业制度的主要法律形式。公司法人的基本特征是：一是具有独立的法人地位，具有与自然人相同的民事行为能力，可以以自己的名义起诉和应诉；二是自负盈亏，以由股东出资形式的公司法人财产独立承担民事责任;三是完整纳税的独立经济实体;四是采用规范的成本会计和财务会计制度。

(四) 企业作为市场竞争主体的基本条件 市场经济活动主体的风险和竞争特性,决定了作为市场竞争主体的企业应该具备两个基本条件。

一是,企业根据市场需要来决定自身的行为取向,自主决策企业生产要素的组合及经营运行。如果企业生产什么,经营什么,如何进行生产和从事经营,如何交换等均由政府作出决定,企业就不可能面向市场,就不可能有充分的市场竞争,也不能要求企业承担其生产经营活动的后果。只有自主经营的企业,才有理由要求其承担市场活动的后果,也才能够促使其面向市场,按照市场需求的变化制定经营战略、调整产品结构、灵活组织生产,以有效发挥市场机制对企业微观活动的调节作用。

二是,企业能够独立承担市场活动的后果,也就是企业要在法律上成为财产权主体,具有独立的财产权利和财产责任。在激烈的市场竞争中,企业同时面临着机遇和风险,抓住机遇就能发展,否则就要承担风险,这就相应出现了企业参与市场竞争的两种结果:(1) 企业在竞争中取胜,获得竞争利益,企业要有占有自主经营其财产得到的收益,这是企业参与竞争的内在动因,而这又是企业财产所有权主体才有的权利;(2) 企业在竞争中失败,遭受竞争风险,造成企业亏损,欠下债务,要求企业以其自身财产弥补亏损或清偿债务,这是市场竞争铁的法则,而这又是财产权主体才能够承担的责任和具备的能力。因此,市场竞争主体的风险和竞争特性,要求企业必须能够自主经营市场活动并具备独立承担市场活动后果的财产能力,即市场经济从本质上要求企业成为自主经营、自负盈亏的独立法人实体,成为企业财产权的主体。

(五) 公司体制的好处和形式 对国有企业实行公司制改组,可以脱离原来全民所有制企业的法律框架,其好处是:

第一,企业自负盈亏,走出国有企业改革面临的怪圈。国有企业按公司体制改造,即国家代表全民作为股东以其出资额对企业承担有限责任,并委托董事进行经营;企业则在法人财产权的基础上自负盈亏。企业最大的约束就是自负盈亏,企业自负盈亏可以防止企业滥用所有权和国有资产流失。从而改变国有企业"一放就乱,一乱就收,一收就死,一死就叫,一叫又放"的现象。

第二,促进理顺产权关系。实行公司体制改造势必要求理顺政府对企业的产权关系,明确政府的所有者机构,并派出股权代表参加企业的董事会。

第三,为政企分开、企业自主经营创造了条件。只有政资分开,资企合一,政企才能真正分开。公司体制改造要求政资分开,资企合一,这就使政企分开有了前提。同时,所有权与经营权的分离在企业内部由明确、稳定的制度规范和组织结构予以保证,为消除政府对企业的不适当行政干预、保障企业自主经营提供了可靠的组织与制度条件。

第四,企业自负盈亏后,才可能真正面向市场。全民所有制企业由于实质上是国家统负盈亏,并且盈亏责任不落实,因此,企业更多地面向政府而不面向市场,政府想推也不一定推得动。企业自负盈亏后,面向市场就会成为企业求生存、图发展的内在要求。

第五,企业经营者、职二的盈亏责任制将得到更好落实,促进企业效率和效益的提高。由于所有者进入企业,产权约束更为严格,并且也更容易界定经营者、职工的盈亏责任,形成更有效的激励和约束机制。另外,还有增加企业经营灵活性,促进各类企业公平竞争等作用。

公司体制可以有不同的形式,具备条件的国有大中型企业,单一投资主体的可改组为独资公司,多个投资主体的可依法改组为有限责任公司或股份有限公司。股份制能比较好地规范国家与企业的关系,是适应市场经济发展的有效形式,必须创造条件,积极稳妥地扩大试点面,使之规范化健康地发展。上市的股份有限公司,只能是少数。实行公司体制,要着重于转换机制,要通过试点,逐步推行。

三、建立统一开放的市场体系,当前着重发展生产要素市场。劳动力市场、资本市场是生产要素市场的重要组成部分,在理论和实践有了新的突破和发展。

(一) 当前着重发展生产要素市场 《决定》指出:"发挥市场机制在资源配置中的基础作用,必须培育和发展市场体系。当前要着重发展生产要素市场"。为什么要着重发展生产要素市场?

改革开放以来,我国的市场建设取得了巨大成就,特别是商品市场蓬勃发展,城乡集贸市场遍布全国,农产品批发市场形成网络,日用工业品市场空前活跃,生产资料市场有所突破。现在,全国已有集贸市场7.6万多个,1992年成交额达3530亿元,相当于社会商品零售总额的25.2%,其中亿元以上的有100多个;各类批发市场约有3000多个,包括粮食、食油、副食、蔬菜、服装、丝绸、皮毛、家具、中药材、各类小商品等专业市场,其中有12个市场的年成交额都在10亿元左右;生产资料市场约有1000多家,年成交额达500亿元;以期货市场为目标的规范化的批发市场和交易所开始出现，如郑州粮食批发市场、深圳有色金属交易所、上海金属交易所、苏州商品交易所，以及其他一些大宗商品交易所等，都在探索中前进。尽管也存在着违背市场原则，不顾条件与可能，盲目发展，追求数量和行政级别，部门分割、重复建设等问题，但毕竟已形成规模，发挥着重要作用，为企业走向市场提供了活动的舞台，大家期望的“不找市长找市场”的局面已开始出现。

现在市场建设的薄弱环节是要素市场严重滞后，不能适应建立社会主义市场经济体制的要求。目前，直接金融市场在我国资金运用总量中只占10％左右，资本市场处在刚刚起步阶段。劳动力的流动也还没有根本改变原有体制的格局。科技成果的转化率实际并不很高，机械电子行业科技成果，大面积推广应用的只占5％。生产要素价格市场化程度很低。这就妨碍了全国统一开放市场的形成，影响了市场配置资源基础作用的发挥。因此，当前市场建设的重点应当放在生产要素市场建设上，并在今后取得突破性进展。

一切生产要素都进入市场是社会主义市场经济体制的本质要求，是建立完善市场体系的重要内容，也是优化资源配置的核心问题。生产要素市场包括资本市场、劳动力市场、技术市场、土地市场、产权市场等。没有要素市场的发展，就不可能实现要素的合理流动，当然也不可能真正实现资源的优化配置。

(二) 明确提出劳动力市场概念，是经济体制理论和实践的重要突破　为什么要提出劳动力市场概念？在社会主义市场经济的基本理论中，还没有一个概念能够准确地描述实践中客观存在的劳动力供求情况。理论界特别是经济部门在涉及这一领域的问题时，往往用“劳务市场”、“劳动市场”、“劳动就业市场”等概念。党的十四大确立了建立社会主义市场经济体制的改革目标后，对培育和发展劳动力市场的呼声越来越高了。因此，提出“劳动力市场”的概念，是符合市场经济发展规律的。只有理直气壮地提出劳动力市场，才能加快建立社会主义市场经济体制。

*第一，确立劳动力市场概念，首先要看到劳动力与劳动者、劳动就业的区别。*在社会主义条件下，劳动力具有商品的属性，就是说，劳动力同样具有使用价值和价值的二重性，劳动力的价值同样要通过交换才能实现，于是就产生了劳动力市场。

在社会主义条件下，劳动力是否具有商品属性？现在人民是国家的主人，怎么能把劳动力当作商品属性来看待呢？产生这样的问题的主要原因，是把劳动力和劳动者两个概念混淆在一起了。

实际上，劳动力不等于劳动者，更不同于劳动就业，劳动力和劳动者、劳动就业是三个既有联系又有区别的概念。马克思曾说：“我们把劳动力或劳动能力，理解为人的身体即活的人体中存在的，每当人生产某种使用价值时就运用的体力和智力的总和。”(《资本论》第1卷，第190页)简言之，劳动力指的是劳动者的劳动能力；劳动者指的是劳动的主体即人自身。劳动者在劳动力市场上交换的是自己的劳动能力，而不是交换人自身。在交换过程中，劳动力供求双方平等协商、互相选择的场所就是人们所说的劳动力市场。

劳动者不同等的个人天赋，因而也有不同等的工作能力。劳动力属于劳动者自己所有，劳动者“是自己的劳动能力、自己的人身自由的所有者”“……他在让渡自己的劳动力时不放弃自己对它的所有权”(《马克思恩格斯全集》第46卷上册，第471页，第496页)从而，使劳动力市场的存在和发展有了可能和现实基础。劳动就业是就业过程本身，不是生产要素，就业过程是不能进行交换的，进入市场交换的既不是劳动者，也不是劳动就业，既不是劳动，也不是劳务，只能是劳动力。劳务是商品，但不是要素市场的商品，不是生产要素，因此提出劳务市场是不够科学的。劳动与劳动力的概念也是不同的，劳动是劳动力的使用，是价值的实体和内在尺度。劳动不能作为商品在市场上交换，只能在生产领域中进行，只有劳动力才能在市场上有价格。因此，不能用劳动市场替代劳动力市场。

从西方市场经济体制中，劳动力市场(Labour market)被看作是最重要的生产要素市场。一些经济学家认为，劳动力市场的均衡决定着所有市场的均衡。人们可以通过劳动力的边际成本和边际收益的比较，分析劳动力市场的需求状况，评价劳动力资源配置的合理程度。

*第二，确立劳动力市场的概念是建立社会主义市场经济体制的内在要求。*从社会资源配置的角度讲，大体上存在两种方式：一种是通过行政计划的运作来配置资源，即计划经济；一种是以市场为基础来配置资源，即市场经济。我们要建立社会主义市场经济体制，就必须建立统一、开放、竞争、有序的市场体系，不仅全部的商品，而且全部生产要素都应进入市场。生产要素包括物质资源、资本和劳动力资源，其中，劳动力作为生产要素中唯一具有能动性的因素，在生产要素中起着重要的作用。如果其他生产要素进入市场，而单单把劳动力排斥在市场之外，就不可能形成统一开放的市场体系。因此，从建立社会主义市场经济体制的内在要求出发，也应确立劳动力市场的概念。只有劳动力进入市场，劳动者的素质、劳动者的价值得到准确公正的评价，企业和劳动者才能在自愿基础上进行双向选择。从

而促进劳动力资源以及整个社会资源的优化配置。

第三，劳动力市场是经济生活中客观存在的现实。在我们的经济生活中已经存在着劳动力市场，这是无可否认的事实。根据国家统计局提供的1992年的有关数据计算，在各行业社会劳动者(农业劳动者除外)人员结构中，国有单位职工人数为1.09亿，占各行业社会劳动者(农业劳动者除外)总数的43%；非国有单位职工(劳动者)人数为1.45亿，比重为57%。这说明，在除农业外的全社会各行业中，由市场配置的劳动力资源已经超过半数。其中，工业由市场配置的劳动力资源的比例为56%，交通运输与邮电通讯业为60%，商饮业与物资供销、仓储业为67%，建筑业则高达77%。这里若再考虑农业流动性的剩余劳动力资源，则需要由市场配置的劳动力资源比例就更大。面对已经进入市场的庞大的劳动力资源，我们应审时度势、因势利导，及时确立劳动力市场的概念，并将培育和发展劳动力市场的工作提到今后深化改革的重要议事日程中。

第四，从今后经济发展中的就业压力来看，加速培育和发展劳动力市场势在必行。我国人口众多，劳动力资源丰富，劳动力供大于求的矛盾将长期存在。据有关部门提供的数据表明，在我国农村，现有劳动人口4亿左右，其中剩余劳动人口大约近2亿，而且，今后每年将以1000万的速度递增，预计到2000年，将达到2.5亿左右。在城镇，每年新增加的要求就业人员达800万左右，到2000年，全国城镇累计需要安排的就业人员在6000万以上。在国有部门内部，现在职工1.09亿，冗员现象普遍存在，随着政府机构、企业劳动用工制度的改革，预计有1000万人需要转移。也就是说，到2000年，我国将面对3.2亿人的就业压力，这一数字接近于美国、英、法三国人口数的总和。

与上述情况形成鲜明对照的是，我国目前的劳动力市场还处于发育的初级阶段，存在着一系列亟待解决的问题。从市场竞争主体看，在国有部门中，由于劳动人事制度尚未进行彻底改革，阻碍了市场主体的形成；在非国有部门，尽管市场主体地位已基本形成，但市场主体的权益还缺乏保障。从市场运行机制上看，劳动力价格标准不统一，在相当大的领域内，工资既不反映劳动力成本，也不反映劳动力供求状况，没有发挥调节市场运行的机制作用。从市场竞争秩序上看，缺乏必要的维护竞争、调控市场以及法律监督的手段。从市场服务体系上看，社会保障制度尚未完全建立，从就业培训到医疗、工伤、退休保险以至失业救济等方面的社会化程度还很低。因此，只有通过深化改革，加速培育和发展劳动力市场，才有可能在今后的经济发展中承受巨大的就业压力。

第五，确立劳动力市场的概念，并不影响工人阶级主人翁的地位。这可以从三个层次上加以说明:(1) 承认劳动力市场，则意味承认劳动力具有商品的属性；但劳动力具有商品的属性，并不等于劳动者就是商品。劳动者具有交换和保留自身劳动力的权力，有择业的自由，这正表明劳动者是自身劳动力的主人，从而实现劳动的平等和就业机会的平等；相比较旧经济体制下劳动者必须附于某个部门或单位的人的状况来看，劳动者具有支配自身劳动的自由应该说是历史的进步，并不影响工人阶级的主人翁地位。(2) 承认劳动力市场，并不意味着社会主义条件下的劳动力市场与资本主义条件下的劳动力市场没有本质的区别。在资本主义条件下，由于生产资料的私有制，造成劳动者和生产资料的分离，迫使劳动者出卖自己的劳动力，从而失去了对自己的劳动力的支配权，变为雇佣工人，劳动力的个人所有权变质了。在社会主义条件下，劳动者是向劳动者集体交换自己的劳动力，并参加民主管理，使其真正实现了劳动力的个人所有权。由于出现了公有制为主体的多种社会经济成分共同发展的局面，由于资产所有权、占有权、使用权的分离，等等，劳动者与生产资料还不能无条件地直接结合，必须也只有通过一个"中介"即市场，才能实现劳动力资源的优化配置，才能取得更好的社会经济效益。(3) 我们讲工人阶级的主人翁地位，是就工人阶级整体而言的，劳动者个人不等于劳动者整体。劳动者个人交换与保留自身的劳动力，并不表明他就丧失了作为工人阶级一分子的身分。同时，随着改革的深化，我们还应通过立法的形式，进一步建立、健全劳动力市场的秩序，维护广大劳动者的合法权益，因此，这只能是进一步加强和巩固了工人阶级的主人翁地位。

(三) 积极稳妥地发展资本市场，促进社会主义现代化建设 在社会主义经济中允许不允许资本存在？这是经济体制改革和发展中必须解决的重大问题。我国经过"三大改造"，基本上取消了资本这一经济范畴，而用资金的概念取代它。开始时对"利润"的概念也接受不了，孙冶方同志曾提出企业实现利润是牵牛鼻子的问题，但被视为资本主义的概念受到了批判。后来对"商品经济"也当作是资本主义的概念，认为社会主义只能搞计划经济，不能搞商品经济。至于资本和资本市场更认为等同于资本家、资本主义了。

改革开放以来，从国外引进了外国资本，城乡个体经济、私营经济的发展，各种经济联合体实行了入股分红，不少地方和企业的社会集资，有的企业发行了职工内部股，吸收了个人投资。利用外资和国内私人资本可以弥补建设资金的不足，并引导消费，有利于生产力的发展。在多种经济成分并存条件下，承认资本存在，有利于国民经济发展。目前，不同经济成分活力、发展速度的不同，与它们是否按资本规律经营关系密切。例如，有些国有企业虚盈实亏，而有些“三资”企业却虚亏实盈；私营企业尽量多提折旧，而有些国有企业却少提甚至不提折旧，其后果是一些国有企业在“吃老本”，资本金减少，资产负债率大幅度上升，平均盈利水平低。资本增值慢，是国有经济近几年在国民经济中比重持续下降的重要原因之一。

在资本主义条件下，货币转化为资本，资本家利用资本占有剩余价值。资本是种社会经济关系，只有它与私有制相联系时，才是剥削关系的表现。“资本是集体的产物，它只有通过社会许多成员的共同活动，而且归根到底也只有通过社会的全体成员的共同活动，才能动作起来。”“所以，把资本变为社会财产。这里所改变的只不过是所有制的社会性质。它将失掉它的阶级性质。”(马克思和恩格斯:《共产党宣言》，《马克思恩格斯全集》第四卷，人民出版社1958年版，第481页)

在社会主义条件下，问题不在于是否创造剩余产品的价值，而在于新增的剩余产品价值归谁所有？是否变为社会财产？是否为人民和社会造福？我们搞社会主义市场经济，资本的增值意味着包括公有制为主体的所有者资本的扩大，社会财富的增长，这有利于社会主义生产力的发展，有利于社会主义国家综合国力的增强，有利于人民生活水平的提高。

把国家资金转化为国家“资本”，按照“资本”所有权来建立国家与企业的关系，既有利于政企分开，搞好企业，也有利于国家运用投资和贷款的经济手段，加强对企业的宏观调控。企业以资本为手段从事经营活动，亏损以资本去抵偿，盈利是所有者的效益。资本的增值，是企业的经济目的。建立企业约束机制，首先要有强有力的资本约束，这样才能避免“分光吃净”和“企业空壳化”现象。

允许资本的存在必然会引起所有制形式的变化。在积极促进国有经济和集体经济发展的同时，鼓励个体、私营、外资经济发展，形成了以公有制为主体、多种经济成分共同发展的格局。在一些全民所有制企业中，吸收职工和集体企业投资，有的发行了B股和H股，企业法人之间互相参股，正如《决定》所说“随着产权的流动和重组，财产混合所有的经济单位越来越多，将形成新的财产所有结构”。这是所有制理论和实践的发展。

允许资本的存在也必将引起分配体制的变化。《决定》指出:“鼓励城乡居民储蓄和投资，允许属于个人资本等生产要素参与收益分配。”我们要坚持以按劳分配为主体、多种分配方式并存的制度。必须处理好两个关系问题：一是按劳分配与按资分配之间的关系；二是国有资本与私人资本之间的关系。既要鼓励一部分地区一部分人先富起来，又要避免两极分化，逐步实现共同富裕。

资本市场要积极稳妥地发展债券、股票融资。《决定》指出:“发展和完善以银行融资为主的金融市场。资本市场要积极稳妥地发展债券、股票融资。建立发债机构和债券信用评级制度，促进债券市场健康发展。”

资本市场(Capital market)也可称长期资金市场，期限在一年以上的中、长期资金借贷或证券交易的市场。货币市场(Money market)也可称短期资金市场。改革以来，国民收入分配格局发生了重大变化。居民储蓄在国民总储蓄的份额由1979年的占23.55%，上升到目前的70%以上。居民的巨额储蓄绝大部分以存款形态出现的。因此，要在稳定储蓄的同时，积极稳妥地发展债券、股票融资。调整资本市场结构，规范地有步骤地扩大股票市场。这样，可以提高企业自有资本的比重，可适当增强企业对中央银行金融调控的承受能力。现在国有企业资金绝大部分是银行负债，银根一紧，直接影响企业生产经营活动。由于我国的国有企业还没有真正建立起自我约束机制，企业为了追求产值和发展速度，不考虑市场筹资成本，而金融的宏观调控是直接控制贷款而不是间接控制货币供应量，直接融资脱离了市场需求的变化，不能充分发挥市场对资源优化配置的作用。要建立信用评级制度，规范股票债券的发行，促进资本市场的健康发展。

四、宏观调控主要采取经济办法，充分发挥中央和地方两个积极性

(一) 社会主义市场经济必须有健全的宏观调控体系 从高度集中的计划经济体制改革为社会主义市场经济体制，必须强调充分发挥市场在资源配置方面的基础作用，不强调这点就无法建立社会主义市场经济体制。另一方面，应当看到市场并不是万能的，它存在着自发性、盲目性、滞后性，因此必须加强宏观调控，建立宏观调控体系，以弥补市场的不足。所以，市场机制的作用和宏观调控这两者是相互结合、相辅相成的、缺一不可的。这方面容易取得共识，但问题是怎样进行宏观调控？

《决定》规定了宏观调控的主要是:“保持经济总量的基本平衡，促进经济结构的优化，引导国民经济持续、快速、健康发展，推动社会全面进步。”并明确指

出，“宏观调控主要采取经济办法”，通过深化改革，建立宏观调控体系，而不是回到计划经济体制的老路上去。

建立宏观调控体系，必须建立计划、金融、财政之间的相互配合和相互制约的机制，加强对经济运行的综合协调。在宏观调控中，中央银行发挥什么作用？这是一个十分重要的问题。中央银行的政策目标，既有要肩负支持经济增长的重担，又有稳定货币的责任，而且往往把经济的发展放在首位，在货币政策上不得不采取扩张性，这就削弱了稳定货币的职能。《决定》明确提出“中央银行以稳定币值为首要目标，调节货币供应总量，并保持国际收支平衡。”中央银行的政策目标明确后，有利于稳定货币，抑制通货膨胀。

(二) 近期要在财税、金融、投资和计划体制的改革方面迈出重大步伐 财税体制改革的重点，一是建立分税制，就是把现行地方财政包干制改为在合理划分中央与地方事权的基础上，建立中央税、共享税和地方税。二是按照统一税法、公平税负、简化税制和合理分权的原则，改革和完善税收制度。推行以增值税为主体的流转税制度。三是改革和规范复式预算。

金融体制改革的重点，一是要把中国人民银行办成真正的中央银行，主要用经济办法调控货币供应量，保持币值稳定，即从主要依靠信贷规模管理，转变为运用存款准备金率、中央银行贷款利率和公开市场业务等手段进行管理。二是现有专业银行要逐步转变为商业银行；三是组建政策性银行，实行政策性业务与商业性业务分开；四是改革外汇管理体制，建立以市场为基础的有管理的浮动汇率制度和统一规范的外汇市场。

投资体制改革的重点，一是竞争性项目的投资主体由政府转变为企业，由企业自行决策，逐步建立法人投资和银行信贷的风险责任；二是用项目登记备案制代替现行的行政审批制，这是投资体制从计划经济转向市场经济的重大改革；三是基础性项目建设要鼓励和吸引各方面投资。

计划体制改革的重点，一是计划要以市场为基础，总体上是指导性计划，计划经济体制下计划主要是指令性计划；二是计划工作的任务，是合理确定发展战略、实现调控目标和产业政策，搞好经济预测；三是突出宏观性、战略性、政策性，重点放在中长期规划上；四是建立新的国民经济核算体系，完善国民经济核算体系和宏观经济监测预算系统。

(三)合理划分中央与地方经济管理权，转变政府职能 是一级宏观调控还是两级宏观调控？所谓宏观调控就是经济总量的调控。因此，宏观调控权必须集中在中央，包括货币的发行、基准率利率的确定和重要税种税率的调整不能由地方来决策。只有这样，才能保证经济总量的平衡，才能优化经济结构，才能建立全国统一开放的市场体系。

为了充分发挥地方的积极性，《决定》规定了各省、自治区和直辖市必要的管理权力。一是按照国家法律法规和宏观政策，制定地区性的法规、政策和规划；二是充实地方税种，增加地方收入，通过地方税收和预算，调节本地区的活动；三是充分运用地方资源，促进本地区的经济和社会发展；四是根据需要有步骤地组建农村合作银行和城市合作银行，以支持地区经济的发展。

为了建立社会主义市场经济体制，迫切需要转变政府职能，改革政府机构。《决定》对政府管理经济职能作出了明确的规定，“主要是制定和执行宏观调控政策，搞好基础设施建设，培育市场体系，调节社会分配和组织社会保障，控制人口增长，保护生态环境，管理国有资产，实现国家的经济和社会发展目标。政府经济管理部门要转变职能，精减机构，加强社会管理职能，不直接干预企业的生产经营活动。”

《决定》思想性、针对性和指导性很强，回答了实践中提出的许多重大问题，对深化改革、扩大开放提出了新的要求。指出了建立社会主义经济体制是一项复杂的系统工程，对建立合理的个人收入分配和社会保障制度、农村经济体制改革、对外经济体制改革、科技和教育体制改革、加强法制建设、加强和改善党的领导，坚持两手抓、两手都要硬的方针，都提出了相应的要求。

这个《决定》是一个历史性、纲领性文件，必将对我国改革开放和现代化建设产生重大而深远的影响。

(作者单位：国家经济体制改革委员会)

关于建立现代企业制度的几个问题

王 忠 禹

一、为什么要建立现代企业制度

为什么要建立现代企业制度？从根本上说是中国经济体制改革的目标决定的。中国经济体制改革的目标是建立社会主义市场经济体制，而企业是市场的基本经济单元和竞争主体，确立企业的主体地位，是建立社会主义市场经济体制的根本问题。那么在构造市场经济体制宏观框架的同时，必须重视市场微观体系，建立与市场经济相适应的现代企业制度。具体说，我理解主要有两个方面的理由：

第一，这是我国十几年企业改革的必然结果，或者说是我国经济发展的必然趋势 企业改革一直是整个经济体制改革的中心环节。谈起这一点，我想还是从国有企业是不是真正的企业这个命题谈起。日本有位经济学家在70年代末来中国考察后曾断言:“中国没有企业”。当时我们有许多人都大惑不解。他的理由很简单，认为企业应是独立经营的经济实体，中国的国营企业连建一个厕所都需要向上级打报告，怎么能算真正的企业呢？我们暂且不谈他的观点对不对。先来粗略回顾一下我国企业改革的历程。在传统的计划经济体制下，国家集所有者、管理者、经营者职能于一身，对国营企业的经营活动实行统一计划、统一管理，企业的厂长由国家委派，原材料国家统一调拨，劳动力由国家统一分配，产品实行统购统销，财务实行统收统支。当时，政府集分配社会资源和经营管理企业两种职能于一体，称企业为“国营”是非常确切的。党的十一届三中全会首次提出了让国营企业有更多的经营管理自主权。接下来从1979年底抓扩权试点开始，1981年推行工业经济责任制，1983年实行利改税。1984年党的十二届三中全会作出《关于经济体制改革的决定》，提出增强企业特别是国有大中型企业的活力是经济体制改革的中心环节；提出了所有权与经营权可以适当分离的理论。从此，国有企业出现多种经营方式。到1987年底，全国75％左右的国有大中型企业实行了承包经营责任制，也出现了国有小型企业租赁经营。1988年颁布了《企业法》和《承包经营责任制条例》，80％以上的企业实行了承包经营责任制。为了增强企业活力，1991年9月中央工作会议提出搞活企业20条政策措施，提出了转换企业经营机制问题。企业以劳动、人事、分配三项制度的配套改革为突破口，把竞争机制引入企业。1992年，《转机条例》正式颁布，抓住企业生产经营自主权问题，将企业改革大大向前推进了一步。但由于企业制度上的弊端，相当一部分企业仍难以走出困境。国有大中型企业是国民经济的主体，现有国有大中型企业14000多家，占全国企业总数的3.9％，创造的工业产值占全国乡及乡以上工业总产值的46％，上缴国家利税占67％。因此，他们经济效益的好坏关系极大，举足轻重。近几年来，国有企业的经济效益不佳，大面积亏损的问题较为严重，企业亏损面1988、1989、1990和1991年分别为12％、16％、35％、36％。目前的状况仍然是1/3经营效果好，1/3潜亏，1/3明亏。面对发展速度和经济效益都比较快的乡镇企业和三资企业，国有企业的现实状况迫使我们必须分析国有企业活力不足的深层次原因。党的十四大确立了我国实行社会主义市场经济体制，并写进了宪法。建立市场经济体制需要有独立的市场主体存在，面对这样的实际，为了解决国有大中型企业的问题，1993年5月，中央为准备召开三中全会，由中央财经领导小组组织了《决定》起草小组和16个专题调研小组。江泽民总书记提出要总结十几年来我国企业改革的经验与教训，研究建立现代企业制度的问题。国家经贸委承担了建立现代企业制度这个专题，由经贸委牵头13个部委24位同志参加的调研小组开始了为期五个月的调研。通过广泛调研并结合学习邓小平同志建设有中国特色社会主义理论。我们感到，把企业改革一直作为整个经济体制改革的中心环节是非常正确的。

通过上述简单的回顾可以看出，15年来，我们一直在抓企业改革，企业改革基本沿着所有权与经营权相分离，扩大企业自主权，改革经营方式，以市场为导向，搞活国有大中型企业的思路向前推进。《企业法》确立了企业作为商品生产者和经营者的法律地位，《转机条例》是建立社会主义市场经济体制的一块基石，即将颁布的《国有资产监管条例》将为明确产权、理顺产权关系，推动企业进入市场奠定基础。应当肯定，在各项改革中，企业改革一直是走在前面的，我们的企业改革在推动搞活企业方面取得了很大成就。当然，我们也必须承认，过去企业改革的各项措施还没有从根本上解决国有企业不活和实现“四自”的要求。没有完全触及到计划经济体制下企业制度本身的改造。长期困扰国有企业的政企不分、产权不清、企业自主权不落实、自我约束机制不健全的问题，尚未得到根本性的解决，以致企业活力不足，企业行为难以规范。这种以放权让利为主要特征的国有企业改革难以完全摆脱政府的行政束缚，政府的权好象永远放不完，结果国家对国有企业仍负无限责任。停产、开不出工资都找政府。目前这方面存在的问题主要是:(1)资产国家所有，但是管理责任不清，资产流失严重。据统计，8年之内流失了2300亿元，这是推测，还有虚数。折旧该提不提，虚增利润，分了吃了，企业老化，得不到补偿。(2)企业内所有者代表缺位。企业内有经营者、劳动者，没有所有者代表。实际上厂长只能代表经营者。(3)政府任何部门都可以以所有者身份干预企业生产经营活动。(4)产权代表没进入企业，企业决策者仍然在政府。这种管理方式不适应市场经济要求。所以国有企业还不具有现代市场经济所规范的市场主体的基本属性，即独立的、自主的法人经济实体和市场竞争主体。也就是说，我国的国有企业在很大程度上，还不是真正意义上的企业。这个问题必须解决。不解决国有企业制度创新问题，国有企业经营机制不可能发生根本性的变化。十四届三中全会《决定》，在总结了我国十几年企业改革的经验教训后，找到了解决我国国有企业体制深层次的出路，这就是，从放权让利为内容的政策调整转变为以产权清晰、权责明确、政企分开、管理科学为内容的制度创新，即建立现代企业制度上来。

第二，这是社会化大生产和建立市场经济体制的必然要求，也是市场经济国家的共同做法。 现代企业制度的建立与一个国家的社会生产力发展水平，商品经济的发达程度紧密相联。世界上第一个现代企业的产生是1840年的美国铁路公司，迄今已有150多年的历史。整个资本主义现代企业的发展阶段才是本世纪初的事情。也有近百年的历史了。现代企业成熟的标志一般认为有四个:(1)完善的法人制度;(2)公司制，有的学者也称内部单位多元化;(3)出现经理阶层;(4)所有权与经营权相分离。现代企业制度是与市场经济体制相对应的高级企业组织形态。与市场机制是孪生兄弟。1991年诺贝尔经济学奖金获得者罗纳德·科斯有一个著名的定理，即企业是市场机制的替代物。这从某种程度上说明了它们之间的关系。我国企业发展的历史较短，解放前几乎是空白。但是由于社会主义制度的优越，我们仅仅用45年时间就初步建立了现代工业化体系，社会化大生产也已初具规模，特别是近15年的改革开放，使国民经济更是有了长足的发展。社会化大生产要求企业组织形态要高级化，必须有使资金(本)产生聚合作用的企业组织形式，只有现代公司企业才能适应这一要求。党的十四大提出了建立社会主义市场经济体制的目标，企业是市场的基本经济单元和竞争主体，确立企业主体地位是建立社会主义市场经济体制的根本问题。这就是说，我们在构造市场经济体制宏观框架的同时，必须塑造市场经济体制的微观基础，建立与社会主义市场经济体制相适应的现代企业制度。因此，建立现代企业制度是与构筑我国市场经济体制相配套的微观领域的一项“基础工程”。我们可以说，没有社会主义市场经济的提出，就不可能有建立现代企业制度的需要。而现代企业制度，是使企业真正成为面向国际、国内市场的法人实体和市场竞争主体的一种企业体制。所以，现代企业制度与市场经济体制之间是一种谁也离不开谁的相互依赖、相互联动的关系。由此，我们可以这样说，我国建立现代企业制度的历史条件、时机已经成熟。

综上所述，我们认为，现代企业制度是市场经济和社会化大生产发展的产物，是人们在实践中按经济规律和生产力发展的内在要求创造的一种文明成果，属于全人类的共同财富，是我国国有企业改革的方向。我们就是要从我国的实际出发，吸收和借鉴世界发达国家的有益经验，建立既符合国情又能与国际接轨的具有中国特色的现代企业制度。

二、现代企业制度的基本内容

根据三中全会《决定》的精神，我们所要建立的现代企业制度是适应社会主义市场经济要求，以规范和完善的企业法人制度为基础，以有限责任为特征，以公司制为主要形态的新型企业制度。但并不是把所有企业都改成公司。它的基本点包括企业法人制度、有限责任制度、科学的组织制度。《决定》中具体规定了现代企业制度应具有的基本特征，这就是:(1)产权关系明晰，企业中的国有资产所有权属于国家，企业拥有包括国家在内的出资者投资形成的全部法人财产权，成为享有民事权利，承担民事责任的法人实体;(2)企业以其全部法人财产，依法自主经营，自负盈亏，照章纳税，对出资者承担资产保值增值的责任;(3)出资者按投入企业的资本额享有所有者的权益，即资产受益、重大决策和选择管理者等权利。企业破产时，出资者只以投入企业的资本额对企业债务负有限责任;(4)企业按照市场需求组织生产经营活动，以提高劳动生产率和经济效益为目的，政府不直接干预企业的生产经营活动。企业在市场竞争中优胜劣汰，长期亏损、资不抵债的应依法破产;(5)建立科学的企业领导体制和组织管理制度，调节所有者、经营者和职工之间的关系，形成激励和约束相结合的经营机制。这5个基本特征是一个完整的整体，缺一不可，必须同时具备。实际上这5个方面就是建立现代企业制度的主要内容。下面我谈一谈对《决定》规定的这一内容的理解和体会。

第一，《决定》中指出的“现代企业按照财产构成可以有多种组织形式”这一段话，对现代企业组织形态有了新的划分标准，即按照财产的组织形式和所承担的债务责任形式来划分企业，而不是以所有制性质来划分企业。 这是《决定》的一个重要突破。国际上通常把企业按法律形态分为三类:独资企业、合伙企业、公司企业。前两者属自然人企业，出资者对企业债务承担无限连带责任;公司企业属法人企业，主要包括有限责任公司和股份有限公司，出资者以出资额为限对企业债务承担有限责任。在我国，除上述企业组织形式外，还有国家独资公司(《公司法》将其列为有限责任公司的一种特殊形式)、国有国营企业(如造币厂、铁路、邮电等)以及股份合作制企业等。这些组织形式分别适合我国现阶段不同层次、不同类型企业的实际状况。其中，公司企业有效地实现了出资者所有权与法人财产权的分离，具有资金筹集广泛、投资风险有限、组织制度科学等特点，在现代企业组织形式中具有典型和代表性。除国家独资公司外，今后只要国家在公司中具有控股地位，就可称是国有企业了。目前国有企业比重下降，有一个原因就是凡是合资不论是否控股就不算国有企业了，这种统计方法要改。实际上，绝大多数企业是多种经济成分共存的，因为企业的出资者可能是国家、法人，也可能是自然人，很难再以经济性质划分企业。最近，国家工商局也已根据《决定》的精神，在企业登记制度中，改变了过去以经济性质作为工商登记主要内容的传统做法。

第二，法人财产制度和有限责任制度是完善法人制度的重要内容。 法人制度是否完善，主要是看企业法人是否具有独立的财产权和能否以自己的全部资产承担债务责任。在计划经济体制下，国有企业作为国家行政机构的附属物，没有独立的法人地位。在实行有计划的商品经济过程中，国家虽然通过立法形式建立了企业法人制度，但这是一种不完整的法人制度。国有企业名义上虽有法人地位，却没有法人所必须具备的独立的财产权，难以建立企业财产约束机制，只能负盈不能负亏，实际国家对企业负有无限责任，企业还不是真正独立的法人。企业法人制度的实质，对国有企业而言，是确认国家拥有财产的所有权，企业拥有独立的法人财产权，并据此享有民事权利，承担民事责任，成为民事主体。只有这样，才能进一步解决国有企业从有人负责到有能力负责的问题，实现企业民事权利能力和行为能力的统一，在市场中形成千千万万个能够自负盈亏的法人实体。

公司企业法人财产制度是一种新的企业财产组织形式。随着企业财产法律制度的逐步完善，已成为现代企业制度的重要内容之一。《决定》中规定了企业具有法人财产权，最近出台的《公司法》也规定企业法人享有全部法人财产权。全部法人财产权是由什么构成的呢？按我们去年公布实施的企业财务会计《两则》，企业资产是指该企业实际拥有和控制的全部财产的总和。也就是说，法人财产权既包括由出资者最终所有的那部分财产权，也包括企业负债所形成的财产。法人财产权表现为企业依法对企业资产拥有即占有、使用、处分和收益的全部权利。以独立的财产对自己的经营活动负责。出资者将其资金投入法人企业后，就意味着将这个部分资产占有、使用、处分和收益的权利依法让度给企业法人，出资者转为依法享有股东权益，即资产受益、重大决策和选择管理者等权利。公司法人财产制度具有以下特点:(1)营利是法人财产制度建立的目的。(2)公司财产采取法人财产形式，法人财产具有延续性。只要公司存续，公司法人就不会丧失财产权，股东的变动不影响法人财产权的行使。(3)公司财产具有整体性和不可分割性。出资人一旦将财产投入公司就不得抽回，也不能以个人意志支配那一部分财产了。(4)多个投资主体相联合，从而导致企业制度的重大变化:公司本身出现两个不同层次的利益主体，即股东和公司法人。(5)股东享有的股权与法人财产权的分立，使企业所有权与经营权分离成为现实。(6)股权的可转让性，使得公司的组织结构调整更加灵活，使优胜劣汰成为现实。

有限责任制度是法人制度的重要组织部分。它与一般意义的企业责任制有着本质的区别。有限责任制度是指公司债务责任的有限性。对股东而言，是以其出资额为限对公司债务承担有限责任，除此之外，与出资者的其他财产无关;对公司法人而言，对其债务的追索，是以其全部资产为限，如果公司资不抵债，就依法破产。

建立法人财产制度和有限责任制度具有重要意义。对国家来说，并未改变国家所有者的地位，改变的只是国家对企业中国有资产的管理方式，即由资产实物形态的管理转变为资产价值形态的管理，国有资产总量并未减少和流失。企业国有资产增值和收益均属国家所有，而对企业经营风险，国家只以其出资额为限承担有限责任。而且，国家通过国有股权的控股，可以增大国有资产的控制范围，即以一定比例的资本控制较多的资本。对企业而言，拥有法人财产权，通过建立资本金制度和资产经营责任制，落实自负盈亏的责任，促使企业根据市场供求关系和价值规律占有、使用、处分、运作自己的资产，盘活资产存量，实现有效增值。并由此割断了政企职责不清的脐带，为企业摆脱政府行政机构附属物的地位奠定了基础。通过理顺产权关系，完善企业法人制度，为公有制与市场经济的有效结合创造了条件。一方面，国家掌握所有权，保证了财产的公有制性质;另一方面，通过法人财产权的确立，企业真正成为自主经营、自负盈亏的商品生产者和经营者，塑造了适应社会主义市场经济体制运行要求的多元经济主体，有利于在国家宏观调控下发挥市场对资源配置的基础性作用，并使国有资产在市场经济条件下有效运行，在流动中保值增值。

第三，现代企业制度具有一套完善的公司治理结构 它的组织制度和领导体制与过去的企业组织制度和领导体制有明显的不同。最明显的特征是:所有者、经营者和生产者之间通过公司的权力机构、决策和管理机构、监督机构形成各自独立、权责分明、相互制约的关系，并以法律和公司章程加以确立和实现。这种组织制度既赋予经营者充分的自主权，又切实保障所有者的权益，同时能够调动生产者的积极性。在国外，公司“治理结构”的概念已被广泛采用，强调的是公司股东会、董事会、经理、监事会的职能互相协调和互相制约关系。依照我国《公司法》，公司治理结构的组成一般可以考虑:

1．股东会是公司的最高权力机构。全体股东实际是公司的所有者。主要有三项权利:资产受益权、重大决策权和选择经营者的权利。体现在具体的活动中，就是通过股东会以表决方式选举和罢免董事会和监事会成员，制定和修改公司章程，审议和批准公司的财务预算、决算、投资以及收益分配等重大事项。

2．董事会是公司的经营决策机构。董事会实际上是公司法人的执行机构。换句话说，公司实行的是董事会制，并不是董事会(更不是董事长)领导下的总经理负责制，也不是股东会领导下的董事会制。董事会是一个经营班子，不是虚设的机构。因此，虽然国外的公司法内容千差万别，但是对董事会的定义几乎都是一样的。即董事会是必备的执行业务的常设机关。董事会对股东会负责，其职责就是执行股东会的决议，决定公司的生产经营决策和任免总经理等。其中最重要的职责是运营好属于公司的资产。董事长是董事成员之一，并对外代表公司。董事会实行集体决策，采取每人一票和简单多数通过的原则。董事会成员对其投票要签字在案并承担责任。公司的总经理并不是公司组织机构的一个层次。他负责公司的日常经营管理活动，对公司的生产经营进行全面领导，依照公司章程和董事会的授权行使职权，对董事会负责。重要的一点是对总经理实行董事会聘任制，不实行上级任命制。

3．在一般公司制企业中，为了使公司的经营活动能够有效地进行，必须把相应的权力集中于董事会和总经理；同时为了防止董事会、董事、经理滥用职权违背股东利益，又必须强化监督职能，成立监事会。监事会作为公司的监督机构，由股东和职工代表按一定比例组成，经股东会选举产生，对股东大会负责。其职权是依法和依公司章程对董事会和经理进行监督，审核公司财务状况，保障公司利益及公司业务活动的合法性，提出奖惩、任免建议等。有关部门对其分工监管的企业国有资产，根据需要派出的监事会不同于一般公司制企业内部的监事会，它由国家授权的有关部门派出，对国有资产保值、增值实行监督。

以上组织结构的规定只是一般原则。我们在具体运作中还要处理好几种关系。如：第一，必须充分发挥企业党组织的政治核心作用，保证和监督党和国家方针政策的贯彻执行。除按党的章程规定活动外，公司里的党组织负责人可通过法定程序进入董事会、监事会，参与企业重大问题的决策。第二，实行职工民主管理是现代企业制度的特征之一，既要发挥工会的作用，也要有职工代表依法定程序进入监事会，参与对企业的经营管理的监督工作。第三，国有企业领导体制的衔接需要有一定的灵活性。如国有企业改组为独资公司的，在监事会、股东会的职权和经理班子的设立上，可有一定的灵活性。如采取董事会与经理班子合一的做法等。总之，建立现代企业的组织制度、领导体制，必须依据建设有中国特色社会主义理论，使其既能充分体现党组织的政治核心作用，又能体现民主决策；既赋予经营者应有的自主权，又能调动职工积极性，需要通过试点结合中国实际进行探索。

第四，科学的企业管理制度也是现代企业制度的重要内容。 重点是对企业的机构设置、用工制度、工资制度和财务会计制度等进行改革，建立严格的责任制体系。限于时间的关系，我就不展开说了。企业机构的设置由企业自主决定。大型企业逐步形成投资中心、利润中心和成本中心的管理格局。用工制度目标是企业依法享有用工自主权，劳动者依法享有择业自主权。取消企业内干部与工人、不同所有制身份的界限。工资制度目标是由劳动力市场供求状况对工资水平的确定起基础性作用。经营者的收入与资产的保值增值及企业利润相联系，职工收入根据其岗位、技能和实际贡献来确定。财务会计制度目标是建立与国际惯例接轨的企业财务会计体系。

三、怎样建立现代企业制度

建立现代企业制度，是一项艰巨复杂的系统工程，绝不可能一蹴而就。《决定》中讲“必须积累经验，创造条件，逐步推进”。资本主义国家的现代企业经历了整整一个世纪才发展成现在的样子。即使是新兴的工业国家和地区也经历了几十年的时间。我们刚刚开始进入市场经济，因此既要积极又要慎重。当前必须防止一哄而上，把本来很好的事搞糟了。我们认为，必须经过试点有步骤地进行。《决定》中第二部分第五条对这方面工作已经讲得很清楚。具体来说需要进行如下工作。

第一，建立现代企业制度必须坚持社会主义方向，即坚持公有制经济的主体地位和发挥国有经济的主导作用，各种经济共同发展的方针。 国有大中型企业是国民经济的支柱，在整个国民经济中具有举足轻重的作用，必须搞好。

第二，将转换企业经营机制作为当前的工作重点，坚定不移地贯彻执行《转机条例》和即将颁布的《监管条例》，把企业各项权利和责任不折不扣落到实处。 两个《条例》既可为建立现代企业制度奠定基础，又可与现行制度和改革措施相衔接。在这方面，我们经贸委在去年底提出了“万千百十”转机建制规划，其目的就是要把建立现代企业制度与其他的企业改革相配套，与以前的改革措施相衔接，与国家出台的其他各项改革措施相呼应。目前重要的是企业要转变观念，克服对政府的依赖思想，树立竞争观念、效益观念，建立起约束激励机制。同时要加强企业管理，特别是基础管理，包括质量、劳动、技术、销售、信息、财务、成本等管理。

第三，推行现代企业制度，要根据我国企业的实际情况，区别对待。 《决定》指出“国有企业实行公司制是建立现代企业制度的有益探索”，但并不是把所有国有大中型企业都改组为公司。要防止把不需要或不具备条件的企业硬性改为公司，或简单更换名称，搞翻牌公司。现代企业制度分类推进的主要思路是:1. 一部分企业仍要保持国有国营的形式。如涉及国家安全、国防、尖端技术、某些特定行业、特定产品的企业。其中有适合公司制经营的，按国家独资公司改组。2. 条件具备的国有大中型企业，按一般的公司制改组。其中基础产业和支柱产业中的骨干企业实行国家控股。3. 积极稳妥地发展一批以公有制经济成份为主体的大型企业集团，在其内部形成多层次的大公司体制。4. 国有小型企业也按现代企业制度加以规范，有的改组为有限责任公司，有的搞股份合作制企业，有的还可采取其他形式，如承包、租赁、拍卖等。5. 城乡集体企业在产权界定清楚的前提下，可以选择更加灵活的形式。

第四，抓好建立现代企业制度的试点。 根据国务院的统一部署，我们将会同国务院有关部委一起选择百家国有企业进行现代企业制度试点。最近，根据国务院现代企业制度试点工作协调会议的要求，14个部门组成了试点工作文件起草小组，《试点方案》已经修改到第五稿。该方案主要包括试点目的、试点原则、试点内容、试点的配套措施。实际上是把三中全会《决定》的精神通过试点落到实处，使试点企业按规范进入公司制的运行轨道，起到示范作用，以此促进国有企业彻底转换经营机制，真正走向市场。

第五，加快现代企业制度配套法律法规的立法步伐。 《公司法》已经出台，但是面对全国现已存在的众多不规范的公司和国有企业、集体企业以及乡镇企业相当一部分要改组为公司制的实际，必须抓紧制订与《公司法》相配套的法规，如《现有公司清理、变更和注册登记管理办法》、《国有企业改组为有限责任公司的实施办法》、《国有企业改组为股份有限责任公司条例》、《国家授权投资的机构与部门行为规则》、《国有独资公司资产监督管理办法》、《国家控股公司条例》、《国家购买与转让股份管理办法》等。还包括有关市场主体法律法规的制订，如独资企业法、合伙企业法、股份合作企业法等。有关涉及市场秩序方面的法律法规，如商事行为法、反垄断法，还有《破产法》实施细则等，都急需制订或修订。

第六，加快改善企业外部环境的步伐。 如政府职能的转变，以及宏观调控体系、完备的市场体系和各类中介组织的建立等。当前影响现代企业制度建立的主要因素是社会保险制度的建立和解除国有企业不合理负担等问题，需要制定具体的配套措施加以解决。具体来说就是:第一，要通过调整资产负债结构，建立企业资本金制度。对企业因外部原因造成的不合理负担和债务，区别情况，经核实批准，分别采取冲销银行呆账准备金、转增国有资本金或挂账停息等措施解决。第二，加快建立社会保险制度。建立社会保险基金，实行社会统筹和个人账户相结合，采取开征社会保障税等办法。第三，减轻企业办社会的负担。企业自办的学校、医院等后勤部门，创造条件，分别采取由社会承接、独立经营、出售等办法，逐步从企业中分离出去。第四，培育产权交易市场。企业产权经评估、竞价后，可依法转让，所得收入用于再投入。第五，发展和规范各类市场中介组织。组建和发展行业协会、商会等组织，发挥对企业的技术服务、产业导向、信息交流、监督协调等作用。第六，其他配套措施。建立国家订货制度，减少对企业扩大再生产的审批内容，实行公开化、规范化管理，按统一税制纳税，对有条件的大中型企业在融资、进出口等方面采取放宽措施。支持和扶持重点产业、幼稚产业的振兴等。

(作者所在单位:国家经济贸易委员会)

坚持公有制的主体地位　变革国有经济的传统模式

杨　启　先

继续深化企业改革，必须解决深层次的矛盾，着力进行企业制度的创新，建立现代企业制度。这是在党的十四届三中全会《关于经济体制改革若干问题的决定》中，明确提出的我国企业、特别是国有企业改革的目标，也是整个经济体制改革进入现阶段面临的一项非解决不可的攻坚课题。它对于我国在本世纪末能否初步建立社会主义市场经济的新体制，乃至经济改革能否最终取得成功，具有十分重要的意义。由于这一目标的提出时间不长，现在一般都感到对其精神实质还理解不深，对一些具体问题的看法也不尽一致。为了有效推进这一改革，尽快缓解国有企业长期存在的矛盾和问题，很有必要就为什么要提出建立现代企业制度，现代企业制度应有的内涵和建立的难点以及如何从实际出发，逐步将有条件的国有企业改造为现代企业制度等，进行一次广泛深入的探讨，并取得基本一致的共识。为此，本文拟谈一些个人的理解和看法。

一、为什么要提出建立现代企业制度

我国经济改革的目标，经过10多年的理论讨论与实践探索，在党的十四大报告中已经明确，就是要建立社会主义市场经济体制。要建立起这一体制，顾名思义，必须要有一个统一、开放、竞争、有序的市场和市场体系，作为资源配置和整个经济运行的基础。而要培育、发展、形成这样一个市场，又必须要有在市场中活动的主体即广大企业的体制和机制与之相适应。否则，市场和市场体系也不可能很好发展并最终逐步形成、完善。因此，从改革一开始，我们在提出扩大市场、发挥市场对经济的调节作用的同时，就很重视企业的改革，内容主要包括两个大的方面：一是在坚持公有制为主体的前提下，大力发展多种所有制经济，特别是社区公有制性质的乡镇企业，逐步培育、建立起一大批不依靠国家投资，不受国家指令性计划管理，完全按照市场原则组织生产经营、具有竞争活力和优胜劣汰机制的非国有经济。对此我们已取得了丰硕的成果。这是我国经济改革之所以能达到已有的成就，经济得以持续较高增长的最重要的原因之一。二是积极推进国有企业领域的种种改革，反复强调要认真搞活企业，把增强企业活力，明确规定为整个经济体制改革的中心环节。我们围绕放权让利和搞活企业，曾经颁发了许多文件和条例规定，作了大量工作，采取了多种不同的措施和办法。到现在为止，一些局部地区和少数企业曾经实行过的办法不说，只算在全国范围内普遍实行过的，已经有以下四种，即大体上3到4年就变换一种新的办法。

其一，1979—1982年，主要为实行利润分成阶段。 即将国家所有制企业原来实行的有了利润全部上交，发生了亏损也完全由国家负责包下来的统收统支制度，改为实现利润在国家与企业之间适当分成的办法。开始一般是按利润总额分成，企业所得比例很小；进而又扩大到基数分成加增长分成，即基数利润企业所得比例仍然很小，增长利润部分企业分成比例可适当大一些。但因为并没有触动企业原有体制和制度，加上价格绝大部分仍由国家规定，比价关系很不合理，企业无法在平等条件下竞争，往往形成"鞭打快牛"的现象，即经营好的不一定得利多，经营差的不一定得利少。这种办法难以调动大多数企业的积极性。当然，也不可能使企业的活力真正增强。

其二，1983—1986年，主要为实行利改税阶段。 即鉴于利润分成所带来的企业留利不公，分成比例"一对一"谈判，随意性很大的缺点，将原来实行的利润分成改为"以税代利"。开始是"税利并存"，即企业有了利润，先按法定统一所得税率向国家交纳55％的税，然后再协商核定上交利润数字。1984年全部利改税，即一般都按法定税率交55％的所得税，税后利润较多的企业，再按一定比例征收一笔调节税，以保证国家财政收入不致减少过多。但由于仍然没有触动企业原来那种制度和体制，企业产权关系没有任何变化，加之，所得税加调节税税率太高，多数企业负担过重，不仅仍然没有使企业活起来，而且导致了连续两年多企业上交财政数字下降。从而使这种办法也很难坚持下去。

其三，1987—1991年，主要为实行利润承包阶段。 即鉴于利改税办法企业负担过重和价格不合理导致企业留利苦乐悬殊，遂改为通过政府有关部门同国有企业一对一地协商谈判，确定每年上交利润的递增速度、比例或绝对数，然后实行"包死基数、保证上交、超收多留、欠收自补"的办法；同时，按照"企业法"的要求，扩大企业的自主权。但由于国有企业的体制和制度，仍然是政企职责不分，所有权与经营权不分，所以最终绝大多数仍然是包而不死，盈利多了可以按承包合同执行，盈利少了和发生亏损，还是吃"大锅饭"。加上治理整顿期间市场疲软，产品库存大量增加，企业利息支出和各种负担加重，利润率大幅度下降，到1991年，除极少数企业承包的效果还比较好以外，2/3已经处于亏损或虚盈实亏的状况，根本无利可包了，原定承包办法及合同当然也无法继续执行。

其四，1992年—现在，主要为转换企业经营机制的阶段。 即鉴于上述已经实行过的几种办法，其成效都不很明显，或者在刚开始实行时较好，时间长了就不行了；或者在少数企业中很有效，推广到其他企业就不行。这说明已不单是通过一般的放权让利就能解决的问题，而主要是国有企业经营机制本身就不合理，导致了企业的生产经营自主权很难真正落实，甚至一些已经下放的自主权，一有机会就又被上级主管部门以这样那样的借口上收了。从而势必造成企业既无动力、也无压力，或者只有激励而无约束的状况。因此，从1991年下半年起，我们又明确提出，要转换国有企业的经营机制，把国有企业也推向市场，并且，以落实和扩大企业自主权为中心，制定并颁布了国有企业转换经营机制的条例，具体规定了国有企业应有的14个方面的自主权。该条例现正在全国大力贯彻执行。这当然是非常必要的。但从各方面反映的一些情况来看，由于国有企业的产权关系和管理格局基本上没有发生变化，经营机制转换的进度也很不理想。

总起来说，通过上述几种办法，除少数以外，国有企业的改革，不但至今没有取得预期的效果，而且面临着以下几个方面的严峻局面。

1．国有企业大面积的亏损和虚盈实亏。据多方面的分析估计，现在国有企业的效益状况基本上是三三制，即1/3左右亏损，1/3左右虚盈实亏，1/3左右有盈利。也就是说，2/3基本上是亏损的。而且，这还是按过去的老会计制度计算，如果按新会计制度计算，亏损企业的比例可能超过70％以上。

2．国有企业对国家资金的大量浪费。现在，在实际工作中常常有一种说法，认为国有企业的问题和困难，主要是国家的投入不足。从个别企业和行业看，可能如此，但从全局看，则根本不是那么一回事。目前，无论是全国的固定资产投资，还是银行的贷款总量，用于国有经济的都占70％以上，但在整个国民生产总值的增长中，国有经济所占的份额，1992年只有30％，1993年只有20％，其投入资金效益之低和浪费资金之严重，可见一斑。

3．国有企业生产在经济中的比重下降越来越快。以国有比重最大的工业产业为例，在1978年时，约占全国工业总产值的80％，到1991年，下降到52％，即平均每年下降两个百分点。到1992年，即下降到48％，一年下降达四个百分点;1993年，又下降到42—43％，即一年下降达五到六个百分点。由于多种所有制的发展，国有产值比例逐步下降一些是预期中的事，是必然的，但在国家投入占这样大比例的情况下还这样加速度下降，则是很不正常的。

4．国有企业资产流失的数量相当惊人。据有关方面分析，从改革开放以来，国有企业的资产流失每天达1亿元以上，到现在为止，已经流失5000多亿元。这当中，除了少数是在改革过程中，因资产价值评估偏低而造成流失的以外，绝大多数是由于长期效益低下，企业大范围的亏损和虚盈实亏，被当作工资和奖金发给职工消费了。目前，相当一批企业看起来还有一定的资产，但除去负债，实际资产已经不多甚至已经资不抵债，国有资产已经流空了。

5．对国有企业的种种保护政策越来越不灵。由于国有企业在经济中的地位和性质，我们在工作中一般都比较注意采取某些保护政策，最主要的是在资金、物资和人才的投入上加以照顾。这在过去还有一定效果，现在却越来越不灵甚至适得其反了。如在3年治理整顿和去年加强宏观调控期间，我们对国有企业实行适度倾斜政策，对非国有经济适当加以抑制。但由于两者的机制不同，效果往往也完全不一样，非国有企业经过紧缩的压力，自觉优胜劣汰，发展一般会更快更好;而国有企业，因为效益差的也不能破产倒闭，不仅自身很难活起来，反而会把效益好的也拖累得运转很困难。现在，一部分效益好、产品又需要的国有企业，也被“三角债”压得连工资都发不出来，就是明显的例子。

这种现象说明，我国的国有企业，再不认真改革已经不行了。同时，也可以充分说明，国有企业的问题，既不是一个经过简单的放权让利就可以解决的问题，也不是一个单纯的经营机制转换问题。其实质是，原有国有企业的模式，从产权组织形式、领导体制、管理制度、经营机制等都不合理。要真正搞好国有企业的改革，不仅要抓紧进行“转制”(即转换其经营机制)，更重要的是要下决心搞好“改制”(即改革原有一整套不合理的制度)，坚决打破原有政资不分、政企不分、两权不分和按行政隶属关系管理的格局，才有可能取得应有的效果。因此，“决定”中明确提出，要着力进行企业制度创新、建立现代企业制度，这是对国有企业15年改革的科学总结，也是完全符合客观经济规律发展的要求，为我国国有企业的改革，找到了一条正确有效的路子，使我国的一大批国有企业，尽快从目前求生无力、欲死不能的严重困境中摆脱出来。其重要的意义就在这里，对此，我们必须深入认真地加以研究并组织实施。

二、现代企业制度的基本特征

所谓现代企业制度，简单地说，就是一种能够适应社会化大生产和现代市场经济发展的企业制度，它决不是一种文字表述和名词提法的改变，而是有着很丰富的内涵和很高的要求。其基本的特征，一般可以概括为五句话:产权明晰、权责清楚、政企分开、管理科学和社会责任感强。比较具体地说，就是:

(一)企业产权的基本组织形式，必然是股份制或公司制　这不是任何人的主观臆造，而是社会化大生产发展的历史要求决定的。在近100多年里，任何经济发达或比较发达的国家和地区，企业的产权组织形式，随着社会生产的变化，大体都经历了三个阶段。在工业化初期，主要是独资企业，或称单业主制企业。其优点是，一个人出资经营，所有者单一，员工不多，管理简单，经营上受制约较少;其缺点是，资本量少，不具法人资格，发展受到限制。第二阶段，主要形式是合伙企业。它的好处是:多个出资人共同出资，共同经营，资金量较大，能发挥合伙各方的优势，比独资企业前进了一步;不足之处是，所有权与经营权合一，资金积累缓慢，并承担无限责任，适应不了大规模生产经营和现代化、社会化的需要。第三阶段，主要是公司制或股份制企业。其特点:一是股东负有限责任，二是企业独立于出资人成为法人实体，三是所有权与经营权分离，公司由专家管理。由于企业的产权组织形式发展到股份公司，不仅有利于积聚大量的资金和人才，而且有利于社会公众的监督，使企业的社会化程度大大提高。因此，现在一些发达国家现代企业多采用这种形式。虽然至今上述三种形式仍然并存，而且从企业数讲，公司制企业一般只占10％几，但其拥有的资产和经营总额，往往要占全社会的85％甚至90％以上，在整个经济中具有决定性的作用。

当然也应当明确，仅仅是股份制或公司制，并不等于是现代企业制度，只能说是具有了现代企业制度的基础和前提条件。因为，要真正形成现代企业制度，下述四个方面的特征，也是不可缺少的。

(二)在所有者与企业之间，权责必须是清楚的 在各个国家的公司企业中，所有者与企业的关系，不仅是公司章程明文规定的，而且形成了一套合理的内部治理结构。即股东大会是公司的最高权力机构，公司的重大事务需经股东大会作出决议。由股东大会选举产生董事会或监事会，代表全体股东的利益，在股东大会闭会期间行使股东大会的权力。由董事会负责选择或聘用总经理，尽可能发现并选拔最优秀的人才来担任企业的领导，并相应赋予很大的权力和很高的报酬。同时，总经理也要承担相应的责任与风险，公司如果经营不善，效益下降，随时有被解聘的危险，由于总经理选择失误，董事会也要承担责任。从而形成一种既有明确权责分工，又能互相制约的制度。

随着股份公司的发展，企业股东越来越多，除少数较大股东和机构投资者外，一般社会股东，除获取投资收益外，既不参与公司的经营管理，也不能直接支配自己的资产。甚至有些公司已经发展到多数董事会成员也不一定由股东担任。所有者与企业生产经营的关系已经越来越趋于淡化，目的是更好地发挥企业法人自主经营的权力，更多地提高企业的效益。

(三)在政府与企业之间，必然是依法分开的，不存在任何形式的行政隶属关系 在现代企业制度下，政府对企业的管理和调控，只能是通过金融、税收、财政等经济手段和创造较好的投资环境，以及利用一些中间组织的作用等。对企业的干预，主要是在反垄断、必不可少的进出口限额和极少数价格控制，以及某些强制性的社会保险和资源、环境的保护等方面。但这些干预，都必须是严格依法进行的。而且立法的原则，应当是以禁止为原则，不是以允许为原则。即判断企业行为是否合法的依据，是有关法律是否明令禁止的，凡法律没有禁止的，都是企业拥有的合法权利，政府不得干预，要想干预必须先立法。执法的原则，一般都是采取事后监督方式，而不是事先审批制度。即只有在企业发生了违背法律禁止的条文之后，政府才依法加以追究。

总的说，一个现代企业与政府之间，只应有法律关系，而不应有上下级行政关系，政府主要是依法管理，企业主要是依法经营。只有这样，才能既有利于维护法律的严肃性，提高执法监督的效率，又使企业的生产经营活动拥有较大的空间和余地。

(四)企业的内部管理制度，必须是既科学而又能够随着形势发展不断改进完善的 现代企业的内部管理，一般都应具有四种功能。即：计划功能，也就是要有一个积极可行的达到企业经营目标的战略和实施计划；组织功能，主要是如何挑选真正有才干的人去承担合适的工作；领导功能，即如何有效指挥人们努力去做好各种工作；控制功能，即有确保实现预期目标的手段与能力。其核心都是要解决好人的问题，首先是要选择真正优秀的人才任企业的领导，决不能只见物，不见人。

关于内部管理的方法和结构，也不能是一成不变的，必须随形势的变化而发展。如在60年代以前，一般主要采用垂直式(等级制)的组织结构，60年代到80年代，逐步发展为矩阵式的组织结构；现在，多采用内部市场制的结构，即在原矩阵式结构的基础上，以市场需要为中心，以尽可能发挥人和科技的作用为重点，在内部各单位之间打破条块界限，同时引入市场机制，各自相对独立，单独核算，自负盈亏。以确保企业的行政管理与人和技术开发之间能够更好地协调，不断提高其在市场上的竞争能力。

(五)企业对社会的责任，应当明确必须为社会造福，而不能带来种种危害 现代企业生产经营的目标，不能仍然同过去一样，一切唯利是图，应当有超越利润的观念。企业管理者不能单纯保护投资者的利益，必须全面处理好与投资者、职工、客户、相关公司和大众五个方面的关系。所谓大众，是指社区团体、消费者团体、环保团体和政府等。具体地讲，除了要对投资者负责以外，一是要关心本企业员工的个人问题，改善领导与被领导的关系，创造和谐的工作环境；二是要关心客户、供应商和消费者的利益，讲究信誉信用，不搞以邻为壑和假冒伪劣；三是要关心环境质量，主动防治污染，创造优美环境，保护生态平衡；四是要关心政府政策变化，在政府制定政策过程中，积极提供意见和建议，一旦立法，无条件严格执行。

当然，企业承担的这些社会责任，都是在结合本身生产经营的条件下进行的，决不是说可以从外部给以这样那样的任务和摊派。这不仅是一个现代企业应有的素质，也是企业本身减少风险和更好地生存发展的需要。

这几个大的方面，应当说是互相联系，缺一不可的。一些具体内容，我们虽然还可以在实践中探索和探讨，但基本格局是不能随意取舍和扭曲的。否则，就肯定不成其为现代企业制度，也将无法建立起现代企业制度。

三、建立现代企业制度的主要难点

要按照上述五个方面的基本特征，在我国国有企业中建立现代企业制度，应当肯定，绝对不是一件轻而易举的事。特别是就当前整个经济和企业改革的进展与现状分析，其难点可以说还是相当多的。归纳起来看，主要集中在以下几方面：

(一)三个明显的观念障碍 现代企业制度的特征，首先是产权的组织形式必须是公司制或股份制。因为，国内外的多年实践已经证明，只有按照公司制或股份制的办法进行组织，才有可能真正做到产权明晰，并在此基础上，做到投资者与企业法人之间权责清楚，实现政企分开，科学管理和更好地履行其对社会的责任问题。这是形成现代企业制度所必需有的一个重要前提。

但是，正好在这项改革上，我们是设想虽早而进展很慢。早在大约10年前，在经过了第一轮放权让利、搞活企业的改革，还没有明显解决企业的活力问题时，我们已开始认识到，这里的要害，主要是达不到政企分开和企业自主经营、自负盈亏。对于如何才能解决政企分开与企业自经营、自负盈亏问题，当时，国内外专家就不断提出，可以借鉴一些发达国家企业组织的一种重要形式，即股份制。如1986—1987年，国家体改委曾组织国内8位著名经济学家和专家，分头研究提出的8种不完全相同的我国经济改革总体设想中，就有7个方案明确提出，国有企业的改革模式，应当是实行股份制。与此同时，在不少地方就开始了企业股份制改革的试点。但至今不但数量还很少，而且其资产和经营总额占整个经济的比重也微乎其微，特别是一些大型骨干企业，股份制基本上都没有搞起来。为什么股份制在我国发展这么慢又这么难，除了缺乏经验，需要探索以外，我认为，还是三大思想观念问题长期没有很好解决。

第一，国有企业如果不实行股份制，有没有可能实现政企分开和真正转换其经营机制？

这个问题，从我们设想在国有企业中进行股份制的改革时起，就出现了两种完全不同观念的争论。有的同志建议，应当搞股份制。但也有的同志认为，不必要也不能搞股份制，应该实行承包制。当然，这二者不能说是完全对立的，在股份制条件下，对国有企业一定时期盈利多少，确也可以实行承包办法，国外也不乏这样的例子。争论的焦点在于，企业的组织形式、管理体制、领导制度和经营机制，到底是应当建立在股份制组织的基础上，还是仍然沿用行政关系的格局。由于实行承包制方法比较简单，不涉及原有企业在制度上的创新和改造，也不根本触动各级政府部门原有的权力与利益；加上当时有极少数企业，因为某些特殊原因，实行承包制确实取得了较好的效果。因此，尽管大多数从事改革和经济研究的工作者都认为按照企业发展的规律和趋势，应当主要采用股份制，但最终还是实行了全面承包制。

几年来的实践已经证明，通过单纯承包的办法实现普遍政企分开和国有企业经营机制的转换，是根本不可能的。但在实际生活中，这种观念还没有完全解决。如中央“决定”提出要建立现代企业制度以后，有的还坚持说，某某企业的现行办法，就已经是现代企业制度，只要都照这样去做就行了。实际上，这类企业虽然应当肯定搞得是好的，但并非是建立起了一套规范的、法制的合理企业制度，而是因为一些特殊的条件与原因。也正因为如此，过去10来年，我们虽然曾经反反复复加以宣传并有组织地推广，但从国有企业的全局看，不仅始终没有取得面上的效果，反而出现了70％以上的国有企业亏损和虚盈实亏，根本已经无利润可包了。承包制理所当然也就不应再全面继续搞下去了。

第二，股份制究竟是资本主义制度下特定的企业组织形式，还是在社会主义条件下也可以采用，到底是姓“资”还是也可以姓“社”？

从世界经济发展的历史看，股份制确实产生于资本主义，但从其大发展的过程分析，它的起因并不是随资本主义私有制的出现而出现的，而是为了适应生产力水平的提高，即第二次产业革命的兴起而发展形成的。因为第二次产业革命，企业生产规模扩大，需要集中大量资金，所以股份制经济就应运而生。正因为股份制的出现，有力地促进了第二次产业革命的发展，使第二次产业革命在短短几年时间里就实现了，一些主要的企业当然也就基本股份制了。也正因为如此，马克思在当时的论述中，就不是把它与资本主义私有制等同看待，而认为这是对资本主义私有制的一种否定和扬弃。并且认为，如果没有股份制，就不可能有铁路的诞生。这也就是说，没有股份制，就等于没有可能集中大量资金来进行大规模的企业建设，就没有社会化大生产的不断发展。

但是，在我国的理论和实践上，相当多的意见，长期以来都是把它视为资本主义的东西来加以批判的，即谁主张搞股份制，就认为是要搞私有制，甚至认为产权制度改革，也是一种潜形私有化的办法。这个问题，可以说至今没有真正解决。如我们已搞起来的一些股份制企业，包括200多家股票已上市的公司在内，因为怕搞了私有化，就把国家股、法人股、个人股截然分开，只允许个人股上市，国家股和法人股不准上市。导致同股不同权，同股不同利，同股不同价。这样一来，不仅后遗症很大，而且已开始直接或间接影响股票市场的正常发展。特别是在不少地方，至今工商部门在登记注册时，仍然把股份制视为私有制企业，认为一个股份制企业虽然参股的人很多，但分别落实到个人头上，最终还是私有制。这种观念不解决，股份制的发展势必就很困难。

第三，在我国，企业发展所需要的资金，究竟应该是基本靠间接融资，还是可以更多地发展直接融资？

经济发展所需要的资金，是主要通过直接融资(由企业在社会上发行股票、债券)，还是主要通过间接融资(通过银行吸收存款并贷款)，在不同的国家和地区，往往有不同的办法。如日本和我国台湾等靠间接融资多，美英等国靠直接融资多。因此，不少国内外专家建议，我国应借鉴日本和台湾等的办法，主要搞间接融资，不要搞直接融资，特别因为我国居民储蓄率比较高，也有条件这么做。这样，当然也就不必要积极发展股份制和股票市场了。这种主张，初听起来似有道理，但只要深入加以分析，就不难发现，在不同的条件下，利弊和效果是完全不一样的。这里，一个关键的条件是所有制的不同。在日本和台湾，因为是以私有制为基础，企业和银行基本都是私有的，企业借了银行的钱，到期不仅必须还本，而且利息一分也不能少，否则只能破产倒闭，国家不承担任何责任，赖帐的可能性很小，其风险显然在企业。所以主要实行间接融资，效果不错。而在我国，以公有制为基础，特别是国有企业在资金占用中占相当大的比重，银行基本上也是国家的，企业借了银行的钱，就有可能长期赖着不还。结果，不仅必然导致资金运用的效益特别低，如现在国有经济占用全部银行贷款的70％以上，但所创造的新的国民生产总值，只占全国的20％，其浪费资金之大十分惊人。而且还必然形成大量的呆帐和坏帐，如现在国有企业欠银行的贷款，无法偿还的部分，估计至少已达20—30％；加上财政的占款和借支，银行至少已有30—40％的资金难以收回。而银行的资金，又绝大部分来自群众和各方面的存款，这一头又是非偿还不可的。因此，这样的间接融资，其风险可以说全在国家，同直接融资企业面对的是群众，其压力和风险是不一样的。同时，这种办法，长此下去，银行也承受不了，一旦群众存款出现偿付困难，会带来无法估量的严重社会后果。

(二)三种突出的扭曲关系 我国的国有企业，从严格的意义上说，现在不仅不能说是一个现代企业，也够不上一个一般的企业。因为，作为一个企业，至少应该在国家法律规定的范围内，有自主决定其人财物、供产销的权力和自负盈亏、优胜劣汰的责任，但现在我国的国有企业，一般基本上都做不到。在这个问题上，只要我们把国有企业的现状同乡镇企业比较一下，就可以看得很清楚。乡镇企业虽然也并非现代企业，但可以说已经是一个企业，因此其效率效益同国有企业明显不一样。这当中的问题主要在哪里？我曾经亲自请教过一些过去长期在国有企业工作时成绩并不显著，而现在担任乡镇企业的领导却搞得很好的同志，请他们用自身的经历和体会比较一下，为什么国有企业搞不好？他们异口同声的结论，主要是三个方面的弊病：一是国有企业受上级行政部门干预太多，缺乏应有的生产经营自主权，或者说名义上规定有种种自主权，实际都难以落实；二是国有企业的劳动制度和工资、奖金等制度不合理，“铁饭碗”、“铁工资”、“大锅饭”和平均主义严重，广大职工和劳动者的积极性调动不起来；三是国有企业内部人事关系太复杂，“两心”、“三心”矛盾多、内耗大，经营者和人才的作用无法很好发挥。实际上，就是几个最主要的关系都是扭曲的，即政府与企业、企业集体与劳动者个人和企业内部的党政之间三大关系都不顺。

而要理顺这几个方面的关系，在乡镇企业完全可以根据自身的情况，自觉调整和自我解决。而在国有企业，就不仅会涉及一系列实际问题，而且首先就会碰到种种理论和原则问题，很难取得各方面的共识。如政府的管理职能和在国有企业运行中的作用问题，劳动合同制和职工的主人翁地位问题，以及党在企业中的领导地位和监督作用如何体现的问题等。由于这几大关系长期没有很好解决，有些企业即使按照现代企业制度的要求，进行了股份制或公司制的改革，但老三会(工厂管理委员会、职工代表会和党委会)、新三会(股东会、董事会、监事会)以及所有者代表(政府主管部门)与经营者(企业总经理或厂长)之间，到底如何合理分工与有效运转，也仍然面临重重的困难。这不仅是建立现代企业制度的内部治理结构的一大难点，也是要使一个国有企业变成真正企业的关键所在。

(三)三大沉重的历史包袱 由于上述第二个方面的原因，使我国的国有企业在各级政府部门行政隶属格局下、政企不分和种种扭曲的经济关系中运行了几十年，不仅导致了一系列机制的严重不合理，而且不可避免地背上了三个方面的沉重历史包袱，难以自我扭转和解脱。

一是多余人员的包袱。由于多年以来，我们都集中一切力量发展国有经济，不重视甚至排斥否定非国有经济的发展，导致劳动就业的渠道既单一又狭窄。国有企业不仅成了吸纳劳动力的唯一场所，而且有时还要把它作为多余劳动力的“蓄水池”，只要劳动待业增加，为缓和社会矛盾，就通过各种办法强制国有企业吸纳。从此生老病死，都完全由国有企业包下来。致使国有企业的劳动力普遍大量多余，人浮于事，效率低下，工时不足，纪律松弛。据许多企业的资料，现在国有企业中的多余职工，至少有20—30%；加上已经退休但仍由国有企业负担的职工20%多，无形中背着相当于真正需要劳动力的一半左右的多余人员，这个问题很难解决。

二是资金积欠的包袱。由于我们对国有企业，长期实行统收统支甚至竭泽而渔的政策，企业在生产经营中新创造的价值，除职工分配以外，几乎全部上交国家，自我积累的很少。虽然其中相当一部分又由国家通过财政拨款或银行贷款的办法投入企业使用，但因为决策者与使用者明显不一，各自的权力与应负的责任严重不清，导致资金使用的效益一般很低，相当一部分已属于决策失误而难以收回，企业的债务负担十分沉重。据有关方面的统计，现在国有企业的固定资产不到3万亿元，但欠银行的贷款已超过2万亿元，虽然二者价格不完全可比，但负债率无疑是相当高的。有不少国有企业，实际已经资不抵债，而且这种情况至今还在发展。要建立现代企业制度，对此必须进行彻底的清理，明确哪些是属于正常的债权债务，哪些是属于国家的真正投资，哪些是已经造成的呆账和损失，其主要责任者，究竟是企业、银行、还是财政或主管部门？ 这无疑是一个既必须而又难以合理加以解决的重要问题。

三是社会负担的包袱。由于我们对国有企业，长期以来，不是把它当作一个按经济原则组织的生产经营单位，而是把它当成一个基层政治单位和无产阶级专政的阵地，提倡所谓要工农兵学商、农林牧副渔全面发展。导致企业承担了许许多多本应由社会负责的事业，如商店、学校、医院、食堂、理发、洗澡、交通、甚至安置“子弟兵”就业的基地和场所等。有的形容说，除火葬场外，几乎应有尽有。这不仅占用了大量人员和设备，分散了领导的精力，而且大大提高了运行成本，降低了生产经营应有的效率和效益。据一些单位粗略估算，这部分社会事业所占用的人数，往往要相当于甚至多于从事生产经营的人数，企业领导的精力往往绝大部分被处理“吃、喝、拉、撒、睡”的事情所占用，很难拿出精力来集中思考经营管理、技术开发、提高效益等根本问题。如武汉钢铁公司，最近因为要进行股份制改造，对这部分单位和人员经过清理分解，共划出了7万人，相当于原有全部职工12万人的60%。这种包袱在企业负担之重，可想而知。

四、建立现代企业制度的基本原则和方法

总的原则是，既应当坚持公有制的主体地位，又要下决心改革国有企业的传统模式。这主要是因为，我国是一个社会主义国家，经济改革必须坚持社会主义的正确方向，而社会主义经济制度的一个重要特征，就是以公有制、包括国家所有制和集体所有制为主体。过去10多年我们就一直是这样做的，今后在改革中还必须这样做。但是，对我国国有企业原来那一套传统模式，包括企业的组织形式、领导体制、管理制度和经营机制等，则必须进行根本的改造和改革，否则，虽然保留了公有制，也是没有出路的。从苏联十月革命后到现在，许多国家的实践已经证明，实行这种模式，整个经济的运转效率效益必然很低，不利于社会经济的迅速发展和人民生活的提高，而且在其重要的组织管理原则和办法上，同马克思在100多年以前的论述和设想，也明显大相径庭。

按照马克思主义经济原理，在社会主义取代了资本主义以后，要以生产资料的公有制来代替私有制，这是应当肯定的。为什么社会主义要实行公有制？ 从马克思、恩格斯当时的论述看，决不是为公有制而公有制，而是有其明确的目的设想和原因的:(1)通过实行公有制，消除资本主义生产资料私有制条件下人剥削人的制度，以利于解放广大劳动者，提高他们的社会地位与生产的积极性;(2)通过实行公有制，消除生产资料私有制与生产社会化的矛盾，以利于克服因盲目竞争而必然导致的生产大起大落，解决资本主义经济的周期性危机，达到经济发展的基本协调稳定。其根本的目的，都是为了更好地发展社会生产力，增加社会财富，

提高和改善人民的生活水平。因此，对于究竟在实践中应该实行什么样的公有制，他们事先并没有作出肯定的结论，有时讲公有制，有时讲共有制，有时讲社会所有制，有时又讲要重建个人所有制，并没有讲过一定要实行国家所有制，更没有讲过国家所有制就是最好和最高级的公有制形式。把国家所有制等同于公有制，甚至等同于公有制的最优越形式，是苏联十月社会主义革命后才开始的。用历史的观点分析，他们这样做也并不奇怪。因为，在当时的条件下，不仅革命刚成功，国家为控制经济命脉有此必要，而且采用这种办法也既简单又容易，只要通过已经掌握的政权，发布一纸命令，将私人的生产资料没收，集中在国家手里就可以实现。所以，几乎所有的社会主义国家，革命成功后都采用了类似的办法。

但几十年的历史也证明，通过国家所有制的办法来实现社会主义公有制，甚至把它誉之为全民所有制，从形式上看虽然可以解决公有制问题，但在具体的组织和管理体制上，如果找不到一种科学合理的办法，马克思、恩格斯所设想的公有制的上述两大优越性，不仅很难达到，而且可能带来种种不利于经济发展的副效应和不良后果。例如，我们通过实行国有制，在企业中虽然消除了资产所有者对无产者的剥削形式，但由于我们在分配上违背了按劳分配原则，采用了“铁饭碗”、“大锅饭”的制度，不可避免地又产生了另一种剥削形式——平均主义，即劳动少、贡献小的人剥削劳动多、贡献大的人。广大劳动者的积极性仍然调动不起来，甚至因为从此没有了原来那种资产所有者对无产者的劳动态度和纪律方面的某种约束因素，劳动者的劳动效率可能更低。再如，我们通过实行国家所有制，从形式上看虽然可以消除生产资料私有制与生产社会化的矛盾，但由于我们对国有企业实行的一套层层行政隶属关系的制度，把国有企业交给各级政府部门、地区分别领导和管理的办法，实际上变成了部门、地区所有制。这不但同样解决不了所有制的非社会化与生产社会化的矛盾，而且由于部门、地区都拥有大量随时可用的行政权力，其所造成的对社会生产的种种分割、封锁现象，往往比私有制条件下还要严重，经济中的盲目竞争、盲目发展、重复建设、重复布点和增长速度大起大落等弊病势必难以消除。这两个方面，也正是原苏东等国家，长期以来经济中的问题越来越多，效率效益越来越低，甚至正常运转也越来越困难的重要原因。

令人遗憾的是，对于国有企业存在的这种积弊，我们至今仍然缺乏足够的认识。这导致我们在许多观念的转变上，明显落后于实际，总是自觉不自觉地把过去那种国有制等同于马克思讲的公有制，总是想把改革限制在不大影响原来的权力利益的格局内来进行。甚至当我们经过了几轮不同办法的改革，国有企业的亏损越来越多，相当多的企业仍然不能改变落后面貌，已经处于资不抵债、毫无实效的情况下，也宁愿采取输血保护的办法，使之继续维持下去，而不愿也不敢着手对其进行根本性的改造与制度创新，使之变成一个真正的企业，在自身的制度上适应现代社会化生产和市场经济发展的需要。因此，如何实事求是地分析原来那种国有企业的弊病，并下决心像前几年探索改革传统计划经济模式那样，积极探索改变国有企业的传统模式，是当前在国有经济中加快现代企业制度建设的重要前提。只要认真解决了这个问题，我们完全可以设想，根据国有企业的不同情况，分别采取以下不同的改革办法。

第一类，大量小型国有企业，可以走拍卖转制、股份合作或国有民营的路子，不必要也不可能花精力去把它们都改造成为现代企业。

因为，从其他国家的长期实践看，所谓现代企业，指的基本上都是大型或者比较大型的公司制企业，其在企业总数中所占比重不大，但在资产和经营的规模上占有绝对大的比例，在整个经济中起着举足轻重的作用。大量的小型企业，仍然是比较原始的单业主制企业或合伙企业，是经济发展中的必要补充，但无论对所在制结构还是在经济的活动总量中，都不起决定性的作用。因此，我们完全可以设想先将国有企业中的小型企业，估计要占国有企业户数的80%以上，率先通过公开竞争拍卖、有偿出让的办法，改为不同形式的非国有企业或股份合作、国有民营的企业。既减少因其效益很低、甚至大面积亏损所造成的国家财政补贴负担，又有效减轻国家和各级政府所不得不消耗在这方面的管理精力，集中力量搞好其他国有企业的发展和改革。

对于国有小型企业的这一改革办法与方向，早在1984“中共中央关于经济体制改革的决定”中就明确地提出来了，但这10年来进展一直不快。主要的原因是人们往往存在一种顾虑，耽心这样做是否会造成国有资产的流失。其实，这种耽心是完全不必要的。因为，国有资产既可以拥有工厂、商店式的实物形态存在，也可以拥有资金式的价值形态存在。只要不是无偿送人或分掉，而是通过公开有偿转让，只不过是将国有资产的实物形态变成了价值形态，国家按等价交换原则收回了资金，并没有发生财产的流失或损失。而且，就用途来说，资金比实物要灵活得多，使用得当，不仅可以促进产业结构的合理调整与优化，而且可以带来国有资产的大大增值。因此，应该认真转变观念，统一认识，迅速而有效地推进这一改革。

第二类，一般的中型企业，可以采用同外资嫁接，或者同乡镇、集体与私人企业合营的办法，改为混合所有制企业。其产权的组织形式可以是股份制，但一般不可能一举成为基本规范的现代企业制度。

这是当前国有企业中面临困难最多的一类企业，也是改革难度最大的一类企业。因为，这类企业，一方面由于其规模比国有小型企业要大得多，采用拍卖转制、股份合作和国有民营的办法，一般的单位和个人买不起，我们在观念上一下也接受不了；另一方面，由于其户数相当多，改造的工作量庞大，历史形成的一些沉重包袱，也很难一下子彻底解决，所以不可能很快建立起现代企业制度。因此，有的同志主张，当前可以把改革的重点先放在如何加快其经营机制的转换方面，从这种意义上说，是非常必要的。但是，近几年来的实践也证明，不突破国有企业的传统模式，不改革国有企业的产权制度，不在产权制度改革的基础上，下决心解决国有企业现在普遍存在的政府与企业、企业与职工和企业中党政之间的三大扭曲关系，单纯就经营机制谈经营机制转换，是转不动的。为此，我们考虑，在认真清产核资、弄清和界定国有资产真实数量的基础上，采取增量部分吸收外商、乡镇、集体、私人企业入股，职工个人参股的办法；或者把存量适当划出一部分，作为原有职工的养老基金，交给专门成立的基金管理机构投资的办法，变单一的国有企业为国家和集体所有为主的混合所有制企业，在企业的组织、领导与管理上真正实现政企分开和"两权分离"。从而在根本上打破原有企业那种与政府主管部门之间的隶属关系，消除"铁饭碗"、"大锅饭"、平均主义的分配制度，有效解决企业中的"两心"、"三心"矛盾问题。使这类企业也能同"三资"、乡镇企业一样，排除种种不必要的行政干扰，成为名符其实的企业，有条件自觉到市场上去平等竞争，优胜劣汰。

当然，要采用这种办法，首先必须解决的一个观念问题就是，这样做是否会违背或影响社会主义公有制主体地位的原则？实际上，这种担心是不必要的。因为，在十四大报告中早已明确，公有制的主体地位，不单是指国有经济，还包括国家和集体所有制在内。十四届三中全会"决定"中，进一步明确了公有制主体地位的界限，不是再用传统的观念，单纯看国有经济生产的比重，而主要是体现在国家和集体所有的资产在社会总资产中占优势和国有经济控制经济命脉及其对经济发展的主导作用方面。假若单纯就国民生产总值的比重来看，国有经济早在80年代就已经下降到了40％以下，不占多数；即使在工业生产中，1993年也已经降到了40％多一些。但如果加上集体部分，无论是国民生产总值、工业总产值，还是全部资产的总量，公有制至今不但仍占主体地位，而且仍然占有80％以上的绝对优势；假若包括城乡集体和国家的土地在内，公有资产的比例还要大得多。显然，进行这样的改革，并没有也不会违背公有制为主体的社会主义原则。特别是在这次"决定"中还进一步指出了，随着产权的流动和重组，财产混合所有的单位增多，将会形成新的财产所有结构。这就充分说明，我们下决心通过产权重组，用发展混合所有制的办法来改造一般的中型国有企业，不但是从当前实际情况出发，适应种种客观条件所必需，而且是完全符合社会主义方向的。

第三类，大型和一些重要的中型国有企业，可以加快规范化的公司制改造步伐和相应的配套改革，逐步建立一套真正符合现代企业特征的现代企业制度。

这既是我国搞好现代企业制度改革的重点，也是我国经济改革能否最终取得成功的一个关键课题。因为，我国经济体制改革的总目标，是要建立社会主义市场经济体制。这种体制的突出标志：一是必须实行市场经济，二是要坚持生产资料公有制的主体地位，并尽可能把二者的优点和长处有机地结合起来，以推动社会生产力更好更快地发展。多年来，国内外都曾经有人认为，公有制与市场经济是根本矛盾、无法结合在一起的，要实行市场经济就必须搞私有化。我国经济改革15年的实践证明，这种观点是站不住脚的，我们的一大批非国有制的公有制企业，如乡镇企业，不但同市场和市场经济已经结合起来了，而且可以说结合得比较好，它们从无到有、从小到大，发展势头一直很好，现在整个经济中已经是五分天下有其二，成了我国经济发展的重要生力军甚至主力军。至今同市场经济仍然结合不好或结合不起来的，主要就是国有企业。从少数成功的经验看，国有企业同市场经济也并不是绝对不能结合，而是我们的国有经济包揽过多过宽，国家根本照顾不过来，加上各级政府部门对国有企业干预过多，把企业的手脚都缚住了，国有企业对市场经济当然适应不了。因此，我们必须下决心改变这种状况，通过小企业的转制和中型企业的混合所有制改革，大大缩小纯国家所有和国家经营企业的范围，让这些企业能够象其他非公有制企业一样，在法律允许的范围内，到市场上去放手经营和竞争。但对一些涉及国家经济命脉和在经济中举足轻重的行业和大中型骨干企业，国家肯定还要继续掌握和控制。这不仅是为了体现国有经济的主导作用和社会主义经济制度的特征，而且也是保证经济稳定增长所必须的，世界上一些以私有制为主的资本主义国家，从过去到现在都或多或少保留了一些国有制企业，其原因主要就在这里。

但是，要使国有大中型骨干企业真正起到这样的良好作用，从国内外正反两个方面的经验来看，对这类企业原有的体制和机制，也必须经过系统地认真地改革才有可能。主要的办法就是要尽快建立起以清晰的产权关系为基础，以完善的企业法人制度为核心，以有限责任制度为特征，以科学合理的内部治理结构及其相应的制约关系为保证的现代公司企业。其中，极少数自然垄断和特殊的企业，可以改组为国有独资公司，大多数应改组为有限责任公司，一部分具备条件的也可以改组为股份有限公司。在后两类公司中，有的国家可以控股，有的国家也不一定控股，但国家和集体的股份总额一般仍应保持主体地位。而且，在改组过程中，有限责任公司的发展可以适当加快一些，目的是较快地改变其制度和机制；股份有限公司的发展可以相对慎重一些。但都必须坚持按照公司法的要求规范化地进行，决不能再搞种种随意性很强的变通办法，导致公司制企业中新的扭曲现象产生。特别是在新发展的股票可以上市交易的股份公司中，应当做到个人股、法人股、国家股都一样上市，同股同权、同股同价、同股同利，尽可能不要再分什么A股、B股和H股，逐步做到外国人可以买的中国人也可以购买。坚持按照同国际惯例接轨，先少而精的原则办事，力争办一个成功一个，然后再逐步推开。大型和中型骨干企业数量虽然不多，但规模和在经济中的影响很大，只要我们下决心集中精力把这类企业的改革搞好了，就可以大大加快现代企业制度建设的进程，从而不但能够真正发挥公有制企业的主体地位和主导作用，而且必将有效推进我国整个经济的发展与经济体制的改革。

总起来说，我国国有企业原有的一整套体制格局存在着严重的扭曲和不足。如果不经过制度创新和一系列脱胎换骨的改造，只设想在原有基础上修修补补，适当调整，除了导致更多更大的资金资源浪费，相当一部分逐步被市场竞争所淘汰以外是很难有好结果的。按照“决定”的要求，在坚持公有制为主体的条件下，缩小国有企业范围，集中控制好经济命脉企业，并建立起现代企业制度，是一条现实有效的出路。同时，也必须充分认识到，要顺利展开并搞好这方面的改革，矛盾的主要方面明显在政府，而不在企业。因为，原有的一套体制模式，都是从上到下建立的，要真正解决上述种种难点，包括传统观念的转变，扭曲关系的理顺和历史包袱的减轻，关键都有赖于各级政府的职能转变与决心，而不取决于企业的积极性和热情。当然，这绝不等于说，企业就没有重要的责任和作用。应当看到，在同样的领导与政策条件下，企业的领导管理水平不同，也肯定会有明显不同的效果。因此，我们必须按照小平同志提出的有利于发展社会主义生产力，有利于增强社会主义国家的综合国力和有利于提高广大人民的生活水平为标准，从上到下，进一步解放思想，提高认识，坚定方向，不懈推进，才有可能真正取得突破性进展和把这一重要而不可回避的改革搞好。

（作者所在单位：国家经济体制改革委员会研究会）

我国的财政体制改革

田 一 农

党的第十四次全国代表大会提出了建立社会主义市场经济体制的改革目标，十四届三中全会通过的“关于建立社会主义市场经济体制若干问题的决定”，是我国进一步深化改革的行动纲领，这对于我国现代化建设事业具有重大而深远的意义。国务院决定从今年1月1日起实行以分税制为重点的财政管理体制。这不仅是我国财政体制的一项根本改革，也是整个经济管理体制的一项重大改革。这项改革，对于我国建立社会主义市场经济体制，使市场在国家宏观调控下对资源配置起基础性作用，以及对政府转变职能，建立完善的宏观调控体系，保证国民经济持续、快速、健康发展和国家长治久安是十分重要的。

十五年财政管理体制的实践

财政管理体制是国家管理制度中一项重要制度，是经济管理体制的一个重要组成部分，涉及的面很广，触及的问题很多。简单地说，它是规定财政分级管理的根本原则，划分各级政府之间、国家同部门、企业和事业单位之间在财政管理方面的职责、权力和财力的范围，规定资金的用途和使用方向及其相应的利益制度。财政管理体制同其它经济管理体制是相辅相成密切联系的。一个国家为了巩固政权，发展经济，逐步提高人民的物质和文化生活，就必须运用财政这个强大的分配杠杆进行宏观调控。正确处理好财政分配关系，才能有利于充分调动各方面的积极性，发展经济，参与建设社会主义各项事业。它除了兼顾国家、集体、个人三方面的利益之外，还要兼顾局部与整体，眼前与长远的利益，以有利于促进国民经济健康发展，实现我国的宏伟战略目标。

建国以来，随着政治经济形势的发展和变化，我国财政管理体制曾经进行过多次改进。总的说，我国财政管理体制是由高度集中的统收统支办法，逐步向统一领导、分级管理的方向前进的。在前进的过程中，有统得过多过死的时候，也有分得过散的时候。但是，大多数年份是同当时的政治经济状况及其发展的要求基本相适应的。因而保证了国家重点建设，兼顾了各地区、各部门以及其它各项建设事业的资金需要。不可否认，财政管理体制虽然进行过多次改进，但同经济体制一样，它的基本模式并没有大的改变。真正比较大的改革是从党的十一届三中全会以后，才开始迈出了重要的步伐。

党的十一届三中全会决议明确提出：现在我国经济管理体制的一个严重缺点是权力过于集中，应该有领导地大胆下放，让地方和工农业企业在国家统一计划的指导下的更多的经营管理自主权……采取这些措施，才能充分发挥中央部门、地方、企业和劳动者个人四个方面的主动性、积极性、创造性。国家从过去实行的计划经济开始向有计划的商品经济转轨。党中央和国务院确定了“对内搞活和对外实行开放”的方针政策。为了贯彻落实党中央和国务院的方针政策以及中央“关于经济体制改革的决定”的精神，财政管理体制作为整个经济体制的突破口，在财政、税收和财务制度等方面进行了重要的改革。

首先，财政改革围绕扩大企业自主权，增强企业活力为主要目标先后试行了各种利润留成制度和包干办法，这些办法对于调动企业和职工改善经营管理、增收节支的积极性曾起了一定作用 但是随着经济体制改革的深入进行，各项利润留成制度和包干办法的局限性逐步显露出来，尤其是在社会主义商品经济发展的条件下，国家与企业的分配关系都很难通过这种办法实现协调和统一。从1979年开始在全国18个省市456家企业进行了利改税改革的试点。这项改革分两步进行。第一步是税利并存，即对有盈利的国营企业，国家先按一定比例征收所得税，剩下的利润再分别不同企业按固定比例、定额包干、递增包干和调节税四种不同形式上交国家。第二步改革，是从税利并存过渡到以税代利。根据不同的征收对象和征收环节，对部分矿产品开征资源税，设立了城市维护建设税、土地使用税、房产税和车船使用税四个地方税种，对国营企业征收所得税和调节税。这一改革是从1984年10月开始的。以后为了进一步扩大企业的自主权和搞活企业，又实行了各种形式的盈亏包干制，即包死基数、超收多留的承包办法。以上各项改革，国家都采取了一些减税让利的措施，扩大了企业的财权和财力。这对搞活企业、调动企业的积极性起了一定的作用。但是这种承包经营责任制，是由国家与企业一对一谈判确定的，很不规范，容易造成苦乐不均，有悖于公平竞争的原则。更主要的是企业为了追求短期利益，行为短期化。有不少企业往往不惜牺牲长远利益而追求承包期内的效益最大化，忽视产业政策而竭力维持和发展，弄虚作假，包盈不包亏等情况日益增加。同时，承包任务死指标不能适应企业生产经营活动和市场变化的活环境。尤其是处在新旧体制转换过程中，国家政策不断调整、企业的外部环境也不断变化，在财政上包死国家收入不利于国家的宏观调控，又在很大程度上限制了企业适应市场和外部条件变化的能力，不利于企业长期持续地向前发展。由于产权关系界定不清，企业应有的经营自主权也得不到保证。

其次，结合利改税的改革，我国工商税收制度也进行了全面改革 由过去的单一税制转变为以流转税和所得税为主体，其它税种相配合的复合税制。它基本上适应了经济发展和经济体制改革的需要，形成了多税种、多环节、多层次的税收调节体系。1985年以税收形式取得的收入已成为财政收入的主要来源和平衡预算的重要手段。在当时来讲，这种税收制度不仅冲破了原计划经济体制下那种统收统支的分配格局、强化了收入的组织，而且在宏观调控方面起到了促进作用。所以它基本上适应了十多年来我国经济发展和经济体制改革的需要。但是随着社会主义市场经济的不断发展，当时的工商税制因存在着许多不完善的地方，显得日益不相适应，矛盾日益突出。主要表现在：(一) 税收负担不均，不利于企业公平竞争。(二) 国家与企业的分配关系很不规范，造成了经济生活中诸多矛盾。(三) 地方税收规模过小，税收收入和税收管理权限划分不尽合理，不利于强化征管。(四) 税收调控范围和程度不能适应生产要素全面进入市场的要求。(五) 内外资企业两套税制的矛盾也日益突出。(六) 征管制度不完善，征管手段落后，税收流失较为严重。

其三、在财政管理体制方面，根据“简政放权”和调动中央与地方两个积极性的原则，先后三次进行了重大改革和调整 第一次是1980年实行了“划分收支、分级包干”的财政体制。第二次是1985年以经过适当调整后的1983年的决算数作为基数，实行“划分税种、核定收支、分级包干”的财政体制。第三次是1988年分别实行了“收入递增包干”、“总额分成”、“总额分成加增长分成”、“上解递增包干”、“上解定额包干”、“定额补助包干”等办法。上述三次改革和调整虽然内容各不相同，但都突出了一个“包”字，都是围绕着完善财政包干办法和强化包干力度进行的。总的来说，这一财政体制改革对于促进国民经济持续稳定增长和保证改革开放的顺利进行起到了明显的作用。(一) 它打破了前三十年财政统收统支的大锅饭，改变了计划经济条件下长期存在的与计划经济相适应的财权高度集中的状况，扩大了地方财政的自主权，极大地调动了地方各级政府增收节支和当家理财的积极性，财政收入和支出逐年增加。1991年地方财政收入达到2211.23亿元，比

1979年增长1.3倍。地方财政由原来的被动安排收支变成主动按照本地区的收支范围加强收支管理，较好地体现了“统一领导、分级管理”和权责利相结合的原则。(二) 透明度较高，便于地方政府对本地区的财力安排做到胸中有数，能够从长计议，自主地统筹安排本地区的经济发展和财源建设，积极组织收入，对搞活地方经济、发展各项事业起到了促进作用。(三) 支持了各项改革，保证了改革事业的顺利进行，但是，应当看到，财政包干体制经过几年的实践，它在发挥积极作用的同时，也逐步暴露了一些问题。特别是随着市场在资源配置中的作用不断扩大，财政包干体制的弊端日益明显，与社会主义市场经济发展的矛盾越来越突出。主要表现在以下几个方面:

1．国家财力偏于分散，制约财政收入合理增长，特别是中央财政收入占全国财政收入比重的不断下降，严重削弱了中央政府的宏观调控能力。财政包干和减税让利已经超过了合理的界限。从财政收入占国民生产总值的比例来看，逐年降低，1979年为26.7%，到1992年下降到14.5%，已降到历史的最低点。世界大多数国家都比我国目前的水平高出一倍以上。据26个国家的统计资料，1989年这个比例平均达到42%，其中发达的市场经济国家为48.7%，发展中国家为35.3%。虽然有许多不可比因素，但无论如何我国财政集中的程度太低了。另外，分开中央和地方两级财政来看，中央财政弱化情况更为严重。这种包干办法，本身造成了在财政收入增量分配中，中央财政收入很难得大头，只能得小头，甚至是零头。如1990年地方参与分成的收入比1988年增加462.66亿元，而上交中央的数额只增加18.21亿元，仅占增加额的3.9%，因而导致了中央财政收入占全国财政收入的比重逐年降低，扣除内外债务以后，1979年为46.8%，1980年到1985年都在50%以上，而到1992年已降到38.6%。而世界上大多数国家，不论实行什么财政体制，中央财政收入占全国财政收入的比重都比较高。据145个国家资料统计，除了南斯拉夫和加拿大低于50%以外，其它国家中央财政收入都超过60%，大大高于我国近年来的水平。我国中央财政掌握的财力与其所承担的任务很不适应，直接削弱了国家对宏观经济的调控能力。致使一些必须由国家来经办的事情，特别是国家的重点建设和能源交通基础设施建设投入不足，只好依靠对内外举债和向银行借款或透支解决。随着年复一年举债规模的日益扩大，中央财政相当拮据和困难。以致连年出现硬赤字。中央财政赤字从80年代的10—20亿元，发展到1992年的236.6亿元，1979年—1992年累计硬赤字达1319.2亿元。它自然加重了通货膨胀的压力，影响物价上涨。1979—1992年我国的债务收入累计达到2849.94亿元。如果加上硬赤字合计为4169.14亿元，占当期国民生产总值的2.74%。已经接近国际公认的财政赤字占当年(期)国内生产总值3%的警戒线。进入90年代已经超过了警戒线，进入红灯区。从长远来看，实在难以为继，这对于国民经济的健康发展是很不利的。

2．强化了地方利益机制，助长了地区经济封锁和重复建设，不利于全国统一市场的形成和产业结构的优化。随着中央的简政放权让利，地方政府拥有了相当的自主权，并使各地利益相对独立。在包干体制下，当收入基数和递增率确定以后，超过基数和递增率的收入都归地方支配。除了个别行业以外，企业的产品税、增值税和营业税的主要税种的收入都归地方。受地方利益的驱动，一些地方政府为了扩大自己的财源，取得更多的收入，过多地干预经济、干预市场和企业。如:轻基础工业和公共设施建设，片面发展税高利大的加工工业，小烟厂、小酒厂、小纺织厂等国家限制发展的产业遍地开花，电冰箱、电风扇、电视机等产品一哄而上，助长了盲目建设和重复建设。同时，囿于地方财力、物力的限制，地方投资项目小型化的趋势日趋突出，达不到一定的生产规模，从而不能取得相应的规模效益。反之，国家需要发展的产业，由于中央财力限制以及地方政府缺乏积极性而发展很慢，处于“瓶颈”或饥饿状态。影响了生产力的合理布局，导致了产业结构趋同和资源配置的浪费。阻碍了国家产业政策的贯彻和产业结构的优化。由于经济体制全面改革后，地方政府权责利关系重新得到了组合，各级地方政府为了自身的利益不受侵犯，为了保护虽然落后但能给地方带来利益的当地企业和产品，为了防止资金外流，地方政府不惜动用行政干预阻止外来产品的“入侵”，甚至人为地搞地区封锁，关卡林立。往往在商品流通、资金流向等方面制定一些局部性保护政策，由此引起各种资源和市场争夺大战屡有发生。地区间的互相封锁，造成商品流通受阻，使得本来就不发育的市场更难以发育完善。同时各经济活动的主体也无法判断自己的商品通过在全国大市场中进行交换形成的比较利益，使市场对生产的引导作用大大降低。从局部来说，这么做也许暂时有利可图，但从全国范围来讲，却不利于全国统一市场的形成，不利于地区之间、企业之间公平竞争和优胜劣汰以及人力、物力资源的合理配置。归根到底，不利于国民经济的发展。造成这种状况的原因是多方面的，财政包干体制也是一个重要因素。

3．中央财政与地方财政之间的财力分配缺乏规范性。主要表现在:(1) 中央与地方以及地方各级政府之间在包干形式、收支基数的确定和上解、补助数额等方面，往往需要反复协商和讨价还价。包干形式多种多样，分成比例千差万别，这些差别不一的包干基数和分成比例，使中央财政无法进行规范化调节。由于现行包干办法基本上沿用1980年以来形成的传统基数，由于历史的原因，基数的确定不尽合理，地区之间也很不公平，因此容易造成地区之间财力差别悬殊。(2) 由于缺乏法制约束，继而导致在中央与地方利益调节上出现诸多非规范化的行为，形成“上有政策、下有对策”的分配格局。如，一些沿海省份，认为递增财力中上解比例过高，采取“放水养鱼、藏富于企业、藏富于民”的办法，使中央实际能收到的收入大大减少。(3) 包干基数、分成比例、递增幅度等几年一定，与不断变化的政策环境、经济发展状况不相适应，使得地方政府无法产生稳定的预期，造成地方政府行为的短期化。

4．不利于促使政企职责分开。经济体制改革的目标之一是促使政企职责分开，而财政包干的体制是按照企业的隶属关系来划分收入归属的。这种做法虽然保证了各级财政有自己的收入来源，促使各级政府更加关心所属企业的经营状况和收入完成情况。但同时，也使各级政府加强了对企业的行政干预，不利于把企业推向市场，不利于真正实现国有企业经营机制的转换。另外，由于不同企业与各级政府的利益关系不同，容易造成政府对本级企业和其它企业在态度和行为上有亲疏之分，不利于给企业创造一个公平合理的竞争环境。再加上各级政府的事权尚未完全划分清楚，导致中央财政与地方财政之间的相互挤占。“你中有我、我中有你”包而不干，缺乏应有的约束效力，体制变动频繁。既然“分灶吃饭”的财政包干体制已越来越不适应我国市场经济的要求，越来越不适应我国与国际市场接轨的要求，越来越不适应政府加强宏观调控的要求，那么，就迫切需要加快财税体制的改革了。因此新的财政体制改革模式的抉择，只能以既有利于调动各方面当家理财的积极性，又能与市场经济体制相适应为标准。总结改革的历史经验，参照世界上市场经济国家的普遍而行之有效的做法，结合我国的国情，我国财政体制改革的取向必然是——实行中国特色的分税制。这种改革，不单单是中央与地方财政收入分配形式的创新，更是关系到我国社会主义市场经济体制构造能否实现，关系到我国社会政治能否长治久安、国民经济能否持续、快速、健康发展的关键性改革。

实行中国特色的分税制

党的十四届三中全会通过的《中共中央关于建立社会主义市场经济体制若干问题的决定》指出：建立社会主义市场经济体制，就是要使市场在国家宏观调控下对资源配置起基础性作用。为实现这个目标，必须坚持以公有制为主体、多种经济成分共同发展的方针，进一步转换国有企业经营机制，建立适应市场经济要求，产权清晰、权责明确、政企分开、管理科学的现代企业制度；建立全国统一开放的市场体系；转变政府管理经济的职能，建立以间接手段为主的完善的调控体系，保证国民经济的健康运行；……积极推进财税体制改革。近期改革的重点，一是把现行地方财政包干制改为在合理划分中央与地方事权的基础上的分税制，建立中央税收与地方税收体系。二是按照统一税法、公平税负、简化税制和合理分权的原则，改革和完善税收制度。三是改进和规范复式预算制度。

一、实行分税制是发展社会主义市场经济的客观要求 上面已经论述了财政包干管理体制的弊端，已经越来越不适应社会主义市场经济的要求。根据建立社会主义市场经济的基本要求，必须实行分税制。它的好处有：(一) 有利于全国统一市场的形成和经济结构的优化。实行分税制后，一方面按税种而基本上不按企业隶属关系来划分中央与地方的收入范围，就可以避免地方实行市场封锁，保护本地区产品销售以扩大财政收入的做法，继而促进全国统一市场的形成。另一方面，国家将一些实施宏观调控的税种如消费税等划归中央，有利于发挥税收的调节作用。(二) 有利于国有企业转换经营机制和平等竞争，促进现代企业制度的建立。国家与企业的分配关系规范后，有利于明确企业的产权关系，促进政企分开，使国有企业能够转换经营机制、独立自主地进行经营。有利于眼睛向内、挖掘内部潜力，提高经济效益。国家对所有内资企业实行统一的企业所得税率后，有利于各类企业特别是国内企业进行平等竞争。所有这些，为建立现代企业制度创造了条件。(三) 改革后，国家与企业、中央与地方的分配关系比较规范。这有利于促进国家财政收入的合理增长、各级财政控制支出和硬化预算约束。在保证国家财政收入增长的前提下，逐步改善中央财政状况，适当提高中央财政收入占全国财政收入的比重，增强中央调控能力。同时，也有利于消除政府之间财力分配的随意性，合理调节地区间财力分配，优化资源配置。经过若干年的努力，逐步缩小地区间的差距。税制改革以后，税种简单明了，在一定程度上也优化了我国的投资环境，有利于我国扩大对外开放和吸引外资。

二、实行分税制的一般原则和基本要求 什么是分税制？分税制就是在划分各级政府事权的基础上，按税种的特点划分中央、地方财政收入和管理权限的一种较为彻底的分级财政管理体制。它是与市场经济相联系的政府间收入分配制度，是按市场经济的原则和公共财政的理论建立起来的。西方国家实行分税制已经有了上百年的历史。在19世纪初从日本开始形成，以后为许多市场经济国家所通用。不同国家的税制有着不同的特点和内涵，它与各自国家的国情和政体紧密相连。其分税制的模式一般分两种:一种是在税种划分上,不设中央与地方的共享税的彻底的分税制。如美国、法国、澳大利亚等国。中央与地方的税收立法、管理、征收完全分开。一种是设共享税的适度的分税制,实行这种体制的国家较多,税收立法集中在中央,但地方也拥有一定的管理权限。因为他们的地方政府不直接参与经济建设,因此,中央与地方的分税比例并不直接影响经济发展的速度。分税制已成为西方国家处理中央与地方政府间财政分配关系的比较规范的办法。主要包括以下内容:(一) 分税制的核心内容是合理划分各级政府的管理权限。从国际上看,大致有三种类型:一种是中央集权型;一种是地方分权型;还有一种是中央集权与地方分权相结合型。不论是原来集权较多还是分权较多的国家,都向中央集权与适当的地方分权方向转变。(二) 分税制的基本内容是划分税种,通过中央与地方之间税种和收入的合理划分形成中央税与地方税两大体系或者中央税、地方税和中央、地方共享税三个体系,并按照税种的划分形成各级政府各自的收入来源。它是分配和调节中央与地方财政收入的关键。(三) 设立与分税制财政体制相适应的税收征管机构。虽然各国模式不一,但在坚持“分税”这一点上是相同的,而且有一套规范的办法。

当今世界上实行市场经济的国家,所实行的分税制财政体制一般遵循以下原则:(一) 保证中央政府集中主要财力的原则。绝大多数国家在处理中央与地方财政关系上,中央政府的财权和财力都占主导地位,中央政府税收收入占全国税收收入的比重都比较高。如原联邦德国为64.4%,英国为85%,法国为88%,澳大利亚为71.6%。美国是实行联邦制的国家,税收管理权限虽然比较分散,但中央税收收入占全国税收收入的比重仍达到58.8%。(二) 坚持财权与事权相结合的原则。在中央与地方各级政府间把事权划分清楚是分税制的基础和前提。一方面要保证中央财政有足够的资金维持国家所必须的公共支出和进行宏观调控的能力;同时,也要保证地方政府有足够的资金维持地方政府所必须的公共支出和发展地方事业的需要。(三) 按照税种性质划分的原则,对国家财政收入中占有重要地位的影响国家宏观调控和管理的税种,都划为中央税或中央与地方共享税,归中央征收和管理;对一些收入较小、税源零星分散、对宏观经济不发生直接影响的税种,划给地方政府管理,以便地方政府根据当地经济条件,机动灵活地制定地方的税收政策和加强征收管理,促进地方事业的发展。(四) 通过中央财政对地方财政的转移支付建立财政平衡调节机制,体现公平合理的原则。一般分为两种:一为无条件的补助,一为有条件的专项补助。对支出基数的核定大都采用因素法,并实现中央政府对地方政府的财政经济宏观调控。

我国实行分税制,既要借鉴国际上的成功经验,遵循一般原则,又必须从我国的基本国情和实际情况出发。中国是实行社会主义市场经济的发展中国家,国土辽阔,人口众多,统一的社会主义政体,不够发达的经济基础,差异较大的区域发展水平,建国以来财政统收统支的传统和近十几年来财税改革的现状,这就是我们进行改革的国情背景。我们必须以发展社会主义市场经济、振兴财政、增强国力为主旨,使分税制改革具有当代中国的特点。总的要求是:(一) 通过实行分税制,建立一个适应社会主义市场经济需要的财政运行机制,健全和强化财政职能,正确处理中央与地方的分配关系,调动两个积极性,促进国家财政收入合理增长。既要考虑地方利益,调动地方发展经济、增收节支的积极性,又要逐步提高中央财政收入的比重,适当增加中央财力,增强中央政府的宏观调控能力。(二) 实现各级政府财力分配的科学化、规范化,合理调节地方之间的财力分配。既要有利于经济发达地区继续保持较快的发展势头,又要通过中央财政对地方的税收返还和转移支付扶持经济不发达地区的发展和老工业基地的改造。(三) 坚持统一政策与分级管理相结合的原则。在国家法律和政策的规定范围内,实行各级财政的自主管理,体现权责利相结合的原则。中央税、共享税以及地方税的立法权都应集中在中央,但税收要实行分级征管。(四) 坚持整体设计与逐步推进相结合。在明确改革目标的基础上,办法力求规范。但必须抓住重点、分步实施,要有一个过渡期,然后逐步完善。也就是说,在改革目标的确定上是积极的、彻底的,在改革进行步骤和方式上是渐进的、温和的。这样可以减少阻力,减少利益摩擦,避免过大的震动,确保在转轨中转而不乱、变而有序,顺利达到改革的目的。

三、我国分税制改革的主要内容及其实施步骤

我国实行分税制改革,党中央、国务院多次提出改革方向。经过几年的酝酿准备和大量的调查研究以及国内外专家学者的若干次研讨和充分论证,在总结我国实践经验的基础上,从1992年开始在浙江、新疆维吾尔自治区、天津市、武汉市、青岛市、大连市、沈阳市和重庆市9个地区进行了试点。通过试点提出了修改方案,经过广泛征求意见,最后在十四届三中全会上经过讨论获得通过。具体方案,已由国务院国发[1993]85号文件下达,于1994年1月1日执行。文件规定,分税制财政管理的具体内容是:

(一) 中央与地方事权和支出的划分　根据现在中央政府与地方政府事权的划分,中央财政主要承担国家安全、外交和中央国家机关运转所需经费,调整国民经济结构、协调地区发展、实施宏观调控所必需的支出以及由中央直接管理的事业发展支出。具体包括:国防费,武警经费,外交和援外支出,中央级行政管理费,中央统管的基本建设投资,中央直属企业的技术改造和新产品试制费,地质勘探费,由中央财政安排的支农支出,由中央负担的国内外债务的还本付息支出,以及中央本级负担的公检法支出和文化、教育、卫生、科学等各项事业费支出。

地方财政主要承担本地区政权机关运转所需支出以及本地区经济、事业发展所需支出。具体包括:地方行政管理费,公检法支出,部分武警经费,民兵事业费,地方统筹的基本建设投资,地方企业的技术改造和新产品试制经费,支农支出,城市维护和建设经费,地方文化、教育、卫生等各项事业费,价格补贴支出以及其他支出。

(二) 中央与地方收入的划分　根据事权与财权相结合的原则,按税种划分中央与地方的收入。将维护国家权益、实施宏观调控所必需的税种划为中央税;将同经济发展直接相关的主要税种划为中央与地方共享税;将适合地方征管的税种划为地方税,并充实地方税税种,增加地方税收入。具体划分如下:

中央固定收入包括:关税,海关代征消费税和增值税、消费税,中央企业所得税,地方银行和外资银行及非银行金融企业所得税,铁道部门、各银行总行、各保险总公司等集中交纳的收入(包括营业税、所得税、利润和城市维护建设税),中央企业上交利润等。外贸企业出口退税,除1993年地方已经负担的20%部分列入地方上交中央基数外,以后发生的出口退税全部由中央财政负担。

地方固定收入包括:营业税(不含铁道部门、各银行总行、各保险总公司集中交纳的营业税),地方企业所得税(不含上述地方银行和外资银行及非银行金融企业所得税),地方企业上交利润,个人所得税,城镇土地使用税,固定资产投资方向调节税,城市维护建设税(不含铁道部门、各银行总行、各保险总公司集中交纳的部分),房产税,车船使用税,印花税,屠宰税,农牧业税,对农业特产收入征收的农业税(简称农业特产税),耕地占用税,契税,遗产和赠予税,土地增值税,国有土地有偿使用收入等。

中央与地方共享收入包括:增值税、资源税、证券交易税。增值税中央分享75%,地方分享25%。资源税按不同的资源品种划分,大部分资源税作为地方收入,海洋石油资源税作为中央收入。证券交易税,中央与地方各分享50%。

(三) 中央财政对地方税收返还数额的确定　为了保持现有地方既得利益格局,逐步达到改革的目标,中央财政对地方税收返还数额以1993年为基期年核定。按照1993年地方实际收入以及税制改革和中央与地方收入划分情况,核定1993年中央从地方净上划的收入数额(即消费税+75%的增值税—中央下划收入)。1993年中央净上划收入,全额返还地方,保证现有地方既得财力,并以此作为以后中央对地方税收返还基数。1994年以后,税收返还额在1993年基数上逐年递增,递增率按全国增值税和消费税的平均增长率的1:0.3系数确定,即上述两税全国平均每增长1%,中央财政对地方的税收返还增长0.3%。如1994年以后中央净上划收入达不到1993年基数,则相应扣减税收返还数额。

(四) 原体制中央补助、地方上解以及有关结算事项的处理　为顺利推行分税制改革,1994年实行分税制以后,原体制的分配格局暂时不变,过渡一段时间再逐步规范化。原体制中央对地方的补助继续按规定补助。原体制地方上解仍按不同体制类型执行:实行递增上解的地区,按原规定继续递增上解;实行定额上解的地区,按原确定的上解额,继续定额上解;实行总额分成的地区和原分税制试点地区,暂按递增上解办法,即按1993年实际上解数,并核定一个递增率,每年递增上解。

原来中央拨给地方的各项专款,该下拨的继续下拨。地方1993年承担的20%部分出口退税以及其他年度结算的上解和补助项目相抵后,确定一个数额,作为一般上解或一般补助处理,以后年度按此定额结算。

(五) 为了保证中央和地方收入、税务机构分设两套机构,国家税务局和地方税务局　国家税务局负责征收中央税和中央与地方的共享税。地方税务局征收地方税。

四、我国的分税制的特点和存在的问题　我国的分税制是初步的,还不是彻底的分税制,主要的目的在于确定分税制的方向,在近期内按照分税制的原则和要求,建立起一个基本框架,形成一个机制,为今后分税制改革的推行和深化奠定基础。因为这次分税制改革,是在我国国民经济上升的周期中设计和推行的,又是在中央和地方财政都比较紧张的情况下出台的,伴随着工商税制、金融外贸和投资等体制改革的同时运作。这一切决定了这次改革是一次温和的、渐进式的改革。今后需要随着社会主义市场经济的建立,经济的发展财政收入的增加以及改革的深化,再进行第二步或第三步的改革和完善。

这次改革的主要特点表现在:

(一) 它在一定程度上具有现代分税制的基本内容　如按分税制的要求,界定事权、财权,划分税种,配套进行改革,中央适当集中财力,分设中央税和地方税的征收机构,等等。

(二) 较多地保留了包干体制的胎记,老体制的分配格局不变，继续运转 在分税制实行以后，对存量的变化部分通过税收返还的形式又改变回来，实际上是维持了原状。即在新体制运转起来的同时，老的分配格局、分配数量和分配关系得到承认和保留，减少了新体制运转中的阻力，调动了各级政府的积极性。增量部分中，中央能够多拿一些，从战略的角度保证了中央能逐步增加财政收入，但因取之有度，做法温和，使得各地都能接受，这样使新旧体制的转换能做到平稳过渡，避免了因新旧体制转换带来的大震荡。

(三) 新体制比较规范，如共享税的比例、税收返还增长率计算的系数全国都是统一的 在计算分税制时，对老体制本身存在的某些不平衡，不尽合理之处，都暂时没有进行调整。使新体制本身透明度和规范程度比较高。

(四) 中央不卸包袱，不仅中央过去的债务不向地方转嫁负担 而且，新体制中对于国有企业免征的“两金”和降低所得税率减少的收入也不向地方转嫁困难。着眼点放在转换机制、理顺关系和统一制度上。

(五) 体现了调动中央与地方两个积极性的精神，尽可能照顾地方的利益 具体体现在以1993年为基期年、1993年地方既得财力保持不变。同时，将绝大部分资源税都留给地方，以及按全国消费税、增值税增长率的1:0.3系数确定税收返还增长率等等政策也都体现了这个精神。

从以上特点可以看出，我国的分税制改革的基本思路可以概括为:“双轨并行、存量不动、增量调整、逐步到位”。实行彻底的分税制是一项牵涉面很广的、复杂的系统工程。从我国的实际情况和现实条件来看，无论就分税制本身的要求而言，还是从宏观环境和微观环境来看，目前条件并不十分成熟，一步到位，有着很大困难。因此，在具体实施过程中采取了很多变通措施。当然，现行的分税制还有不够规范或者还存在一定的缺陷。主要表现在:

第一，按照现代分税制的要求，企业所得税应该打破隶属关系，最好的做法是由中央和地方同源课税，分率计征，这样有利于政企分开，促使中央与地方共同关心企业的经营管理和经济效益，消除各级政府对不同级次企业亲疏厚薄的心理，有利于企业公平竞争。这一条现在没有做到，还是中央直属企业由中央征，地方企业由地方征。因为目前中央直属企业大都是亏损企业，如铁道、煤炭、石油、军工企业等都是亏损的。中央现在不但征不到税，还要给其补贴，如果分率计征，会增加地方负担，地方也不会接受。只有把价格理顺以后，中央企业有了所得的时候，才能打破隶属关系。

第二，科学、明确和规范地划分各级政府间事权和职责范围，是各级划分财权和划分收支的前提。只有事权划分清楚了，才能各自负各自的责任。地方的事不要找中央，中央的事也不要去找地方，不相互挖，也不相互挤。现行分税制是按现行的事权划分的，有些事权还未完全划分的很清楚。因此，在执行过程中还会出现一些矛盾。地方老批评中央，说中央请客让地方拿钱，上边出题目下面做文章。这种情况，今后可能还完全避免不了。只有等到政治体制改革、政府行为规范化了，才能解决。

第三，根据现代分税制的要求和国际惯例，其中一个很重要的内容就是建立转移支付制度。世界上许多实行分税制的国家都实行了这种制度，它的作用和目标是实现财政纵向和横向的平衡。这个两“平衡”，并不意味着转移支付要达到地区经济发展的均等，也不意味要达到全国财政收入水平的均等。而是考虑各级政府之间各自的收入与承担的事权所需要的支出相等，如公共支出方面包括教育、卫生、行政费等经常性支出，也包括住房建设、医院建设和道路养护等资本性支出。在市场经济条件下的国家通常不包括直接援助工业的资本性支出。目的是为了使不同地区的居民都享有同等的就业、就学、就医、交通服务、供水等方面的机会和服务的最低水平。因此世界银行专家把转移支付的制度概括为:弥补地方财政收支上的差额;确保整个国家公共服务的最低标准;实现中央政府的再分配功能;创造国家统一的市场;实现经济稳定化目标。中央政府对地方政府转移支付一般都采用多种方法综合运用。除了中央与地方共享税确定一个统一分成比例向地方拨款外，大都采取一般补助和专项指定用途的补助。但其中一个最重要的做法，就是对各级确定支出基数时，都建立了一个全国统一的按因素法计算公式的客观标准，实现最大限度的科学、公平、公开的原则。因素法中应分为一般因素:包括人口、国土面积、自然条件、行政事业单位人员数量等;地方社会发展因素:包括市政建设、教育、卫生等;经济发展因素:包括经济增长速度、国民收入和财政收入等。特殊因素:包括民族地区、贫困地区、特区、首都以及不同地区的价格差异、通货膨胀因素等。这些因素统筹兼顾，确定不同的系数，综合计算制定出一个统一的计算公式来核定收支基数。这项制度的实施，还需要一个过程。因为我国情况不同，搞起来很复杂，而且现有的既得利益不能调整，中央财力又不足。只有等到中央财力增强，有了调控能力时再逐步实现。

保证分税制顺利实施必须进行的配套改革

一、关于税制改革 为了适应社会主义市场经济建立，就需要相应建立一套符合市场经济客观要求的新税制，以实现国家利用税收这个重要调节手段来加强宏观调控。另一方面，税制改革是分税制改革的基础，因此，国务院决定税制改革与分税制改革同步进行。这次税制改革的指导思想是统一税法、公平税负、简化税制、合理分权、理顺分配关系，规范分配方式，保障财政收入，建立符合社会主义市场经济要求的税制体系。统一税法是市场经济正常秩序不可缺少的法律规范；公平税负是促进竞争的一个重要条件；简化税制才能有效地发挥税收作用；合理分权，理顺中央与地方分配关系，是我们的治税思想；以形成合理的分配机制，促进社会主义市场经济的健康发展。按照这个原则，这次改革的主要内容有三项：一是流转税制的改革；二是企业所得税制的改革；三是个人所得税制的改革。

(一) 流转税改革　流转税是对商品生产、流通和提供劳务的销售额或营业额增税的各种税种的总称。改革之前主要是三大税，产品税、增值税、营业税。为了使流转税适应市场经济的要求，参照国际上流转税的一般做法，这次流转税的改革，改变了按产品分设税目，分税目制定差别税率的传统做法。确定了在生产和流通环节普遍征收增值税，在此基础上选择少数消费品再征一道消费税；对提供劳务、转让无形资产和销售不动产保留征收营业税的模式。新的流转税统一适用于内资企业和外商投资企业，取消了对外商投资企业征收的工商统一税。原来征收商品税的农、林、牧、水产品改为征收农业特产税和屠宰税。因此新的流转税制也包括三个税，增值税、消费税和营业税。这三个税主要特点是覆盖面广、税源大，约占全部工商税收的70%，数额比较稳定，对生产和流通的调节作用也比较显著。增值税的改革是整个税制改革的关键。

1. 增值税。它是以商品生产流通和劳务各个环节的增值因素为征收对象的一种流转税。所谓“增值”是指一个纳税人在其生产经营活动中，所创造的新增价值或商品的附加值。也可以说，纳税人在一定时期内销售产品或提供劳务所取得的收入大于其购进商品或取得劳务时所支付的金额的差额。增值税征收时以销售额为计税依据，同时允许从税额中扣除上一道环节已缴纳的税款。原来有20多个税率现在减至2个税率，大大简化。这不但克服了传统的流转税制对已纳税销售额重复征税的弊端，使同一产品不受生产和流通环节多少的影响。而且保持了流转税征收范围广泛和收入及时、均衡、稳定的特点。它不仅有利于组织财政收入，而且有利于鼓励企业按照经济效益原则，选择最佳的生产经营组织形式，同时有利于按国际惯例对出口产品实行彻底退税，增强产品在国际市场的竞争力。

改革后的增值税主要内容为：(1) 征收的范围包括生产、批发、零售和进口商品以及加工、修理修配；(2) 增值税实行价外计税办法，即以不含增值税的价格为计税依据。零售以前各个环节销售商品时发货票上要分别填写增值税金额和不含增值税的价格。原来实行的价内税要税、价分解开来，并不影响价格的变动。(3) 增值税采用一档基本税率和一档低税率。基本税率为17%，低税率为13%，除税法规定适用低税率的商品外，其它均适用基本税率。对出口产品实行零税率，在产品出口时退还已征全部税款。(4) 使用专用发票，这是增值税征收的一个重要环节。根据发票注明的税收金额进行抵扣制度。但对外购的资本性固定资产中所含的税额，在计算纳税额时不得抵扣。其它按购进扣税法的原则计征。如果不注明税金，下一道环节则要补交，一环套一环，这样就形成购销双方进行交叉审计的稽核体系，增强自我制约，堵塞了税收流失。(5) 是对年销售收入小于规定额度并且会计核算不健全的小型纳税人，实行按销售收入与6%的征收率计征的简易办法。

2. 消费税。这是流转税改革后新设置的一个税种，且在对商品普遍征收增值税的基础上，选择少数消费品再征一道消费税。我国过去曾对一些消费品采取课征重税办法。现在国际上对烟、酒、汽油等消费品也实行高税率。改革后我们确定11个品种：包括烟、酒、化妆品、护肤护发品、贵重首饰、汽油、柴油、汽车轮胎、摩托车、小汽车、鞭炮焰火等征收消费税。征收的办法采取从价定率和从量定额两种。这些品种是从产品税转化过来的，基本上维持了改革前的税负水平，并没有增加企业和消费者的负担。

3. 营业税是在原来老营业税中，把商业批发零售以及公用事业中的水、电、气改征增值税后剩下的项目征收营业税，共设置了九个征税项目即交通运输业、邮电通讯业、文化体育业、金融保险业、服务业、转让无形资产、销售不动产、娱乐业。并简化了税率。共设置了三档税率，前三项为3%，四至七项为5%，第八项为5—20%由省、市、自治区确定。

(二) 企业所得税改革　主要是统一了国内企业所得税率，一律按33%征收，不再按不同的所有制企业实行的不同的税制。国有企业不再执行向国家承包所得税的办法，等将来条件成熟的时候，再合并内、外资企业所得税。为什么设计33%的税率呢？因为我们要与外资企业靠拢。现在外资企业的所得税就是30%另附加3%。如果我们设计的低了，等于是对外资企业的歧视。考虑到国内有些企业一步实行33%税率有困难，对企业年利润总额在3万元至10万元之间的企业按27%征税，对3万元以下按18%征税。目的是理顺国家与企业的分配关系，创造一个平等竞争的环境，为企业转换经营机制、真正走向市场创造条件。

(三) 个人所得税改革　全国人大常委会已经通过税法，从今年1月1日起实行。主要是把原来的个人所得税、个人收入调节税和城乡个体工商业户所得税，合并成为个人所得税。目标是使我国的个人所得税法朝着规范化、法制化、合理化方向发展。基本宗旨是对较高收入者征税，对中低收入者不征或少征税。体现了不使纳税人税收负担过多增加和总体税负有所降低。

除此之外，还对其它一些税种进行了改革调整。如土地增值税、资源税、城市维护建设税、印花税、房产税、车船使用税等，同时还取消了一些税种。总之，改革后税种将由32个减少到18个，税制结构更趋于合理，并初步实现了高效和简化。

(四) 对征收管理制度也做了一些改革　初步建立强有力的科学、严密的征管体系和正常的税收秩序。主要内容是:普遍建立纳税申报制度;积极推行税务代理制度;加速推进征管计算机化的进程;建立严格的税务稽核制度;加强税收法制建设，除加强税收法律、法规立法工作外，逐步建立税收立法、司法、执法相互独立，相互制约的机制。

二、国家与国有企业利润分配制度的改革　结合税制改革和《企业会计准则》、《企业财务通则》的实施，规范了国家与企业的关系，取消了过去企业实行承包责任制的做法。同时将原来的固定资产投资贷款由税前还款，一律改为本金在税后还款。国有企业统一按国家规定的33%税率交纳所得税，对部分利润上交水平较低的企业，作了适当照顾。《企业财务通则》规定了交纳所得税以前，允许列支的标准，列出什么是合理扣除，扣除后计算所得额，按所得税率征收。这种办法比较规范，有利于促进企业平等竞争。为了解决税前还款改为税后还贷的资金来源，国家采取了很多政策措施。如“两则”规定，企业固定资产贷款利息列入成本，这等于减轻了所得税以后利息还款的负担;折旧率可以提高一至二个百分点，由企业自己确定;有的行业允许加速折旧，如电子行业;新产品试制费用可以进成本。此外，前几年由于财政困难先后开征了能源交通重点建设基金和预算调节基金，1993年对折旧部分已经免征，1994年开始对国有企业全部免征。目的就是为了帮助企业在改革中能够转换机制，为建立现代企业制度创造条件。还规定了逐步建立国有资产投资收益按股分红、按资分利和税后利润上交的分配制度。作为过渡措施，近期可根据具体情况，对1993年以前注册的多数国有全资老企业实行税后利润不上交的办法，同时，微利企业交纳的所得税也不退库。

三、积极推行复式预算制度　在近两年中央预算和部分省市试编复式预算的基础上，加以改进和完善，制定出具体的编制办法和配套措施后在全国实行。把“吃饭钱”与“办事钱”分开来。将同一预算年度内的全部预算收支按性质分别对应汇集，编成两个或两个以上的收支平衡表。包括政府公共预算和国有资产经营预算;此外还有社会保障预算和其他预算。复式预算作为新型的财政预算管理形式，它与分税制有着息息相关的内在联系。复式预算的编制要以法律为准绳，要体现分级财政的特点。要通过复式预算增加财政的透明度，分别反映经常性和建设性两类资金各自的平衡状况，便于各级领导分析决策，便于人民代表大会对预算执行进行监督，有利于各级政府贯彻“尽力而为、量力而行”和“一要吃饭、二要建设”的原则。首先保“吃饭”，其次是搞建设。经常性预算不得搞赤字。

为了加强预算管理，强化预算约束，全国人大八届二次会议已通过了《预算法》。这是我国实施以法治财，依法理财的重要法律依据，也是加强社会主义法制建设的一个重要步骤。《预算法》的实施，必将增强各级预算的法律效力，充分发挥预算的各项职能，同时，对于保证财税改革的顺利进行，加强国家的宏观调控，促进社会主义市场经济的健康发展也有着重要的意义。

四、实行分税制必须相应地改革国家金库制度

国家金库，是负责办理国家预算资金的收入和支出的机关。国家的全部预算收入都由国库收纳入库，一切预算支出也都通过国库拨付。

世界各国的国家金库体制，主要分为金库制和银行制两种。金库制又分为独立的金库制和委托制。独立金库制是由国家专门为办理国家预算收支业务而单独设置的机构。委托制是国家不单独设立机构而是委托银行来办理国库业务。银行制是国家没有国库机构，由财政部门在银行开户，收入存入开户银行，支出从开户银行支取，同机关、团体办理存取业务一样。我国实行的是委托金库制。

我国的金库机构设置是按照统一领导、分级管理的财政管理体制设置的，原则上一级财政设立一级金库。中央设总金库;省、自治区和直辖市、计划单列市设分金库;省辖市、自治州设中心支库;县和相当于县的市设支库，支库以下设经收处，由专业银行的基层机构代理。

长期以来，我国实行统收统支的财政管理体制。与此相适应，在国库设置和管理方面一直执行统一垂直管理的办法，由中央金库兼理地方金库业务。1978年财政上虽然实行了“分灶吃饭”的体制，但国库的设置和管理办法仍然未改变。

实行分税制以后，中央和地方财政在收支范围及权责方面有了明确的界定，并且相应地建立了税收返还制度。财政体制的这一变化，就要求金库制度也必须相应地改革。因此国务院决定，原则上一级政府一级财政，同时，相应要有一级金库。在执行国家统一政策的前提下，中央金库与地方金库分别向中央财政和地方财政负责。这样可以使各级政府真正做到政权、财权、资金调度权的统一，为各级政府真正做到各负其责、分灶吃饭奠定了基础。

实行分税制改革后应当注意和解决的几个问题

一、要统一认识、统一行动，防止在运转中出现扭曲变形 实行分税制改革意义重大，是贯彻落实《中共中央关于建立社会主义市场经济体制若干问题的决定》精神和部署的重大举措。当前，我国经济体制改革已进入攻坚阶段，建立社会主义市场经济体制既要总体推进，又要重点突破。《决定》明确指出实行分税制财政管理体制是近期财税改革的重点，这表明实行分税制是整个经济体制改革中的关键环节和突破点，意义重大。因此，各级领导和财税广大干部要站在全局的高度，深入理解实行分税制的重大意义和改革的急迫性，提高认识，统一思想，统一行动，增强贯彻落实的自觉性。

这次财税改革，是一项艰巨复杂的系统工程，牵涉面广，涉及各个方面的切身利益。尽管在改革方案设计过程中，进行了大量的调查研究，广泛听取了各方面的意见，并据以对方案作了反复调整，但是由于1994年几项改革同时出台，再加上新旧体制双轨并行，在执行过程中难免会出现一些困难。为了保证分税制健康运作，各级领导和财政部门一定要以爱护培育新生事物的高度热忱，加强领导，精心组织，加强协调。必须顾全大局，不能各行其是，超越权限，自立章法，歪曲改革方案或使改革走样变形。只有严格遵循中央确定的体制框架和基本政策，杜绝违背原则的各种变通，才能使改革措施到位，并取得预期效果，这应成为我们的共识和行动准则。

二、积极创造条件，深化第二步或第三步改革，使分税制改革日臻完善 如前所述，这次分税制改革是在包干制基础上建立起来的。老体制还在继续运行，为了减少阻力，在处理各种矛盾和利益关系时，作一定程度的"妥协"是不可避免的，在某种意义上说是必要的，但绝不能把它固定化。因此，一方面要密切关注新体制运作情况，及时发现和解决新问题，不能抹杀分税制的基本特征，破坏分税制的精髓；另一方面，要认真总结经验，探索有效途径和办法。首先要抓住时机，深化改革，将分税制改革逐步推向前进。结合行政机构改革，研究解决各级政府间的事权划分，使事权划分得更加科学、合理、明确和规范，达到事权、财权相一致，互不交叉，各负其责。其次要积极创造条件，逐步完善转移支付制度，推行因素法。这是调节地方利益结构和经济结构的最有效的工具。也是强化中央宏观调控能力，为各地创造基本的社会经济条件所必要的。具体操作可以由粗到细、由初级到高级逐步完善。既要参照国际惯例，又要符合中国国情；既要有规范的体制性或公平、公开的计算公式，减少随意性，又要有一定的灵活性，适应不断变化的情况。从而使分税制财政体制日臻规范和完善，以达到改革的既定目标。

三、实行分税制改革以后，必须相应地改进和加强预算外资金的管理，制止资金体外循环 1992年我国的预算外资金已达到3854.92亿元，相当于预算收入97.7%，其中：地方财政部门管理的预算外资金90.88亿元，占2.36%；各行政事业单位管理的预算外资金有885.45亿元，占22.97%；国有企业及其主管部门管理的预算外资金有2878.59亿元，占74.67%。有些地区的预算外资金还超过了预算内资金。这些资金对于国家建设事业和弥补预算内资金不足，曾发挥了积极的作用。但不可否认，由于缺乏严格的管理和监督，在资金的使用上有的不尽合理，铺张浪费现象也很严重，对于国家建设事业和国家预算有一定的冲击。

实行分税制以后，为改进和加强预算外资金管理提供了有利的环境和条件。首先，地方财政部门管理的预算外资金，完全可以纳入各级地方预算管理，根据规定的收支范围列收列支，由地方政府统筹安排列入预算，经同级人代会批准后执行。其次，对于行政部门的行政性收费根据国务院规定实行收支"两条线"的办法，纳入财政预算管理。对于事业单位管理的预算外资金，应该认真彻底地加以清理，分别情况管理。应该纳入预算的，要坚决纳入预算，由各级地方财政进行管理；不应纳入预算的，也要纳入事业单位的财务收支计划，该抵顶支出的，与国家财政拨款统筹安排使用。不能抵顶支出的，要规定章法，由各级财政部门监督管理。第三，对于国有企业管理的预算外资金，随着企业转换经营机制和"两则"的贯彻实施，特别是现代企业制度建立和完善后，其性质已发生变化，不再是预算外资金，经过认真审核之后，依据法规作为企业资金，由企业自行支配。这就可以划清政府资金与企业资金的界限，坚决堵住地方政府"藏富于企业"变预算内为预算外的漏洞。对于各主管部门的各项基金，应纳入国家预算，列收列支，实行财政监督。

四、增强法治观念，加强财政立法 从根本上说，实行社会主义市场经济机制，主要依靠法制，市场经济是法制化的经济。实行分税制后，一定要树立法制观念，要学法、懂法、用法、严格依法办事。对过去制定的财政法规制度要进行清理，对不适合社会主义市场经济要求的要及时修订或废除，对不健全的要补充和重新制订。对于重大的法规要改变过去那种以政府文件代替人大立法的做法。一定要按程序规定通过立法机关立法，正式颁布实施。坚决克服以言代法，以权代法的偏向。一旦立法机关通过正式颁布以后，就要坚决贯彻执行。

为了适应建立社会主义市场经济体制的要求，发挥财政职能作用，必须抓紧法制建设。除了人大已经公布的若干法律以外，还应加快“税收基本法”、“国债法”以及“社会保障法”、“房地产市场管理法”、“投资法”等等法律的制订和颁布实施。以便有法可依，违法必究，使财政职能作用的发挥完全建立在法制的基础上。

最后，实行分税制是财税改革的一场硬仗，不仅关系着财政自身命运，还影响着建立社会主义市场经济的进程。《邓小平文选》第三卷为我们建设有中国特色社会主义提供了理论依据，是我们做好工作的强大思想武器。党的十四大和十四届三中全会又为我国建立社会主义市场经济规划了宏伟蓝图，是我们的行动纲领。我们要认真学习、深刻领会，提高认识，更新观念。增强转变职能的自觉性。过去财政部门顺应潮流，锐意改革，奋力开拓，取得了一个又一个的阶段性改革成果，为改革开放和社会主义建设事业作出了重大贡献。现在由传统的计划经济体制转向社会主义市场经济新体制是一次历史性的转变，在这历史性时刻，我们一定要珍惜历史的机遇，树立崇高的历史责任感，同舟共济，不畏艰险，再接再厉，为取得分税制改革成功而努力奋斗。

（作者所在单位：财政部）

当前税收工作和税制改革的情况

金　鑫

一、我国税收工作的基本状况

在我国，税收的基本功能有两条，第一条，为国家聚财。通过税收的手段，国家要在社会的总产品中，集中一部分作为公共开支，这是它的聚财功能。第二条，在经济上，它要作为一个宏观调控的杠杆，起到一定的调控作用。多年以来，我国的税收就是沿着这样一条路子走过来的。现在，我国的税收占国家财政的90％以上。以1992年为例，国家税务机关组织的各种财政收入是3456亿元，占到当年国内财政收入的95％。所以说税收是国家财政的主要来源。税收不仅量大，而且有稳定的增长。九十年代以来，每年新增税款都有300亿元左右 增长率一般都在10％或10％以上。预计1993年，税务部门组织的各项收入预计将达到4000亿元，比上年大约可以增长500亿元。在年初，我们预算，今年计划增300亿元，到六、七月，朱镕基同志提出能不能比计划超收一些，超收300亿元。这个数可能大了一点。现在我们向镕基同志请示后，把情况分析了一下，准备再减150亿的超收指标。即在年初计划比上年增加300亿元的基础上，再追加150亿元，全年增加450亿元。再加上一些其他收入，总收入将接近4000亿元。

现在，我们勾划一下我国税收的面貌，可用四句话概括：一是任务很重；二是战线很长；三是矛盾很多；四是队伍很大。所谓任务重，是指一年要为国家组织三、四千亿的收入。任务重的另一个问题，是制定税收政策要处理好国家同企业之间，国家、企业同个人之间，中央和地方之间的分配关系。政策的难度主要是处理好这些分配关系，也就是前面讲的宏观调控的功能。任务重的另一面，就是一年要征收那么多的税款，不论是3500亿还是4000亿，其中既有“西瓜”，又有“芝麻”。一个大的纳税企业，一年上税就可能有几千万到上亿元，更大量的是小“芝麻”，要一颗一颗捡起来。

所谓战线很长，是说现在我们的纳税对象，全民所有制的大大小小企业有40万户；城镇的集体企业大体是200万户；乡镇企业大体是1100万户；个体工商户，按1992年年底的统计是1426万户。这几项加起来就有2500多万户。另外还有应向国家尽纳税义务的个人，如农贸市场上售货的农民也要交一定的税。又如个人所得税和个人收入调节税开征以后，向国家尽纳税义务的个人也开始多起来。这样，全国应向国家纳税的法人和自然人，大体上有3000万。也就是说，税务人员常年要同3000多万纳税人打交道，这些人遍布城乡各地，所以讲战线很长。

第三讲矛盾很多。前面讲过，税收的本质是处理分配关系。国家为了保证国家的建设和其他方面的需要，总是希望多收一点。企业为了自我改造，自我发展，总希望多留一点。个人为了改善生活，总希望多得一点。这三者，分开来看都是对的。国家要多收，否则，国防装备更新不了，重点建设也上不去，带来许多不利的影响。企业面临的困难也不少，特别是许多老企业，多年没有经过改造，技术落后，设备陈旧，他要自我改造，自我发展，需要多留一点。职工个人改善生活要多得一点。从每一个方面来说，都是对的。问题和困难就在于三个都要，你要多得，他就不能多留。所以，我们的税收决策就要在这三个方面寻找一个平衡点，国家尽可能多收一点，企业尽可能多留一点，职工也要尽可能地多得一点，这就是矛盾的核心。这些矛盾都处理好了，各个方面就能顺利地发展，一个方面如果处理得不适当，对其他方面的影响就大了，会造成一些不好的后果。

第四是讲我们的队伍很大。现在全国税收队伍有60万人。一方面我们要通过现代化手段，改进征收办法，但由于我国税收面广量大，60万人不够，江总书记对我讲，还要逐年增加30万人。我国的税务机构，从中央到地方，各级都有税务机构，最基层的税务所有3万多个，35万多人。国家的税收政策、法令、法规，大量的税收工作要靠这些基层的税务所去执行。这3万个税务所，从繁华的城市一直到偏僻的农村，遍布全国。这些税务所，特别是基层那些条件十分艰苦的税务所，工作是很艰辛的。他们说，为国家征税，他们要走遍千山万水，踏进千家万户，说尽千言万语，历尽千辛万苦。有时还要面临挨揍的威胁，因为有些人要对抗纳税，要偷税漏税，甚至在矛盾激化以后要暴力抗税。所以，每年税务干部在执行公务时被打的有3000人次左右；致残的少则100人，多则200人；致死的少则三五人，多则十几人。

在肯定工作成绩和干部队伍交流的同时，我们也看到税收工作存在的问题、缺点、弱点和不足之处还很多(后面要讲)。税务机关也存在着不廉洁的问题，小则吃一点、喝一点、要一点，从企业报销一点。少数贪赃枉法、违法乱纪的，每年也有若干起。现在我们正在按照中纪委二次会议精神在税务系统开展反腐倡廉的活动。对此我们态度很明确；一决不护短；二对存在问题要敢抓敢管，该查处的要严肃查处；三要建全规章制度，常抓不懈，努力把税务队伍建成一支清正廉洁的为人民服务的好的队伍。

二、税制改革

我国现行的一套税制是在1984年完成的。建国初期，既有解放区根据地的税制，也沿用了国民党的一些税制。是二者的混合体。1953年以后，我们全套照搬了苏联的税制。到1958年，对私有制的改造完成了，一切都是姓“公”的，肉烂在锅里，都吃大锅饭，所以，用税收组织财政收入也是可有可无。当时出现了一种税收被淡化的趋势。1958年，第一届人大的常务委员会，通过了一个“工商统一税”的条例，税制被大大地减化了。文革中，1958年已被大大减化了的税制还被认为是“管卡压”，是繁琐哲学，被批判了。进而税制再一次受到削弱，改成工商税，意思是国营企业只缴一道工商税，集体企业缴一道工商税，再缴一道工商所得税，别的一概全免。农村则缴一点农业税，其他还有一点零星的税。到党的十一届三中全会，提出改革开放、计划经济与市场调节相结合。以后又提出建设社会主义有计划的商商品经济。显然，当时那样一种税制就不能适应多种经济成分并存、多种经营渠道并存、多种经营方式并存，不能适应发展商品经济的要求。所以，在1984年，进行了一次较大的改革。这次改革与国营企业利改税的第二步改革同时进行的，这样就形成了今天这样一种税收的格局。

今天我们税收的格局是流转税和所得税两个主体税种并存。在流转税的内涵上，又实行了多层次、多道税这样一种复合税制的格局。意思是要把税收渗透到社会再生产的全过程。生产环节要征税，流通环节也要征税。流通领域里，批发环节要征税，零售环节也要征税。这种税制是符合国际税制惯例的。而这种税制同我国现阶段实行的社会主义市场经济有适应的一面，也有不适应的一面，所以必须进行改革。

在研究税制改革时，我们经过学习、讨论，经过国际国内的专家学者的讨论和实际工作者的讨论，我们把税收改革的思路上报给中央财经领导小组，在总书记的主持下，经两次讨论，被批准了。我们的税收改革要适应社会主义市场经济的目标和模式。那么，税制如何体现适应这样一个目标和模式？要研究这个问题，我们首先要研究市场经济对税收应当提出些什么要求。我们认为，在社会主义市场经济条件下，税收的职能没有变，第一，是为国家聚财；第二，是有利于国家对国民经济实行宏观调控。社会主义市场经济要建立在健全的法制基础上，因此，要强化税收的法制，严格实行依法治税，这在任何情况下都不能动摇。对社会主义市场经济的市场要分析一下，首先，市场是统一的。如果我们这样一个国家，市场被一块一块分割开，形不成一个统一的市场，那么这个国家的市场经济是搞不下去的。因为市场是统一的，税法也必须是统一的，国家的税法不是谁都可以有权来制定的。第二，我们讲的市场是开放的，不是封闭的。不仅对国内，而且对国际也是开放的，要逐步完成与国际经济的对接，最终使中国的经济成为世界经济整体的一个有机组成部分。第三，市场是竞争的，没有竞争就没有生命力，否则就不能成为真正意义上的市场经济。竞争才能进步，而竞争必须是公平的，有规则的，否则竞争毫无意义。因此，为了有利于促进竞争，税收必须贯彻公平税赋的原则，这一点是绝对不可少的。因此有人讲，税收的原则叫

“公平、公开、公正”。第四，市场经济的市场是按客观经济规律运行的，而不是像过去计划经济那样，靠红头文件、指令性指标、行政命令。当然必要的时候，这些行政措施、指令仍然是需要的，但主要的是靠市场本身起调节作用。市场经济要靠客观形成的市场机制自然地、自觉地、自动地发挥作用。因此，在制定税收政策时，要有利于不再靠行政办法管理市场，不再用行政办法形成市场机制，因此要十分注意尊重客观经济规律。所以，我们得出几个基本概念，税制的改革要求税法必须是统一的，税赋必须是公平的，税制必须是简化的，税收的管理权限必须是合理分权的。所以，税收改革的一个基本原则就是:统一税法、公平税赋、简化税制、合理分权。用这样一个新的税制来规范国家和企业的分配关系，来理顺全社会的分配关系。

下面介绍一下税制改革的主要内容。

税制改革主要有四个方面的内容。第一，要建立一个统一的个人所得税的税制体系，要完成中华人民共和国个人所得税的立法。对个人所得税认识的立足点是这样的，小平同志讲，贫穷不是社会主义。因此要让一部分地区利用其有利的条件先发展起来，先富起来，让一部分人在合法经营诚实劳动的基础上先富起来。两极分化更不是社会主义。我们要十分注意防止两极分化的出现，因为我们最终的目的是要共同富裕。要解决既要富起来，又避免两极分化的出现，国家就要通过各种政策和手段来实现这一点，而税收就要承担一个非常重要的角色，所以我们要强调税收的调节作用。建立个人所得税法的出发点，就是要在鼓励一部分人先富起来的同时，防止两极分化。当然，在初期的税制，还不可能起那么大的神奇作用。一旦税制完成立法之后，逐步被人们所接受，随着时间的推移，它的作用将是很大的。个人所得税目前在我们国家数量上是很小的，覆盖面也不大。但在西方发达国家，个人所得税是个重要的税种。美国的联邦预算大约是15000亿美金，40%是个人所得税。我们是4000亿的税收，而目前我们的个人所得税加在一起也不过是10几亿。当然其中既有分配机制的问题，也有经济发展水平的问题及其他问题。但从前景来看，世界各国个人所得税都将成为主体税种，特别是发达国家都是主体税种，发展中国家就不可能是主体税种，经济贫穷落后的国家个人所得税几乎没有。所以在中国历史上没有个人所得税。封建王朝多少代没有搞过，国民党政府统治时期想搞但也没搞成，所以在建国前的中国历史上是没有个人所得税的。个人所得税起源于英国，英国在1897年开始有个人所得税。我国建国以后三十年间也没有，到1980年，全国人大通过了一个《中华人民共和国个人所得税法》，这个税法规定，每个月的工薪收入超过800元人民币的，超过部分要缴税。为什么在1980年制定此法，主要是当时我们开始对外开放，一批批外国人、港澳台同胞，在同我国的经济交往中，在我国境内居住183天以上，就有向中国纳税的义务。这样，外籍人在我国办工厂，设办事处，我们就有权征他的税，这是维护中国国家权益的问题。当然，这个税法不仅仅是对外国人的，也包括本国公民。但实际上，在1980年时，中国公民没有一个工资超过800元的。所以，当时这个税法的公布，主要是对外国人的。到了1986年，商品经济有了一定程度的发展，就出现了一个“社会成员之间收入过分悬殊”的问题。这样，客观上要求有一个办法来调节分配的过分不公和过分悬殊。于是，在1986年，国务院作为行政法规公布了《个人收入调节税暂行条例》。我们对外的标准解释是，既有个人所得税某些特征的、以调节收入过高为目的的一个税种。那时，个体工商业户有了很大发展。跑长途运输的，搞商品批发的，这些人一年赚几十万、上百万的都有。1987年，为调节这样一个新情况，国务院又以行政法规的形式公布了《个体工商业户所得税暂行条例》。

这样，在我国就存在着三种不同提法，而本质上都是所得税的税种。这种状况，不仅在法律上很不严谨，而且在实际执行上有时也很不好操作，也不好解释。所以，人大常委多次提出，要尽快完成个人所得税的立法。因此，新的个人所得税立法的提案，国务院提请人大常委会审议的议案已经在八届人大三次常委会上作了说明，提请审议。

下面我介绍一下个人所得税的基本梗概。

第一，三种税合成一种税，叫作“中华人民共和国个人所得税”。

第二，个人所得税遇到一个核心问题，是以普遍征收为目的，还是主要征收高收入者。这是一个很重要的指导思想，这个指导思想的主要分歧在于我们费用的扣除是多少。理论上讲，个人得到多少钱，首先要满足劳动力再生产的那部分开支，最基本的、社会平均水平的衣食住行、繁衍后代要花多少钱，这部分不能征税。扣除这个，多余的部分才是他的实际所得，这部分是征税的对象。这就产生扣多少的问题。这次提请人大审议的方案准备统一到800元人民币，800元以上部分征税。其次，税率实行超额累进税，即收入越多，税率越高，上缴税款占税收的绝对数也就越大，这是合理的，否则就不足以调节分配不公。

税制改革的另一个内容是企业所得税。大家都知道，我们的企业所得税花色品种实在太多。都是对企业征税，但我们是按照不同的所有制形式来分别制定税法的，外商投资企业有一个所得税条例，国营企业有一个所得税条例，集体企业、私营企业都各有自己的所得税条例。这种按不同的所有制分别制定税收条例的做法，在发展社会主义市场经济，形成市场经济机制，要强调公平竞争的原则，这显然是不合适的。因为按照不同所有制形式制定的不同企业所得税的税法，税率是不一样的，征税方法也是不一样的，优惠条件也不同，这怎么能谈到公平呢。相比之下，国营企业的税赋偏重。所以，这次企业所得税的改革，第一条叫统一。这还要分两步走，第一步是先把国内的国营、集体和私营的三个不同所有制的税法统一为一个税法；第二步再跟外商投资企业统一税法。因为外商投资企业所得税法1991年7月1日刚开始施行，现在又改，不大合适。何况把外商企业所得税法同国内的完全合起来，目前条件也不成熟。所谓条件不成熟，主要是我们现在还保留着从改革开放以来对外商投资企业给予的各种优惠。尽管这些优惠经过改革开放十几年，我们需要重新认识一下，看哪些是需要保留的，哪些是需要取消的。当完成这些工作之后，外商投资企业和国内企业的所得税法的统一才能成功。但是现在对外商投资企业现有的优惠政策必须持十分慎重的态度，要有足够的理由，还有国际上许多可比的因素，来做好重新制定优惠政策的工作。如果匆忙地宣布取消这个或那个优惠，可能会在国际上造成“中国对外开放是不是政策又变了”的风波，这是我们所不希望的。因此统一税法的份量不足，还是分两步走。当然我们还是希望快一些，最终完成中华人民共和国企业所得税法。

第二条，统一以后的国内企业所得税，税率统一到33%。现在国营企业是55%，集体企业是八级超额累进税，私营企业又是一种做法，现在要统一在33%。另外，为了照顾一些微利小户，再设两道优惠税率，一档是27%，一档是18%。企业所得税改革之后，就要改变企业向国家承包所得税几年不变的做法，用所得税来规范国家和企业的分配关系。在这步改革中另一个要解决的问题是：建立新的规范化的企业还贷制度。“企业财务通则”和“会计准则”出台后，投资改造贷款利息可以计入成本，企业根据自身的实际情况，再经过一定的审批之后，可以提高折旧费。提高折旧费之后，它可以用这部分折旧费来归还它固定资产投资的贷款。企业还贷的能力提高了。再一条是国家对企业用税后利润上缴的“两金”(能源交通建设基金15%，预算调节基金10%)改过来，国家不再拿了。去年和今年，企业折旧中上缴的“两金”已经不征了。从明年开始，企业用留利里上缴的“两金”，统统豁免。这又大大增强了企业自我还贷的能力。这就可以改变过去全部在所得税前还贷的做法，使企业还贷的财务处理符合规范，保护税基不被侵蚀。

第三个改革，是要全面地推行增值税，来取代现行税制里的流转税的制度。增值税在我国由试行到逐步推广已有十年了，国际上在二战之后，从法国开始，包括现在的西欧、北欧、亚洲、大洋洲，全球范围内，有68个国家都执行的是增值税。美国没有搞，他们也正在研究。增值税不论从理论上还是实践上，都是比较科学的、严密的、先进的一个税种。用增值税的办法可以避免重复征税，它环环相扣，可以大大减少税收的洒漏。增值税是对企业增值的部分征税，在操作上是从生产到流通，批发到零售，统统实行增值税，实行一个税率。在一种产品的上游、中游已经缴过的税都可以在下游或最终产品中加以扣除，这是一个非常简便又非常严密的征税办法。除此之外，我们还保留两种税，一种是消费税，如烟、酒、汽油、柴油等三类。除征收增值税外，还要保留一道消费税。另一种是营业税。商品批发、零售的营业税进到增值税去了。非商品的劳务，如交通运输、银行、金融保险、邮政通讯、文化娱乐、饮食服务、建筑安装等六大类，仍然执行营业税的办法。这些行业不适合搞增值税，而且也会出现税负大起大落的变化。所以，税制改革的第三项是以普遍推行增值税为内容的流转税体系的改革，执行一个统一的增值税税率，道道扣除前道环节已经征过的税，在每一个单位开出的发货票里要注明税款，作为下一道环节征税时扣税的基础。

税制改革的第四个内容是，一些小的税种，在下一步改革中，有的要并，有的要撤，个别的还要新加一两种。总的原则是优化结构、简化税制。有些纯属地方性的税种，我们把权限放给地方。

经过这次税制改革，规范化之后，全国保留的税种，由原来的32种减到18种，也不排除会设立新税种，但总的看是保持在20个左右。在我们这样一个大国，情况那么复杂，又在搞社会主义市场经济，保留20来种税是不可避免的。

这一步的税制改革，要同财政体制的改革结合起来。现在全国上下对此都十分关注，核心的问题就是要搞分税制。现在中央同地方的财政体制是不同形式的包干制。比如上海，五年前的财政收入是150亿左右，固定上缴105亿，剩下45亿归地方财政。今后如财政收入增长，上缴中央仍然是105亿，这是不变的。增长的部分留给上海发展经济。1980年改革开放，中央形成一个文件，规定广东每年上缴10亿，给福建每年补助2亿。10几年来，中央财政过不去了，就把广东上缴的数字提高，到现在广东上缴已达30来亿。这样地区之间就要攀比，产生矛盾。现在，中央已经原则同意，明年1月1日开始，中央对地方搞分税制。所谓分税制按税种划分，哪些归中央，哪些归地方，都做出明确规定。现在设想的方案，中央的固定收入包括消费税和关税等。营业税

(除了银行等部门集中上缴的以外)和其他一些小的税种统统归地方固定收入。企业所得税跟着隶属关系走，中央企业的所得税归中央，地方企业所得税归地方。中间最大的平衡器就是增值税。因为改革以后的增值税大约占税收总量的40%，而且这个税要随着生产的增长不断增长。这个中央和地方共享，但中央要得大头，地方得小头。这步改革的一个很大的变化是，全国大多数省份，按分税制划分以后，它自己的收入还顶不了自己的开支，它要向中央要钱。现在的状况是，多数地区要给中央上缴。这样，在中央和地方关系的处理上，把中央向地方要钱花、要饭吃，改为地方向中央要钱花、要饭吃。这项改革的目的，是要加强中央宏观调控的能力，必须有物质基础。如果中央不集中相当的财力，中央的宏观调控往往落不到实处。所以地方现在比较关心的主要是这个问题。

这一步改革，有一些配套的改革，如税制的改革，财政体制的改革，都要求在明年1月1日到位，开始实施。与此同时，金融体制的改革、投资体制的改革，加强固有资产监督管理的改革，以及外贸体制的改革都要同时进行。这样六项改革，最终都要用法律、法规的形式，做出最后的决定。现在，这些改革的原则都已经得到国务院的批准，下面的问题就是具体化，要制定实施的方案，要做出一系列数字的测算，要调整各方面的分配关系，要征求各方面的意见，以完善这些方案，最后完成立法起草和行政法规。然后要培训干部，对外宣传。今后的三个月，工作任务十分繁重，遇到的矛盾也十分尖锐。

三、对税收工作，人们比较关心的几个问题

1．税收有没有流失？流失多少？流失的程度有多严重？

在八届人大开会前后，舆论界对税收的流失有许多评论。首先，我们的税收没有100%地收齐，没有做到，也做不到。其次，对流失了多少的问题，报上有各种估测，有的说流失了500亿，也有说1000亿的。究竟流失多少，我们没有精确的统计，社会上的估计是某些人就某些方面所作的推测，它不是，也不可能是由下而上统计产生的数字。但是我要肯定的说，偷税漏税是一个客观事实，是相当普遍的，在某些环节上甚至是十分严重的。偷税、漏税、抗税、避税、骗税者都有。偷税者为故意的行为。漏税虽然主观上没有故意，但由于疏漏或对税制税法了解不够而漏税，但有时是否故意也很难定性。避税则大量地发生在三资企业、外商投资企业。他们进来的设备，高估价格，产成品外销时从低作价，税收上的行话叫“价格转移，利润转移”。这是避税最常见的一种做法。现在，我们已经有了一个新的法律条款写进所得税法上，即价格如果偏离了常规的，税务部门有权给你重新裁定。当然，税务部门这样做时要十分谨慎，根据要充分，随意行事是不行的。除上述所讲的偷、漏、避税以外，现在又多了骗税。我们的产品出口有一条政策，叫“出厂征税，出口退税”，现在在退税这道环节上出了问题。出口产品以少报多，价格以低报高，海关报关做假，最近我们花了很大力量解决这方面的问题，虽情况有所好转，但仍没能完全解决问题。现在出现了以骗取退税为目的的犯罪团伙，带有黑社会的性质，有些犯罪团伙同不法港商勾结在一起。这种做法非常可恶，一旦做成，数字也很大。这些洒漏也说明了我们工作上有许多薄弱环节，因此，我们必须千方百计健全税收的管理，堵塞一切漏洞。总之，国家征税，纳税人千方百计偷漏税这是一种历史的现象，国际的现象，古今中外都有。再加上我们有些地方政府从地方保护主义出发，随便开减免税的口子，更加剧了税收的流失。虽然税收流失在当今社会条件下是不可避免的，但是我们还要努力工作，致力于最大限度地消除税收流失现象。为此，一是要加强培养公民的纳税意识；二是切实加强税收法制；三是要加强税收征管，包括制度建设以形成合理的征收管理机制，也包括加快征管手段现代化进程。此外，我们正在进行的税制改革使税制规范、税负合理，也有助于堵塞税款流失的漏洞。

2．个人所得税是大家普遍关心的问题。首先，现在社会上有一种心理的不平衡：为什么有些人发了大财，而我却还是一贫如洗，勉强糊口？这是个事实。但如果笼统地讲分配不公，也不恰当。分配不公是由分配机制、分配格局不合理造成的，对此要通过深化改革加以解决。国家征收个人所得税也是为了分配不公加以缓解。而人们经常谈论的“大款”往往不属于分配问题，比如，现在发大财的究竟是什么人？首先要分析这个问题。现在真正发大财的是：第一，是搞走私的。走私集团捞到一笔，就是几百万、上千万元。第二，是搞诈骗的。诈骗得手的也不在少数。大的诈骗一次得逞，有的竟达上亿元。第三，假冒伪劣产品的生产者和经营者。第四，是炒卖土地的。特别是去年下半年到今年上半年，靠这种途径发横财的，数字是很大的。第五，是收回扣和好处费的，面很大。第六，是倒卖批条的。

这些问题不是分配问题，是犯罪的问题，如果笼统地把这些问题也同分配不公联系到一起，这是认识上进入了一个误区，政策上的界定也错了。对这些问题，我认为还是应执行这样一种政策，即国家保护合法的收入，要调节过高的收入，对那些非法手段谋取暴利的，要用法律手段，要制裁、要没收、要取缔、要追究刑事责任。

3．关于个人所得税问题，现在争论比较多的就是

起征点定在800元。现在我们的方案是:公薪收入,扣除800元,超过部分再征税,税率从5%—45%,超额累进。这个方案,要我看是够宽的。但等到国务院和人大讨论,都出现两种不同意见。一种意见认为,800元太低,现在物价年年长,至少应定在1000元以上。另一种意见认为,800元的覆盖面太少,要么就不搞,要搞就从400元开始征税。甚至有人提出,200元,100元也要征税,大家都应尽义务。税负可以低一些,收1元也行嘛。这两种意见的分歧点是一网打尽,统统要征还是主要征收高收入者。现在还有一种意见认为,800元起征可以,但我的行业除外,因为我们煤矿井下工人的生活工作条件太艰苦,而且随时冒着瓦斯爆炸的生命危险。如果这个行业除外,那高空作业的呢? 远洋运输的呢? 野外勘探的呢? 盐场工人的条件也很艰苦。这些话一个一个听都有道理,加在一起就不行了。所以在个人所得税扣除时,不能搞分行业进行。还有不同地区情况也不同。如果在立法时要分别不同地区、不同行业,那是十分困难的。

在个人所得税上,大家还有一个议论较多的问题是对歌星征税的问题。有的一晚上唱一首歌就2万、3万。现在较热的除唱流行歌曲的歌星外,还有搞小品的、说相声的。京剧不行、地方戏更不行,交响乐、美声唱法的也不行,现在就一支独秀,唱通俗歌曲的。这个问题,我们现在要征税,但可以肯定是征不足的。这是因为对文化市场的管理到现在依然没有到位。虽然国务院研究这个问题时作出一些规定,但实际情况收效甚微。现在,就歌星来讲,他们唱歌的收入是缴了税的,他得到的钱是税后收入。现在的问题是,演出的组织者,没有缴足税,这也是需要治理的。艺术家的艺术生命是有限的,他在艺术顶峰时期获得高收入,这在国际上也是共同的现象,好莱坞的亿万富翁很多。此外,歌星们的消费与常人也不一样,吃的要高营养、低热量,穿的用的就不必说了。所以,这个行业的收入高些也是可以理解的。对歌星征税我们是抓两头,一头是抓个人申报;二是演出单位要定期检查演出的组织者是否缴足了税。现在的歌星每年缴的税大约2亿左右。

另外,稿费征税问题,我们作了很大优惠。有一个问题要说清楚,在中国没有或基本没有不拿工资的作家。而在国外,很少有拿着国家工资的作家。1985年搞了一个调查,在我国不拿工资的作家只有巴金等8人,多数都拿工资。不仅如此,作家的创作活动也是公费的。所以,对这部分人的稿费征税也是合理的。对稿费的征税是这样的,4000元的稿费扣800元的费用,然后就3200元征税,税率20%,后又打了七折。有一点需说明的,我们的征税是按次计算的,有一次算一次,西方有些国家稿酬计入年收入总算。有的同志讲,我的作品前后写了30年,如把稿费按30年分开,可能都不需要征税。但困难在于谁来界定你是用了多少年,操作起来也比较困难。因此,现在保留稿费征税,税率降低。

国家向纳税人征税是一种政府行为。人民群众向国家依法纳税,是尽的宪法规定的义务,应该是非常自觉的。通过深入的宣传教育,每个人都能理解税收,加上税务部门不断地改进工作,这样就可以把国家征税的强制性和全社会纳税人依法纳税的自觉性结合起来,税收工作就会升华到一个新的高度。不仅在大原则上,而且在具体问题上也都能统一起来,现在我们正在花大力气抓这件事。

(作者所在单位:国家税务总局)

我国的金融体制改革

邢早忠

我国的金融体制改革已走过十五个春秋,在这十五年的改革政策过程中,前十四年的改革可以算作一个阶段。在这一阶段,改革的足迹多是探索,摸索,带有尝试性的。从1994年起,金融体制改革按照建立社会主义市场经济体制的基本原则,重点突破,全面推进,改革的步伐迈得较大,然而较之前十四年的金融改革,具有新的特点和新的意义。

一、前十四年金融体制改革的回顾

(一) 建立中央银行体制,逐步建立直接调控与间接调控相结合的宏观调控体系 1983年9月,国务院决定中国人民银行专门行使中央银行职责,不再办理专业银行和商业银行的业务。从此,我国开始建立起了中央银行体制,有了相对独立的货币政策。中国人民银行作为中央银行,通过运用存款准备金、利率、汇率、中央银行再贷款和贷款限额等手段来调节和控制货币总量,调整信贷规模和结构,以保证货币的稳定,支持经济的发展。中国人民银行根据有关的法律法规行使金融管理机构的职能,不断加强对金融机构的管理和监督。

(二) 改革了金融组织体系 金融是经济发展的推动力。随着我国农村家庭承包责任制、搞活企业的承包制、租赁制和对外经济技术交流的不断发展，呼唤金融体制与之相呼应，金融组织体系改革便成了首要改革的目标。

第一，专业银行、综合性银行的恢复和发展。1979年以后至1984年1月，先后恢复了中国农业银行、中国银行，中国人民建设银行、中国工商银行等，允许各家专业银行在业务上适当交叉，进行适当的竞争，打破了各家银行在划分业务范围上的垄断局面。

第二，发展商业银行和区域性银行。1981年12月，国家成立了中国投资银行，作为中国政府指定向国外筹集资金、办理投资信贷的专门银行。1987年，恢复了交通银行，并作为多功能的商业银行的改革试点。与此同时，还先后成立了中信实业银行、中国光大银行、华夏银行和其它一些区域性银行，如广东发展银行、深圳发展银行、福建兴业银行、蛇口招商银行，上海浦东发展银行等。这些银行不受业务分工的限制，机构设置不受行政区划的限制，根据需要，按经济区设立分支机构。为配合住房制度改革，还试办了住房储蓄银行，1987年10月和12月，先后批准在烟台、蚌埠试办了住房储蓄银行。

第三，发展了非银行金融机构。为适应经济发展对各项金融业务需求的扩大，我们大力发展了非银行金融机构，这主要有信托投资公司、企业集团财务公司、金融租赁公司、证券公司、保险公司等。

第四，适应对外开放政策的需要，积极引进外资金融机构。外资金融机构的引入主要集中在沿海经济发达、外资企业较多、对外贸易比较发达的地区。自1979年日本输出入银行首先在中国设立办事处，到1993年底，外资金融机构已在我国设立三百多个办事处、近百家营业性分支机构。外资金融机构的引入，促进了我国“三资”企业的发展，吸引了大量的外资;同时，也促进了我国金融机构改善管理，提高服务质量，走向国际化。

第五，恢复和发展保险市场。1979年4月，国务院批转了《中国人民银行行长会议纪要》，决定通过试点逐步恢复国内保险业务。1983年9月，中国人民银行专门行使中央银行职能以后，中国人民保险公司成为国务院直属经济实体，按照国家法律法规，独立行使职能进行业务活动。近几年，又相继成立了中国平安保险公司、中国太平洋保险公司，引进了国外保险公司，促进了保险业务的竞争和发展。

第六，发展了农村和城市信用合作组织。农村信用合作社过去由于受“左”的思想影响，一度成为“官办”银行的基层机构。十一届三中全会以后，为适应农村经济体制改革的需要，对农村信用合作社进行了改革。从1983年起，恢复了农村信用合作社的“三性”，即组织群众性、管理民主性、经营灵活性。到目前为止，全国共有近六万家农村信用合作社，有力地促进农村经济体制改革的深化和经济发展。在城市，随着我国经济结构的变革，城市小型集体和个体工商户的发展，需要在货款和结算方面给予支持。1983年开始，在银行的领导下，首先在郑州、沈阳、武汉、长春等城市试办了城市信用社。1986年7月，中国人民银行发布《城市信用社管理暂行规定》，规定其性质和业务范围。这些信用合作组织的建立，成为银行业务的有力补充，对搞活商品流通，疏导资金流向，促进经济的发展起到了积极的作用。

(三)调整了利率和汇率政策，改革了管理体制，发挥其调节作用 改革以前，我国的利率、汇率水平不合理，而且长期不变，对经济缺乏调节作用。改革以来，国家根据经济发展的需要，对利率、汇率进行了多次调整。就利率来说，先后十一次调整了存贷款利率，改变了利率长期偏低、僵硬不动的状况。如在1988年出现明显通货膨胀时，还对三年以上的定期存款实行保值贴补率，这对稳定储蓄，稳定经济起到积极作用。在通胀率下降后，我们又适当地调整了利率水平和利率结构，种类和档次都有所增加。在管理体制上，给予各专业银行和金融机构一定的利率浮动权限。所有这些，都增强了利率对经济的调节作用。在汇率方面，1979年以来，我们对于原来高估的人民币汇价实行了几次大幅度贬值，同时在不同阶段进行了多次较小的调整，这样使得人民币汇价接近实际水平，促进了我国对外贸易和对外交往的发展。

(四)我国信用体系的改革 1979年以前，我国的信用体系概括起来就是:高度集中，运行范围狭窄，形式单一，统一计划调节。这种信用体系，是与高度集中的计划体制相适应的。随着经济体制改革的不断深化，就要求发展与新的经济体制相适应的新的信用体系和机制。1979年以后，我国信用体系的改革主要有:一是扩大了贷款范围，逐步扩大到固定资产投资和技术开发等领域，这样，信用活动与再生产过程和全部资金周转更加紧密地结合起来，对经济发展、科学技术进步的推动力增强了。二是从1981年起，基本建设投资由财政无偿供应改由银行贷款。三是发展了银行信用、商业信用、国家信用、国际信用、消费信用、信托信用等多种信用形式，形成了以银行信用为主，多种信用形式并存的信用体系。四是积极开拓和发展国际金融合作关系。首先是1980年1月，恢复了中国在国际货币基金组织中的合法地位;其次是1980年5月，恢复了中国在世界银行、国际开发协会和国际金融公司的代表权;再次是1985年以后，加入非洲开发银行和非洲开发基金;最后是1985年11月，我国与亚洲开发银行当局签署了

《谅解备忘录》，其中规定中华人民共和国以中国唯一合法的代表加入“亚行”，1986年2月，“亚行”理事会投票通过接纳中华人民共和国加入“亚行”，同年三月，中国正式成为“亚行”的成员。另外，我国的各专业银行、保险公司、商业银行也积极参加了一些国际金融组织和国际金融会议，扩大了对外金融联系。我国同世界的双边、多边国际金融合作关系得到很大的发展。

(五)我国金融管理体制的改革 1979年以前，我国的金融管理体制包括信贷、利息、外汇、结算、保险、机构等体制与整个经济体制相适应，实行高度集中和严格的计划管理。1979年以后，开始对金融管理体制进行改革，特别是1984年，中共中央作出《关于经济体制改革的决定》后，金融管理体制的改革加快了步伐。这方面的改革主要有:

1. 运用经济方法转变存款管理体制。增加存款和储蓄的档次，有的专业银行还搞了“有奖储蓄”、“建房储蓄”等。提高了存款利率水平，并根据物价波动的情况，进行保值贴补。1986年2月起，开办了邮政储蓄。1983年中国银行开办了华侨和侨眷的外汇存款，1985年起又扩大到整个境内居民。

2. 在贷款的发放上采取倾斜政策。主要支持农村经济的全面发展，支持农村社会化服务体系的建设;搞活国营大中型企业;开办老少边穷地区的开发专项贷款，帮助开发当地资源，脱贫致富;支持科技进步和第三产业的发展。

3. 从1983年7月1日起，国营企业流动资金由原来的财政、银行两家共同管理，改为中国人民银行统一管理。这个中的原因主要是企业财权扩大了，居民收入增加了，财政分配的资金缩小，银行分配的资金扩大了，银行调控和管理资金的能力增强;企业已初步具有自我发展能力，有了一定的可支配的自有资金;改变了原由财政、银行、主管部门共同管理流动资金形成的多头管理改由银行一家管理，有利于企业发挥经营管理的积极性。

4. 积极推行专业银行的企业化管理。专业银行经营管理体制改革是银行管理体制改革的一项重要内容，其改革的核心是实行企业化管理。其主要内容即:金融机构实行政企分工，具有法人地位的经济实体，拥有充分的经营自主权;按照价值规律开展各种经营活动，把经济效益放在首位;自负盈亏，自担风险，自求平衡;实行严格的核算和考核指标，分配与经营成果挂钩。1985年以后，各专业银行开始在所属少数分支机构中试点，推行企业化管理开始迈出了很大的步伐，并取得了一定成果。

(六)改革外汇管理体制，以适应对外开放特别是外贸体制的改革要求 这方面的改革主要有:1979年3月，国务院批准设立国家外汇管理局，行使外汇管理的职能，1982年3月，国家外汇管理局与中国银行分开，划归人民银行领导，1990年1月，改为国务院领导下的国家局，以加强外汇管理;公布外汇管理条例和各项实施细则，加强外汇立法，对外汇的收、支、存、兑，汇率实行法制化，规范化管理;改革外汇分配制度，实行外汇留成制度，并由原来的额度留成改为现汇留成，调动各方面创汇积极性;开办外汇调剂市场，促进外汇资金的横向流通;积极利用外资，发展国际信贷，加强外债管理，促进经济发展;准许国内居民开立外汇存款帐户，外汇调剂的范围也从1991年12月起扩大到居民个人，打击了黑市投机;改革人民币汇率，发挥其宏观调节作用，从1981年以来，对人民币汇率作了几次大幅度的调整，同时，积极创造条件，使人民币向自由兑换过渡;建立多种金融并存的外汇金融体系，引进外资银行，在全国形成以国有专业银行为主，多种金融并存的外汇金融体系。

(七)金融工具的创新 随着国家信用、商业信用等多种信用形式的发展，我国已有股票、债券、大额可转让定期存单、商业票据等多种金融工具，居民个人的金融资产也由原来的一、二种发展到十多种，呈多样化发展趋势。西方发达国家金融业使用的金融工具和信用形式在中国几乎都有。

(八)发展了金融产物 金融市场是社会主义市场经济发展的必然产物。改革以来，我国的金融市场从无到有，逐渐发展壮大，并初具规模。

1. 国债市场:1981年，我国开始发行国家债券，到1993年底，我国财政界累计发行各种国债2,056亿元。国债主要包括国库券、国家重点建设债券、财政债券、基本建设债券，特种国债、保值公债券等。自1986年8月开始，沈阳首先开办有价证券的柜台转让业务。1988年4月，我国开始开放国库券转让市场的试点。国债成为证券市场的重头戏。

2. 公司债券市场:我国的公司债券主要包括国家投资公司债券、金融债券和地方企业债券。国家投资公司债券分为重点企业债券和基本建设债券。重点企业债券主要由石油、化工、电力、冶金、有色金属企业发行，由其它企业认购，期限三至十五年。基本建设债券主要用于基本建设投资项目的资金需要，对单位和个人发行，期限一般为五年。地方企业债券主要由国营大中型企业和部分集体企业对个人发行，所筹资金用于企业技术改造项目。从1985年开始，我国陆续允许专业银行、交通银行和一些信托投资公司发行金融债券，发行对象全部为个人。

3. 短期货币市场:短期货币市场主要包括同业拆借市场，票据贴现和承兑市场，1985年起，中国人民银行允许各专业银行之间相互融通资金。从1986年起，在全国各主要中心大城市建立了不同形式和规模的拆借市场。1981年，中国人民银行上海市分行恢复了票据承兑贴现，从1985年4月，在全国范围内全面推行商业票据承兑贴现业务，形成全国性的票据承兑贴现市场。此外，还发展了大额定期存单转让市场等。

4. 股票市场：自1979年经济体制改革以来，一些地区、部门和企业不完全依赖银行，直接通过发行股票、债券向社会筹集资金，打破了单一的银行信用。我国的股票市场试点是在1984年宏观经济紧缩背景下，因企业自发筹资需要而起的。1984年11月，上海中银证券公司发行了新中国第一家比较规范的股票——上海飞乐音响公司股票，初建中国的股票发行市场。到目前为止，我国共有各类股份制企业近万家，向社会公开发行股票的企业有二百多家。在上海、深圳证券交易所上市的证券品种有271个，其中，上市股票241个，上市股本总额达470.55亿元，市价总值3293亿元，股票成交量近4000亿元。自1991年起，发行了人民币特种股票，又称B种股票，供境外投资者以外汇进行卖买。到1993年底，全国有58家企业发行了B种股票。

5. 证券流通市场的形成：随着证券发行市场的不断扩大，证券流通市场也逐渐形成。1984年，沈阳市信托投资公司开办了企业债券柜台转让业务。1986年，上海创建我国第一家股票交易柜台，1988年，开始在上海、沈阳等七城市进行国库券公开转让试点，并逐步扩大到全国各主要中心城市。1990年12月以后，上海、深圳两个证券交易所建立，全国证券交易自动报价系统也投入运行，形成“二所一网”的市场格局。1991年试行部分国库券发行采用国际上通行的承购包销方式，并试行了无券发行方式，获得了很大成功。1991年11月、12月，上海、深圳两地开始发行了人民币特种股票(又称B种股票)，开辟了一条新的利用外资的渠道，标志着我国证券市场向国际化方向迈出了重要的一步。

(九)金融立法取得可喜成果　过去我国的经济工作，主要靠政策，靠行政命令。金融工作亦是如此。改革开放以来，我们开始注重用经济手段、法律手段来管理我们的金融工作，金融立法工作取得了可喜的成果。国务院已颁布了四十多项金融行政法规，中国人民银行也制定发布了二百多项金融管理规章。在金融的宏观管理、机构管理、货币发行、计划管理、信贷业务、储蓄、利率管理、会计结算、金银管理、外汇管理、保险、证券市场等诸方面，都有了相应的法律规范。这些法规规章的制定和实施，改变了金融工作无法可依的局面，对改革起了保障和促进作用。现在《银行法》、《保险法》、《票据法》等大法，将陆续出台，金融法规将进一步完善。

在中国金融改革取得较大进展的同时，我们应该看到，旧体制的一些缺陷仍然存在，还不适应社会主义市场经济的发展。主要问题是：

第一，中国人民银行没有成为真正的中央银行。

第二，专业银行政企不分，缺乏市场经济基础上的自我约束和风险约束机制。

第三，金融市场缺乏有效的监管，往往导致金融市场秩序混乱。

第四，金融统计、金融会计制度、支付系统等金融基础建设方面改革滞后，不适应市场经济运行的要求。

在这种情况下，根据党中央和国务院的要求，按照建立社会主义市场经济体制的基本原则，经过反复的论证和准备，我们设计了1994年也就是下一步的金融改革方案，并经过中央和国务院的批准，在今年开始实施。

二、下一步深化金融体制改革的基本内容

下一步金融体制改革的目标是：建立一个在国务院领导下的独立执行货币政策的中央银行体系；建立一个政策金融与商业金融分离、国有商业银行为主体、多种金融机构并存的金融组织体系；建立一个统一开放、有序竞争、严格管理的金融市场体系，并且对外汇管理体制按照国际惯例进行分阶段改革。

(一)确立强有力的中央银行宏观调控体系　下一步金融改革的首要任务就是把中国人民银行办成真正的中央银行。中国人民银行的主要职能是：制定和实施货币政策，保持货币的稳定；对金融机构实行严格的监管，保证金融体系安全、有效的运行，在这一主导思想下，具体的改革举措有：

1. 转换人民银行职能，明确职责。中国人民银行总行掌握货币发行权、基础货币政策管理权、信用总量调控权和基准利率调节权，保证全国统一货币政策的实现。人民银行总行一般只对全国性商业银行总行融通资金。明确了人民银行分支行的基本职责：金融监督管理、调查统计分析、横向头寸调剂、经理国库、现金调拨、外汇管理和联行清算。

2. 改革和完善货币政策体系。人民银行货币政策的最终目标是保持货币的稳定，并以此促进经济的增长；货币政策的中介目标和操作目标是货币供应量、信用总量、同业拆借利率和银行备付金率。

货币政策工具是：法定存款准备金率、中央银行贷款、再贴现利率、公开市场操作、中央银行外汇操作、贷款限额、中央银行存贷款利率。中国人民银行根据宏观经济形势，灵活地、有选择地运用上述政策工具调控货

币供应量。从1994年开始对金融机构实施资产负债比例管理和资产风险管理。

人民银行要建立完善的调查统计体系和货币政策预警系统，加强对宏观经济的分析和预测，为制定货币政策提供科学依据。建立货币政策委员会，增强货币政策制定的科学性。

3．强化中央银行对全国金融业的监督管理。抓紧拟定有关金融法规。1994年要将《中国人民银行法》、《中华人民共和国银行法》、《票据法》、《保险法》等法律草案提交全国人民代表大会审议。同时，要制定和完善各类金融机构的管理体制和配套的规章制度。

抓紧制定对金融机构的监管标准和条例，并依法规范监管方式。监管的主要内容是：注册登记管理、法人代表资格审查、业务范围界定、资本充足率、资产流动性和资产风险度等。

对未经中国人民银行批准擅自设立金融机构和经营金融业务的，要依法查处。

(二) 建立政策性银行 建立政策性银行的目的是：实现政策金融和商业金融分离，以解决国有专业银行身兼二任的问题；割断政策性贷款与基础货币的直接联系，确保人民银行调控基础货币的主动性。

政策性银行要加强经营管理，自担风险，坚持保本经营，不与商业性金融机构竞争的原则，业务上受人民银行监管。

1．组建国家开发银行。办理政策性国家重点建设(包括基建和技改)贷款及贴息业务。中国人民建设银行的政策性业务分离出去以后，转变为以从事中长期信贷业务为主的国有商业银行。

国家开发银行根据筹资能力和项目风险情况，与国家计委和国家经贸委反复协商后，确定重点建设投资和贷款计划，并组织实施。

2．组建中国农业发展银行。承担国家粮棉油储备、农副产品合同收购、农业开发等方面的政策性贷款，代理财政支农资金的拨付及监督使用。中国农业发展银行接管现中国农业银行和中国工商银行的农业政策性贷款(债权)并接受相应的人民银行贷款(债务)。

3．组建进出口信贷银行。进出口信贷银行的业务是为大型成套设备进出口提供买方信贷和卖方信贷，为中国银行的成套机电产品出口信贷贴息及出口信用担保，不办理商业银行业务。进出口信贷银行的资金来源主要是财政专项资金和金融债券。

上述政策性银行要设立监事会，监事会由财政部、中国人民银行、政府有关部门代表和其他人员组成。监事会受国务院委托，对政策性银行的经营方针及国有资本的保值增值情况进行监督检查；对政策性银行行长的经营业绩进行监督、评价和记录、提出任免、奖惩的建议。

(三) 把国有专业银行办成真正的商业性银行 在政策性业务分离之后，现国有专业银行(中国工商银行，中国农业银行、中国银行和中国人民建设银行)要转为国有商业银行、按现代商业银行经营机制运行。第一，落实自主经营、自担风险、自负盈亏、自我约束的经营原则；第二，总行要强化集中管理、统一调度资金的能力，全行统一核算，分行之间不允许有市场交易行为；第三，只允许国有商业银行总行从中央银行融资，总行对本行资产的流动性及支付能力负全部责任；第四，商业银行中的国有资产产权按国家国有资产管理法规管理。

国有商业银行之间要有竞争，允许业务交叉。国有商业银行的一切经营活动必须严格遵守《中华人民共和国银行法》和其他金融法规，接受中央银行的监管。

国有商业银行总行设立监事会，监事会由中国人民银行、政府有关部门代表和其他人员组成。监事会受国务院委托，对国有商业银行的经营方针及国有资本的保值增值情况进行监督检查，对国有商业银行行长的经营业绩进行监督、评价和记录，提出任免，奖惩的建议。国有商业银行的分支机构也要建立相应的监督机构。

国有商业银行不得对非金融企业直接投资。对保险业、信托业和证券业的投资，投资额不得超过资本金的一定比例，并要在计算资本充足率时从资本中扣除；在人、财、物等方面与其脱钩，实行分业经营。国有商业银行的分支行没有投资权。

我国商业银行体系包括：国有商业银行、交通银行以及中信实业银行、光大银行、华夏银行、招商银行、福建兴业银行、广东发展银行、深圳发展银行、上海浦东发展银行和农村合作银行、城市合作银行等。所有商业银行都要按《银行法》完善和发展。

积极稳妥地发展合作银行体系。合作银行体系主要包括两部分：城市合作银行和农村合作银行，其主要任务是为中小企业、农业和发展地区经济服务。

(四) 建立统一开放、有序竞争、严格管理的金融市场 1．严格管理货币市场，明确界定和规范进入市场的主体及其行为。防止资金从货币市场流向证券市场、房地产市场。所有金融机构均可在票据交换时相互拆借清算头寸资金。凡向人民银行借款的银行(包括所属分支机构)，拆出资金的期限不得超过7天；商业银行、合作银行向证券公司、信托投资公司、财务公司、租赁公司拆出资金的期限不得超过7天。凡不向人民银行借款的银行拆出资金、非银行金融机构之间的资金拆借，不受上述限制，但要逐渐通过票据进行。

人民银行要制定存、贷款利率的上下限，进一步理顺存款利率、贷款利率和有价证券利率之间的关系；各类利率要反映期限、成本、风险的区别，保持合理利差；逐步形成以中央银行利率为基础的市场利率体系。

2．完善国债市场，为人民银行开展公开市场业务创造条件。财政部停止向人民银行借款，财政预算先支后收的头寸短缺靠短期国债解决，财政赤字通过发行国债弥补。政策性银行可面向社会发行财政担保债券，用于经济结构的调整。邮政储蓄、社会保障基金节余和各金融机构要持有一定比例的国债，全国性商业银行可以以此作为抵押向人民银行融通资金。

3．完善股票市场。在企业股份制改造的基础上规范股票的发行和上市；要完善证券交易所和交易系统的管理。

（五）改革外汇管理体制，协调外汇政策与货币政策　外汇管理是中央银行实施货币政策的重要组成部分。我国外汇管理体制改革的长期目标是实现人民币可兑换。根据我国目前的实际情况，并参照国际上的成功经验，近期实施的改革措施是：

1．实现汇率并轨，建立以市场汇率为基础的、单一的、有管理的人民币浮动汇率制度。

2．取消外汇留成，实行结汇和售汇制。

3．实行经营项目下有条件可兑换。

4．严格管理和审批资本项下的外汇流出和流入。

5．建立全国统一的外汇交易市场，外汇指定银行为市场交易的主体。中国人民银行根据宏观经济调控的要求，适时吞吐外汇，平抑汇价。

（六）正确引导非银行金融机构稳健发展　要明确规定各类非银行金融机构的资本金、管理人员要求及业务范围，并严格审批、加强管理。要适当发展各类专业保险公司、信托投资公司、证券公司、金融租赁公司、企业集团财务公司等金融机构，对保险业、证券业、信托业和银行业实行分业经营。

在非银行金融机构中要特别注重保险业的发展。要加强对保险业的管理。保险体制改革要坚持社会保险和商业保险分开经营的原则，坚持政企分开。政策保险和商业保险要分别核算，把保险公司办成真正的保险企业，实现平等有序的竞争。保险业要逐步实行人身险和非人身险分别经营，发展一些全国性、区域性、专业性的保险公司，成立再保险公司，采取多种形式发展农村保险事业。要适当扩大保险企业资金运用的范围和自主权，适当提高保险总准备金率，以增强保险企业的经济实力。要建立保险同业公会，加强行业自律管理。

（七）加强金融业的基础建设，建立现代化的金融管理体系　金融业的基础建设包括会计、结算制度的改革、电子化手段的运用和人才的培养。会计、结算制度的改革主要是改收付记帐法为借贷记帐法，改收付实现制为权责发生制，扩大支票、信用卡等支付工具的使用，减少现金使用。

三、在实施金融体制改革中应注意的几个问题

1994年金融体制改革的方向已经明确，具体步骤也有了，但是在实施过程中应该注意以下几方面的问题：

第一，在新旧体制转轨过程中必须坚持总量控制，防止出现严重的通货膨胀　金融体制改革与其它领域改革相比，有一个显著不同的特点，就是它涉及全社会货币总量和资金运行，如果在改革中出现调控真空或调控不当，就有可能出现货币信贷的失控。过去曾有过这方面的深刻的教训。而这次改革的力度和广度都比以前大，同时还有中央银行本身的重大改革，就更要注意总量控制问题，不然金融体制改不好，还会影响整个经济改革进程。因此，在1994年开始的金融改革进程中，在新的货币政策工具和一些举措(如公开市场业务、资产负债比例管理等)尚未有效运转和初步完善之前，还不能贸然过早地放弃原有的总量调控手段，一般说来这个过程会持续一段时期。

国务院在1993年12月召开的经济工作会议上已经强调了这个问题，并对1994年的投资总量、信贷总量、货币发行量都做出了明确的控制指标。我们在金融改革的实施过程中要采取有效措施搞好总量控制，防止出现严重的通货膨胀。这样做的目的是希望能顺利过渡到新体制，减少波动。

第二，国家专业银行向国有商业银行的转化要有一个过程　在政策性业务分出之后，并不意味着专业银行就自动转为商业银行了。特别是我国这几家大专业银行，几乎全国所有大中型工商企业都占压着它们的贷款，如果专业银行马上按效益原则和风险原则行事，亏损企业一律不给贷款，那么，全国有许多企业就无法得到资金再运转下去。由此看来，专业银行向商业银行的改革与我国现代企业制度的确立与完善是紧密相联系的，不可能在短期内完成。此外，专业银行改革与计划体制改革、投资体制改革、外贸改革、财税改革等都是配套

推进的。这次国家改革的战略是整体配套，全面展开，逐步推进。这个系统工程的全面具体实施后还要根据实际经济运行的情况进行调节，其中一个环节搞不好，就可能出问题，这其中，专业银行改革是一个很重要的环节。

第三，金融改革要先立法规制度，保证有序进行

过去有些改革往往是单项推进，先干起来再说，即先破后立。这次金融改革的一个最显著的特点是要先立后破，先制定一系列的金融法规，把一些改革内容用法规形式予以确定，例如今年要通过几项金融方面的基本法，如《中国人民银行法》、《银行法》、《证券法》、《保险法》、《票据法》等。也就是说，通过这次改革，要为我国金融制度确立一套适合社会主义市场经济的法律框架，使以后的金融监管、金融交易行为都纳入法制的轨道。因此，在今年的改革进程中，如果新的法规还没有公布，就还必须遵照老的规定，各金融机构不能自行其是。

(作者所在单位:中国人民银行)

我国保险事业的发展和改革

裴　光

中国保险业自1949年10月回到人民怀抱以来，历经四十多年的风风雨雨，终于步入正确的发展道路。本文试从我国人民保险事业的产生、改革和发展等方面探讨保险事业的未来发展方向。

一、独立自主的保险市场的产生与中国保险业的曲折历程

1949年10月1日，中华人民共和国成立，开辟了中国历史的新纪元，中国保险业也从此获得了新生。1949年10月20日，由中国人民银行总行报经中央人民政府财经委员会批准，成立了中国历史上第一家国有保险公司——中国人民保险公司。中国人民保险公司的成立开辟了中国保险业的新纪元，标志着中国保险业从此真正地回到了人民的手中。

人民保险公司成立后，以"保护国家财产，保障生产安全，促进物资交流，增进人民福利"作为基本任务，积极开拓保险业务服务范围，先后开办了火灾保险、人身保险、农业保险、国家机关、国营企业财产强制保险，物资运输工具保险，另外，还开办了铁路、轮船和飞机旅客意外伤害强制保险。与此同时，还开办了各种涉外保险业务，如出口货运保险、远洋轮船保险、国际航线飞机保险，以及在华外国人的财产保险和汽车保险等。在开业之初的短短几年里，保险服务范围由小到大，保险业务量由少到多，保险险种由单一到多种综合经营，不断地得到迅速发展。到1951年底，中国人民保险公司在全国已有468个分支机构，有保险职工2万余人;1952年，壮大到1300多个分支机构、34000多名保险职工，并在全国设有3000多个代理网点。

在构造和完善国有保险公司，培育和发展人民保险业的同时，我国有步骤、有组织、有分别地对旧中国的保险业进行了整顿和改造。采取的措施主要有:(1)接管和清理了官僚资本的保险公司。1949年5月上海解放后，上海军管会接管21家官僚资本主义的保险公司，并对两家与官僚资本合资的保险公司实知监管。(2) 整顿和改造民族保险业。首先对所有愿意恢复营业的私营保险公司实行重新登记，同意其按国家有关规定的要求复业。同时，对于旧中国存在的一些投机性私营保险公司坚决予以取缔。经过整顿，在复业的保险公司中，中资保险公司为原有保险公司的三分之一，外资保险公司为三分之二。其次，对复业的私营中资保险公司进行了改造。先是切断了他们与外资保险公司的分保关系，在津沪两地成立了有47家民族保险公司参加的"民联分保交换处"，由其承保各保险公司自留业务的溢额部分责任，然后全部再分保给国营保险公司。严禁中资保险公司向外国保险公司办理分保业务。1951年，将继续营业的28家私营保险公司合并为"新丰"和"太平"两家保险公司，并由国家掺入部分资本，改造为公私合营的保险公司。1956年，又将这两家保险公司合并为太平保险公司，并使其退出国内保险市场，专营海外保险业务。目前，该公司主要业务在香港。(3) 对外资保险公司当时并没有从法律上予以取缔，而是采取"断奶"的方式，即切断其保险业务来源，包括直接业务和再保险业务来源，迫使其自动退出中国保险市场。1949年批准复业的外资保险公司共41家，到1952年，全部自动申请停业，撤出中国保险市场。以上措施的实施，使中国保险市场结构发生了根本性的变化，独立自主的保险市场终于取代了长期以来由外国资本垄断和操纵的保险市场，中国保险业从此真正地获得了新生。

然而，由于对保险业认识的偏差，以及对社会主义公有制理解上的误差，中国保险业的发展并没有按当时一代中国保险人所设计的宏伟蓝图而发展壮大，反

而在其发展初期就经受了一次次磨难的打击。进入第一个五年计划的第一年，中央在农村纠正“五多”，而把农村的保险费列为其中的“一多”并予以制止。根据中央的有关规定，人保公司于1953年停止办理在农村开办的保险业务。随后，于1955年停办了铁路、粮食、邮电、地质、水利、交通六个系统的保险业务。1957年，又停办了所有的强制性保险业务，更有甚者的是，从1959年5月起，除极个别城市外，人保公司停办其全部国内保险业务，其体制也相应转为专营涉外保险业务的保险公司。同时出于在外汇业务管理上的需要，中国人民保险公司在组织上改为中国人民银行总行国外局的一个处，编制只有30多人。经过这次改组后，人保公司主要经营进出口货物运输保险、远洋船舶保险、国际航线飞机保险、再保险和海外业务。此后保险业又历经数次反复，1961年精减机构时，中国人民保险公司的编制进一步压缩为12人，“文革”期间，商品生产和商品交换被视为“产生资本主义和资产阶级的土壤”，保险被视为保障了资产阶级法权，中国人民保险公司一度停办了国外保险业务和再保险业务，只象征性地保留了出口货运保险业务，编制一度减为9人，被戏称为“九人治丧委员会”。

二、中国保险业的恢复和发展

1978年12月，在新中国发展历史上具有重大意义的中国共产党第十一届三中全会召开了。这次会议是使党掌握了拨乱反正的主动权，使处于严重困境的国民经济恢复了生机，作为中国经济的重要组成部分和稳定器的保险事业亦随之恢复活力，出现了蓬勃发展、欣欣向荣的新气象。

在三中全会上，党决定把工作重心转移到经济建设上来，为发展有计划的商品经济，建成有中国特色的社会主义社会，全国要进行经济体制改革。为了适应这一形势，更好地为国民经济的恢复和发展服务，金融领域也开始了大刀阔斧的改革，而改革中心就是要建立以中央银行为领导、多种金融机构并存的金融组织体系。正在这种形势下，1979年，中国人民银行全国分行长会议决定并报请国务院批准，恢复中国人民保险公司，并从1980年起，在全国恢复办理国内保险业务。恢复后的中国人民保险公司为国务院直属局级经济实体，注册资本金为20亿元人民币，主要业务范围是(1)承保各种财产保险、人身保险、责任保险、信用保险以及农业保险等业务;(2) 各种再保险业务;(3) 代理外国保险公司办理对损失的鉴定和理赔业务以及处理有关事宜;(4) 购置、租赁、交换、与本公司业务上有关的动产、不动产等业务。在组织机构上，公司设立董事会，董事由国家保险管理机关指定;设总经理一名，副总经理若干人。总经理、副总经理均由董事长提名，董事会任命。人民保险公司的基层机构按行政区划设置，主要有省级公司、地市级分公司和县级支公司。县以下不设机构，根据保险业务发展的需要，经中国人民银行批准可以设立代办网点。在人保公司恢复机构的同时，为了加快中国保险业的发展，加强对保险业的管理，1982年，国务院批转了中国人民银行《关于国内保险业务恢复情况和今后发展的意见的报告》并为此发出“通知”，要求各省、市、自治区“积极开展保险业务，逐步建立我国的经济补偿制度”。该“通知”的下发，彻底清除了几十年来存在的对保险业认识上的误解，并为进一步发展保险业提供了政策依据。与此同时，在保险业恢复的同时，国务院也加快了保险立法的步伐。1985年3月3日，国务院颁布了《保险企业管理暂行条例》，从法的角度为我国保险业的发展提供了保障。同时，根据《条例》的规定，中国人民银行成为中国保险业的主管机关，其职责是:拟定保险事业的方针、政策，批准保险企业的设立，指导、监督保险企业的业务活动，审定基本保险条款和保险费率，检查保险企业的会计帐册和报表单据，并对保险企业在经营业务中违反国家法律、法规、政策，或者损害被保险方的合法利益的行为，给予经济制裁，直至责令其停业。《条例》结保险公司的设立提出了具体的规定，主要有:设立保险企业，经营保险业务，必须得到国家保险管理机关的批准并向国家工商行政管理机关申请营业执照。无营业执照擅自经营保险业务的，由国家保险管理机关会同工商行政管理机关予以查处。经营人身保险业务的保险企业，其实收现金资本不得少于人民币2000万元;经营人身保险以外的各种保险业务的保险企业，其实收货币资本不得少于人民币3000万元;同时经营上述两项保险业务的保险企业，其实收货币资本不得少于人民币5000万元。另外保险企业应当将其现金资本的20%交存保证金。此项保证金存入国家保险管理机关指定的银行，未经国家保险管理机关批准，不得提取。随后，为完善保险管理制度，加强对保险业的管理，中国人民银行组建了金融管理司，并设立保险管理处具体负责保险管理的日常工作。《条例》的颁布和保险管理机关的加强，大大改善了保险业的发展环境，促进了保险业的发展，使一度颇受压抑的中国保险事业焕发了青春，同时也为保险业的健康发展铺平了前进的道路。到1988年底，中国人民保险公司已拥有7万余职工，十几万代理人员，2800多个国内分支机构，65个国外分支机构，7万多个代理网点，保险费收入109.5亿元。

三、保险体制改革呼声的兴起和改革思路的探讨

1985年以前，我国保险市场是由中国人民保险一

统天下，独家经营，处完全的垄断状态。应该指出，这种垄断经营的保险体制在我国保险业恢复之初，开拓保险市场，促进保险业务的发展和全民保险意识的提高，有着积极的作用和重要的意义。首先，在二十年停办国内保险业务以后，我国保险专业力量几乎损失殆尽。完全垄断的保险体制保证了现存的保险技术力量的集中，在尽可能高的水平上满足了我国保险业在短期内迅速发展对保险技术力量的需求。其次，在保险业恢复之初，随着保险业务的迅速发展，保险从业人员迅速增多，保险专业培训不够的情况下，完全垄断的保险体制使采取相同的保险合同格式、保险费率标准、统一的程序化操作方式等成为可能，从而大大降低了保险实务操作的复杂程度。第三，在保险业恢复之初，开业资金有限的情况下，由人保公司一家完全垄断经营我国保险业务可以大大节省开业资本和营业成本。第四，在当时计划经济在我国经济体制中仍然居于主要地位、所有制形式相对单一、市场经济制度还没有确立的现实情况下，由国有保险公司一家垄断经营我国保险业务与我国国情也是相适应的。

随着我国经济体制改革的不断深入和对外开放速度的加快，尤其是在有计划的商品经济及社会主义市场经济构思的提出、社会主义商品经济在我国的发展和壮大以及三资企业在我国的迅速发展，社会主义的大市场在我国不断地得到培育和发展。在这种形势下，与市场经济规律相背的完全垄断的保险体制的固有弊端也逐步暴露出来。首先，完全垄断的保险体制与商品经济的内在要求相矛盾。在有计划的社会主义商品经济条件下，保险的发展要服从商品经济的内在要求，特别是价值规律的要求，完全垄断的保险体制则窒息了价值规律在保险业务发展中的作用，其表现形式是：处于保险合同双方的保险人与被保险人的地位不平等。保险人通过对保险商品供给的垄断，剥夺了被保险人选择保险人的权利。其次，完全垄断的保险体制使保险人没有竞争对手，缺少来自其它保险人和保险市场竞争的压力，因而也就缺少自身改革不断进取的内在动力。第三，在这种体制下，一些险种虽然赔付率低30%，而费率却居高不下，保险人通过对保险价格的垄断，获取垄断保险利润。第四，保险咨询、防灾防损、保险险种开发、保险条款的修定等保险远远跟不上业务发展的需要，保险市场开拓力萎缩。第五，完全垄断的保险体制为保险公司滋生官僚主义提供了温床，保险公司管理松懈、人浮于事现象严重。第六，保险公司兼领行政管理职能，政企不分，企业竞争和发展意识比较薄弱。正是在这种形势下，保险体制改革的呼声兴起并且一浪高于一浪。在保险体制改革之初，围绕是继续由人保公司一家垄断经营保险业还是由多家保险公司通过竞争经营保险业这一论题展开了争论。主要观点有：

（一）应由人保公司继续垄断经营保险业务　持这种观点的人认为：保险由国家保险公司集中经营，建立全国统一的保险基金是我国社会主义保险事业得以发展的一条重要经验，因为集中统一经营是“保险在社会主义条件下……极大地发挥保险职能作用的重要保证”。他们有的人甚至引用列宁关于“银行国有化对同时进行的保险事业国有化有极大的帮助，保险事业国有化就是把一切保险公司合并为一，集中他们的活力，由国家监督”的论述来证明其观点的正确。同时认为，由国家集中经营与管理，可以节省大量的人力、物力和财力。

（二）应组建新的保险公司，允许多家保险公司公平竞争，共同发展　持这种观点的人认为：全国仅有中国人民保险公司一家公司经营保险，很不适应经济搞活和对外开放的新形势，允许申请设立其它保险公司，对于改革保险垄断局面和条块分割状态是个大突破，只有开展竞争，才能增强保险事业的活力，促进保险业务技术水平的不断提高，并在竞争中促进保险事业的整体发展。只有通过多家保险公司的业务竞争，才能因地制宜地建立和完善我国的经济补偿制度，才能充分挖掘人力、财力和物力资源，从而达到保险资源的优化组合和合理配置，发挥出最大的经济效益。同时，也只有通过多家保险公司相互竞争，通过保险人与被保险人的合理的双向选择，才更有利于对风险的分散和管理，更有利于保护被保险人的利益，从而保障社会和人民生活的稳定。

（三）应由多家保险公司办理保险业务，但目前条件还不成熟　持这种观点的人认为，我国商品经济还不发达，保险立法很不健全，社会保险意识不强，保险需求有限，因此还不适宜设立多家保险公司。

与上述观点相适应，理论界对保险体系的设立，提出了两种模式：完全垄断的保险体制，即由中国人民保险公司独家经营保险业务的体制；多层次，多形式竞争的保险体制，即根据保险市场发展的要求，适时地设立新的保险公司，并有步骤、有分别地开放我国保险市场，逐步把我国保险市场建成多元化的、多层次的、开放的和有序竞争的保险市场，从而为我国经济的发展服务。

四、中国保险体制改革及保险市场现状

（一）我国经济发展与保险体制改革　改革开放十几年以来，中国经济不断发展，中国的综合国力得到大大加强。市场经济得到大发展：(1) 在国民经济全局中，市场调节的比重已达80%以上，计划指令和指导的

部分不足20%。(2) 全国原由中央控制的近千种商品的价格已放开900多种，只留下几十种，而这几十种也正在逐步放开。(3) 乡镇企业产值已超万亿元，占全国工业生产总值的三分之一。(4) 经济外向度已达50%左右。1992年的国民生产总值为2.3亿元，进出口贸易总额已达1656多亿美元。全国已有三资企业6万多家。(5)生产资料所有制多元化格局正在形成。(6) 现代化企业制度正在确立。所有这些变化，都说明社会主义市场经济体制正在我国一步步确立和发展，国家对企业、对劳动者个人充当的“母亲”的角色正在逐渐淡化，过去实行多年的、由国家包揽企业产、供、销的计划经济体制已逐步让位于企业自主经营、独立核算、自负盈亏、自担风险，依靠市场，寻求发展的市场经济体制。劳动者个人的生、老、病、死也不再象过去那样完全由国家来负担。社会主义市场经济的确立和价值规律形成的强大的作用力，迫使企业、个人为生存和发展，大胆地去找市场，而不是向以前那样找市长。他们再也不能躺在国家的怀抱里接受“哺育”。过去由政府的钱袋——财政金库所承担的对企业遭受自然灾害和意外事故损失进行补偿的责任，随着经济体制改革的不断深入，将要由企业自己来承担。在这种社会大环境已发生变革的背景下，保险业这一分散危险、组织经济补偿的特殊行业就获得了其生存与发展的必要的“土壤”。在这种形势下，再坚持由中国人民保险公司独立中国保险业这一观念，对于中国保险业的发展，对于中国经济的发展和人民生活的稳定都是具有百害而无一益。因为，垄断就是独占，垄断的存在将会窒息市场经济规律，排除有益于经济发展的企业竞争机制的形成。同时，垄断形成的高额垄断利润，将会给人们造成“事业繁荣”的假象，使人们满足于现实，失去奋发进取，开拓业务新领域的动力。为了适应中国经济体制改革发展的需要，建立真正的经济补偿机制，促进我国保险市场的形成，1986年7月15日，中国人民银行根据中央8号文件关于“农场要积极试行农牧业保险制度，动员小农场参加保险”的精神，按照中国《保险企业管理暂行条例》的规定，首先在新疆批设了“新疆生产建设兵团农牧业保险公司”(以下简称“兵保”)。“兵保”的成立，打响了中国保险体制改革的第一枪，结束了多年来中国保险业由中国人民保险公司独家垄断经营的历史，为中国保险市场注入了活力，也为中国人民银行培育和发展中国保险业，构筑保险市场积累了宝贵的经验。随后，1988年3月，中国人民银行在中国经济体制改革的前沿阵地——深圳市批设我国第二家综合保险公司，即平安保险公司。1991年4月批设了中国太平洋保险公司，1988至1994年初，先后批设了四川、长沙、厦门、沈阳、大连、本溪、珠海、湘潭、丹东、福州、太原、哈尔滨、广州、天津、南京等十五家专业人寿保险公司。在发展国内保险业的同时，适时地在上海进行了保险市场对外开放的试点工作。1993年，首次批准美国友邦保险公司在上海设立分公司，从此开始了我国保险市场对外开放的先河。

(二) 中国保险公司业务状况 1. 中国人民保险公司(简称“人保”)。“人保”是我国成立最早、规模最大的综合性保险公司，其保险业务总收入在我国保险市场上占92%以上，分支机构也遍布全国各地(除台湾省外)。截止1993年底，该公司共有4000多个分支机构，10多万职工，19万代理人员。1993年，保险业务总收入为498.3亿元(不含海外机构业务收入)，较上年增长36%，完成年计划的117.8%。其中，保险费收入为261.9亿元，储金收入为236.4亿元，分别比上年增长32.3%和38.8%。涉外业务保费收入人民币425亿元，较上年增长29.2%，完成年计划的121.8%。国内外业务赔款和给付总支出为271.3亿元，其中，国内财产险(含农险)赔款和给付163.2亿元；人身险给付和赔款867亿元；涉外业务赔款人民币21.6亿元。预计实现利润27亿元。1994年，“人保”的改革目标是：加强宏观调控，全力搞活内部经营机制，加快形成“人保”企业集团的整体格局。为此，将采取五项措施：(1) 推行分公司自主经营，独立核算；(2) 健全内部分保机制；(3) 政策性保险业务与商业性保险业务分帐管理；(4) 积极探索人身保险经营体制的改革；(5) 深化劳动、人事、分处配制度的改革。

2. 中国太平洋保险公司(简称“太保”)。“太保”是我国目前第二大全性、综合性保险公司，是交通银行全资的子公司。1991年4月26日经中国人民银行总行批准设立，总公司设在上海。公司宗旨是：根据国家法律、法规及金融方针、政策，从事保芾经营活动，坚持一流的服务质量，一流的工作效率，一流的公司信誉，积极开拓保险服务新领域，坚持经济补偿原则，为稳定经济，安定人民生活服务，为繁荣我国保险市场，发展我国保险事业作贡献。公司组织形式为有限责任公司，注册资本金为人民币10亿元。业务范围包括各种财产保险、责任保险、信用保险、农业保险、人身保险、各种再保险、法定再保险及中国人民银行批准的其它业务。公司行政上隶属交通银行，经营上实行董事会领导下的总经理负责制。“太保”在成立短短的几年里，机构和业务都获得了巨大的发展。截止1994年4月，共有分公司31家，代理处或交行保险部43家，人员3000多人。1993年，保险业务总收入18.2亿元，比上年增长142%。其国内业务保险费收入12.1亿元，比上年增长141.6%；涉外业务保险收入3.39亿元，比上年增长108.5%；储金269亿元，比上年增长204.6%。综合赔付率为33.5%，其中，国内处理赔案8.5万起，支付赔款4.36亿元；涉外业务处理赔案3581起，支付赔款折合人民币共0.68亿元;资金运用总额为5.98亿元。预计实现利润2.34亿元。

3. 中国平安保险公司(简称“平保”)。“平保”是由深圳招商局蛇口工业区下属的社会保险公司与中国工商银行深圳市信托投资公司等五个单位合资经营的社会主义股份制保险企业。1988年3月21日经中国人民银行总行批准成立，注册资本金为人民币3亿元。公司宗旨是:信誉第一，客户至上，优质服务，公平竞争，积极开拓保险领域，繁荣保险市场，安定人民生活，发挥经济补偿作用，为发展我国金融保险事业作出贡献。业务范围为:各种财产保险、人身保险、责任保险、信用保证保险、农业保险、再保险、法定保险及中国人民银行总行批准的其它业务。该公司成立初期是区域性综合性保险公司，营业地区包括其总公司所在地深圳市及沿海开放地区。1992年6月，经中国人民银行总行批准，平安保险公司升格为全国性保险公司，定名为“中国平安保险公司”，成立我国第三家全国性综合性保险公司。“平保”成立五年来，保险机构和保险业务迅速发展，截止1993年底，共有机构39个(含分公司和代理处)，1822人。保险业务总收入10.2亿元，比上年增长153%，完成年计划的100.18%，赔款和给付2.3亿元，赔付率39%。预计实现可分配利润2.7亿元。

4.新疆兵团保险公司(简称“兵保”)。“兵保”是于1986年7月15日由中国人民银行总行批准设立的，当时的注册资本金为3000万元人民币。公司宗旨是保险资金原则是取之于民，用之于民，不作为国家收入，也不作为机关企业收入，专项使用。成立初期的业务范围为生产建设兵团所属单位的家庭农场和专业承包户的种植业和养殖业保险。1988年以后，经中国人民银行总行批准，增加了家庭财产保险、企业财产保险、农场职工房屋保险、农机保险等业务。截止1993年底，“兵团”共有机构163个分公司，职工586人，代理人员2582名。保险业务收入10210万元，支出3300多万元。

5. 四川省人寿保险股份有限公司(简称“四川人寿”)。“四川人寿”是由中国人民保险公司四川省分公司，中国人寿保险股份有限公司、四川省财政厅合资经营的人寿保险专业公司。1988年8月31日经中国人民银行总行批准成立，注册资本金为人民币2000万元，其中，由中国人民保险公司四川省分公司出资1000万元，四川省财政厅，中国人寿保险股份有限公司各出资500万元。主要业务范围包括:各种人寿保险、健康保险、人身意外伤害保险及中国人民银行批准的其他业务。营业区域为四川省。目前，该公司人员尚未与中国人民保险公司四川省分公司完全脱钩，业务也并入“人保”公司的大帐之中。

6. 长沙市人寿保险股份有限公司(简称“长沙人寿”)。“长沙人寿”成立于1989年1月6日，是由中国人寿保险公司、长沙市财政局和中国人民保险公司湖南省分公司合资成立的具有法人地位的专业人寿保险公司。注册资本金为2000万元人民币。其中，中国人寿保险公司出资1000万元人民币，长沙市财政局出资800万元人民币，中国人民保险公司湖南省分公司出资200万元人民币。公司宗旨是:按照《保险企业管理暂行条例》的规定，采取灵活多样的形式发展人身保险业务，利用聚集的资金，为增进社会福利、安定人民生活，促进经济持续发展服务。业务范围包括:各种人寿保险、年金保险、健康保险、人身意外伤害保险及中国人民银行批准的其他业务。截止1993年底，该公司保险业务总收入为1.9亿元，给付保险金1.3亿元。

7.大连市人寿保险股份有限公司(简称“大连人寿”)。“大连人寿”是由中国人民保险公司大连分公司与大连市财政局合资成立的专门经营人身保险业务的有限责任公司，1990年6月，经中国人民银行总行批准设立。注册资本金为2000万元人民币，其中，中国人民保险公司出资1020万元，大连市财政局出资980万元。公司宗旨为:积极拓展人寿保险事业，为大连市经济体制改革和金融体制改革配套服务，为完善城乡社会保障制度提供服务，为地方经济建设积累长期稳定的建设资金，增进社会福利，提供社会保障。业务范围包括人寿保险、人身意外伤害保险及中国人民银行批准的其他业务;受政府委托承办城乡社会保险业务。到1993年底，该公司保险业务总收入1,968亿元，支付保险金8822元。

8.沈阳市人寿保险股份有限公司(简称“沈阳人寿”)。“沈阳人寿”又称为“中国人寿保险股份有限公司沈阳市分公司”，1990年8月15日经中国人民银行总行批准设立。公司实收资本为人民币2100万元。宗旨为:采取中央和地方法定与自愿的形式开展人身保险、社会保险业务，聚集保险基金，增强给付能力，为增进社会福利，安定人民生活，促进经济发展服务。业务范围包括:人身保险、养老金统筹保险、三资企业中方职工和私营企业职工养老金保险、个体业者、农民养老保险、公伤、医疗、失业保险，企业破产倒闭保险基金收缴、管理与运用及经中国人民银行批准的保险业务。截止1993年底，保费总收入1.12亿元。其中，人身保险费2.7亿元，比上年增长63%;社会保险费总收入8.51亿元，比上年增长23%。

9. 厦门市人寿保险股份有限公司(简称“厦门人寿”)。“厦门人寿”是由中国人民保险公司厦门分公司与厦门国际信托投资公司合资经营的专业性人寿保险公司。公司注册资本为2000万元人民币，其中，中国人民保险公司厦门分公司出资1020万元，厦门国际信托投资公司出资980万元。公司宗旨为：积极发展人寿保险事业，增进社会福利，安定人民生活，积聚建设资金，为促进厦门特区经济和社会稳定及协调发展服务。业务范围包括：人寿保险、人身意外伤害保险及其它经中国人民银行批准的业务；受政府委托承办各项社会保险业务。截止1993年底，保险业务总收入217941万元，保险总支出4708万元，赔付率26.12%。

10. 珠海、湘潭、本溪、丹东人寿保险股份有限公司。 珠海、湘潭、本溪、丹东人寿保险股份有限公司是中国人民银行在总结以往寿险公司试点工作经验的基础上试点的一种新型的寿险专业公司，其中，珠海、湘潭、本溪三家寿险公司成立于1992年12月，丹东人寿成立于1993年。这四家寿险公司的共同点是:(1) 都是由中国人民保险公司与地方合资设立。(2) 业务范围相同，经营各种人寿保险业务和意外险业务;(3) 与在此之前设立的专业寿险公司都有很大区别，即“受地方政府委托“代”办社会保险，而不“承”办社会保险业务;(4) 营业区域都是在所在市的辖区。但也有区别，其中湘潭、本溪、丹东三家寿险公司由中国人民保险公司控股，珠海寿险公司是唯一一家由地方控股的寿险专业公司，在珠海寿险公司中，中国人民保险公司仅占40%的股份，地方占60%的股份。这几家寿险公司除珠海寿险公司保险业务总收入过亿元外，其它三家业务量一般都不大。

11. 福州、太原、天津、哈尔滨，广州、南京人寿保险股份有限公司。 以上六家人寿保险公司是中国人民银行总行在总结珠海等四家寿险公司试点工作经验的基础上分别于1993年12月至1994年3月间批设的专业寿险公司。这六家人寿保险公司业务范围，资本金及其构成与珠海等四家人寿保险公司相同，不同点是：虽然都以省会城市命名，但实际上是省级保险公司，其营业区域为省辖区。在机构设立上实行“单公司制”，即只设一个公司，不仅分支机构，其业务的开展主要依靠保险代理人来进行。截止1994年4月这六家人寿保险正在筹建之中，尚未正式开业。

12. 美国友邦保险公司上海分公司。 1992年9月25日经中国人民银行总行批准设立。主要经营境外企业、境内外商投资企业的企业财产保险和与其有关的责任保险、外国人和境内个人缴费的人身保险业务及前两项业务的再保险业务。

五、中国保险业发展中存在的矛盾和问题

(一) 保险机构、保险业务发展与保险管理滞后的矛盾 经营保险业，在西方国家被认为是一种商业行为。通常，西方国家对市场中的企业活动采取不干涉政策，由市场机制自动调节企业行为，通过市场规律这一杠杆的作用达到优胜劣汰、和谐发展的目的。但是，纵观美、英、日等实行“自由经济”的西方国家对保险业发展的态度，无一不对保险业实行严格的管理和监督。例如，在西方国家，根据契约自由的原则，大多数企业可以根据他们的愿望，自由地与任何其它企业或个人订立合同，合同的条件也由当事人自己商定。而保险企业在多数情况下则只能通过固定的保险单格式和保险费率与投保人订定保险合同，保险单、保险费率通常要由政府有关部门审定或备案；多数企业可以自行决定其收入的分配及分配方式，而保险企业则必须按照有关法律提存各项责任准备金，其资金的运用也要受到严格的限制；多数企业可以选择任何人为其推销产品，而保险企业只能通过领有政府执照的保险代理人和保险经纪人推销其保险商品。西方政府对保险业与其它商业的管理上之所以出现上述差异，其根本原因在于保险业有其独特的经营对象——风险，在于被保险人的货币支出是与未来特定保险事故或保险事件发生后所获得的经济补偿为交换的等价的。而且，这一等价交换关系到千万个企业的正常经营和千家万户的幸福和安定。而在我国，国内保险业恢复已有十五个年头，虽然保险企业已经由建国初期的中国人民保险公司一家发展到目前包括中资保险公司和外资保险公司、全国性保险公司和区域性保险公司、综合保险公司和专业性保险公司在内的20多家，保险业务收入也由恢复初期的几亿发展到目前的540余亿，但我国的保险管理仍然处原始状态。首先表现在中国人民银行虽然是全中国保险业的管理机关，但实际上其中只有金融管理司的一个处——保险处来履行保险管理的职能。其次，保险管理上重机构管理，轻业务监督。目前，中国人民银行对于保险机构的设立花费的力量较大，而对保险机构开办的保险业务往往疏于管理，对保险业务的稽核、监督和管理大大滞后于保险业务的发展；第三，保险管理队伍不健全，保险管理人才奇缺。目前担负管理全国保险业重任的中国人民银行，实际上只有金融管理司的一个具有七名同志的处——保险管理处来履行管理职能。而做为各省保险业管理机关的中国人民银行省级分行，往往只有一至二人来管理保险业。而在美国，只是一个纽约州的保险管理机关就有800多人，我国台湾省保险管理人员也还有20多人。保险管理人员的缺乏，大大影响了保险管理的深度和广度。第四，保险法制不健全。由于保险法制不健全，非保险企业擅自办理保险业务的现象大量存在，保险代理手续费率居高不下，保险企业不按规定上报保险条款和保险费率等等违法和违规行为大量存在。这些问题的存在，严重地干扰了保险业的正常发展。

(二) 保险市场发展的需要和保险机构发展的矛盾 党的十四届三中全会确立建立社会主义市场经济体系的指导思想以后，各行各业都在为完成这一历史史命而奋斗。做为社会主义大市场一部分的中国保险业同样面临着建立社会主义市场的历史重任，从某种意义上来说，构造和培育中国保险市场要比构造和培育其它市场，例如一般商品市场要困难的多。因为要完成这一重任，首先要打破两个垄断:一是要打破保险垄断思想;二是要打破保险市场垄断。打破保险思想垄断就是要从思想上打破多年来存在的，对中国人民保险公司独家经营中国保险业的适应性，树立市场竞争思想。打破保险市场垄断一方面是打破建国以来由于历史原因形成的，客观上由中国人民保险公司垄断经营中国保险业的格局，适时适当发展多层次的保险企业，并促其通过保险市场竞争发展壮大，从而为中国保险业注入新的活力，另一方面就是要彻底把政府行为从保险业经营和保险企业业务中消除掉，防止由于行政权力和行业垄断造成保险市场中的条块分割，要严格禁止各级政府及其职能部门、行业管理部门利用行政手段，强迫企业或个人参加保险，确立投保自愿、退保自由和客户自由选择保险企业投保的原则。客观地说，保险垄断思想正在逐步打破，多家办保险的思想逐步被人接受。但在保险业改革的力度上，我国做得还不够。例如，在我国的许多地方，仍然只有中国人民保险公司一家在经营保险业务，客观上的市场垄断还未真正打破。这种现象持续下去，对于我国保险业的发展将会产生消极的影响。尤其在当前，中国“复关”日期日益迫近的时候，外国保险公司对我国保险市场可以说是虎视眈眈，跃跃欲试，大有挤垮中国国门之势。许多外国保险公司甚至在其内部已经设立了中国工作组，正在研究中国保险市场，为其进军中国做准备。尽管我国政府在极力保护民族保险业，但外国保险公司进入我国保险市场，经营保险业务已是历史必然。在这种情况下，再不加快中国保险业的发展步伐，再不增设保险企业，再不打破客观存在的保险垄断，将来吃亏的只是我们自己。

(三) 社会保险与商业保险理解上的误区 什么是社会保险，什么是商业保险，我国目前尚没有法律来界定。一般来说，虽然社会保险与商业保险的保险对象一样，是人而不是物，但是，两者在本质上仍有很大区别。商业保险就其客观效果来说，是通过筹集保险基金，进行经济补偿或给付，使被保险人在遭受自然灾害或意外事故后，仍然可以安定生活或正常进行生产。就其直接经营目的来说，是为了获取保险利润，以此求得保险企业的生存和发展。对于商业性保险企业来说，效益是维系其生存和发展的“食粮”和“血液”。为了获取效益，在保险企业内部，保险人一方面要考虑不断增加资本，提高服务质量，增加保险险种，开拓服务领域;另一方面，积极培训职工，提高职工素质和服务水平。在保险企业外部保险人则面临着来自与其它保险企业竞争的压力。在保险人与国家的关系上，保险人与其它商业一样，承担着法律所规定的纳税义务及其公益性义务。国家对保险人除政策性管理以外，一般不干涉保险企业的自主经营。也就是说，在商业保险市场上，政府只充当裁判员，而不是充当自己踢球的运动员。

与商业保险不同，社会保险多由政府主办，并由政府负担部分保险费。社会保险是一种带有福利性、救济性、强制性和垄断性，其目的是通过社会保险使广大劳动者及其家属在任何情况下，能保持最基本的生活条件，保证人们老有所养、病有所医、幼有所抚，并由此使国家的各项政策得以贯彻落实，从而达到维持社会安全，巩固现存社会制度的根本目的。在经营上看，社会保险有以下特点:首先具有强制性，由政府以法律确立参加社会保险的条件，凡符合该条件主人必须按照国家的有关规定参加保险。其次，社会保险费由政府、企业和保险者个人三方负担，政府既是社会保险基金的管理者，又是部分社会保险费交付者;第三，政府是社会保险的保险人，在社会保险这场比赛上，政府是运动员而不是裁判员。第四，社会保险的经营排除竞争，具有垄断性。社会保险的保险人只能是政府而不能含有其它保险公司。

由于社会与商业保险存在着本质的区别，注定社会保险与商业保险应分业管理和分业经营。这一点在西方国家也是一样的。例如在社会保险的发源地德国，社会保险由联邦劳动和社会事务部行使监督权。各州成立社会保险局。在具体业务办理上，老年、残废、遗属、疾病和生育保险由各州按地区、行业或组织的疾病基金会负责办理;工伤事故保险由联邦保险局负责监督实施，具体业务由事故保险基金会办理。

在我国，社会保险虽然已经存在，并已实施多年，但由于没有一部法律来界定社会保险与商业保险的内涵和外延，至使社会保险与商业保险无论在经营上，还是在管理上都存在着理性上的误差。首先是应由谁来办的问题。我认为办与代办是有原则上的差异的。在我国社会保险仍然应由政府办理，由政府来负责社会保险的盈与亏。但是在具体的社会保险费的收取和保险金的支付，以及社会保险基金的管理与运用上，政府可以成立专门的机构来经办，也可以委托其它部门或企业(包括保险企业)来代办。代办部门或企业根据政府的授权办理社会保险的具体工作，利润上交政府，其本身只收取少量的手续费。其次，要明确社会保险与商业保险的界限，既不能以办理社会保险的名义经办商业保险，也不能以办理商业保险的名义办理瘁保险。以养老保险为例，我国把养老保险分为基本养老保险和补充养老保险两部分，基本养老保险由政府、企业和劳动者个人三方交付保险费，补充养老保险由劳动者个人交付保险费。由其特征上来看，基本养老保险属于社会保险的范畴，应由政府来办理；补充养老保险则属于商业保险的范畴，应由商业性保险公司来办理，二者不能混淆。但在我国的一些地区，仍然把补充性养老保险作为社会保险的一部分，由社会保险公司来办理，这是不妥的。第三，中国人民保险公司及其子公司能否代办社会保险业务。关于这一点，我认为只要政府同意由其代办，应是可以的。因为具体代办企业并不制定社会保险政策，只是按委托书的规定，执行政府的社会保险政策，代替政府收取社会保险费，管理和运用社会保险基金，支付社会保险金。以保证社会保险业务得以正常进行，社会保险的根本目的得以实现。第四，在已经办理社会保险业务的区域内有无开办商业性人身保险的必要。由于我国目前对社会保险和商业保险认识上的偏差，错误地把二者的关系理解为竞争关系，并在业务开展上互相竞争和排斥。这种错误已严重地影响了商业保险的发展和我国社会保障制度的形成。众所周知，商业性人身保险不仅包括补充养老、医疗等保险业务，而且还包括由于自然灾害和意外事故而引起人身死亡和人身伤害而产生的给付，其范围远比社会保险要广泛的多。发达的商业保险不仅可以解决许多社会保险解决不了的问题，而且可以作为社会保险的必要补充，把社会保险推到更高的程度。因此，二者是既有区别，又有联系，只有坚持这一点，才能真正地有利于发展我国的社会保险事业，真正地有助于社会保障制度的建立。

(四) 保险市场发展与保险立法严重滞后的矛盾 我国的保险业虽然历经坎坷，但建国四十五年来，尤其是改革开放十五年来，保险业与其它行业一样取得了突飞猛进的发展。表现在保险机构增多，由建国时的一家保险公司发展到目前的二十家保险公司；保险业务量迅速扩大，保险业务总收入由恢复国内业务初期的几亿元发展到目前的540亿元；保险市场对外开放有了新的进展，引进少量的外国保险公司，如美国友邦保险公司上海分公司等；保险市场引进了竞争机制，保险公司逐渐适应了竞争规律，接受了竞争的现实。就在目前我国保险事业已经有了一定基础的形势下，我国保险立法仍还处起步阶段。首先，从目前我国现有的保险法规来看，只有国务院颁发的《中华人民共和国财产保险条例》和《保险企业管理暂行条例》这些法规是在只有中国人民保险公司独家经营保险业务的情况下制定的，在立法上存在许多不足之处，还有一些新的内容没能包括进去。如没有从定义上界定什么是保险，没有把保险与社会保险及其相近似的行业从法的角度区分开来。其次，这些法规没有兼顾到我国保险市场对外开放的实际情况，没有对进入我国保险市场的外国保险公司予以规定和规范。第三，没有对保险中介人制度予以规定。第四，没有规定对于擅自经营商业保险业务的法人或自然人及违规的保险企业的处罚意见，使保险管理缺乏强制性和可操作性。

六、促进中国保险市场发展的几点建议

(一) 加快保险立法速度，完善保险法律体系 在我国保险业经过数年持续高速发展的形势下，人们开始看到，保险纠纷日益增加，保险欺诈事件时有发生，一些部门或单位以这样或那样的名义变相办理保险业务，与保险公司争夺保险市场。所有这些问题的解决，归根到底依靠保险法制的完善，要依法来进行管理和规范。完善保险法律体系首先使《保险法》尽快出台。为了加快保险立法速度，中国人民银行于1992年成立了《保险法》起草小组，成员由来自中国人民银行、中国人民保险公司、中国太平洋保险公司、中国平安保险公司等单位的人员及部分老保险专家和学者组成，中国人民保险公司原董事长兼总经理秦道夫同志担任组长。起草小组经过两年的努力，已经完成《保险法》起草任务。目前《保险法》(草稿)正在有关部门审核，相信在不远的将来，《保险法》一定会得到正式颁布。其次，在《保险法》出台后，要尽快制定相应的配套法规，如《保险代理人管理条例》、《保险经纪人管理条例》、《保险公估人管理条例》、《保险条款、保险费率审批管理办法》、《保险机构年检办法》等。要尽快建立和健全保险代理人、保险经纪人、保险公估人考试制度，把对保险中介人的管理纳入法制轨道。

(二) 建立和健全保险市场管理体系 建立保险市场管理体系就是要在中央银行——中国人民银行内部系统地组建专门的保险管理部门。从当前中国人民银行组织体系来看，首先应在中国人民银行总行内部组建保险管理司，履行国家保险管理机关的总职责。即：制定国家保险事业的方针、政策；根据保险法的规定制定有关管理规章、办法；审查批准保险公司的设立、合并及撤销；审查批准保险代理人、保险经纪人；颁发经营保险业务许可证；监督、管理保险业务活动，纠正制裁保险业务活动中的违法行为；纠正制裁非保险机构经营保险业务及法律或者国务院授权的其他职责。其次，在中国人民银行的各级派出机构内部，相应成立保险管理处、科(室)，受总行的委托管理本辖区内的保险业务。

(三) 加强对保险业的管理，维护保险市场秩序　加强保险业监管，就是要对保险机构和保险业务进行监督和管理，并坚决取缔和严厉打击非保险企业擅自经营和变相经营保险业务、扰乱保险市场的违法行为。具体来说，保险监管的目标有以下几项:(1)对保险机构的管理，主要包括对保险机构的设置、兼业禁止、组织形式等方面的管理。要实现对保险机构管理的这一目标，首先要建立健全保险企业开业审批制度。目前，我国《保险企业管理暂行条例》仅对保险企业的开业资本做了规定，但对保险企业的组织形式没有规定。对此，拟议中的《保险法》做了规定，提高了开业资本的金额，细化了保险企业的组织形式，并禁止同一保险企业经营损失保险和人身保险两种保险业务。其次，对于不符合保险法规规定的保险公司要坚决予以撤销，从而把我国保险市场建成可进可出的开放型的保险市场。当前我们的保险机构管理应立足于向《保险法》的立法思想靠拢，以便减少以后管理工作的难度;(2) 保证保险企业有足够的偿付能力，这是保险监管工作的主要组成部分，保险监管的许多措施，如对保险企业资本金的要求及缴付保证金的规定、各保险责任准备金提取办法的规定、对保险企业所承保的业务量的限制等等，都是为实现这一目的而制定的。(3) 防止利用保险进行欺诈。利用保险进行一般来自两个方面:一是来自投保险人和保险人方面的欺诈。来自投保人的欺诈，又称道德危险;主要表现在利用保险谋取不正当的利益。如虚报保险金额、对没有保险利益的标的进行投保、制造假保险赔案进行索赔等;来自保险人方面的欺诈。具体指保险人缺乏必要的偿付能力、利用保险合同进行欺诈、未经批准擅自办理保险业务等。一是非保险人非法经营或变相经营保险业务。无论是那一种欺诈行为，都是严重扰乱保险市场的违法行为，对此，国家保险管理机构一定要依法严厉打击，坚决取缔，决不能手软。(4) 在保险市场上维护合理的保险费条款和保险费率，防止和制止保险业务开展不正当竞争行为。保险行业于其它行业有本质的区别，因此管理手段和管理规定都不同。例如在西方国家，对于其它行业，政府往往通过立法的形式来限制或防止生产商和销售商联合起来，维持商品的垄断价格，获取垄断利润，在这方面的立法称为反垄断法。但对保险业，政府的做法却正好相反。保险公司的保险费率的厘定不仅不适用反垄断法，政府甚至要求保险企业或保险行业公会根据大多数保险企业的经营情况，制定出共同的保险费率，由保险企业比照执行。保险竞争主要表现在服务质量上的竞争而不能通过降低保险费率来竞争。(5) 提高保险业的社会效益和经济效益。国家保险管理机关通过正确运用法律和国家赋予的领导、管理、协调、监督和稽核等权力，引导保险业沿着有利于社会主义市场经济发展的方向发展。

(四) 建立多层次、多元化的保险机构，培育和发展保险市场　在目前，要适应社会主义市场经济发展的需要，树立保险市场竞争意识，适时地、有步骤地根据保险市场发展和对外开放的需要，发展新的保险机构，向保险行业输入新鲜血液。发展保险机构就是要根据《公司法》及保险法规定的规定，在大城市、沿海开放城市如上海、北京、广州、建立一些全国性、区域性的专业性保险公司和再保险公司。同时，鼓励现有的保险公司根据其业务发展的需要，在国内增设机构。有条件的可以去境外设立分支机构，进军国际保险市场，参与国际保险竞争。还要逐步规范现有的保险公司，实现损失保险与人身保险、政策性保险与商业性保险、社会保险与商业保险的分离;实现银行业、保险业、信托业和证券业的分业经营和分业管理。改革现行的由中国人民保险公司代理国家经营法定再保险业务的体制，把中国人民保险公司推向市场，纳入市场经济的轨道，使其在市场中求生存，求发展。

在发展和改革保险机构的同时，要适时地建立保险中介人制度，设立保险经纪人、保险代理人、保险公估行和保险信息咨询服务公司等保险中介人组织，发展和完善我国保险中介人组织体系。在发展和完善保险中介人制度时，一定要首先建立保险中介人资格考试制度和管理制度，以确保保险中介人的素质和服务质量，防止鱼木混杂，一哄而上现象的发生。

(五) 建立保险行业组织，提高保险业自律水平　保险行业组织是保险人或保险中介人自己的组织。这种组织是一种民间组织，具有独立的社团法人地位，不附属于任何行政管理部门，更不是其分支机构。它在国家保险管理机关和保险人之间起着中间桥梁作用。它既可以把保险行业的具体情况和要求及时向国家保险管理机关反映，使其在制定管理办法时予以考虑，又可以把管理机关的意见、办法及时传达给各成员企业，促进保险的健康发展。保险行业组织不是一个经济实体，不以盈利为根本目的，也不经营保险业务，而是致力于促进、发展和保护成员的利益，并传播保险最新信息和情报。由于它是一个自愿性的社团组织，因而对成员不能行使强制性管制措施，对于各种规定，各成员是基于市场上的信誉和职业道德自觉遵守的。

保险行业组织就其形式来看，可以分为两大类:一类是综合性的，或称为业务性的，如保险行业协会、保险同业公会等;另一类是专业性的或学术性的，如保险学会、保险精算学会、风险管理学会等。这些行业组织的任务主要包括:(1)代表成员对政府有关保险业的管理施加影响;(2)协调公会成员在保险市场中的展业行为;(3)受政府委托，制定行规、示范性保险条款和保险费率;(4)规范保险代理手续费、保险经纪人佣金率的给付标准;(5)协调成员之间的业务活动;(6)为国家保险管理机关提供咨询服务等。世界各国对建立保险同业公会均持积极态度。如英国早在1917年就成立了保险联合会,后来又成立了保险精算学会,新加坡成立了财产保险同业公会、人身保险公会,香港成立了保险联合会、保险总会等,这些行业组织的设立大大减轻了政府在保险管理上的压力,同时对规范各保险公司的业务行为也起到了积极的作用。

由于我国保险业起步较晚,保险企业较少,因此对于成立保险行业组织的要求还不是很强烈。但随着我国保险体制改革的不断深入和保险市场的对外开放,将会有大量的保险公司出现在我国保险市场上参与保险竞争。因此,我国应该借鉴国外这一先进管理经验,尽快建立我国的保险行业组织,首先建立保险同业公会,以促进保险行业自律机制的形成。

(作者所在单位:中国人民银行金融管理司)

我国投资体制的改革

马传景

一、传统投资体制的特征及改革的必要性

在我国,投资体制是固定资产投资活动运行机制和管理制度的总称,主要包括投资主体行为、资金筹措途径、投资使用方式、项目决策程序、建设实施管理和宏观调控制度等方面。

我国传统的投资体制,随着建国初期大规模经济建设的开始,在50年代初就基本上逐步形成了。在以后的30年间,尽管也进行过许许多多、大大小小的变革,但50年代初期形成的投资体制的特征基本上没有实质性的改变。

新中国建立以后建立起来的经济体制,是以高度集中的计划经济为基础的,经济发展走的是一条以高积累、高速度为特征,单一依靠投资带动经济增长的典型外延型、粗放式的道路。因此,传统的计划经济体制从内容、形式、指标、方法,在很大程度上以投资管理为中心,投资体制也就成为传统计划经济体制的核心组成部分,最典型、最集中地代表与反映了传统经济体制的特征。

对传统投资体制的特征可以主要从六个方面来把握。

(一) 投资主体 政府为唯一的投资主体,并且以中央政府投资为主。在这种投资体制中,企业基本上是政府的附属物。企业的建立,是由政府决定建设项目,通过财政拨款给予投资,由行政部门安排项目设计与施工;项目建成后,由行政部门任命厂长,安排产供销,企业获得的利润全部上交财政,再由政府安排新的项目。在这种情况下,广大企业、事业单位显然不具有投资能力,不能独立进行投资,因而不能成为独立的投资主体。至于私人投资主体更不可能形成。

(二) 投资决策 投资决策的权限高度集中在政府手中。一方面,投资总量,投资结构的决策权由中央政府控制,以指令性计划的方式贯彻实施,地方政府只有项目建议权、执行权,没有决策权。另一方面,作为投资决策核心的建设项目立项决策权也掌握在政府手中,无论是扩大再生产项目,还是维持简单再生产的项目,从提出项目建议书、设计任务书,到初步设计、开工报告,均必须按一定限额,由中央一级或省一级的政府部门进行审查批准。

(三) 投资渠道 基本上是单一的财政性资金,并采取拨款的方式交给建设单位无偿使用。如果出现建设资金不足,可以继续申请追加拨款投资。国内银行信贷资金极少用于固定资产投资,利用国外信贷资金进行投资的数额更是微乎其微。

(四) 投资运行 由于传统的经济体制是一种条条块块分割的行政隶属性体制,投资要素是由中央政府集中计划分配和安排使用的,货到地头死,基本上不流动,使传统投资体制下形成了一种地方政府、行业管理部门向投资主管部门争投资、争项目、争物资的讨价还价的运行机制。

(五) 投资管理 政府对投资的管理,采取各个部门分兵把口,直接管项目、管企业、管分钱、分物、分配队伍的做法,而综合性的、宏观的管理则近乎没有,十分薄弱。政府对投资的管理方式,也是单一的以指令性计划为手段、以行政命令为中介。因此,有关政府部门终日陷入事务性工作,忙忙碌碌,小事管不了也管不好,大事反而无暇去管。

(六) 投资责任 传统投资体制是一种从上到下基本上没有责任约束的"大锅饭"体制。无论是全国投资总量、投向、布局安排的决策发生失误,还是一个建设项目的决策、设计、施工发生失误,都无法明确谁是责

任者，无法追究责任。

概括起来说，我国传统的投资体制是一种以政府的直接干预、包揽一切和绝对权威为基础，以政府(主要是中央政府)为主体操纵投资活动全过程的体系。在建国初期我国现代工业几乎是空白，急需为国民经济奠定基础的情况下，这种投资体制对于国民经济的恢复和大规模经济建设的展开，对于尽快建立相对完整的现代工业体系，发挥了不可估量的积极作用。我国在第一个五年计划时期能够迅速地筹措和集中巨额资金，成功地展开以156项重点项目为中心的594项目限额以上项目的建设，为中国工业化体系的建立打下了一个坚实的基础，除去其它因素，不能不承认这种高度集中的投资体制有巨大贡献。

然而，随着我国现代化工业体系的建立，生产社会化程度的提高，国民经济的规模日益扩大，我国的社会经济活动变得极其复杂，原来那种只适用于特定历史时期的投资体制，就变得与现实经济生活不相适应而过时了，由原来有利于经济建设，变成生产力进一步发展的障碍。具体表现是：固定资产投资与社会需求脱钩，造成人民生活必需的消费品严重短缺；盲目投资，盲目扩大生产规模，造成严重的重复建设，不仅造成资源浪费，而且导致投资规模膨胀，形成经济的周期性波动，破坏了经济发展的持久与稳定；投资周期长，浪费严重，导致投资效益低下，既妨碍了人民生活水平的提高，也影响了进一步扩大再生产等等。所有这一切都说明了，要使我国经济健康高效益地发展，使人民生活水平不断提高，实现社会主义生产目的，必须改革传统的投资体制。

二、我国投资体制改革的过程和进展

(一) 我国投资体制改革过程的简要问题 我国的投资体制改革，在城市经济体制改革中起步较早。1979年初，在全国基本建设工作会议上，提出了对全民所有制单位的基本建设投资进行由财政拨款改为银行贷款(即“拨改贷”)的改革试点，拉开了我国投资体制改革的序幕。另外，在项目设计、施工经营方式方面，也提出了诸如设计单位企业化经营和推行施工项目承包合同制等改革试点办法。自此以后的14年间，我国在投资体制的各个方面先后进行了一系列不同程度的改革，形成了三次改革高潮。

以1984年国务院发布《关于改革建筑业和基本建设管理体制的若干问题的暂行规定》(国发［1984］123号文件)为标志，我国投资体制的改革形成了第一次高潮。这一阶段的改革重点主要集中在对项目建设实施阶段的管理体制进行全面改革，侧重于基层的、局部的、某些具体制度的变革，涉及发挥市场机制作用的内容很少，基本上没有触及到传统投资体制的根本性、实质性弊端。

针对项目建设实施阶段的管理体制，这一阶段明确提出了16项具体的改革措施，主要有：1. 全面推行建设项目投资包干责任制；2. 大力推行工程招标承包制；3. 建立工程承包公司；4. 建立城市综合开发公司；5. 勘察、设计实行企业化、社会化，推行技术经济承包责任制；6. 建筑安装企业实行万元产值工资含量包干制；7. 建筑材料供应由工程承包单位实行包工包料制；8. 建筑业用工制度推行劳动合同制。

显然，这种改革还只是外围性质的、较低层次的改革，不能解决传统投资体制存在的根本弊病。因此，投资体制的改革必须进一步深化。

第二次改革高潮以1988年国务院发布《关于投资体制近期改革方案》(国发［1988］45号文件)为标志。这一阶段投资体制改革的重点主要集中在对政府投资范围、资金来源和经营方式进行初步改革，具体提出了几方面的改革设想：一是对重大的长期建设投资实行分层次管理，加重地方的重点建设的责任；二是建立国家基本建设基金制，保证重点建设有稳定的资金来源；三是成立六个国家专业投资公司，用经济办法管理投资。

此外，在扩大企业投资决策权、改进投资计划管理办法、强化投资主体自我约束机制方面，也提出了一些原则性的改革设想。

这次投资体制改革显然开始注意到了传统投资体制的一些要害性问题，比上一阶段的改革更加深刻。然而，由于文件中提出的改革设想过于原则化，缺乏可操作性，又由于从1988年第四季度起，我国经济又进入了治理整顿时期，这些改革措施没有得到圆满实施。

第三次投资体制改革高潮的兴起以1992年年初邓小平发表南巡谈话为标志。由于邓小平同志讲话后，中国经济体制改革的目标是建立社会主义市场经济体制变得比较明确，要求投资体制适应建立社会主义市场经济体制的要求进行相应的改革。就中央政府这方面来说，除了在1992年提出实行项目业主责任制、在转换企业经营机制的条例中提出了赋予企业投资决策自主权的原则性意见以外，在投资体制改革方面，没有制定并颁布完整、配套的投资体制改革方案。但是，与新一轮投资热潮相适应，许多省、市、自治区地方政府主动采取了如下放项目审批权限、简化项目审批程序、扩大企业投资决策自主权等改革措施。

1993年11月14日，党的十四届三中全会通过了《中共中央关于建立社会主义市场经济体制若干问题的决定》，在决定中，对我国今后投资体制改革提出了方向性意见，预示着又一个投资体制改革高潮的到来。

关于投资体制改革，《决定》中写道:"逐步建立法人投资和银行信贷的风险责任。竞争性项目投资由企业自主决策，自担风险，所需贷款由商业银行自主决定，自负盈亏。用项目登记备案制代替现行的行政审批制。把这方面的投融资活动推向市场，国家用产业政策予以引导。基础性项目建设要鼓励和吸引各方投资参与。地方政府负责地区性的基础设施建设。国家重大建设项目，按照统一规划，由国家开发银行等政策性银行，通过财政投资融资和金融债券等渠道筹资，采取控股、参股和政策性优惠贷款等多种形式进行;企业法人对筹划、筹资、建设直至生产经营、归还贷款本息以及资产保值增值全过程负责。社会公益项目建设，要广泛吸收社会各界资金，根据中央和地方事权划分，由政府通过财政统筹安排。"这段话200多个字，但是涉及了投资体制的根本方面，规定了投资体制改革的根本方向和内容，非常重要。当然，要达到《决定》的要求，还要通过各种具体的、远期的和近期的方案的制定与实施，分步骤改革，使我国投资体制趋于完善与合理，以适应社会主义市场经济的发展。

(二) 投资体制改革已取得的进展 经过14年来的改革，与传统的投资体制相比，我国投资体制已经发生了重大的变化，投资体制改革取得了可喜的进展，为今后投资体制改革的深化奠定了初步基础。

概括起来说，我国投资体制改革所取得的进展主要表现在以下几个方面:

1. 开辟了多种经济成份的多种投资渠道。打破了传统投资体制下主要依靠国家财政拨款的全民所有制单位单一的投资渠道，有力地调动了各方面投资建设的积极性，成为过去的14年间广泛、迅速筹措5亿元巨额投资的重要原因。由于开辟了多种投资渠道，使得来自各种渠道的投资各自所占比重发生了重大变化。到1992年底，国有单位投资所占总投资比重已由1978年的95%下降到65%，其中财政性投资(国家基建基金的一部分)占总投资比重由80%下降为11%，各级地方政府、部门、企业自筹投资比重为41%，银行贷款比重和利用外资比重分别达到22%和11%，已经成为我国固定资产投资以及扩大再生产资金的重要来源，为进一步改革，建立新的投融资体制奠定了基础。

2. 形成了多元投资主体并存和分层次决策的管理模式。单一中央政府投资主体格局已被打破，各级地方政府、部门尤其是国有企业、非国有的集体企业、乡镇企业、"三资"企业、企业集团和国内私人、外商投资者，已成为重要的直接投资主体，促使项目的决策审批制度也开始发生变化，提高了中央政府审批项目的限额，简化了审批手续。

3. 为了解决传统投资体制下吃政府投资"大锅饭"的问题，尝试了国家投资有偿使用、投资包干责任制，政府投资企业化经营的办法，以期提高政府投资的使用效益。改革初期推出的固定资产投资由财政拨款改为银行贷款办法、投资包干责任制办法、1992年推出的项目业主责任制，都是这方面的尝试，产生了一定作用。

4. 在工程项目决策咨询，可行性研究，设计、施工、物资供应管理方面，推行了一系列以引入市场竞争机制为核心的措施。14年来，我国在项目评估论证、工程招标承包、建立物资市场等方面的改革，是投资体制改革中步子迈得较大，成效也比较显著的。尤其是与国有企业普遍推行承包制，转换经营机制相适应，固定资产投资项目的建设过程中，推行了一系列改革，建筑企业之间较大程度地展开了竞争，经营机制发生了较大变化。

5. 尝试用经济办法、间接管理办法改进投资的宏观调控体制。传统投资体制的两大支柱，指令性的投资计划制度和行政性的项目审批制度受到了强烈冲击。无论是主动或被动，自觉或不自觉，十四年来投资的宏观调控体制已经有所改革，如缩小指令性计划范围，引入指导性计划方式、运用产业政策，征收能源交通基金、建筑税(后改为投资方向税)、实行差别利息率，"新电新价"等经济办法或经济杠杆调节投资流向，收到了程度不同的效果。

三、现行投资体制的弊病

对14年来投资体制改革所取得的成就必须给予充分肯定。但是，又必须看到，以往的投资体制改革是很不彻底的，没有触及传统投资体制的基础，再加上以往提出的投资体制改革措施，有的过于原则性，有的缺乏配套条件，有的由于其它事件的打断，均没有得到实际落实。因此，传统投资体制所存在的矛盾没有得到根本解决，弊病仍然存在，与建立社会主义市场经济体制的要求仍然不相适应。对此，我们可以从六个方面进行分析。

(一) 投资主体 形式上多元投资主体已经形成，但实质上企业仍然没有脱离行政部门附属物的地位，绝大多数国有企业因为没有自我积累能力，没有能力进行固定资产投资。少数国有企业效益较好，也有了一定积累，但由于缺乏投资决策权，也不可能自主地进行投资活动。因此，国有企业目前还不是独立的投资主体，政府仍然是主要的投资主体。

(二) 投资决策 在宏观投资决策上仍采用"笼子"指标式和统一政策式的中央政府集中决策体制;在大部分项目的决策上，或者是中央政府做出 或者是由地方政府做出;或者是由这个部门做出，或者是由那个部门做出。投资决策的改革基本上是围绕如何在中央与地方、部门与部门之间进行行政分权而展开，其性质仍然是行政性决策，没有面向市场;项目审批的程序与手续尽管有所简化，但并没有完全改变行政性的项目审批制度。

(三) 投资渠道 多渠道的投资资金格局已经形成，但在各类资金的使用上，仍程度不同地受到政府的直接干预和控制。实际上，投资资金的使用仍然是一种变相的行政分配制。财政资金由政府行政部门(计委)分配，自不待言，来自于国内银行贷款、发行各种证券筹资、国外贷款的固定资产投资资金，都由政府切块分配或带帽(按项目)下达，自筹资金也以规模指标切块安排。

(四) 投资运行 由于条块分割的行政隶属体制没有改变，长期资金市场的形成和发育也十分缓慢，投资的流动性仍然很差，特别是跨行业、跨地区的流动十分困难，资源仍然主要依靠行政配置和计划配置，市场的积极作用受到了严重限制，得不到充分发挥。

(五) 投资管理 由于投资计划体制在各项改革中起步较晚，又只是被动地进行改革，与投资相关的各个管理部门的职能、管理手段、目标均模糊不清，行政手段在投资管理中仍占主导地位，新的投资宏观调控体系远远没有形成。

(六) 投资责任 从投资决策到建设实施全过程，严格的责任约束和法律约束办法始终没有跟上，关于责任对象(承担者)，责任范围、责任承担方式没有明确的制度规定与实施办法，国有单位投资吃“大锅饭”问题仍程度不同的普遍存在。

从以上六个方面的分析不难看出，传统投资体制的最根本的弊病，即行政性的项目决策制度、投资管理制度以及对项目的决策、建设的后果无人承担责任风险的问题并没有解决。与此同时，由于在传统投资体制根本弊病没有解决的情况下，地方、部门的投资权限有所扩大，企业也开始有了一定的投资自主权，并且中央政府所掌握的固定资产投资在社会总投资中所占比重日益缩小，地方、部门、企业的财力逐渐扩大，在传统体制下就存在的投资规模膨胀、投资规模不合理、重复建设以及投资效益低等问题非但没有解决，反而变得更加严重起来。

比如投资总规模，以1993年为例，全社会固定资产投资规模将近1.2万亿元，比1992年增长50.6%，是80年代以来增长幅度最大的。按可比口径计算，比国民生产总值的增长超过20多个百分点。全社会固定资产投资率过高，达到38.7%。1993年国有单位基建和技改项目共新开27.8万个，总投资4500多亿元，比1992年增长51.8%。由于固定资产投资规模过大，基本建设战线拉得过长，投资增长过猛，成为社会资金和物资紧张的主要原因，并推动了全社会物价的上涨，加剧了通货膨胀的压力，1993年投资类产品如水泥、钢材价格上涨了25%左右。

再如固定资产投资效益。反映固定资产投资效益的一个综合指标，是固定资产交付使用率。“一五”时期，这个指标是83.6%，即每百元投资，形成了83.6%的固定资产。“六五”时期，降为73.8%元。“七五”时期为75.4%。大中型项目的建成投产率的年平均水平，“一五”时期为15.5%，“六五”时期为12.5%，“七五”时期降到了12.2%。与此同时，实际建设造价，也发生了大幅度上升。从“五五”时期到“八五”时期的20年内，新增每吨原煤的生产能力的造价，至少增加了2倍;新增每吨原油生产能力的造价，至少增加了3.3倍;新增每万千瓦电力的生产能力的造价，至少增加了1.5倍;新增每公里铁路的造价，至少增加1.6倍以上。投资建设成本上升，意味着现在每投资1亿元，只能办“五五”时期五六千万元就可以办到的事。再从投资效果系数看，即1元投资所提供的国民收入增加额，历史上最高时期大致在0.7—0.8左右，最高年份曾达到1.2—1.4。1985年为0.54，而86年到91年依次为0.28、0.40、0.54、0.35、0.27、0.31。

固定资产投资流向不合理的现象同样非常严重。从我国产业结构现状看，应加强基础产业、基础设施建设。然而近一两年来，固定资产投资一是大量流入开发区、房地产建设;二是大量流向一般加工工业项目，造成基础产业、基础设施建设资金不足。而加工工业重复建设，盲目布点，大量生产能力闲置，且达不到规模经济要求。据有关方面统计，1993年国家重点建设的能源、原材料工业投资所占比重由1992年的44%下降为39.8%，一般加工工业项目投资所占比重由11.5%上升为18.4%。全国约有65%的企业生产规模达不到合理批量。中汽公司所属120个厂，达到合理规模的只有2家。全国电冰箱厂达到合理规模的仅2家，家用空调器生产企业仅1家，洗衣机生产厂也只占10%。由于交通运输、电力紧张，全国只有2/3的生产能力得到利用，其它1/3的生产能力闲置，因此造成的损失达5000—6000亿元。

以上情况说明，投资体制改革不能停步不前，而必须按照《决定》的精神继续深化。

四、投资体制改革的主要内容

根据建立社会主义市场经济体制的要求，我国投资体制改革的目标模式应该是这样的:以企业投资为主、以市场调节投资行为和以投资主体决策自主、风险自负为基础的，政府实行间接调控的资本要素配置机制和管理制度。具体可以表述为六个方面的根本性转变:1. 投资主体由政府投资为主或政府行为为主转变为企业投资、企业行为为主;2. 投资作为长期资源，其配置者由政府转变为市场;3. 投资活动的微观基础，即企业，过去是政府机关的附属物，没有完整的投资决策权和责任约束，要转变为具有独立经济利益，产权关系明确，自主决策，自担风险的投资主体;4. 投资要素的配置机制由计划分配转变为市场机制;5. 政府对投资调控的实施手段，由行政命令改为利益激励与约束，以及各种经济杠杆，经济政策;6. 投融资机制由计划指标分配转变为直接投资与间接投资并举，政策性融资和商业性融资分开，政府投资实现企业化经营。从我国目前的实际情况也发，针对投融资领域存在的问题，近期我国投融资体制的改革则应集中在以下几个方面:

(一) 改革投融资方式 按照不同投资主体的投资范围，以及各类建设项目不同的经济效益、社会效益和市场需求等情况，将投资大体上划分为竞争性项目投资、基础性项目投资和公益性投资三大部分，并重新确定其投资主体和投融资方式，即竞争性投资项目以企业作为基本的投资主体，主要向市场融资;基础性投资项目在加强中央政策性投融资的同时，加重地方和企业的投资责任;公益性投资项目主要由政府拨款建设。

1. 关于竞争性项目。 竞争性项目主要指投资收益比较高、市场调节比较灵敏、具有市场竞争能力的项目。其中包括大量的加工工业项目。

今后应逐步把竞争性项目的投融资推向市场，由企业通过市场筹资、建设与经营。政府对这部分投融资主要是加强政策指导，并逐步从竞争性项目投资中退出。

竞争性项目的投融资主要通过商业银行进行间接融资。按照金融体制改革的决定，商业银行要面向市场，开展竞争，实行资产负债比例管理和风险管理。在目前专业银行向商业银行的过渡时期，还要实行贷款限额管理下的资产负债比例管理。在这个基础上，银行贷款实行项目和商业银行之间的双向自主选择。根据国家的有关规定，企业除进行间接融资外，也可通过发行企业投资债券、股票和联合投资等方式，进行直接融资。

2. 关于基础性项目。 基础性项目主要包括建设周期长、投资大而收益较低，需要政府扶植的基础设施和一部分基础工业项目，以及直接增强国力的符合经济规模的支柱产业项目。

这类项目在今后一定时期内，大部分属于政策性投融资范围，主要由政府集中必要的物力、财力，通过经济实体进行投资，并广泛吸引地方、企业投资;鼓励以大型企业为主进行投资;有的还可以吸引外商直接投资。

基础性项目的投融资既要注重社会效益，也要遵循市场规律，讲求经济效益。为了加强这类项目的建设，一是要加大政府投资力度，拓宽投融资渠道，提高其在全社会固定资产投资中的比重。对新建的基础设施项目，鼓励合资建设并组成规范化的有限责任公司或股份有限公司进行投资建设。二是要加重地方政府进行基础性项目建设的责任。今后除了事关国计民生、跨地区的重大基础设施、重大基础工业项目和重大农业、水利项目的建设由中央政府投资主体为主承担外，地方性的交通、邮电通讯、能源工业、农村水利设施和城市公用设施等的建设，按照“谁受益、谁投资”的原则，由所在地政府的投资主体承担。三是制定有关政策，支持基础性项目扩大利用外资。四是充分发挥省级地方投资公司在地方基础性项目投融资中的主体作用。今后，应促进省级地方投资公司联合起来，向投资集团公司过渡，改变目前地方投资使用分散的司面。为了拓宽省级地方投资公司的融资渠道和经营范围，经过批准，省级地方投资公司也可以具有一定的融资职能。

3. 关于公益性项目。 公益性项目主要包括科技、教育、文化、卫生、体育、环保等事业的建设项目公、检、法、司等政权机关的建设项目以及政府机关、社会团体办公设施、国防设施建设项目。公益性项目投资主要由政府用财政资金安排。除了特别重要的项目和必须由中央政府安排投资的项目由中央政府承担投资外，绝大部分项目应按受益范围，由所在地的地方政府承担投资。同时，广泛吸引社会各界资金参与。

对公益性项目要建立规范化的投资管理制度。投资的使用单位必须加强管理，明确责任。

三大类投资项目的划分及融资渠道的重新确定，是融投资体制改革的重要内容，是与建立社会主义市场经济体制的要求相适应的，同时也考虑了句市场经济体制过渡时期的特点。考虑到目前我国各地区之间经济发展和改革开放程度很不平衡，对于竞争性项目和基础性项目的范围，各地区可以略有不同。

需要指出的是，确立企业为基本的投资主体，是投融资体制改革迈出的重要一步。今后，让企业在投融资活动中占主导地位，改变过去政企不分、投资行为主要是政府行为和政府包揽过多的状况，这对于充分调动企业投资的积极性，拓宽投融资渠道，减轻政府投资的负担，加快竞争性和基础性项目的建设，提高经济效益，将会起到重要作用。

(二) 强化投资风险约束机制 强化投资风险约束机制是融资体制改革的最重要措施，是解决投资吃“大锅饭”、投资膨胀和浪费严重等问题的关键。

今后，要实行企业法人责任制。建设项目要逐步做到首先明确投资责任主体，即先有法人主体，后定项目。由企业法人对建设项目筹划、筹资、建设直至生产经营、归还贷款和债券本息以及资产的保值增值，实行全过程负责，承担投资风险。改、扩建和新建项目，都要尽可能依托现有企业进行，项目由企业或由新组成的法人提出。不能依托现有企业的项目，可由政府部门或有关单位提出，但经批准后要迅速确定法人。

建设项目批准立项后，有关资金筹措、招标定标、建设实施、生产经营、人事任免等，将逐步过渡到由企业法人按照国家规定自主决定。凡符合国家产业政策，由企业投资的竞争性项目，其可行性研究报告和初步设计，由企业法人自主决策。项目建设与生产所需的外部条件，由企业法人与有关企业签订合同。但需要国家安排资金和外部条件需要国家统筹安排的，应按规定报批。

扩大企业法人决策权后，因决策失误或管理不善造成企业法人无力偿还债务的，银行有权依据合同取得抵押资产，或由担保人负责偿还债务。

实行企业法人投资责任制，与刚刚颁布的《中华人民共和国公司法》是相衔接的。建设项目实行法人投资责任制，不仅是项目组织管理形式的改革，而且是企业经营机制的转换，有利于解决企业产权关系不清、所有权与经营权不清、政企职责不清的问题，对于实施《公司法》，加快现代企业制度的建立有推动作用。

与此同时，还要实行建设项目资本金制度，根据项目总投资的一定比例予以注册登记。要严禁使用借入资金注册，不准搞无本的项目。

今后不应再笼统使用企业自筹投资的概念，企业投资资金来源应统一规范为企业自有资金和企业对外筹措资金两部分。企业自有资金是指企业有权支配使用，按规定可用于固定资产投资的资金。企业对外筹措资金是指以企业名义从金融机构和资金市场借入、需要偿还的用于固定资产投资的资金。这部分资金主要包括商业银行贷款和经批准发行的企业债券等。今后新开工项目要坚持三条原则：一是不搞无本投资，新建项目必须有一定比例的资本金，然后才能申请银行贷款；二是项目要打铺底流动资金；三是不能挪动流动资金贷款搞投资。

(三) 建立和完善投资宏观调控体系 关于建立和完善投资宏观调控体系，主要包括以下四方面的内容：

1. 宏观调控的责任体制。投资的宏观调控，要实行中央统一确定调控政策和目标，中央和省两级负责的原则。全国性的投资宏观调控的政策、目标和法规，由国务院统一组织制定。对投资的宏观调控，要综合运用经济手段、法律手段、计划手段和必要的行政管理手段，主要采取间接调控的办法。

省级人民政府在投资管理中负有重要责任，主要是对本地区投资总量和结构进行调控，保证国家重点建设的顺利进行和创造良好的投资环境。近期内，省级人民政府还要把国有单位的竞争性项目投资、集体投资和个体投资的引导和管理作为调控的重要内容，认真抓好。

2. 投资总量调控。对投资总量，近期内仍要以计划管理为主，从资金源头入手，严格调控，以保证计划目标的实现。

对预算内投资、银行贷款投资、证券投资和借用国外贷款投资的总量，还需要继续加强管理。

但是，随着金融体制改革的深入，国家应通过运用存款准备金率、固定资产贷款比率、中央银行贷款利率等杠杆，从源头上及时和灵活地调节流入固定资产投资领域的信贷资金量，实现对投资总量规模的调控。

国家要着手建立起一套衡量全国和地区适度投资规模的综合指标体系，对全国和各地区投资活动进行监测。根据监测的数据，及时通过调整信贷规模、债券发放额度和新开工规模等措施进行调节。

3. 投资结构调控。根据经济发展的新情况，围绕一个时期经济发展的主导产业和“瓶颈”产业，国家应制定出近期和中长期的国家产业政策、技术政策和装备政策、重要产品的经济规模标准和技术标准，以及保证产业政策实现所需要的各项经济政策，引导投资结构趋于合理。

为了保证对投资结构的有效调控和把产业政策落到实处，一是要运用价格手段对不盈利或盈利小的基础设施和基础产业项目，在经过批准的情况下，可以实行还本付息价格或微利价格；二是运用税收手段，按照简化手续，强化征管的原则，进一步改进和完善投资方向调节税征管办法，充分发挥其对投资结构的调节作用；三是通过规划，确定一定时期经济发展的重点，并向政策性银行和商业银行推荐建设项目。不仅政策性银行，而且商业银行也应在产业政策和技术政策的指导下，在充分考虑推荐意见的基础上选择项目；四是运用区域经济政策，支持经济不发达地区从事国家鼓励发展的项目建设。国家将提高在这些地区的政策性贷款比重，在建设项目布局上实行同等优先的原则。国家还应通过一定的优惠政策，鼓励经济发达地区到经济不发达地区投资。

4. 完善项目审批制度，建立投资信息反馈系统。今后对重大的项目继续实行审批制度，但审批的项目，必须经过科学的论证与评估，并要简化审批手续，提高审批质量和效率。对一般项目，今后要逐步取消审批制度，尽快建立项目申报登记和备案制度。国家对投资活动的指导，主要通过及时发布投资信息来实现。这就要求国家宏观经济管理部门认真进行投资信息的收集和分析工作，定期发布有关重要产品已经形成和正在形成的生产能力，以及国内外市场供求变化趋势等信息。

(四) 组建国家开发银行，建立中央政策性投融资体系 为了加强对基础性项目建设的融资手段，建立较稳定的资金来源，从我国的实际情况出发，借鉴国外的经验，党的十四届三中全会已做出组建国家开发银行的决定。

国家开发银行是一个具有独立法人地位的经济实体，是专门承担政策性业务的金融机构，实行独立核算，自主经营，自担风险，责权统一。国家开发银行的组建，是投融资体制改革的一项重要举措，它有利于筹集和引导社会资金，确保建设重点，调节投资结构，提高投资效益，促进国民经济的迅速发展。

国家开发银行组建以后，与国家计委是什么关系？国家计委今后主要侧重于固定资产投资规模和结构的宏观调控，以及重大建设项目的立项决策工作；国家开发银行根据筹资能力和项目的实际情况，负责具体的项目资金配置工作。工作程序是：国家计委、国家经贸委在批准项目建议书后，向国家开发银行提出政策性项目需要配置资金的建议。国家开发银行在对项目进行财务评估的基础上，根据筹资能力提出具体的资金配置意见。国家开发银行安排完项目资金后，纳入国家的投资计划。通俗地讲，国家计委、经贸委负责“挖坑”，国家开发银行负责“栽苗”。对国家开发银行认为不该“栽苗”的项目，要充分进行协商；但国家开发银行不能把“苗”“栽”在“坑”外边。

(五)集中财力、物力，确保重点建设 重点建设是影响国民经济发展的关键。解决得好，可以直接带动国民经济快速发展，或者创造出快速发展的条件。邓小平同志在80年代初就曾指出过：“真想搞建设，就要搞点骨干项目，没有骨干项目不行。不管怎么困难，也要下决心搞。”因此，我们必须集中必要的财力、物力，加强重点建设。由于国家重点项目大都具有投资大、建设周期长、本身直接效益不高而社会效益显著的特点，目前单凭市场竞争的办法，难以顺利建设。这就要求对重点建设仍然要实行以计划管理为主的体制，通过计划集中力量予以保证。但在具体实施中，诸如一部分资金的筹措，设计、施工、监理单位的选择，设备物资的采购等，要充分发挥市场的作用，尽可能多地引进市场竞争机制，采用招投标办法，努力提高投资效益。

(六) 加快发展为投资建设服务的市场体系 改革开放以来，为投资建设服务的市场体系有了一定的发展。但总的来看，这方面的建设还很薄弱。为了适应投融资体制改革，实施企业法人责任制，需要加快建立为企业法人服务的工程咨询、工程设计、工程施工、工程审计、工程监理等市场体系。

根据我国目前的实施情况，要在发展为宏观决策服务和为建设项目前期工作服务为主的咨询机构的同时，大力发展为建设项目实施阶段服务为主的建设管理公司，接受企业法人的委托，具体负责项目建设全过程(即所谓“交钥匙”工程)或部分阶段的组织管理工作。

今后要大力发展招标、投标制。新上的建设项目，从建设地点、设计方案，施工和监理单位的确定，除受资源限制和国家有特殊规定者外，原则上必须通过招投标择优确定，各地区、各部门不得干扰，不应当采取狭隘的行业或地方保护主义。

(七) 加强立法工作 随着投融资体制改革的深入，为了规范投资行为，保证投资活动有序地进行，必须抓紧制定与投资活动有关的法律、法规。

市场经济是法制经济。随着投资体制改革的深入，投资领域中各方的经济关系必须由法律来调节，各方面的利益与权力必须由法律来保护。比如，当某一投资公司承担了国家建设项目的设计、建设、生产经营、归还本息责任，即实行了项目业主制度后，项目业主就要承担投资风险与责任，造成了损失，就要有相应的法律解决办法。目前，投融资体制改革过程中法制建设相对落后，这方面的工作今后必须跟上。

(作者所在单位：求是杂志社)

我国农村经济体制改革的回顾和展望

刚 平

一、我国农村经济体制改革的历程

从党的十一届三中全会开始的农村改革，可以说是新中国成立以来我国农业和农村经济发展最快的时期，是农民生活改善最明显的时期，是农副产品市场最丰富的时期。农村改革的成功，也极大地带动和推进了整个国民经济的改革与发展。

14年间，我国农业和农村经济所以取得如此辉煌成就，归根到底是坚持了市场取向改革，极大地解放了农村生产力，调动起了农民生产积极性。农村改革在以下几个方面取得了较大突破：

一是废除了人民公社制度，确立了在家庭承包经营基础上的统分结合的双层经营制度。以家庭联产承包为主的农业生产责任制的实行，冲破了人民公社体制，改变了以产品经济为基础、计划经济为先导、行政手段为保证的三位一体的农业生产管理模式，按照市场导向和尊重生产者经营自主权的原则，确立了农户的家庭经营地位，建立起集体统一经营与农户家庭经营相结合的双层经营新体制。这种体制既使农户有了生产经营自主权、产品收益权和部分生产资料所有权，又坚持了土地等基本生产资料公有制和必要的统一经营，有利于集体统一经营的优越性和农户承包经营的积极性同时得到发挥。这种双层经营体制，在统分结合的具体形式和内容上有很大的灵活性，可以容纳不同的生产力水平，具有广泛的适应性和旺盛的生产力。这是我国农民在党的领导下的伟大创造，它作为我国农业的一项基本经营制度，已经载入宪法之中。经营体制的变革，也带动和引发了对"统购统销制度"、"城乡隔绝制度"等的改革，动摇了支撑传统计划体制的三根重要支柱，给市场经济的发展开辟了空间。

二是改革所有制结构，以集体经济为主体的多种经济成分并存的格局初步形成。实行家庭承包责任制初期，农村集体财产只有800亿元，其中600亿元分散到农户经营，200亿元由集体经济组织统一管理和经营。经过10多年来的改革与发展，农村集体财产已达到3000多亿元。"七五"期间，农村集体经济收入平均增长率达到18.8%，高于其他经济成分1.2个百分点。在发展集体经济的同时，其他经济成分也有较大发展。1992年全国个体工商户有1456万户，从业人员2319万人，农村占到70%；全国私营企业12万户，从业人员203万人，农村约占60%；10多年中农村个体工商户和私营企业年均吸纳劳动力140余万人。在1992年全国农村经济总收入中，乡村组集体经营收入占46.6%，农户家庭经营收入(包括承包性收入)占50.3%，联户企业(包括私营企业)收入占3.1%。

三是改革分配制度，实行以按劳分配为主体，其他分配形式为补充的分配制度。家庭联产承包责任制把劳动报酬和最终劳动成果联系起来，通过市场交换来衡量劳动成果，较好地解决了公平与效率恰当结合的问题，有效地避免了"平均主义"、"大锅饭"的弊端。这种以最终劳动成果衡量劳动报酬的办法，也没有排除对劳动收入进行再分配和微观调节，如上交集体提留，体现了社区集体的共同利益；以工补农，考虑了农业与非农业劳动生产率高低所造成的劳动者收入差别。通过收入的再分配，消除某些外部因素给劳动者收入带来的不平等，使劳动者在大致平等的起跑线上进行竞争，劳动好、经营好的，收入就多，就可以先富起来。除集体经济实行按劳分配外，其他经济成分一般来说实行非按劳分配形式。比如：私营经济是存在雇佣劳动关系的经济成分，企业主收入中包含有按资分配等非劳动收入。以按劳分配为主的多种分配形式的出现，不是人们的主观臆想，而是客观的要求，是与以集体经济为主体、多种经济成分并存的所有制形式所决定的。

四是改革农产品流通体制，取消农产品统购派购制度。除个别品种外，放开了农产品价格和购销，形成了多渠道经营的格局。改革前，国家统一规定收购价格的农产品为113种，国家定价比重高达92.6%，市场调节的比重为5.6%，议价的比重为1.8%。多少年来，我们对农产品就是这样统得死死的。越统越死，越死越少，越少越统，越统又越少，形成了一个恶性循环。现在，国家定价的农产品为6种，指导价为3种，市场调节已占主导地位。农产品购销体制的大踏步改革，极大地促进了商品农产品的发展。这在鲜活农产品方面表现得尤为明显。肉、禽、蛋、奶、鱼、蔬菜、水果等鲜活农产品率先实行市场调节，价格虽然一度上扬，但由于刺激了生产，供应量大幅度增加，市场价格便很快落下来并趋于稳定。1992年与1978年相比，我国人均占有猪、牛、羊肉增加2.8倍，水产品增加2.7倍，水果增加3倍。农产品购销体制改革应验了如下结论：哪种产品实行市场调节，哪种产品就获得大发展；早放开，早发展；晚放开，晚发展；不放开，就难以发展。去年全国有29个省(区、市)、282个地市、1900多个县又放开了粮食购销价格。随着农产品流通体制改革的深化，各地形成了一批规模可观的各类市场。目前全国农副产品批发市场和各类专业市场有9500多个，其中农副产品批发市场1800多个，成交额超亿元的市场发展到160多个，1992年农村集贸市场成交额1947亿元。全国性、区域性的多种形式的农产品贸易进入了一个蓬勃发展的时期。

五是积极调整产业结构，在粮食生产稳步增长的同时，林、牧、副、渔、乡镇企业大发展。改革前，农业基本上是粮棉油种植业，经济结构单一。改革之后，农产品产量全面地、大幅度地增长，推动了由以粮食为主的种植业单一经营结构转变为农林牧副渔全面发展、综合经营。菜篮子工程建设取得显著成就，基本满足了城乡人民对副食品生产的需求。据对全国43个大中城市不完全统计，1992年人均肉消费量为31.3公斤，蛋12.9公斤，奶14.8公斤，水产品9.6公斤，蔬菜180.1公斤，水果21公斤。其中，禽蛋消费已接近世界发达国家水平，肉类消费接近世界平均水平，蔬菜消费高于发达国家水平。1978年到1992年，在粮、棉、油、糖、肉产量稳步增长的同时，农业结构趋于合理：在农业内部，种植业占农业总产值的比重由原来77％下降为55％，林牧副渔业的比重由原来的23％上升为45％；在种植业内部，粮食作物占农作物总播种面积的比重由80％下降为74％，经济作物比重由10％上升到16％；在农村经济这个层次，非农产业发展迅猛，乡镇企业异军突起。1992年乡镇企业总产值17600亿元，比上一年增长51％，比1978年增长35.7倍(现价)，占国民经济总收入的1/3强，出口创汇额突破1192亿元，占全国外贸出口商品收购总值的42％；职工总数已达1.058亿人，超过了国有企业职工总数。1979—1992年间，乡镇企业吸纳农村劳动力6500多万人，占同期农村新增劳动力总数60％以上，平均每年吸纳500多万人。

六是改善了农村经济的宏观调控方式。取消了具有指令性意义的农业生产种植计划，除棉花、烤烟等少数几种产品的种植计划还具有指令性意义外，其它产品(包括粮油)都已放开实行市场调节或指导性计划。调控方式由单纯的行政手段向更多地运用经济、法律手段转变，如近几年对粮油产品实行了保护价收购，建立了专项储备制度；前几年颁布了《渔业法》、《草原法》、《森林法》、《土地管理法》等农业法律，今年又颁布了《农业法》和《农业技术推广法》，这标志着我国以法治农进入了一个新的历史阶段。

总之，14年的农村改革，在基本经营制度、产权制度、流通制度、分配制度、调控方式改革等方面，都取得了实质性的进展，为发展社会主义市场经济打下了一个良好的基础。改革的经验是极其丰富的，但总括起来，就是尊重广大农民群众的选择，坚持了市场取向的改革。14年来，改革经历了一个由不自觉到比较自觉，由低层次到较高层次的过程。家庭承包制为市场经济缔造了一大批经营主体，使农村资源配置的市场化程度迅速提高；乡镇企业异军突起，促进了生产要素优化组合，推动了农村工业化进程和城乡之间的交融；价格和流通体制的改革，加速了把农业引入市场的进程。实践证明，凡是坚持市场取向的改革，经济活力就比较强，发展态势就比较好。改革不是在旧体制上加一个市场，而是对旧体制进行根本改造，这是农村改革得出的一条基本经验。

二、农村经济体制改革面临的新问题

农村改革取得了很大成绩，但绝不意味着农村改革大功告成。从大趋势看，新体制的因素已壮大成为不可逆转之势，市场机制在农村经济生活中的作用已经有了明显的提高，至少在产品市场这个层次上，市场调节已开始占主导地位。但是，改革引出的问题远比已经解决的问题错综复杂，深化改革的任务更加繁重，其难度比实行家庭承包难得多，因为经济运行机制的转轨，不是一朝一夕能完成的。在这方面，当前有三个层次的问题：

第一个层次的问题是农村基本经营体制本身还不完善。这主要表现在“统”的层次比较薄弱，为农户提供服务的工作做得不好。实行家庭承包制后，由于户营规模小，为提高效益，农户迫切需要社区集体经济组织提供基本的、低偿的或无偿的服务。但是，不少地方的村级集体经济实力薄弱，缺乏必要的服务手段，无力承担这些工作，农民很不满意。

第二个层次的问题是农户小规模生产与农业的社会化、专业化、商品化发生矛盾，适应市场经济需要的各种专业性中介组织发育滞后，小生产与大市场衔接有困难。近些年出现的部分农产品结构性、地区性的卖难，就充分说明了这个问题。

目前，农业的经营主体主要是实行家庭承包经营的2亿多农户，户均经营耕地规模在10亩以下，规模小、专业化程度低。面对日益扩大的市场，许多农民茫然不知所措，不知道种什么好，种什么才能卖出去，才能卖上好价钱。农民往往看到什么赚钱就种什么，一拥而上，赚不到钱又一哄而下。尽管每个农户生产和出售的农产品数量不大，但农户总体数量大，从而给市场带来较大波动，每年都出现某些农产品的积压或短缺。想买的买不到，想卖的卖不出；此地供不应求，彼地供过于求；国外需求，国内积压。根本原因，是我国农民的组织化程度低，缺少一个中介组织把农民与大市场连接起来，在信息、技术指导、资金扶持、产品收购、加工、销售等方面为农民排忧解难。再加上目前农产品市场的发育还处在初级阶段，交易方式落后，运行规则不健全，从而使市场机制的信息传导、生产调节等功能难以充分发挥出来。因此，发育连接农户与市场的中介组织、健全农产品市场体系，已成为发展农村社会主义市场经济的一个突出问题。

第三个层次的问题是政府缺乏足够的宏观调控手段，能力不强。农业走向市场，生产要素主要通过市场机制来配置，但农业又是社会效益和生态效益大、经济效益低的弱质产业，在市场竞争中往往处于不利地位。为保证十一亿人口的丰衣足食，保证工业生产原料的稳定供给，政府必须通过宏观调控对农业予以保护和支持。目前的情况是，在转换市场经济体制的过程中，政府过去以行政手段为主的调控手段已不适用或大部分不适用，但适应社会主义市场经济发展要求的宏观调控手段尚未建立起来。一方面，继续沿用过去的老办法不行，另一方面，撒手不管，放任自流也不行。那么，新办法是什么，政府怎样转变职能，形成符合市场经济发展要求的宏观调控体系，显得日益迫切。

总之，我们要用全面的观点、辩证的观点、实事求是的观点来认识农业和农村形势。不能因为农产品连续几年增加，就把农业综合生产能力估计过高;不能因为农民生活有了显著改善，就把农民的富裕程度估计过高;不能因为农村改革取得了很大成绩，就对农村形势盲目乐观。既要看到农业持续发展的巨大潜力和有利条件，又要看到农业和农村工作面临不少新情况、新问题和深层矛盾。农村经济的发展，既有潜力、机遇和希望，也有矛盾、困难和危机。在这样的形势面前，我们要始终保持清醒头脑。

三、今后一个时期我国农村改革的基本思路

90年代农业和农村经济的改革与发展要在80年代的基础上取得新的突破。改革的总体目标是:通过经营制度与产权制度、农村流通体制、城乡关系以及政府宏观调控体制的改革和调整，建立起在国家宏观调控和保护下，以市场调节为主导的农业和农村经济的运行机制和管理体制。农村改革要按照建立社会主义市场经济体制的总要求，紧紧围绕确立农户和乡镇企业的市场主体地位，建立政府对农业的支持、保障、调控和服务体系这两条主线来进行。

90年代我国农业和农村经济改革的目标是宏伟的。实现这一目标，不仅将为全面实现国民经济和社会发展第二步战略目标作出巨大贡献，而且必将为下个世纪中叶实现第三步战略目标打下坚实的基础。为此，我们需要做的工作很多，归结起来，主要有以下几个方面:

(一) 稳定和完善农业基本经营制度，推进农村产权制度建设 这方面改革的基本思路仍然是十三届八中全会提出的四句话:继续稳定以家庭联产承包为主的责任制，不断完善统分结合的双层经营体制，积极发展社会化服务体系，逐步壮大集体经济实力。

建立在家庭联产承包责任制基础上的双层经营体制是中国农民的伟大创造，是农村集体经济新的实现形式，已成为我国农村不可动摇的基本制度，要长期稳定不变。世界农业发展的经验证明，家庭经营的方式与实现农业的专业化、商品化和现代化并没有本质的矛盾，它可以适应不同的社会形态和生产方式，具有很强的兼容性和适应性。问题在于要不断丰富、完善和提高家庭经营的内容和素质，健全双层经营体制，发展社会化服务。使“统”的层次和“分”的层次有机结合，使集体与个人的积极性同时得到发挥。可以说，既有农户的分散经营，又有集体的统一经营的双层经营体制，是我国社会主义条件下的家庭经营区别于其它社会形态下的家庭经营的根本标志。

对于双层经营体制，要在稳定的基础上逐步完善，处理好稳定与完善的关系。讲稳定，是指要稳定家庭承包经营的基础地位，稳定承包关系，尊重农民的自主权，保护已经给予农民的物质利益。在非农产业发达，绝大多数劳动力已离土的乡村，经群众同意，可以通过转包、转让、联合服务等办法，实行多种形式的规模经营。规模经营只能在有条件的地方实行，一定要尊重农民意愿、慎重行事，决不能搞强迫命令。现在就大多数地方来说，主要是通过加强农业社会化服务体系建设，为农民更好地提供产前、产中、产后服务，特别是加工、运销服务。从这个方面通过适当的引导，逐步引向以家庭经营为基础的适度规模经营。这是各地一条比较成熟的经验，应该加以肯定。讲完善，核心是从当地实际出发，处理好统分关系，完善乡村集体经济组织的各项管理制度，逐步增强集体可以统一支配的财力、物力。稳定是前提，不稳定无法完善;完善是保障，不完善也难以稳定。

在稳定和完善农业基本经营制度的基础上，应积极探索农村产权制度改革。目前，不少地方对集体存量资产实行折股到户，既较好地处理了坚持生产资料的集体所有制，又较好地解决了农户对集体资产缺乏内在关切这个难题，是一种有益的尝试。股份制和股份合作制目前在我国农村还处于探索阶段，不论是原有乡村集体转轨变型形成的，还是农民个人联合形成的，乃至各种法人横向参股形成的，都应朝着较为规范的方向发展，既要强化集资、融资、组合生产要素的功能，又要突出转换经营机制这个深层次目标。否则，实行股份制就失去了意义。

(二) 加快农村流通体制改革，引导农民和农业顺利进入市场 近两年，放开粮油等大宗农产品购销的改革取得了突破性的进展。但放开粮油价格的改革并没有完全“到位”，应当继续坚持放开。粮食等主要农产品价格和流通改革的目标，就是“市场主体运行，国家宏观调控”，把生产者、经营者逐步引向市场。同时，政府通过建立储备制度和价格调节制度予以调控，减少市场波动。在具体操作步骤上，地方分散决策与全国整体推进相结合，以分散决策为主;放开市场与建立调控措施相结合，以先放开市场为主。

今后，对我们这样一个有11亿人口的大国来说，国家对粮食等重要农产品始终要保持一定的收购数量。但是，收购价格必须按照价值法则，参照农产品供求、成本和比价关系合理制定。除此以外，其余农产品完全

放开，实行自由购销。为稳定购销关系，对自由购销也提倡实行产销直挂，签订购销合同。

在农产品价格和购销逐步放开实行市场化的条件下，如何把分散的小农组织起来有序地进入市场，是一个十分重要的课题。要重点培育和发展农民合作组织，如各种专业协会，各种种养加、产供销、贸工农一体化经营组织等。

深化农村流通体制改革的另一重要内容是加强市场体系建设。如果说放开价格是政策的快变量，那么建立市场就是慢变量。如果没有市场，生产的波动就会加剧。因此，要继续发展各类集贸市场和专业市场，特别是大力发展批发市场，发育期货市场，形成以集贸市场为基础，以批发市场为中枢的农产品市场体系。同时，也要对各种要素市场予以重视，当前特别要重视的是劳动力、资金、信息市场的发育。

(三) 加强政府宏观调控，建立健全农业的支持保障体系 在市场经济条件下，农业作为弱质产业，需要政府给予强有力的调控、支持和保护。

一是研究制定发展战略。政府对农业的行政管理工作，要从以行政手段管理为主，转到重视研究农业和农村经济中长期发展战略，制定实施规划；研究制定产业政策；组织协调重大农业基础设施和跨地区性的农产品基地建设，包括投资管理；发布主要农产品价格及市场信息；指导农产品供求的总量平衡等。

二是实行财政补贴。在市场经济条件下，政府对农业的支持和保护主要就体现在财政补贴上。世界各国对农业无一例外地都实行程度不同的补贴。过去，国家财政对农业的直接补贴数量很少，主要是用在流通领域和消费环节，今后应主要转向补贴农业生产和农用工业上。

三是实行价格支持。政府对粮食等大宗农产品实行保护价收购，保护价应按生产成本加适当利润的原则确定。当市场价低于保护价时，政府应按保护价敞开收购。从长远看，国家对农业还应当实行支持价格，设立风险基金，包括生产风险基金、价格风险基金和储备调节基金等。

四是健全重要农产品的专项储备制度。合理确定储备规模。逐步实现政府专项储备和商业库存的分离。

五是扶持农业技术推广等社会化服务组织的发展。农技、农机、畜牧兽医、水产、林业、水利等技术推广服务组织，是政府在基层的事业单位，是农业社会化服务体系的依托力量，要保持其机构和队伍的稳定，财政应负担其事业经费，并保证逐步增加。

六是继续实行乡镇企业以工补农、以工建农。实践证明，这是促进农业发展，在农业和农村内部形成一种自我积累、自我发展机制的有效形式。以工补农、以工建农的形式要由主要补偿农民收入向主要改善农业生产条件特别是进行一些基础设施建设转变。国家应在乡镇企业税前列支方面对以工补农、以工建农支出给予更多的优惠。

七是加强农业宏观管理的组织体系建设。农业的管理组织体系是实施农业宏观管理的重要组织保证。进一步强化农业和农村经济部门的行政、执法、监督的职能，实现产前、产中、产后的一体化管理。行政机构的设置，要便于上下业务的指导和协调，有利于加强宏观调控。理顺农业行政和事业单位的职能，分清职责，各司其职。

(四) 加强农业法制建设 为了适应建立农村社会主义市场经济体制的要求，保证农业的基础地位，保护农民的合法权益，需要进一步加快乡镇企业、农民合作组织、农民权益保护、市场交易等方面的立法，加强执法队伍建设，强化《农业法》等法律、法规的执法工作。

(五) 加快农村社会保障制度改革 农村社会保障制度改革的目标是，逐步建立一个以农民、集体自我保障为基础，以国家支持为辅助的多样化的社会保障体系。农村社会保障制度改革的原则是，从实际出发，因地制宜，量力而行。实行多渠道、多形式兴办农村社会保障事业。坚持自愿互助的原则，不搞强制社会保障。为此，一是要大力发展互助储金会、社会福利(保障)基金会、合作基金会、合作医疗等多样化的群众互助保障组织。二是在有条件的地区，积极而稳妥地发展农民(职工)养老、医疗等农村社会保险。三是农村社会救济、福利等社会保障事业的发展要与发展生产经营相结合。四是农村社会保障事业的行政主管部门应当管理有关政策、体制和法规，不应直接从事保险业务。

(作者所在单位:农业部政策法规司)

1993年中国对外开放走势

牛根颖

以中国共产党第十四次全国代表大会和邓小平同志重要讲话为标志，中国的经济体制改革进入了一个新的历史时期。我国确立了建立社会主义市场经济体制的目标，我国经济的发展出现了持续、快速、健康发展的端倪。在1992年的基础上，1993年我国的对外开放不断向纵深发展，取得了大面积的丰收。其主要特点是：对外经济体制改革继续向纵深发展；投资环境继续得到改善；利用外资规模和批准外商投资企业的数量成倍增加；经济管理法制化的程度不断提高；中国经济与国际经济的联系更加紧密。

一、1993年中国对外开放的新举措

1993年中国继续坚持对外开放的基本国策，并且陆续推出了一系列重大的新举措。概括起来主要有以下几方面。

(一) 中国共产党第十四次全国代表大会确定了建立社会主义市场经济体制的目标 中共中央总书记江泽民在十四大政治报告中指出："实践的发展和认识的深化，要求我们明确提出，我国经济体制改革的目标是建立社会主义市场经济体制，以利于进一步解放和发展生产力。"

社会主义市场经济体制目标的确立，对我国继续实行对外开放政策具有重大的意义，它从经济运行机制的全局上为对外开放提供了基本的保障，有利于我国市场机制与国际市场接轨，从而为对外开放、发展我国与世界各国的经济技术合作与交流开辟了更为广阔的前景。

根据中共十四大确立的建立社会主义市场经济体制的目标，1993年11月中共中央召开了十四届三中全会，大会通过了《中共中央关于建立社会主义市场经济体制若干问题的决定》。为贯彻落实党的十四大提出的关于经济体制改革和对外开放的任务，《决定》再次肯定了我国坚持的对外开放的基本政策，同时对进一步实行对外开放做了具体的布署：

"坚定不移地实行对外开放政策，加快对外开放步伐，充分利用国际国内两个市场两种资源，优化资源配置。积极参与国际竞争与国际经济合作，发挥我国经济的比较优势，发展开放型经济，使国内经济与国际经济实现互接互补。依照我国国情和国际经济活动的一般准则，规范对外经济活动，正确处理对外经济关系，不断提高国际竞争能力。

实行全方位开放。继续推进经济特区、沿海开放城市、沿海开放地带，以及沿边、沿江和内陆中心城市的对外开放，充分发挥开放地区的辐射和带动作用；加快主要交通干线沿线地带的开发开放；鼓励中、西部地区吸收外资开发和利用自然资源，促进经济振兴；统筹规划、认真办好经济技术开发区、保税区，形成既有层次又各具特点的全方位开放格局。拓宽对外开放的领域，扩大生产要素的流动和交换，在注重工业和贸易领域国际联系的基础上，加快其他产业的对外开放，促进服务贸易的发展。改进海关、商检、运输等各项口岸工作。加强对境外中资企业的管理。认真总结经验，不断提高对外开放程度，引导对外开放向高层次、宽领域、纵深化方向发展。

进一步改革对外贸易体制，建立适应国际经济通行规则的运行机制。坚持统一政策、放开经营、平等竞争、自负盈亏、工贸结合、推行代理制的改革方向。加速转换各类企业的对外经营机制，按照现代企业制度改组国有对外经贸企业，赋预具备条件的生产和科技企业对外经营权，发展一批国际化、实业化、集团化的综合贸易公司。国家主要运用汇率、税收和信贷等经济手段调节对外经济活动。改革进出口管理制度，取消指令性计划，减少行政干预；对少数实行数量限制的进出口商品的管理，按照效益、公正和公开的原则、实行配额招标、拍卖或规则化分配。发挥进出口商会协调指导、资询服务的作用。积极推进以质取胜和市场多元化战略。进一步搞好边境贸易。完善出口退税制度。降低关税总水平，合理调整关税结构，严格征管，打击走私。深化对外经济技术合作体制改革，提高综合经营能力和整体效益统一和健全对外经济法规，维护国家利益。

积极引进外来资金、技术、人才和管理经验。改善投资环境和管理办法，扩大引进规模，拓宽投资领域，进一步开放国内市场。创造条件对外投资企业实行国民待遇，依法完善对外商投资企业的管理。引导外资重点投向基础设施、基础产业、高新技术产业和老企业的技术改造，鼓励兴办出口型企业。发挥我国资源和市场的比较优势，吸引外来资金和技术，促进经济发展。"

(二) 根据中共十四大政治报告，加快了对外经济体制改革的步伐 改革进出口管理体制，降低了3371种进口商品关税税率，取消了进口调节税；创造条件，加快恢复我国在关税及贸易总协定缔约国地位的进程；改革外贸行政管理体制；转换外贸企业经营机制；完善对外贸易的协调服务机制。

(三) 继续完善1992年形成的全方位多层次对外开放的格局 1. 清理各类开发区，增加新的经济技术开发区。1993年国务院决定对那些不具备条件的开发区坚决予以撤消。据对辽宁、河北、山东、江苏、浙江、福建、广东、广西等7省1区县以上开发区普遍检查结果来看，各类开发区从原有的1200多个减少到200多个，规划面积从7500多平方公里减少到1600平方公里。与此同时国务院又批准了一批新的经济技术开发区，他们是：福建东山、沈阳、哈尔滨、长春、杭州、芜湖、武汉、重庆、惠州大亚湾、广州番禺南沙、萧山(浙江)。这样截止到1993年底，经国务院批准建立的经济技术开发区总

数达到30个。

2. 批准一批口岸。1993年国家共开放国家级口岸22个，其中水运口岸12个，航空口岸7个，公路口岸3个。到1993年底，全国对外开放一级口岸总数达201个、其中水运口岸108个，空运口岸46个，铁路口岸12个，公路口岸35个。统计资料表明，1978年以前中国仅有一类口岸51个。这表明，中国已形成了一个包括沿海、沿江、沿边、内地在内的多层次、多功能、海陆空立体交叉的口岸开放格局。

3. 批准一批新的对外国人开放的市、县。1993年7月经国务院批准，我国又有23个市县列入对外国人开放地区。至此，我国对外国人开放的市、县总数达到919个。

4. 批准新的保税区。截止到1993年，经国务院批准建立的保税区共计13个。它们分别是:大连、天津港、上海外高桥、江苏张家港、广州、深圳沙头角、福田、青岛、宁波、海口、汕头、厦门、福州。

5. 扩大对外开放领域。允许外商进入能源、交通、金融、保险、旅游、房地产等行业投资。例如，在海洋和陆地的石油勘探工程中实行招标制度。

(四)拓宽新的融资渠道 1993年中国的金融组织在国外不断拓宽融资渠道，引进了一批资金。

1. 发行B股。到1993年12月31日(1993年最后一个交易日)，上海证券交易所上市公司达到107家，A股101只，B股22只，A股的总市值为2195亿元，B股的总市值为128亿元。深圳证券交易所的上市公司达到77家，A股76只，B股19只，A股的总市值为1324亿元，B股的总市值为40亿港元。

2. 一批企业到香港上市发行H股。到1993年底国家已批准9家企业到香港发行H股，其中上海石化、广州船厂、青岛啤酒厂等6家企业的H股已在香港联交所上市。

3. 在国际金融市场发行债券。1993年中国各发行机构共向海外资本市场发行债券29.31亿美元，比上年增加近两倍，发行债券品种达19个。1993年中国发行机构发行了一系列固定利率债券，中国5家金融机构在日本发行了6次总额为750亿日元、期限为两年半到7年不等的武士债;财政部和中信公司在欧洲市场上分别发行了总额为600亿日元、期限分别为5年和两年半的欧洲日元债券;中信和建设银行在美国市场上分别以公募和私募的方式，成功地发行了固定利率的扬基债券，其收益率均高于同期美国国债;财政部在龙债市场上成功地发行了固定利率龙债。

4. 发展海外企业。结止到1993年底，中国在境外设立投资企业4497家，中方总投资为51.6亿美元。中国境外投资企业遍布全世界120多个国家和地区。在境外投资企业中，贸易性企业为2927家，非贸易性企业为1570家。这些企业主要从事进出口贸易、资源开发、加工、生产装配、工程承包、交通运输、金融保险、医疗卫生、咨询服务、旅游服务以及餐饮业。1993年经外经贸部批准或在外经贸部备案设立的境外投资企业达380家，协议投资总额2.1亿美元，其中中方投资为1.2亿美元，占协议投资总额的56%。

5. 积极向发展中国家提供技术援助。1993年中国向一些发展中国家提供力所能及的援助。这一年中国同亚洲、非洲、拉丁美洲及南太平洋地区的61个国家签订了新的援助协议。在72个受援国家实施经济技术援助项目272个，其中成套项目77个，技术合作和其它形式的合作项目113，进行建设前期工作的项目82个。根据受援国政策调整与经济发展的需要，中国通过经济技术援助的途径在海外举办独资、合资、租赁企业，全年同24个受援国探讨了45个这类项目，其中双方企业已签约的12个。中国还向41个国家提供了50多批一般物资援助，帮助这些国家解决生产建设和人民生活的某些需要，克服自然灾害造成的困难。

二、1993年我国对外开放的主要成就

随着我国经济体制改革步伐的加快，以及国民经济持续、快速、健康发展，我国对外开放取得的成就是明显的:

(一) 1993年我国共吸引了126个国家和地区前来投资 新批外商投资项目、协议利用外资金额、实际投入外资金额三项指标均相当于我国改革开放14年的总和。

(二) 全方位多层次对外开放格局进一步完善 对外开放全面展开，无论已开放地区还是未开放地区都在努力创造良好的投资环境。出现了内地吸引外资增长速度高于沿海地区的局面。各地积极性普遍高涨，涌现了数千个经济技术开发区。此外，法制化管理得到进一步加强。

(三) 利用外资的规模进一步扩大 1993年我国利用外资增势强劲，我国利用外资的数额大幅度增加。1993年新签利用外资协议金额1227亿美元，比上年增长76.7%;实际利用外资367.7亿美元，增长91.5%。其中外商直接投资协议金额1109亿美元，实际投资257.6亿美元，分别增长90.7%和1.3倍。这表明我国的投资环境进一步得到改善，外商在我国投资的信心大大增强。第二，投资来源不断扩大。1993年来我国投资的国家和地区达到126个。投资额居前十位的国家和地区是香港、台湾、美国、日本、新加坡、德国、英国、泰国、法国、加拿大。第三，外商投资的区域分布呈现出从沿海向内陆地区逐渐延伸的趋势。去年，内地吸收外资

在全国所占的比重由原来的7—8%增长到近20%。第四，外商投资项目的规模呈扩大趋势，1992年项目协议金额平均为117.8万美元，1993年为133万美元，增加了12.9%。第五，外商投资领域进一步拓宽。1992年我国允许外商投资于第三产业，1993年我国进一步扩大外商投资领域，外商已在金融、保险、商业零售、房地产、外贸会计师事务所、咨询、信息服务的领域投资设立了企业。第六，外商投资方式呈多样化的趋势。到1993年底已批准设立的中外合资股份公司已有20家；在深圳、上海证券交易所挂牌交易人民币特种股票(B股)的公司也有20家；以投资为主业，并为其投资的企业提供综合服务的控股公司也已设立30多家。

对外贸易大幅度增长，到1993年底我国进出口总额为1957.2亿美元，比上年增长18.2%；其中进口1039.5亿美元，比上年增长29%；出口917.7亿美元，比上年增长8%。中国在世界国际贸易中的名次继续保持第十一名的地位，占世界总贸易额的2%，比1992年增加0.04个百分点。外商投资企业得到进一步发展。到1993年底在我国注册的外商投资企业累计总数达到16.75万户，比上年末增加8.31万户。1993年外商投资企业进出口额达670.7亿美元，占全国进出口总额的34.3%。到1993年底，我国已累计批准外商投资项目173975个，协议外资金额2172.16亿美元，实际投入外资金额569.12亿美元。

对外经济技术合作取得较大发展，1993年对外承包工程和劳务合作新签合同67.7亿美元，比上年增长2.8%；完成营业额45.2亿美元，增长42.8%。

(四) 关税收入大幅度提高 1993年我国海关征收关税创历史最高水平，共征收进出口关税259.54亿元。比历史征税最高水平的1992年增加44.52亿元，增长20.7%。其中进口货物关税256.16亿元，比上年增长19.5%；征收出口货物关税2.6亿元，增长32.1%；征收进口行李邮递物品税7800万元，减少3.7%，海关还代征进口环节产品税增值税工商统一税等188.24亿元，增长13.2%。

(五) 引进外国智力工作进展显著 自1978年以来到中国工作的外国专家总数已达35万人。近几年每年来华工作的外国专家人数都超过4万人，1993年比上年增加了20%。外国专家分布的领域相当广泛，涉及的范围包括经济、科技、文教、体育、卫生、新闻出版等。分布的重点由过去以文教为主转到以经济建设和科技为主。这些专家为我国的经济建设和科技发展作出了突出的贡献。

(六) 出入境人数创历史最高纪录 据公安部主管部门统计，1993年全国边防检查站共检查入出境人员9569.6万人次，比1992年增加8.4%，是历史最高纪录。其中，中国公民8628万人次外国公民941.5万人次，分别增加7.6%和16.6%。公安机关受理大陆公民因私首次出国申请72.2万人次，批准出国69.4万人次，分别比1992年增加24.7%和24.6%。批准出国的人数占申请总数的96.1%。

国家外汇储备增加。1993年末国家外汇结存为212亿美元(不包括中国银行外汇存款)，比上年初增加17.6亿美元。

三、改善投资环境，进一步扩大对外开放

实行对外开放是我国的一项基本国策，我们将长期坚持下去。我们将进一步改善投资环境，继续扩大对外开放。1994年2月江泽民总书记指出："1994年党和国家的基本方针是，以邓小平建设有中国特色社会主义理论和党的基本路线为指导，全面贯彻中共十四大和十四届三中全会精神，加快建立社会主义市场经济体制，保持国民经济持续、快速、健康发展，维护政治稳定，促进社会全面进步。抓住机遇，深化改革，扩大开放，促进发展，保持稳定，是今年工作的大局，各项工作都要服从和服务于这个大局。"实施这个方针必将对我国改善投资环境，进一步扩大对外开放产生积极影响。

在1993年的基础上我国的投资环境将进一步得到改善。为进一步推动我国的对外开放，加强我国对外经济技术合作与交流，1994年我国将从以下几个方面进一步改善投资环境：

首先，深化经济体制改革，促进社会主义市场经济体制的建立。1994年我国将根据社会主义市场经济发展的要求，大力推进财政体制、税收体制、金融体制、投资体制、外汇管理体制、外贸管理体制的改革，为对外开放提供机制上的保证。

第二，保证国民经济持续、快速、健康发展。1993年国内生产总值达到31380亿元，比上年增长13.4%。我国国民经济连续24个月高速发展。我国的市场容量进一步扩大，1993年我国社会消费品零售总额达到12237亿元比上年增长26.1%(扣除价格因素，实际增长11.6%)。这为对外开放和发展对外经济技术合作与交流提供了一个稳定的宏观经济环境，以及更加广阔的市场和更雄厚的物质基础。

第三，完善业已行成的全方位多层次对外开放的格局，从地域和产业方面推行全方位对外开放。

——继续推进经济特区、沿海开放城市、沿海开放地带、以及沿江、沿边、内陆中心城市的对外开放，继续推进上海浦东新区的对外开放，巩固并扩大业已形成的对外开放大格局，发挥上述开放地区的吸纳、辐射、示范、带动作用。

——进一步完善经济技术开发区、保税区的功能，按社会主义市场经济规律的一般要求与国际经济活动的一般准则规范其经济活动。

——加快我国中、西部地区对外开放的步伐，促进国外资金、技术与这些地区资源开发、利用相结合。

——加快我国主要交通干线沿线对外开放步伐，同时发挥我国沟通欧亚大陆经济联系的区位优势。

第四，改进口岸工作，采用国际惯例改善海关、商检、运输等工作，认真做好各项服务，严格依法监督、检查。

第五，改革对外经济体制。改革对外经济体制的方向是：统一政策、放开经营、平等竞争、自负盈亏、工贸结合、推行代理制。它的基本目标是：建立适应国际经济通行规则的运行机制。围绕这个目标，我国将从以下几个方面采取措施：

——根据建立全国统一大市场和符合国际贸易规范的要求，保持对外贸易政策在全国范围内的统一性，增加透明度。加强宏观调控管理，保持良好的外贸经营秩序。

——完善对进出口的宏观调控机制。在宏观上主要运用经济手段调节对外贸易。进一步改善退税制度，既要保证足额及时退税，同时也要采取有效措施严厉打击和制止骗取出口退税行为。

——深化外经贸企业改革。主要措施有：按现代企业制度的要求改组国有企业；转换外贸企业的经营机制，由国家计划的执行者转变为进出口商品的经营者；由垄断经营转向投身市场；实行政企分开，落实企业自主权；理顺产权关系，有条件的企业试行股份制，企业不仅要对经营盈亏负责，还要对固有资产的保值、增值负责；具备条件的企业实行公司制改造；加快企业在劳动、人事、工资制度等方面的改革步伐；企业要面向市场，加快内部经营机制的转化，转变经营的指导思想、方针、经营策略。

——发展外贸企业集团，促进外贸企业实行规模经营。在自愿、互利的基础上加强贸工、贸商、贸农、贸技结合，发展集团化、国际化、实业化的综合贸易公司。授予更多的符合条件的企业以进出口经营权，特别是授予有条件的科技企业对外经营权，使之直接参与国际经济、技术合作和国际市场竞争，推动它们发展国际化经营，向跨国公司方向发展。

——改革进出口管理体制。有序地进一步放开进出口商品经营，取消指令计划，除对少数商品组织统一经营外，其它商品放开经营。

——完善外贸协调服务体系。在改革外贸行政管理体制的同时，要不断完善外贸协调服务体系，除继续发挥各进出口商会的作用以外，大力发展研究、咨询、学会、协会等机构的作用，完善其信息、指导、服务等功能。

——进一步发挥各种经济杠杆的作用。在新的一年里，将完善出口退税制度。降低关税总水平、合理调整关税结构，严格征管，打击走私。探索用金融支持进出口贸易的路子。改革外汇管理体制，建立以市场为基础的有管理的浮动汇率制度，发展统一规范的外汇市场，逐步使人民币成为可兑换的货币。根据政策性业务与商业性业务相分离、现有的专业性银行要逐步转变为商业银行的方针政策，组建进出口信贷银行。

第六，改善投资环境，积极引进国外资金、技术、人才和管理经验。在这方面将要采取的措施主要有：

——拓宽外商投资领域，进一步开放国内市场。我们不仅欢迎外商投资于我国东部沿海地区，更欢迎外商到我国中部、西部地区去投资。不仅开放第一、第二产业，还将更大程度地开放第三产业。

——继续对外商投资企业实行优惠的税收政策，实施国际上规范化的管理办法，创造条件给外商投资企业以国民待遇。

第七，完善涉外经济法规体系建设。根据建立社会主义市场经济和对外开放、发展对外经济技术合作与交流的要求，我国将从本国实际情况出发，借鉴国际经济活动的一般准则，继续完善涉外经济法规。1993年，全国八届人大常委会把经济立法放在首位，先后通过20多部法律、13件有关法律问题的决定，初步审议了8部法律草案。为历年来全国人大常委会审议和通过法律最多的一年。其中涉及对外开放的法律、法规主要有：反不正当竞争法、消费者权益保护法、注册会计师法，关于外商投资企业和外国企业适用的增值税、消费税、营业税的暂行条例。此外全国人大常委会还初步审议了证券法、对外贸易法、台湾同胞投资保护法以及国家赔偿法草案。根据人大常委会立法规划，今后五年将制定法律150多件。其中涉及对外开放的法律主要有：《对外贸易法》、《合伙企业法》、《独资企业法》、《股份合作企业法》、《招标投标法》、《外汇管理法》、《港口法》等。完善、建立这些法律、法规之后，我国的投资环境将进一步得到改善，我国的法律体制将更加符合市场经济发展的要求，符合同国际市场接轨的要求，更加体现市场经济公平、公正、效率的原则，为对外开放提供更加有效的社会保障。

第八，积极工作，以恢复我国在关税及贸易总协定缔约国的地位。

第九，继续实施以质取胜和对外贸易多元化战略。中国对世界开放是全方位的，不是仅对少数国家和地区的开放，而是对全世界开放。其中既包括对西方发达国家的开放，也包括对原苏联和东欧国家的开放，还包括对发展中国家的开放。在当今激烈竞争的国际市场上，质量问题生死攸关。在世界贸易保护主义、经济区域集团化的趋势有所加强的情况下，中国更有必要实施以质取胜和对外贸易多元化战略。

四、抓住机遇，扩大对外开放

我国的对外开放起步于二十世纪七十年代末期。实践证明，实行对外开放政策是正确的，是成功的，我们将长期坚持这项政策。但是，进入九十年代以后，无论是世界，还是中国都发生了巨大的变化。我国的对外开放政策应当适应这种变化，不断取得完善与发展，采取新的思路，抓住机遇，扩大开放。

第一，我国的对外开放面临着重大的历史性的转折时刻 从国内来看，进入九十年代以来，我国的经济体制开始了向市场经济体制全面转轨的时期，1993年我国将对财政体制、税收体制、金融体制、投资体制、外贸体制、外汇体制进行重大改革。我国经济发展出现了连续24个月高速增长的局面，1993年我国国内生产总值达到31380亿元，比上一年增长13.4％，国民经济出现了持续、快速、健康发展的趋势，与此同时，我国市场容量进一步扩大。1993年我国社会商品零售总额比上一年增长11.6％(扣除价格因素)。我国已形成了"沿海—沿边—沿江—内陆省会城市这样一个全方位多层次对外开放的基本格局。进行了广泛的试点，取得了丰富的经验，至1993年底我国已开辟了5个经济特区、30个经济技术开发区、14个沿海对外开放城市、52个高新技术产业开发区、13个边疆城市、18个内陆省会城市、6个沿江城市，各省市还兴办了近千个省级开发区。对外开放的实践使人民得到了实惠，社会取得了共识，对外开放已成为不可逆转的潮流。

从国际来看，中国需要世界，世界也需要中国，这个道理已为世界上越来越多的有识之士所认识，到1993年底与我国建立经济往来关系的国家和地区已超过130个。世界政治、经济格局出现了重大的变化，以前苏联的瓦解为标志，世界两极格局的局面瓦解，一个多极化的政治、经济新格局正在取而代之。我国与周边国家和地区的经济合作与友好往来不断发展，小额边境贸易正在向大边贸发展。在世界经济发展中亚太经济迅速崛起令人瞩目。据关税及贸易总协定发表的《1992年世界贸易报告》，1992年全球货物贸易出口额平均增长5.5％，进口额平均增长6％；而亚洲地区商品贸易出口额比上年增长9.5％，进口额比上年增长8％。中国内地对香港地区商品贸易出口额增长18％，进口额增长26％，分别相当于世界平均增长率的3倍和4倍。香港地区对世界的进、出口额增长率都超过20％。当代以生物工程、新能源、新材料、宇航工程、海洋工程为前沿的当代先进科学技术正蕴酿着新的突破；世界经济区域集团化和贸易保护主义趋势有所加强。所有这些重大变化都将对我国的对外开放产生巨大影响。

第二，开放地区应先建立社会主义市场经济体制，充分发挥示范、辐射、吸纳作用 我国实行对外开放政策以来，在开放地区实行了一系列的优惠政策。这是完全必要的，是正确的，也是有成效的。经济特区的窗口作用(技术的窗口、管理的窗口、知识的窗口、对外政策的窗口)和改革试验田的作用也已取得了积极的效果。这个政策我们还将继续坚持执行。但是，在实行社会主义市场经济的条件下，在内地对外开放取得长足发展的情况下，包括经济特区在内的开放地区，应把着眼点从主要依靠优惠政策，转移到主要依靠新经济体制、新经济运行机制上来。开放地区在率先建立社会主义市场经济及管理体制方面具有多方面的优势：区位优势、经济实力优势、人才优势、信息优势、技术优势、管理优势。他应当充分利用这些优势，迅速建立起新的经济管理体制和新的运行机制，以更充分地发挥开放地区的功能，为国民经济的发展发挥更大的作用。

第三，实行地区倾斜与产业倾斜相结合的开放政策 前些年我国对开放地区实行了不同程度的优惠政策，取得了良好的效果。同时还应当看到，与东部地区相比，中、西部地区虽然自身纵向比较经济发展发生了巨大的变化，但与东部地区的差距在逐步拉大。政策上的差别带来经济实惠的差别引发了地区间相互攀比的现象，以致造成了"开发区热"。这种差异既有激励作用，也隐含有不安定的因素。我国目前尚未脱贫的人口大约有8000万人，其中绝大部分居住在中西部地区。面对这个现实，我们既要充分利用东部地区投资回报率大大高于西部地区的优势，还要看到东部地区对中、西部地区经济发展的带动、支援作用。同时我们更不能忽视先导产业是跨地区的产业，并对国民经济的未来发展具有决定性作用这个事实。因此，今后，要在充分发挥开放地区区位优势和政策优势的同时，对优先发展的产业在政策上也要予以支持，扩大对外开放，促进其迅速发展，即实行地区倾斜与产业倾斜相结合的开放政策。

(作者所在单位：国家经济体制改革委员会)

1993年中国吸收外商投资的情况与展望

胡　景　岩

1993年中国吸收外商投资工作取得了巨大成绩，外商来华投资之踊跃、外商投资领域之宽、外商投资企业经济效益之好，是前所未有的。1994年伊始，随着中国财税、金融、外汇、外贸、投资体制的重大改革举措全面实施，外商投资企业也将面临新的经济环境。我们有必要回顾总结1993年吸收外商投资工作，分析在新的经济形势下，吸收外商投资的政策如何进一步调整，研究中国吸收外商投资的长远战略措施。

一、1993年中国吸收外商投资的特点

(一) 外商投资的数量成倍增长　吸收外商投资的数量在1992年有较大发展的基础上，1993年又出现了新的飞跃，有了惊人的突破。1993年共批准外商投资项目83437项，比1992年增长71.10%，大体相当于前14年的总和；协议外资金额1114.36亿美元，比1992年增长91.72%；实际利用外资金额275.15亿美元，比1992年增长149.95%。据统计，1993年流入发展中国家的直接投资总计700亿美元，占全球直接投资总额的37%。而流入中国的275亿美元占所有发展中国家吸收外国直接投资的70%，占全世界直接投资总额的10%，成为1993年度利用外资的第二大国。

1979年至1993年底，中国累计批准外商投资项目174228个，协议利用外资金额2218.96亿美元，实际使用外资金额617.97亿美元(见表1)。

表1　1979—1993年吸收外商投资分年度表

金额单位:亿美元

年　份	项目个数	协议外资金额	实际利用外资金额
总计	174228	2218.96	617.97
1979－1982	909	45.89	6.70
1983	452	7.31	3.44
1984	1856	26.51	7.35
1985	3069	55.72	11.78
1986	1492	27.53	16.14
1987	2230	37.04	21.31
1988	5940	52.39	29.81
1989	5769	53.96	31.60
1990	7268	64.02	32.43
1991	12968	118.85	41.98
1992	48757	574.42	109
1993	83437	1114.36	275.15

(二) 外商投资产业结构中生产性项目有所下降、非生产性项目发展较快　十几年来，中国吸收外商投资的产业结构不断完善，从整体上看，产业结构的分布是基本合理的，能够符合国民经济发展的要求。1993年以前，在已批准的9万个项目中，工业生产性项目占项目总数的80%左右，占协议利用外资金额总数的60%左右。工业项目按协议外资金额排列，主要集中在电力、能源等行业，其次为轻工、电子、机械、纺织、服装等行业。

进入1993年后，也基本保持了这种格局，农业项目占项目总数的2.04%，占协议金额总数的1.07%；工业项目占项目总数的67.77%，占协议金额的45.92%；服务贸易项目占项目总数的30.19%，占协议金额的53.01%。从总体上看，服务贸易的增长较快，无论是项目数和协议金额都较上年有一定的增长，而相对来说，工业项目则有所下降。即工业项目数下降了12个百分点，协议金额下降了11个百分点，这主要是1993年我国进一步拓宽了外商投资领域，取消或放宽了对第三产业投资的限制。

在工业项目内部各主要行业的投资比例无太大的变化。而在服务贸易项目内部则发生了较大的变化，其中尤以房地业发展较快。以房地产业为主的房地产及公用服务业占项目总数的比重和占协议金额总数的比重分别由1992年的9.3%和31%，增加到1993年的13.57和39.28%(见表2)。这反映了1993年全国各地房地产业投资空前高涨，发展过快，存在一定盲目性。

(三) 外商投资仍主要集中在沿海地区　前十几年，中国吸收外商投资主要集中于沿海地区，沿海地区吸收外商投资的项目数和协议外资金额，占全国总数都在80%以上。1993年，这种状况没有什么太大的变化，沿海地区1993年吸收外商投资项目数为66024个，占全国项目总数的79.14%，与1992年的77%大体相当。而协议外资金额更接近，1993年与1992年一样均为占全国总数的86%(见表3)。

外商投资在地理分布上，仍集中在沿海地区的原因，是由于影响外商投资流向的因素没有什么变化，即沿海地区仍然较内陆地区相比享受较多的吸收外商投资优惠政策。沿海地区的自然条件和投资环境好于内地。内陆地区的资源优势、老企业改造等吸收外商投资的政策没有根本解决。

表2 1993年协议利用外商直接投资行业分类表

行业	项目数 个数	项目数 所占比例(%)	协议利用外资 金额(万美元)	协议利用外资 所占比例(%)	行业	项目数 个数	项目数 所占比例(%)	协议利用外资 金额(万美元)	协议利用外资 所占比例(%)
合计	83437	100.00	11143566	100.00	地质普查和勘探业	11	0.01	8053	0.07
农林牧渔水利业	1704	2.04	119147	1.07	建筑业	3167	3.80	387837	3.48
工业	56549	67.77	5117368	45.92	交通运输邮电业	915	1.10	148991	1.34
其中：纺织业	3142		326829		商业饮食供销仓储业	4842	5.80	460647	4.13
石油加工业	112		74382		房地产公用服务业	11322	13.57	4377115	39.28
化学工业	2733		244590		卫生、体育福利事业	206	0.25	47748	0.43
机械工业	2668		222143		教育、文艺、广播电视业	458	0.55	45173	0.41
交通运输设备制造业	685		85384		科研技术服务事业	881	1.06	58775	0.53
电气机械器材制造业	1904		183971		金融保险业	15	0.02	7852	0.07
电子通信设备制造业	4173		372852		其它	3367	4.03	364860	3.27
仪器仪表计量器具制造业	749		35893						

表3 1993年批准外商投资企业按地方(部门)汇总表

金额单位：万美元

地方(部门)名称	合计 项目个数	合计 合同外资金额	合资经营企业 项目个数	合资经营企业 合同外资金额	合作经营企业 项目个数	合作经营企业 合同外资金额	外资企业 项目个数	外资企业 合同外资金额
总计	83423	11113104	54003	5517427	10445	2549998	18975	3045679
地方合计	83272	11073217	53873	5497456	10438	2540548	18961	3035213
北京市	3752	671894	2804	412091	252	225527	696	34276
天津市	3538	225570	1466	122253	65	5098	2007	98219
河北省	2013	192862	1762	148562	90	29641	161	14659
山西省	660	40179	578	33083	22	2291	60	4805
内蒙古	413	35862	357	26566	21	3155	35	6141
辽宁省	4054	379616	3394	279586	361	34895	299	65135
沈阳	996	83100	850	53599	36	10287	110	19214
大连	1655	178244	1256	113504	261	21596	138	43144
吉林省	1469	82885	1121	59806	59	5584	289	17495
长春	295	22860	236	16834	11	1389	48	4637
黑龙江省	1706	98329	986	63936	32	5426	688	28967
哈尔滨	691	43554	333	26205	17	4053	341	13296
上海市	3645	698902	2443	441697	691	135490	511	121715
江苏省	10257	1084308	8994	748244	448	134372	815	201692
南京	1340	114690	1012	85321	111	10897	217	18472
浙江省	4487	374563	3770	269855	158	13144	559	91564
宁波	1015	107152	779	66895	34	3183	202	37074
安徽省	1040	84088	835	71289	33	2517	172	10282
福建省	4714	1136620	1775	239880	264	146165	2675	750575
厦门	655	240411	219	48878	91	88106	345	103427
江西省	1293	90983	951	60074	83	6832	259	24077
山东省	7227	706043	5625	452093	297	49557	1305	204393
青岛	1351	177781	746	67552	120	24242	485	85897
河南省	1779	179618	1491	129239	70	8370	218	42009
湖北省	2194	193891	1653	118223	85	12946	456	62722

续表

地方(部门)名称	合计		合资经营企业		合作经营企业		外资企业	
	项目个数	合同外资金额	项目个数	合同外资金额	项目个数	合同外资金额	项目个数	合同外资金额
武汉	1031	102549	712	52493	37	7306	282	42750
湖南省	1360	100678	1032	68465	104	9127	224	23086
广东省	16768	3314887	6811	1084736	6603	1598059	3354	632092
广州	1275	683634	358	44483	743	603409	174	35742
深圳	3255	496937	1735	211828	358	71588	1162	213521
广西	2478	381404	1599	232671	365	39281	514	109452
海南省	3091	419477	654	69965	23	15627	2414	333885
四川省	2385	304029	1585	174511	117	20964	683	108554
重庆	681	72892	389	40485	45	7238	247	25169
成都	819	100416	591	62487	46	6359	182	31570
贵州省	500	64531	378	48097	27	2928	95	13506
云南省	507	50876	366	33363	32	6471	109	11042
陕西省	790	92198	631	64817	86	19605	73	7776
西安	433	60912	333	40228	58	14955	42	5729
甘肃省	554	29209	370	19253	18	1776	166	8180
青海省	54	2065	36	558	2	111	16	1396
宁夏	181	11906	102	6942	11	858	68	4106
新疆	363	25744	304	17601	19	4731	40	3412
部门合计	151	39887	130	19971	7	9450	14	10466

(四). 外商独资企业继续保持增长势头 1993年外商独资企业在1992年快速增长的基础上，继续保持这种增长势头。全年举办外商独资企业18975个，比1992年增长118.30％，而合资企业和合作企业分别增长57.20％和82.89％；独资企业协议外资金额为304.57亿美元，比1992年增长94.04％，而合资企业和合作企业分别增长89.42％和92.38％；独资企业实际利用外资金额65.06亿美元，比1992年增长158.17％，而合资企业和合作企业分别增长150.99％和146.80％(见表4)。

表4　　1993年全国批准外商投资项目情况

合作方式	项目数			协议外资金额			实际利用外资额		
	个数	比上年增减(%)	所占比重(%)	总金额(亿美元)	比上年增减(%)	所占比重(%)	总金额(亿美元)	比上年增减(%)	所占比重(%)
合资经营	54003	57.20	64.72	551.74	89.42	49.51	153.48	150.99	55.78
合作经营	10445	82.89	12.52	255.00	92.38	28.88	52.37	146.80	19.03
独资经营	18975	118.30	22.74	304.57	94.04	27.33	65.06	158.17	23.65
合作开发	14	100.00	0.02	3.05	609.30	0.28	4.24	69.60	1.54
合计	83437	71.10	…	1114.36	91.72	…	275.15	149.95	…

到1993年底独资企业累计数已达33847个，占项目总数由1992年底的16.5％上升到19.43％。协议外资金额554.42亿美元，占协议外资总金额由1992年底的21.8％上升到24.99％。实际利用外资金额115.90亿美元，占实际利用外资金额的总数由1992年底的14.7％上升到18.75％(见表5)。

表5　　1979—1993年全国累计批准外商投资项目汇总表

合作方式	项目数		协议外资金额		实际使用金额	
	个数	所占比重(%)	金额(亿美元)	所占比重(%)	金额(亿美元)	所占比重(%)
合资经营	113041	64.88	1056.29	47.60	328.94	53.23
合作经营	27245	15.64	570.61	25.72	135.52	21.93
独资经营	33847	19.43	554.42	24.99	115.90	18.75
合作开发	95	0.05	37.64	1.69	37.61	6.09
合　计	174228	…	2218.96	…	617.97	…

外商独资企业增加的原因，一方面表明了随着中国对外商投资企业管理工作的加强，各方面的管理规章日益健全，外商采用独资的方式，更利于对企业的控制，更便于采用价格转移等避税方式；另一方面，1993年中国经济迅速膨胀，国内资金紧缺，举办合资、合作企业受到配套资金的制约。当然，独资企业也具有技术保密、便于管理，没有中外双方的矛盾等有利因素。

(五) 外商投资来源继续扩大，西方国家投资增加　1993年外商投资的来源在1992年的基础上，继续扩大，现已超过120多个国家和地区。在投资来源中，港澳台地区投资继续保持领先地位，值得一提的是英国、加拿大，澳大利亚等西方国家的投资增长较快，如英国1993年协议外资金额19.88亿美元比1992年增长了592%，占当年吸收外资协议金额总数由1992年的0.49%上升到1993年的1.78%，加拿大1993年协议外资金额11.83亿美元，比1992年增长了274%，澳大利亚1993年协议外资金额6.37亿美元，比1992年增长了130%。美国也比1992年增长了118%。但日本的增长速度相对较慢协议金额29.60亿美元，比1992年增长了36%(见表6)。西方国家投资增长速度加快，与西方大的跨国公司增加了在华投资的数量有直接关系，也说明了我们进一步开放市场，鼓励大的跨国公司来华投资的政策已初见成效。

表6　1993年主要国家和地区在华投资一览表

序　号	国家/地区	项目数(个)	协议金融(亿美元)	实际投入(亿美元)
1	港　澳	50868	767.53	178.61
2	台　湾	10948	99.65	31.39
3	美　国	6750	68.13	20.63
4	日　本	3488	29.60	13.24
5	新加坡	1751	29.54	4.90
6	英　国	348	19.88	2.20
7	加拿大	959	11.83	1.36
8	泰　国	809	10.74	2.33
9	澳大利亚	769	6.37	1.09
10	德　国	320	2.49	0.56

截止到1993年底，投资额居前十位的国家和地区是港澳、台湾、美国、日本、新加坡、英国、泰国、加拿大、德国、澳大利亚(见表7)。

(六) 大的跨国公司投资数量增加　近年来，许多国际知名的跨国公司将注意力转向中国这一具有潜力的投资市场，1993年大的跨国公司增加了在华的投资，美国最大500家企业中已有52家来华落户，投资涉及26个行业，协议金额近40亿美元，约占美在华投资的一半。美国的摩托罗拉、GE、AT&T、PPG、IBM、博格—华纳公司、施乐、惠普、荷兰的菲利浦公司、法国的雪铁龙公司、阿尔卡特公司、意大利的TPL公司，瑞士雀巢、汽巴加基公司、比利时的杨森制药、贝尔公司，日本的NEC、松下、三菱、伊藤忠、三井物产、旭硝子公司，新加坡的三德公司，泰国的亚大正大公司以及德国的大众汽车公司、汉莎航空公司、西门子公司等。这些大的跨国公司都已在中国投资建立了很大的项目或大幅度增加投资，许多大公司对中国投资做出了中长期计划。

(七) 外商投资的规模加大　1992年平均每个项目协议外资金额119万美元，1993年增加到133万美元，增长了11%。全国累计批准3000万美元以上的项目已有近千个。外商在基础设施、原材料工业、能源、交通领域里的项目明显增加。而这些领域耗资巨大，只有大的跨国公司才能承担。目前正在洽谈一些大的项目，有的一个项目投资额就达50亿美元以上。

(八)外商投资领域进一步扩大　继1992年的吸收外商投资领域拓宽以后，1993年外商在服务贸易领域里的投资继续增加，中外合资、独资的金融机构已近100家，中外合资的商业零售商店已批准12家，中外合作石油开发已从海上扩展到陆上，咨询、信息服务已相当普遍。

(九) 外商投资方式有了新的发展　1993年又批准了30几家中外合资股份制公司。人民币B种股票的发

表7　　**主要国家和地区在华投资一览表**　(截止1993年底)

序号	国家/地区	项目数(个)	项目数占全国比例(%)	协议金额(亿美元)	协议金额占全全比例(%)	实际投入(亿美元)
1	港澳	114147	65.51	1509.32	68.01	391.74
2	台湾	20982	12.04	184.37	8.30	50.56
3	美国	12019	6.89	146.59	6.60	52.37
4	日本	7182	4.12	89.35	4.02	52.03
5	新加坡	3122	1.79	48.47	2.18	9.31
6	英国	616	0.35	30.13	1.35	5.78
7	泰国	1399	0.80	20.99	0.94	3.91
8	加拿大	1540	0.88	18.14	0.81	2.61
9	德国	569	0.32	14.58	0.65	5.27
10	澳大利亚	1310	0.75	12.45	0.56	3.38

行工作继续扩大，到1993年底，共有42家企业发行了B股，总股本30.11亿元人民币，筹集外汇资金12亿美元左右。

此外，还在境外发行了H股，7家国有企业在香港联交所上市，在香港、美国、日本、加拿大、欧洲、东南亚等地区发行股票40.41亿股，筹集外汇资金81.25亿港元。

1993年还批准了几十家投资性公司(控股公司)，这是历年来最多的，对这些投资性公司的经营范围我们适当放宽，同时也正在探索BOT和基金等多种投资方式。

(十) 外商集中投资工业园区　1993年出现了以一个国家或地区为单位的集中投资某一地区的投资趋势，台湾在福建设立的台商投资区继续扩大，新加坡政府出面准备在苏州建立新加坡苏州工业园区，全面引进新加坡的管理经验，50平方公里的园区，中新两国共同开发，耗资逾100亿美元。

(十一) 外商投资企业取得了良好的经济效益　中国每年实际使用外商投资占全社会固定资产投资完成额的比重，由1992年占8%，上升到1993年的13%，外商投资已成为中国经济建设资金筹措的重要来源和推动中国经济持续发展的重要因素之一。现已投产、开业的外商投资企业8万多家，其中工业企业产值1992年为2066亿元，占全国工业产值的7.5%，1993年比上年增长46.2%。从外商投资企业取得税收，由1992年的107亿元，上升到1993年的206亿元(不包括关税和土地费用)，将近翻了一番。在已开业的外商投资企业中，就业的人数约1000万人，安排解决了部分内地农村剩余劳动力和脱贫问题。

1993年全国外商投资企业进出口总额为670.7亿美元，占全国进出口总额的34.4%。其中出口252.4亿美元，占全国出口总额的27.5%。进口418.3亿美元，占全国进口总额的40.2%。扣除外商投资项下设备进口166亿美元，经营性进出口顺差4000万美元。

1993年外商投资企业的出口商品构成中，工业制成品占93%。其中机电产品占第一位，出口额83.9亿美元，约占全国机电产品出口的37%。其他主要出口商品还有服装、鞋、纺织品、玩具、箱包、塑料制品等，以上7种商品占外商投资企业出口的80%以上。

外商投资企业外汇收支平衡有余。在外汇调剂市场调出、调入外汇总额由1992年的94.6亿美元上升到1993年的140.8亿美元，其中净调出由22.4亿美元上升到60.6亿美元。

当然，吸收外商投资工作还面临一些困难，存在不少问题。如外商投资发展很快，但我们制定政策、法规进行规范和引导的工作没有及时跟上，宏观政策调控和指导不够。一些地方出现开发区热，不顾客观条件和实际需要圈地建设；自行制定超越国家税法规定的税收优惠政策和与国家法律、法规相冲突的地方性政策法规，越权审批的现象时有发生；实际工作中急于求成，出现相互攀比，追逐项目数量，层层下指标，忽视国家产业政策和项目质量的现象；为了取得国家对外商投资企业的政策优惠，“假合资”的现象不断出现。有些外商投资企业人为地制造亏损，外商利用价格转移等手段进行逃税避税现象也很严重。有的外商不注重工人的劳动保护等。这些现象都有待于进一步解决。

二、1994年中国吸收外商投资的政策调整

1994年中国加大了经济体制改革的力度，国务院

关于财税、金融、外汇、外贸、投资体制等许多重大改革措施相继出台，这些改革措施涉及到整个经济领域的方方面面，对国内外产生了极大的影响。吸收外商投资是中国经济体制改革和对外开放的重要内容之一，这些改革措施对中国吸收外商投资政策产生了重大的影响，无论是从与这些改革措施相配套出发还是为了对吸收外商投资政策的自身调整，中国政府也对吸收外商投资政策作了相应的调整。中外投资者对这些政策调整反应强烈，褒贬不一，有些海外人士也颇有微词，我们有必要就这些政策调整的背景、影响及今后政策调整的趋向作一分析。

(一)今年吸收外商投资政策调整的内容:

1. 外汇管理政策。改革前的外汇政策:中国政府对外商投资企业的外汇管理一直采用比较宽松的政策，总的来说还是比较优惠的，这些政策概括起来主要有:

①允许外商投资企业开立外汇帐户。外商投资企业在取得营业执照后，就可在经国家有关部门批准的银行等金融机构开立外汇帐户，并自行支配其外汇收入，与业务有关的正常业务开支、税后利润和正当收益可以从其帐户提取汇出，根据经营业务需要，不用批准，可以从境外借入外汇资金。

②外商投资企业所得外汇不需结汇，出口所得外汇也不存在上缴问题，全部为企业自己所得。

③为解决外商投资企业外汇平衡问题，采取了一些特殊的政策。

第一，调剂外汇。外商投资企业的一切正当的外汇收入均可参加外汇调剂市场的调剂，也就是说，外商投资企业多余的外汇可在调剂市场调出，缺少外汇的外商投资企业可从调剂市场调入，以此来解决外汇收支平衡问题。

第二，以产顶进。以产顶进即是进口替代，外商投资企业生产的产品如属国家需要花大量外汇进口的，经批准可以用外汇结算。

第三，综合补偿。综合补偿是指为帮助外商投资企业求得外汇收支平衡，经申请批准，允许其购买国内产品出口弥补本企业的外汇缺额。

第四，人民币利润再投资。人民币利润再投资指外汇收支不能平衡的中外合资经营企业的外国合营者，可将其从中外合资经营企业分得的人民币利润再投资于国内能够新创外汇收入的企业，除依法享受退还已缴纳的部分所得税的优惠外，还可以接受该项投资企业的外汇收入中获得外汇。

第五，在旧的外汇管理制度下，宾馆、饭店等第三产业外商投资企业可以直接收取外汇券，然后到银行兑换外汇。

④在双重汇率体制下，外商从境外投入的外汇必须按官价汇率折人民币出资，而在外汇不平衡时，到调剂市场调进外汇则要按调剂汇率，外商损失很大。

改革后的外汇政策:这次外汇体制改革对外商投资企业的外汇管理办法保持不变，如继续允许外商投资企业在银行开立现汇帐户，自行支配其外汇收入;外商投资企业出口不需到银行结汇;保留外汇调剂市场，只允许外商投资企业参加外汇调剂;综合补偿，人民币利润再投资等解决外汇平衡办法继续保留。而对内资企业则实行银行结汇和售汇制，取消外汇留成和上缴，允许人民币在经常项目下有条件可兑换，境内所有企事业单位、机关和社会团体的各类外汇收入必须及时调回国内，除符合规定允许另设外汇帐户外，必须按银行挂牌汇率全部结售给指定银行。对外支付用汇，持有效凭证，用人民币到指定银行办理兑付。

但随着整个体制的变化，对外商投资企业的外汇管理政策也有某些变化，一是汇率并轨取消了投资与汇出外汇的两种差价;二是境内不允许外汇流通，停止发行外汇券，以产顶进，境内外汇结算等办法随之取消。

2.税收政策。改革前的税收政策:自1979年以来，中国政府实行了对内资企业和外商投资企业两套税制的办法，1991年7月1日，实行新的所得税法以后，外商投资企业内部统一了税制，但与内资企业还有很大区别，改革前外商投资企业缴纳以下税款:

①所得税。外商投资企业所得税率为30%加地方所得税3%，合计为33%，此外还有各种税收减免优惠政策。而内资企业所得税55%以上。

②个人所得税。与内资企业的职工一样。

③关税。外商投资企业进出口货物应如实向海关申报，接受海关监管并可享受有关优惠(如投资总额内进口的机器设备免征关税)。

④工商统一税。按1958年制定的工商统一税缴纳工商统一税。而内资企业则实行1984年开征的增值税、产品税、营业税等。

⑤房地产税。与内资企业一样。

⑥车船使用牌照税。与内资企业一样。

改革后的税收政策:此次税制改革规模大、范围广、内容深刻，其指导思想内容之一就是要进一步统一内外两套税法。一方面外商投资企业的一些税收政策没有变，如所得税等，但内资企业的税法则与外资企业拉平;另一方面增设新的税种使外商投资企业和内资企业都按新的税法纳税。税制改革后与外商投资企业有关的税种有增值税、消费税、营业税、资源税、土地增值税、印花税、屠宰税、个人所得税、契税关税等13个税种。具体来讲:

①所得税。外商投资企业的所得税没有变化。只是国有企业在税率上已与外商投资企业拉平。但外商投资企业的二免三减等优惠政策还是优于内资企业。

②取消工商统一税，改征以增值税为核心的流转税制，并辅以消费税、营业税。内资企业也同外商投资企业一样均缴纳增值税、消费税、营业税。增值税的基本税率是17%，人民生活必需品、农用品、文化品等实行13%的低税率，而原工商统一税平均税率为14.5%。

在实行统一的流转税后，国家对外商投资企业在流转税上的优惠政策不变，如：

第一，外商投资企业为生产出口产品而进口的原材料，在免征关税的同时，免征流转税。

第二，外商投资企业按照合同作为合营者出资或者在投资总额内(包括追加投资)进口的机器设备、零部件和其他物料，免征进口环节流转税。

第三，经济特区和企业生产的产品在区内销售的，除矿物油、烟、酒等少数减半征收外，其他产品免征生产环节流转税。

第四，设在保税区内的企业生产的产品在保税区内销售的，免征生产环节的流转税。

第五，对外资或含外资金融机构取得的外汇贷款的利息收入，按利差计征流转税。

此外，考虑到在实行新的税制后，有的企业税负增加，规定了1993年12月31日前已批准设立的外商投资企业，由于改征增值税、消费税、营业税而增加税负的，其多缴纳的税款可以退还。时间限于已批准的经营期，最长不超过5年，没有批准经营期限的，限于5年。

以往合营企业生产的内销产品，在开办初期纳税有困难的，可以申请在一定期限内减征或免征工商统一税。但按新的税制，除了税收法律法规条文中明确规定的减税免税以外，税务机关不再办理任何临时性、困难性减税免税事项。

③资源税、印花税、屠宰税、城市房地产税、车船使用牌照税、个人所得税、契税、土地增值税与内资企业一样。

土地增值税是新设税种，按新税制规定，转让国有土地使用权、地上的建筑物及其附着物并取得收入的单位和个人都需缴纳土地增值税。税率从30%—60%不等。

④关税中对外商投资企业投资进口的机器设备等减免优惠未变，只是取消了外商投资企业免税进口生活用车的规定，按照新调整的小汽车进口关税纳税(从180%—220%下调到110%—150%)。

3.进出口管理。进口政策：改革措施出台前，外商投资企业凭进口设备清单、原材料进口合同办理进口手续，其中涉及进口许可证管理的，国家根据外商投资企业的生产规模，确定并下达年度进口计划，企业在计划之内办理进口手续。改革后的政策。按国家经贸委、外经贸部发布的“机电产品进口管理暂行办法”规定：“外商投资企业投资和自用进口的机电产品，按国家现行外商投资法律、法规办理。外商投资企业为生产内销产品需进口的机电产品零部件、元器件，依照本办法办理”。其具体办法比较严格，需逐项审批，进口单位凡进口配额管理的机电产品，需填写机电产品进口申请表，向本地区、本部门机电产品进口管理机构提供有关文件和情况说明，由地区、部门机电产品进口管理机构转报国家机电进出口办审批，并发给配额证明。进口单位凭国家机电进出口办的配额证明向外经贸部领取进口许可证，海关凭进口许可证验放。”

对于一般商品进口配额管理，没有什么变化，“外商投资企业作为投资进口、自用进口及生产内销产品进口的实行配额管理的一般商品，海关按国家现行规定，凭外经贸部授权发证机关签发的进口许可证验放。”

作为实行自动登记特定进口商品对外商投资企业还未作出明确的规定：“外商投资企业作为投资进口、自用进口及生产内销产品进口自动登记商品的管理办法另行制定。”

出口政策：改革措施出台前，涉及出口许可证管理商品的项目，立项时需报外经贸部批准。外商投资企业经营过程中，每年在批准的企业生产规模以内，根据年度外商投资企业出口计划，申请出口许可证。改革后的政策，从1994年2月1日起，国家实行出口商品配额招标办法，对部分商品实行招标制，外商投资企业与内资企业一样参加招标：“凡经中华人民共和国外经贸部批准有外贸经营权，并加入有关进出口商会的进出口公司、经批准有外贸经营权的生产企业(限于自产产品范围)和外商投资企业(限于自产产品范围)均可投标。”

(二) 政策调整的背景： 此次吸收外商投资的政策调整，首先，一方面由来自外部的压力，另一方面也有自身发展的内在要求。

1.外部因素。目前，中国正在进行恢复关贸总协定缔约国地位的谈判，按照关贸总协定的原则，中国现行的一些经济政策、管理经济的方法和手段，要进行较大的调整。而与吸收外商投资政策有直接关系的有：两种汇率制度、国民待遇、地区政策差异、服务贸易、与贸易有关的投资限定措施等。但缔约国提出最尖锐的问题就是两种汇率问题，所以此次改革震动较大的也是对外汇体制的改革。两种汇率的取消，受到了缔约方的普遍欢迎。虽然其他与外资政策有关的问题还变动不大，但已表明了改革的开始。

2.内部因素。从内部来看，有两层含义，一是党中央国务院决定对财税、外汇、金融、外贸、投资体制进行重大改革，吸收外商投资政策与这5大体制息息相关，不可能与之脱离。外商投资企业已日益溶入中国经济的整体之中，吸收外商投资的政策要随着整个经济体制的改革而变化，也就是说二者应同步进行，并逐步趋于一致。

其次是吸收外商投资政策自身调整的需要。总的讲，中国吸收外商投资的一整套法律、法规和方针政策经过15年的检验，是成功的，有效的，对大量吸收外商投资起了很大的促进作用。但是，15年来，国内外环境已经发生了很大的变化。在新的形势下，这些政策有的已出现了很大的矛盾，需要尽快加以调整，否则将影响吸收外商投资工作的健康发展。这些矛盾主要有：

第一，两种汇率的矛盾。按照法律规定外商投资进入的外汇，在计算出资额时，要按官方汇率折算，而在利润汇出时，外商在没有外汇的情况下要到调剂市场将人民币按市场调剂价调成外汇然后汇出。由于两种汇价差价很大近一倍，因此外商就要受双重损失，在注册资本中比例下降，在利润汇出时利润额减少。而实际情况是怎样的呢，地方政府在审批外商投资项目时已基本默认以市场比率计算出资额，而中央政府对限额以上的项目审批还严格按法律规定办。这也是外商举办的大型项目不多的原因之一，也迫使地方千方百计绕开中央政府审批外商投资项目，搞“化整为零”。

第二，工商统一税弊病日益加重。工商统一税是按销售收入额或业务收入额计算征税的，具有保证国家财政收入及时，稳定和计算简便的特点。十几年来，对外商投资企业征收工商统一税，对维护国家权益、促进对外开放起到了积极的作用。但是，随着经济发展以及外商投资企业的迅速增加，逐步暴露出一些矛盾。如我们对外商投资企业征收工商统一税，而对内资企业征收产品税、增值税和营业税，这种两套税制并行就造成了内外资企业税负不公平(生产同一产品的内外资企业流转税税负互有高低)，不利于公平竞争，与市场经济的法则不符，外商对此反映甚多；工商统一税立法于1958年，税目过窄，已不适应经济发展的需要；工商统一税金额多环节重复征税，不利于推行专业化、大批量的现代化生产方式，也不利于投资结构的调整。

第三，房地产开发问题严重。从1992年开始各地开发房地产形成前所未有的热潮，外商投资房地产的增长速度在所有行业中是最快的。应当说，房地产业的发展，不仅带动了其他行业，如商业、金融业、旅游业、文化娱乐业、餐饮业等服务业的发展，而且对于改善和提高广大人民群众的生活、居住条件也起到了重要的作用。但是房地产业在蓬勃发展的同时，也暴露出了一些问题，最突出的是房地产投机活动。炒地皮、炒楼花牟取暴利，土地转让环节的价格有的超出土地出让价格的几倍、十几倍、甚至几十倍、上百倍。各地虽然也采取了一些限制办法，但收效不大。如果再不立法加强管理，房地产业将无法发展，整个投资环境也搞坏了。

第四，外商投资企业进口汽车问题较多。由于国家对进口汽车实行限制性政策，不仅要严格审批，而且要征高关税。而外商投资企业则可进口合理数量的生活用车，而且是免征关税。在这种情况下，有些单位和个人就通过外商投资企业的渠道进口汽车，甚至搞假合资，外商以小汽车作为出资。各方面的意见很大，也很难管理。

(三) 政策调整的影响： 应当说，此次政策调整是非常及时和必要的，几个月的实践看也取得了积极的效果，但也有一些问题需要引起我们的足够重视，其积极作用有以下几方面。

1．外商普遍对外汇改革比较满意。①汇率并轨后的外汇比价高于原来的外汇牌价，外商以同样的外汇投资折算的出资比例比以前按牌价折算的更大，同时解决注册资本折算是按外汇牌价和汇出利润按市场调剂价计算的矛盾。

②汇率并轨、建立银行间的外汇市场、停止外币在境内的流通，有利于全国统一的外汇市场的形成和汇率的稳定，将解决长期未解决的外汇调剂市场地区分割和外汇调剂价波动过大的问题，这对外商投资企业是有利的。

③外商投资企业的外汇管理办法不变，仍然可开立外汇帐户，自由支配外汇，最初外商担心外商投资企业需要外汇到银行兑换要实行批汇制，但后来决定保留外商投资企业的外汇调剂市场，就解决了这方面的问题。实践证明这样做也是对的，据统计，全国19个调剂中心4月份外商投资企业累计净卖出1.35亿美元，0.64亿港币。也就是说新体制运行一个月来外商投资企业外汇调剂基本满足了要求。

2．税制改革更有利于平等竞争。改革开放以来，中国工商税收对内资企业、外商投资企业一直是实行两套税制、分别征收的。对外商投资企业来说，税制改革就是要克服内外资企业两套税制的弊端，统一税法，规范税制，公平税负，使内外资企业都处在同一起跑线上，开展平等竞争，扩大对外开放，促进经济发展。改革后，除企业所得税外，内外资企业所适用的税收法律、法规基本统一，为不同性质的企业创造了一个公平的赋税环境，这必将有利于外商投资企业的健康发展。

据统计，这次工商税改征增值税，对大部外商投资企业税负没有变化，少部分税负没有所减少，少部分税有所增加，对增加的部分，我们又保留了5年内退还的政策。

3．配额许可证招标制，增强了管理的透明度，有利公平竞争。配额许可证商品，一直是外商投资所青睐的项目，但过去是依靠行政审批，随意性大，外商也很有意见。实行招标制后，内外资企业处于同等竞争地位，谁有实力谁中标，这种办法既符合国际惯例，也很受外商欢迎。

值得注意的几个问题如下。

1．对改革措施的宣传不够。此次改革措施出台涉及面较大，外商投资的政策虽变动不大，但十分敏感。我们对改革措施的宣传不够，致使有的政策一直不很明朗。比如外汇改革虽然一开始就讲了外商投资企业总的外汇管理办法不变，但外商投资企业外汇不够平衡，如何取得外汇这一点一直不清楚，外商担心取消调剂市场，象内资企业一样按换汇序列到外汇管理局去批汇，直到4月份才得知保留调剂市场。这对于那些投资于基础设施和第三产业不能平衡外汇的外商影响很大，许多外商驻足观望，延缓了投资。

再有新税制对房地产项目开征土地增值税，许多外商反映，税率定得太高，虽然对合理引导外资投向、控制炒买炒卖房地产有着积极的作用，但也使真正的房地产开发项目受到了限制，特别是对以建设工业项目为主要目的成片土地开发项目，也课以与一般房地产项目同样的土地增值税，不利于扩大吸收外资，外商反映比较强烈。

因此，今年一季度吸收外商投资的数字明显下降，项目总数比去年同期下降了33％，协议外资金额下降了21％(当然还有其他原因，但与政策调整关系极大)。我们要尽快完善政策措施，加强对外宣传，减少外商疑虑，以保障外商投资的持续增长。

2．新税制的具体措施跟不上。按新税制规定，外商投资企业在税改后流转环节税负高于税前的，在5年内税务机关退还因税负增加而多交纳的税款。一些外商投资企业认为，尽管这一规定考虑到了对外商投资企业政策的连续性，但由于具体操作环节中退税需要审查、批准，手续复杂，时间长，影响企业资金周转。另外对用于生产出口产品而进口的原材料，在进口时先征收增值税，出口时才退税，也将大大占压企业的周转资金。

一些外商投资企业的原材料是从规模较小的纳税人处购得的，因小规模纳税人不能开具增值税专用发票，使购买者销售其产品时无法扣减进项税款，增加了企业的税负。

3．宾馆、饭店、写字楼等项目的外汇平衡问题。按照新的外汇制度，外币不能在境内流通，不允许外币计价结算，停止外汇券发行，这样就使得原有靠收取外汇券的宾馆、饭店、写字楼等第三产业的外商投资项目只能以人民币标价，并以人民币结算。所需外汇只能到调剂市场去调剂。表面上看这样没有问题，但实际上，这些项目过去是创汇大户，它们每年主要是向调剂市场大量调出外汇，而现在则变成了调入大户，每年要吃掉大量的外汇。外汇调剂市场是建立在外商投资企业总量自求外汇平衡基础上的，而这些项目应得的外汇都实际上到国家总的外汇大盘子中去了，外汇调剂市场外汇总量必然减少。长此下去，外汇调剂市场必然调入大于调出难以维持。目前这种矛盾还未显露出来，因为这些项目手头还有些外汇积蓄。

解决的办法或是给这些项目特殊的政策(如外币信用卡结算、境外客人租用写字楼和住店支付外币但要在银行参与下进行)以保证其外汇收入，或是按目前的做法，到调剂市场调剂，但国家要在外汇调剂市场出现外汇差额的情况下，保证注入外汇。

三、中国今后吸收外商投资政策调整和完善的思路

中国吸收外商投资工作已进行了15年，需要根据国内外大环境的变化和吸收外商投资工作的具体情况，对吸收外商投资的政策作必要的调整和完善。总的指导思想是贯彻党的十四届三中全会决定和吸收外资的发展战略，一是使外商投资的政策更加符合国民经济发展的要求；二是使吸收外商投资的政策法规与社会主义市场经济的建立和经济体制改革步骤相吻合，内外资政策逐步趋向统一，创造公平竞争的经济环境；三是向关贸总协定的有关规则靠拢，与世界经济互接互补，并创造条件对外商投资企业逐步实行国民待遇；四是加强对外商投资的政策引导和监督管理，消除存在的消极因素，提高外商投资的宏观社会效益。总的目标是通过各项吸收外商投资政策的完善促使外商投资更快、更好、更健康的发展，达到一个新的水平。

(一) 坚持积极有效的利用外资方针　今后我国吸收外商投资仍然应坚持积极有效的方针。这一方针包括两层含义：

一是吸收外商投资还是要保持一定的规模。近两年我国吸收外商投资的增长幅度较大，有些人就经常提出这样的问题，现在外商投资企业越来越多，南方有的城市外商投资企业占多数了，国有企业越来越少了，究竟外商投资企业还要办多少啊？我们说，谁也很难说外商投资企业在国民经济中究竟应占多大比重，但是根据我国国民经济发展的需要来看，我们现在吸收的外商投资数量来看是远远不够的，起码在若干年内还要大量吸收外商投资。况且，中国吸收外商投资的

分布很不平衡，主要集中在沿海地区，内陆地区吸收外商投资数量还十分有限。我们也不要怕少数地区外商投资企业居多数，关键是看那些地方经济是否发展了，人民生活是否提高了。另外，还应看到外商投资企业并不都是外资，起码还有1/2的国有式集体资产。目前，国际上对国际资本的竞争很激烈，中国人均吸引外资的数量还是不高的，但中国有世界上最大的潜在市场和廉价的劳动力，我们要把握住机遇，继续扩大吸收外商投资的数量，在今后几年，年均实际使用外资数量不应低于200亿美元。

二是要注意提高外商投资企业的经济效益，把吸收外商投资的数量与实际效果统一起来，做到结构、质量、效益和速度并重。

(二) 内外资政策逐步走向统一 经过此次财税、金融、外汇、外贸、投资体制的重大改革，内外资政策有所靠拢，但还有很大差异，从社会主义市场经济建设的需要出发，内外资政策要逐步走向统一。

1. 外汇政策。现在外商投资企业在外汇管理上与内资企业的主要差异是，可以有自己的外汇帐户，可以到调剂市场调剂外汇，出口收入不需到银行结汇。之所以还保留这些差别，是由于中国现在外汇还比较短缺，为了给外商投资企业一个更加宽松的环境，以及保持对外商投资企业原有政策的延续性。但这种差异也是过渡性的，随着中国经济的发展，外汇储备金逐渐增加，人民币将逐步走向自由兑换。这样外商投资企业再保留调剂市场也就意义不大，也与内资企业一样，到银行去兑换。

2. 税收政策。目前，外商投资企业在税收政策上与内资企业的差异主要体现在所得税的优惠上，即生产性企业获利年度起二免三减，产品出口型企业和先进技术型企业的减半征收，投资于基础设施项目的税收减免。这些税收优惠政策在以往吸收外商投资过程中起到了很好的作用，但也日益显现出弊病：

二免三减是限于生产性企业，但是随着国民经济的发展，经济结构序列中又出现了许多新兴产业和急需发展的行业(如第三产业)，这些产业和部门也应得到国家的鼓励和支持。另外，由于现代企业经营战略的发展，跨业经营、兼业经营相当普遍，这给生产性和非生产性的判定和划分带来日益增多的困难。

许多企业人为地制造亏损，以图拉长税收减免期。

对出口企业的税收优惠，带有出口补贴之嫌，与关贸的原则相悖，也容易遭到国外反倾销，反补贴政策的报复。

今后将根据产业政策和经济发展的需要，对国家需要鼓励的项目，不论内外资企业都给予同样的税收减免优惠。而且尽可能的不采用这种降低税率的办法，多采用投资税收抵免，加速折旧等办法。

3. 进出口政策。现在，外商投资企业在进出政策上较内资企业最大的差异是，所有外商投资企业都有经营自营产品的进出口经营权，而内资企业只有少数企业才有此经营权。

这方面今后的做法，不可能取消外商投资企业的进出口经营权，而是逐步使内资企业向外商投资企业靠拢。随着中国外贸体制改革的不断深化，内资企业拥有进出口经营权的也会越来越多。

(三) 对外商投资企业实行国民待遇 中国整个吸收外商投资政策基本上属超国民待遇的，即外商投资企业比内资企业享有较多的优惠。但也有低国民待遇的，主要表现为：

1. 外商投资企业外方委派的长驻管理人员在购买机票、车票、门票、住宿等都要支付高于中国公民的费用。对此外商反映极为强烈，我们要尽早取消这种差别待遇。

2. 外商投资企业在电台、电视台的广告费要高于内资企业。这方面国家有关部门已采取了措施，预计1994年内就会解决。

3. 有些投资领域，主要是服务贸易领域(如通信、外贸、批发等)还不允许外商进入。这方面，随着我国经济的发展需要，和服务贸易谈判的进行，我们会逐步开放这些领域。

4. 外商投资企业的经营范围受到限制，如中外合资银行经营本币业务就受到限制。这方面我国有个市场逐步发育的过程，相信，外商投资企业的经营活动会越来越自由。

5. 外商投资企业的设立还要经过严格的政府审批，而内资企业基本上是采用直接登记制。这方面需要有个过程，我们总的方向是减少政府的审批，最终政府只审批需要享受优惠政策和国家严格限制的项目，而其他一般性项目则实行自动登记制。

(四) 从地区倾斜政策向产业倾斜政策过渡 回顾过去15年中国吸收外商投资的政策，主要采用的是地区优惠政策，其政策格局是沿着经济特区——沿海开放城市——沿海经济开放区——内地这样一个轨迹呈依次递减的趋势。应当说这种地区优惠政策过去是比较成功的，但一味地实行地区优惠政策则不利于进一步扩大吸收外商投资。

今后要调整地区倾斜政策，加大产业倾斜政策的力度，其出发点是：一是使全国各地举办的外商投资企业享受同样的待遇，使地区经济能够比较均衡的发展，促使沿海开放地带外商投资的产业升级和部分劳动密集型加工业向中西部地区转移，使中西部地区经济能够通过吸收外商投资得到较快的发展;二是政策向产业倾斜,特别是向高新产业倾斜,使吸收外商投资的优惠政策在引导外资投向、调整产业结构上发挥作用;三是逐步弱化通过税收优惠吸收外商投资的作法,并统一全国的税收优惠政策。具体作法是:

1. 外商投资的优惠政策主要与产业政策相结合,对国家鼓励的产业项目,不分地区给予相同的优惠,包括延长企业所得税减免期和允许加速折旧、优先安排政策性贷款、安排出口配额和许可证、允许产品内销为主和优先买汇等。

2. 为支持中西部地区外商投资企业的发展,对内地具有优势的农牧业开发、资源开发和能源、原材料工业等列为鼓励投资项目,享受相应的优惠政策;适当扩大对中西部省区吸收外商投资的国内配套资金贷款规模;允许中西部地区外商投资企业有较大的产品内销比重;适当扩大中西部地区外商投资企业的审批权。

3. 现有的五个经济特区和经国家批准的各类开发区政策不变,但享受特殊优惠政策的面积不再扩大。今后在批准新的经济开发区时,不再把税收优惠作为其中的内容。

(五) 正确引导外资投向 十几年来,中国外商投资结构不断改善,从整体上看是基本合理的,能够符合国民经济发展的要求。当然也存在两类企业比例低、一般加工业项目多、内销比例偏大,房地产项目过快等问题。今后要进一步加强产业政策的引导,今后几年吸收外商投资的产业政策重点是:

鼓励对农业综合开发项目和外向型农业的投资;提高基础设施、基础产业、资金技术密集型和高新技术项目在外商投资中的比重;鼓励举办为现有产品配套的原材料、零部件、元器件项目;鼓励利用外资加快现有企业特别是国有大中型企业的技术改造;继续鼓励对出口加工业的投资,特别是沿海地区要重点培育和促进技术密集度和附加值较高的产品出口企业,增强国际市场竞争力;旅游宾馆和房地产业的发展要合理适度;特别要控制高消费服务设施的过快增长;金融、商业物资、外贸、运输等服务贸易行业根据情况与条件,有限度、有步骤的通过试点逐步对外开放或扩大开放;对某些关系国计民生且易于形成垄断的基础设施和国民经济支柱产业,如铁路、航空、码头项目等,一般不允许外商独资经营,合资、合作项目也要保证国家控股或拥有调控权。

国家将尽快制定引导外商投资方向的规定,具体列出鼓励、限制、禁止和一般性外商投资项目目录。这种投向目录不是一成不变的,国家将根据国内的建设情况经常进行调整。根据国家的外商投向目录,地方政府结合各自的具体情况制订并定期公布本地的投向目录。

不但要根据国民经济发展规划制定吸收外商投资的总体产业政策,还要根据国民经济各主要产业的发展规划制定各行业自己的吸收外商投资政策,包括引进技术标准、市场方向和利用外资方式等,使外商投资符合我国产业发展规划,促进产业进步。

(六) 吸引大的跨国公司来华投资 近年来,大的跨国公司来华投资有所上升,但所占的比重还十分有限,在所有海外投资中来源于西方发达国家的仅占四分之一但大的跨国公司都主要集中在西方经济发达国家,只有大的跨国公司才有能力投资于资本密集型和技术密集型的项目。今后中国吸收外商投资要上档次,要举办高新技术项目和基础工业项目,就要下大力去吸引大的跨国公司来华投资。对大的跨国公司来华投资我们可以采取对它们举办的高新技术项目。允许其产品以内销为主。允许其举办投资性公司,并适当放宽其经营范围的限制。

(七) 实行出口导向和进口替代相结合的吸收外商投资战略 中国有劳动力资源丰富和国内市场大的双重比较优势,现阶段应继续实行出口导向和进口替代相结合的吸收外商投资战略。

中国虽然市场广大,但创汇能力有限,目前仍属外汇短缺国家,大量外资的涌入如果都以内销为主(当然外商更多的是想进入中国市场),那么,我们是承受不了的。尽管这几年外商投资企业的出口增长很快,但与吸收外商投资的数量相比还是不够的,而且净创汇有限,总体外汇平衡还需依靠资本项目的顺差来平衡。许多发展中国家的经验证明,引进外资不搞出口导向是没有出路的。况且我国也有发展出口的优势,低廉的劳动力所生产的产品在国际市场上是绝对有竞争力的。所以,我们要继续鼓励出口,一般加工业产品应以出口为主,同时进一步提高机电产品的出口比重 增加出口产品的技术含量和附加价值。

在实行出口导向的战略同时,我们也不应忽视进口替代战略。国民经济建设的需要,要花大量外汇进口一些先进的技术设备和大量的原材料。如果我们能通过吸收外商投资举办高技术和原材料项目,就可以节省大量的外汇支出,同时又提高了自己的产业技术水平。今后要进一步落实“以市场换技术”的政策,对确实能引进国际先进技术和国内短缺的原材料项目,可以继续开放国内市场,允许产品以内销为主。

(八) 发展新的投资方式 以往外商来华投资主要采用中外合资经营、中外合作经营、外商独资经营以及石油合作开发等。近两年,我们又开始了举办中外合资股份制企业,先后发行了B种股票和在海外上市的H股。

今后，随着国内经济体制改革的深入发展，和证券市场的逐步完善，我们要大力发展中外合资的股份制企业，许多外商习惯于国际上通行的股票投资，不愿直接参与企业的经营管理。许多外商投资企业仅靠中外双方出资或贷款来融资已很困难，特别是组建大型项目，在短期内筹措巨额资金已很难办到。在这种情况下，要想扩大吸收外商投资，就需要大力兴办股份制外商投资企业。举办股份制外商投资企业的管理规定马上就要出台。此外，我们也要通过基金等证券投资方式扩大吸引外商投资。

我们还可以采用国际上流行的BOT投资方式(建设——经营——转让)来扩大吸收外商投资，BOT方式主要是基础设施项目的投资，这与中国吸收外商投资的重点是相吻合的。

(九) 吸收外商投资改造老企业 吸收外商投资举办中外合资、中外合作企业是搞活现有企业的一种重要方式，在这方面我们已积累了一些成功经验，多年来已有数万家国有企业、乡镇企业通过合资、合作方式进行了技术改造，转化了企业的经营机制，使企业恢复了活力，得到迅速发展。目前，中国还有十几万家老企业面临着设备老化、技术落后的境地，我们要继续采用吸收外商投资的方式对这些企业进行改造。在这方面国家既要为老企业改造创造条件，如给予老企业吸收外商投资一些鼓励政策，同时也要加强对老企业吸收外商投资的管理工作，如搞好国有资产评估、注意解决"一厂两制"的矛盾等问题。

(十) 健全法制，加强对外商投资企业的管理 中国已颁布了500多个涉外经济法规，与55个国家签订了投资保护协定。今后要进一步加快立法速度，如合作法实施细则、引导外资投向的规定、劳动管理规定等法规会很快出台。今后，中国会随着情况的变化和市场经济的发展，及时地修改政策法规，而且再不搞内部规定。

要不断地改善投资环境，办好现有外商投资企业，各部门要依法对外商投资企业加强管理，要认真解决国有资产流失、侵犯职工合法权益、逃税避税等问题。

总之，随着中国社会主义市场经济的建立和完善，吸收外商投资工作会更加健康地向前发展。

(作者所在单位:对外贸易经济合作部外资司)

1993年我国经济加强宏观调控的情况与效果

叶　震

1993年，在党中央、国务院的正确领导下，加强和改善宏观调控，经过全国各族人民的共同努力，我国国民经济持续快速发展，连续两年保持13％以上的经济增长率，综合国力进一步增强，人民生活继续改善，各项社会事业全面发展，改革开放不断向广度和深度发展，取得了举世瞩目的新成就。

纵观全年，国民经济运行呈现明显的阶段性特征：上半年，经济快速增长中出现一些突出矛盾和问题，生产、建设的过快增长与金融、流通领域的秩序混乱相互推动，加剧了经济生活中一些过热现象的发展；下半年，中央采取加强和改善宏观调控措施后，金融、流通秩序明显好转，经济发展中的一些过热现象得到抑制，改革开放步伐明显加快，国民经济在持续快速增长中向健康方向发展。存在的主要问题是价格涨幅高，通胀压力仍然较大；固定资产投资规模过大；部分国有企业生产经营困难增多；农业隐忧仍多。1994年是一个加快改革和发展的年份，宏观调控的任务仍很艰巨，中心目标是确保各项改革顺利推进的同时，防止出现严重的通货膨胀，实现国民经济的持续、快速、健康发展。

一、强化宏观调控措施出台的背景

社会主义经济的周期性波动，是实践所证明、无可争辩的事实。我国经济就是在不断调整中前进的。建国四十多年来，我国国民经济经历了四次比较大的调整：第一次是1963—1965年，重点是纠正"大跃进"、"浮夸风"给国民经济和人民生活所造成的巨大损害；第二次是1981—1983年，主要是克服"洋跃进"带来的国民经济各项比例关系严重失调的状况，提出了轻工业发展"六优先"的原则；第三次是始于1988年第四季度的三年治理整顿；第四次就是1993年6月出台的强化宏观调控举措。尽管每次经济的大波动和调整都夹杂着一些非经济因素的干扰和影响，但只是起了助推器的作用，放大或缩小了经济波动的振幅，其内因还是经济周期性规律作用的结果。特别是改革开放以来，经济规模明显扩大，经济活动之间联系更趋复杂，而经济体制也正处于新旧转轨交替阶段，有效的宏观调控体系尚未建立健全，经济波动的频率也越来越快，每一次前期性调整都潜伏着下一次调整，1993年6月始的强化宏观调控实际上是1988年四季度那次调整的延伸。针对1988年经济生活中出现的物价飞涨、市场抢购风迭起、财政、外汇收支严重不平衡的状况，中央提出了“治理经济环境、整顿经济秩序”的口号，实行财政、信贷强力“双紧”政策，但由于力度过大，在取得平抑物价、改善市场供求环境等明显成效的同时，经济也出现了大幅度滑坡，连续几年在低谷徘徊，1989—1991年国民生产总值年平均仅增长5.5％。

进入1992年以来，形势发生了很大的变化，年初小平同志的南巡重要谈话以及三月份政治局会议的召开，提出了判断改革得失的“三个有利于”的著名论断，即是否有利于社会主义生产力的发展，是否有利于社会主义综合国力的增强，是否有利于人民生活的改善。这就从理论上解除了长期以来一直困扰人们的凡事问姓“资”还是姓“社”的思想禁锢，极大地调动了广大人民群众加快改革和发展的积极性，整个经济领域呈现出热气腾腾、充满生机与活力的喜人局面。可以说，1992年是我国政治经济、社会发展转折性变化的一年。但由于上次治理整顿并没有有效地克服经济生活中存在的深层次矛盾，冲撞与磨擦伴随经济增长的加快以及单项改革的推进而日渐显露，旧体制固有的盲目扩张投资、竞相攀比速度、缺乏有效约束机制的现象仍比较普遍，而有效的宏观调控体系尚未建立、健全，因而难于及时消除经济生活中出现的各种矛盾和问题，使矛盾和问题得以以潜伏的形式不断累积；另一方面，我国目前的经济增长模式尚未实现。由粗放向集约的转换，经济的高增长往往难于摆脱依赖高投入、高货币、高投资的格局，伴随经济增长的加速，各种矛盾和问题也接踵而至，短线制约矛盾趋向突出。实际上，1992年在经济呈现较快增长的同时，经济生活中的某些方面已经出现了偏热的苗头，但由于各方面认识不一致，没有及时采取有力措施加以缓解，使矛盾和问题在1993年上半年得以进一步加剧，宏观经济运行环境日趋紧张，整个经济生活特别是金融秩序出现了比较严峻的局面，突出表现在以下几个方面：

(一) 投资增长速度过快，投资在建规模过大，投资结构也不尽合理 1993年上半年，全社会固定资产投资以前所未有的幅度高速增长，比上年同期增幅高达70.7％。在1992年在建规模过大的基础上，1993年以来各地大上项目的势头不减。上半年，国有单位基本建设和更新改造新开工项目比1992年同期增长3059个，计划总投资扩大1.13倍。到6月末，在建总规模14934亿元，比1992年同期增长35％。从投资结构看，出现了房地产投资过热，加工工业投资增长超过原材料和能源投资增长，能源投资所占比重持续下滑的不合理现象。受投资高速增长的拉动，工业生产也出现高速增长，6月份工业生产增幅高达30.2％。生产和投资的高速发展带动整个国民经济高速增长。上半年国内生产总值比上年同期增长14.1％。

(二) 金融形势严峻，金融秩序紊乱，货币出现大投放 表现在金融机构资金乱拆借；社会不规范集资面广、量大、利率高；擅自设置金融机构现象较普遍，以至资金“体外循环”现象十分突出。居民储蓄存款一度出现了滑坡，国家银行资金来源受到严重冲击，国家重点建设和企业正常生产资金供应不足，还出现了专业银行备付金大幅度下降，全国平均备付金率4月末下降到5％的警戒线，一些地方发生大面积的支付困难。由于各方面对资金需求大，市场货币流通出现了异常现象，货币投放大量增加。到6月末，累计净投放货币528亿元，比1992年同期多投放549亿元。正常年份，上半年货币一般都是净回笼的。

(三) 财政困难加剧 上半年，国内财政收入仅比1992年同期增长1.4％；财政支出增长12.5％。收支相抵，盈余比1992年同期减少156.8亿元。财政收入完成不好，与经济高速增长形成鲜明反差，既有政策性减收、国库券认购进展慢等因素的影响，更有财政改革滞后、税制不健全、财经秩序紊乱等造成财政收入大量流失的影响。

(四) 国家现汇储备下降 由于进口增幅和出口增幅差距过大，加上结汇率低，外汇流出增多，使国家贸易外汇收支逆差扩大。上半年，国家现汇收入比1992年同期下降16.5％，截止六月末，国家现汇结存比1992年同期减少63亿美元，下降25％。

(五) 瓶颈约束矛盾更为突出 一是主要物资供需矛盾加大，只得靠大量增加进口来弥补。如一至五月份进口钢材848万吨，比1992年全年进口719万吨还多129万吨。二是能源生产增长明显滞后于经济的增长，电力、油品供需缺口越来越大，有的地方出现停三开四的现象；三是运输“梗阻”和资金短缺矛盾更趋突出，一些干线限制口的通过能力仅能满足需求的30—40％，已严重影响企业正常生产经营活动的进行。

(六) 通货膨胀压力加速释放，各类物价涨幅明显升高 受价格改革政策效应和社会需求增长快的双重影响。1993年以来，市场物价出现了全方位快速上涨的态势，尤其是生产资料与劳务价格上涨猛。上半年，能源、原材料购进价格比1992年同期上涨32％，农业生产资料价格上涨12％；服务项目价格上涨28％；资金和外汇价格也大幅度上升。从城乡看，在城市物价持续高位上涨的同时，农村物价涨幅明显升高。当然，市场物价涨幅大，也有国家主动理顺价格关系的合理因素。但城乡物价涨幅均超过10%的安全临界线，进入了警戒状态，特别是人民币汇率大幅度波动，影响了居民对人民币币值稳定的信心，不利于经济稳定和社会安定。

上述突出问题表明，经济运行环境已经绷得很紧，集中表现在三个方面：一是社会总供求已偏离正常轨道，财政、信贷、外汇、物资四大平衡已发出警戒信号。初步测算，1993年上半年社会供需正差率由1992年同期的7.12%缩小到5.4%，明显低于正常年份10%的水平。二是通货膨胀已进入中度水平，超过了安全线；三是工业生产、固定资产投资超高速增长，使社会资源的承受力到了十分紧张的状态，这种势头是难以为继的。如果不采取有效措施，及时加以治理，就可能使矛盾和问题进一步加剧，导致经济发展大的起伏和伤筋动骨的大调整。正是在这种背景下，6月下旬中央果断地采取了一系列加强宏观调控的举措，来整顿秩序，稳定经济。

二、强化宏观调控的成效与不足

针对经济生活中出现的“四高一乱”(即高增长、高投资、高货币投放、高物价及经济秩序混乱)现象，党中央、国务院采取一系列强化宏观调控措施，取得了“治乱、降温和消胀”的初步成效，表现在：

(一) 金融秩序好转，金融形势趋向稳定 在5月份下发《国务院关于坚决制止乱集资和加强债券发行管理的通知》的基础上，中央六号文件再次强调，坚决制止各种乱集资、坚决纠正违章拆借资金，坚决取缔钱庄、银号等非法设置的金融机构，严格控制信贷总规模，严格控制货币发行，以稳定金融形势。经过短短几个月的努力，乱集资、乱设金融机构现象基本得到制止，居民对集资的风险意识有所增强；银行违章拆借现象初步得到纠正，6—10月净回流资金547亿元；提高利率效应显现，居民储蓄存款明显回升，6—10月新增储蓄1773亿元，比1992年同期多增加1001亿元，对改变银行资金来源紧张的矛盾起了重要的作用；专业银行的备付金率回升到5—7%的正常水平以上；货币大投放的势头得到遏制，货币供应增速明显减慢。M1(狭义货币)的增幅上半年高达40%左右，从7月份起已落入基本正常水平。

(二) 财税秩序好转，增收节支初显成效 在强化税收征管，堵住减免税漏洞，严格控制社会集团购买力的过快增长，限期完成国库券发行任务等举措出台以后，财政收入增长逐月回升，财政支出高增长的格局得到一定程度的改变，一度销售不畅的国库券顺利完成。财政收入状况的好转，特别是10月份以后的高速增长，一方面是清理不合理减免税、严厉打击各种偷、漏税行为等强化宏观调控措施所取得的初步成效；另一方面，与1994年将实施“分税制”改革，各地为扩大收入基数，抓紧组织收入有关。

(三) 流通秩序好转，生产资料领域的炒买炒卖行为明显收敛，消费资料领域争购保值商品现象基本消失 从生产资料市场看，流通领域争相转手倒卖带来的“泡沫需求”明显抑制，物资形势由紧转松，供求环境由卖方市场逐步转为买方市场，价格持续大幅度跌落，每吨钢材价格平衡比6月份回落1000元左右。

从消费品市场看，一是居民争购黄金饰品、名优家电的现象减少，居民消费心理基本恢复稳定、正常；二是集团消费膨胀势头有所冷却，增幅逐月回落。10月份已降至20%以内，改变了年初以来连续5个月增幅在30%以上的高增长格局。

(四) 调剂市场的外汇价格趋于稳定，各方面重新恢复了对人民币的信心 上半年调剂市场美元对人民币的价格一度达到1∶10以上。加强宏观调控以来，美元对人民币的比例逐渐稳定在1∶8.7—8.8之间，处于市场供求基本平衡的价位上。

(五) 开发区得到一定清理，房地产热有所降温 多数地方对1992年以来新开辟的开发区进行了清理，对不具备开发条件的重新转为农田。一度炒得十分热闹的房地产也明显降温，沿海地区的房地产价格回落了20%左右。

(六) 国民经济仍保持了一个较快的增长速度 三季度，国内生产总值比上年同期增长12.1%，全年增幅仍在13.4%，是当今世界发展最快的国家之一。

此外，在农副产品收购、证券市场、期货市场等方面也取得了积极的效应，整个经济生活中的投机成份有明显收敛，一度扭曲的经济关系和心理预期基本得到校正。

上述成果表明：党中央、国务院对经济高速发展中出现的突出矛盾和问题所采取的加强和改善宏观调控是完全必要和正确的。既克服了金融、流通领域的混乱状况，又保持了经济的快速发展，改革开放和经济建设取得明显成就。表明在市场经济条件下和经济快速发展中，更好地发挥国家的宏观调控作用，积累了新的经验，有了一个良好的开端。

当然，也正因为在市场经济条件下和经济快速发展中加强宏观调控是前所未有的，难免也有不足之处，主要是在调和控的同时，并没有及时加强疏导，堵和疏没有很好衔接起来。这使得在混乱的秩序得到纠正的同时，一些应该发展的没有及时得到发展，集中表现在拆借、集资、开发区、房地产这些方面。对这些方面加强堵、加强管是必要的，但是在管的同时也要允许它在规范之下发展，在这方面的动作没有相应跟上来，使得整个资源的循环、资金的循环节奏明显放慢，使得一些矛盾再一次突出。禁止了违章拆借，但循章按照规矩的拆借没有相应发展；堵住了乱集资，但符合规定的集资也停止了。结果使调控的负面影响渐趋突出，表现在企业相互拖欠、产销脱节、停工半停工、资金紧张等问题上。其次，调控措施上，行政手段运用仍然偏多，发挥市场机制的积极作用还不够。行政调控最大优点是快速见效，但其最大不足就是较僵硬、缺乏弹性。行政调控伴随的结果往往是要不就死，要不就失控。而市场调节的最大优点是它具有弹性，能避免一刀切。此外，在操作力度的把握上，也存在一些有待进一步思考的地方。尽管此次调控从总体上看避免了经济大的起伏，但在不同的发展阶段出现了“偏紧偏松”的现象。从宏观经济景气运行图来看，1993年6—7月间经济运行将达到峰顶，此后将进入自然下滑阶段，而6月份出台的大力度强化宏观调控措施，使政策性效应和周期性效应出现重叠，放大了调控的负面效应；到9月，由于各方面感到资金极度紧张，企业正常的生产经营活动难以维持，于是又大量松动银根，当月银行、信用社新增贷款573亿元，比上年同月多增加422亿元，比上月多增加230亿元，出现了偏松的局面，市场物价重又反弹。

三. 1993年的强化宏观调控与1988年的治理整顿的区别

1993年下半年的强化宏观调控与1988年秋开始的治理整顿，都是治理混乱的经济秩序，但这两次调整，有许多不同之处，具体表现在：

第一、调整措施出台比较强调要用改革的办法来解决前进中出现的问题，强调调控与改革的结合，这与1988年单纯的采取行政措施不一样。

第二、这次调控强调了跟法制的结合，要用法制手段来纠正经济生活中出现的各种违法乱纪及混乱现象。

第三、比较注重结构调整，不是简单的一刀切，所以在十六条里除了8月15日前要求收回拆借资金，对没有收回的要造册登记、要求国库券在7月15日以前卖完、对省级人民银行分行7％的贷款权收回外，在别的方面都没有全国统一要求，而是要各地从实际出发，采取措施。在这十六条里明确提出在资金使用、资金的管理上强调要四保：保农副产品收购和农业生产发展需要，保重点企业生产经营的需要，保外贸出口收购的需要，保国家重点建设的需要。不象1988年那样，不顾客观实际和产业政策结构调整的需要，强硬砍投资项目。

第四、整个调控出台措施背景与1988年有三方面不同：一是社会供求关系发生了很大变化，消费品供大于求的格局形成，紧主要紧在生产资料上。二是市场调控范围要比1988年大的多，市场的调节作用已大为增强。1988年市场调节比重为50％左右，而这次已是90％左右；1988年国有工业在经济生活中还起着较大作用，而1992年经济成分方面非国有制经济第一次略超过国有经济，二者已是二分天下。三是对外开放程度不同，1988年时仅集中在特区、沿海开放城市和开放地带，现在已形成全方位大开放格局。

第五、力度上不同。1988年是“急刹车，硬着陆”，这次的要求是“点刹车，软着陆”，基本上保持年初国家计划安排的8000亿元的投资，1000亿元的货币，3800亿元的贷款，而且在货币方面，六号文件还放宽到1500亿元，比计划还多500亿，执行过程中贷款还有扩大，政策力度要求经济不是硬着陆，而是要求保持持续、快速、健康的发展、力求调整、发展两不误。而1988年是急刹车，大砍投资项目。

第六、居民经济承受能力、心理承受能力跟1988年比也有不同。1988年第四季度治理整顿出台时，老百姓收入已绝对下降，而1993年上半年城镇居民收入实际增长13.7％，农民收入实际增长7％。尽管上半年有各种各样集资，居民储蓄还是比年初增加1200多亿元，经济上承受能力较大；另一方面心理承受能力比过去也强，尽管上半年出现了争购黄金饰品，争购进口家电，但从总体来看，消费品市场还是比较稳定，消费品供应还是比较丰富的，它跟1988年不一样。1988年消费品排队，58％的消费品供不应求，1993年6月是91％的商品供求基本平衡或供过于求，只有9％供不应求，市场供求格局使消费者心理比较稳定。1988年是盲目消费，甚至不制冷的冰箱、不转的电扇、不出图象的电视都要；1993年是理性消费，选择性消费。

第七、整个政策措施出台并不是突发性的，而是一种渐进性的，六号文件所有政策措施并非6月24日第一次出台，实际上在1992年底，1993年初在领导讲话、国务院文件里面都已经涉及这些问题，如金融问题、投资问题、农业问题、物价问题在文件上都可找到。

七方面不同，归根结蒂是目的不同，即这次加强宏观调控目的是既要治理经济秩序，在控制通货膨胀的同时，还要为改革深化创造条件，为经济快速、健康发展奠定基础。6月24日6号文件出台后，中央领导在抓好各项调控措施的具体执行同时，把更大的精力投入到了深化改革、制定深化改革方案上。一方面出应急措施，一方面深化改革，调控落脚到为深化改革创造条件，为经济快速发展创造条件。这次宏观调控是深化改革的前奏，是为使经济快速、健康发展创造条件的重大步骤。

四、加强和改善宏观调控的任务依然艰巨

1993年下半年的强化宏观调控，使我国的经济运行环境，由全面趋紧重新步入基本正常运转。宏观监测预警指标体系显示，国民经济整体在连续9个月在“红灯”区运行，从10月份进入黄灯区，基本实现了宏观调控的预定目标。我国改革开放和现代化建设在上年较快发展的基础上，进一步开创了新的局面。1993年全年国内生产总值31380亿元，比上年增长13.4％，居世界各国经济增长率之首位。当然经济生活中一些深层次矛盾和问题还没有得到彻底解决，前进中又出现了一些新情况和新问题。

(一) 市场价格涨势增强、涨幅高，通货膨胀压力加大 全年零售物价比上年上涨13％，是1978年以来第三个超过10％的年份。特别是大中城市价格涨幅更大，全年35个大中城市居民消费价格上涨19.6％。强化宏观调控以后，八至十月价格涨幅有所回落。但随着八月下旬开始的大量基础货币的投放，从十一月起物价涨势又有反弹，这种趋势一直延续到1994年一季度，超出了相当部分居民的经济和心理承受能力。

(二) 固定资产投资已出现规模偏大，在建规模过大，结构不尽合理 1993年全社会固定资产投资12458亿元，比上年增长58.6％，全年固定资产投资率超过37％，处于偏大状态。全年国有单位在建总规模高达33000亿元，比上年扩大四成;年末未完工程尚需投资19000亿元，增加近六成，所占比重高达57.6％，大大超出正常界限。相当一部分地区不是根据本地区资源、技术优势、市场前景以及资金等的承受可能来安排投资项目，而是盲目攀比，热衷于铺摊子、上项目、扩大经济规模。在建规模过大不仅使整个经济运行环境偏紧，就投资领域本身看，导致了投资效果的下降和加剧了资金紧张。在投资结构上，也存在明显不合理之处。一是能源、原材料工业投资比重下降;二是投资外延化趋势明显;三是高消费的楼堂馆所、高级别墅、度假村、游乐场项目上得过多，下半年虽有所抑制，一旦条件成熟，死灰复燃的可能性很大。

(三) 农业问题依然突出 集中表现在:农民收入增长缓慢;粮棉等主要农产品生产比较利益低和农业投入不足、生产条件改善不大几个问题上。

(四) 部分国有企业生产经营面临困难较多 一方面生产低速增长，国有工业增速远远低于非国有工业、国有工业增量只占全部工业增量二成，一部分企业处于停工、半停工状态;另一方面，相当一部分企业产品滞销、库存上升，相互拖欠增加、效益下滑。

(五) 经济增长的不平衡现象加剧 伴随经济增长的加速，经济发展不平衡现象呈现加剧态势，表现在:

一是地区发展不平衡进一步加剧，东部地区生产、建设、消费、收入水平增幅明显高于中西部地区，其增量占总增量的六成以上，沿海内地差距继续拉大。

二是产业发展不平衡仍比较突出，农业低速徘徊局面未改，工农比例不协调矛盾尚存，交通、能源和重要原材料供应紧张状况未有大的改观，“瓶颈”产业制约矛盾仍在困扰国民经济发展。

三是城乡收入分配不平衡更加严重，农村居民收入增长缓慢，农村市场实现度仍比较低下；而城镇居民在“大锅饭”体制尚未真正打破背景下，依靠吃国家和企业“两个大锅饭”，借助各种灵活办法挤占公家利益，收入持续高速增长，与农村居民的差距更加悬殊。居民内部的分配不均问题也更加严重，有钱的确实增多了，但无钱的也还不少。

四是国际收支不平衡矛盾加重，出口低速增长，进口高速上升，进出口不平衡现象更加明显。与此同时，出口收汇率低，进口付汇率高，使国家可集中外汇减少，对保持必要的外汇储备构成新的威胁。

上述种种不平衡现象，表明现行经济体制和运行机制不合理状态依然突出。短期内这些不平衡虽不会对整体经济发展带来大的影响，但却是引发国民经济不稳定的隐患，如不注意及时加以消除，任其发展，则可能给中国经济持续快速健康发展带来极为不利影响，也将给社会稳定带来消极影响。

上述问题是前进中的问题，但要引起我们的高度重视。新的一年宏观调控任务依然很重。我们要认真贯彻党的十四届三中全会和全国经济工作会议精神，始终处理好改革、发展、稳定三者的关系，因势利导，谨慎操作，在稳定中深化改革，在改革中加快发展，重点是使固定资产投资和货币供应量的增长处在适度范围，注意防止出现严重的通货膨胀，确保全年改革和发展目标的顺利实现。因此必须采取以下措施。

(一) 坚持总量平衡，大力优化经济结构 一是保持适当的经济增长率。按照基础实施、资源和市场等多种因素综合测算，1994年经济增长率宜保持在10％以内。二是保持适度的固定资产投资规模。全年固定资产投资规模应控制在1.4万亿元以内，最高不宜突破1.45万亿元。三是保持适度的货币供应量。全年货币供应量增长速度宜控制在25％以内，银行新增贷款和货币投放量分别控制在5000亿元和1500亿元左右。对总量的调控要继续运用经常的、适时的、适度的“微调”办法，避免力度过大。与此同时，要十分注意资金投向。继续加强对社会集资、拆借等的监管，防止大量向房地产、股票等“泡沫经济”成份大的领域转移。要把投资的重点放在加强能源、原材料、交通运输、通讯、农业等基础产业和基础设施上，大力压缩一般性加工工业投资，严格控制属于高消费的楼堂馆所、度假村、高级别墅等投

资。要根据国家产业政策，加强对在建项目的排队，严格控制新开工项目。对基础产业、基础设施的投资也要注意搞好规划，减少盲目性带来的浪费。要加大优势产业、支柱产业的技改力度，并可配合房改，较多地增加住房建设投资。这既可带动和吸纳一部分消费需求，又可促进消费结构的调整。要配合股份制、企业经营机制转换等各项改革的推进，积极稳妥地关停并转一部分扭亏无望的企业，实现资产存量的优化配置。

（二）加强对市场价格的监督管理，慎重把握价格改革出台时机 鉴于居民预期心理、市场供求环境等对市场价格有很强的关联效应，在当前价格涨幅已经偏高，潜在压力大的情况下，1994年应慎重选择价格改革出台时机，把握改革力度，对价格改革的宣传要恰如其分，不要过分渲染，避免给市场和居民心理造成大的不利影响。与此同时，要加强对市场价格的监督管理，特别是加强对居民生活必需品和服务项目价格的管理检查，防止物价涨幅过多地突破10%。

（三）要继续稳定和发展农村经济 关键是落实好中央已出台的各项加强和重视农业的政策措施，要加强这方面工作的检查督促，确保政策到位。重点是增加各方面对农业的投入；进一步理顺工农产品和农产品内部的比价关系，防止出现轮番涨价现象；千方百计增加农民收入，减轻农民负担，保护农民务农的积极性，在稳定粮油生产的同时，尽快扭转棉、糖减产趋势，并继续大力加强"菜篮子"工程建设。与此同时，要加大农村工业化和小集镇发展进程，拓宽农村剩余劳动力就业门路，提高农民非农产业收入比重。

（四）要搞好各项改革之间的衔接、配套、协调和引导工作，保证改革的顺利推进 在搞好宏观改革的同时，要切实推进国有企业改革，重点是制度创新和减轻负担。改革中要十分注意前进中可能出现的问题。这轮改革与以往改革不同，以往改革主要是扩权让利，是"给好处"的改革，地方和企业积极性很高；而这轮改革主要是制度创新，对既得利益进行调整，各方面对改革的心理预期和实际行为都不同。因此，一方面要认真搞好改革的各项前期准备工作，精心组织，配套实施；另一方面，要通过正确引导和依靠法制强制推行"双管齐下"，及时解决改革中出现的各种问题，使各项改革措施的实施能准确到位。

（作者所在单位：国家统计局）

国际经济新秩序和世界经济区域集团化及我们的对策

常 怀 立

一、国际经济新秩序

（一）国际经济新秩序，是相对国际经济旧秩序而言的 随着资本主义政治和经济体系的发展，在全世界范围内逐步形成了以不合理的国际分工为基础的国际生产体系和不平等交换的国际贸易体系，并相应产生了一些国际政治经济合作体系和国际经济组织。而后，西方发达国家时常操纵和利用某些国际经济组织及其准则，联合采取共同政策，干预和协调国际经济关系。这种以国际垄断为本质特征，阻碍发展中国家经济发展的国际经济格局，就通常被称为国际经济旧秩序。

随着第二次世界大战的结束，国际上涌起了一股势不可挡的进步潮流，这就是广大殖民地和半殖民地国家以及一些附属国，展开了一场以"民族要解放、国家要独立、经济要发展"为主要目标的斗争，并成为国际政坛上一支独立的举足轻重的力量。经济要发展，一方面必须改革遗留下来的旧的单一的国内经济结构，逐渐减少对发达国家的经济依赖性，真正走上独立发展的道路，掌握民族经济发展的命运。另一方面，必须改变国际经济旧秩序，取消发展中国家在国际经济领域的各种不公正和不平等待遇，使其在国际经济事务中真正的充分享有发言权和决策权，为发展中国家的经济发展创造良好的外部环境。然而，发达国家并没有顺应时代潮流的要求，对国际经济旧秩序作出积极的应有的变化，依然固守其过去的观念、准则和行为，这种状况严重阻碍了发展中国家民族经济的发展。随着战后世界上各种矛盾的展开与激化，发展中国家经济发展与国际经济旧秩序的矛盾日益突出，这样，广大发展中国家为了共同的经济利益，团结一致，强烈要求改革国际经济旧秩序，提出了建立国际经济新秩序的口号，并开始了争取建立国际经济新秩序的斗争。

迄今为止，建立国际经济新秩序的斗争大体经历了这样几个阶段。

第一阶段是从1955年到1963年，主要是提出国际经济旧秩序问题并进行酝酿。在1955年4月召开的亚非(万隆)会议上，通过了经济合作和关于促进世界和平的合作宣言等有关决议，郑重提出了大小国家应一律平等，在互利和互相尊重国家主权的前提下进行经济合作，采取集体行动稳定原料商品价格等原则，第一次发出了要求变革旧的国际经济关系的呼声。受“万隆”精神”的影响，不结盟运动迅速兴起。在1961年9月召开的贝尔格莱德第一届不结盟国家首脑会议上，初步提出反对国际经济旧秩序的问题，要求废除国际贸易中的不等价交换和呼吁发展中国家在国际经济领域采取联合行动。

第二阶段是从1964年到1974年，初步形成了建立国际经济新秩序的斗争纲领。根据“联合行动”的原则，广大发展中国家在1964年3月召开的联合国第一届贸易与发展会议上，组织成立了77国集团，并发表了《77国集团联合宣言》强调要“采取一切可能的办法来增加它们之间的接触和磋商，以便在国际经济合作方面确定共同的目标和制定联合的行动计划”。同年8月，在第二届不结盟首脑(开罗)会议上，首次提出了建立国际经济“新秩序”的口号。在1967年9月召开的77国集团部长会议上，通过了《阿尔及尔宪章》，明确了建立“新秩序”的重要性。在此后的一系列会议上，逐步提出了“新秩序”的具体内容，通过了有关贸易政策和普惠制等方面的35项决议和决定。

在1970年9月卢萨卡召开的第三届不结盟国家首脑会议上，大体形成了建立“新秩序”的纲领。在1972年4月召开的联合国第三届贸发会议上，77国集团公布了解决国际贸易争端的13项原则，并要求发展中国家广泛合作，紧密团结，建立公正平等的国际经济关系。在1973年9月召开的第四届不结盟国家首脑会议上，通过了《经济宣言》和《经济合作行动纲领》。这两个文件拟定了发展中国家处理国际经济事务的一系列指导原则，重申了对国际经济活动中的几个重大问题的看法。同年10月，阿拉伯产油国运用“石油武器”，首次开始了冲击国际经济旧秩序的尝试。在1974年4月召开的联合国第六届特别会议上，广大发展中国家群情激昂，以大量事实，揭露了国际经济旧秩序，要求建立国际经济新秩序，会议通过了《关于建立新的国际经济秩序的宣言》和《行动纲领》，确立了主权平等，公平互利的国际经济新秩序的基本目标及其实现这个目标的纲领。

第三阶段从1974年至现在，进一步贯彻实施建立国际经济新秩序斗争纲领。在这20年中，头7年贯彻实施斗争纲领是比较顺利成功的，一方面发展中国家间原料生产国和区域性经济合作组织有较大发展，商品综合方案中的共同基金获得通过，普遍优惠制得到进一步贯彻;另一方面，南北对话也取得一定进展，西欧经济共同体与非加太的64国签订了有利于彼此发展的洛美协定，在法国召开的“国际经济合作会议”上，西方国家进行南北对话和改善南北经济关系的愿望明显增强。但随着建立国际经济新秩序斗争的深入发展，它越来越涉及西方国家的根本利益，南北对话愈加艰难，在建立新秩序的重大问题上很难达成一致意见，甚至久拖不果。这一迹象在70年代末就表现出来，但真正开始则是1981年10月在坎昆举行的南北首脑会议，因未达到预期效果而不欢而散。此后的十几年内，由于世界石油市场发生逆转，“石油武器”的作用大为减弱，因而使建立新秩序的主要渠道“南北谈判”逐步陷入僵局，“南南合作”也徘徊不前，建立国际经济新秩序的斗争面临着严重的困难。

（二）建立国际经济新秩序，包括许多内容，涉及国际经济的各个领域 其中维护资源主权和争取海洋权，改善国际贸易条件与技术转让条件、减免债务并改革国际货币金融制度、改革世界经济结构等，就是建立国际经济新秩序的主要内容。

资源是发展中国家的根本利益所在，发展中国家视之为自己的永久主权，强调对其适当开发并有效控制，包括有权实行国有化或把所有权转移给自己的公民，采取有利于本国国民经济发展的措施来限制和监督跨国公司的生产经营活动，而资源一旦受到剥夺，消耗和损失，各国有权要求陪偿和偿还。维护资源主权的斗争在70年代中期达到高潮，并在联合国召开的有关会议上确定下来。随之，发展中国家普遍采取了种种措施，进行了多种形式的斗争。

随着对海洋认识的提高及其海洋作用的日益扩大，海洋问题逐步成为发展中国家建立国际经济新秩序的主要目标。从1958年以来，围绕海洋问题，发展中国家从三个方面展开了激烈的争夺海洋权的斗争。一是为反对大国的海洋掠夺，拉美国家掀起了保卫200海里海洋权的斗争，并得到了亚非国家的积极支持和响应。在第三次国际海洋会议上，同意沿海国家有权管辖200海里的经济海域。二是为维护海洋的矿藏资源，和平利用各国管辖权以外的海底资源，发展中国家经过努力，促使联合国大会发表宣言，声明国际海域的海底及其资源属于全人类共同的财产，任何国家或个人不得据为己有，并经联合国有关的会议讨论研究，具体采取和实施了一些维护海洋资源共有，和平利用海洋资源的办法。三是要求打破西方发达国家对国际海运业的垄断，分享海运权。为此，发展中国家呼吁建立自己的商船队，承运本国货物，并就具体问题与发达国家展开了谈判。双方在联合国的有关会议上达成了协议，但受各种因素影响而未能生效。

发展中国家四分之三的外汇收入来源于农矿原料的出口，而原料出口的定价权，则几乎被发达国家所垄断，价格很低。由于其经济结构的单一化和畸形化，使之又不得不严重依赖于从发达国家高价进口工业品和消费品。这样，发达国家通过高出低进而剥削发展中国家，使发展中国家在不平等的国际贸易条件中蒙受巨大损失。为此，广大发展中国家从60年代开始，就纷纷展开了改善国际贸易条件的斗争。他们通过建立原料生产国和输出国组织，打破国际资本对市场的垄断，确保和稳定初级产品的出口价格，60年代和70代，发展中国家相继建立了石油、钢、咖啡等生产国组织和输出国组织，并在第四届联合国贸发大会上提出了《商品综合方案》，最后得以通过实施。与此同时，他们强烈反对日益兴盛的西方贸易保护主义，要求实行普遍优惠制。随着发展中国家民族经济的壮大，其制造业有所发展，制成品出口比重有所提高，但发达国家却采取贸易保护主义，这就给幼小的发展中国家的制造业带来了灾难。为此，从60年代中期以来，发展中国家为减少关税和非关税障碍，改善其制成品在国际贸易中的地位，进行了不懈地努力，这主要就是77国集团的一项宣言中所声明的，要求发达国家给予发展中国家的制成品和半制成品出口以普惠制待遇，并取消或减少关税，让其进入发达国家的市场。经过斗争，发达国家在"管理贸易"的条件下，先后实施了普惠制，但十分严格。

国际间的技术转让主要有两种模式:一种是非商业性的技术转让，即政府间的技术合作和技术援助，另一种是商业性技术转让，即通常所说的国际技术贸易，主要是指专利技术，技术诀窍的许可证交易。第二次世界大战后的国际技术转让，主要是发达国家向发展中国家的技术输出。这对发达国家来说是一举多得，如技术贸易收入，带动商品输出，资本输出及劳务输出和工程承包等，加强对输入国的经济控制和市场渗透。对发展中国家来说，技术转让与技术贸易也是十分有益的，可以节省资金，加快技术利用转化速度，提高科技水平，推动经济发展等。但是，由于技术转让被发达国家高度垄断，致使技术转让的条件十分苛刻，很不合理，发展中国家为此必须付出高昂的代价，如让出部分国内市场，进口附属产品和配套产品等。同时，发展中国家的技术独立也变得愈加艰难，科技水平将永远落后。因此，发展中国家展开了改善国际技术转让条件的斗争，这主要是要求发达国家帮助发展中国家培训人才，增强科技开发能力;制止技术包括科技人才流向发达国家;修订国际技术领域的有关章法。

在国际货币金融领域，发展中国家的斗争主要集中在两个焦点上。一是针对发展中国家普遍遇到的债务危机问题，他们联合起来，积极投入减免减缓债务的斗争。自70年代以来，国际资本流动发生了深刻变化，西方国家的金融货币政策也大大影响了国际货币金融领域，并波及到发展中国家，致使发展中国家外部资金流入中直接投资比重下降，外债比重上升，外债中官方发展援助比重下降，商业贷款比重上升，浮动利率债务比重也在上升，从而引起发展中国家债务负担急剧沉重，对此，发展中国家要求发达国家免除最不发达国家的官方债务，减轻困难较大国家的还本付息负担，延长债务偿还期，以及反对资金借贷中附带政治、军事等不合理条件。以美国为首的西方主要债权国却长期以来坚持僵硬立场，把债务问题归因于发展中国家的内部经济政策，认为债务问题危及债权人时，可对债务国予以单方面的协调、考虑和帮助，反对就债务问题进行多边谈判。双方各持己见，致使解决办法无从下手。由于债务问题愈来愈重，不仅影响到广大发展中国家，而且也影响到发达国家的利益，甚至危及整个国际货币金融领域，因此，双方的谈判又不得不作各自的调整。从70年代末期开始，债务危机谈判一轮接一轮，方案一个接一个，双方都作了必要的努力，但债务危机仍难以完全克服，它仍是困扰发展中国家经济发展的一大障碍。

国际货币金融领域的另一个斗争焦点是如何改革国际货币金融制度。二战后，以美国为首的国际垄断资本，通过国际货币基金组织，建立了以美元为中心的资本主义国际货币金融体系。广大发展中国家在这一体系内占有的基金份额很少，没有多少表决权，遇到国际支付困难时可借用的外汇数量不足。为改变不合理的状况，逐步展开了争取平等权利，改革国际货币金融制度的斗争。一方面，发展中国家要求争取平等权和扩大借款权，这主要涉及到基金份额的多少。基金份额多，投票权、借款金额和特别提款权也大，通过斗争，发达国家减少了自己的份额，相应增加了发展中国家的份额，从而增加了发展中国家的借款权和发言权。另一方面，发展中国家要求对国际货币制度进行改革。国际货币制度历来为西方国家所把持，发展中国家没有决策权。经过斗争，成立了包括一些发展中国家在内的咨询机构，研究改革问题。同时，发展中国家本身也联合起来，成立了24国集团，代表发展中国家的合法权益.就改革国际货币制度问题做了大量的工作，提出了许多富有建设性的意见。

世界经济结构的不合理，乃是国际经济旧秩序的症结所在。要建立国际经济新秩序，发展中国家必须强调改革世界经济结构，这样才能改变自己所处的不合理地位。由于世界经济结构是一个很深刻的全球问题，涉及领域十分广泛，发展中国家对它的认识，也是随着70年代以来世界经济结构自身的变化而逐步由浅入深，由小到大，为此而展开的斗争也由弱到强。近几十年中，少数发展中国家和地区部分地改变了自己的经济结构，发展了相当规模的制造业，但就大多数发展中国家来看，仍是单一初级产品的供应国，工业化程度极低，开采业占很大比重，以劳动密集型行业为主。广大发展中国家实际上从80年代才真正开始了改变世界经济结构的斗争，主要斗争目标是要求对世界生产进行广泛的改革，调整工业布局，发展中国家必须制订和实施工业化计划，建立协调的国民经济体系。与此同时，发展中国家要求发达国家改善贸易政策，开放市场，提供技术帮助和资金等。这些斗争虽有一定进展，也取得了一些效果，但世界经济结构的改革是一个长期艰巨的工作，一时难以根本奏效，况且，随着西方国家工业空心化趋势的发展，一些落后的技术又被转移到发展中国家来，使改革世界经济结构的任务更加繁重。

(三)建立国际经济新秩序的斗争，是第二次世界大战后国际经济关系的重大变化　由于它的涉及面宽广，有较完整的斗争目标及其纲领，广大发展中国家有组织地参与，且从根本上要求资本主义的国际垄断关系必须彻底改变，因而其斗争历程极其艰苦复杂，充满了曲曲折折和风风雨雨。自80年代中期以来，由于东西方关系的缓和，使世界主要矛盾从东西方的严重对峙，逐步转化为南北矛盾的激化，这样，发展中国家在整个国际格局中的地位和作用逐渐下降，由此使建立国际经济新秩序的斗争面临更为严峻的局面和困难。进入90年代以后，冷战时期的两极化格局已不复存在，南南合作处于徘徊不前的地步，南北谈判也未走出僵局，因此，从长远看，建立国际经济新秩序的斗争，必将是一个充满了矛盾、既有合作又有斗争的过程。

总结这些年来的经验教训，今后建立国际经济新秩序的斗争，必须立足现实，充分考虑当前和今后一个时期国际格局的演变及其各种力量的对比，发展中国家应当对其斗争目标、纲领和策略作合理的调整，以加强其可行性，只有这样，才能推动建立新秩序的运动走出低谷，取得新的成就。

第一，对建立国际经济新秩序斗争的长期性和复杂性要有足够的认识。过去一个时期，一些发展中国家不恰当地认为只需几年或几十年就可建立国际经济新秩序，对其斗争的艰巨复杂长期性没有足够的心理准备，一旦遇到曲折就灰心丧气。应看到，国际经济旧秩序是伴随资本主义的发展而经几百年建立起来，现在仍在某些方面进行新的发展和巩固，因此，作为势单力薄的发展中国家就不能对此抱有任何幻想，必须对此既充满必胜的信心，又有长期斗争的打算。

第二，既要有长远目标，又要有现实态度。过去的斗争大致有两种模式，一是注重长远目标，要求从根本上彻底改变旧的国际经济秩序，而忽视现实可能性，结果长远目标一时难以达到，解决现实问题的机会又没抓住。另一个是注重现实发展机会，而不追求长远目标。这虽然能解决一些问题，但不能触动旧的国际经济秩序。今后的斗争，应当有长远目标，但更注重现实机会，把两者结合起来，相互促进。

第三，要学会既斗争，又合作，在斗争中合作，在合作中斗争，不可顾此失彼。过去讲斗争多一些，不太注重合作，常常使斗争陷入困境。建立国际经济新秩序的斗争，也需要双方加以合作，在合作的基础上缩小差距，但不能因合作就丧失斗争的原则。

第四，既要立足于自力更生，同时又要积极争取外援。自力更生是利用本国人民的力量，充分利用本国的资源，调动国内一切积极因素，推动社会经济的发展。这是广大发展中国家进一步发展繁荣的根本基础。这一基础打好了，才能进一步适应外部环境，利用外部的有利条件。如果过多地依赖于外援，就难以真正实现经济上的独立。历史经验已证明了这一点。

第五，在加强发展中国家内部团结的同时，积极灵活地协调外部因素，争取一切可以争取的力量。历史经验证明，在各发展中国家势单力薄的情况下，单枪匹马去斗争，效果不佳。只有从广大发展中国家的集体利益出发，加强内部合作，特别是千方百计把南南合作搞下去，才能加强斗争的总体实力。为此，就要审时度势，重新认识南南合作在新的世界格局中的地位，寻求新的合作方式和途径。同时，对国际经济舞台上的各种因素要适时进行协调，争取好的积极的可用的力量，抓住有利机会，使建立国际经济新秩序的斗争有理有利有效果。

二、世界经济区域集团化

(一)区域集团化是当代国际经济合作的一种新形式　是指同一地区的一些国家在维护共同利益的基础上，加强经济联合，采取某种方式，组成经济贸易集团，巩固和扩大内部市场，优化组合集团内经济，开展新的国际分工，以达到增强实力，共同对外竞争，保护自我的目的。八十年代中期以来，东西方关系逐步由对峙到缓和，由对话到合作，直至冷战的两极格局结束，世界政治格局趋向多极化。与此同时，世界经济力量对此也发生明显变化，西欧和日本迅速崛起，美国经济实力相对削弱，世界经济也趋向多极化。随着世界政治矛盾的缓和，世界经济矛盾，尤其是美日西欧之间的矛盾和竞争却日益激烈。如何调整内外政策，创造良好的国内外环境，致力于经济发展，迅速提高综合国力，就成为各国政府最为关心的问题。为在激烈的经济斗争中强化自身的地位，欧美先后快步走上了区域集团化的道路，日本也不甘心落后，极力谋求亚太地区的区域合作。受区域集团化之影响，广大发展中国家也正在或酝酿组建各种形式的区域经济组织和联盟。预计今后一个较长时期内，世界经济区域集团化的势头不减，步伐加快，规模扩大，形式多样化，但以欧洲(以欧共体为中心)、北美、亚太地区(主要是东、南亚国家和地区)三大板块并立为主。

当前，世界经济区域集团化的主要特点是：

第一，发展速度快。世界经济区域集团组织虽在五十年代就开始形成，但其一体化速度较慢，全世界范围内的区域集团组织也不多。八十年代中期以来，区域集团化发展速度较快，主要是指区域集团内部的一体化进展快，世界各地的区域集团化组织和联盟相继产生形成。欧共体在建成后的20年内，只实现了关税同盟、共同的农业政策和外贸政策，建立欧洲货币体系，以及维持欧共体运转的组织机构和章程程序，而作为一个内部大市场真正所需要的商品、人员、资本和服务的自由流动却未实现。1985年《完成内部市场》白皮书的出台，以及1986年《欧洲一体化文件》的签署，提出了1992年底实现商品、人员、资本和服务四大要素自由流动的目标及其方法和步骤，改进了决策程序，使迈向统一大市场的步伐大大加快。到1992年底，为实现这一目标所需要的282项提案全部拟就，其中的96%获理事会通过，有相当一部分又被各成员国的立法机关通过。从1993年1月1日起，欧共体统一大市场开始运行。1992年2月，欧共体首脑在荷兰的马斯特里赫特正式签署了欧洲联盟条件，决定分阶段实现经济和货币联盟，建立欧洲中央银行并实现欧洲的单一货币，也提出了实现政治联盟的目标。从而，一体化进程大大加快。

为对付来自欧共体的抗衡和竞争，美加两国很快就订立了《美加自由贸易协定》，并于1989年1月1日起正式生效。由于是后来居上，其一体化进展十分迅速。为扩大地盘，美加两国又与墨西哥谈判，分别正式签署《北美自由贸易协定》，已于1994年1月1日起生效，历经一年半，其速度之快，效率之高，意见相互一致是世界上罕见的。

亚太地区国家众多，经济发展水平参差不齐，民族宗教与信仰各异，政治体制也不尽相同，因此，建立区域集团组织的条件很不具备。尽管如此，由于这一地区历史上形成的经济往来关系已根深蒂固，且都已认识到加强合作，共同发展实属必要，十分迫切，因此，该地区的区域集团化发展也是很快的，如1989年组建的“亚太地区经济合作部长会议”，从开始的12个国家逐步增加到15个国家及地区，会议内容也趋向具体化，提出了10个方面的合作问题。在亚太这一广大地区，区域集团化发展的另一个重要表现就是一些次区域集团组织正在涌现。如东北亚经济国、湄公河经济国、东盟自由贸易区、“大中华”经济国等。预计这一地区的区域集团化将有别于欧美，它是在一个松散的联盟下的众多个次区域集团化。

随着世界主要地区区域集团化的迅速发展，其它地区的国家也纷纷效仿，开始组建各种形式的区域集团。这主要表现在拉美的一体化进程上。如拉美四国成立的南锥体共同市场，安第斯集团的部分国家将实行自由贸易，西亚的一些国家于1992年2月提出要建立“经济合作组织”，非洲东部和南部的国家也在成立一体化组织。

第二，区域集团规模不断扩大。为扩充区域集团的总体实力，各区域集团不断扩大规模。同时，区域集团内外有别的政策效应，也使得区域集团外国家在积极加入区域集团。从总体上看，区域集团的扩大，基本上是沿着三条路线，或三种方式。一是滚雪球式，尚未加入集团的国家迅速向区域集团靠拢，并入同一轨道运行。如墨西哥加入美加自由贸易区，组成北美自由贸易区。与此同时，美国也在积极倡导把北美自由贸易区扩大到整个美洲大陆。在欧洲，随着欧共体凝聚力的增强和欧洲市场的被瓜分，现又有8个国家提出申请加入欧共体，而欧共体也在招兵买马，扩充成员。二是区域集团进一步联合，形成更大的一体化市场。如1991年10月，欧共体与欧洲自由贸易联盟达成协议，决定在联合的基础上建立“欧洲经济区”。三是跨区域扩展。美加在组建北美自由贸易区的同时，又积极染指于亚太区域合作，认定自己是亚太地区的国家，成为亚太经济合作部长会议；欧共体和海湾6国也决定扩大合作范围，建立自由贸易区。

第三，世界主要市场将被区域集团瓜分，并自成体系。区域集团化的发展及其区域集团的内部市场政策，使今后的世界主要市场将形成三大块：一块是以欧共体为核心的，包括欧洲自由贸易联盟集团在内的欧洲市场，一块是北美自由贸易区，再一块就是亚太地区，主要是东南亚国家和地区。这三大块市场大体实力相当，以北美为最强，三者合起来占全世界国内生产总值的75%和世界贸易额的85%，由于这三大区域集团的进展、基础、侧重点不尽相同，因而其内部市场完善程度也有很大差异。欧共体市场最自成体系的市场，开放程度低，亚太地区则是松散型的，开放度高，北美则是两者兼而有之。这种自成体系的特点，与经济生活的国际化和一体化不相符，形成尖锐冲突，加上各国战略利益的需要，因而各区域市场之间的矛盾将逐步激化。

(二) 世界经济在发展过程中，之所以会出现这种迅猛的区域集团化趋势，具有多方面的深刻的原因，是这些因素相互交织作用的结果 第一，世界大格局的变化促使经济区域集团化发展加快。在苏美两大集团严重对立的年代，日本和西欧视美国为保护神，基本上依附在美国的旗帜下，不敢与美国作对。因此，尽管当时已有经济集团，但它仍然要服从于当时国际关系的主流，形不成竞争。从80年代以后世界政治格局开始发生历史的变化，美苏两大集团开始缓和、对话与合作，和平气息很浓，这就为经济集团的发展开辟了新的天地。尤其是苏联解体后，世界政治格局趋于多极化，世界战争一时打不起来，经济矛盾随之上升为主要矛盾，各国政策的焦点都聚集于发展经济上，各国政府千方百计调整对外经济关系，以争取在更广泛的范围内实现新的经济贸易的合作，从而使区域集团化的发展获得了政府的大力支持。从经济格局上看，战后一直到70年代中期，日本和西欧经济还不是十分雄厚，达不到足以与美国抗衡的地步。70年代末期后，日本、西欧经济发展迅速，实力猛增，美国经济明显削弱，三者之间的竞争格局大体出现。这样，随着欧共体的发展，美国和日本都感到来自欧洲的竞争压力愈来愈大，必须针锋相对，建立自己的区域集团，迎接挑战，由此，掀起了全世界80年代中期以来区域集团化的新浪潮。

第二，经济活动日益国际化，要求经济一体化程度相应提高，推动了区域集团化的大发展。战后科技日新月异，并因处于和平时期而大量运用于民用生产领域。而交通通信和信息处理的现代化，大大缩短了空间距离，各国的经济往来大量增多，且十分便利；战后资本的大量输出，形成了一些新的国际分工与合作网络，使国界和民族差异对经济发展的阻力大为降低；自70年代以来，世界经济的结构性调整发展很快，范围扩大，持续时间长。这三个方面的因素交织在一起，使世界生产力的发展越来越要求在全世界范围优化和配置生产要素，要求经济活动国际化。这就是说，各国经济的发展在加强其独立性的同时，外部的相互依存性越来越高，需要各国放开市场，增加联系，加强相互之间的渗透与合作，协调对外政策，消除内部分歧，处理国际经济事务的争端。要做到这些，就要通过区域集团的形式，以及相应的章程，提高经济的一体化程度。因而，经济区域集团化得以迅速发展。

第三，新的国际竞争也促使了区域集团化的发展。竞争是市场经济的客观规律，竞争使经济发展中不断出现新的优化组合，推动着经济向前发展。而竞争本身也是逐步由低层次向高层次发展。二战以后，资本主义的竞争已发展到垄断竞争，并随着经济的日益国际化和世界市场的扩大而盛行于国际经济事务中，出现了势头较猛的国际垄断竞争。其结果必然引起了各种经济大战，世界市场被瓜分。与国际垄断竞争并存发展的还有新的国际联合合作，它在国家的干预下迅速在一定区域内结成联盟，对付竞争，这样又使竞争不断升级。而联盟内部的发展需要协调，联盟外部的对外政策也需要一致，这样就使得集团化组织大量出现，成为新的国际竞争的有利形式。因此可以说，区域集团化不仅是生产力国际化和一体化的客观要求，而且也是在国际垄断竞争影响下，国家干预经济生活，协调国际经济关系的产物。

（三）世界经济区域集团化是当代国际经济的新事物和大趋势，它将对国际经济产生深刻的影响 第一，区域集团化将促进世界经济的多极化发展。近10年，随着区域集团化的大发展，世界经济已向多极化发展，逐步形成了以欧共体、北美自由贸易区、日本三极为主的世界经济多极化格局。其他一些国家和地区为增强竞争实力，迫切需要联合起来，共同对外，实现本地区的经济一体化。因此，区域集团化发展的结果，必将通过竞争和更广泛的国际合作，推动世界经济向多极化发展。

第二，区域集团化将有利于世界经济的增长和国际贸易的发展。区域集团由于在比较大的区域范围内实现了生产要素的优化配置，展开了新的分工与合作，促进了科学技术的发展及其向生产领域的转化，加速了经济结构的调整，因而，各区域集团内的经济活力将明显增强，发展速度加快。如欧洲统一大市场实现后，各成员国的国内生产总值的增长率均有较大幅度提高，工业生产成本下降5％左右，企业利润增加，物价下降，就业机会增多。与此同时，各区域集团内的市场壁垒被拆除，商品及服务可自由流通，这将大大促进集团内部贸易的发展。据测算，将新成立的欧洲经济区，大约65％的贸易额是在集团内部各成员国进行的。

第三，区域集团化将对国际资金、技术、人才和商品流动产生多方面的影响。战后以来，国际资金、人才、技术及商品的流向的一个主要特点就是越来越集中于发达国家之间，甚至连发展中国家的资金、人才和技术也在流向发达国家。区域集团内外有别的政策，以及区域集团之间的竞争与合作，将更加有利于资金、技术、人才和商品的内部流动。如近年来日本的海外直接投资大多集中于亚太地区，特别是东盟国家，欧共体的投资，包括企业兼并基本上被控制在各成员国之间。从积极意义上看，这将有利于科技攻关和开发，以及新技术的推广应用，使产品的科技含量趋于增高，有利于区内产业结构和布局的优化，提高劳动生产率。由于区域集团之间的竞争也是十分激烈的，因此，为了加强竞争，各区域集团之间的渗透将比过去增强，这必然使资金、技术、人才及商品的流向在注重内部的同时，也要注重流向本集团之外。如为了绕过贸易壁垒，可在另一集团内建立基地，或进行企业兼并，以获取最大经济利益。无论资金、技术、人才和商品在集团内部流动，还是在集团之间流动，都将不利于集团之外的发展中国家，使他们得不到更多的资金，人才和技术，甚至还会促进其资金、人才和技术的反流向加快。

第四，区域集团化将使南北谈判更加复杂。自80年代中期以来，南北谈判在整个世界格局的大变化之中一直处于被动地位，由于双方的条件缺乏弹性，目标过高，因而使谈判陷入僵局。区域集团化的发展，特别是随着各区域集团规模的扩大，一些具有地缘优势的国家和具有经济战略意义的国家，都很快被纳入区域集团内部，通过集团内的生产要素优化配置和产业结构调整，必将得到更多的实惠，发展速度加快。这样，这些发展中对南北谈判的迫切性就会降低。但是，那些未被纳入区域集团的发展中国家，因得不到应有的发展，必然要求深入进行南北谈判。发展中国家的这种不平衡，将使南北谈判更加复杂化。另一方面，发达国家现在和将来更热心于区域集团的发展，对发展中国家的要求会淡然处之，这也将增加南北谈判的难度。

第五，区域集团化将推动国际经济关系的大调整。近几十年来，世界生产力在不断地发生质和量的变化，国际经济关系随之进行了新的调整。区域集团化的大发展，犹如一针催化剂，将大大加快加强国际经济关系的调整。它以各国的大开放为前提，以大改革、大流通、大合作为骨架，以各种形式和层次的国际分工与合作为主要途径，通过各国经济与国际经济逐步接轨，扩大生产要素的有效配置范围，提高信息资源的利用水平，使各国经济紧密联系在一起，进一步形成你中有我，我中有你的格局，标明世界经济由一个倚重于自然资源的国别经济时代，转向一个倚重于信息资源的国际经济时代。在这一重大转折中，国际经济关系将在三个方面作较大的调整;一是各国如何集中精力发展经济，提高综合国力，加强对外竞争实力，二是竞争与合作并举，各国的对外经济政策必须适应这一形势的需要，三是国际经济协调的份量更重，在手段、方式和途径趋于多样化的同时，一体化程度会提高，各国必然要依据其经济的外向度和市场的开放性来参与国际经济协调，寻找自己的最佳利益位置。

三、抓住机遇　迎接挑战

市场经济是开放型的经济。我们要发展社会主义市场经济，就必须坚持开放政策，放眼世界，充分把握当代世界经济发展的脉搏和当代国际经济关系调整的基本线索，切实增强竞争与合作意识、独立发展与相互依存意识，抓住机遇，迎接挑战，使我国经济的发展顺应世界经济发展的潮流。

(一) 机遇与挑战并存，但挑战大于机遇　世界经济区域集团化浪潮，对我国来说，既有机遇，也有挑战，但挑战大于机遇。就机遇来看，主要表现为:

第一，欧共体、北美和亚太三大区域集团是我国目前的主要经济伙伴，占我国对外贸易的85%以上，随着这三区域集团的发展，我国必将扩大海外市场的份额，十分有利于我国外贸增长，利用外资，引进技术。尤其是亚太地区，是目前世界上经济增长最快的地区，市场潜力非常诱人，生产要素充裕，又与我国距离较近，对我有积极意义。同时，各区域集团也都明确地看到，中国是世界上最大的发展中国家，连续15年来国民生产总值增长为世界第一，谁与中国合作，谁可以扩大对中国市场的占有份额，否则，将从中国市场上被挤出去。因而，各区域集团乃至于各成员国，都把与中国的经济合作作为一件长远的大事来对待，这就使我国在当今世界经济区域集团化发展过程中占有十分有利的位置。

第二，我国已正式参加了亚太经济合作部长会议，排除了游离于区域集团之外的不利处境。亚太区域合作兴起之初，一些国家以种种借口妄图把我国排斥在外，但由于我国经济实力的明显增强以及在亚太地区的独特地位与作用越来越被广泛地认可，加上我国适时地斗争，这样我国就正式加入了这一区域组织，成为其中的成员国。这一组织目前虽十分松散，尚停留在作坊水平，但它通过官方的对话和沟通，使亚太区域合作从民间走到官民并举，以官为主，合作范围也越来越宽。我国参加这一组织，一方面可以使我国参与这一地区的国际分工与合作，成为其网络的一部分，有利于我国市场经济的发展，促进我国经济与国际经济的接轨。另一方面，通过对亚太地区经济合作的积极影响，可大大提高我国的国际地位和声望，增强与其他区域集团竞争与合作的实力和信誉，对我国全方位开放，建立多元化的海外市场格局有深远的积极影响。

但区域集团化的发展也使我国面临着严峻的挑战，这主要是:

第一，区域集团化对我国的市场战略提出了挑战。一方面，区域集团内外有别的政策将鼓励内部贸易的发展，限制或取代与区域集团之外的贸易关系，这就大大影响我国同这些区域集团的经贸关系，而且也会波及到利用外资和引进技术等。另一方面，区域集团化的发展，必将引起国际竞争和国际垄断的升级，这对我国开拓市场，扩大产品出口，以及经济合作都受到多层次多方面的不利影响。

第二，区域集团化的发展对我国的政府行为和企业行为也都提出了挑战。一方面，区域集团的形成和发展，也是政府间进行协调的结果，随着经济国际化和经济一体化程度的加强，越来越要求政府出面，通过明确的对外经济手段和政策，为企业在区域集团内部的活动鸣锣开道，充当保护人。这就是说，政府的经济外交在今后日益重要，如果没有这一套本领，就无法为本国的企业更好地服务。因此，我国的经济外交工作如何适应区域集团化发展的要求，审时度势，明确方针，积极参与，为企业真正打入国际市场，加入国际分工与合作创造良好的国际条件和环境，的确是一个新的、比较迫切的课题。另一方面，在区域集团化过程中，企业的跨国经营是区域集团内部经济活动的主体。要充分参与这一活动，企业必须有良好的素质和健全的经营机制，同时，社会各方面的政策、法律、财会制度、信息咨询、审计等，都必须符合国际惯例和国际规范，使本国企业真正顺利地与国际企业接轨。我国长期以来实行计划经济，在这些方面都存在明显差距和不足，经验、人才也十分缺乏，因此，区域集团化的发展，对我国企业提出了更高的要求。

（二）要建立健全良好的宏观战略 要抓住机遇，迎接挑战，关键在于我们要深化改革，消除那些不适应我国广泛深入地参与国际分工与合作所需要的经济体制和外贸体制，尽快建立既有利于国内经济持续稳定发展又有利于有效地参与国际分工和国际竞争的经济运行机制，最大限度地利用“两种资源”和“两个市场”，实现我国经济的内外良性循环。

第一，调整对外开放思路，加大对外开放力度。对外开放是我们的一项基本国策。面对世界经济区域集团化提出的挑战和机遇，重要不仅是我们必须坚持对外开放，而且是如何更好地对外开放，调整对外开放的思路，力戒对外开放趋于空洞的政治口号。为此，重点要解决三个问题：一是对对外开放必要性的认识，不能仅仅停留在“互通有无，调剂余缺”的水平上，而要深刻认识到这是市场经济开放性的需要，是全球经济一体化和经济生活国际化的需要，是世界生产力发展的客观规律。只有如此，才能从思想上真正适应当代国际经济关系竞争与合作并存，独立发展与相互依存并举的大趋势，才能赶上当代世界经济发展的步伐。二是使对外开放法律化和政策化。15年来，对外开放已成为我国经济与社会发展的重要事业，它已大大超出一个单位，一个地区，一个部门的工作范围，越来越具有广泛的社会性和政府行为的特点。因此，从长远看，一定地健全对外开放的法律，稳定对外开放的政策，使之有法可依，有政策可循，从而避免无法可依和政策零乱、难于执行的被动局面，以取得良好的国际认可。三是要以不同的经济优势完善我国对外开放的整体格局，以提高我国经济的整体开放度。要继续以区位优势作为标准，搞好沿海、沿边和沿江的开放，同时，要以其他的优势，如人文优势、资源优势、技术优势等作为开放的标准，再开放一些“三沿”以外的地域，并且逐步扩大行业开放的范围和层次，逐步由区域倾斜政策过渡到产业倾斜政策。

第二，在巩固和发展我国与各区域集团以及各国和国际组织多方面经贸来往的同时，要重视参与亚太区域的合作。我国是一个发展中的大国，对外经济联系不能局限于某一区域或某一个国家，应当实施“全方位、多元化、多形式、多层次、多途径”战略，使我国能够从全世界范围内得到最大的比较利益，并巩固我国的长远的经济安全格局。但我国又是一个亚太国家，处于亚太地区的中心地位，与亚太各国有深厚的文化关系。特别是与亚太的地缘优势以及亚太区域的发展潜力，因此，我们要高度重视参与亚太区域合作的意义和作用，从多方面入手，推动亚太区域合作的发展，并为我国经济的发展创造良好的周边环境。目前亚太区域合作有两个层次，一是松散的整体区域合作。对此我们要积极参与，充分发挥我国的大国作用，使之更加向组织化、制度化发展，提高一体化水平。二是各个次区域的小范围和低层次的合作，我们应在区别对待，统一协调的基础上，进行全面的利益比较，确定方案。或由政府出面组织，或由相关的各个省市直接参与。值得指出的是，要推动亚太区域合作的大发展，必须建设“大中华经济圈”，充分利用其人文地理和经济优势，使之在整个亚太区域合作中占有主导地位。

第三，深化体改，完善机制。长期的计划经济体制，使我国在许多方面不适应国际经济发展的需要。市场开放度低，相互封闭，市场体系不发达，市场服务不完善；企业经营机制不合理，素质低，竞争能力差；经济管理政策透明度低，不配套、不稳定、方法单调，行政干预色彩过浓。要解决这些问题，就要深化经济体制改革和外贸体制改革，建立参与国际经济循环的经济运行机制和外贸管理机制。从现阶段来看，首先要解决好这样三个方面的问题：一是有步骤地开放国内市场，增加对外吸引力，巩固和发展对外经济合作网络。二是尽快地与国际经济接轨，在经济运行机制、外贸管理机制，经济管理政策和方法等方面，符合国际惯例和国际规范。三是完善企业经营机制，主要是解决活力和企业竞争力的问题。与上述相适应，要通过改革，促进以下三个方面的发展。一是实行出口导向与进口替代相结合的贸易——产业发展战略，加快产业升级换代，不断提高我国在国际分工中的地位，使我国的经济竞争力以及综合国力，真正建立在依靠科技进步，发展技术密集型、技术和资金密集型产业上。二是要推动金融事业的国际化的发展。金融业与经济、贸易的发展不可分割，金融业的国际化是带动和服务本国经济国际化的主要方面。目前我国金融业的国际化程度较低，影响着我国利用外资、对外经济合作的发展。因此，必须解放思想，加快金融改革，增强金融国际化的意识。同时，相应放开政策，完善管理办法，建立有关金融法律，更新银行业务处理手段，培养大批人才。三是大力培育和发展社会中介服务组织，提高服务质量和服务标准，并适时开放国内的服务市场。

(三) 要有好的微观策略，发挥和规范企业在参与区域集团经济活动中的作用和行为 企业是经济活动的主体，只有充分发挥企业的作用，并与政府的对外联系配合起来，才能有效地参与区域集团的经济活动。从目前我国企业的整体情况看，它离国际企业的要求还相差较远，其竞争能力有限，不适应区域集团的活动。因此，迫切需要解决的是通过协调微观策略，使企业(特别是一些有基础的企业)在以下三个方面获得良好的发展，提高其素质。

第一，解决好企业的规模问题。我国的企业规模普遍较小，经营单一，规模经济效益不高，这就无法增强企业的竞争实力。因此，在企业改革过程中，打破条块分割，要通过企业的联合，兼并和相互渗透等方式，尽快扩大企业规模，向规模经济看齐。这样，经过一段时间的整顿提高，企业素质可迅速改观，竞争能力也有所提高。否则，企业通过滚雪球的发展，将是一个十分缓慢的过程。

第二，要实行国际化经营。企业只有走出国门，实行国际化经营，才能在区域集团中寻找新的分工与合作，并立于不败之地。尤其是面对今后因区域集团发展而带来的贸易保护主义抬头的倾向，让企业走出去，在海外投资，建立生产基地，这是克服贸易保护主义困扰的好办法。企业国际化经营的好坏，直接关系着我国国际竞争能力的高低。因此，要积极推动企业实行国际化经营战略。我国企业的国际化经营尚在探索阶段，经验不足。从国外的经验看，在起步阶段应当依靠政府的政策扶持，而这恰恰是我们的一个薄弱环节。对此，我们要深入调查研究，制订一系列政策，切实从资金、贸易、对外投资、关税等方面给以优惠，同时，要给搞国际化经营的企业以更大的自主权。

第三，进一步实施市场多元化战略。目前，我国企业的出口市场相对比较集中在港澳、日、美、西欧等少数国家和地区，对这些市场的依赖性很大，风险性与日俱增，很不利于我国海外市场的开拓。面对竞争激烈的市场，尤其是区域集团内外有别的市场策略，我们必须进一步实施市场多元化战略。对已有的市场，要充分研究和把握其发展趋势，加快产品的更新换代，提高产品的质量和包装装璜，扩大广告宣传，改善售后服务，巩固并扩大市场的占有份额。对一些新的市场，如东欧、独联体国家的市场，以及亚非拉发展中国家的市场，可采取多种形式，或直接出口，或通过直接投资占领市场。实施市场多元化战略，要在一致对外的基础上加强协调，防止一呼而上，一呼而下，也要采取新的营销方式和手段。国家要建立进出口银行，为市场多元化提供资金，信用，风险担保等有关方面的支持。

(作者所在单位:《求是》杂志社经济部)

专　题　分　析

深化企业改革　转换企业经营机制的成就及展望

王　强

一、我国国有企业改革的历史回顾

(一)我国国有企业的历史沿革　我国国有(全民所有制即原国营)企业发轫于解放区从事军需生产的工业企业，进入解放战争时期，伴随着大中城市的解放，通过没收官僚资本主义企业，国有企业有了进一步发展。新中国成立时，国有企业已初具规模，在国民经济中占有重要地位。经过三年的恢复建设，1952年，国有工业实现产值145亿元，占全国工业总产值比重达41.5%。

建国初期，根据当时理解的马列主义理论对社会主义制度的预见和描绘，在学习原苏联集中统一的国有企业制度和集中力量建设社会主义新中国工业体系的思想指导下，中央人民政府接连通过没收官僚资本，进行“三大改造”和对苏联援建的156项重点工程的集中建设，我国国有企业迅速壮大，国有工业企业产值占总工业产值的比重由1952年的41.5%提高到1957年的53.8%；国有企业控制了主要的基础工业、重加工工业、大批发流通企业等关系国民经济命脉的重要部门及领域，国有企业在国民经济发展中的主导地位逐步确立，与此相应的高度集中统一、直接管理的体制也初步形成。这些对于巩固新政权，保证建国初期国民经济的迅速恢复和高速度发展，发挥了重要的历史作用。但是，这种体制下国营企业缺乏相应的自主权，中央和地方政府部门对企业的各项业务管得太多、太死的弊端，很快就显露出来。其具体表现就是：企业活力和效率低下，职工生产积极性主要靠翻身解放的热情和建设社会主义的觉悟来支撑，缺乏必要的激励和责任机制，加上宏观计划管理和分配资源的方式难以真正适应社会需求，造成了大量的资源浪费。针对这些问题，国务院于1957年做出了《关于改进工业管理体制的规定》，着手从适当扩大地方管理国有企业的权限上进行改进，开始陆续下放中央直属企业。1958年3月，中央又做出了《关于工业企业下放的几项决定》，除了一些重要的、特殊的以及“实验田”性质的企业，仍归中央政府继续管理外，其余企业原则上一律下放归地方管理。这次下放企业，采取政治运动的方式突击完成，造成了管理上的混乱局面，很多企业原有的协作关系遭到严重破坏。1961年，党中央提出了“调整、巩固、充实、提高”的八字方针，针对企业过于分散和经济协作混乱的状况，做出了《关于调整管理体制的若干暂行规定》，又开始上收企业，并试办了工业托拉斯，试图改善对国有企业的管理方式。但由于采取的措施主要是调整中央和地方管理企业的权限，政府对企业的管理方式本身没有太多改进，使得这次调整和上收企业没能收到多大效果。1970年3月，国务院拟定了《关于工业交通各部直属企业下放地方管理的通知》，又一次开始下放企业。至1976年文革结束，国有企业又陆续收归中央管理。建国三十年，国有企业在条条块块之间收收放放，却始终没有触及到政府与企业的关系改革，加之宏观体制排斥市场机制，否定了国有企业做为经济活动主体的基本属性。截止到改革开放之前，政府对企业实行统分统配、统收统支、统一计划、直接管理的体制没有多大的变化，国有企业始终处于政府部门附属物的地位，企业经营机制呆滞，僵化，窒息了企业活力。

(二)我国国有企业改革的回顾　党的十一届三中全会，揭开了中国改革开放的历史画卷。邓小平同志在全会闭幕式上讲话时指出：“现在，各地的企业事业单位中，党和国家的各级机关中，一个很大的问题就是无人负责。名曰集体负责，实际上等于无人负责”。并强调:“当前最迫切的是扩大厂矿企业和生产队的自主权，使每一个工厂和生产队能够千方百计地发挥主动创造精神”。从此，国有企业改革以调动企业和职工生产经营积极性为出发点，从扩大企业自主权开始逐步展开，并伴随着整个改革开放事业的深入和扩大，一步步向纵深发展。

从1978年底到1993年底，我国企业改革已走过了十五个年头，大致可以划分为五个阶段。

第一阶段:从1978年12月十一届三中全会开始，到1984年十二届三中全会以前，为我国国有企业改革的起步阶段。这一阶段企业改革的基本思路是扩权让利，采取的主要措施是扩大企业自主权和实行工业经济责任制。

1. 扩大企业自主权。扩大企业自主权改革，特指国有企业改革之初，政府以实行企业利润留成制度为重点，有限地扩大企业在生产计划、产品销售、劳动管理、内部分配等方面的经营管理自主权的改革，是对我国传统的计划管理体制下统分统配、统收统支、统购统销的企业管理制度的改革偿试，旨在调动企业和职工的生产经营积极性，提高企业的生产效率。

我国传统企业管理体制的严重蔽端就是政企不分，政府对企业统的过多、过死，企业成为政府机构的附属物，没有相应的经营管理自主权，严重压抑了企业和职工的生产经营积极性，窒息了企业活力。针对这种状况，从1978年四季度起，部分省市开始在国有工业、商业企业从扩大企业经营管理权限入手，进行企业管理体制改革试点。1978年10月，四川省首先在重庆钢铁公司等六家企业开始扩大企业自主权试点。1979年4月份，在总结经验的基础上，四川省的试点工业企业扩大到100家，并在40家商业企业进行了扩大经营管理自主权的试点。与此同时，云南、北京等地也在国有企业进行了扩大企业自主权的改革试点，试点企业表现出了前所未有的生产经营积极性。

1979年7月，国务院下达了《关于扩大国营工业企业经营管理自主权的若干规定》等五个改革经济管理体制的文件，肯定了各地扩大企业自主权的改革方向，并对扩权的主要内容作了规定，重点是把国有工业企业由按工资总额提取企业基金的办法改为实行利润留成办法，赋予企业自主安排使用留成资金的权力。1980和1981年国务院及有关部委又先后发布了《批转国家经委、财政部关于国营工业企业利润留成试行办法的通知》、《批转国家经委关于扩大企业自主权试点工作情况和今后意见的报告》、《贯彻落实国务院有关扩权文件，巩固提高扩权工作的具体实施暂行办法》等一系列文件，完善了企业利润留成制度，相应扩大了企业其它方面的经营管理自主权，扩大企业自主权改革的内容更加明确和具体。这一时期，是扩大企业自主权改革的试点时期，国家主要赋予扩权试点企业以下权力:制定补充生产计划权，部分产品自销权，利润留成资金使用权，出口产品分成外汇使用权，职工奖励处分权，定员编制范围内的机构设置和人员配备权，中层以下干部任免权等。

此间，各省、市、自治区都先后进行了企业扩权试点。到1980年底，全国扩权企业已达6000多个，占国家预算内工业企业总数的16%，产值约占60%，利润约占70%。此外，在四川、上海、广西等地的200多个企业进行了独立核算、国家征税、自负盈亏的企业改革试点。从试点情况看，扩大企业自主权，使企业可以在完成国家计划的前提下，按照生产建设和市场需要制定补充计划，自主安排生产;在一定范围内可按国家规定的价格自销部分产品，改变了国家统分统配、统收统支的企业管理方式，促进了企业的转轨变型。同时，企业有了一定的自主分配的财力和经济利益，逐步使企业经营的好坏同职工的物质利益挂起钩来，调动了企业和职工的生产经营积极性，促进了企业劳动效率和经济效益的提高。

鉴于扩大企业自主权试点取得的积极效果，国务院于1984年5月颁布了《关于进一步扩大国营工业企业自主权的暂行规定》，相应扩大了企业十个方面的自主权。即:生产经营计划权，产品销售权，产品定价权，物资选购权，资金使用权，资产处置权，机构设置权，人事劳动权，工资奖金使用权，联合经营权等。这就是著名的“扩权十条”。以“扩权十条”的颁布为标志，扩大企业自主权改革作为企业改革的一个阶段结束了，但作为企业改革的重要方面，扩大企业自主权伴随着整个改革的进程，不断有新的发展。

2. 实行工业经济责任制。工业经济责任制是在国家计划指导下，以提高社会经济效益为目的，实行责、权、利紧密结合的生产经营管理制度。它通过法令和规章制度来确定国家和企业的关系，更加明确了企业对国家承担的经济责任，在此基础上，把企业、职工的经济责任、经济效果同经济利益联系起来，力求正确处理国家、企业和职工个人三者的利益关系。实行工业经济责任制，也使企业的经营管理自主权进一步扩大和逐渐得到落实，是扩大企业自主权改革深入发展的一个方面。

十一届三中全会后农村联产承包责任制的巨大成功和扩大企业自主权改革工作的逐步深入，使城市国有工业企业的经济责任问题日益突出。1981年初，山东省等地在扩大企业自主权的基础上，对部分企业实行了利润(亏损)包干，随后，全国各地也相继实行了一些不同的包干办法，这些包干办法连同扩大企业自主权的规定一起，逐渐发展为工业生产经济责任制的主要内容。1981年10月，国务院批转国家经委和国务院体改办《关于实行工业生产经济责任制若干问题的意见》，工业生产经济责任制正式作为企业改革的重要政策在全国实行。

实行经济责任制强调要抓好两个环节。一是国家对企业实行的经济责任制，要处理好国家和企业之间的关系，尤其是分配关系，做到责任和利益相统一，解决企业经营好坏一个样、吃国家"大锅饭"的问题；二是建立企业内部的经济责任制，处理好企业和职工的关系，做到各尽所能，按劳分配，解决职工干好干坏一个样、吃企业"大锅饭"的问题。两者互相结合、相辅相成，构成了经济责任制的核心内容。

实践中，各地根据本地实际情况，分别采取不同的形式来处理两个环节的责、权、利关系。关于国家与企业的分配关系，主要采取利润留成，盈亏包干，以税代利、自负盈亏的办法来处理；关于企业和职工的关系，主要通过经济责任指标分解，计分计奖，计件工资，超产奖，定包奖和浮动工资来解决。

实行经济责任制后，国家要求企业用留存的利润建立三项基金：生产发展基金，主要用于企业的挖潜、革新、改造，有条件的也可以用于扩建；职工福利基金，主要用于兴建职工宿舍等集体福利设施和用于医疗费补助，解决职工生活困难等其它福利事业；奖励基金，用于奖励职工劳动。

实行工业经济责任制，不仅要处理好两个方面的责任和利益关系，还要处理好国家和企业的责任和权力关系，在明确企业经济责任的基础上，要求逐步扩大并落实企业生产经营自主权，使企业做到权责对等。承担责任是赋予权力的前提，而赋予权力是承担责任的必然要求，没有相应的权力，责任的落实只能成为假设；缺少权责对等的有力保障，利益关系的明确也就无法实现。因此，实行工业经济责任制强调企业责、权、利相统一，促进了扩大企业自主权改革的完善和发展，对推动企业改革的逐步深化起到了积极作用，以后各种形式的企业经济责任制和经营责任制，就是由工业经济责任制逐渐发展和完善形成的。

扩大企业自主权和实行工业经济责任制的各项措施对增强国有企业活力起了很大的推动作用。作为企业改革起步阶段采取的措施有一个明显特征，就是它们的实施给几乎所有企业和所有职工带来利益，因此，容易为人们接受并受到欢迎，激励作用十分明显。尽管让利幅度不大，下放给企业的权利有限，但扩权让利政策的实行，一定程度上改变了高度集中的计划体制下，企业几乎没有自主权，生产也受到严重束缚的状况，使广大企业和职工在利益刺激下，迸发出了巨大的生产热情和积极性。

第二阶段：从1984年到1986年底。这一阶段企业改革的基本思路是理顺国家和企业的分配关系，采取的主要措施是实行利改税。实际上早在1983年即开始了第一步利改税，但因为完整的利改税政策是从1984年实行的，因此，作为国有企业改革一个阶段的利改税，事实上是在1984年开始全面推开的，我们可以通过两步利改税来回顾这一阶段的企业改革。

1. 一步利改税。一步利改税是对国家与企业分配关系的改革，即对国有企业上交利润实行税利并存的收缴制度。对企业实现利润，国家先征收一定比例的所得税和地方税，然后对税后利润采取多种形式在国家和企业之间进行分配。旨在通过理顺国家与企业的分配关系，正确处理国家、企业和职工三者利益，调动企业和职工的生产经营积极性，保证国家财政收入的稳定增长。

1980年开始，国家曾在400多个工业企业中进行"自主经营、以税代利、自负盈亏"的试点，作为明确国家和企业之间关系的一项改革收到了积极效果。为此，1983年4月，国务院批转了财政部关于全国利改税工作会议的报告和《关于国营企业利改税试行办法》，决定从1983年开始国有企业实行利改税办法——进行第一步利改税。即国有企业保持原有的工商税(按销售收入计征)，把相当于基数利润的部分改为所得税，所得税后的利润再区别情况在国家与企业间进行分配。规定凡有盈利的国营大中型企业，实现利润先按55%的税率交纳所得税。税后利润一部分上缴国家，一部分按照国家核定的留利水平留给企业。上缴国家的部分，分别采取递增包干上缴、固定比例上缴、缴纳调节税、定额包干上缴等办法，一定三年不变。凡有盈利的国营小企业，根据实现利润按八级超额累进税率缴纳所得税，税后由企业自负盈亏。企业的税后留利，要建立新产品试制基金、生产发展基金、后备基金、职工福利基金、职工奖励基金，前三项基金不得低于留利总额的60%，后两项基金不得高于40%。

利改税是对国家与企业分配关系改革的一个突破，改变了国有企业只上交利润、不能征收所得税的传统模式，是处理国家与国有企业分配关系的一种新型方式。它一定程度上克服了实行经济责任制过程中国家与企业在利益分配中讨价还价带来的蔽病，对规范国家与国有企业分配关系进行了有益的偿试。由于其它改革不配套和一步利改税自身存在的缺陷与不足，实行一步利改税，加剧了国有企业税赋苦乐不均现象，又由于过于强调增加财政收入的功能，对企业发展后劲考虑不足，削弱了企业的投资能力。

2. 二步利改税。二步利改税把国有企业全部上交利润改为税收形式，是在一步利改税基础上，进一步对国家与国有企业的分配关系进行改革，旨在通过合理确定税目、税率，规范国家与国有企业的分配关系，在此基础上理顺国家与企业的责权利关系，逐步增强企业活力。

1984年9月19日，国务院批转财政部《关于在国营企业推行利改税第二步改革的报告》，决定对国有企业实行二步利改税办法。主要内容是：将工商税按纳税对象划分为产品税、增值税、盐税和营业税，改变企业利润上交形式，国家对国有企业实现利润分别征收所得税和调节税，调节税后利润为企业留利；增加资源税、城建税、房产税、土地使用税和车船使用税。规定调节税采取一户一率的办法分别核定，即：国有大中型企业基期利润扣除按55％计算的所得税和1983年合理留利后的部分，占基期利润的比例，为调节税税率。企业当年利润比核定的基期利润增长部分，减征70％调节税，并由"环比"改为"定比"，一定七年不变。核定的基期利润扣除55％所得税后，余利达不到1983年合理留利的大中型企业，不征调节税，并在一定期限内经批准减征一定数额的所得税。企业税后留用的利润要相应建立新产品试制基金、生产发展基金、后备基金、职工福利基金和职工奖励基金。企业从增长利润中留用的利润，一般应将50％用于发展生产，20％用于职工集体福利，30％用于职工奖励。国营小型盈利企业，按新的八级超额累进税率缴纳所得税后，一般由企业自负盈亏，国家不再拨款。

同一步利改税比较，二步利改税有较大进步。首先，把统一的工商税改为产品税、增值税、营业税，按不同产品的销售利润情况分别定率计征，在一定程度上缓解了由于价格扭曲造成企业苦乐不均的矛盾；二是把一部分企业利润转化为流转税，有利于稳定国家财政收入的增长；三是考虑到企业折旧率低、留利不多的实际情况，规定采取税前还贷的办法，由国家和企业共同承担还贷任务，减轻了国家拨款投资的负担，许多企业得以用贷款进行技术改造，增强了企业技术改造的能力。

两步利改税，试图通过理顺并规范国家与企业的分配关系，探索国有企业改革的有效途径，在企业改革以至整个经济体制改革中有着重要意义。但是，由于外部体制改革不配套和当时历史条件的局限性，利改税未能脱离旧体制的束缚，存在明显缺陷和不足。主要表现在：第一，没能从划分国家作为社会管理者和国有企业资产所有者两种身份出发来处理国家与企业的分配关系，国有企业税利不分，国家与企业的权责无法界定，难以从根本上理顺国家与企业的责、权、利关系；第二，在没有建立企业约束机制的情况下，采取税前还贷办法，因缺乏对企业投资贷款的有效约束，实质上形成了企业投资的"大锅饭"，加重了国家财政负担；第三，在价格严重扭曲的情况下，产品税、增值税税率虽然可以缓解价格矛盾，但却限制了税收对宏观经济的调控作用，一户一率的调节税，难以做到平等税赋，无法消除"鞭打快牛"现象。利改税本身存在的这些不足，加上这项改革出台的时机赶上经济过热后的宏观经济整顿和紧缩，在两步利改税推行后，出现了国有企业实现利润连续22个月滑坡的局面。利改税的积极作用尚未发挥就被承包经营责任制改革所取代，利改税事实上归于失败。

利改税未能成功，却也给我们带来了下面几点启示：第一，利改税是为了探索如何确立国家和企业分配关系的途径，但由于当时并没有注意解决如何区分国家作为社会经济管理者和作为国有企业资产所有者双重身份的问题，因此，很难正确地确定企业对作为社会管理者的政府的税收关系，和企业对作为国有资产所有者的政府的资产收益关系，利改税只是希望确立企业和国家的税收关系，没有注意到资产收益关系，基于这种认识上的改革，很难切实实行并收到效果。第二，利改税措施的制定是以"财政观点"为指导思想的，即一定要保证财政近期收入，不注意形成国有企业自我积累的机制。二步利改税本没想完全以税代利，但又保留一户一率的调节税，调节税设置的本意并非照顾企业，而是要保财政收入。两步利改税实行后，国有企业负担亦然很重，尤其是大中型企业负担更重，这对于增强企业活力是不利的。第三，选择改革时机十分重要。两步利改税改革，总体方向是正确的，但方案本身不完善，尤其是出台的时机不对。实行二步利改税时已经出现了宏观经济过热，随之而来的是宏观经济政策上的"软着陆"，经济紧缩必然带来企业生产不景气，效益下降，财政收支不平衡加剧等。因此，实行二步利改税后国有企业效益长期连续下滑，并不能完全归咎于二步利改税，而和宏观经济政策和大形势有关。这也提醒我们，大的改革政策的实施，一定要注意选择正确的时机，以保证改革措施发挥最大效用。

第三阶段。从1987年到1990年，这一阶段企业改革的指导思想或基本思路从扩权让利、利改税来调整国家和企业的关系转向了实行政企职责分开，所有权和经营权适当分离，这是一个巨大的进步。采取的具体措施是推行承包经营责任制，对一些小型企业实行租赁经营。

1. 承包经营责任制。企业承包经营责任制，是我国广大企业和职工在经济发展和企业改革实践中不断探索和发展起来的一种企业经营形式。两步利改税后，国有企业整体效益下滑，企业和职工的生产积极性下降。而与此同时，以首钢为代表的从1981年后坚持实行承包经营试点的企业，却显示出勃勃生机，职工的生产积极性一直很高，企业经济效益稳步增长。各地承包经营改革的实践使人们认识到，要调动广大企业和职工生产经营的积极性、主动性和创造性，增强企业活力，仅靠对企业放权让利是不够的，必须通过国家与企业利益关系和权力机制的深刻调整，对企业经营机制进行改革。承包经营以“包死基数，确保上交，超收多留，欠收自补”为基本内容，使企业的责权利紧密结合并落到实处，具有较强的激励作用和利益约束机制，是正确处理公有制经济各种利益关系，特别是国家、企业、职工三者责权利关系的一种有效形式，有利于充分调动企业和职工的生产经营积极性。

基于承包经营在试点中取得的显著成效，在全面总结承包经营试点经验的基础上，1987年4月，党中央和国务院作出了在全国普遍推广承包制的重要决定，承包制迅速在全国国有企业中普遍实行和发展起来，在一个时期内，成为推动企业实现自主经营、自负盈亏、自我改造、自我发展的改革目标，增强企业活力的重要手段。此后，党的十三大报告充分肯定了承包制的积极意义，指出“目前实行的承包、租赁等多种形式的经营责任制，是实行两权分离的有益探索”，“无论哪种经营责任制，都要运用法律手段，以契约形式确定国家与企业之间、企业所有者与经营者之间的责权利关系”。1988年2月，国务院发布了《全民所有制工业企业承包经营责任制暂行条例》，对国有企业实行承包经营做出了具体规定，并写进了《企业法》，把承包制纳入了法制化管理的轨道。

据对全国28个省、自治区、直辖市和7个计划单列市的统计，独立核算工业企业80%以上，预算内国有工业企业的90%以上，从1987年开始陆续实行了第一轮承包，其中实行承包经营的大中型企业达95%以上。到1990年有90%左右的企业一轮承包到期，逐渐开始了二轮承包，截止到1991年底，95%以上的到期企业转入第二轮承包。承包制作为国有企业的主要经营方式不断发展和完善，在深化国有企业改革中占有重要地位。

几年的承包经营责任制实践证明，承包经营责任制是在公有制的基础上，按照政企职责分开、企业所有权和经营权适当分离的思路，以提高经济效益为目标，以责任制为核心，以利益刺激为动力，以契约形式确定国家和企业责权利关系的一种经营形式。以“包死基数，确保上交，超收多留，欠收自补”为原则的承包制，促进了国有企业各种利益机制的形成。合理确定承包基数，实行上交利润递增包干、超收全留或基数包干、超基数利润按比例分成的利润分配形式，既保证了国家利益，又能兼顾企业利益；按照产业政策的要求，参照本地区同行业企业的平均资金利润率水平，根据企业的实际效益水平、技术改造任务的轻重、预期效益，逐户核定承包基数，确定上交办法的过程，使利益调节机制和利益平衡机制初步发挥作用；“超收多留、欠收自补”则使企业既有压力，又有动力，是较好的利益激励机制；“确保上交”和整个承包合同，以及根据承包合同进行审计、考核和兑现，形成了一定的利益约束机制。这些机制的初步确立，一定程度上推动了国有企业经营机制的改革。此外，承包经营责任制，以契约(承包合同)形式确定政府(发包方)和企业(承包方)的责权利关系，明确了各自的权力、责任和利益，这种经营形式改变了政府与企业之间单纯的行政隶属关系，使企业有了相对独立的经济利益和相应的权力，政府对企业的行政干预因承包合同受到限制，为企业成为独立的社会主义商品生产者和经营者创造了条件，是把国有企业塑造为独立商品经济实体的积极探索和有益尝试。企业承包经营责任制取得的成绩主要表现在：一是扭转了企业经济效益下滑的局面，保证了国家财政收入的稳定增长；二是企业的经营自主权逐步落实，推动了企业内部改革的深化和企业内部经济责任制的建立，提高了企业效率；三是企业经营风险抵押金的建立和自有资金的增加，使企业具有了一定的负亏能力；四是随着企业留利的增加，企业具有了一定自我积累、自我改造的能力；五是承包考核指标体系的不断完善和严格兑现承包合同，加强了对企业行为的约束。

承包经营责任制的实行使企业改革从单纯的放权让利深入到企业经营方式的改革，促进了企业机制的转变。随着整体改革的不断推进和深化，承包制的局限性逐渐显露出来，也面临着诸多问题和困难。这些问题，既有承包制本身的问题，也有承包制具体工作中存在的问题，还有外部条件影响带来的问题，主要是：(1)承包基数的确定不科学，难以做到完全合理；(2)受“死基数与活环境”的矛盾困扰，基数很难真正包死；(3)包盈不包亏，短期行为严重，约束机制不健全；(4)企业利润分配向消费倾斜，发展后劲不足；(5)企业和政府责任不对等，企业难以真正做到自主经营，合同也无法严格兑现；(6)随着宏观经济运行市场化程度的提高，以指标管理为特征的承包经营的适应性减弱，尤其是不能从根本上转变企业机制，企业还不能真正成为自主经营、自负盈亏的商品经济实体，难以完全走向市场。

承包制面临的这些问题和困难，一方面需要通过完善原有承包方式去解决，如确定基数时，增加横向比较，使基数确定科学化；健全承包指标体系，引导企业行为合理化；加强对承包过程的管理，逐步使政府管理制度化，减少个人随意性，以保证在权责对等的基础上，严格兑现承包合同等，尽可能减少问题，缓解矛盾。另一方面，要依据政企分开、两权分离的基本思路，探索新的承包方式，不断在实践中发展承包制，以使承包制在完善和发展自身的过程中，保持其应有的生命力。

2. 租赁经营责任制。租赁经营是指企业所有者把企业资产有偿地让渡给承租者经营，企业资产所有权不变，承租者只要按期如数交纳租金，保证租赁财产不受损失，其生产、经营、分配完全自主。

我国国有企业的租赁经营，是在不改变企业的全民所有制性质的条件下，依照企业所有权和经营权分离的原则，国家将企业资产有期限、有条件、有偿地出租给承租者，并将经营权让渡给经营者的一种企业经营方式。它主要适用于小型企业。

我国企业的租赁经营最早是从商业、服务饮食业开始的。1984年，沈阳汽车工业公司率先将这种经营方式引入工业企业，进行把小型工业企业租赁给个人经营的尝试，取得明显成效。这种示范效应，促其经验在全国迅速推广。1988年，国务院颁布了《全民所有制小型工业企业租赁经营暂行条例》，规范了国有企业的租赁经营，并开始在小型企业实行。这一时期，全国各地均有一些小型工业企业实行了租赁经营，有些地方对部分微利或亏损的中型企业实行了租赁经营。

国有企业实行租赁经营，是企业改革过程中，对实现政企分开、所有权和经营权分离形式的积极探索。租赁经营的出现和发展，在探索公有制经济的有效实现形式方面显示出重要意义:

第一，租赁经营使国家同企业的关系进一步理顺。实行租赁经营，改变了传统体制下政企职责不分的状况，使国有企业与政府主管部门的上、下级行政隶属关系，变为“出租方”与“承租方”之间的经济关系，并通过合同(契约)确定下来，双方作为合同的当事人，享有平等的权力和义务，均要按照合同规定行事。这种以法律形式固定下来的权利和义务关系，使政府部门不可能再用行政命令任意干预企业的经营活动，有利于企业在生产经营活动中发挥能动性，有利于在经济活动中贯彻平等互利原则，对国家真正用经济办法管理经济是一种有益的启示。

第二，租赁经营促进了企业所有权与经营权的分离，有利于实现企业自主经营。企业实行租赁经营后，所有者按期收取租金，不再管理企业的生产经营活动;经营者按期交纳租金，同时也就享有了充分的生产经营自主权，可以自主决定企业的生产经营决策、机构设置、内部分配、干部任免、职工聘用等。企业的生产经营，基本上实现了由经营者自主决定，政府部门不能也无法在租赁期内任意干预企业的生产经营，只能依法管理。

第三，租赁经营把企业推向市场竞争，有利于发挥市场机制的作用。租赁经营企业的领导一般通过招标竞争的方式确定，不再由企业上级主管部门任免;租赁经营后，国家也不再负责企业的资金、原材料供应和产品销售的具体调拨及组织工作;企业所需资金由自己筹措，原材料主要从市场购买，产品要通过市场销售。市场对企业生产经营活动的作用越来越大，企业的一切活动均以追求盈利为目的，围绕市场需要来进行。租赁经营企业由面向上级转而面向市场，对促进社会主义市场的发育和市场竞争机制的形成有重要作用。

第四，租赁经营有效调动了经营者的积极性，并使经营者的合法权益得到保护，有利于企业家阶层的培育和发展。企业租赁以后，承租人的经济责任与经济利益十分明确，与企业经营状况紧密相联。企业经营的好，承租人可以多得;经营不好，完不成租金要以自己以至担保人的财产补偿，经营者与企业结下共存亡的关系。原来国有企业经营者缺乏利益激励和责任约束，躺在国家身上吃大锅饭的现象不复存在。租赁经营企业的经营者，真正成为专职的经理人员，集中全副精力于企业的生存经营，充分发挥自己生产经营的聪明才智，千方百计搞好企业，在竞争中谋求企业的生存与发展，同时，实现了自身的发展。此外，企业租赁经营后，经营风险由政府转移到承租人身上，企业经营决策的后果完全由承租人承担，责任十分清楚，与此相对应，承租人享有了对企业生产经营充分的自主权。这时，谁侵犯了企业的自主权，也就侵犯了经营者的切身利益，经营者必然据理力争，依法保护自己和企业的正当权利。因此，租赁经营企业的经营者，能够依法排除外来干预，保护自己的合法权益，保证企业的经营决策和组织实施的顺利进行，企业家应具备的各种素质不断在市场活动中得到完善和提高。

租赁经营具备的这些作用及其在实践中取得的效果，给国有中小企业的改革带来了有益的启示，其自身也随着改革的深化不断完善，成为搞好中小企业的重要方式。

第四阶段:从1991年到1992年底。这一阶段企业改革的基本思路是，以转换企业经营机制，把企业推向市场为中心，以贯彻落实《企业法》、进一步搞好国有大中型企业为重点，积极推进各项配套改革，完善各类企业改革试点。

1. 关于贯彻落实《企业法》。1988年4月，七届全国人大一次会议通过了《企业法》，它是建国以来我国国有企业的第一部基本大法，是十一届三中全会以后10年企业改革成功经验的结晶。《企业法》从法律上确定了现阶段具有中国特色的全民所有制企业制度的基本原则和内涵，为企业改革指明了近期方向。《企业法》将改革以来国家搞活企业的有关法规、政策概括为企业的13项权利，即生产计划权、要求调整不必要指令性计划权、产品销售权、物资选购权、产品定价权、对外经济活动权、留用资金使用权、资产处置权、内部分配权、用工权、机构设置权、拒绝摊派权、联合经营权等。《企业法》规定的企业应享有的这些权力，实际上是把企业构造成独立的商品生产者和经营者的必要条件。落实《企业法》的过程，也就是使企业转换机制，适应社会主义新经济体制的客观要求，形成既有内在动力又有竞争压力的企业运行机制的改革过程。

《企业法》颁布实施以来，在指导企业改革，增强企业活力，维护企业合法权益等方面发挥了重要作用，近几年的企业改革实践中，凡是搞得比较好的企业，多是能够充分运用《企业法》赋予的生产经营自主权，主动面向市场的企业。首钢等一批国有企业，生产蒸蒸日上，蓬勃发展，很重要的一条就是《企业法》赋予企业的自主权在这些企业基本上落实了。但是，从总体上看，大多数国有企业的生产经营自主权难以落实，《企业法》的全面贯彻落实难度很大。其中的原因之一就是《企业法》对企业各项权力的规定较为原则和概括，而又缺乏一个实施细则使其明确化、具体化。针对这种情况，1991年9月份召开的中央工作会议决定，把制定《企业法》的实施条例作为深化企业改革，搞好国有大中型企业的重要内容，国务院责成国家体改委牵头，国务院经贸办，国务院法制局等有关部门参加，抓紧制定《企业法》的实施条例，并决定先制定一个转换企业经营机制条例，作为实施条例的主要组成部分，尽快发布实施。

在国务院的直接领导下，国家体改委、国务院经贸办、国务院法制局经过反复论证，广泛征求各方面意见，历时半年多，完成了《全民所有制工业企业转换经营机制条例》的制定工作。《条例》于1992年7月23日由国务院发布实施。

《条例》依据《企业法》的立法精神和基本原则，把《企业法》的原则规定明确化、具体化、又根据企业转换经营机制的需要，通过对近年来我国企业改革成功经验的总结，对《企业法》的某些具体规定进行了发展和创新。主要表现为：(1)《条例》用法律语言，明确规定了国有企业转换经营机制的目标是使企业适应市场的要求，成为依法自主经营、自负盈亏、自我发展、自我约束的商品生产和经营单位，成为独立享有民事权利和承担民事义务的企业法人。(2)《条例》力求用法律语言对企业财产所有权和经营权作出界定，规定了行使企业财产所有权和经营权的职责，强化了企业经营权。《条例》把企业的经营权具体细化并延伸为十四项具体权力，即：生产经营决策权，产品劳务定价权，产品销售权，物资采购权，进出口权，投资决策权，留用资金支配权，资产处置权，联营兼并权，劳动用工权，人事管理权，工资奖金分配权，内部机构设置权，拒绝摊派权等。(3)《条例》在明确赋予企业经营决策自主权的同时，强化了企业自负盈亏的责任，以保障所有权的权益。《条例》对企业自负盈亏的主体，企业、厂长、职工对盈亏的责任，亏损的处理办法，企业的自我约束和分配监督机制等作出了相应规定，以保证盈亏责任落到实处。(4)《条例》对企业的产品结构和组织结构调整作出了明确规定。根据近年来我国企业结构调整的实践经验，《条例》把企业结构调整明确为转产、停产整顿、合并、分立、解散、破产等内容，对各种形式的调整及有关权、责、利的处理作了规定，并以法规形式给予了相应的扶持和鼓励政策。(5)依据企业转换经营机制的客观需要，《条例》对政府职能转变问题作了原则规定，指出了政府转变职能和机构改革应坚持的方向。这些特点表明，《条例》针对企业改革深化过程中的重点问题，提出了解决问题的办法，指出了进一步深化改革的方向。尽管《条例》的一些具体规定有着过程性的特征，内容也有局限性，不可能解决企业改革的所有问题。但《条例》的出台，是对《企业法》具体内容的发展和完善，对企业转换经营机制的一些重要环节作出了明确规定，有着较强的实用性和可操作性，是贯彻落实《企业法》、转换企业经营机制的重大举措。

《条例》发布后，为促进《条例》的全面贯彻落实，中共中央、国务院又发出了《关于认真贯彻执行＜条例＞的通知》(中央12号文件)，进一步对贯彻《条例》提出了具体要求。根据中央、国务院的指示精神和统一部置，各地区、各部门把贯彻《条例》列为本地、本部门的中心工作，采取了一系列措施，积极组织实施，抓紧制定实施办法和配套规章，广泛开展宣传培训工作，认真清理已往的法规文件，加强对贯彻《条例》的监督检查等。贯彻落实《条例》的工作从92年下半年开始全面展开，逐步成为深化企业改革，落实企业自主权的中心工作。

2. 关于进一步搞好国有大中型企业。改革以来，党和政府一直对搞好国有大中型企业十分重视，始终把这项工作放在深化改革的突出位置，许多文件都明确提出要把增强企业特别是国有大中型企业的活力作为深化经济体制改革的中心环节。1991年9月，中国共产党专门召开中央工作会议，专题研究搞好国有大中型企业问题，把这个问题提高到巩固和发展社会主义制度的高度来认识，这是前所未有的，进一步说明了中央对搞好国有大中型企业的重视和决心。而围绕搞好国有大中型企业，深化各项配套改革，也就成为这一阶段企业改革的重要内容，这一时期，中央和地方出台了一系列政策和措施，以进一步搞好国有大中型企业。

(1)国家有关搞好国有大中型企业的政策。

这一时期，国家关于搞好国有大中型企业的政策，集中反映在中央工作会议李鹏总理讲话中提出的20条措施。主要内容是:

1)增加企业技术改造投入。2)逐步缩小对国有大中型企业的指令性计划。3)适当提高折旧。一是提高折旧率;二是进行固定资产重估，增大计提基数;同时，逐步免征折旧上交的能交基金和预算调节基金。4)增加新产品开发基金，新提部分免交能交基金和预算调节基金。5)继续补充流动资金。6)对银行利率进行调整。7)抓紧落实给予部分企业外贸自主权。8)继续对234户国有大中型骨干企业实行“双保”，即保证资金支持和国家物资供应的分配。9)抓紧清理“三角债”。10)进一步做好组建大型企业集团的试点工作。11)坚决治理“三乱”。12)降低国有工业企业的所得税，从55%降到33%，结合扩大税利分流，税后还贷试点分三年完成。13)坚持完善承包经营责任制，对一批大型企业或企业集团实行投入产出总承包。14)继续贯彻《企业法》，健全企业内部领导体制。15)积极推进劳动工资制度改革，搞好优化劳动组合，逐步实行全员劳动合同制;管理人员和技术人员逐步实行聘任制;提倡实行以岗位技能工资制为主要形式的企业内部分配制度。16)把国有大中型企业推向市场。按照政企职责分开，计划经济与市场调节相结合的改革方向，改善国家对企业的管理方式，缩小指令性计划，发挥市场调节的作用，使企业按市场需要进行生产经营活动。17)进一步加快技术进步，加快高新技术产业化和商业化进程;多渠道筹措技术改造资金，吸收外资，支持办技术先进企业。18)坚持从严治厂，加强企业内部管理。19)全心全意依靠工人阶级。20)切实加强对国有大中型企业的领导，把整个“八五”计划时期列为集中力量增强国有大中型企业活力和提高企业效益的时期。

(2)各地有关搞好国有大中型企业的措施。

这一时期，各级政府都把搞活国有大中型企业作为体改工作的重中之重来抓，分别提出了进一步增强国有大中型企业活力的对策和措施。据统计，全国各省、市均以不同形式制定了搞活国有大中型企业的办法。许多省、自治区、直辖市和计划单列市，把增强企业活力作为本地经济工作的中心任务，以政府文件的形式颁布具体的政策措施，加强了对搞活企业工作的领导。

各地制定的搞活国有大中型企业的政策措施，有以下几个突出特点:

1)把搞活企业的着眼点放在转换企业机制上。

许多地方把搞活国营大中型企业的功夫下在深化企业改革，转换企业经营机制上。一是企业领导体制的改革，使企业党委书记和厂长做到思想上合心，工作上合力，行动上合拍;二是劳动人事和分配制度的改革，主要是打破“铁饭碗”和“大锅饭”，克服平均主义，建立企业内部竞争机制，充分调动职工积极性;三是经营和管理方式的改革，增强企业面向市场、参与市场竞争的能力。

2)强调搞活企业要从全面贯彻落实《企业法》着手。

许多省市通过调查发现，改革以来国家赋予企业的十几项自主权普遍未得到落实，即或过去企业已拥有的一些自主权，近几年又通过各种渠道和形式向政府部门回流。他们认为，落实企业自主权是搞活企业的基本条件，在目前，就是要落实《企业法》赋予企业的各项权力。为此，许多省市明确规定，按照《企业法》的规定，从检查各部门、各地经济工作审批权入手，逐项落实企业的生产经营自主权。以前省级以上关于扩大企业自主权的文件，凡是国家和省上没有明令废止的，一律继续执行，企业则要用足、用活、用好;各部门、各地要对各自下发的文件进行认真检查和清理，凡属截留、收回和用其它办法变相限制企业自主权(如审批、审查等)以及与政策精神相违背的做法，要立即、坚决纠正过来。

3)积极为国有大中型企业发展创造良好的外部条件。

许多省、市针对目前国有大中型企业负担重、流动资金周转困难、设备陈旧、技术改造能力不足、产品结构调整缓慢等问题，分别制定措施予以扶持。

一是切实减轻企业负担。二是补充企业流动资金。三是支持企业进行技术改造，加快企业技术进步和产品更新换代。四是继续清理“三角债”。许多省市提出，各有关部门要认真执行国务院[1991]15号文件精神，协同配合，采取配套措施，确保企业资金回收。五是维护企业合法权益，保证企业正常经营秩序。部分省市提出，要严格政策界限，保护企业和经营者的合法权益。要把企业正常业务往来与违法乱纪区别开来;把在改革开放中进行积极探索，由于经验不足所造成的失误与严重官僚主义、失职渎职行为区别开来;对企业过去按上级有关规定进行的经营活动，不要用现行的新规定去追究企业的责任;凡涉及企业主要领导人的案件，有关部门事先要向其上级党委和政府主管部门通报情况，以便采取措施，保证企业的正常生产经营。

4)重视推动生产要素合理流动和优化组合，积极发展企业集团。

许多地方提出推动生产要素合理流动和优化组合，发挥存量资产效益，积极发展企业集团，发挥企业联合的优势，是增强国有大中型企业活力的一条现实途径。要集中力量抓一批以大中型企业为核心，以名优产品为龙头的跨行业、跨地区的企业集团，提高企业集团的资产经营一体化程度，各主管部门应从体制、政策及物质条件上给予支持，促其尽快发展。

5）明确要正确处理国家和企业的关系，坚持和完善承包经营责任制。

中央及地方关于搞好国有大中型企业的政策和措施，对增强企业活力起到了重要作用，但这些政策和措施的落实有一定难度，主要表现在以下几难：一是企业自主权的落实与政府部门职能转变不配套的矛盾难处理；二是增补企业流动资金、加速企业固定资产折旧、增强企业发展后劲与财政困难的矛盾难处理；三是完善承包制与因外部环境变动过快过大、企业经营者对承包缺乏热情的矛盾难处理；四是深化企业内部改革与企业外部环境配套改革跟不上的矛盾难处理；五是部分国有大中型企业搞活与国有企业普遍缺乏活力的关系难处理；六是企业之间“三角债”前清后欠严重，清理困难。

这些困难的存在，是我国经济体制深层次矛盾的现实表现，反映着旧体制的蔽端尚未根除依然是搞活国有大中型企业的根本障碍，说明了要全面解决困扰我国国有大中型企业的各种难题，尚有赖于整个经济体制改革的不断深化，有赖于政府职能的有效转变和各种利权关系的进一步理顺。

3. 关于完善各类企业改革试点。这一时期，适应企业转换经营机制的要求，企业改革试点呈现多样化趋势，在不断完善承包制的同时，新的承包经营试点、“税利分流”试点、股份制试点等企业改革试点迅速扩大，各类试点的政策逐步健全。

(1)承包制不断发展，出现了新的承包形式。

各地在完善和发展承包制的过程中，一方面通过规范发、承包方主体及行为，健全承包指标指系和指标测定办法、加强对企业的正常监督和管理、改进工效挂钩办法等措施，使原有利润承包方式进一步完善；另一方面，根据企业转换经营机制和保障国有资产保值增值的要求，探索了一些新途径，进行了新的承包经营试点，创造出不少新的承包形式，主要有：

1）资产经营承包。是以资产保值、增值和资金利润率为主要考核内容和奖惩依据的承包形式。通过资产经营承包，实质上国家将国有资产委托给企业全权经营，以契约方式界定国家和企业之间资产经营方面的权力、责任和利益关系。从实践来看，资产经营承包可以改变因承包内容偏重于包利润和收益分配等指标而使企业只关心利润增减，对国有资产关切度低的状况，增强企业对国有资产保值增值的责任，提高资产经营效率，使企业做到财产意义上的自负盈亏。资产经营承包有两种具体形式：

一是吉林省实行的“两段式全员资产承包”。由企业全体职工向国家承包企业的全部国有资产，在一定期限内获得对国有资产的占有权；然后，由企业全体职工以国有资产占有者的身份选聘经营者，与经营者签订承包合同。

二是深圳市的净资产承包。净资产承包以国有资产的安全、增值为企业的经营考核指标，实行经营者收入、职工消费基金与净资产的增值挂钩，经营者、职工收入增长低于净资产收益增长幅度。净资产承包使企业的资产所有者和职工、经营者之间形成相互依存、相互制约的关系。1991年深圳市属各集团(总)公司、直属公司中工交企业100%、商贸企业60%及集团(总)公司、直属公司的下属公司的60%实行了净资产承包。其中，工交企业的实现利润和净资产增值指标分别比1990年增长62.7%和17.15%，商贸企业这两项指标分别增长35.97%和25.64%。

2）净产值承包。净产值承包以净产值为主要考核内容和奖惩依据。这种方式由于考核的是销售收入扣除物质转移价值后所余部分价值，也即新创造价值，职工工资和奖金与净产值挂钩，也就是与新创造价值挂钩。有下列两个好处：一是职工收入同新创造价值多少挂钩，比较充分地体现了按劳分配原则；二是考核实现的净产值，要求企业面向市场，产品适合市场需要，使企业和职工关心市场、销售和净产值。

3）剩余收益分配制。它是以实现利润和资产剩余收益为考核内容的一种责任制形式。资产剩余收益就是高于基准平均利润的资产收益。这种制度既考核利润指标，又考核扣除基准期望利润或行业平均利润后的企业剩余收益，工资总额既与利润挂钩，又和剩余收益挂钩。1988年开始，深圳市蛇口工业区先后在供电、船务、供水、港务四家直属公司进行剩余收益制试点，四家公司资金收益率每年平均分别提高16.62%、11.5%、1.89%和1.84%，总收益每年增长38.98%，人均收益年均增长30%，人均分配收入年均增长20%。1990年蛇口工业区在十几亿资产范围内全面推行剩余收益制，实行的19家公司资金收益率提高4.5%，人均收益增长25.2%，总收益增长47.5%，人均分享收入增长20.7%，创历史最好水平。

4）投入产出总承包。它是以企业投入和产出指标作为承包内容，长期确定国家和企业责权利关系的一种承包形式。企业包固定资产保值增值，包技术改造项目投产达产，同时实行企业职工工资总额同财政上缴、资产保值增值指标挂钩，建立相应的考核和奖惩指标体系。“七五”期间，103家大中型钢铁企业中，19家实行了投入产出总承包，“八五”期间又增加了9家，共达28家。如本钢、包钢、唐钢、邯钢等。到92年底，全国约有800家企业实行了投入产出总承包试点。

5)双保合同制。它是一种在经营者和全体职工之间订立合同、互相保证完成合同任务的一种形式，先由经营者与国家签订承包合同，然后在企业内部由工会代表职工、厂长代表行政签订双保合同，全体职工保证完成当年的生产经营任务，经营者保证职工劳动条件的改善和福利目标，在企业内部建立一种责任制，确立风险共担、利益共享的新型关系。

这些新的承包形式，在进一步发挥原有承包方式激励作用的同时，对于克服承包企业原有的包盈不包亏、分配过份向个人倾斜、部分企业以包代管、短期行为等问题，起到了积极作用，并取得显著效果，使承包经营责任制得到完善并有了新的发展。

(2)“税利分流”试点逐步发展和完善。

“税利分流”的全称是“税利分流、税后还贷、税后承包”，是指将国有企业实现的利润分别以所得税和利润形式上交国家一部分，并实行所得税后还贷、所得税后承包。1988年，经国家体改委和财政部同意，重庆市率先进行了“税利分流”改革试点。1989年初，财政部、国家体改委下发了《关于国营企业实行税利分流的试点方案》，各地对税利分流改革进行了贯彻落实和组织发动，但由于外部环境限制，企业缺乏积极性，试点进展并不顺利。

十三届七中全会通过的《中共中央关于制定国民经济和社会发展十年规划和“八五”计划的建议》提出：继续进行“税利分流、税后还贷、税后承包”的试点，积累经验，并根据现实条件和不同企业的情况，逐步过渡，分期实行。七届人大四次会议通过的《国民经济和社会发展十年规划和第八个五年计划纲要》在“八五”期间经济体制改革的主要任务中指出：在有条件的城市、地区和企业，要继续积极进行“税利分流、税后还贷、税后承包”制度的试点，并进一步完善试点办法。1991年8月，财政部、国家体改委又联合颁发了《国营企业实行税利分流、税后还贷、税后承包的试点办法》，进一步完善了“税利分流”试点的政策，采取了一些优惠措施。这一系列政策指示和措施，推进了“税利分流”试点的进展，使试点面逐步扩大，一些大型企业和企业集团也开始进入试点行列。截止到1992年底，试点企业发展到了2500多家。

试点企业的运行情况表明，实行“税利分流”使国家和企业的利润分配格局趋向稳定，提高了企业上交国家的比例，在发挥所得税的弹性调节功能、保证财政收入稳定增长、促进企业投资约束机制形成等方面发挥了积极作用，为正确区分政府作为社会管理者和国有资产所有者两种职能创造了条件。但是“税利分流”试点也面临着许多困难和问题，主要是：企业经济效益差，还贷包袱重，对真正实行“税利分开”的承受能力有限；试点企业上缴财政负担重，高于实行承包经营企业的上交比例，扩大并推进试点比较困难；企业体制及配套体制改革跟不上，试点企业图发展的压力和动力不足，难以调动企业和职工的生产经营积极性。因此，要进一步扩大试点，必须加快相关体制，特别是企业制度、财政、金融、税收、投资等体制的配套改革步伐，适应新的形势要求进一步完善试点办法。

(3)股份制试点范围迅速扩大，逐步朝规范化方向发展。

股份制是一种新型的企业财产组织制度，是市场经济条件下现代企业制度的典型形式。国有企业试行股份制，通过企业产权关系的明确化和国有企业产权结构的多元化，改变了全民所有制企业单一国家所有的组织制度，在企业内部建立起权责明确、分工负责、相互制衡的组织领导结构，使企业的资本所有权和法人财产权相分离，企业真正成为自主经营、自负盈亏的独立法人实体，企业行为逐步合理化，市场化。

我国企业股份制试点从1984年开始进行。1984年7月，北京天桥百货商场进行股份制试点，开了我国商业企业股份制改造的先河；11月，上海电声总厂发起组建上海飞乐音响股份公司，向社会公开发行股票，在工业企业中率先实行股份制。以后几年，许多地方着手组建了一些股份制企业，但截止到90年以前，股份制试点只是在少数企业进行，也没有统一的政策。

从1991年开始，股份制试点进入了一个新的发展阶段，试点规模明显扩大，股票市场逐步形成，法规不断完善。尤其是1992年，在邓小平同志视察南方重要谈话精神指引下，股份制试点迅速扩大，各类法规不断出台，股份制试点进入规范化发展的新阶段。主要表现在：

第一，股份制试点的法规和配套规章不断完备。1992年，国家体改委会同有关部门制定并陆续公布了《股份制企业试点办法》、《股份有限公司规范意见》、《有限责任公司规范意见》及股份制企业财会制度、人事管理等15个引导股份制试点健康发展的配套文件，加强了对试点工作的领导，使试点逐步迈向规范化发展的轨道。

第二，在对原有股份制企业进行规范化改造的基础上，仅92年一年，就新批准成立了400多家股份制企业。截止到92年底，全国股份制试点企业已达3700多家，有69只股票(包括18只B股)分别在上海和深圳的证券交易所公开上市。国家体改委还会同有关部门选择上海石化总厂等9家大型工业企业进行了股份制改组和在境内外公开发行股票，并到海外上市交易的试点。在以内部职工持股和法人持股为主进行股份制试点的基础上，公开发行股票和上市交易的股份有限公司逐渐增加，并开始了股票异地上市交易试点，试点企业的选择也逐渐转向大型工业企业。

第三，国务院成立了证券委员会和证券监督管理委员会，加强了对证券市场的统一协调和宏观管理工作。法人股流通试点取得进展，有三只公有法人股在中国证券市场研究设计中心开通的全国证券交易自动报价系统(STAQ系统)上市交易，证券市场不断发展。

这一时期，股份制试点的迅速扩大，是与加快改革开放步伐、加速国有企业转换机制进程的需要是分不开的，股份制试点的效果表明，股份制对深化国有企业改革，转换企业机制具有重要意义和作用，具体来讲，主要表现在以下几点:

第一，促进产权关系改革，改变了国有财产无人负责的状况，有利于国有资产保值增殖。股份制是以产权关系构造的企业组织形式，各种产权主体非常明确和具体，股份公司内部有一套科学的组织体制和运行机制，使企业既有人关心资产的完整和增殖，也有人具体负责生产经营活动，能够真正改变资产运营无人负责的状况，使国有资产高效率运行。

第二，强化了企业所有权和经营权的分离，使企业真正成为自主经营、自负盈亏、自我发展、自我约束的法人实体。国有企业改组为股份公司，使作为国有资产所有者的政府同其它股东一样，退居到股东的地位，不再直接干预企业的经营活动，企业真正自主经营。同时，股份公司具有独立的法人财产，股东对企业资产负有限责任，企业则以法人财产自负盈亏。另外，股份公司财务帐目公开，股票的增殖程度和未来的盈利前景，决定了股票价格和股东持股的积极程度，这种经营上的透明度和社会监督，对企业经营者是一种非常大的压力，激励着他们不断追求企业资产增值和经济效益的提高，克服企业短期行为。

第三，推动了生产要素合理流动与优化组合，有利于提高社会资源配置效益。实行股份制，通过发行股票，把资产的实物形态和价值形态分离，在市场作用的导向下，确立起一种经常性的自动反馈的调节机制，使生产要素以价值形态在企业间流动，效益好的企业可以获得更多资金，占有更多的生产要素，及时减少和转移经营不善的企业的资产和资金，从而对现有资产存量进行调整，改善经济结构，提高全社会的资源配置效益。

第四，开辟了一条新的融资渠道，有利于吸收社会闲散资金。股份制是广泛筹集社会资金的有效手段，通过发行股票，大量吸收法人单位和个人资金，使消费资金进入生产领域，转化为生产建设资金，对促进国民经济发展和抑制通货膨胀有积极作用。

股份制试点在取得积极效果的同时，也面临着不少问题，主要是股份制的规范化运作问题、股票市场的健全和正常运行问题、外部体制配套改革问题等，这些问题不解决，不仅无法充分发挥股份制在企业改革中的积极作用，而且还可能引发诸多社会问题，使股份制试点走向歧途。

第五阶段:从1993年开始，我国企业改革进入了一个新的发展阶段。这一阶段企业改革的基本任务就是，以理顺产权关系、实行政企分开为核心，深化企业产权制度及相应体制的配套改革，逐步建立与社会化大生产和社会主义市场经济发展相适应的现代企业制度，使国有企业真正成为自主经营、自负盈亏、自我发展、自我约束的法人实体和市场竞争的主体，为建立社会主义市场经济新体制创造基础。

二、国有企业改革的主要进展

改革开放十多年来，国有企业的面貌发生了深刻的变化。经过扩权让利、二步利改税和普遍推行承包经营责任制、转换企业经营机制等几个阶段的改革，国家与企业、企业与职工两个层次的责权利关系有了初步调整，企业从原来行政机关附属物转变为具有一定自主权、一定自身利益和一定责任的经济实体，从而大大调动了企业经营者和职工的积极性。《全民所有制工业企业法》和《全民所有制工业企业转换经营机制条例》总结了企业改革的经验，从法律法规上对企业改革的目标，企业的责任、权力、利益等作了规定，企业开始成为具有相对独立利益的经济实体。从总体上看，国有大中型企业的活力比过去增强了，对宏观环境和市场条件变化的适应能力逐步提高;企业积累从总体上看增加了，从而技术改造和产品开发能力有所加强;随着企业活力的逐步增强，企业的经济效益也有所提高，为国家做出了很大贡献。

企业活力增强，是改革宏观体制和转换企业机制的结果。十多年来，企业改革的主要进展是:

(一)企业与国家的关系发生深刻变化 我国政企关系的变化经历了以下几个阶段:

第一阶段:党的十一届三中全会以前的政企关系。1949年建国以后，国家的一项基本任务就是有效地组织经济建设。政府通过行政力量和权威，集中了大量人力、物力和财力，建成了一大批大型全民所有制企业，使之成为我国国民经济的骨干力量，建立了初步强大的国民经济体系，建立了经济发展的物质基础。同时，也形成了高度集中统一的计划经济体制和政企不分的格局。这个阶段的政企关系的主要表现是：第一，政府对企业实行统一计划、统购统销，企业生产任务由政府的指令性计划确定，所需的原材料由政府统一供应，生产的产品由政府统一分配；第二，政府对企业实行统收统支，统负盈亏，企业实现利润全部上交，亏损由财政补贴，所需资金由政府统一无偿调拨、分配；第三，政府对企业的劳动、人事和内部分配实行统包统管统配，企业干部由企业主管部门任免，工人按国家统一计划分配，职工工资由国家统一规定与调整。总之，企业的产供销、人财物，都是由政府部门说了算，企业只是单纯听命的生产单位，没有经营自主权。这种政企关系严重压抑了企业活力，制约了经济的发展。

第二阶段：十一届三中全会至1984年以前的政企关系。十一届三中全会决议指出："我国经济管理体制的一个严重缺陷，就是权力过于集中。要让企业有更多的自主权。"自此，我国沿着简政放权、扩权让利的思路开始改变旧的政企关系，先后实行了厂长基金制度，利润留成制度和职工奖励制度。企业在生产计划、利润留成和使用、产品销售、新产品开发试制、出口和用汇、价格、机构设置及劳动人事等方面享有了一定的自主权。政企关系的初步改变，使企业活力大为增强，企业和职工的生产积极性明显提高，从而促进了生产力的发展。

第三阶段：1984年至1991年的政企关系。1984年，《中共中央关于经济体制改革的决定》深刻总结了建国以来正反两个方面的历史经验，指出："按照政企职责分开、简政放权的原则进行改革，是搞活企业和整个国民经济的迫切需要"。明确了政企分开和转变政府职能的原则，其主要职能是八个字：即"规划、协调、服务、监督"。政府管理经济的主要职能是：制定经济和社会发展的战略、计划、方针和政策；制定资源开发、技术改造和智力开发的方案；协调地区、部门、企业之间的经济关系和发展计划，部署重点工程，特别是能源，交通和原材料工业的建设；通过利率、税率、汇率变动和传布经济信息，掌握和运用经济手段调控经济运行，制定并监督执行经济法规；按规定的范围任免干部，管理对外经济技术交流和合作，等等。1987年，政企关系改革思路进一步发展为政企职责分开和两权(即企业所有权和经营权)分离。其具体实现形式是对企业实行承包制，试图通过承包，以法律合同的形式来规定政府和企业的关系，明确政府和企业各自的权力、义务和责任。与此同时，为了改变高度集中统一的管理模式，把相当数量的企业管理权从中央下放到地方，并对一些部门和机构进行了撤并、销减、政府部门的职能有所转变，开始从直接管理向行业管理过渡。这一阶段政府关系发生了重要变化，但也存在未得到根本解决的问题：一是政府部门市场经济意识不强，对企业的干预仍然十分严重，企业自主权没有落实；二是承包制加强了对企业行为的约束，但对政府行为没有约束力；三是企业下放到地方没有解决政企不分的问题；四是政府职能转变和机构改革步子很慢。

1992年进入了改革政企关系新的探索阶段。尤其是一些沿海地区，已经探索出了政企新型关系的路子，济南、深圳、中山、顺德等地提供了好的经验，但多数地区还未动真格的。

(二)企业产权关系的变化 对企业产权的认识经过了很长的过程。企业改革的过程，实际上也是确立企业新的产权制度的过程。改革初期，人们并没有认识企业产权关系的重要性，从观念上没有摆脱企业属于政府，是政府附属物的陈旧观念，还是把企业当成政府部门或机构的延伸。当时采取的改革措施并不是要确立企业和国家正确的产权关系，而只是在旧格局的限度内"适当"扩大一点企业的权力。以后数年情况表明，这种扩权由于没有企业产权关系的正确建立为基础，事实上只是政府对企业的一种施舍。当改革呼声高一些时，就放一点儿权给企业，而当改革遇到困难时，就把下放给企业的权力收将回来。但是，企业基金制度、利润留成制度等，也是对企业产权关系的最初探索，尽管还没有企业全部财产权的概念，但却试图使企业有一块能支配的财产。

1984年以后，企业改革目标明确为：使企业实现自主经营、自负盈亏、自我积累、自我发展，成为相对独立的商品生产者和经营者。这和以后《企业法》规定的企业改革目标大体上是一致的。从理论上讲，其不足之处是"相对"二字。之所以要"相对"二字，从主观上看实际上还没有完全树立企业是市场主体而不是政府为经济活动主体的思想。从实践上看，大面积推行承包制以后，企业基金增大，也就是企业支配财力增大。一些同志提出划分国家财产和企业财产，试图确立一块企业资产来实现企业产权的确立，并以此为企业自负盈亏的基础。"资金分帐制"的提法，虽然没有明确企业产权概念，但事实上是以两块资金划分来实现产权划分。这不仅在法律上存在矛盾，而且在实际上也很难行得通。因此，"资金分帐制"也未推开。

通过改革实践和理论探索，对国家和企业产权关系的认识也不断加深，逐步认识到，企业财产应该是一个不可分割的整体，产权概念也应该具有整体性。

企业产权关系从整体上看，仍然是不明确的，企业的所有权职能到目前为止，仍然分散在各个政府部门，每一个部门都代表国家行使所有权，而它们又不尽自已作为所有者代表而应尽义务或承担责任。所有权或产权关系不顺，是企业机制不能得以有效转换的关键。由于外部产权关系不顺，企业也不能成为自身全部财产的经营主体。

目前，从产权关系明晰度来分析，国有企业可划分为几类:

第一类:产权明晰，政企分开。这类企业主要是法人持股为主体的股份制企业和中外合资企业。上海真空电子器件有限公司、浙江凤凰日用化工股份有限公司、深圳赛格集团、北京吉普车有限公司、上海大众汽车有限公司等。全国现有股份制企业11000多家(其中以有限责任公司为主)均可属此类。它们占国有企业比例约达10%。

第二类:产权不清，通过契约界定国家与企业的责权利关系。这类企业产权模糊，国家和企业权益关系不规范，企业自主权不能完全落实，而企业经营活动主要是面向市场，企业基本处于负盈不负亏状态，实际上实行的是盈亏责任制。当前多数实行承包经营责任制和租赁经营的企业属于此类，在国有企业中占80%左右。

这类企业中，有些与国家通过法律契约，在承包期内实质上界定了国家与企业的权责利关系，企业自主权较大，成为经营主体;产权虽不清楚但在特定期限内能够自负盈亏。首钢等企业属于此类，在国有企业中为数很少，但有一定典型意义。

第三类:特殊行业企业。一些自然垄断型和资源约束型及特殊行业的国有企业的经营机制属于这类。这些企业产权属国家所有，由国家作出决策，按照国家计划组织生产经营，如国家统配煤矿、石油开采、铁路交通、通讯;公用事业及军工等骨干企业。它们占全部国有企业个数不足10%。

(三)企业经营机制的转换 改革以来，尤其是十二届三中全会以来，由于普遍推行承包制，企业在生产、供销、人事用工以至内部分配等方面的自主权得到不同程度增强，但同最终实现“四自”还有相当大差距。

从企业自主经营的机制看，机械电子行业和消费品生产行业自主决策从而进行生产经营的权力要大一些;原材料工业要稍差一些;能源工业自主权极小。企业投资决策权排序也大体与此一致。其规律是，资源约束型行业自主权小。我国指令性计划不断缩小，市场调节功能不断增强，因此，企业的生产、销售、采购方面的权力要大于投资权和定价权。这证明了企业还没有成为产权主体。

从企业的激励机制来看，企业用工、聘任和分配权都不大。厂长基本上不能自主决定对副厂级干部的聘任，由于社会保障体系不健全，再就业机制没有形式，企业一般不能辞退职工。职工平均工资基本上是由国家政策决定的，但厂长获得了较大的内部分配权。

从自负盈亏机制来看，国有企业基本上不能做到自负盈亏，而且在实行承包尤其是第二轮承包过程中，盈亏责任也实现不了。有五分之一以上的承包企业修改合同;在35%以上未完成承包合同的企业中，经营者和职工负责任的为数极少。至于以资产来负亏则要以产权明晰化为前提，因此，目前企业还做不到。

从竞争机制或淘汰机制看，由于两个条件不具备，因此不能实现优胜劣汰:一个条件是社会保障体系健全和劳动力市场的完善;另一个是企业真正自负盈亏，这就要求取消一切对亏损企业的非政策性的财政补贴，同时停止对亏损企业的贷款输血。

总而言之，国有企业从经营机制上看，还不如“三资”企业和乡镇企业。而健全企业机制，关键是要在理顺产权关系基础上，采用现代公司制度，加快宏观体制配套改革。

三、国有企业改革的基本评价

(一)企业改革的主要成就

1.企业改革的目标和方向逐渐明确，企业改革的理论不断发展、成熟。我国企业改革的目标确立和企业改革理论的发展，经历了一个长期的过程。改革初期，企业改革的目标尚不清楚，当时，只是采取措施扩大企业权力，增加企业财力，从而改变企业完全作为政府附属物，生产由政府决策、资金由政府调配、产品由政府收购、利润由政府收支的状况，企业改革的理论还未建立起来。党的十二届三中全会通过的《中共中央关于经济体制改革的决定》提出，企业改革的目标就是要在实行政企职责分开，所有权与经营权适当分离的情况下，使国有企业成为相对独立的经济实体，成为自主经营、自负盈亏、自我积累、自我发展的商品生产者和经营者，做到国有企业同其它所有制企业一样，能够在市场上平等竞争，优胜劣汰。《决定》还指出了企业改革要配套进行，不仅要调整内部机制，而且要改变外部条件，包括市场条件、政府职能转变等，这时，企业改革逐渐有了目标，理论也初步建立。但是，当时所说的“政企职责分开”、“所有权与经营权适当分离”的提法，难以准确把握，尤其是“所有权和经营权适当分离”，怎样才算适当，没有客观标准，无法确定，其中包含着过多的人为因素。而且，两权分离的主体往往是政府部门，分离的程度取决于政府部门人员的观念或开明程度。此外，当时还未能找到企业自主经营、自负盈亏的实现形式。党的十四大确立了我国经济体制改革的目标是建立社会主义市场经济体制，指明了企业改革的方向，把企业改革的目标明确为通过理顺产权关系，实行政企分开，使企业真正成为自主经营、自负盈亏、自我发展、自我约束的法人实体和市场竞争的主体，并承担国有资产保值增殖的责任，指出国有企业要在与其它企业的平等竞争中发挥主导作用，并强调转换企业经营机制，既要深化企业内部改革，又要着实推进企业外部管理体制及社会保障、市场体制的配套改革。十四届三中全会通过的《中共中央关于建立社会主义市场经济体制若干问题的决定》又明确提出:“建立现代企业制度，是发展社会大生产和社会主义市场经济的必然要求，是我国国有企业改革的方向”这就从根本上明确了国有企业改革的目标和方向，是企业改革向深层次推进的基本前提。核心就是通过制度创新，解决企业改革的深层次矛盾，转换企业经营机制，使企业真正成为市场竞争的主体。

与建立社会主义市场经济新体制的理论相衔接，企业改革的理论也逐步成熟。其标志是:找到了企业实现自主经营、自负盈亏的实现形式;产权改革提上了议事日程，产权改革的思路也不断发展;政府作为国有资产所有者和作为宏观经济管理者及社会行政管理者三种职能、三种机构及实现方式必须分开并加以区别的认识已为各方面所接受;此外，还提出了体制决定机制、机制决定活力、活力决定效益的理论，要从根本上解决国有企业效益不好、活力不足的问题，就必须改革现存管理体制、转换企业经营机制，使企业公平进入市场竞争，实现优胜劣汰，已成为各方面的共识;有关所有制结构的研究，也使人们开始重新认识公有制的主体地位和国有企业主导作用的实现形式问题，这些无疑都为深化企业改革，打下了坚实的理论基础。

2. 十五年企业改革实践及各类改革试点，为探索企业转换经营机制的途径积累了经验。企业改革实践发展过程中，国有企业实行承包经营、租赁经营以及“税利分流”、股份制、嫁接式改造试点等，在不同地区、不同行业、不同特点的企业改革中取得成效。各类试点的实践结果，逐渐形成了国有企业转换经营机制的几种典型模式:

一是股份制模式。通过对国有企业进行不同形式股份制改组，理顺企业的产权关系，使企业实现自主经营、自负盈亏。截止到目前，全国已有股份制企业11000多家，其中在上海、深圳两个证交所上市的公司计180多家。

二是合资嫁接模式。通过吸引外资，把国有企业改造为合资企业，成为中外合资的有限责任公司或股份有限公司，从而实现自主经营、自负盈亏。

三是信托经营模式。通过契约形式，以法律手段长期稳定国家和企业的责权利关系，政府与企业依法律合同成为平等的行为主体，使企业在契约规定的期限内完全自主经营、自负盈亏。

四是集团模式。对国有企业进行集团公司体制改造，通过投资参股、控股，形成母子公司，带动一批企业实现公司制改组，使它们成为自主经营、自负盈亏的法人实体。

改革实践中涌现出的这些企业改革模式，为正确探索国有企业转换经营机制的实现形式和有效途径，积累了宝贵的经验。

3. 企业改革的法律、法规不断完善，为改革步入法制轨道，走向规范化发展创造了条件。经过十五年改革，我国企业改革的政策逐步完善，尤其是有关企业改革的法律、法规不断完备，是企业改革的一个显著成就。1988年颁布的《企业法》，1992年颁布的《全民所有制工业企业转换经营机制条例》、《企业财务通则》、《企业会计准则》、《股份有限公司规范意见》、《有限责任公司规范意见》，1993年发布的《反不正当竞争法》、《股票发行与交易暂行条例》、《公司法》等规范企业行为的基本法律法规为企业改革的顺利进行和逐步向深层次推进提供了法律依据。此外，有关部门正在抓紧修定《证券法》并很快要发布实施，这些法律法规使企业改革的深化有了法律保障，对引导并推动企业改革的健康发展创造了良好的条件。

4. 经过十五年改革，国家与企业、企业与职工两个层次的责权利关系的调整，企业由原来行政机关的附属物转变成为具有相对独立利益的经济实体。从总体上看，国有企业的活力比过去增强了，对宏观环境和市场条件变化的适应能力逐步提高，企业的积累和发展能力有所增强，企业的经济效益也有所提高，已涌现出一大批在深化改革、转换机制方面取得显著成绩的企业，他们取得的经验，可以作为其它企业深化改革的示范，这也是企业改革不可低估的一项成就。这些企业为数不多，但它们敢于实践、勇于探索、充满生机和活力，有以下共同特点:

(1)企业自主权落实的比较好。改革以来，国家颁布了一系列扩大企业自主权的政策措施和法律法规，特别是《企业法》集改革以来增强企业活力政策规定之大成，把企业自主权明确概括为13条，以法律形式确定下来。贯彻这一系列落实企业自主权的规定的情况是很不一样的，不同地区、不同部门认识不一样，下功夫程度也不一样，就是同一地区不同企业自主权差异也很多。为什么有一批企业生产蓬勃发展，蒸蒸日上，很关键一条是企业自主权基本上得以落实，企业可以在国家法律法规和计划的指导下，来自主安排生产、经营、技术改造，开拓市场，开发新产品，事实上，很多企业的自主权是靠自己争取而不是等着上面“赋予”的。近几年出现了许多现象，比如通过引进外资进行嫁接式改造的“斯密克”现象；模拟“三资”企业管理的现象、引进乡镇企业机制的现象，目的是各种各样的，但核心有一条，就是企业想通过这些途径，争取到正常情况下得不到的自主权，这些现象要引起一些政府部门注意，要从主观上自觉转变观念，而不要靠外界推动才向企业放权，否则就陷于被动了。

(2)国家与企业的分配关系处理得当。比较活的企业，国家和企业分配关系处理得比较好，企业有一定积累能力，有条件实现自我发展，问题是在目前企业不活，国家财政又有困难的情况下，究竟怎么办？在处理好国家和企业分配关系上，首钢是一个例证。首钢实行的上缴利润递增包干，基数确定比较合理，递增比例为7.2%，承包期内不受新开税费种类影响，因此，较长时期内稳定了国家与企业的分配关系，企业靠自身努力多创利，多留利，多积累，多改造，生产和效益大幅度提高。

(3)企业自身机制比较健全。活起来的企业，感受到了潜在的压力，从而激发起它们打破企业内部的“铁饭碗”和“大锅饭”，锐意改革、奋力进取的动力。可以说，近几年企业内部改革步子快是一部分企业活起来的一条重要原因。企业内部人事干部、用工和分配三项制度改革，是健全企业内部激励机制和约束机制的关键。在用人上，打破了干部、职工界限，没有铁交椅，以实际能力和经营成绩为标尺，能者上、庸者下、平者让；职工上岗靠竞争；分配讲贡献，能多能少，能高能低，随效益浮动，奖罚兑现；这样，职工既有压力，也有动力，充分发挥出按劳分配的激励作用。企业要有活力，确实需要投入，特别是“一五”建的156项工程。但投入以后能否发展的好，这就有个企业自身机制的问题，有个坚持改革开拓的问题，有个打破国有大中型企业多年体制形成的惰性和习惯势力的问题。这些问题都解决好了，职工积极性调动起来了，才会有更多的产出。

(4)企业主动面向市场，在市场竞争中求生存，图发展。建立社会主义市场经济，要形成一批能够主动面向市场需求，追求技术进步和产品开发，提高效益的大中型企业，避免大中型企业被管得过死或者走靠国家投资发展的老路，让大中型企业在国家政策指导下，靠参予市场竞争，靠挖潜来求发展。可以说，企业的根本问题是产品与市场的问题，企业能不能发展，关键是产品能不能适应市场需求变化。

(5)经营上多角化、集约化和集团化，也是一批企业成功的经验。发展经济就是要讲实力。一个企业要在市场上立住脚，能够参予国际国内两个市场的竞争，一是要有一定规模，能够发挥规模经济效益；二是要按优化产业结构、组织专业化生产的要求，形成现代企业集团体制；三是在广阔的市场中从事多角化经营。国际上有些大集团生产的产品大到飞机、飞船，小到针和刀片，因而对市场适应能力非常强。我国近几年涌现了一大批颇具实力的大型企业集团。它们不仅是本行业的主力，也是整个国民经济的顶梁柱，举足轻重。

(6)有一支高素质的经营管理队伍。人的因素始终是第一位的。从先进企业的经验来看，要提高企业的整体素质，要加强培训和教育，增加职工干部的技术和管理知识，提高水平，更重要的是要建立人才公平竞争的机制，要形成新的人才观与激励人才脱颖而出的机制，以考核管理知识水平和实际贡献来作为评聘的依据。有一个好的领导班子，处理好党政工关系也是重要环节。

5.全社会所有制结构调整取得显著进展。在进行国有企业体制改革的同时，国家对原有经济体制下脱离生产力发展水平的单一的所有制结构进行了调整，通过积极发展个体经济、私营经济和“三资”企业等多种形式，逐步形成了以公有制为主体，全民、集体、个体、私营。外资经济等多种经济形式并存，共同发展的格局。1991年在工业总产值中，全民工业占53%，集体占35%，个体、私营、“三资”企业等占12%；在全社会商品零售总额中，全民商业企业占40%，集体占30%，合营、个体、私营占30%。近年来非国有经济快速发展，给我国经济注入了生机和活力，有力促进了市场经济的培育和发展。

(二)企业改革中存在的主要问题及原因　企业改革进行了十几年，从减税让利的浅层次改革，进入到了理顺产权关系、转换机制的深层次改革，从普遍获利的改革阶段进入到了利益格局调整的阶段。改革更加复杂，涉及面更广，利益调整中形成的冲突和观念上的差异造成的冲突都更加强烈。因此，在肯定成就的同时，我们必须清楚地看到，由于经济体制的深层次弊端没有根本消除，企业改革面临的困难和问题依然很多，尤其是企业发展改革的深层次矛盾已逐步暴露出来。主要是：国有企业，特别是国有大中型企业经营机制仍不能适应市场竞争的需要；国有企业负担沉重，与其它企业相比在市场竞争中处于劣势地位，无法与其它企业平等竞争；国有企业产权关系尚未理顺，产权权责不明，政资分开、政企分开、两权分离问题还没有真正解决，已成为企业转换机制，真正成为市场竞争主体的严重障碍；企业组织结构、产品结构调整步履维艰，经济效益低的局面没有从根本上转变，深化企业改革的难度依然很大；要素市场的发育比较缓慢，宏观体制特别是金融、财税、社会保障制度改革及政府转变职能滞后，严重制约着企业的进程，等等。

企业改革中存在的问题可以分为三大类:第一类是企业改革本身还不彻底,从而国有企业机制不能适应飞速发展的市场经济的要求的问题;第二类是前些年有的改革措施带来的负作用的问题;第三类是进一步深化企业改革缺乏科学决策和统一规划,统一实施,从而流于形式,停于舆论,或不能触及实质的问题。

关于第一类问题,实质上是指企业未能成为独立的法人实体和市场竞争的主体,未能实现自主经营和自负盈亏。存在这一问题的主要原因是:

(1)"政企不分"。就多数企业而言,企业始终未能摆脱对行政主管部门的依附关系。诸如,投资的确定,产品的定价,听命于上级的人事用工制度,平均主义的分配办法,过多过滥的检查评比等等。都是由于"政企不分"造成的,使得企业不能依法拥有充分的经营自主权。

(2)"政资不分"。"政资不分"是"政企不分"的根源所在。企业的主管部门既是行使所有权的"老板",又是使行政管理职能的"婆婆",在他们的心目中,企业是属于政府的,只能拥有"小权"——在资产管理上,只能有维持简单再生产的决策权;在经营管理上,只能按照上级主管部门的旨意行事,因而尽管《企业法》赋予企业13权,但由于没有从产权制度解决"政资不分"的问题,所以无法落到实处。

(3)市场发育不健全。建立和健全市场体系,是把企业推向市场的必要条件。目前的主要问题:一是市场体系不完整,竞争机制不完全。除消费品市场发展较快外,生产要素等市场尚处于初建和筹措阶段。特别是因为价格存在着严重扭曲,利率、汇率等经济杠杆的调节功能差,市场的竞争机制作用不完全。二是市场分隔,运行不合理。受地区利益和条块分割的影响,形不成公平竞争的全国统一市场。以至造成技术进步缓慢、生产分散和资源的浪费。三是市场规则不健全,管理不适应。主要是规范市场主体各种行为的法规不健全,加上市场行政管理人员少,管理经验不足,造成市场应有的功能难以发挥。

(4)社会保障体系不健全。目前,国有工业企业人浮于事的现象十分严重,这个问题不解决,企业很难做到高效率,高效益,也难以在市场激烈竞争中求得生存与发展。从大批企业优化组合的结果来看,从现有职工中精减四分之一到三分之一的人员,不仅不会影响生产,而且可以大大促进生产的发展。但是,由于社会保障体系不健全,精减下来的职工,不得不留在企业"待业",这个问题不解决,可以预见,前两年出现的"破三铁"热,也会很快冷下去,原因就在于此,这是影响企业经营机制转换的一个老大难问题。

关于第二类问题,严重阻碍着宏观改革和企业改革。比如地方财政包干体制,不仅妨碍全国统一大市场的形成,而且使企业和国家分配关系难以理顺。因为税利分流是规范国家与企业分配关系的必然要求,但税利分流却与财政包干体制发生矛盾。现行财政包干体制不变,税利分流就难以真正实行。又如,一些地区正推行承包制,又没有注意建立约束机制,造成分配上的倾斜。有不少企业承包上交只占实现利润的百分之十几,这就造成点面利益差,使下一步改革难以突破现行利益格局。此外,国有企业历史包袱和社会负担沉重,已成为企业进入市场,参与竞争的严重障碍。

关于第三类问题,也影响改革的正常进行。有时宣传上一阵风,由于舆论导向、各地攀比,比如打破"三铁"这个省报100个,那个省就报超过100个,实际上是不是打破了,也是不得而知。改革措施政出多门,没有统帅,号令不统一,造成一些改革措施互相不协调,甚至矛盾,在具体的改革措施上,中央政府部门被地方政府推着走,中央部门动作迟缓,甚至出现"下动上不动"的现象,也影响到改革的实质进程。

四、企业改革的前景展望

十五年企业改革,从扩大企业自主权,实行两步利改税,普遍推行承包经营责任制逐步进展到目前的把企业推向市场,转换企业经营机制,提出建立现代企业制度,是一个渐进的过程。通过放宽对企业的管理政策,调整国家与企业,企业与职工的利益关系,运用利益刺激手段提高企业和职工的生产经营积极性,是已往企业改革的主要特征。这种通过政策调整来提高企业和职工积极性的改革方式,对增强企业活力,提高企业效益,发挥了积极的、重要的作用。但从转换企业经营机制的效果来看,企业改革的诸多困难和矛盾单靠政策调整难以从根本上解决,而是要着手通过制度改革才能解决问题。

"十四大"确立了我国经济体制改革的目标是建立社会主义市场经济体制,并明确指出,转换国有企业特别是大中型企业的经营机制,把企业推向市场,增强它们的活力,提高它们的素质是建立市场经济体制的中心环节,对企业改革,特别是转换企业经营机制提出了更高的要求和新的任务。三中全会《决定》进一步明确指出:以公有制为主体的现代企业制度是社会主义市场经济体制的基础,继续深化改革,必须解决深层次的矛盾,着力进行企业制度的创新,逐步建立产权清晰、权责明确、政企分开、管理科学的现代企业制度。至此,企业改革的目标和方向已经明确,任务也更加艰巨和紧迫,这就要求我们,要按照"十四大"确立的目标和原则,按照三中全会指明的方向,大胆探索企业改革的新路子。重要的一点,就是要把过去那种单纯依靠政策调整的办法转到新的制度的建设和完善上来,要切实推进各项制度的协调配套改革，特别是对企业制度的创新，从根本上转换企业经营机制，塑造合格的市场主体，为新的经济体制的建立奠定基础。这不仅是增强企业活力的需要，也是在新体制下国有企业真正发挥其在国民经济发展中的主导作用的关键所在，是实现社会主义现代化的客观要求。因此，今后企业改革的各项措施，要逐步统一到现代企业制度的建设上来，转换企业经营机制的改革也将从深层次、针对难点问题全面展开。

(一)逐步建立现代企业制度

现代企业制度是建立社会主义市场经济体制的基础。建立社会主义市场经济体制，客观上要求使企业真正成为市场竞争的主体，而企业成为市场竞争的主体，有赖于一系列体制的变化，尤其要以企业制度的创新为基础。

(1)建立社会主义市场经济体制，就是要充分发挥市场机制配置社会资源、调节经济运行的作用。市场经济体制与传统的计划经济体制的重要区别就在于，传统的计划经济体制只强调计划对经济运行的调控作用，否定了市场机制对经济运行的调节作用，而市场经济体制则要求充分发挥市场机制对经济运行的调节作用。

在传统的计划经济体制下，社会经济运行从宏观经济运行到微观经济活动，即社会资源在各部门间的配置，生产要素的组合，生产、交换、分配、消费等社会经济运行的主要环节全部依据高度集中统一的计划安排来进行，而计划又不能准确反映社会需求的变化和供求关系的变动。实践证明，这种排斥市场机制对社会经济运行调节作用的体制，不适应我国现阶段社会生产力发展的水平和社会经济发展的客观需要，不仅阻碍了社会生产力的发展，而且导致了社会资源配置过程中的高成本、低效益，造成了我国国民经济和社会发展中的诸多问题，使社会主义制度的优越性不能从根本上得到发挥。

十四大报告指出:“我们要建立的社会主义市场经济体制，就是要使市场在社会主义国家宏观调控下对资源配置起基础作用，使经济活动遵循价值规律的要求，适应供求关系的变化;通过价格杠杆和竞争机制的功能，把资源配置到效益较好的环节中去，并给企业以压力和动力，实现优胜劣汰;运用市场对各种经济信号反应比较灵敏的优点，促进生产和需求的及时协调。”这表明，我国社会主义市场经济体制，是以市场为基础的新的经济体制，是强调要充分发挥市场机制在经济运行中的调节功能。在这种体制下，计划的功能主要体现在通过间接的宏观调控保持经济总量平衡、国民经济整体布局的合理以及经济结构总体的优化;而社会经济运行的主要环节如社会资源的配置，生产要素的组合，社会再生产中的生产、交换、分配、消费等则主要通过市场调节来实现，市场机制将在微观经济领域和社会资源配置过程中发挥基础性作用。

十五年改革与发展的历史经验也证明，市场作用发挥比较充分的地方，经济活力就比较强，经济发展态势也比较好，我国社会主义经济建设要优化结构，提高效益，加速发展，参与国际经济竞争，就必须强化市场机制在经济运行中的作用。

(2)市场机制发挥作用的关键在于使企业真正成为市场竞争的主体。社会主义市场经济就是以市场关系为基础并主要由市场机制调节运行的经济，也就是遵循价值规律、通过等价交换和平等竞争来实现资源配置的经济。在这里，市场机制是价格机制、供求机制和竞争机制相互联系、相互作用的总和，竞争机制在其中处于核心地位。实现充分的市场竞争是市场经济的基本特征。但竞争并不是无缘无故产生的，市场活动主体具有相对独立的经济利益是产生竞争的根本原因。正是在追求自身独立利益的驱动下，企业才会积极参与市场竞争并力求在竞争中获胜，以实现自身的不断发展。这就决定了市场竞争主体既不是行使国家政权职能的政府行政机关，也不是一般意义上的社会组织，而应该是从事生产、流通等市场活动，具有风险和竞争特性的经济组织，这就是其活动完全面向市场，并以追求市场活动效益最大化为目标的独立的商品生产者和经营者。因此，作为独立商品生产者和经营者的企业，是社会主义市场经济的基本要素。市场机制，也就是价格机制、供求机制和竞争机制只有通过作为市场竞争主体的企业的市场活动才能发挥作用，实现正常运转。缺少企业的有效活动，竞争机制将无从谈起，价格机制和供求机制也不会发挥作用。所以我们说，只有使企业真正成为市场竞争的主体，才能建立社会主义市场经济体制。

(3)使国有企业真正成为市场竞争的主体，有赖于一系列体制的变化，要依赖于企业制度的创新。市场经济活动主体的风险和竞争特性，决定了作为市场竞争主体的企业应该具备三个基本条件。

第一，企业完全进入市场。之所以企业完全进入市场，是指企业作为一个有机体，其组成及运行的各方面应全面进入市场调节的范围。一是企业的产品、服务进入市场，不断满足市场的需要;二是企业的各种生产要素进入市场，企业通过市场来获取生产要素，生产要素又通过市场进行流动;三是企业的产权进入市场，通过产权的流动，实现社会资源向高效益部门转移;四是企业的设立、分立、合并、终止等也通过市场来调节，实现真正的优胜劣汰。如果以上各方面均由政府计划安排来实现，企业不可能成为市场主体，市场机制在实现资源的优化配置方面将无法发挥作用。

第二，企业根据市场需要来决定自身的行为取向、自主决策企业生产要素的组合及经营运行。如果企业生产什么，经营什么，如何进行生产和从事经营，如何交换等均由政府作出决定，企业就不可能面向市场，就不可能形成有效的市场竞争，也不可能要求企业承担其生产经营活动的后果。只有享有自主经营权利的企业，才有理由要求其承担市场活动的责任，也才能够促使其面向市场，按照市场需求的变化制定经营战略、调整产品结构、灵活组织生产，以有效发挥市场机制对企业微观活动的调节作用。

第三，企业能够独立承担市场活动的后果，也就是企业要有独立的财产权利，以此为基础承担相应的财产责任。在激烈的市场竞争中，企业同时面临着机遇和风险，抓住机遇就能发展，否则就要承担风险，这就相应出现了企业参与市场竞争的两种结果：一是企业在竞争中取胜，获得竞争利益，应当享有自主经营其财产得到的一定收益，这是企业参与竞争的内在动因；二是企业在竞争中失败，遭受竞争风险，造成企业亏损，欠下债务，要求企业以其独立的财产弥补亏损或清偿债务，这是市场竞争铁的法则，也是对企业最强有力的约束机制，是企业行为合理化的保障。因此，它是企业作为市场竞争主体必须承担的责任和应具备的能力。

总之，市场竞争主体的风险和竞争特性，要求作为市场活动主体的企业要完全进入市场，能够自主经营其市场活动并具备独立承担市场活动后果的财产能力，也就是说，市场经济从本质上要求企业成为自主经营、自负盈亏的独立法人实体，成为合格的市场活动主体。

自主经营、自负盈亏是企业的行为方式和行为能力，从根本上决定着企业行为方式和行为能力的则是国家以各种法规所规范和约束的企业的行为准则，这就是一般意义上的企业制度，它主要通过对企业的各种内部关系和外部关系的法律规范来决定企业的行为能力和行为方式。我国传统计划经济体制下国营企业制度的基本内容是，国家作为单一主体掌握着国有企业的所有权，各级政府及部门掌握着企业的经营权，政府直接经营企业，由国家实行统收统支和统负盈亏。这种制度下的企业表现出来的行为特征就是企业作为政府部门的附属物，既不能自主经营，也无法自负盈亏，这显然和市场经济对企业的本质要求相背离。这种把国有企业作为非独立的经济实体的制度不改变，即企业作为独立的法人实体所应具备的财产权力和财产责任不落实，企业就不可能产生参与市场竞争的内在冲动和外在压力，不可能产生对市场信号的积极反应，也就不可能形成有效的市场竞争，市场经济体制和运行机制的建立也就无从谈起，所以我们说，建立新经济体制的首要任务就是全面推进深层次的配套改革，其中根本的是要进行旨在使企业成为独立法人实体和市场竞争主体的企业制度的创新，可以说，新的企业制度的建立，是建立社会主义市场经济体制的基础工程。

2.国有企业改革的根本任务就是建立适应市场经济体制需要的现代企业制度。建立社会主义市场经济体制要求以建立现代企业制度为基础，而建立现代企业制度就是要按照企业成为市场竞争主体的本质要求，全面深化国有企业改革，通过国家各种特定法规的明确和约束，确定国有企业作为独立法人实体的法律地位，赋予企业独立的财产权利和财产责任，明确企业的各种内部关系和外部关系的新的行为准则。这种新的企业制度的建立，应符合现代市场经济体制下企业制度的基本特性。

现代市场经济体制下的企业制度主要有三个基本特性：

一是企业是自主经营、自负盈亏的独立的法人实体。这是市场经济对企业的本质要求，如前所述，只有自主经营、自负盈亏的企业，才能成为合格的市场竞争主体，才能对市场信号作出积极反应，才能形成有效的市场竞争，并构成市场经济的微观基础。

二是企业完全面向市场，以追求市场活动效益最大化为主要目标，按照市场需求来组织生产和从事经营。市场经济体制下，市场成为配置资源的主要方式，一切生产要素进入市场，形成统一、开放和完善的市场体系。价格成为反映供求关系的主要信号。企业为了追求自身的利益，根据价格信号的导向配置资源。优胜劣汰的竞争机制将会把资源配置到效益较好的环节中去。

三是政府对企业实行间接调控和服务、引导。政府主要通过经济杠杆和经济政策调控市场，保持经济总量的平衡和促进经济结构的总体优化。通过制定有关法律、法规，制止垄断和不正当竞争，维持正常的市场秩序，保证市场机制正常发挥作用。建立健全社会保障体系，防止市场竞争引起的社会动荡，保持社会的安定。

以上这三个方面之所以成为市场经济体制下企业制度的基本特性，是因为在这样的制度下，企业依法自主经营，并承担相应的盈亏后果，企业能否生存与发展取决于能否满足市场的需要，企业的一切生产经营活动必然面向市场。价格机制、供求机制引导着社会资源的合理配置，优胜劣汰的竞争机制给企业以强大的压力。为了在竞争中获胜，企业会竞相改善管理、提高效率，形成企业的自我激励机制；会竞相降低成本、提高质量、改进服务、处理好积累与消费的关系，形成企业的自我约束机制；经营好的企业会不断增加生产积累，谋求更大发展，经营差的企业也将在公平竞争中及时被淘汰，形成企业自我发展和优胜劣汰的机制。这正是市场经济体制下企业行为能力和行为方式的良性表现，也是我们所追求的企业转换经营机制的具体目标。因此，上述三个基本特性，也是我们建立现代企业制度应遵循的基本规范和要求。从这些基本规范和要求出发，在我国建立适应市场经济需要的现代企业制度，至少应包括以下几个方面：

第一，理顺产权关系，建立新的国有企业产权制度，健全企业法人制度。

要使企业真正成为市场竞争的主体，必须使企业成为独立享有民事权利和承担民事义务的法人实体，也就是要落实企业作为独立法人实体应具有的财产权利和财产责任，只有独立拥有财产权利的企业，才构成真正的法人实体。要实现这一目的，就必须使国有资产所有权和国有企业的法人财产权相分离，确立企业作为法人财产主体的法律地位，及相应的权利、义务和责任。同时也要切实保障国有资产所有权主体的权利，落实其相应的责任和义务。

建立新的国有企业产权制度，应明确几个问题：一是国有资产一旦投入企业即构成企业独立的法人财产，并与投资者(国有资产所有权主体)的其它财产区分开来，企业成为其法人财产的主体。二是投资者作为国有资产的所有权主体与企业法人在财产关系上处于平等地位，通过契约(公司章程)规定双方的权利和义务，双方财产关系的调整应依法律程序来进行并受法律保护。三是企业作为法人财产主体独立享有各项财产权利，承担财产义务。即企业独立地占有、支配和处分其法人财产，在此基础上承担国有资产保值、增殖和依股息、红利等形式向国有资产所有权主体上交资产收益的义务。企业对法人财产拥有完整的经营决策权，成为独立的利益主体。四是企业法人独立承担财产责任，依法人财产自负盈亏，国有资产所有权主体则以投入企业的资本额为限对企业承担有限责任。五是国有资产所有权主体委托代理人监督或参与经营企业资产，依法享有其投入企业资产的收益权和最终处分权，但在企业正常经营过程中不得随意抽回其投资，只能依法转让。

通过理顺国家所有权和企业法人财产权的关系，赋予企业的法人财产权，确立了企业作为法人财产权利主体的法律地位，企业成为独立的利益主体，拥有相应的财产权利并承担其财产责任，国有企业真正成为自主经营、自负盈亏的法人实体就有了基础，具备了作为市场竞争主体的基本条件。

理顺产权关系，建立新的国有企业产权制度，涉及到国有资产管理及经营制度的改革，即在界定国有资产量的基础上，要明确具体行使经营性国有资产所有权的主体及其相应的权利、义务和责任，这又主要是政府职能的划分和国有资产管理体制改革的问题，应依据政企分开、政资分开的原则予以解决。

第二，借鉴公司体制，建立新的国有企业财产组织制度。

企业的产权关系，通过企业的财产组织制度具体表现出来，并受到法律保护和规范。借鉴现代公司体制，是建立新的国有企业财产组织制度的一种可行的途径。

公司体制是现代市场经济体制下企业财产组织制度的主要法律形式，这里所讲的公司和我国目前许多名义上是公司，实际上是传统的全民所有制企业，甚至是行政性的“翻牌公司”有着重要区别。我们所讲的公司是按照公司法的原则设立和运行的，它主要有三个原理或特征：一是企业取得独立于出资人的法律地位，其中包括企业作为民事主体和拥有法人财产所有权，成为企业法人财产所有权主体；二是企业以其全部财产承担民事责任，股东以其出资额为限对企业债务承担有限责任；三是建立董事的信托责任，即股东以对董事的信任为基础，委托董事经营公司的财产，董事则以公司利益为唯一的行为准则。正是在这些原理的基础上，公司依法人财产为基础，实现了真正的自主经营和自负盈亏。

我们可以借鉴现代公司体制来建立新的国有企业财产组织制度。在具体的公司形态上，应根据现代市场经济的一般规律和我国的实际情况，采取多种公司形式。主要是：国有独资有限公司、公有制法人持股的有限责任公司和国有资本控股的股份有限公司。根据我国目前的现实需要和可能，应在进行各类公司试点的基础上，迅速推进全民所有制企业改组为国有独资有限公司的试点，要把这种改造与解除国有企业的历史包袱和社会负担结合起来，为国有企业与其它企业平等竞争创造条件。

第三，按照国际惯例，建立新的企业财务会计制度。

在企业的财务关系上，具体反映企业所有者，企业法人、经营者和劳动者权益的是企业的财务会计制度。举例来说，我们现在都认识到了国有资产保值、增殖的重要性，在完善承包制的过程中，把国有资产的保值、增殖指标逐步列入考核内容。但什么才是国有资产的保值增殖呢？ 原有的制度偏重于考核国有资产的总值，就是看企业的资产增加没有，以资产的增加或减少来衡量资产的保值和增殖，不考虑企业的负债状况。

1993年7月1日开始实行的新的《企业财务通则》和《企业会计准则》，明确了所有者权益的概念确立了一种新的资产负债关系。用公式表示就是所有者权益=资产－负债。所有者权益是指企业的净资产，不是资产总值，也不是过去所说的固定资产净值。按照新的公式我们就很容易看出，企业资产增加，如果负债同样是等量增加，所有者权益就没有发生变化；如果资产增加，但负债增加量超过资产增长量，所有者权益实际上减少了。所以，新的财会制度有利于解决国有资产保值、增殖、维护所有者权益也有了保障。

此外，新的财会制度规定，资本金注入企业后不能抽回，但可依法转让。这不仅有利于保障企业的法人财产权利，落实企业的经营权，还明确了产权可以进行有偿转让，资本作为资源可以进入市场。《两则》还规定，新的财会制度适用于国内各类企业，实行制造成本法和建立新的财会报表等等，这些变化，为企业间的公平竞争和客观评价企业经营效果提供了科学依据，为解决企业改革的诸多问题提供了新思路。因此，采用国际惯例，实行新的财务会计制度，不能被简单地看作是企业财务会计科目的调整。应把实施新的《两则》和贯彻落实《条例》结合起来，与其它制度改革配套进行，各类企业的财务会计制度要逐步统一到新《两则》的规定上来，这也是建立现代企业制度的一项重要内容。

第四，改革企业领导体制，建立新的企业内部组织结构和权力机构。

企业的独立法人地位和经营运行是通过一定的组织结构和权力机构来实现的，如果按照《公司法》规定将全民所有制企业的财产组织制度改造为公司体制，那么相应的企业内部组织结构和权力机构，也就是企业的领导体制就要相应改变，要建立股东会、董事会、监事会和经理班子等分层次的组织结构和权力机构，实行规范的公司法人治理结构，不同的权力机构分别行使重大决策权、监督权和日常经营决策执行权，各司其职，各负其责，相互制衡。这样的组织结构和权力机构，有利于保障公司的整体利益，有利于实现企业经营决策的科学化，民主化和专业化，因此，新的企业领导运行体制有利于企业适应市场经济竞争和社会化大生产对管理专业化的客观要求。

第五，深化企业内部各项制度改革，建立新的企业内部经营管理制度。

主要是根据市场经济对企业成为竞争主体的要求，改革企业的人事、劳动、分配等项管理制度；取消企业的行政级别，取消企业干部和工人的身份界限；改革国家统一制定企业工资分配办法的旧的工资分配制度，使企业各项生产要素通过市场来获得，由市场机制进行调节；要切实落实企业自主用工、自主分配的经营权利，建立有效的企业内部竞争机制，使企业在遵守国家法令的前提下，能够根据市场竞争的需要和本企业的特点，自主建立其内部各项管理制度，健全科技开发、市场经销、财务管理等制度。

第六，实行政企分开，建立新型政企关系。

企业成为市场活动主体，要求实行政企分开。应根据市场经济体制及其运行机制的要求，切断企业同政府之间的行政隶属关系，建立新的政企关系。这里的核心问题就是转变政府职能，关键在于理顺政府职能，改进管理方式。“政府职能不转变，企业机制难转换”，这一点已成为各方面的共识。目前，我国股份制试点过程中，一些政府部门仍沿用旧体制对股份制企业进行管理，是制约股份制企业不能够从根本上转换机制的重要原因，这既说明了建立新型政企关系的必要性，也反映了政府转变职能的困难相当大。

首先要区分政府的行政职能和国有资产所有权职能，还要区分政府国有资产所有权职能中的国有资产管理职能和经营性国有资产的运营职能。政府的行政职能是指政府作为国家政权机关，依法行使对社会、经济、科学、文化等的行政管理职能，是由《宪法》确定的，由行政法来调整，包括社会管理职能和经济管理职能。政府的国有资产所有权职能，是指政府作为国有资产所有权代表相应行使的各项权能，由民法来调整，《条例》对此已作了相应的规定，包括全部国有资产的管理职能和经营性国有资产的运营职能。

其次要明确政府行使不同职能的具体内容，转变管理方式。政府的社会管理职能和经济管理职能应是面向全社会的、全方位的管理。政府要实施全面的社会管理，尤其是要把社会保障制度的建立和加强市场法制建设纳入社会管理的重要议程，强化为经济建设服务的职能。政府对经济的管理要由直接管理经济运行，转向间接调控经济运行，由着重微观管理转为主要进行宏观管理，从主要用行政手段转到综合应用经济的、法律的以及必要的行政措施来进行管理，应加强对全社会各类企业的行业管理和产业管理，切实落实国家的产业政策，提高宏观经济效益。政府的国有资产所有权管理职能和经营性国有资产的运营职能应根据市场经济的要求进行改革，将国有资产的宏观行政管理和国有资产的微观市场运营适当分离。国有资产的管理职能，应包括对经营性和非经营性国有资产的全面管理，主要是制定规章、制度、进行监督检查，提供整体运营状况的信息，组织进行资产清查、评估、办理产权转让手续等。经营性国有资产的运营职能，是指具体使行国有资本金所有权的各项权能，负责国有资产的投入、转让、收取投资收益、委托经营等。要改变国有资产所有权职能分散在不同部门手中，谁都可以行使所有权，又都不对资产的保值、增值及运营效果负责的状况，应逐步将分散在各个政府部门手中的所有权适当集中，明确行使国有资本所有权的机构拥有完整的所有权权利，并使其真正承担起国有资产保值、增值和追求资产收益及资本扩张的责任和义务，切实保障国家所有权。这不仅是政企分开的要求，也是理顺产权关系的客观需要。

第七，实行破产制度，建立企业优胜劣汰机制。

对企业来说，市场竞争机制最重要的外在强制压力就是优胜劣汰，这是竞争机制发挥作用的关键。而没有破产的竞争不是真正的竞争，不能及时淘汰劣势企业，导致所有的企业都停留在一个水平上，大家都死不了，也都活不好，从而软化了企业在竞争中加强经营管理，采用先进技术，保持发展后劲的内在冲动。因此，实行破产制度，建立有效的淘汰机制，是激励先进、鞭策落后，促进有效的市场竞争，提高社会生产力水平的关键，也是优化企业结构和经济结构，提高国民经济整体效益的根本途径，是建立现代企业制度的重要内容。主要是逐步实施《破产法》，大力推动企业兼并和企业产权转让，促进多层次、多种形式的产权流动和产权重组;通过国有存量资产的流动和重组，特别是国有股权的市场交易，积极进行国有企业组织结构和产品结构的优化调整，优化国有产权结构和国人资产的产业分布。

(二)切实转换企业经营机制

1．企业经营机制的现状。企业活不活，关键在于机制好不好。国有企业面临各种困难和问题，症结之所在就是没有一个好的机制。企业经营机制是指企业适应外部环境变化的生存和发展的内在机能及其运行方式。企业经营机制包括以下几方面内容。

——激励机制。它是激励企业和职工为了企业生存和发展作出最大奉献的机制，主要取决于物质激励、精神激励和选拔人才的激励。

——约束机制。它是企业自觉按照法规、政策及客观经济规律自觉规范自身投资、经营及分配等方面行为的机制。

——发展机制。它是企业在市场经济发展中，依靠搞好生产经营，通过自身积累，实现有效发展的机制。

——淘汰机制。它是企业和职工在激励的竞争中，失去岗位、职业、承担经济损失甚至破产的风险机制，既是压力，也是动力，促使企业提高素质。

企业经营机制的四个方面在生产经营活动中发挥作用不是简单迭加，而是相互联系、相互作用的。

企业经营机制的核心问题是自主经营、自负盈亏。企业自主经营和自负盈亏的程度决定了经营机制作为整体完善的程度，从而决定了企业能不能实现自我激励、自我约束、自我积累和优胜劣汰。

我国国有企业的经营机制是在高度集中的计划经济体制下形成的。国家不仅掌握企业所有权，而且掌握直接经营权，政企合一，政府经营，统负盈亏。经过十五年改革，国有企业经营机制从总体上有所改善，但不同地区、不同行业、不同规模的企业经营机制处于不同状态。按照企业产权明晰程度和政企分离的程度分析，目前国有企业经营机制状况大体处于以下四类状态:

第一类，产权明晰，已经实现政企分开的企业。这类企业，主要是法人持股的股份制企业和中外合资企业，其外部环境和内部条件都比较好，企业活力比较强。如上海真空电子器件股份有限公司，浙江凤凰日用化工股份有限公司。深圳赛格集团、北京吉普车有限公司和上海大众汽车有限公司等。据了解，全国现在股份制企业已达11000多家，“三资”企业已达15万多家。

第二类，根据法律、法规签订契约，实质上已界定了国家与企业权益关系并规范了利益分配的企业。这类企业具有较大的经营自主权，实际上已成为产权主体，政府部门一般不再包办企业的事务。可称为“部分产权让渡式企业”。像首钢等国有企业就属于这一类，在全国企业中为数较少。但应该说，这种形式具有一定的典型意义。

第三类，产权模糊、国家与企业的权益关系不规范，企业经营自主权不落实，而其经营活动又是面向市场的企业。这类企业国家虽赋予了较大的经营自主权，由于各级主管部门的截留，以及其它种种原因，使经营机制难以转换，生产经营状况起伏较大，基本上处于只能负盈不能负亏的状况。多数实行承包经营责任制的企业属于这一类，在全国企业中占绝大部分。

第四类，自然垄断型和资源约束型国有国营企业。其产权、经营权属国家所有，按照国家计划组织生产经营，如国家统配煤矿、石油开采、铁路交通、通讯行业和公用事业的骨干企业就属于这一类，为数也是较多的。

2.国有企业转换经营机制的目标。(1)确定转换企业经营机制目标的根据。转换企业经营机制应当达到什么目标，虽然是按照人们的主观愿望确定的，但它必须符合以下三个方面的客观要求:

第一，转换企业经营机制的目标，必须符合社会主义市场经济的要求。这是因为，企业的经营活动，离不开经济运行环境，企业本身的管理体制，也必须与整个经济体制协调、配套。

第二，转换企业经营机制的目标，必须适应增强企业活力的要求。这是因为，转换企业经营机制的目的是为了增强企业活力，只有能够增强企业活力的经营机制，才是我们所需要的经营机制。

第三，转换企业经营机制的目标，必须适应我国具体情况。这是因为，确定目标是为了实现目标，理想的目标如果在现实生活中无法实现，那只能是空想，不能解决我们面临的实际问题。

(2)国有企业转换经营机制的总目标。根据以上三个方面的要求，国有企业转换经营机制的总目标至少包含下列内容：一是形成新型的政企关系，改变企业是政府附属物的地位，企业完全自主经营；二是企业成为独立的法人实体，把经济效益放在第一位，以盈利为主要目的，实现真正的自负盈亏；三是企业一切活动以市场为中心，面向市场，参与竞争，实现优胜劣汰，优化企业结构和经济结构，提高整体效益。其中的核心是自主经营、自负盈亏。

3.国有企业转换经营机制的难点和对策。关于国有企业转换经营机制，实现自主经营和自负盈亏，1984年《中共中央关于经济体制改革的决定》中就明确提出来了，到现在多数企业还没有实现这一目标，原因在于有两大难点没有解决：一是还没有形成企业自主经营所需要的市场环境；二是还没有找到企业自负盈亏的具体实现形式。

(1)企业自主经营所需要的市场环境。企业自主经营需要有一个市场环境，而形成市场环境是一系列体制配套改革的结果。如果不改革有关体制，形成市场环境、把企业推向市场只能是一种愿望，不可能成为现实。概括地说，要形成商品市场，必须改革计划体制、流通体制、价格管理体制。在按指令性安排生产、通过统配调拨实现流通、由政府决定产品价格的条件下，就没有商品进入市场，价格也不能成为反映供求状况、调节供求关系的信号，企业就只能依靠政府的指挥调度进行生产经营，而无法进入市场。进一步说，企业自主经营只有商品市场是不够的，还必须有要素市场，主要是资金市场和劳动力市场。这又必须改革投资体制、金融体制、劳动人事体制和社会保障体制。到目前为止，这几个方面的体制改革都有不同程度的进展，但都没有到位，尤其是资金市场和劳动力市场不完善，这是制约企业自主经营和进一步面向市场的重要原因。

根据有关方面的抽样调查，我国市场环境的现状有以下几个基本特点：

第一，商品市场和要素市场发育程度有很大差异。由于计划、流通、价格等体制改革的步子比较大，因此形成商品市场比较快，企业在产、供、销方面的自主权也就比较大。投资、金融、劳动、人事、社会保障体制的改革步子比较小，形成要素市场比较慢，企业在这方面的自主权也就比较小。

第二，大中小型企业面对的市场环境有很大差异。小型企业面对的市场环境较好，因而经营自主权也较大；大中型企业，特别是生产重要产品的骨干企业面对的市场环境比较差，因而自主经营的程度也就比较低。

第三，不同行业的企业面对的市场环境有很大差异。生产投资类产品和生产消费类产品行业的企业，面对的市场环境比较好，经营自主权比较大；原材料部门和基础工业部门的企业面对的市场环境比较差，经营自主权比较小。

第四，不同地区的市场环境有很大差异。经济特区、开发区市场发育较好；其余地区市场发育较差。

从以上这四个方面的差异中，既可以看到我们过去改革的成果，也可以看出改革进程中的滞后环节；既可以明确继续前进的现实基础，也可以明确深化改革的重点所在。在此基础上就可以找到转换企业经营机制的途径和方法。

(2)国有企业自负盈亏的具体实现形式。企业自负盈亏，必须有具体的实现形式。无论负盈还是负亏，主体都是企业。企业要实现自负盈亏，就必须使企业享有负盈的权利和具备负亏的能力，而国有企业的财产属全民所有，企业用什么负亏？怎样负亏？这就是我们要解决的国有企业自负盈亏的实现形式问题。

我们完全可以借用现代公司体制的原理，解决国有企业自负盈亏的实现形式问题，即将国有企业按公司体制进行改造，国家代表全民作为股东以其出资额对每个企业承担有限责任；企业则在法人财产的基础上自负盈亏。

国有企业按公司体制改造后，与全民所有制企业有所不同：

一是国家由承担无限责任变为承担有限责任。目前全民所有制企业发生亏损，一般通过挂帐、财政补贴等办法处理，国家实际上对企业仍承担无限联带责任。公司如果发生亏损或资不抵债，国家不再直接出面处理，而是由股东代理人组成的董事会处理；或是用资产作抵押借新债、还旧债；或是出让部分产权，吸收新的股东，注入新的资本或者破产清算，以资产残值抵补债务。这就使得国家作为股东或股东之一，只以对企业的投资额承担有限责任。

二是所有者代表从企业外部进入企业内部。目前全民所有制企业所有权职责由各级政府及有关部门分别行使，而各级政府及有关部门只能在企业外面，不可能成为企业的一个组成部分。在公司中，国家作为股东或股东之一，要委托董事组成董事会，作为自己的代理人，成为企业的一个组成部分。这样就可以使所有者对企业从外部约束转变为内部约束，在企业内形成所有者、经营者、劳动者之间互相制衡的机制。

三是企业由名义上的法人变为实际上的法人。企业成为法人，需具备的最重要条件是能够独立承担民事责任，其典型表现就是企业能以自身财产弥补亏损，偿还债务。而全民所有制企业对国家授予其经营管理的财产只享有经营权，即无权以其财产弥补亏损，偿还债务，因此全民所有制企业不能真正独立承担起民事责任，只是名义上的法人。在公司中，所有者代表进入企业内部，就可以使企业以其全部资产承担债务责任，所有者以其出资额承担有限责任。这就使企业能够真正独立承担民事责任，成为独立的法人实体，具备了成为市场竞争主体的基本条件。

四是使政企分开得以实现。在目前全民所有制企业条件下，政府实际上是执行“企业主”的职能，不能不直接经营企业；在公司条件下，政府则是执行“股东”的职能，必须间接管理企业，即通过委派自己的股权代表，参加公司的董事会，影响公司的决策，贯彻自己的意图。股东的权利和义务，董事的信托责任，法律上都有明确的规定。这样，政企职责分开，政府职能转变，都有了根据和基础。

国有企业按公司体制改造后，脱离了原来全民所有制企业的法律框架，按照全新的公司法框架运行，有以下作用：

第一，企业自负盈亏，走出国有企业改革面临的怪圈。国有企业按公司体制改造，即国家代表全民作为股东以其出资额对每个企业承担有限责任，并委托董事进行经营；企业则在法人财产的基础上自负盈亏。企业最大的约束就是自负盈亏，企业自负盈亏可以防止企业滥用经营权和国有资产流失。从而改变国有企业“一放就乱，一乱就收，一收就死，一死就叫，一叫又放”的现象。

第二，促进理顺产权关系。实行公司体制改造势必要求理顺政府对企业的产权关系，明确政府的所有者机构，并派出股权代表参加企业的董事会。

第三，为政企分开、企业自主经营创造了条件。只有政资分开、资企合一、政企才能真正分开。公司体制改造要求政资分开，资企合一，这就使政企分开有了前提。同时，所有权与经营权的分离在企业内部由明确、稳定的制度规范和组织结构予以保证，为消除政府对企业的不适当行政干预、保障企业自主经营提供了可靠的组织与制度条件。

第四，企业自负盈亏后，才可能真正面向市场。全民所有制企业由于实质上是国家统负盈亏，并且盈亏责任不落实，因此，企业更多地面向政府而不面向市场，政府想推也不一定推得动。企业自负盈亏后，面向市场就会成为企业求生存、图发展的内在要求。

第五，企业经营者、职工的盈亏责任制将得到更好落实，促进企业效率和效益的提高。由于所有者进入企业，产权约束更为严格，并且也更容易界定经营者、职工的盈亏责任，形成更有效的激励和约束机制。

另外，还有增加企业经营灵活性，促进各类企业公平竞争等作用。

4.国有企业转换经营机制的途径和方法。(1)企业转换经营机制的途径。实现企业经营机制的转换，有两种可能的途径：一是通过协调配套地全面深化改革，使国有企业共同实现经营机制的转换；二是根据每一个企业不同的具体情况，分批实现经营机制的转换。

共同实现经营机制的转换，当然是一种理想的途径，但有两方面的问题：一是要求配套改革的条件高，难度大，需要的时间长，二是一些已经有条件转换企业经营机制的企业，将会在等待中丧失时机，造成机会损失。因此，分批转换企业经营机制，是从当前实际情况出发的一种现实选择。

分批转换企业经营机制，需要把握住三个要点：一是具体分析每一个企业面临的市场环境，因势利导，推进企业自主经营；二是充分利用每一个有利时机，进行各种类型的公司体制改造，推进企业自负盈亏；三是政府必须自觉转变职能，改革管理体制，为企业转换经营机制创造外部条件。

前面曾经讲到，经过十五年的改革，各个企业面临的市场环境已经呈现出很大的差异：一是经济特区、开发区的企业与其它地区的企业，面临的市场环境已经有很大的不同；二是小型企业与大中型企业面临的市场环境已经有很大的不同；三是不同行业、生产不同产品的企业，面临的市场环境已经有很大不同。现在已经面向市场，有条件自主经营的企业，需要的只是推进有关自负盈亏的改革，没有必要让这些企业等待与其它企业共同实现经营机制的转换。

(2)国有企业转换经营机制的方法。　国有企业按公司体制改造是转换企业特别是大中型企业经营机制的有效方法，当然并不是所有的国有企业都要按公司体制改造，大量的小型零售商业、饮食、服务业企业和工业小企业，可以通过出售产权，转为股份合作制企业、合伙企业或私营企业，也可以通过长期租赁改为国有民营，或采取租售结合的办法，逐步改为非国有企业。

国有企业按公司体制改造，要区别企业的具体情况，采取不同的公司组织形式，主要有国有独资有限公司、公有制法人持股的有限责任公司和公有制为主体的股份有限公司三种。具体讲：

——一些确实需要国家投资开办的企业，如大型基础设施、盈利性较差私人不愿投资而又必需发展的企业以及其它私人无力投资的企业，可以实行国有独资有限公司形式。

——大部分国有大中型企业，可改组为公有制法人持股的有限责任公司形式。

——部分国有大中型企业可通过内部职工持股、发起设立等方式改组为公有制为主体的法人持股或内部职工持股的股份有限公司。

——少数企业可通过公开向社会发行股票筹集资金改组为公有制为主体的社会募集股份有限公司，其中极少数可以成为股票上市公司。

目前，我国已经有关于有限责任公司和股份有限公司的一系列政策性文件，使国有企业股份制改造初步有了政策依据和行为规范。需要明确的是国有企业进行国有独资有限公司改造的有关政策，要强调以下几点：

第一，国有独资有限公司本身可采取多种组织形式，一种是直接面向政府的单个公司形式；一种是国家控股公司、国家投资公司、集团公司等公司形式，这类公司通过控股、参股、兼并、投资等多种方式，可带动一大批国有企业以股份制子公司形式转换机制；一种是政府把独资有限公司委托给集团公司、国有资产经营公司经营，成为国家控股公司的全资子公司。

第二，在实行公司化改造初期，采取国有独资有限公司形式改造的行业和企业可以多一些。国有企业改造为国有独资公司，将使企业转向以公司法为依据运行，有利于政企分开，企业自主经营、自负盈亏，并且借助于政策调整，逐步解除国有企业的历史包袱，为进一步推动股份制改造打下基础。从长远看，国家主要掌握一批数量少但实力雄厚的控股公司、集团公司，通过控股公司、集团公司带动大批国有或混合所有的中小企业的发展。

第三，在国有独资有限公司中实行董事会制度，作为国有独资有限公司的所有权机构，进行生产经营重大决策。董事会成员由政府授权的国有资产所有权代表机构选派和任免。

第四，需要有专门的法律、法规或政策规范政府与董事会及其成员的责权利关系。这种法律类似于国外一些国家针对国有公司专门制定的法律，比如法国雷诺公司、意大利的伊里公司，政府都制定了专门的法规，确定政府与企业的关系。这些法律的基本特点是政府以所有者身份制定的，主要调整国家终极所有者与董事会的关系，实际上是董事会的经营责任制。公司本身还是按照统一的《公司法》原则设立和运行。

第五，在没有上述法律情况下，仍可以采取资产受托经营等较为完善的形式，处理政府与公司的关系，以形成有效的激励和约束机制。

5.国有企业转换经营机制的配套改革。转换企业的经营机制，使企业成为市场竞争的主体，不能孤立地进行，必须加快进行相关体制的配套改革。

(1)加快政府职能转变，建立起有效的经营管理和国有产权管理制度。

第一，政府所有者职能与社会经济管理职能分开。从长远看，需要把目前分割在各部门的产权职能分离出来，由单独的国有资产管理部门和经营机构统一行使所有权职责，其它政府部门只履行社会经济管理职能。

第二，履行社会经济管理职能的各部门按照精简、统一、效能的原则，精简机构，转变职能：由管理微观经济活动转为管理宏观经济活动；由直接控制转变间接调控；由部门管理转为行业管理。

第三，履行国有资产所有权职能的部门和机构，分别行使国有资产所有权的管理职能和经营职能，国有产权的管理和经营应逐步由原来的对实物形态财产的直接占有，转为对价值形态资本的经营，以有利于企业间的产权流动和结构优化，实现国有资产经营的高效益和保值增殖。

(2)为企业创造公平的市场环境，建立有效的市场竞争机制。通过竞争实现优胜劣汰，是市场经济运行中最有效的强制力量，作为市场竞争主体的企业均要在竞争机制的约束下进行选择和从事经营活动。竞争机制最显著的功能就是通过经济利益的牵动，促进企业在采用先进技术、降低生产成本、提高劳动生产率上下功夫，不断增强自身的经营能力和发展能力，提高管理效率。目前，在我国建立有效的市场竞争机制，迫切需要推进以下改革。

第一，要改革价格体制，逐步放开对价格的计划管制，建立以价值规律为基础的反映市场供求变化的价格形成机制，使价格信号能够较为准确地反映市场供求关系，引导资源的合理配置。

第二，要健全市场体系，尽快建立完善、统一、开放的生产要素市场体系，包括商品市场、物资市场、技术市场、信息市场、资本市场、劳动力市场、产权市场等，使企业主要通过市场获取生产要素、组织生产经营。为此，在继续深化计划、价格、流通体制改革的同时，应加快投资、金融、劳动人事和产权管理体制的改革，以适应企业面向市场的步伐和企业自主经营的需要。

第三，要真正全面地实行破产制度，建立企业优胜劣汰的机制。对企业来说，市场竞争机制最重要的外在强制压力就是优胜劣汰，而没有破产的竞争不是真正的竞争，不能及时淘汰劣势企业，导致所有的企业都停留在一个水平上，从而软化了企业在竞争中加强经营管理、采用先进技术、保持发展后劲的内在冲动。因此，实行破产制度，建立有效的淘汰机制，是激励先进，鞭策落后，提高社会生产力水平的有效途径，也是优化企业结构和经济结构，提高国民经济整体效益的根本途径。

(3)分离企业的社会职能，建立健全社会保障体系。要采取多种措施，分离企业的社会职能，卸掉企业过重的社会负担。建立健全社会保障体系，为人员流动和企业优胜劣汰提供稳定安全的社会环境。社会保障体系的建设要符合社会保险发展规律。逐步提高养老、医疗、待业等社会保险的社会化程度，建立国家、企业、个人三方合理负担的社会保险统筹基金制度。建立统一的社会保险管理体制，社会保险实行政事分开，社会保险管理部门从宏观上进行政策、制度、标准管理，社会保险经办机构办理社会保险业务，承担保险基金保值增殖的责任。

(4)妥善处理转换企业经营机制引起的一些问题。主要是一部分企业破产和一部分职工失业的问题；各级政府机构改革中出现的人员安置问题；企业的呆帐、烂帐的处理问题，以保证转换企业经营机制的顺利进行。

(作者所在单位:国家经济体制改革委员会生产体制司)

对90年代中国经济发展的动态分析

王 文 波

1978年以来，在改革开放政策的推动下，中国经济取得了持续的高速增长。进入九十年代，中国经济继续呈高速增长势头，但这个时期的经济增长呈现出与以往不同的特点：一些主要的经济指标，其冷热转换之快，高峰与低谷差距之大，都创造了新的记录。在这个经济增长周期里，既有以往经济周期固有的因素，也有新出现的因素，在固有因素继续发挥作用的同时，新的因素经过逐渐的积累从规模和质量上都得到较大程度的强化。总结九十年代中国经济发展的特点和可以吸取的经验教训，对我国以后正确实施宏观调控是有利的。

一、九十年代中国经济增长的基本轨迹

九十年代，中国的经济发展呈现较为典型的周期性变化规律。1990年是治理整顿年，各项经济指标低速增长；1991年是恢复增长年，各项经济指标由低速增长转为恢复性增长；1992年是全面开放年，经济开始步入高速增长轨道；1993年是经济增长年，经济由高速增长转为稳速增长。具体说来，九十年代中国经济的增长呈下列轨迹：

(一) 总体经济发展速度由低而高，正好处于一个经济增长周期的前半阶段 九十年代的经济增长呈现明显的阶段性，第一阶段从九十年代初期至1991年上半年止，约持续一年半。这个阶段以治理整顿为特征，各种生产要素受到严格限制，经济领域中表现出经济低速增长、结构失衡、效益低下、财政困难、潜在通货膨涨压力加大等问题，但基本实现了治理整顿的主要目标。在这一阶段，由于经济效益长期萎靡不振，国家曾经采取大量发放贷款、积极清理“三角债”等启动经济增长的措施，但收效不大；从1991年下半年起，中国经济进入第二阶段，这个阶段以恢复性增长为特征，整体经济形势明显好转，社会供求总量基本平衡，结构调整取得进展，经济增长速度也比前一阶段有明显的提高，这一阶段约持续一年左右；第三阶段以1992年3月小平同志南巡讲话为标志，以经济高速增长为特征，这个时期经济的高速增长首先是由于放宽投资控制而引致投资高速增长的拉动，其次是由于三年治理整顿积累能量的大量释放，第三则是由于国外资本的大量涌入。综合起来看，九十年代的中国经济经历了一个经济周期的滑坡、扩张、过热三个阶段。国内生产总值4年来的变化也显示了经济发展的这种变化趋势，1990－1993年，依次完成国内生产总值17681亿元、20188亿元、24020亿元、31380亿元，分别比上年增长4.1％、8.2％、13.2％和13.4％，呈逐年上升之势。目前，中国经济仍处在本次经济周期的高峰阶段。

国民经济综合景气评分变动图

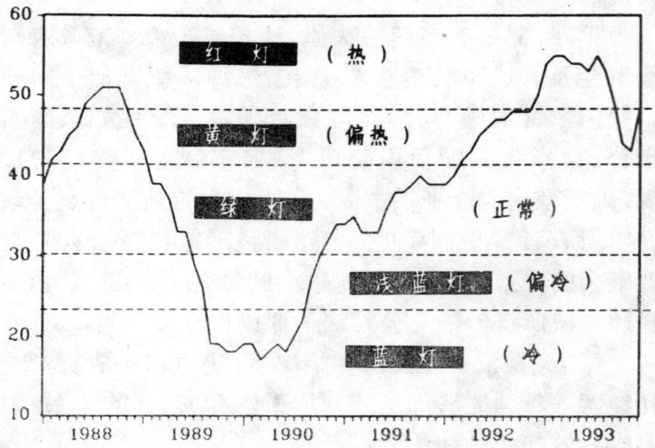

(二) 农业生产稳中有增，但棉花生产波动较大 1990年以来，农业生产稳定增长，1993年完成农业增加值6650亿元，比1989年增长18.6%，平均每年增长4.4%，与上年相比，1990－1993年，农业增加值分别增长7.4%、2.7%、3.7%、4%，没有出现大的波动。

从种植业看，主要农产品产量有增有减，林、牧、渔业平稳增长。粮食生产连续4年超过历史最好水平，均在8000亿斤以上，1993年更达到9129亿斤，创造了历史新记录；棉花生产由于比较效益低等多种因素的影响出现波动，在1991年棉花产量比1990年增产116.7万吨的基础上，1992－1993年连续两年减产，1993年产量只有374万吨，与1989年水平相当，比历史最高水平的1984年减少40%，形势相当严峻；油料生产则呈稳定增加趋势，年年有增长，1990－1993年，每年比上年增产318万吨、25万吨、25万吨、163万吨，1993年达到1804万吨，为历史最高水平，油料生产的稳定增长主要是由于油料类产品的比较利益较高，农民乐于种植；其它经济作物除少部分外基本是一个增产的趋势。

从畜牧业看，大牲畜年底头数、猪、羊年末存栏数、猪牛羊肉产量均呈全面增产的势头，其中猪牛羊肉产量1993年达到3225万吨，比1989年增长38.6%，肉类产量的迅猛增加满足了城乡居民日益增长的对肉类的需求。

从渔业生产看，水产品产量保持了改革开放以来连年增加的势头，4年平均每年比上年增长11.6%，1993年水产品产量达到1823万吨，其中淡水产品和海水产品产量均有较大程度增长。

九十年代农业生产连年的好形势，为整个经济的稳定高速增长提供了雄厚的物质基础，保证了城乡居民农副产品的供应，丰富了居民的“菜篮子”，有利于经济的稳定和社会的安定。

(三) 工业生产由低速增长逐步转为高速增长，但国有企业产值相对下降、效益下滑等问题日渐突出 九十年代，尽管治理整顿、“三角债”等问题困扰着工业生产的进一步发展，但由于工业领域进一步加快改革开放步伐，完善企业承包责任制，特别是近年来贯彻落实全民所有制企业经营机制《条例》，工业总产值保持了高速增长的势头，工业领域在国民经济中发挥着主导作用，在国内生产总值每年增量中都在50%以上。九十年代工业生产的基本特点是：①工业生产增长逐年加速上升。受严厉的宏观调控措施的制约，九十年代初期，工业生产一直在低速区运行，1990年工业总产值只比上年增长7.8%，1991年有所恢复，增长14.5%，1992年以来，受投资高增长和经济建设热潮的推动，工业生产进入高速增长轨道，连续两年保持高速增长，1992年工业总产值比上年增长26.7%，1993年增长27.5%，增幅高低相差近20个百分点，这是以往任何一个经济周期所没有过的；②发展的不平衡性更为明显。九十年代以前，发展的不平衡现象即有越来越严重的趋势，九十年代进一步发展：一是由于市场调节作用增强，非国有工业持续超高速增长，在整个工业产值中所占比重越来越大。二是由于投资需求旺盛，使主要生产投资品的重工业的增长快于主要生产消费品的轻工业的增长，这与改革开放以来轻工业生产增长快于重工业生产增幅恰好相反。三是在高速发展中，地区差异进一步扩大，沿海地区增幅明显高于内陆地区；③受市场调节作用增强的影响，加上机制转换不灵，国有工业增长乏力，效益持续下滑。1990－1993年，国有工业产值分别比上年增长3%、8.6%、12.4%、5.7%，均明显低于非国有工业的增幅。

九十年代工业生产的发展及其在整个经济发展所起的作用进一步证明，在中国现有经济资源和经济结构条件下，工业领域仍是中国经济成长的唯一主导因素。

(四) 固定资产投资波动幅度较大，在整个经济增长中起了举足轻重的作用 1990年正是治理整顿的关键年份，在国家的严格控制之下，投资基本是一个维持的态势，新增投资和新开工项目均比较少，固定资产投资只比上年增长7.5%；1991年，由于治理整顿已取得阶段性成果，国家宏观调控效力有所放松，当年固定资产投资比1990增长23.8%；1992年，在小平同志南巡讲话的推动下，全国出现了经济建设热潮，固定资产投资开始大幅度增加，1992－1993年完成固定资产投资分别比上年增长37.6%和58.6%，高峰与低谷相差50多个百分点。

九十年代固定资产投资具有下列特点：①国有单位投资高速增长，个体单位投资增长则相对平稳；②预算外投资增幅明显快于预算内投资，其中贷款、各级自筹占了绝大部分；③从投资取向看，表现为三个增加，一是增加了更新改造投资的比重，二是增加了对基础产业、基础设施的投资，三是增加了对以京九铁路为代表的重点建设的投资。

(五) 零售市场呈平稳增长态势，没有出现大的波动 九十年代，社会消费品零售额虽然也呈逐年增长之势，但波动幅度低于投资，1990－1993年，社会消费品零售额分别比上年增长2.5%、13.7%、17.7%和26.1，1993年增幅超出1990年增幅23个百分点，低于投资波动幅度近20个百分点。

从总体上看，九十年代的零售市场具有下列特点：①消费品市场总体上仍呈供大于求的格局，市场竞争日趋激烈；②国有商业的主渠道作用呈弱化趋势，由以往一家占优转为国有、合资、独资三足鼎立；③投资品市场由于投资的强劲拉力非常活跃;④高档消费品市场、新兴消费品市场独领风骚;⑤在市场竞争规律的作用之下,名牌产品开始大规模占领市场,其它产品则节节败退。

九十年代市场的相对平稳表明:消费对经济的刺激作用开始弱化,投资对经济的刺激作用则大大强化。这是九十年代中国经济发展的一个重要特征。

(六)对外贸易由顺差转为逆差,贸易规模迅速扩大

1990年,受"六四"事件的影响,我国对外贸易一度出现疲软,贸易规模裹足不前,当年进出口总额只比上年增长3.4%,1991年有所恢复,增长17.5%,1992年以来,随着西方国家逐步取消对中国的贸易制裁,在小平同志南巡讲话精神的鼓舞下,我国对外开放的范围、领域明显扩大,同国际经济的联系也日益密切,初步形成了全方位、大开放的格局,贸易规模迅速扩大,1992年进出口总额比上年增长22%,1993年在1992年增长幅度较大的基础上又增长18.2%,当年完成进出口总额1957亿元。

总起来看,九十年代中国的对外贸易呈现下列特点:①对外贸易由顺差转为逆差。1990年,顺差87.4亿美元,1991年顺差81.2亿美元,1992年顺差43.9亿美元,1993年转为逆差122亿美元;②进口增幅呈逐年增加趋势,出口增幅则呈逐年减少趋势。1990－1993年,海关进口额分别比上年增长－9.8%、19.6%、26.4%和29%,增加38.8个百分点,海关出口额则分别比上年增长18.2%、15.8%、18.2%和8%,减少10.2个百分点;③以对苏、对中亚各国、对越缅为主要对象的边境贸易、易货贸易日趋活跃,并形成一定的规模,外贸市场呈多元化趋势;④进出口商品结构趋向优化,工业制成品出口所占比重大幅度上升,高科技产品的进口所占比重亦呈上升趋势。

对外贸易出现的这些变化表明:我国经济已日益融入国际经济潮流中,世界经济的走向已能相当程度的影响中国经济的走向。

(七)潜在通货膨胀压力一直较大,历年累积的结果是1993年物价上涨率超过13% 九十年代的4年中,社会总供需之间总是保持一个较大的差额,时时构成通货膨胀的压力,尽管1990－1992年零售物价上涨率分别只有2%、4.5%和5%,但一些相关指标总表现出物价上涨的预期,加上近几年出台了许多价格改革的方案,在诸多复杂因素的综合作用下,1993年,伴随着经济的高速增长,物价上涨率达到13.2%这样一个高位,构成对经济稳定增长和社会安定的严重威胁。

物价问题是九十年代经济高速增长的副产品,具有一定程度的必然性。

以上情况标明,九十年代中国经济的运行总的说来较为正常,经济增幅的逐年升高虽然已构成对现有资源的压力,但由于中国经济仍然呈速度型特征,一定的经济增长速度仍然是各方所欢迎的;物价问题虽日渐突出,但随着国家对价格管理的加强,估计物价水平将被控制在可接受的范围内。

二、九十年代中国经济增长的新特征

从九十年代中国经济运行的运行轨迹看,由于国家经济实力的全面增强,经济增长呈现出与八十年代明显不同的特征:

(一)波动幅度加大 改革开放以前,中国经济发展显示出一条剧烈波动的轨迹,1978至八十年代末,波动幅度呈渐缓趋势,但进入九十年代,波动幅度趋向剧烈,短短时间,我国经济即由1990－1991年的过冷迅速转换为1992－1993年的过热,显示出我国经济运行的强波性质。多种数据表明,这次的波动幅度是改革开放以来最剧烈的。

(二)投资成为经济增长的主要推动因素 八十年代,投资和消费是中国经济增长的主要刺激因素。在那时,由于投资的膨胀或收缩受国家宏观政策影响较大,具有一定的可控制性,而消费则不然,以群众几次消费热点的转变为契机,消费需求几度膨胀,有力地推动了轻工产品及其相关产品的生产,因此,投资与消费一起共同推动了八十年代经济的增长。但在九十年代,由于消费需求处在一个相对平稳的阶段,经济的快速增长更多的依靠投资的带动,投资对经济的促进或抑制作用比以往任何时候都更为突出。据初步测算,近几年,我国投资增长对经济增长的带动作用均在60%以上。

(三)外国资本对中国经济增长的推动作用增强

八十年代,我国所实行的对外开放政策吸引了大量外国资本,它们对改进中国的产业结构、提高中国的技术水平、推动中国消费方式的变革都起了一定的作用,但由于他们所占比重较小,对整个宏观经济的影响不大;进入九十年代,尤其是1992年以来,这种情况发生了变化:一方面,外国资本以前所未有的规模大量涌入中国,1990－1993年,我国共利用外资778.15亿美元,比1979－1989年利用外资的总和还多200.3亿美元,其中1992－1993年就利用外资559.72亿美元,与1979－1989年利用外资相当,外国资本对中国经济的参入程度加深;另一方面,经过十几年的发展,外国资本已在我国经济的许多领域站稳了脚跟,并有了一定程度的发言权,有些高科技产业或高科技产品已成为外国资本的天下;第三,外国资本在继续向传统产业进军的同时,开始涉足基础设施的建设或改造等其他有利可图的领域,主动填补着中国产业结构的空白。外国资本对中国经济的推动作用日益增强。

(四) 增长过程呈现明显的结构性特点 八十年代,中国经济基本是一个短缺型经济,国家所采取的提高居民收入的政策和对外开放带来的示范效应,有力地刺激了消费需求,产品只要能生产出来基本就能销售出去,经济发展基本呈全面增长的态势。八十年代后期以来,随着投资多元化主体的逐步形成和市场机制调节作用的增强,排浪式投资方式开始形成,这种投资方式短短几年就可以使一种产品进入饱和期,出现相对于城市有效需求的生产能力过剩,这样,经济增长过程就表现为明显的结构性特点:某些行业加速度增长,另一些行业则徘徊不前,某些名牌产品增幅直线上升,非名牌产品则生产下降、库存大量增加。全国几十家电冰箱生产厂家近几年的兴衰证明了这一点。

(五) 经济增长的微观单位单体活动规模扩大 八十年代,改革的结果是中小型企业大量增加,在改革取向上以承包责任制为主要特征。微观单位大量增加,基本是分的态势;八十年代末到九十年代,这种情况已经发生转变,股份制改造造就了许多企业型的大公司,他们在经济领域开始扮演产业组织的重要角色,大规模的生产方式开始成为主流生产方式,在这段时期里,微观单位呈合的特征。特别需要指出的是,外国资本在这种转变中起了重要的示范效应。

三、九十年代中国经济增长暴露出的问题

九十年代中国经济的发展情况表明,中国经济已经走向成熟,但经济领域仍然存在着不少冲突,阻碍着我国经济的持续、健康、快速发展:

(一) 农业丰收与农民收入提高缓慢的冲突 八十年代初期是农业和农民的黄金时期,联产承包责任制极大地解放了农村的生产力,农民在改革中获得巨大实惠,但1985年以来,各地农业开始面临后劲不足的困扰,一些理论工作者和农业领导者一直在为此而奔走呼吁,国家也出台了一些促进农业发展的改革措施,但收效一直不很明显,与此同时,城市体制加快了改革步伐,实惠开始从农村转向城市,并且呈加速增长态势,一度缩小的城乡差距重又开始拉大。由于城市居民收入增幅一直高于农村居民收入增幅,物价水平又呈上升趋势,农业及农民面临着严峻的生产环境和生产条件,增产不增收在许多场合表现出来,但这个问题直到八十年代末也还不太严重。进入九十年代,在农业保持连年丰收的同时,农业及农民却面临着这样一种环境:一方面农民收入提高缓慢。据统计,1993年城镇居民人均生活费收入为2337元。扣除物价因素,实际增长10.2%,农村居民人均纯收入922亿元,实际增长3.2%,两者相差7个百分点。另一方面,近几年来,以生产资料为代表的生产要素价格直线上升,农业及农民的成本支出增加迅猛却没有相应的收入弥补。增产不增收的问题表现的更为尖锐。

(二) 劳动就业与企业破产的冲突 九十年代,尽管从数字上反映的待业率并没有明显升高的趋势,但社会各界一直认为,劳动就业的压力比以往任何时候都大,隐性失业、失业的规模呈逐年逐月乃至逐日扩大的趋势,社会心理普遍受到冲击,而这个问题又与九十年代大量企业实质上的破产有关(由于我国目前尚未能完全的贯彻《破产法》,许多应该破产的企业并没有破产,但他们是实质上的破产,是死亡企业)。

九十年代经济发展的一个显著特征是:大公司的成长成为产业组织变动的基本方向。大公司凭借其在规模、成本、技术、资金、营销策略方面的优势,在现有的产品市场中逐步占有越来越大的份额,并对中小企业的生存形成强大的压力。近年来,中小企业亏损特别是国营中小企业的大面积亏损就是这种变化的产物。

特别需要指出的是,中国在九十年代所发生的亏损加重现象具有一定的必然性。一方面,如果我国目前所能提供的即期需求是有限的,那么在市场调节居主导地位的条件下,市场空间也是有限的。由于中小企业在市场竞争中居于劣势,因此它们市场份额的逐步减少乃至破产就成为理所当然的事情;另一方面,市场竞争必然促使生产技术水平的提高。大型企业也好,小型企业也好,在市场竞争的条件下,都会图改进产品技术,以求在技术上高于竞争对手。其结果将会进一步提高生产效率,效率的提高将会加速某些企业的破产。

破产企业的增加势必增加失业人数,由于中国中小企业的数量极为巨大,一个百分点的亏损就是一个相当的规模,就是一个大量的失业人口,因此,百分点任何程度的提高都是社会各方难以承受的。更为要命的是,由于中国的城市工业一直保持终身就业与企业不破产的制度特征,任何性质的失业都会引起人们的心理波动。九十年代隐性失业人口的大量增加已在相当程度上增加了社会的不稳定,必须引起充分注意。

(三) 对外贸易规模的扩大与外贸准入准进的冲突 八十年代,由于中国对外贸易规模的不大,进口中国产品的国家也并不单纯依赖中国,因此,中国与其它国家并不存在严重的贸易摩擦,相反有不少国家还乐于与中国进行贸易,仅有的一些冲突只体现在产品由于质量问题而产生的索赔上,但九十年代,中国的对外贸易规模迅速扩大,出口产品的结构也由原来的初级产品向制成品转化,有些产品已在进口国形成绝对优势,对有些国家逐步形成较大规模的贸易顺差,与美国等国开始产生较严重的贸易摩擦,有些国家采取大幅度提高关税的办法构筑对中国产品的壁垒,中国产品

的进入难度加大。另一方面，一些国家在垂涎中国巨大市场的同时，也对中国的技术和经济潜力表现出相当程度的担忧，他们一方面极力把它们自己的产品及资金推进至中国市场，另一方面又想方设法阻止某些中国产品进入本国，中国近年来与别国贸易摩擦的增加表明了这种趋势。

从中国今后的发展趋势看，随着中国经济规模的扩大和技术水平的提高，制成品出口将大幅度增加，国内产业发展也将进一步依赖国际市场的开拓，但随之而来的必定是与进口国之间贸易冲突的加剧，到那时，准入与准进的谈判次数将会越来越多，我们应及早准备，防患于未然。

(四) 沿海地区经济的高速发展与内陆地区经济发展相对滞后之间的冲突 沿海地区与内陆地区经济发展的差距古已有之，改革开放初期也仍然存在。改革开放以来，由于国家实行对沿海地区的倾斜政策，沿海地区与内陆地区经济发展的差距急剧扩大，这种差距的扩大已造成一些副作用，但由于国家集中精力发展经济而没有给予足够的重视。九十年代，沿海地区的政策优势已不复存在，但大部分内陆地区由于经济基础较差，政策优惠并没有起到什么作用，相反，沿海地区凭借其更强的优势与发展实力，以比以前更快的速度发展，结果造成内陆地区与沿海地区的差距愈加扩大。

这种差距的扩大对国家经济发展是极为不利的。第一，差距越拉越大将动摇内陆地区经济发展的基础，九十年代的事实已经证明，沿海地区经济的快速发展及其所带来的丰厚利润和高额收入对内陆地区的资金和人才市场都起了釜底抽薪的作用;第二，内陆地区经济发展的落后将使国家不得不费很大精力和增加投入阻止这种差距的继续扩大，显而易见的是，这样的投入很大程度上体现为政治性而非经济性，而且削弱国家宏观调控的能力;第三，差距的拉大将会影响社会的安定和民族团结。我国的内陆地区许多属于多民族混杂区和少数民族居住区，如果我们放任内陆地区的继续落后，将会造成不可收拾的局面。

总之，我国九十年代的经济发展存在不少问题，有些问题还具有根本性，我们要正视这些问题，并积极采取措施解决这些问题。

四、九十年代中国经济发展的政策取向

九十年代将是我国经济发展的关键时期:第一，九十年代具有未来意义。目前，中国经济发展的内外环境均比较好，中国应该利用这一有利条件获得经济的持续发展，为将来经济进入平稳增长期打下一个良好的基础;第二，九十年代是制度创新期，以市场取向为基础的改革已在九十年代初期紧锣密鼓的展开，剩下的时间里一方面是健全经济立法，一方面是通过渐进的有条不紊的方式彻底改革我国现行的经济体制。制度创新能否取得较好效果将决定下个世纪中国经济的跃进速度。据此，九十年代应着重抓好以下几个方面:

(一) 经济手段与行政手段双管齐下，加强国家的宏观调控 从九十年代的经济条件看，仍需采用经济手段和行政手段双管齐下的策略调控经济，但应适当增加经济手段的分量。为使国家的宏观调控能够取得较好效果，一方面要建立宏观调控机制和管理网络，以便调控手段尽快到位，成立国家开发银行即是这方面的努力，另一方面适当集中财力，以使国家有足够的资金调控经济。如果宏观调控失效或不到位，我们就很有可能丧失九十年代发展经济的大好时机，殃及下一世纪。

(二) 增长政策应以反周期、减缓波动幅度为主要目标 九十年代初期，我国经济波动幅度较大，目前仍处在高峰期。九十年代剩下的时间里，宏观调控政策应以反周期、抑制减速冲动为主攻方向，这就需要加强对需求的管理，充分的利用货币政策、财政政策以及其它政策适时适度地加以调控，保持经济的润滑增长。

(三) 在不损害经济增长的前提下，及时推进彻底的改革 改革是九十年代的重要内容，它的重要性和必要性已为改革开放以来的经济实践所证明，但改革必须在经济增长过程允许的情况下进行，否则会带来更大的负作用，反过来影响改革事业的顺利进行。

(四) 抓住时机适时建立社会保障制度 九十年代的一些相关改革许多涉及社会保障制度或体系的建立。社会保障制度的完善将决定一些改革能否取得令人满意的效果。九十年代的社会保障改革可以采取以下两种办法:一是在充分总结国外保障制度经验的基础上，结合我国国情，制定我国保障制度改革的方案，并以渐进的方式推进，不求一步到位，但求步步为营;二是采用变通性或临时性的收入补偿政策，其中后者具有现实可行性和可操作性，这也是社会稳定和安定的需要。

(五) 集中资金发展以电子工业代表的新兴产业，全力追赶国际领先的技术水平 种种迹象表明，电子工业、新兴材料工业将是未来经济发展的火车头，我国在选择九十年代的主导产业时应以此为主要目标，集中资金打歼灭战。

(六) 利用国际上关注中国的机会，大力发展外向型经济，增加出口 国家应制定鼓励出口的更加优惠的政策，政策取向应以占领市场为主要目标，奋力开拓国际市场，从根本上改善我国的出口产品结构，促进我国产业结构的优化。

(作者所在单位:国家统计局)

环渤海地区经济发展战略

李 俊 晞

中共十四大报告提出，要加速上海浦东、广东、福建、海南、环渤海地区的开放开发，力争经过20年努力，使之成为我国基本实现现代化的地区。

所谓环渤海地区是指渤海湾沿岸的辽宁省、河北省、山东省和天津市，以及位于三省一市中心位置、作为中国首都的北京市。这一区域的国土面积为52万平方公里，占全国国土面积的5.36%；人口2.09亿，占全国总人口的17.9%；社会劳动力1.05亿，占全国的17.96%。这一地区包括2个中央直辖市，2个计划单列市(大连、青岛)，19个地辖市，86个市级市，350个县级市，164个市辖区，1577个建制镇和集市镇、7206个乡(政府所在地)。经过四十余年的建设，具有产业门类齐全、经济基础雄厚，交通便利，资源丰富，发展前景广阔等特点。

1985年在大连市首次召开了环渤海湾经济圈协作研讨会，拉开了环渤海地区经济发展战略的序幕。经过近9年的工作，在广大学者和专家的努力下，提出了很多关于联合开发环渤海地区经济的构想和意见，促进了该地区的联合，完成了千余项各类经济技术协作项目。促使中央政府对联合开发环渤海区域经济重要性的认识，并将其纳入了全国七大地区经济发展规划，并已形成了规划草案。近一两年来，该地区各省(直辖市)政府、以及经济科技部门和单位都在密切关注区域内部的联合发展问题，多次召开多种形式的战略发展研讨会和协作开发会议，提出了不少有价值的发展战略思想和意见。现将这些思想和意见整理归纳如下：

一、环渤海地区经济在我国经济发展中的地位

环渤海地区的三省两市是我国建国后经济发展最快的区域之一，也是国家投入最多的地区之一。以1992年为例，环渤海地区的主要社会经济指标在全国的比重分别为：国民生产总值5554.0亿元，占23.1%；国民收入4547.6亿元，占22.9%；社会总产值13750.1亿元，占24.6%；农业总产值1747.96亿元，占19.24%；工业总产值9708.85亿元，占26.19%；固定资产投资额1788.57亿元，占22.77%；中央铁路营业里程10070.22公里，占18.84%；全社会铁路货运量40510万吨，占25.7%；港口吐吞能力(主要港)22884万吨，占37.9%；社会商品零售总额2505.45亿元，占22.8%；实际利用外资额24.44亿美元，占12.73%；高等院校250所，占23.26%；全民企事业单位技术人员数387.1万人，占22.55%；职工总人数3271万人，占22.55%。如果按照地均和人均水平计算，该地区也大大高于全国的平均水平。如该地区地均国民生产总值为全国平均水平的4.23倍；地均社会总产值为全国的4.59倍；社会劳动者生产率为全国的1.37倍；人均全社会铁路货运量为全国的1.46倍。另外，各项平均经济指标均高于全国平均水平(见下表)。

1991年部分人均社会经济指标 (元)

	全 国	环渤海地区
国民生产总值	1714.22	2164.30
国民收入	1391.52	1779.66
社会总产值	3781.89	5175.64
固定资产投资	475.62	642.58
社会商品零售额	812.93	1027.67
实际利用外资额(美元)	5.82	8.06

通过这些经济指标不难看出，环渤海地区目前在我国仍然是经济发展较快的区域，在全国范围内仍占据着重要的地位。

二、环渤海地区在我国国民经济中所起的作用

就我国经济发展的格局而言，东部地区是较发达区间，中部地区是次发达区间，而西部地区则是相对落后区间。作为我国北方沿海地区的环渤海三省两市，则是处在较发达的东部区间，其经济发展在我国有着十分重要的作用。

1. 这一地区是我国主要工业集中地，是实现现代化的基础产业基地。辽宁省是我国的重工业为主的工业区；山东、河北两省是以轻工为主、轻重工业结合发展的地区；而北京和天津两市则是综合性超大型工业城市。建国以来，这一地区一直作为国家重点建设地区。"一五"期间集中了全国"156"项重点工程中的27项，其投资规模占全国的1/4以上，发展了钢铁、机械、棉纺和化学工业。70年代以来，又发展了石油化学工业。到1992年，生铁、钢材、石油、天然气、机床、拖拉机、电动机、轮胎、乙烯、烧碱、纯碱、农药等主要工业产品占全国总产量的1/4以上，其中，内燃机占1/3，生铁、钢、成品材均占1/3强，原油和塑料占40%以上，原盐占55%，纯碱占60%以上。而从工业的主要经济指标看，1992年有工业企业159.76万个，占全国的18.6%；工业产品销售收入6204.98亿元，占全国的24.0%；年底固定

资产原值5335.64亿元，占全国的26.7%；工业流动资金年平均余额3732.14亿元，占全国的24.1%；上缴利税总额658亿元，占全国的23.5%。

2. 这一地区的农村经济具有较大的发展潜力。首先，自然条件比较优越。该地区正处于我国暖温季风气候带和温带季风气候带的交接区，绝大部分地区年平均气温在10－14℃，无霜期170－220天，年平均降水量在400－950毫米。区内大部分地方，又处于华北和东北两大平原的主体位置上，地势平坦，土地连片，土层深厚，有利农耕，适于小麦、玉米、棉花和花生等多种农作物生长；而山坡和丘陵地带又适于苹果、鸭梨、柿子和板栗等干鲜果的生长。这些农产品在国内占有相当重要的地位。这就使该地区成为我国主要旱粮和重要经济作物集中产区。另外，渤海作为我国最大的内海，有着5800多公里的海岸线，且大部分为淤泥质岸段，滩涂面积大，地势开阔平坦，有利于发展滩涂养殖业。且渤海湾渔业资源丰富，有利于水产品的捕捞和养殖业发展。

其次，该区域已形成了较发达的农业经济格局，农村牧副渔各业都有着较强的发展优势。据1992年的统计，该地区乡村劳动力和耕地面积仅分别占全国的16.46%和18.48%，确占有全国农业机械总动力的26.98%，创造的农村社会总产值占全国总量的24.37%。当年为社会贡献的各类主要农产品分别是：粮食产量7823.9万吨，占全国的17.7%；棉花产量103.2万吨，占全国的22.9%；油料产量257.7万吨，占全国的15.7%；水果产量797.9万吨，占全国的32.7%；猪、牛、羊肉产量513.9万吨，占全国的17.5%；奶类产量106.7万吨，占全国的18.9%；绵羊毛40405吨，占全国的17.0%；禽蛋产量374.3万吨，占全国的36.7%；水产品产量428.2万吨，占全国的27.5%，其中海水产品373.6万吨，占全国的40%。

第三，该区域城市经济较为发达，为农业的进一步发展提供了保障。城市的发展要求农村提供原料、劳动力、消费品和市场；同时也就促进了农村的进一步发展。随着改革开放的深化和扩大，1991年环渤海地区已拥有大中小城市85个，与1978年相比增长1.8倍之多，占全国城市比重为17.7%；城市市区土地面积12.3万平方公里(不包括市辖县)，占本区域土地面积的23.9%，占全国城市的10%；城市市区非农业人口4.32万人(不包括市辖县)，占全国城市的26.7%。在这85个大中小城市中，50万人口以上的大城市有18个，100万人口以上的特大城市有11个，其中除北京、天津、沈阳三个200万人口以上的特大城市外，还有石家庄、唐山、大连、鞍山、抚顺、济南、青岛、淄博八个100－200万人口的特大城市。这些城市的存在和发展不仅仅有力地促进了地区经济和对外经济的整体发展，而且为地区农村经济的发展和农业产品的市场商品化创造了条件和提供了强大的动力，同时也为农村生产关系的变革、农业劳动生产力的进步创造了条件。

3. 这一地区是我国对外开放的重要窗口和我国北方进出口贸易的门户地带。一方面，在沿渤海湾的十多个城市中，几乎每个城市都有对外开放的经济开发区、试验区或保税区。特别是我国14个沿海开放城市中，这一地区就有大连、秦皇岛、天津、烟台和青岛五个城市。经过数年实践，这一地区的投资环境不断改善，吸引了大量境外投资者，特别是美、日、韩等国的投资增长较大。从该地区各省、市吸引外资而言，山东以港台投资为主，但韩国投资增长也很快；辽宁是日资基地，外商投资以港、日、美为主；河北与天津相似，投资来源地分散，对港澳、东南亚地区的依赖性较小；而北京占据了首都的优势，外商投资中大中型投资项目较多。据统计，1985年到1991年，环渤海地区在签约利用外资项目数、利用外资协议金额和实际利用外资额等方面都有较大的增长(见下表)。

	1985	1991	1991比1985	
			绝对数	比例数(倍)
利用外资签约数(个)	229	2019	1790	8.8
利用外资协议金额(万美元)	41012	158225	117213	3.9
实际利用外资金额(万美元)	6930	63135	56205	9.1

另一方面，环渤海地区位于我国东北区的核心地带，同朝鲜接壤，与日本和韩国隔海相望，是我国东北、华北、西北及华中等地与东北亚地区诸国、乃至环太平洋国家进行经济、技术、文化交往的必经之地。同时，这一地区有着较多的港口城市，天然良港众多，大连、秦皇岛、天津、烟台、青岛、日照等6个大港使这一地区成为我国北方对外开放和进出口贸易的门户。另外，还有6个较小的港口城市，以及正在筹建的唐山、东营、黄骅等大型港口。这些港口城市的建设与发展对我国开展进出口贸易、发展外向型经济，促进国际间的交流与合作都极为有利。

4. 矿产资源异常丰富。这一地区的地质构造极有利于矿产资源的生成和富集。目前，全区内已发现的矿种达110余种，探明储量的矿种在70种以上，发现大小矿产地2300多处。其主要特点是矿种较齐全，关键矿种和贵重矿种特别丰富，其中铁矿石、石油和天然气的储量，分别占全国的44%、37%和24%，黄金和金刚石等贵重矿产的储量占全国的20%和97%。菱镁矿、自然硫、滑石、水泥用石灰岩、耐火黏土等非金属矿产，以及大理石、花岗石等优势建筑材料矿产，在国内也占有明显优势。加之资源分布比较集中，拥有许多大型、特大型矿区，如辽宁的鞍本铁矿、河北的冀东铁矿，其规模分列全国的第一、二位。山东的胜利油田和辽宁的辽河油田，按资源量计，也居全国第二、三位。河北的开滦、峰峰煤矿，山东的兖(州)济(宁)，枣(庄)腾(南)煤矿都是有数十亿吨储量以上的特大煤田。山东胶东的黄金储量，也居全国之首。辽宁大石桥菱镁矿不仅驰名国内，也是世界上少有的特大矿藏。另外，全国4大盐区有长芦、辽宁、山东等三个盐区在这一地区，产量占全国海盐产量的一半。

5. 交通运输系统配套完善，已基本形成了以港口为中心，铁路、公路、水运、航空、管道等多种方式齐备的综合交通运输网，是我国运输业最发达的地区之一。在环渤海湾沿线，分布着众多的优良港湾，其腹地面积覆盖着大半个中国，是东北、华北、西北和华中部分地区的主要出海口。其优越的地理位置使这一地区形成了较为发达的交通运输体系。首先，这一地区5800多公里的海岸线上分布着各类港口40个，形成了较为现代化的港口群。目前，我国通过这些港口与世界160多个国家和地区有着贸易往来。该地区有中国最大的石油码头，最大的集装箱码头和最大的煤码头。年吞吐量在5000万吨的港口有大连、秦皇岛、天津、烟台和青岛。其主要港口有6个，占全国16个主要港口数的37.5%;其码头长度4.7万米，占全国总长度的29.6%;拥有的泊位数293个，占全国总数的17.4%，其中万吨级以上的泊位数127个，占全国同级泊位数的41%，主要港口1992年货物吞吐量达2.29亿吨，约占全国总量的38%。1991年外贸吞吐量10161万吨，占全国外贸物资吞吐总量的一半以上。进入80年代以来，该地区的港口吞吐量每年都以800万吨的速度递增。

其次，这一地区的铁路密度在我国首屈一指(见下表)。

1992年环渤海地区铁路里程情况 (公里)

里程 地区	国家铁路		地方铁路	
	正延展里程	营业里程	正延展里程	正线里程
全国总计	68500	53565	5485	4411
环渤海地区	15139	10070	1483	1133
占全国比重	22.1%	18.8%	27%	25.7%

其中，京广、津浦、京辽、京沈等线形成联结东北、华北、华东、华南地区的两大南北铁路干线，胶济、京津、京秦、大秦、锦承、沈大、沈丹等七条东西向铁路又将西北诸省联结起来。另外，这一地区的铁路技术装备水平较高，基本已建成复线。1991年，该地区共完成货运量39983万吨，客运量28732.8万人，分别占全国的26.2%和30.2%。新建的京九铁路将会使该地区南北通道更加畅通。

再次，这一地区的公路运输也很发达，是中国公路最密集的地区之一。据不完全统计，通车里程和公路质量均在前列，全国最长的沈大高速公路及京津塘高速公路均位于区内。公路货运量约占全国的1/3，货物周转量约占全国的21%。1981－1991年公路货运量和货物周转量平均每年以14%和28%的幅度递增。目前京石高速公路已部分通车，这标志着环渤海地区的公路运输能力又有了巨大的增强。

1991年环渤海地区公路里程表　　(公里)

	总里程 (1992年数)	高速	1级	2级	3级	4级	等外
全国	56707	574	2897	47729	178024	535444	276468
环渤海	6882	492	1555	14354	45519	69494	10509
占全国的比重	13.9%	85.7%	53.7%	30.1%	25.6%	13.0%	3.8%

最后，由于环渤海地区及其周围集中了我国最主要的几大油田，管道运输也十分发达，有相当输油能力的管道运输系统。同时 这一地区还是我国空中航线最密集地区。除北京建有我国规模最大、设备最先进的航空港外，沈阳、丹东、大连、锦州、秦皇岛、天津、沧州、东营、潍坊、烟台、青岛等城市建有不同规模的机场。1990年扩建的天津机场不仅可以为北京国际机场分流，还是华北地区最大的航空货运中心。

环渤海地区运输体系具有三个主要特点。第一，具有明显的大通道性质，就国内而言，是我国北方区际交流的重要交通要道，以及内外贸易和能源运输的主要通道。就国外而言，该地区处于东北亚与欧洲、中东之间，将起着国际贸易陆桥运输的作用，成为欧亚大陆桥的起始点。第二，具有较强的综合优势。该地区五种运输方式齐备，发展水平高，衔接成网络，具有临空临海临路的综合优势。第三，具有较高的机动性。该地区运网密度远远高于全国平均水平，通过公铁空水线路可达全国各地和世界各国，运输便捷。

6. 国民文化素质较高，科技力量雄厚。环渤海地区是我国人口密集的地区之一。从1990年全国第四次人口普查结果看，这一地区人口的文化素质明显高于国内其他区域。在业人口中，文化程度在大专以上有301.39万人，占2.5%，比全国平均数(1.9%)高0.6个百分点；不识字或识字很少的占12.5%，比全国平均水平(16.9%)低4.4个百分点。文化素质的水平取决于文化教育事业的发展程度。环渤地区恰好是我国北方文化教育的中心。到1992年底，这一地区共有各类高等学校248所，占全国高等学校总数的23.6%，在校大学生54.1万人，占全国大学生总数的24.8%。像清华大学、北京大学、南开大学、大连理工大学、山东大学等不少国内外知名度很高的高等学府就座落在这个区域内。这些高等学校的师资力量雄厚，教学水平高，形成了学科齐全、教学设备先进的高等教育体系。多年来为国家、也为本地区输送了大量的专业人才。

环渤海地区还是我国科学技术最发达的地区。1992年，该地区共有县级以上政府部门属研究与开发机构及情报文献机构1464所，占全国的25.0%，在这些机构中共有科学家、工程师17.6万余人，占全国的36.1%;国有企事业单位专业技术人员396.5万人，占全国的22.5%。科技力量雄厚使该地区科技事业的发展有了坚实的基础，科研成果累累。截止到1990年，该区获国家级奖励成果数为308项，占全国的43.56%，每千名研究与开发人员中获国家奖励成果数为0.535项，是全国平均数的1.28倍;当年科技论文发表篇数55349篇，占全国发表篇数的30.87%;年科技专著出版数为615097千字，占全国的36.72%;年三种专利(发明、实用新型、外观设计)登记数为7059项，占全国的37.21%，1992年的登记数则为197.21项，占全国的31.9%。先进的科技为环渤海地区的经济发展提供了动力和基础。

7. 环渤海地区地域辽阔，海陆兼备，自然条件复杂多样，历史悠久、人文荟萃，自古以来便是我国政治、经济、文化和各族人民活动的中心，旅游业在这一地区正在兴起，日益成为促进区域经济发展，为国家创收外汇、吸引外资的重要支柱产业之一。环渤海地区旅游资源丰富多样，具有如下特点:

第一，地貌复杂，有山地、高原、丘陵、平原、洼地和滨海滩涂。著名的东岳泰山、中岳恒山、佛教名山五台山、以及东灵山、雾灵山等风景优美、峡谷深邃，曲径通幽，山峰险峻，绿水成洞;高原草场、森林公园，更是近年开发出来的旅游新景观。这一地区的海洋旅游资源十分丰富。北起丹东，南至山东半岛，岛屿星散，海水纯净，气候适宜，有着大连的金石海滩风景区，北戴河和南戴河海水浴场，青岛汇泉海水浴场等著名的海滨旅游、渡假、疗养场所。

第二，人文旅游资源的多样性是国内其他地区难以比拟的，像北京的古人类遗址、古都故城遗址、宫殿、陵墓、坛庙寺观、长城运河;山海关的老龙头、姜女庙;天津的大沽口炮台;沧州的铁狮子;承德的避暑山庄;营口的楞严寺;沈阳的清故宫;曲阜的孔府、孔庙等等不胜枚举。

第三，旅游资源的时空容量大。空间容量指单位面积上的景点数量;时间容量指单位面积上景点间的时间跨度。据统计，在这一地区，国家级重点风景名胜区有15处，占全国的17.9%，平均每平方公里有0.23处，北京有3处，均高于全国平均水平(0.09处)。全国重点文物保护单位有81处，占全国的33.5%，平均每平方公里有1.22处，高于全国平均水平(0.25处)。国家级自然保护区11个，占全国的19.3%。历史文化名城10座，占全国的16.1%。世界遗产清单中我国入选6项，这一地区有4项，即泰山风景名胜区、长城、北京故宫和北京猿人遗址。

环渤海地区旅游资源比较丰富，可以建立一大批大面积的旅游区，使旅游业迅速发展，并带动其他产业的发展。但就目前的实际情况而言，这一地区的国际旅游业与其他地区相比还存有明显的差距。以接待国际旅游者的人次来看，1992年，全国接待国际旅游者人次在1万以上的城市有50个，环渤海地区只有10个城市入选，其排列顺序:北京174.81万人，第3位;天津8.75万人，第24位;青岛8.31万人，第25位;大连9.34万人，第23位;沈阳6.51万人，第26位;济南3.60万人，第35位;承德3.23万人，第36位;烟台2.58万人，第39位;石家庄1.00万人，第50位;秦皇岛1.44万人，第49位。

旅游业是投入少，见效快，效益高，就业机会多，联带性强的产业。据国外统计，旅游业的投资效益是其他产业的5.5倍。据国内统计，旅游业设施的投资，一般投产后5～6年便可收回成本。在世界上的许多国家，旅游业是国民经济的支柱产业，是创汇的重要来源。如在西班牙是第一大创汇产业;在墨西哥是第二大创汇产业;在英国是第四大创汇产业;在印度尼西亚是第六大创汇产业。作为一个综合性产业，旅游业在国民经济中、在国际交流与合作中占有重要地位。这一点已被环渤海地区各级政府所认同，并各自依托本地方的资源特点，积极开展工作，使旅游业越来越扮演着地区性国民经济发展中的重要角色。

三、环渤海地区经济发展中存在的制约因素

1. 淡水资源短缺是制约环渤海地区经济发展的重要因素。环渤海地区处于典型的暖温带季风气候区，各季受蒙古和西伯利亚干冷气团控制，夏季受太平洋副热带暖湿气团控制。与秦岭淮河以南地区相比，属少雨地带，年平均降雨量大体为500－700毫米。区内降水不均匀，有的可达700－900毫米，有的仅400毫米左右。同时，年内降水的时空分布很不均匀，多集中在7、8、9三个月降水，经常出现春旱、夏涝现象。一方面风期大量弃水被排入海里，不能利用;另一方面春旱时又大量缺少。

本区主要水系有辽河、滦河、海河、黄河、淮河以及沿海诸河，地表径流量867.8亿立方米。虽河流不少，但多是各河流域的下游，因全国性的缺水和上游兴建大批的水利工程，使下游地区来水量不断减少甚至枯竭，造成水资源严重缺少，该区域人均水资源量仅517立方米，为全国平均水平的1/5，地下水补给量也只有全国总量的6.88%。位于海河、滦河流域的京津冀地区，人口耕地均占全国的10%，而该区域多年河川流量仅占全国的1%，人均占水量和亩耕地占水量大大低于

全国水平，仅为全国平均数的10％，是全国七大江河流域中最少的。特别是沿海大中城市、工矿区、港口供水十分紧张，天津、秦皇岛、青岛、烟台相继告急，虽经修建引水工程缓解了缺水危机，但矛盾仍未解决。由于缺水，已严重制约了环渤海地区的经济发展和工业、城镇的合理布局；一是一些大的工业项目受缺水影响难以上马；二是城市供水能力不足，很多地方高峰用水时，楼房断水，还有一些地区饮用含氟高的地下水；三是农业灌溉用水受影响，下游地区水稻种植面积逐年锐减，菜地也因供水不足种植面积减少；四是内河航运因缺水而不能正常通航；五是过量开采地下水引起地面沉降和海水倒灌现象时有发生；六是因缺水造成河道、湖泊、水库淤积影响防洪；七是水量减少不能把河道、湖泊中的有害污染物（"三废"）等及时排入海中，造成局部河道、有的河流水质恶化，生态环境遭到破坏。

水资源的严重不足，与结合本地区资源优势发展原材料工业，如钢铁、采矿、化工、纺织等大耗水产业构成一对十分尖锐的矛盾，成为这一地区经济发展的首要客观制约因素。

2. 交通、通讯事业的发展落后于经济和社会的发展，已成为环渤海地区乃至我国北方经济发展的"瓶颈"。

一是铁路成为制约环渤海地区经济发展的关键。目前铁路运能和运量的矛盾十分突出。1991年，铁路承担了环渤海地区客运量的33％，旅客周转量的73％，货运量的19％，货物周转量的79％。各主要铁路干线通过能力已经饱和，每年都有大量货物运不出去，如发往上海和广州的货物铁路只能承运40％左右。而从国民经济发展需要看，按目前的发展水平，每亿元工农业总产值产出的物资运量为2.6万吨，每亿元基建投资要铁路运送矿建材料20万吨。我国工业总产值每增长1％，铁路运能要相应增加0.5％。如果国民经济增长速度按8—9％考虑，运量增长速度为4％。如到2000年，辽宁的钢铁产量达2122万吨，火力发电量达750亿千瓦小时，铁路客、货运量分别将达2.8亿人和3.5亿吨，这是现有铁路无法承载的，而且照目前的规划建设速度和实际建设能力看，也都远远赶不上发展的需要。

二是公路能力严重不足。虽然本地区公路建设优于全国其他地区，且已成网，但公路结构、等级、标准、质量等与当地国民经济发展的需要相差甚远，混合交通多，路阻十分严重，交通事故频繁。就连北京这样的交通条件明显优于其他大城市的道路状况，也与开放城市、中国首都的地位与要求很不相称，市内公共交通拥挤，运输效率低，塞车现象普遍，行车速度低，高峰期延长，通过速度慢。

三是港口能力不足，适应货种能力差，部分港口压船、压港、压货的现象时有发生。

四是民航管理水平低，机场配套不完善，导航能力不足，飞行员短缺，服务质量不高等问题的存在，影响了航空事业的发展。

五是交通运输结构不合理，各种运输方式的比价不合理，各类运输组织不协调，各种运输方式的优势未能充分发挥，既未能最大限度地节约运输建设投资和运输费用，又加剧了运输的紧张状况。

六是传统的管理体制，条块分割，各自为政，使交通运输的现有能力不能正常发挥，常引起各种运输方式之间的不衔接、不协调、不畅通，割断了各运输企业之间的横向联系，竞争与合并，导致大量的对流、迂回、重复、等待、过远和无效等不合理的运输。

七是通讯事业发展落后。近年来，虽然各级政府已经意识到通讯事业在发展经济、吸引外资、对外贸易与经济合作、发展国际旅游等方面所起的重大促进作用和基础地位，但由于长期投资不足，欠帐过多，垄断性经营、缺乏竞争等因素的影响，环渤海地区的有线、无线通讯程度都低于东南沿海地区，甚至不如广西的一些地方。卫星通讯、程控电话等在城市的普及率仍很低，而在农村地区，电话仍然是可望而不可求的"奢侈品"。就连北京、天津这样的大城市，装电话难、打电话难的现象仍很普遍。这种状况不仅外国来华投资、旅游、做生意的人时感不便，就连国内的人也多有怨言。（见附表：环渤海地区邮电业务量排名表）

环渤海地区邮电业务量排名表 单位:位

	年末长途直拨有权用户	直拨国际及港澳户	年末市内电话户	住宅电话
北京	11	7	6	11
天津	17	20	17	16
河北	8	3	9	13
辽宁	3	4	4	7
山东	7	18	7	12

	年末寻呼电话用户	年末移动电话用户	年末农村电话户
北京	6	3	29
天津	19	9	26
河北	15	13	13
辽宁	4	8	5
山东	8	11	6

注：此表内排名为全国30个省、自治区、直辖市1992年情况。

3. 产业结构不尽合理。

一是加工工业的增长速度明显快于能源基础工业的增长速度，能源短缺问题十分突出，仅辽宁、河北、山东三省就大约有15－20％的工业生产能力因缺电不能发挥作用，抑制了这些省份的经济增长。

二是制造工业发展单一，重复性高，主要集中于冶金、机械、化工、纺织、建材、汽车及另配件、家用电器、电子产品。区域内经济，特别是工业的发展缺乏互补性，相互依赖少，而竞争加剧，容易发生结构性供给失调。

三是传统产业部门中存在着产品结构不合理问题。粗加工产品多，精加工产品少；低档产品多，高档产品少；微利产品多，高附加值产品少。企业生存与发展的空间受其影响而变得愈来愈窄。为争夺原料、争夺市场的竞争日趋激烈。同时，因企业受到各级政府的保护，在这种竞争中维持的多，发展的少，破产的少，从而影响了产业内部的优化组合和产品的更新换代上档次。

四是第三产业发展相对薄弱。环渤海地区是我国北方最大的工业密集地带，据1992年统计，这一地区每平方公里拥有工业企业30.7个，而全国每平方公里拥有的工业企业数仅为0.9个；该地区比全国平均数多出29.8个。在国内生产总值中，第一产业占22.2%，第二产业占49.8%。与此相比，第三产业仅占27.9%。这种结构与环渤海地区大城市、特大城市数量多，相对密集的特点很不适应。主要问题在于为工农业生产服务、为城市居民生活服务设施、网点不适应实际需求；而另一方面减少了城市居民和农村中分离出来的人口的就业机会。

五是农业生产结构中种植业比重仍然过大，多种经营发展较慢，大农业气候尚未形成。据1992年统计，环渤海地区农村劳动力人口占就业人口数的60.8%；而在国内生产总值中，农业产值仅占22.2%。这一现象的发生主要在于农业生产仍以比较效益较低的种植业为主，而其他生产经营水平较低。据1992年统计，在环渤海三省两市农业生产总值中，种植业部分占54.4%，林业部分为2.7%，牧业为28.6%，副业为4.1%，渔业为10.2%。其结果是，农民的富裕程度相对较低，农村社会有效需求不足，抑制了农村市场的扩张，从而降低了工业消费品(农用生产资料和民用消费品)的市场转化率，制约了工业的发展。

4．外商投资的软环境方面与南方比仍有较大差距。其主要问题在于：一是开放意识不强，吸引外资的紧迫感不够，缺乏有效的吸引外资推动机构；二是政策多变，地区之间、部门之间政策条件复杂多样，相互制约，透明度低，因人兴事、因人废事；三是政府机构办事效率低，扯皮多，官僚主义、文牍主义、教条主义、金钱至上等等作风和风气的存在；四是基础条件如交通、通讯、水电、生活服务等不配套。但总体上讲，还是市场经济意识不强，不能按照市场经济的要求组织市场，这就与我国南方的长江三角洲地区和珠江三角洲地区形成较大的反差；吸引外商投资的规模、项目数和金额都相对落后(如下表)。

年度		1985	1986	1987	1988	1989	1990	1991
吸引外商投资项目平均规模(万美元)	环渤海地区	179	151	108	113	91	98	78
	长江三角洲地区	472	262	250	121	95	88	74
	珠江三角洲地区	122	103	94	76	101	91	108
利用外资签订项目数(个)	环渤海地区	229	151	183	661	680	970	2019
	长江三角洲地区	198	141	190	618	660	887	2092
	珠江三角洲地区	2119	902	1462	3519	3310	4367	6243
利用外资协议金额(万美元)	环渤海地区	41012	22818	19820	74868	61763	94946	158225
	长江三角洲地区	93379	37008	47405	74850	62619	78486	155456
	珠江三角洲地区	257576	93331	137585	266456	334100	398023	674768
实际利用外资金额(万美元)	环渤海地区	6930	10208	15057	17022	34844	52165	63135
	长江三角洲地区	—	17807	28497	49676	56918	36673	50013
	珠江三角洲地区	63311	70541	64535	116344	159231	185041	264341

5．环渤海地区的科技综合优势还没有形成强劲的经济发展优势。其智力资源的发掘与转化为现实的生产能力的过程缓慢；高新技术产业虽有较大的进步，但其规模化、集团化发展仍亟待加强；传统产业中的高技术附加值成分也远远没有达到应有的水平；区域内产业结构的升级任务极为艰巨。据天津市科学学研究所的统计测算，与上海为首的长江区(上海、江苏、安徽、江西、浙江、湖北、湖南)和珠江区(广东)相比，整个80年代中，环渤海地区一是投入产出比值低；二是科学家与工程师发表论文和出版科技专著水平低；三是平均占有获准登记专利数低；四是科技产出对经济的促进能力不够强壮；五是国民收入年均增长值相对缓慢；六是百元固定资产实现利税额的能力差；七是工业新产品产值、新产品所创利税、新产品销售收入等项指标增长慢。(见附表：环渤海地区科技综合能力比较情况)

造成环渤海地区科技综合能力相对较低的主要原因在于：

第一，人才智力资源的分布不均匀。一是地理分布不均，如天津市从事自然科学技术领域的科学家、工程师人数为15419人，北京市则为98317人，是天津的6.4倍；比天津、河北、辽宁、山东的总数还多34951人。二是部门分布不均，高校和科研院所人才相对拥挤，人浮于事，而企业则开发力量薄弱。这主要是科技人员向企业

环渤海地区科技综合能力比较情况

	科技投入产出比	人均发表论文数	人均年科技专著数	
环渤海区	1:0.775	0.133篇	1.33千字	
长 江 区	1:0.813	0.172篇	1.19千字	
珠 江 区	1:1.064	0.174篇	1.60千字	
	平均占有获准登记专利数	科技投入对经济促进能力比	国民收入年均增长率	百元固定资产实现利税
环渤海区	16.18件/千人	1:0.699	7.70%	12.42元
长 江 区	16.08件/千人	1:0.877	7.73%	16.49元
珠 江 区	21.14件/千人	1:1.250	9.40%	14.40元
	新工业产品产值占工业产值比重	工业新产品创利税平均增加额	新产品销售收入占出口份额	
环渤海区	8.10%	430009千元	10.67%	
长 江 区	9.66%	612444千元	13.03%	
珠 江 区	8.31%	656487千元	10.69%	

的流动性差，企业对科技人员的吸引力低。

第二，人才智力资源的结构不能完全适应市场经济发展的需要。主要在于科技人员的培养发生断层，理论研究与实际脱钩，老一代科技人员和教育工作者知识老化，高等院校教育结构落后，以致于那些既懂专业知识又懂经营管理，既掌握工具技术(如计算机技术、自动化技术)又了解具体工程技术(如化学工程、生物工程)的复合性人才十分缺乏。

第三，人才智力资源的合理配置机制尚未形成。改革开放的十几年中，我国的科技管理体制有了巨大的变化，促进了科学技术的发展。也推动了科学技术向现实生产能力的转化。但就现实而言，其合理地配置人才智力资源的机制仍处在发育过程中，仍很不成熟。尤其像环渤海地区的这种大容量、高品位的智力资源，非常有必要进行深层次、多方位的开发。据国家体改委的一次抽样调查，在北京地区认为“发挥作用好”的科技人员仅占总数的24.1%;“发挥作用不够”的占59.9%;而“难以发挥作用”的占12.2%。尽管各地政府出台了不少政策措施以促进人才的流动，但由于工资水平、户籍制度等配套措施跟不上，效果并不明显;尽管从大环境上放开搞活，但在具体部门内部或具体单位，则因为种种原因而相互割据、墨守陈规，使人才的流动阻力重重;尽管已经建立起不少人才市场、技术市场，并且形成固定的、常设的交易机构，但通过它们直接流动的人才及成果还十分有限;更何况，人才和科技成果的流动只是人才智力资源开发与发展的一种形式，其他的开发与发展形式还需要有人重视和做工作。

四、环渤海地区经济发展的特点

根据环渤海地区政治、经济、社会、文化、地理、气候、人口素质和历史发展等综合因素的优劣利弊的分析，这一地区的经济与别的地区相比有许多特点。

1. 自然资源和经济资源优势显著，属于资源型经济区。同时，由于地处华北平原核心地带，地势平坦，工业化和农业现代化的资金投入与产出比相对高于其他地区。环渤海地区不仅水资源丰富，有一个7万多平方公里的内海，可供开发海洋资源;还有5000多公里的海岸线资源，可供开发养殖业及港口交通;矿产资源非常丰富，有占全国三分之二的铁矿，有十多种矿藏在全国均排在前列，便于就地开发利用，为工业生产提供成本较低的原材料;有丰富的石油和海盐资源，为地区能源、燃料供给和化工业的发展提供了保障;山区和平原相互交映，提供了丰富的农牧业资源，为农业的多种经营和城市发展奠定了雄厚的物质基础;而城市的相对集中和规模巨大，又为乡镇工业的发展和农副产品加工业的发展提供了条件;并且这一地区还有大量的待开发土地，以及待改造的盐碱地、沙化地，农业的发展潜力很大。总之，这一地区的资源丰富，且已达到了一定的开发水平，并开始向后系列加工发展，并具备了很大的开发潜力。这些从该地区的主要工农业产品产量，以及在全国所占的比重都可以反映出来。这个特点，在我国七个经济区(东北经济区 环渤海经济区，也称华北经济区;西北经济区;长江沿岸经济区;中原经济区;珠江三角洲经济区和西南经济区。)中最为明显，十分有利于环渤海地区经济的联合开发。

2. 进出口门户多 是我国发展外向型经济，使我国的企业和产品进入国际市场的、重要的北方通道口岸。这一地区有港口城市15座，都有对外通航的港口和航线。特别是大连、秦皇岛、天津、青岛等主要港口的货运吞吐量超过了全国主要海港货运吞吐量的1/3。同时，由于铁路、公路网络的建设水平高于其他地区，为我国北部地区的外向型经济发展、吸引外商投资工作都提供了便捷的交通条件。充分依托区域内各主要工业城市，联结其他内地城市，以港口城市为扩张点，形成区域性经济联合体，互补互利，无疑会大大推动我国北方经济的市场化水平和国际化进程。

3. 地理位置适中，以渤海为中心，有着共同的利益关系。环渤海地区在东北亚的中心位置，东临朝鲜、韩国和日本，南接以上海为中心的长江经济区，西有能源基地山西、陕西两省，北有我国与俄罗斯、蒙古相邻的黑龙江、吉林、内蒙古三省区，有铁路直接与俄罗斯、蒙古和朝鲜相接，有航线与韩国、日本相连，对外交通方便，无疑能够广泛吸引东北亚地区各国与我们的国际间社会、经济、技术、乃至文化事业的合作，并由此形成更大的区域性经济发展关系。

4. 区域内各地方有着许多共同的经济优势，地方之间，企业之间竞争性十分突出。主要问题在于产业结构趋同；所面临的困难和矛盾也很相近；在共同资源如海洋渔业的开发中容易产生掠夺性的开采；经济的互补性不十分明显；尚未形成支柱产业等等。在此情况下，区域内的竞争十分激烈，如果没有一个共同遵守的政策和法规，共同制定的发展战略，必将影响总体优势的发挥。因此，这要求环渤海地区必须走联合开发的道路。

5. *多极发展能量大，同时又具有松散型的区域化发展特点。*环渤海地区虽以渤海湾相连接形成一种新型的经济区划，但由于历史原因，其区域化的发展是多极的，向各自的内地辐射，从而只能是松散型的。辽宁从清朝起一直属东北行政区的首府，与吉林、黑龙江有着密切的关系；京、津、冀地理位置在华北大区，与华北诸省的关系更为紧密；山东则与江苏、安徽、河南等华东、华中地区毗邻，与之交往更多。因此，这个地区在区域化、国际化、集团化经济发展的大潮流推动下，受共同利益的驱使要求走联合的道路，又各自有着多极合作发展的伙伴。这是其联合开发与长江三角洲、珠江三角洲、闽江三角洲等区域化发展不尽相同的地方。

五、环渤海地区经济发展的战略思考

进入80年代以来，世界经济多级化、区域化的大趋势席卷全球。随着中国改革开放大潮及东欧政治经济形势的剧变，以中国沿海发达地区为轴心的各种经济圈构想便应运而生。南有广东、福建、香港及台湾等地区组成的华南经济圈，中有上海、长江下游流域及日本为主要成员的华东经济圈，北有辽东半岛、朝鲜、日本和俄罗斯构成的东北亚经济圈，并都提出了形成该经济圈的内外在原因及发展战略。而环渤海经济圈的提出和发展战略研究也有将近10年的时间了，许多部门和学术团体做了大量的工作，也提出了很多有价值的研究报告。但是，由于诸多原因，就其发展战略而言，尚未得出理想的结论，乃有待于统一认识，深入研究，通过深化改革真正建立起科学的环渤海地区经济发展战略构想。

1. *建立环渤海地区经济发展战略的重要意义。*一方面，世界经济发展已经走上了全球化、国际化的道路。为了增强竞争能力，各国要求与本区域的其他国家建立经济合作同盟，世界经济的区域化、集团化趋势明显增强。欧洲、北美、东亚地区将成为世界经济的三大支柱。与此同时，由于新技术的迅猛发展，世界各国产业结构都在不断调整，国际分工将得到新的发展。作为东北亚地区腹地的环渤海地区能否抓住机遇，发挥整体优势，赶上国际大分工调整的步伐，积极参予区域经济联合，提高综合生产能力，是国际竞争日益激烈的必然要求。

另一方面，自改革开放以来，我国的经济建设取得了十分巨大的成就。但经济发展中出现了南快北缓、东强西弱的不平衡现象。同样是沿海地区，比起东海、南海沿海诸省，环渤海湾省市的经济发展也相对落后。尽快实现该地区的经济腾飞，将起着以点带面的效应，直接带动东北、华北、西北三大经济区的发展，优化我国整体经济格局，并给我国南方的发展带来更多的机遇和竞争压力。所以，环渤海地区有必要，也有可能成为促进我国北方经济发展，繁荣我国北方的龙头。

2. *建立环渤海地区经济发展战略的指导思想。*没有共同的指导思想，就不会有协调的发展战略。中共十四大报告明确指出："我国经济体制改革的目标是建立社会主义市场经济体制，以利于进一步解放和发展生产力"。建立社会主义市场经济体制是我国九十年代的工作中心，解放思想，深化改革无不要以此为目的。在确定环渤海经济发展战略时，也必须从建立社会主义市场经济体制这个大前提出发。中共十四届三中全会确定的《中共中央关于建立社会主义市场经济体制若干问题的决定》也为我们制定了环渤海经济发展战略的思想原则，即："在建立社会主义市场经济体制的进程中，我们应当在党的基本理论和基本路线指引下，始终坚持以是否有利于发展社会主义社会的生产力，是否有利于增强社会主义国家的综合国力，是否有利于提高人民的生活水平，作为决定各项改革措施和检验其得失的根本标准"。

3. *建立环渤海地区经济发展战略的目标构想。*考虑到环渤海地区的经济优势和发展的制约因素，以及外部的国际国内条件，从现在起到下世纪的2010年，应当是环渤海经济区社会主义市场经济体系基本成熟，并与世界市场充分接轨，广泛参与国际竞争的关键时期，经过努力应能实现如下目标：

第一，在思想观念上彻底摈弃传统的计划经济的思想束缚，确立在社会主义市场经济运行基础之上的宏观经济调控系统。并在此基础上制定区域性经济发展模式，制定统一的法规政策，约束区域内各地区、各部门、各行业的经济行为，按照事先确定的发展模式有计划、有步骤、有组织、有协调地进行。市场经济是法制经济，制定法律法规是市场经济得以健康发展的基础。用法来规范区域内各级政府、各部门、各企业、各单位和居民的行为，才能满足市场经济公正、公开、公平性原则，才能满足区域内资源、资金和人才、劳动力的自由流动的需要，才能满足区域市场与国内其他地区市场相衔接，与国际市场相衔接的需要。

第二，基本形成全方位开放的经济体系和市场体系；成为我国北方地区面向东北亚、环太平洋和世界其他地区进行经济技术合作与贸易往来的主要门户;成为我国北方引进国外资金、先进的科学技术和现代化经营管理方法与经验,并向"三北"地区,乃至周边地区转移这些技术、方法和经验的重要基地;成为我国最现代化的工业生产基地和高新技术产业的主要开发与生产地带。

第三,在现有交通网络基础上,进一步发展交通干线,基本形成便捷、高速、现代化的国内外海、陆、空立体交通体系,使环渤海地区能够真正成为贯通我国南北、东西的大宗商品、重要物资和客流运输的枢纽;成为我国北方地区进出口物资和山西、陕西能源外运或国内中转的通道;成为横贯东北亚、中欧、西欧大陆桥的东方桥头堡。同时,要基本形成最具现代化的通讯网络,在各大中小城市普及程控电话和在大中城市建成移动式通讯网络,在农村和小城镇建成电话交换台站网。要使环渤海地区的通讯业成为我国最发达的地区之一。

第四,建成具有全国意义的北方金融、信息、商贸、物资集散和国际性风景、文化旅游、休闲、渡假中心地带;成为我国冶金、化工、机械、轻纺、电子、建材工业的重要基地;建成以直辖市、省会城市和港口城市为依托,大中小城市并举,城乡互补的现代化商业城市网络。以城市经济带动农村经济,以大中城市经济带动小城镇经济,以促进整个地区经济的快速发展。

总之,要在我国下世纪初基本实现小康目标的基础上,根据本地区现有的发展条件和优势,用更高的标准要求各级政府和经济管理部门,发展横向联合,促进协调发展,把环渤海地区基本建成经济繁荣、市场发达、技术先进、城乡协调、环境优美、教育和文化高水平、人民生活高质量的经济区域。

4. *建立环渤海地区经济发展战略的规划思路*。制定区域战略发展规划,涉及面广,工作量大,技术性强,特别是环渤海地区的发展,层次多、条块多、体制复杂。从历史上看分属三大行政区,在文化源流上千差万别,受旧的计划经济体制的束缚较其他地区为甚,官本位思想渊源更为久远。因此,它是一项十分复杂的社会政治经济系统工程,必须用复杂的系统方式和理论来处理。

第一,首先建立环渤海地区经济开发与协作的组织系统。到目前为止,对环渤海地区的联合发展问题仍停留在理论研讨上,而且是一种分散的、层次较低的、非全面的理论研讨。三省两市的政府尚未完全进入,并在其中担当起领导者和组织者的角色。在政府干预经济机制仍很强大的条件下,环渤海地区的联合发展,走向区域化道路,如离开政府的支持和协调,仅靠经济发展的自发势力,是很不现实的。因此,三省两市的政府应尽快参与进来,并汇同三省各主要城市,特别是大城市和沿海港口城市政府,组建环渤海经济区域化发展协调领导机构,在近两三年的时间里,有组织地开展环渤海地区经济发展系统研究,制定具体的发展规划,明确各自的职责和任务,以及各自发展的重点;制定统一的法规和纠纷仲裁机构. 实现区域化发展的法制化;制定区域内统一市场计划 打破行政割据,实现区域内的经济自由流动;制定合理的补偿计划,解决区域内发展不平衡性造成的地区间差异加大的问题。同时,应相应建立8个中心,即环渤海地区开发协调管理中心、经济发展协调中心、东北亚航运交通中心、科技开发中心、信息中心、金融中心、城市发展中心和涉外协调中心。这些组织应由三省两市派员组成。在此基础上,政府应当利用经济的和法律的手段,支持和鼓励各个城市、各个行业、各个企业按照区域经济发展战略规划的内容和自身的特点,去发展各自的优势,同时实现区域经济一体化。

第二,生产力布局应向沿海倾斜。根据我国东南沿海经济迅猛增长的实践,环渤海地区未来发展的龙头应是港湾经济,也即以港口城市为基础,通过参与国际市场竞争,带动整个区域经济的发展。为此,环渤海地区的生产力布局应向沿海港口城市倾斜,分别以大连、天津、青岛为支撑点,同时向营口、锦州、秦皇岛、黄骅、烟台、威海、日照等沿海一线的港口城市扩散,形成我国北方的沿海经济开发带。在产业政策、城市规划、项目布点、投资分配、技术引进、市场建设、交通通讯、户籍管理、收入分配等方面给予政策支持;并允许这些城市在发展经济方面有更多的自主权和自由度。使这些城市成为区域经济发展中能发挥经济凝聚效应的中心。而且这个中心绝不是单靠国家和地方政府行政规划而形成,而是以其独特的综合实力(由资本、市场、劳动力、经营能力、知识、信息情报等要素集聚而形成的一种经济力)自发形成的。而作为政府来讲,主要是为企业和个人提供经营活动的最佳外部环境,从而吸引区域内外、国内外的资金、技术与人才。

第三,在产业结构的调整上要有自己的主导性产业,并由此带动其他产业的发展。同样,在某一产业内部,又要有自己的主导性产品,并由此带动为其配套产品的生产发展。就环渤海地区而言,其资源秉赋条件和产业优势决定着,今后应重点发展农业和农产品加工业、钢铁、化工、能源、机械、电子、纺织、第三产业和旅游业、高新技术产业。从世界各国经验,只有产业才是国家和地区经济发展长盛不衰的支柱。而且一个国家或地区产业的竞争优势又总是体现在具有一组相互支持、相互联系的行业发展上。因此,就环渤海地区而言,各个地区都应当优先发展最具自身优势的产业;同时，还要带动相关行业和支持行业的发展，建立起一组竞争优势产业。从各地区看，辽宁是“一五”时期建立起来的老工业基地，在黑色冶金、机械制造、石油化工等方面比较发达；北京在冶金、电子、轻纺、化工等方面具有优势；天津在汽车制造、纺织和食品加工等方面具有优势；河北在冶金、建材、纺织等方面较强；山东在化工、有色、水泥、食品加工等方面有优势。由于门类较全，应考虑优先发展：(1) 汽车制造业。汽车行业的发展，能带动橡胶、塑料化工、钢铁、电子、动力机器制造业的发展。目前，天津、北京、沈阳具有这方面的基础。(2) 服装加工业，它可以带动机械制造、化纤、纺织、染料等行业的发展。大连、石家庄、天津、北京已有一定的基础。(3) 食品加工业，应以海水养殖、捕捞业和农业为基础，搞产品的深加工。山东、河北、辽宁都有这方面的优势。(4) 化学工业，包括石油化工和海洋化工。山东和辽宁的优势更为突出。(5) 高新技术产业，这是工业化未来的希望，高新技术的开发与应用，将会带来一系列的产业革命，京津高新技术产业带(中国的硅谷)也已具备了一定的条件。如果能以这几个行业为龙头来组织产业，将会形成几个相互加强、相互关联和相互支持的产业群体，对创造本地区的整体产业优势，也具有重要的意义。

而就某一产业内部而言，又要有自己的主导性产品。从环渤海地区现有产业内部看，农业的重点应放在提高土地的集约化水平和改造中低产田，以种植业为主，继续发展粮棉生产，同时，开展多种经营。钢铁工业应向高级化方向发展，把重点放在开拓发展耗能低、档次高的优质特种钢材上。机械工业则向大型、成套、精密的方向发展，继续保持和发挥重型机器制造的优势。化学工业向深加工和综合利用方向发展，突出石油化工、农用化工、稳定盐化工，积极发展精细化工。纺织工业要提高产品档次、增加品种，与印染、针织、服装业配套发展。而在高新技术产业方面要争取在生物技术、计算机与信息技术、海洋技术、新材料与新能源技术、遥感技术、激光技术等方面有新进步。

第四，大力发展滨海旅游业。

据专家预测，环渤海经济区在未来的20—30年间，旅游业的发展将仅次于海运而居第二位。但要大力发展滨海旅游业，要着手解决的问题是：(1)加强统一规划。应根据渤海湾沿岸旅游资源丰富，各岸段资源条件和特点，各旅游点的交通、通讯、旅馆饭店、文化服务设施等条件的许可，统筹规划各区段的旅游项目和路线，在有限的时间内尽可能满足旅游者的不同需求。(2) 尽快开通各港口城市间的内海航线，增加船艇等交通工具，用海上航线把沿海主要景点联结成一个系统。(3) 将沿海旅游资源与内陆旅游资源相联系，使旅游者在海陆时空转换中获得更多的享受。(4) 将旅游与渡假、休闲、娱乐相结合，健全现代化的服务设施和娱乐场所，以符合现代国际旅游业发展的需要。(5) 对外开放国门，加强环渤海地区与韩国、日本、俄罗斯的国际旅游业的合作，允许国内居民在大连、天津、秦皇岛、烟台、青岛等港口旅游城市口岸出境旅游，开辟至韩国、日本、俄罗斯的海上旅游航线，以吸引更多的国内外旅游者到这一地区旅游、观光、渡假、休闲和娱乐。(6) 在加强工商行政管理和税收、法制管理的基础上，积极鼓励建立区域性旅游组织、旅游企业集团和跨行业、跨地区、跨国界的旅游经济实体，发展多形式、多层次的旅游事业，提高环渤海地区在国际、国内旅游市场的竞争能力，为区域经济的高速发展做出贡献。

第五，面向东北亚，发展外向型经济。

环渤海地区与东北亚各国间有最佳的地缘关系和悠久的历史交往渊源，各国地域邻近，海陆空交通便利，为发展该地区的外向型经济和对外经贸合作提供了得天独厚的优越条件。因此，在扩大开放、吸引外资、发展外向型经济的过程中，应扬长避短、先近后远，加强与东北亚地区的日、朝、韩，以及俄罗斯东部地区的经贸合作。以京津为核心，发挥北京的首都优势；以外向型经济发展活跃的大连、烟台、青岛等港口城市为先导；依靠区内交通干线，带动外向型经济次发达地区。具体政策上应(1) 在环渤海地区建立一个或几个经济特区；(2) 加快青岛保税区、大连保税区和天津保税区的建设；(3) 优先发展青岛经济技术开发区、烟台经济技术开发区、天津经济技术开发区、秦皇岛经济技术开发区和大连经济技术开发区，营口开发区等六个国家级并已初具规模的经济开发区；(4) 在大连、天津、青岛、烟台等条件较完善的城市建设自由港区。通过这些方式，吸引外商投资。同时，应积极发展出口主导型产业，增强我国同这些国家之间的贸易合作的实力；积极鼓励区域内有实力的企业对外投资，发行债券、股票，扩大对外影响，直接进入海外市场。

第六，简化审批手续，打开城市大门，促进商贸、饮食、维修、娱乐、服务等第三产业的发展。鼓励城乡居民、企事业单位投资兴办各类服务性网点；鼓励社会剩余劳动力，包括企业内部的隐性失业人口的合理流动；鼓励科技人员兴办各类科技开发、咨询实体；鼓励发展信息产业；鼓励有专长的人员从事广告、装璜、商标等的设计，并成立实体性公司等等。通过大力发展第三产业，提供现代化服务，为区域内社会主义市场经济体制的建立创造良好的市场环境。

(作者所在单位：全国政协经济委员会办公室)

我国区域经济发展的分析与思考

刘秋生

当前我国经济发展中存在的一个突出问题是地区经济发展不平衡加剧，沿海地区快于内陆及边远地区，中南、华东地区明显高于其它地区；特别是西部地区资源及要素的东徙，更导致地区间资源配置和产业结构的变动，引起了国内外的关注。在加速推进社会主义市场经济进程中，如何协调地区经济均衡发展，相对缩小地区间差距，是我国宏观调控的一项重要任务。

一、我国区域经济发展的基本情况和主要特点

(一) 经济政策由"三线"地区发展转入沿海地区，体现区域经济的协调发展政策。1978年以来，中国进行了经济体制改革和实行对外开放，对经济布局和地区发展开始作相应调整。第六个五年计划(1981－1985年)首次列出"地区经济发展计划篇"，提出了沿海地区、内陆地区、少数民族和不发达地区三种不同类型地区各自的发展方针。在经济总体布局上，纠正了过去偏重三线地区建设、忽视沿海地区发展的倾向，转为一面着重发挥沿海地区的经济技术优势，一面有步骤地开发内陆和少数民族不发达地区的资源。同时，积极推进地区之间和各地区内部的横向联合，通过自下而上、平等协商，建立了众多不同层次的区域性经济组织。第七个五年计划(1986－1990年)根据中国地区经济开发与布局由东向西推进的大趋势，进一步将全国划分为东部、中部、西部三大经济地带(注)。1987年底，中国政府进而提出了沿海地区经济发展战略，对东部沿海开放地区从财政、税收、信贷、投资等方面进一步提供优惠。东、中、西三大地带的划分和沿海地区经济发展战略的实施，加快了东部沿海地区的发展，带动了中部和西部地区的开发建设。特别是随着改革的深入和全面的开放，积极引进国外资金和先进技术，大力发展外向型经济，对整个国民经济的发展起到了很大的推动作用。

(二) 经济布局由东向西推进，中南、华东地区发展明显加快。①从布局上看，除国土面积外，东部、中部、西部地区经济地位成递推格局。

表一 1993年东、中、西部经济布局情况(比重:%)

	东 部	中 部	西 部
人口	41.22	35.86	22.92
国土面积	13.52	29.71	56.77
耕地面积	32.49	43.77	23.74
国内生产总值	58.34	26.93	14.73
工农业总产值	60.08	26.18	13.74
全社会固定资产投资	64.11	22.39	13.5
财政收入	56.13	26.14	17.72
社会商品零售总额	57.70	27.78	14.52

(续)

注:财政收入为1992年数字。下同。

②如从六大区看，除个别情况外，中南、华东地区经济发展速度要快于其它四个大区。

表二 主要经济指标1993年为1978年倍数

	国内生产总值	国家财政收入	社会商品零售总额	全社会投资额
华北	7.9	2.1	8.5	2.7
东北	7.3	1.6	7.3	3.7
华东	9.9	2.1	9.9	4.7
中南	11.5	3.6	9.1	4.9
西南	8.5	5.4	7.7	3.1
西北	7.8	2.4	6.8	3.0

注:均为现价，投资以1985年为基数。

(三) 地区经济相对平稳发展，取得初步成效。建国以来，尤其是在改革开放以来，为了加快地区经济的均衡发展，缩小地区差别，中国在基本建设投资和新项目建设安排等方面，对内地都实行了一定程度的倾斜，促进了内地的开发。与沿海地区相对比较发达地区，则着重在技术上进行改造和提高。从发展水平来看，目前中国仍然存在着东、中、西三大地带的差别。

表三 1978－1993年东、中、西部经济发展情况
(1993年为1978年倍数)

	东 部	中 部	西 部
国内生产总值	10.3	8.1	8.2
国家财政收入	2.2	2.7	3.9
社会商品零售总额	10.3	7.1	7.3
全社会投资额	5.0	2.6	3.1

注: 均为现价，投资以1985年为基数。

(四) 从社会产出方面看，东部地区仍占居重要位置。其工业化程度明显高于中、西部地区(详见表四)，主

表四 1992年东、中、西部社会产出构成(%)

	东 部	中 部	西 部
工农业总值	60.1	26.2	13.7
#农业产值	48.0	32.7	19.3
工业产值	63.8	24.8	12.0
# 轻工	69.5	20.2	10.3
重工	59.7	26.7	13.6

要农产品产区则主要集中于中部地区，一些基础产品则集中于中部地区，而原材料则主要分布于东部地区(详见表五)。

表五 1992年东、中、西部工、农产品产量构成(%)

	东部	中部	西部
一、主要农产品			
粮食	38.8	41.0	20.0
棉花	36.3	43.9	19.8
油料	34.9	42.9	22.2
猪、牛、羊肉	40.3	33.1	26.6
水产品产量	80.6	16.6	2.8
二、主要工业品			
原煤	22.0	57.9	20.1
原油	42.4	48.6	9.0
天然气	27.4	24.5	48.1
发电量	48.7	33.9	17.4
生铁	55.3	31.9	12.8
钢	59.3	28.1	12.6
成品钢材	61.3	27.1	11.6
水泥	55.5	29.0	15.5
平板玻璃	58.2	31.1	10.7
木材	26.8	56.8	16.4
硫酸	47.2	31.1	21.7
纯碱	73.0	15.9	11.1
农用化肥	38.0	36.8	25.2
化学农药	67.6	27.6	4.8
发电设备	42.1	33.9	24.0

二、中国区域经济发展中存在的主要问题

(一) 地区间经济发展水平差距呈进一步扩大趋势。①从人均GDP看，西南地区最低，但其发展速度却高于华北和西北地区。中部地区人均GDP虽高于西部地区，但其发展速度却低于西部地区(详见表六)。

表六 各大区人均GDP变化情况

	1978年	1993年	1993年为1978年倍数
华北	523.6	3010.7	5.8
东北	505.6	3474.7	6.9
华东	406.7	3323.0	8.2
中南	279.6	2544.8	9.1
西南	230.1	1645.7	7.2
西北	320.4	1985.6	6.2
东部	456.3	3854.7	8.5
中部	314.2	2045.7	6.5
西部	257.3	1750.9	6.8

注：均为现价，未扣除价格因素。

②从人均社会商品零售总额看，西部地区最低，但发展速度却高于中部内陆地区，如从六大区看，西北地区虽高于西南地区，但发展速度却最低。(详见表七)

表七 各大区人均社会商品零售总额变化情况

	1978年	1993年	1993年为1978年倍数
华北	217.3	1350.4	6.2
东北	225.2	1532.7	6.8
华东	161.7	1323.4	8.2
中南	146.1	1052.7	7.2
西南	102.8	662.9	6.4
西北	154.2	835.4	5.4
东部	188.1	1582.3	8.4
中部	153.0	875.8	5.7
西部	118.5	716.3	6.0

③从人均固定资产投资看，西部地区发展速度快于中部地区；六大区中的华东和中南地区增速明显高于其它四大区(详见表八)。

表八 各大区人均固定资产投资额变化情况

	1985年	1993年	1993年为1985年倍数
华北	346.6	1130.1	3.3
东北	336.1	1260.1	3.7
华东	245.0	1263.1	5.1
中南	192.8	996.1	5.2
西南	139.0	516.9	3.7
西北	225.2	785.2	3.5
东部	296.5	1583.9	5.3
中部	200.9	636.0	3.2
西部	165.0	600.0	3.6

(二) 地区结构不合理状态仍然存在，有的甚至呈加剧趋势(详见表九)。

表九 1993年各地区国民经济基本结构(比重:%)

	国内生产总值	工农业总产值	社会固定资产投资	财政收入	社会商品零售总额
华北	12.78	11.98	12.8	13.94	14.0
东北	11.09	11.63	10.8	12.06	12.0
华东	35.48	38.55	35.8	32.04	34.0
中南	25.92	24.10	27.1	24.24	26.0
西南	9.56	8.94	8.0	12.27	9.0
西北	5.17	4.80	5.5	5.46	5.0
东部	58.34	60.08	64.1	56.13	57.6
中部	26.93	26.8	22.4	26.14	27.8
西部	14.73	13.74	13.5	17.72	14.5

注:工农业总产值为1992年数字,下同。

从上表可以看出，占全国国土面积56.8%，国内生产总值14.7%的西部地区，其全社会固定资产投资仅13.5%，而财政收入却高达17.7%，其中西南地区国内生产总值为9.6%，而财政收入比重则高达12.3%，而全社会固定资产投资仅占8.0%，呈现明显的结构与比例失调。

从1992年工业产值和主要产品产量看，各地区分

布很不合理，资源约束造成生产与需求矛盾加剧，并使交通运输的压力进一步加大(详见表十)。

表十　1992年工业产值与主要产品地区生产结构

(以全国为100%)

	工业总产值	原煤	原油	天然气	发电量	钢
华北	12.7	37.6	7.1	5.1	17.3	22.9
东北	12.4	14.6	51.4	28.9	13.8	19.4
华东	40.3	13.7	24.2	9.3	29.7	29.2
中南	22.6	13.9	8.3	8.5	21.9	16.0
西南	7.6	12.2	0.2	43.1	9.4	9.6
西北	4.4	7.9	8.9	5.1	8.0	3.0
东部	63.8	22.0	42.4	27.3	48.7	59.3
中部	24.2	57.9	48.6	24.5	33.9	28.1
西部	12.0	20.1	9.0	48.2	17.4	12.6

从上表可以看出，西部地区天然气丰富，而东部、中部地区则较贫乏；而中部地区盛产原煤和原油，东运西调加重了交通运输的压力。从农业产值和主要产品产量结构看，也可以明显看出其他地区间的不对称性，同样给交通运输等基础产业和基础设施增添新的困难，严重阻碍了国民经济的稳定和协调发展(详见表十一)。

表十一　1992年农业产值与主要产品地区生产结构

(以全国为100%)

	农业产值	粮食	棉花	油料	麻类	烤烟
华北	9.7	10.3	9.4	11.5	4.0	1.1
东北	9.1	13.0	0.6	4.6	21.6	6.9
华东	32.9	30.4	37.5	36.5	30.7	12.1
中南	29.0	26.1	32.7	25.2	30.4	28.6
西南	13.2	14.0	3.4	14.4	11.2	45.0
西北	6.1	6.1	16.4	7.8	2.2	6.3
东部	48.0	38.8	36.3	34.9	17.5	13.2
中部	32.7	41.0	43.9	42.9	69.1	35.5
西部	19.3	20.2	19.8	22.2	13.4	51.3

(三) 内陆地区经济发展中存在诸多约束因素，特别是西部困难更多。

1. 农业生产条件改善缓慢。西部地区水土流失严重，生态恶化状况没有根本改善。近几年来，由于对农业生产设施管理不善，国家、集体和农村居民个人的投入不足，效益较差，致使农业生产条件改善慢，灌溉面积还有所减少，部分地区粮食难以自给。自然资源虽然十分丰富，发展前景广阔，但是远未转化为经济优势，开发利用率较低，且又极不合理。

2. 工业初级部门和初级产品多，高科技和高技术含量的部门和产品少。由于中、西、部一些省区地处腹地，加上历史上形成的经济基础薄弱，高、精、尖的产业和产品发展缓慢。工业企业技术装备中，国外50年代水平的占70%，达80年代水平的仅10%左右。一批能源高、效率低、安全性能和可靠性能差的机电设备仍在继续运转。企业技术改造负担重。

3. 经济加速发展中的人、财、物严重缺乏。中、西部省、区由于基础较差，地方财力不足，支持经济发展的力量较小，加上工作条件与生活条件不如东部，人才外流严重。特别是近年来，国家财政每年对西部各省区的定额补助达100多亿元。很多省(区)、县财政仍靠上级补贴过日子，对发展当地经济投入财力有限。限于加工条件与能力限制，西部省、区一些急需的生活与建设物资严重缺乏。

4. 交通运输邮电通讯落后，基础设施严重不足。特别是一些自然条件差的边远山区和少数民族聚居地区，交通不便、信息闭塞。就是一些省、区重点城市各种基础设施也很落后。铁路、民航满足率低，货运压力大。大量初级产品外运，加工产品运入，更加剧了交通运输的紧张程度。

5. 思想观念较落后，缺乏社会主义市场经济转换的紧迫感和危机感。特别是有些领导干部“等、靠、要”的思想意识还相当严重，缺乏积极探索和勇于开拓的精神，对改革中的新生事物缺乏敏感性；再加上宏观经济政策和操作方式的不合理，使中、西部地区经济开发缺乏必要的动力和活力。

从根本上说，近几年造成中、西部地区经济发展相对较慢的主要原因，一是对外开放起步慢，利用国际资源和市场的能力弱；二是非国有制经济特别是乡镇企业发展不足，新的经济生长点拉力较弱；三是大量资金、人才的东流，削弱了发展能力，加上自然条件落后的制约。此外，城市化进程慢，也是一个重要因素。

三、九十年代中国区域经济发展的必然趋势

九十年代，区域经济将呈现较为协调的发展格局，即根据不同地区资源、技术劳动力、区位等优势，形成不同区域的经济发展特色，并使区际间的产业结构达到有机结合。

(一) 东部沿海地区12省、区、市。总的发展格局是：进一步扩大对外开放，充分利用国家给予的优惠政策，进一步办好现有经济特区、技术经济开发区和经济开放区，多渠道引进外资和先进技术，改造传统产业，大力发展高新技术产业和出口产业，参与国际竞争，以产业结构高度化和市场拓展国际化为目标，逐步建成沿海出口产业地带和高新技术产业基地。同时，东部老工业基地将进一步得到改造和振兴。主要是通过设立老工业基地专项改造基金，安排一些关系全局的重大改造项目，重点扶持新兴产业与替代产业；实行鼓励传统产业扩散的政策，推动重化工业的设备向内地扩散。

(二) 中部九省区。总的发展趋势是:加快对外开放的步伐,扩大对外经济技术交流和文化往来,充分发挥区内矿产资源和农业资源丰富的优势,加速能源、原材料工业的建设和农业开发,使中部成为全国能源、原材料的主要基地,大量提供商品粮和其它农副产品的农业基地以及若干重要机电产品的生产基地。山西为中心的煤炭重化工基地建设将得到进一步加强,长江中上游支流和红水河地区的水能资源将逐步得到综合开发和利用。一批新兴产业将得到新的发展,三线地区企业的调整和改造将得到加强。

(三) 西部地区。九十年代西部地区面临新的发展机遇。

1. 西部地区经济开发的重要性。加快西部地区开发具有十分重要的意义。首先,是实现中国经济发展目标的需要。西部地区地域辽阔,土地面积达545万平方公里,占全国土地总面积的56.8%;1993年末总人口2.7亿人,国内生产总值4725亿元,分别占全国的22.9%和14.73%。中国2000年要实现国民生产总值翻两番和由温饱向小康的过渡,就必须加快西部地区经济的开发。其次,它是巩固边疆,加速对外开放步伐的需要。西部地区从北到南,同10多个国家接壤,是中国重要的边贸地区和后方战略基地(三线地区),搞好这些地区的发展,对提高这些地区的经济实力,促进中国与各国的经济往来,都具有重要意义。第三,是加强民族团结和维护社会安定的需要,全国60%以上的少数民族人口和地区分布在这一区域。1993年这一地区的人均GDP仅为1751元,分别比东部沿海地区和中部内陆地区低2104元和295元。农村居民人均纯收入为670元,分别比东部、中部地区低552元和132元。1988年至1993年期间,西部地区农村居民人均纯收入年均增长8.2%,低于东部沿海地区平均11.3%的水平,但高于中部内陆地区8.1%的平均年增长速度;消费水平上东、中、西部农村居民也存在一些差异。如果经济发展与生活水准相差过于悬殊,势必影响到民族团结和社会安定。再加上其地处黄河、长江的上游,搞好西部地区的农业、林业、水土保持和农业基础建设,对改善全国的生态环境至关重要。

2. 加速西部地区经济开发的有利条件。①西部地区资源比较丰富,有加速经济开发的广阔前景。

——具有发展农业生产得天独厚的条件。一是光热条件较好。全年太阳辐射总量,西藏达160—240千卡/平方厘米,西北地区达120—160千卡/平方厘米,有利于发展农业生产。二是土地面积大。人均土地面积和耕地面积均高于全国。三是山区丘陵区面积大,如能合理利用,发展山区林牧产品潜力很大,特别是亚热带和热带的山丘地区,水热条件都比较好,很有发展前途。四是畜牧业资源丰富。西部地区草原面积占全国的80左右,农区草山草坡面积大,牧草品种多,畜禽品种资源丰富。五是森林资源比较丰富。西部地区森林面积约占全国的45%。西南五省区还有宜林荒地3.9亿亩左右,约占全国宜林荒地的三分之一,雨量大,气温高,有利于林木生长,适于发展速生丰产林和经济林。六是西南地区水力资源丰富。

——矿产资源相当丰富,具有发展重化、采掘、冶炼及加工工业的条件。全区三分之二矿产储量居全国前三位。四川的天然气、硫铁矿、芒硝、碘、贵州的汞矿、富磷矿,云南的铅、锌、富锰矿、锗矿,西藏的铬铁矿,陕西的铼矿、钾长石,甘肃的镍、钴、钽族,青海的钾盐、池盐、石棉、硅石、溴矿,新疆的绿柱石、铌钽矿、钠硝石、云母等矿产储量都居全国第一位。西北地区还拥有丰富的煤炭、石油等矿藏。

②建国以来特别是改革开放以来,西部地区的经济发展已为今后经济的进一步开发奠定了一定的物质基础。

由于国家实行鼓励西部经济发展的各项宏观经济政策和各项优惠,中国西部省、区均有了长足的发展。工业生产门类比较齐全,农业发展前景看好,城乡居民收入均普遍提高。1992年,西部九省、区工农业总产值达5256亿元,全社会固定资产投资1086亿元,社会商品零售总额1707亿元,比改革初均有较快的增长。特别是国家早期投资兴建的一批"三线"工程项目,随着由传统体制向社会主义市场经济体制的转轨,在西部经济开发中将发挥不可估量的作用。

③改革开放的推进为西部经济加速开发提供了良好的机遇。

目前,去西部一些地区参观、旅游、投资办厂、洽谈项目的外国人明显增多。只要政策得当,外国及中国沿海地区进入西部地区开发建设的潜力很大。边境贸易日益活跃,交易额明显扩大。西部地区虽无出海口,但有漫长的陆上边境线,这是西部地区发展同国外特别是中亚、西南亚国家交流的重要条件。与西部地区接壤的国家和地区都是一些经济、技术上比较落后的地区,与之发展国际贸易,西部地区处于相对有利的地位。

3. 今后的发展趋势。西部地区将进一步扩大陆地边境对外开发,在一些条件较好地区将进一步开辟边境对外贸易特区,积极开展边境贸易,更加广泛开展边境对外经济文化交流;农业基础地位将得到进一步加强,同时积极发展农牧业生产,发展生态农业,保护和改善生态环境。资源普查和勘探工作得到加强,重点开发国家急需而又为本地区所特有的资源,并相应发展一些初级产品加工业。

四、加快区域经济协调发展的几点想法

要加速中国区域经济发展。通过一部分地区先富起来，带动和促进内地的发展；通过国家宏观调节，在调整产业结构的过程中，加强内地的发展；内地在发扬各自优势的基础上通过自身的努力，在指导思想上和战略目标上必须确立新的发展思路，在坚持大改革、大开放的基本方针下，争取在2000年使中、西部地区的经济发展有一个大的突破，与东部沿海地区的差距控制在合理的范围。

(一) 国家在宏观上实行适当倾斜的政策，给中、西部经济发展和改革开放提供一些必要的条件与环境。

1. 建立新的发展战略。中、西部地区要加快发展，必须走高起点、全方位的开发与开放的道路，即中、西部地区的开放不仅要对沿海地区开放，而且要对包括港、澳、台在内的全世界开放。可考虑在沿边各省、区建立几个“自由贸易区”、“高科技开发区”，重点推进边贸发展，开放的领域亦可适当放宽一些，不仅农业、工业领域要开放，而且要扩展到第三产业的某些领导。

2. 采取大动作，鼓励和推进中、西部地区的全面开发。一是允许中、西部地区建立地区开发银行，并赋予其一定的信贷、利率浮动、融资政策和经营操作的自主权，实行股份制的企业化管理和运营机制，对国内外政府、金融中介机构和其它组织、个人全面开放。二是在中、西部地区设立证券交易所，并在中、西部各中心城市建立分支机构，接受国内外各种证券的交易、咨询、公证和委托业务。三是要适当放宽中、西部地区的进口限制。

3. 采取点轴结合，适当向中、西部倾斜资金、技术、物资与人力资源。要发挥中、西部地区地广物博，资源价格低、附加价值高的优势，适当增加国家对中、西部地区的人、财、物投入。同时，引导东部地区将资金、技术投入中、西部地区，联合开发资源，利益共享；特别要安排发达省区与西部省区建立一帮一的联系，以加快西部的经济开发。

(二) 中、西部地区要在国家特殊政策的引导下，增强改革、开放的意识，树立市场经济与自由平等竞争的观念，制订稳定可行的地区经济政策，大胆探索，勇于创新。

1. 增强改革、开放的自觉性。当前中、西部与沿海地区相比，主要的差距是改革、开放的差距，其中最重要的是表现在市场经济、市场竞争和社会化大生产等现代意识和观念方面的差距。当务之急是要大力培育市场经济与竞争观念，树立大胆探索，勇于竞争的意识，加快改革开放的步伐，积极参与亚太地区第三次产业结构战略性大调整和利用当前沿海地区产业结构调整的有力时机，以推动西部地区经济的全面发展。

2. 要用足用好现有政策。八十年代中国对外开放的梯度推进，首先得益的是沿海地区特别是特区，在区域间的经济竞争中处于较为有利的地位。随着全方位对外开放格局的初步形成和体制改革的深入，国家已经出台了一些旨在加速中、西部经济开发的政策和措施。中、西部省(区)对现有政策一定要用好用足。胆子要更大一点，步伐还要更快一点，只有这样，才能进一步加速中、西部地区的开发。

3. 审时度势，发挥中、西部地区的资源优势。自近代以来，中国产业布局的重点一直在东部沿海地区，建国以后布局重心一度向中西部地区移动，八十年代以来再次出现向东部地区集中布局的态势。然而东部地区可提供的能源、矿产及农业资源在全国产出中所上比重则在急剧下降。资源产出重心正在向中国中西部地区移动。中国西部地区地广物博，资源优势非常明显，但在过去高度集中统一计划和国家宏观价格控制的条件下，中、西部地区的资源优势难以发挥，农产品、能源、原材料价低利薄 中、西部地区是手捧金饭碗讨饭吃。改革后随着价格体系的逐步理顺，中、西部的资源优势已有所呈现，但价格背离价值的现象仍普遍存在。在九十年代，随着价格改革步伐的加快，价格“双轨制”的逐步并轨，中、西部地区要把握时机，使资源优势得到充分的发挥。

(三) 对中、西部地区加快经济开发的具体建议。

1. 大力发展优质高效农业，全面发展中、西部农村经济。要根据中、西部地区农村经济发展现状和特点，在坚持改革开放的方针下，着力提高农产品的产出率和品质。可采取的措施:一是提高农村居民素质，培养农村各种人才，推广农业科学技术。二是大力开展水利建设和水土保持工作，改变生态环境。要采取法律、经济和行政等办法改变生态环境恶化的状态，合理的利用和开发土地资源，保护和整治耕地，有效地防治水土流失，发挥农业基础设施的最大效益。三是增加物质投入，努力提高投入效益。要对现在农业设施和工程加强管理、维修、配套和更新改造，提高利用率，同时要积极推广良种、科学种田，改革耕作制度，以提高单位产出率。发展农村经济的另一个重要方面是大力发展乡镇企业，要根据中、西部地区自有的特点，规划和引导好乡镇企业的产业方向，努力提高乡镇企业的经济效益，以增加农民的收入。

2. 超前发展交通运输邮电通讯业。交通通信基础薄弱，长期以来制约着中国国民经济的发展。而在交通不便、信息闭塞的中、西部地区，加快交通通讯事业的发展就显得更为重要。中央和中、西部各省、区应通过多种渠道，多方筹集资金，加强铁路、公路、机场和邮电

设备的改造和建设。要努力改造西部各地省会城市到东、中部地区及国外的交通、通讯设施，逐步形成四通八达、进出便捷，配套齐全的、基本适应对外开放需要的主要运输体系和信息传递网络。交通发展了，就可以在交通沿线部署第二产业和其他第三产业，形成合理的产业区域布局。

3. 继续加强能源、原材料工业的建设。适应国家产业政策的要求和西部地区经济布局的需要，中、西部地区要建设一批中国重要的能源、原材料工业生产基地，形成在全国有一定影响的主导产业，为国家及中、西部地区经济的发展提供更多的能源、原材料。比如，贵州省可以利用其丰富的铝钡土、磷矿厂和水能资源，发展炼铝和磷肥工业，西南诸省和甘肃省都可以利用这方面的优势，发展当地的有色金属工业。同时，要以西部地区的能源、原材料基地为依托，通过努力延伸加工深度，增加产品的附加值，并带动相关的中下游产业的发展，这样可以更有效地发展西部地区经济，并逐步改变净调出原材料，输入制成品数量过大的格局。

4. 努力发展高新技术产业。按照引进与创新相结合的方针，积极发挥三线工程的潜能，大力发展微电子、光导纤维、生物工程、遥感遥控技术、计算机和新型电子元器件、新材料和新能源等高新技术，并尽快使之形成产业，以增加中、西部地区新型产业和新开发产品的技术含量。同时，要利用先进适用技术改造传统产业，提高产业的整体素质。为此，中、西部地区要构建经科教一体化的运行机制，促进科教与经济的结合。一方面要打好教育基础，努力培养人才，提高劳动者素质；另一方面要重视科技成果的推广应用，将科技优势转化为产业优势。

5. 进一步贯彻计划生育的基本国策，控制人口的过快增长。中、西部地区经济发展相对落后，而人口增长却相对较快，长此下去，不仅不能支持经济的较快发展，而且还会进一步削弱经济发展的能力。因此，要积极宣传国家人口政策，适当减缓人口的压力。

注：东部地区包括北京、天津、河北、辽宁、上海、江苏、浙江、福建、山东、广东、广西、海南等12个省、市、自治区；中部地区包括山西、内蒙、吉林、黑龙江、安徽、江西、河南、湖北、湖南等9省、区；西部地区包括西南、西北的四川、贵州、云南、西藏、陕西、甘肃、青海、宁夏、新疆9省、区。

(作者所在单位:国家统计局)

我国乡镇企业的发展与改革

秦　业

一、乡镇企业发展的进程

1978年末召开的党的十一届三中全会，制订了《关于加快农业发展若干问题的决定》(试行一年后经四中全会修改后公布)，明确指出:“社队企业要有一个大发展，逐步提高社队企业的收入占公社三级经济收入的比重。凡是符合经济合理的原则，宜于农村加工的农副产品，要逐步由社队企业加工。城市工厂要把一部分宜于在农村加工的产品和零部件，有计划地扩散给社队企业经营，支援设备，指导技术。对社、队企业的产、供、销要采取各种形式，同各级国民经济计划相衔接，以保障供销渠道畅通无阻。国家对社队企业，分别不同情况，实行低税或免税政策。”这个决定及随后陆续制订的一系列政策，解除了广大农村干部和亿万农民的顾虑，为调动他们办工业的积极性创造了一个适宜的环境，成为农村工业发展的“第一个春天”。随着农村改革的深入，家庭承包制的推广，农民突破了只有社、队才能办企业的限制，开始了个人集资办个体企业和联合体企业；突破了不许农民经商的限制，开始了长途贩运活动；突破了就地取材、就地加工、就地销售的“三就地”的限制，按商品生产规律进行外引内联。1984年3月，中共中央、国务院发布4号文件，决定把原社队企业改名为乡镇企业，其范围也从过去的乡(含区、镇)、村两级办的企业扩大到部分社员联营的合作企业、其他形式的合作工业和个体企业。文件对乡镇企业作了充分肯定，强调发展乡镇企业是振兴乡村经济的必由之路，对它应采取“积极扶持、合理规划、正确引导、加强管理”的方针，从而给乡镇企业带来了“第二个春天”。

纵观改革以来乡镇企业的发展过程，大体可分为三个阶段:

第一阶段，从1979年到1983年，冲破封闭，锋芒初露;

第二阶段，从1984年到1988年，异军突起，摆脱困境;

第三阶段，从1989年到1991年，差距拉大，素质提高。

在第一阶段中，由于亿万农民变成了自主经营、自负盈亏的商品生产者，有了支配劳动时间和剩余产品的自主权，多种经营蓬勃发展，专业户大量兴起，有些农民就单独或联合办了企业，使社队企业扩展为多成份、多形式、多层次的乡镇企业，总产值由1979年的491亿元增加到1983年的1016亿元，增长一倍多，年递增率达20%以上。

在第二个阶段中，由于中央文件肯定了乡镇企业的地位和作用，明确了指导方针和扶持政策，农村基层干部和广大农民普遍认识到："无农不稳、无工不富、无商不活"，"要想富、农工副"，"要小康、农工商"，乡镇企业发展的势头更为迅猛。到1988年，产值达6459亿元，比1983年增长5倍多，年递增率近40%。1985年，由于种种原因，粮食生产出现了大幅度下降，接着是连续三年徘徊。在整个国民经济中，也出现了基本建设失控、外汇使用失控、银行信贷失控、消费基金失控等"四失控"现象，国家采取了紧缩银根的措施，取消了对乡镇企业的税收优惠，并通过加强行业管理进行种种限制。但是，乡镇企业经受住了考验，在严峻的形势下继续大幅度增长，每年吸收的农业剩余劳动力接近1000万人，使农民扩大了就业面。到1988年，乡镇企业的从业人员总数达9545万人，几乎赶上全民所有制国营企业职工总数，从而保证了在农业徘徊的情况下农民的收入得以继续增长，生活继续有所改善，摆脱了困境。

在第三个阶段中，国家实行治理整顿，采取措施加强农业特别是粮食生产，1989年突破徘徊局面，粮食总产量超过1984年的最高纪录；1990年进一步夺得农业的全面大丰收；1991年在大水灾的情况下仍然夺得了好收成。但是，由于乡镇企业受限制、工农业产品比价不合理等原因，农民的收入基本上处于停滞状态，三年平均的年增长率只有0.7%。农民收入不能持续、稳定地增长，必然对农民生活的改善、国民经济的发展、小康目标的实现造成严重的不利影响。与全国情况不同，沿海发达地区利用地缘和劳力的优势发展外向型经济，乡镇企业在这三年中进一步迅猛增长和提高，从劳动密集型产品起步，通过扩大出口，引进资金、技术和管理方法，适时向高新技术产业和能源、重化工等基础产业转移。广东全省外贸出口总额近6年连续居于全国首位，1991年达136.88亿美元，占全国近1/5；按牌价折算成人民币，约占当年全省国内生产总值的40%。"三资"企业遍及城乡各地。外向型经济参与国际市场的竞争，要求产品的质量和档次更高，也必然要求进一步扩大开放、深化改革，建立市场经济体系。广东农村外向型经济的发展，不断在提高居民的生活水平，使经济发展与人民生活的改善相结合，使增强的供给能力与需求能力形成大系统循环的动态平衡，达到市场互补，市场的调节作用不断扩大。现在广东尤其是珠江三角洲，商品市场、资金市场和劳务市场已初具规模，市场的运作已步入比较规范的轨道。它的经验，对确立社会主义市场经济的目标模式，对今后社会主义市场经济体制的建立，无疑都起了巨大的示范作用和推动作用。

二、乡镇企业的现状和作用

(一) 乡镇企业是农民办的多种经济成分的企业
我们现在统称的"乡镇企业"，包括乡(镇)办企业、村办企业、农民联合体和个体企业。

乡办和村办企业是乡镇企业的主体。据1989年统计，这类企业共有154万个，占企业总数的8.2%，职工4720万人，占职工总数的50.4%，产值5582亿元，占总产值66.4%，向国家缴纳税金272亿元，占纳税总额的74.5%。

农民联合体，多采取股份合作制企业的形式。它是在农民自愿互利基础上，共同集资、共同建厂、共同管理的企业。这种股份合作企业，具有一定的合作经济内容，农民以资金、劳动、技术、管理才能入股，入股者既是所有者，又是生产经营者。它不改变入股所有者的财产所有权，避免了讲合作就合并财产、平调劳动力的弊病；它也改变了过去一讲合作就按地区强行合作的做法，而是按生产项目由农民有选择地自主决定，有的一户可以同时参加几个合作企业。1989年全国有各种形式的合作企业共107万个，占企业总数的5.7%；职工884万人，占职工总数的9.4%；总产值682亿元，占总产值的8.1%。

个体企业是由农民个人举办的企业。根据国务院批转统计局有关统计中的个体企业是指：(1)有固定组织、生产场所、生产设备和固定人员；(2)有核算制度；(3全年开工时间在三个月以上，并在当地工商行政管理部门领取营业执照的。1989年，全国共有个体企业1608万个，占企业总数的86.1%；人数3763万，占总人数的40.2%；产值2137亿元，占总产值的13.4%。

(二) 乡镇企业打开了我国实现工业化的新局面
新中国成立之初，面对当时严峻的国际国内形势，我们的首要任务就是加快工业化的步伐，大力提高社会生产力。推行工业化，必须有相应的资金，然而，当时帝国主义的经济封锁使我国失去了广泛引进资金和技术的可能性。国内的工业基础薄弱，国情给予我们的唯一选择，就是依靠从农业中积累资金以启动工业化，从而形成了建立在价格剪刀差和直接农业税基础上的以国家财政为中心的强制性资金积累机制，并选择了以重工业为发端的倾斜式工业化战略。这条以农保工的倾斜式发展战略，在奠定我国工业基础、创造完整的工业体系、加强经济建设等方面，起了积极的作用，但同时却遇到三个难以克服的矛盾。第一，是就业矛盾突出。第二，是城乡隔绝的二元经济结构矛盾加深。第三，是排斥市场，逐步向统治经济演化。

长期以来，11亿人口，8亿农民基本上用手工工具搞饭吃的现实，使我们无法跨入工业国的行列。80％的农村人口只创造了国民生产总值的30％，而20％的城市人口却提供了国民生产总值的70％，8:2与3:1的巨大反差足以说明，二元经济结构所导致的严重经济问题，即农村和农业的严重落后。

农村经济的振兴，始于70年代末的农村改革，家庭联产承包制不仅调动了亿万农民的生产积极性，使农业生产获得空前的、高速的增长，而且更重要的是农户成为相对独立的商品生产者，终于突破了人民公社的旧体制，开创了我国市场经济的新纪元。以市场取向的再生产，特别是扩大再生产的过程中，农村产业非农化的倾向越来越明显，在原有社队企业的基础上，逐渐形成了乡镇企业现在的规模，一举改变了我国工业化的传统模式，为我国工业化的发展闯出了一条新路子。

(三) 乡镇企业是我国就业结构转变的主要载体 产业结构的调整，就业结构的转变乃至农村生活方式的根本转变，是二元经济结构转化为一元经济、实现工业化的基本要求。其中就业结构是关键。它不仅反映了产业结构的变化状况，而且是二元向一元转化成功与否的重要标志之一。然而，就业一直是长期困扰发展中国家工业化的一大难题，如何解决资金不足条件下劳动力的出路，始终是发展中国家长期探索的问题。

我国乡镇企业的诞生正是解决上述难题的一条好的出路。十余年来，通过发展农村工业和其他非农产业，大大缓解了人地矛盾的压力，突破了二元结构的羁绊，而又避免重蹈一些发达国家过去走过的让农民直接破产进城、使城市膨胀的路子。这是中国农民的伟大创举。据统计，到目前为止，乡镇企业吸收农业剩余劳力达9300万人，相当于全民所有制企业40年来的就业总和，占全国农业劳动力总数的25.8％。仅“七五”期间，乡镇企业就安排农村剩余劳动力2200万人，占同期全国安置就业人数的57.6％，占同期农村年均新增劳动力的一半。一些经济发达地区，乡镇企业就业人数远远超过半数，高者达90％以上。

实践证明，乡镇企业使农村劳动力单一就业结构发生了根本性变化，为农业劳动力的非农化，以及为中国整体就业结构的转变，做出了贡献。无此就没有中国劳动力就业结构的转变。这是现阶段我国工业化进程的一个崭新特点，也是中国工业化的一个新的生长点。乡镇企业以较低的有机构成和较高的就业密度，把开发资源、改变农村生产方式、提高农民生活水平结合在一起，使潜在的劳动力资源优势转化为现实的生产力，走上了一条以农保工、以工养农、以工建农、双向促进的农村工业化新路子，开辟了中国工业化的第二战场。这种被西方誉为“微笑着的转移”模式，弥补了单一城市化的缺陷，是有中国特色的、颇有成效地转移农业剩余劳动力、改善就业结构的有效途径。

(四) 乡镇企业带动小城镇建设和农村城镇化的发展 乡镇企业的发展不仅改造了原有的小城镇，而且还促进了一些新的小城镇的崛起。

这种支柱作用主要表现在以下几个方面:

第一，办在小集镇上的工业和服务业，主要是乡镇企业。如办在上海郊区集镇上的工厂有上万家，其中市属的占0.6％，县属的占4.8％，而乡镇企业则占88.8％。苏州市办在集镇上的工业企业共3050家，其中县属工业企业850家，占27.9％，乡镇企业2200家，占72.1％。

第二，小集镇建设的资金主要来源于乡镇企业。据苏州市估计，党的十一届三中全会以来，全市每年要拿出1000～2000多万元乡镇工业利润用于城镇建设。这些钱主要用于新建街道，挖河架桥，兴建影剧院，举办文化中心，支持学校、医院建设，以及生活设施和卫生设施等。常熟市碧溪乡在1979～1982年的乡镇工业上缴利润的300万元中，就拿出200多万元用于小城镇建设，包括新筑公路25万元，乡镇柏油路11万元，街道建设15万元，新建变电站22万元，自来水厂10万元，扩建卫生院4万元，举办幼儿园4.5万元，文化中心4万元，建影剧院30万元，办公楼33万元，桥梁15万元，石驳岸15万元，其他12.5万元。

第三，小集镇的建设力量，主要也是靠乡镇企业建筑队。如上海郊区南汇县横沔镇，过去仅有一间破庙，僻陋冷落，交通不便。乡镇企业发展以后，依靠本乡建筑队，使这个过去“鸟飞不落脚”的地方换了新颜，成为车来人往宾客不断的经济、文化和游乐中心，现在不仅造起了商店、影剧院，而且还造了一处别有风味的小花园，如今已成了黄浦江边的一颗明珠。现在，不仅小城镇的建设依靠乡镇企业的建筑队伍，而且乡镇企业的建筑队伍已经打入北京、上海这样的大城市，可以盖十几层，几十层的高级宾馆。乡镇企业的建筑队伍事实上已经成为我国建筑行业的一支重要的生力军。

(五) 乡镇企业是农业现代化的主要力量 我国二元经济结构的弱点在于农业的落后、农村生产力的低下、农村产业结构和就业结构的单一性。因此，提高农业劳动生产率、改造传统农业和发展非农产业将是我国二元经济结构变动的决定条件。

乡镇企业正是能够承担起改造传统农业与发展非农产业的双重重任。

第一，乡镇企业是改造传统农业的积极力量。

改造传统农业，关键在于加强农业的物质基础，为其发展提供“造血功能”，而发展乡镇企业则是有效之路。乡镇企业产生于农业母体，与农业有着血肉联系。从农村经济发展的全过程看，农业与乡镇企业的关联发展大致分为三个阶段。

第一阶段：工农互补——资金紧张阶段。在这一阶段，乡镇企业产值占农村社会总产值的比重在70％以下，农业劳动力占农村社会劳动力的比重在50％以上，人均收入低于700元。这一阶段的主要特征是，乡镇企业处于起步阶段，以廉价的劳动力和少量的农业积累为依托，依靠农村信贷资金迅速发展，乡镇企业通过增加兼业农户的非农收入来增加对农业的投入，少量的利润转移支持农业的发展。

第二阶段：以工补农——劳动力紧张阶段。在这一阶段，乡镇企业产值占农村社会总产值的比重为70～95％，农业劳动力占农村社会劳动力的比重为10～50％，人均纯收入为700～2000元。这一阶段的主要特征是，乡镇企业产值超过农业成为农村的支柱产业，社区内农业剩余劳动力基本上吸收完毕，乡镇企业发展资金来源主要靠自身积累和信贷，劳动力来源主要是从农业中分离出来的劳动力，乡镇企业具备了支持农业发展的强大实力，农业逐渐由传统农业向现代化农业过渡，农业经营形式逐渐由双层经营向规模经营转变。这一阶段，是一个较长的经济发展过程，土地制度、企业产权制度、集体经济组织制度、资源配置均要发生相应的变化。

第三阶段：工农并进——协调发展。这一阶段，乡镇企业产值占农村社会总产值的95％以上，农业劳动力在10％以下，人均纯收入在2000元以上，其主要特征是：传统农业改造基本完成，基本上可以依靠自身的积累稳定发展，农业劳动生产率、商品率大幅度提高，乡镇企业发展壮大，逐步形成工业小区，进一步溶入城市工业发展的行列。

据统计，1979～1989年的11年间，乡村两级企业用于补农、建农的资金累计达780亿元。其中1988、1989年两年分别达到94亿和91.4亿元，占当年所创利润总额的36％左右，对改造传统农业、增强农村经济发展后劲做出了积极的贡献。此外，乡镇企业在以工补农、建农资金装备的同时，以“四小”产业(小农机具、小化肥、小水电、小煤矿)直接武装着农业，成为农业走向现代化的重要推动力。

第二，乡镇企业为我国土地的适度规模经营创造了有利条件。

一般而言，农业经济的发展，是工业发展的基础。统计测算结果显示，劳均15亩耕地方可产生规模效益，不足15亩则可能相应产生劳动力资源的浪费。照此推算，我国14亿多亩耕地只需1亿农业劳动力已足矣。另外两亿多劳动力只能在土地以外寻找出路。这是实现传统农业转变的一个重要条件。对于我国来说，工业的发展固然是传统农业改造的前提(农业机械化水平提高的物质基础)，但更具实际意义的是农业规模经营的实际。它意味着农业劳动生产率的提高。乡镇企业的崛起，为农村资源的合理配置和流动开辟了有效途径，离土不离乡等多种形式，使大批农业劳动力转移出来，既减轻了劳动力对土地的压力，又提高了农业劳动生产率。

可见，乡镇企业以工补农、建农以及向农业提供各种农用生产资料等多种形式直接、间接武装了农业，改变了农村内部长期单一的经济结构，为农业适度规模经营创造了条件，成为农业自身现代化和农村工业化的主导力量。

(六) 乡镇企业的发展优化了我国的工业结构 从总体上看，二元经济转为一元经济，实现工业化，不仅意味着农村经济的迅速发展，农村工业化的实现，而且也意味着城市工业的进一步升级。换言之，中国工业化只有在城市工业与农村工业的协调发展中才能真正实现。在相当长的一段时间里，乡镇企业离不开城市工业的扶助、支持；城市工业同样离不开乡镇企业的辅助、配合。二者协调并举，不仅符合工业布局一般规律的客观要求，更符合中国的国情。

当然，也应该看到，农村工业本身现在朝着规模上的大、中、小和技术上的高、中、低分化，这种情况表明，农村工业日益与城市工业溶为一体，表明工业按其固有的规律发展着。可以预计，经过一段发展的乡镇企业，逐步开始涉足重、化工工业和技术密集型的工业领域。这种情况表明乡镇企业开始不断走向成熟。但这种情况的成熟化表现还需一定的时间，乡镇企业目前对整体工业结构的贡献也是具有历史意义性的。

(七) 乡镇企业的发展丰富了新时期的工农城乡关系 在不合理的二元经济条件下，工农之间，城乡之间缺乏相对稳定的基础。乡镇企业的发展，为沟通二者关系、缩小二者差距做出了突出贡献。一方面，乡镇企业打破了城乡间、工农间封闭的分工体系，使二者的物质利益基本建立在商品交换关系的基础上，工农联盟的基础更加牢固。另一方面，乡镇企业的发展也使农村、农民接受了工业文明的熏陶，缩短了城乡的生活方式、思想观念等方面的差距，带来了农民生活方式的转变和价值观念的变革。而这才是消除二元经济结构，最终实现工业化的根本目标。

三、深化改革，促进乡镇企业进一步发展

从长远看，只有坚持改革开放，不断深化乡镇企业体制改革，增强企业活力，才能促进乡镇企业持续健康

发展。改革是为了发展，发展也要求改革。深化改革对乡镇企业实现“八五”各项发展目标尤为重要。根据乡镇企业现实运转中存在的某些突出问题，“八五”期间乡镇企业体制改革的重点是：努力探索股份合作制；大力发展企业集团；搞好企业内部管理制度的配套改革；在宏观上加强对乡镇企业的管理，在政策和市场等方面为乡镇企业创造有利的环境。

（一）努力探索乡镇企业的股份合作制 股份制是一种处理企业产权关系的组织形式，它本身并非是一种所有制概念。因此，这种企业组织形式不仅在资本主义社会可以利用并发展，在社会主义社会也可以利用并发展。乡、村集体企业实行股份制，只要确保公有股的主体地位，就不会改变企业的社会主义性质；同时，通过股份制，还可以改造和引导联户企业、个体企业走中国特色的社会主义农村合作经济道路。

1. *乡镇企业发展股份合作制是历史的必然*。长期以来，解决乡村两级集体企业政企不分、行政干预过多、管理体制不顺，一直是乡镇企业体制改革的重要内容。各地的探索和实践表明，股份合作制是改造老企业，促使其两权分离的较佳方式。以往在政社合一体制下兴办的乡村集体企业，性质上虽然归乡（镇）、村全体农民所有，但实际过程中多数成了政府的“小钱柜”、“附属物”，群众对企业的兴衰不很关心。股份合作制的确立，促成企业建立起“股东当家，董事决策、厂长负责”的管理体制，各方面的经济利益得到了人格化的体现，企业的所有权和经营权适度分离，真正做到了还权还利于民，企业的活力也进一步得到了加强。另一方面，由于股份合作制自身的特点，决定了它具有较为广泛的适用性。历史的经验已经证明，单一的纯而又纯的公有制经济，不适合于现阶段我国生产力的发展水平；单一的集体办企业，也不适应乡镇企业的发展。坚持走以公有制为主体多种经济成份并存的道路，将是我党和政府的长期方针。在发展中，各种经济成份不可能并驾齐驱地在各自的轨道上运行，而是会相互渗透、不断联合。就乡镇企业本身来说，集体所有制的乡村两级企业、合伙性质的联户办企业和个体企业，将会逐步打破“各自为战”的格局，不断渗透、不断联合，形成“你中有我、我中有你”，一企多制。股份合作制，为乡镇企业各层次之间以及与国营企业的渗透、联合提供了组织上的可能。

各地实践表明，股份合作制的实行和发展，第一，适合农村经济发展的需要，有利于乡镇企业筹措资金，最广泛地集中和组合生产力要素，扩大商品生产，开发农村资源，吸纳农村剩余劳动力；还有利于生产要素的流转，实现企业间的联合、兼并、集中，组织较大规模的生产和经营，形成企业集团，提高整个乡镇企业的技术水平和管理水平。第二，有利于乡镇企业特别是乡村集体企业的深层改革，是政企分开的可行和现实的办法，避免乡村集体企业演化成“小全民”、“二国营”式的经济组织。第三，有利于引导农村中私营和个体企业走有中国特色的社会主义农村合作经济道路。第四，有利于调动广大农民群众和企业职工的积极性，发挥合作的优越性。

因此，努力探索和发展股份合作制，是深化乡镇企业改革的明智选择。

2. *乡镇企业发展股份合作制需要有个历史过程*。目前乡镇企业实行的股份合作制，主要有能人牵头，联户集资举办的股份合作企业以资带劳，职工入股式的股份合作企业；清产核资，折股联营式的乡村集体企业；相互参股的股份联营企业；以其他形式入股与城市国营工业、大专院校、科研单位组织的联合体；投资入股，加入企业集团；与国外资本合股经营的合资企业等等形式。农村中蓬勃兴起的这类股份合作企业，多数是由企业或部分农民自发地组织起来的，他们的集资方式建立在民间信用的基础上；有不少企业规定入股自由、退股自由；甚至还规定不管企业盈利与否，都要保证分红付息；投资者毫无风险可言；另外，管理制度不健全、缺少章程也较为普遍；离严格意义上的股份制还有很大距离。国际经验表明，从初创时期的股份式企业发展到比较完备的股份制，需要一个长期的历史过程。因此，“八五”期间，努力探索股份合作制，广泛发展股份合作式企业，是一项主要的和基础性的工作。首先，在保证集体经济占主导地位的前提下，用股份的形式改革老企业，使所有权和经营权适度分离；其次，新办企业以及现有企业间的横向经济联合，提倡采用股份形式；再次，用典型示范的办法，普及股份制知识，引导富裕起来的农民把资金用于兴办股份合作式的企业。

总之，要因地制宜、采取资产折股、企业间参股、资产多元复合、企业内部集资入股，以及资金、设备、土地、劳力等多种形式和办法，推进改革；通过改革，使乡镇企业成为多种经济成分并存的、充满活力的开放系统。

3. *加强改革的宏观指导*。推行和发展股份合作制，是乡镇企业的一项重大改革措施，是农村内部和城乡之间各种利益结构的重大调整，需要正确的宏观指导，在实践操作中，应该特别注意：

第一，既要鼓励和引导乡镇企业股份合作制的改革和发展，又要加强管理防止偏差。实践证明，加强管理，创造环境，是推进改革的关键。从乡村领导机构方面，要努力改变把乡镇企业当作“小钱柜”的思想；工商、税务、银行等部门，也应端正认识，肯定它们是社会主义制度下劳动群众集体所有的经济，应该从多方面加以扶持。

第二，要坚持自愿的原则。股份制在乡镇企业实行确有其历史的必然，但是必须正确认识股份制的作用和意义。不能把股份制当成增强企业活力的“灵丹妙药”，用行政命令和“一刀切”的办法，不分时间地点与客观条件到处推行。

第三，要特别注意处理好乡村两级老企业的产权关系。在这部分企业向股份合作方向过渡和发展的过程中，必须注意集体资产不得化公为私地折股到人；应当保留集体股，发展个人股，试行资产增量股份化，允许企业之间相互参股。

第四，在分配上，还是要贯彻按劳分配为主的原则。利润不能全部留作股金分红。对股息与红利要按有关规定控制，利润超过红利者可留作风险基金。

第五，所有实行或试行股份合作制的企业均应制定章程，健全管理制度，要处理好股份制与承包制的关系，前者是一种产权组织形式，后者是一种管理方式，两者并不矛盾，是可以协调的。在股份合作制企业中，同样应该实行承包经营责任制。

(二) 大力发展企业集团 企业集团，是以骨干企业为核心，以名优产品为纽带，由若干个企业、事业单位在自愿互利的基础上建立起来的有紧密层、半紧密层、松散层等多层次组成的经济组织。积极推进乡镇企业组建和发展企业集团是深化乡镇企业改革的一项重要内容。根据国家有关法规、政策，结合乡镇企业实际，推进乡镇企业发展企业集团应从以下几方面开展。

1. 发展企业集团要遵循正确的原则和具备必要的条件。发展企业集团必须遵循的原则：

一要符合国家经济社会发展战略和产业政策。企业集团的主导产品，应当是国家产业政策支持、鼓励发展的、在国内外市场具有较强竞争能力或发展前途的产品，如名、优、特、新、出口创汇产品。

二要有利优化组合生产要素和提高经济效益。企业集团组建后，各种资源应得到更有效的利用，而不是比以前浪费了；对社会的有效供给应进一步增加了，而不是减少了；资金利用效益应大大提高了，而不是下降了。

三要有利推进企业科技进步和管理现代化，增强企业竞争能力。企业集团要能够加强企业的技术改造，而不是削弱；应明显促进企业管理的现代化，而不是后退；参加企业集团的企业在激烈的市场竞争中应更经得起风浪的考验，而不是相反。

四是不应承担政府行政管理的职能。企业集团作为经济组织，它不能承担政府行政管理的职能。

五是必须遵循国家法规、政策规定的其他原则。如企业集团要正确处理国家、地方、企业集团之间利益关系的原则；成员企业之间实行利益均沾、风险共担的原则。企业集团的组建要坚持参加自愿、退出自由、互惠互利的原则。

发展企业集团应当具备的条件：

一是企业集团的主体核心层，即集团公司或骨干乡镇企业，必须是自主经营、独立核算、自负盈亏，具有法人资格的经济实体，而且必须是当地或同行业中经济实力、技术开发能力较强和管理水平较高的经济实体。

二是企业集团必须有共同遵守的章程，在章程中明确规定成员企业间的利益关系及其应承担的经济责任。

三是要有相对稳定的、合理的组织形式和管理机构。

四是有健全的财务管理制度。

五是企业集团的注册资本必须达到国家或地方人民政府规定的标准。

2. 企业集团应具有多层次的组织结构和稳定的管理机构。企业集团一般包括三个层次。

紧密核心层。即由主体企业及自愿参入的其他企业组建成的总公司、总厂，实行资产、经营、管理一体化，是整个企业集团的核心。核心层的法人制度可以实行一级法人，独立承担民事责任。

半紧密层联合层。即由核心层的总公司、总厂与其他企业通过资金、设备、技术、专利、商标等入股联营，组成新的联合企业或股份有限公司。在集团统一经营下，各成员企业按股份比例或协议规定，享受利益和承担责任。联合层的企业和参加联合的入股者均是独立的法人。

松散协作层。即由具有生产、经营、科研、外贸等配套协作关系的企业或单位组成，按照企业集团章程、合同、协议的规定，享受权利和承担义务，独立经营，各自承担相应的经济责任。协作层的企业，原法人地位不变。

企业集团的管理机构和领导体制一般是：企业集团实行股东大会(股东代表大会)制度。股东大会(股东代表大会)是最高权力机构。股东大会(股东代表大会)由集团主体企业和入股单位派代表共同组成，选举产生董事会和董事长、副董事长。董事会是最高决策机构，向股东大会(股东代表大会)负责。董事长是法人代表。

董事会讨论决定企业集团的一切重大问题，其主要职权是：制定和修改企业集团章程；制订年度生产经营计划和长远发展规划；审定财务预决算报告和收益分配方案;总经理的聘请、解除和奖惩等。

企业集团实行董事会领导下的总经理负责制。总经理可由董事长兼任，也可由董事长代表董事会聘请他人担任。总经理对董事会负责，行使和履行董事会赋予的各项权力和职责。

企业集团应建立健全各种形式的经济责任制，加强财务管理和审计监督制度，对成员企业的生产经营活动进行必要的管理、协调和服务。

3. 乡镇企业行政主管部门应努力做好指导和服务工作。乡镇企业行政主管部门应主动协助做好审批、登记工作。乡镇企业组建和发展企业集团，应当进行可行性论证，写出论证报告，制定章程，明确经营范围、发展目标、经济责任、权利义务和收益分配，提出组织领导机构方案等。

申请组建企业集团，必须由集团主体企业商得各成员单位同意后，提出书面申请报告、可行性论证报告、企业集团章程以及主体企业主管部门审批意见等，一并报县以上乡镇企业行政主管部门审批或由县以上乡镇企业行政主管部门审查后，报同级人民政府批准，持有关批准文件办理工商、税务登记。

各级乡镇企业行政主管部门应努力创造条件，积极帮助和引导乡镇企业在横向经济联合的基础上，逐步组建和发展企业集团。对已经组建的企业集团，要加强指导与监督，协调各方利益关系，积极帮助解决各种实际困难和问题，依法保护其合法权益，促进企业集团的完善和提高。

总的看，乡镇企业组建和发展企业集团的历史还不长，数量也不多，还处在探索阶段，因此，乡镇企业主管部门很有必要认真总结和推广发展企业集团的成功经验，推动企业集团健康发展。从现有企业集团的情况看，集团功能的充分发挥，主要取决于紧密层是否强大，发展紧密层的企业集团是今后发展的重点。李鹏总理指出:“产供销、人财物统一的紧密型的企业集团，才能真正发挥企业集团的优越性。至于松散型的不同形式的企业联合也应通过合同等形式明确企业之间的关系，有条件的应逐步向紧密型的企业集团过渡”。当前紧密型的企业联合的主要障碍是现行的条块分割体制。对此，应当本着调节好各方面利益关系的原则，从实际出发，积极探索突破“三不变”(即所有制性质不变、隶属关系不变、财务关系不变)原则的具体、可行、灵活多样的形式，促进紧密型企业集团的发展。

(三) 搞好乡镇企业内部管理制度的配套改革 乡镇企业内部管理制度就其性质和作用来说，包括两个方面:一方面是属于基本管理制度、体制的或调整经济利益关系的制度，如岗位责任制、厂长(经理)负责制、劳动用工制度、收入分配制度、内部审计制度、民主管理制度。另一方面是围绕生产发展而制定的以提高产品质量与经济效益为目的的标准、计量、定额、规章制度、信息、基础教育、班组建设等七项基础管理制度和全面质量、财务、物资、设备、安全生产等五项专项管理制度。

今后进一步搞好乡镇企业内部管理制度的配套改革，是增强企业活力，改进产品质量，提高企业素质和经济效益的重要措施，也是深化乡镇企业体制改革的一项重要内容。

1. 要不断完善企业内部的岗位责任制。从企业的实际情况出发，企业内部的岗位责任制可以有多种形式，但总的原则是要层层明确职责和权力，将企业承包的任务和各项经济指标通过内部岗位责任制，分解到车间、科室、班组和个人，体现全员承包、风险共担、利益均沾的精神。

2. 要进一步落实厂长(经理)负责制。《中华人民共和国乡村集体所有制企业条例》规定:“企业经营者是企业的厂长(经理)。企业实行厂长(经理)负责制。厂长(经理)对企业全面负责，代表企业行使职权。”这是国家法规对乡镇企业领导制度的规定。然而当前仍然不同程度地存在着企业缺少自主权、行政干预过多、厂长(经理)负责制不能完全落实的现象。今后要围绕着落实厂长(经理)以下职权和责任来落实厂长(经理)负责制。

3. 要完善劳动用工制度。主要从两方面完善，一是要破除近亲繁殖、靠关系、走后门的用人之道，而要面向社会，公开招收或招聘工人及管理、技术人员，经考核合格后，择优录用。二是企业与职工之间，要本着平等自愿、协商一致的原则签订劳动合同，以书面形式明确规定企业与职工双方的权利和义务。

劳动合同一经依法订立，即对合同双方当事人发生法律约束力，必须严格履行。一旦发生劳动争议，应以劳动合同的条款作为处理劳动合同纠纷的依据，查清责任，明辨是非，追究违约者的责任。

4. 要完善职工收入分配制度。乡镇企业职工收入要严格按照国家有关规定提取。农、财两部颁发的财务制度规定，职工收入由两部分组成。1.从成本中列支的部分;按实列支的企业包括基本工资(如计时、计件工资等)，工资性质的奖金(如综合奖、吨煤奖、原材料节约奖、合理化建议奖等)，工资性质的津贴(如夜班津贴、高温津贴、井下津贴等)以及按基本工资10～12%提取的奖励基金部分。2.从利润中提取的部分包括:从税前利润中提取的企业基金中用于奖励职工的部分，从税后留利中提取的奖励基金(包括承包分利)。

乡镇企业内部个人分配，要既打破平均主义，又适当拉开档次，有利于调动职工的积极性，提高劳动生产率。个人收入要与经济效益挂钩，与产量、质量、消耗等指标挂钩；企业经营者报酬可以从优，但不得与职工收入过分悬殊。乡镇企业职工分配形式，要结合企业、工种、岗位情况，采取不同形式，如计件工资、结构工资(即基本工资、岗位津贴、工龄工资、奖金等组成)、基本工资加奖励、承包分成、百分考核制、计时工资等，在一个企业内部可以几种形式并存。根据经验，对企业经营者可采用结构工资或基本工资加奖励、承包分成工资，百分考核制；对管理人员和技术人员可采用基本工资加奖励，岗位工资，百分考核制；对生产工人多用计件工资、基本工资加奖励，对不宜计件的企业或工序实行计时工资；对购销人员多采用联购、联销、联利、联收货款的责任制，即承包分成；对后勤人员多采用计时工资、基本工资加奖励等。乡镇企业上述这些有效的分配形式应当继续坚持和完善。

5. 要建立健全内部审计制度。内部审计是乡镇企业内部管理制度的一个重要方面，也是一项新的管理工作，对于加强企业内部管理和监督，维护财经法规，提高经济效益，具有重要作用。

开展乡镇企业内部审计要切实按照农业部发布的《乡镇企业系统内部审计暂行规定》进行，落实《规定》提出的各项要求。根据前一时期的实践，要建立健全企业内部审计制度，关键的一条是各级乡镇企业主管部门要设立内部审计机构，配备审计人员，规模较大的企业也应创造条件设立专职或兼职内部审计人员。还要不断提高审计人员的素质，审计人员必须对审计范围、审计机构和人员的主要职权、审计工作的主要程序、审计工作的法规、政策依据等有清楚的了解，要依法审计、忠于职守、客观公正、廉洁奉公、保守秘密、不得徇私舞弊、泄漏机密、滥用职权。各级乡镇企业主管部门要支持、保护内部审计人员依法行使职权，对打击报复审计人员的单位和个人要依照法律追究责任或提请有关部门处理。

6. 要完善乡村企业民主管理制度。乡村企业是由农民集资兴办的，农民群众是企业财产的所有者，企业职工既是生产者，同时也往往是所有者之一。因此，农民群众和企业职工参与企业管理，是由乡村集体企业的社会主义公有制性质决定的，是乡村企业内部一项基本的管理制度。

实行民主管理，必须采取有效的组织形式：一是农民大会(农民代表大会)或乡、村集体经济组织代表举办企业的全体农民行使所有权，决定企业的经营方向、经营形式、厂长(经理)人选或者选聘方式，依法决定企业税后利润分配和使用，以及决定企业分立、合并、迁移、停业、终业、申请破产等重大问题。二是职工大会或职工代表大会对企业经营管理中的问题提议和建议，评议、监督厂长(经理)和其他管理人员，维护职工合法权益。

加强企业民主管理，对企业领导者、农民群众和职工都提出了更高的要求。企业领导者要克服官僚主义和家长制作风，相信和依靠群众，倾听群众的意见和呼声，关心群众生活，发挥他们的积极性和创造性。农民群众和职工要牢固树立主人翁意识和责任感，学会管理企业的本领，积极参与企业管理活动。

7. 加强企业基础管理建设，提高专项管理水平，全面提高乡镇企业管理水平和整体素质。进一步加强标准、计量等七项基础管理工作和质量、财务等五项专项管理工作是搞好企业内部管理制度改革的一项重要任务，也是提高乡镇企业产品质量、降低物质消耗，提高经济效益，实现从以外延扩大再生产为主向以内涵扩大再生产为主、从速度效益型向管理效益型、从经验管理型向管理型改变的必由之路。

从目前乡镇企业管理工作情况看，今后主要任务应是依照国家有关规定建立健全各项管理制度，并且要达到规范化的要求。这方面各地要制定规划，提出明确的目标任务和要求。如企业七项基础管理建立健全率及验收合格率、采标率、产品合格率、专用设备完好率、能源和物质消耗标准等，每个企业也要制定自己的管理工作规划。还要采取必要的方法和措施，调动企业领导和职工抓管理的积极性，增强管理意识，促进企业管理制度的建设和管理工作的开展。如开展企业升级、产品创优活动；加强和充实乡镇企业管理工作队伍；加强培训，提高各级管理人员和企业职工的业务管理水平；总结经验，制定管理办法，使管理制度化、规范化、系统化和科学化。

(四) 加强对乡镇企业的宏观管理 1. 指导思想和目标。必须明确这样一个指导思想，即乡镇企业作为国民经济的一个重要组成部分，应该而且必须加强宏观调控。对乡镇企业的宏观调控绝不是消极限制，而是要按照国务院制定的“积极扶持、合理规划、正确引导、加强管理”这样一个总方针，引导乡镇企业更加稳定、协调、健康地发展；必须以稳定农村经济和促进整个国民经济协调发展的角度实施对乡镇企业的宏观调控。应当指出，加强对乡镇企业的宏观调控，是一个不断深化改革的过程，需要有一个相当长的时期；要分地区、分行业地逐步推进和实施。

基于上述指导思想和乡镇企业的发展目标，对乡镇企业宏观调控的主要任务应当以总量调控为前提，以结构调整为核心，从调整企业的产品结构入手，合理配置资源，优化产品结构和行业结构，使乡镇企业的技术水平和企业素质从整体上有一个明显的提高。

2. 依据国家产业政策，调整乡镇企业产业结构。

(1)发展国家产业政策支持、鼓励的产业、行业、企业和产品。要在总量控制的基础上，引导新增固定资产投入向农副产品加工业、能源和原材料工业、出口创汇行业和企业、中小农具和支农产品、名优产品和其他能满足市场急需的产品倾斜。要把信贷、税收、物资供应等保障手段与产业政策相衔接。有关部门要严格审批新建项目。同时，要认真整顿消耗高、质量差、污染严重的企业。对那些浪费能源和原材料，产品质量低劣、污染严重的企业，应当限期改造，逾期达不到要求的要坚决实行关、停、并、转。

(2)在城乡一体化的目标下，有计划、有组织地发展城乡联合企业和专业化协作生产。提倡并鼓励国营企业与乡镇企业在自愿互利的基础上开展多种形式的横向联合，组成企业群体或企业集团。在此过程中，要依据国家产业政策的要求和有关法律、法规的规定，杜绝耗能高、污染严重的设备和产品流入农村。

(3)分类指导调整各地的产业结构，调整产业结构要坚持因地制宜、分类指导的原则。对不同地区的乡镇企业要区别对待，发挥地区优势。根据我国自然资源分布和社会经济发展不平衡的实际情况，东部沿海和大中城市郊县的乡镇企业，要尽快实施由外延向内涵发展转移的战略；搞好老企业的技术改造，发展与大工业、科研单位和大专院校的联合、协作配套和外向型企业；发展技术密集型企业和新兴产业，控制发展一般水平的加工业。对中部地区的乡镇企业，采取提高与发展并重的政策，发挥综合经济优势，建立均衡、协调的产业结构体系。对西部地区的乡镇企业，应以资源产业和资源加工型企业为主，发展与当地资源相适应的加工业，逐步改变产业结构过于单一的状况。

3. 加强对乡镇企业的宏观计划指导。(1)统一制定城乡工业发展规划，协调好城乡工业发展。明确规划城乡工业各自的主要投资方向和发展重点，使它们之间有个合理的分工，资源能得到较为合理的配置。这既是国家把乡镇企业纳入国民经济统筹规划、加强宏观管理的一个重要方面，也是国家对乡镇企业进行产业结构调整的一个重要手段；既有利于乡镇企业健康发展，也有利于城乡工业之间的相互协调。从现实来看，一些为大工业配套服务的产品以及满足城乡人民生活需要的各种小商品，应当主要由乡镇企业来生产。特别是利用农村资源（包括农副产品资源和部分矿产资源）的加工业，凡乡镇企业可以生产并且质量比较好的，应鼓励和扶持乡镇企业生产。国营工业重点发展关系国计民生的重大项目、基础产业和重要产品。

(2)为了争取乡镇企业发展目标的实现，同时也作为国家引导乡镇企业调整产业结构的一种手段和体现国家对乡镇企业调整产业结构的积极支持，今后应该有计划地分配一部分物资供给乡镇企业，主要是用于扶持国家产业政策支持的产业、行业、企业和产品。计划供应的物资品种和数量可以随着生产发展的状况和宏观调控的要求逐年调整。对乡镇企业的贷款，也应该视其发展和增长幅度逐年递增。

4. 强化对乡镇企业的行政管理和行业管理。各级人民政府的乡镇企业管理部门，承担着乡镇企业的综合管理与行政管理的重任。其主要职责是：监督检查企业执行国家的法律、法规和政策；制订当地乡镇企业的发展规划，协同有关部门制订农村剩余劳动力就业规划；会同有关部门指导企业的计划、统计、财务、审计、价格、物资、质量、设备、技术、劳动、安全生产、环境保护等管理工作；组织和指导企业的技术进步，职工教育和培训；向企业提供经济、技术咨询和信息服务；协调企业与有关部门和方面的关系，帮助企业开展经济技术合作；总结推广企业发展的经验；组织和指导企业的精神文明建设。“八五”时期，各级乡镇企业要进一步强化管理、监督、协调和服务的功能，重点在协调、服务。要防止把部门观念及其管理办法移植于乡镇企业的行政管理上。

由于乡镇企业门类齐全、行业繁多，因此在加强行政管理的同时，还要推动对乡镇企业的行业管理。行业是商品经济发展和社会分工的产物；所谓行业是指生产同类产品，或使用的主要原材料和工艺流程相同，或提供同类性质的劳动服务的同业组织。行业管理就是以产品为对象，以产品的同类性为划分标准的一种宏观管理活动形式。正确的行业管理，有利于国民经济中各行各业协调、稳定地发展，有利于全行业的整体素质的不断提高。需要引起注意的是，要防止借行业管理之名改变乡镇企业的所有制性质，平调农民群众的集体资产。乡镇企业的行业管理，要向“官民双轨”发展。在这种“双轨”制中，政府的行业管理部门、乡镇企业行政管理部门和民间行业组织（协会）同时并存，有机结合、合理分工、各司其职；在经济综合部门的指导下，形成行业管理组织系统。行业管理部门和乡镇企业行政管理部门，在制订有关方针政策、规章制度时，要相互支持配合，使农村经济政策和行业发展政策衔接、协调起来。同时，要注意发挥民间行业组织（协会）的作用。

5. 培育和建立生产要素市场，改善乡镇企业的经营环境。应当逐步开放和建立资金、物资、人才、技术等市场。通过立法等手段，整顿市场秩序，改善乡镇企业的市场环境。逐步改变乡镇企业四处“找米下锅”的状况。

6. 加强乡镇企业法规体系的建设。对乡镇企业的宏观管理，除了经济方法外，还应该通过制定法规、法律的办法，指导乡镇企业健康地发展。应尽快制订和出台《乡镇企业法》以及与之配套的法规办法。通过法规建设，规范乡镇企业和各级政府及有关部门的行为，调整它们之间的关系，明确各自的职责，权利、义务。减少对乡镇企业不必要的行政干预，减轻乡镇企业的不合理负担。

(作者所在单位:农业部)

1993年中国消费品市场实证分析及1994年趋势预测

陈　蔚

一、1993年消费品市场基本状况

1993年受经济快速增长，需求旺盛的宏观经济环境的影响，中国国内市场活跃，销售稳中见旺，呈现出淡季不淡，旺季更旺的特点。与上年同期相比，除头两个月以外，其他各月的社会商品零售总额增幅均在20%以上，全年全社会商品零售总额13592.6亿元，比上年增长23.6%，扣除价格上涨因素，实际增长9%左右;分季度看，一季度增长16.2%，二季度增长27%，三季度增长23.9%，四季度增长26.9%;居民消费结构进一步改善，“吃讲营养，穿讲花样，用讲高档”，消费质量明显提高。

(一) 国内需求旺盛　居民收入，尤其是城镇居民收入大幅度提高刺激了消费需求的增长。1993年银行工资和对个人其他支出7593亿元，比上年增长30.3%，从各月增幅看，绝大部分在25%以上，最高达到60.9%，最低也在18%以上。全年城镇居民人均生活费收入2337元，比上年增长28%，农民人均货币总收入(不包括储蓄借贷收入)935元，比上年增长15.7%;虽股票债券、房地产炒卖，分流了一部分购买力，但居民储蓄存款余额依然增长27.9%，年末存款余额达到14764元。全年固定资产投资12458亿元，比上年增长58.6%，投资的高速增长使一部分资金通过投资渠道转化为消费基金。初步测算，全年由投资转化为消费的资金在1000亿元以上。

需求的拉动，国家有计划的价格改革措施出台以及其他一些因素的影响，物价涨幅逐月攀升，全年零售物价总水平上涨13.2%，居民生活费用价格上涨14.7%，过高的物价涨幅进一步提高居民的价格预期，购物保值，“买涨不买落”，加之居民储蓄的保值性减低，加强了需求增长的势头。

1993年居民生活费用价格月环比指数表

月份	1	2	3	4	5	6
指数	105.3	100.9	101.9	101.3	100.7	102.2
月份	7	8	9	10	11	12
指数	102.3	101.5	101.5	100.8	102.2	102.1

(二) 市场供应充足，大多数商品处于供过于求的状态　由于工业生产的高速增长，尤其是轻工业生产的快速增长，商品的市场供应基础比较稳固。全年轻工业产值比上年增长22.3%，按现价计算，增幅高达28.6%，社会商品零售总额与轻工业产值之比为1:1.21，高于正常年份1:1.1的比例。农业生产获得好收成，粮食产量创历史最好记录，农副产品供应相对充裕。

社会商品零售总额与轻工业产值增长幅度对比 %

月　份	1	2	3	4	5	6
社会商品零售总额	18.9	11.1	18.5	25.4	27.3	28.4
轻工业产值	6.7	34.8	31.6	26.4	30.9	35.3
月　份	7	8	9	10	11	12
社会商品零售总额	26.5	23.9	21.6	21.1	22.9	35.3
轻工业产值	31.8	31.8	25.9	23.6	25.8	39.7

注: 两者增幅均为与去年同期相比，轻工业产值为现价增幅。

对外开放和外贸的发展，也丰富了国内市场的货源。对外贸易的发展，对国内市场已不仅仅是增加花色品种，调剂余缺的问题，而且成为增加商品货源、繁荣市场的重要保证，全年进口总额1039.5亿美元，比上年增长29%。

据内贸部对1993年下半年680种商品的供求情况排队，供求基本平衡和供过于求的商品占91.6%，供不应求的商品占8.4%。消费品供应量基本保持供大于求的格局。

(三) 集团消费居高不下，居民消费和集团消费增长差距缩小　由于集团消费控制不严，金融秩序一度混乱等多种因素的影响，社会集团购买在上年较高基数上继续高速增长，全年集团消费1384亿元，增长27.7%，分季度看，一季度增长27.1%，二季度增长33.7%，三季度增长25.2%，四季度增长25.3%，下半年增幅虽有所回落，但仍维持在25%以上。全年社会集团消费零售额比上年同期增加300.5亿元，占全部新增零售总额的11.6%。由于集团消费快速增长，影响全国消费品零售额增长2.7个百分点。

从历史上看，社会集团消费膨胀往往是经济走向过热的一个重要表现，它往往是信贷失控、金融秩序混乱、财经纪律不严的结果。购物券一度成为1993年市场的一大热点。一些单位用公款购买各种购物券、礼品券发给职工的现象十分普遍，几乎遍及全国各大中城市，呈现面广量多的特点，这也是1993年市场旺销的一个重要原因。

集团消费快速增长的同时，居民消费也逐步加快，两者差距逐渐缩小。如下表：

消费品零售总额比去年同期增长　　(%)

	1月	2月	3月	4月	5月	6月	7月
居　民	20.3	8.5	20.6	30.4	31.4	32.7	30.1
社会集团	22.2	25.0	33.9	34.8	34.8	32.9	30.2
	8月	9月	10月	11月	12月	全年增长	
居　民	27.8	23.5	24.2	25.5	35.3	25.9	
社会集团	23.8	21.9	19.4	18.7	36.2	27.7	

全年居民消费增长25.9%，两者增幅差距比上年缩小3.4个百分点。

(四) 各类市场主体发展迅速，市场调节作用进一步增强　随着市场机制作用在流通领域的日益增强，市场竞争激烈，各种类型商业经营比重继续发生变化，国有商业增长平稳，经营比重下降，非国有商业快速增长，经营比重上升。1993年国有和集体商业社会商品零售总额8971.7亿元，比上年增长17.9%，所占全部社会商品零售总额的比重为66%，低于上年69.2%的比重。合营、个体和农民对非农业居民零售额分别比上年增长45%、37.8%和33.1%，经营比重分别提高0.2、2.3和0.7个百分点。

在社会商品零售总额中，市场调节部分已上升到95%左右，在农民出售的农产品总额中，国家定价的比重只占10%左右。不同质量、档次的商品价格差距不断拉开。价格形成机制明显改善，市场价格的变化基本上反映出商品的供求关系，市场对生产、消费和商品购销活动的调节作用显著增强。

(五) 城乡之间、地区之间消费差距依然明显　1993年城市消费品零售额7175.9亿元，增长40.2%，而农村市场发展则明显滞后，县及县以下消费品零售额5061.1亿元，增长15.2%，城乡市场增幅之差为25%，为近年来增幅差距最大的时期。从增加额看，县及县以下新增消费品零售额826.6亿元，仅占全部新增消费品零售额2532.2亿元的三分之一。

差异产生的原因主要源于收入的差距，全年城镇居民人均生活费收入增幅比农民人均现金收入增幅高12.3个百分点。1993年农村市场没有明显地旺起来，还由于上年部分地区粮棉受灾减产，加上不合理的集资，提留，摊派之风尚未刹住，农民负担过重，造成了农民购买力的不足。

沿海地区市场继续保持高增长，而内陆地区市场相对平淡。分地区看，东部沿海地区社会商品零售总额7741.66亿元，各省市增幅(除河北和广西以外)都在25%以上，商品零售总额占全国的63.3%，内陆地区商品销售，如山西、黑龙江、贵州等省份的增长速度均在10～20%之间。

分地区社会商品零售总额　单位:亿元

沿海地区	总　额	比上年增长%	内陆地区	总　额	比上年增长%
北　京	549.42	27.9	山　西	274.72	16.7
河　北	577.08	17.3	内蒙古	211.02	16.8
天　津	227.45	21.0	吉　林	357.49	19.9
辽　宁	720.77	22.6	黑龙江	490.57	10.9
山　东	993.84	25.5	安　徽	391.70	17.0
江　苏	1040.4	29.6	江　西	279.55	24.3
上　海	651.07	33.0	河　南	594.56	19.7
浙　江	754.45	32.5	湖　北	556.54	21.0
福　建	420.07	40.7	湖　南	539.19	20.4
广　东	1399.7	34.4	四　川	807.97	17.9
广　西	337.20	23.3	贵　州	131.19	12.7
海　南	70.19	36.7	云　南	278.89	23.8
			陕　西	269.37	17.4
			甘　肃	161.88	20.4
			青　海	41.69	14.8
			宁　夏	42.78	17.1
			新　疆	182.15	20.0

东部沿海地区利用其优越的地理位置和有利的政策环境，经济取得了巨大的发展，已成为了中国大陆主要的轻工产品生产基地，1993年工业快速增长，尤其是轻工业的增长，一方面，带动了居民收入水平的提高，居民购买力大大增强，另外，轻工业产品增长直接保证了市场的商品供给。

分地区轻工业产值增长情况　单位:亿元

沿海地区	产　值	比上年增长%	内陆地区	产　值	比上年增长%
北　京	375.0	11.8	山　西	133.5	4.0
河　北	521.3	11.3	内蒙古	125.6	2.9
天　津	355.3	9.6	吉　林	230.1	3.0
辽　宁	515.5	9.5	黑龙江	284.9	
山　东	1562.5	34.8	安　徽	490.3	26.3
江　苏	2558.2	30.5	江　西	272.3	21.5
上　海	1128.1	11.9	河　南	594.6	21.1
浙　江	1613.3	37.3	湖　北	598.8	13.2
福　建	528.4	33.0	湖　南	375.9	10.5
广　东	2433.7	33.2	四　川	715.9	12.2
广　西	311.8	16.6	贵　州	92.5	－2.4
海　南	55.3	24.9	云　南	231.6	13.2
			西　藏	1.03	14.4
			陕　西	211.2	8.5
			甘　肃	86.0	－0.1
			青　海	18.2	3.2
			宁　夏	20.8	1.8
			新　疆	153.4	6.3

东部沿海十二个省市1993年轻工业产值11958.4亿元，占全国轻工业产值的72.1%，比上年同期增长

26.7%，其新增轻工业产值占全国新增轻工业产值的71.5%，同时，这些地区经济效益较好，呈产销两旺之势，轻工业产品产销率平均为95.7%，居全国前列。

轻工产品产销率　　单位：%

	北京	天津	河北	辽宁	上海	江苏
产销率	93.2	98.2	98.5	95.1	99.3	95.0
	浙江	福建	山东	广东	广西	海南
产销率	96.1	96.5	96.2	96.4	98.5	91.4

另一方面，这些地区是中国乡镇企业发展较早，也是发展较快和较好的地区，乡镇企业的迅速发展，直接提高该地区的农民收入水平和购买力，农村市场增长较快，也是该地区社会商品零售总额高增长的重要原因。

东、中、西部地区的市场差距拉大。由于历史和自然方面的原因，东、中、西部地区的发展存在着一定的差距，伴随经济的加速发展，这种差距更加明显且进一步扩大，尤其是乡镇企业的发展水平的差距明显，由于这种经济格局的存在，三个地带的居民收入水平和购买力也呈现出明显的差异，特别是农村居民的收入。

1993年，东部地区农村居民的人均纯收入达1221元，而中部和西部地区只有802元和661元，东中西三个地带的农民人均纯收入为1.85:1.21:1，同上年相比，东部地区收入增加额为219元，中、西部地区分别为107元和56元。比东部地区分别低112元和163元，三个地带农村居民的收入进一步拉开，特别是西部地区，不仅农村居民人均纯收入低，而且增长也低，和东部及中部地区的差距进一步拉大。

城市发育水平不一。东部地区城市化水平较高，尤其中小城市，星罗棋布，以城市网络为依托，形成了密集的商业网点，而中部地次之，西部地区主要以大中城市为主，商业网点不足，尤其是联结城乡的小城镇发育不够。1992年东、中、西部地区社会商业机构分别为474.9万、295.5万和209.3万个，社会商业从业人员分别为1433.6万人、1011.9万人和499.4万人，呈梯度分布。由于轻工业发展水平不一，加之中国目前交通运输落后，市场的商品供给程度三个地区也存在梯次差别。此外，三个地区的人口分布也不同，东部地区人口众多，人口密度高，西部地区人稀少，人口密度低，近年来，劳动力有由东、西部落后地区向东部发达地区转移的规模日益庞大，更加剧了人口分布的不平衡，西部地区还是中国大陆少数民族居住的地区，生活习俗与东、中部明显不同，多种因素的作用，使东、中、西三个地区的社会商品零售总额也呈梯形排列。如下表。

1993年分地区社会商品零售总额 单位:亿元

	累　计	比上年增长 %
东部	7741.64	28.7
中部	3935.04	17.0
西部	1915.92	18.5

注：东、中、西部的划分是一种经济分析的划分方法，东部地区包括：北京、天津、河北、辽宁、上海、江苏、浙江、福建、山东、广东、海南、广西等12个省市。中部地区包括：山西、内蒙古、吉林、黑龙江、安徽、江西、河南、湖南、湖北等9个省份，西部地区包括：青海、西藏、新疆、宁夏、贵州、云南、甘肃、陕西、四川等9个省份。

(六)“名、优、特、新”商品成为居民消费的热点，居民消费档次进一步提高　耐用消费品销售活跃，电冰箱增长23.9%，洗衣机增长22.2%，彩电增长17.14%，录音机增长8.9%。电话机、空调器越来越多地进入家庭。衣着消费继续趋向于成衣化、高档化，全年服装销售比上年增长16.1%；居民膳食结构趋向精细和营养，粮食直接消费量明显下降。居民人均粮食消费量比上年下降12.3%，鲜蛋及水产品销售分别增长16.4%和7.5%，鲜菜中，白菜、芹菜、萝卜等大路菜销量下降，蒜苔、黄瓜等细菜销量上升。主要吃穿商品及耐用消费品的库存比年初均有不同程度的下降，其中食用植物油、猪肉降幅超过50%。

1993年主要耐用消费品销售情况

	单位	销售量	比上年增长%
洗衣机	万台	591.4	22.1
自行车	万辆	2277.2	-2.5
电视机	万部	1266.5	2.0
其中:彩电	万部	659.3	17.4
录音机	万部	779.6	8.9
录像机	万部	147.3	6.0
照相机	万台	168.3	6.5
电风扇	万台	1958.9	-11.1
电冰箱	万台	418.3	23.9
家用空调器	万台	59.1	—

消费品和农业生产资料销售旺淡明显。全年消费品零售总额12237亿元，增长26.1%，增幅比上年提高6.86个百分点，扣除物价因素，实际增长11.6%，从全年各季情况看，一季度增长13.2%，二季度增长27%，三季度增长23.9%，四季度增长26.9%，与消费品市场旺销形成鲜明对照的是，由于农民收入增长缓慢，加之农业种植业比较利益低，直接影响了农民生产性资金的投入，农业生产资料需求乏力，尽管年底销售情况有所好转，但全年农业生产资料仍只增长5.2%，扣除物价因素，实物量呈负增长。

二、1994年消费趋势基本判断和预测

1994年，由于原材料、资金供应趋紧，经济周期显示整体经济走势开始由高峰回落，全年经济增长速度将低于1993年，但仍将处于一个较高水平，国内消费市

场稳中见活，预计全年社会商品零售总额16300亿元，比上年增长20%左右。但由于通货膨胀率上升，实际消费增幅将低于上年。

(一) 市场需求相对旺盛，成为促进消费市场活跃的主要因素　投资需求仍然旺盛。1993年全国新开工项目增加较多，仅基建和更新改造项目达7.8万个；计划总投资4500亿元，在建规模偏大，国有单位固定资产在建总规模在3万亿元以上，未完工程尚需投资19000亿元，加上本年新开工项目，全年投资将明显突破1.3亿元的计划目标，考虑到投资约束机制尚未完全建立，地方投资冲动仍然存在，以及价格因素的影响，全年固定资产投资增幅将在30%以上。前期及当期的投资对消费的带动依然强劲，一般来说，经过半年到一年的滞后期约有40%左右的固定资产投资额将转化为消费资金。

消费需求继续增长。由于通货膨胀的拉动，为保证职工实际工资增长水平不低于物价涨幅，工资刚性增强，职工工资总额将增加1000亿元左右；《国家公务员暂行条例》自1993年10月开始实施，机关工作人员的收入将有一定程度提高，攀比效应的作用，企、事业单位的职工工资也会有不同程度的提高；国务院最近作出适当提高离退休人员待遇决定，企事业单位离退休费用也将增长；1993年秋农作物收成较好，收购资金兑现情况好于往年，“白条”现象有所减少，农民收入稳步提高，需求有所增强，以1993年4季度农村市场看，县以县以下消费品及农业生产资料零售额，增幅逐月加快。1994年农副产品收购价格将进一步提高，农民收入仍将得到稳步提高，考虑到以上因素，1994年居民个人收入增长将会继续加快。

1994年物价涨幅将在上年高水平上继续攀升，1993年，在经济高增长的带动下，货币发行量快速增长，全年货币投放累计达1529亿元，比上年多投放370亿元。由于影响居民收入增长因素的作用继续存在，财税改革短期对中央财政收入的增加不会有大的影响，赤字水平不会低于1993年，1994年货币投入将进一步加大，通货膨涨压力较大，考虑到成本推动，1993年价格上涨的翘尾及新的改革措施出台等因素影响，1994年市场物价涨幅极有可能突破10%，今年头两个月，商品零售物总水平涨幅在20%，明显高于上年同期的9%左右的涨幅，物价高涨势已见端倪。过高的物价水平使居民的价格预期加强，消费需求也将进一步增强，尤其是对占多数的广大的中等收入水平居民，低收入居民由于物价涨幅过高，可能会产生“惜购”心理，也有可能心有余而力不足，难以扩大购买必要的消费品。但也要注意防止因非经济因素导致的市场波动，保证市场平稳中见增长的态势。

(二) 商品相对供应充裕，市场供求关系可能会有些新变化，但多数工业消费品将供求基本平衡　根据近几来530余种工业品供求关系排队分析，供不应求的品种逐年减少。所占比重由1991年的6%降为1993年的4%，1993年社会商品零售额与轻工业生产增幅相差为3.4个百分点，社会商业工业品国内纯购进增长44.6%，1994年前两者增幅差可能会进一步缩小。1993年农业喜获丰收，粮食增产，社会商品农副产品纯购进413.5亿元，比上年增长29.9%，为新的一年农副产品销售提供了可靠保障。但粮食增产不平衡，“北增南减”，“米减麦增”，预计南方粮食减产在100亿公斤以上；加之进一步提高农副产品价格，部分农民“待价而沽”。一部分农副产品，特别是粮食供求，尤其是城镇居民的口粮，将比往年趋紧，1994年年初，南方部分城市已出现排队买粮或抢购现象，对全年粮食供求平衡状况是一个预示，值得重视，应及早安排粮食国内调拨和进口。

在保证市场供求基本平衡的基础上，我们应注意两点：

1. 由于一些改革措施的出台，居民购买力分流将会继续扩大。由于住房、医疗、保险等方面改革措施的进一步出台，居民对住房、医疗、保险、教育、旅游、娱乐等方面的非商品支出继续增加，股票、债券的发展会吸收一部分货币，银行高利率政策将使居民储蓄稳步上升，可能会对实际消费需求产生一定的降温作用。

2. 另一方面税制改革，一些一直享受减免税或低税优惠的流通环节的企业，特别是经营农副产品的企业，由于增加了增值税，使政策性亏损进一步加剧，出现在国家牌价内有货不卖或卖少，在国家牌价之外，变相提价销售，使物价涨幅进一步上扬，造成市场的波动和混乱。

(三) 1994年农村居民收入虽将有一个稳步的增长　但由于长期以来存在的工农产品价格剪刀差，近几年呈扩大之势，收入水平起点低，增幅小，收入水平同城镇居民相比，差距会进一步拉大，而且农村居民的消费起点和消费结构已远落后于城市，同城市消费市场活跃相比，农村消费市场与城市消费市场之间的旺淡差异仍会很明显。

由历史和自然等方面的原因形成的东、中、西部地区的经济发展梯次分布的格局，短期内难以有大的改变，伴随着经济的加速发展，三者之间的差距有可能继续扩大，东、中、西三个地区的消费差距仍将显著。

(四) 居民收入档次拉开，消费多元化趋势明显
城市居民追求“名优特新”商品，一步到位消费突出，而农村居民总体消费仍将以廉价求实为主。

收入状况的改善，居民消费结构可望进一步改善，今年的消费热点仍将集中在"名优特新"商品上。从商品看，食品总量销售平稳，粮棉油货源偏紧。具有方便、快捷、营养、保健等特点的新型食品日见旺销。成衣消费旺于面料，中高档服装销售稳步增长，针棉织品销售可望有一个好的势头。彩电、录像机、电冰箱等名优高档耐用消费品将继续走俏，小家电如加湿器、抽油机、热水器等销售红火。

(作者所在单位:国家统计局)

90年代以来大陆与台湾的经济技术往来及发展前景分析

张 英 香

始于70年代末期的中国经济体制改革，对内极大地推动了大陆经济的发展，对外，打开了大陆久封的国门，促进了大陆同世界各国和地区的经济往来，也密切了大陆同境外的联系。而"一国两制"的构想，使祖国的统一大业又大大地向前迈进了一步。台湾作为祖国领土的一部分，在继香港如期回归问题中英达成一致协议之后，再次成为所有关心中国统一问题人们所关注的焦点。改革开放以来，特别是90年代以来，尽管海峡两岸"三通"问题远没解决，但两岸间的接触日益频繁，经济技术往来日益增多，经济互补优势也越来越明显并发挥出日益重要的作用。

一、90年代以来大陆与台湾的贸易往来

新中国成立几十年来，尽管海峡两岸关系时紧时缓，但两岸民间的经济交往一直未断、1978年以来，虽然台湾当局依然坚持对大陆关系上的两个"三不原则"(即在两岸关系上坚持"不通商、不接触、不干预转口贸易"原则和在对大陆的转口贸易上坚持"不接触、不鼓励、不干涉"原则)，但大陆的改革开放政策，一方面极大地促进了国内经济的发展，为发展和密切大陆与世界各国和地区间的经贸关系奠定了良好的物质基础，同时也创造了发展大陆同其他国家和地区经济往来的内在需求。另一方面，对外开放，也第一次打开了中国大陆的国门，面向世界各国和地区，迎四海宾客，纳五洲精良。密切了中国经济同世界经济间的关系，扩大了中国同世界各国和地区间的贸易往来，两岸经贸关系在此经济大背景下悄悄发展起来。特别是90年代以来，两岸间商品贸易迅速扩大。1993年，大陆与台湾的商品贸易总额达143.95亿美元，是1990年贸易总额的5.6倍，平均每年增长77.5%，不仅远远高于同期国民经济9%的年增长率，也远远高于中国进出口总额平均每年增长19.2%的递增速度。大陆对台湾的贸易额占大陆进出口贸易总额的比重也逐年提高。1993年，两岸间贸易额占大陆对外贸易总额的比重为7.35%，分别比1979年和1990年提高了7和5个百分点(详见表一)。

纵观改革开放以来海峡两岸的经济贸易过程，我们不难发现，与80年代相比，90年代以来大陆在对台贸易中呈以下特点。

表一　改革开放以来大陆对台湾的经贸往来情况　　单位:亿美元

年 份	进出口	占全国进出口总额的比重(%)	出 口	占全国出口总额的比重(%)	进 口	占全国进口总额的比重(%)	净进口
1979	0.77	0.26	0.56	0.41	0.21	0.13	−0.35
1980	3.20	0.84	0.78	0.43	2.42	1.21	1.64
1985	11.04	1.59	1.16	0.42	9.88	2.34	8.72
1989	19.50	1.75	0.93	0.18	18.56	3.14	17.63
1990	25.75	2.23	3.20	0.52	22.55	4.23	19.35
1991	42.34	3.10	5.95	0.83	36.39	5.70	30.44
1992	65.79	3.97	6.98	0.82	58.87	7.30	51.83
1993	143.95	7.35	1.46	0.16	129.33	12.44	127.87
79−89年年均增速%	38.15		5.20		56.54		48.28
79−93年年均增速%	45.30		7.08		58.22		52.45
90−93年年均增速%	77.58		−23.0		79.00		87.66

(一) 两岸间的贸易规模迅速扩大，贸易关系也由秘密状态趋于明朗化 90年代以来，大陆与台湾的商品贸易总额由1990年的25.8亿美元迅速发展到1993年的144亿美元，增长了4.6倍，平均每年递增77.6%，远远高于80年代平均每年递增38.2%的水平，贸易关系也由80年代的秘密状态而日趋公开化。主要表现在:①两岸间的贸易主体已由80年代的民间贸易向社会化发展;②两岸间的贸易方式已由80年代的自发式的向有组织的进行转变;③两岸间的贸易规模已由80年代的小型化向较大规模过渡;④台湾当局在对大陆贸易关系上的“三不原则”实际上是对两岸间贸易关系公开化的默认。

(二) 两岸间进出口结构严重失衡，大陆对台贸易逆差迅速增加 90年代以来，大陆对台湾地区的出口商品额由1990年的3.2亿美元下降到1993年的1.44亿美元，平均每年下降23%(按累计法计算，4年间平均每年增长21.6%)。而同期间大陆从台湾地区的进口额则由22.6亿美元迅速增加到129.3亿美元，平均每年增长79%(按累计法计算，平均每年增长73.4%)。大陆对台进出口的逆向变动，使大陆与台湾间的贸易结构严重失衡，大陆对台贸易逆差由1990年的19.4亿美元迅速扩展为1993年的127.9亿美元，平均每年增长87.7%，比80年代平均每年增长48.3%的增速快40个百分点。4年间，大陆累计从台湾进口商品247.1亿美元，而大陆对台湾出口的商品累计只有17.6亿美元，累计逆差近230亿美元，占两岸间贸易额的86.9%。

(三) 两岸间的贸易方式仍然以转口贸易为主 其转口商品大多数经香港转向两岸，少数货物通过韩国、日本、新加坡等东南亚国家和地区转口到大陆或台湾。表一所反映的是大陆海关统计的两岸间的转口贸易情况。另外，大陆与台湾之间的经济贸易往来还有少部分是两岸民众间通过非正常渠道交易。

(四) 两岸间交易商品的结构略有变化 从大陆对台湾的出口情况来看，90年代以来基本上维持了80年代的出口结构，仍然以农副产品、原材料产品等工业加工层次浅、附加值低的初级品为主。主要有:中药材、谷物、水果、食油、原棉及棉制品、羊、兔毛及猪毛、麻类及金属工业原材料、染料、各种矿物以及烟、酒、茶和水产品等等。从大陆自台湾进口商品结构来看，虽基本上维持了80年代，以加工工业制成品和半成品等工业加工层次高，附加值大的商品为主的结构特点，但其内部结构略有变化。进口的商品除了80年代原有的电子计算机、电视机、收录机、洗衣机、电冰箱、电风扇、房间空调设备等电子电器产品及摩托车等运输工具以外，适应国内投资和纺织业发展的需求，纺织行业的化学纤维、布等纺织原料及其制品和纺织设备等，建筑业的水泥、塑胶地板以及加工业的皮革及其制品的进口量迅速增加。

影响两岸间贸易往来的原因分析:

促使两岸间贸易往来发生变化，并形成上述新的特点的原因是多方面的。有世界经济发展速度和国际贸易环境的影响，有台湾当局的干预、大陆政府的大幅度优惠政策，也有国内经济的发展、需求旺盛和经贸体制改革不配套的限制。归结起来，主要有以下几个方面。

1.·国内因素的影响。其一，国内经济的持续、高速发展，投资的持续膨胀和城乡居民收入水平的迅速提高，国内需求旺盛、国内市场容量迅速扩大，“瓶颈”约束趋紧，这一方面使国内出口商品货源趋紧，在很大程度上限制了大陆商品的出口，包括对台湾的出口;另一方面也为境外商品打入中国大陆开辟了广阔的市场，扩大了台湾商品向大陆的转口贸易。其二，改革开放以来，中国政府为了祖国的统一大业，在处理海峡两岸关系问题上做了积极的重大让步，以促进两岸间关系的恢复和发展，对从台湾而来的进口商品实行减免关税政策，在很大程度上密切了两岸间的关系，促进了两岸间贸易往来的发展和从台湾进口贸易的扩大。其三，外贸出口政策配套性差，出口秩序混乱，影响了大陆出口贸易的扩大。外贸体制的改革，外贸经营权限的下放，使贸易的主体日益多元化。但相应的外贸协调管理制度尚不健全，缺乏一套完整的配套性强、灵活有效的管理措施和切实可行的宏观管理措施，造成出口秩序混乱，抬价抢购、低价竞销的混乱局面，不利于大陆商品的出口。其四，外贸出口的外部条件和相应环境较差，限制了出口贸易的增长。随着国民经济的高速发展，原有的“瓶颈”制约和资金紧张的局面日趋严重，运输力量严重不足，特别是铁路运输能力严重短缺，计划内车皮缺口大，兑现率低，相当一部分出口商品运不出去。在很大程度上限制了出口贸易的增长。同时国内经济的发展，使国内资金需求增多，外贸收购资金紧张，影响出口商品的生产和收购。其五，出口退税手续繁杂，影响正常的商品出口。特别是1993年以来，对外贸易开始实行“专用税票”和出口退税与出口结汇挂钩政策，其初衷是堵塞外贸管理体制的漏洞，防止骗税，但实际操作因各贸易企业出口货物收购渠道和纳税方式各不相同而难度加大，部分企业因拿不到“专用税票”而无法向税务部门申报退税。同时由地方政府承担的20%的出口退税在一些地方难以落实。另外，出口退税与出口结汇挂钩，凭外汇核销单退税，滞后2个多月，影响了出口贸易的正常进行。

2. 台湾当局的不积极态度，限制了大陆商品对台出口的进展。几年来，台湾方面在对大陆态度上反映平淡，在处理与大陆的关系上坚持“不通商、不接触和不干预转口贸易”的“三不原则”，在处理两岸间的贸易往来关系时采取“不接触、不鼓励、不干涉”的“三不方针”，在很大程度上限制了大陆与台湾间贸易往来的发展，特别是限制了大陆商品对台出口的发展。可以说，台湾当局对大陆商品态度的冷淡和大陆政府对台湾商品进口的积极鼓励，是形成大陆对台贸易严重逆差和两岸间贸易往来需借助第三者进行转口贸易的根本原因。

3. 国际竞争的日趋激烈和国际环境对台湾商品出口的影响。其一、90年代以来，西方社会各主要经济发达国家纷纷陷入持续而普遍的经济疲软之中，经济增长率只有3%以下，部分国家经济处于零增长甚至负增长状态，国内需求严重不足，进口需求大大缩减，使台商产品出口发达国家的难度加大，而转向大陆这一容量巨大，政策优惠、利润丰厚的广阔市场。其二、80年代末期以来，国际间的地区贸易集团无论是在数量上还是在规模上，发展进度大大加快，地区封锁和贸易保护政策更加严密；欧共体于1985年创建起来的统一大市场于1992年底基本告成；《美加自由贸易协定》于1989年元月1日正式生效，美加自由贸易保护区正在加紧扩建；西亚的伊朗、巴基斯坦、土耳其和原苏联的5个亚洲共和国于1992年2月组建了“经济合作组织”；拉丁美洲的阿根廷、巴西、巴拉圭和乌拉圭4国于1991年3月正式签约成立了南锥体共同市场；亚太地区经济合作取得了新的进展，次区域集团纷纷涌现；其他地区的各种形式的经济合作组织和经济联盟也在积极的构筑之中。所有这些，无一不加剧了台湾商品出口的难度。促使其转向大陆市场，这是近几年大陆自台湾进口商品迅速扩大的重要原因。

改革开放以来，特别是90年代以来，大陆与台湾的经济贸易往来的发展，不仅密切了两岸人民的骨肉关系，同时也在很大程度上促进了两岸经济的发展和繁荣。一方面，这充分利用了台湾地区原有的资金和技术优势，有利于其以劳动密集型加工工业为特色的经济结构的升级转型，为那些短期内转型升级难度大的中小企业找到了新的销售市场，使之能够继续维持生产而免于破产倒闭，促进了台湾经济的发展。另一方面，也有利于平衡大陆经济持续高速发展下市场需求迅速扩大而引发的总供求的缺口，有利于大陆经济的持续、高速、健康发展。

二、90年代以来大陆与台湾的资金合作

改革开放以来，大陆政府采取了一系列吸引外资的政策措施，并相继颁布了《中外合资经营企业法》、《中外合资企业所得税法》、《外资企业所得税法》等近200项涉外法律，以吸引外商投资并保障其合法权益。在很大程度上促进了利用外资的扩展，也促进了台商的在华投资。特别是一系列针对台湾同胞在大陆投资办厂开发经营的优惠政策的出台，在很大程度上调动了台商的投资热情，加之台湾当局对台湾赴大陆参观、考察、投资等方面诸多限制的放宽，方便了台商在大陆投资，形成了台资利用的新高潮。

（一）利用台资的现状分析 台商在大陆投资办厂，是在两岸间转口贸易的带动下逐步发展起来的。最早始于1983年，初期规模很小，且主要集中在东南沿海地区的开放城市和地区，大多属于零散的、试探性举动。1986年，大陆公布了“台胞到大陆经济特区投资三项优惠办法”。其中规定1、台商在大陆投资设厂，5年内免征企业所得税，其他税率减半；2、大陆台资企业所生产的产品允许30%内销；3、台资企业5年内免征土地使用费。这三项优惠政策，极大地调动了台商在大陆投资的热情。1987年台商在大陆的投资企业增至20家，投资金额达6855万美元，分别比1986年增长了5.2%和115.7%，占大陆涉外企业和投资总额的比重比1985年分别提高了0.2个百分点。1987年台湾当局正式放开了实行了几十年的对台湾同胞赴大陆探亲和考察的限制，方便了海峡两岸同胞间的交往，便利台胞在大陆的投资。80年代末和90年代初期，大陆政府又陆续颁布了一系列鼓励台胞投资的新的方针政策，进一步扩大了台胞在大陆的投资范围并给予其更加优惠的投资条件。所有这些，都对台湾投资者产生了巨大的吸引力，在很大程度上调动了台湾同胞的投资热情和积极性，使台胞赴大陆投资办厂成为时尚并相继出现高潮。到1993年底，大陆与台胞协议投资项目累计2万多项，协议投资金额累计超170多亿美元，实际投资额累计达50亿美元(详见表二)。

表二 90年代以来大陆利用台资情况

年份	利用台资情况			占全部外资的比重(%)		
	协议项目(个)	协议额(万美元)	实际额(万美元)	协议项目	协议额	实际额
1989	546	81468	43715	9.5	8.1	1.7
1990	1103	89098	22426	15.0	7.4	2.2
1991	1735	139234	47189	13.3	7.1	4.1
1992	6430	554790	105335	13.2	8.0	5.5
1993	11000	996000	314000	13.3	9.0	12.2
平均每年增长(%)	111.9	87.0	63.7			

（二）90年代以来，大陆与台湾资金往来的特点 就目前情况看，大陆与台湾的资金交往尚不能称之“资金往来”，因为到目前为止，海峡两岸间的资金交往还仅是单方向进行的，还仅限于台湾对大陆的资金输出，是台商在大陆的单方面投资。90年代以来，台商在

大陆的投资呈以下特点。

1. 投资规模不断扩大，投资企业迅速增多。80年代初期，台商在大陆的投资带有明显的试探性特点，规模很小。协议项目和投资企业都只有十几个，平均每个项目的投资额仅几万美元到几十万美元之间。80年代中后期，协议项目和投资额都明显增多。90年代以来，两岸间协议项目已越过10000个，协议金额和投资金额一百多亿美元。到1993年底，台商在大陆投资企业达2万多家，比1989年增长了近20倍，占全部涉外企业的比重由7.3%提高到12.3%。台商企业注册资金和投资额与1989年比平均每年增长72.8%和70.8%。平均每个项目的投资额在100－200万美元之间。所占比重分别提高了5－6个百分点。与80年代相比，台商在大陆投资企业、协议项目和投资额等增长虽然减缓，但在绝对量上已超过了除香港以外的其他国家和地区，一跃而成为大陆资金的第二大来源地区(详见表三)。

2. 投资范围越来越广，投资地域不断扩大。80年代初期，台商在大陆投资仅限于广东、福建这两个与台胞血缘关系较多省份的沿海城市和经济特区。80年代中后期，台商在大陆投资开始由南向北扩展，逐步扩大到华南、华东、中南及华北地区。90年代以来，台商在大

表三　改革开放以来大陆台商企业注册登记情况

年　份	台资企业注册登记情况			占全部涉外企业的比重(%)		
	年末企业数(户)	投资额(万美元)	注册资金(万美元)	年末企业数	投资额	注册资金
1983	1	210	210	0.2	0.1	0.1
1984	8	1881	1688	0.4	0.4	0.5
1985	12	4193	3820	0.2	0.3	0.5
1986	19	3178	2951	0.3	0.1	0.3
1987	20	6855	6454	0.2	0.6	0.9
1988	196	73269	62914	1.4	0.6	0.9
1989	691	319209	221978	3.6	2.0	2.4
1990	1864	894578	665397	7.3	4.2	5.3
1991	3491	384707	221972	9.4	5.4	4.0
1992	9870	1327242	989348	11.7	7.4	8.5
1993	20612	2713907	1977909	12.3	7.1	8.1
90－93年年均增速(%)	133.7	70.8	72.8			

表四　90年代以来各地区协议台资项目和金额

地　区	1989年		1990年		1991年		1992年	
	项　目	金　额	项　目	金　额	项　目	金　额	项　目	金　额
总　计	546	43715	1117	98420	1737	122870	6723	572624
北　京	16	398	32	2520	112	4536	251	11578
天　津	11	481	17	1374	45	1860	204	9088
河　北	7	427	15	1475	43	2495	195	10724
山　西					4	244	50	2720
内蒙古					7	163	24	1933
辽　宁			1	183	57	3397	222	14651
吉　林	18	577	36	11197	12	526	57	4384
黑龙江	2	171	11	6071	31	1516	115	5492
上　海	1	11	3	149	56	3144	302	25060
江　苏	11	7252	29	10181	192	12595	1403	140292
浙　江	24	1195	56	2814	117	4975	410	29825
安　徽	8	139	14	345	322	33952	724	89135
福　建	256	24235	359	39689	34	1484	131	6533
江　西	3	40	14	939	124	10037	576	41571
山　东	10	170	48	3165	33	1172	135	9685
河　南	6	249	12	404	34	1441	195	14143
湖　北	9	449	24	1133	25	536	124	5252
湖　南	4	155	7	109	264	26158	532	66687
广　东	82	10994	267	25736	41	2552	129	13957
广　西	11	271	19	602	89	5050	327	29817
海　南	30	1723	49	1350	39	1593	295	20168
四　川	4	123	35	1169	8	683	37	2264
贵　州	4	100	3	194	15	980	49	3675
云　南			2	60	11	324	64	6703
陕　西			1	30	4	192	20	1491
甘　肃	3	64					5	121
宁　夏								
新　疆	1	5			4	501	12	100

陆投资日趋活跃，投资地域已遍及除西藏、青海之外的所有地区。投资产业和投资行业也由80年代单一的加工工业转向以加工工业为主，涉及农、林、牧、渔、电子电器、服装、鞋帽及玩具和矿产资源的勘探开发与利用等以及建筑业、交通运输、邮电通讯业、商业饮食和物资供销业、卫生体育社会福利业、文化艺术、卫生、教育和科研业、房地产及债券等十几个行业。投资领域逐步由80年代的以仪器加工、玩具、成衣制鞋等劳动密集型产业开始转向科技水平较高的钢铁、机械、电子、电缆、化工的技术密集型产业(详见表四)。

3. 投资方式多种多样，投资行为日趋长期化。80年代初期，台商在大陆投资方式单一，投资行为具有明显的短期化倾向。大陆政府的及时鼓励打消了台商在大陆投资的顾虑，而大陆一系列鼓励台商在大陆投资的优惠政策的出台，保障了台商在大陆投资的合法权利并使其投资回报率大大提高。90年代以来，台商在大陆的投资一改80年代的秘密进行的小规模的试探性投资，而变成为较大规模的、多种方式、多投向、多领域和广泛进行的长期化行动。目前，台商在大陆的投资除了风险较小的合作开发和合资经营外，独资企业也日益增多，一些投资周期长、风险大、收效比较慢的技术和资金密集型企业，例如：钢铁、机械、通讯设备等陆续在大陆注册经营。

引起上述变化的原因主要有：

1. 大陆经济的持续、高速发展是吸引台商大规模在大陆投资的重要前提。改革开放以来，中国经济取得了全世界为之震惊的巨大成就。国民经济平均每年增长9%，人均GDP由1978年的375元迅速扩大到1993年的2663元，按可比价格计算，平均每年递增7.7%，社会安定，人民生活迅速提高，同期人均消费水平由175元提高到1148元。国民经济的迅速发展、国家的富强和社会的安定，为台商投资创造了良好的经济环境和政治环境，可以说，大陆经济的迅速发展，为台商资金进入大陆市场提供了物质基础和载体。

2. 中国的经济体制改革和一系列吸引外资的方针政策是台商在大陆大规模投资的加速器。始于70年代末期的中国经济体制改革，使我们一改过去那种政治高于一切的极端作法，转而更加注重经济利益和经济行为。对外开放，扩大了中国同境外经济的联系，也为我们解决建设资金严重不足问题找到了出路。吸引外资成为中国大陆改革开放的一部分重要内容。1979年7月，中国政府颁布了第一部有关外资的法律《中外合资经营企业法》，并划出珠海、深圳、汕头和厦门四城市为经济特区。随后，又陆续出台了一系列涉外企业的法律和方针政策及优惠措施，并大规模进行铺路、架桥、安装通讯设施等基础性建设，以争取外商。与此同时，中国政府也相继出台了一系列针对台胞的方针政策和优惠措施。1986年颁布实施了“台胞到大陆经济特区投资三项优惠办法”，1988年，又颁布了《鼓励台湾同胞投资的规定》。在规定中，除鼓励台胞到大陆各地区投资和在部分规定岛屿和地区内从事土地的开发经营以及新的优惠政策外，对台商在大陆可从事的投资方式作了如下规定：①举办独资企业；②开办合资和合作企业；③补偿贸易、原料加工和合作生产；④购买股票、债券及房地产；⑤依法取得土地使用权并从事开发经营；⑥大陆法律、法规允许的其他投资方式等。这一系列优惠政策和法规法律，无疑对台商增加对大陆的投资起了加速作用，成为台商在大陆大规模投资的加速器。

3. 国际竞争的激烈和台湾经济的变化，成为台商在大陆大规模投资的助推器。从国际环境方面看，一方面，随着原苏联的解体和冷战时期的基本结束，以往的政治对峙越来越多地被经济竞争所代替，经济发展已成为各国政府的首要任务。面向国际市场，发展本国经济，与世界经济接轨带动本国经济的发展的外向型经济模式越来越多地被各国政府所接受，特别是发展中国家，纷纷借助国际市场实现国内产业结构的调整和优化组合。但80年代后期以来，各西方经济发达国家纷纷陷入的经济不景气，不仅在很大程度上限制了商品进口，同时国内过剩的产品也需要寻找国际市场。从而使需借助国际市场实现的商品日趋增多。国际竞争日益激烈，商品出口难度加大。另一方面，80年代末期以来，为减少国际竞争的压力，各地纷纷组建区域性贸易保护组织和各种形式的贸易集团，并实行更加严密的贸易保护政策，使其他国家和地区对集团内出口更加困难，台湾商品出口难度加大。从台湾地区的经济情况来看，台湾商品大多集中在技术水平较低、劳动密集程度高的加工工业品，近几年，台湾岛内劳动力短缺严重，工资大幅度上涨，土地价格直线上升，以及新台币升值等原因，使以加工工业品出口为主的台湾产品成本大幅度升高，换汇率一再降低，台湾商品出口更加困难。另外，台湾岛内工资和地价的升高、劳动力的短缺，使岛内投资环境恶化，投资回报率低。面对国际市场和岛内投资环境的恶化，台商纷纷把资金转向市场庞大、劳动力资源及原材料丰富，投资回报率高的大陆市场。这样既躲过了国际竞争的压力和岛内产业结构调整过程中投资环境恶化的压力，又绕过了贸易壁垒的限制，可以说国际竞争的激烈化和台湾岛内政治、经济条件的变化，事实上成了台商把资金大规模投向大陆市场的助推器。

4. 两岸间经济关系上的互补性是大陆台资迅速增长和长期化的胶合剂。分析两岸间的经济条件，我们不难发现，大陆和台湾地区在经济发展要素上存在着很大的互补性。就台湾方面而言，其经济优势在于：资金丰富、外汇储备较多；经济管理水平高，管理经验比较丰富，人员业务素质较高；市场经济程度较高，国际经济联系较广泛，较容易与国际市场对接；技术水平较先进、产品质量较好等。其经济发展的难点在于：劳动力资源短缺、产业结构不尽合理、工业门类不全，缺乏高精尖行业，自然资源严重匮乏、土地价格高，地域面积小，人口少，市场潜力不大，产品销售难度大以及投资环境差。与之相对应的、大陆经济发展的优势在于：地域广阔、人口众多，有巨大的国内市场，各种自然资源丰富、价格较低、开发利用的成本低；劳动力供应充足，工资水平低，活劳动成本较低；工业门类齐全，产业结构较合理且科技力量雄厚。所以把台湾的资金和较丰富的管理经验与大陆丰富的资源和劳动力结合起来，利用两岸现有的技术优势生产大陆和国际市场所需商品成为必然，可以说，两岸间经济的互补和互惠互利，是两岸间经济关系发展的基础和胶合剂。

总之，由于上述种种原因，90年代以来，台商在大陆投资迅速增长，投资规模日益扩大。台商赴大陆投资办厂热潮的兴起，在一定程度上弥补了大陆建设资金的不足，增加了财政收入，也引进了先进的科学技术和管理经验，促进了大陆产业结构的改善和管理水平的国际化，同时也带动了大陆出口贸易的发展，促进了海峡两岸的经济贸易合作和两岸人民间的交往，促进了两岸关系的改善，有利于两岸间直接“三通”的早日实现。但是，在台资利用过程中，也存在着一些问题。归结起来，主要有以下几点：

其一，台资实际投资比例低，资金到位不足。由表二、表三可见，在台商投资企业中，台方资金所占份额依然较小，支撑这部分企业运行的主要是大陆资金。1992年，台商注册资金只占台商投资企业全部注册资金的64.89％，1989年，台资实际投入金额占协议金额的比重为28.2％，到1992年仅为19％。

其二，台商投资以实物投资为主，高估价值，使合资企业利益流失。近年来，台商在大陆的投资方式，一改80年代的以现金投资为主的方式为以设备投资为主，设备在实际投资中的比重不断上升，部分地区高达90％以上，其间不乏以次充好，以旧抵新的劣质设备。同时，在设备投资过程中，高估设备价值，使国家利益受损，国有资产流失。

其三，劳动条件差，环境污染严重。特别是与村镇合办的小企业，职工劳动条件差，劳动强度大，工作时间长，管理混乱，事故率高，环境污染较严重。

因此，大陆政府在鼓励台商来大陆投资的同时，对台商投资过程中出现的技术水平低，污染严重的问题也应加强引导和管理。

三、大陆接待台湾同胞旅游情况

改革开放前，中国人民在西方国家的政治压力和经济封锁下采取了相对封闭的政策，并形成了政治挂帅，政治高于一切的特有模式。大陆人民在这一模式下小心谨慎地隐避自己的海外关系。而台湾当局一再坚持其政治观点和对两岸关系的看法。使海峡两岸人民一水之隔，两情依依，多少家庭支离破碎，多少父母哭瞎双眼盼儿归，多少妻儿望穿秋水盼夫(父)回，但在当时这又是何等艰难？致使多少游子孤苦伶仃客死他乡。

改革开放以来，大陆政府一改过去片面强调政治，过分注重政见不同的做法。在两岸政治分歧尚未消除的情况下，大胆提出了“一国两制”的构想，并在此基础上逐步放宽了对两岸间经济往来和两岸民众间往来的限制，出台了一系列鼓励两岸交往的方针政策和具体措施，包括鼓励台商来大陆投资，在大陆开设对台办公室和海外侨胞寻亲办公室，增辟寻亲热线等。使两岸间的民间交往和经济技术交流日益增多。台湾当局在此形势下也于1987年逐步放开了台胞赴大陆探亲的限制，对两岸关系的态度也由过去的敌对转向“不干涉”和对两岸经济往来的“不鼓励、不干涉”。这实际上是对两岸间经济往来的认同。为台胞赴大陆寻亲寻根和考察投资亮了“绿灯”。尽管海峡两岸仍未实现“三通”(通航、通邮、通商)，但台胞展转香港、韩国、日本、新加坡等地来大陆探亲和观光旅游人数仍然增长较快。台湾放开对台胞到大陆探亲的限制后，1988年来大陆旅游人数达44万人，占大陆接待的旅游总人数的1.4％，占当年来大陆的港澳台胞人数的1.5％。到1992年，来大陆的台胞达132万人，占当年大陆接待旅游人数和港澳台胞的比重分别为3.5％和3.9％。1988年至1993年，大陆共接待台湾同胞570多万人，平均每年增长29.6％(详见表五)。

表五　1987年以来大陆接待台湾同胞情况及所占比重

	接待旅游人数(万人)	#港澳台人数(万人)	#台胞人数(万人)	占总人数的比重(%)	占港澳台胞的比重(%)
1988	3169.48	2977	44.0	1.38	1.48
1989	2450.14	2297	54.1	2.21	2.36
1990	2746.18	2562	94.76	3.45	3.70
1991	3334.98	3051	94.66	2.84	3.10
1992	3811.49	3394	131.78	3.45	3.87
1993	4036.10	3671	152.70	3.78	4.16

四、大陆与台湾经济技术合作趋势及发展前景的分析

改革开放以来，特别是90年代以来，海峡两岸间的经济贸易往来取得了新的进展．两岸间的经济关系进一步密切，两岸人民的交往日趋增多，“一国两制”的构想正在日益发挥其作用。今后，两岸间的经济技术往来会进一步扩展，贸易往来会随两地间经济技术的发展和国际竞争的激烈而不断扩大；两岸间的资金交流会随经济发展和政策的进一步放宽更加密切，台商在大陆的投资规模、投资范围和所涉及的领域会进一步扩大，台资在大陆经济中的作用也会随资金的扩大而增强；两岸间的劳务合作、承包工程等经济合作会随两岸政策的进一步放宽而从无到有发展起来；两岸间的跨地区旅游也会进一步发展。

(一) 对两岸间贸易往来和台资利用趋势及前景的判断

1. 对两岸间贸易往来趋势及前景的判断。从目前情况看，90年代中后期，促进海峡两岸贸易往来的因素依然存在并将继续发挥作用，因此今后几年，两岸间的经济贸易往来会在更广泛的范围内进行，贸易方式和合作方式将仍以转口贸易为主，向更多样化发展，贸易规模也会随两岸经济的发展不断扩大，但增长速度将比90年代的前4年有所减缓，大陆对台湾的贸易逆差仍将在较长时间内存在。这一判断是基于对以下因素的分析而作出的。

其一、就目前来说，90年代后期，大陆国内经济继前15年高速发展之后仍将保持较高的增长势头，人民生活将继续提高。经济的高速增长和人民收入的提高无疑会带动国内投资品市场和日用消费品市场的进一步扩大，为台湾商品进入大陆开辟了更广阔的市场。

其二、两岸经济结构和产业结构不会在短期内发生大的变化，今后几年内，两岸经济的互补性依然存在，发展双边贸易，对两岸经济的繁荣发挥各自的经济优势，借助跨地区间的社会分工发展两岸经济将起巨大的推动作用。

其三、随着世界经济的发展和国际性贸易保护集团的组建，国际经济环境会进一步恶化，国际间商品竞争更加激烈，台湾商品出口国际市场的难度会更大，特别是出口西方经济发达国家更加困难，而岛内地窄人少、市场有限，台湾出口商依然会把商品出口对准大陆这一庞大市场，并将以现有的大陆市场为基础进一步开拓新的市场。

其四、随着1997年的临近和香港的回归，一方面使原有的两岸间通过香港的转口贸易变得更加直接，有利于两岸间贸易的发展。另一方面，香港问题解决后，台湾问题将越来越成为祖国统一大业的焦点。如果今后国际环境或两岸关系不出现“风云突变的逆转”，大陆政府对台优惠政策依然会保持下去并有可能做出更多的优惠，台湾当局也可能在此形势下松动对大陆的“不接触”原则，这都将会有利于两岸间贸易的发展。

90年代后期两岸间贸易进一步发展的不利因素主要有：

其一、目前，台湾当局在对大陆关系上仍然坚持其“不接触、不干涉”原则，直到现在，两岸间的“三通”问题还没有解决，使两岸间的贸易往来还仅限于转口贸易，不利于海峡两岸经济贸易往来和资金合作的进一步发展。

其二、台湾当局在两岸关系上的态度，限制了大陆商品对台湾的出口，致使两岸间贸易结构严重失衡，大陆对台出口出现严重的贸易逆差。1993年，逆差达127.9亿美元。大陆在对台湾的贸易中88％以上是净进口。长此以往，不利于两岸经济的发展，也严重破坏了双方的贸易平衡，贸易往来是双向性的，很难想象，大陆的对台贸易会在长期的严重失衡状态中发展扩大。

其三、随着两岸间关系的逐步恢复和日趋正常化，两者之间改革开放之初所具有的巨大冲击力已不复存在，两岸间的经济贸易往来将转入平衡增长时期。

2. 对台资利用趋势及前景的判断。鉴于上述大陆经济的发展对资金的渴求、国际竞争的尖锐和出口难的加大、台湾岛内投资环境的恶化和投资回报率的降低、以及中国政府和台湾当局在两岸关系上的让步等原因，特别是今年2月新颁布实施的《台湾同胞投资保护法》，是40年来大陆首次针对台湾同胞在大陆投资权益所制定的特别法律。这一法规的订立，显示出大陆对台经贸政策正朝着规范化、秩序化的管理方向发展。这一法律的通过实施，在台湾岛内引起了极大反响和密切关注，并将对台湾产业界前来大陆投资产生巨大吸引力，不但可增强已在大陆投资厂商的信心，还可消除对来大陆投资持观望态度者的疑虑。因此，90年代后6年，台商到大陆投资的热情会进一步高涨，投资规模会进一步扩大，投资速度会进一步加快。台商投资的范围会进一步拓宽，涉及的领域也会越来越广。

(二) 对90年代后期两岸间经济合作和旅游前景的判断

1. 对两岸间经济技术合作前景的基本判断。改革开放前，由于彼此进行封锁，两岸之间互不来往。改革开放以来，特别是90年代以来，虽然海峡两岸经济交往和经济关系日益密切，但由于两岸政府间的不接触，两岸间的经济交往仅限于民间交往，所以涉及面较广、需精心组织和计划的劳务合作和承包工程合作至今未曾

在两岸间开展起来。目前，就两岸经济发展的优势来看，开展劳务合作和工程承包具有较广阔的发展前景。其一、大陆有充裕的劳动力资源，且素质较高，劳动力价格较低，而台湾岛内近年来劳动力资源严重短缺，劳动价格直线上升，但其资金充足，又有较丰富的管理经验，有利于开展劳务合作。其二、大陆经过45年的经济建设和技术开发，特别是改革开放15年来的经济发展，技术水平不断提高，技术装备更加先进；几十年的经济建设，也锻炼了职工队伍，提高了素质，各项工程施工质量不断提高，有利于两岸间经济、技术、劳务合作的开展。目前，开展这方面合作的难点在于台湾当局对大陆态度，只要对方稍一松动，两岸间在这方面的合作是不难展开的，其前景是广阔的。

2. 对两岸间旅游业的发展趋势及前景的分析判断。自1987年台湾当局放开对台胞到大陆探亲的限制后，两岸间的旅游往来不断发展，来大陆旅游观光、探亲访友的台胞逐年增多。但由于海峡两岸至今未曾通航，赴大陆的游客又需辗转香港等地赴大陆，费时费力费钱且手续繁杂，特别是那些40年代末期去台湾的大陆同胞至今都已六、七十岁甚至更年长，因耽心其身体状况应付不了这番周折而不能成行，不利于台胞赴大陆旅游。但是，发展台胞的大陆旅游业，潜力巨大，前景看好。归结起来，发展两岸间旅游业的优势有：

其一、大陆将采取更加有利于台胞来大陆旅游的政策，以保证两岸间的通畅。随着大陆经济的发展和两岸间联系的增多及关系的密切，特别是随着香港的回归，大陆对台将采取更加优惠的政策，包括简化手续和放宽入境限制等促进两岸间的旅游业的发展。同时也将陆续出台更加优惠的投资政策和贸易政策促进两岸间的经济贸易往来，两岸间经济贸易的发展和资金往来的增多，也会带动两岸间旅游人数的增加。

其二、大陆的旅游资源潜力巨大，可以吸引更多的台湾旅客。①大陆地域广阔，地貌复杂多样，处处名山大川、峰峦叠翠。东西跨度和南北跨度大；四季气候变化明显，有丰富的自然景观。②中国历史悠久，古代文明十分发达，人文景观毕毕皆是，历史文物保存完好，可以说世界上没有一个国家历史能与中国相比，许多历史文化遗迹为况世杰作，独我所有。例如：秦代的兵马俑、敦煌艺术、万里长城等等，部分人文景观成为千古之谜。所有这些，不仅对由大陆去台同胞，而且对在当地出生的年青一代都有巨大的吸引力。③接待能力的潜能。目前，全国有涉外饭店2000多座、客房35万多间，床位74万多张。1993年，客房出租率不足70％，仍有30％多的潜力未能发挥出来，发展两岸间的旅游业，对大陆来说接待能力方面不存在大问题。

其三、大陆和台湾同胞间有着深远的文化渊源和密切的血缘关系，目前仍有许多大陆同胞滞留在台湾岛上，也有许多台胞的亲属留在大陆。中国传统文化的落叶归根观念依然长存在台胞心中，寻根热情不减当年。

总之，两岸间发展旅游业的潜力很大，也存在许多有利因素。今年3月的千岛湖“海瑞”号游船个别极端犯罪分子抢劫杀人事件，近几个月内可能对台胞的大陆旅游有所影响。但随着两岸间的共同努力，随着两岸间交往的增多和两岸经济的发展，两岸间的旅游业也会继续快速发展。

(作者所在单位：国家统计局)

国民经济统计

全国行政区划

（1993年底）

单位：个

省级单位名称	地级单位数	# 地级市	县级单位数	# 县级市	各级市单位数	市辖区数
全国	339	191	2 171	323	517	662
北京市			8		1	10
天津市			5		1	13
河北省	18	10	139	17	27	34
山西省	12	6	100	9	15	18
内蒙古自治区	12	4	84	13	17	16
辽宁省	14	14	44	11	25	56
吉林省	9	7	41	16	23	18
黑龙江省	14	10	69	17	27	63
上海市			6		1	14
江苏省	11	11	64	20	31	42
浙江省	11	9	66	20	29	20
安徽省	16	10	68	8	18	35
福建省	9	6	64	12	18	17
江西省	11	6	84	11	17	15
山东省	17	12	98	28	40	37
河南省	17	12	118	15	27	39
湖北省	14	8	70	23	31	28
湖南省	14	8	96	19	27	26
广东省	20	20	78	6	26	41
广西壮族自治区	13	5	83	7	12	21
海南省	2	2	17	2	4	3
四川省	21	12	179	15	27	40
贵州省	9	2	80	8	10	6
云南省	17	2	123	10	12	4
西藏自治区	7	1	77	1	2	1
陕西省	10	4	93	8	12	14
甘肃省	14	5	75	8	13	10
青海省	8	1	39	2	3	4
宁夏回族自治区	4	2	18	2	4	6
新疆维吾尔自治区	15	2	85	15	17	11
台湾省						

沿海行政区划市、县表

（1992年）

地区	沿海地级市	沿海县级市	沿海（区）县
合计	44	35	111
北京市			
天津市			塘沽区 汉沽区 大港区
河北省	唐山市 秦皇岛市 沧州市	黄骅市	丰南县 滦南县 乐亭县 唐海县 昌黎县 抚宁县 海兴县
辽宁省	大连市 丹东市 锦州市 营口市 盘锦市 锦西市	瓦房店市 兴城市	新金县 长海县 庄河县 东沟县 锦县 营口县 盖县 大洼县 盘山县 绥中县
上海市			宝山区 川沙县 南汇县 奉贤县 金山县 崇明县
江苏省	南通市 连云港市 盐城市	启东市 东台市	海安县 如东县 南通县 海门县 赣榆县 灌云县 响水县 滨海县 射阳县 大丰县
浙江省	杭州市 宁波市 温州市 嘉兴市 绍兴市 舟山市	萧山市 慈溪市 奉化市 瑞安市 平湖市 海宁市 椒江市 临海市 黄岩市 上虞市	余杭县 象山县 宁海县 鄞县 瓯海县 洞头县 乐清县 永嘉县 平阳县 仓南县 海盐县 绍兴县 岱山县 嵊泗县 温岭县 三门县 玉环县
福建省	福州市 厦门市 莆田市 泉州市 漳州市	福清市 宁德市 福安市 晋江市	连江县 罗源县 长乐县 平潭县 同安县 莆田县 仙游县 惠安县 南安县 霞浦县 金门县 龙海县 云霄县 漳蒲县 诏安县 东山县 福鼎县
山东省	青岛市 东营市 烟台市 潍坊市 威海市 日照市	胶州市 即墨市 胶南市 招远市 龙口市 莱阳市 莱州市 文登市 荣成市 临沂市 蓬莱市	垦利县 利津县 广饶县 海阳县 沾化县 牟平县 长岛县 寿光县 昌邑县 乳山县 无棣县
广东省	广州市 深圳市 珠海市 汕头市 佛山市 江门市 湛江市 茂名市 惠州市 阳江市 东莞市 中山市	番禺市 新会市 台山市	宝安县 斗门县 澄海县 饶平县 陆丰县 南澳县 潮阳县 惠来县 惠东县 海丰县 恩平县 吴川县 廉江县 遂溪县 海康县 徐闻县 电白县 惠阳县
广西壮族自治区	北海市	钦州市	合浦县 防城各族自治县
海南省	海口市 三亚市	琼海市	琼山县 文昌县 陵水县 万宁县 澄迈县 临高县 儋县 昌江县 东方县 乐东县

国民经济主要指标

指　　　标	单　位	1978年	1980年	1985年	1990年	1992年	1993年
一、人口							
年底总人口	万　人	96 259	98 705	105 851	114 333	117 171	118 517
二、劳动力(年底数)							
劳动力资源人数	万　人	48 530	52 885	62 114	69 732	72 120	
从业人员	万　人	40 152	42 361	49 873	56 740	59 432	60 220
#职工人数	万　人	9 499	10 444	12 358	14 059	14 792	14 849
三、国民生产总值	**亿　元**	**3 588**	**4 470**	**8 558**	**17 695**	**24 379**	**31 342**
四、国民收入	**亿　元**	**3 010**	**3 688**	**7 020**	**14 384**	**20 223**	**24 882**
五、固定资产投资							
1.全社会固定资产投资总额	亿　元	668.72	910.85	2 543.19	4 449.29	7 854.98	12457.88
2.国有单位固定资产投资	亿　元	668.72	745.90	1 680.51	2 918.64	5 273.64	7 657.97
基本建设投资	亿　元	500.99	558.89	1 074.37	1 703.81	3 012.65	4 615.50
更新改造及其他固定资产投资	亿　元	167.73	187.01	606.14	1 029.26	1 754.91	2 537.54
3.集体单位固定资产投资	亿　元		45.95	327.46	529.48	1 359.35	2 231.34
城　镇	亿　元		22.95	128.23	163.38	364.49	600.15
农　村	亿　元		23.00	199.23	366.10	994.86	1 631.89
六、国家财政							
1.国家财政收入	亿　元	1 121.1	1 085.2	1 866.4	3 312.6	4 153.1	5 088.2
中　央	亿　元	164.6	209.8	707.9	1 367.9	1 649.2	1 696.7
地　方	亿　元	956.5	875.5	1 158.5	1 944.7	2 503.9	3 391.5
2.国家财政支出	亿　元	1 111.0	1 212.7	1 844.8	3 452.2	4 389.7	5 287.4
中　央	亿　元	521.0	650.7	836.5	1 372.8	1 817.9	1 957.2
地　方	亿　元	590.0	562.0	1 008.2	2 079.4	2 571.8	3 330.2
3.预算外资金收入	亿　元	347.1	557.4	1 530.0	2 708.6	3 854.9	
七、物价总指数(上年=100)							
1.农副产品收购价格总指数	%	103.9	107.1	108.6	97.4	103.4	113.4
2.零售物价总指数	%	100.7	106.0	108.8	102.1	105.4	123.2
3.居民生活费用价格总指数	%	100.7	107.5	109.3	103.1	106.4	114.7
八、工资							
1.职工工资总额	亿　元	568.9	772.4	1 383.0	2 951.1	3 939.2	4 916.2
2.职工平均货币工资	元	615	762	1 148	2 140	2 711	3 371
九、居民消费水平	**元**	**175**	**227**	**403**	**723**	**947**	**1 148**
农　民	元	132	173	324	524	650	774
非农业居民	元	383	468	727	1 477	2 032	2 450
十、农业							
1.农业总产值	亿　元	1 397	1 923	3 619	7 662	9 085	10 996
2.主要农产品产量							
粮　食	万　吨	30 477	32 056	37 911	44 624	44 266	45 649
棉　花	万　吨	216.7	270.7	414.7	450.8	450.8	373.9
油　料	万　吨	521.8	769.1	1 578.4	1 613.2	1 641.2	1 803.9
甘　蔗	万　吨	2 111.6	2 280.7	5 154.9	5 762.0	7 301.1	6 419.4
甜　菜	万　吨	270.2	630.5	891.9	1 452.5	1 506.9	1 204.8
茶　叶	万　吨	26.8	30.4	43.2	54.0	56.0	60.0
水　果	万　吨	657.0	679.3	1 163.9	1 874.4	2 440.1	3 011.2
猪牛羊肉	万　吨	856.3	1 205.4	1 760.7	2 513.5	2 940.6	3 225.3
水产品	万　吨	466	450	705	1 237	1 557	1 823
十一、工业							

续表 1

指　　标	单　位	1978年	1980年	1985年	1990年	1992年	1993年
1. 工业总产值	亿　元	4 237	5 154	9 716	23 924	37 066	52 692
2. 主要工业产品产量							
布	亿　米	110.3	134.7	146.7	188.8	190.7	203.0
机制纸及纸板	万　吨	439	535	911	1 372	1 725	1 914
糖	万　吨	227	257	451	582	829	771
家用电冰箱	万　台	2.8	4.9	144.8	463.1	485.8	596.7
电视机	万　台	51.73	249.20	1 667.66	2 684.70	2 867.82	3 032.97
#彩色电视机	万　台	0.38	3.20	435.28	1 033.04	1 333.08	1 435.76
家用洗衣机	万　台	0.04	24.50	887.20	662.68	707.93	895.85
录放音机	万　台	4.7	74.3	1 393.1	3 023.5	3 231.8	3 647.9
原　煤	亿　吨	6.18	6.20	8.72	10.80	11.16	11.50
原　油	万　吨	10 405	10 595	12 490	13 831	14 210	14 524
发电量	亿千瓦小时	2 566	3 006	4 107	6 212	7 539	8 395
钢	万　吨	3 178	3 712	4 679	6 635	8 094	8 956
成品钢材	万　吨	2 208	2 716	3 693	5 153	6 697	7 716
水　泥	万　吨	6 524	7 986	14 595	20 971	30 822	36 788
3. 国有独立核算工业企业主要财务指标							
年底固定资产原值	亿　元	3 193.4	3 730.1	5 956.2	11 610.3	15 669.8	19 006.4
年底固定资产净值	亿　元	2 225.7	2 528.0	3 980.8	8 088.3	10 982.6	13 304.4
利润和税金总额	亿　元	790.7	907.1	1 334.1	1 503.1	1 944.1	2 454.7
十二、运输邮电							
1. 货物周转量	亿吨公里	9 829	12 026	18 126	26 207	29 218	30 510
铁　路	亿吨公里	5 345	5 717	8 126	10 622	11 576	11 955
公　路	亿吨公里	274	764	1 693	3 358	3 755	4 071
水　运	亿吨公里	3 779	5 053	7 700	11 592	13 256	13 861
管　道	亿吨公里	430	491	603	627	617	608
空　运	亿吨公里	1	1	4	8	13	17
2. 旅客周转量	亿人公里	1 743	2 281	4 437	5 628	6 949	7 858
铁　路	亿人公里	1 093	1 383	2 416	2 613	3 152	3 483
公　路	亿人公里	521	730	1 725	2 620	3 193	3 701
水　运	亿人公里	101	129	179	165	198	196
空　运	亿人公里	28	40	117	230	406	478
3. 沿海主要港口货物吞吐量	万　吨	19 834	21 731	31 154	43 229	53 329	67 835
4. 邮电业务总量	亿　元	11.65	13.34	29.60	81.65	290.94	462.71
5. 函　件	亿　件	28.35	33.13	46.78	54.87	57.18	68.70
6. 报刊期发数	万　份	11 250	16 431	30 172	20 078	25 104	25 511
十三、能源生产与消费(标准煤)							
能源生产总量	万　吨	62 770	63 735	85 546	103 922	107 256	111 263
能源消费总量	万　吨	57 144	60 275	76 682	98 703	108 900	111 768
十四、国内商业							
1. 社会商业商品购进总额	亿　元	1 739.7	2 263.0	3 532.5	8 221.2	10 653.7	12 322.3
#工业品	亿　元	1 263.4	1 567.6	2 462.3	5 871.2	8 071.7	9 578.9
农副产品	亿　元	459.9	677.0	1 033.2	2 258.6	2 427.5	2 506.0

续表 2

指　　标	单　位	1978年	1980年	1985年	1990年	1992年	1993年
2.社会商品零售总额	亿　元	1 558.6	2 140.0	4 305.0	8 300.1	10 993.7	13 592.6
3.主要消费品零售量							
粮　食	万　吨	4 750.0	5 497.0	9 011.6	9 289.1	9 774.7	
食用植物油	万　吨	87.5	126.0	349.1	441.6	519.9	
猪　肉	万　吨	467.5	704.5	916.4	1 246.9	1 448.7	
食　糖	万　吨	315.6	363.5	572.5	541.6	602.7	
布	亿　米	76.9	98.4	121.2	120.3	125.0	
电视机	万　台	55.1	364.0	2 156.9	1 923.0	2 137.8	
洗衣机	万　台	0.2	23.5	1 098.1	924.9	1 091.0	
电冰箱	万　台	2.0	5.5	220.0	436.0	472.1	
5.农业生产资料销售量							
化学肥料(标准量)	万　吨	4 087.5	5 531.1	6 231.8	10 023.6	10 119.4	8 273.8
化学农药	万　吨	146.4	152.7	65.3	61.5	53.8	50.4
农用动力机械	万千瓦	1 037.1	639.8	723.4	898.1	1 154.7	1 437.2
十五、对外经济贸易和旅游							
1.进出口总额	亿美元	206.4	381.4	696.0	1 154.4	1 656.3	1 957.1
进口额	亿美元	108.9	200.2	422.5	533.5	806.1	1 039.5
出口额	亿美元	97.5	181.2	273.5	620.9	850.0	917.6
2.利用外资							
签订利用外资协议额	亿美元			98.67	120.86	694.39	1 232.73
实际利用外资额	亿美元			46.47	102.89	192.02	389.60
#外商直接投资	亿美元			16.61	34.87	110.07	275.15
3.旅游							
来华旅游人数	万　人		570.25	1 783.31	2 746.18	3 811.49	4 152.69
旅游外汇收入	亿美元		6.17	12.50	22.18	39.47	46.83
十六、教育文化							
1.在校学生数							
高等学校	万　人	85.6	114.4	170.3	206.3	218.4	253.6
中等专业学校	万　人	88.9	124.3	157.1	224.4	240.8	282.0
普通中学	万　人	6 548.3	5 508.1	4 706.0	4 586.0	4 770.8	4 739.1
小　学	万　人	14 624.0	14 627.0	13 370.2	12 241.4	12 201.3	12 421.2
2.出版数量							
图　书	亿册(张)	37.7	45.9	66.7	56.4	63.4	59.3
杂　志	亿　册	7.6	11.2	25.6	17.9	23.6	23.5
报　纸	亿　份	127.8	140.4	199.8	160.5	189.1	192.6
十七、卫生							
医院床位数	万　张	185.6	198.2	222.9	262.4	274.4	279.5
卫生技术人员	万　人	246.4	279.8	341.1	389.8	407.4	411.7
#医　生	万　人	103.3	115.3	141.3	176.3	180.8	183.2

注:1.本表价值指标均按当年价格计算。

2.国有独立核算工业企业全员劳动生产率按1980年不变价格计算。

3.1979年起,货物周转量中公路运输包括社会车辆完成数,1984年起还包括私营运输完成数量。

4.邮电业务总量,1991年后按1990年不变价格计算,1981年-1990年按1980年不变价格计算,以前按1970年不变价格计算。

国民经济主要指标发展速度

指　　　标	1993年为以下各年%					平均增长%	
	1978	1980	1985	1990	1992	1979-1993	1986-1993
人口							
年底总人口	123.1	120.1	112.0	103.7	101.1	1.4	1.4
劳动力							
从业人员	150.0	142.2	120.7	106.1	101.3	2.7	2.4
#职工人数	156.3	142.2	120.2	105.6	100.4	3.0	2.3
国民生产总值	**378.7**	**326.5**	**201.2**	**138.9**	**113.2**	**9.3**	**9.1**
国民收入	**377.2**	**331.2**	**205.9**	**143.0**	**115.1**	**9.3**	**9.4**
固定资产投资							
1.全社会固定资产投资总额		1 367.7	489.9	280.0	158.6		17.8
2.国有单位固定资产投资	1 145.2	1 026.7	455.7	262.4	145.2	14.8	17.0
基本建设投资	921.3	825.8	429.6	270.9	153.2	12.4	15.2
更新改造及其他固定资产投资	1 512.9	1 356.9	418.6	246.5	144.6	18.7	17.1
3.集体单位固定资产投资		4 856.0	681.4	421.4	164.1		13.4
城　镇		2 615.0	468.0	367.3	164.7		8.4
农　村		7 092.1	818.7	445.6	164.0		16.1
国家财政收支							
1.国家财政收入	453.9	468.9	272.6	153.6	122.5	10.6	13.4
中　央	1 030.8	808.7	239.7	124.0	102.9	16.8	11.5
地　方	354.6	387.4	292.7	174.4	135.4	8.8	14.4
2.国家财政支出	475.9	436.0	286.6	153.2	120.5	11.0	14.1
中　央	375.7	300.8	234.0	142.6	107.7	9.2	11.2
地　方	564.4	592.6	330.3	160.2	129.5	12.2	16.1
3.预算外资金收入							
物价总指数(上年=100)							
1.农副产品收购价格总指数	314.8	240.7	188.6	114.9	113.4	7.9	8.3
2.零售物价总指数	254.9	235.8	199.0	122.8	113.2	6.4	9.0
3.居民消费价格总指数			208.4	126.2	114.7		9.6
工资							
1.职工工资总额	864.2	636.5	355.5	166.6	124.8	15.5	17.2
2.职工平均货币工资	451.9	364.7	242.0	129.9	103.0	10.6	11.7
居民消费水平	277.5	237.6	157.6	132.0	109.3	7.0	5.8
农　民	266.9	227.5	140.5	125.8	107.4	6.8	4.3
非农业居民	249.7	223.7	176.6	135.7	109.9	6.3	7.4
农业							
1.农林牧渔业总产值	242.5	222.3	150.0	118.9	107.8	6.1	5.2
2.主要农产品产量							
粮　食	149.8	142.4	120.4	102.3	103.1	2.7	2.3
棉　花	172.5	138.1	90.2	82.9	82.9	3.7	-1.3
油　料	345.7	234.5	114.3	111.8	109.9	8.6	1.7
甘　蔗	304.0	281.5	124.5	111.4	87.9	7.7	2.8
甜　菜	445.9	191.1	135.1	82.9	80.0	10.5	3.8

注：本表按可比价格计算。

续表 1

指标	1993年为以下各年%					平均增长%	
	1978	1980	1985	1990	1992	1979-1993	1986-1993
茶 叶	223.9	197.4	138.9	111.1	107.1	5.5	4.2
水 果	458.3	443.3	258.7	160.6	123.4	10.7	12.6
猪牛羊肉	376.7	267.6	183.2	128.3	109.7	9.2	7.9
水产品	391.2	405.1	258.6	147.4	117.1	9.5	12.6
工业							
1.工业总产值	592.1	507.6	301.5	175.9	128.0	12.6	14.8
2.主要工业产品产量							
布	184.0	150.7	138.4	107.5	106.4	4.2	4.1
机制纸及纸板	436.0	357.8	210.1	139.5	111.0	10.3	9.7
糖	339.6	300.0	171.0	132.5	93.0	8.5	6.9
家用电冰箱	21 310.7	12 177.6	412.1	1 288.8	122.8	43.0	19.4
电视机	5 863.1	1 217.1	181.9	113.0	105.8	31.2	7.8
#彩色电视机		44 867.5	329.8	139.0	107.7	73.2	16.1
家用洗衣机		3 656.5	101.0	135.2	126.5	95.0	0.1
录放音机		4 909.7	261.9	120.7	112.9	55.8	12.8
原 煤	186.1	185.5	131.9	106.5	103.0	4.2	3.5
原 油	139.6	137.1	116.3	105.0	102.2	2.2	1.9
发电量	327.2	279.3	204.4	135.1	111.4	8.2	9.3
钢	281.8	241.3	191.4	135.0	110.6	7.2	8.5
成品钢材	349.5	284.1	208.9	149.7	115.2	8.7	9.6
水 泥	563.9	460.7	252.1	175.4	119.4	12.2	12.3
3.国有独立核算工业企业主要财务指标							
年底固定资产原值	595.2	509.5	319.1	163.7	121.3	12.6	15.6
年底固定资产净值	597.8	526.3	334.2	164.5	121.1	12.7	16.3
利润和税金总额	310.4	270.6	184.0	163.3	126.3	7.8	7.9
运输邮电							
1.货物周转量	310.4	253.7	168.3	116.4	104.4	7.8	6.7
铁 路	223.7	209.1	147.1	112.5	103.3	5.5	4.9
公 路	1 485.8	532.9	240.5	121.2	108.4	19.7	11.6
水 运	366.8	274.3	180.0	119.6	104.6	9.1	7.6
管 道	141.4	123.8	100.8	97.0	98.5	2.3	0.1
空 运	1 700.0	1 700.0	425.0	212.5	130.8	20.8	19.8
2.旅客周转量	450.8	344.5	177.1	139.6	113.1	10.6	7.4
铁 路	318.7	251.8	144.2	133.3	110.5	8.0	4.7
公 路	710.4	507.0	214.6	141.3	115.9	14.0	10.0
水 运	194.1	151.9	109.5	118.8	99.0	4.5	1.1
空 运	1 707.1	1 195.0	408.5	207.8	117.7	20.8	19.2
3.沿海主要港口货物吞吐量	342.0	312.2	217.7	140.4	112.3	8.5	10.2
4.邮电业务总量	3 971.8	3 468.6	1 563.2	566.7	159.0	27.8	41.0
5.函 件	242.3	207.4	146.9	125.2	120.1	6.1	4.9

续表 2

指　　　标	1993年为以下各年%					平均增长%	
	1978	1980	1985	1990	1992	1979-1993	1986-1993
6.报刊期发数	226.8	155.3	84.6	127.1	101.6	5.6	-2.1
能源生产与消费							
能源生产总量	177.3	174.6	130.1	107.1	103.7	3.9	3.3
能源消费总量	195.6	185.4	145.8	113.2	102.4	4.6	4.8
国内商业							
1.社会商业商品购进总额	708.3	544.5	348.8	149.9	115.7	13.9	16.9
#工业品	758.2	611.1	389.0	163.2	118.7	14.5	18.5
农副产品	544.9	370.2	242.5	111.0	103.2	12.0	11.7
2.社会商品零售总额	872.1	635.2	315.7	163.8	123.6	15.5	15.5
对外经济贸易和国际旅游							
1.进出口总额	948.2	513.1	281.2	169.5	118.2	16.2	13.8
进口额	954.5	519.2	246.0	194.8	129.0	16.2	11.9
出口额	941.1	506.4	335.5	147.8	108.0	16.1	16.3
2.利用外资							
签订利用外资协议额			1 249.3	1 020.0	177.5		37.1
实际利用外资额			838.4	378.7	202.9		30.4
#外商直接投资			1 656.5	789.1	250.0		42.0
3.国际旅游							
来华旅游人数		728.2	232.9	151.2	109.0		11.1
旅游外汇收入		759.0	374.6	211.1	118.6		18.0
教育文化							
1.在校学生数							
高等学校	296.3	221.7	148.9	122.9	116.1	7.5	5.1
中等专业学校	317.2	226.9	179.5	125.7	117.1	8.0	7.6
普通中学	72.4	86.0	100.7	103.3	99.3	-2.1	0.1
小　学	84.9	84.9	92.9	101.5	101.8	-1.1	-0.9
2.出版数量							
图　书	157.3	129.2	88.9	105.1	93.5	3.1	-1.5
杂　志	309.2	209.8	91.8	131.3	99.6	7.8	-1.1
报　纸	150.7	137.2	96.4	120.0	101.9	2.8	-0.5
卫生							
医院床位数	150.6	141.0	125.4	106.5	101.9	2.8	2.9
卫生技术人员	167.1	147.1	120.7	105.6	101.1	3.5	2.4
#医　生	177.3	158.9	129.7	103.9	101.3	3.9	3.3

国民经济主要比例关系

单位:%

指　　标	1978年	1980年	1985年	1990年	1992年	1993年
1.国民生产总值中三次产业比例						
第一产业	28.4	30.4	29.7	28.4	23.8	21.2
第二产业	48.6	49.0	45.2	43.6	48.0	51.8
第三产业	23.0	20.6	24.8	28.0	28.2	27.0
2.国民收入生产额比例						
农　业	32.8	36.0	35.5	34.8	29.2	25.4
工　业	49.4	48.9	45.1	46.0	49.4	51.7
建筑业	4.2	5.0	5.8	5.8	7.4	8.2
运输业	3.9	3.4	3.7	5.5	4.8	4.5
商　业	9.8	6.7	9.9	8.0	9.1	10.2
3.国民收入使用额中积累消费比例						
积　累	36.5	31.5	35.0	32.8	34.4	38.7
消　费	63.5	68.5	65.0	67.2	65.6	61.3
在积累总额中:						
生产性	71.8	54.5	62.4	61.2	63.3	63.5
非生产性	28.2	45.5	37.6	38.8	36.7	36.5
在消费总额中:						
居民消费	88.6	87.8	86.9	84.9	84.4	84.8
社会消费	11.4	12.2	13.1	15.1	15.6	15.2
4.全社会固定资产投资的资金来源比例						
国家预算内投资	62.2	44.7	16.0	8.7	4.3	3.7
国内贷款	1.7	11.7	20.1	19.6	27.4	23.5
利用外资	4.2	7.2	3.6	6.3	5.8	7.3
自筹投资				52.4	51.2	49.9
其他投资	31.9	36.5	60.3	13.1	11.3	15.6
5.国有单位固定资产投资中能源工业、运输邮电业投资比例						
能源工业			21.8	29.0	22.1	19.6
运输邮电业			13.5	11.9	13.3	17.4
6.国家财政收入相当于国民生产总值的比例	31.2	24.3	21.8	18.7	17.0	16.2
7.国家财政收入相当于国民收入的比例	37.2	29.4	26.6	23.0	20.5	20.4
8.中央财政和地方财政收支比例						
收　入						
中央财政	14.7	19.3	37.9	41.3	39.7	33.3
地方财政	85.3	80.7	62.1	58.7	60.3	66.7
支　出						
中央财政	46.9	53.7	45.3	39.8	41.4	37.0
地方财政	53.1	46.3	54.7	60.2	58.6	63.0

续表 单位:%

指　　　　标	1978年	1980年	1985年	1990年	1992年	1993年
9.预算外资金收入相当于						
国家预算收入比例	31.0	53.5	83.3	86.4	97.7	
10.预算外资金收入比例						
地方财政预算外资金收入	9.0	7.3	2.9	2.2	2.4	
行政事业单位预算外资金收入	18.3	13.4	15.2	21.3	23.0	
国有企业和主管部门						
预算外资金收入	72.8	79.3	81.9	76.5	74.7	
11.工业总产值中轻重工业比例						
轻工业	43.1	47.1	47.1	49.4	47.2	44.0
重工业	56.9	52.8	52.9	50.6	52.8	56.0
12.农业总产值中五业的比例						
农作物种植业	80.0	75.6	69.2	64.6	61.5	60.1
林　业	3.4	4.3	5.2	4.3	4.6	4.5
牧　业	15.0	18.4	22.1	25.7	27.1	27.4
副　业	3.3	4.0	6.3	6.2	6.1	
渔　业	1.6	1.7	3.5	5.4	6.8	8.0
13.轻工业总产值内部比例						
以农产品为原料	68.4	68.4	70.9	69.7	67.8	65.9
以非农产品为原料	31.6	31.6	29.1	30.3	32.2	34.1
14.重工业总产值内部比例						
采掘工业	12.0	11.3	12.7	12.1	10.5	10.3
原料工业	35.5	37.8	36.8	41.6	41.0	43.1
加工工业	52.5	50.9	50.5	46.3	48.5	46.6
15.货运量中各种运输方式比例						
铁　路	44.2	20.4	17.5	15.5	15.1	14.6
公　路	34.2	69.9	72.1	74.6	74.7	75.3
水　运	17.4	7.8	8.5	8.3	8.8	8.8
民用航空	...	...	...	...	...	...
管道输油(气)	4.2	1.9	1.8	1.6	1.4	1.3
16.货物周转量中各种						
运输方式比例						
铁　路	54.4	47.5	44.8	40.5	39.6	39.2
公　路	2.8	6.4	9.3	12.8	12.9	13.3
水　运	38.4	42.0	42.5	44.2	45.4	45.4
民用航空	...	...	...	...	...	0.1
管道输油(气)	4.4	4.1	3.3	2.4	2.1	2.0

注:本表价值指标除轻重工业内部比例1980年及以前各年按不变价格计算外，其他均按当年价格计算。

国民生产总值和指数

年　份	国民生产总值	国内生产总值	第一产业	第二产业	#工业
绝对值（亿元）					
1978	3 588.1	3 588.1	1 018.4	1 745.2	1 607.0
1979	3 998.1	3 998.1	1 258.9	1 913.5	1 769.7
1980	4 470.0	4 470.0	1 359.4	2 192.0	1 996.5
1981	4 773.0	4 775.1	1 545.6	2 255.5	2 048.4
1982	5 193.0	5 182.3	1 761.6	2 383.0	2 162.3
1983	5 809.0	5 787.0	1 960.8	2 646.2	2 375.6
1984	6 962.0	6 928.2	2 295.5	3 105.7	2 789.0
1985	8 557.6	8 527.4	2 541.6	3 866.6	3 448.7
1986	9 696.3	9 687.6	2 763.9	4 492.7	3 967.0
1987	11 301.0	11 307.1	3 204.3	5 251.6	4 585.8
1988	14 068.2	14 074.2	3 831.0	6 587.2	5 777.2
1989	15 993.3	15 997.6	4 228.0	7 278.0	6 484.0
1990	17 695.3	17 681.3	5 017.0	7 717.4	6 858.0
1991	20 236.3	20 188.3	5 288.6	9 102.2	8 087.1
1992	24 378.9	24 362.9	5 800.0	11 699.5	10 284.5
1993	31 342.3	31 380.3	6 650.0	16 244.9	14 140.0
指数(以上年为100)					
1978	111.7	111.7	104.1	115.0	116.4
1979	107.6	107.6	106.1	108.2	108.7
1980	107.9	107.9	98.5	113.6	112.7
1981	104.4	104.5	107.0	101.9	101.7
1982	108.8	108.5	111.5	105.6	105.8
1983	110.4	110.2	108.3	110.4	109.7
1984	114.7	114.5	112.9	114.5	114.9
1985	112.8	112.9	101.8	118.6	118.2
1986	108.1	108.5	103.3	110.2	109.6
1987	110.9	111.1	104.7	113.7	113.2
1988	111.3	111.3	102.5	114.5	115.3
1989	104.4	104.3	103.1	103.8	105.1
1990	104.1	103.9	107.3	103.2	103.4
1991	108.2	108.0	102.4	113.3	113.8
1992	113.4	113.6	104.7	121.8	121.9
1993	113.2	113.4	104.0	120.4	121.1

续表

年份	#建筑业	第三产业	#运输邮电	#商业	人均国民生产总值（元）
绝对值（亿元）					
1978	138.2	824.5	172.8	265.5	375
1979	143.8	825.7	184.2	220.2	413
1980	195.5	918.6	205.0	213.6	456
1981	207.1	974.0	211.1	227.9	480
1982	220.7	1 037.7	236.7	159.6	515
1983	270.6	1 180.0	264.9	171.0	568
1984	316.7	1 527.0	327.1	285.1	671
1985	417.9	2 119.2	406.9	577.0	814
1986	525.7	2 431.0	475.6	596.6	909
1987	665.8	2 851.2	544.9	714.2	1 042
1988	810.0	3 656.0	661.0	980.0	1 277
1989	794.0	4 491.6	786.0	1 012.0	1 430
1990	859.4	4 946.9	1 117.6	837.0	1 559
1991	1 015.1	5 797.5	1 277.0	1 245.5	1 758
1992	1 415.0	6 863.4	1 535.9	1 449.3	2 093
1993	2 104.9	8 485.4	1 901.0	1 782.4	2 663
指数(以上年为100)					
1978	99.4	113.8	108.9	123.1	110.2
1979	102.0	107.8	107.7	108.8	106.1
1980	126.7	106.0	105.7	98.7	106.5
1981	103.2	106.9	101.9	118.8	103.1
1982	103.4	110.6	111.7	94.1	107.2
1983	117.1	112.6	110.0	112.4	108.8
1984	110.9	117.1	115.0	113.9	113.2
1985	122.2	116.6	113.5	122.7	111.3
1986	115.9	111.1	112.8	106.7	106.6
1987	117.9	112.9	110.0	110.6	109.1
1988	108.0	113.6	113.3	112.5	109.5
1989	91.6	106.7	104.7	90.9	102.8
1990	101.2	102.1	108.6	93.7	102.5
1991	109.6	105.5	108.5	103.5	106.7
1992	121.0	108.9	110.6	102.6	112.2
1993	115.0	109.3	110.4	107.4	111.8

注：1. 本表绝对数按当年价格计算，指数按可比价格计算。
2. 1980年以后一、二、三产业之和与国民生产总值的差额为国外净要素收入。
3. 各行业增加值中包括基本折旧和大修理基金。

人 口 数 及 构 成

（年 底 数）

年份	总人口（万人）	按性别分				按城乡分			
		男		女		市镇总人口		乡村总人口	
		人口数（万人）	比重（%）	人口数（万人）	比重（%）	人口数（万人）	比重（%）	人口数（万人）	比重（%）
1952	57 482	29 833	51.90	27 649	48.10	7 163	12.46	50 319	87.54
1957	64 653	33 469	51.77	31 184	48.23	9 949	15.39	54 704	84.61
1962	67 295	34 517	51.29	32 778	48.71	11 659	17.33	55 636	82.67
1965	72 538	37 128	51.18	35 410	48.82	13 045	17.98	59 493	82.02
1970	82 992	42 686	51.43	40 306	48.57	14 424	17.38	68 568	82.62
1975	92 420	47 564	51.47	44 856	48.53	16 030	17.34	76 390	82.66
1978	96 259	49 567	51.49	46 692	48.51	17 245	17.92	79 014	82.08
1980	98 705	50 785	51.45	47 920	48.55	19 140	19.39	79 565	80.61
1985	105 851	54 725	51.70	51 126	48.30	25 094	23.71	80 757	76.29
1986	107 507	55 581	51.70	51 926	48.30	26 366	24.52	81 141	75.48
1987	109 300	56 290	51.50	53 010	48.50	27 674	25.32	81 626	74.68
1988	111 026	57 201	51.52	53 825	48.48	28 661	25.81	82 365	74.19
1989	112 704	58 099	51.55	54 605	48.45	29 540	26.21	83 164	73.79
1990	114 333	58 904	51.52	55 429	48.48	30 191	26.41	84 142	73.59
1991	115 823	59 466	51.34	56 357	48.66	30 543	26.37	85 280	73.63
1992	117 171	59 811	51.05	57 360	48.95	32 372	27.63	84 799	72.37
1993	118 517	60 472	51.02	58 045	48.98	33 351	28.14	85 166	71.86

注：1. 本表各年人口包括大陆30个省、自治区、直辖市和现役军人数字。

2. 1949-1981年市镇总人口是指辖区内全部人口；乡村总人口是指县人口，但不包括镇人口。

3. 1982年以后数字，是根据第四次人口普查数据调整的。市镇总人口指设区的市所辖的区人口、不设区的市所辖街道人口和所辖镇的居民委员会人口以及县辖镇的居民委员会人口；乡村总人口是指除市镇人口以外的人口。

人口出生率、死亡率、自然增长率

单位：‰

年份	全国			市			县		
	出生率	死亡率	自然增长率	出生率	死亡率	自然增长率	出生率	死亡率	自然增长率
1952	37.00	17.00	20.00						
1957	34.03	10.80	23.23	44.48	8.47	36.01	32.81	11.07	21.74
1962	37.01	10.02	26.99	35.46	8.28	27.18	37.27	10.32	26.95
1965	37.88	9.50	28.38	26.59	5.69	20.90	39.53	10.06	29.47
1970	33.43	7.60	25.83						
1975	23.01	7.32	15.69	14.71	5.39	9.32	24.17	7.59	16.58
1978	18.25	6.25	12.00	13.56	5.12	8.44	18.91	6.42	12.49
1980	18.21	6.34	11.87	14.17	5.48	8.69	18.82	6.47	12.35
1985	21.04	6.78	14.26						
1986	22.43	6.86	15.57						
1987	23.33	6.72	16.61						
1988	22.37	6.64	15.73						
1989	21.58	6.54	15.04	16.73	5.78	10.95	23.27	6.81	16.46
1990	21.06	6.67	14.39	16.14	5.71	10.43	22.80	7.01	15.79
1991	19.68	6.70	12.98	15.49	5.50	9.99	21.17	7.13	14.04
1992	18.24	6.64	11.60	15.47	5.77	9.70	19.09	6.91	12.18
1993	18.09	6.64	11.45	15.37	5.99	9.38	19.06	9.89	12.17

注：1982-1989年数据是根据1982、1990年两次人口普查推算数，1990年以后是人口变动情况抽样调查数，其余均为公安年报数。

从 业 人 员

（年底数）　　　　单位：万人

年份	从业人员合计	职工	国有单位	城镇集体单位	其他单位	城镇个体劳动者	乡村劳动者
1952	20 729	1 603	1 580	23		883	18 243
1957	23 771	3 101	2 451	650		104	20 566
1962	25 910	4 321	3 309	1 012		216	21 373
1965	28 670	4 965	3 738	1 227		171	23 534
1970	34 432	6 216	4 792	1 424		96	28 120
1975	38 168	8 198	6 426	1 772		24	29 946
1978	40 152	9 499	7 451	2 048		15	30 638
1980	42 361	10 444	8 019	2 425		81	31 836
1985	49 873	12 358	8 990	3 324	44	450	37 065
1986	51 282	12 809	9 333	3 421	55	483	37 990
1987	52 783	13 214	9 654	3 488	72	569	39 000
1988	54 334	13 608	9 984	3 527	97	659	40 067
1989	55 329	13 742	10 108	3 502	132	648	40 939
1990	56 740	14 059	10 346	3 549	164	671	42 010
1991	58 360	14 508	10 664	3 628	216	760	43 093
1992	59 432	14 792	10 889	3 621	282	838	43 802
1993	60 220	14 849	10 920	3 393	536	1 116	44 256

注：1983年以前的其他单位包括在国有单位中。

职工平均工资及指数

年份	平均货币工资（元）				指数（以上年为100） 货币工资				实际工资			
	全部职工	国有单位职工	城镇集体单位职工	其他单位职工	全部职工	国有单位职工	城镇集体单位职工	其他单位职工	全部职工	国有单位职工	城镇集体单位职工	其他单位职工
1957	624	637	571		103.8	104.4	104.4		101.2	101.8	101.7	
1962	551	592	405		108.0	110.2	106.6		104.1	106.2	102.7	
1965	590	652	398		100.7	98.6	111.2		101.9	99.8	112.5	
1970	561	609	405		97.6	98.5	92.3		97.6	98.5	92.3	
1975	580	613	453		99.3	98.6	102.7		98.9	98.2	102.3	
1978	615	644	506		106.8	107.0	105.9		106.0	106.2	105.1	
1980	762	803	623		114.1	113.9	114.9		106.1	106.0	106.9	
1985	1 148	1 213	967	1 436	117.9	117.3	119.2	137.0	105.3	104.8	106.6	122.5
1986	1 329	1 414	1 092	1 629	115.8	116.6	112.9	113.4	108.2	108.9	105.5	106.0
1987	1 459	1 546	1 207	1 879	109.8	109.3	110.5	115.3	100.9	100.5	101.6	106.0
1988	1 747	1 853	1 426	2 382	119.7	119.9	118.1	126.8	99.2	99.3	97.9	105.0
1989	1 935	2 055	1 557	2 707	110.8	110.9	109.2	113.6	95.2	95.4	93.9	97.7
1990	2 140	2 284	1 681	2 987	110.6	111.1	108.0	110.3	109.2	109.7	106.6	108.9
1991	2 340	2 477	1 866	3 468	109.3	108.5	111.0	116.1	104.0	103.2	105.6	110.5
1992	2 711	2 878	2 109	3 966	115.9	116.2	113.0	114.4	106.7	107.0	104.1	105.3
1993	3 371	3 532	2 592	4 966	124.3	122.7	122.9	125.2	107.1	105.7	105.9	107.9

各时期中央财政和地方财政收支总额

单位：亿元

年　　份	财政收入	中　　央	地　　方	财政支出	中　　央	地　　方
"一五"时期	1 354.9	615.2	739.7	1 345.7	997.3	348.4
"二五"时期	2 116.6	480.4	1 636.2	2 288.7	1 101.6	1 187.1
1963—1965年	1 215.1	335.8	879.3	1 205.0	718.9	486.1
"三五"时期	2 529.0	790.1	1 738.9	2 518.5	1 538.0	980.5
"四五"时期	3 919.7	576.4	3 343.3	3 919.4	2 125.1	1 794.3
"五五"时期	4 960.7	774.5	4 186.1	5 247.4	2 590.2	2 657.2
"六五"时期	6 830.7	2 087.6	4 743.1	6 952.0	3 395.1	3 556.8
1985	1 866.4	707.9	1 158.5	1 844.8	836.5	1 008.2
"七五"时期	13 517.7	5 341.4	8 176.2	13 978.3	5 532.6	8 445.7
1986	2 260.3	916.7	1 343.6	2 330.8	962.3	1 368.6
1987	2 368.9	905.8	1 463.1	2 448.5	1 031.9	1 416.6
1988	2 628.0	1 045.5	1 582.5	2 706.6	1 060.4	1 646.2
1989	2 947.9	1 105.5	1 842.4	3 040.2	1 105.2	1 935.0
1990	3 312.6	1 367.9	1 944.7	3 452.2	1 372.8	2 079.4
"八五"时期						
1991	3 610.9	1 399.7	2 211.2	3 813.6	1 517.7	2 295.8
1992	4 153.1	1 649.2	2 503.9	4 389.7	1 817.9	2 571.8
1993	5 088.2	1 696.7	3 391.5	5 287.4	1 957.2	3 330.2

注：　中央财政收入和地方财政收入是各级负责组织征收的收入数，不是按财政体制计算的收入分成数。收入中包括了国外借款数。

中央和地方预算外资金收支

单位：亿元

年　　份	预算外资金收　　入	中　　央	地　　方	预算外资金支　　出	中　　央	地　　方
1982	802.74	270.70	532.04	734.53	227.05	507.48
1983	967.68	359.90	607.78	875.81	300.38	575.43
1984	1 188.48	470.54	717.94	1 114.74	420.24	694.50
1985	1 530.03	636.10	893.93	1 375.03	562.05	812.98
1986	1 737.31	716.63	1 020.68	1 578.37	640.94	937.43
1987	2 028.80	828.03	1 200.77	1 840.75	741.61	1 099.14
1988	2 270.00	907.15	1 453.62	2 145.27	842.86	1 302.41
1989	2 658.83	1 072.28	1 586.55	2 503.10	975.87	1 527.23
1990	2 708.64	1 073.28	1 635.36	2 707.06	1 037.69	1 669.37
1991	3 243.31	1 381.11	1 862.20	3 092.26	1 263.27	1 828.99
1992	3 854.92	1 707.73	2 147.19	3 649.90	1 592.81	2 057.09

注：1. 预算外收入数未包括大集体企业的税后利润。
　　2. 1982年预算外资金开始建立年度统计报告。

国际收支概况

单位：亿美元

项　　目	1985年	1990年	1991年	1992年	1993年
一、经常项目差额	**-114.17**	**119.97**	**132.72**	**64.02**	**-119.02**
(一)对外贸易差额	-131.23	91.65	87.43	51.82	-106.55
1. 出口	251.08	515.19	589.19	695.68	756.59
2. 进口	-382.31	-423.54	-501.76	-643.86	-863.13
(二)非贸易往来差额	14.63	25.58	36.98	0.63	-24.20
1. 货运收入	8.67	21.63	15.20	17.80	18.43
货运支出	-12.92	-22.33	-24.06	-41.51	-54.95
2. 港口供应与劳务收入	3.60	2.89	3.38	3.68	2.45
港口供应与劳务支出	-3.00	-11.06	-3.15	-4.49	-3.45
3. 旅游收入	12.50	22.18	28.40	39.47	46.83
旅游支出	-3.14	-4.70	-5.11	-25.12	-27.97
4. 投资收支差额	8.41	10.56	8.40	2.49	-12.82
(1) 利润收入	0.06				
利润支出	-0.14	-0.46	-0.10	-0.22	-2.30
(2) 利息收入	4.84	6.68	7.47	6.14	5.35
利息支出	-0.68	-3.80	-8.70	-18.86	-20.79
(3) 银行收入	8.97	23.50	29.72	49.81	38.55
银行支出	-4.64	-15.36	-19.99	-34.38	-33.64
5. 其他非贸易往来收入	6.68	11.84	22.80	31.54	41.27
其他非贸易往来支出	-6.17	-5.43	-8.88	-23.23	-33.99
(三)资金转让差额	2.43	2.74	8.31	11.57	11.73
1. 侨汇收入	1.80	1.24	2.07	2.29	1.08
侨汇支出	-0.03	-0.05	-0.18	-0.15	-0.15
2. 无偿援助捐赠收入	1.96	0.59	2.14	2.12	2.29
无偿援助捐赠支出	-1.45	-0.76	-0.10		-0.67
3. 国际组织往来收入	0.62	0.84	1.92	1.73	1.60
国际组织往来支出	-0.41	-0.15	-0.09	-0.33	-0.33
4. 居民其他收支差额	-0.06	1.03	2.55	5.91	7.91
二、资本往来项目差额	**89.72**	**32.56**	**80.32**	**-2.50**	**234.72**
(一)长期资本往来差额	67.01	64.54	76.70	6.56	274.11
长期资本流入	95.31	116.11	128.58	276.42	503.54
长期资本流出	-28.30	-51.57	-51.88	-269.86	-229.43
1. 外国在华直接投资	16.59	34.87	43.66	111.56	275.15
我国在海外直接投资	-6.29	-8.30	-9.13	-40.00	-44.00

续表 单位：亿美元

项目	1985年	1990年	1991年	1992年	1993年
2. 外国在华证券投资	7.64		5.65	3.93	36.47
我国在海外证券投资	-22.63	-2.41	-3.30	-4.50	-5.97
3. 外国政府贷款	4.86	14.41	10.26	15.01	26.50
偿还外国政府贷款		-5.78	-3.42	-6.29	-9.22
4. 国际组织贷款	5.31	13.11	13.41	15.83	21.37
偿还国际组织贷款		-2.12	-2.74	-2.02	-2.12
5. 银行对外借款	26.92	13.46	27.43	27.68	3.80
银行偿还借款	-5.21	-8.99	-16.46	-59.96	-2.49
6. 延期付款差额	-1.62	2.42	1.19	0.80	0.45
7. 延期收款差额	-7.03	-0.51	0.22	0.84	-3.74
8. 地方、部门对外借款	2.41	21.36	9.70	6.59	13.21
地方、部门偿还借款	-0.39	-9.69	-4.37	-29.30	-34.10
9.“三来一补”外商提供设备	2.70	2.37	2.93	2.76	0.55
偿还“三来一补”设备款	-0.71	-2.10	-2.35	-8.14	-0.53
10. 国际租赁应付设备款	0.27	6.19	6.87	7.97	16.19
11. 我国对外提供贷款	-2.25	-1.95	-1.30	-1.47	-2.06
收回对外贷款本金	0.23	0.48	0.63	0.07	0.35
12. 其他资本往来差额	0.98	0.31	0.19	-32.11	-15.70
(二)短期资本往来差额	22.71	-31.98	3.62	-9.06	-39.39
1. 延期付款差额	0.29	0.72	-0.71		
2. 延期收款差额	-2.93	-0.64	-1.30		
3. 银行借还款差额	25.17	-27.62	5.58	24.41	-5.46
4. 地方、部门借还款差额	0.68	-1.15		1.40	1.75
5. 其他资本往来差额	-0.50	-3.29	0.05	-34.87	-35.68
三、误差与遗漏	**0.92**	**-31.31**	**-67.92**	**-82.74**	**-98.04**
四、储备资产增减额	**23.52**	**-121.22**	**-145.12**	**21.22**	**-17.67**
(一)外汇	25.07	-115.72	-140.71	22.69	-17.56
(二)在国际货币基金储备	-0.77		-0.03	-3.25	0.54
(三)特别提款权	-0.77	-0.58	-0.15	1.78	-0.65
(四)对基金信贷的使用		-4.92	-4.12		
(五)黄金储备			-0.11		

注：1. 进出口皆为离岸价。

2. 储备资产增加为“－”。

保险业务经济技术指标

项　　目	1985	1990	1991	1992	1993
国内业务					
承保额　(亿元)	6 895	19 366	22 976	36 909	73 156
企业财产	5 668	14 705	17 102	28 677	20 152
运输工具	724	2 337	2 952	4 605	5 194
家庭财产	503	2 324	2 922	3 627	3 847
保　费　(万元)	257 297	1 557 614	2 097 054	3 351 526	4 568 712
企业财产险	100 569	278 483	324 456	400 476	423 739
家庭财产险	7 760	92 981	151 243	286 927	711 650
运输工具及责任险	90 984	409 479	506 748	697 887	892 638
货物运输险	12 079	137 038	145 610	142 671	172 603
养老金险	17 650	232 551	331 378	530 876	353 335
人身意外伤害险	14 816	95 557	118 982	175 479	252 082
简易人身险	8 747	162 689	181 344	232 292	254 128
农业险	4 330	19 248	45 504	81 690	56 130
其他险	344	129 588	291 789	803 228	1 452 407
已决赔款　(万元)	125 371	683 047	1 142 860	1 591 268	2 547 619
企业财产险	47 449	97 858	252 704	225 309	231 186
家庭财产险	4 948	46 822	103 492	130 397	70 706
运输工具及责任险	64 245	230 364	314 025	456 952	654 197
货物运输险	1 312	27 975	40 490	46 077	62 580
养老金险	24	131 161	161 874	235 142	90 908
人身意外伤害险	1 880	37 656	47 329	74 167	124 035
简易人身险	180	57 699	95 422	134 458	157 930
农业险	5 264	16 722	54 194	81 462	64 691
其他险	69	36 790	73 330	207 304	1 091 386
国外业务					
承保额　(亿美元)		599	590	1 420	20 418
进口货物运输		198	194	195	1 338
出口远洋货运		144	166	195	1 186
出口港澳货运		99	111	126	730
船　舶		158	119	194	1 010
保　费　(万美元)	23 472	42 318	46 321	34 206	427 718
进口货物运输险	7 323	6 272	6 892	7 116	41 561
出口远洋货物运输险	4 450	10 394	11 125	12 263	73 516
出口港澳货物险	1 719	3 861	4 248	4 542	24 614
船舶险	3 213	3 518	4 208	6 057	43 133
海上石油险	1 442	952	973	1 420	14 084
飞机险		1 555	2 275	2 808	34 070
其他险	80	15 766	16 600		196 740
已决赔款　(万美元)	5 555	24 520	14 721	15 853	237 839
进口货物运输险	1 639	3 453	2 633	3 614	24 162
出口远洋货物运输险	1 150	3 173	3 668	4 997	32 143
出口港澳货物运输险	161	660	743	1 111	7 080
船舶险	634	4 372	2 102	4 475	27 369
海上石油险	1 355	199	426	694	2 508
飞机险		8 467	365	962	37 710
其他险	69	4 196	5 514		106 867
年内平均职工人数(人)	38 826	82 078	87 966	97 216	93 674
年末实有职工人数(人)	46 665	84 750	93 394	105 638	99 399
年内费用支出　(万元)	11 535	163 093	215 682	323 800	419 011
增加值　(万元)	88 575	385 759	367 620	330 017	217 002

注：1993年国外业务部分改为按人民币结算。

各种物价总指数

（上年=100）

年份	全国零售物价总指数	全国居民消费价格总指数	城镇居民消费价格总指数	农民消费价格总指数	农副产品收购价格总指数	农村工业品零售价格总指数	工农业商品综合比价指数（以农副产品收购价格总指数为100）
1952	99.6		102.7		101.7	99.5	97.8
1957	101.5		102.6		105.0	101.2	96.4
1962	103.8		103.8		99.4	104.5	105.1
1965	97.3		98.8		99.2	96.3	97.1
1970	99.8		100.0		100.1	99.8	99.7
1975	100.2		100.4		102.1	100.0	97.9
1978	100.7		100.7		103.9	100.0	96.2
1980	106.0		107.5		107.1	100.8	94.1
1985	108.8	109.3	111.9	107.6	108.6	103.2	95.0
1986	106.0	106.5	107.0	106.1	106.4	103.2	97.0
1987	107.3	107.3	108.8	106.2	112.0	104.8	93.6
1988	118.5	118.8	120.7	117.5	123.0	115.2	93.7
1989	117.8	118.0	116.3	119.3	115.0	118.7	103.2
1990	102.1	103.1	101.3	104.5	97.4	104.6	107.4
1991	102.9	103.4	105.1	102.3	98.0	103.0	105.1
1992	105.4	106.4	108.6	104.7	103.4	103.1	99.7
1993	113.2	114.7	116.1	113.7	113.4	111.8	98.6

注：本表零售物价总指数，居民消费价格总指数是包括牌价、议价和市价的指数。农副产品收购价格总指数是包括牌价、议价和超购加价（1985年起为合同订购价、比例价和议价等市场收购价）的指数。

全国零售物价分类指数

（上年=100）

年份	总指数	一、消费品	#食品类	#衣着类	#日用品类	#文化娱乐用品类	#药及医疗用品类	#建筑装璜材料类	#燃料类	二、农业生产资料
1952	99.6	99.5	101.4	100.9	101.1	98.0	96.0		104.1	105.6
1957	101.5	101.7	102.6	100.4	100.3	98.9	99.5		103.7	99.8
1962	103.8	102.7	104.4	101.3	109.2	107.2	102.1		101.5	108.0
1965	97.3	98.1	100.3	100.1	96.4	96.3	95.1		97.4	95.3
1970	99.8	99.8	99.7	100.0	100.0	100.0	83.7		100.0	100.0
1975	100.2	100.8	100.5	100.0	99.8	100.2	99.4		99.9	99.9
1978	100.7	101.5	101.5	100.2	100.1	100.6	100.5		100.1	99.9
1980	106.0	107.1	110.5	100.0	101.6	95.5	100.9		100.7	101.0
1985	108.8	109.4	114.4	100.9	102.7	101.5	103.8		104.0	104.8
1986	106.0	106.5	107.4	103.2	106.1	101.0	102.0		103.9	101.1
1987	107.3	107.4	110.1	103.5	106.1	102.5	104.6		103.6	107.0
1988	118.5	119.0	123.0	112.7	112.2	114.1	124.8	121.4	116.1	116.2
1989	117.8	117.5	116.2	118.1	115.3	114.3	121.2	118.7	127.4	118.9
1990	102.1	101.6	100.3	107.1	101.9	97.5	102.4	97.0	108.2	105.5
1991	102.9	102.9	103.3	104.1	101.5	96.2	103.4	100.8	115.6	102.9
1992	105.4	105.6	107.7	102.8	101.4	95.7	109.1	106.5	114.6	103.7
1993	113.2	113.0	114.3	106.2	107.9	101.6	109.2	128.8	135.0	114.1

全社会固定资产投资

指　　标	1985年	1989年	1990年	1991年	1992年	1993年
一、投资总额（亿元）	2 543.19	4 137.73	4 449.29	5 508.80	7 854.98	12 457.88
1. 按经济类型分						
国有单位	1 680.51	2 535.48	2 918.64	3 628.11	5 273.64	7 657.97
基本建设	1 074.37	1 551.74	1 703.81	2 115.80	3 012.65	4 615.50
更新改造	449.14	788.78	830.19	1 023.23	1 461.10	2 195.85
其他固定资产投资	157.00	194.97	199.07	238.64	293.81	361.69
集体单位	327.46	569.99	529.48	697.80	1 359.35	2 231.34
城　镇	128.23	185.63	163.38	203.83	364.49	600.15
农　村	199.23	384.36	366.10	493.98	994.86	1 631.19
城乡个人	535.22	1 032.26	1 001.17	1 182.88	1 221.99	1 476.23
城　镇	56.79	140.23	124.70	140.32	216.47	338.50
农　村	478.43	892.03	876.47	1 042.56	1 005.52	1 137.73
2. 按资金来源分						
国家预算内投资	407.80	341.62	387.65	372.95	334.20	463.87
国内贷款	510.27	716.36	870.88	1 292.19	2 152.02	2 925.81
利用外资	91.48	274.15	278.26	316.27	457.14	907.29
自筹投资		2 355.50	2 329.49	2 878.61	4 024.63	6 218.75
其他投资	1 533.64	450.09	583.01	648.79	886.99	1 942.14
3. 按构成分						
建筑安装工程	1 655.46	2 812.57	2 962.84	3 594.26	5 018.65	7 856.20
设备、工具、器具购置	718.08	1 048.71	1 148.39	1 435.21	2 063.91	3 144.40
其他费用	169.65	276.45	338.08	479.33	772.42	1 457.28
4. 按用途分						
生产性建设	1 544.10	2 571.97	2 768.28	3 453.39	5 166.14	
非生产性建设	999.09	1 565.76	1 681.01	2 055.41	2 688.84	
# 住宅	641.63	1 063.84	1 164.48	1 417.41	1 716.91	
二、房屋建筑面积(万平方米)						
施工面积	148 859	131 788	137 171	152 813	172 173	182 327
竣工面积	122 084	105 749	107 793	119 107	114 800	122 021
# 住宅	90 972	83 197	86 289	94 002	85 017	80 779

注：1.1990～1993年投资中不含未列入计划的 2～5 万元零星固定资产投资。

2.其他固定资产投资包括油田维护、开发和采掘采伐工业开拓延伸工程投资，用公路养路费进行的公路、桥梁改建工程和用简易建筑费建造的仓库工程投资。

3.1993年投资总额按经济类型分的还包括：联营经济、股份制经济、中外合资经营、中外合作经营、外资与大陆合资经营、外资与大陆合作经营、港澳台独资和其他经济1092.34亿元。

进出口贸易总额

年份	按人民币计算（亿元）				按美元计算（亿美元）			
	进出口总额	出口总额	进口总额	差额	进出口总额	出口总额	进口总额	差额
1952	64.6	27.1	37.5	-10.4	19.4	8.2	11.2	-3.0
1957	104.5	54.5	50.0	4.5	31.0	16.0	15.0	1.0
1962	80.9	47.1	33.8	13.3	26.6	14.9	11.7	3.2
1965	118.4	63.1	55.3	7.8	42.5	22.3	20.2	2.1
1970	112.9	56.8	56.1	0.7	45.9	22.6	23.3	-0.7
1975	290.4	143.0	147.4	-4.4	147.5	72.6	74.9	-2.3
1978	355.0	167.6	187.4	-19.8	206.4	97.5	108.9	-11.4
1980	570.0	271.2	298.8	-27.6	381.4	181.2	200.2	-19.0
1985	2 066.7	808.9	1 257.8	-448.9	696.0	273.5	422.5	-149.0
1986	2 580.4	1 082.1	1 498.3	-416.2	738.5	309.4	429.0	-119.6
1987	3 084.2	1 470.0	1 614.2	-144.2	826.5	394.4	432.2	-37.8
1988	3 822.0	1 766.7	2 055.3	-288.6	1 027.9	475.2	552.8	-77.6
1989	4 155.9	1 956.0	2 199.9	-243.9	1 116.8	525.4	591.4	-66.0
1990	5 560.1	2 985.8	2 574.3	411.5	1 154.4	620.9	533.5	87.5
1991	7 225.8	3 827.1	3 398.7	428.4	1 356.3	718.4	637.9	80.5
1992	9 119.6	4 676.3	4 443.3	233.0	1 655.3	849.4	805.9	43.5
1993	11 271.0	5 285.3	5 985.7	-700.4	1 957.1	917.6	1 039.5	-121.9

注：1.本表1979年以前为外贸业务统计数，1980年以后为海关进出口统计数。
2.进出口差额负数为入超。

旅游事业发展情况

指标	1980年	1985年	1988年	1990年	1991年	1992年	1993年
一、旅游人数总计(万人)	570.25	1 783.31	3 169.48	2 746.18	3 334.98	3 811.49	4 152.69
外国人	52.91	137.05	184.22	174.73	271.01	400.64	465.59
华侨	3.44	8.48	7.93	9.11	13.34	16.51	16.62
港澳和台湾同胞	513.90	1 637.78	2 977.33	2 562.34	3 050.63	3 394.34	3 670.48
在旅游人数总计中：							
国际旅行社接待的	21.87	46.88	52.62	11.02	18.79	64.69	74.07
中国旅行社接待的	69.47	77.33	110.39	106.46	106.59	96.23	82.02
二、旅游外汇收入总额(亿美元)	6.17	12.50	22.47	22.18	28.45	39.47	46.83

海关进出口商品分类金额

单位：亿美元

商品类别	1992		1993	
	出口	进口	出口	进口
总额	**849.40**	**805.85**	**917.63**	**1 039.50**
活动物；动物产品	**27.90**	**5.10**	**25.63**	**5.50**
活动物	4.79	0.20	4.53	0.19
肉及食用杂碎	3.72	0.57	3.47	0.68
鱼、甲壳动物、软体动物及其他水生无脊椎动物	13.66	3.23	12.54	3.64
乳品；蛋品；天然蜂蜜；其他食用动物产品	1.59	0.69	1.43	0.57
植物产品	**42.80**	**19.87**	**43.72**	**12.77**
食用蔬菜、根及块茎	10.53	0.38	11.34	0.25
食用水果及坚果；甜瓜或柑桔属水果的果皮	2.83	0.41	3.45	0.45
咖啡、茶、马黛茶及调味香料	4.63	0.24	4.65	0.14
谷物	14.85	16.77	14.73	9.97
含油子仁及果实；杂项子仁及果实；工业用或药用植物；稻草、秸秆及饲料	8.55	1.16	7.93	1.03
动植物油脂及分解产品；精制食用油脂；动植物蜡	**1.40**	**5.40**	**2.07**	**5.16**
食品、饮料、酒及醋；烟草及代用品的制品	**32.95**	**10.93**	**36.20**	**8.43**
肉鱼甲壳和软体动物及其他水生无脊椎动物制品	3.95	0.07	6.02	0.05
糖及糖食	6.72	2.73	6.55	1.33
谷物、粮食粉、淀粉或乳的制品；糕饼点心	1.28	0.16	1.23	0.24
蔬菜水果坚果或植物其他部分的制品	6.88	0.14	6.84	0.26
饮料、酒及醋	3.29	0.35	2.99	0.47
烟草、烟草及烟草代用品的制品	4.41	2.04	6.40	2.00
矿产品	**56.17**	**47.81**	**48.75**	**71.57**
盐；硫磺；泥土及石料；石膏料、石灰及水泥	8.23	0.61	6.92	1.24
矿砂、矿渣及矿灰	1.02	11.49	0.74	12.14
矿物燃料、矿物油及蒸馏产品；沥青物质；矿物蜡	46.92	35.71	41.09	58.19
化学工业及其相关工业的产品	**41.23**	**71.75**	**43.98**	**56.10**
有机化学品	14.04	18.75	15.41	17.08
药品	4.60	3.19	4.27	2.63
肥料	0.30	30.04	0.48	14.79
鞣料和染料浸膏；鞣酸及衍生物；染颜料及其他着色料；油漆清漆；油灰及类似胶粘剂；墨水、油墨	3.54	5.00	3.73	5.92

续表 1

单位：亿美元

商品类别	1992		1993	
	出口	进口	出口	进口
精油及香膏；芳香料制品及化妆盥洗品	1.81	0.33	2.16	0.39
塑料及其制品；橡胶及其制品	**18.29**	**53.09**	**21.98**	**55.55**
塑料及其制品	15.16	47.54	18.25	49.56
橡胶及其制品	3.13	5.55	3.73	5.99
生皮、皮革、毛皮及制品；鞍具挽具；旅行用品、手提包及类似物品；动物肠线（蚕胶丝除外）制品	**29.13**	**13.94**	**34.42**	**18.43**
生皮（毛皮除外）及皮革	1.56	11.88	1.50	15.81
皮革制品；鞍具挽具；旅行用品、手提包及类似容器；动物肠线制品	24.27	0.58	28.91	0.68
毛皮、人造毛皮及其制品	3.30	1.48	4.01	1.94
木及木制品；木炭；软木及软木制品；稻草、秸秆、针茅或其他编结材料制品；篮筐及柳条编结品	**11.74**	**14.20**	**12.54**	**15.96**
木浆及其他纤维状纤维素浆；纸及纸板的废碎品；纸、纸板及其制品	**5.25**	**21.84**	**6.30**	**20.35**
木浆及其他纤维状纤维素浆；纸及纸板的废碎品	0.02	4.14	0.04	2.94
纸及纸板；纸浆、纸或纸板制品	4.35	16.53	5.02	16.20
纺织原料及纺织制品	**246.17**	**101.14**	**260.67**	**96.70**
蚕丝	9.44	1.74	7.88	1.81
羊毛、动物细毛或粗毛；马毛纱线及其机织物	7.13	12.82	6.08	11.90
棉花	25.67	17.19	27.84	12.36
其他植物纺织纤维；纸纱线及其机织物	3.61	1.31	3.82	1.60
化学纤维长丝	2.40	22.59	2.37	23.74
化学纤维短纤	15.05	19.79	14.56	18.44
絮胎毡呢及无纺织物；特种纱线：线绳索缆及制品	0.95	2.97	1.13	2.93
地毯及纺织材料的其他铺地制品	5.18	0.27	5.20	0.30
特种机织物；簇绒织物；花边；装饰毯；装饰带；刺绣品	2.45	3.76	2.40	3.78
浸渍、涂布、包覆或层压纺织物；工业用纺织制品	0.59	8.34	0.71	7.53
针织物及钩编织物	4.99	5.99	5.44	6.89
针织或钩编织的服装及衣着附件	46.39	1.38	50.33	1.32
非针织或钩编织的服装及衣着附件	105.26	2.64	115.43	3.77
其他纺织制成品；成套物品；旧衣着旧纺织品；碎织物	17.06	0.35	17.48	0.33

续表 2　　　　　　　　　　　　　　　　　　单位：亿美元

商　品　类　别	1992		1993	
	出口	进口	出口	进口
鞋、帽、伞、杖、鞭及其零件；已加工的羽毛及其制品；人造花；人发制品	**51.44**	**5.06**	**62.92**	**5.13**
鞋靴、护褪和类似品及其零件	42.42	3.77	52.81	3.80
帽类及其零件	2.17	0.05	2.52	0.06
雨伞阳伞、手杖、鞭子马鞭及其零件	2.84	0.90	3.34	0.92
已加工羽毛、羽绒及其制品；人造花；人发制品	4.01	0.34	4.25	0.35
石料石膏水泥石棉云母及类似材料的制品；陶瓷产品；玻璃及其制品	**13.00**	**4.57**	**13.29**	**5.50**
石料、石膏、水泥、石棉、云母及类似材料制品	2.95	0.75	3.70	1.06
陶瓷产品	7.14	0.93	6.73	1.36
玻璃及其制品	2.91	2.89	2.86	3.08
天然或养殖珍珠、宝石或半宝石、贵金属、包贵金属及其制品；仿首饰硬币	**10.05**	**8.60**	**8.82**	**8.48**
贱金属及其制品	**45.51**	**78.44**	**46.72**	**165.53**
钢铁	11.13	35.83	8.42	120.58
钢铁制品	12.74	14.68	14.47	18.38
铜及其制品	2.39	15.65	2.12	14.86
镍及其制品	0.05	0.99	0.04	0.57
铝及其制品	2.73	6.69	2.69	5.82
铅及其制品	0.56	0.07	0.40	0.06
锌及其制品	1.12	0.67	1.94	0.75
锡及其制品	1.59	0.13	1.88	0.17
机器、机械器具、电气设备及零件；录音机及放声机、电视图象声音的录制和重放设备及零附件	**115.43**	**244.62**	**139.08**	**358.41**
车辆、航空器、船舶及有关运输设备	**22.03**	**61.62**	**19.27**	**86.93**
铁道及电车道机车、车辆及零件；铁道及电车轨道固定装置及零附件；各种机械(电动)；交通信号设备	3.38	0.61	3.03	0.90
车辆及其零件、附件，但铁道及电车道车辆除外	10.15	36.14	12.00	54.90
船舶及浮动结构体	4.80	4.52	2.41	8.43
光学、照相、电影、计量、检验、医疗或外科用仪器设备、精密仪器及设备；钟表；乐器；及其零附件	**23.29**	**29.91**	**26.85**	**33.80**
其他	**55.62**	**7.96**	**64.42**	**9.20**

我国同各国(地区)海关进出口总额

单位：万美元

国别（地区）	1992			1993		
	进出口总额	出口总额	进口总额	进出口总额	出口总额	进口总额
总　计	**16 552 539**	**8 494 006**	**8 058 533**	**19 571 336**	**9 176 291**	**10 395 045**
亚洲	**11 008 741**	**6 106 696**	**4 902 045**	**11 521 177**	**5 263 591**	**6 257 586**
#阿富汗	2 567	2 361	206	3 492	3 235	257
巴林	1 209	1 000	209	2 843	2 317	526
孟加拉国	22 072	21 477	595	21 157	20 285	872
文莱	1 540	1 027	513	1 064	1 064	
缅甸	39 044	25 917	13 127	48 953	32 470	16 483
柬埔寨	1 295	1 277	18	2 153	2 032	121
塞浦路斯	3 849	3 528	321	3 921	3 350	571
朝鲜	69 657	54 111	15 546	89 964	60 235	29 729
香港	5 804 582	3 751 223	2 053 359	3 253 656	2 206 391	1 047 265
印度	33 942	15 844	18 098	67 573	25 916	41 657
印度尼西亚	202 570	47 144	155 426	214 302	69 167	145 135
伊朗	43 662	33 564	10 098	71 271	40 269	31 002
伊拉克	127	67	60	552	487	65
日本	2 536 117	1 167 871	1 368 246	3 903 271	1 577 941	2 325 330
约旦	9 633	7 077	2 556	11 712	7 679	4 033
科威特	6 288	5 996	292	9 971	8 755	1 216
老挝	3 153	2 785	368	4 063	3 712	351
黎巴嫩	6 230	6 206	24	7 997	7 903	94
澳门	69 407	52 869	16 538	67 825	52 433	15 392
马来西亚	147 562	64 544	83 010	178 824	70 428	108 396
马尔代夫	110	49	61	410	320	90
蒙古	18 387	13 576	4 811	15 097	8 158	6 939
尼泊尔	3 577	3 501	76	3 540	3 352	188
阿曼	45 509	818	44 691	57 210	1 103	56 107
巴基斯坦	64 256	55 143	9 113	84 863	75 222	9 641
菲律宾	36 467	20 956	15 511	49 476	28 130	21 346
卡塔尔	7 747	831	6 916	5 284	1 088	4 196
沙特阿拉伯	57 167	44 426	12 741	69 733	57 869	11 864
新加坡	326 680	203 087	123 593	489 057	224 496	264 561
韩国	502 771	240 491	262 280	822 010	286 019	535 991
斯里兰卡	11 273	10 706	567	14 332	13 699	633
叙利亚	7 894	7 742	152	12 206	12 014	192
泰国	131 935	89 481	42 454	135 191	75 047	60 144
土耳其	17 747	6 892	10 855	66 324	16 569	49 755
阿联酋	60 848	54 296	6 552	81 787	71 140	10 647
也门共和国	14 830	7 440	7 390	36 680	11 174	25 506
越南	17 907	10 636	7 271	39 864	27 600	12 264
台湾	655 948	69 351	586 597	1 439 492	146 178	1 293 314
非洲	**180 632**	**130 194**	**50 438**	**253 056**	**152 743**	**100 313**
#阿尔及利亚	3 004	2 734	270	4 019	3 355	664
安哥拉	3 788	847	2 941	19 192	1 121	18 071
贝宁	2 274	2 219	55	5 363	5 362	1
布隆迪	362	360	2	376	371	5
喀麦隆	2 564	960	1 604	650	642	8
加那利群岛	1 100	1 040	60	1 102	956	146
中非	17	16	1	328	322	6
塞卜泰	646	645	1	297	294	3
刚果	632	588	44	1 399	771	628
吉布提	1 591	1 590	1	1 133	1 120	13
埃及	17 565	17 456	109	22 384	19 960	2 424
埃塞俄比亚	735	736		2 224	2 224	
加蓬	4 977	153	4 824	6 971	190	6 781
冈比亚	5 205	5 194	11	7 032	6 999	33

续表 1　　　　单位：万美元

国 别（地区）	1992			1993		
	进出口总额	出口总额	进口总额	进出口总额	出口总额	进口总额
加纳	2 928	2 398	530	4 499	3 858	641
几内亚	3 089	3 073	16	4 611	3 160	1 451
几内亚(比绍)	240	240		377	272	105
科特迪瓦	3 039	2 805	234	5 638	5 219	419
肯尼亚	3 143	2 919	224	5 113	4 728	385
利比里亚	11 570	11 570		1 006	470	536
利比亚	17 642	8 663	8 979	16 653	4 524	12 129
马达加斯加	619	443	176	751	616	135
马里	4 034	543	3 491	1 155	1 155	
毛里塔尼亚	1 478	1 470	8	475	475	
毛里求斯	2 358	2 345	13	2 636	2 597	39
摩洛哥	14 461	10 411	4 050	12 383	9 444	2 939
莫桑比克	5 912	2 073	3 839	2 327	1 655	672
尼日尔	275	275		1 495	1 492	3
尼日利亚	9 696	9 100	596	12 129	12 076	53
留尼汪	314	312	2	374	374	
卢旺达	407	406	1	309	308	1
塞内加尔	2 676	2 622	54	2 912	2 620	292
塞舌尔	86	83	3	133	133	
塞拉利昂	685	685		1 297	1 291	6
索马里	636	524	112	158	67	91
南非				65 827	24 603	41 224
苏丹	5 290	4 367	923	3 025	3 011	14
坦桑尼亚	10 869	10 799	70	4 067	3 952	115
多哥	7 698	7 532	166	10 995	10 897	98
突尼斯	5 190	2 850	2 340	5 845	2 840	3 005
乌干达	710	710		626	624	2
布基纳法索	1 528	250	1 278	939	939	
扎伊尔	1 337	777	560	2 480	2 176	304
赞比亚	2 162	537	1 625	1 818	721	1 097
津巴布韦	12 533	2 743	9 790	6 007	875	5 132
欧洲	**2 745 034**	**1 136 364**	**1 608 670**	**4 041 433**	**1 642 859**	**2 398 574**
#比利时	99 821	53 952	45 869	139 259	60 619	78 640
丹麦	29 130	15 205	13 925	42 412	19 866	22 546
英国	193 647	92 284	101 363	359 225	192 857	166 368
德国	646 303	244 799	401 504	1 000 825	396 846	603 979
法国	225 902	76 351	149 551	293 571	129 054	164 517
爱尔兰	4 465	2 324	2 141	8 578	5 923	2 655
意大利	284 331	109 525	174 806	404 232	130 490	273 742
卢森堡	1 292	147	1 145	3 557	513	3 044
荷兰	170 854	120 033	50 821	232 274	160 883	71 391
希腊	9 677	8 235	1 442	14 607	11 503	3 104
葡萄牙	6 693	4 400	2 293	11 235	7 394	3 841
西班牙	68 420	32 912	35 508	100 695	53 362	47 333
奥地利	39 097	6 954	32 143	43 311	11 723	31 588
保加利亚	7 820	1 981	5 839	17 346	3 642	13 704
原捷克斯洛伐克	21 334	3 763	17 571			
捷克				33 958	7 386	26 572
斯洛伐克				4 085	956	3 129
芬兰	34 493	9 263	25 230	42 597	10 360	32 237
直布罗陀	559	550	9	471	466	5
匈牙利	6 389	4 500	1 889	22 693	16 502	6 191
冰岛	247	149	98	653	395	258
马耳他	1 577	1 572	5	1 406	1 228	178
挪威	30 845	14 333	16 512	25 307	12 064	13 243
波兰	20 946	11 924	9 020	47 206	24 837	22 369
罗马尼亚	28 906	7 760	21 146	49 889	12 005	37 884
瑞典	69 100	21 525	47 575	99 317	32 247	67 070
瑞士	68 268	15 978	52 290	128 122	27 870	100 252

续表 2

单位：万美元

国别（地区）	1992			1993		
	进出口总额	出口总额	进口总额	进出口总额	出口总额	进口总额
立陶宛	1 223	438	785	1 631	306	1 325
格鲁吉亚	367	221	146	924	493	431
亚美尼亚	107	107		2 074	504	1 570
阿塞拜疆	149	106	43	440	128	312
白俄罗斯	6 081	902	5 179	5 845	2 044	3 801
哈萨克	36 829	22 712	14 117	43 473	17 169	26 304
吉尔吉斯	3 549	1 885	1 664	10 242	3 655	6 587
摩尔多瓦	7	5	2	130	41	89
俄罗斯联邦	586 240	233 632	352 608	767 926	269 182	498 744
塔吉克	275	195	80	1 235	648	587
土库曼	450	409	41	465	385	80
乌克兰	22 347	8 933	13 414	58 708	9 437	49 271
乌兹别克	5 252	3 889	1 363	5 425	4 280	1 145
拉丁美洲	**297 573**	**107 596**	**189 977**	**370 716**	**177 621**	**193 095**
#阿根廷	32 427	12 415	20 012	46 760	24 769	21 991
巴巴多斯	112	112		111	111	
玻利维亚	534	534		407	407	
巴西	58 408	6 476	51 932	105 526	19 217	86 309
智利	53 779	12 815	40 964	48 579	20 413	28 166
哥伦比亚	3 636	1 331	2 305	2 515	2 437	78
多米尼加联邦	717	713	4	2 089	2 086	3
古巴	38 307	20 023	18 284	25 071	17 707	7 364
库腊索岛	106	106		159	159	
多米尼加共和国	2 018	2 017	1	3 675	3 675	
厄瓜多尔	2 100	1 748	352	4 507	4 181	326
危地马拉	1 735	1 730	5	2 523	2 499	24
洪都拉斯	1 028	1 025	3	2 134	2 114	20
牙买加	847	847		1 325	1 271	54
墨西哥	27 173	15 774	11 399	28 051	15 569	12 482
尼加拉瓜	123	102	21	193	170	23
巴拿马	13 508	13 200	308	36 060	35 013	1 047
巴拉圭	3 672	1 132	2 540	3 115	2 895	220
秘鲁	34 554	3 547	31 007	31 069	6 158	24 911
波多黎各	585	559	26	806	796	10
萨尔瓦多	940	910	30	2 259	2 228	31
苏里南	334	286	48	445	422	23
特立尼达和多巴哥	667	390	277	920	868	52
乌拉圭	11 119	1 790	9 329	9 851	3 188	6 663
委内瑞拉	6 849	5 954	895	9 553	6 530	3 023
北美洲	**2 007 497**	**924 730**	**1 082 767**	**3 023 447**	**1 816 318**	**1 207 129**
#加拿大	257 976	65 319	192 657	257 280	119 769	137 511
美国	1 749 454	859 380	890 074	2 765 206	1 696 400	1 068 806
大洋洲及太平洋岛屿	**285 398**	**79 541**	**205 857**	**359 272**	**123 158**	**236 114**
#澳大利亚	233 197	66 081	167 126	300 991	106 093	194 898
库克群岛	92	16	76	220	85	135
斐济	2 501	1 604	897	1 602	1 595	7
新西兰	36 641	8 741	27 900	39 628	13 099	26 529
诺福克岛	16	16		116	61	55
巴布亚新几内亚	11 184	1 417	9 767	15 231	1 312	13 919
其　　他	**27 664**	**8 885**	**18 779**	**2 235**	**1**	**2 234**

我国利用外资概况

年份	总计 项目（个）	总计 金额（亿美元）	对外借款 项目（个）	对外借款 金额（亿美元）	外商直接投资 项目（个）	外商直接投资 金额（亿美元）	外商其他投资 项目（个）	外商其他投资 金额（亿美元）
签订利用外资协议（合同）额								
1979-1982	949	205.48	27	135.49	922	60.10		9.89
1983	522	34.30	52	15.13	470	17.32		1.85
1984	1 894	47.91	38	19.16	1 856	26.51		2.24
1985	3 145	98.67	72	35.34	3 073	59.32		4.01
1986	1 551	117.37	53	84.07	1 498	28.34		4.96
1987	2 289	121.36	56	78.17	2 233	37.09		6.10
1988	6 063	160.04	118	98.13	5 945	52.97		8.94
1989	5 909	114.79	130	51.85	5 779	56.00		6.94
1990	7 371	120.86	98	50.99	7 273	65.96		3.91
1991	13 086	195.83	108	71.61	12 978	119.77		4.45
1992	48 858	694.39	94	107.03	48 764	581.24		6.12
1993	83 595	1 232.73	158	113.06	83 437	1 114.36		5.31
实际利用外资额								
1979-1982		124.57		106.90		11.66		6.01
1983		19.81		10.65		6.36		2.80
1984		27.05		12.86		12.58		1.61
1985		46.47		26.88		16.61		2.98
1986		72.58		50.14		18.74		3.70
1987		84.52		58.05		23.14		3.33
1988		102.26		64.87		31.94		5.45
1989		100.59		62.86		33.92		3.81
1990		102.89		65.34		34.87		2.68
1991		115.54		68.88		43.66		3.00
1992		192.02		79.11		110.07		2.84
1993		389.60		111.89		275.15		2.56

注：1. 1979-1990年对外借款项目及总计项目中包括重复签约项目94个。

2. 由于汇总所使用单位和位数取舍不同，有的年份分项之和不等于总计。

对外签订利用外资协议（合同）额

指标	1990年 项目（个）	1990年 金额（万美元）	1992年 项目（个）	1992年 金额（万美元）	1993年 项目（个）	1993年 金额（万美元）
总计	**7 371**	**1 208 569**	**48 858**	**6 943 873**	**83 595**	**12 327 273**
（一）对外借款	98	509 937	94	1 070 328	158	1 130 571
政府贷款	82	71 937	75	438 972	132	288 971
国际金融机构贷款	16	189 300	19	217 171	26	380 779
其他		248 700		414 185		460 821
（二）外商直接投资	7 273	659 611	48 764	5 812 351	83 437	11 143 566
合资经营	4 091	270 395	34 354	2 912 846	54 003	5 517 427
合作经营	1 317	125 410	5 711	1 325 548	10 445	2 549 998
合作开发	5	19 425	7	4 340	14	30 462
独资经营	1 860	244 381	8 692	1 569 617	18 975	3 045 679
（三）外商其他投资		39 021		61 194		53 136
补偿贸易		20 265		41 466		6 562
加工装配		13 648		11 987		27 002
国际租赁		5 108		7 741		19 572

注：外商其他投资是指外商在开展补偿贸易和加工装配业务中作价提供的设备以及融资性租赁中提供的设备。

实 际 利 用 外 资 额

单位：万美元

国别(地区)	1992 总计	1992 外商直接对外借款	1992 投资及其他投资	1993 总计	1993 外商直接对外借款	1993 投资及其他投资
总计	1 920 233	791 071	1 129 162	3 895 972	1 118 885	2 777 087
亚洲						
#缅甸	283		283	644		644
朝鲜	594	50	544	1 168		1 168
香港	841 653	71 041	770 612	1 889 297	144 804	1 744 493
印度尼西亚	2 017		2 017	6 575		6 575
伊朗	12		12			
以色列	8		8	68		68
日本	317 994	243 167	74 827	490 602	354 465	136 137
科威特	1 435	760	675	11 874	3 428	8 446
老挝	41		41			
黎巴嫩	11		11			
澳门	27 342	7 060	20 282	62 444	3 688	58 756
马来西亚	2 467		2 467	9 142		9 142
菲律宾	1 905	250	1 655	12 250		12 250
沙特阿拉伯				2		2
新加坡	14 065	1 472	12 593	67 430	18 300	49 180
韩国	12 025		12 025	38 449	300	38 149
泰国	8 432		8 432	23 437		23 437
阿联酋	222		222	1 261		1 261
越南	902		902	1 161		1 161
台湾	105 335		105 335	313 913		313 913
非洲						
#利比里亚	1		1	2 866		2 866
利比亚	110		110	110		110
马达加斯加	171		171	433		433
毛里求斯	11		11	19		19
尼日利亚	13		13	140		140
斯威士兰	10		10			

续表

单位：万美元

国 别(地区)	1992			1993		
	总 计	外商直接对外借款	投资及其他投资	总 计	外商直接对外借款	投资及其他投资
欧洲						
#比利时	1 507	1 061	446	14 684	12 110	2 574
丹麦	2 471	1 256	1 215	817	402	415
英国	21 553	17 703	3 850	57 066	35 015	22 051
德国	25 665	16 537	9 128	27 449	21 201	6 248
法国	77 696	73 004	4 692	77 475	63 334	14 141
爱尔兰	100		100	150		150
意大利	26 743	24 077	2 666	36 165	26 176	9 989
卢森堡	1 177	1 107	70	159		159
荷兰	3 746	905	2 841	13 421	5 021	8 400
西班牙	15 524	15 359	165	24 553	23 583	970
奥地利	16 819	16 230	589	8 883	7 320	1 563
芬兰	1 033	1 017	16	5 913	5 862	51
匈牙利	306		306	609		609
挪威	1 013	507	506	2 028	1 894	134
罗马尼亚	8		8	144		144
瑞典	12 359	11 358	1 001	11 903	9 612	2 291
瑞士	14 704	11 760	2 944	9 273	4 585	4 688
俄罗斯	1 627		1 627	4 194		4 194
南斯拉夫	127		127	12		12
拉丁美洲						
#阿根廷	176		176	1 225		1 225
巴哈马	46		46	72		72
伯利兹	17		17	9		9
玻利维亚	370		370	300		300
巴西	195		195	237		237
智利				169		169
哥斯达黎加	300		300	454		454
巴拿马	819		819	1 484		1 484
巴拉圭	58		58	187		187
秘鲁	12		12	175		175
维尔京群岛	400		400	1 392		1 392
北美洲						
#加拿大	27 496	21 589	5 907	36 176	22 488	13 688
美国	58 114	6 170	51 944	266 253	59 468	206 785
百慕大	29		29	1 853		1 853
大洋洲及太平洋岛屿						
#澳大利亚	3 516	11	3 505	18 678	7 644	11 034
新西兰	282		282	912		912
巴布亚新几内亚	30		30	126		126
汤加	13		13	24		24
其 他	**137 103**	**117 600**	**19 503**	**109 375**	**61 314**	**48 061**
国际组织						
世界银行	109 704	109 704		190 491	190 491	
农业发展基金	1 541	1 541		2 040	2 040	
亚洲开发银行	18 775	18 775		34 340	34 340	

我国对外承包工程和劳务合作

单位：亿美元

年　　份	签订合同的国家(地区)数　(个)	合同数(份)	合 同 金 额	完 成 营 业 额
总　　计	**168**	**45 257**	**324.05**	**195.94**
1976-1978	2	7	0.02	
1979	8	36	0.51	
1980	16	172	1.35	1.70
1981	36	363	5.04	
1982	38	314	5.07	3.48
1983	40	460	9.24	4.52
1984	52	740	17.37	6.23
1985	71	923	12.65	8.35
1986	83	944	13.59	9.73
1987	95	1 449	18.89	12.60
1988	103	2 126	21.72	14.30
1989	124	3 100	22.12	16.86
1990	122	5 175	26.04	18.67
1991	147	8 438	36.09	23.63
1992	159	9 405	65.85	30.49
1993	158	11 605	68.00	45.38
一、对外承包工程		**8 873**	**257.70**	**161.39**
1976-1978		6	0.02	
1979		27	0.33	
1980		138	1.40	1.23
1981		250	2.76	
1982		195	3.46	1.89
1983		280	7.99	3.15
1984		344	15.38	4.94
1985		465	11.16	6.63
1986		486	11.89	8.19
1987		616	16.48	11.14
1988		642	18.13	12.53
1989		776	17.81	14.84
1990		920	21.25	16.44
1991		1 171	25.24	19.70
1992		1 164	52.51	24.03
1993		1 393	51.89	36.68
二、对外劳务合作		**36 384**	**66.35**	**34.55**
1976-1978		1		
1979		9	0.18	
1980		34	0.45	0.47
1981		113	2.28	
1982		119	1.61	1.59
1983		180	1.25	1.37
1984		396	1.99	1.29
1985		458	1.49	1.72
1986		458	1.70	1.54
1987		833	2.41	1.46
1988		1 484	3.59	1.77
1989		2 324	4.31	2.02
1990		4 255	4.78	2.23
1991		7 267	10.85	3.93
1992		8 241	13.35	6.46
1993		10 212	16.11	8.70

农林牧渔业总产值及指数

年份	农林牧渔业总产值	农业	林业	牧业	渔业
绝对数（亿元）					
1978	1 397.00	1 117.50	48.06	209.27	22.07
1980	1 922.60	1 454.10	81.38	354.23	32.85
1983	2 750.00	2 074.47	127.20	485.11	63.22
1984	3 214.13	2 380.15	161.61	587.32	85.05
1985	3 619.49	2 506.39	188.68	798.31	126.11
1986	4 013.01	2 771.75	201.19	875.71	164.36
1987	4 675.70	3 160.49	221.98	1 068.37	224.86
1988	5 865.27	3 666.89	275.30	1 600.61	322.47
1989	6 534.73	4 100.58	284.92	1 800.38	348.85
1990	7 662.09	4 954.26	330.27	1 967.00	410.56
1991	8 157.03	5 146.43	367.90	2 159.22	483.48
1992	9 084.71	5 588.02	422.61	2 460.52	613.56
1993	10 995.53	6 605.14	494.00	3 014.40	881.99
指数（上年=100）					
1978	108.1	109.4	105.5	104.9	100.0
1980	101.4	99.7	112.2	107.0	107.7
1983	107.8	108.5	110.2	103.9	108.6
1984	112.3	111.5	119.0	113.4	117.6
1985	103.4	99.8	104.5	117.2	118.9
1986	103.4	102.7	96.4	105.6	120.5
1987	105.8	106.4	99.7	103.2	118.1
1988	103.9	101.4	102.3	112.6	111.6
1989	103.1	102.4	100.4	105.5	107.2
1990	107.6	108.0	103.1	107.0	110.0
1991	103.7	100.9	108.0	108.8	107.6
1992	106.4	104.2	107.7	108.8	115.3
1993	107.8	105.2	108.0	110.8	118.4

注：本表绝对数按当年价格计算，指数按可比价格计算。

主要农产品产量

单位:万吨

年份	谷物	#稻谷	#小麦	棉花	油料	甘蔗	水果
1952	16 392	6 843	1 813	130.4	419.3	711.6	244.3
1957	19 505	8 678	2 364	164.0	419.6	1 039.2	324.7
1962	16 000	6 299	1 667	75.0	200.3	344.3	271.2
1965	19 453	8 772	2 522	209.8	362.5	1 339.1	323.9
1970	23 996	10 999	2 919	227.7	377.2	1 345.7	374.5
1975	28 452	12 556	4 531	238.1	452.1	1 666.7	538.1
1978	30 477	13 693	5 384	216.7	521.8	2 111.6	657.0
1980	32 056	13 991	5 521	270.7	769.1	2 280.7	679.3
1985	37 911	16 857	8 581	414.7	1 578.4	5 154.9	1 163.9
1986	39 151	17 222	9 004	354.0	1 473.8	5 021.9	1 347.7
1987	40 298	17 426	8 590	424.5	1 527.8	4 736.3	1 667.9
1988	39 408	16 911	8 543	414.9	1 320.3	4 906.4	1 666.1
1989	40 755	18 013	9 081	378.8	1 295.2	4 879.5	1 831.9
1990	44 624	18 933	9 823	450.8	1 613.2	5 762.0	1 874.4
1991	43 529	18 381	9 595	567.5	1 638.3	6 789.8	2 176.1
1992	44 266	18 622	10 159	450.8	1 641.2	7 301.1	2 440.1
1993	45 649	17 770	10 639	373.9	1 803.9	6 419.4	3 011.2

畜产品和水产品产量

年份	肉类产量（万吨）	猪牛羊肉	禽肉	兔肉	奶类（万吨）	水产品总产量(千吨)	海水产品（千吨）	淡水产品（千吨）
1978		856.3				4 655.0	3 598.0	1 057.0
1980		1 205.4			136.7	4 497.0	3 257.1	1 239.9
1985	1 926.5	1 760.7	160.2	5.6	289.4	7 051.5	4 197.4	2 854.1
1986	2 112.4	1 917.1	187.9	7.4	332.9	8 236.0	4 754.0	3 482.0
1987	2 215.5	1 986.0	219.4	10.1	378.8	9 554.0	5 482.0	4 072.0
1988	2 479.5	2 193.6	274.4	11.5	418.9	10 609.0	6 057.0	4 552.0
1989	2 628.5	2 326.2	282.0	10.3	435.8	11 517.0	6 612.0	4 905.0
1990	2 857.0	2 513.5	322.9	9.6	475.1	12 370.0	7 133.0	5 237.0
1991	3 144.4	2 723.8	395.0	10.8	524.3	13 508.0	8 001.0	5 507.0
1992	3 430.7	2 940.6	454.2	18.5	563.9	15 571.0	9 337.0	6 234.0
1993	3 841.5	3 225.3	573.6	20.4	563.7	18 230.0	10 760.4	7 469.6

乡镇企业单位数

单位：万个

年份	合计	#乡办	#村办	农业	工业	建筑业	交通运输业	商业饮食业
1978	152.4	32.0	120.5	49.5	79.4	4.7	6.5	12.4
1980	142.5	33.7	108.2	37.8	75.8	5.1	8.9	14.8
1985	1 222.5	42.0	143.0	22.4	493.0	8.3	10.6	688.1
1986	1 515.3	42.6	130.2	24.0	635.5	89.3	262.0	504.6
1987	1 750.2	42.0	116.3	23.1	708.3	90.3	325.2	603.4
1988	1 888.2	42.4	116.7	23.3	773.5	95.6	372.6	623.2
1989	1 868.6	40.6	113.0	22.7	736.5	92.6	379.9	637.1
1990	1 850.4	38.8	106.6	22.4	722.0	90.4	381.4	634.2
1991	1 908.9	38.2	106.0	23.1	742.6	88.8	400.3	654.1
1992	2 079.2	39.3	112.7	24.7	793.8	98.4	436.2	726.1
1993	2 452.9	43.4	125.1	27.9	918.4	121.7	486.4	898.5

注：本表1978-1983年为乡、村两级数，1984年以后为乡镇企业全部数。

乡镇企业总产值

单位：亿元

年份	合计	#乡办	#村办	农业	工业	建筑业	交通运输业	商业饮食业
1978	493.07	281.13	211.94	36.19	385.26	34.80	18.77	18.05
1980	656.90	369.44	287.46	39.38	509.41	60.05	24.52	23.44
1981	745.30	428.98	316.32	38.97	579.34	70.28	25.06	31.66
1982	853.08	492.28	360.80	40.06	646.02	100.38	29.27	37.35
1985	2 728.39	1 138.95	910.54	58.70	1 827.19	310.00	40.99	482.51
1986	3 540.87	1 413.85	1 102.56	68.87	2 413.40	522.73	255.93	279.94
1987	4 764.26	1 825.85	1 411.55	88.72	3 243.88	650.96	360.48	419.87
1988	6 495.66	2 438.51	1 924.19	115.27	4 529.38	827.70	473.46	549.85
1989	7 428.38	2 672.85	2 182.73	126.03	5 244.11	886.46	578.82	592.96
1990	8 461.64	2 987.38	2 441.81	141.80	6 050.25	952.37	647.95	669.27
1991	11 621.69	4 274.54	3 445.28	179.47	8 708.61	1 140.62	766.81	826.18
1992	17 975.40	6 649.30	5 450.50	246.80	13 635.40	1 744.10	1 095.00	1 253.20
1993	31 540.70	10 787.80	9 572.50	401.90	23 446.60	3 227.30	1 978.10	2 486.80

工 业 总 产 值

单位：亿元

年 份	工业总产值	国有工业	集体工业	城乡个体工业	其他经济类型工业
1952	349.00	144.97	11.38	71.79	120.86
1957	704.00	378.54	133.97	5.84	185.65
1962	920.00	807.76	112.24		
1965	1 402.00	1 262.78	139.22		
1970	2 117.00	1 854.70	262.30		
1975	3 207.00	2 600.56	606.44		
1978	4 237.00	3 289.18	947.82		
1980	5 154.26	3 915.60	1 213.36	0.81	24.49
1985	9 716.47	6 302.12	3 117.19	179.75	117.41
1986	11 194.26	6 971.12	3 751.54	308.54	163.06
1987	13 812.99	8 250.09	4 781.74	502.39	278.77
1988	18 224.00	10 351.28	6 587.49	790.49	495.32
1989	22 017.06	12 342.91	7 858.05	1 057.66	758.44
1990	23 924.36	13 063.75	8 522.73	1 290.30	1 047.56
1991	28 248.01	14 954.58	10 084.75	1 609.10	1 599.58
1992	37 065.71	17 824.15	14 101.19	2 506.80	2 633.58
1993	52 691.99	22 724.67	20 213.21	4 402.05	5 352.06

注：本表按当年价格计算。1949-1957年其他经济类型工业为公私合营和私营工业的数字。

工 业 总 产 值 指 数

（上年=100）

年 份	工业总产值	国有工业	集体工业	城乡个体工业	其他经济类型工业
1978	113.55	114.44	110.58		
1979	108.81	108.88	108.57		
1980	109.27	105.61	119.24		
1985	121.39	112.94	132.69	1 189.60	139.54
1986	111.67	106.18	117.97	167.57	134.16
1987	117.69	111.30	123.24	156.59	166.39
1988	120.79	112.61	128.16	147.34	161.53
1989	108.54	103.86	110.48	123.77	142.68
1990	107.76	102.96	109.02	121.11	139.33
1991	114.77	108.62	118.40	125.29	150.11
1992	127.52	112.40	139.28	152.88	164.85
1993	128.02	105.73	135.96	167.97	186.54

注：本表按可比价格计算。

按轻重工业和经济类型分工业总产值

单位：亿元

年份	按轻重工业分		按经济类型分			
	轻工业	重工业	国有工业	集体工业	城乡个体工业	其他经济类型工业
1985	4 575	5 141	6 302.12	3 117.19	179.75	117.41
1986	5 330	5 864	6 971.12	3 751.54	308.54	163.06
1987	6 656	7 157	8 250.09	4 781.74	502.39	278.77
1988	8 979	9 245	10 351.28	6 587.49	790.49	495.32
1989	10 761	11 256	12 342.91	7 858.05	1 057.66	758.44
1990	11 813	12 111	13 063.75	8 522.73	1 290.30	1 047.56
1991	13 801	14 447	14 954.58	10 084.75	1 609.10	1 599.58
1992	17 492	19 574	17 824.15	14 101.19	2 506.80	2 633.58
1993	23 184	29 508	22 724.67	20 213.21	4 402.05	5 352.06

注：1.本表按当年价格计算。

2.工业总产值因全国数有调整，故各地区数相加不等于全国数。

国有独立核算工业企业主要财务指标

单位：亿元

年份	固定资产原值	固定资产净值	亏损企业亏损总额	利润总额	利润和税金总额
1985	5 956.20	3 980.80	32.44	738.20	1 334.10
1986	6 744.80	4 543.80	54.49	689.90	1 341.40
1987	7 677.90	5 242.40	61.04	787.00	1 514.10
1988	8 795.20	6 040.40	81.92	891.90	1 774.90
1989	10 160.84	7 033.20	180.19	743.01	1 773.14
1990	11 610.27	8 088.31	348.76	388.11	1 503.14
1991	13 556.75	9 507.19	367.00	402.17	1 661.15
1992	15 669.78	10 982.65	369.27	535.10	1 944.12
1993	19 066.39	13 304.37	452.64	817.26	2 454.70

主要工业产品产量

年份	家用电冰箱（万台）	电风扇（万台）	家用洗衣机（万台）	收音机（万台）	录音机（万台）	电视机（万台）	#彩色	照相机（万架）
1952				1.7				
1957	0.16			35.2	0.1			0.01
1962	0.09			90.3		0.36		2.05
1965	0.30			81.5	0.5	0.44		1.72
1970	0.52			323.1	1.4	1.05	…	4.04
1975	1.80			935.6	3.2	17.78	0.29	18.49
1978	2.80	137.8	0.04	1 167.7	4.7	51.73	0.38	17.89
1980	4.90	723.7	24.50	3 003.8	74.3	249.20	3.21	37.28
1985	144.81	3 174.6	887.20	1 600.3	1 393.1	1 667.66	435.28	178.97
1986	225.02	3 528.7	893.40	1 589.5	1 756.8	1 459.40	414.60	202.54
1987	401.34	3 660.7	990.20	1 763.8	1 978.0	1 934.37	672.72	256.70
1988	757.63	4 495.5	1 046.80	1 548.9	2 540.4	2 505.07	1 037.66	312.26
1989	670.79	4 991.9	825.43	1 834.7	2 349.0	2 766.54	940.02	245.18
1990	463.06	5 799.3	662.68	2 103.0	3 023.5	2 684.70	1 033.04	213.22
1991	469.94	6 219.1	687.17	1 969.1	2 873.7	2 691.41	1 205.06	478.18
1992	485.76	6 837.0	707.93	1 648.9	3 231.8	2 867.82	1 333.08	526.48
1993	596.66	7 387.3	895.85	1 754.2	3 647.9	3 032.97	1 435.76	1 136.49

续表

年份	原煤（亿吨）	原油（万吨）	天然气（亿立方米）	发电量（亿千瓦小时）	#水电	生铁（万吨）	钢（万吨）	成品钢材（万吨）
1952	0.66	44	0.08	73	13	193	135	106
1957	1.31	146	0.70	193	48	594	535	415
1962	2.20	575	12.10	458	90	805	667	455
1965	2.32	1 131	11.00	676	104	1 077	1 223	881
1970	3.54	3 065	28.70	1 159	205	1 706	1 779	1 188
1975	4.82	7 706	88.50	1 958	476	2 449	2 390	1 622
1978	6.18	10 405	137.30	2 566	446	3 479	3 178	2 208
1980	6.20	10 595	142.70	3 006	582	3 802	3 712	2 716
1985	8.72	12 490	129.30	4 107	924	4 384	4 679	3 693
1986	8.94	13 069	137.60	4 495	945	5 064	5 220	4 058
1987	9.28	13 414	138.90	4 973	1 000	5 503	5 628	4 386
1988	9.80	13 705	142.60	5 452	1 092	5 704	5 943	4 689
1989	10.54	13 764	150.49	5 848	1 183	5 820	6 159	4 859
1990	10.80	13 831	152.98	6 212	1 267	6 238	6 635	5 153
1991	10.87	14 099	160.73	6 775	1 247	6 765	7 100	5 638
1992	11.16	14 210	157.88	7 539	1 307	7 589	8 094	6 697
1993	11.50	14 524	167.65	8 395	1 518	8 739	8 956	7 716

运输线路长度

（年底数）　　单位：万公里

年份	铁路营业里程	#电气化里程	公路	内河	民航	#国际航线	管道
1952	2.29		12.67	9.50	1.31	0.51	
1957	2.67		25.46	14.41	2.64	0.43	
1962	3.46	0.01	46.35	16.19	3.53	0.44	0.02
1965	3.64	0.01	51.45	15.77	3.94	0.45	0.04
1970	4.10	0.03	63.67	14.84	4.06	0.44	0.12
1975	4.60	0.07	78.36	13.56	8.42	3.71	0.53
1978	4.86	0.10	89.02	13.60	14.89	5.53	0.83
1980	4.99	0.17	88.33	10.85	19.53	8.12	0.87
1985	5.21	0.42	94.24	10.91	27.72	10.60	1.17
1986	5.25	0.44	96.28	10.94	32.43	10.76	1.30
1987	5.26	0.46	98.22	10.98	38.91	14.89	1.38
1988	5.28	0.57	99.96	10.94	37.38	12.83	1.43
1989	5.32	0.64	101.43	10.90	47.19	16.64	1.51
1990	5.34	0.69	102.83	10.92	50.68	16.64	1.59
1991	5.34	0.78	104.11	10.97	55.91	17.74	1.62
1992	5.36	0.84	105.67	10.97	83.66	30.30	1.59
1993	5.38	0.89	108.35	11.02	96.08	27.87	1.64

注：表中1979年公路和内河数为1979年10月底的普查数。

货物周转量

单位：亿吨公里

年份	货物周转量总计	铁路	公路	水运	民用航空	管道输油（气）量
1952	762	601.60	14.49	145.75	0.02	
1957	1 810	1 345.90	47.98	415.58	0.08	
1962	2 236	1 721.08	62.13	452.59	0.15	
1965	3 464	2 698.69	95.06	670.24	0.25	
1970	4 566	3 495.97	138.05	931.34	0.35	
1975	7 296	4 255.65	202.65	2 574.67	0.60	262
1978	9 829	5 345.19	274.14	3 779.16	0.97	430
1980	12 026	5 716.87	764.00	5 052.76	1.41	491
1985	18 365	8 125.66	1 903.20	7 729.30	4.15	603
1986	20 148	8 764.78	2 117.99	8 647.87	4.81	612
1987	22 228	9 471.49	2 660.39	9 465.06	6.50	625
1988	23 825	9 877.59	3 220.39	10 070.38	7.30	650
1989	25 591	10 394.18	3 374.80	11 186.80	6.90	629
1990	26 207	10 622.38	3 358.10	11 591.90	8.20	627
1991	27 986	10 972.00	3 428.00	12 955.40	10.10	621
1992	29 218	11 575.55	3 755.39	13 256.20	13.42	617
1993	30 510	11 954.64	4 070.50	13 860.80	16.61	608

注：从1979年起，总计中的公路运输包括社会车辆完成数量，从1984年起，还包括私营运输完成的数量。

邮电通信网

（年底数）

年份	邮电局、所（万处）	#设在农村的	邮路及农村投递路线总长度（万公里）	#航空邮路	长话电路（路）	电报电路（路）
1949	2.63		70.60	0.14		
1952	4.59		128.97	1.03	3 777	4 460
1957	4.54	3.83	222.26	3.94	4 684	4 964
1962	4.45	3.91	266.54	4.36	9 380	5 922
1965	4.38	3.85	349.28	5.25	9 913	6 955
1970	4.50	3.91	397.71	6.53	11 696	6 498
1975	4.87	4.21	479.63	13.68	15 981	7 809
1978	4.96	4.31	486.33	14.65	18 801	8 430
1980	4.95	4.28	473.71	16.33	22 011	8 803
1985	5.31	4.50	498.21	22.65	37 551	9 916
1986	5.28	4.45	504.20	28.83	44 085	10 150
1987	5.29	4.43	503.30	29.23	53 416	10 564
1988	5.29	4.38	500.08	30.94	68 460	11 764
1989	5.31	4.40	491.54	29.15	87 137	11 391
1990	5.36	4.43	498.31	39.34	112 437	11 687
1991	5.40	4.43	497.48	39.26	151 779	11 933
1992	5.49	4.44	502.15	42.39	234 276	12 338
1993	5.70	4.50	513.83		420 323	13 256

邮电业务总量

年份	邮电业务总量（亿元）	函件（亿件）	报刊期发数（万份）	电报（万份）	长途电话（万张）	市内电话（万户）	农村电话（万户）
1949	0.97	5.99		1 129	902	21.77	
1952	1.64	8.09	1 363	1 204	1 628	29.53	5.84
1957	2.94	16.41	3 264	1 533	2 090	46.45	20.00
1962	6.38	22.75	2 492	6 891	7 123	69.95	85.26
1965	6.28	21.76	5 621	5 277	8 869	77.11	49.22
1970	6.87	23.70	3 307	6 541	8 570	78.41	52.74
1975	9.58	27.34	7 823	11 234	15 151	103.28	65.92
1978	11.65	28.35	11 250	12 748	18 574	119.15	73.39
1980	13.34	33.13	16 431	14 663	21 404	134.17	79.90
1985	29.60	46.78	30 172	21 898	38 254	218.96	83.07
1986	32.86	49.59	28 731	21 109	42 303	250.51	99.87
1987	38.84	54.79	31 005	25 027	51 525	293.04	97.68
1988	54.00	59.77	27 443	31 224	64 617	362.30	110.39
1989	64.81	57.28	17 704	29 730	85 300	439.62	128.42
1990	81.65	54.87	20 078	26 818	116 771	538.45	146.58
1991	204.38	52.11	23 277	27 068	172 921	670.83	174.23
1992	290.94	57.18	25 104	28 189	287 380	920.57	226.34
1993	462.71	68.70	25 511	25 166	506 853	1 407.37	325.79

注：邮电业务总量，1991年按1990年不变价格计算，1981年-1990年按1980年不变价格计算，以前各年按1970年不变价格计算。

建筑施工企业概况

年份	总计	国有企业合计	国有企业：建筑安装企业	国有企业：自营施工单位	城镇集体建筑施工企业	农村建筑队
一、企业单位数（个）						
1980	57 404	1 996			4 608	50 800
1981	55 627	2 586			4 741	48 300
1982	61 684	2 808			5 076	53 800
1983	66 653	2 885	2 215	670	6 768	57 000
1984	90 141	3 017	2 338	679	6 724	80 400
1985	93 750	3 385	2 586	799	7 765	82 600
1986	88 771	3 608	2 752	856	8 977	76 186
1987	87 474	3 788	2 972	816	9 837	73 849
1988	87 224	3 798	2 929	869	10 336	73 090
1989	80 106	3 927	2 991	936	9 179	67 000
1990	74 145	4 275	3 223	1 052	9 052	60 818
1991	73 094	4 638	3 378	1 260	9 187	59 269
1992	77 857	4 985	3 709	1 276	9 551	63 321
1993	94 582	9 461	6 363	3 098	14 130	70 486
二、从业人员（万人）						
1980	982.7	481.8			166.2	334.7
1981	1 034.0	509.3			175.9	348.8
1982	1 154.3	532.9			200.1	421.3
1983	1 285.3	544.5	482.2	62.3	258.1	482.7
1984	1 531.2	554.2	493.5	60.7	293.5	683.5
1985	1 701.4	576.7	514.3	62.4	334.8	789.9
1986	1 800.6	617.3	537.2	80.1	376.4	806.9
1987	1 852.5	618.2	539.4	78.8	405.9	828.4
1988	1 899.4	623.5	546.9	76.6	421.3	854.6
1989	1 773.4	614.7	538.1	76.6	390.1	768.6
1990	1 716.7	621.0	536.8	84.2	389.7	706.0
1991	1 783.3	638.9	552.0	86.9	419.4	725.0
1992	1 961.2	681.2	589.4	91.8	476.3	803.6
1993	2 156.7		631.5		455.7	926.8
三、总产值（亿元）						
1980	346.98	220.90			66.03	60.05
1981	352.58	213.70			68.60	70.28
1982	445.71	258.03			87.30	100.38
1983	555.74	298.54	264.36	34.18	121.00	136.20
1984	733.69	371.56	330.87	40.69	145.59	216.54
1985	985.10	474.51	426.00	48.51	200.59	310.00
1986	1 330.80	566.83	498.29	68.54	241.24	522.73
1987	1 603.61	660.11	583.29	76.82	292.54	650.96
1988	1 959.42	776.96	688.68	88.28	354.69	827.77
1989	2 169.48	878.57	774.57	104.00	404.41	886.50
1990	1 947.58	935.19	813.07	122.12	409.82	602.56
1991	2 284.78	1 062.48	923.63	138.85	501.85	720.45
1992	3 298.70	1 432.13	1 247.58	184.54	742.31	1 124.26
1993	5 498.35		2 054.83		1 163.85	2 060.28

注：本表资料系根据现行建筑业统计制度规定的范围汇总的。

社会商业商品购销存总额

单位：亿元

年　　份	国内纯购进总额	工业品	农副产品	废旧物资	国内纯销售总额	年末库存总额
1952	175.0	84.5	90.1	0.4	176.5	
1957	428.1	247.6	176.5	4.0	495.2	
1962	497.2	329.7	161.7	5.8	637.6	
1965	710.5	430.2	274.2	6.1	790.1	
1970	933.0	611.8	314.0	7.2	997.0	
1975	1 397.4	971.9	414.6	10.9	1 505.6	
1978	1 739.7	1 263.4	459.9	16.4	1 872.2	
1980	2 263.0	1 567.6	677.0	18.4	2 351.0	
1985	3 532.5	2 462.3	1 033.2	37.0	3 698.1	
1986	4 033.4	2 825.3	1 169.9	38.2	4 080.5	
1987	5 305.2	3 810.3	1 444.1	50.8	5 626.8	
1988	6 861.3	4 985.5	1 794.2	81.6	7 342.8	
1989	7 606.0	5 468.7	2 053.7	83.6	8 136.2	
1990	8 221.2	5 871.2	2 258.6	91.4	8 358.1	
1991	9 347.9	6 767.2	2 453.2	127.5	9 194.0	
1992	10 653.7	8 071.7	2 427.5	154.5	10 739.8	
1993	12 322.3	9 578.9	2 506.0	237.4	12 825.0	3 711.4

注：1952-1986年为国有商业和供销合作社数字。

城乡集市贸易情况

项　　目	1985	1990	1991	1992	1993
集市数(个)	**61 337**	**72 579**	**74 675**	**79 188**	**83 001**
城市	8 013	13 106	13 891	14 510	16 450
乡村	53 324	59 473	60 784	64 678	66 551
集市贸易成交额(亿元)	**632.3**	**2 168.2**	**2 622.2**	**3 530.0**	**5 343.0**
城市	120.7	837.8	1 079.2	1 583.0	2 562.4
乡村	511.6	1 330.4	1 542.9	1 947.0	2 780.6
#粮油类	49.6	146.8	164.7	213.0	349.9
肉禽蛋类	140.1	618.8	705.5	859.1	1 102.5
水产品类	33.2	182.4	224.2	292.2	413.6
蔬菜类	48.8	264.2	331.9	434.6	582.0
干鲜果类	25.5	183.5	233.4	291.3	403.2
农业生产资料类	13.9	23.0	24.5	29.5	
大牲畜类	32.6	38.3	43.6	47.9	56.7

注：1985年商品分类数字为乡村集市数，1986年及以后为城乡集市数。

社会商品零售总额

（按用途和对象、城乡分）　　单位：亿元

年份	社会商品零售总额	按用途和对象分				按城乡分	
		消费品	售给居民	售给社会集团	农业生产资料	城镇	乡村
1952	276.8	262.7	237.9	24.8	14.1	125.6	151.2
1957	474.2	441.6	395.3	46.3	32.6	238.4	235.8
1962	604.0	543.7	500.4	43.3	60.3	318.5	285.5
1965	670.3	590.1	537.1	53.0	80.2	338.9	331.4
1970	858.0	728.8	666.7	62.1	129.2	400.0	458.0
1975	1 271.1	1 046.4	922.8	123.6	224.7	606.9	664.2
1978	1 558.6	1 264.9	1 121.2	143.7	293.7	748.2	810.4
1980	2 140.0	1 794.0	1 608.0	186.0	346.0	950.3	1 189.7
1985	4 305.0	3 801.4	3 391.4	410.0	503.6	1 788.0	2 517.0
1986	4 950.0	4 374.0	3 912.0	462.0	576.0	2 094.0	2 856.0
1987	5 820.0	5 115.0	4 562.0	553.0	705.0	2 470.0	3 350.0
1988	7 440.0	6 534.6	5 869.6	665.0	905.4	3 217.6	4 222.4
1989	8 101.4	7 074.2	6 376.4	697.8	1 027.2	3 533.9	4 567.5
1990	8 300.1	7 250.3	6 509.1	741.2	1 049.8	3 735.0	4 565.1
1991	9 415.6	8 245.7	7 358.5	887.2	1 169.9	4 371.2	5 044.4
1992	10 993.7	9 704.8	8 621.3	1 083.5	1 288.9	5 286.5	5 707.2
1993	13 592.6	12 237.0	10 853.0	1 384.0	1 355.6		

社会消费品零售额

单位：亿元

年份	社会消费品零售额	食品类	衣着类	日用品类	文化娱乐用品	书报杂志类	药和医疗用品类	燃料类
1952	262.7	148.3	50.8	39.5	6.7	2.0	6.8	8.6
1957	441.6	241.0	82.6	65.3	12.7	4.9	16.7	18.4
1962	543.7	280.7	79.9	106.4	17.9	4.2	26.1	28.5
1965	590.1	327.1	112.5	68.7	17.3	6.4	27.8	30.3
1970	728.8	389.0	170.2	76.4	18.5	3.2	36.5	35.0
1975	1 046.4	554.2	219.4	127.0	29.3	9.8	57.1	49.6
1978	1 264.9	655.8	278.5	156.3	42.2	12.1	64.7	55.3
1980	1 794.0	918.1	413.7	231.8	73.5	23.1	65.8	68.0
1985	3 801.4	2 003.5	717.4	380.0	292.9	46.2	106.2	108.3
1986	4 374.0	2 340.1	772.6	614.9	339.6	56.8	124.3	125.7
1987	5 115.0	2 760.8	882.3	736.8	370.1	65.6	156.9	142.5
1988	6 534.6	3 539.9	1 108.8	965.6	464.6	77.5	207.9	170.3
1989	7 074.2	3 858.5	1 152.2	749.0	472.0	97.2	240.1	202.5
1990	7 250.3	4 014.2	1 182.2	993.9	443.0	106.0	292.0	219.0
1991	8 245.7	4 537.5	1 356.4	1 121.6	492.0	132.4	352.9	253.0
1992	9 704.8	5 376.5	1 581.9	1 328.4	553.9	160.2	428.1	275.8
1993	12 237.0	6 718.1	1 994.6	1 688.7	722.0	195.8	562.99	354.9

注：日用品类中包括了房屋和建筑材料类。

城市社会经济主要指标及在全国所占比重

(1993年)

指　　　标	单　位	全国总计	全部城市合计	
			地　　区	市　　区
1.年底人口数	万　人	118 517	83 858.7	42 932.3
#非农业人口	万　人	26 344	22 228.8	17 700.8
从业者人数	万　人	60 220	42 326.4	23 515.4
#职工人数	万　人	14 849	12 755.0	10 099.3
第一产业	万　人	33 966	20 788.0	8 744.0
第二产业	万　人	13 517	11 937.2	8 556.2
第三产业	万　人	12 739	9 601.2	6 215.1
2.土地面积	万平方公里	960	302.5	144.7
3.农林牧渔业总产值(当年价格)	亿　元	10 995.5	8 266.9	3 943.1
农林牧渔业总产值(1990年不变价格)	亿　元		7 063	3 350.6
乡村劳动力	万　人	44 255.7	30 801.5	13 332.8
年末实有耕地面积	万公顷	9 510.1	6 041.5	2 518.2
主要农产品产量				
粮食	万　吨	45 648.8	29 571.6	13 152.8
水果	万　吨	3 011.2	2 246.6	1 158.1
猪肉	万　吨	2 854.4	1 985.1	883.2
牛羊肉	万　吨	370.9	183.6	80.9
水产品	万　吨		1 603.4	939.3
4.工业企业单位数	万　个	518 800	417 454	265 186
#国有单位	万　个	104 700	80 345	52 916
集体单位	万　个		307 422	190 548
工业总产值(当年价格)	亿　元	52 692	51 219.5	39 023.9
#乡及乡以上工业总产值	亿　元	55 388	38 138.9	31 178.5
轻工业	亿　元	23 184	15 348.8	11 986.4
重工业	亿　元	29 508	22 782.7	19 359.8
工业总产值(1990年不变价格)	亿　元		44 569.9	33 988
独立核算工业企业财务				
产品销售收入	亿　元		35 039.3	29 001.1
利税总额	亿　元		5 836.2	4 826.3
资金总额	亿　元		34 195.9	28 632.6
固定资产原值	亿　元		22 955	19 305.6
每百元资金提供利税	元		17.1	16.9
每百元固定资产原值实现的产值	元		161	156.9
5.客运量(发送)	亿　人	99.7	84.5	64

续表

指　　标	单　位	全国总计	全部城市合计	
			地　区	市　区
货运量(发送)	亿　吨	122.7	82.9	64.3
年底邮电局所数	万　个	57 005	39 358	21 779
邮电业务总量(1990年不变价格)	亿　元	462.7	433.2	375.3
年末电话机数	万　部	2 612.9	2 368.3	2 019.5
全年用电量	亿千瓦小时	6 664.9	5 336.5	
6.固定资产投资总额	亿　元	12 457.9	6 332.2	5 457.2
#住宅	亿　元	2 722.4	635.2	548.6
#国有单位	亿　元	7 658	5 859.1	5 099.4
城镇集体	亿　元	600.1	473.1	357.8
国有单位新增固定资产	亿　元	4 818	3 847.7	3 317.2
城镇集体单位新增固定资产	亿　元		331.5	242.2
7.社会商品零售总额	亿　元	12 237.0	10 959.9	8 445.7
城乡集市贸易成交额	亿　元			
商业、饮食业、服务业机构数	万　个		952.4	583.3
商业、饮食业、服务业人员数	万　人		2 904.8	1 988.3
8.实际利用外资金额	亿美元	398.6	295.1	223
旅游外汇收入总额	外汇券亿元	3 886 890	2 589 031	
9.(在校学生数)普通高等学校	万　人	253.6	256.9	254.2
中等专业学校	万　人		264.9	290.4
普通中学	万　人	4 739.1	3 517.2	1 987.7
农业、职业中学	万　人	362.6	277.9	187.6
技工学校	万　人	209.8	160.5	143.1
小学	万　人	12 421.2	8 326.2	4 303.1
成人高等学校	万　人		178.6	167.7
自然科技人员数	万　人		1 057.7	860.9
#中级技术职称以上人员	万　人		466.9	393.1
卫生机构数	万　个	193 586	149 199	104 613
#医院	个	60 784	39 320	20 979
医院床位数	万　张	279.5	224.4	166.4
卫生技术人员	万　人	411.7	339.0	256.3
#医生	万　人	183.2	147.3	112.2
10.职工工资总额	亿　元	4 916.2	4 370.1	3 648.9
年底全国城乡储蓄存款余额	亿　元	15 203.5	13 223.6	10 014.8

注：工业企业单位数为乡及乡以上单位。

按东中西部地区分的城市社会经济指标

（1993年，包括市辖县）

指标	单位	东部城市		中部城市		西部城市	
		绝对数	比重（%）	绝对数	比重（%）	绝对数	比重（%）
1.年底人口数	万人	43 562.7	51.95	26 346.3	31.42	13 949.6	16.63
#非农业人口	万人	11 374.6	51.17	7 543.6	33.94	3 310.6	14.89
社会劳动者人数	万人	21 735.6	51.35	13 100.0	30.95	7 490.9	17.70
#职工人数	万人	6 463.7	50.68	4 446.4	34.86	1 844.9	14.46
第一产业	万人	9 465.6	45.53	6 844.9	32.93	4 477.5	21.54
第二产业	万人	7 011.7	58.74	3 343.1	28.01	1 582.4	13.26
第三产业	万人	5 258.2	54.77	2 912.0	30.33	1 431.0	14.90
2.土地面积	万平方公里	96.6	31.92	121.7	40.23	84.2	27.85
3.农业总产值(当年价格)	亿元	4 860.3	58.79	2 359.3	28.54	1 047.3	12.67
农业总产值(1990年不变价格)	亿元	4 059.7	57.48	2 066.1	29.25	937.1	13.27
乡村劳动力	万人	15 495.2	50.31	9 281.6	30.13	6 024.8	19.56
年末实有耕地面积	万公顷	2 496.6	41.32	2 635.0	43.62	909.9	15.06
主要农产品产量							
粮食	万吨	13 502.8	45.66	11 867.3	40.13	4 201.5	14.21
水果	万吨	1 680.9	74.82	250.0	11.13	315.7	14.05
猪肉	万吨	947.7	47.74	597.4	30.09	440.0	22.17
牛羊肉	万吨	102.2	55.64	60.7	33.05	20.8	11.30
水产品	万吨	1 356.2	84.58	213.0	13.29	34.2	2.13
4.工业企业单位数(乡及乡以上)	万个	244 100	58.47	116 140	27.82	57 214	13.71
#国有单位	万个	42 523	52.93	25 833	32.15	11 989	14.92
集体单位	万个	176 197	57.31	87 692	28.52	43 533	14.16
工业总产值(当年价格)	亿元	35 643	69.59	10 744	20.98	4 832.5	9.43
#乡及乡以上工业总产值	亿元	25 977.1	68.11	8 269.9	21.68	3 891.9	10.20
轻工业	亿元	11 558.5	75.31	2 519.0	16.41	1 271.3	8.28
重工业	亿元	14 411.2	63.26	5 750.8	25.24	2 620.6	11.50
工业总产值(1990年不变价格)	亿元	31 414.2	70.48	9 058.1	20.32	4 097.6	9.19
独立核算工业企业财务							
产品销售收入	亿元	23 451.6	66.93	7 821.8	22.32	3 766	10.75
利税总额	亿元	4 562	78.17	802.5	13.75	471.8	8.08
资金总额	亿元	21 185.7	61.95	8 920.3	26.09	4 089.9	11.96
固定资产原值	亿元	13 636.2	59.40	6 417.6	27.96	2 901.1	12.64
每百元资金提供利税	元	21.5	126.17	9.0	52.71	11.5	67.59
每百元固定资产原值实现的产值	元	184.3	114.46	125.2	77.77	130.8	81.22
5.客运量(发送)	亿人	42.3	50.02	25.6	30.30	16.6	19.69

续表

指标	单位	东部城市		中部城市		西部城市	
		绝对数	比重(%)	绝对数	比重(%)	绝对数	比重(%)
货运量(发送)	亿吨	44.8	54.01	25.1	30.30	13	15.69
年底邮电局所数	万个	18 866	47.93	11 975	30.43	8 517	21.64
邮电业务总量(1990年不变价格)	亿元	321.5	74.22	77.5	17.90	34.2	7.89
年末电话机数	万部	1 590.5	67.16	542	22.88	235.9	9.96
全年用电量	亿千瓦小时	3 746	56.20	1 926.6	28.91	992.4	14.89
6.固定资产投资总额	亿元	4 042.7	63.84	1 528.2	24.13	761.4	12.02
#住宅	亿元	364.3	57.34	165.7	26.09	105.2	16.56
#国有单位	亿元	3 675.1	62.73	1 458	24.88	726	12.39
城镇集体	亿元	367.6	77.69	70.2	14.84	35.4	7.47
国有单位新增固定资产	亿元	2 395.9	62.27	977.3	25.40	474.5	12.33
城镇集体单位新增固定资产	亿元	254.3	76.72	54.2	16.35	23	6.93
7.社会商品零售总额	亿元	6 854.3	62.54	2 766.4	25.24	1 339.2	12.22
城乡集市贸易成交额	亿元						
零售商业、饮食业、服务业机构数	万个	520.8	54.69	286.2	30.05	145.3	15.26
零售商业、饮食业、服务业人员数	万人	1 683.1	57.94	894.8	30.81	326.9	11.25
8.实际利用外资金额	亿美元	254.4	86.23	29.1	9.86	11.6	3.91
旅游外汇收入总额	外汇券亿元	2 374 418	91.71	73 672	2.85	140 941	5.44
9.(在校学生数)普通高等学校	万人	127.7	49.70	80.8	31.46	48.4	18.83
中等专业学校	万人	125	47.18	90.8	34.28	49.1	18.54
普通中学	万人	1 765.3	50.19	1 271	36.14	480.9	13.67
农业、职业中学	万人	145	52.17	96.2	34.63	36.7	13.20
技工学校	万人	67.1	41.82	60.9	37.91	32.5	20.27
小学	万人	4 172.5	50.11	2 915.9	35.02	1 237.8	14.87
成人高等学校	万人	84.7	47.39	58.6	32.82	35.4	19.79
自然科技人员数	万人	518.6	49.03	348.8	32.97	190.4	18.00
#中级技术职称以上人员	万人	255.3	54.68	131	28.07	80.5	17.25
卫生机构数	个	76 710	51.41	45 986	30.82	26 503	17.76
#医院	个	17 372	44.18	13 609	34.61	8 339	21.21
医院床位数	万张	109.1	48.63	76.6	34.14	38.7	17.23
卫生技术人员	万人	168	49.56	114.5	33.76	56.5	16.68
#医生	万人	73	49.58	48.2	32.71	26.1	17.71
10.职工工资总额	亿元	2 527.2	57.83	1 267.7	29.01	575.3	13.16
年底全国城乡储蓄存款余额	亿元	8 472.8	64.07	3 233.6	24.45	1 517.2	11.47

人民物质文化生活提高情况

项　　目	单 位	1952年	1957年	1978年	1985年	1990年	1992年	1993年
一、就　业								
每一农村劳动力负担人数	人		2.08	2.53	1.74	1.64	1.65	1.60
每一城镇就业者负担人数	人		3.29	2.06	1.81	1.77	1.73	1.72
城镇待业率	%	13.2	5.9	5.3	1.8	2.5	2.3	2.6
二、收　入								
农民家庭人均纯收入	元	57.0	73.0	133.6	397.6	686.3	784.0	921.6
城镇居民家庭人均生活费收入	元		235	316	685	1387	1826	2337
职工年平均工资	元	445	624	615	1 148	2 140	2 711	3371
全国居民消费水平	元	76	102	175	403	723	947	1148
农民	元	62	79	132	324	524	650	774
非农业居民	元	149	205	383	727	1 477	2 032	2480
四、储　蓄								
城乡居民年底储蓄存款余额	亿元	8.6	35.2	210.6	1 622.6	7 034.2	11 545.4	15203.5
平均每人储蓄存款余额	元	1.50	5.44	21.88	153.29	615.24	985.35	1282.81
五、住　房								
农村平均每人住房面积	平方米			8.1	14.7	17.8	18.9	20.7
城市平均每人居住面积	平方米			3.6	5.2	6.7	7.1	7.5
六、零售商业、饮食业、服务业网点								
每万人口拥有营业点(包括个体)	个	95.68	41.81	13.04	100.80	103.73	116.45	
每万人口拥有人员数(包括个体)	人	167.77	117.77	63.14	238.67	254.47	287.35	
七、交　通								
每百人拥有自行车	辆		7.7	7.7	21.1	34.2	38.5	
城市每万人拥有公共车辆	辆	0.8	1.0	3.3	3.9	4.8	5.9	6.0
八、城市公用事业								
自来水普及率	%	42.0	56.6	81.0	81.0	89.2	92.5	93.1
煤气、液化气普及率	%		1.5	13.9	22.4	42.2	52.4	57.0
每万人拥有绿地	公顷			10.6	13.7	32.2	34.5	34.9
九、文　化								
每百人拥有电视机	台			0.3	6.6	16.2	19.5	
每百人拥有收音机	台			7.8	22.8	22.0	18.4	
每百人每天有报纸	份	0.78	1.05	3.66	5.21	3.87	4.40	4.48
每人每年有图书、杂志	册	1.74	2.51	4.74	8.78	6.55	7.47	7.03
十、教　育								
学龄儿童入学率	%	49.20	61.73	95.50	95.95	97.83	97.22	97.72
每万人口有大学生数	人	3.33	6.82	8.90	16.09	18.04	18.64	21.40
十一、卫　生								
每万人拥有医院病床数	张	2.78	4.56	19.28	21.06	22.95	23.42	24.00
每万人拥有医生数	人	7.39	8.46	10.73	13.35	15.42	15.43	15.80

注：1.带*号为1981年数。

2.城市平均每人居住面积为建设部统计数字。

居民消费水平及指数

年份	全国居民（元）	农民	非农业居民	指数（以上年为100）全国居民	农民	非农业居民
1952	76	62	149	100.0	100.0	100.0
1957	102	79	205	102.4	101.8	102.1
1962	117	88	226	104.4	107.5	103.6
1965	125	100	237	109.2	109.8	108.2
1970	140	114	260	104.1	105.8	102.2
1975	158	124	324	101.9	101.4	103.0
1978	175	132	383	105.1	104.4	105.6
1980	227	173	468	109.5	109.7	107.1
1985	403	324	727	113.2	113.9	108.7
1986	447	351	833	104.3	102.4	107.1
1987	508	389	991	105.7	104.2	109.3
1988	635	473	1 281	106.8	106.1	107.1
1989	694	513	1 394	99.2	99.1	97.9
1990	723	524	1 477	102.2	99.5	105.9
1991	803	570	1 676	108.2	106.8	109.3
1992	947	650	2 032	111.6	109.6	113.0
1993	1 148	774	2 480	109.3	107.4	109.9

注：本表按当年价格计算。

城乡居民家庭人均收入及指数增长情况

年份	农村居民家庭人均纯收入		城镇居民家庭人均生活费收入	
	绝对数（元）	指数（1978年=100）	绝对数（元）	指数（1978年=100）
1978	133.6	100.0	316.0	100.0
1980	191.3	138.1	439.4	127.0
1985	397.6	261.2	685.3	161.6
1986	423.8	267.9	827.9	182.5
1987	462.6	278.4	916.0	185.6
1988	544.9	289.6	1 119.4	187.9
1989	601.5	285.8	1 260.7	181.7
1990	686.3	300.7	1 387.3	197.8
1991	708.6	317.8	1 544.3	209.5
1992	784.0	328.1	1 826.1	228.3
1993	921.6	338.6	2 336.5	251.6

注：本表数据为抽样调查数，指数已扣除物价变动因素。

工商企业基本情况

(按经济类型分)

项　目	单　位	1981年	1985年	1990年	1992年	1993年
合　计						
企业数	万户	282.0	421.8	460.2	582.2	728.7
从业人员	万人	9567.7	14415.2	17356.3	21250.5	25256.4
注册资金	亿元	6108.0	11846.1	17997.5	27795.7	42358.5
国有企业						
企业数	万户	129.7	83.3	115.2	154.7	195.2
从业人员	万人	4862.1	6064.9	7719.8	9379.2	10828.1
注册资金	亿元	5079.9	7617.3	11925.0	17947.9	25462.0
集体企业						
企业数	万户	151.8	334.7	338.2	415.9	515.7
乡镇企业	万户			116.6	140.6	163.1
从业人员	万人	4681.5	8204.0	9114.1	11132.0	13435.9
乡镇企业	万人			4184.2	4864.7	5628.3
注册资金	亿元	1015.4	4126.0	5444.5	8241.5	13225.8
乡镇企业	亿元			1816.1	2701.6	3938.3
联营及其他企业						
企业数	万户	0.5	3.7	6.9	11.6	178.6
从业人员	万人	2.4	146.4	522.5	738.6	992.4
注册资金	亿元	12.7	102.8	627.9	1606.2	3670.8

城乡个体工商企业基本情况

项　目	单　位	1981年	1985年	1990年	1992年	1993年
户数	万户	182.9	1171.4	1328.3	1533.9	1766.9
城镇		86.8	279.9	394.3	476.6	575.7
农村		96.1	891.5	934.0	1057.3	1191.2
人数	万人	227.4	1766.0	2092.8	2467.7	2939.3
城镇		105.6	383.9	602.3	740.2	929.5
农村		121.8	1382.1	1490.5	1727.5	2009.8
自有资金	亿元	4.6	168.7	397.4		854.8
总产值	亿元			642.4		1386.9
营业额	亿元	10.9	750.6	1492.2	1861.3	3309.2
商品零售额	亿元		479.3	1270.2		2709.8

三资企业基本情况

行业	年末企业数（户）		从业人员（人）		#外方	
	1992年	1993年	1992年	1993年	1992年	1993年
合计	**84371**	**167507**	**10461315**	**18125196**	**292577**	**574882**
农林牧渔水利业	2168	4246	134831	249954	7725	14072
工业	68636	124606	9319338	15465911	221813	411743
地质普查和勘探业	21	47	1373	2419	348	362
建筑业	1573	4603	137022	356376	7403	18790
交通运输、邮电通讯业	1182	1918	71925	110087	12975	15390
商业、公共饮食业、物资供销和仓储业	2436	8742	161626	537467	8625	32360
房地产管理、公用事业、居民服务和咨询服务业	6908	19384	555695	1118051	28909	68050
卫生、体育和社会福利事业	130	357	7132	21780	338	1147
教育、文化艺术和广播电视事业	519	1609	29071	95038	1802	6482
科学研究和综合技术服务事业	395	878	19989	41505	1063	2414
金融、保险业	38	31	576	1159	105	98
其他行业	365	1086	22737	125449	1471	3974

续表

行业	投资总额（亿美元）		注册资本（亿美元）		#外方	
	1992年	1993年	1992年	1993年	1992年	1993年
合计	**1784.5**	**3823.9**	**1159.9**	**2456.3**	**686.6**	**1501.8**
农林牧渔水利业	27.4	48.8	21.1	38.1	13.9	24.6
工业	1166.2	2109.9	802.9	1474.8	448.9	840.3
地质普查和勘探业	0.2	0.4	0.2	0.4	0.1	0.2
建筑业	29.6	99.1	15.5	49.0	10.1	32.8
交通运输、邮电通讯业	32.4	77.8	19.0	46.3	12.1	28.3
商业、公共饮食业、物资供销和仓储业	40.8	167.8	29.7	121.6	18.2	75.0
房地产管理、公用事业、居民服务和咨询服务业	454.6	1240.6	245.1	670.2	164.8	464.3
卫生、体育和社会福利事业	8.9	11.8	7.1	7.1	6.5	5.4
教育、文化艺术和广播电视事业	6.6	25.0	4.9	18.3	3.1	11.9
科学研究和综合技术服务事业	4.9	10.3	2.9	6.8	1.7	4.4
金融、保险业	4.3	3.7	4.3	3.6	3.6	2.5
其他行业	8.6	28.7	7.2	20.2	3.9	12.2

注：1. 此表不包括直接在国家工商局注册登记部分。

2. 三资企业是指中外合资企业、中外合作企业和外商独资企业。

北京、上海、天津三(直辖)市改革开放与经济发展

北京市在改革开放中阔步前进

罗业辉

1993年初，北京市第十届人民代表大会第一次会议通过了提前三年完成十年规划的主要任务，即到1997年提前实现小康的决议。根据这一决议，1993年全市人民围绕建立社会主义市场经济体制，抓住机遇，全面加快改革开放和社会主义现代化建设步伐，国民经济和各项事业都取得了显著成绩。

一、国民经济有了较大幅度增长，市场繁荣兴旺，人民生活水平进一步提高

全年完成国内生产总值852亿元，按可比价计算，比上年增长12%，比计划高出3个百分点，是近五年来增长速度最高的一年。其中：

	单位	1993年增加值	1993年比1992年增长%
第一产业	亿元	53	3
第二产业	亿元	404	11.3
第三产业	亿元	395	12.9

第三产业增长速度超过了第二产业，占国内生产总值的比重由上年的44.3%扩大到46.4%。地方财政收入达到84.1亿元，增长4.8%。

(一)农村经济全面发展 农村扩大了股份合作制试点，加快了农业生产规模化、市场化和经营多样化进程，农村经济高速增长。全年农村国内生产总值达到204.7亿元，比上年增长31.7%。全市7个县在1993年中国农村综合实力百强县评选中榜上有名。

粮食生产再获丰收。农业生产继续朝着高产、高效、高质的方向发展。在五十年未遇的大旱灾年，粮食单产415.7公斤，总产28.4亿公斤，双超历史最高水平，连续夺得第16个丰收年。一批具有现代化水平的粮田规模经营农场已具雏型。农业现代化水平进一步提高，生产条件进一步改善。农业机械总动力达到451万千瓦，农田喷灌面积已达百万亩，农田水利建设继续保持较大规模。

农副产品生产稳定，主要农副产品生产以市场为导向，调整优化种植结构，在提高质量的基础上普遍增产。主要农副产品产量如下：

	单位	1993年实际	1993年比1992年增长%
蔬菜	万吨	418.8	9.8
肉类	万吨	28.2	3.3
鲜蛋	万吨	31.4	4.7
牛奶	万吨	22.5	−8.2
水产品	万吨	7.0	9.5
干鲜果	万吨	39.5	16.2

乡镇企业发展规模和水平大大提高，农村工业化步伐加快。全年乡镇企业总收入达468.7亿元，比上年增长63.2%，产值、销售收入、出口供货额、利润总额均以50%左右的速度增长。涌现出了通县、顺义2个工农业总产值超100亿元县，48个超亿元村，有14家大型乡镇企业跻身全国乡镇企业500强行列。“山区致富工程”的实施使山区经济得到发展，新开发建设山区“经济沟”10多万亩，最贫困的60个边远山区乡镇，农村经济总收入比上年增长36.4%，人均劳动所得达到1189元，增长19.3%。

(二)工业持续快速发展 工业以转换企业经营机制为动力，以市场为导向，加快了结构调整、技术改造和新产品开发的步伐，全年完成工业总产值1256亿

元，其中乡及乡以上工业总产值突破千亿元大关，比上年增长13.9%。主要产品产量大幅度增长，产品质量稳定提高。399种主要工业产品质量稳定提高率为98.42%。实现产销同步、经济效益与速度同步增长，全年工业产销率达95.2%。乡及乡以上工业实现利税总额154.2亿元，比上年增长15%。69家重点利税大户实现利税比上年增长22.2%。一批技术改造项目投入生产，企业后劲增强。全年开发新产品2680种，投产1920种，产值达95.3亿元，比上年增长46.6%。

(三)消费品市场持续、繁荣、快速发展 坚持"买全国的、卖全国的；全国来建、全国来卖；面向全国、走向世界"的方针，消费市场兴旺发达。消费品市场全面放开，全国各地的精品和世界名牌汇集北京，吸引和聚集了规模巨大的购买力。商业服务业网点进一步扩大，年内新增各类零售商业网点4.4万个，比上年增长22%，全市各类商业服务业网点已达22.5万个，平均每万人拥有商业网点213个，比上年增加39个。一批现代化大中型商业设施建成开业，其中建成建筑面积超过1万平方米的大型商场11家。京郊商业开始向高层次发展，相继建成一批现代化大型商场，使全市大型零售商场达到28家。以燕莎友谊商城、赛特购物中心、城乡贸易中心为代表的大型零售商业群体，标志着首都商业进入了一个新的发展阶段。全市有26家大中型商业企业年销售总额超过亿元。全年实现社会商品零售总额549.4亿元，比上年增长27.8%，创造了社会商品零售总额一年增长突破100亿元的高速度。

在消费商品中穿着消费仍居首位，保持长盛不衰。穿着商品与用类商品共同构成零售额增量的主体。1993年穿用商品零售额实现325.5亿元，占消费品零售额的比重为61.2%，其中穿着商品消费比上年增长46.9%。与旺销的穿用商品形成鲜明对比的是吃的商品销售平淡，增幅缓慢，全年吃的商品零售额实现192亿元，比上年增长16%。农村消费品市场活跃，增幅快于城区。

(四)城乡人民的生活水平进一步提高 经济的快速发展，为改善城乡人民生活水平提供了比较雄厚的物质基础。在95%以上的商品和服务价格放开、零售物价上涨幅度较高的情况下，城乡人民收入增长幅度高于物价上涨幅度。全市职工平均工资比上年增长28.3%，扣除职工生活费用价格上涨因素，实际增长7.8%。农民人均纯收入比上年增长18.2%，扣除价格上涨因素实际增长5.1%。城乡居民的生活质量进一步提高，大件耐用消费品拥有量继续增加。其中城镇居民每百户拥有彩色电视机107.2台，录放像机45.6台，照像机82.4台，分别比上年增长5.7%、9.4%和6.7%；农村居民每百户拥有彩色电视机56台，电冰箱47台，洗衣机76台，分别比上年增长21.7%、17.5%和4.1%。在消费水平提高和金融资产增多的同时，城乡居民储蓄大幅度增加。到年末城乡居民储蓄存款余额达560.7亿元，比年初增长44.2%。其中城镇居民储蓄增长46.6%；农民储蓄增长31.1%。

居民住房条件进一步改善，年末城镇居民人均住房使用面积达12.5平方米。京效农民住房有了很大改善，开始告别草屋土坯房，向小康型的别墅单体小楼或城镇式多层住宅楼发展，农民人均生活用房面积达23.7平方米，3万农民住进了楼房。山区人民生活水平也有一定提高。

二、城市建设步伐加快

(一)1993年是北京市城市基础设施建设力度最大的一年 全年城市基础设施投资完成103.6亿元，比上年增长76.2%，占全市固定资产投资比重达32.5%。年内建成一大批水、电、气、热、交通、邮电等关系城市发展的重点工程项目。新增公路415公里，新建城市道路立交桥15座。首都机场高速公路竣工，达到国际一流水准。全市高速公路总里程突破100公里。东三环道路改造、京石高速公路北京段、广宁路、广内大街、密古路建成通车，使全市公路通车里程突破1万公里，提前两年完成了"八五"计划规定的指标。在建的北京西客站工程、地铁复八线、京唐大港等重点工程顺利实施。年内新增供电能力23.9万千瓦；建成华北油田——第二条华北天然气管线，新增日供气能力15万立方米；石景山10公里长的高压煤气输气干线工程竣工，日接纳、压送煤气能力达100万立方米；高碑店污水处理厂一期工程建成通水，使北京四分之一的城市污水得到二级处理，对改善首都生态环境起到重要作用。邮政、通讯手段日益先进。北京邮政枢纽工程正式通过国家验收交付使用，结束了几十年来手工分拣邮件的历史，实现了机械化分拣。无线寻呼、移动电话等现代通讯设备发展很快，用户已达10多万户；普通电话发展迅速，年内新增电话交换机总容量36万门，累计达到226.2万门，新装电话突破18万户，市内电话用户总数已达66.5万户。

(二)住宅建设取得新进展 全年城乡房屋竣工面积1154.4万平方米，其中住宅614.1万平方米，已连续7年突破500万平方米。危旧房改造取得了显著成效。市政府为从根本上解决居住困难户的问题，1990年4月就提出了"一个转移、一个为主、四个结合"的危旧房改造工作方针。即：从以新区开发为主转移到新区开发和危旧房改造并重上来；危旧房改造以区(县)政府为主；危旧房改造与新区开辟相结合、与住房制度改革相结合、与房地产经营相结合、与保护古都风貌相结合。根据这一方针，北京市对202片、占地1362万平方米的危旧房进行改造。历时三年，改造危房已从分散的点片改造，发展为成街成片大规模改造，新区住宅建设速度也相应加快。截止1993年底，全市累计危房改造区已达69片，其中在建的危改小区共59个，年内新开19个，竣工3个；开复工面积480万平方米，投入资金35亿元，已为3.5万户居民解决了住房困难。

(三)实施“康居工程”并初见成效 改革开放十五年来，北京市居民住宅总量已达1.1亿平方米，人均居住面积8.3平方米，使用面积12平方米。但是仍有人均居住面积4平方米以下的中低收入住房困难户20万户。为解决这部分居民的住房困难，1993年市政府提出了“康居工程”。“康居工程”的核心是：政府给予一定优惠政策，开发建造一批符合《七五——八五北京市职工住宅标准》的配套设施完善、使用功能齐全的单元式楼房，以政府扶持、单位资助、个人购房的形式，解决中低收入住房困难户的住房问题，以保证提前实现住房小康。首批10万平方米“康居”住宅中有8000平方米已于年底前交付使用。“康居工程”的实施受到广大市民的拥护。

(四)城市生态环境得到进一步改善 城乡绿化美化走“以资引绿、开发兴绿”的路子，形成了新的“绿富”格局。全年城市扩大绿地面积693公顷，营造城市隔离片林3645亩，全市林木覆盖率已达33.5％，城区绿化覆盖率达到30.7％。首都机场路的绿化，与道、桥施工同步进行，建成了宽30至50米、长18公里的宽阔的杨林大道。采取有力措施对水体、大气、噪声、固体废弃物等进行治理，高碑店污水处理厂一期工程完工投入试运转，城近效区65％的垃圾实行了密闭式收运，有20多万户居民和4000多个单位实行了生活垃圾袋装。

三、对外贸易大幅度增长

1993年北京市在开展对外经济贸易中，按照大经贸、大流通、大市场和实业化、集团化、国际化及转变经营观念、经营机制、经营方式的总体构想，坚持以质取胜和市场多元化战略。全市进出口总值达30.8亿美元，比上年增长38.1％；外贸出口总值达17亿美元，比上年增长10.9％；外贸进口总值13.8亿美元。

计划经济下专业外贸公司独家垄断出口的局面已被打破，专业外贸公司、工贸公司、自营出口企业和三资企业四路大军发挥各自优势，形成了多渠道出口创汇的新格局。上半年外贸出口一度出现滑坡的严峻形势，四路大军团结奋战，很快扭转了滑坡局面。专业外贸公司仍然发挥了主力军的作用，占全市出口总额的52.4％。工贸公司出口占16％，特别是电子公司首次出口突破1亿美元大关，成为第三个出口超亿美元的出口企业。全市108家自营出口企业(集团)出口额占10.9％。三资企业异军突起，出口比上年增长1.2倍，占全市出口总额的比重已达20.7％。为了扩大出口进一步优化出口商品结构，拓宽国际市场机械电子高附加值产品出口比重增加，已能出口小型电站设备等成套设备。在巩固港澳、日本、美国及欧洲老市场的基础上，进一步开拓了对俄罗斯、中亚、东欧等国的易货贸易，易贸出口比上年增长2倍，达到1.3亿美元。

与此同时，海外企业、对外承包工程与劳务合作迈上新台阶。新批准海外企业45家，比上年增长50％。对外承包工程和劳务合作有较大发展，完成合同额4.5亿美元，营业额1.5亿美元，外派劳务人员3000人次，分别比上年增长15.3％、36.3％和50％。技术出口7000万美元。技术引进成交额2.66亿美元。

四、对外开放向更广阔的领域拓展

(一)利用外资取得新突破 大力发展三资企业是北京扩大开放的重中之重。1993年随着投资环境进一步的改善，北京成为外商投资的热点。全年新批三资企业3752家，协议投资总额103.9亿美元，协议吸收外资62.8亿美元。与改革开放以来的前十四年相比，三资企业的数量一年接近十四年总和，总投资额超过28％，协议吸收外资额超过59％。全市累计已批准三资企业7521家，协议投资总额185亿美元，协议利用外资102.4亿美元。实际利用外资创历史最好水平。全年实际利用外资6.67亿美元，实际人资率为31％。其中中外合资企业和中外合作企业实际利用外资分别为5.19亿美元和1.1亿美元，外商独资企业为3809万美元，为上年同期的1.5倍。外商投资居前五位的国家和地区是香港、日本、美国、台湾、新加坡，其投资总额占全市总数的85％以上。全市累计实际利用外资已达28.5亿美元，累计人资率27.8％。1993年北京在新加坡举办投资贸易洽谈会，是继赴香港招商之后又一扩大对外开放的举措。北京在洽谈会上推出了21大类、千余种出口商品和500个城市基础设施、高新技术、房地产开发、第三产业、工业、农业等领域的经济合作项目供洽谈会洽商，并收到洽谈实效。1993年利用外资呈现出以下几个新特点：

一是利用外资领域逐步拓宽，特别是工业和房地产、商业等第三产业吸收外资取得重大进展。全年新批工业三资企业2629家，占新批企业的70％，居各行业之首；其次是房地产业，新批三资企业363家；商业、饮食业有208家，位居第三。其它依次为农林牧渔业，科学、文教、广播事业、交通运输业和建筑业。其中房地产是外商投资增长最快的行业。全年新批外商房地产投资项目176个，协议额为58.5亿美元，占新批协议总额的

56.3%;协议外资37亿美元,占新批协议外资额的58.9%。投资最大的房地产项目"北京京港物业发展有限公司",投资额达1.5亿美元。外商投资房地产业对推动城市改造,推动经济发展起到重要作用。

二是投资项目规模不断扩大,国际跨国公司和知名大公司来京投资显著增加。全年有日本松下电工、英国联合利华、美国永备电池、卡夫通用、德国ABB等20多家跨国公司来京投资。在京投资的国际著名大公司已有60多个。在跨国公司的带动下,三资企业投资项目规模显著增大,平均每个项目投资规模为277万美元,吸收外资额达167.4万美元,分别比上年增长1.2倍和1.5倍。投资规模超过千万美元的三资项目200个,是上年的4.8倍,其中5000万美元以上的有49个。

三是三资企业在首都经济建设中的作用日益明显。全市累计开业投产的三资企业已有1753家。全年实现总产值175.9亿元,销售收入220.7亿元,分别比上年增长53.8%和66%。三资企业的工业产值占全市地方工业总产值的17.2%。

(二)开发区和工业小区健康、快速发展 北京市新技术产业开发试验区、北京经济技术开发区、区县工业小区是首都发展开放型经济的重点区域。到1993年底,全市经国务院和市政府正式批准成立的各类开发区、工业小区、科技园区已达33个,已完成总体分类用地规划277.35平方公里。其中26个开发区和工业小区进入基础设施建设阶段。北京经济技术开发区、上地信息产业基地、大兴工业区、滨河工业区等10个小区的建设进展较快,起步区范围内的"七通一平"已基本完工。招商引资取得明显成果,累计人区外资项目1374个(不含新技术产业开发试验区),协议吸引外资近20亿美元,已有一批企业和产品走出国门,进入国际市场。

(三)新技术产业开发试验区经济效益显著 全年技工贸总收入突破100亿元,比上年增长33%;工业总产值达到45亿元;出口创汇增长14%。试验区企业的股份化步伐和市场体系的建设步伐加快,股份制企业已达121家,四通集团公司的股票在香港公开上市获得成功。北京经济技术开发区招商引资又有新进展。已签约各类项目50个,总投资额7.5亿美元,项目平均投资额达1500万美元以上,出让土地140万平方米,占可出让土地的60%以上。区县工业小区建设速度加快。已吸引了大批的投资者前来投资办企业。

1993年各类开发区和工业小区发展有几个突出特点:

一是在空间布局和产业结构上各具特色、功能多样。大兴工业区、平谷滨河工业区等工业类小区以优先发展"五少两高"的工业项目为主;上地信息产业基地、丰台科技园区等高新技术类小区以发展生物工程、新材料、新能源、光机电一体化产品为重点;朝阳东部旅游开发区、怀柔旅游、房地产开发区等旅游类小区以旅游景点、娱乐设施、风光别墅等项目为发展方向,充分发挥了本地区在地理位置、自然人文资源等方面的优势。

二是筹资方式灵活多样。由于建设资金短缺,各开发区及工业小区通过土地使用权有偿出让转让、社会集资及横向联营等多种途径筹集建设资金,约占同期全部筹资总额的53%。而同期市、区(县)政府拨款不足全部筹款额的10%。主要方式有:股份制集资。怀柔民营经济开发区与海南万通企业(集团)有限公司合作组建北京万通实业股份有限公司,已向社会定向募集资金2.37亿元;加强土地出让金的征管,如大兴念坛工业区预收土地出让金占已签出让金总额的46%;按照谁投资谁受益的原则吸收资金。

三是外商投资项目结构比较合理。1993年进入各开发区的10336个外商投资项目中,行业门类比较齐。其中工业生产型的项目居主导地位,项目占76.6%,总投资占62.3%,既有一批国际著名跨国公司投资项目,又有投资少、见效快适合远郊区经济发展的中小项目。房地产、旅游设施和综合服务等第三产业项目占一定比例。

(四)旅游业发展迅速 北京社会安定、经济繁荣的良好环境为旅游业发展创造了有利条件,境外来京旅游人数大幅度增长。1993年境外到京旅游者达到202.7万人次,创日入境旅游者5555人次的纪录,比上年增长16%。全年旅游创汇12.4亿美元,居全国之首,达到日创旅游外汇340万美元,人均在京消费600美元的好水平。全年旅游饭店客房出租率达75%,营业收入高达6.5亿元,出现了淡季不淡、旺季更旺的喜人局面。

旅游市场进一步得到开发。华侨回国旅游观光人数显著增长,全年华侨来京旅游者4.9万人(次),增幅高达56.1%;港澳台同胞来京52.8万人(次),与上年同期持平。在国外旅游者中:日本旅游者39.3万人(次),居首位;西德12万人(次),增长27%;俄罗斯7.7万人(次),增长50%;其他依次为法国、英国、澳大利亚。

旅游接待能力迅速提高,基础设施更加完备。全市新建了一大批旅游设施,旅游企业的数量进一步增加。1993年新增旅行社97个,定餐点和定点商店各22个。到1993年底全市共有旅行社272个,定餐点174个,定点商店164个,涉外饭店228家。

(五)对外经济交流与合作空前活跃 1993年邀请了来自97个国家和地区的外商共1.36万人次来京洽谈业务,比上年增长94.4%。国外驻京商务机构已达3200多家,比上年增加1000多家。全年经贸劳务人员出访所占比例大幅度增长,达1.89万人次,比上年增长访所占比例大幅度增长，达1.89万人次，比上年增长66.6%；派出各类科技团组1054个，科技人员2353人次；邀请各国专家比上年增加1.1倍；利用和引进国外资金1.9亿美元。

五、改革向整体推进、重点突破发展

围绕建立社会主义市场经济体制，在深化国有大中型企业改革，加快培育市场体系，建立和完善市场运行机制等方面取得了新的突破性进展。

(一)国有大中型企业改革进一步深化 以贯彻落实《全民所有制工业企业转换经营机制条例》和《北京市实施全民所有制工业企业转换经营机制实施办法》为动力，进一步加快了国有企业经营机制的转换，推动了企业由旧体制向新体制的过渡。北京一轻工业总公司率先实施综合配套改革。即“退二进三”(对三环路以内需要搬迁的工厂退出第二产业进入第三产业)，“退四进二”(这些企业退到四环路以外在新的基点上发展第二产业)，实现“一增三转一分流”(资产增值、产业转移、机制转换、职能转变、职工分流)。这一改革的成功之处，就是把单个企业的搞活或单项改革的推进，发展成为综合、协调、整体地搞活国有企业，并同城市改造规划、产业和产品结构调整，同新的运行机制有机结合，形成一个系统工程，从而使资金、劳动力、技术、土地等生产要素在超出原有的地域、空间流动，在市场中优化组合，由此产生了新的产业和新的效益，体现了改革、发展和稳定三者的统一，走出了一条搞好国有大中型企业的新路子。这一改革的实施，初步获得了实效。据统计，1993年市第一轻工业总公司工业总产值增长7.1%、销售收入增长24%、实现利润增长61%、利税合计增长30%。这项改革思路带动了其它行业，市第一商业局、北辰集团、建材工业总公司、农机总公司、第二轻工业总公司和食品工贸集团等先后形成了各自的综合配套整体推进的改革思路。

(二)企业股份制试点取得进展 截止1993年年底，全市共批准设立规范化的股份制公司176家，其中定向募集的股份有限公司68家，有限责任公司108家。176家股本总额到位后为99.2亿元，其中国家和法人股94.68亿元，占95.63%，个人股3.56亿元，占3.44%，外资股1亿元，占1.03%。另外，天龙、天桥、北人、四通等公司的股票异地和境外上市获得成功，使股份制改革向前推进了一步。企业集团、国有民营和城镇集体企业股份合作制等多种形式的改革试点继续发展完善。

(三)培育市场体系、完善市场建设迈出较大步伐 要素市场建设成效显著。一是生产资料市场建设有新突破。石油交易所和商品交易所建成开业，并按国际规范成功运作，实现高层次市场建设方面零的突破；煤炭、建材、金属、汽车等大型生产资料市场已分别进入建设和规划设计阶段。全市已建成生产资料综合交易市场65个。二是金融市场开始起步，介入市场活动的金融机构已达48个，当年实现证券交易额151.7亿元。三是人才劳务市场发展较快，1993年末已到74家，交流成功率达30%。四是房地产市场、技术交易市场初具规模。房地产交易机构20个，成交额26.56亿元。技术交易机构55个，成交额35.6亿元。集贸市场发展迅速。五是集贸市场迅速扩大。全年新建各类城乡集贸市场87个，累计达到960个，年成交额83.7亿元。

(四)农村改革向纵深发展，股份制和股份合作制试点范围扩大到1000家 探索了农村土地制度的改革，粮田适度规模经营向现代企业制度迈进，建成一批具有现代化雏型的规模农场，推动了农业专业化、区域化生产的发展，劳动生产率有了较大提高，其中劳均经营百亩及300亩以上的农场分别达到181个和23个。

此外，按照建立社会主义市场经济体制的要求，结合政府机构改革和实行公务员制度，进一步转变政府职能。以大病统筹试点和养老保险为重点，加快了社会保障制度的改革。

(作者所在单位：北京市政府研究室)

北京市国民经济综合指标发展概况

指标	单位	绝对数					1993年为以下年%	
		1978年	1985年	1990年	1992年	1993年	1978年	1992年
一、基本情况								
1.土地面积	万平方公里					1.68		
2.行政市数	个					1		
地级市	个							
县级市	个							
3.人口								
年底总人口数	万人	850	958	1086	1102	1112	130.8	100.9
男	万人	432	488	561	569			
女	万人	418	470	526	533			
出生率	‰	12.93	12.44	13.01	9.22	9.35	72.3	101.4
死亡率	‰	6.12	5.51	5.81	6.11	6.16	100.7	100.8
自然增长率	‰	6.81	6.93	7.20	3.11	3.19	46.8	102.6
4.从业人员数	万人	444.0	567.0	645.5	668.6	659.2	148.5	98.6
城镇从业人员	万人					483.2		
国有经济单位	万人	241.0	308.0	357.9	371.5	361.1	149.8	97.2
集体经济单位	万人	51.0	73.0	86.8	90.5	79.6	156.1	88.0
联营经济单位	万人					2.8		
股份制经济单位	万人					3.6		
外商投资经济单位	万人					11.0		
港澳台投资经济单位	万人					6.4		
其他经济单位	万人					1.4		
私营企业	万人				1.6	3.7		231.3
个体	万人	1.0	1.0	6.3	11.8	13.6	1360.0	115.3
乡村从业人员	万人	162.0	174.0	184.3	178.7	176.0	108.6	98.5
二、综合经济指标								
1.国内生产总值	亿元	108.80	257.10	500.82	709.10	863.53	793.7	121.8
第一产业	亿元	5.60	17.80	43.88	48.67	53.57	956.6	110.1
第二产业	亿元	77.40	153.70	262.39	345.91	414.79	535.9	119.9
#工业	亿元				292.97	334.00		114.0
建筑业	亿元				52.94	80.79		152.6
第三产业	亿元	25.80	85.60	194.55	314.51	395.17	1531.7	125.6
#运输邮电	亿元				35.49	37.58		105.9
商业	亿元				85.41	113.88		133.3
2.人均国内生产总值	元	1290	2704	4881	6805	8240	638.8	121.1
三、投资								
1.全社会固定资产投资额	亿元		94.52	190.81	263.38	418.81		159.0
#国有经济	亿元		73.95	152.03	227.80	337.83		148.3
#基本建设投资	亿元	20.43	50.73	84.84	114.88	112.64	551.3	98.1

续 表 1

指 标	单 位	绝 对 数					1993年为以下年%	
		1978年	1985年	1990年	1992年	1993年	1978年	1992年
更新改造投资	亿元		12.70	39.29	72.91	121.82		167.1
其他固定资产投资	亿元		1.16	5.36	6.32	8.67		137.2
#集体经济	亿元		16.11	32.46	26.94	39.57		146.9
2.基本建设房屋建设								
房屋施工面积	万平方米	755.0	2172.2	1436.6	1402.4	1500.7	198.8	107.0
#住宅	万平方米	401.0	1399.2	588.2	609.0	600.1	149.7	98.5
房屋竣工面积	万平方米	316.0	649.1	514.2	442.5	453.4	143.5	102.5
#住宅	万平方米	161.0	423.0	192.7	230.8	203.7	126.5	88.3
四、财政收支								
地方财政收入	亿元	40.46	52.44	74.00	80.30	84.10	207.9	104.7
地方财政支出	亿元	20.38	32.99	66.50	71.70	80.90	397.0	112.8
五、物价指数(上年=100)								
1.全社会零售物价总指数	%	100.6	118.6	104.1	108.3	116.9		
#消费品	%		118.6	104.1	108.3	116.9		
食品类	%			103.7	111.5	120.7		
衣着类	%			110.3	103.3	109.2		
日用品类	%			103.6	105.3	116.6		
文化娱乐用品类	%			93.5	92.8	99.7		
书报杂志类	%			107.2	105.9	103.5		
药及医疗用品类	%			111.0	114.8	115.1		
建筑装璜材料类	%			104.9	102.2	110.7		
燃料类	%			109.2	139.4	157.3		
2.居民消费价格指数	%		117.6	105.4	109.9	119.0		
城镇居民	%	100.6	117.6	101.3	109.9	119.0		
农民	%							
3.固定资产投资价格指数	%				112.2	126.6		
六、居民生活								
1.居民消费水平	元	347	835	1548	1513			
农业居民	元	186	622	1199	986			
非农业居民	元	483	981	1764	1829			
2.职工平均工资	元	673	1343	2653	3402	4510	670.1	132.6
国有经济单位	元	703	1367	2713	3500	4648	661.2	132.8
城镇集体经济单位	元	471	1231	2334	2828	3561	756.1	125.9
其他经济单位	元			3243	4289	5505		128.4

续 表 2

指　　标	单位	绝对数					1993年为以下年%	
		1978年	1985年	1990年	1992年	1993年	1978年	1992年
3.劳动力负担人数								
每一农村劳动力	人	2.15	1.64	1.61	1.58	1.53	71.2	96.8
每一城镇就业者	人	1.83	1.66	1.52	1.57	1.57	85.8	100.0
4.收入(平均每人)								
农村居民家庭纯收入	元	224.80	775.08	1297.05	1571.56	1882.58	837.4	119.8
城镇居民家庭								
生活费收入	元	365.40	907.70	1787.08	2363.68	3296.00	902.0	139.4
5.居住面积(平均每人)								
农村住户住房面积	平方米	9.20	16.37	20.62	20.62	24.32	264.3	117.9
城镇居民家庭住房面积	平方米	4.55	6.17	7.72	8.30	8.49	186.6	102.3
七、国际旅游								
1.接待旅游人数	万人次		93.65	100.07	174.81	202.75		116.0
#外国人	万人次		73.96	63.75	120.46	145.04		120.4
2.旅游外汇收入	万元		92018	314541	586686	718338		122.4
商品性收入	万元			74821	136672	159696		116.8
劳务性收入	万元			239720	450014	558642		124.1
3.涉外饭店数	个			177	234	232		99.1
#国有单位	个			99	125	122		97.6
中外合资	个			39	74	75		101.4
集体单位	个			32	35	34		97.1
八、工商企业基本情况								
企业数	万户		7.6	9.2	12.6	17.5		138.9
从业人员	万人		488.8	576.0	833.4	984.2		118.1
注册资金	亿元		408.4	647.3	1505.7	2129.0		141.4
国有企业								
企业数	万户	0.1	1.6	2.4	3.6	5.3	5300.0	147.2
从业人员	万人	86.1	222.5	298.7	479.7	552.9	642.2	115.3
注册资金	亿元	120.2	296.9	437.4	1103.1	1412.9	1175.5	128.1
集体企业								
企业数	万户	0.7	5.9	6.7	8.8	11.9	1700.0	135.2
从业人员	万人	62.1	262.0	263.4	337.6	408.9	658.5	121.1
注册资金	亿元	20.7	107.1	186.3	362.5	600.0	2898.6	165.5
联营及其他企业								
企业数	户		726	1467	1914	2937		153.4
从业人员	万人		4.3	14.0	16.1	22.4		139.1
注册资金	亿元		4.4	23.7	40.1	96.1		239.7
私营企业								
户数	户			283	1428	3916		274.2
从业人员	万人			0.5	2.3	6.1		265.2
注册资金	亿元			0.3	3.3	13.3		403.0

北京市固定资产投资和建筑业

指　　标	单 位	绝　对　数			1993年为1992年 %（上年=100）	1993年本省占全国比重（%）
		1990年	1992年	1993年		
一、固定资产投资						
1.全社会固定资产投资	亿元	190.81	263.38	418.81	159.0	3.4
国有经济	亿元	152.04	227.80	337.83	148.3	4.4
集体经济	亿元	32.46	26.94	39.57	146.9	1.8
联营经济	亿元			0.53		0.9
股份制经济	亿元			2.94		1.3
中外合资经营	亿元			21.89		5.0
中外合作经营	亿元			0.76		1.1
外资	亿元			1.77		3.6
港澳台与大陆合资经营	亿元			2.00		1.5
城乡个人	亿元	6.31	8.64	11.40	131.9	0.8
其他经济	亿元			0.05		0.2
2.基本建设投资	亿元	80.84	114.88	172.64	150.3	3.7
#农林牧渔业	亿元	1.32	0.29	0.74	255.2	1.6
采掘业	亿元			4.99		1.4
制造业	亿元	13.72	31.19	34.50	110.6	3.9
电力、煤气及水电生产和供应业	亿元			17.15		2.2
建筑业	亿元	1.64	2.43	6.00	246.9	5.2
交通运输、仓储和邮电通讯业	亿元	3.84	13.97	24.25	173.6	2.7
批发、零售贸易和餐饮业	亿元	3.97	4.75	5.31	111.8	2.6
2.施工项目						
基本建设	个		1181	1207		1.3
更新改造	个	2081	2395	2483	103.7	3.8
3.新增固定资产						
基本建设	亿元		67.38	80.55		2.9
更新改造	亿元	29.91	51.52	68.70	133.3	4.5
二、建筑业						
施工企业个数	个	150	150	1098	732.0	5.2
年末从业人员数	万人	51.76	54.65	72.83	133.3	6.4
自有机械设备总功率	万千瓦		143.8	240.0		4.8
总产值	万元	842066	1078155	2106545	195.4	6.5
#建筑工程产值	万元	745312	997909	1860372	203.9	6.5
安装工程产值	万元			174373		5.2
增加值	万元	431200	529400	601749	113.7	7.2
企业总收入	万元		1067060	2207953		6.9
施工房屋建筑面积	万平方米	2688.3	2774.3	3499.1	126.1	5.4
竣工房屋建筑面积	万平方米	1236.3	1234.4	1427.6	115.7	5.0
企业利税总额	万元	61110	66646	124387	186.6	7.7

北京市利用外资及外资企业情况

指　　标	单　位	绝　对　数			1993年为1992年 %（上年=100）	1993年本省占全国比重（%）
		1990年	1992年	1993年		
一、利用外资						
1.对外签订利用外资协议项目	个	241	2207	3752	170.0	4.5
对外借款	个					
外商直接投资及其他	个	241	2207	3752	170.0	4.5
2.对外签订利用外资协议项目金额	万美元	18545	14427	686931	4761.4	5.6
对外借款	万美元	6710	1174	15037	1280.8	1.3
外商直接投资及其他	万美元	1835	143253	671894	469.0	6.0
3.实际利用外资额	万美元	39202	36159	81731	226.0	2.1
对外借款	万美元	11307	1174	15037	1280.8	1.3
外商直接投资及其他	万美元	27895	34985	66694	190.6	2.4
4.外商直接投资协议投资额	万美元	11688	146819			
农林牧渔业	万美元	123	1175			
工业	万美元	9170	99721			
建筑业	万美元	48	891			
运输邮电业	万美元		150			
商业饮食业物资供销业	万美元	647	2314			
房地产管理、公用事业服务业	万美元	1656	27193			
其他	万美元	44	15375			
二、外国及港澳台在华投资企业情况						
年末企业数	个	837	3453	6516	188.7	0.4
合资经营	个	733	2824	5119	181.3	4.7
合作经营	个	41	117	320	273.5	1.3
独资经营	个	63	512	1077	210.4	3.1
从业人员	人	32197	64677	134555	208.0	0.7
#外方	人	1867	2688	58185	2164.6	10.1
投资总额	万元	1743432	734769	1840489	250.5	4.8
注册资本	万元	689630	398764	921511	231.1	3.8
#外方	万元	318345	193244	522454	270.4	3.5
三、外商投资企业出口额	**亿美元**	**0.80**	**2.23**	**3.57**	**160.4**	**1.4**

北京市工业经济

指　　标	单　位	绝　对	
		1990年	1992
一、基本情况			
1.企业单位数			
#独立核算工业企业	个	5409	530
按经济类型分			
国有企业	个	1242	120
集体企业	个	4007	383
按轻重工业分			
轻工业企业	个	2919	285
重工业企业	个	2490	245
按规模分			
大型企业	个	213	18
中型企业	个	296	31
小型企业	个	4900	481
2.工业总产值			
#独立核算工业企业	亿元	625.89	860.4
按经济类型分			
国有工业	亿元	448.71	584.3
集体工业	亿元	125.26	167.2
按轻重工业分			
轻工业	亿元	262.14	319.3
重工业	亿元	363.75	541.0
按规模分			
大型企业	亿元	327.88	500.8
中型企业	亿元	117.85	121.79
小型企业	亿元	180.16	237.82
二、独立核算工业企业主要指标			
工业增加值	亿元		
资本金	亿元		

北京市农村经济

指　　标	单　位	绝　对　数			1993年为1992年％(上年=100)	1993年本省占全国比重（%）
		1990年	1992年	1993年		
一、基本情况						
1.乡镇个数	个	291	290	283	97.6	0.6
村民委员会	个	4140	4081	4154	101.8	0.5
乡村人口数	万人	392.0	387.6	382.0	98.6	0.4
2.乡村劳动力	万人	184.3	178.7	176.0	98.5	0.4
#农林牧渔业	万人	82.5	74.6	73.0	97.9	0.2
工业	万人	53.4	51.3	52.0	101.4	1.4
建筑业	万人	11.3	10.7	11.0	102.8	0.6
交通运输业和邮通讯业	万人	6.2	6.3	7.0	111.1	0.9
批发、零售贸易业、餐饮业及仓储业	万人	5.1	6.0	6.0	100.0	0.6
3.耕地面积	千公顷	412.7	408.8	405.8	99.3	0.4
4.农作物播种面积	千公顷	590.3	585.3	565.3	96.6	0.4
#谷物	千公顷			437.5		0.5
油料	千公顷	18.0	12.3	12.6	102.4	0.1
棉花	千公顷	5.1	4.6	4.1	89.1	0.1
5.农业现代化水平						
农业机械总动力	万千瓦	416.2	399.8	451.0	112.8	1.4
乡、村办水电站个数	个	54	47	46	97.9	0.1
乡、村办水电站发电能力	万千瓦	2.1	1.6	1.6	100.0	0.3
农村用电量	亿千瓦小时	18.0	14.4	17.0	118.1	1.4
农用化肥施用量	万吨	14.4	14.4	15.0	104.2	0.5
灌溉面积	千公顷	335.1	307.4	315.0	102.5	0.6
6.农民家庭平均每户生产性						
固定资产原值	元	595.6	940.7	1157.5	123.0	59.3
#农林牧渔业机械	元	34.9	195.0	305.8	156.8	87.4
工业机械	元	10.5	14.4	47.6	330.6	70.8
运输机械	元	312.9	349.8	476.3	136.1	150.0
7.农林牧渔业总产值	亿元	69.0	82.9	100.5	105.3	0.9
农业	亿元	37.8	41.6	51.1	106.4	0.8
林业	亿元	0.9	1.6	2.3	107.6	0.5
牧业	亿元	28.0	36.3	42.7	103.1	1.4
渔业	亿元	2.3	3.4	4.4	115.7	0.5

注:本表价值量指标除农业产值指数按可比价格计算外,其它均按当年价格计算。

续 表 1

指 标	单 位	绝	
		1990年	199
二、主要农产品产量			
粮食	万吨	264.6	28
谷物	万吨		
#稻谷	万吨	21.6	2
小麦	万吨	101.5	11
玉米	万吨	130.9	14
棉花	万吨	0.3	
油料	万吨	3.1	
水果	万吨	26.4	3
猪、牛、羊肉	万吨	20.4	2
奶类	万吨	21.8	2
禽蛋	万吨	25.8	3
水产品	吨	51602	64
海水产品	吨	519	
淡水产品	吨	51083	64
三、乡镇企业基本情况			
企业单位数	万个	1.8	
#乡办企业	万个	0.4	
村办企业	万个	1.4	
从业人员	万人	88.5	9
乡办企业	万人	34.7	3
村办企业	万人	53.8	5
营业收入	万元		
利润总额	万元		
#应交所得税	万元		
实交各种税金	万元	111911	165
利税总额	万元		
工资总额	万元	153956	218
固定资产净值平均余额	万元		
流动资产年平均余额	万元		
本年银行(信用社)贷款余额	万元	310360	485
每百元固定资产原值实现利润	元	20.4	2
每百元资金实现利润	元		
每百元资金实现利税	元	21.9	2
每百元营业收入实现利润	元		
每百元固定资产原值实现营业收入	元		
每百元营业收入占用流动资金	元		

注：乡镇企业经济效益指标"1993年本省占全国比重"是"本省为全国平均

续 表 1

指 标	单 位	绝 对 数			1993年为1992年 %（上年=100）	1993年本省占全国比重（%）
		1990年	1992年	1993年		
流动资产	亿元			954.23		3.9
长期投资	亿元			288.98		16.3
固定资产原值	亿元	438.25	575.37	1000.14	173.8	3.9
固定资产净值	亿元	284.51	372.82	716.92	192.3	3.9
无形及递延资产	亿元			45.69		4.0
流动负债	亿元			831.10		3.7
长期负债	亿元			563.35		5.4
所有者权益	亿元			711.86		4.4
产品销售收入	亿元	610.45	851.26	1284.32	150.9	3.4
产品销售成本	亿元	491.93	684.39	990.14	144.7	3.3
产品销售税金及附加	亿元			71.73		3.1
产品销售利润	亿元			183.31		4.2
利润总额	亿元	53.76	75.68	109.69	144.9	6.8
利税总额	亿元	100.56	135.69	181.42	133.7	4.6
三、主要工业产品产量						
化学纤维	万吨	3.98	3.65	3.29	90.1	1.4
纱	万吨	7.67	8.01	7.51	93.8	1.5
布	亿米	3.13	2.97	2.68	90.2	1.3
糖	万吨					0.0
机制纸及纸板	万吨	25.41	22.63	16.97	75.0	0.8
家用电冰箱	万台	10.67	9.13	4.20	46.0	0.7
电视机	万台	76.07	64.05	56.90	88.8	1.9
#彩色电视机	万台	50.73	64.05	56.90	88.8	4.0
家用洗衣机	万台	19.73	14.70	14.11	96.0	1.6
原煤	亿吨	0.10	0.10	0.11	110.0	1.0
原油	万吨					0.0
发电量	亿千瓦小时	125.36	142.31	141.09	99.1	1.7
钢	万吨	443.70	575.00	702.69	122.2	7.8
成品钢材	万吨	374.97	438.33	513.85	117.2	6.7
水泥	万吨	338.98	402.97	375.16	93.1	0.9
平板玻璃	万重量箱	265.42	188.84	441.42	233.8	4.0
金属切削机床	万台	0.55	0.80	0.66	82.5	2.5
汽车	万辆	8.82	13.79	12.97	94.1	9.9

北京市运输和邮电

指　　标	单　位	绝　对　数			1993年为1992年%（上年=100）	1993年本省占全国比重（%）
		1990年	1992年	1993年		
一、运输业						
1.全社会货运量	万吨			29303		2.6
国家铁路	万吨			3043		1.9
地方铁路	万吨			78		1.3
公路	万吨	30095	31049	26182	84.3	3.1
水运	万吨					
2.全社会货物周转量	亿吨公里			348.2		1.1
国家铁路	亿吨公里			279.6		2.3
地方铁路	亿吨公里			0.11		0.4
公路	亿吨公里	61.3	63.9	68.5	107.2	1.7
水运	亿吨公里					
3.运输工具拥有量						
民用汽车拥有量	万辆	27.1	34.1	41.6	122.0	5.1
载客汽车	万辆	10.4	16.1	22.35	138.8	7.8
载货汽车	万辆	15.8	17.0	18.26	107.4	3.6
其他机动车	万辆					
民用运输舶船拥有量						
机动船	艘					
驳船	艘					
帆船	艘					
二、邮电通讯业						
1.邮电通信网路						
邮电局、所	（处）	479	494	507	102.6	0.9
邮路及农村投递线路总长度	公里	69273	72367	72293	99.9	1.1
长话电路	路	8189	15805	28455	180.0	6.8
电报电路	路	348	343	377	109.9	2.8
2.通信工具拥有量						
传真机	部	198	248	152	61.3	1.2
市话交换机容量	门	539780	830766	1090302	131.2	3.6
电话机	部	841621	1236868	1468141	118.7	5.6
长途直拨有权用户	户	35768	162633	356511	219.2	3.2
#直拨国际及港澳用户	户	15490	61043	136224	223.2	2.9
市内电话	户	331188	478024	662449	138.6	4.7
#私人和个体工商户	户	61888	118672	230298	194.1	3.4
#住宅电话	户	91266	171038	300863	175.9	3.8
无线寻呼电话用户	户	31028	91587	199172	217.5	3.5
移动电话用户	户	3370	11333	31261	275.8	4.9
3.邮电业务总量	亿元	58331.6	215768.9	311300.0	144.3	6.7

注：邮电业务总量1990年为1980年不变价，1992、1993年为1990年不变价。

北京市国内商业和城乡居民生活

指标	单位	绝对数			1993年为1992年%（上年=100）	1993年本省占全国比重（%）
		1990年	1992年	1993年		
国内商业						
一、社会商业商品购、销、存总额						
1.国内纯购进总额	亿元	269.4	372.4	422.4	113.4	3.4
工业品	亿元	234.4	318.7	378.6	118.8	4.0
农村产品	亿元	30.1	43.8	29.1	66.4	1.2
2.国内纯销售总额	亿元	293.7	394.6	480.8	121.8	3.7
3.年末库存总额	亿元	140.0	134.4	126.1	93.8	3.4
二、社会商品零售总额	**亿元**	**307.66**	**430.01**	**549.42**	**127.8**	**4.0**
1.按用途分						
消费品	亿元	293.03	407.77	531.79	130.4	4.3
售给居民	亿元	247.66	340.09	439.06	129.1	4.0
售给社会集团	亿元	45.37	67.68	92.73	137.0	6.7
农业生产资料	亿元	14.63	22.24	17.63	79.3	1.3
2.按经济类型分						
国有经济单位	亿元	162.90	230.61	285.31	123.7	5.3
集体经济单位	亿元	108.85	139.58	167.34	119.9	4.7
合营	亿元	2.21	3.33	8.07	242.3	6.9
个体	亿元	17.56	27.50	46.22	168.1	1.5
农民对非农业居民零售	亿元	16.14	28.98	42.48	146.6	3.0
城乡居民生活						
一、城镇居民家庭						
1.平均每人生活费收入	元	1787.08	2363.68	3296.00	139.4	141.1
2.平均每人生活费支出	元	1646.05	2134.83	2939.60	137.7	139.3
3.平均每百户年底主要消费品拥有量						
洗衣机	台	93.20	96.10	99.80	103.9	115.6
电冰箱	台	96.40	101.30	100.80	99.5	177.8
摩托车	辆	1.10	1.70	2.20	129.4	62.3
彩色电视机	台	90.90	101.40	107.20	105.7	134.9
二、农民家庭						
1.平均每人纯收入	元	1261.11	1571.56	1882.58	119.8	204.3
2.平均每人生活消费支出	元	961.36	1148.58	1255.23	109.3	163.1
3.平均每百户耐用消费品拥有量						
洗衣机	台	62.93	73.47	76.67	104.4	554.8
电冰箱	台	22.93	35.60	43.33	121.7	1420.7
摩托车	辆	2.80	5.87	7.87	134.1	367.8
彩色电视机	台	28.67	42.93	53.47	124.6	492.4

注：城乡居民生活部份，本省占全国比重为相当于全国平均水平。

北京市效益指标

指标	单位	绝对数			1993年比1992年增减	
		1990年	1992年	1993年	绝对数	%
平均每一社会从业者创造的国民生产总值	元	7975	10678	13005	2327.0	21.8
平均每一农林牧渔业劳动者提供的						
农林牧渔业产值	元	8624.1	10910.3	13613.8	2703.5	24.8
粮食产量	公斤	2912.5	3213.8	3848.2	634.4	19.7
棉花产量	公斤	3.3	5.7	5.4	-0.3	-5.3
油料产量	公斤	34.1	38.8	51.5	12.7	32.7
猪牛羊肉产量	公斤	224.5	312.4	382.1	69.7	22.3
水产品产量	公斤	56.8	73.6	95.1	21.5	29.2
独立核算工业企业主要经济效益指标						
工业增加值率	%		29.02	35.07	6.1	
每百元固定资产原价实现的利税	元	22.95	23.58	18.14	-5.4	-23.1
资金利税率	%	20.18	16.61	12.37	-4.2	
产值利税率	%	16.07	15.77	15.53	-0.2	
每百元销售收入实现的利润	元	8.81	8.89	8.54	-0.4	-3.9
工业成本费用利润率	%	10.93	11.06	9.90	-1.2	
流动资产周转次数	次	2.86	1.77	1.59	-0.2	-10.2
每公里公路负担货运量	吨	33193	28677	23252	-5424.8	-18.9
每公里公路负担货物周转量	万吨公里	63.54	59.02	60.83	1.8	3.1
基本建设固定资产交付使用率	%	99.06	58.65	46.70	-11.9	
更新改造固定资产交付使用率	%	76.13	70.66	56.40	-14.3	
建筑业劳动生产率						
按总产值计算	元		20431	27739	7308.0	35.8
按增加值计算	元		6044	7924	1880.0	31.1
建筑业产值利税率	%		5.1	5.9	0.8	
单位工程优良品率	%	54.5	25.0	21.9	-3.1	
建筑业技术装备率	元/人	1976	2180	2636	456.0	20.9
建筑业动力装备率	千瓦/人	2.9	2.9	3.4	0.5	17.2

北京市人均指标

指　　标	单　位	1990年	1992年	1993年	1993年比1992年	
					增长量	增长率
国内生产总值	元	4880	6805	8240	1435	21.1
农业总产值	元	661	770	908	138	17.9
工业总产值	元	6921	9889	13673	3784	38.3
职工平均工资	元	2653	3402	4510	1108	32.6
居民消费水平	元	1548	1513		165	3.6
农民	元	1199	986		99	3.0
非农业居民	元	1764	1829		199	3.5
年末实有耕地面积	公顷	0.04	0.04	0.04	0.00	0.0
粮食产量	公斤	249.3	256.7	256.5	-0.2	-0.1
棉花产量	公斤	0.28	0.46	0.36	-0.10	-21.7
油料产量	公斤	2.9	3.1	3.4	0.3	9.7
水果产量	公斤	24.9	29.9	34.3	4.4	14.7
猪牛羊肉产量	公斤	19.2	25.0	25.5	0.5	2.0
水产品产量	公斤	4.9	5.9	6.3	0.4	6.8
钢产量	公斤	418.0	523.7	634.8	111.1	21.2
布产量	米	29.5	27.1	24.2	-2.9	-10.7
邮电业务总量	元	112.0	196.5	281.2	84.7	43.1
社会消费品零售额	元	2760.5	3713.8	4803.9	1090.1	29.4
每万人口高等学校在校学生数	人	131.8	127.5	143.5	16.0	12.5
每万人口中等专业学校在校学生数	人	54.1	51.4	55.8	4.4	8.6
每万人口中学在校学生数	人	385.3	434.4	472.4	38.0	8.7
每十万人口医院数	人	4.8	4.9	4.9	0.0	0.0
每万人口医生数	人	48.0	50.8	48.5	-2.3	-4.5

注：1.国内生产总值指标1990年为国民生产总值数据。

2.居民消费水平增长量和增长率为1992年同1991年之比。

上海市经济持续、快速、健康发展

郑 国 强

1993年是上海实施尽快建成国际经济、金融、贸易中心战略目标的第一年，也是实现上海“一年变个样、三年大变样”的重要一年。在建设有中国特色社会主义理论指引下，上海坚持以深化改革、扩大开放推动各项工作，坚持解放思想、真抓实干，经过全市人民的共同努力，实现了小平同志年初提出的“今年再努力一年，乘风破浪、脚步扎实，克服困难，更上一层楼”的要求。

一、国民经济发展

1993年，上海国民经济在上年快速增长的基础上，继续保持持续、快速、健康发展的良好势头。全年完成国民生产总值1510亿元，按可比价格计算比上年增长14.9%，高于上年实际增长水平，高于全国平均增长水平。经济运行总体质量明显提高，结构效应不断增强，以金融、商贸、交通通信、房地产为主的第三产业已成为经济发展新的增长点，第三产业占国民生产总值的比重从上年的36%提高到38%，经济增长从过去主要由第二产业推动转为第二、第三产业共同推动。规模效益开始显现，第二产业中一批新的支柱产业迅速崛起，并逐步形成规模经济优势。经济增长由投资需求为主拉动，逐步转向投资和消费需求双重拉动。总体经济效益继续提高，地方财政收入按同口径计算为242.3亿元，比上年增长30.6%，多年来首次超过国民生产总值的增幅。

(一)工业和建筑业 1993年，全市第二产业增加值902.86亿元，比上年增长16.7%。其中，工业增加值854.01亿元，增长16.8%；建筑业增加值48.85亿元，增长14.3%。全市工业系统抓住经济发展的良好机遇，加快企业经营机制的转换，坚持面向市场，以市场需求为导向，工业生产产销衔接，持续快速增长。全年完成工业总产值3272.14亿元，比上年增长18.3%；实现工业销售产值3237.44亿元，增长20.1%。全年工业产品销售率为98.9%，比上年提高0.8%。全年完成工业出口交货值388.48亿元，比上年增长27.4%。

工业结构的调整步伐加快。在有市场的前提下，重工业出现加速发展趋势，汽车、通信、电站设备、计算机和家用电器等支柱产业发展迅速。通信产业已经形成了程控交换机、光纤通信、移动通信、传真机和卫星通信等五大类产品的新格局。数字程控交换机、大规模集成电路、房间空调器、录像机等产品的产量大幅度增长。

工业经济效益稳步提高。1993年，全市工业资产利税率为15.26%，比上年提高1.42个百分点；全员劳动生产率2.54万元/人，比上年提高58.2%。全市独立核算工业企业全年实现利税总额382.96亿元。

企业改革继续向纵深发展。国有工业企业全面推行各种改革试点，大部分企业都进行了劳动、人事、分配等三项制度改革，约有三分之一的国有企业初步实现了经营机制转换的目标。全市已有工业股份制企业56家。1993年，企业在进行破产试点的同时，兼并了100多家经济效益差、市场无竞争能力的企业。企业经营机制的转换，加快了企业走向市场的步伐。

建筑业深化改革，效益提高。1993年，随着上海大规模城市建设的推进和浦东开发向纵深发展，投资规模进一步扩大。上海建筑施工企业抓住发展的大好时机，进一步深化企业内部改革，加快建筑施工进度，各项主要生产指标全面增长。全市完成建筑业总产值178.79亿元，比上年增长51.9%；全市建筑施工企业施工面积2736.44万平方米，比上年增长652.83万平方米；竣工面积1089.11万平方米，比上年增长228.62万平方米。经济效益进一步提高，按总产值计算的全员劳动生产率为4.15万元/人，比上年提高52.1%。

(二)交通邮电 1993年，交通邮电业增加值126.57亿元，比上年增长9.4%，随着经济建设的发展，上海铁路、水路、航空等各种运输工具的客、货运输和邮电通信业务全面增长。

交通运输量全面增长。1993年货物运输总量3.04亿吨，比上年增长2.7%。港口货物吞吐量1.76亿吨，比上年增长8%，已成为世界第三大港。旅客运送量4389万人次，比上年增长2.5%。

邮电通信事业加快发展。1993年全市邮电业务量28.6亿元，比上年增长54.4%。全年发送信函3.91亿件，比上年增长23.3%。全年各类报刊发行量10.9亿份，比上年增长2.2%。全年挂发长途电话2.26亿张，增长73.5%。1993年，上海地区电话网全面实现自动化，全市电话交换机总容量突破150万门，拥有电话用户达到108.2万户。同时，移动通信继续发展。1993年末，移动电话用户达到4.3万户，比上年末净增3.16万户；无线寻呼电话32.2万户，净增16.6万户。

(三)商业 1993年，上海商业改革进一步深化，批发企业经营机制转换迈出新的步伐，社会商业发展呈现出勃勃生机，商品货源充足，档次提高，市场购销两旺。社会商业的购销基本走势为市内工业品收购上升，农副产品收购增长较大；售给市外商品止跌回升，零售市场销售稳中见旺，商品库存结构逐渐趋向合理。

市场货源充沛，品种更新加快。1993年，社会商业各部门进一步转变观念，面向市场，积极协助工业部门合理调整产品结构，改善经营方式，积极参与竞争。增收优质适销商品，并采取灵活多样的促销方式推动市场商品销售。全年商品总购进1206.70亿元，比上年增长30.2%。

市场需求增长，销售持续见旺。1993年，全市社会商品零售总额653.51亿元，比上年增长33.5%，扣除物价因素，实际增长14.4%。市场持续旺销，“吃讲营养，穿讲舒适，用讲高档”已成为市民较为普遍的消费时尚。消费质量也明显提高，由数量型向质量型转换态势十分明显。主副食品消费求新、求精、小包装、速冻食品和洁净绿色食品销售呈上升势头，集贸市场补缺作用日益明显。穿着商品向成衣化方向发展，耐用消费品增势强劲，儿童用品、室内装饰用品、高中档家具及厨房设备等，也都有较大幅度增长，而传统的日用必需品销量下降。

(四)农村经济 第一产业以市场为导向，向特大城市型的郊区农业结构过渡。1993年，全市第一产业增加值35亿元，比上年下降3%，占国民生产总值的比重由上年的3.1%下降为2.3%，郊区农业在整个上海国民经济中占的比重较小，随着城市化的发展，农业的比重可能会越来越小，但是城乡人民每天所需要的鲜嫩蔬菜和鲜活副食品，主要还靠上海郊区提供，郊区农民的口粮供应必须立足于自给。因此，在1993年中，上海郊区农业随着大市场、大流通新格局的逐步形成，在内部结构调整向特大城市型的郊区农业结构过渡。全市农业总产值94.87亿元，比上年下降4%。在生产总量保持供需平衡的前提下，随着人民生活消费要求趋向方便、快捷、洁净、高档，积极发展名、特、优、稀新品种，发展小包装食品以及成品、半成品，提高产品质量档次，向“高产、优质、高效”农业方向发展。同时，随着城市建设的发展，有计划地稳妥地转换了一部分近郊蔬菜、副食品基地，全年主要农副产品的生产和供应保持较高水平。

(五)人民生活 职工实际收入水平有新提高。全年全市职工工资总额277.16亿元，比上年增长27.6%，职工年平均工资5600元，扣除生活费价格上涨因素，实际工资水平增长9.1%。低收入户减少，高收入户增加。据抽样调查，人均月生活费在200元以下的居民比重比上年下降21.2%，人均月收入在400元以上的居民，比重比上年上升23%。

二、现代化大市场

1993年，上海加快了对交易规模大、辐射范围广、交易手段先进的高层次大市场的培育和建设，到1993年末共建有国家级大市场11家。全年交易总额达1万亿元，其中，证券交易额5200亿元，生产资料交易额4400亿元，消费交易额560亿元。

(一)宽领域的市场布局 上海大市场的建设已在金融、原材料、能源、主副食品、工业品、农业生产资料、建筑材料、科技成果等八个重要的经济领域推开。

(二)多样化的交易形式和品种 市场类型已可区分为交易所、专业期货市场、中心批发市场三种，在11个大市场中，有交易所8个，专业期货市场1个，中心批发市场2个。商品种类已呈多样化，可交易的商品种类已覆盖40个商品大类，其中有标准期货12种，包括铜、铝、玉米、大豆、油、粳米、籼米、大豆、油、白小麦、夹板、线材等。合约品种已成系列，不仅有现货合约，还有隔月合约、6个月之内的中期合约和18个月以内的长期合约。

(三)系统的先进交易手段 各大市场普遍采用了电脑撮和交易，上海证券交易所计算机的配对能力每秒达到1800笔。建立起与国际国内市场相联结的信息网络，部分市场已与路透社的IDM信息网络联网，上海证券交易所实现了“卫星”信息传播，全国各地都能同步收到上海行情。引进了具有国际先进水平的中央清算系统，在很大程度上提高了交割环节的规范性和安全性。

(四)比较完整的自律性的管理制度 在市场管理方面，普遍建立了各市场的市场管理委员会，成员由市场组建单位和市综合管理部门的代表担任，主要职能是制定市场规则和监督市场秩序。在场内交易、会员管理、保证金制度和清算交割四个主要环节上建立起较为完备的规章制度。

(五)市场中介组织发展迅速 大市场的建设推动了经纪人队伍的迅速发展。目前已有综合性经纪公司16家，经纪人事务所3家，注册的各类经纪人2000多个，而且还出现了个体经纪人和涉外业务经纪人。另外，会计师、审计师、律师事务所、咨询、信息、保险等市场中介组织也更为活跃地发展。

各类要素和商品市场的运行，在市场经济的发展中发挥了较好的资源配置作用，一些交易市场的行情已经开始发挥经济的“晴雨表”和价格的“显示器”作用。

三、对外开放

1993年上海经济在良性化发展的轨道上快速运行。市场化取向的改革进一步深入，对内对外的全方位开放进一步扩大，国民经济继续呈现强劲的发展势头。下半年以来，中央政府采取的一系列加强和改善宏观调控的措施，取得明显成效，为上海进一步深化改革、扩大开放和加速经济发展创造了更为有利的宏观经济环境。

(一)利用外资又上新台阶 随着上海经济的高速发展和浦东开发的快速启动，上海已成为外商投资的理想区域，新批准外商投资项目每天10个，协议外资额比上年翻一番，总投资1000万美元以上大项目超200个，外商国别地区新增16个。1993年全年新批准3650个外商投资项目，协议外资70.1亿美元，分别比上年增长81.4％和110％。

大公司大项目明显增多。国际著名的跨国公司纷纷看好上海，两百多个大项目落户浦江两岸。全年新增著名跨国公司有44家，在沪投资68个项目，协议外资9.5亿美元，它们是美国的埃默生、爱梯恩梯；日本索尼、松下、三菱商事；德国巴斯夫、西门子；英国联合利华等，在沪投资的跨国公司累计已达128家，投资项目204个，协议外资24亿美元；美国、日本和欧洲跨国公司占90％以上，其中美国和日本最多，分别为50家和35家。世界一百家最大工业性跨国公司已有1/4在沪安营扎寨。1993年批准总投资1000万美元以上的大项目205个，协议外资42亿美元，项目仅占全市总数的5.6％，但协议金额所占比例高达59.8％。

项目质量水平明显提高。第二产业项目向高档次、高质量、高水平发展。全年新批准项目2592个，协议外资25.6亿美元，分别占全市总数的71％和36.5％。其中工业性项目仍占主导地位，项目达2427个，占全市总数的66.5％。一大批技术密集、资金密集、出口创汇型项目举办成功，经市评审被确认为技术先进型企业125个，其中90％以上为工业性项目；国际著名跨国公司在沪投资的一批技术上具有世界领先水平的大项目建成投产，已成为上海支柱产业中的骨干企业，如轿车、程控电话、家用电器、复印机、工业仪表、自动电梯和农药等已开业的工业企业中，将近一半被确认为产品出口型企业，大大扩大了外贸出口。

投资领域明显拓宽。根据“先试点、后推广”的工作方针，对一些新的投资领域进行了突破性的探索、试点，使外商投资从主要是工业扩大到金融、房地产、商业、餐饮、外贸、交通运输、咨询、设计、法律、会计、教育、医疗、卫生、文化娱乐、服务等各个领域。吸收国外大公司在沪设立投资控股公司、股份公司、投资服务公司和地区总部；利用外资发展房地产市场，建造内销房屋，加速改造旧城区；采用BOT方式合作建设城市基础设施试点；在浦东新区进行了商贸、医疗、卫生、教育等中外合资项目的探索。

“三产”项目比例明显加大。根据上海市政府“三、二、一”的产业结构调整战略，优先发展第三产业，成为外商投资的新热点。全年新批准第三产业项目1037个，协议外资44.4亿美元，分别占全市总数的28％和63％。比上年分别提高7.9和14.4个百分点。其中房地产、公用事业项目尤为突出，全年339个项目，协议外资高达34.1亿美元，占全市总数分别为9.2％和48.6％。泰国盘谷银行、日本大和银行、澳大利亚澳新银行、德国德累斯顿银行等在上海设立了分行，至此，上海外资金融机构已达26家，成为全国数量最多的城市。美国的花旗银行将其中国总部从香港迁至上海，一批外资投资控股公司相继落户。外商房地产公司达330多家。

综合经济效益明显好转。随着改革开放的深入发展，上海的外商投资企业综合经济效益显著，在国民经济中已处于越来越重要的地位，1993年外商投资企业的工业产值占全市工业产值的比重可达17％左右，出口创汇达16.1亿美元，比重由上年15％上升到22％，分别比上年增加4.3和7个百分点；年销售收入比上年增长40％，比全市平均数高出37.1个百分点。盈利面在80％左右，人均创利较上年增长一倍，上缴税收比重占全市的16％左右。三资企业已成为全市国民经济发展新的增长点。1993年全国外商投资企业评选出“十佳”企业，上海大众、贝尔、易初、大江榜上有名，其中大众、易初实现“六连冠”。列入全国“创利、创汇”双优企业的有182家，占16.4％。全市经济效益最佳的前200名企业，外商投资企业占21％，人均创利前5名为外商投资企业包揽。全国销售额最大的五百家三资企业中，上海占了44家。

投资的国别地区明显增加。目前已有54个国家和地区的外商在沪投资，一半是近两年新来投资的。其中1993年新增16个，是历年最多的一年。

(二)对外贸易开创新纪录 1993年本市完成外贸进出口总额127.18亿美元，比上年增长30.5％。其中，出口额73.82亿美元，比上年增长12.7％；进口额53.36亿美元，比上年增长66.9％。

深化外贸改革、转换经营机制。1993年，具有外贸出口主力军之称的专业外贸公司，纷纷打破专业分工，扩大经营范围，大胆走改革之路，组建二级子公司，划小核算单位，建立全资分公司，试行多种形式的经营承包，并逐渐形成集团公司，向综合商社过渡。在上海出口创汇的六路大军中，专业外贸公司仍为主力军，出口创汇达37亿多美元，占口岸出口总值的50.12%。出口增长最高的为地方外贸公司，达134.27%。

三资企业为外贸出口添砖加瓦。1993年本市新批外商直接投资企业3650个，历年累计为6939个，其中已投产开业的超过一半，这给本市的外贸出口增添了巨大动力。全年三资企业外贸出口额为16.16亿美元，增长54.9%，占全市出口总额21.9%，仅次于专业外贸公司。在投产开业的三资企业中，有43.3%的企业均有出口额，其中出口额在1000万美元以上的有25家，如上海贝尔电话设备制造有限公司，全年出口额为1.81亿美元，占三资企业出口额12.8%。

工业自营出口企业创汇能力逐渐增强。全市147家工业自营进出口企业中有113家是近年来新获准自营进出口的，1992年第三季度以来，这些企业出口循着全市出口步伐逐月增长，并出现了一批出口创汇大户。有25家工业自营出口企业年出口创汇超过1000万美元，其中机电产品出口超过1000万美元的有11家，成为上海外贸出口新的增长因素。

(三)对外合作对外交流取得新进展 1993年本市进入了全方位对外开放的新时期，对外开放的领域进一步拓宽，全市共接待了来自世界各地的165个国家和地区的旅游者124.84万人次，全年旅游创汇45.41亿元(外汇人民币)，比上年增长43.7%。

1993年，本市继续加快引进先进技术步伐，推动企业技术改造。全年签订技术引进项目成交金额4.45亿美元。全年技术出口207项，成交金额1.84亿美元。

1993年，全年新签订对外承包工程和劳务合作合同251项，比上年增长96%；合同金额2.15亿美元，增长211%；全年实际完成营业额1.2亿美元，增长95%。

四、固定资产投资和城市建设

1993年，全市着力于结构调整，努力改善投资结构。全年全社会固定资产投资总额624.95亿元，比上年增长74.9%。

(一)投资结构调整呈现三个"倾斜" 一是向第三产业倾斜，全年用于第三产业的投资完成296.08亿元，比上年增长1.1倍。二是向浦东新区倾斜，全年浦东新区完成投资165亿元，比上年增长1.2倍。三是向重点建设项目倾斜，全市46个在建重点建设项目，全年完成投资142.22亿元，比上年增长1.2倍。

(二)投资结构的调整，促进了投资效益的提高 1993年国有单位固定资产投资项目建成投产2385个，项目建成投产率47.1%；竣工各类房屋建筑面积1124.6万平方米，新增固定资产314.76亿元，新增固定资产交付使用率58.1%。第三产业出现新一轮加速发展势头。全年第三产业增加值572亿元，比上年增长13.2%。

(三)以改善城市道路交通建设为中心的城市基础设施建设大规模推进 全年用于道路、电力、煤气、给排水、邮电通信等城市基础设施建设投资164.19亿元，比上年增长94.7%，创历史最高水平。市内交通网络建设取得重大进展，一批构成立体化交通网络框架的重点工程相继竣工，继南浦大桥建成后，黄浦江上又架起雄伟的杨浦大桥，罗山路、龙阳路两座大型立交桥建成通车，地铁一号线南段实现试通车，内环线地面道路全线贯通，内环线一期高架道路建成通车。城市环境建设迈出步伐，全市人民翘首盼望的"生命工程"——合流污水治理一期主体工程建成通水，在相关的配套工程完成之后，苏州河水质将会有较大改善，为纯净黄浦江下游水质创造了条件。焦化厂"三联供"一期、石洞口煤气厂一期、人民广场地下变电站、市内电话网扩建改造等重大工程相继竣工，促进了城市环境和生活环境进一步优化。南京路、淮海路、新客站、徐家汇等重要街区的大规模改造，增添了城市的现代化气息，特别是外滩在综合改造工程全面完成后将以崭新的面貌迎接八方来客，成为上海走向未来新的标志。

(四)土地批租取得突破性进展 全年批租地块共251幅，其中市区92幅，浦东新区65幅，新区94幅。出让面积4968万平方米。土地批租开辟了上海旧城改造的新途径，全年完成危棚屋拆迁面积136万平方米。

出让最大地块面积为720公顷，位于浦东新区星火开发区，由上海市浦东新区"星火开发区国资公司"受让进行成片开发，使用年限为50年。

最低地价的地块位于松江县境内，每平方米地价16美元，可建82742平方米的工业厂房，使用年限为50年，由台湾廖荣助受让。

(五)城市园林绿化继续发展 1993年，市区新辟、扩大各类绿化面积157.54公顷，至当年末市区公共绿地面积达到927.81公顷。

五、科教、文卫事业继续发展

科技事业获新成果。全年共取得重大科技成果1995项，其中，属于国际首创的有5项；达到和接近国际先进水平的有729项；属于国内首创的有551项；属于国内先进水平的有661项。在全国科技奖励评选中，上海有6项科技成果获国家发明奖；有7项科技成果获国家自然科学奖；有33项科技成果获国家科技进步奖；有4项科技成果获国家星火奖。科技与生产结合更为紧密。在1995项科技成果中，有1833项在各个领域得到推广应用，推广应用率达到91.9%。技术市场有新的发展。已组建了技术交易所。全年全市签订各类技术合同2.55万项；合同金额20.32亿元，比上年增长33.3%。科技体制改革步伐加快，科技成果产业化的各项政策措施进一步完善。

与此同时，教育、文化、新闻出版、广播电视以及卫生、体育事业也有了新的发展。

六、浦东开发快速高效展开

1993年，浦东新区的基础开发与功能开发加速推进，各项主要经济指标快速增长，增幅明显高于全市平均水平。全年实现国民生产总值164亿元，按可比价格计算，比上年增长30.2%；其中，第三产业增加值47.43亿元，增长46.6%。全年工业总产值577.8亿元，比上年增长28.7%；工业销售产值572.07亿元，增长30.5%；社会商品零售总额41.92亿元，增长40.1%；全社会固定资产投资165亿元，增长1.2倍。第一批城市十大基础设施工程除外高桥电厂外，都已提前两年基本建成。重点开发小区目标提前实现“七通一平”面积扩展到11.8平方公里。

外高桥保税区在土地开发、基础设施建设的同时加快了保税区特有功能的开发。以自由贸易为特征的保税贸易、进出口贸易开始呈兴旺景象。建成的2.2万平方米的商业街、10万平方米的全国最大的保税生产资料交易市场，已成为与国际市场接轨的重要连接点。进出口、转口贸易的增长都较快，全年进出口总额突破3亿美元。保税区引进的近800个中外合资项目已有660家开业，总投资超过22亿美元。其中：日本七大财团投资了37个项目；台湾汤臣公司投资2亿美元建造24层汤臣国际贸易大厦和开发14万平方米科技经贸园区；香港国丰发展有限公司投资6200万美元，建造50层的“浦东商务中心”；香港侨外有限公司投资1亿美元，建造商业设施。这些项目的引进达到了高起点、高层次，充分体现了自由贸易区的功能特色。

陆家嘴金融贸易区的功能开发势头可喜。有40多家中外资金融机构在浦东设立了分行或分公司，这些金融机构的设立为陆家嘴金融贸易区的功能开发奠定了基础。商贸的开发形象也令人鼓舞，东方路商业一条街初步建成。与浦西外滩相望的一批金融贸易大楼，如银都大厦、招商大厦、证券大厦等已开工。未来商业中心地区的外商独资大型零售商店新世纪商厦、张杨路商业购物中心以及国内各省市和各部委投建的特色大楼，还有齐鲁、汤臣、服饰、药材等一批贸易、办公、期货大楼都已投入建设，区内已开工的大楼达50幢。

金桥出口加工区坚持土地开发与功能开发相结合。完成土地开发4平方公里，引进项目200多个，项目总投资超过26亿美元，平均每个项目投资超过1300万美元，为全国开发区平均水平的10倍。每平方米土地吸纳投资达900美元，达到国内最高水平299美元的3倍。目前引进项目已有100多个开工，都是技术比较先进、产品档次较高、出口比重大、经济效益好的项目，其中已有30个正式投产，1993年实现工业产值2.5亿元，出口产品加工基地的功能开始显示。

张江高科技园区技术贸易基地的功能开发开始启动，1平方公里的土地开发面积已经完成，进区项目已有12个，协议外资额达1亿美元。

浦东新区以金融、贸易、出口加工为主的外向型经济功能初步显现。全年进入新区的外商直接投资项目924项，比上年增长73%；协议吸收外资金额17.29亿美元，增长34%；外贸出口总值10.02亿美元，增长13.2%。

浦东新区功能开发的大步推进和投资环境的进一步改善，也促进了内联企业的发展。新区全年批准内联项目1727个，总投资额135.9亿元，其中，外地投资129.93亿元，占95.6%。

(作者所在单位：上海市政府研究室)

上海市国民经济综合指标发展概况

指　　标	单　位	绝对数					1993年为以下年%	
		1978年	1985年	1990年	1992年	1993年	1978年	1992年
一、基本情况								
1.土地面积	万平方公里					0.63		
2.行政市数	个					1		
地级市	个							
县级市	个							
3.人口								
年底总人口数	万人	1098	1217	1337	1345	1349	122.9	100.3
男	万人	543	610	685	689	653	120.3	94.8
女	万人	556	607	652	656	696	125.2	106.1
出生率	‰	11.30	12.70	10.31	7.28	6.50	57.5	89.3
死亡率	‰	6.20	6.70	6.64	6.74	7.30	117.7	108.3
自然增长率	‰	5.10	6.00	3.67	0.54	-0.80	-15.7	-148.1
4.从业人员数	万人	696.1	763.5	763.8	764.1	740.3	106.3	96.9
城镇从业人员	万人					505.3		
国有经济单位	万人	336.3	383.3	397.2	396.6	354.3	105.4	89.3
集体经济单位	万人	86.5	106.0	101.6	97.9	84.7	97.9	86.5
联营经济单位	万人					5.2		
股份制经济单位	万人					27.1		
外商投资经济单位	万人					13.1		
港澳台投资经济单位	万人					7.3		
其他经济单位	万人					0.5		
私营企业	万人				1.2	5.1		425.0
个体	万人	0.8	4.1	5.7	7.9	8.0	1000.0	101.3
乡村从业人员	万人	272.5	263.9	250.0	243.8	235.0	86.2	96.4
二、综合经济指标								
1.国内生产总值	亿元	272.81	466.75	744.67	1114.32	1511.61	554.1	135.7
第一产业	亿元	11.00	19.53	32.60	34.16	38.21	347.4	111.9
第二产业	亿元	211.05	325.63	482.68	677.39	900.33	426.6	132.9
#工业	亿元				636.68	844.71		132.7
建筑业	亿元				40.71	55.62		136.6
第三产业	亿元	50.76	121.59	229.39	402.77	573.07	1129.0	142.3
#运输邮电	亿元				95.93	119.21		124.3
商业	亿元				96.31	158.82		164.9
2.人均国内生产总值	元	2498	3855	5818	8652	11700	468.4	135.2
三、投资								
1.全社会固定资产投资额	亿元		118.76	227.09	356.39	642.38		180.2
#国有经济	亿元	23.83	95.92	192.23	275.60	413.44	1735.0	150.0
#基本建设投资	亿元	14.46	57.05	108.54	129.60	268.22	1854.9	207.0

续 表 1

指 标	单 位	绝 对 数					1993年为以下年%	
		1978年	1985年	1990年	1992年	1993年	1978年	1992年
更新改造投资	亿元	5.60	35.61	71.77	126.77	219.94	3927.5	173.5
其他固定资产投资	亿元	3.77	3.26	3.77	6.52	10.29	272.9	157.8
#集体经济	亿元		10.44	18.29	62.25	117.56		188.9
2.基本建设房屋建设								
房屋施工面积	万平方米	555.9	1531.2	1143.2	1294.0	1588.1	285.7	122.7
#住宅	万平方米	256.0	912.2	446.6	581.2	620.6	242.4	106.8
房屋竣工面积	万平方米	309.2	633.8	419.0	442.9	467.3	151.1	105.5
#住宅	万平方米	165.1	426.6	153.7	223.8	217.3	131.6	97.1
四、财政收支								
地方财政收入	亿元	169.22	184.23	170.03	185.56	242.34	143.2	130.6
地方财政支出	亿元	26.01	46.07	75.56	94.99	129.26	497.0	136.1
五、物价指数(上年=100)								
1.全社会零售物价总指数	%	100.5	116.4	104.8	109.7	117.5		
#消费品	%		116.4	104.8	109.7	117.5		
食品类	%			103.6	113.1	121.1		
衣着类	%			110.9	109.8	119.2		
日用品类	%			108.6	101.3	108.5		
文化娱乐用品类	%			94.9	90.9	99.5		
书报杂志类	%			114.1	110.0	105.5		
药及医疗用品类	%			103.0	106.9	107.6		
建筑装璜材料类	%			117.4	112.3	159.7		
燃料类	%			116.1	128.0	153.3		
2.居民消费价格指数	%			106.3	110.0	120.2		
城镇居民	%	100.5	115.2	106.3	110.0	120.2		
农民	%							
3.固定资产投资价格指数	%				112.9	131.4		
六、居民生活								
1.居民消费水平	元	416	961	1908	2704			
农业居民	元	264	850	1366	1977			
非农业居民	元	510	1024	2172	3050			
2.职工平均工资	元	672	1344	2917	4273	5646	840.2	132.1
国有经济单位	元	716	1395	3037	4451	5777	806.8	129.8
城镇集体经济单位	元	500	1155	2394	3363	4253	850.6	126.5
其他经济单位	元			3611	5486	7043		128.4

续 表 2

指　　标	单位	绝对数					1993年为以下年%	
		1978年	1985年	1990年	1992年	1993年	1978年	1992年
3.劳动力负担人数								
每一农村劳动力	人	1.60	1.50	1.49		1.39	86.9	
每一城镇就业者	人		1.64		1.69	1.71		101.2
4.收入(平均每人)								
农村居民家庭纯收入	元	280.69	805.92	1664.95	2225.87	2726.98	971.5	122.5
城镇居民家庭								
生活费收入	元		1011.84	2050.17	2842.14	4057.42		142.8
5.居住面积(平均每人)								
农村住户住房面积	平方米		25.58	37.08		44.22		
城镇居民家庭住房面积	平方米		5.89	6.70		7.30		
七、国际旅游								
1.接待旅游人数	万人次		60.23	89.30	125.31	124.84		99.6
#外国人	万人次		48.94	46.06	78.13	85.28		109.2
2.旅游外汇收入	万元		42078	109797	315994	454118		143.7
商品性收入	万元			36758	130038	137378		105.6
劳务性收入	万元			73039	185956	316740		170.3
3.涉外饭店数	个			81	94	98		104.3
#国有单位	个			58	68	69		101.5
中外合资	个			11	10	12		120.0
集体单位	个			2	3	3		100.0
八、工商企业基本情况								
企业数	万户		8.2	11.3	16.3	22.1		135.6
从业人员	万人		600.3	737.5	1143.5	1605.9		140.4
注册资金	亿元		495.1	1282.4	1885.7	2584.1		137.0
国有企业								
企业数	万户	0.4	2.3	2.9	4.2	5.7	1425.0	135.7
从业人员	万人	198.0	314.7	366.3	462.7	643.8	325.2	139.1
注册资金	亿元	207.3	394.2	819.6	1374.1	1583.4	763.8	115.2
集体企业								
企业数	万户	0.7	5.9	7.6	10.9	15.3	2185.7	140.4
从业人员	万人	111.0	272.0	308.8	554.2	853.7	769.1	154.0
注册资金	亿元	27.0	92.7	398.8	295.5	579.6	2146.7	196.1
联营及其他企业								
企业数	户		1189	7032	11696	10787		92.2
从业人员	万人		13.7	62.3	126.6	108.4		85.6
注册资金	亿元		8.3	64.0	216.0	421.1		195.0
私营企业								
户数	户			1604	4213	8247		195.8
从业人员	万人			2.6	6.4	11.6		181.2
注册资金	亿元			0.7	3.0	9.3		310.0

上海市固定资产投资和建筑业

指　　　标	单位	绝　对　数			1993年为1992年%（上年=100）	1993年本省占全国比重（%）
		1990年	1992年	1993年		
一、固定资产投资						
1.全社会固定资产投资	亿元	227.09	356.39	642.38	180.2	5.2
国有经济	亿元	192.24	275.60	413.44	150.0	5.4
集体经济	亿元	18.29	62.25	117.56	188.9	5.3
联营经济	亿元			5.30		9.5
股份制经济	亿元			32.83		14.2
中外合资经营	亿元			43.12		9.9
中外合作经营	亿元			0.89		1.3
外资	亿元			1.74		3.5
港澳台与大陆合资经营	亿元			15.80		12.1
城乡个人	亿元	16.56	18.54	8.33	44.9	0.6
其他经济	亿元			3.31		16.1
2.基本建设投资	亿元	108.54	129.60	268.22	207.0	5.8
#农林牧渔业	亿元	1.76	3.46	0.66	19.1	1.4
采掘业	亿元			0.17		.0
制造业	亿元	70.64	59.62	69.77	117.0	7.9
电力、煤气及水电生产和供应业	亿元			35.21		4.6
建筑业	亿元	0.49	0.43	2.70	627.9	2.3
交通运输、仓储和邮电通讯业	亿元	6.40	7.43	12.55	168.9	1.4
批发、零售贸易和餐饮业	亿元	1.69	3.73	6.97	186.9	3.4
2.施工项目						
基本建设	个		1007	1033		1.1
更新改造	个	4180	4787	4075	85.1	6.3
3.新增固定资产						
基本建设	亿元		98.48	197.37		7.2
更新改造	亿元	62.74	107.10	138.42	129.2	9.0
二、建筑业						
施工企业个数	个	103	139	44	31.7	0.2
年末从业人员数	万人	25.61	27.99	14.27	51.0	1.3
自有机械设备总功率	万千瓦		89.7	123.4		2.5
总产值	万元	545529	931460	997983	107.1	3.1
#建筑工程产值	万元	447103	817425	795634	120.1	2.8
安装工程产值	万元			186177		5.5
增加值	万元	358000	407100	273339	67.1	3.3
企业总收入	万元		968362	1015887		3.2
施工房屋建筑面积	万平方米	1639.5	2083.6	1186.3	56.9	1.8
竣工房屋建筑面积	万平方米	747.9	860.5	398.9	46.4	1.4
企业利税总额	万元	35136	44536	53438	120.0	3.3

上海市利用外资及外资企业情况

指　　标	单　位	绝　对　数			1993年为1992年%（上年=100）	1993年本省占全国比重（%）
		1990年	1992年	1993年		
一、利用外资						
1.对外签订利用外资协议项目	个	201	1999	3645	182.3	4.4
对外借款	个					
外商直接投资及其他	个	201	1999	3645	182.3	4.4
2.对外签订利用外资协议项目金额	万美元	37463	332169	700680	210.9	5.7
对外借款	万美元		40568	1778	4.4	0.2
外商直接投资及其他	万美元	37463	291601	698902	239.7	6.2
3.实际利用外资额	万美元	32104	89929	317803	353.4	8.2
对外借款	万美元	14703	40568	1778	4.4	0.2
外商直接投资及其他	万美元	17401	49361	316025	640.2	11.4
4.外商直接投资协议投资额	万美元	37463	335725			
农林牧渔业	万美元		163			
工业	万美元	35955	178131			
建筑业	万美元	28	2668			
运输邮电业	万美元	42	3639			
商业饮食业物资供销业	万美元	995	10408			
房地产管理、公用事业服务业	万美元	290	129820			
其他	万美元	153	10896			
二、外国及港澳台在华投资企业情况						
年末企业数	个	854	3635	8056	221.6	0.5
合资经营	个	714	2920	5745	196.7	5.3
合作经营	个	100	426	1370	321.6	5.4
独资经营	个	40	289	941	325.6	2.7
从业人员	人	81087	337748	632546	187.3	3.5
#外方	人	1358	8373	24530	293.0	4.3
投资总额	万元	190468	1269546	2979618	234.7	7.8
注册资本	万元	819448	653822	1548464	236.8	6.3
#外方	万元	391144	342494	926446	270.5	6.2
三、外商投资企业出口额	**亿美元**	**2.99**	**10.67**	**16.35**	**153.2**	**6.5**

上海市农村经济

指　　标	单　位	绝　对　数			1993年为1992年 %(上年=100)	1993年本省占全国比重 (%)
		1990年	1992年	1993年		
一、基本情况						
1.乡镇个数	个	211	210	210	100.0	0.4
村民委员会	个	3030	3020	3006	99.5	0.4
乡村人口数	万人	417.9	413.2	410.0	99.2	0.4
2.乡村劳动力	万人	250.0	243.8	235.0	96.4	0.5
#农林牧渔业	万人	75.0	66.1	63.0	95.3	0.2
工业	万人	124.5	124.1	118.0	95.1	3.2
建筑业	万人	6.5	6.0	6.0	100.0	0.3
交通运输业和邮通讯业	万人	3.6	3.1	3.0	96.8	0.4
批发、零售贸易业、餐饮业及仓储业	万人	4.2	5.1	5.0	98.0	0.5
3.耕地面积	千公顷	323.2	317.8	301.8	95.0	0.3
4.农作物播种面积	千公顷	631.1	601.7	558.1	92.8	0.4
#谷物	千公顷			351.4		0.4
油料	千公顷	140.3	95.0	73.5	77.4	0.7
棉花	千公顷	19.4	14.9	9.6	64.4	0.2
5.农业现代化水平						
农业机械总动力	万千瓦	276.5	204.6	192.0	93.8	0.6
乡、村办水电站个数	个					
乡、村办水电站发电能力	万千瓦					
农村用电量	亿千瓦小时	32.5	40.3	50.0	124.1	4.0
农用化肥施用量	万吨	24.8	17.1	20.0	117.0	0.6
灌溉面积	千公顷	319.7	314.4	299.0	95.1	0.6
6.农民家庭平均每户生产性固定资产原值	元	919.0	1060.5	973.6	91.8	49.9
#农林牧渔业机械	元	17.4	21.4	37.1	173.4	10.6
工业机械	元		19.4			
运输机械	元	27.4	53.1	43.3	81.5	13.6
7.农林牧渔业总产值	亿元	67.8	79.6	96.2	95.6	0.9
农业	亿元	29.1	32.8	40.5	92.9	0.6
林业	亿元	0.4	0.4	0.4	89.7	0.1
牧业	亿元	30.3	37.2	43.0	97.2	1.4
渔业	亿元	8.0	9.2	12.3	98.8	1.4

注:本表价值量指标除农业产值指数按可比价格计算外,其它均按当年价格计算。

续 表 1

指标	单位	绝对数			1993年为1992年%（上年=100）	1993年本省占全国比重（%）
		1990年	1992年	1993年		
二、主要农产品产量						
粮食	万吨	239.5	227.2	210.0	92.4	0.5
谷物	万吨			207.2		0.5
#稻谷	万吨	177.3	166.7	154.0	92.4	0.9
小麦	万吨	29.1	30.8	28.6	92.9	0.3
玉米	万吨	6.7	5.5	5.6	101.8	0.1
棉花	万吨	1.2	1.5	0.9	60.0	0.2
油料	万吨	18.2	21.9	13.2	60.3	0.7
水果	万吨	9.4	16.3	16.4	100.6	0.5
猪、牛、羊肉	万吨	23.6	23.1	21.8	94.4	0.7
奶类	万吨	22.7	27.7	24.3	87.7	4.3
禽蛋	万吨	15.1	17.0	15.0	88.2	1.3
水产品	吨	273583	248600	236700	95.2	0.1
海水产品	吨	170438	136676	124200	90.9	0.1
淡水产品	吨	103145	111924	112500	100.5	0.2
三、乡镇企业基本情况						
企业单位数	万个	1.4	1.4	1.7	121.4	0.1
#乡办企业	万个	0.4	0.4	0.4	100.0	0.9
村办企业	万个	0.9	1.0	1.1	110.0	0.9
从业人员	万人	144.9	149.4	147.2	98.5	1.2
乡办企业	万人	78.4	81.2	76.5	94.2	2.7
村办企业	万人	66.5	68.2	66.3	97.2	2.3
营业收入	万元			6964985		4.0
利润总额	万元			465675		4.3
#应交所得税	万元			58713		3.5
实交各种税金	万元	156756	219385	1277093	582.1	19.7
利税总额	万元			1684054		9.4
工资总额	万元	221874	314076	434618	138.4	3.3
固定资产净值平均余额	万元			1526655		4.1
流动资产年平均余额	万元			3361290		6.0
本年银行(信用社)贷款余额	万元	535506	1054711	1572589	149.1	5.2
每百元固定资产原值实现利润	元	5.3	8.4	22.8	271.4	107.5
每百元资金实现利润	元			9.5		81.9
每百元资金实现利税	元	9.6	9.0	34.5	383.3	181.6
每百元营业收入实现利润	元			6.7		106.3
每百元固定资产原值实现营业收入	元			340.6		100.9
每百元营业收入占用流动资金	元			48.3		149.5

注：乡镇企业经济效益指标″1993年本省占全国比重″是″本省为全国平均数百分比″。

上海市工业经济

指　　标	单　位	绝　对　数			1993年为1992年 %（上年=100）	1993年本省占全国比重（%）
		1990年	1992年	1993年		
一、基本情况						
1.企业单位数						
#独立核算工业企业	个	10109	8512	10093	118.6	2.2
按经济类型分						
国有企业	个	2635	2118	2166	102.3	2.7
集体企业	个	5945	4782	5491	114.8	1.6
按轻重工业分						
轻工业企业	个	5703	4697	5796	123.4	2.5
重工业企业	个	4406	3815	4297	112.6	1.9
按规模分						
大型企业	个	323	255	299	117.3	6.6
中型企业	个	595	575	621	108.0	4.4
小型企业	个	9191	7682	9173	119.4	2.1
2.工业总产值						
#独立核算工业企业	亿元	1477.04	2153.76	2861.01	114.5	7.2
按经济类型分						
国有工业	亿元	1091.76	1353.49	1559.46	91.2	7.1
集体工业	亿元	200.19	239.04	358.91	113.5	3.0
按轻重工业分						
轻工业	亿元	754.91	978.18	1155.38	109.1	7.3
重工业	亿元	722.13	1175.58	1705.63	119.2	7.2
按规模分						
大型企业	亿元	683.53	1096.30	1601.75	120.7	10.9
中型企业	亿元	299.70	379.55	404.49	94.6	5.4
小型企业	亿元	493.82	667.91	854.77	116.0	4.9
二、独立核算工业企业主要指标						
工业增加值	亿元			868.49		6.8
资本金	亿元			975.51		4.8

续 表 1

指 标	单 位	绝对数 1990年	绝对数 1992年	绝对数 1993年	1993年为1992年 %（上年=100）	1993年本省占全国比重（%）
流动资产	亿元			1924.59		7.8
长期投资	亿元			158.95		8.9
固定资产原值	亿元	787.54	1175.17	1430.55	121.7	5.5
固定资产净值	亿元	550.70	838.35	1014.47	121.0	5.5
无形及递延资产	亿元			44.15		3.8
流动负债	亿元			1580.48		7.0
长期负债	亿元			517.47		5.0
所有者权益	亿元			1321.05		8.2
产品销售收入	亿元	1447.39	2184.43	2874.35	131.6	7.5
产品销售成本	亿元	1202.39	1775.38	2231.10	125.7	7.4
产品销售税金及附加	亿元			158.83		6.8
产品销售利润	亿元			402.36		9.3
利润总额	亿元	96.56	132.38	210.38	158.9	13.1
利税总额	亿元	202.02	277.20	369.21	133.2	9.4
三、主要工业产品产量						
化学纤维	万吨	25.74	28.74	27.79	96.7	12.2
纱	万吨	34.07	36.36	30.66	84.3	6.1
布	亿米	14.90	13.93	11.15	80.0	5.4
糖	万吨			0.01		0.001
机制纸及纸板	万吨	46.49	46.86	36.47	77.8	1.8
家用电冰箱	万台	53.36	75.76	95.18	125.6	16.0
电视机	万台	465.50	434.93	442.81	101.8	14.6
#彩色电视机	万台	81.48	112.29	98.29	87.5	6.8
家用洗衣机	万台	101.60	100.91	118.85	117.8	13.3
原煤	亿吨					
原油	万吨			1.00		0.01
发电量	亿千瓦小时	284.10	347.63	373.31	107.4	4.4
钢	万吨	914.62	1234.24	1298.22	105.2	14.5
成品钢材	万吨	609.59	918.09	1103.67	120.2	14.3
水泥	万吨	230.30	354.73	359.88	101.5	0.9
平板玻璃	万重量箱	503.05	513.55	570.72	111.1	5.1
金属切削机床	万台	1.38	1.61	1.77	109.9	6.8
汽车	万辆	2.81	7.00	10.29	147.0	7.8

上海市运输和邮电

指　　标	单 位	绝　对　数			1993年为1992年％（上年=100）	1993年本省占全国比重（％）
		1990年	1992年	1993年		
一、运输业						
1.全社会货运量	万吨			34204		3.1
国家铁路	万吨			1436		0.9
地方铁路	万吨					0.0
公路	万吨	24240	26199	28700	109.5	3.4
水运	万吨	3129	3365	4068	120.9	4.2
2.全社会货物周转量	亿吨公里			156.3		0.5
国家铁路	亿吨公里			47.0		0.4
地方铁路	亿吨公里					0.0
公路	亿吨公里	37.3	42.9	51.7	120.5	1.3
水运	亿吨公里	29.4	32.1	57.6	179.4	0.4
3.运输工具拥有量						
民用汽车拥有量	万辆	14.8	18.4	23.0	125.0	2.8
载客汽车	万辆	5.5	8.0	11.4	142.3	4.0
载货汽车	万辆	7.9	9.1	10.0	110.3	2.0
其他机动车	万辆			0.3		0.3
民用运输舶船拥有量						
机动船	艘	7158	5337	5762	108.0	1876.9
驳船	艘	6455	4921	4447	90.4	6.8
帆船	艘	3				0.0
二、邮电通讯业						
1.邮电通信网路						
邮电局、所	（处）	535	538	572	106.3	1.0
邮路及农村投递线路总长度	公里	184042	182712	200079	109.5	3.9
长话电路	路	9588	17840	28734	161.1	6.8
电报电路	路	221	241	260	107.9	2.0
2.通信工具拥有量						
传真机	部	319	448	448	100.0	3.6
市话交换机容量	门	741660	1069834	1636334	153.0	5.4
电话机	部	790267	1156859	1543465	133.4	5.9
长途直拨有权用户	户	95781	253989	484399	190.7	4.4
#直拨国际及港澳用户	户	48044	109870	220031	200.3	4.7
市内电话	户	392633	663982	935270	140.9	6.6
#私人和个体工商户	户	153639	367352	567147	154.4	8.4
#住宅电话	户	176429	395440	596411	150.8	7.5
无线寻呼电话用户	户	34623	156225	321850	206.0	5.7
移动电话用户	户	1743	11479	43074	375.2	6.7
3.邮电业务总量	亿元	47563.8	185162	286400	154.7	6.2

注：邮电业务总量1990年为1980年不变价，1992、1993年为1990年不变价。

上海市国内商业和城乡居民生活

指标	单位	绝对数			1993年为1992年%（上年=100）	1993年本省占全国比重（%）
		1990年	1992年	1993年		
国内商业						
一、社会商业商品购、销、存总额						
1.国内纯购进总额	亿元	597.7	666.3	719.8	108.0	5.8
工业品	亿元	549.9	603.0	644.2	106.8	6.7
农村产品	亿元	42.2	48.4	54.1	111.8	2.2
2.国内纯销售总额	亿元	445.5	552.7	723.6	130.9	5.6
3.年末库存总额	亿元	231.0	197.8	186.6	94.3	5.0
二、社会商品零售总额	**亿元**	**353.11**	**489.36**	**651.07**	**133.0**	**4.8**
1.按用途分						
消费品	亿元	333.86	464.82	621.86	133.8	5.1
售给居民	亿元	274.93	365.10	503.41	137.9	4.6
售给社会集团	亿元	58.93	99.72	118.45	118.8	8.6
农业生产资料	亿元	19.25	24.54	29.21	119.0	2.2
2.按经济类型分						
国有经济单位	亿元	185.15	255.04	344.99	135.3	6.4
集体经济单位	亿元	129.06	174.74	225.52	129.1	6.3
合营	亿元	2.06	5.75	2.95	51.3	2.5
个体	亿元	16.17	22.88	29.83	130.4	1.0
农民对非农业居民零售	亿元	20.68	30.95	47.78	154.4	3.3
城乡居民生活						
一、城镇居民家庭						
1.平均每人生活费收入	元	1522.22	2842.14	4057.42	142.8	173.7
2.平均每人生活费支出	元	1440.47	2509.49	3530.07	140.7	167.2
3.平均每百户年底主要消费品拥有量						
洗衣机	台	84.00	71.00	75.60	106.5	87.5
电冰箱	台	78.20	92.80	92.20	99.4	162.7
摩托车	辆	2.60		0.80		22.7
彩色电视机	台	72.20	88.80	93.60	105.4	117.8
二、农民家庭						
1.平均每人纯收入	元	1907.32	2225.87	2726.98	122.5	295.9
2.平均每人生活消费支出	元	1262.37	1967.39	2200.07	111.8	285.9
3.平均每百户耐用消费品拥有量						
洗衣机	台	45.50	54.67	53.67	98.2	388.4
电冰箱	台	28.67	37.83	42.33	111.9	1387.9
摩托车	辆	0.83	1.50	6.00	400.0	280.4
彩色电视机	台	25.00	28.17	35.50	126.0	326.9

上海市效益指标

指标	单位	绝对数			1993年比1992年增减	
		1990年	1992年	1993年	绝对数	%
平均每一社会从业者创造的国民生产总值	元	9764	13870	20101	6231.0	44.9
平均每一农林牧渔业劳动者提供的						
农林牧渔业产值	元	9439.4	11799.4	14903.2	3103.8	26.3
粮食产量	公斤	2653.7	2900.4	3718.0	817.6	28.2
棉花产量	公斤	13.3	19.1	13.9	-5.2	-27.2
油料产量	公斤	201.7	279.6	204.5	-75.1	-26.9
猪牛羊肉产量	公斤	261.5	294.9	337.7	42.8	14.5
水产品产量	公斤	303.1	317.4	366.7	49.3	15.5
独立核算工业企业主要经济效益指标						
工业增加值率	%		25.87	30.36	4.5	
每百元固定资产原价实现的利税	元	25.65	23.59	25.81	2.2	9.4
资金利税率	%	20.96	13.84	14.34	0.5	
产值利税率	%	13.68	12.87	12.90	.0	
每百元销售收入实现的利润	元	6.67	6.06	7.32	1.3	20.8
工业成本费用利润率	%	8.03	7.46	8.37	0.9	
流动资产周转次数	次	3.50	1.78	1.75	.0	-1.7
每公里公路负担货运量	吨	70475	72273	78053	5779.8	8.0
每公里公路负担货物周转量	万吨公里	122.30	118.34	140.60	22.3	18.8
基本建设固定资产交付使用率	%	109.86	75.99	73.60	-2.4	
更新改造固定资产交付使用率	%	87.42	84.48	62.90	-21.6	
建筑业劳动生产率						
按总产值计算	元		29328	45082	15754.0	53.7
按增加值计算	元		7413	12347	4934.0	66.6
建筑业产值利税率	%		4.6	5.4	0.8	
单位工程优良品率	%	39.9	34.3	50.4	16.1	
建筑业技术装备率	元/人	4521	4526	10812	6286.0	138.9
建筑业动力装备率	千瓦/人	4.8	4.5	8.9	4.4	97.8

上海市人均指标

指　　标	单　位	1990年	1992年	1993年	1993年比1992年	
					增长量	增长率
国内生产总值	元	5818	8306	11700	3394	40.9
农业总产值	元	522	596	714	118	19.8
工业总产值	元	12499	18095	24706	6611	36.5
职工平均工资	元	2917	4273	5646	1373	32.1
居民消费水平	元	1908	2704		401	6.7
农民	元	1366	1977		297	7.4
非农业居民	元	2172	3050		447	6.3
年末实有耕地面积	公顷	0.02	0.02	0.02	0.00	0.0
粮食产量	公斤	183.3	169.2	155.9	-13.3	-7.9
棉花产量	公斤	0.92	1.12	0.67	-0.45	-40.2
油料产量	公斤	13.9	16.3	9.8	-6.5	-39.9
水果产量	公斤	7.2	12.2	12.1	-0.1	-0.8
猪牛羊肉产量	公斤	18.1	17.2	16.2	-1.0	-5.8
水产品产量	公斤	20.9	18.5	17.6	-0.9	-4.9
钢产量	公斤	700.1	919.4	963.8	44.4	4.8
布产量	米	114.0	103.8	82.8	-21.0	-20.2
邮电业务总量	元	80.6	137.9	212.6	74.7	54.2
社会消费品零售额	元	2555.4	3462.3	4616.6	1154.3	33.3
每万人口高等学校在校学生数	人	92.8	89.0	97.3	8.3	9.3
每万人口中等专业学校在校学生数	人	47.2	47.8	56.3	8.5	17.8
每万人口中学在校学生数	人	373.5	411.9	432.1	20.2	4.9
每十万人口医院数	人	3.5	3.4	3.6	0.2	5.9
每万人口医生数	人	44.5	45.6	42.6	-3.0	-6.6

注：1.国内生产总值指标1990年为国民生产总值数据。

2.居民消费水平增长量和增长率为1992年同1991年之比。

天津市经济大开放　大开发　大发展

林凤兴

1993年，天津市全年国民生产总值为503亿元，按可比价格计算，比上年增长11.8%，是改革开放以来第二个快速增长年。其中，第三产业增加值179亿元，增长11.8%，占国民生产总值的比重为35.6%；人均国民生产总值达到5700元。全年地方财政收入73.15亿元，增长21.8%，是十多年来增长最快的一年。

一、农村经济全面发展

1993年天津市进一步加强农业的基础地位，积极落实各项农业政策，推进多种形式的改革和农村社会化服务体系的建立，大力开展科技兴农，推进高产、优质、高效农业，调整种植业结构，发展商品经济，促进了农村经济全面发展。全年全市农村社会总产值651.99亿元，比上年增长38.9%，其中农业总产60.56亿元，增长4.6%，农业增加值31亿元，比上年增长1.4%。1993年全市乡镇企业3.08万户，就业人数88.57万人；总收入371.21亿元，比上年增长33.6%。农产品结构有所调整，粮食作物、经济作物种植面积减少，瓜果、蔬菜播种面积增加。粮食生产在自然灾害较严重的情况下，获得了第十个丰收年，全年粮食总产量19.98亿公斤，创历史最高水平，平均亩产达到295公斤。主要副食品生产稳步增长，丰富了居民的"菜篮子"。其中，水果增长12.4%，蔬菜增长14.2%，肉类总产量增长2.5%，禽蛋增长0.7%，牛奶增长0.5%，水产品增长2.6%。农业产品商品率进一步提高。全年全市农业商品总值53.4亿元，增长15.6%，商品率由上年的74.3%提高到75.6%。其中种植业商品率由63.4%提高到64.6%，牧业商品率由87.8%提高到90.1%。

农业经济得以稳步发展的一个重要原因是，农业投入增加，生产条件进一步改善。1993年全市金融机构对农业新增贷款16.05亿元，增长15.5%。年末全市拥有农业机械总动力470.05万千瓦，增长4.7%；载重汽车2.39万辆，增长12.8%；农村用电量23.11亿千瓦小时，增长5.9%。另外一个原因是科技兴农发挥了重要作用，优良玉米品种、水稻旱育稀植、棉花隔膜育秧、水产品的立体养殖等技术开始普及。

二、工业生产势头良好

(一)工业坚持以市场机制为导向，加大企业改革的力度，努力调整产品结构，提高经济效益，保持了较快发展势头　全年工业增加值266.5亿元，比上年增长13.2%；工业总产值1246.66亿元，增长24.5%，是改革开放以来增幅最高的一年。其中国有工业增长5.3%，集体工业增长23.7%，三资工业增长90.0%，乡镇工业增长40.4%，大中型工业增长8.6%。

(二)工业经济结构进一步调整，轻重工业全面发展　全年全市乡及乡以上工业总产值839.57亿元，增长17.9%。重工业总产值484.24亿元，增长25.2%，重工业新增产值占全市乡及乡以上工业新增产值的76.5%，其中汽车增长36.8%，机械增长32%，电子仪表增长32.9%。轻工业生产稳定增长，全年轻工业总产值355.33亿元，增长9.3%。以乡镇、三资企业为主的非国有工业成为天津工业经济新的增长点。1993年乡办和三资企业新增产值占全市乡及乡以上工业新增产值的83.1%，非国有工业占全部工业产值的比重由上年的33.6%上升为40.7%。

(三)新产品开发取得较快进展，工业产品销售率明显提高　全年工业系统新产品投产1400种，试成轻纺产品新规格、新花样2.64万种，投产2.21万种；新产品产值71.7亿元，增长38.4%。新产品产值率由上年的12%提高到14%。产品的更新换代，扩大了产品的销路，提高了工业经济效益。全年全市乡及乡以上工业销售产值804.42亿元，增长20.3%，产销率达到98.99%，比上年提高3.25个百分点，其中重工业产销率为99.44%，轻工业产销率为98.17%，分别比上年提高2.18和4.46个百分点。全年全市乡及乡以上独立核算工业实现利税72亿元，增长21.2%，其中实现利润24.9亿元，增长5.1%。地方预算内国有工业实现利税33.88亿元，增长13.9%，其中实现利润12.64亿元，增长0.2%。

三、城乡市场繁荣稳定

随着社会主义市场经济的发展，市场体系建设步伐加快，商品流通规模进一步扩大，购销两旺。全年商业、饮食业、物资仓储业增加值50.5亿元，比上年增长12.8%。社会商业购进总额549.22亿元，增长22.7%；销售总额540.41亿元，增长24.5%。

(一)零售市场繁荣 全市社会商品零售总额227.72亿元，比上年增长18.4%，扣除价格因素实际增长3.6%，其中消费品零售额217.44亿元，增长20%。食用商品增长11.1%，穿着商品增长25.4%，日用商品增长27.2%。居民消费心理比较稳定，消费档次继续趋向优质、名牌和新颖价廉商品。

(二)生产资料市场活跃 全年全市物资供销企业商品购进总值196.14亿元，增长35.5%；销售总值210.32亿元，增长38.6%。生产要素市场建设取得新突破。北洋钢材、化工、纺织原料、汽车等一些大型批发交易市场相继开业。截至1993年末，全市共有生产资料交易市场28个，其中国家级生产资料交易市场6个，区域性市场4个。据19个生产资料交易市场统计，全年初始上市商品总值124亿元，初始上市商品成交额121亿元，商品交易总额214.62亿元。市场的服务功能和服务领域进一步扩展。

(三)市场形成价格的机制作用明显增强 1993年天津市物价改革力度比较大，粮油及鲜活商品价格相继放开，市场调节范围进一步扩大。在此情况下，天津市物价在全国各省市中仍居较低水平。城市职工生活费价格指数是上年的117.6，其中城市零售物价总指数为114.3，服务项目价格指数为147.3。工业主要原材料、燃料、动力购进价格指数为137.0。主要工业品出厂价格指数为125.1。

四、对外开放继续扩大

1993年，天津市政府就进一步扩大全方位开放，全面改善投资环境，提出了十大举措，使全市对外开放在许多方面取得了新的突破，形成了多形式、多层次、多渠道、全方位对外开放格局。

(一)利用外资取得显著进展 一是利用外资规模进一步扩大，全年全市新批准外商投资企业3538家，协议外资金额22.56亿美元，分别比上年增长1.1倍，超过前14年的总和，其中外商独资企业2007家，协议外资9.82亿美元，分别增长1.5倍和59.4%。全年全市实际直接利用外资5.41亿美元，增长1.3倍。截至1993年底，全市累计批准外商投资企业6136家，协议外资金额42.7亿美元。二是利用外资的领域进一步拓宽，外商投资领域由工业、服务业继续向金融业、大型零售商业、房地产业、高科技产业、城市基础设施建设和港口建设等方面扩展。全年新批准第三产业外资项目1745个，协议外资金额11.78亿美元，分别比上年增长1.9倍和1.2倍，占全市的比重分别由上年的35.7%和43.5%上升为49.3%和52.2%。三是国际知名大公司、大财团投资踊跃，以美国摩托罗拉公司、日本电器株式会社(NEC)，韩国三星公司等世界十大著名电子公司为代表的国际跨国公司纷纷来津投资，外商来津投资的国别和地区也由上年的50多个增加到70多个。四是大项目继续增加，全年批准投资总额在500万美元以上的大项目85项，比上年增加32项，增长率为60.4%。其中，投资额1000万美元以上的大项目40项，比上年增加19项。截至1993年底，全市外商投资项目中投资总额在500万美元以上的大项目累计194项，其中投资额1000万美元以上的大项目88项。五是利用外资嫁接改造老企业发展较快。据全市工业系统十二个局(集团)的统计，全市工业系统累计批准利用外资嫁接改造老企业已达378家，协议投资总额13亿多美元，其中1993年批准113家，投资总额近5亿美元，大中型企业利用外资进行嫁接改造，不仅生产规模和技术水平上了一个新台阶，而且带动了相关行业的发展。五是外商投资企业经济效益显著。全年全市外商投资企业生产总值140亿元，增长93.7%，实现利润16.5亿元，增长78.1%，上缴税费14.6亿元，增长158%。

(二)开发区、保税区和区县开发小区发展势头强劲

全年天津经济技术开发区签约三资企业909家，协议外资金额12.36亿美元，分别比上年增长96.8%和76.5%。全年完成工业总产值70.25亿元，出口总额2.92亿美元，分别比上年增长1.2倍和82.5%；实现利税16.13亿元，比上年翻了一番。在全国各开发区中，天津开发区有14项指标居第一位。天津港保税区全年批准三资企业1221家，协议外资金额5.52亿美元，自封关以来累计进出区货物总值10.6亿美元。天津12个区县开发小区，全年新签约三资企业项目339个，协议外资金额2.09亿美元。

(三)进出口贸易增幅较大 全年天津口岸进出口总值125.04亿美元，比上年增长20%，其中进口59.01亿美元，增长18%，出口66.03亿美元，增长29%。天津市外贸出口也有较大幅度增长，经济效益同步增长。全市外贸出口总值19.28亿美元，比上年增长10.9%，是近五年来外贸出口增长最快的一年。同时，通过内部转变经营机制，加强综合运筹，经济效益有所好转，不仅完成了全年消化亏损挂帐的任务，而且还略有盈余。三资企业已成为天津扩大出口的重要力量，全年三资企业出口值4.2亿美元，增长90.8%，占全市外贸出口的比重由上年的13.1%上升到22.5%。天津的外贸队伍不断壮大，已初步形成了以外贸专业公司、工贸公司为主体，自营出口企业和三资企业并存的多元化对外贸易群体。

(四)对外经济技术合作有较大发展 全年全市签

订对外承包工程和劳务合作合同金额1.9亿美元，完成营业额1.02亿美元，期末在外人数6115人，分别比上年增长68%、83%和15.7%。在津设立办事机构的外国商社不断增多，全年新批准外商驻津办事机构264家，累计达579家，涉及34个国家和地区。全年新批准驻海外机构108个。

(五)国际旅游业取得明显成效 全年共接待国际旅游人数13.5万人，比上年增长23.5%；旅游外汇收入3.72亿元(外汇人民币)，增长31.5%，创历史最好水平。对外交往不断扩大。全年组织了40多次大型国际活动，授予14位国际友人为“天津市荣誉市民”，聘请13名国际知名人士担任市政府顾问。全年组织近600个经贸团组到80多个国家和地区举办展览和引资招商。

(六)内联引资效果显著 全年与兄弟省市签定经济技术联合项目11420个，执行项目11357个，其中经济联合项目827个，人才交流10336人次。1993年又有兄弟省市来津开办478个驻津机构和实体。通过内联吸引外地来津兴办实业、成片开发土地和基础设施建设等共投资9.67亿元。

五、交通邮电业进一步发展

(一)全年运输业增幅较大 增加值42.6亿元，比上年增长14.7%。全年货运发送量完成22765万吨，增长2.10%，其中空运量完成1万吨，增长28.20%。旅客发送量完成3231.84万人次，增长21.40%，其中铁路客运量1812万人次，增长4.68%，公路客运量1380万人次，增长53.80%，民航客运量39.84万人次，增长17.18%。港口货物吞吐量有较大的增长，全年完成3717.67万吨，增长26.94%，其中出口2527.86万吨，增长32.03%，进口1189.81万吨，增长17.34%。集装箱货物量居全国第二位。

(二)邮电通讯业发展有重大突破 全年邮电业务总量完成9.7亿元，比上年增长59%，其中邮政业务量1.35亿元，增长33%；电信业务总量8.35亿元，增长64%。年末全市电话交换机总容量56.6万门，增加16.84万门；年末全市电话机拥有量65.08万部，增长43%；每百人拥有电话机7.35部，增加2.16部。年末全市长途电话10198路，电报105路。

六、金融和保险业继续发展

全年金融保险业增加值39亿元，比上年增长7.8%。截止1993年底，全市有外资银行8家，外资银行办事机构4家，省级信托投资公司6家，证券公司1家，证券交易营业部63家，咨询评信机构1家，资金拆借市场1个。全年资金市场融通资金总额366.3亿元，居全国第二位，其中拆入资金140.6亿元，拆出资金225.7亿元。外汇调剂中心调剂外汇总额9.7亿美元。

1993年末全市金融系统各项存款余额586.12亿元，比年初增加119.76亿元，比上年同期多增加2.06亿元；各项贷款余额768.57亿元，比年初增加142.29亿元，比上年同期多增加19.97亿元。全年银行现金收入646.66亿元，比上年增长58.6%；银行现金支出656.34亿元，增长56.8%；收支相抵，货币净投放9.68亿元，比上年减少1.3亿元。保险业也有长足发展，全年保险业务收入10.9亿元，增长62.7%。

七、科学技术事业蓬勃发展

(一)1993年，天津“科技兴市”战略全面实施，科学技术研究和转化生产力的进程加快 全年全市科技成果登记694项，其中国际领先水平的27项，达到国际先进水平的172项，已生产和应用的468项。列入国家“八五”重点科技攻关计划的五轴联动高档数控加工中心、大屏幕彩色液晶投影显示器等项目取得阶段性成果；市12项重点工业性试验项目进展顺利。全年全市申请专利1850项，授权量1698项。到1993年底，全市专利申请量已达9555项，已批准授权5197项。

(二)技术市场进一步拓展 全年全市共登记技术合同1.07万份，合同成交额7.15亿元，比上年增长41.3%。全年有77项技术出口成交，创汇5192万美元，比上年增长25%。

(三)新技术产业园区开发建设步伐加快 园区内新建高新技术企业469家，累计已达1052家，其中有经营活动的680家；从业人员2.1万人。全年技工贸总收入22亿元，增长1倍，总产值19亿元，实现利税3.4亿元。

八、固定资产投资大幅度增长

(一)全年全市社会固定资产投资超额完成 全年全市完成224.36亿元，比上年增长32.1%，其中地方全社会投资176.19亿元，增长42.3%。全年全市国有单位投资181.35亿元，增长31.6%；集体所有制单位投资29.2亿元，增长15.8%；城乡个人投资8.65亿元，增长26.1%。在国有单位投资中，基本建设投资80.93亿元，增长1%；更新改造投资76.11亿元，增长66.5%。全市房屋建筑施工面积1469.62万平方米，比上年增长59.7%；竣工面积490.36万平方米，增长20.5%。

(二)投资结构进一步优化 1993年全市国有工业完成投资97.35亿元，其中石油、电力等基础原材料和能源工业投资66.6亿元，占工业投资比重68.4%。全年全市工业技术改造投资39.2亿元，比上年增长49%，其中地方工业技术改造投资完成32.54亿元，增长50.4%；城市基础设施建设进度快、质量高，全年投资48.8亿元，比上年增长77%，占全市国有单位固定资产投资的比重由上年的20%上升到25.8%;第三产业投资成倍增长,投资额为89.13亿元,比上年增长1.3倍,其中交通邮电业投资22.43亿元,增长1.1倍,商业投资8.45亿元,增长22.1%。

(三)重点工程继续得到加强 55个重点建设项目完成投资65亿元,占全市国有单位固定资产投资的35.8%。在55个重点项目中,已建成或基本建成的有21项。其中,50万吨无缝钢管工程基本建成,试生产顺利;京津塘高速公路全线通车;天津港东突堤12个深水泊位全部建成;军粮城电厂8号机组建成并网发电;胸科医院、音乐学院、吉利大厦等重点社会发展项目和王顶堤立交桥、北站地道、西马路和狮子林大街改造等重点城市基础设施项目已建成交付使用。续建的14万吨乙烯、蓟县电厂、高速线材、汽车发动机、摩托罗拉电子工程等重点骨干项目建设继续加快。

(四)城市载体功能进一步提高 城市公用事业继续发展。年末公共电汽车营运线路161条,营运长度3160公里,比上年增长1%。全年新开园林绿地面积60.77公顷,年末城市园林绿地面积2054公顷,市内居民人均占有绿地面积2.6平方米,绿化覆盖率由上年的13.5%上升为14.5%,房地产业发展加快。全年全市商品房投资18.36亿元,比上年增长3倍,竣工商品房85.34万平方米,比上年增长31.7%。

九、1993年深化改革的主要项目

1993年,全市工业、商业、农业、金融、科技、社会保险等各方面改革全面推进,各行各业内部改革向纵深发展,在广度和深度上都有新的突破。

(一)企业改革继续深化 颁布了《全民所有制工业企业转换经营机制条例》的实施办法,并出台了26项配套政策措施。为更好地贯彻《条例》精神,全市组织了多层次的培训,有10多万人参加有关知识竞赛,形成了较大的宣传声势。市经委还选定10户企业作为贯彻落实《条例》的重点联系单位,从中研究问题,总结经验,推动了面上企业。

全面推行了税利分流,统一了所得税率,在全国率先迈出重要的一步。这项改革不仅促进了企业经营机制的转换,而且从不同的渠道和环节增加了企业自主支配的财力,增强企业自我发展的能力。

152家国有大中型工业企业改革实验继续取得明显的成效,并向面上企业加以推广,加大了企业改革的力度。

(二)股份制试点和组建企业集团步伐加快 全年新批准股份制企业和有限责任公司25家,累计达到58家,有3家股票上市交易。新批准企业集团41家,全市企业集团总数达到71家。新批准的企业集团中,私营企业1家,股份制企业3家,集体所有制企业24户(核心为乡镇企业的23家),全民所有制企业13户,反映出非国有经济发展较快的态势。

(三)"国有民营"改革开始起步 全市国有小型商业企业实行了"国有民营"或"公有私营",占总数的80%以上,均取得了较好的经济效益和社会效益。工业小型微利和亏损企业试行"国有民营"的改革也已起步。

(四)市场建设步伐明显加快 国家级和地区级的批发交易市场已累计建成11个,新建消费品市场41家,在津成功地举办了钢材、建材、汽车等全国性交易会。金融市场融资总量居全国第二位。新批准各类证券机构50家。劳务、技术、人才、信息、房地产等各类要素市场都有新的发展。

(五)配套改革取得新进展 土地使用制度和住房制度改革稳步推进,社会保障制度改革已入轨起步。待业保险制度和养老保险办法已先后正式出台实施。医疗保险改革办法正在研究之中。在转变政府职能方面,市政府已向区县局和重点企业下放了固定资产投资、技术改造和外资的审批权,并加强对基层的服务;在价格放开方面,由原来市管265种减少为25种;在计划管理方面,除国家控制的极少数产品品外,指令性计划已全部取消;在企业经营范围、工商注册登记、资金使用、检查评比等方面,均放宽权限或简化、减少有关手续。

(作者所在单位:天津市政府研究室)

天津市国民经济综合指标发展概况

指标	单位	绝对数					1993年为以下年%	
		1978年	1985年	1990年	1992年	1993年	1978年	1992年
一、基本情况								
1. 土地面积	万平方公里					1.13		
2. 行政市数	个					1		
地级市	个							
县级市	个							
3. 人口								
年底总人口数	万人	724	805	884	920	928	128.2	100.9
男	万人	368	409	448	466			
女	万人	356	396	437	454			
出生率	‰	15.47	13.98	15.61	12.50	10.71	69.2	85.7
死亡率	‰	6.26	5.80	5.78	6.00	6.20	99.0	103.3
自然增长率	‰	9.21	8.18	9.83	6.50	4.51	49.0	69.4
4. 从业人员数	万人	356.0	456.0	460.5	472.1	477.5	134.1	101.1
城镇从业人员	万人					303.2		
国有经济单位	万人	157.0	205.0	217.3	212.7	206.5	131.5	97.1
集体经济单位	万人	49.0	70.0	62.5	72.4	70.9	144.7	97.9
联营经济单位	万人					3.5		
股份制经济单位	万人					3.7		
外商投资经济单位	万人					5.4		
港澳台投资经济单位	万人					3.3		
其他经济单位	万人					0.1		
私营企业	万人				1.0	2.7		270.0
个体	万人		5.0	5.4	4.7	7.1		151.1
乡村从业人员	万人	149.0	175.0	170.8	172.4	174.3	117.0	101.1
二、综合经济指标								
1. 国内生产总值	亿元	82.65	175.71	310.95	411.24	536.10		
第一产业	亿元	5.03	12.95	27.32	30.26	35.39		
第二产业	亿元	57.53	114.23	179.51	230.61	302.48		
#工业	亿元				210.00	275.04		
建筑业	亿元				20.61	27.44		
第三产业	亿元	20.07	48.53	104.12	150.37	198.23		
#运输邮电	亿元				35.66	47.60		
商业	亿元				41.05	51.21		
2. 人均国内生产总值	元	1160	2198	3620	4696	6075		
三、投资								
1. 全社会固定资产投资额	亿元		66.94	88.48	174.41	225.66		129.4
#国有经济	亿元	19.33	54.16	72.18	137.81	156.62	810.2	113.6
#基本建设投资	亿元	15.28	30.85	40.06	80.14	75.79	496.0	94.6

续 表 1

指 标	单 位	绝 对 数					1993年为以下年%	
		1978年	1985年	1990年	1992年	1993年	1978年	1992年
更新改造投资	亿元	4.05	20.61	23.15	45.72	64.60	1595.1	141.3
其他固定资产投资	亿元		2.70	6.48	7.36	8.03		109.1
#集体经济	亿元		7.39	10.55	28.89	30.52		105.6
2.基本建设房屋建设								
房屋施工面积	万平方米	506.9	857.4	293.7	333.5	342.1	67.5	102.6
#住宅	万平方米	247.6	516.4	63.3	86.2	103.7	41.9	120.3
房屋竣工面积	万平方米	193.8	418.2	121.1	161.8	131.2	67.7	81.1
#住宅	万平方米	85.8	285.4	30.4	41.7	44.7	52.1	107.2
四、财政收支								
地方财政收入	亿元	39.25	48.21	44.88	63.05	73.15	186.4	116.0
地方财政支出	亿元	14.51	26.97	40.20	46.52			
五、物价指数(上年=100)								
1.全社会零售物价总指数	%	100.0	113.9	102.7	109.4	114.3		
#消费品	%			102.7	109.4	114.3		
食品类	%			101.0	113.4	116.7		
衣着类	%			110.6	105.5	108.4		
日用品类	%			104.3	100.6	110.2		
文化娱乐用品类	%			95.8	94.4	103.8		
书报杂志类	%			102.9	110.3	106.0		
药及医疗用品类	%			107.8	105.8	119.5		
建筑装璜材料类	%			102.8	100.2	157.9		
燃料类	%			106.5	139.1	136.1		
2.居民消费价格指数	%	100.0	113.1	103.0	111.4	117.6		
城镇居民	%	100.0	113.1	103.0	111.4	117.6		
农民	%							
3.固定资产投资价格指数	%				119.4	122.9		
六、居民生活								
1.居民消费水平	元	368	729	1310	1634			
农业居民	元	187	510	814	984			
非农业居民	元	553	911	1702	2140			
2.职工平均工资	元	640	1165	2438	3118	4003	625.5	128.4
国有经济单位	元	690	1223	2611	3383	4264	618.0	126.0
城镇集体经济单位	元	478	995	1866	2285	2728	570.7	119.4
其他经济单位	元			2946	3553	6810		191.7

续 表 2

指 标	单 位	绝 对 数					1993年为以下年%	
		1978年	1985年	1990年	1992年	1993年	1978年	1992年
3.劳动力负担人数								
每一农村劳动力	人	2.30	1.80	1.60		1.48	64.3	
每一城镇就业者	人		1.65	1.71	1.71	1.72		100.6
4.收入(平均每人)								
农村居民家庭纯收入	元	178.40	564.55	1069.04	1309.01	1473.12	825.7	112.5
城镇居民家庭								
生活费收入	元	361.00	812.00	1522.22	2080.08	2579.06	714.4	124.0
5.居住面积(平均每人)								
农村住户住房面积	平方米	9.00	14.00	18.04	17.48	18.29	203.2	104.6
城镇居民家庭住房面积	平方米	3.30	5.70	6.66	6.86	6.85	207.6	99.9
七、国际旅游								
1.接待旅游人数	万人次		3.48	5.60	8.75	10.94		125.0
#外国人	万人次		2.54	3.35	5.53	7.30		132.0
2.旅游外汇收入	万元		4036	11201	28318	37241		131.5
商品性收入	万元			4139	8995	7836		87.1
劳务性收入	万元			7062	19323	29405		152.2
3.涉外饭店数	个			19	24	28		116.7
#国有单位	个			9	10	14		140.0
中外合资	个			9	13	13		100.0
集体单位	个				1	1		100.0
八、工商企业基本情况								
企业数	万户		4.4	6.8	8.0	10.2		127.5
从业人员	万人		335.2	453.8	475.1	563.6		118.6
注册资金	亿元		282.3	433.8	608.9	897.9		147.5
国有企业								
企业数	万户	0.1	1.0	1.5	1.8	2.2	2200.0	122.2
从业人员	万人	85.0	154.9	187.0	208.7	236.6	278.4	113.4
注册资金	亿元	76.4	219.2	300.6	395.2	552.5	723.2	139.8
集体企业								
企业数	万户	0.7	3.4	5.1	5.9	7.7	1100.0	130.5
从业人员	万人	63.9	176.6	246.2	243.7	297.5	465.6	122.1
注册资金	亿元	20.4	60.0	112.1	175.3	272.4	1335.3	155.4
联营及其他企业								
企业数	户		290	2304	2555	3029		118.6
从业人员	万人		3.7	20.6	22.5	29.6		131.6
注册资金	亿元		3.0	21.1	38.3	73.0		190.6
私营企业								
户数	户			1364	2890	4530		156.7
从业人员	万人			2.9	5.0	7.0		140.0
注册资金	亿元			1.2	4.2	10.6		252.4

天津市固定资产投资和建筑业

指　　标	单位	绝对数			1993年为1992年 %（上年=100）	1993年本省占全国比重（%）
		1990年	1992年	1993年		
一、固定资产投资						
1.全社会固定资产投资	亿元	88.48	174.41	225.66	129.4	1.8
国有经济	亿元	72.18	137.81	156.62	113.6	2.0
集体经济	亿元	10.55	28.89	30.52	105.6	1.4
联营经济	亿元			1.12		2.0
股份制经济	亿元			8.18		3.5
中外合资经营	亿元			14.39		3.3
中外合作经营	亿元			0.97		1.4
外资	亿元			3.54		7.2
港澳台与大陆合资经营	亿元			0.85		0.7
城乡个人	亿元	5.75	7.71	9.47	122.8	0.6
其他经济	亿元					0.0
2.基本建设投资	亿元	40.06	80.14	75.79	94.6	1.6
#农林牧渔业	亿元	1.20	0.80	0.14	17.5	0.3
采掘业	亿元			11.69		3.3
制造业	亿元	28.16	64.18	18.76	29.2	2.1
电力、煤气及水电生产和供应业	亿元			13.36		1.7
建筑业	亿元	0.31	0.58	0.85	146.6	0.7
交通运输、仓储和邮电通讯业	亿元	6.00	5.26	8.59	163.3	1.0
批发、零售贸易和餐饮业	亿元	0.47	3.70	1.78	48.1	0.9
2.施工项目						
基本建设	个		543	528		0.6
更新改造	个	1639	1662	1404	84.5	2.2
3.新增固定资产						
基本建设	亿元		36.06	36.80		1.3
更新改造	亿元	22.14	29.74	45.70	153.7	3.0
二、建筑业						
施工企业个数	个	57	70	54	77.1	0.3
年末从业人员数	万人	11.23	11.74	14.26	121.5	1.3
自有机械设备总功率	万千瓦		47.3	77.4		1.6
总产值	万元	189841	308237	605935	196.6	1.9
#建筑工程产值	万元	179946	291923	544511	203.5	1.9
安装工程产值	万元			49420		1.5
增加值	万元	135200	206100	155782	75.6	1.9
企业总收入	万元		296074	648438		2.0
施工房屋建筑面积	万平方米	675.5	901.6	835.7	92.7	1.3
竣工房屋建筑面积	万平方米	333.6	344.8	295.3	85.6	1.0
企业利税总额	万元	-358	7688	31192	405.7	1.9

天津市利用外资及外资企业情况

指　　标	单位	绝对数			1993年为1992年%（上年=100）	1993年本省占全国比重（%）
		1990年	1992年	1993年		
一、利用外资						
1.对外签订利用外资协议项目	个	129	1702	3538	207.9	4.2
对外借款	个					
外商直接投资及其他	个	129	1702	3538	207.9	4.2
2.对外签订利用外资协议项目金额	万美元	17855	137584	233838	170.0	1.9
对外借款	万美元	4500	15481	1000	6.5	0.1
外商直接投资及其他	万美元	13355	122103	232838	190.7	2.1
3.实际利用外资额	万美元	9856	26259	62368	237.5	1.6
对外借款	万美元	6163	15481	1000	6.5	0.1
外商直接投资及其他	万美元	3693	10778	61368	569.4	2.2
4.外商直接投资协议投资额	万美元	16367	121927			
农林牧渔业	万美元	129	108			
工业	万美元	15578	68787			
建筑业	万美元	575				
运输邮电业	万美元	55	867			
商业饮食业物资供销业	万美元		28594			
房地产管理、公用事业服务业	万美元		23063			
其他	万美元	30	508			
二、外国及港澳台在华投资企业情况						
年末企业数	个	524	2479	6004	242.2	0.4
合资经营	个	421	1440	2888	200.6	2.7
合作经营	个	26	66	142	215.2	0.6
独资经营	个	77	973	2974	305.7	8.7
从业人员	人	53220	191684	395681	206.4	2.2
#外方	人	992	7122	16638	233.6	2.9
投资总额	万元	383355	357474	700341	195.9	1.8
注册资本	万元	233515	239324	497064	207.7	2.0
#外方	万元	111920	134441	301666	224.4	2.0
三、外商投资企业出口额	亿美元	0.89	2.90	4.37	150.9	1.7

天津市农村经济

指　　标	单位	绝对数			1993年为1992年%（上年=100）	1993年本省占全国比重（%）
		1990年	1992年	1993年		
一、基本情况						
1.乡镇个数	个	221	222	223	100.5	0.5
村民委员会	个	3872	3872	3871	100.0	0.5
乡村人口数	万人	393.4	397.4	418.4	105.3	0.5
2.乡村劳动力	万人	170.8	172.4	174.3	101.1	0.4
#农林牧渔业	万人	89.5	88.4	86.5	97.9	0.3
工业	万人	51.8	52.8	54.4	103.0	1.5
建筑业	万人	8.4	8.6	8.9	103.5	0.5
交通运输业和邮通讯业	万人	5.6	6.4	7.2	112.5	0.9
批发、零售贸易业、餐饮业及仓储业	万人	4.7	6.1	6.1	100.0	0.6
3.耕地面积	千公顷	431.5	429.6	428.8	99.8	0.5
4.农作物播种面积	千公顷	573.2	573.6	565.7	98.6	0.4
#谷物	千公顷			368.6		0.4
油料	千公顷	44.5	24.8	24.6	99.2	0.2
棉花	千公顷	26.7	28.8	9.8	34.0	0.2
5.农业现代化水平						
农业机械总动力	万千瓦	439.0	449.0	470.1	104.7	1.5
乡、村办水电站个数	个					
乡、村办水电站发电能力	万千瓦					
农村用电量	亿千瓦小时	16.5	21.8	23.1	106.0	1.9
农用化肥施用量	万吨	6.9	8.6	8.1	94.2	0.3
灌溉面积	千公顷	345.9	346.5	347.5	100.3	0.7
6.农民家庭平均每户生产性固定资产原值	元	950.3	1490.5	1887.2	126.6	96.8
#农林牧渔业机械	元	136.0	260.8	418.9	160.6	119.7
工业机械	元	3.1	19.9	19.1	96.0	28.4
运输机械	元	246.9	300.2	299.4	99.7	94.3
7.农林牧渔业总产值	亿元	51.2	56.9	70.6	104.6	0.6
农业	亿元	31.0	34.0	44.3	105.6	0.7
林业	亿元	0.5	0.5	0.4	88.6	0.1
牧业	亿元	14.7	17.1	20.1	107.8	0.7
渔业	亿元	5.0	5.4	5.8	90.5	0.7

注：本表价值量指标除农业产值指数按可比价格计算外，其它均按当年价格计算。

续 表 1

指 标	单 位	绝 对 数			1993年为1992年%(上年=100)	1993年本省占全国比重(%)
		1990年	1992年	1993年		
二、主要农产品产量						
粮食	万吨	188.9	198.7	199.8	100.6	0.4
谷物	万吨			184.2		0.5
#稻谷	万吨	28.2	39.4	31.8	80.7	0.2
小麦	万吨	62.0	62.0	59.1	95.3	0.6
玉米	万吨	74.0	76.0	80.8	106.3	0.8
棉花	万吨	1.5	1.6	0.8	50.0	0.2
油料	万吨	4.7	4.0	4.4	110.0	0.2
水果	万吨	10.1	14.1	15.9	112.8	0.5
猪、牛、羊肉	万吨	10.1	11.2	11.5	102.7	0.4
奶类	万吨	7.7	9.6	9.6	100.0	1.7
禽蛋	万吨	18.6	21.3	31.4	147.4	2.7
水产品	吨	108338	110982	113900	102.6	0.1
海水产品	吨	36270	27661	19300	69.8	0.02
淡水产品	吨	72068	83321	94700	113.7	0.1
三、乡镇企业基本情况						
企业单位数	万个	1.2	1.2	3.9	325.0	0.2
#乡办企业	万个	0.2	0.3	0.3	100.0	0.7
村办企业	万个	0.9	0.9	0.9	100.0	0.7
从业人员	万人	74.2	80.6	97.1	120.5	0.8
乡办企业	万人	22.9	25.4	27.0	106.3	0.9
村办企业	万人	51.3	55.2	56.8	102.9	2.0
营业收入	万元			3662966		2.1
利润总额	万元			337202		3.1
#应交所得税	万元			67214		4.0
实交各种税金	万元	85057	165214	168940	102.3	2.6
利税总额	万元			471439		2.6
工资总额	万元	102286	141908	172510	121.6	1.3
固定资产净值平均余额	万元			732023		1.9
流动资产年平均余额	万元			1360236		2.4
本年银行(信用社)贷款余额	万元	295051	554771	706501	127.4	2.4
每百元固定资产原值实现利润	元	15.4	18.2	33.2	182.4	156.6
每百元资金实现利润	元			16.1		138.8
每百元资金实现利税	元	17.8	16.7	22.5	134.7	118.4
每百元营业收入实现利润	元			9.2		146.0
每百元固定资产原值实现营业收入	元			360.2		106.7
每百元营业收入占用流动资金	元			37.1		114.9

注：乡镇企业经济效益指标"1993年本省占全国比重"是"本省为全国平均数百分比"。

天津市工业经济

指　标	单位	绝对数 1990年	1992年	1993年	1993年为1992年 %（上年=100）	1993年本省占全国比重（%）
一、基本情况						
1.企业单位数						
#独立核算工业企业	个	5432	5909	9188	155.5	2.0
按经济类型分						
国有企业	个	1109	1028	2252	219.1	2.8
集体企业	个	3994	4181	14873	355.7	4.3
按轻重工业分						
轻工业企业	个	3101	3333	10130	303.9	4.3
重工业企业	个	2331	2576	9042	351.0	4.0
按规模分						
大型企业	个	155	181	117	64.6	2.6
中型企业	个	327	341	389	114.1	2.7
小型企业	个	4950	5450	18666	342.5	4.2
2.工业总产值						
#独立核算工业企业	亿元	524.53	697.91	1065.83	130.7	2.7
按经济类型分						
国有工业	亿元	387.01	470.79	627.96	101.6	2.8
集体工业	亿元	101.52	126.02	241.31	180.0	2.0
按轻重工业分						
轻工业	亿元	258.04	299.35	352.53	110.6	2.2
重工业	亿元	266.49	398.56	713.30	147.8	3.0
按规模分						
大型企业	亿元	231.19	283.23	347.91	87.3	2.4
中型企业	亿元	123.71	174.16	277.12	132.7	3.7
小型企业	亿元	169.63	240.51	440.80	177.5	2.5
二、独立核算工业企业主要指标						
工业增加值	亿元			221.24		1.7
资本金	亿元			354.21		1.7

续表 1

指标	单位	绝对数			1993年为1992年 %（上年=100）	1993年本省占全国比重（%）
		1990年	1992年	1993年		
流动资产	亿元			660.24		2.7
长期投资	亿元			39.03		2.2
固定资产原值	亿元	329.93	458.50	611.67	133.4	2.4
固定资产净值	亿元	217.17	298.92	397.33	132.9	2.2
无形及递延资产	亿元			35.90		3.1
流动负债	亿元			573.46		2.5
长期负债	亿元			305.35		3.0
所有者权益	亿元			365.94		2.3
产品销售收入	亿元	465.55	646.92	1040.49	160.8	2.7
产品销售成本	亿元	408.20	559.05	872.03	156.0	2.9
产品销售税金及附加	亿元			50.32		2.2
产品销售利润	亿元			91.92		2.1
利润总额	亿元	17.11	23.61	33.62	142.4	2.1
利税总额	亿元	47.89	58.93	83.94	142.4	2.1
三、主要工业产品产量						
化学纤维	万吨	7.47	8.36	8.31	99.4	3.7
纱	万吨	11.69	10.86	11.08	102.0	2.2
布	亿米	4.92	4.30	3.93	91.4	1.9
糖	万吨					0.0
机制纸及纸板	万吨	26.75	33.32	36.81	110.6	1.8
家用电冰箱	万台	14.58	6.02	0.43	7.1	0.1
电视机	万台	143.93	140.99	134.88	95.7	4.4
#彩色电视机	万台	62.46	68.29	73.30	107.3	5.1
家用洗衣机	万台	33.40	50.84	57.99	114.1	6.5
原煤	亿吨					0.0
原油	万吨	469.50	491.76	517.00	105.1	3.6
发电量	亿千瓦小时	95.03	98.07	126.65	129.1	1.5
钢	万吨	166.74	183.45	221.98	121.0	2.5
成品钢材	万吨	178.73	249.00	249.60	100.2	3.2
水泥	万吨	122.14	144.58	152.39	105.4	0.4
平板玻璃	万重量箱	173.74	226.18	221.61	98.0	2.0
金属切削机床	万台	0.09	0.13	0.19	146.2	0.7
汽车	万辆	2.70	7.57	10.82	142.9	8.2

天津市运输和邮电

指　　标	单　位	绝　对　数			1993年为1992年 %（上年=100）	1993年本省占全国比重（%）
		1990年	1992年	1993年		
一、运输业						
1.全社会货运量	万吨			20353		1.8
国家铁路	万吨			1893		1.2
地方铁路	万吨			725		12.1
公路	万吨	17157	16137	17608	109.1	2.1
水运	万吨	89	56	127	226.8	0.1
2.全社会货物周转量	亿吨公里			324.6		1.1
国家铁路	亿吨公里			260.7		2.2
地方铁路	亿吨公里			3.49		11.2
公路	亿吨公里	62.1	44.1	47.3	107.3	1.2
水运	亿吨公里	11.1	1.9	52.8	2778.9	0.4
3.运输工具拥有量						
民用汽车拥有量	万辆	12.4	16.1	20.33	126.3	2.5
载客汽车	万辆	3	4.5	5.73	127.3	2.0
载货汽车	万辆	8.9	11.1	13.96	125.8	2.8
其他机动车	万辆			0.21		0.2
民用运输舶船拥有量						
机动船	艘	188	204	145	71.1	47.2
驳船	艘	490	517	454	87.8	0.7
帆船	艘					0.0
二、邮电通讯业						
1.邮电通信网路						
邮电局、所	(处)	281	273	277	101.5	0.5
邮路及农村投递线路总长度	公里	49805	51485	46598	90.5	0.9
长话电路	路	3127	4529	10224	225.7	2.4
电报电路	路	114	121	122	100.8	0.9
2.通信工具拥有量						
传真机	部	24	33	43	130.3	0.4
市话交换机容量	门	261516	397594	565719	142.3	1.9
电话机	部	317824	428608	637799	148.8	2.4
长途直拨有权用户	户	39995	129131	243606	188.7	2.2
#直拨国际及港澳用户	户	3323	6493	38697	596.0	0.8
市内电话	户	147582	220947	339247	153.5	2.4
#私人和个体工商户	户	37087	84555	173904	205.7	2.6
#住宅电话	户	37812	99159	193036	194.7	2.4
无线寻呼电话用户	户	4074	30684	79683	259.7	1.4
移动电话用户	户	460	4714	13055	276.9	2.0
3.邮电业务总量	亿元	16083.6	61062.7	97100	159.0	2.1

注：邮电业务总量1990年为1980年不变价，1992、1993年为1990年不变价。

天津市国内商业和城乡居民生活

指标	单位	绝对数			1993年为1992年%（上年=100）	1993年本省占全国比重(%)
		1990年	1992年	1993年		
国内商业						
一、社会商业商品购、销、存总额						
1.国内纯购进总额	亿元	214.8	225.4	261.1	115.8	2.1
工业品	亿元	189.3	200.0	234.1	117.1	2.4
农村产品	亿元	22.1	17.8	17.7	99.4	0.7
2.国内纯销售总额	亿元	181.7	239.9	311.1	129.7	2.4
3.年末库存总额	亿元	107.6	98.5	76.4	77.6	2.1
二、社会商品零售总额	**亿元**	**149.36**	**192.34**	**227.45**	**118.3**	**1.7**
1.按用途分						
消费品	亿元	139.88	181.20	217.18	119.9	1.8
售给居民	亿元	121.11	155.51	184.23	118.5	1.7
售给社会集团	亿元	18.77	25.69	32.95	128.3	2.4
农业生产资料	亿元	9.47	11.14	10.27	92.2	0.8
2.按经济类型分						
国有经济单位	亿元	65.50	86.03	90.58	105.3	1.7
集体经济单位	亿元	43.21	45.43	49.08	108.0	1.4
合营	亿元	0.92	1.67	2.61	156.3	2.2
个体	亿元	31.01	40.77	56.64	138.9	1.8
农民对非农业居民零售	亿元	8.72	18.44	28.54	154.8	2.0
城乡居民生活						
一、城镇居民家庭						
1.平均每人生活费收入	元	1522.22	2080.08	2579.06	124.0	110.4
2.平均每人生活费支出	元	1440.47	1907.17	2322.19	121.8	110.0
3.平均每百户年底主要消费品拥有量						
洗衣机	台	84.00	85.00	87.40	102.8	101.2
电冰箱	台	78.20	85.80	89.20	104.0	157.4
摩托车	辆	2.60	2.00	4.20	210.0	119.0
彩色电视机	台	72.20	90.40	94.00	104.0	118.3
二、农民家庭						
1.平均每人纯收入	元	1069.04	1309.01	1473.12	112.5	159.8
2.平均每人生活消费支出	元	732.87	846.66	937.96	110.8	121.9
3.平均每百户耐用消费品拥有量						
洗衣机	台	38.04	49.00	55.33	112.9	400.4
电冰箱	台	9.82	13.83	20.00	144.6	655.7
摩托车	辆	1.07	3.33	4.17	125.2	194.9
彩色电视机	台	17.86	30.67	40.33	131.5	371.4

天津市效益指标

指　　标	单 位	绝　对　数			1993年比1992年增减	
		1990年	1992年	1993年	绝对数	%
平均每一社会从业者创造的国民生产总值	元	6754	8716	11286	2570.0	29.5
平均每一农林牧渔业劳动者提供的						
农林牧渔业产值	元	6120.4	6977.0	8075.5	1098.5	15.7
粮食产量	公斤	2020.3	2128.7	2284.7	156.0	7.3
棉花产量	公斤	16.0	17.1	9.1	-8.0	-46.8
油料产量	公斤	50.3	42.8	50.3	7.5	17.5
猪牛羊肉产量	公斤	108.0	120.0	131.5	11.5	9.6
水产品产量	公斤	115.9	118.9	130.2	11.3	9.5
独立核算工业企业主要经济效益指标						
工业增加值率	%		22.66	20.76	-1.9	
每百元固定资产原价实现的利税	元	14.52	12.85	13.72	0.9	6.8
资金利税率	%	13.08	9.08	9.63	0.6	
产值利税率	%	9.13	8.44	7.88	-0.6	
每百元销售收入实现的利润	元	3.68	3.65	3.23	-0.4	-11.5
工业成本费用利润率	%	4.19	4.22	3.50	-0.7	
流动资产周转次数	次	3.13	1.74	1.86	0.1	6.9
每公里公路负担货运量	吨	42818	41517	42769	1252.0	3.0
每公里公路负担货物周转量	万吨公里	154.98	107.88	114.89	7.0	6.5
基本建设固定资产交付使用率	%	48.48	45.00	48.60	3.6	
更新改造固定资产交付使用率	%	95.64	65.05	70.70	5.7	
建筑业劳动生产率						
按总产值计算	元		27249	33682	6433.0	23.6
按增加值计算	元		6197	8659	2462.0	39.7
建筑业产值利税率	%		3.2	5.1	1.9	
单位工程优良品率	%	38.3	41.8	55.9	14.1	
建筑业技术装备率	元/人	4231	4055	5205	1150.0	28.4
建筑业动力装备率	千瓦/人	4.9	5.0	5.5	0.5	10.0

天津市人均指标

指标	单位	1990年	1992年	1993年	1993年比1992年	
					增长量	增长率
国内生产总值	元	3620	4695	6075	1380	29.4
农业总产值	元	631	680	764	85	12.4
工业总产值	元	7815	10912	15204	4292	39.3
职工平均工资	元	2438	3118	4003	885	28.4
居民消费水平	元	1310	1634		181	1.7
农民	元	814	984		101	2.8
非农业居民	元	1702	2140		238	1.0
年末实有耕地面积	公顷	0.05	0.05	0.05	0.00	0.0
粮食产量	公斤	217.1	217.3	216.2	-1.1	-0.5
棉花产量	公斤	1.72	1.75	0.87	-0.88	-50.3
油料产量	公斤	5.4	4.4	4.8	0.4	9.1
水果产量	公斤	11.6	15.4	17.2	1.8	11.7
猪牛羊肉产量	公斤	11.6	12.2	12.4	0.2	1.6
水产品产量	公斤	12.5	12.1	12.3	0.2	1.7
钢产量	公斤	191.7	200.6	240.2	39.6	19.7
布产量	米	56.6	47.1	42.5	-4.6	-9.8
邮电业务总量	元	37.6	66.8	105.1	38.3	57.3
社会消费品零售额	元	1607.8	1981.4	2350.4	369.0	18.6
每万人口高等学校在校学生数	人	58.7	57.0	65.2	8.2	14.4
每万人口中等专业学校在校学生数	人	44.7	42.5	48.9	6.4	15.1
每万人口中学在校学生数	人	397.7	416.6	421.0	4.4	1.1
每十万人口医院数	人	3.4	3.3	3.3	0.0	0.0
每万人口医生数	人	36.8	36.6	35.6	-1.0	-2.7

注：1.国内生产总值指标1990年为国民生产总值数据。

2.居民消费水平增长量和增长率为1992年同1991年之比。

沿海九省(自治区)改革开放与经济发展

辽宁省经济保持快速发展势头

刘义轩　林乃忠　田鹏颖　王贵山

1993年，辽宁省国民经济继续快速增长。全年国民生产总值实现1804.5亿元。按可比价格计算，比上年增长13.9%，其中，第一产业223亿元，增长9.1%，第二产业1092.2亿元，增长16.5%，第三产业489.3亿元，增长11.7%，整个经济格局发生了有利于加快发展的新变化。

——农业和农村经济相对落后的局面发生了新变化。全省农业获得了继1990年以来的第四个丰收年，农业总产值实现390亿元，按不变价格计算比上年增长9.4%。粮食产量达到1696万吨，创历史最高水平，林、牧、副、渔各业全面发展，实现了粮食和肉、蛋、菜、奶、鱼等主要副食品自给，而且部分农副产品已经调出。乡镇企业发展较快，已经成为全省国民经济重要的新增长点。全年乡镇企业产值完成1464亿元，比上年增长67.6%，实现利润增长47.3%，税金增长35.1%，提前两年实现"八五"计划目标。农村社会总产值1829.5亿元，增长55.6%，占全省社会总产值的比重由上年的36.6%提高到39.2%，比"七五"末期的1990年提高7个百分点，长期以来农业比重小，农业和农村经济相对落后的局面正在发生变化。

——地方工业发展缓慢的局面发生了新变化。1993年，全省乡及乡以上工业总产值完成2676亿元，按不变价格计算比上年增长14.8%，包括村及村以下全部工业总产值完成3499.8亿元，增长25.9%，是改革开放15年来，增长幅度最高的一年。经济效益有较大的改善，独立核算工业企业实现利税增长59.5%，其中实现利润增长1.8倍。全省城乡集体工业产值达到1112.3亿元，比上年增长68.4%，县及县以下工业产值占整个工业产值的比重已达到40%。地方经济实力明显增强。

——所有制结构单一的格局发生了新变化。1993年，曾一度滞后的辽宁非国有经济发展较快，已经成为发展全省经济的强大拉动力量。全省非国有工业总产值完成1660.8亿元，比上年增长50.6%，高于全省平均增长水平24.7个百分点，占全省工业总产值的47.5%，分别比1992年和1990年提高4.3和8.7个百分点。其中城乡集体工业产值首次突破千亿元，达1112.3亿元，占全省工业总产值的比重由上年的29.7%提高到31.8%，比1990年提高3.6个百分点；非国有建筑业产值占全省建筑业产值的比重由上年的46.1%提高到56.7%；非国有商业商品零售额占全省商品零售额的比重由上年的56%提高到60.3%，新办三资企业4054家，累计开业2506家，全年完成产值190亿元，实现利税17.1亿元，创汇11.3亿美元，全年地方产品出口增长8.5%。私人、个体经济实现产值348.7亿元，比上年增长55.7%。所有制结构单一的格局正在全面经历一场蓄势已久的转变。

——财政收入来源单一的结构发生了新变化。1993年，全省财政收入实现209.4亿元，完成年度预算的127.4%，比年度预算超收45.15亿元，较上年增加57.45亿元，增长37.7%，扣除不可比因素，完成年度预算的107.1%，比预算超收11.6亿元，比上年增加23.9亿元，增长15.7%，实现当年收支平衡。来自乡镇企业、区街经济、第三产业、个体私营经济的占50%以上。财政收入来源的多元化，特别是地方经济实力增强，使全省县级财政困难的局面得到了改善。45个县(市)财政收入比上年增长41.7%，财政收入超亿元的县(市)由2个增加到9个，又有2个县(市)摘掉了吃财政补贴的帽子。随着经济的发展，城乡居民总体收入水平继续提高，城镇居民人均生活收入2065元，扣除物价上涨因素，比上年增加1.8%，农民人均纯收入1161元，扣除物价上涨因素，增长4.1%。截止1993年底，城乡居民储蓄存款余额

937亿元，比年初增179.6亿元。

与此同时，全省科技教育文化体育卫生等各项社会事业的发展正在打破由国家包下来的局面，民办、股份制等多种所有制形式的新型事业单位不断涌现，并呈现出勃勃生机。上述的变化，体现了社会主义初级阶段生产力发展多层次的特点，使辽宁经济结构更适应市场经济发展的需要，更有利于发挥各种优势互补的综合效益。为辽宁经济振兴带来新希望。

一、农村经济发生了历史性变化

1993年，全省人民在省委、省政府的领导下，不断深化对省情的认识，认真总结对待城与乡、大与小、工与农、经济发展与社会稳定等几个关系上的经验教训，切实把农业摆在工业大省经济工作的首位，进一步明确和坚定了抓城带乡、抓大带小，抓重带轻，城乡一体共同发展的思路，并在工作中认真贯彻执行党在农村中的各项政策，不断深化农村改革，面向市场，按照农林牧副渔五业并举，一二三产业协调发展，科工贸农相结合的思路，加速调整农业生产结构；充分发挥联产承包责任制形式的自我调节补偿机制的作用，在稳定粮食生产的同时，因地制宜大搞多种经营，发展农村二三产业；大力推进农业科技进步，加强农业综合开发，使农村经济向专业化、商品化、社会化方向发展；坚持多渠道增加对农业投入，加强农田基本建设，改善农业生产条件，使多年来形成的农业和农村经济相对落后的局面发生了明显变化。1993年农村社会总产值实现1829.5亿元，比上年增长55.6%，占全省社会总产值的比重由上年的36.6%上升到39.2%。

(一)粮食生产在连续3年丰收的基础上，再创历史最高水平 全年粮食总产量达到1696万吨，比八十年代平均水平提高40%，不仅在总量上自给有余，而且开始出口。主要经济作物除棉花外，油料、甜菜、蔬菜均有不同程度的增产，水果生产喜获丰收，其中苹果产量首次突破百万吨，达到119.6万吨。

(二)林业建设和造林绿化取得新的成绩 全年林业产值8.7亿元，比上年增长10%，完成造林面积16.2万公顷，增长8%，义务植树1.6亿株，育苗1.2万公顷。五大防护林体系和四大绿化工程建设取得新的进展，林业资源管理工作进一步得到加强。

(三)畜牧业生产稳步增长 全年畜牧业产值111.6亿元，比上年增长11%；肉类总量140.4万吨，比上年增长19.1%，其中猪肉产量102.2万吨，增长11.8%；牛羊肉产量13.2万吨，增长50%，1993年末生猪存栏1228.3万头，牛存栏192万头，羊存栏264.4万只，均比上年有不同程度的增长。

(四)渔业生产持续发展 全年水产品产量151.7万吨，比上年增长14.7%。其中海产品产量139.7万吨，增长13.9%；淡水产品产量12万吨，增长25%。

(五)农业全面丰收，促进了县级财政收入的增长和农民收入的提高 1993年，全省65个县(市)和城市郊区中，有13个财政收入超亿元，30个超5000万元。农民人均纯收入去年首次突破千元大关，达到1161元。

二、乡镇企业实现了新飞跃

1993年乡镇企业的迅猛发展，成为辽宁省经济最有活力的新的增长点，全年完成总产值1464亿元，利润106亿元，税金506亿元，分别比上年增长67.6%、47.3%和35.1%，提前两年实现“八五”计划目标。乡镇企业总产值占全省社会总产值的比重由上年的26.6%提高到31.4%，比1990年提高11.1个百分点。到年末，全省工业产值净增额的60%以上是乡镇企业创造的；县区财政收入的60%来自乡镇企业；农民人均收入中，近500元来自乡镇企业；农村劳动力已有50%转移到乡镇企业。乡镇企业的高速发展，已经在全省经济中起到重要作用。其主要措施是：

(一)稳定政策，加大投入 经几年实践，大工业省分、老工业基地更要大力发展乡镇企业，已成为全省广大干部群众的共识，在国家实行宏观调控的情况下，仍坚持对乡镇企业一系列行之有效，促进其发展的政策不动摇，特别是在资金上，宁可停缓上新工业项目，也不削减对乡镇企业的贷款，并在上年新增贷款15亿元的基础上又有新的投入。同时，大力推行股份合作制，拓宽筹集渠道。鼓励和支持科技人员到农村领办、创办乡镇企业，支持国有大中型企业和大专院校、科研单位同乡镇企业发展广泛的经济合作，带动乡镇企业向大、高、外方向发展。一年来，全省股份合作制企业已发展到6000多家，乡村联合企业已有1500多家，产值突破50亿元。

(二)因地制宜，分类指导 按照“抓先进、上水平；抓后进，促平衡”的指导方针，对基础好的乡镇企业，发展快的地区和沈大高速公路沿线，要向高新技术进军，向规模经济进军，向国际市场进军，向集约化经营进军的要求，有力地推动了乡镇企业向高层次迈进。到1993年末，全省已形成具有一定规模的企业集团80个，产值超5000万元的大型企业126个，外向型企业1300个，出口交货值81亿元，占全省地方出口产品交货值的三分之一，对乡镇企业基础差、发展慢的地区，采取了更加宽松、灵活的政策，坚持几个轮子一起转，特别是放手发展个体、私营经济，使这些地区的经济形势发生了明显的变化。

(三)深化改革，发展外向型经济 1993年把深化乡镇企业改革的重点放在完善经营机制，科技兴厂，向企业内部要速度增效益上，取得明显成效。1993年，全省乡镇企业新上科技项目1300多个，开发新产品1000多项，新办三资企业654家，利用外资4.8亿美元，有21家企业冲出国门到境外经商办厂。

三、建立社会主义市场经济体制的改革迈出新步伐

1993年，在邓小平同志建设有中国特色的社会主义理论指导下，省委、省政府带领全省人民认真贯彻落实党的十四大精神，解放思想，转换脑筋，从辽宁的实际出发，围绕建立社会主义市场经济体制的目标，加大了改革力度，加快了改革步伐，在企业产权制度改革、价格改革、机构改革和住房制度改革上有新的突破；农村改革、市场建设、社会保障制度改革与宏观调控不断发展和完善。

(一)企业改革取得明显进展 全省进一步贯彻落实《企业法》、《条例》，制定了《国有大中型企业转换经营机制实施办法》，加快了企业经营机制的转换。《条例》赋予企业的14项自主权，除进出口等个别权限外，绝大部分得到了较好落实。并对贯彻《条例》精神不一致的3893份文件进行了清理，其中废止613份，修改198份。在深化企业内部配套改革工作中，企业领导体制改革有新进展，企业党政领导一人兼或党政领导交叉任职的国有大中型企业已占企业总数的25%，小企业已占企业总数的67.4%。全省推行三项制度改革由1992年的470户扩大到去年的723户，增长了2.6倍。在干部人事制度改革中，企业取消行政级别，实行聘任制，精简了一批机构和人员，提高了工作效率。

股份制试点取得突破。从年初开始，各地区、各部门根据股份有限公司、有限责任公司的规范要求，按照积极稳妥的原则，有步骤地扩大试点面，使股份制试点在发展中完善，在规范中发展。到1993年末，全省累计进行规范化股份制试点企业814户，其中股份有限公司228户，有限责任公司586户。在228户股份有限公司中，已上市公司5户，经批准1994年初上市的3户。

实行多种资产经营形式，进一步增强了企业活力。一是实行投入产出总承包。1993年在企业实行承包经营责任制的基础上，又选择了百余户主要是大中型工业企业，进行投入产出总承包试点。基本达到了转换机制、增强活力、加速改造、积累后劲的目的。并决定对123户企业实行到1995年末，以进一步实施对企业"放水养鱼"政策。二是参照三资企业经营机制试点。全省抓了对82户企业进行仿三资改革试点。通过借鉴三资企业的经营机制，精简机构，裁减管理层次和人员，大大提高了工作效益。三是引进外资对企业实行"嫁接"改造。根据全省企业老化，历史包袱沉重，技术改造困难大的现状，各地积极创造条件，吸引国外资金和技术，改造老企业。到年底已有200户企业，实行了整体、单枝或多枝"嫁接"改造。四是组建和发展了一批企业集团。到1993年末，全省已建立106个企业集团，不同程度地发挥了骨干企业的"龙头"作用和群体优势，提高了企业技术改造能力和市场竞争能力。

(二)市场体系建设不断完善 目前，全省以大型市场为中心，以中、小综合批发、批零结合市场为依托，以城乡各类商品市场为网络，多元化、多层次的日用工业品和农副产品市场格局基本形成。市场交易规模和范围不断扩大。超过亿元的工业品、农副产品市场已达17处，比1993年增加11处。生产资料市场扩大了经营范围，提高了经营层次。全省新建和扩建生产资料市场达40处，成交额350亿元，比1992年增长82%。一些重要生产资料的交易开始进入期货市场。金融市场、技术市场、劳务市场、房地产市场进一步发展。金融市场全年拆借资金224.2亿元，调剂外汇12.3亿美元；技术市场签约25000项，合同金额18亿元；房地产交易市场发展很快，全年买卖房屋750万平方米，交易额39亿元。配合市场体系建设，价格改革有新的突破，全省14个市粮油价格全部放开，省管商品中除化肥农药等涉农产品外也基本放开。到1993年末，在农产品收购额、社会商品零售总额、生产资料销售总额中，市场调节的比重分别占90.4%、96.6%、87.4%。

(三)社会保障制度和住房制度改革步伐加快 全省以养老、待业、医药为主的保险制度改革社会覆盖面逐步扩大，社会化程度有新的提高。已有97%的国有企业职工和85%的集体企业职工参加了职工养老保险。医疗保险制度改革继续深入探索，全省90%的企业实行医药费用与个人挂钩；机关、事业等单位对医药费实行了由医药管理部门、医院和单位三方管理，国家、单位、个人共同负担的办法。农民养老保险已由试点转向全面展开，全省72个县区、7200个村、85.7万农民参加了养老保险。住房制度改革进入实施阶段。全省14个市的房改方案已全部经省批准，有11个市和国家批准的军队、煤矿房改方案投入正式运转。

(四)加快政府职能转变，加强宏观调控体系建设 本着"转变职能、理顺关系，分流人员，提高效益"的原则，全省积极稳妥地推进了经济管理体制和机构改革。一是放权简政，转变职能。省政府下放了固定资产投资、外经外贸、金融、物价等7项23条经济管理权限。省直33个综合、专业经济部门下放经济管理权限400多项，逐步弱化直接管理职能和微观管理，强化宏观调控和社会服务职能。二是按着政企分开和精简、统一、效能的原则，制定并下发了市、县机构改革方案，省的机构改革方案已得到中央批准。省级副厅级以上机构从

90个减少到65个，减少28%。

在进一步完善宏观调控体系方面，加快了计划、财税、金融、国有资产管理体制改革。在计划投资体制改革方面，一是转变计划管理职能，把计划工作的重点转到抓中长期规划和重大经济战略问题上。制定了《九十年代加快辽宁经济发展规划纲要》、《九五年计划和2010年远景规划》；二是进一步缩小工农业生产、流通及物资分配指令性计划品种，增大市场调节比重。省级工业生产指令性计划由22种减到9种，减少60%。三是进一步扩大市和企业的投资决策权，简化建设项目审批程序。清理了3000多个建设项目，确定了128个省必保重点项目。在财税体制改革上，主要是进一步完善税利分流试点和实施《企业财务通则》、《企业会计准则》，全面做好分税制和内资企业税制改革的准备工作。在金融体制改革方面，进一步发展金融机构，完善金融组织体系。全年新增各类金融机构604家，引进外资银行分行由2家增加到5家，证券经营机构和各种中介机构已初步形成体系，全年证券交易额124亿元。

四、外向型经济取得新进展

1993年，辽宁坚持外资、外贸、外经一起抓的"大经贸"战略，对外开放进一步扩大，进口贸易持续增长。全年外贸出口总额62.1亿美元，其中地方产品出口42.6亿美元，比上年增长8.5%；三资企业出口11.1亿美元，增长45%。外贸进口总额22.3亿美元，比上年增长50.9%。其特点是：

(一)出口产品结构趋于合理 1993年全省出口产品结构发生了较大变化，初级产品比重下降，工业制成品出口32.4亿美元，比上年增长7.9%，占出口总额的比重由上年的48.5%提高到52.1%，其中机电产品出口增幅较大，增长12%。

(二)外商投资大幅度增长 1993年是辽宁省引进外资，发展经贸最快的一年，全年新签外资合同4147项，外资协议额43.2亿美元，分别比上年增长83.2%和60%；实现利用外资16.9亿美元，增长96.6%。利用外资"嫁接"改造老企业成效显著，年末全省兴办"嫁接"式企业2495家，合同外资额21.9亿美元。大项目和新项目增多，500万到1000万美元项目、1000万到3000万美元项目和3000万美元以上的项目分别占11.7%、27.2%和9.4%。全年新办三资企业4054家，合同外资额38亿美元，比上年增长91.8%。

(三)出口创汇渠道拓宽 1993年全省已基本形成了以专业外贸公司为龙头，以工贸公司、地贸公司、有自营权的大中型企业及三资企业、乡镇企业为主体的多路出口创汇大军，全年各类有自营权外贸公司出口占全省出口总额的45.3%，三资企业出口占26.7%，乡镇企业出口占18.8%，有自营权生产企业出口占2.4%。

(四)对外经济、技术交流与合作稳步发展 企业新签对外工程承包劳务输出合同312项，合同金额6.1亿美元，比上年增长50.6%，外派劳务人员2.5万人，新签技术出口合同76项，合同金额1.1亿美元。新签技术引进合同112项，合同金额2亿美元。1993年末已有1800多家生产企业的5000多种产品销往国际市场。对外贸易伙伴已发展到50多个国家和地区。累计兴办境外企业203家，总投资额1.4亿美元。

(五)各类开发区建设速度加快 全省已有国家级开发区12个，省级开发区9个，各类开发区规划面积407平方公里，已开发97平方公里，基础设施投入已达170亿元，投资环境进一步改善，进区外资企业1486家，合同外资额52.7亿美元，这些开发区已成为辽宁省对外开放的龙头，在利用外资、引进技术、扩大出口创汇方面起了重要的示范作用。

五、实行分类指导，进一步搞活国有大中型企业

国有大中型企业是社会主义公有制的脊梁，是全省经济的骨干，也是财政收入的主要来源。认真搞好国有大中型企业一直是全省经济工作的重点。据统计现有国有大中型企业1261户，约占全国的十分之一，其中，大型企业373户，中型企业888户；中央直属企业144户，地方企业1117户。固定资产原值1458亿元，净值975亿元，分别占全省工业企业固定资产的85.6%和84.8%。1993年国有大中型企业完成工业产值1844.9亿元，实现利税189.5亿元，分别占全省工业的52.7%和71.9%。

围绕深入搞活国有大中型企业，省政府先后制定了《关于贯彻落实搞活大中型企业十二条政策的实施方案》、《关于深化企业改革，增强大中型企业活力的意见》和《辽宁省全民所有制工业企业转换经营机制实施办法》。并对1061户国有大中型企业的现状在作了全面具体分析的基础上，划分成四种类型：第一类，已经搞活和基本搞活的有147户，占大中型企业总数的12%。这类企业党政班子整体素质好，现代化管理程度高，产品有经济批量，自我发展、自我改造能力强，资金利税率和产值利税率都在25%以上，基本形成了投入、产出、积累、发展的良性循环机制；第二类，企业素质好、管理基础强，产品有竞争力、经济效益较好，但改造任务重，只要技改资金尽快到位就能搞活的有226户，占大中型企业总数的18%；第三类，企业管理有一定基础，产品符合国家产业政策，但是企业设备陈旧，工艺落后，包袱沉重，资产负债率平均达51.4%，需要

给政策卸包袱，积累资金搞改造，才能搞活的705户，占大中型企业总数56%；第四类，企业亏损严重，大多数已是资不抵债，抢救无望，问题积重难返的183户，占大中型企业总数的14%。

根据对全省国有大中型企业现状分析，省政府按照因厂施策，分类指导的原则，提出了发展第一类，提高第二类，搞活第三类，抢救第四类的总体工作思路，并采取综合配套措施，促进了国有大中型企业的进一步搞活。

一是加大改革力度，加速了国有大中型企业转换经营机制。1993年在全省553户国有大中型企业中实行了股份制试点、引进外资进行"嫁接"、模拟三资企业管理、组建企业集团及投入产出总承包试点五种资产经营方式，大大增强了企业内部活力，取得了显著效果。到"八五"末期，计划实行"五种资产经营方式"的国有大中型企业将发展到700户，实现搞好三分之二国有大中型企业的目标。

二是加快了老企业技术改造，促进产业、产品结构的调整。针对大中型企业、技术、工艺老化、经济效益和产品竞争能力差的实际，正确处理新建与改造、速度与效益的关系，组织实施了体现辽宁省形象的五大系列精深加工产品、十大高新技术产业化等项目，通过改造、调整，使精深加工产品和最终产品所占比例增加一成，提高了国有大中型企业的市场竞争能力。

三是采取扶持政策，对国有大中型企业实行"放水养鱼"。结合落实国家搞活大中型企业12条政策，注意从国民经济全局上，解决国有大中型企业的困难，通过培育新的经济增长点，培植新的财源，为老企业实行"放水养鱼"，并具体通过实行投入产出总承包、"特困"扶持和增提"三金"免"两金"试点等途径，每年向大中型企业"放水"30多亿元，支持了老企业的改造和调整。

四是引导企业练内功、挖潜力，向强化企业管理要效益。对30户亏损500万元以上的企业以及轻工、纺织、化工三个全行业亏损的部分企业领导班子进行了调整。同时，狠抓现场管理，依法治厂，堵塞企业管理松弛的漏洞，促进了经济效益的提高。

五是优化生产要素配置，为大中型企业创造良好的外资环境。全省对市场畅销、经济效益好的产品，成本低的出口产品和生产重要能源、原材料等产品，在贷款上给予优先支持。同时，精心组织好铁路、公路、水上运输，确保大中型企业重点需求。对涉及大中型企业的产品货物运输中所出现的问题，及时给予协调解决，保证大中型企业产品运输畅通。政府各级综合部门、专业主管部门，切实加强对大中型企业搞好服务工作。对大中型企业在生产经营中出现的热点、难点和重点问题，及时提出对策建议，并帮助加以解决。及时了解掌握市场动态，对经济发展前景搞好预测、预告，定期向企业公布全省重点产品"畅、平、滞"目录，运用经济、法律和行政手段搞好对国有大中型企业的调控与指导。

六、科技教育体育事业蓬勃发展

(一)科技体制改革不断深入　贯彻"稳住一头，放开一片"的方针，积极改革科技开发型科研机构，推行了技术经济承包责任制；进行了产权制度改革试点，省能源所、南湖开发区综合小型研究所实行了股份制和租赁承包制改革，效果显著；组建了以科研院所为核心的科技企业集团，特别是民营科技企业发展迅速，已经成为全省新的经济增长点。1993年底，全省民营科技企业已达5180家，比1992年增长35.6%。沈阳的飞龙集团、东宇集团和先达集团，大连的东方电脑、机械工程技术咨询公司等已经崛起，并蜚声海内外。

(二)科研成果丰硕　全省科技战线紧紧围绕搞好"第二次创业"，面向经济建设主战场，深入开发科技攻关活动，共安排省市两级科研项目3837项，其中省级887项，市级2950项。投入经费11.5亿元，其中省市两级三项经费投入14721万元，科技开发贷款投入90034万元，其他经费10128万元。全年取得科研成果4282项，其中高新技术成果占30%，推广应用率达71.3%。技术成交额20.4亿元，比1992年增长54.7%。一大批科技开发成果推广到工农业生产领域，产生了明显经济效益。新增产值68.5亿元，利税12.8亿元，节支及创汇8660万美元。

(三)加强国际技术合作与交流　1993年全省有561名科技人员及管理干部到美国、日本、韩国、德国、俄罗斯等23个国家和地区进行科技考察、留学进修、讲学访问、合作研究及参加自然科学、国际学术会议和科技展览会。共邀请日本、美国、俄罗斯、加拿大等15个国家和地区77个国外和港澳地区科技代表团(组)287人来辽宁省进行学术交流、技术合作与科技考察访问，与日本国际协力事业团技术合作取得新进展。

除此以外，教育文化和体育等事业也都有了新的发展。

(作者所在单位：辽宁省政府调研室)

辽宁省国民经济综合指标发展概况

指　　标	单　位	绝　　对　　数					1993年为以下年%	
		1978年	1985年	1990年	1992年	1993年	1978年	1992年
一、基本情况								
1.土地面积	万平方公里					14.59		
2.行政市数	个		17	20	25	28		112.0
地级市	个		13	14	14	14		100.0
县级市	个		4	6	11	14		127.3
3.人口								
年底总人口数	万人	3394	3686	3967	4016	4042	119.1	100.6
男	万人	1735	1883	2026	2051			
女	万人	1659	1803	1941	1965			
出生率	‰	18.00	11.90	16.30	12.57	12.43	69.1	98.9
死亡率	‰	5.30	5.30	6.59	6.11	6.11	115.3	100.0
自然增长率	‰	12.70	6.60	9.71	6.46	6.32	49.8	97.8
4.从业人员数	万人	1254.0	1769.0	1890.2	1954.1	1951.6	155.6	99.9
城镇从业人员	万人					1098.3		
国有经济单位	万人	471.0	601.0	669.7	689.8	678.8	144.1	98.4
集体经济单位	万人	152.0	308.0	322.9	330.9	313.7	206.4	94.8
联营经济单位	万人					9.1		
股份制经济单位	万人					14.6		
外商投资经济单位	万人					6.2		
港澳台投资经济单位	万人					5.0		
其他经济单位	万人					0.2		
私营企业	万人				8.1	13.1		161.7
个体	万人		25.0	47.0	47.3	57.6		121.8
乡村从业人员	万人	630.0	799.0	831.0	853.5	853.3	135.4	100.0
二、综合经济指标								
1.国内生产总值	亿元	223.20	489.60	965.72	1297.65	1808.15	810.1	139.3
第一产业	亿元	32.40	74.90	168.57	194.58	260.77	804.8	134.0
第二产业	亿元	161.90	312.10	540.84	741.90	1039.29	641.9	140.1
#工业	亿元				661.19	920.55		139.2
建筑业	亿元				80.71	118.74		147.1
第三产业	亿元	28.90	102.60	256.31	361.17	508.09	1758.1	140.7
#运输邮电	亿元				72.99	104.85		143.6
商业	亿元				70.20	122.65		174.7
2.人均国内生产总值	元		1333	2452	3254	4509		138.6
三、投资								
1.全社会固定资产投资额	亿元		139.02	260.36	431.04	710.92		164.9
#国有经济	亿元	25.32	110.41	215.44	360.38	475.78	1879.1	132.0
#基本建设投资	亿元	25.32	56.15	105.79	170.92	269.45	1064.2	157.6

续 表 1

指标	单位	绝对数					1993年为以下年%	
		1978年	1985年	1990年	1992年	1993年	1978年	1992年
更新改造投资	亿元		42.99	67.97	115.28	176.98		153.5
其他固定资产投资	亿元		11.27	21.92	28.51	23.57		82.7
#集体经济	亿元		15.73	22.13	39.94	91.91		230.1
2.基本建设房屋建设								
房屋施工面积	万平方米	1070.0	2263.2	1245.7	1963.0	2242.4	209.6	114.2
#住宅	万平方米	459.0	1403.7	532.8	886.3	938.4	204.4	105.9
房屋竣工面积	万平方米	447.0	854.8	661.3	845.2	915.3	204.8	108.3
#住宅	万平方米	188.0	565.1	318.9	439.5	475.9	253.1	108.3
四、财政收支								
地方财政收入	亿元	95.81	85.24	129.28	151.60	210.40	219.6	138.8
地方财政支出	亿元	31.28	56.91	122.24	148.50	179.40	573.5	120.8
五、物价指数(上年=100)								
1.全社会零售物价总指数	%	100.3	110.0	102.7	106.0	113.5		
#消费品	%		110.6	102.3	106.2	113.6		
食品类	%			101.9	107.9	115.1		
衣着类	%			106.4	105.0	111.6		
日用品类	%			101.2	102.9	108.2		
文化娱乐用品类	%			96.6	96.0	102.1		
书报杂志类	%			107.7	106.0	107.8		
药及医疗用品类	%			106.7	105.7	110.3		
建筑装璜材料类	%			96.3	105.5	127.4		
燃料类	%			124.6	121.8	143.2		
2.居民消费价格指数	%			103.3	106.7	115.2		
城镇居民	%	100.3	111.4	103.1	108.1	116.7		
农民	%		106.7	104.1	102.3	110.9		
3.固定资产投资价格指数	%				120.9	136.4		
六、居民生活								
1.居民消费水平	元	252	581	1074	1402			
农业居民	元	173	405	610	799			
非农业居民	元	425	833	1700	2198			
2.职工平均工资	元	637	1064	2180	2715	3248	509.9	119.6
国有经济单位	元	687	1126	2388	2975	3590	522.6	120.7
城镇集体经济单位	元	489	947	1740	2134	2437	498.4	114.2
其他经济单位	元			2300	3265	3915		119.9

续 表 2

指　　标	单 位	绝　　对　　数					1993年为以下年%	
		1978年	1985年	1990年	1992年	1993年	1978年	1992年
3.劳动力负担人数								
每一农村劳动力	人	3.00	2.00	1.65	1.60	1.52	50.7	95.0
每一城镇就业者	人	2.00	2.00	1.62	1.65	1.65	82.5	100.0
4.收入(平均每人)								
农村居民家庭纯收入	元	185.00	467.84	836.17	995.10	1160.98	627.6	116.7
城镇居民家庭								
生活费收入	元	343.00	689.00	1458.70	1738.57	2065.01	602.0	118.8
5.居住面积(平均每人)								
农村住户住房面积	平方米	11.00	15.60	16.50		18.50	168.2	
城镇居民家庭住房面积	平方米	3.00	4.30	5.80		6.60	220.0	
七、国际旅游								
1.接待旅游人数	万人次			11.41	18.73			
#外国人	万人次			7.48	12.76			
2.旅游外汇收入	万元			33048	55451	66599		120.1
商品性收入	万元			15180	14837	10092		68.0
劳务性收入	万元			17868	40614	56507		139.1
3.涉外饭店数	个			71	74	75		101.4
#国有单位	个			47	49	50		102.0
中外合资	个			18	19	19		100.0
集体单位	个			4	4	4		100.0
八、工商企业基本情况								
企业数	万户		20.7	25.0	35.1	46.3		131.9
从业人员	万人		1088.5	1302.1	1689.7	1997.9		118.2
注册资金	亿元		1047.4	1441.0	2126.7	3144.8		147.9
国有企业								
企业数	万户	0.3	3.4	5.5	7.8	10.2	3400.0	130.8
从业人员	万人	233.9	450.2	589.6	688.8	808.3	345.6	117.3
注册资金	亿元	268.3	731.2	945.6	1254.3	1743.3	649.8	139.0
集体企业								
企业数	万户	2.2	17.0	19.2	26.7	35.2	1600.0	131.8
从业人员	万人	220.2	626.5	673.2	951.1	1107.3	502.9	116.4
注册资金	亿元	56.0	310.1	461.0	772.5	1124.1	2007.3	145.5
联营及其他企业								
企业数	户		3451	3845	6089	9294		152.6
从业人员	万人		11.8	39.2	49.8	82.3		165.3
注册资金	亿元		6.1	34.4	100.0	277.4		277.4
私营企业								
户数	户			9001	10537	17088		162.2
从业人员	万人			13.1	15.2	22.9		150.7
注册资金	亿元			5.5	11.7	7.7		65.8

辽宁省固定资产投资和建筑业

指标	单位	绝对数			1993年为1992年%（上年=100）	1993年本省占全国比重（%）
		1990年	1992年	1993年		
一、固定资产投资						
1.全社会固定资产投资	亿元	260.36	431.04	710.92	164.9	5.7
国有经济	亿元	215.43	360.38	475.78	132.0	6.2
集体经济	亿元	22.13	39.94	91.91	230.1	4.1
联营经济	亿元			2.69		4.8
股份制经济	亿元			20.14		8.7
中外合资经营	亿元			58.09		13.3
中外合作经营	亿元			3.89		5.5
外资	亿元			11.41		23.2
港澳台与大陆合资经营	亿元			6.47		5.0
城乡个人	亿元	22.80	30.72	36.65	119.3	2.5
其他经济	亿元			2.74		13.3
2.基本建设投资	亿元	105.97	170.92	269.45	157.6	5.8
#农林牧渔业	亿元	3.27	4.79	1.71	35.7	3.7
采掘业	亿元			16.13		4.6
制造业	亿元	74.81	97.91	101.94	104.1	11.5
电力、煤气及水电生产和供应业	亿元			41.09		5.3
建筑业	亿元	1.00	2.46	3.77	153.3	3.3
交通运输、仓储和邮电通讯业	亿元	8.67	11.69	20.57	176.0	2.3
批发、零售贸易和餐饮业	亿元	3.37	11.30	11.88	105.1	5.8
2.施工项目						
基本建设	个		3269	2726		3.0
更新改造	个	3521	4974	3586	72.1	5.5
3.新增固定资产						
基本建设	亿元		114.33	162.41		5.9
更新改造	亿元	67.23	85.02	126.96	149.3	8.3
二、建筑业						
施工企业个数	个	1487	1595	2425	152.0	11.5
年末从业人员数	万人	82.58	93.95	114.29	121.6	10.0
自有机械设备总功率	万千瓦		330.0	525.7		10.6
总产值	万元	1045080	1852058	3186542	172.1	9.8
#建筑工程产值	万元	937594	1700788	2611658	178.8	9.2
安装工程产值	万元			429987		12.8
增加值	万元	579400	807100	830713	102.9	9.9
企业总收入	万元		1868209	3152348		9.9
施工房屋建筑面积	万平方米	2821.9	4162.5	5347.2	128.5	8.2
竣工房屋建筑面积	万平方米	1669.3	2132.6	2445.4	114.7	8.5
企业利税总额	万元	69033	112390	171784	152.8	10.7

辽宁省利用外资及外资企业情况

指　　标	单　位	绝　对　数			1993年为1992年%(上年=100)	1993年本省占全国比重(%)
		1990年	1992年	1993年		
一、利用外资						
1.对外签订利用外资协议项目	个	371	2147	4054	188.8	4.8
对外借款	个					
外商直接投资及其他	个	371	2147	4054	188.8	4.9
2.对外签订利用外资协议项目金额	万美元	56595	202231	392208	193.9	3.2
对外借款	万美元	5023	4500	9744	216.5	0.9
外商直接投资及其他	万美元	51572	197731	382464	193.4	3.4
3.实际利用外资额	万美元	72739	68012	139693	205.4	3.6
对外借款	万美元	47008	16370	11780	72.0	1.1
外商直接投资及其他	万美元	25731	51642	127913	247.7	4.6
4.外商直接投资协议投资额	万美元	46703	197922			
农林牧渔业	万美元	333	2145			
工业	万美元	38566	115894			
建筑业	万美元	33	7682			
运输邮电业	万美元	32	1353			
商业饮食业物资供销业	万美元	210	1212			
房地产管理、公用事业服务业	万美元	451	6345			
其他	万美元	7078	6343			
二、外国及港澳台在华投资企业情况						
年末企业数	个	966	3442	7365	214.0	0.4
合资经营	个	786	2804	6054	215.9	5.6
合作经营	个	120	321	701	218.4	2.8
独资经营	个	60	317	610	192.4	1.8
从业人员	人	143590	331911	772241	232.7	4.3
#外方	人	3548	7509	17952	239.1	3.1
投资总额	万元	1022590	772267	1656229	214.5	4.3
注册资本	万元	574310	4750001	1061960	22.4	4.3
#外方	万元	245380	239326	546312	228.3	3.6
三、外商投资企业出口额	**亿美元**	**2.00**	**8.07**	**11.17**	**138.5**	**4.4**

辽宁省农村经济

指　　标	单位	绝　对　数			1993年为1992年%(上年=100)	1993年本省占全国比重(%)
		1990年	1992年	1993年		
一、基本情况						
1.乡镇个数	个	1216	1221	1215	99.5	2.5
村民委员会	个	15739	15774	15763	99.9	2.0
乡村人口数	万人	2251.8	2256.2	2240.6	99.3	2.5
2.乡村劳动力	万人	831.0	853.5	853.3	100.0	1.9
#农林牧渔业	万人	605.5	611.5	595.2	97.3	1.8
工业	万人	93.5	94.8	89.0	93.9	2.4
建筑业	万人	33.3	34.6	41.8	120.8	2.2
交通运输业和邮通讯业	万人	19.4	21.7	24.9	114.7	3.1
批发、零售贸易业、餐饮业及仓储业	万人	22.1	28.0	30.3	108.2	3.2
3.耕地面积	千公顷	3467.2	3452.2	3429.7	99.3	3.6
4.农作物播种面积	千公顷	3618.9	3633.0	3630.0	99.9	2.5
#谷物	千公顷			2599.0		2.9
油料	千公顷	187.7	142.7	141.3	99.0	1.3
棉花	千公顷	28.6	74.9	24.6	32.8	0.5
5.农业现代化水平						
农业机械总动力	万千瓦	1021.3	996.5	994.6	99.8	3.1
乡、村办水电站个数	个	66	71	70	98.6	0.2
乡、村办水电站发电能力	万千瓦	2.1	2.4	2.4	100.0	0.5
农村用电量	亿千瓦小时	47.0	63.5	73.7	116.1	5.9
农用化肥施用量	万吨	81.4	90.5	95.1	105.1	3.0
灌溉面积	千公顷	1059.3	1140.3	1169.7	102.6	2.4
6.农民家庭平均每户生产性						
固定资产原值	元	1260.8	1548.2	1925.0	124.3	98.7
#农林牧渔业机械	元	204.2	270.3	354.9	131.3	101.4
工业机械	元	34.8	21.7	35.9	165.4	53.4
运输机械	元	307.2	247.0	327.9	132.8	103.3
7.农林牧渔业总产值	亿元	256.5	321.7	442.7	114.1	4.0
农业	亿元	146.2	176.1	250.3	114.8	3.8
林业	亿元	6.6	7.5	9.4	108.9	1.9
牧业	亿元	75.5	97.8	129.7	119.1	4.3
渔业	亿元	28.2	40.2	53.3	104.5	6.0

注:本表价值量指标除农业产值指数按可比价格计算外,其它均按当年价格计算。

续 表 1

指 标	单 位	绝 对 数			1993年为1992年 %（上年=100）	1993年本省占全国比重（%）
		1990年	1992年	1993年		
二、主要农产品产量						
粮食	万吨	1494.7	1568.4	1696.0	108.1	3.7
谷物	万吨			1609.5		4.0
#稻谷	万吨	369.2	412.2	376.5	91.3	2.1
小麦	万吨	45.0	65.5	66.5	101.5	0.6
玉米	万吨	798.2	853.2	959.7	112.5	9.3
棉花	万吨	1.4	2.8	1.9	67.9	0.5
油料	万吨	17.5	17.6	21.8	123.9	1.2
水果	万吨	111.3	152.7	188.8	123.6	6.3
猪、牛、羊肉	万吨	78.8	99.7	115.5	115.8	3.6
奶类	万吨	15.3	19.7	17.1	86.8	3.0
禽蛋	万吨	45.2	64.3	74.3	115.6	6.3
水产品	吨	1073558	1322575	1517500	114.7	0.8
海水产品	吨	1007118	1226368	1397400	113.9	1.3
淡水产品	吨	66440	96207	120100	124.8	0.2
三、乡镇企业基本情况						
企业单位数	万个	4.7	5.1	78.3	1535.3	3.2
#乡办企业	万个	1.2	1.3	1.6	123.1	3.7
村办企业	万个	3.5	3.8	4.7	123.7	3.8
从业人员	万人	1042.4	206.1	434.0	210.6	3.5
乡办企业	万人	84.0	94.6	111.1	117.4	3.9
村办企业	万人	958.5	111.5	132.6	118.9	4.6
营业收入	万元			9035608		5.2
利润总额	万元			660206		6.0
#应交所得税	万元			139739		8.3
实交各种税金	万元	169907	264317	503301	190.4	7.8
利税总额	万元			1023768		5.7
工资总额	万元	264984	393665	561183	142.6	4.2
固定资产净值平均余额	万元			1597130		4.2
流动资产年平均余额	万元			3700969		6.6
本年银行(信用社)贷款余额	万元	514472	1016964	1165520	114.6	3.9
每百元固定资产原值实现利润	元	10.4	13.0	32.2	247.7	151.9
每百元资金实现利润	元			12.5		107.8
每百元资金实现利税	元	13.9	13.2	19.3	146.2	101.6
每百元营业收入实现利润	元			7.3		115.9
每百元固定资产原值实现营业收入	元			440.5		130.5
每百元营业收入占用流动资金	元			41.0		126.9

注：乡镇企业经济效益指标"1993年本省占全国比重"是"本省为全国平均数百分比"。

辽宁省工业经济

指　　标	单　位	绝　对　数			1993年为1992年 %（上年=100）	1993年本省占全国比重（%）
		1990年	1992年	1993年		
一、基本情况						
1.企业单位数						
#独立核算工业企业	个	21211	21942	26463	120.6	5.9
按经济类型分						
国有企业	个	3424	3537	4034	114.1	5.0
集体企业	个	17526	18004	21312	118.4	6.1
按轻重工业分						
轻工业企业	个	8948	8960	11442	127.7	4.9
重工业企业	个	12263	12982	15021	115.7	6.7
按规模分						
大型企业	个	330	373	432	115.8	9.6
中型企业	个	643	888	935	105.3	6.6
小型企业	个	20238	20681	25096	121.3	5.7
2.工业总产值						
#独立核算工业企业	亿元	1301.68	1825.63	2611.41	114.8	6.6
按经济类型分						
国有工业	亿元	959.07	1292.83	1798.10	104.3	8.1
集体工业	亿元	284.37	411.85	610.61	134.8	5.1
按轻重工业分						
轻工业	亿元	373.79	446.31	530.55	112.1	3.3
重工业	亿元	927.89	1379.32	2080.86	115.8	8.7
按规模分						
大型企业	亿元	676.65	1012.41	1501.06	108.7	10.2
中型企业	亿元	224.87	306.98	359.41	97.6	4.8
小型企业	亿元	400.16	506.24	750.94	135.8	4.3
二、独立核算工业企业主要指标						
工业增加值	亿元			932.65		7.3
资本金	亿元			1060.41		5.2

续 表 1

指 标	单 位	绝 对 数			1993年为1992年 %（上年=100）	1993年本省占全国比重（%）
		1990年	1992年	1993年		
流动资产	亿元			1769.34		7.1
长期投资	亿元			80.42		4.5
固定资产原值	亿元	1231.01	1703.24	2173.64	127.6	8.4
固定资产净值	亿元	808.89	1129.10	1449.91	128.4	7.9
无形及递延资产	亿元			92.17		8.0
流动负债	亿元			1736.63		7.7
长期负债	亿元			753.76		7.3
所有者权益	亿元			1136.43		7.1
产品销售收入	亿元	1172.39	1746.52	2611.24	149.5	6.9
产品销售成本	亿元	1026.92	1489.37	2020.14	135.6	6.7
产品销售税金及附加	亿元			161.41		7.0
产品销售利润	亿元			296.44		6.8
利润总额	亿元	17.35	37.03	94.33	254.7	5.9
利税总额	亿元	112.71	165.24	255.74	154.8	6.5
三、主要工业产品产量						
化学纤维	万吨	15.59	17.08	15.66	91.7	6.9
纱	万吨	19.71	20.10	18.02	89.7	3.6
布	亿米	6.48	6.00	5.59	93.2	2.7
糖	万吨	3.23	5.36	5.21	97.2	0.7
机制纸及纸板	万吨	77.50	79.14	75.35	95.2	3.6
家用电冰箱	万台	16.44	10.28	12.00	116.7	2.0
电视机	万台	115.06	73.18	49.93	68.2	1.6
#彩色电视机	万台	43.88	25.69	23.01	89.6	1.6
家用洗衣机	万台	33.37	20.48	20.72	101.2	2.3
原煤	亿吨	0.51	0.54	0.56	103.7	4.9
原油	万吨	1368.67	1387.82	1420.09	102.3	9.8
发电量	亿千瓦小时	435.84	487.06	505.32	103.7	6.0
钢	万吨	1216.27	1349.87	1413.25	104.7	15.8
成品钢材	万吨	939.89	1082.92	1262.08	116.5	16.4
水泥	万吨	1091.98	1644.39	1947.85	118.5	4.9
平板玻璃	万重量箱	995.26	1188.45	1350.17	113.6	12.2
金属切削机床	万台	1.57	2.15	2.38	110.7	9.1
汽车	万辆	2.44	6.08	5.15	84.7	3.9

辽宁省运输和邮电

指　　标	单　位	绝　对　数			1993年为1992年 %（上年=100）	1993年本省占全国比重（%）
		1990年	1992年	1993年		
一、运输业						
1.全社会货运量	万吨			78258		7.0
国家铁路	万吨			14689		9.4
地方铁路	万吨			264		4.4
公路	万吨	56105	26299	62592	238.0	7.4
水运	万吨	309	326	713	218.7	0.7
2.全社会货物周转量	亿吨公里			1360.6		4.5
国家铁路	亿吨公里			1043		8.7
地方铁路	亿吨公里			1.09		3.5
公路	亿吨公里	159.4	173.1	200.3	115.7	4.9
水运	亿吨公里	42.6	47.8	116.2	243.1	0.8
3.运输工具拥有量						
民用汽车拥有量	万辆	37	46.2	52.96	114.6	6.5
载客汽车	万辆	10.5	14.9	18.79	126.1	6.6
载货汽车	万辆	24.9	29.5	32.26	109.4	6.4
其他机动车	万辆			2.65		2.9
民用运输舶船拥有量						
机动船	艘	638	680	791	116.3	257.7
驳船	艘	77	64	92	143.8	0.1
帆船	艘	8				0.0
二、邮电通讯业						
1.邮电通信网路						
邮电局、所	（处）	1608	1627	1714	105.3	3.0
邮路及农村投递线路总长度	公里	166139	226549	229247	101.2	4.5
长话电路	路	7669	15891	31803	200.1	7.6
电报电路	路	357	370	422	114.1	3.2
2.通信工具拥有量						
传真机	部	154	482	710	147.3	5.8
市话交换机容量	门	660859	1006650	1626023	161.5	5.3
电话机	部	758207	1066674	1436955	134.7	5.5
长途直拨有权用户	户	144054	386816	721706	186.6	6.5
#直拨国际及港澳用户	户	36948	121374	223005	183.7	4.7
市内电话	户	351582	564516	853281	151.2	6.1
#私人和个体工商户	户	32955	135981	326585	240.2	4.8
#住宅电话	户	84970	232398	471444	202.9	5.9
无线寻呼电话用户	户	19740	137810	447071	324.4	8.0
移动电话用户	户	622	4779	17546	367.1	2.7
3.邮电业务总量	亿元	43536.6	154880.9	242100	156.3	5.2

注：邮电业务总量1990年为1980年不变价，1992、1993年为1990年不变价。

辽宁省国内商业和城乡居民生活

指　　标	单　位	绝　对　数			1993年为1992年％(上年=100)	1993年本省占全国比重(％)
		1990年	1992年	1993年		
国内商业						
一、社会商业商品购、销、存总额						
1.国内纯购进总额	亿元	474.3	552.0	634.5	114.9	5.1
工业品	亿元	358.8	435.7	482.3	110.7	5.0
农村产品	亿元	107.0	100.7	128.3	127.4	5.1
2.国内纯销售总额	亿元	465.8	593.6	714.6	120.4	5.6
3.年末库存总额	亿元	199.5	190.9	195.9	102.6	5.3
二、社会商品零售总额	**亿元**	**459.97**	**589.44**	**720.77**	**122.3**	**5.3**
1.按用途分						
消费品	亿元	421.09	540.62	672.23	124.3	5.5
售给居民	亿元	366.28	464.76	585.18	125.9	5.4
售给社会集团	亿元	54.81	75.86	87.05	114.8	6.3
农业生产资料	亿元	38.88	48.82	48.54	99.4	3.6
2.按经济类型分						
国有经济单位	亿元	198.44	259.10	286.12	110.4	5.3
集体经济单位	亿元	126.02	135.81	156.37	115.1	4.4
合营	亿元	1.02	1.12	1.90	169.6	1.6
个体	亿元	95.82	131.74	188.54	143.1	6.1
农民对非农业居民零售	亿元	38.67	61.68	87.84	142.4	6.1
城乡居民生活						
一、城镇居民家庭						
1.平均每人生活费收入	元	1398.91	1738.57	2065.01	118.8	88.4
2.平均每人生活费支出	元	1346.29	1739.36	1976.56	113.6	93.6
3.平均每百户年底主要消费品拥有量						
洗衣机	台	79.91	83.57	85.30	102.1	98.8
电冰箱	台	44.59	54.05	57.45	106.3	101.4
摩托车	辆	0.94	1.68	2.61	155.4	73.9
彩色电视机	台	63.75	79.00	83.90	106.2	105.6
二、农民家庭						
1.平均每人纯收入	元	836.17	995.10	1160.98	116.7	126.0
2.平均每人生活消费支出	元	639.58	799.40	940.36	117.6	122.2
3.平均每百户耐用消费品拥有量						
洗衣机	台	29.26	36.83	41.27	112.1	298.6
电冰箱	台	1.38	2.96	3.97	134.1	130.2
摩托车	辆	1.69	2.33	3.17	136.1	148.1
彩色电视机	台	10.05	16.51	21.90	132.6	201.7

辽宁省效益指标

指标	单位	绝对数			1993年比1992年增减	
		1990年	1992年	1993年	绝对数	%
平均每一社会从业者创造的国民生产总值	元	5135	6677	9258	2581.0	38.7
平均每一农林牧渔业劳动者提供的						
农林牧渔业产值	元	4449.5	5511.4	7337.4	1826.0	33.1
粮食产量	公斤	2320.4	2361.9	2811.0	449.1	19.0
棉花产量	公斤	2.2	4.2	3.1	-1.1	-26.2
油料产量	公斤	27.2	26.5	36.1	9.6	36.2
猪牛羊肉产量	公斤	122.3	150.1	191.4	41.3	27.5
水产品产量	公斤	166.7	199.2	251.5	52.3	26.3
独立核算工业企业主要经济效益指标						
工业增加值率	%		28.83	35.71	6.9	
每百元固定资产原价实现的利税	元	9.16	9.70	11.77	2.1	21.3
资金利税率	%	9.12	7.68	9.05	1.4	
产值利税率	%	8.66	9.05	9.79	0.7	
每百元销售收入实现的利润	元	1.48	2.12	3.61	1.5	70.3
工业成本费用利润率	%	1.69	2.49	4.12	1.6	
流动资产周转次数	次	2.74	1.51	1.67	0.2	10.6
每公里公路负担货运量	吨	13988	13550	15032	1482.4	10.9
每公里公路负担货物周转量	万吨公里	39.74	41.66	48.11	6.5	15.5
基本建设固定资产交付使用率	%	88.21	66.89	60.30	-6.6	
更新改造固定资产交付使用率	%	98.91	73.75	71.70	-2.0	
建筑业劳动生产率						
按总产值计算	元		20406	22460	2054.0	10.1
按增加值计算	元		5769	5855	86.0	1.5
建筑业产值利税率	%		5.3	5.4	0.1	
单位工程优良品率	%	27.0	28.8	22.4	-6.4	
建筑业技术装备率	元/人	2265	2758	2970	212.0	7.7
建筑业动力装备率	千瓦/人	3.8	4.1	4.7	0.6	14.6

辽宁省人均指标

指　　　　标	单　位	1990年	1992年	1993年	1993年比1992年	
					增长量	增长率
国内生产总值	元	2450	3254	4509	1255	38.6
农业总产值	元	698	851	1099	248	29.1
工业总产值	元	4098	5840	8714	2874	49.2
职工平均工资	元	2180	2715	3248	533	19.6
居民消费水平	元	1074	1402		210	12.2
农民	元	610	799		139	12.7
非农业居民	元	1700	2198		292	11.2
年末实有耕地面积	公顷	0.09	0.09	0.08	-0.01	-11.1
粮食产量	公斤	381.2	391.8	420.9	29.1	7.4
棉花产量	公斤	0.36	0.70	0.47	-0.23	-32.9
油料产量	公斤	4.5	4.4	5.4	1.0	22.7
水果产量	公斤	28.4	38.2	46.9	8.7	22.8
猪牛羊肉产量	公斤	20.1	24.9	28.7	3.8	15.3
水产品产量	公斤	27.4	33.0	37.7	4.7	14.2
钢产量	公斤	310.2	337.2	350.8	13.6	4.0
布产量	米	16.5	15.0	13.9	-1.1	-7.3
邮电业务总量	元	21.4	38.7	60.1	21.4	55.3
社会消费品零售额	元	1073.8	1350.6	1668.5	317.9	23.5
每万人口高等学校在校学生数	人	31.4	33.6	38.6	5.0	14.9
每万人口中等专业学校在校学生数	人	26.5	27.5	31.0	3.5	12.7
每万人口中学在校学生数	人	461.8	492.1	474.6	-17.5	-3.6
每十万人口医院数	人	5.1	5.0	5.0	0.0	0.0
每万人口医生数	人	21.9	23.1	22.9	-0.2	-0.9

注：1.国内生产总值指标1990年为国民生产总值数据。

2.居民消费水平增长量和增长率为1992年同1991年之比。

河北省经济持续发展

齐双来

一、经济与社会发展

1993年，全省紧紧围绕建设经济强省的目标，抓住机遇，深化改革，加快发展。使国民经济在上年快速增长的基础上继续保持了快速发展的势头。全省国内生产总值达1560亿元，比上年增长16.5%，比计划高4.5个百分点，是改革开放以来增速最快的一年。科技、教育等各项社会事业也都取得了新的成就。

(一)农村经济稳步发展，乡镇企业增速较快 由于省委、省政府采取了一系列减轻农民负担、保证农用资金供应等惠民政策，进一步调动了农民的积极性，使河北农业在严重旱灾之年获得较好的收成。粮食总产量达到2380.2万吨，完成计划的105.8%，比上年增长8.9%，产量创历史最高水平。棉花生产受多种因素影响，总产仅19.2万吨，比上年减产37.1%，完成计划的42.8%。油料总产80.5万吨，比上年增长21.4%，完成计划的107.3%。肉类、蔬菜、干鲜果品等农牧副业都有一定幅度的增长。全年农业增加值295亿元，增长3.5%。乡镇企业迅速发展，全年总产值完成1710亿元，比上年增长65.5%；实现利润总额201亿元，增长59.8%；上缴国家税金34亿元，增长37.7%。乡镇企业不仅是农村经济的重要支柱，而且已经成为整个国民经济快速发展的新的增长点。

(二)工业生产快速增长，经济效益持续提高 工业生产克服资金、能源、交通运输等“瓶颈”制约，实现了快速增长。全省工业总产值完成2600亿元，比上年增长29.4%，完成工业增加值754亿元，增长23.0%。其中，乡及乡以上产值1625.1亿元，增长17.8%；大中型企业完成产值877.1亿元，增长11.2%。计划安排的主要产品产量绝大多数完成或超额完成了计划目标，其中，发电量完成483.7亿度，完成计划的99.1%；原煤6052.4万吨，完成计划的97.6%；生铁814万吨，完成计划的115.5%；钢材491.5万吨，完成计划的114%，水泥2228万吨，完成计划的106%；棉纱38.4万吨，完成计划的118.7%；卷烟完成118.1万箱，完成计划的101%。在生产发展的同时，经济效益继续改善。全省乡及乡以上独立核算工业经济效益综合指数达到94.9%，比上年提高10.4个百分点，实现利税163.4亿元，比上年增长47.1%；资金利税率由上年的8.57%提高到9.94%；固定资产净值增长24.6%，较圆满完成了“三增一进”的目标。交通运输货物周转量比上年增长4.3%；邮电通信提前实现市话总容量100万门的目标，全省县(市)均进入全国电话自动网。

(三)固定资产投资增势强劲，重点项目建设得到加强 全年固定资产投资完成540亿元，增长60.8%，完成计划的142.1%。其中，国有单位投资310.3亿元，增长54.8%。在国有单位投资中，地方基建完成113.5亿元，增长83.1%；技改完成75.1亿元，增长36.6%。全省重点项目建筑进度较快，149个续建和新开工重点项目完成投资97亿元，完成计划的103.3%。西柏坡电厂1号机组等41个项目已建成投产，形成了一批新的生产能力。省政府确定的82个必保项目完成当年投资计划的102.2%。与此同时，关系河北省经济全局的南水北调中线工程、黄骅港和朔黄铁路等大型工程的前期工作取得了突破性进展。

(四)市场建设进一步得到加强，商品流通规模不断扩大 全省用于消费品市场建设的投资近13亿元，比上年增长30%。全省生产资料市场已达304个，全年成交额136亿元；建立各级劳动力市场、职业介绍机构近2000个，12个市地均建起了人才市场，全省已有各类证券交易机构275个，技术市场和信息市场也日趋活跃。随着国民经济的发展和市场体系的发育，商品流通规模不断扩大，全年社会商品零售总额577亿元，比上年增长16.1%。全年零售物价总水平比上年上涨10.5%，比全国平均水平低2个百分点。

(五)金融形势好转，财政收入大幅度提高 全省各级金融部门认真贯彻中央加强和改善宏观调控的正确决策，积极采用有效措施，保持了正常的金融秩序。全省金融机构各项存款余额到1993年末达1406亿元，比年初增加244.8亿元；贷款余额到年末达1461.2亿元，比年初增加252.2亿元，有力地支持了生产建设。全省财税工作取得了显著成绩，全年财政收入完成143.9亿元，比上年增长44.4%，完成预算的132.2%，基本实现收支平衡。

总的看，1993年全省国民经济和社会各项事业都取得了很大成绩，但由于体制和机制正处于转换过程中，经济生活中还存在着不少矛盾和问题：一是农业基础还薄弱，发展后劲不足。二是结构调整进展缓慢，工业整体素质较低。三是资金、电力、运输等供需矛盾突出，“瓶颈”制约依然存在。

二、对外开放

1993年，河北省坚定不移地实施外向带动战略，始终把对外开放作为建设经济强省的重要举措，坚持“三外”一起抓，加快了外贸、外资、外经的发展，对外开放迈出了较大步伐。

(一)对外贸易方面有如下发展

1.出口商品基地建设步伐明显加快。全年外经贸系统总投资1.36亿元，新建基地企业100家，利用自有资金和争取各种外部资金6381万元人民币和910万美元，对96个基地企业进行了技术改造，全省出口商品基地企业806家，出口货源雄厚。全年外贸出口收购总值115.6亿元人民币，比上年增长29.8%。

2.外贸出口结束了几年来的低速徘徊，实现了较快增长。全年进出口总值23.45亿美元，比上年增长10.82%。其中出口19.85亿美元，增长11.39%。出口总值中剔除原油部分，地方一般贸易、三资企业和易货贸易出口15.92亿美元，比上年增长12.89%，是1988年外贸体制改革以来出口增长幅度最高的一年。

3.出口企业结构得到改善，大外贸格局初步形成。按照“外贸大家办，大家办外贸”的指导思想，河北省把调整出口企业结构作为实施大外贸战略的重点来抓。一是会同有关部门联合办公，认真筛选，简化手续，提高效率，积极为大中型企业申报外贸经营权。经国家批准，全年有74家符合条件的大中型企业获得了进出口经营权，其中生产企业64家，综合性贸易公司10家。全省享有进出口经营权的企业总计达161家，12个市(地)已全部建立了自营进出口窗口。二是继续抓好进出口经营权的延伸。省级外贸专业公司在有条件的市地、省直部门及国内各主要口岸设立了分公司、经营部114个。与此同时，全省加强对新放权企业的业务培训和指导，使放权企业迅速发展为出口创汇的生力军。获权企业全年出口1.3亿美元，比上年增长62.18%，在全省出口总值中的比重由上年的4.53%提高到6.59%。四是积极发展出口型三资企业，不断增加三资企业出口比重。全省三资企业全年出口1.7亿美元，比上年增长1.32倍，在全省出口总值中的比重由上年的4.04%提高到8.4%。

4.积极实施市场多元化战略，出口市场不断拓展。1993年河北先后在韩国、俄罗斯、香港举办了三个大型展销会、洽谈会，在非洲的南非、坦桑尼亚、肯尼亚、刚果、多哥、科特迪瓦等6国举办了历时3个月的商品巡回展销，对中南美洲的巴拿马、智利、巴西、阿根廷4国进行了设立贸易机构的考察和出口商品的推销。年内新开发市场12个，与河北有贸易往来关系的国家和地区达134个。全年兴办海外企业40个，年末海外企业总计124个，分布在43个国家和地区。全省对各大洲出口比重为，亚洲68.36%；欧洲17.85%，北美洲10.88%，非洲1%，拉丁美洲0.98%，大洋洲及太平洋地区0.91%。

5.出口商品结构得到改善。按照国际贸易标准分类，河北省1993年工业制成品出口10.76亿美元，占出口总值的54.21%，比上年增长1.13%。初级产品出口9.09亿美元，占出口总值的45.79%。在工业制成品出口中，机电产品增幅较大，全年出口完成1.67亿美元，比上年增长25.5%。全省500万—1000万美元的出口商品有34种，出口金额总计2.45亿美元，占全省出口总值的12.34%。出口1000万美元以上的大宗骨干商品有27种，出口金额达12.73%亿美元，占全省出口总值的64.13%。主要商品有：原油、棉布、涤棉布、玉米、棉布服装、棉纱、陶瓷、地毯、棉针织品、棉花、板栗、对虾、涤棉服装、煤、涤虎混纺布、红小豆、涤粘混纺布、毛针织品、金属制品、花生仁、梨、鞋、纯碱、冻虾仁球、集装箱等。全省出口商品质量进一步改善。商检部门全年检验出口商品33770批，合格率分别达98.5%和97.6%。

6.商品进口和技术引进有新发展。全年进口总值3.61亿美元，比1992年增长8.08%。按国际贸易标准分类，进口初级产品1.81亿美元，占进口总额的50.14%；进口工业制成品1.80亿美元，占进口总额的49.86%。进口500—1000万美元的商品有汽车、西药2种。进口1000万美元以上的商品有12种，主要是石油、钢材、轻工机械、化工原料、合成纤维、金属矿砂、化工机械、冶金机械、纺织设备、邮电通讯设备等。进口商品来自41个国家和地区。全年进口中，引进技术和进口设备合同145项，合同金额15465万美元，比上年增长12.01%，引进的技术和设备项目主要分布在冶金、邮电、机械和轻工行业，主要来自13个国家和地区，其中德国20项，金额3713万美元；意大利19项，金额2789万美元；美国13项，金额1650万美元；日本21项，金额1603万美元；香港27项，金额703万美元；英国3项，金额608万美元。

(二)利用外资方面具有显著的特点　1993年，河北省利用外资工作坚持大中小项目并举，一二三产业并举，省市(地)县并举，各种经济成份并举，港澳台侨外并举的原则，采用国际通用的外商控股、优先补偿、综合补偿、产权出让等多种灵活方式，积极拓展利用外资的领域和规模，使全省利用外资工作取得新进展，成为开展利用外资工作以来成绩最好的年份。全年实际利用外资4.8亿美元，外商实际投入资金3.6亿美元，分别比上年增长68.6%和100%。到1993年底，全省实际利用外资累计达9.92亿美元，外商实际投入资金7.7亿美元。全省全年新注册三资企业1879家，注册外资额11.9亿美元，分别比上年增长44.4%和27.96%。本年度新建成投产(开业)三资企业500家。全省历年累计建成投产(开业)三资企业1007家。1993年外商直接投资来自51个国家和地区，投资项目和金额居前10位的有香港、台湾、美国、澳门、日本、新加坡、德国、韩国、泰国、澳大利亚。

1.投资环境进一步改善。全省除大力抓好交通、通讯、电力等硬环境建设外，特别注重软环境建设。为加强对直接利用外资项目的宏观指导，重新修定了1993年—1995年河北省指导外商投资方向目录，其中鼓励投资部分由169种增加到217种，限制部分由321种压缩到166种，禁止部分由25种减少到20种。进一步理顺涉外管理体制，减少程序，简化手续，提高效率，搞好服务。各市地从审批项目建议书、可研报告、合同、章程到颁发企业批准证书，可做到一处办结、一次审批、一周完成。

2.直接利用外资的规模和领域不断扩展。一是由一般小项目扩展到大中型建设项目。1993年直接利用外资的合同金额500万—1000万美元的项目88个，1000万美元以上的项目74个，项目平均投资额425万美元，平均吸收外资额207万美元，比上年平均吸收外资98万美元增长了1.1倍。二是由现汇引进扩展到对老企业的嫁接改造。根据企业不同情况，采用“腾笼换鸟”的方式，以厂房、土地、设备以及无形资产作价出资，采取整体嫁接、单项嫁接、依托老厂嫁接、产权出让、一厂多制、厂房租赁等多种形式进行企业嫁接改造的步伐加快，约占利用外资项目的4成。石家庄棉纺二厂采取以原有生产设备和流动资金作价，出让50%股权，整体嫁接改造的方式，与香港锦宏发展有限公司共同兴办了石家庄棉二锦宏纺织有限公司，投资总额为2988万美元，注册资本为1500万美元。这是河北首家引进外资进行嫁接改造的国有大型棉纺织企业，为河北省国有大中型企业的改造和发展探索了一条新路。三是由一般加工项目扩展到能源、交通等基础产业和基础设施项目。在本年新批的1917个项目合同中，工业项目1491个，农林牧渔业20个，建筑业41个，运输、邮电业15个，商业、饮食、物资供销业77个，房地产、公用事业、服务业248个，其他25个。

3.三资企业经营运转情况好于往年。全年三资企业完成总产值67亿元，出口创汇1.7亿美元，上交税金2.1亿元，分别比上年增长158%、137.2%和160%。三资企业销售利润率和产值利税率分别比上年提高0.3个和2.6个百分点。三资企业创优产品增多，秦皇岛华夏葡萄酿酒有限公司生产的干红葡萄酒，秦皇岛中阿化肥有限公司生产的磷酸二胺、三元复合肥，宣化—英格索兰矿山工程机械有限公司生产的DHD340A钻机等4种产品创国际优质产品。全省三资企业创国优产品1个、部优产品13个、省优产品18个，填补产品空白30余个。

(三)对外经济合作有新进展 1993年签定对外承包工程和劳务合同50份，合同金额1675万美元，营业利润61万美元，上缴税金4.1万美元，外汇收入43.56万美元，全年派出人数44批共1570人，劳务人员分布在美国、巴基斯坦、毛里求斯、香港、俄罗斯、马里、埃塞俄比亚等国家和地区。

承担援外项目1个，即乍得“恩贾梅纳自由医院”。

接受国际组织和双边援助项目3个，均为人才培训，资金来自澳大利亚政策和联合国工发组织。

(四)国际旅游业继续拓展 1993年全省共接待50多个国家和地区的国际游客以及港、澳、台同胞11.51万人次，实现旅游外汇收入1256万美元，分别比1992年增长27.7%和15.5%。

(五)开放开发区建设进一步加强 河北省4市(秦皇岛、唐山、沧州、石家庄)12县为开放区，人口约占全省的14.3%，面积占8.8%，国内生产总值占27.1%。经过清理整顿后，国家和省两级审定的各类开发区24个，规划面积235.2平方公里。其中国家级开发区3个(秦皇岛经济技术开发区、石家庄、保定高新技术开发区)，省级开发区21个(省级经济技术开发区15个、高新技术开发区4个、台商投资开发区1个、旅游度假区1个)。已展开的面积达20余平方公里，基础设施投人近8亿元，进区企业达600多个，其中外商投资项目约占四分之一，总投资额9亿多美元。由于对外开放区和开发区投资环境逐步改善，各项优惠政策得到落实，对外商的吸引力明显增强，对外开放的步伐逐步加快。

三、体制改革

1993年是河北省以改革促开放、促发展取得新成绩的一年。全省广大干部职工在邓小平同志建设有中国特色的社会主义理论和党的十四大精神指引下，进一步解放思想，从实际出发，大胆探索，推动改革向深度和广度拓展，在诸多方面取得了突破性进展。

(一)地市合并，实行市领导县体制 按照党的十四大报告中关于“下决心进行行政管理体制和机构改革，切实做到转变职能，理顺关系，精兵简政，提高效率”的要求，河北省于1993年6月份进行了地市合并，实行了市领导县的行政管理体制。

河北省原有8个地区、10个地级市，在8个地区中有7个地区机关同地级市机关并存一地。随着改革开放的不断深入和社会主义市场经济体制的逐步确立，这种管理体制的弊端越来越突出。实行地市合并，有利于城乡互补，发展区域经济，有利于生产力的合理布局，有利于精减机构和人员，减轻财政负担，有利于消除因地市分设引起的种种矛盾，增强全局观念，以便把更多的精力用于经济和各项社会事业的发展上。

河北省在地市合并中遵循的原则是：坚持从实际出发，对于已形成一个政治、经济、文化中心的地市则合并，个别条件不成熟的则暂时不动；不另划新的行政区域，不搞县级市升格，不设新的摊子；先合后改，合改结合；保持工作渠道、政策的连续性，保持企业的正常经营；合并后要切实加强农业；对财产先冻结后处置，防止财产流失。

地市合并工作进行得平稳、顺利，促进了各项工作的开展。地市合并后的河北省地市级行政区划是，石家庄市、承德市、张家口市、秦皇岛市、唐山市、廊坊市、沧州市、保定市、邢台市、邯郸市、保定地区、衡水地区。

(二)转换企业经营机制取得了较大进展 1993年，全省把深化企业改革，转换企业经营机制，放在整个改革工作重中之重的位置上，紧紧围绕尽快把企业推向市场这个目标，牢牢抓住贯彻落实《全民所有制工业企业转换经营机制条例》这项基础工作。

1.确保企业自主权的进一步落实。全省43个部门认真制定了落实企业经营权的配套措施，登报公布，并实行了逐项权力分部门分工落实责任制，大抓了制止乱收费、乱检查和下评上等活动，使企业受到的行政干预明显减少，外部环境明显改善，有效地解决了“权在路上”的问题。

2.围绕转换企业经营机制，认真抓了国有企业资产经营形式的全面规划和落实。(1)继续完善承包经营责任制，全省预算内工业企业承包1846户，1992年到期的555户，已经进入第三轮承包。今年承包到期的1193户，已有171户完成承包衔接，其他正在进行中。(2)在103户国有工业企业进行了借鉴三资企业经营机制试点和通过引进外资嫁接改造，同时进行了机制嫁接的尝试。(3)有27户企业试行了税制分流试点。(4)在部分小型工业和近50％的商业企业认真抓了国有(公有)民营。(5)在城镇集体企业推行了股份合作制。

3.企业内部配套改革稳步推进。(1)在劳动用工制度改革方面，全省实行全省劳动合同制的国有企业1659户，职工79.3万人，分别占企业和职工总数的11.2％和32.6％。(2)在合理劳动组合基础上，实行合同化管理的国有企业1388户，职工共33.1万人，占国有企业和职工总数的9.44％和13.6％。(3)企业人事制度改革方面进展较快。全省积极推行管理人员和技术人员的全员聘用制，坚持从优秀工人中选拔聘用干部，打破了干部、工人的身分界限。(4)在工资分配制度改革方面有新突破。全省92％的国有企业实行了工效挂钩。实行岗位技能工资制的企业300户，职工62万人，分别占国有企业和职工人数的4％和25％。实行计件、提成、含量、浮动、岗位工资分配形式的企业4178户，职工120.6万人，分别占企业和职工总数的48.8％和54.9％。

(三)股份制试点迈出了突破性的实实在在的一步，整个试点呈现出积极稳妥健康发展的良好势头 1993年，河北坚持“大胆试、积极推、务求好、不能乱”的指导思想，贯彻了抓改制促发展和加快步伐与坚持规范紧密结合、组建与改制并重的原则，集中力量抓了一批大中型国有企业的改制和重点项目的组建，使股份制试点工作进入了一个新的发展阶段。随着试点工作的深入，本着边实践、边探索的原则，先后在资产评估、承包制与股份制衔接、中介机构建设、股权设置等方面制定了一些政策原则和办法，推动了试点工作的健康发展。从试点工作看，募股渠道逐步拓宽，既有股份有限公司，也有有限责任公司；既有定向募集公司，也有社会募集公司；既有规范化的股份制，也有集体企业的股份合作制。全省规范化股份制试点企业累计达306家，股本总额达64.7亿元。在股本构成上，国家占30.8％，法人股占55.3％，职工持股占13.3％，外资股占0.6％。通过募股融通资金16亿元左右。“华北药厂”和“河北威远”两家股份有限公司于1993年12月14日顺利地实行了公开发行股票，实现了河北尚属首次的历史性突破，为今后公开发行股票积累了工作经验。

(四)加快了市场体系建设，为企业进入市场创造了条件 在“巩固提高集贸市场，积极发展消费品市场，重点发展生产要素市场”的原则指导下，全省市场体系建设进一步发展和完善。

1.消费品市场取得了突破性进展。全省全年市场建设投资总额近13亿元，相当于1984—1992年投资总额的72％。目前，全省消费品市场3894个，其中综合性市场3319个，工业品专业市场112个，农副产品市场293个，其它专业市场170个。在国家工商行政管理局组织评选的1993年全国百强集贸市场中，河北有10家市场入选，位居全国第二。在全国年成交额最大的50个日用工业品市场中，石家庄市南三条小商品批发市场以年成交额26.5亿元，居第8位；石家庄市新华集贸中心市场年成交额25亿，居第11位；石家庄市桥西青年街市场年成交额8亿，居第31位；高碑店市白沟小商品批发市场年成交额5.5亿，居第46位。在全国成交额最大的50个农副产品市场中，安国市祁州药市、蠡县留史皮毛市场分别以成交额12.5亿元、12亿元居第2、第3位；石家庄市桥西蔬菜批发市场年成交额3.9亿元，居第17位；永年县南大堡蔬菜批发市场年成交额3.6亿元，居第19位；唐山市荷花坑蔬菜批发市场年成交额2.3亿元，居第34位；保定市工农路蔬菜批发市场年成交额2.06亿元，居第41位。全省基本上形成了大中小相结合，专业批发和综合零售相配套，高中低档比较齐全，区域布局合理，跨地区、跨行业、跨所有制、全方位的市场网络。

2. 生产资料市场发展较快。全省钢材、汽车、农机、木材、煤炭等生产资料市场总额达到304个，以区域市场为骨干，若干批发市场为纽带的生产资料市场网络初步形成。

3. 各类生产要素市场培育和发展步伐加快。劳动力和人才市场有了一定发展，全省劳动力职业介绍机构近2000家，近两年为50多万人提供了就业服务。证券市场开始起步，全省已有各级各类证券交易机构275个，8个证券公司(含证券部)在上海证交所取得会员资格，3家成为深圳证交所会员。技术市场和信息市场比较活跃，全省已建立技术贸易机构2300个，技术经营人员5万余人，技术合同成交额大幅度增长。信息经营机构达2000多个，初步形成了区域范围内的信息服务与交易能力。房地产市场在调控中发展，对加快城镇住房建设和旧城改造步伐，缓解居民住宅紧张状况发挥了积极作用。

(五)政府职能转变的步伐相应加快，宏观调控和相应配套改革不断深化 各级政府部门转变职能的意识明显增强，突出了放权服务，在计划体制改革上，指令性计划范围日趋缩小，工业生产指令性计划由上年的20种减为4种，地方和企业的投资决策权进一步扩大，项目审批手续更加简化。价格体系改革上，放开了221种(类)省管商品价格和经营性收费标准，调整并放开了城镇居民定量供应的粮油销售价格。在社会保险制度改革方面，全省已有97.76％的国有企业参加职工养老保险省级统筹，所有市县基本上实现了集体企业职工养老保险金社会统筹。住房制度改革全面铺开，全省省辖市和8个县级市的房改方案已全部出台，并大部分已进入实际运转。

四、发展举措

从现在起到本世纪末，是河北省经济振兴的关键时期，《河北振兴经济大纲》详尽制定了建设经济强省的目标和措施。总体思路是：坚定不移地以经济建设为中心，以社会主义市场为导向，抓好三个转变、实现三个突破、攀登两个台阶。即抓改革，由计划经济体制向市场经济体制转变；抓开放，由内向型经济向外向型经济转变；抓调整，由产业结构低级化向产业结构高级化转变。市场建设有突破性进展，科技教育有突破性进步，资金运营有突破性改善。保证到本世纪末登上两个台阶，1995年国民生产总值实现第二个翻番，2000年达到翻两番半，争取实现翻三番，跨入经济强省行列。按照这一思路，全省的主要发展举措是：

(一)港口突破，两线开花，带动两翼，全省开放 总的规划是，全省以秦皇岛港、唐山港、黄骅港为龙头，打开通往东亚和世界的通道，以港口的发展带动工业的发展，推进经济的繁荣。北部依靠秦、唐两大港口，沿京秦铁路向西延伸，形成秦、唐、廊冀北开放带，并通过京津的辐射，带动张、承、保地区的开放；南部随着黄骅港的建成通航，沿石德铁路、沧石公路向西延伸，形成石衡沧冀南开放带，并通过石家庄的辐射，带动邢台地区的开放，使邯郸成为晋冀鲁豫的经济发展和商贸中心。形成由沿海到内地梯次推进，全境开放发展的格局。

实施这一举措的关键在于港口，河北省委、省政府始终把加快港口建设作为渤海湾地区的开放和发展，进而推动全省经济发展的重点和突破口，计划以三港为重点，在沿海形成大小相结合的港口群，年吞吐能力由现在的9000多万吨增加到1.5亿吨。秦皇岛港是我国最大的能源港。当前建设规模为两个3.5万吨级泊位，1个10万吨级泊位，年装船能力3000万吨，总投资10.79亿元的秦皇岛港四期工程已经开工。唐山港两个1.5万吨级泊位现已通航，正在加紧建设3.5万吨级泊位。黄骅港和朔黄铁路是国家为解决东南沿海能源紧张状况和西煤东运南下而建设的跨世纪的国家重点工程。到2000年，国家将陆续建成4个3.5万吨级输煤泊位，河北省将建成2个万吨级、1个2万吨级的杂货泊位。目前，地方商港的2个2000吨级2个3000吨级的泊位已经建成。

河北省政府把兴建黄骅港作为经济发展战略工程，集中财力、物力抓紧实施。一是在支持国家3.5万吨级神木煤大港建设的同时，加快了万吨级地方商港建设。二是加快海运公司建设，在现有两艘千吨级船舶的基础上建造3000吨级货轮，逐步建造万吨轮。三是加速30平方公里的港城建设，重点发展临海工业和外贸出口，逐步建成一座多功能、外向型、现代化的港口城市，同时加快了水、路、电、通讯等基础设施的建设步伐。四是制定了招商建港的优惠政策，改观了软环境，确保合作建港的中外团体和企业能够获得最佳经济效益。

目前，黄骅港已进入大规模开发建设阶段，未来的黄骅港将成为一个大型出海口，成为河北、河南、山西、陕西、内蒙古广大地区重要商品、大宗物资集散地，它对于加快渤海湾地区的开放开发步伐，都有着十分重要的战略作用。

(二)实施“龙(企业集团)虎(骨干企业)计划”，加快工业基地建设，形成主导产业 到本世纪末，“龙虎计划”要得以实现，即形成20个一条龙协作配套的大规模企业集团，50多家技术先进、规模相当，在全国有一定地位的大型骨干企业，这些“龙虎”企业要达到500亿元以上产值、100亿元以上利税的水平。要按照在调整中发展，在发展中提高的路子和“高效重工、精深轻工”的目标，突出抓好化工、机械、电子、建筑建材等主导行业的重大项目及其配套项目建设，重点抓好冶金、纺织、轻工、医药等优势行业的改造和提高。规划实施十大工业基地建设，即：(1)秦皇岛玻璃及深加工基地；(2)冀东及邯郸钢铁基地；(3)冀东水泥基地；(4)冀东陶瓷基地；(5)唐山南堡、沧州黄骅为中心的盐化工基地；(6)石家庄石油化工基地；(7)石家庄抗生素基地；(8)石家庄及邯郸纺织基地；(9)石家庄电子工业基地；(10)汽车工业基地。通过对以上工业基地进行连续不断的重点投资，促其尽快发展，形成河北工业龙腾虎跃的新局面。

(三)加速发展基础设施和基础产业，明显改善经济环境，尽快解决“瓶颈”制约矛盾 首先要加快“路、场、港”建设。京九、朔黄、邯济、沙蔚铁路建成运营，河北境内的铁路运输将形成纵三横五棋盘式格局。京深、石太、京秦、津保高速公路及宣(化)大(同)、邢(台)和(顺)、石黄和秦唐沧沿海公路等一批高等级公路干线建成后，公路通车总里程“九五”末达到5.3万公里。建成石家庄正定机场、邯郸马头机场，完成山海关机场的改扩建，结束河北无空港的历史；加速秦、唐、黄港的建设，在沿海形成大中小相结合的港口群。形成铁路、公路、空运、海运相结合的综合运输网，“九五”末的货运总量将比1992年的6亿吨增长一倍以上，使河北省成为全国交通运输最发达的省份之一。二是加快通讯设施建设。将开通京汉广、京沈哈、石衡沧等光缆通信干线，微波通信、移动通信、程控电话广泛发展，农话通讯较快增长，到2000年乡镇全部开通国内直拨，县以上城市实现国际直拨，建立起高效、畅通的通信信息手段。三是加快电力建设。相继建成投产西柏坡、衡水、黄骅、定曲等一大批电厂，全省装机容量由1993年的817万千瓦增加到1875万千瓦，使发电量年均递增10％以上，四是全力配合国家南水北调跨世纪重点工程的建设，尽早实现引江中线工程和引黄工程，尽快缓解河北省东部水源匮乏的局面，从而加速黑龙港流域乃至全省经济的发展。

(作者所在单位：河北省对外贸易经济合作厅)

河北省国民经济综合指标发展概况

指标	单位	绝对数					1993年为以下年%	
		1978年	1985年	1990年	1992年	1993年	1978年	1992年
一、基本情况								
1.土地面积	万平方公里					18.77		
2.行政市数	个		12	23	27	30		111.1
地级市	个		9	10	10	10		100.0
县级市	个		3	13	17	20		117.6
3.人口								
年底总人口数	万人	5057	5548	6159	6275	6334	125.3	100.9
男	万人	2595	2852	3140	3200			
女	万人	2462	2696	3019	3075			
出生率	‰	20.88	17.10	20.46	15.33	15.43	73.9	100.7
死亡率	‰	6.49	5.30	6.82	6.43	6.11	94.1	95.0
自然增长率	‰	11.39	11.80	13.64	8.90	9.32	81.8	104.7
4.从业人员数	万人	2109.0	2555.0	3027.3	3179.3	3240.6	153.7	101.9
城镇从业人员	万人					728.8		
国有经济单位	万人	370.0	424.0	497.2	527.8	538.7	145.6	102.1
集体经济单位	万人	75.0	130.0	151.6	154.7	151.4	201.9	97.9
联营经济单位	万人					1.3		
股份制经济单位	万人					4.1		
外商投资经济单位	万人					3.8		
港澳台投资经济单位	万人					4.4		
其他经济单位	万人					0.1		
私营企业	万人				1.6	2.9		181.2
个体	万人		10.0	14.1	18.4	22.1		120.1
乡村从业人员	万人	1664.0	1990.0	2360.5	2470.9	2511.8	150.9	101.7
二、综合经济指标								
1.国内生产总值	亿元	183.06	396.75	836.14	1155.05	1566.63	855.8	135.6
第一产业	亿元	52.20	120.34	227.89	257.08	301.68	577.9	117.3
第二产业	亿元	92.37	184.26	387.52	573.15	847.92	918.0	147.9
#工业	亿元				517.75	758.10		146.4
建筑业	亿元				55.40	89.82		162.1
第三产业	亿元	38.49	92.15	220.73	324.82	417.03	1083.5	128.4
#运输邮电	亿元				65.44	86.47		132.1
商业	亿元				74.14	100.68		135.8
2.人均国内生产总值	元	364	719	1367	1843	2485	682.7	134.8
三、投资								
1.全社会固定资产投资额	亿元		113.11	182.12	322.19	452.44		140.4
#国有经济	亿元	36.96	62.59	110.99	200.39	291.96	789.9	145.7
#基本建设投资	亿元	27.48	34.57	62.08	113.31	163.72	595.8	144.5

续表 1

指　标	单位	绝对数					1993年为以下年%	
		1978年	1985年	1990年	1992年	1993年	1978年	1992年
更新改造投资	亿元		17.22	41.85	71.69	106.30		148.3
其他固定资产投资	亿元		10.80	3.18	4.07	7.95		195.3
#集体经济	亿元		17.70	20.99	54.08	63.94		118.2
2.基本建设房屋建设								
房屋施工面积	万平方米	1091.0	1450.4	865.8	1587.1	1829.5	167.7	115.3
#住宅	万平方米	460.0	699.5	339.9	656.6	809.9	176.1	123.3
房屋竣工面积	万平方米	529.0	710.8	453.3	759.7	882.6	166.8	116.2
#住宅	万平方米	222.0	400.9	183.2	324.2	422.2	190.2	130.2
四、财政收支								
地方财政收入	亿元	45.10	45.15	81.15	101.17	143.88	319.0	142.2
地方财政支出	亿元	32.44	41.66	87.29	101.19	141.96	437.6	140.3
五、物价指数(上年=100)								
1.全社会零售物价总指数	%	99.8	106.8	99.9	105.2	110.5		
#消费品	%		108.3	99.4	105.4	110.6		
食品类	%			98.0	107.2	120.7		
衣着类	%			107.0	103.9	107.8		
日用品类	%			100.4	101.5	108.8		
文化娱乐用品类	%			94.3	94.9	100.7		
书报杂志类	%			106.2	104.9	105.2		
药及医疗用品类	%			103.9	108.4	109.7		
建筑装璜材料类	%			91.8	109.0	121.8		
燃料类	%			103.4	112.0	122.4		
2.居民消费价格指数	%		108.1	100.6	106.1	113.8		
城镇居民	%	100.2	108.9	101.2	108.5	115.5		
农民	%		105.7	99.9	103.9	111.9		
3.固定资产投资价格指数	%				129.3	124.8		
六、居民生活								
1.居民消费水平	元	160	354	664	795			
农业居民	元	133	308	539	607			
非农业居民	元	390	650	1411	1840			
2.职工平均工资	元	592	1075	2019	2485	3034	512.5	122.1
国有经济单位	元	608	1128	2166	2685	3272	538.2	121.9
城镇集体经济单位	元	512	901	1522	1806	2157	421.3	119.4
其他经济单位	元			2002	2537	3460		136.4

续 表 2

指 标	单 位	绝 对 数					1993年为以下年%	
		1978年	1985年	1990年	1992年	1993年	1978年	1992年
3.劳动力负担人数								
每一农村劳动力	人	2.30	1.70	1.57	1.62	1.60	69.6	98.8
每一城镇就业者	人	2.20	1.74	1.00	1.65	1.66	75.5	100.6
4.收入(平均每人)								
农村居民家庭纯收入	元	114.00	385.23	621.67	682.48	803.80	705.1	117.8
城镇居民家庭 生活费收入	元	276.00	631.00	1369.18	1689.48	2114.79	766.2	125.2
5.居住面积(平均每人)								
农村住户住房面积	平方米	8.80	14.00	17.30	18.03	19.91	226.3	110.4
城镇居民家庭住房面积	平方米	5.60	7.90	9.20	10.06			
七、国际旅游								
1.接待旅游人数	万人次			3.19	6.30			
#外国人	万人次			2.20	3.95			
2.旅游外汇收入	万元			2182	10630	5100		48.0
商品性收入	万元			902	2095	843		40.2
劳务性收入	万元			1280	8535	4257		49.9
3.涉外饭店数	个			62	65	69		106.2
#国有单位	个			56	63	67		106.3
中外合资	个			2				
集体单位	个			4	2	2		100.0
八、工商企业基本情况								
企业数	万户		17.4	18.1	24.6	30.3		123.2
从业人员	万人		680.3	788.6	1074.6	1156.2		107.6
注册资金	亿元		430.7	721.2	1199.7	2194.5		182.9
国有企业								
企业数	万户	0.3	3.2	4.8	6.7	8.6	2606.1	128.4
从业人员	万人	161.5	279.8	375.4	505.2	498.6	308.7	98.7
注册资金	亿元	143.6	296.9	453.3	771.8	1646.0	1146.4	213.3
集体企业								
企业数	万户	3.1	14.0	13.0	17.5	21.1	689.5	120.6
从业人员	万人	146.0	392.2	401.1	528.9	618.2	423.5	116.9
注册资金	亿元	31.6	129.4	256.8	368.3	496.7	1569.8	134.9
联营及其他企业								
企业数	户		3101	2476	4090	5790		141.6
从业人员	万人		7.2	12.0	40.5	39.4		97.3
注册资金	亿元		4.4	11.1	59.6	51.8		86.9
私营企业								
户数	户			5461	5528	7414		134.1
从业人员	万人			13.6	14.3	17.0		118.9
注册资金	亿元			5.6	8.9	10.6		119.1

河北省固定资产投资和建筑业

指　　标	单位	绝对数 1990年	绝对数 1992年	绝对数 1993年	1993年为1992年%（上年=100）	1993年本省占全国比重（%）
一、固定资产投资						
1.全社会固定资产投资	亿元	182.12	322.19	452.44	140.4	3.6
国有经济	亿元	110.98	200.39	291.96	145.7	3.8
集体经济	亿元	20.99	54.08	63.94	118.2	2.9
联营经济	亿元			2.09		3.7
股份制经济	亿元			3.19		1.4
中外合资经营	亿元			15.84		3.6
中外合作经营	亿元			0.85		1.2
外资	亿元			1.74		3.5
港澳台与大陆合资经营	亿元			2.82		2.2
城乡个人	亿元	50.15	67.72	69.09	102.0	4.7
其他经济	亿元			0.58		2.8
2.基本建设投资	亿元	62.08	113.31	163.72	144.5	3.5
#农林牧渔业	亿元	2.79	2.77	1.11	40.1	2.4
采掘业	亿元			12.40		3.5
制造业	亿元	39.63	61.64	39.94	64.8	4.5
电力、煤气及水电生产和供应业	亿元			29.55		3.8
建筑业	亿元	0.60	1.11	3.78	340.5	3.3
交通运输、仓储和邮电通讯业	亿元	5.71	7.27	10.34	142.2	1.1
批发、零售贸易和餐饮业	亿元	1.46	6.87	12.59	183.3	6.2
2.施工项目						
基本建设	个		4227	4246		4.7
更新改造	个	1899	2656	2460	92.6	3.8
3.新增固定资产						
基本建设	亿元		89.34	121.55		4.4
更新改造	亿元	34.99	46.99	86.65	184.4	5.7
二、建筑业						
施工企业个数	个	461	495	942	190.3	4.5
年末从业人员数	万人	33.91	39.44	64.98	164.8	5.7
自有机械设备总功率	万千瓦		135.6	330.0		6.7
总产值	万元	406761	651829	1601928	245.8	4.9
#建筑工程产值	万元	385244	624450	1369213	252.7	4.8
安装工程产值	万元			208479		6.2
增加值	万元	332600	554000	428047	77.3	5.1
企业总收入	万元		616658	1766309		5.5
施工房屋建筑面积	万平方米	1917.6	2787.8	3366.0	120.7	5.1
竣工房屋建筑面积	万平方米	1046.7	1298.9	1572.7	121.1	5.5
企业利税总额	万元	19624	33291	77749	233.5	4.8

河北省利用外资及外资企业情况

指标	单位	绝对数			1993年为1992年%（上年=100）	1993年本省占全国比重(%)
		1990年	1992年	1993年		
一、利用外资						
1.对外签订利用外资协议项目	个	110	1420	2013	141.8	2.4
对外借款	个					
外商直接投资及其他	个	110	1420	2013	141.8	2.4
2.对外签订利用外资协议项目金额	万美元	8877	164650	194624	118.2	1.6
对外借款	万美元			2013		0.2
外商直接投资及其他	万美元	8877	164650	192611	117.0	1.7
3.实际利用外资额	万美元	9780	11309	39654	350.6	1.0
对外借款	万美元	5333				0.0
外商直接投资及其他	万美元	4447	11309	39654	350.6	1.4
4.外商直接投资协议投资额	万美元	8593	133253			
农林牧渔业	万美元	378	4211			
工业	万美元	8190	68434			
建筑业	万美元		960			
运输邮电业	万美元		353			
商业饮食业物资供销业	万美元	16	4625			
房地产管理、公用事业服务业	万美元		38869			
其他	万美元	16	15801			
二、外国及港澳台在华投资企业情况						
年末企业数	个	368	1942	3798	195.6	0.2
合资经营	个	339	1741	3367	193.4	3.1
合作经营	个	19	68	141	207.4	0.6
独资经营	个	10	133	290	218.0	0.8
从业人员	人	63685	275130	423382	153.9	2.3
#外方	人	860	4975	9450	189.9	1.6
投资总额	万元	448692	420153	770815	183.5	2.0
注册资本	万元	254279	267761	512441	191.4	2.1
#外方	万元	111084	125963	244499	194.1	1.6
三、外商投资企业出口额	**亿美元**	**0.45**	**0.84**	**1.67**	**199.5**	**0.7**

河北省农村经济

指　　标	单　位	绝　对　数			1993年为1992年 %（上年=100）	1993年本省占全国比重（%）
		1990年	1992年	1993年		
一、基本情况						
1.乡镇个数	个	3367	3298	3239	98.2	6.7
村民委员会	个	50658	50439	50350	99.8	6.3
乡村人口数	万人	5211.6	5281.1	5314.0	100.6	5.8
2.乡村劳动力	万人	2360.5	2470.9	2511.8	101.7	5.7
#农林牧渔业	万人	1780.4	1853.6	1842.7	99.4	5.5
工业	万人	220.7	237.3	253.0	106.6	6.9
建筑业	万人	102.0	108.7	125.5	115.5	6.7
交通运输业和邮通讯业	万人	48.1	52.0	59.5	114.4	7.4
批发、零售贸易业、餐饮业及仓储业	万人	53.6	60.7	68.1	112.2	7.2
3.耕地面积	千公顷	6556.1	6543.7	6536.0	99.9	6.9
4.农作物播种面积	千公顷	8786.7	8570.5	8676.7	101.2	5.9
#谷物	千公顷			5788.9		6.5
油料	千公顷	815.3	549.4	556.3	101.3	5.0
棉花	千公顷	1366.4	882.1	520.0	59.0	10.4
5.农业现代化水平						
农业机械总动力	万千瓦	2822.2	2955.2	3188.7	107.9	10.0
乡、村办水电站个数	个	29	161	138	85.7	0.3
乡、村办水电站发电能力	万千瓦	1.6	1.9	1.8	94.7	0.4
农村用电量	亿千瓦小时	58.8	78.1	85.1	109.0	6.8
农用化肥施用量	万吨	145.2	163.5	193.6	118.4	6.1
灌溉面积	千公顷	3758.5	3885.6	3931.0	101.2	8.1
6.农民家庭平均每户生产性						
固定资产原值	元	1129.1	1739.9	2059.5	118.4	105.6
#农林牧渔业机械	元	287.5	479.3	571.5	119.2	163.3
工业机械	元	59.1	30.5	154.6	506.8	229.9
运输机械	元	301.2	522.4	511.9	98.0	161.3
7.农林牧渔业总产值	亿元	341.3	399.6	511.3	108.7	4.6
农业	亿元	238.6	262.3	344.5	109.3	5.2
林业	亿元	9.6	13.9	15.3	95.2	3.1
牧业	亿元	83.3	108.4	139.1	119.5	4.6
渔业	亿元	9.9	14.9	12.4	57.8	1.4

注:本表价值量指标除农业产值指数按可比价格计算外,其它均按当年价格计算。

续 表 1

指　标	单位	绝对数			1993年为1992年 %（上年=100）	1993年本省占全国比重（%）
		1990年	1992年	1993年		
二、主要农产品产量						
粮食	万吨	2276.9	2185.6	2380.2	108.9	5.2
谷物	万吨			2136.4		5.3
#稻谷	万吨	91.6	95.5	86.6	90.7	0.5
小麦	万吨	927.7	917.9	902.1	98.3	8.5
玉米	万吨	829.2	834.3	965.1	115.7	9.4
棉花	万吨	57.1	30.6	19.2	62.7	5.1
油料	万吨	74.9	66.3	80.5	121.4	4.5
水果	万吨	175.5	226.6	263.3	116.2	8.7
猪、牛、羊肉	万吨	121.3	144.4	165.1	114.3	5.1
奶类	万吨	14.3	18.6	21.1	113.4	3.7
禽蛋	万吨	51.3	68.2	87.7	128.6	7.4
水产品	吨	218553	304522	248800	81.7	0.1
海水产品	吨	164880	225432	156200	69.3	0.1
淡水产品	吨	53673	79090	92600	117.1	0.1
三、乡镇企业基本情况						
企业单位数	万个	7.0	7.5	159.7	2129.3	6.5
#乡办企业	万个	1.9	2.0	2.1	105.0	4.8
村办企业	万个	5.1	5.5	5.9	107.3	4.7
从业人员	万人	225.9	250.8	743.3	296.4	6.0
乡办企业	万人	94.0	105.6	116.2	110.0	4.0
村办企业	万人	131.9	145.1	158.6	109.3	5.5
营业收入	万元			7350241		4.2
利润总额	万元			778745		7.1
#应交所得税	万元			73309		4.4
实交各种税金	万元	98424	189597	184439	97.3	2.8
利税总额	万元			993488		5.6
工资总额	万元	339298	423757	531858	125.5	4.0
固定资产净值平均余额	万元			1938829		5.1
流动资产年平均余额	万元			2052085		3.7
本年银行(信用社)贷款余额	万元	471787	875504	1137643	129.9	3.8
每百元固定资产原值实现利润	元	20.5	21.7	29.1	134.1	137.3
每百元资金实现利润	元			19.5		168.1
每百元资金实现利税	元	19.4	20.0	24.9	124.5	131.1
每百元营业收入实现利润	元			10.6		168.3
每百元固定资产原值实现营业收入	元			274.4		81.3
每百元营业收入占用流动资金	元			27.9		86.4

注：乡镇企业经济效益指标″1993年本省占全国比重″是″本省为全国平均数百分比″。

河北省工业经济

指标	单位	绝对数			1993年为1992年%（上年=100）	1993年本省占全国比重（%）
		1990年	1992年	1993年		
一、基本情况						
1.企业单位数						
#独立核算工业企业	个	19133	19164	21137	110.3	4.7
按经济类型分						
国有企业	个	3721	3795	4304	113.4	5.3
集体企业	个	15300	15143	15895	105.0	4.6
按轻重工业分						
轻工业企业	个	9591	9391	10022	106.7	4.3
重工业企业	个	9542	9773	11115	113.7	4.9
按规模分						
大型企业	个	164	191	226	118.3	5.0
中型企业	个	412	550	592	107.6	4.2
小型企业	个	18557	18423	20319	110.3	4.6
2.工业总产值						
#独立核算工业企业	亿元	754.96	1116.29	1608.76	121.0	4.1
按经济类型分						
国有工业	亿元	532.22	748.69	1020.93	108.2	4.6
集体工业	亿元	213.34	323.49	490.93	138.6	4.1
按轻重工业分						
轻工业	亿元	323.74	421.97	513.74	115.4	3.2
重工业	亿元	431.22	694.32	1095.02	125.1	4.6
按规模分						
大型企业	亿元	247.24	429.89	659.70	116.8	4.5
中型企业	亿元	147.83	196.24	228.52	100.4	3.0
小型企业	亿元	359.89	490.16	720.55	132.6	4.1
二、独立核算工业企业主要指标						
工业增加值	亿元			546.07		4.3
资本金	亿元			623.18		3.0

续 表 1

指　　标	单位	绝对数			1993年为1992年 %（上年=100）	1993年本省占全国比重（%）
		1990年	1992年	1993年		
流动资产	亿元			980.99		4.0
长期投资	亿元			54.27		3.1
固定资产原值	亿元	689.40	997.77	1226.40	122.9	4.8
固定资产净值	亿元	491.02	714.75	878.18	122.9	4.8
无形及递延资产	亿元			48.12		4.2
流动负债	亿元			934.10		4.1
长期负债	亿元			537.53		5.2
所有者权益	亿元			669.61		4.2
产品销售收入	亿元	675.05	1036.84	1553.19	149.8	4.1
产品销售成本	亿元	603.44	856.89	1208.72	141.1	4.0
产品销售税金及附加	亿元			95.65		4.1
产品销售利润	亿元			198.26		4.6
利润总额	亿元	11.03	32.92	75.90	230.6	4.7
利税总额	亿元	60.66	102.32	171.55	167.7	4.4
三、主要工业产品产量						
化学纤维	万吨	2.59	3.02	3.61	119.5	1.6
纱	万吨	33.55	38.94	40.05	102.9	8.0
布	亿米	12.69	12.59	13.54	107.5	6.6
糖	万吨	0.55	1.15	0.79	68.7	0.1
机制纸及纸板	万吨	88.75	132.72	176.84	133.2	8.5
家用电冰箱	万台	0.08	0.05	0.01	20.0	.0
电视机	万台	17.78	20.84	17.76	85.2	0.6
#彩色电视机	万台	7.62	5.90	3.82	64.7	0.3
家用洗衣机	万台					0.0
原煤	亿吨	0.62	0.63	0.64	101.6	5.6
原油	万吨	570.52	418.80	502.74	120.0	3.5
发电量	亿千瓦小时	368.97	457.10	508.18	111.2	6.1
钢	万吨	383.69	502.96	564.45	112.2	6.3
成品钢材	万吨	281.27	409.32	457.83	111.9	5.9
水泥	万吨	1310.13	1942.29	2420.48	124.6	6.0
平板玻璃	万重量箱	1078.95	1282.34	1526.67	119.1	13.8
金属切削机床	万台	0.17	0.32	0.38	118.8	1.5
汽车	万辆	0.85	3.76	2.82	75.0	2.1

河北省运输和邮电

指　　标	单　位	绝　对　数			1993年为1992年％（上年=100）	1993年本省占全国比重（％）
		1990年	1992年	1993年		
一、运输业						
1.全社会货运量	万吨			65949		5.9
国家铁路	万吨			11376		7.3
地方铁路	万吨			733		12.2
公路	万吨	44261	52246	53500	102.4	6.4
水运	万吨	352	356	340	95.5	0.3
2.全社会货物周转量	亿吨公里			1796.8		5.9
国家铁路	亿吨公里			1456.1		12.2
地方铁路	亿吨公里			2.5		8.0
公路	亿吨公里	225.5	300.6	285.4	94.9	7.0
水运	亿吨公里	43.9	44.6	52.8	118.4	0.4
3.运输工具拥有量						
民用汽车拥有量	万辆	35.5	45.5	54.62	120.0	6.7
载客汽车	万辆	9.2	12.7	15.59	122.8	5.5
载货汽车	万辆	25.5	31.7	36.13	114.0	7.2
其他机动车	万辆			0.01		.0
民用运输舶船拥有量						
机动船	艘	769	1397	1345	96.3	438.1
驳船	艘	272	38	35	92.1	0.1
帆船	艘		1093	1231		11.8
二、邮电通讯业						
1.邮电通信网路						
邮电局、所	（处）	2443	2403	2398	99.8	4.2
邮路及农村投递线路总长度	公里	177595	179111	180231	100.6	3.5
长话电路	路	5177	11692	21658	185.2	5.2
电报电路	路	560	565	567	100.4	4.3
2.通信工具拥有量						
传真机	部	106	267	332	124.3	2.7
市话交换机容量	门	568228	784501	1319447	168.2	4.3
电话机	部	543192	790694	1063465	134.5	4.1
长途直拨有权用户	户	33351	209366	458136	218.8	4.1
#直拨国际及港澳用户	户	1124	133053	330909	248.7	7.0
市内电话	户	198242	381549	579960	152.0	4.1
#私人和个体工商户	户	17720	99380	234601	236.1	3.5
#住宅电话	户	22004	133904	297125	221.9	3.7
无线寻呼电话用户	户	4536	44062	129700	294.4	2.3
移动电话用户	户	130	3071	11741	382.3	1.8
3.邮电业务总量	亿元	27877.1	103675.7	164000	158.2	3.5

注：邮电业务总量1990年为1980年不变价，1992、1993年为1990年不变价。

河北省国内商业和城乡居民生活

指　标	单位	绝对数 1990年	绝对数 1992年	绝对数 1993年	1993年为1992年 %（上年=100）	1993年本省占全国比重（%）
国内商业						
一、社会商业商品购、销、存总额						
1.国内纯购进总额	亿元	330.7	411.3	489.7	119.1	4.0
工业品	亿元	214.1	319.5	363.5	113.8	3.8
农村产品	亿元	110.3	114.0	113.7	99.7	4.5
2.国内纯销售总额	亿元	350.2	440.3	486.3	110.4	3.8
3.年末库存总额	亿元	168.6	176.6	165.4	93.7	4.5
二、社会商品零售总额	**亿元**	**380.83**	**497.19**	**577.08**	**116.1**	**4.2**
1.按用途分						
消费品	亿元	308.04	405.00	484.35	119.6	4.0
售给居民	亿元	279.83	365.01	433.67	118.8	4.0
售给社会集团	亿元	28.21	39.99	50.68	126.7	3.7
农业生产资料	亿元	72.79	92.19	92.73	100.6	6.8
2.按经济类型分						
国有经济单位	亿元	162.41	224.66	239.49	106.6	4.4
集体经济单位	亿元	118.96	134.69	145.25	107.8	4.1
合营	亿元	0.61	1.88	1.67	88.8	1.4
个体	亿元	72.57	93.33	128.26	137.4	4.2
农民对非农业居民零售	亿元	26.28	42.64	62.41	146.4	4.4
城乡居民生活						
一、城镇居民家庭						
1.平均每人生活费收入	元	1369.18	1689.48	2114.79	125.2	90.5
2.平均每人生活费支出	元	1254.61	1546.93	1897.94	122.7	89.9
3.平均每百户年底主要消费品拥有量						
洗衣机	台	89.93	87.77	92.39	105.3	107.0
电冰箱	台	45.63	58.06	64.63	111.3	114.0
摩托车	辆	2.65	3.61	5.76	159.6	163.2
彩色电视机	台	66.97	82.28	88.15	107.1	110.9
二、农民家庭						
1.平均每人纯收入	元	621.67	682.48	803.80	117.8	87.2
2.平均每人生活消费支出	元	465.32	576.39	696.52	120.8	90.5
3.平均每百户耐用消费品拥有量						
洗衣机	台	19.45	28.86	31.00	107.4	224.3
电冰箱	台	0.55	1.50	2.71	180.7	88.9
摩托车	辆	1.40	2.71	3.52	129.9	164.5
彩色电视机	台	6.10	11.50	15.64	136.0	144.0

河北省效益指标

指　　标	单 位	绝　对　数			1993年比1992年增减	
		1990年	1992年	1993年	绝对数	%
平均每一社会从业者创造的国民生产总值	元	2811	3677	4880	1203.0	32.7
平均每一农林牧渔业劳动者提供的						
农林牧渔业产值	元	1974.8	2272.3	2766.5	494.2	21.7
粮食产量	公斤	1290.3	1169.5	1287.9	118.4	10.1
棉花产量	公斤	32.4	16.4	10.4	-6.0	-36.6
油料产量	公斤	42.4	35.5	43.6	8.1	22.8
猪牛羊肉产量	公斤	68.7	77.3	89.3	12.0	15.5
水产品产量	公斤	12.4	16.3	13.5	-2.8	-17.2
独立核算工业企业主要经济效益指标						
工业增加值率	%		29.16	33.94	4.8	
每百元固定资产原价实现的利税	元	8.80	10.25	13.99	3.7	36.5
资金利税率	%	8.24	8.13	10.25	2.1	
产值利税率	%	8.03	9.17	10.66	1.5	
每百元销售收入实现的利润	元	1.63	3.17	4.89	1.7	54.3
工业成本费用利润率	%	1.83	3.84	5.46	1.6	
流动资产周转次数	次	2.75	1.66	1.79	0.1	7.8
每公里公路负担货运量	吨	10142	9772	10875	1103.0	11.3
每公里公路负担货物周转量	万吨公里	51.67	63.91	58.01	-5.9	-9.2
基本建设固定资产交付使用率	%	85.94	78.85	74.20	-4.6	
更新改造固定资产交付使用率	%	83.61	65.55	81.50	16.0	
建筑业劳动生产率						
按总产值计算	元		18403	20537	2134.0	11.6
按增加值计算	元		5215	5488	273.0	5.2
建筑业产值利税率	%		4.8	4.9	0.1	
单位工程优良品率	%	34.2	37.7	37.4	-0.3	
建筑业技术装备率	元/人	2694	2802	2637	-165.0	-5.9
建筑业动力装备率	千瓦/人	4.7	4.5	5.1	0.6	13.3

河北省人均指标

指　　标	单 位	1990年	1992年	1993年	1993年比1992年	
					增长量	增长率
国内生产总值	元	1368	1843	2485	642	34.8
农业总产值	元	594	672	811	139	20.7
工业总产值	元	1866	2775	4162	1387	50.0
职工平均工资	元	2019	2485	3034	549	22.1
居民消费水平	元	664	795		80	5.3
农民	元	539	607		43	3.6
非农业居民	元	1411	1840		255	7.1
年末实有耕地面积	公顷	0.11	0.10	0.10	0.00	0.0
粮食产量	公斤	378.2	349.8	377.5	27.7	7.9
棉花产量	公斤	9.49	4.90	3.05	-1.85	-37.8
油料产量	公斤	12.4	10.6	12.8	2.2	20.8
水果产量	公斤	29.1	36.3	41.8	5.5	15.2
猪牛羊肉产量	公斤	20.1	23.1	26.2	3.1	13.4
水产品产量	公斤	3.6	4.9	3.9	-1.0	-20.4
钢产量	公斤	63.7	80.5	89.5	9.0	11.2
布产量	米	21.1	20.2	21.5	1.3	6.4
邮电业务总量	元	9.2	16.6	26.0	9.4	56.6
社会消费品零售额	元	511.7	648.3	768.3	120.0	18.5
每万人口高等学校在校学生数	人	12.6	13.5	16.5	3.0	22.2
每万人口中等专业学校在校学生数	人	17.9	19.0	22.8	3.8	20.0
每万人口中学在校学生数	人	344.9	383.0	393.1	10.1	2.6
每十万人口医院数	人	5.9	5.8	6.0	0.2	3.4
每万人口医生数	人	14.5	14.0	14.7	0.7	5.0

注：1.国内生产总值指标1990年为国民生产总值数据。

2.居民消费水平增长量和增长率为1992年同1991年之比。

山东省经济稳定、协调、快速发展

孙福宏

一、国民经济发展情况

1993年是山东省经济建设和改革开放取得显著成就的一年，社会经济稳定、协调、快速发展。

(一)国民经济持续快速增长，综合经济实力进一步增强 1993年完成国内生产总值2700.9亿元，增长24.2%，其中第一产业597亿元，增长6.1%，第二产业1442亿元，增长29.9%，第三产业662亿元，增长32.5%，提前七年实现了国内生产总值翻两番的目标。农村经济进一步发展。农业总产值994亿元，增长14.3%。粮食总产4100万吨，增长14.2%，油料总产268万吨，增长61.4%，均创历史最高水平。棉花总产41万吨，减产39.4%，造林面积、肉类总产量和水产品产量分别增长47.9%、23.8%和28.7%。乡镇企业产值增长1倍以上。工业生产增幅较大，经济效益得到改善。工业总产值5980亿元，增长57.2%。乡及乡以上工业产值3429亿元，增长35.7%；销售产值增长39.3%；产品销售率95.9%，提高3个百分点；实现利税281亿元，增长43.2%。第三产业发展加快，占国内生产总值的比重达到24.5%，提高1.9个百分点。交通运输、邮电通信、金融保险、商业、饮食服务业和旅游业都有较大发展。

(二)围绕建立社会主义市场经济体制的各项改革迈出新的步伐 企业加快转换经营机制，积极探索建立现代企业制度。全省县以上股份制企业达1101家，股本总额117亿元，有5家企业发行了上市股票。对一批国有小企业实行了拍卖、租赁和转让。农村经济体制改革有新的进展，农村股份合作制企业达到5.9万家。市场体系进一步完善，要素市场日趋活跃。价格改革力度较大，市场定价格的商品占96%。计划、财税、金融、投资、外贸、外汇体制和社会保障制度改革向纵深发展。政府机构改革步伐加快，县乡机构基本完成。非公有制经济发展较快，私营企业从业人员28.5万人，增长78.7%。

(三)对外开放继续向深层次、多领域、全方位扩展 外贸进出口增幅较大，总额达到74.2亿美元，增长33.6%，其中出口总额59.8亿美元，增长27%。三资企业出口21亿美元，增长1.5倍。全省实际利用外资22.6亿美元，增长64.2%，其中新签利用外贸项目8012个，1000万美元以上的大项目257个。国际经济技术合作有新的发展，海外企业达226家，总投资1亿美元。

(四)投资结构有所改善，重点建设和技术改造得到加强 全社会固定资产投资完成871.6亿元，增长44.9%，其中，地方723.5亿元，增长46.6%。技改投资完成220亿元，增长79%。一批国有大中型企业的技术装备水平明显提高。重点建设取得较大进展，济青高速公路、东明黄河大桥、青岛前湾港一期、桃威铁路、莱钢750高炉、华鲁、潍坊、威海电厂等一批骨干项目陆续建成。全年新增发电装机容量100万千瓦，公路通车里程2899公里，铁路通车里程339公里，港口通过能力1000万吨，邮电长途线路1.5万条，市话装机容量37.3万门。

(五)宏观调控取得积极成效，财政、金融状况明显好转 全社会各项存款增加359.8亿元，比上年增加76.1亿元；各项贷款增加356.1亿元，比上年增加60.2亿元。全省财政收入191.1亿元，增长38.6%，实现了当年收支平衡。

(六)科技教育等社会事业全面发展，人民生活水平进一步提高 1993年全省取得重要科技成果2858项，其中达到国际先进水平的372项，国内先进水平的1745项。全社会商品零售总额993.8亿元，增24.8%。零售物价总指数上涨10.7%，低于全国平均水平。城镇居民人均生活费收入2338元，农民人均纯收入953元，扣除物价因素分别增长11.1%和6.1%。新闻出版、广播电视、文学艺术、卫生体育等社会事业都有较大发展。

二、对外经济保持良好发展势头

(一)进出口贸易大幅度增长 全年进出口贸易额完成74.16亿美元，比上年增加18.63亿美元，增长33.6%。其中出口额59.76亿美元，比上年增加12.74亿美元，增长27.1%，占全国出口总额的6.45%。在全省出口额中，地方贸易出口51.26亿美元，比上年增加15.72亿美元，增长44.4%；中央统一经营商品出口8.11亿美元，比上年减少2.18亿美元，下降21.2%。全年进口完成

14.4亿美元，比上年增加5.89亿美元，增长69.2%。1993年出口贸易发展的主要特点是：

1.外商投资企业的产品出口大幅度增长。全年外资及“三来一补”企业的产品出口值共21.02亿美元，比上年增加12.72亿美元，增长153.15%；在全省出口总额中的比重由上年的17.7%上升到35.18%。其中，外资企业产品出口值17.83亿美元，增长154.7%；“三来一补”产品出口值3.19亿美元，增长145.4%。

2.市地自营出口额占全省出口总额的六分之一。全省拥有进出口经营权的市地级外贸公司38家(其中青岛市15家)，县级有进出口经营权的外贸公司10家。1993年，全省市地自营出口完成9.07亿美元，比上年增加1.89亿美元，增长26.5%，占全省出口额的比重上升到15.2%。

3.省级外(工)贸公司承包自营出口保持稳定。全年省级各外(工)贸公司出口完成31.68亿美元，其中承包自营商品出口24.1亿美元，占全省出口总额的比重由上年的68.7%下降为53.01%。制约省外(工)贸公司出口增长的主要因素是中央统一经营商品因计划削减，出口大幅度减少。全年省外(工)贸公司经营的中央商品出口完成6.73亿美元，比上年减少3.02亿美元，下降31%。

4.自营进出口生产企业出口增长速度高于全省出口平均水平。截至1993年底，全省拥有自营进出口权的生产企业已发展到119家，出口创汇1.11亿美元(不含青岛)，比上年增加2422万美元，增长27.6%。

(二)利用外资领域宽、规模大、效益好 1993年共批准利用外资项目8012项，合同外资额75.49亿美元，实际使用22.61亿美元，分别比上年增长73%、81%和83%；其中批准对外借款项目123项，合同外资额3.26亿美元，实际使用3.47亿美元，比上年分别增长39.21%和4.9%；批准外商投资企业7229家，合同外资额70.51亿美元，实际使用18.4亿美元，比上年分别增长76%、80%和89%；批准“三来一补”项目660项，合同外资额1.72亿美元，分别增长41%和42%，实际使用外资7087万美元。

截止1993年底，全省累计批准利用外资项目总数达16458项，合同外资额168.69亿美元，实际使用65.91亿美元。其中，累计批准对外借款387项，合同外资额30.06亿美元，实际使用24.27亿美元；累计批准外商投资企业13073家，合同外资额124.51亿美元，实际使用33.8亿美元；累计批准“三来一补”项目3000项，合同外资额14.16亿美元，实际使用7.81亿美元。1993年全省利用外资的主要特点是：

1.外商直接投资项目实际利用外资额增长超过合同外资额的增长幅度。1993年，全省新批准利用外资项目数、合同外资额、实际使用外资均超过了前14年的总和。在新批准的7229家外商投资企业中，中外合资企业5625家，合同外资额45.07亿美元，分别增长64%和57%；中外合作企业299家，合同外资额5亿美元，分别增长70%和80%；外商独资企业1305家，合同外资额20.44亿美元，分别增长198%和162%。

2.全省利用外资自东向西全面推进，竞相发展。当年新批准合同外资额过亿美元的市地有11个，实际使用外资过亿美元的有5个。地处对外开放前沿的青、烟、威三市1993年新批利用外资项目数、合同外资额和实际使用外资额均居全国前列，全年三市共新批准利用外资项目3943项，合同外资额38.9亿美元，实际使用11.2亿美元，分别占全省总数的49.8%、53.8%和58.5%。位于沿海经济开放区内的济南、淄博、潍坊市利用外资速度明显加快。西部内陆地区的泰安、济宁、菏泽、临沂等利用外资过亿美元，进入前十位。

3.一、二、三产业利用外资协调发展，大项目显著增多。1993年，全省新批准外商投资项目按产业序列划分，第一产业209家，合同外资额1.47亿美元，分别占全省总数的2.9%和2.1%，投资行业以水产养殖和农副产品加工为主；第二产业5192家，合同外资额40.87亿美元，分别占全省总数的71.82%和57.96%，项目涉及轻纺、机电、化工、建材、冶金、能源等行业；第三产业1828家，合同外资额28.17亿美元，分别占全省总数的25.3%和39.96%，主要涉及房地产、交通、运输、邮电等行业，同时，商品零售和金融领域的利用外资已开始起步。在青岛已设立了两家外资银行(日本山口银行、香港汇丰银行)，建立了五家外国银行金融代表处(日本旭日银行、香港宝生银行、韩国长期信用银行、英国渣打银行和日本日兴证券公司)。还兴办了一批外资商业零售企业。

1993年是山东省利用外资兴办大项目最多的一年。新批准总投资1000万美元以上的大项目有257个，合同外资额28.8亿美元，占当年合同外资额的40.9%。还有不少国际知名的大公司、大财团、大商社来山东省投资，其中，韩国大宇株式会社投资3亿美元，独资兴办的大宇(山东)水泥有限公司，年产高标号水泥240万吨，全部返销。截至1993年末，全省利用国外提供的长期低息贷款，安装了程控交换系统，建成了大型污水处理工程、济南遥墙机场和济青高速公路，还用于开发徒骇河流域中低产田以及农村卫生、医学、教育和企业改造。

4.外资来源向多元化方向发展。截至1993年末，到山东省投资的国家和地区由上年的53个扩展到65个。其中，投资合同额过亿美元的国家或地区有7个(香港、台湾、韩国、美国、新加坡、日本、加拿大)；项目数过百的有6个(香港、台湾、美国、韩国、日本、新加坡);实际投资过5000万美元的有6个(香港、台湾、美国、韩国、日本、新加坡)。从外资来源的地区分布看,港澳台地区居首位,共4791项,占总数的66.3%;东北亚和东南亚地区共1010项,占13.9%,为第二位;再次是北美洲国家,共913项,占总数的12.7%;第四位是西欧国家,共205项,占总数的2.8%;第五位是南太地区,共100项,占总数的1.4%。

(三)国际经济技术合作取得突破性进展 1993年,共与40多个国家和地区新签对外承包工程和劳务合作项目299个,合同额2.03亿美元,完成营业额6959万美元,分别比上年增长了59.9%、136%和104.7%,年末在外劳务人员7254人次,比上年增加3714人,截止1993年底,全省对外承包工程和劳务合作项目869项,合同金额4.48亿美元,完成营业额2.1亿美元,外派劳务及工程技术人员2.19万人次。这些项目主要分布在日本、新加坡、韩国、奥地利、独联体、美国、墨西哥、巴布亚新几内亚、香港、博茨瓦纳等14个国家和地区。项目涉及的领域主要有建筑工程、服装加工、海员劳务、海洋捕捞、蔬菜种植、餐饮等十几个行业。

1993年新批准兴办海外企业106家,比上年增加46家,其中贸易性企业35家,非贸易性企业50家,常设机构21家。截至1993年年底,全省累计兴办海外企业226家,其中贸易性企业77家,非贸易性企业108家,常设代表机构41家。海外企业累计总投资1.06亿美元,其中我方投资8000多万美元,海外企业分布于近50个国家和地区。海外企业投资的领域进一步拓宽,已扩展到轻工、纺织服装、冶金、化工、饮食、建材、医疗、水产、机电、食品、旅游、运输等十几个行业,并出现了一批钟表装配、电子计算机、照相器材、船舶制造、数控机床等技术开发和高科技项目。

1993年,全省技术进出口贸易有了较大增长,技术进出口贸易额达14778万美元,比上年增长58%。其中,技术出口6785万美元,增长61%;技术引进7793万美元,增长54%。

三、日趋完善的基础设施

山东在加快经济建设、实行对外开放的过程中,始终把基础设施的建设放在重要位置。

(一)公路四通八达 到1993年底,全省公路通车里程达到46033公里,公路密度达到每平方公里29公里。其中,高速公路318公里,一级公路918公里,二级公路7533公里,全省99.3%的乡镇和80%的行政村通了公路。基本形成了以省会为中心,以国、省道为骨架,由沿海城市向内地辐射,干支相连,城乡贯通,纵横交错,四通八达的公路网络。

(二)纵横贯通的铁路网 1993年铁路建设步伐加快,胶济复线全线贯通,交付使用,胶(州)黄(岛)铁路43.5公里于1993年9月全线拉通,济南铁路新客站工程全面展开,京九铁路山东段建设速度快,质量好,大部分路段都已铺轨。到1993年末,全省境内铁路营业里程2228.8公里,目前京沪铁路纵贯南北,胶济铁路横跨东西,8条支线与之相连,形成了纵横交错的铁路网。

(三)正在崛起的航空业和港口运输业 山东已建有机场9个,开通国际、国内航线70条,每周始发航班262班。1993年全省客运量68.36万人次,货邮量完成9487.5吨,分别比去年增长44.6%和49.3%。在山东沿海现有港口25处,拥有万吨级以上泊位23个,年吞吐能力8000多万吨,远洋运输船队航达世界300多个港口。青岛、烟台、威海、日照、龙口、石岛、岚山港等7个港口被批准为对外开放一类港口。1993年水路客运量1.7亿人公里,货运量完成86.9亿吨公里,分别比去年增长42.1%和46.7%。沿海港口货物吞吐量7629.33万吨,比去年增长12.1%,国际集装箱吞吐量31万标箱,创历史最高纪录,比去年增长40%。全年新建扩建沿海地方港口泊位12个,全省第一艘快速豪华客轮"新世纪"号在烟台至大连航线上投入使用,青岛前湾港一期工程已竣工并通过国家验收,新增运输能力1500万吨。

(四)邮电通讯及电力事业迅速发展 全省已实现县以上城市电话自动化,市地以上城市电话程控化,省及各市地电信传输数字化,建成了全省无线寻呼和移动通信两个大网,一个全方位、立体化、高层次的通讯网已初具规模。山东省已与世界164个国家和地区开通了传真电路和国际程控电话,11个城市进入了国际电话直拨网。主要城市还开辟了国际邮政特快专递业务。邮电通信向现代化、国际化迈进。1993年邮电业务总量完成27.5亿元,比上年增长76.6%,邮电业务收入完成24.9亿元,比上年增长73.5%,到1993年底,全省电力装机总容量达1000万千瓦,年发电量605亿千瓦时。

四、全面推进各项改革

(一)积极推进股份制试点 1993年全省县以上股份制企业已达1101家,其中有限责任公司366家,股份有限公司735家。股票上市公司发展到5家,另有7家被确认为社会募集公司。有3家公司创出了股票发行三种模式:青岛啤酒厂的股票发行采取了在规定时间内无限量发行新股认购表的方式;青岛海尔公司采用在规定时间内无限量发售专项定期定额存单办法;济南轻骑公司采用了全额保证金定期特种储蓄方式。这三种方式得到中国证监会的肯定。

(二)调整企业结构,发展和完善企业集团 1993年全省新组建企业集团55家,总数已达360家。企业集团的发展呈现出三个新特点：一是以产权为联结纽带、以股份制为主要形式、以科工贸产供销为一体的企业集团大量增加；二是乡镇企业集团大量涌现，全省已发展到60家；三是越来越多的企业集团向外向型、国际化方向发展，仅省地两级外贸公司牵头的外向型企业集团就达上百家，全省有进出口经营权的企业已有210家。

(三)为加强宏观调控实施相应的体制改革 在计划投资方面，加强中长期计划的制定和搞好全省国民经济的综合平衡。工业生产的指令性计划进一步缩小，现在仅保留25种；农业生产的指令性计划已全部取消。层层下放了固定资产投资的审批权限，启用自有资金进行建设，已由企业自主立项。建立基本建设基金支持重点工程建设。在财税体制改革方面，采取以增强企业自我改造和自我发展能力为宗旨的一系列措施，实行省级复式预算，改革财务和会计制度。对分税制和税制改革已做了大量的准备工作。在金融体制方面，进一步推进专业银行的企业化管理和行长经营目标责任制，综合性银行进行了法人参股的股份制经营，银行经营的活力显著增强。金融业的对外交往进一步扩大，已有三家外资银行在本省设立金融机构。

(四)市场体系建设有了长足的发展 新建各类商业网点825个，总投资29.8亿元，新建各类集贸市场638处，到1993年末，全省有市场8100处，其中批发市场1100处，生产资料市场230处。此外，金融市场日趋活跃，资金拆借市场已在省内外形成网络，同全国26个省、100多个大中城市建立了拆借关系。证券市场从无到有，稳步发展，全省证券经营机构已发展到130多家，省及济南、青岛、潍坊、淄博、烟台等市已有14家证券经营机构与上海、深圳证券交易所联网。

(五)非公有制经济发展明显加快 1993年，全省私营企业已发展到16119户，从业人员23.9万人，分别比去年同期增长84.4%和73.8%。并且已经出现了三家由私营企业组成的集团公司，有限责任公司2115家。注册资本超过百万元的私营企业已有196家。全省城乡个体工商户已达138.6万户，从业人员264.6万人，其实现的商品零售额已占社会商品零售总额的23.7%，全省个体私营经济的纳税额占全省财政收入的十分之一。初步形成了以公有制为主体，多种经济成份相互竞争，共同发展的新格局，为整个经济的发展注入了新的生机和活力。

(作者所在单位：山东省对外经济贸易委员会)

山东省国民经济综合指标发展概况

指　　标	单　位	绝　　对　　数					1993年为以下年%	
		1978年	1985年	1990年	1992年	1993年	1978年	1992年
一、基本情况								
1.土地面积	万平方公里					15.67		
2.行政市数	个		19	34	40	43		107.5
地级市	个		9	11	12	12		100.0
县级市	个		10	23	28	31		110.7
3.人口								
年底总人口数	万人	7160	7695	8493	8610	8642	120.7	100.4
男	万人	3624	3922	4321	4391			
女	万人	3536	3773	4171	4215			
出生率	‰	18.80	11.80	18.21	11.43	10.47	55.7	91.6
死亡率	‰	6.50	5.90	6.96	6.88	6.76	104.0	98.3
自然增长率	‰	10.30	5.90	11.25	4.55	3.71	36.0	81.5
4.从业人员数	万人	2970.0	3556.0	4137.1	4405.1	4472.5	150.6	101.5
城镇从业人员	万人					903.5		
国有经济单位	万人	354.0	438.0	553.9	604.0	619.5	175.0	102.6
集体经济单位	万人	116.0	181.0	209.0	224.2	213.4	184.0	95.2
联营经济单位	万人					1.4		
股份制经济单位	万人					10.7		
外商投资经济单位	万人					6.7		
港澳台投资经济单位	万人					5.2		
其他经济单位	万人					0.2		
私营企业	万人				4.7	9.4		200.0
个体	万人			21.3	29.7	37.0		124.6
乡村从业人员	万人	2500.0	2926.0	3348.3	3533.0	3569.0	142.8	101.0
二、综合经济指标								
1.国内生产总值	亿元	229.10	631.30	1333.37	1982.02	2702.49	1179.6	136.4
第一产业	亿元	75.10	236.00	425.29	534.62	596.63	794.4	111.6
第二产业	亿元	114.60	282.60	635.98	999.11	1428.94	1246.9	143.0
#工业	亿元				889.59	1274.58		143.3
建筑业	亿元				109.52	154.36		140.9
第三产业	亿元	39.40	112.70	272.10	448.29	676.92	1718.1	151.0
#运输邮电	亿元				82.31	129.00		156.7
商业	亿元				88.51	152.08		171.8
2.人均国内生产总值	元	321.3	823.5	1599	2307	31.33	9.8	1.4
三、投资								
1.全社会固定资产投资额	亿元	41.87	193.42	334.79	597.55	892.08		149.3
#国有经济	亿元	29.27	100.42	184.59	342.74	475.76	1625.4	138.8
#基本建设投资	亿元	24.97	48.65	94.35	174.28	238.96	957.0	137.1

续 表 1

指 标	单 位	绝 对 数					1993年为以下年%	
		1978年	1985年	1990年	1992年	1993年	1978年	1992年
更新改造投资	亿元	40.30	21.20	45.01	85.84	129.63	321.7	151.0
其他固定资产投资	亿元		30.57	36.03	45.14	46.20		102.3
#集体经济	亿元	8.42	30.21	71.51	184.00	246.00		133.7
2.基本建设房屋建设								
房屋施工面积	万平方米	1148.0	1303.9	1248.2	1870.4	1916.5	166.9	102.5
#住宅	万平方米	411.0	582.5	445.0	653.5	617.2	150.2	94.4
房屋竣工面积	万平方米	600.0	662.1	617.0	901.0	928.5	154.8	103.1
#住宅	万平方米	235.0	349.6	252.2	366.7	360.4	153.4	98.3
四、财政收支								
地方财政收入	亿元	64.13	67.53	109.10		194.10	302.7	
地方财政支出	亿元	31.90	51.30	123.90		188.50	590.9	
五、物价指数(上年=100)								
1.全社会零售物价总指数	%	100.0	107.1	101.8	105.9	110.7		
#消费品	%		108.5	101.6	106.2	103.3		
食品类	%			101.0	107.6	109.9		
衣着类	%			107.4	105.7	108.6		
日用品类	%			102.1	101.7	106.4		
文化娱乐用品类	%			96.5	94.9	100.5		
书报杂志类	%			105.7	103.1	116.3		
药及医疗用品类	%			104.0	112.3	107.7		
建筑装璜材料类	%			94.8	105.3	117.4		
燃料类	%			110.5	134.1	150.0		
2.居民消费价格指数	%		108.7	103.4	106.8	112.7		
城镇居民	%	100.3	108.8	102.6	108.6	114.6		
农民	%		108.3	104.0	104.6	110.7		
3.固定资产投资价格指数	%				119.4	122.1		
六、居民生活								
1.居民消费水平	元	159	376	681	841			
农业居民	元	131	334	551	637			
非农业居民	元	390	658	1245	1643			
2.职工平均工资	元			2149	2601	3149		
国有经济单位	元	597	1110	2315	2823	3410		
城镇集体经济单位	元			1767	2002	2352		
其他经济单位	元			2218	2614	3482		

续 表 2

指标	单位	绝对数					1993年为以下年%	
		1978年	1985年	1990年	1992年	1993年	1978年	1992年
3.劳动力负担人数								
每一农村劳动力	人	2.27	1.66	1.56		1.50	66.1	
每一城镇就业者	人	1.99	1.70	1.69	1.65	1.65	82.9	100.0
4.收入(平均每人)								
农村居民家庭纯收入	元	114.56	408.12	680.18	802.90	952.74	831.7	118.7
城镇居民家庭生活费收入	元	361.18	699.85	1408.08	1836.48	2338.00	647.3	127.3
5.居住面积(平均每人)								
农村住户住房面积	平方米	9.81	16.19	10.47		20.64	210.4	
城镇居民家庭住房面积	平方米	5.40	7.77	18.48				
七、国际旅游								
1.接待旅游人数	万人次			12.47	24.13			
#外国人	万人次			6.89	12.71			
2.旅游外汇收入	万元			17312	33933	39544		116.5
商品性收入	万元			6998	11434	8676		75.9
劳务性收入	万元			10314	22499	30868		137.2
3.涉外饭店数	个			91	74	69		93.2
#国有单位	个			71	60	57		95.0
中外合资	个			7	5	5		100.0
集体单位	个			10	7	5		71.4
八、工商企业基本情况								
企业数	万户		44.8	28.1	37.5	46.4		123.7
从业人员	万人		873.5	1171.4	1431.9	1783.3		124.5
注册资金	亿元		759.9	1302.2	2095.6	2927.9		139.7
国有企业								
企业数	万户	0.4	4.4	6.3	9.7	13.0	3250.0	134.0
从业人员	万人	158.7	310.8	424.3	495.7	603.7	380.4	121.8
注册资金	亿元	145.2	421.0	711.1	1228.2	1565.5	1078.2	127.5
集体企业								
企业数	万户	2.8	40.2	21.5	27.4	32.5	1160.7	118.6
从业人员	万人	190.6	556.3	718.5	901.0	1118.6	586.9	124.2
注册资金	亿元	57.7	333.7	564.8	801.3	1197.8	2075.9	149.5
联营及其他企业								
企业数	户		2232	2835	4524	8648		191.2
从业人员	万人		6.5	28.6	35.2	61.0		173.3
注册资金	亿元		5.1	26.3	66.1	164.6		249.0
私营企业								
户数	户			5248	10001	18609		186.1
从业人员	万人			9.6	16.0	28.4		177.5
注册资金	亿元			4.0	10.7	3.9		36.4

山东省固定资产投资和建筑业

指标	单位	绝对数			1993年为1992年%（上年=100）	1993年本省占全国比重（%）
		1990年	1992年	1993年		
一、固定资产投资						
1.全社会固定资产投资	亿元	334.79	597.55	892.08	149.3	7.2
国有经济	亿元	184.58	342.74	475.76	138.8	6.2
集体经济	亿元	71.51	184.00	246.00	133.7	11.0
联营经济	亿元			4.92		8.8
股份制经济	亿元			18.19		7.8
中外合资经营	亿元			25.80		5.9
中外合作经营	亿元			0.72		1.0
外资	亿元			1.73		3.5
港澳台与大陆合资经营	亿元			9.47		7.3
城乡个人	亿元	78.70	70.81	105.44	148.9	7.1
其他经济	亿元			0.13		0.6
2.基本建设投资	亿元	94.35	174.28	238.96	137.1	5.2
#农林牧渔业	亿元	2.16	5.46	1.79	32.8	3.9
采掘业	亿元			30.84		8.8
制造业	亿元	67.75	86.49	38.59	44.6	4.4
电力、煤气及水电生产和供应业	亿元			40.97		5.3
建筑业	亿元	0.22	0.36	4.22	1172.2	3.7
交通运输、仓储和邮电通讯业	亿元	8.17	31.36	39.57	126.2	4.4
批发、零售贸易和餐饮业	亿元	2.24	8.64	12.08	139.8	5.9
2.施工项目						
基本建设	个		4528	4366		4.8
更新改造	个	2742	3502	3349	95.6	5.2
3.新增固定资产						
基本建设	亿元		113.38	174.84		6.3
更新改造	亿元	40.85	64.69	96.25	148.8	6.3
二、建筑业						
施工企业个数	个	248	312	936	300.0	4.5
年末从业人员数	万人	25.31	32.83	45.47	138.5	4.0
自有机械设备总功率	万千瓦		91.9	191.6		3.9
总产值	万元	346166	658585	1410939	214.2	4.3
#建筑工程产值	万元	320011	622796	1160144	222.5	4.1
安装工程产值	万元			225510		6.7
增加值	万元	677300	1095200	402304	36.7	4.8
企业总收入	万元		646580	1404930		4.4
施工房屋建筑面积	万平方米	1545.6	2085.7	2741.1	131.4	4.2
竣工房屋建筑面积	万平方米	753.2	974.1	1173.8	120.5	4.1
企业利税总额	万元	27463	46822	82703	176.6	5.1

山东省利用外资及外资企业情况

指　　标	单　位	绝　对　数			1993年为1992年 %（上年=100）	1993年本省占全国比重（%）
		1990年	1992年	1993年		
一、利用外资						
1.对外签订利用外资协议项目	个	366	4109	7227	175.9	8.6
对外借款	个					
外商直接投资及其他	个	366	4109	7227	175.9	8.7
2.对外签订利用外资协议项目金额	万美元	27735	398444	717923	180.2	5.8
对外借款	万美元	1128	3000	800	26.7	0.1
外商直接投资及其他	万美元	26607	395444	717123	181.3	6.4
3.实际利用外资额	万美元	23045	102685	188267	183.3	4.8
对外借款	万美元	4475	2343	854	36.4	0.1
外商直接投资及其他	万美元	18570	100342	187413	186.8	6.7
4.外商直接投资协议投资额	万美元	23283	391961			
农林牧渔业	万美元	1941	5950			
工业	万美元	20796	238016			
建筑业	万美元	10	10634			
运输邮电业	万美元	88	7687			
商业饮食业物资供销业	万美元	32	12029			
房地产管理、公用事业服务业	万美元		113755			
其他	万美元	416	3890			
二、外国及港澳台在华投资企业情况						
年末企业数	个	827	5658	12561	222.0	0.7
合资经营	个	712	4740	10040	211.8	9.3
合作经营	个	66	348	647	185.9	2.5
独资经营	个	49	570	1874	328.8	5.5
从业人员	人	141481	818005	1693648	207.0	9.3
#外方	人	1899	15478	44321	286.3	7.7
投资总额	万元	714038	1086791	2373378	218.4	6.2
注册资本	万元	462312	731611	1619166	221.3	6.6
#外方	万元	192704	326820	776937	237.7	5.2
三、外商投资企业出口额	**亿美元**	**1.39**	**4.07**	**16.53**	**406.1**	**6.5**

山东省农村经济

指　　标	单位	绝对数 1990年	1992年	1993年	1993年为1992年%（上年=100）	1993年本省占全国比重（%）
一、基本情况						
1.乡镇个数	个	2453	2438	2407	98.7	5.0
村民委员会	个	89576	89485	89154	99.6	11.1
乡村人口数	万人	7059.4	7180.2	7169.0	99.8	7.8
2.乡村劳动力	万人	3348.3	3533.0	3569.0	101.0	8.1
#农林牧渔业	万人	2507.9	2627.4	2597.0	98.8	7.8
工业	万人	309.2	335.5	331.0	98.7	9.0
建筑业	万人	183.7	203.0	238.0	117.2	12.6
交通运输业和邮通讯业	万人	58.4	65.8	77.0	117.0	9.6
批发、零售贸易业、餐饮业及仓储业	万人	65.9	75.1	91.0	121.2	9.6
3.耕地面积	千公顷	6852.6	6797.8	6758.8	99.4	7.1
4.农作物播种面积	千公顷	10882.6	10837.5	10743.5	99.1	7.3
#谷物	千公顷			6931.9		7.8
油料	千公顷	1091.0	698.7	781.4	111.8	7.0
棉花	千公顷	2113.8	1488.8	760.0	51.0	15.2
5.农业现代化水平						
农业机械总动力	万千瓦	3215.8	3374.7	3518.0	104.2	11.1
乡、村办水电站个数	个	54	100	88	88.0	0.2
乡、村办水电站发电能力	万千瓦	1.0	1.7	1.1	64.7	0.2
农村用电量	亿千瓦小时	75.7	100.2	106.6	106.4	8.6
农用化肥施用量	万吨	245.5	281.9	355.0	125.9	11.3
灌溉面积	千公顷	4463.7	4596.7	4624.0	100.6	9.5
6.农民家庭平均每户生产性						
固定资产原值	元	923.7	1359.8	1637.6	120.4	84.0
#农林牧渔业机械	元	217.5	378.3	481.5	127.3	137.6
工业机械	元	29.0	38.2	19.9	52.2	29.7
运输机械	元	223.5	318.7	247.4	77.6	77.9
7.农林牧渔业总产值	亿元	625.8	815.1	994.3	114.3	9.0
农业	亿元	397.9	437.0	526.7	110.3	8.0
林业	亿元	20.5	23.7	28.2	110.6	5.7
牧业	亿元	151.9	240.8	289.2	118.2	9.6
渔业	亿元	55.6	113.6	150.2	122.2	17.0

注：本表价值量指标除农业产值指数按可比价格计算外，其它均按当年价格计算。

续 表 1

指 标	单 位	绝 对 数			1993年为1992年 %（上年=100）	1993年本省占全国比重（%）
		1990年	1992年	1993年		
二、主要农产品产量						
粮食	万吨	3354.9	3589.3	3964.6	110.5	8.7
谷物	万吨			3388.9		8.4
#稻谷	万吨	90.6	78.1	75.3	96.4	0.4
小麦	万吨	1612.1	1878.3	1936.0	103.1	18.2
玉米	万吨	1110.9	1150.8	1302.3	113.2	12.7
棉花	万吨	97.5	67.7	41.0	60.6	11.0
油料	万吨	212.1	166.3	268.4	161.4	14.9
水果	万吨	246.3	371.8	501.4	134.9	16.7
猪、牛、羊肉	万吨	187.0	231.2	266.1	115.1	8.3
奶类	万吨	29.6	34.3	39.5	115.2	7.0
禽蛋	万吨	124.3	170.5	213.9	125.5	18.1
水产品	吨	1677973	2481648	3192800	128.7	1.8
海水产品	吨	1522059	2251437	2896200	128.6	2.7
淡水产品	吨	155914	230211	296700	128.9	0.4
三、乡镇企业基本情况						
企业单位数	万个	15.4	16.1	196.7	1221.7	8.0
#乡办企业	万个	2.3	2.4	2.6	108.3	6.0
村办企业	万个	13.1	13.7	15.2	110.9	12.2
从业人员	万人	539.3	625.4	1350.8	216.0	10.9
乡办企业	万人	205.8	245.6	277.8	113.1	9.6
村办企业	万人	333.5	379.8	438.2	115.4	15.2
营业收入	万元			24385290		14.0
利润总额	万元			1778759		16.3
#应交所得税	万元			333343		19.9
实交各种税金	万元	319800	582463	562853	96.6	8.7
利税总额	万元			2606621		14.6
工资总额	万元	643031	985672	1350141	137.0	10.2
固定资产净值平均余额	万元			5043385		13.4
流动资产年平均余额	万元			6963877		12.4
本年银行(信用社)贷款余额	万元	1265565	2030723	2490399	122.6	8.3
每百元固定资产原值实现利润	元	14.9	17.3	27.9	161.3	131.6
每百元资金实现利润	元			14.8		127.6
每百元资金实现利税	元	14.6	15.6	21.7	139.1	114.2
每百元营业收入实现利润	元			7.3		115.9
每百元固定资产原值实现营业收入	元			382.4		113.3
每百元营业收入占用流动资金	元			28.6		88.5

注：乡镇企业经济效益指标”1993年本省占全国比重”是”本省为全国平均数百分比”。

山东省工业经济

指　　标	单　位	绝　对　数			1993年为1992年%（上年=100）	1993年本省占全国比重（%）
		1990年	1992年	1993年		
一、基本情况						
1.企业单位数						
#独立核算工业企业	个	22489	23145	24345	105.2	5.4
按经济类型分						
国有企业	个	3623	3749	4111	109.7	5.1
集体企业	个	18721	19079	18994	99.6	5.5
按轻重工业分						
轻工业企业	个	12408	12722	12670	99.6	5.4
重工业企业	个	10081	10423	11675	112.0	5.2
按规模分						
大型企业	个	217	276	363	131.5	8.0
中型企业	个	894	1372	1552	113.1	10.9
小型企业	个	21378	21497	22430	104.3	5.1
2.工业总产值						
#独立核算工业企业	亿元	1516.82	2250.54	3310.17	135.6	8.3
按经济类型分						
国有工业	亿元	885.01	1263.46	1646.52	112.5	7.5
集体工业	亿元	618.42	945.74	1423.01	145.3	12.0
按轻重工业分						
轻工业	亿元	774.72	1077.35	1466.76	132.2	9.2
重工业	亿元	742.10	1173.19	1843.41	139.0	7.7
按规模分						
大型企业	亿元	463.61	714.80	1097.27	131.0	7.4
中型企业	亿元	314.53	532.31	683.17	119.3	9.1
小型企业	亿元	738.69	1003.43	1529.74	147.2	8.8
二、独立核算工业企业主要指标						
工业增加值	亿元			1099.55		8.6
资本金	亿元			1066.96		5.2

续表 1

指标	单位	绝对数			1993年为1992年%(上年=100)	1993年本省占全国比重(%)
		1990年	1992年	1993年		
流动资产	亿元			1662.30		6.7
长期投资	亿元			107.59		6.1
固定资产原值	亿元	1148.62	1600.76	2061.40	128.8	8.0
固定资产净值	亿元	876.32	1188.17	1543.44	129.9	8.4
无形及递延资产	亿元			109.71		9.6
流动负债	亿元			1630.05		7.2
长期负债	亿元			864.65		8.4
所有者权益	亿元			1068.14		6.6
产品销售收入	亿元	1287.91	1923.44	2862.59	148.8	7.5
产品销售成本	亿元	1123.46	1631.40	2260.10	138.5	7.5
产品销售税金及附加	亿元			168.91		7.3
产品销售利润	亿元			294.22		6.8
利润总额	亿元	35.59	65.05	89.59	137.7	5.6
利税总额	亿元	132.97	196.47	258.50	131.6	6.6
三、主要工业产品产量						
化学纤维	万吨	4.08	7.24	9.39	129.7	4.1
纱	万吨	64.28	72.05	70.44	97.8	14.0
布	亿米	21.63	22.97	32.30	140.6	15.7
糖	万吨	0.24	1.10	1.63	148.2	0.2
机制纸及纸板	万吨	116.11	159.51	226.08	141.7	10.0
家用电冰箱	万台	27.41	21.70	50.48	232.6	8.5
电视机	万台	76.29	54.47	66.79	122.6	2.2
#彩色电视机	万台	25.41	37.57	46.86	124.7	3.3
家用洗衣机	万台	64.95	60.78	77.34	127.2	8.6
原煤	亿吨	0.60	0.64	0.68	106.3	5.9
原油	万吨	3350.62	3346.10	3270.00	97.7	22.5
发电量	亿千瓦小时	446.37	566.24	610.89	107.9	7.3
钢	万吨	226.98	281.22	352.57	125.4	3.9
成品钢材	万吨	154.06	203.70	238.96	117.3	3.1
水泥	万吨	1940.30	3161.81	4405.86	139.3	11.0
平板玻璃	万重量箱	402.69	609.02	713.18	117.1	6.4
金属切削机床	万台	1.41	1.94	1.26	64.9	4.8
汽车	万辆	0.99	1.73	1.96	113.3	1.5

山东省运输和邮电

指标	单位	绝对数			1993年为1992年%（上年=100）	1993年本省占全国比重(%)
		1990年	1992年	1993年		
一、运输业						
1.全社会货运量	万吨			60879		5.5
国家铁路	万吨			8683		5.5
地方铁路	万吨			340		5.7
公路	万吨	31346	40321	50449	125.1	6.0
水运	万吨	559	842	1407	167.1	1.4
2.全社会货物周转量	亿吨公里			977.2		3.2
国家铁路	亿吨公里			629.0		5.3
地方铁路	亿吨公里			2.3		7.4
公路	亿吨公里	182.9	239.4	259.0	108.2	6.4
水运	亿吨公里	33.9	48.0	86.9	181.0	0.6
3.运输工具拥有量						
民用汽车拥有量	万辆	37.3	50.6	58.2	115.0	7.1
载客汽车	万辆	10.2	14.6	18.5	126.6	6.5
载货汽车	万辆	25.7	34.0	37.4	110.1	7.5
其他机动车	万辆			22.9		25.3
民用运输舶船拥有量						
机动船	艘	3590	4012	4560	113.7	1485.3
驳船	艘	4775	4338	5274	121.6	8.1
帆船	艘	443	224	34		0.3
二、邮电通讯业						
1.邮电通信网路						
邮电局、所	（处）	2647	2699	3259	120.7	5.7
邮路及农村投递线路总长度	公里	266547	280303	298175	106.4	5.8
长话电路	路	7436	18422	32615	177.0	7.8
电报电路	路	544	596	714	119.8	5.4
2.通信工具拥有量						
传真机	部	337	880	1092	124.1	8.9
市话交换机容量	门	703247	1212453	1758838	145.1	5.8
电话机	部	734705	1036411	1420702	137.1	5.4
长途直拨有权用户	户	26880	216251	528879	244.6	4.8
#直拨国际及港澳用户	户	2722	10706	52737	492.6	1.1
市内电话	户	264778	458151	696418	152.0	4.9
#私人和个体工商户	户	23070	85635	234992	274.4	3.5
#住宅电话	户	47647	155434	337251	217.0	4.2
无线寻呼电话用户	户	14536	84458	226102	267.7	4.0
移动电话用户	户		3948	26316	666.6	4.1
3.邮电业务总量	亿元	39400.8	156134.2	274900	176.1	5.9

注：邮电业务总量1990年为1980年不变价，1992、1993年为1990年不变价。

山东省国内商业和城乡居民生活

指标	单位	绝对数			1993年为1992年 %（上年=100）	1993年本省占全国比重（%）
		1990年	1992年	1993年		
国内商业						
一、社会商业商品购、销、存总额						
1.国内纯购进总额	亿元	579.3	772.0	885.7	114.7	7.2
工业品	亿元	381.6	553.4	669.8	121.0	7.0
农村产品	亿元	193.3	212.2	206.3	97.2	8.2
2.国内纯销售总额	亿元	654.4	789.0	910.7	115.4	7.1
3.年末库存总额	亿元	271.7	287.2	254.1	88.5	6.8
二、社会商品零售总额	**亿元**	**570.36**	**796.47**	**993.84**	**124.8**	**7.3**
1.按用途分						
消费品	亿元	460.13	653.23	842.25	128.9	6.9
售给居民	亿元	416.78	591.70	763.92	129.1	7.0
售给社会集团	亿元	43.34	61.53	78.33	127.3	5.7
农业生产资料	亿元	110.24	143.24	151.59	105.8	11.2
2.按经济类型分						
国有经济单位	亿元	211.79	310.98	372.07	119.6	6.9
集体经济单位	亿元	227.81	284.39	335.55	118.0	9.4
合营	亿元	0.21	2.08	3.77	181.3	3.2
个体	亿元	100.13	154.85	216.26	139.7	7.0
农民对非农业居民零售	亿元	30.41	44.17	66.19	149.9	4.6
城乡居民生活						
一、城镇居民家庭						
1.平均每人生活费收入	元	1408.00	1836.48	2338.00	127.3	100.1
2.平均每人生活费支出	元	1229.28	1598.89	1946.83	121.8	92.2
3.平均每百户年底主要消费品拥有量						
洗衣机	台	76.59	82.49	85.33	103.4	98.8
电冰箱	台	46.85	67.86	70.02	103.2	123.5
摩托车	辆	3.71	3.25	3.89	119.7	110.2
彩色电视机	台	61.46	77.90	82.35	105.7	103.6
二、农民家庭						
1.平均每人纯收入	元	680.18	802.90	952.74	118.7	103.4
2.平均每人生活消费支出	元	515.76	655.69	724.49	110.5	94.1
3.平均每百户耐用消费品拥有量						
洗衣机	台	3.95	7.24	9.00	124.3	65.1
电冰箱	台	0.83	2.64	4.05	153.4	132.8
摩托车	辆	1.95	2.76	4.14	150.0	193.5
彩色电视机	台	6.29	11.21	13.90	124.0	128.0

山东省效益指标

指标	单位	绝对数			1993年比1992年增减	
		1990年	1992年	1993年	绝对数	%
平均每一社会从业者创造的国民生产总值	元	3262	4544	6088	1544.0	34.0
平均每一农林牧渔业劳动者提供的						
农林牧渔业产值	元	2252.1	3187.7	3806.2	618.5	19.4
粮食产量	公斤	1346.4	1352.3	1517.7	165.4	12.2
棉花产量	公斤	39.1	25.5	15.7	-9.8	-38.4
油料产量	公斤	85.1	62.7	102.7	40.0	63.8
猪牛羊肉产量	公斤	75.0	87.1	101.9	14.8	17.0
水产品产量	公斤	67.3	93.5	122.2	28.7	30.7
独立核算工业企业主要经济效益指标						
工业增加值率	%		26.49	33.22	6.7	
每百元固定资产原价实现的利税	元	11.58	12.27	12.54	0.3	2.2
资金利税率	%	10.37	8.92	8.95	.0	
产值利税率	%	8.77	8.73	7.81	-0.9	
每百元销售收入实现的利润	元	2.77	3.38	3.13	-0.3	-7.4
工业成本费用利润率	%	3.17	3.99	3.51	-0.5	
流动资产周转次数	次	3.16	1.75	1.94	0.2	10.9
每公里公路负担货运量	吨	7688	9348	10959	1611.0	17.2
每公里公路负担货物周转量	万吨公里	44.86	55.50	56.26	0.8	1.4
基本建设固定资产交付使用率	%	76.60	65.06	73.20	8.1	
更新改造固定资产交付使用率	%	90.76	75.36	74.20	-1.2	
建筑业劳动生产率						
按总产值计算	元		22792	26747	3955.0	17.4
按增加值计算	元		6582	7626	1044.0	15.9
建筑业产值利税率	%		5.9	5.9	0.0	
单位工程优良品率	%	42.0	41.0	34.3	-6.7	
建筑业技术装备率	元/人	3255	3308	3858	550.0	16.6
建筑业动力装备率	千瓦/人	5.0	4.3	4.3	0.0	0.0

山东省人均指标

指　　　标	单　位	1990年	1992年	1993年	1993年比1992年	
					增长量	增长率
国内生产总值	元	1598	2307	3133	826	35.8
农业总产值	元	778	979	1153	174	17.8
工业总产值	元	2644	4137	6921	2784	67.3
职工平均工资	元	2149	2601	3149	548	21.1
居民消费水平	元	681	841		85	8.0
农民	元	551	637		43	3.6
非农业居民	元	1245	1643		214	12.6
年末实有耕地面积	公顷	0.08	0.08	0.08	0.00	0.0
粮食产量	公斤	402.9	417.9	459.6	41.7	10.0
棉花产量	公斤	11.71	7.88	4.75	-3.13	-39.7
油料产量	公斤	25.5	19.4	31.1	11.7	60.3
水果产量	公斤	29.6	43.3	58.1	14.8	34.2
猪牛羊肉产量	公斤	22.5	26.9	30.8	3.9	14.5
水产品产量	公斤	20.2	28.9	37.0	8.1	28.0
钢产量	公斤	27.3	32.7	40.9	8.2	25.1
布产量	米	26.0	26.7	37.3	10.6	39.7
邮电业务总量	元	9.3	18.2	31.9	13.7	75.3
社会消费品零售额	元	552.6	760.5	976.4	215.9	28.4
每万人口高等学校在校学生数	人	12.7	15.2	17.6	2.4	15.8
每万人口中等专业学校在校学生数	人	17.8	18.4	21.5	3.1	16.8
每万人口中学在校学生数	人	441.1	445.3	458.3	13.0	2.9
每十万人口医院数	人	3.4	3.4	3.4	0.0	0.0
每万人口医生数	人	12.9	12.3	12.8	0.5	4.1

注：1.国内生产总值指标1990年为国民生产总值数据。

2.居民消费水平增长量和增长率为1992年同1991年之比。

江苏省综合经济实力跃上新台阶

张伟新

1993年是江苏人民继续沿着建设有中国特色社会主义道路胜利前进的一年。全省抓住机遇，坚定不移地推进改革与开放，加强和改善宏观调控，真抓实干，国民经济蓬勃发展，各项事业取得新的成就。全年国民生产总值2550亿元，比上年增长18.5%，提前七年实现第二个翻番。人均国民生产总值3675元，第三产业增加值623亿元，增长20.3%，占国民生产总值的24.4%。全省综合经济实力跃上了一个新台阶。

一、国民经济和社会发展情况

(一)农村经济全面发展　进一步加强对农业和农村工作的领导，稳定各项政策，切实控制和减轻农民负担，保护和调动农民积极性。在遭受多种自然灾害的情况下，农业夺得较好收成。全省农业增加值421.84亿元，增长4.2%，占国内生产总值的16.6%。粮食总产3279.7万吨，油料总产125.7万吨，与丰收的1992年基本接近；棉花因种植面积减少，受灾损失较大，总产42.9万吨，减产近2成。多种经营全面发展，禽蛋、水产品、蚕茧、水果等都有较多增长。种植业结构继续优化，农作物结构向优质、高效方向发展。大豆、薯类、杂粮(含玉米)面积达到2204.34万亩，比上年增加153.45万亩。绿化造林工作取得新的进展，1993年全省造林面积37.99万亩，比上年增加8.18万亩，增长27.4%。农业结构继续调整。全省林牧渔业以及农民家庭兼营的商品性工业增加值占农业增加值比重达39.5%。

全省乡镇企业在发展和提高上下功夫，注重上规模、上水平、上质量，保持了勃勃生机和强劲的发展势头，在全省经济发展中发挥了重要作用。产销快速增长，效益同步提高，外向型势头强劲，投资增幅较大，这是全省乡镇企业发展的基本特征。全年乡镇企业总产值4112亿元，比上年增长61.0%，其中，乡村两级产值3874亿元，比上年增长61.2%。全年乡镇企业总收入3175.4亿元，比上年增长61.5%，其中，乡村两级总收入2972.06亿元，增长60.8%。乡镇企业经济效益根本好转，全年实现利税总额193.68亿元，比去年增长51.6%。外向型乡镇企业发展势头强劲，全省乡镇企业出口产品交货额达483.98亿元，比去年增长55.2%。三资企业已达8493家，占全省新增三资企业的40%以上。

(二)工业生产保持较快增长　钢、钢材、水泥、成品油、汽车、化纤、乙烯、塑料等主要工业产品产量继续增长。100项重大新产品开发项目，100项重点技术改造项目完成和超额完成计划。全年完成工业增加值1365.35亿元，比上年增长23.1%，占国内生产总值的53.5%。重工业发展快于轻工业。全省轻工业增加值626.15亿元，比上年增长20.9%；重工业增加值739.20亿元，比上年增长25.0%。主要工业产品产量均有不同程度的增长。同时，工业经济效益明显提高。1993年，全省乡及乡以上独立核算工业企业经济效益综合指数由上年的89.30提高到99.34。其中，资金利税率为10.58%，与上年持平；流动资金周转次数由上年的2.04次加快到2.21次；全员劳动生产率(按增加值计算)比上年增长43%。全省乡及乡以上工业企业利税总额达325.50亿元，比上年增长31.0%。产销衔接进一步好转，乡以上工业产销率由上年的93.67%提高到95.30%能源利用效益进一步提高，城镇以上工业企业万元产值综合能耗下降14.71%。建筑业迅速发展。1993年，全省完成建筑业增加值139.89亿元，比上年增长23.6%，占国内生产总值的5.5%。

(三)固定资产投资突出重点　全省固定资产投资注意改善结构，提高效益，突出重点，保证重点，为经济持续发展增添后劲。全社会完成固定资产投资1074.88亿元，比上年增长51.0%。其中，国有单位完成投资458.69亿元，比上年增长59.3%；城镇集体所有制单位完成投资100.28亿元，比上年增长81.6%；农村集体完成投资332.00亿元，比上年增长50.3%；城乡个体完成投资183.91亿元，比上年增长24.7%。全年国有单位基本建设和更新改造在建项目7591个，比上年减少841个。

在国有单位投资中，基本建设投资209.49亿元，比上年增长34.4%；更新改造投资141.39亿元，比上年增长50.8%；商品房建设投资99.09亿元，增长2.3倍。中央项目投资完成84.18亿元，比上年增长20.1%；地方项目投资完成374.52亿元，比上年增长71.9%。在更新改造投资中，用于增加品种、提高产品质量、节约能源、治理

“三废”的投资42.09亿元，比上年增长31.1%。

投资结构进一步优化。在国有单位投资中，第三产业投资262.23亿元，增长近1倍，所占比重由上年的46.1%上升到57.1%，其中交通、运输、邮电通讯业投资67.73亿元，增长59.3%；比工业投资增幅高33.7个百分点。

重点基础设施和基础工业项目建设取得重大进展。沪宁高速公路和宁连、宁通一级公路建设以及苏南运河整治全线展开，南京新机场、江阴长江公路大桥等重点工程前期工程进展顺利，204国道盐通段改建工程、南通船闸和高良涧船闸建造以及苏南路网改造一、二期工程均如期完成，全省在建的84个大中型基建及限额以上更新改造项目共完成投资66.0亿元，接近完成当年计划。全年建成投产的大中型基本建设项目10个，限额以上更新改造项目4个。

全省新增发电装机容量170万千瓦、港口年吞吐量964万吨，同时新增了民用航空设施及旅游宾馆等服务设施，为发展外向型经济配套并增强服务能力。

(四)城乡市场繁荣、稳定 市场货源充裕、购销两旺，消费品市场保持基本平稳。全年社会商品零售总额1074.27亿元，比上年增长33.9%(扣除价格因素，实际增长16.0%)。其中对居民的消费品零售额850.78亿元，增长36.1%，对社会集团的消费品零售额116.99亿元，增长47.4%；农业生产资料零售额106.50亿元，增长8.6%。

(五)外向型经济保持蓬勃发展势头 1993年，全省继续扩大对外开放，外向型经济保持蓬勃发展势头，并由南向北积极推进。

1.对外贸易稳定增长。全省进出口总额达87.00亿美元，比上年增长39.2%，其中：出口总额59.59亿美元，比上年增长27.6%；进口总额27.41亿美元，比上年增长73.4%。出口结构进一步优化，工业制成品出口有所上升。外商投资企业自营出口22.69亿美元，比上年增长73.6%，占全省出口总额的比重上升到38.1%。

2.利用外资规模进一步扩大。1993年，全省新签利用外资协议10289个。协议外资金额101.10亿美元，分别比上年增长24.3%和29.7%。全年新批外商投资企业10032家，合同外资金额100.56亿美元，分别比上年增长22.4%和30.8%。全省实际利用外资总额32.87亿美元，比上年增长90.9%，其中：外商实际投入资金30.02亿美元，增长1.14倍。外商投资规模扩大，水平提高，大项目增多，并开始涉足能源、交通、基础工业、高新技术以及第三产业等领域。

3.对外经济技术交流与合作发展迅速。1993年，全省新签对外承包、劳务合作项目418个，比上年增加155个，合同金额3.32亿美元，比上年增长52.9%。实际完成营业额2.59亿美元，比上年增长76.5%。新批海外非贸易企业210家。

(六)财政、金融情况较好 1993年，财政收入221.30亿元，比上年增长45.3%，增幅创历史最高水平。其中工商税收212.73亿元，比上年增长54.4%，涉外税收比上年增长125.8%。财政支出162.58亿元，增长29.2%。

金融形势逐步稳定。1993年，全省金融机构大力组织各项存款，到年底，全社会各项存款余额1797.33亿元，比年初增加369.34亿元；各项贷款余额1777.80亿元，比年初增加289.16亿元。

(七)科技教育和各项社会事业进步显著 全省实施省级以上“火炬计划”项目164项，“星火计划”项目170项，开发高新技术产品1984个。新批了三个国家级高新技术开发区。技术贸易额突破10亿元。全省共获省级科技进步奖368项。获国家发明奖1项，科技进步奖3项，“星火”奖6项。

全年专利申请量4170件；授权量3757件，比上年增长80.1%。科技队伍扩大。全省地方国有企业事业单位有各类专业技术人员121.33万人，比上年增长5.1%。普通教育事业继续发展。1993年全省普通高等学校招生人数增加，委培生和自费生招生人数已占全省招生总数的42%。小学和初中在校学生巩固率稳步提高，九年制义务教育的人口覆盖率达56.8%，比上年增长20个百分点。幼儿教育和对弱智、残疾儿童的特种教育也有所发展。以大力发展职业技术教育为主，加快了高中阶段教育的发展。全省扫除青壮年文盲56.5万人。成人教育和岗位培训发展较快。在部分市县推行城乡教育综合改革取得进展。发展了一批民办学校。加强了对重点院校和重点学科的建设。教育与经济、科技进一步结合，为经济建设服务的功能得到增强。文化、卫生、体育、新闻出版、民政环保等事业都有新的发展。

(八)城乡居民收入继续增加 全省城镇居民人均生活费收入为2526元，比上年增长30.4%，扣除价格因素，实际增长10.2%。农村居民人均纯收入1267元，比上年增长19.4%，扣除价格因素，实际增长3.0%。全省脱贫30万人。城乡住房条件进一步改善。农村自来水受益人数新增230万人。安置19万城镇待业人员就业。

二、经济运行特点

(一)经济运行的阶段性特征明显 1993年，江苏国民经济经历了一个由紧转松后又出现反弹的运行过程，呈现出明显的阶段性特征。上半年，在改革开放的推动和社会需求的拉动下，国民经济高速运行，生产、建设、流通、消费等都表现出了旺盛的增长势头，但财政金融形势严峻，“瓶颈”约束强化，通胀压力加大，使国民经济处于“过热”的边缘。下半年，针对经济生活中出现的矛盾和问题，按照国家加强和改善宏观调控的要求，控制信贷规模，整顿金融秩序，调整经济结构，加强物价管理，经济从过高的发展速度回落到比较稳定的水平上。经济发展中的不正常“热点”有所降温，“瓶颈”制约有所缓解，生产资料价格指数回落，投资规模得到控制，经济避免了过大的起伏和震荡。经济运行出现了积极的变化，向着健康方向发展。

(二)经济运行中市场机制作用日益增强 为加速建立社会主义市场经济体制，全省进一步加快了市场化改革的进程。以企业产权制度改革为突破口，对符合产业政策、条件较为成熟的国有企业积极稳妥地进行规范化股份制改造。全省共成立有限责任公司600家，股份有限公司104家，其中有6家公司的股票已在上海、深圳上市。在一部分国有企业中推进改、转、租、包、卖等多种形式的改革。在城镇集体企业和乡镇企业中大面积推进股份合作制，已实行股份合作制的乡镇企业近万家，促进了企业调整、改组和提高。市场体系建设步伐加快，消费品市场不断扩大，新建了一批多门类、多功能、辐射力强的骨干市场。生产要素市场有了较快发展，期货交易试点取得积极成果。各类市场中介组织的建设开始起步，经济多元化步伐加快，非国有经济比重上升。改革开放以来，江苏工业总产值中，国有经济比重由68.3％下降到29.9％。集体经济比重由38.5％上升到60.8％，其他经济类型由零增加到9.2％，社会商品零售总额中，其他经济类型已由1.89％增到30.3％。

市场化进程的加快，使市场机制在国民经济运行中的作用变得更大。目前，在全省工业生产中，中央和省一级指令性计划产品的产值在工业产值的比重不足10％；在全省物资供应中，计划分配部分比重约占10％左右；全省社会商品零售总额中，属于中央和省控制管理的部分占10％左右。

(三)外向型经济推动全省经济的加快发展 以发挥和培育外向型经济新优势为重点，“三外”工作由南向北全面推进，大力开拓国际市场，积极引进外资。全年全省新批三资企业10032家，实际直接利用外资30亿美元，增长1.1倍；外商投资规模扩大，水平提高，大项目增多。国有大中型企业利用外资“嫁接”改造，促进了企业经营机制转换，积极开展多种形式的招商引资活动。全年进出口净增额和增长幅度均创历史最高纪录。1993年，全省经济与世界经济的联系更加密切，使江苏省成为外商投资热点。

(四)经济运行质量有所提高 由于坚决贯彻国家宏观调控措施，以积极的态度适应调控，加大调整力度，走上了一条既符合宏观要求、又能搞活微观的新路子，使经济运行的质量有了提高。在调控过程中，集中力量保重点项目建设和重点企业的正常生产。淡化产值观念，强化效益导向，缓和了全省总供给与总需求之间的矛盾。经济效益有所提高，产业与产品结构有所改善。经济工作着力点从增加数量为主转向提高素质为主。批准建设了十大“星火”技术密集区。创办了一批民营科技企业，建设了一批农业综合试验示范基地和科技示范乡镇。加快了高新技术开发区、省级重点实验室和科技开发中试基地建设的步伐。

三、改革开放的重大举措

1993年，江苏采取一系列重要措施，加大改革力度，加快开放步伐，经济运行发生了积极变化，突出矛盾得到逐步缓解。

(一)全面贯彻国家宏观调控措施，坚持抓住发展机遇不放 在整顿金融秩序、改善投资结构、抑制物价上涨、缓解通胀压力、规范经济行为等方面采取了一系列措施，保证经济持续，快速向健康的方向发展。同时，继续牢固树立“发展是硬道理”的思想，坚持能快则快、又快又好。既要看到经济快速发展时乘势而上的机遇，又要看到宏观环境趋紧时也有发展机遇，关键在于因势利导，变困难为动力、扬长避短，增强经济的适应能力。

(二)在保持经济较快增长的基础上，注重提高经济运行质量 1993年，全省由单纯扩大生产规模转向注重经济发展的内涵，从单纯追求发展速度转向注重经济增长的质量，具体是三个“增强”：一是发展规模经济的意识明显增强，力求形成规模效益；二是产业协调发展的意识明显增强，下功夫抓重大基础设施、基础产业建设，改善投资环境；三是依靠科技进步的意识明显增强，努力增加经济增长的科技含量。为保证重点项目建设和重点企业的生产。在投资方面，对在建项目进行清理，缩短战线，攥紧拳头，加快重点项目建设进度，力争尽早投产达产，不留半拉子工程。对新上项目严格把关，注重向基础设施和基础产业倾斜。增加技改投资比重，上规模、上水平、上档次，提高附加值和科技含量。在调整企业组织结构方面，不少市县改变过去“船小好掉头”的观念，组建企业“小巨人”，产生“聚合”和“裂变”效应，形成规模效益，增强了市场竞争能力。在生产方面淡化产值观念，强化效益导向，不以产值排名次，更不以产值作为考核政绩的标准，注意提高经济增长的内在质量。

(三)充分发挥优势，进一步扩大对外开放 充分利用江苏省地处沿海和长江三角洲的有利条件，把扩大开放、加快发展外向型经济作用重要的战略措施来抓。坚持和加快了“三外”齐上，以提高出口创汇率，外资利用率、“三资”开业率和资金利税率为目标，全方位扩大开放。坚持多渠道开拓国际市场，调整出口产品结构。通过加快外贸体制改革，调动各方面出口创汇的积极性。大规模利用外资，大力发展三资企业，拓宽合作渠道，扩大外资利用规模，引进了一大批上规模、上水平的外商投资项目。对已办的重点外商投资项目，金融机构在中方股本金、流动资金贷款及外汇平衡方面进行倾斜和扶持，各部门主动搞好服务，保证企业正常运营，带动了外资投入的大幅度增长。注重发挥开发区在引进外资、扩大开放中的窗口作用，重点加强国家级开发区建设，按照高起点、新机制的要求，促使其进一步提高和发展。批准设立了一批省级经济开发区。

(四)针对经济运行中的突出问题，加大改革力度 对符合产业政策、条件比较成熟的国有企业积极稳妥地进行规范化股份制改造，成立了有限责任公司，股份有限公司。推行股份制试点的企业，由于强化了资产责任制，经营有了压力和动力，加上资金来源增多，对调整的应变和承受能力增强，发展优势较为明显。城镇集体企业和乡镇企业在确保集体资金保值增值的前提下，大面积推行股份合作制，加快产权制度改革，促进了企业调整、改组和提高。把市场建设放在重要位置上，不仅积极建设多门类、多功能、广辐射的骨干商品市场，而且重视建设要素市场，技术、劳动力、金融、外汇以及证券、产权、房地产等市场有了较快发展。投资领域推出的一些改革措施，对改善投资结构、增加筹资渠道、加强项目业主责任收到积极效果。价格改革、社会保障制度改革和政府职能转变也取得新的进展。

(五)围绕提高经济整体素质，大力发展科技、教育事业 1993年，全省狠抓“科技兴省”各项措施的落实，制定了全民独立科研机构深化科技体制改革等有关政策措施，推动科研院所走产业化道路。一批科研院所进入企业集团，参与或成为行业技术开发中心。按照“稳住一头，放开一片”的方针，重视加强基础性研究和重大科技攻关，开发了一批在国内外领先的科技成果。省级重点实验室和科技开发中试基地建设步伐加快。鼓励科研机构探索国有民营的发展模式，创办了一批民营科技企业。加强科技兴农工作，建设了一批农业综合试验示范基地和科技示范乡镇。推进高新技术产业化，全省认定181家高新技术企业和3000项省级科技新产品，批准建设10个“星火技术密集区”。与此同时，坚持把教育摆在优先发展的战略地位，大力推进教育与经济的结合。积极探索调整教育结构、搞好教育统筹的有效途径，逐步推行城乡教育综合改革。

(作者所在单位：中共江苏省委研究室)

江苏省国民经济综合指标发展概况

指　　标	单　位	绝　对　数					1993年为以下年%	
		1978年	1985年	1990年	1992年	1993年	1978年	1992年
一、基本情况								
1.土地面积	万平方公里					10.26		
2.行政市数	个		13	26	31	35		112.9
地级市	个		11	11	11	11		100.0
县级市	个		2	15	20	24		120.0
3.人口								
年底总人口数	万人	5834	6213	6767	6911	6967	119.4	100.8
男	万人	2950	3168	3443	3483			
女	万人	2884	3045	3323	3428			
出生率	‰	15.63	10.84	20.54	15.71	13.97	89.4	88.9
死亡率	‰	6.09	5.87	6.53	6.76	6.61	108.5	97.8
自然增长率	‰	9.54	4.97	140.10	8.95	7.36	77.1	82.2
4.从业人员数	万人	2777.7	3263.0	3690.4	3729.4	3743.3	134.8	100.4
城镇从业人员	万人					954.0		
国有经济单位	万人	366.4	468.8	536.9	562.7	576.3	157.3	102.4
集体经济单位	万人	215.1	305.4	323.4	313.8	293.6	136.5	93.6
联营经济单位	万人					15.0		
股份制经济单位	万人					9.6		
外商投资经济单位	万人					11.9		
港澳台投资经济单位	万人					8.5		
其他经济单位	万人					2.0		
私营企业	万人				2.6	7.0		269.2
个体	万人	1.6	11.9	23.6	21.0	30.1	1881.3	143.3
乡村从业人员	万人	2194.6	2468.7	2786.9	2801.7	2789.3	127.1	99.6
二、综合经济指标								
1.国内生产总值	亿元	249.24	651.54	1315.82	1971.60	2754.49	1105.2	139.7
第一产业	亿元	68.71	195.66	355.17	393.82	490.59	714.0	124.6
第二产业	亿元	68.71	334.45	692.59	1119.26	1598.05	2325.8	142.8
#工业	亿元	131.09			1017.94	1451.97	1107.6	142.6
建筑业	亿元				101.32	146.08		144.2
第三产业	亿元	49.44	121.43	268.06	458.52	665.85	1346.8	145.2
#运输邮电	亿元				91.43	130.39		142.6
商业	亿元				106.11	164.07		154.6
2.人均国内生产总值	元	430	1052	1953	2858	3958	920.5	138.5
三、投资								
1.全社会固定资产投资额	亿元		149.97	361.10	740.32	1117.16		150.9
#国有经济	亿元	20.70	80.43	129.78	280.61	397.76	1921.5	141.7
#基本建设投资	亿元	17.78	47.35	73.48	148.45	205.84	1157.7	138.7

续 表 1

指标	单位	绝对数					1993年为以下年%	
		1978年	1985年	1990年	1992年	1993年	1978年	1992年
更新改造投资	亿元	2.92	24.73	41.53	93.73	145.49	4982.5	155.2
其他固定资产投资	亿元		8.35	3.02	8.01	9.69		121.0
#集体经济	亿元		34.10	75.12	296.39	455.89		153.8
2.基本建设房屋建设								
房屋施工面积	万平方米	880.0	1748.2	1106.7	1599.9	1665.2	189.2	104.1
#住宅	万平方米	359.9	851.5	399.3	568.0	452.3	125.7	79.6
房屋竣工面积	万平方米	466.0	818.5	566.8	779.3	863.0	185.2	110.7
#住宅	万平方米	213.7	449.1	217.9	321.7	280.3	131.2	87.1
四、财政收支								
地方财政收入	亿元	61.09	87.81	134.32	152.31	220.25	360.5	144.6
地方财政支出	亿元	28.38	50.53	99.09	125.86	157.02	553.3	124.8
五、物价指数(上年=100)								
1.全社会零售物价总指数	%		109.2	102.3	104.8	115.4		
#消费品	%		109.4	102.3	105.1	115.9		
食品类	%			102.0	107.1	116.6		
衣着类	%			107.9	103.8	111.9		
日用品类	%			102.7	101.6	108.8		
文化娱乐用品类	%			96.0	95.1	100.5		
书报杂志类	%			103.7	102.2	102.6		
药及医疗用品类	%			103.9	110.6	108.7		
建筑装潢材料类	%			99.7	105.1	132.9		
燃料类	%			113.2	114.2	151.2		
2.居民消费价格指数	%		109.5	103.2	106.6	118.2		
城镇居民	%		109.6	103.4	108.8	118.7		
农民	%		109.4	103.0	104.4	117.3		
3.固定资产投资价格指数	%				112.1	138.8		
六、居民生活								
1.居民消费水平	元	187	466	841	1043			
农业居民	元	143	410	703	835			
非农业居民	元	507	765	1354	1781			
2.职工平均工资	元	513	1135	2129	2800	3613	704.3	129.0
国有经济单位	元	563	1211	2331	3057	3892	691.3	127.3
城镇集体经济单位	元	432	1015	1776	2292	2937	679.9	128.1
其他经济单位	元			2444	3370	4434		131.6

续 表 2

指　　标	单　位	绝对数					1993年为以下年%	
		1978年	1985年	1990年	1992年	1993年	1978年	1992年
3.劳动力负担人数								
每一农村劳动力	人	2.10	1.60	1.49	1.50	1.47	70.0	98.0
每一城镇就业者	人	1.95	1.67	1.67	1.67	1.67	85.6	100.0
4.收入(平均每人)								
农村居民家庭纯收入	元	115.00	492.60	959.06	1060.71	1266.87	1101.6	119.4
城镇居民家庭								
生活费收入	元	288.00	765.80	1463.79	1937.35	2525.80	877.0	130.4
5.居住面积(平均每人)								
农村住户住房面积	平方米		14.70	17.20		24.53		
城镇居民家庭住房面积	平方米	6.10	7.20	9.06	10.00			
七、国际旅游								
1.接待旅游人数	万人次			72.48	80.84			
#外国人	万人次			21.92	37.31			
2.旅游外汇收入	万元			33837	60960	74093		121.5
商品性收入	万元			15214	27536	26963		97.9
劳务性收入	万元			18624	33424	47130		141.0
3.涉外饭店数	个			44	55	72		130.9
#国有单位	个			34	41	54		131.7
中外合资	个			5	6	7		116.7
集体单位	个			2	3	6		200.0
八、工商企业基本情况								
企业数	万户		37.4	40.4	49.4	61.5		124.5
从业人员	万人		1425.4	1719.6	2024.7	2342.6		115.7
注册资金	亿元		691.5	1150.3	1892.1	2811.3		148.6
国有企业								
企业数	万户	0.4	3.5	5.1	7.3	9.8	2279.1	134.2
从业人员	万人	168.0	329.3	399.2	534.1	565.8	336.9	105.9
注册资金	亿元	131.5	327.3	548.0	895.4	1178.1	895.8	131.6
集体企业								
企业数	万户	5.8	33.7	34.7	41.3	50.5	866.2	122.3
从业人员	万人	391.6	1075.2	1228.6	1403.8	1664.5	425.0	118.6
注册资金	亿元	75.5	351.0	535.7	866.4	1396.0	1849.0	161.1
联营及其他企业								
企业数	户		2265	5937	7846	11651		148.5
从业人员	万人		20.9	81.8	86.7	112.3		129.5
注册资金	亿元		13.2	66.6	130.3	237.1		182.0
私营企业								
户数	户			3829	5984	12779		213.6
从业人员	万人			5.9	8.7	17.3		198.9
注册资金	亿元			2.6	6.7	17.1		255.2

江苏省固定资产投资和建筑业

指　　　标	单　位	绝　　对　　数			1993年为1992年 %（上年=100）	1993年本省占全国比重（%）
		1990年	1992年	1993年		
一、固定资产投资						
1.全社会固定资产投资	亿元	361.10	740.32	1117.16	150.9	9.0
国有经济	亿元	129.78	280.61	397.76	141.7	5.2
集体经济	亿元	75.12	296.39	455.89	153.8	20.4
联营经济	亿元			6.48		11.6
股份制经济	亿元			11.94		5.1
中外合资经营	亿元			35.35		8.1
中外合作经营	亿元			1.03		1.4
外资	亿元			5.72		11.6
港澳台与大陆合资经营	亿元			21.25		16.3
城乡个人	亿元	156.21	163.32	177.49	108.7	12.0
其他经济	亿元			0.96		4.7
2.基本建设投资	亿元	73.48	148.45	205.84	138.7	4.5
#农林牧渔业	亿元	1.92	3.49	0.94	26.9	2.0
采掘业	亿元			3.79		1.1
制造业	亿元	41.49	68.73	44.58	64.9	5.0
电力、煤气及水电生产和供应业	亿元			33.48		4.4
建筑业	亿元	0.22	0.67	9.95	1485.1	8.7
交通运输、仓储和邮电通讯业	亿元	11.35	23.75	26.17	110.2	2.9
批发、零售贸易和餐饮业	亿元	2.05	9.92	15.33	154.5	7.5
2.施工项目						
基本建设	个		4031	3843		4.2
更新改造	个	3242	4398	4478	101.8	6.9
3.新增固定资产						
基本建设	亿元		99.73	154.33		5.6
更新改造	亿元	36.96	76.77	109.44	142.6	7.1
二、建筑业						
施工企业个数	个	339	427	766	179.4	3.6
年末从业人员数	万人	40.60	49.77	63.14	126.9	5.5
自有机械设备总功率	万千瓦		139.0	211.7		4.3
总产值	万元	512520	960608	1946716	202.7	6.0
#建筑工程产值	万元	468311	898724	1671705	213.1	5.9
安装工程产值	万元			243033		7.2
增加值	万元	584600	1013200	485581	47.9	5.8
企业总收入	万元		917699	1918619		6.0
施工房屋建筑面积	万平方米	1769.4	2738.2	3879.1	141.7	5.9
竣工房屋建筑面积	万平方米	971.4	1284.0	1869.1	145.6	6.5
企业利税总额	万元	26779	49369	96645	195.8	6.0

江苏省利用外资及外资企业情况

指　　标	单位	绝对数 1990年	绝对数 1992年	绝对数 1993年	1993年为1992年%（上年=100）	1993年本省占全国比重（%）
一、利用外资						
1.对外签订利用外资协议项目	个	393	7854	10257	130.6	12.3
对外借款	个					
外商直接投资及其他	个	393	7854	10257	130.6	12.3
2.对外签订利用外资协议项目金额	万美元	29589	717705	1084308	151.1	8.8
对外借款	万美元	366				0.0
外商直接投资及其他	万美元	29223	717705	1084308	151.1	9.7
3.实际利用外资额	万美元	24769	146324	284371	194.3	7.3
对外借款	万美元	11372				0.0
外商直接投资及其他	万美元	13397	146324	284371	194.3	10.2
4.外商直接投资协议投资额	万美元	27712	769010			
农林牧渔业	万美元	75	2844			
工业	万美元	27077	507482			
建筑业	万美元	40	3233			
运输邮电业	万美元	69	6818			
商业饮食业物资供销业	万美元		6562			
房地产管理、公用事业服务业	万美元	417	221288			
其他	万美元	34	20783			
二、外国及港澳台在华投资企业情况						
年末企业数	个	1036	8898	18082	203.2	1.1
合资经营	个	956	8049	16234	201.7	15.1
合作经营	个	48	318	752	236.5	3.0
独资经营	个	32	331	1096	331.1	3.2
从业人员	人	187468	1199954	2224921	185.4	12.3
#外方	人	2239	22556	47327	209.8	8.2
投资总额	万元	1153516	1595853	3243022	203.2	8.5
注册资本	万元	648587	1011108	2036040	201.4	8.3
#外方	万元	271665	462616	995272	215.1	6.6
三、外商投资企业出口额	**亿美元**	**1.93**	**8.02**	**22.68**	**282.8**	**9.0**

江苏省农村经济

指标	单位	绝对数			1993年为1992年%（上年=100）	1993年本省占全国比重（%）
		1990年	1992年	1993年		
一、基本情况						
1.乡镇个数	个	1913	2021	2012	99.6	4.2
村民委员会	个	36130	36117	36096	99.9	4.5
乡村人口数	万人	5361.8	5388.8	5353.3	99.3	5.9
2.乡村劳动力	万人	2786.9	2801.7	2789.3	99.6	6.3
#农林牧渔业	万人	1714.5	1691.7	1625.9	96.1	4.9
工业	万人	520.7	523.3	537.0	102.6	14.7
建筑业	万人	196.3	198.5	207.6	104.6	11.0
交通运输业和邮通讯业	万人	70.9	75.6	82.7	109.4	10.3
批发、零售贸易业、餐饮业及仓储业	万人	50.5	57.0	63.2	110.9	6.7
3.耕地面积	千公顷	4557.9	4521.9	4495.2	99.4	4.7
4.农作物播种面积	千公顷	8259.2	8234.8	8032.3	97.5	5.4
#谷物	千公顷			5413.7		6.1
油料	千公顷	833.7	598.9	593.0	99.0	5.3
棉花	千公顷	858.2	673.4	517.7	76.9	10.4
5.农业现代化水平						
农业机械总动力	万千瓦	2004.8	2016.1	2081.8	103.3	6.5
乡、村办水电站个数	个	12	42	14	33.3	0.03
乡、村办水电站发电能力	万千瓦	0.1	0.2	0.7	350.0	0.1
农村用电量	亿千瓦小时	105.3	146.5	169.2	115.5	13.6
农用化肥施用量	万吨	221.8	246.9	249.7	101.1	7.9
灌溉面积	千公顷	3970.9	3856.5	3823.9	99.2	7.8
6.农民家庭平均每户生产性						
固定资产原值	元	840.7	1284.5	1485.0	115.6	76.1
#农林牧渔业机械	元	168.7	232.0	317.1	136.7	90.6
工业机械	元	27.6	53.4	42.8	80.2	63.7
运输机械	元	159.7	169.5	232.0	136.9	73.1
7.农林牧渔业总产值	亿元	538.9	619.0	875.4	111.4	8.0
农业	亿元	321.2	356.8	518.6	106.3	7.9
林业	亿元	7.9	9.9	14.6	124.1	3.0
牧业	亿元	160.5	188.4	236.8	113.9	7.9
渔业	亿元	49.4	63.9	105.4	134.8	12.0

注：本表价值量指标除农业产值指数按可比价格计算外，其它均按当年价格计算。

续 表 1

指 标	单位	绝对数			1993年为1992年%(上年=100)	1993年本省占全国比重(%)
		1990年	1992年	1993年		
二、主要农产品产量						
粮食	万吨	3230.8	3297.8	3191.8	96.8	7.0
谷物	万吨			3018.5		7.4
#稻谷	万吨	1708.5	1728.2	1680.0	97.2	9.5
小麦	万吨	923.7	1006.1	941.9	93.6	8.9
玉米	万吨	230.2	219.4	260.0	118.5	2.5
棉花	万吨	46.4	52.7	42.9	81.4	11.5
油料	万吨	112.4	127.3	125.7	98.7	7.0
水果	万吨	49.3	56.6	71.3	126.0	2.4
猪、牛、羊肉	万吨	158.4	172.4	179.2	103.9	5.6
奶类	万吨	8.9	11.9	11.4	95.8	2.0
禽蛋	万吨	89.7	111.7	132.4	118.5	11.2
水产品	吨	1182549	1346867	1572600	116.8	0.9
海水产品	吨	338540	422769	467400	110.6	0.4
淡水产品	吨	844009	924898	1105200	119.5	1.5
三、乡镇企业基本情况						
企业单位数	万个	11.3	10.8	98.5	912.0	4.0
#乡办企业	万个	3.5	3.5	3.6	102.9	8.3
村办企业	万个	7.8	7.3	7.7	105.5	6.2
从业人员	万人	672.9	695.0	947.4	136.3	7.7
乡办企业	万人	381.7	401.3	412.0	102.7	14.3
村办企业	万人	291.2	293.7	301.5	102.7	10.4
营业收入	万元			32837640		18.8
利润总额	万元			1102643		10.1
#应交所得税	万元			253177		15.1
实交各种税金	万元	445032	855808	841921	98.4	13.0
利税总额	万元			2248494		12.6
工资总额	万元	732250	1309750	1747901	133.5	13.2
固定资产净值平均余额	万元			5289712		14.0
流动资产年平均余额	万元			11159456		19.9
本年银行(信用社)贷款余额	万元	1533786	2808796	5971547	212.6	19.9
每百元固定资产原值实现利润	元	4.3	10.4	13.4	128.8	63.2
每百元资金实现利润	元			6.7		57.8
每百元资金实现利税	元	8.1	11.1	13.7	123.4	72.1
每百元营业收入实现利润	元			3.4		54.0
每百元固定资产原值实现营业收入	元			398.6		118.1
每百元营业收入占用流动资金	元			34.0		105.3

注：乡镇企业经济效益指标″1993年本省占全国比重″是″本省为全国平均数百分比″。

江苏省工业经济

指　　标	单　位	绝　对　数			1993年为1992年 %（上年=100）	1993年本省占全国比重（%）
		1990年	1992年	1993年		
一、基本情况						
1.企业单位数						
#独立核算工业企业	个	37489	37129	39497	106.4	8.8
按经济类型分						
国有企业	个	3743	3767	3962	105.2	4.9
集体企业	个	33265	32317	32558	100.7	9.4
按轻重工业分						
轻工业企业	个	19777	19400	20120	103.7	8.6
重工业企业	个	17712	17729	19377	109.3	8.6
按规模分						
大型企业	个	267	223	269	120.6	6.0
中型企业	个	970	1373	1607	117.0	11.3
小型企业	个	36252	35533	37621	105.9	8.5
2.工业总产值						
#独立核算工业企业	亿元	2061.29	3352.73	4888.59	135.8	12.3
按经济类型分						
国有工业	亿元	921.67	1274.76	1599.45	109.8	7.2
集体工业	亿元	1045.31	1819.21	2666.56	139.4	22.4
按轻重工业分						
轻工业	亿元	1133.11	1672.37	2304.30	133.4	14.5
重工业	亿元	928.18	1680.36	2584.30	138.4	10.9
按规模分						
大型企业	亿元	438.88	623.35	892.64	128.5	6.1
中型企业	亿元	432.85	816.48	1197.49	133.3	16.0
小型企业	亿元	1189.56	1912.90	2798.47	139.0	16.0
二、独立核算工业企业主要指标						
工业增加值	亿元			1239.90		9.7
资本金	亿元			1476.18		7.2

续 表 1

指 标	单 位	绝 对 数			1993年为1992年 %（上年=100）	1993年本省占全国比重（%）
		1990年	1992年	1993年		
流动资产	亿元			2145.87		8.7
长期投资	亿元			158.24		8.9
固定资产原值	亿元	992.65	1408.06	1881.54	133.6	7.3
固定资产净值	亿元	725.84	1020.46	1402.39	137.4	7.6
无形及递延资产	亿元			56.63		4.9
流动负债	亿元			1952.01		8.6
长期负债	亿元			729.46		7.1
所有者权益	亿元			1288.87		8.0
产品销售收入	亿元	1755.80	2886.89	4225.16	146.4	11.1
产品销售成本	亿元	1562.28	2491.59	3500.86	140.5	11.7
产品销售税金及附加	亿元			174.92		7.5
产品销售利润	亿元			414.76		9.6
利润总额	亿元	50.12	101.38	141.88	139.9	8.9
利税总额	亿元	161.30	248.42	316.80	127.5	8.1
三、主要工业产品产量						
化学纤维	万吨	40.76	55.09	64.02	116.2	28.2
纱	万吨	69.46	55.88	71.27	127.5	14.2
布	亿米	28.91	29.04	30.19	104.0	14.7
糖	万吨					0.0
机制纸及纸板	万吨	74.82	88.75	81.68	92.0	3.9
家用电冰箱	万台	36.64	16.54	17.90	108.2	3.0
电视机	万台	490.61	602.60	526.63	87.4	17.4
#彩色电视机	万台	83.18	169.66	168.91	99.6	11.8
家用洗衣机	万台	8.77	28.65	54.46	190.1	6.1
原煤	亿吨	0.24	0.25	0.25	100.0	2.2
原油	万吨	88.00	91.60	94.60	103.3	0.7
发电量	亿千瓦小时	404.47	481.15	536.84	111.6	6.4
钢	万吨	190.18	270.78	314.39	116.1	3.5
成品钢材	万吨	203.01	387.51	466.02	120.3	6.0
水泥	万吨	1532.89	2275.59	2660.50	116.9	6.6
平板玻璃	万重量箱	323.96	379.18	490.53	129.4	4.4
金属切削机床	万台	1.59	2.78	3.80	136.7	14.5
汽车	万辆	4.63	10.10	12.43	123.1	9.5

江苏省运输和邮电

指　　标	单位	绝对数 1990年	绝对数 1992年	绝对数 1993年	1993年为1992年%（上年=100）	1993年本省占全国比重（%）
一、运输业						
1.全社会货运量	万吨			56597		5.1
国家铁路	万吨			4344		2.8
地方铁路	万吨					0.0
公路	万吨	27547	37414	35060	93.7	4.2
水运	万吨	12164	15630	17193	110.0	17.6
2.全社会货物周转量	亿吨公里			873		2.9
国家铁路	亿吨公里			346.5		2.9
地方铁路	亿吨公里					0.0
公路	亿吨公里	154.3	194.7	235.1	120.7	5.8
水运	亿吨公里	198.9	281.5	291.4	103.5	2.1
3.运输工具拥有量						
民用汽车拥有量	万辆	27.7	35.3	41.13	116.5	5.0
载客汽车	万辆	9.6	13.1	16.24	124.0	5.7
载货汽车	万辆	17	20.7	23.76	114.8	4.7
其他机动车	万辆			9.62		10.6
民用运输船舶拥有量						
机动船	艘	131694	118793	123619	104.1	40266.8
驳船	艘	34359	30191	26348	87.3	40.4
帆船	艘	921				0.0
二、邮电通讯业						
1.邮电通信网路						
邮电局、所	（处）	2983	2984	2981	99.9	5.2
邮路及农村投递线路总长度	公里	290254	292757	295088	100.8	5.7
长话电路	路	10375	26961	47933	177.8	11.4
电报电路	路	923	1030	1059	102.8	8.0
2.通信工具拥有量						
传真机	部	609	829	902	108.8	7.3
市话交换机容量	门	814512	1445372	2579658	178.5	8.5
电话机	部	899433	1504899	2195473	145.9	8.4
长途直拨有权用户	户	62124	524183	1058929	202.0	9.5
#直拨国际及港澳用户	户	4614	58214	212762	365.5	4.5
市内电话	户	316144	656410	1031131	157.1	7.3
#私人和个体工商户	户	51443	239153	545690	228.2	8.1
#住宅电话	户	85666	338382	663470	196.1	8.3
无线寻呼电话用户	户	19725	88278	298122	337.7	5.3
移动电话用户	户	352	985	23842	2420.5	3.7
3.邮电业务总量	亿元	50516.1	203946	345100	169.2	7.5

注：邮电业务总量1990年为1980年不变价，1992、1993年为1990年不变价。

江苏省国内商业和城乡居民生活

指　　标	单　位	绝　对　数			1993年为1992年 %（上年=100）	1993年本省占全国比重（%）
		1990年	1992年	1993年		
国内商业						
一、社会商业商品购、销、存总额						
1. 国内纯购进总额	亿元	761.9	1265.8	1621.4	128.1	13.2
工业品	亿元	579.6	1058.1	1393.0	131.7	14.5
农村产品	亿元	173.3	193.9	202.3	104.3	8.1
2. 国内纯销售总额	亿元	687.2	956.3	1272.6	133.1	9.9
3. 年末库存总额	亿元	299.6	322.8	326.5	101.1	8.8
二、社会商品零售总额	**亿元**	**549.06**	**802.54**	**1040.42**	**129.6**	**7.7**
1. 按用途分						
消费品	亿元	515.43	704.52	934.66	132.7	7.6
售给居民	亿元	464.79	625.16	818.90	131.0	7.5
售给社会集团	亿元	50.64	79.36	115.76	145.9	8.4
农业生产资料	亿元	83.62	98.02	105.76	107.9	7.8
2. 按经济类型分						
国有经济单位	亿元	200.66	292.81	388.78	132.8	7.2
集体经济单位	亿元	267.88	325.96	399.42	122.5	11.2
合营	亿元	1.16	3.12	5.22	167.3	4.5
个体	亿元	81.51	113.49	156.40	137.8	5.1
农民对非农业居民零售	亿元	47.84	67.17	90.60	134.9	6.3
城乡居民生活						
一、城镇居民家庭						
1. 平均每人生活费收入	元	1463.79	1937.35	2525.80	130.4	108.1
2. 平均每人生活费支出	元	1338.66	1769.36	2310.51	130.6	109.5
3. 平均每百户年底主要消费品拥有量						
洗衣机	台	85.81	90.35	94.86	105.0	109.8
电冰箱	台	48.09	58.51	61.48	105.1	108.5
摩托车	辆	1.90	1.81	3.23	178.5	91.5
彩色电视机	台	51.46	69.58	74.94	107.7	94.3
二、农民家庭						
1. 平均每人纯收入	元	959.06	1060.71	1266.87	119.4	137.5
2. 平均每人生活消费支出	元	787.01	953.44	1058.83	111.1	137.6
3. 平均每百户耐用消费品拥有量						
洗衣机	台	15.03	20.18	22.32	110.6	161.5
电冰箱	台	1.53	3.50	5.44	155.4	178.4
摩托车	辆	1.50	2.06	3.85	186.9	179.9
彩色电视机	台	6.24	10.79	15.00	139.0	138.1

江苏省效益指标

指　　标	单　位	绝　对　数			1993年比1992年增减	
		1990年	1992年	1993年	绝对数	%
平均每一社会从业者创造的国民生产总值	元	3585	5310	7373	2063.0	38.9
平均每一农林牧渔业劳动者提供的						
农林牧渔业产值	元	3360.8	3525.2	5277.1	1751.9	49.7
粮食产量	公斤	1860.3	1880.0	1924.2	44.2	2.4
棉花产量	公斤	26.7	30.0	25.9	-4.1	-13.7
油料产量	公斤	64.7	72.6	75.8	3.2	4.4
猪牛羊肉产量	公斤	91.2	98.3	108.0	9.7	9.9
水产品产量	公斤	68.1	76.8	94.8	18.0	23.4
独立核算工业企业主要经济效益指标						
工业增加值率	%		22.44	25.36	2.9	
每百元固定资产原价实现的利税	元	16.25	17.64	16.84	-0.8	-4.5
资金利税率	%	12.74	10.59	10.17	-0.4	
产值利税率	%	7.83	7.41	6.48	-0.9	
每百元销售收入实现的利润	元	2.85	3.51	3.36	-0.1	-4.3
工业成本费用利润率	%	3.21	4.07	3.36	-0.7	
流动资产周转次数	次	3.25	2.04	2.22	0.2	8.8
每公里公路负担货运量	吨	11120	13194	13746	552.3	4.2
每公里公路负担货物周转量	万吨公里	62.29	76.88	92.18	15.3	19.9
基本建设固定资产交付使用率	%	127.35	67.18	75.00	7.8	
更新改造固定资产交付使用率	%	89.00	81.91	75.20	-6.7	
建筑业劳动生产率						
按总产值计算	元		22151	27955	5804.0	26.2
按增加值计算	元		6190	6973	783.0	12.6
建筑业产值利税率	%		4.7	5.0	0.3	
单位工程优良品率	%	38.6	42.5	30.5	-12.0	
建筑业技术装备率	元/人	2085	2533	7774	5241.0	206.9
建筑业动力装备率	千瓦/人	3.2	3.2	3.5	0.3	9.4

江苏省人均指标

指标	单位	1990年	1992年	1993年	1993年比1992年	
					增长量	增长率
国内生产总值	元	1953	2845	3958	1113	39.1
农业总产值	元	873	979	1262	282	28.8
工业总产值	元	4156	6795	10227	3432	50.5
职工平均工资	元	2129	2800	3613	813	29.0
居民消费水平	元	841	1043		134	8.2
农民	元	703	835		92	7.7
非农业居民	元	1354	1781		262	7.7
年末实有耕地面积	公顷	0.08	0.07	0.06	-0.01	-14.3
粮食产量	公斤	485.7	479.5	460.0	-19.5	-4.1
棉花产量	公斤	6.98	7.66	6.18	-1.48	-19.3
油料产量	公斤	16.9	18.5	18.1	-0.4	-2.2
水果产量	公斤	7.4	8.2	10.3	2.1	25.6
猪牛羊肉产量	公斤	23.8	25.1	25.8	0.7	2.8
水产品产量	公斤	17.8	19.6	22.7	3.1	15.8
钢产量	公斤	28.6	39.4	45.3	5.9	15.0
布产量	米	43.5	42.2	43.5	1.3	3.1
邮电业务总量	元	15.0	29.7	49.7	20.0	67.3
社会消费品零售额	元	774.9	1024.4	1347.0	322.6	31.5
每万人口高等学校在校学生数	人	22.1	22.2	26.0	3.8	17.1
每万人口中等专业学校在校学生数	人	21.0	21.7	227.6	205.9	948.8
每万人口中学在校学生数	人	424.0	428.4	423.7	-4.7	-1.1
每十万人口医院数	人	3.7	3.6	3.6	0.0	0.0
每万人口医生数	人	14.9	15.4	15.3	-0.1	-0.6

注：1.国内生产总值指标1990年为国民生产总值数据。

2.居民消费水平增长量和增长率为1992年同1991年之比。

浙江省抓住机遇加快经济发展

浙江省政府办公厅信息处供稿

1993年，是浙江省抓住机遇，加快发展的一年，也是在加强宏观调控过程中国民经济保持稳定增长的一年。通过深入贯彻邓小平同志重要谈话和党的十四大精神，经过全省人民的共同努力，各方面工作取得了新的成绩。经济快速增长，国民经济的主要任务，绝大部分已经完成和超额完成。国内生产总值预计达1645亿元，比上年增长25%，提前七年实现了翻两番的目标。

一、国民经济保持持续、快速、健康发展的良好势头

(一)农业和农村经济经受了放开粮食购销价格的重大考验，并以此为契机加快了结构调整步伐 “一优两高”农业得到发展，粮食总产量达到1436.2万吨，水产、蔬菜、水果比上年增产。农村一、二、三产业全面发展，特别是乡镇企业发展上了一个台阶，乡镇工业在全省工业中的比重已由56%提高到65%，销售产值达2389.52亿元，比上年增长76.21%。

(二)工业生产保持高速增长，运行质量有所提高 工业增加值达870亿元，比上年增长40%。乡及乡以上独立核算工业企业实现了产值、销售、利税增长三同步，分别比上年增长46.9%、52%和42.5%。企业技术改造步伐加快，投入资金124亿元，比上年增长一倍以上，工业技术和装备水平有所提高。

(三)外贸、外资、外经全面发展，开放型经济取得新成就 全省外贸出口44.39亿美元，比上年增长19.9%，一般贸易和市地县自营出口的增长率在全国名列前茅。新批外商投资企业4487家，协议利用外资37.46亿美元，实际利用外资10.33亿美元，分别为上年的191.9%、128.8%和351.3%，绝对值均超过前十四年的总和。对外经济技术合作更加活跃，国际旅游业也有了发展。

(四)基础设施建设力度加大，重点建设进展情况良好 全社会固定资产投资完成600亿元，比上年增长66.2%。萧山电厂12.5万千瓦机组、杭嘉湖南排工程南台头闸等12个计划投产的重点项目建成发挥效益；金温铁路、杭甬高速公路、北仑20万吨级矿石码头等重点工程已进入施工高潮。邮电通信事业在全国处于领先地位，8项光缆工程建成试运行，各县市全部开通了程控电话和移动电话。特别是改革投资体制，推行“四自”方针(自行筹资、自行建设、自行管理、自行还贷)，建设交通等基础设施取得了实质性进展。去年是交通建设投入资金最多的一年，初步统计约25.2亿元，其中“四自”工程10.2亿元。水利建设迈出新步伐，国家、集体和农民投入资金9亿元，投工3.6亿个。通过有偿出让国有土地使用权、推进住房商品化和吸引农民进城投资等，加快了城市、城镇的建设和改造。

(五)财政和金融状况有所改善，城乡市场繁荣 全省完成财政收入166.65亿元，比上年增长38.6%，为年度预算的128.2%。金融机构年末存款比上年增加279.82亿元，其中城乡居民储蓄增加150.14亿元。城乡市场活跃，商品货源充足，社会消费品零售总额678.37亿元，比上年增长37.4%。在经济发展的基础上，人民生活进一步改善。城镇居民人均生活费收入3371元，农民人均纯收入1746元，扣除物价上涨因素，分别比上年增长15%和9.5%。

二、围绕创造良好经济环境，实施宏观调控，推进改革开放，发展科技教育

(一)坚持从浙江实际出发，认真贯彻中央加强宏观调控的重大决策 针对经济快速增长过程中出现的一些新问题，在学习中央精神，统一思想认识的基础上，认真整顿金融秩序，严肃金融纪律；集中力量保重点，加强对固定资产投资的调控；强化财政税收管理，压缩财政赤字；加强房地产市场管理，清理和规范各类开发区。宏观调控取得了积极成效。金融形势日趋稳定。财税秩序逐步规范。投资规模得到一定控制，结构有所改善。全省主要农副产品收购没有打“白条”。重点建设项目所需资金和重点企业所需流动资金到位较好。

在实施宏观调控中，我们坚持从浙江实际出发，注意把握好宏观调控的力度，注意用深化改革的办法来解决经济生活中出现的问题，使全省经济保持了持

续、快速、健康发展的势头。为了培植新的经济增长点，为进一步发展积蓄力量，我们先后对城市建设、海洋开发、山区发展以及老少边穷地区的扶贫等问题作了研究和部署，还制定了交通、电力等方面的发展规划，进一步完善了经济布局和产业结构调整的思路。

(二)围绕建立社会主义市场经济体制，不断推进改革开放 认真贯彻《全民所有制工业企业转换经营机制条例》，省政府制定颁发了《实施办法》。在落实企业自主权的同时，以产权制度改革为突破口，推动企业改革向纵深发展。对一批大中型国有和集体企业实行了股份制改造。在城乡集体企业中较大范围地推行了股份合作制。在工业和商业小型企业中加快了租赁、兼并、拍卖以至破产等试点。吸引外资"嫁接"改造了约800家企业。全省已批准设立了规范化股份有限公司126家，其中8家已在上海、深圳上市；有限责任公司1067家，通过兼并、参股等形式，新组建企业集团约200家。

加速市场体系的培育和完善。全省已有各类商品交易市场4300多个，形成了一批大型专业批发市场，年成交额1亿元以上的已达107个，其中超10亿元的有10个。集中交易的生产资料市场290个，年初提出组建的12个省级大型生产资料市场已有9个投入实际建设和运行。期货交易市场开始起步，技术、信息、人才、劳动力、房地产等要素市场日趋活跃。在培育市场的同时，加强了对市场的管理，打假治劣，制止不正当竞争，一些不规范的市场行为得到了一定程度的遏制。

社会保险制度改革逐步深入。全省普遍实行了在职职工个人缴纳基本养老保险费办法，温州、台州等地已开始在乡镇企业职工和个体工商户中推行一体化养老保险；有32个县市开展了农村社会养老保险试点。失业保险范围已扩大到城镇各类企业职工以及由城镇到乡镇企业工作的人员。各市县经省批准均已开始实施住房制度改革方案。机关企事业单位公费医疗制度改革也迈出了新的步子。

进一步深化农村改革。放开粮食购销价格，发展股份合作制，推进适度规模经营，扶持发展"龙头"企业，完善社会化服务体系，进行异地脱贫试点，增强了农村经济的活力和后劲。

努力提高对外开放度。经国务院批准，设立了杭州、萧山两个国家级经济技术开发区和大榭岛综合成片开发项目。在清理、整顿和规范的基础上，省政府新批准设立了一批省级经济开发区。组织多次较大规模的对外招商活动，扩大与国外友好城市和各界人士的合作与交流，取得了一批实质性成果。

(三)积极实施科教兴省战略，推动科技教育更好地为经济建设服务 围绕科技体制改革、技术市场建设、鼓励科技进步等问题，省政府先后出台了一批政策性文件，各地也采取了一系列相应的措施。科技人员积极性进一步调动，科研单位自我发展的能力和为经济建设服务的能力有了提高。技术市场发展迅速，技术交易额成倍增加。实施"攻关计划"、"火炬计划"、"星火计划"，发展高新技术，改造统计产业等有了新的进展，共评出省级科技进步奖297项，"星火"奖49项，一批科技成果应用于生产取得了明显效益。

积极贯彻《中国教育改革和发展纲要》，进一步明确我省教育改革、发展的思路和目标，在深化教育体制改革，调整教育和教学结构，依靠全社会办教育，增加教育投入，加强师资队伍建设等方面取得了新的进展。九年义务教育实施面已扩大到74.5%的乡镇和占人口总数83.1%的地区；扫除青壮年文盲9.6万人，有17县市(区)通过了省级首批基本普及九年义务教育和基本扫除青壮年文盲县的检查验收。各类中等职业技术学校和普通高校招生分别比上年增长37.6%和31%；对400余万人进行了各种形式的岗位技术培训。

三、对外经济贸易取得新发展

1993年，浙江省对外经贸系统按照省委、省政府和外经贸部的部署，树立"大经贸"的观念，坚持外贸、外资、外经工作一起抓，全省对外经济贸易取得了新的进展。

(一)外贸进出口持续快速增长 据统计，1993年全省外贸进出口总额61.11亿美元，比上年增长31.3%。外贸出口44.39亿美元，超额完成计划任务，比上年增长19.9%，保持了较高的增长势头。其中：省级外贸公司出口19.98亿美元，基本与上年持平；市地外贸(包括自营出口的生产企业)自营出口15.87亿美元，增长43.1%；三资企业出口8.54亿美元，增长64.5%。一般贸易出口比上年增长14.2%，增长率名列全国前茅。外贸企业经济效益也比较好，实现了出口创汇与经济效益的同步增长。1993年全省外贸出口总运量达143万吨。进口到货完成16.72亿美元，比上年增长75.4%。

(二)利用外资继续保持强劲发展势头 利用外资领域有所拓宽，大项目增加，一批基础设施项目和原材料项目进展顺利，第三产业投入上升幅度较快，外资到位率也大幅度提高。1993年全省新批外商投资企业4487家，比上年增长91.9%，三资企业协议利用外资37.46亿美元，增长28.8%，实际利用外资10.33亿美元，增长251.3%。新办三资企业数、协议和实际利用外资金额，均已超过改革开放以来14年的总和。新办三资企业中，利用外资总投资达到和超过1000万美元的大项目有166个，协议外资金额17.2亿美元，占全年协议外资的45.6%。基础设施和原材料项目利用外资进一领域有所拓宽，大项目增加，一批基础设施项目和原材料项目进展顺利，第三产业投入上升幅度较快，外资到位率也大幅度提高。1993年全省新批外商投资企业4487家，比上年增长91.9％，三资企业协议利用外资37.46亿美元，增长28.8％，实际利用外资10.33亿美元，增长251.3％。新办三资企业数、协议和实际利用外资金额，均已超过改革开放以来14年的总和。新办三资企业中，利用外资总投资达到和超过1000万美元的大项目有166个，协议外资金额17.2亿美元，占全年协议外资的45.6％。基础设施和原材料项目利用外资进一步加强。在公路建设方面，建立了中策环通开发有限公司，投资3000多万美元建设杭州环市公路；建立了奉化捷达公路有限公司，投资1200万美元从事公路桥梁建设。在电力建设方面，设立了杭州联海热电有限公司、宁波镇海热电有限公司、绍兴兴亚热电有限公司等合作企业，分别投资上千万美元从事电力工业。在化纤工业方面，设立了首期投资1.08亿美元的杭州华春化纤染织有限公司，投资2900万美元的杭州华欧锦纶有限公司，投资2000万美元的浙江九花合纤有限公司等。还有20多个投资1000万美元以上的原材料项目，产品涉及水泥、玻璃、建筑陶瓷、墙地砖、钢材、铜材等。

(三)外经工作取得新的进展　据统计，去年全省签订对外工程承包和劳务合作合同金额9162万美元，比上年增长21.4％；营业额4525万美元，增长39.6％，派出5524人次，期末在外人数4853人；执行多边和双边援助项目15个，援助金额200万美元。各级外贸和生产企业(集团)纷纷走出国门，立足海外直接参与国际经营。1993年全省兴办海外企业63家，其中贸易性企业40家，非贸易性企业23家，总投资1956万美元。到1993年底止，全省累计举办各类海外企业175家，分布在近40个国家和地区，涉及加工业、农牧渔业、建筑运输、贸易、旅游等行业，总投资1.58亿美元，其中我方投资近1亿美元。已投产开业的海外企业，多数已站稳脚跟，运行情况良好，1993年对外推销我省产品达2.8亿美元。富春、浙联、富德等一批海外公司，积极开拓，取得了较好的成绩。杭州电视机厂在韩国合资举办的彩色显象管厂、省纺织品进出口公司在非洲设立的泛非贸易公司等一批企业，在生产、经营和效益方面都取得了良好的成绩。

(四)对外开放继续向广度和深度推进　1993年，国家新批了浙江省的杭州、萧山两个国家级经济技术开发区，还批准了宁波大榭岛成片开发项目，参照执行国家经济技术开发区的政策。到1993年底，全省共有国家级各类开发区8个，沿海开放城市2个，沿海经济开放地区34个。经过清理，一批省级开发区提高了档次和水平，发展更加健康。全省国家级、省级开发区累计引进项目6378个，其中外商投资项目1043个，协议外资金额30.3亿美元，实际利用外资6亿美元，分别占全省协议外资和实际利用外资金额的40.5％和37.1％。

1993年浙江省对外经济贸易工作实现新的进展，有以下几个主要特点：一是领导重视、各市地县、各有关部门大力支持，把外贸出口作为促进全省国民经济发展的一件大事来抓。二是深化企业改革，完善分配激励机制。省服装、针织、纺织三家进出口公司率先在全国进行外贸股份制试点。三是确立“大经贸”观念，鼓励省、市地县、自营出口生产企业、外商投资企业“四路大军”一齐扩大出口创汇。同时还采取“借船出海”的办法，鼓励具备条件的企业挂靠外贸公司出口创汇，促使市地县和生产企业直接面向国际市场，自营进出口业务得到迅速发展。

浙江省国民经济综合指标发展概况

指　　标	单位	绝对数					1993年为以下年%	
		1978年	1985年	1990年	1992年	1993年	1978年	1992年
一、基本情况								
1. 土地面积	万平方公里					10.18		
2. 行政市数	个		11	26	29	31		106.9
地级市	个		8	9	9	9		100.0
县级市	个		3	17	20	22		110.0
3. 人口								
年底总人口数	万人	3751	4030	4168	4236	4266	113.7	100.7
男	万人	1948	2091	2149	2185			
女	万人	1803	1939	2019	2051			
出生率	‰	18.17	12.61	15.33	14.72	13.61	74.9	92.5
死亡率	‰	5.83	6.05	6.31	6.57	6.58	112.9	100.2
自然增长率	‰	12.34	6.56	9.02	8.15	7.03	57.0	86.3
4. 从业人员数	万人	1795.0	2318.6	2540.6	2625.2	2659.4	148.2	101.3
城镇从业人员	万人					553.8		
国有经济单位	万人	183.1	240.7	280.9	298.0	300.5	164.1	100.8
集体经济单位	万人	129.8	183.8	189.1	181.6	176.1	135.7	97.0
联营经济单位	万人					3.8		
股份制经济单位	万人					5.0		
外商投资经济单位	万人					8.6		
港澳台投资经济单位	万人					8.2		
其他经济单位	万人					0.1		
私营企业	万人				6.0	13.0		216.7
个体	万人	1.5	12.1	29.8	28.4	38.5	2566.7	135.6
乡村从业人员	万人	1480.6	1789.9	2034.8	2099.4	2105.6	142.2	100.3
二、综合经济指标								
1. 国内生产总值	亿元	122.54	412.07	836.89	1220.69	1698.04	1385.7	139.1
第一产业	亿元	47.09	123.88	225.03	262.67	317.84	675.0	121.0
第二产业	亿元	53.52	198.91	407.03	653.43	980.42	1831.9	150.0
#工业	亿元				581.73	873.92		150.2
建筑业	亿元				71.70	106.50		148.5
第三产业	亿元				304.59	399.78		131.3
#运输邮电	亿元				55.63	76.03		136.7
商业	亿元				97.30	127.40		130.9
2. 人均国内生产总值	元	329	1027	1978	2850	3940	1197.6	138.2
三、投资								
1. 全社会固定资产投资额	亿元		105.44	257.90	443.80	782.14		176.2
#国有经济	亿元	12.27	39.51	78.58	155.33	254.59	2074.9	163.9
#基本建设投资	亿元	10.07	26.35	43.95	79.03	137.49	1365.3	174.0

续 表 1

指 标	单 位	绝 对 数					1993年为以下年%	
		1978年	1985年	1990年	1992年	1993年	1978年	1992年
更新改造投资	亿元	2.20	11.17	22.32	48.30	76.17	3462.3	157.7
其他固定资产投资	亿元		1.99	2.77	3.76	8.41		223.7
#集体经济	亿元		31.29	56.58	140.36	305.06		217.3
2.基本建设房屋建设								
房屋施工面积	万平方米	482.4	1376.9	755.5	1024.1	1410.1	292.3	137.7
#住宅	万平方米	174.1	680.9	228.2	281.5	385.4	221.4	136.9
房屋竣工面积	万平方米	247.6	621.1	397.4	448.6	613.8	247.9	136.8
#住宅	万平方米	92.6	317.9	126.8	138.6	199.8	215.8	144.2
四、财政收支								
地方财政收入	亿元	27.45	58.25	101.59		166.65	607.1	
地方财政支出	亿元	17.43	37.40	80.23		124.93	716.8	
五、物价指数(上年=100)								
1.全社会零售物价总指数	%	100.1	114.0	101.6	106.6	116.7		
#消费品	%		114.9	101.3	107.1	118.0		
食品类	%			101.1	109.7	120.8		
衣着类	%			106.5	102.7	108.2		
日用品类	%			102.0	101.6	109.7		
文化娱乐用品类	%			95.3	96.4	101.8		
书报杂志类	%			105.0	100.0	141.5		
药及医疗用品类	%			101.8	111.2	104.7		
建筑装璜材料类	%			93.6	107.1	134.9		
燃料类	%			117.6	130.5	145.2		
2.居民消费价格指数	%		114.8	162.1	107.5	119.8		
城镇居民	%		115.1	102.1	109.2	121.4		
农民	%		114.3	102.0	104.8	117.4		
3.固定资产投资价格指数	%					138.8		
六、居民生活								
1.居民消费水平	元	173	451	912	1159			
农业居民	元	153	398	786	958			
非农业居民	元	284	715	1495	2072			
2.职工平均工资	元	544	1159	2220	2884	4201	772.2	145.7
国有经济单位	元	597	1226	2383	3088	4615	773.0	149.4
城镇集体经济单位	元	470	1011	1964	2507	3439	731.7	137.2
其他经济单位	元		1247	2412	3368	4544		134.9

续 表 2

指 标	单位	绝对数					1993年为以下年%	
		1978年	1985年	1990年	1992年	1993年	1978年	1992年
3.劳动力负担人数								
每一农村劳动力	人		1.58	1.46		1.38		
每一城镇就业者	人		1.62	1.60	1.57	1.58		100.6
4.收入(平均每人)								
农村居民家庭纯收入	元	165.00	548.60	1099.04	1359.13	1745.94	1058.1	128.5
城镇居民家庭 生活费收入	元		839.56	1769.16	2414.90	3370.92		139.6
5.居住面积(平均每人)								
农村住户住房面积	平方米		22.07	29.26		32.62		
城镇居民家庭住房面积	平方米		8.38	10.21				
七、国际旅游								
1.接待旅游人数	万人次			45.58	59.74			
#外国人	万人次			10.77	22.50			
2.旅游外汇收入	万元			25997	54352	57774		106.3
商品性收入	万元			5837	9315	7041		75.6
劳务性收入	万元			20160	45037	50733		112.6
3.涉外饭店数	个			40	66	84		127.3
#国有单位	个			28	47	62		131.9
中外合资	个			5	9	10		111.1
集体单位	个			3	8	2		25.0
八、工商企业基本情况								
企业数	万户		26.7	28.6	35.1	44.9		127.9
从业人员	万人		836.7	95.3	1061.4	1266.9		119.4
注册资金	亿元		380.4	615.3	1085.2	1750.0		161.3
国有企业								
企业数	万户	0.3	2.9	3.8	4.8	6.4	2133.3	133.3
从业人员	万人	82.1	163.3	190.5	224.5	262.4	319.6	116.9
注册资金	亿元	65.4	179.9	292.8	505.4	710.4	1086.2	140.6
集体企业								
企业数	万户	4.5	23.6	23.8	27.0	33.5	744.4	124.1
从业人员	万人	242.0	661.2	705.8	734.5	871.8	360.2	118.7
注册资金	亿元	40.1	193.2	274.4	466.6	788.2	1965.6	168.9
联营及其他企业								
企业数	户		2439	10457	32809	50494		153.9
从业人员	万人		12.2	57.1	102.4	132.7		129.6
注册资金	亿元		7.3	48.1	113.2	251.5		222.2
私营企业								
户数	户			11462	11506	19417		168.8
从业人员	万人			17.7	17.8	29.5		165.7
注册资金	亿元			7.1	11.0	26.3		239.1

浙江省固定资产投资和建筑业

指标	单位	绝对数			1993年为1992年 %（上年=100）	1993年本省占全国比重（%）
		1990年	1992年	1993年		
一、固定资产投资						
1.全社会固定资产投资	亿元	257.90	443.80	782.14	176.2	6.3
国有经济	亿元	78.59	155.33	254.59	163.9	3.3
集体经济	亿元	56.58	140.36	305.06	217.3	13.7
联营经济	亿元			9.09		16.2
股份制经济	亿元			9.34		4.0
中外合资经营	亿元			22.33		5.1
中外合作经营	亿元			0.63		0.9
外资	亿元			0.48		1.0
港澳台与大陆合资经营	亿元			9.74		7.5
城乡个人	亿元	122.74	148.11	165.14	111.5	11.2
其他经济	亿元			1.48		7.2
2.基本建设投资	亿元	43.95	79.03	137.49	174.0	3.0
#农林牧渔业	亿元	1.73	4.82	1.64	34.0	3.5
采掘业	亿元			0.23		0.1
制造业	亿元	21.57	33.88	19.32	57.0	2.2
电力、煤气及水电生产和供应业	亿元			25.31		3.3
建筑业	亿元	0.25	0.58	4.99	860.3	4.3
交通运输、仓储和邮电通讯业	亿元	7.34	9.40	22.81	242.7	2.5
批发、零售贸易和餐饮业	亿元	1.98	8.69	14.34	165.0	7.0
2.施工项目						
基本建设	个		5277	5765		6.3
更新改造	个	2297	3118	2777	89.1	4.3
3.新增固定资产						
基本建设	亿元		46.27	75.45		2.7
更新改造	亿元	17.32	34.88	57.87	165.9	3.8
二、建筑业						
施工企业个数	个	522	523	864	165.2	4.1
年末从业人员数	万人	27.52	32.12	36.66	114.1	3.2
自有机械设备总功率	万千瓦		90.5	112.8		2.3
总产值	万元	373481	597297	1252329	209.7	3.8
#建筑工程产值	万元	347972	559923	1108084	218.9	3.9
安装工程产值	万元			117809		3.5
增加值	万元	443000	717000	289902	40.4	3.4
企业总收入	万元		580337	1210562		3.8
施工房屋建筑面积	万平方米	1413.7	1932.6	3413.1	176.6	5.2
竣工房屋建筑面积	万平方米	791.6	800.6	1222.7	152.7	4.3
企业利税总额	万元	24926	32091	58969	183.8	3.7

浙江省利用外资及外资企业情况

指　　标	单　位	绝　对　数			1993年为1992年 %（上年=100）	1993年本省占全国比重（%）
		1990年	1992年	1993年		
一、利用外资						
1.对外签订利用外资协议项目	个	294	2338	4487	191.9	5.4
对外借款	个					
外商直接投资及其他	个	294	2338	4487	191.9	5.4
2.对外签订利用外资协议项目金额	万美元	17341	290105	374563	129.1	3.0
对外借款	万美元	3852	3686			
外商直接投资及其他	万美元	13489	286419	374563	130.8	3.3
3.实际利用外资额	万美元	12777	27664	103175	373.0	2.6
对外借款	万美元	7863	3686			
外商直接投资及其他	万美元	4914	23978	103175	430.3	3.7
4.外商直接投资协议投资额	万美元	13313	290891			
农林牧渔业	万美元	64	791			
工业	万美元	12078	220041			
建筑业	万美元		863			
运输邮电业	万美元	61	17200			
商业饮食业物资供销业	万美元	1010	4148			
房地产管理、公用事业服务业	万美元	62	46093			
其他	万美元	38	1765			
二、外国及港澳台在华投资企业情况						
年末企业数	个	701	3446	8085	234.6	0.5
合资经营	个	605	2950	6791	230.2	6.3
合作经营	个	47	136	300	220.6	1.2
独资经营	个	49	360	994	276.1	2.9
从业人员	人	85993	915099	1091583	119.3	6.0
#外方	人	910	5908	17188	290.9	3.0
投资总额	万元	444638	551833	1436879	260.4	3.8
注册资本	万元	274165	344315	877396	254.8	3.6
#外方	万元	118619	157463	444896	282.5	3.0
三、外商投资企业出口额	亿美元	1.49	4.68	8.54	182.3	3.4

浙江省农村经济

指　　标	单　位	绝　对　数			1993年为1992年%（上年=100）	1993年本省占全国比重（%）
		1990年	1992年	1993年		
一、基本情况						
1. 乡镇个数	个	3181	1844	1839	99.7	3.8
村民委员会	个	43506	43516	43507	100.0	5.4
乡村人口数	万人	3550.8	3570.1	3582.3	100.3	3.9
2. 乡村劳动力	万人	2034.8	2099.4	2105.6	100.3	4.8
#农林牧渔业	万人	1336.5	1338.5	1239.2	92.6	3.7
工业	万人	368.4	367.9	418.9	113.9	11.4
建筑业	万人	74.1	78.3	87.1	111.2	4.6
交通运输业和邮通讯业	万人	41.7	46.6	52.5	112.7	6.6
批发、零售贸易业、餐饮业及仓储业	万人	44.2	53.8	74.5	138.5	7.9
3. 耕地面积	千公顷	1723.4	1691.2	1661.2	98.2	1.7
4. 农作物播种面积	千公顷	4384.7	4275.2	3926.2	91.8	2.7
#谷物	千公顷			2569.1		2.9
油料	千公顷	453.1	304.1	236.0	77.6	2.1
棉花	千公顷	103.0	71.1	60.9	85.7	1.2
5. 农业现代化水平						
农业机械总动力	万千瓦	1217.9	1352.1	1409.3	104.2	4.4
乡、村办水电站个数	个	1152	2415	2136	88.4	4.7
乡、村办水电站发电能力	万千瓦	24.4	33.0	37.8	114.5	7.9
农村用电量	亿千瓦小时	69.4	98.0	115.4	117.8	9.3
农用化肥施用量	万吨	94.7	96.3	85.6	88.9	2.7
灌溉面积	千公顷	1744.1	1463.7	1448.8	99.0	3.0
6. 农民家庭平均每户生产性固定资产原值	元	1408.7	2177.6	2928.1	134.5	150.1
#农林牧渔业机械	元	180.0	395.4	381.4	96.5	109.0
工业机械	元	96.3	250.5	386.1	154.1	574.4
运输机械	元	187.5	238.5	453.3	190.1	142.8
7. 农林牧渔业总产值	亿元	299.2	358.2	499.7	104.6	4.5
农业	亿元	163.9	179.9	274.9	103.2	4.2
林业	亿元	14.8	21.0	29.8	121.7	6.0
牧业	亿元	79.6	93.0	101.7	97.7	3.4
渔业	亿元	40.9	64.2	93.4	113.7	10.6

注：本表价值量指标除农业产值指数按可比价格计算外，其它均按当年价格计算。

续 表 1

指标	单位	绝对数 1990年	绝对数 1992年	绝对数 1993年	1993年为1992年% (上年=100)	1993年本省占全国比重(%)
二、主要农产品产量						
粮食	万吨	1586.1	1533.5	1436.2	93.7	3.1
谷物	万吨			1349.6		3.3
#稻谷	万吨	1321.4	1299.8	1216.7	93.6	6.8
小麦	万吨	87.2	80.1	69.4	86.6	0.7
玉米	万吨	9.9	13.8	12.7	92.0	0.1
棉花	万吨	6.4	6.0	5.8	96.7	1.6
油料	万吨	48.3	50.1	38.6	77.0	2.1
水果	万吨	107.0	102.4	148.9	145.4	4.9
猪、牛、羊肉	万吨	85.6	97.1	97.8	100.7	3.0
奶类	万吨	11.3	12.4	10.9	87.9	1.9
禽蛋	万吨	19.0	25.1	30.7	122.3	2.6
水产品	吨	1389791	1697460	1892900	111.5	1.0
海水产品	吨	1131742	1402030	1560600	111.3	1.5
淡水产品	吨	258049	295430	332300	112.5	0.4
三、乡镇企业基本情况						
企业单位数	万个	8.5	8.0	70.6	882.5	2.9
#乡办企业	万个	3.5	3.0	3.0	100.0	6.9
村办企业	万个	5.1	5.0	5.2	104.0	4.2
从业人员	万人	352.4	394.0	667.1	169.3	5.4
乡办企业	万人	208.9	235.9	247.5	104.9	8.6
村办企业	万人	143.5	158.1	167.1	105.7	5.8
营业收入	万元			16435354		9.4
利润总额	万元			720697		6.6
#应交所得税	万元			202548		12.1
实交各种税金	万元	345103	602133	749594	124.5	11.6
利税总额	万元			1351927		7.6
工资总额	万元	5274716	815209	1212059	148.7	9.2
固定资产净值平均余额	万元			3071273		8.2
流动资产年平均余额	万元			6541127		11.6
本年银行(信用社)贷款余额	万元	1033372	1935008	6690415	345.8	22.3
每百元固定资产原值实现利润	元	4.7	7.5	15.7	209.3	74.1
每百元资金实现利润	元			7.5		64.7
每百元资金实现利税	元	10.5	11.8	14.1	119.5	74.2
每百元营业收入实现利润	元			4.4		69.8
每百元固定资产原值实现营业收入	元			358.8		106.3
每百元营业收入占用流动资金	元			39.8		123.2

注：乡镇企业经济效益指标″1993年本省占全国比重″是″本省为全国平均数百分比″。

浙江省工业经济

指标	单位	绝对数			1993年为1992年％（上年=100）	1993年本省占全国比重（％）
		1990年	1992年	1993年		
一、基本情况						
1.企业单位数						
#独立核算工业企业	个	40119	39262	39528	100.7	8.8
按经济类型分						
国有企业	个	3234	3181	3294	103.6	4.1
集体企业	个	36511	35309	34006	96.3	9.8
按轻重工业分						
轻工业企业	个	22650	22902	22850	99.8	9.8
重工业企业	个	17469	16360	16678	101.9	7.4
按规模分						
大型企业	个	109	128	156	121.9	3.5
中型企业	个	412	731	841	115.0	5.9
小型企业	个	39598	38403	38531	100.3	8.8
2.工业总产值						
#独立核算工业企业	亿元	1047.85	1713.38	2543.73	137.6	6.4
按经济类型分						
国有工业	亿元	435.01	621.58	793.99	110.1	3.6
集体工业	亿元	582.56	996.30	1449.34	138.1	12.2
按轻重工业分						
轻工业	亿元	664.87	1047.08	1506.15	138.6	9.5
重工业	亿元	382.98	666.30	1037.58	135.7	4.4
按规模分						
大型企业	亿元	134.12	257.52	391.31	132.3	2.7
中型企业	亿元	177.70	343.51	505.67	137.9	6.7
小型企业	亿元	736.04	1112.34	1646.75	138.6	9.4
二、独立核算工业企业主要指标						
工业增加值	亿元			653.29		5.1
资本金	亿元			674.19		3.3

续 表 1

指　　标	单 位	绝对数			1993年为1992年 %（上年=100）	1993年本省占全国比重（%）
		1990年	1992年	1993年		
流动资产	亿元			1226.80		5.0
长期投资	亿元			97.97		5.5
固定资产原值	亿元	474.74	687.73	983.44	143.0	3.8
固定资产净值	亿元	338.39	493.71	742.72	150.4	4.0
无形及递延资产	亿元			27.92		2.4
流动负债	亿元			1103.22		4.9
长期负债	亿元			346.16		3.3
所有者权益	亿元			775.46		4.8
产品销售收入	亿元	943.04	1543.68	2401.36	155.6	6.3
产品销售成本	亿元	822.98	1314.85	1956.48	148.8	6.5
产品销售税金及附加	亿元			128.74		5.5
产品销售利润	亿元			233.51		5.4
利润总额	亿元	39.20	71.58	100.70	140.7	6.3
利税总额	亿元	103.54	159.80	229.44	143.6	5.8
三、主要工业产品产量						
化学纤维	万吨	8.53	14.98	17.92	119.6	7.9
纱	万吨	20.13	24.67	23.76	96.3	4.7
布	亿米	15.66	13.23	17.64	133.3	8.6
糖	万吨	1.91	2.01	0.43	21.4	0.1
机制纸及纸板	万吨	78.52	80.88	130.95	161.9	6.3
家用电冰箱	万台	27.56	28.07	35.91	127.9	6.0
电视机	万台	125.38	215.81	265.69	123.1	8.8
#彩色电视机	万台	14.55	38.52	44.03	114.3	3.1
家用洗衣机	万台	38.91	39.31	60.80	154.7	6.8
原煤	亿吨	0.01	0.01	0.02	200.0	0.2
原油	万吨			0.19		.0
发电量	亿千瓦小时	208.66	284.13	307.13	108.1	3.7
钢	万吨	85.90	120.86	143.95	119.1	1.6
成品钢材	万吨	81.35	119.40	143.84	120.5	1.9
水泥	万吨	1340.26	1965.64	2225.60	113.2	5.6
平板玻璃	万重量箱	244.39	268.69	270.52	100.7	2.4
金属切削机床	万台	2.03	5.78	7.45	128.9	28.4
汽车	万辆	0.53	1.57	1.98	126.1	1.5

浙江省运输和邮电

指　　标	单 位	绝　对　数			1993年为1992年 %（上年=100）	1993年本省占全国比重（%）
		1990年	1992年	1993年		
一、运输业						
1.全社会货运量	万吨			48118		4.3
国家铁路	万吨			1989		1.3
地方铁路	万吨					0.0
公路	万吨	22867	30510	36394	119.3	4.3
水运	万吨	8273	9640	9735	101.0	9.9
2.全社会货物周转量	亿吨公里			574.3		1.9
国家铁路	亿吨公里			179.6		1.5
地方铁路	亿吨公里					0.0
公路	亿吨公里	100.7	142.4	161.2	113.2	4.0
水运	亿吨公里	147.6	212.3	233.5	110.0	1.7
3.运输工具拥有量						
民用汽车拥有量	万辆	15.6	20.2	24.57	121.6	3.0
载客汽车	万辆	5.2	7.1	8.81	124.1	3.1
载货汽车	万辆	9.8	12.6	15.29	121.3	3.1
其他机动车	万辆			6.33		7.0
民用运输舶船拥有量						
机动船	艘	53925	56296	61358	109.0	19986.3
驳船	艘	8221	7233	6997	96.7	10.7
帆船	艘	933	62	53		0.5
二、邮电通讯业						
1.邮电通信网路						
邮电局、所	（处）	3426	3367	3298	98.0	5.8
邮路及农村投递线路总长度	公里	164144	176543	179221	101.5	3.5
长话电路	路	8638	18797	37143	197.6	8.8
电报电路	路	850	988	944	95.5	7.1
2.通信工具拥有量						
传真机	部	291	628	744	118.5	6.1
市话交换机容量	门	848631	1208620	1998922	165.4	6.6
电话机	部	692327	1036353	1534769	148.1	5.9
长途直拨有权用户	户	65161	274802	7294321	2654.4	65.6
#直拨国际及港澳用户	户	4259	25316	44114	174.3	0.9
市内电话	户	280232	486343	782464	160.9	5.6
#私人和个体工商户	户	61818	185467	406992	219.4	6.0
#住宅电话	户	77662	217852	458577	210.5	5.7
无线寻呼电话用户	户	14060	126446	382677	302.6	6.8
移动电话用户	户		6084	32116	527.9	5.0
3.邮电业务总量	亿元	45396.1	165815	275100	165.9	5.9

注：邮电业务总量1990年为1980年不变价，1992、1993年为1990年不变价。

浙江省国内商业和城乡居民生活

指标	单位	绝对数			1993年为1992年%(上年=100)	1993年本省占全国比重(%)
		1990年	1992年	1993年		
国内商业						
一、社会商业商品购、销、存总额						
1.国内纯购进总额	亿元	456.0	708.2	892.7	126.1	7.2
工业品	亿元	339.0	551.1	724.3	131.4	7.6
农村产品	亿元	110.9	145.0	148.5	102.4	5.9
2.国内纯销售总额	亿元	433.2	636.4	843.6	132.6	6.6
3.年末库存总额	亿元	184.2	202.5	180.90	89.3	4.9
二、社会商品零售总额	**亿元**	**408.94**	**569.60**	**754.45**	**132.5**	**5.6**
1.按用途分						
消费品	亿元	353.75	493.87	674.21	136.5	5.5
售给居民	亿元	321.89	442.35	605.59	136.9	5.6
售给社会集团	亿元	31.86	51.52	68.62	133.2	5.0
农业生产资料	亿元	55.19	75.73	80.24	106.0	5.9
2.按经济类型分						
国有经济单位	亿元	126.46	195.27	254.86	130.5	4.7
集体经济单位	亿元	136.63	159.87	183.18	114.6	5.1
合营	亿元	1.97	4.42	4.99	112.9	4.3
个体	亿元	97.50	141.55	211.56	149.5	6.9
农民对非农业居民零售	亿元	46.38	68.48	99.86	145.8	7.0
城乡居民生活						
一、城镇居民家庭						
1.平均每人生活费收入	元	1769.16	2414.90	3370.92	139.6	144.3
2.平均每人生活费支出	元	1604.42	2154.14	2855.92	132.6	135.3
3.平均每百户年底主要消费品拥有量						
洗衣机	台	70.07	75.50	78.34	103.8	90.7
电冰箱	台	77.69	87.48	90.07	103.0	158.9
摩托车	辆	1.02	1.13	1.52	134.5	43.1
彩色电视机	台	62.99	78.28	85.03	108.6	107.0
二、农民家庭						
1.平均每人纯收入	元	1099.04	1359.13	1745.94	128.5	189.4
2.平均每人生活消费支出	元	897.88	1111.87	1262.45	113.5	164.0
3.平均每百户耐用消费品拥有量						
洗衣机	台	5.59	9.19	11.41	124.2	82.6
电冰箱	台	5.93	11.19	13.15	117.5	431.1
摩托车	辆	1.00	2.93	2.93	100.0	136.9
彩色电视机	台	8.78	15.30	19.56	127.8	180.1

浙江省效益指标

指标	单位	绝对数			1993年比1992年增减	
		1990年	1992年	1993年	绝对数	%
平均每一社会从业者创造的国民生产总值	元	3315	4676	6427	1751.0	37.4
平均每一农林牧渔业劳动者提供的						
农林牧渔业产值	元	2508.6	3012.8	3877.1	864.3	28.7
粮食产量	公斤	1186.5	1744.3	1114.3	-630.0	-36.1
棉花产量	公斤	4.8	4.4	4.5	0.1	2.3
油料产量	公斤	36.1	36.9	29.9	-7.0	-19.0
猪牛羊肉产量	公斤	64.0	71.5	75.9	4.4	6.2
水产品产量	公斤	104.0	125.0	146.9	21.9	17.5
独立核算工业企业主要经济效益指标						
工业增加值率	%		23.45	25.68	2.2	
每百元固定资产原价实现的利税	元	21.81	23.24	23.33	0.1	0.4
资金利税率	%	15.97	13.24	13.48	0.2	
产值利税率	%	9.88	9.33	9.02	-0.3	
每百元销售收入实现的利润	元	4.16	4.64	4.19	-0.4	-9.7
工业成本费用利润率	%	4.76	5.44	4.65	-0.8	
流动资产周转次数	次	3.40	2.02	2.26	0.2	11.9
每公里公路负担货运量	吨	8006	9586	11285	1699.0	17.7
每公里公路负担货物周转量	万吨公里	35.26	47.03	49.99	3.0	6.3
基本建设固定资产交付使用率	%	72.76	58.55	54.90	-3.6	
更新改造固定资产交付使用率	%	77.60	72.22	76.00	3.8	
建筑业劳动生产率						
按总产值计算	元		22291	30331	8040.0	36.1
按增加值计算	元		5820	7021	1201.0	20.6
建筑业产值利税率	%		4.9	4.7	-0.2	
单位工程优良品率	%	23.9	31.3	23.0	-8.3	
建筑业技术装备率	元/人	2181	2515	7314	4799.0	190.8
建筑业动力装备率	千瓦/人	3.1	3.1	3.2	0.1	3.2

浙江省人均指标

指　　标	单位	1990年	1992年	1993年	1993年比1992年	
					增长量	增长率
国内生产总值	元	1978	2849	3940	1091	38.3
农业总产值	元	804	959	1176	216	22.5
工业总产值	元	3421	5921	9345	3424	57.8
职工平均工资	元	2220	2884	4201	1317	45.7
居民消费水平	元	912	1159		157	8.6
农民	元	786	958		104	6.8
非农业居民	元	1495	2072		384	12.4
年末实有耕地面积	公顷	0.04	0.04	0.04	0.00	0.0
粮食产量	公斤	378.7	368.2	337.8	-30.4	-8.3
棉花产量	公斤	1.53	1.42	1.36	-0.06	-4.2
油料产量	公斤	11.5	11.9	9.1	-2.8	-23.5
水果产量	公斤	25.6	24.3	35.0	10.7	44.0
猪牛羊肉产量	公斤	20.4	23.0	23.0	0.0	0.0
水产品产量	公斤	33.2	40.2	44.5	4.3	10.7
钢产量	公斤	20.5	28.6	30.3	1.7	5.9
布产量	米	37.4	31.3	41.5	10.2	32.6
邮电业务总量	元	21.0	39.3	64.7	25.4	64.6
社会消费品零售额	元	844.7	1170.6	1586.0	415.4	35.5
每万人口高等学校在校学生数	人	14.4	14.7	17.3	2.6	17.7
每万人口中等专业学校在校学生数	人	15.9	17.1	20.0	2.9	17.0
每万人口中学在校学生数	人	405.0	446.6	435.2	-11.4	-2.6
每十万人口医院数	人	8.0	8.2	7.3	-0.9	-11.0
每万人口医生数	人	14.1	14.2	14.4	0.2	1.4

注：1.国内生产总值指标1990年为国民生产总值数据。

2.居民消费水平增长量和增长率为1992年同1991年之比。

福建省改革开放和经济建设再结硕果

陈少和

1993年，福建省坚持以经济建设为中心，认真贯彻党中央、国务院一系列重大决策和部署，从福建的实际出发，抓住机遇，发挥优势，深化改革，扩大开放，全省经济建设取得了新的成就。

一、国民经济持续快速增长

福建省政府在组织领导全省经济工作中，从资源分布、产品结构和国内外市场变化的新情况出发，坚持以优化结构、加强管理和提高经济效益为中心，加强宏观调控，推动国民经济持续、快速和健康发展。全年完成国民生产总值967.9亿元，比上年增长25.4%，提前七年实现第二个翻番。农业总产值395.26亿元，增长11.3%。粮食总产942万吨，食物总量增加86万吨。林业在消灭宜林荒山的基础上又获新进展，被授予"全国荒山造林绿化先进省"称号。新植果树、茶树等，为近年来开发规模最大的一年。水产品总量190万吨，增长19%。乡镇企业总产值1102.5亿元，增长94%。工业总产值1490亿元，增长48.2%，效益明显提高，综合指数达106，居全国前列。"基础设施建设年"取得明显成效，全省13个重点项目投产或基本建成。金融秩序明显好转，货币大量投放势头得到控制，市场汇率基本稳定。财政收入110.58亿元，增长46.7%。人民保险事业健康发展，业务收入突破20亿元。城乡市场繁荣活跃，社会商品零售总额420亿元，增长31.4%。

随着国民经济的健康发展，城乡人民生活水平继续提高。1993年全省城镇居民人均年生活费收入达2605元，农民人均纯收入1211元，扣除物价上涨因素分别增长6.8%和7%。年末城乡居民储蓄存款余额增加72亿元。新建城镇住宅50多万平方米，城镇居民人均居住面积提高到10.8平方米；新建农村房屋180万平方米，农民人均住房面积达22.4平方米，有12万户农民喜迁新居。城乡居民消费水平稳步上升，精神文化生活不断丰富。

二、对外开放进一步扩大，外向型经济迈上新台阶

1993年全省经济开放区范围进一步延伸，利用外资、对外贸易和国际经济技术合作，经济开发区建设都有了新的突破。随着对外开放的扩大，福建省的外向型经济也取得了新的发展。

(一)对外开放范围进一步扩大 根据福建"台、侨、港"的优势和十几年来对外开放的成功实践，国务院于年初再次批准福建扩大对外开放范围，把地处闽东沿海的福安市、福鼎县和地处闽中、闽西、闽北的三明市、龙岩市、南平市列入沿海经济开放区；批准福州经济技术开发区的范围从4.4平方公里扩大到10平方公里；批准在福建最南端的东山岛新设东山经济技术开发区，面积定为10平方公里。这样，福建省的国家级经济技术开发区增加到3个，即福州经济技术开发区、福清融侨经济技术开发区、东山经济技术开发区。使对外开放从沿海向内地山区推进，从而使国家赋予福建省对外开放的区域优惠政策能覆盖到全省绝大部分的地区，增强了对外经济合作吸引力。

(二)利用外资工作取得新突破 1993年，福建省注重改善投资环境，强化招商工作，全省利用外资工作上了一个新台阶。全省新批外商投资企业4714家，合同外资金额113.66亿美元，外资实际到资28.67亿美元，分别比上年增长51.4%、79.0%和1.02倍。全年合同利用外资金额超过前14年的总和，外商实际到资也达到了前14年累计数的92%。截止1993年底，全省累计批准成立外商投资企业12797家，合同外资金额225.15亿美元，外商实际到资59.78亿美元，居全国第二位，占全国吸收外资总额的10%以上；已开业投产的外商投资企业达5753家，1993年实现工业产值326亿元，比上年增长55.1%，占全省工业产值的38%，其新增工业产值占全省的54%；外商投资企业自营进出口总额达50.56亿美元，比上年增长84%，其中自营出口30.04亿美元，增长66%。1993年加强利用外资工作的主要做法有以下几个方面：

1.强化招商力度，精心组织招商洽谈活动。全省把招商工作作为利用外资工作的基础，在香港、厦门举行国际招商活动，并在组织形式、机构设置、宣传广告、项目准备、活动安排等方面都作了重大改革，使招商活动取得了丰硕的成果。两次招商活动共签订合同外资项

目2288项，总投资127亿美元，利用外资108亿美元，项目数和外资金额分别相当于全年两项指标的49％、95％。

2.进一步改善投资“软”环境，为外商投资提供高效率服务。一是陆续出台了鼓励外商投资的优惠政策和管理规定，如《福建省鼓励外商投资建设经营电力项目的暂行规定》、《福建省鼓励外商建设经营港口码头的暂行规定》等。二是在部分地区试行审批改登记制，进一步简化外商投资企业审批程序。根据发展社会主义市场经济的需要，参照国际惯例，颁布了《关于试行外商投资企业登记制的决定》，对在部分地区属于产业政策鼓励发展的、在限额以下的外商投资生产性项目试行登记制，取得了较好的效果，受到了投资外商的欢迎。三是试行联合审批制度，提高外商投资项目审批效率。对部分属于产业政策规定定向定量、有限发展的项目以及一些重点项目试行联合审批制度，取得了良好的效果。省政府先后召开了六次外商投资项目联合审批会，共联审项目45个，利用外资金额21亿美元。

3.抓好招商签约项目的跟踪落实工作。加强了项目的统计、汇总、检查和反馈，并对重点项目实行专人负责，提高签约项目的履约率、到资率和开工率。截止1993年10月底，全省已批准两次招商签约项目1567个，总投资额64亿美元，利用外资54亿美元，分别占招商活动签约总数的64％、50％、49％。漳州市在招商签约项目合同数、总投资、利用外资中，已获批准领证项目的三项指标均超过60％。

4.加快内地山区吸收外资步伐。地处山区的三明、龙岩、南平等地市抓住被列入沿海经济开放区这一机遇，加强基础设施建设，注重改善服务，“走出去、请进来”，强化招商工作，使吸收外资有了较大突破。全年山区四个地市利用外资均突破1亿美元，其中南平地区达2.75亿美元。山区实际利用外资的增长幅度普遍高于全省平均增长1.02倍的水平，如龙岩、南平、宁德分别达3.6倍、2.0倍、1.5倍，排在各地市增长幅度的前三位。

(三)1993年福建省吸收外商投资主要有以下几方面的特点：

1.项目投资规模扩大。全省平均每个项目合同外资金额241万美元，高于上年平均204万美元水平，项目平均规模居全国第一位。投资总额在1000万美元以上的大型项目达286项，比上年增长75.5％。其中有6个项目投资总额在1亿美元以上，最大的项目是香港金匙集团在湄洲湾北岸投资的石油化工项目，利用外资5.95亿美元。

2.投资领域进一步拓宽，第三产业外资比重持续上升。1993年，外商投资的行业门类不断丰富。外资投向以生产型工业项目为代表的第二产业仍居主导地位，合同外资金额占总数的比重为51.2％；外资投向第一产业的占1.5％，涉及到远洋渔业、海水养殖、开山种果、良种引进、农副产品加工等；外商对房地产、信息咨询、商业、金融、旅游等行业继续表现出强烈的投资意愿，第三产业合同外资金额的比重为47.3％，比1992年上升2.1个百分点。

3.台商来闽投资保持良好增长势头，吸收台资在全国各省市中名列前茅。1993年，全省新批准成立台资企业1010个，合同台资金额15.49亿美元，分别比上年增长39.5％和73.8％。迄今，全省累计批准成立台资企业2937家，合同台资金额40亿美元，台资项目与规模在全省吸收外资中均居第二位。

4.外商投资方式有了新的发展。已批准中外合资股份公司、外商独资股份公司近10家，厦门华侨电子有限公司、厦门利恒涤纶有限公司、福州保税区建总股份有限公司、福建协丰鞋业有限公司等一批经营效益良好的外商投资企业已着手或完成了股份制改造工作；福建耀华玻璃股份有限公司、泉州豪盛磁砖股份有限公司已在上海证券交易所挂牌上市；厦门灿坤电器有限公司作为全国首家台资企业对外发行人民币特种股票，成功地在深圳证券交易所交易。这些新方式为境外投资者提供了新的投资途径，也为省内国有企业进行技术改造增加了融资渠道。

但是，福建省利用外资方面也面临一些困难和问题，主要是电力、交通等基础设施的发展相对滞后；外资项目审批程序和后道管理工作还有待进一步改进，对合资企业的服务水平还要进一步提高；配套资金不足也成为制约吸收外资的因素之一；外商投资的结构尚需进一步优化；外资来源仍较单一，跨国公司投资相对偏少，等等。

福建省外国投资工作领导小组办公室在总结上述情况的基础上，根据新的形势，提出未来福建利用外资工作要在五个方面取得新的突破：

第一，对外招商工作要有大的突破。1994年我省招商工作，要在讲求实效的基础上，实现招商对象、招商形式、招商项目和招商主体的多元化。在招商对象上，要继续坚持“侨港台外都欢迎，大中小项目一起上”的方针，在大力吸收港澳台资及东南亚侨资的同时，注重抓好日、韩、欧、美资金的工作，特别在吸引国际性大财团来闽投资方面要有新的进展。在招商形式上，要做到境内招商与境外招商相结合；大型招商会与小型招商活动相结合；综合性招商与行业性区域性招商相结合。在招商项目上，重点仍然放在基础设施、基础原材料工业、创汇农业和高新技术产业上，同时，在发展第三产业、改造国营老企业上要有新的突破。在招商主体上，要充分调动省地县各级、各部门及招商业主的积极性，确保招商力度和招商实效。

第二，利用外资领域要有新的突破。进一步改进和完善利用外资导向工作，建立项目储备库，把港口、码头、电力、机场、高速公路等基础设施项目，开发性农业和老企业改造等项目作为对外招商的重点，并制订吸收外商投资能源、交通等"瓶颈"行业的优惠政策，力争有实质性的进展。扩大金融、商业零售和旅游等行业的利用外资，选择条件好的地区，上报国家争取列入金融和商业对外开放试点区。在继续引进劳动密集型产业的同时，扩大引进先进技术型的出口创汇型项目的比重。

第三，大型项目、系列项目和重点成片开发项目的引进建设要取得实质性的突破。要争取省地县三级负责制，对一批已签约的大型项目进行跟踪，如元洪投资区、招商局中银漳州经济开发区、福州三坊七巷旧城改造、力宝集团开发湄洲岛、湄洲湾大型火电厂和轧钢厂、龙岩三德水泥厂等大项目，并帮助解决项目引进和建设过程中的各种问题。同时，要继续加强对侨台大户的工作，积极促成一批在谈大项目尽早签约。

第四，利用外资项目的审批管理和服务工作要有明显的突破。一是在不断总结经验的基础上，加快制订实行外商投资企业登记制实施细则，争取外商投资企业登记制逐步向全省推广；二是进一步简化审批手续，提高审批过程中各个部门尤其是规划、环保、消防等环节的办事效率；三是进一步完善联合审批办法；四是进一步加强和完善省政府重大利用项目协调例会制度，对重大项目和关系全局的重点项目，由省政府组织协调，统筹解决关键性的问题；五是针对外商关心的热点问题，如外汇、财税体制改革的影响问题，组织深入的研究和讨论，答疑解难；六是逐步对外商投资企业实行国民待遇，完善对外商投资企业生产经营的管理、服务和监督，提高外商投资企业的经济效益和社会效益。

第五，间接利用外资工作要有大的突破。要尽早筛选项目，组织专人多做工作，争取国家在利用外国政府优惠贷款和国际金融组织贷款方面给福建省以更大的支持。此外，要高度重视吸收中银集团资金，以加快全省基础设施建设和老企业改造步伐。

(四)对外贸易和国际经济技术合作出现新局面 全省外贸出口完成58.25亿美元，比上年增长36.3%，外贸出口值占国民生产总值的52.37%，标志着福建经济外向度的明显提高。新签对外承包工程、劳务合同3161项，合同总金额6.59亿美元，已完成营业额3.93亿美元，1993年末在外劳工2.9万人，分别比上年增长63%、32%、42%和36%。国际旅游收入9.1亿元外汇人民币，比上年增长14.6%。

此外，闽台经贸合作稳步发展，新批准台商投资企业1010家，合同台资15.49亿美元，比上年增长73.7%，对台贸易20.37亿美元，增长2.9倍。

三、开发区建设成为国民经济新的增长点

福建省已形成了多层次、多类型的开发区发展体系。包括国家级经济开发区，即福州经济技术开发区、福清融侨经济技术开发区及东山经济技术开发区；国家级外商投资成片开发区，即福清元洪投资区，规划开发面积50平方公里；国家级高新技术开发区，即福州高科技园区和厦门"火炬"高新技术产业开发区；国家级旅游度假区，即武夷山和湄洲岛旅游度假区。还有省政府批准的外商投资成片开发区。到1993年底，全省批准立项的外商投资成片开发区96片，开发面积59.94平方公里，总投资16.1154亿美元，其中外资14.21亿美元。另外还有各地市政府批准的各类开发区50多个。

多层次、多类型的开发区已成为福建对外开放、利用外资的"窗口"和"基地"，成为国民经济新的增长点。

(一)福州经济技术开发区采取"筑巢引凤"的开发模式 历年累计引进外资项目266项，总投资8.79亿美元，利用外资4.58亿美元，已投产开业136家。其中，1993年签订外商投资项目101项，利用外资2.55亿美元，分别增长197%和195%。全区实现工业产值23亿元，比增29.2%；出口创汇1.09亿美元，比增53.2%；财政收入1.57亿元，比增52.3%，全区工业全员劳动生产率、人均出口总值、人均财政收入、人均收入分别达7.8万元、2282美元、3488元和2680元，居全省前列。

(二)福清融侨经济技术开发区走出了以侨资牵头，侨台外资联合开发的新路子 到1993年底，累计引进外资项目129项，合同外资3.07亿美元，已投产开业65家。1993年全区创工业值27亿元，出口创汇2.8亿美元，税收2400万元，均比上年增长1.5倍以上。融侨开发区最大的特点是企业档次高、规模大，其中冠旺化纤公司总投资1.5亿美元，年产各种化纤布3600万码。冠捷电子公司总投资3000万美元，设计年产工业监视器300万台，居全国之首，产品80%出口，1993年生产75万台，约占全国总产量的67%，产值达1.5亿美元。

(三)东山经济技术开发区首期开发的3平方公里已完成规划，区内配套设施建设正加紧进行 已引进三资企业24家，总投资7332万美元，合同外资7044万美元，实际到资4680万美元。

(四)福清元洪投资区规划建设面积50平方公里，开发已取得显著进展 由外商投资建设的3万吨级码头已投入使用；日供2万吨的水厂已建成，投资4.5亿元，

日调水40—50万吨的闽江调水工程动工兴建；区内13公里长的疏港公路建成通车；已开通6000门程控电话，基本具备大开发的环境。至1993年末，全区引进项目19项，总投资8.65亿美元，其中建成投产的3项。另外，还与外商新签了引进水泥、钢铁、汽车、煤码头等项目。

(五)福州科技园区包括马尾、洪山、仓山三个科技园 总面积5.5平方公里，投入资金7亿多元，利用外资4000万美元，1993年实现工业产值10亿多元，利税1.6亿多元，出口交货总值1亿多元，并有10项高新技术项目申报国家级“火炬”项目。目前园区内已兴办高新技术企业87家，开发高新技术项目123项，其中被列入国家级“火炬”项目10项，省市级“火炬”项目22项。

(六)厦门“火炬”高技术产业开发区由国家科委和厦门市共同创办，规划面积为2.67平方公里 开发区发展方向以电子信息业(包括微电子、计算机、软件技术、通信、激光和基础元器件等)为主，大力发展机电一体化产业、新型材料产业和生物技术产业。到1993年底，开发区已完成“五通一平”0.48平方公里；完成厂房建设11.017万平方米；正在建设的厂房14.6万平方米，宿舍10万平方米；已批准进区的高新技术企业41家，其中34家已投产开业，这些企业投资额达4亿多美元，利用外资2亿多美元。

(七)分布在福建沿海的90多片外商投资成片开发区，大部分开发进展较快 累计已引进外商投资项目1000多项，协议外资近30亿美元，其中约有200个项目建成投产。这些成片开发区全部建成可引进外资100亿美元以上。

(八)武夷山和湄洲岛旅游度假区的建设各具特色 武夷山以神奇的山水风光吸引着越来越多的外商前来投资开发。到1993年6月底，累计签订项目合同84个，总投资25.42亿美元，其中外商投资项目53个，总投资23.95亿元，合同外资3.83亿美元。湄洲岛具有“东方夏威夷”之称，加上独具特色的妈祖文化，每年都吸引了几十万游客，其中来岛朝拜、旅游的台湾同胞达10万人次以上，目前由外商在岛上包片开发的8平方公里的项目正在加速进行。

四、经济体制改革进入了新阶段

1993年福建省围绕建立社会主义市场经济体制，加快了改革步伐，在许多领域取得了实质性进展，为国民经济的健康发展增添了生机和活力。

(一)进一步落实《全民所有制企业转换经营机制条例》，加速以产权制度改革为重点的企业改革 省政府对贯彻《条例》作了一系列重要部署，制订了《福建省全民所有制工业企业转换经营机制实施办法》，同时成立了落实《条例》监督管理办公室，负责接受企业和各方投诉，监督检查各部门落实《条例》进展情况。各级政府干预企业生产经营活动的现象明显减少，企业市场主体地位进一步加强。

(二)加快产权制度改革的步伐 省政府发出了《福建省国有资产经营与管理体制改革试点的意见》，探讨提高国有资产管理水平，确保国有资产的滚动增值的有效途径。同时继续扩大股份制改革试点范围。1993年，全省改制或新设立的股份制企业335家，总股本42.36亿元，其中股份有限公司50家。福耀、福联、福发、福州东百、闽东电机、豪盛磁砖、厦门国泰、厦汽、厦海发等9家股份制企业的公众股及厦灿坤(B股)分别在上海证券交易所和深圳证券交易所上市。全省股份制改革募集到的资金80％用于国家重点建设项目和技改项目。改制不仅使企业筹到资金，而且重塑了企业运行机制。多数股份制企业取得了明显的经济效益，实现利润比改制前增长30％—80％。除此之外，全省约有2000多家国有小型商业企业(包括网点)和部分地市的小型工业企业实行了国有民营改革。1993年全省关停企业25家，2家企业宣布破产，78家工商企业兼并了88家劣势企业。莆田、泉州、福州等地对一些亏损、微利、边远的小型商业网点进行拍卖，通过公开招标，转让给内部职工或社会个人，收回资金用于充实大中型企业的流动资金，促进产业结构调整，实现资源的有效配置。积极引进外资“嫁接”改造老企业，福州市属工交企业合资或部分车间合资的企业约占国有企业个数的49％，其中总投资百万美元以上的占7项，千万美元以上的占3项。

(三)税利分流改革在全省三分之一的地市展开 物资系统及福州市和泉州市市属国有企业全面实行了“税利分流，税后还贷、税后留利”改革。

(四)加快市场体系的建设 一是要素市场的构建向新领域拓展，全省首家拍卖行正式开业，专门从事罚没商品的拍卖；产权交易市场正在筹备之中；引进期货机制的大型生产资料——福建省生产资料交易所即将开业；证券市场发展迅速，证券交易机构现已发展到45家，按照规范交易的要求同上海、深圳和NET、STAQ系统联网，年交易额将近160亿元；结合土地使用制度改革，成立了福州地产交易市场，加上已有的房地产综合交易市场，为房产交易、土地拍卖、地价评估、信息咨询提供一系列服务，房地产市场比较活跃。

二是市场中介组织迅速发展。一批专门从事房地产交易、职业介绍、科技成果转让、信息咨询等市场中介组织以及会计师事务所、律师事务所、公证仲裁机构等市场服务组织相继成立；经纪人队伍不断壮大，出现了一大批专职或兼职的经纪人，市场主体结构进一步完善。

三是积极规范市场行为。省政府陆续出台了《福建省房地产开发和市场管理试行办法》、《福建省技术市场条例(草案)》、《福建省经纪人条例》、《福建省生产资料市场管理试行办法》、《福建省集中交易市场登记管理办法》等市场规则,对各类市场行为实施引导和规范,促进全省市场体系的健康发展。

(五)社会保障制度和住房制度改革取得新进展 组织实施《福建省企业职工待业保险暂行规定》,全省为失业人员支付的救济金、医药费、转业训练费、管理费等达2000多万元,失业安置就业率为88.5%;建立统一的企业职工养老保险制度,并在一些市县进行工伤保险、医疗保险等试点。全省约五分之一的县(市、区)开办了工伤保险和住院医疗保险。

积极进行住房制度改革,全省出售公有住房方案正式出台,并在各地市普遍实施,对不出售的公房,有的地方已初步提租,不发补贴。

五、基础设施建设加快,经济发展后劲增强

改革开放15年来,福建把基础设施建设作为战略任务来抓,集中物力、财力,新建和改造了一批基础设施和基础工业项目。1979—1992年用于能源、交通、通信和原材料工业的基建投资额达150多亿元。其中,能源方面主要新建了沙溪口水电站、福州火电厂、漳平火电厂等一批大中型水电站、火电厂等;交通方面主要有鹰厦铁路电气化改造、外福铁路改线,新建福马路、改造福厦路,新建和扩建福州马尾港、厦门东渡港、湄洲湾等一批港口,以及厦门国际机场、福州和武夷山机场;基础工业项目主要新建、扩建了一批水泥厂、煤矿、钢铁厂、化工厂、氮肥厂等;通信设施方面主要建设程控电话、移动电话,日前全省全部县市都实现了市内电话自动化,移动电话覆盖全省九个地市所在地。从而使全省的投资环境有很大改善,既为国民经济的发展增强了后劲,也为扩大对外开放创造了条件。

1993年是福建省确定的"基础设施建设年",也是福建历史上基础设施建设投资规模最大、完成项目最多的一年。全社会固定资产投资完成338.2亿元,增长71.4%。其中国有基建投资完成104亿元,增长46.8%;27个重点项目完成投资40亿元,增长48.2%。福建炼油厂、水口水电站、武夷山机场、厦门东渡港二期工程等13个重点项目已建成投产或基本建成,使全省交通、通信、电力建设步伐加快,鹰厦铁路电气化全线开通;邮电业务总量增长64.9%,新增电话79.7万门;新增发电装容量22万千瓦;以改造国道、省道为主的"先行工程"正在各地加紧实施。

1994年福建省初步安排基本建设投资128亿元,增长23%。大中型项目初步确定30个,重点项目23个。交通方面,新开工福州长乐国际机场、泉厦高速公路,扩建厦门国际机场,续建横南铁路、漳泉肖铁路;新建和扩建福州新港区二期工程、厦门东渡港二期工程、漳州港多用途码头;继续抓紧实施"先行工程",福厦高速公路全线展开。能源方面,续建水口水电站、厦门嵩屿电厂、漳平电厂二厂,争取开工棉花滩水电站、穆阳溪梯级水电站和华能电厂二期工程,确保年内完成新装机容量60万千瓦投入运行。通讯方面,抓好福州长途电信枢纽工程,争取新开通程控电话80万门。水利设施方面,续建连江山仔水利枢纽工程、湄洲湾北岸供水工程,争取新开工湄洲湾南岸供水工程。基础工业方面,续建福建炼油厂、青州纸厂扩建工程,拟新开工龙岩地区造纸厂、三德水泥厂等项目。

(作者所在单位:福建省政府开放办)

福建省国民经济综合指标发展概况

指标	单位	绝对数					1993年为以下年%	
		1978年	1985年	1990年	1992年	1993年	1978年	1992年
一、基本情况								
1.土地面积	万平方公里					12.14		
2.行政市数	个		10	16	18	20		111.1
地级市	个		6	6	6	6		100.0
县级市	个		4	10	12	14		116.7
3.人口								
年底总人口数	万人	2453	2713	3037	3116	3150	128.4	101.1
男	万人	1269	1401	1565	1608	1599	126.0	99.4
女	万人	1184	1312	1472	1508	1551	131.0	102.9
出生率	‰	23.83	17.49	24.44	18.18	16.72	70.2	92.0
死亡率	‰	5.97	5.38	6.71	6.02	5.62	94.1	93.4
自然增长率	‰	17.86	12.11	17.73	12.16	11.10	62.2	91.3
4.从业人员数	万人	917.9	1152.1	1348.4	1489.9	1520.7	165.7	102.1
城镇从业人员	万人					389.4		
国有经济单位	万人	148.5	191.4	214.7	223.9	220.5	148.5	98.5
集体经济单位	万人	57.2	80.9	78.1	78.6	71.3	124.7	90.7
联营经济单位	万人					4.6		
股份制经济单位	万人					5.2		
外商投资经济单位	万人					18.0		
港澳台投资经济单位	万人					2.1		
其他经济单位	万人					4.1		
私营企业	万人				5.6	11.3		201.8
个体	万人	0.6	13.8	25.3	24.3	33.2	5533.3	136.6
乡村从业人员	万人	711.6	864.2	1012.2	1119.3	1131.3	159.0	101.1
二、综合经济指标								
1.国内生产总值	亿元	66.37	190.80	459.48	694.70	1028.14	1549.1	148.0
第一产业	亿元	23.93	68.12	148.03	197.90	259.56	1084.7	131.2
第二产业	亿元	28.19	72.50	174.47	291.60	463.93	1645.7	159.1
#工业	亿元				241.78	347.71		143.8
建筑业	亿元				49.82	387.92		778.6
第三产业	亿元	14.52	50.18	136.98	205.20	76.01	523.5	37.0
#运输邮电	亿元				46.27	75.52		163.2
商业	亿元				49.57	79.15		159.7
2.人均国内生产总值	元	273	708	1551	2264	3310	1212.5	146.2
三、投资								
1.全社会固定资产投资额	亿元	7.27	54.99	108.54	194.70	370.96		190.5
#国有经济	亿元	7.00	37.10	64.69	123.99	195.27	2789.6	157.5
#基本建设投资	亿元	7.00	26.76	38.19	70.86	118.25	1689.3	166.9

续表 1

指标	单位	绝对数					1993年为以下年%	
		1978年	1985年	1990年	1992年	1993年	1978年	1992年
更新改造投资	亿元		8.49	16.57	29.40	47.95		163.1
其他固定资产投资	亿元		1.85	0.89	2.35	6.09		259.1
#集体经济	亿元	0.27	8.89	12.17	22.04	45.58		206.8
2.基本建设房屋建设								
房屋施工面积	万平方米	451.7	1142.4	580.0	805.4	939.7	208.0	116.7
#住宅	万平方米	156.1	510.6	179.0	305.7	355.5	227.7	116.3
房屋竣工面积	万平方米	183.6	473.6	276.4	350.3	363.6	198.0	103.8
#住宅	万平方米	66.2	241.9	93.2	141.2	154.6	233.5	109.5
四、财政收支								
地方财政收入	亿元	15.13	25.08	57.06	75.35	110.41	729.7	146.5
地方财政支出	亿元	15.14	30.64	68.45	84.50	113.79	751.6	134.7
五、物价指数(上年=100)								
1.全社会零售物价总指数	%	100.3	110.6	98.9	105.0	113.4		
#消费品	%		111.4	98.6	105.5	113.8		
食品类	%			97.3	107.5	116.4		
衣着类	%			103.7	101.5	105.0		
日用品类	%			99.8	100.5	107.1		
文化娱乐用品类	%			97.5	94.8	101.4		
书报杂志类	%			106.9	104.2	102.6		
药及医疗用品类	%			100.1	112.5	106.7		
建筑装璜材料类	%			93.3	109.3	129.7		
燃料类	%			108.5	105.6	123.2		
2.居民消费价格指数	%		111.3	99.3	105.9	115.4		
城镇居民	%	100.4	114.0	100.1	108.0	116.8		
农民	%		107.5	98.6	104.1	114.2		
3.固定资产投资价格指数	%				114.9	134.1		
六、居民生活								
1.居民消费水平	元	163	419	837	1124			
农业居民	元	126	358	722	926			
非农业居民	元	379	718	1385	2061			
2.职工平均工资	元	567	1059	2162	2777	3477	613.2	125.2
国有经济单位	元	611	1115	2288	2842	3501	573.0	123.2
城镇集体经济单位	元	487	912	1740	2192	2735	561.6	124.8
其他经济单位	元			2674	3641	4419		121.4

续 表 2

指标	单位	绝对数					1993年为以下年%	
		1978年	1985年	1990年	1992年	1993年	1978年	1992年
3.劳动力负担人数								
每一农村劳动力	人	2.92	1.94	1.81	1.74	1.69	57.9	97.1
每一城镇就业者	人	1.61	1.81	1.74	1.68	1.68	104.3	100.0
4.收入(平均每人)								
农村居民家庭纯收入	元	137.54	396.45	764.41	984.10	1210.51	880.1	123.0
城镇居民家庭								
生活费收入	元	339.48	672.52	1567.00	2021.28	2525.25	743.9	124.9
5.居住面积(平均每人)								
农村住户住房面积	平方米		14.47	18.47	19.64	22.38		114.0
城镇居民家庭住房面积	平方米		8.20	9.27	10.50	10.80		102.9
七、国际旅游								
1.接待旅游人数	万人次		35.57	70.79	81.61	88.00		107.8
#外国人	万人次		7.67	8.78	15.90	19.30		121.4
2.旅游外汇收入	万元		8305	48477	79412	91004		114.6
商品性收入	万元		5657	26305	30126	38369		127.4
劳务性收入	万元		2648	22712	49286	52635		106.8
3.涉外饭店数	个		30	87	97	102		105.2
#国有单位	个			62	70	72		102.9
中外合资	个			9	11	13		118.2
集体单位	个			5	1	2		200.0
八、工商企业基本情况								
企业数	万户		12.6	14.0	16.0	19.8		123.8
从业人员	万人		328.8	379.6	422.3	501.7		118.8
注册资金	亿元		242.8	361.7	574.8	844.4		146.9
国有企业								
企业数	万户	0.3	2.9	3.2	3.7	4.3	1433.3	116.2
从业人员	万人	58.7	123.5	141.1	157.8	170.6	290.6	108.1
注册资金	亿元	45.7	165.7	237.2	345.6	404.2	884.5	117.0
集体企业								
企业数	万户	2.1	9.5	10.6	12.1	15.0	714.3	124.0
从业人员	万人	93.3	200.5	226.6	252.8	314.3	336.9	124.3
注册资金	亿元	11.7	68.6	103.9	174.7	345.8	2955.6	197.9
联营及其他企业								
企业数	户		1565	2305	2751	4447		161.7
从业人员	万人		4.8	12.0	11.7	16.8		143.6
注册资金	亿元		8.6	20.6	54.5	94.4		173.2
私营企业								
户数	户			4162	6654	12005		180.4
从业人员	万人			6.5	10.7	20.7		193.5
注册资金	亿元			4.6	11.2	8.2		73.2

福建省固定资产投资和建筑业

指　　标	单　位	绝　对　数			1993年为1992年％（上年=100）	1993年本省占全国比重（％）
		1990年	1992年	1993年		
一、固定资产投资						
1.全社会固定资产投资	亿元	108.54	194.70	370.96	190.5	3.0
国有经济	亿元	64.68	123.99	195.27	157.5	2.5
集体经济	亿元	12.17	22.04	45.58	206.8	2.0
联营经济	亿元			1.50		2.7
股份制经济	亿元			5.07		2.2
中外合资经营	亿元			9.62		2.2
中外合作经营	亿元			1.35		1.9
外资	亿元			8.95		18.2
港澳台与大陆合资经营	亿元			9.00		6.9
城乡个人	亿元	31.69	48.67	75.75	155.6	5.1
其他经济	亿元			1.30		6.3
2.基本建设投资	亿元	38.19	70.86	118.25	166.9	2.6
#农林牧渔业	亿元	1.17	2.04	0.86	42.2	1.9
采掘业	亿元			0.86		0.2
制造业	亿元	20.25	32.76	16.31	49.8	1.8
电力、煤气及水电生产和供应业	亿元			27.86		3.6
建筑业	亿元	0.15	2.05	7.97	388.8	6.9
交通运输、仓储和邮电通讯业	亿元	5.77	9.50	20.47	215.5	2.3
批发、零售贸易和餐饮业	亿元	1.29	3.08	5.37	174.4	2.6
2.施工项目						
基本建设	个		3126	3186		3.5
更新改造	个	1435	1708	1488	87.1	2.3
3.新增固定资产						
基木建设	亿元		32.81	51.98		1.9
更新改造	亿元	14.51	24.21	35.26	145.6	2.3
二、建筑业						
施工企业个数	个	212	220	614	279.1	2.9
年末从业人员数	万人	14.47	17.06	23.46	137.5	2.1
自有机械设备总功率	万千瓦		48.9	95.0		1.9
总产值	万元	185157	310796	852666	274.3	2.6
#建筑工程产值	万元	176432	301733	769605	279.1	2.7
安装工程产值	万元			72651		2.2
增加值	万元	239200	498200	219327	44.0	2.6
企业总收入	万元		300057	871152	290.3	2.7
施工房屋建筑面积	万平方米	862.2	1078.1	1863.7	172.9	2.9
竣工房屋建筑面积	万平方米	405.2	475.4	747.2	157.2	2.6
企业利税总额	万元	10933	17653	46461	263.2	2.9

福建省利用外资及外资企业情况

指标	单位	绝对数			1993年为1992年%（上年=100）	1993年本省占全国比重（%）
		1990年	1992年	1993年		
一、利用外资						
1.对外签订利用外资协议项目	个	1043	3113	4714	151.4	5.6
对外借款	个					
外商直接投资及其他	个	1043	3113	4714	151.4	5.6
2.对外签订利用外资协议项目金额	万美元	126177	639958	1140474	178.2	9.3
对外借款	万美元	5853	4197	3155	75.2	0.3
外商直接投资及其他	万美元	120324	635761	1137319	178.9	10.2
3.实际利用外资额	万美元	42684	146561	290599	198.3	7.5
对外借款	万美元	10695	4197	3155	75.2	0.3
外商直接投资及其他	万美元	31989	142364	287444	201.9	10.4
4.外商直接投资协议投资额	万美元	117287	635101			
农林牧渔业	万美元	3074	8128			
工业	万美元	85334	338774			
建筑业	万美元	54	1098			
运输邮电业	万美元	181	2817			
商业饮食业物资供销业	万美元	460	27068			
房地产管理、公用事业服务业	万美元	27468	251232			
其他	万美元	716	5984			
二、外国及港澳台在华投资企业情况						
年末企业数	个	3427	7423	11990	161.5	0.7
合资经营	个	1741	3529	5287	149.8	4.9
合作经营	个	741	936	1128	120.5	4.4
独资经营	个	945	2958	5575	188.5	16.3
从业人员	人	383475	982739	1499318	152.6	8.3
#外方	人	12138	271318	42931	15.8	7.5
投资总额	万元	1643602	1126573	2234405	198.3	5.8
注册资本	万元	1274081	772481	1422384	184.1	5.8
#外方	万元	837363	581756	1120235	192.6	7.5
三、外商投资企业出口额	**亿美元**	**7.82**	**19.34**	**30.04**	**155.3**	**11.9**

福建省农村经济

指标	单位	绝对数			1993年为1992年%（上年=100）	1993年本省占全国比重（%）
		1990年	1992年	1993年		
一、基本情况						
1.乡镇个数	个	966	960	971	101.1	2.0
村民委员会	个	14864	14864	14907	100.3	1.9
乡村人口数	万人	2493.0	2567.4	2596.3	101.1	2.8
2.乡村劳动力	万人	1012.2	1119.3	1131.3	101.1	2.6
#农林牧渔业	万人	771.7	823.4	807.6	98.1	2.4
工业	万人	67.9	88.0	92.8	105.5	2.5
建筑业	万人	51.8	58.0	61.9	106.7	3.3
交通运输业和邮通讯业	万人	21.2	24.7	27.9	113.0	3.5
批发、零售贸易业、餐饮业及仓储业	万人	24.1	31.5	35.2	111.7	3.7
3.耕地面积	千公顷	1236.5	1228.7	1219.4	99.2	1.3
4.农作物播种面积	千公顷	2745.9	2881.0	2733.3	94.9	1.9
#谷物	千公顷			1532.2		1.7
油料	千公顷	167.5	116.8	114.2	97.8	1.0
棉花	千公顷					
5.农业现代化水平						
农业机械总动力	万千瓦	587.1	645.6	693.5	107.4	2.2
乡、村办水电站个数	个	988	4185	4037	96.5	8.9
乡、村办水电站发电能力	万千瓦	35.3	58.6	60.4	103.1	12.6
农村用电量	亿千瓦小时	20.4	26.9	29.2	108.6	2.3
农用化肥施用量	万吨	76.4	93.0	92.2	99.1	2.9
灌溉面积	千公顷	933.6	943.9	945.2	100.1	1.9
6.农民家庭平均每户生产性固定资产原值	元	1240.9	1455.7	1883.9	129.4	96.6
#农林牧渔业机械	元	79.3	113.6	141.6	124.6	40.5
工业机械	元	54.7	56.9	66.5	116.9	98.9
运输机械	元	148.9	168.7	291.5	172.8	91.8
7.农林牧渔业总产值	亿元	212.8	282.8	395.3	111.3	3.6
农业	亿元	102.5	133.0	190.3	107.0	2.9
林业	亿元	21.5	29.2	36.4	113.4	7.4
牧业	亿元	53.4	67.0	83.8	109.6	2.8
渔业	亿元	35.3	53.6	84.8	122.2	9.6

注：本表价值量指标除农业产值指数按可比价格计算外，其它均按当年价格计算。

续　表　1

指　　标	单　位	绝　对　数			1993年为1992年 %（上年=100）	1993年本省占全国比重（%）
		1990年	1992年	1993年		
二、主要农产品产量						
粮食	万吨	879.6	897.2	869.0	96.9	1.9
谷物	万吨			730.1		1.8
#稻谷	万吨	731.2	733.0	694.5	94.7	3.9
小麦	万吨	27.7	22.1	21.2	95.9	0.2
玉米	万吨	3.3	4.3	5.9	137.2	0.1
棉花	万吨					0.0
油料	万吨	17.7	19.9	20.7	104.0	1.1
水果	万吨	75.8	117.2	153.8	131.2	5.1
猪、牛、羊肉	万吨	64.1	75.3	83.0	110.2	2.6
奶类	万吨	4.9	5.7	5.9	103.5	1.0
禽蛋	万吨	12.9	17.7	19.3	109.0	1.6
水产品	吨	1186412	1600392	1903600	118.9	1.0
海水产品	吨	1091643	1465589	1713600	116.9	1.6
淡水产品	吨	94769	134003	190000	141.8	0.3
三、乡镇企业基本情况						
企业单位数	万个	5.4	5.8	67.2	1158.6	2.7
#乡办企业	万个	1.2	1.3	1.4	107.7	3.2
村办企业	万个	4.2	4.6	5.1	110.9	4.1
从业人员	万人	139.7	162.7	406.3	249.7	3.3
乡办企业	万人	65.2	73.2	84.1	114.9	2.9
村办企业	万人	74.5	89.5	106.1	118.5	3.7
营业收入	万元			5489917		3.2
利润总额	万元			378919		3.5
#应交所得税	万元			27274		1.6
实交各种税金	万元	68492	118932	178086	149.7	2.7
利税总额	万元			546409		3.1
工资总额	万元	225459	400329	604978	151.1	4.6
固定资产净值平均余额	万元			1340111		3.6
流动资产年平均余额	万元			1330401		2.4
本年银行(信用社)贷款余额	万元	156631	245392	522574	213.0	1.7
每百元固定资产原值实现利润	元	14.6	19.4	22.3	114.9	105.2
每百元资金实现利润	元			14.2		122.4
每百元资金实现利税	元	19.7	21.1	20.5	97.2	107.9
每百元营业收入实现利润	元			6.9		109.5
每百元固定资产原值实现营业收入	元			323.3		95.8
每百元营业收入占用流动资金	元			24.2		74.9

注：乡镇企业经济效益指标″1993年本省占全国比重″是″本省为全国平均数百分比″。

福建省工业经济

指　　标	单　位	绝　　对　　数			1993年为1992年 %（上年=100）	1993年本省占全国比重（%）
		1990年	1992年	1993年		
一、基本情况						
1.企业单位数						
#独立核算工业企业	个	12556	12493	14577	116.7	3.2
按经济类型分						
国有企业	个	2321	2211	2213	100.1	2.7
集体企业	个	9211	8712	9530	109.4	2.7
按轻重工业分						
轻工业企业	个	7499	7492	8205	109.5	3.5
重工业企业	个	5057	5001	6372	127.4	2.8
按规模分						
大型企业	个	53	39	45	115.4	1.0
中型企业	个	213	204	213	104.4	1.5
小型企业	个	12290	12250	14319	116.9	3.3
2.工业总产值						
#独立核算工业企业	亿元	393.65	605.49	970.05	138.3	2.4
按经济类型分						
国有工业	亿元	225.17	290.93	384.57	106.1	1.7
集体工业	亿元	78.77	111.99	175.38	144.8	1.5
按轻重工业分						
轻工业	亿元	235.90	362.00	519.04	133.3	3.3
重工业	亿元	157.75	243.49	451.01	146.4	1.9
按规模分						
大型企业	亿元	68.16	82.33	164.08	138.5	1.1
中型企业	亿元	84.53	127.72	180.87	118.4	2.4
小型企业	亿元	240.96	395.44	625.11	145.0	3.6
二、独立核算工业企业主要指标						
工业增加值	亿元			257.17		2.0
资本金	亿元			320.76		1.6

续 表 1

指 标	单 位	绝 对 数			1993年为1992年 %（上年=100）	1993年本省占全国比重（%）
		1990年	1992年	1993年		
流动资产	亿元			498.26		2.0
长期投资	亿元			37.42		2.1
固定资产原值	亿元	244.56	343.24	457.81	133.4	1.8
固定资产净值	亿元	180.75	253.82	341.78	134.7	1.9
无形及递延资产	亿元			25.54		2.2
流动负债	亿元			423.18		1.9
长期负债	亿元			166.26		1.6
所有者权益	亿元			379.11		2.4
产品销售收入	亿元	352.66	564.06	881.99	156.4	2.3
产品销售成本	亿元	301.20	467.97	692.25	147.9	2.3
产品销售税金及附加	亿元			49.90		2.1
产品销售利润	亿元			106.30		2.5
利润总额	亿元	16.10	27.01	62.89	232.8	3.9
利税总额	亿元	44.98	64.43	112.79	175.1	2.9
三、主要工业产品产量						
化学纤维	万吨	3.13	3.56	3.60	101.1	1.6
纱	万吨	5.48	6.15	6.47	105.2	1.3
布	亿米	2.26	2.30	3.43	149.1	1.7
糖	万吨	32.63	43.30	30.24	69.8	3.9
机制纸及纸板	万吨	52.09	67.00	75.86	113.2	3.7
家用电冰箱	万台	4.50	1.29			0.0
电视机	万台	135.52	142.70	160.72	112.6	5.3
#彩色电视机	万台	123.14	132.31	155.28	117.4	10.8
家用洗衣机	万台	0.16				0.0
原煤	亿吨	0.09	0.09	0.10	111.1	0.9
原油	万吨					0.0
发电量	亿千瓦小时	136.65	176.55	195.27	110.6	2.3
钢	万吨	51.66	61.87	61.72	99.8	0.7
成品钢材	万吨	56.28	63.45	71.47	112.6	0.9
水泥	万吨	540.04	747.62	902.39	120.7	2.3
平板玻璃	万重量箱	66.06	84.74	111.61	131.7	1.0
金属切削机床	万台	0.13	0.21	0.23	109.5	0.9
汽车	万辆	0.07	0.34	0.39	114.7	0.3

福建省运输和邮电

指　　标	单　位	绝　对　数			1993年为1992年 %（上年=100）	1993年本省占全国比重（%）
		1990年	1992年	1993年		
一、运输业						
1.全社会货运量	万吨			25145		2.3
国家铁路	万吨			2217		1.4
地方铁路	万吨					0.0
公路	万吨	23574	21276	21448	100.8	2.6
水运	万吨	1226	1345	1480	110.0	1.5
2.全社会货物周转量	亿吨公里			425.4		1.4
国家铁路	亿吨公里			136		1.1
地方铁路	亿吨公里					0.0
公路	亿吨公里	118.7	104.1	110.7	106.3	2.7
水运	亿吨公里	66.1	98.9	178.7	180.7	1.3
3.运输工具拥有量						
民用汽车拥有量	万辆	11	13.7	16.63	121.4	2.0
载客汽车	万辆	3.7	5	6.38	127.6	2.2
载货汽车	万辆	6.8	8.3	9.82	118.3	2.0
其他机动车	万辆			0.2		0.2
民用运输舶船拥有量						
机动船	艘	5990	4714	4896	103.9	1594.8
驳船	艘	151	89	87	97.8	0.1
帆船	艘	1148	282	263		2.5
二、邮电通讯业						
1.邮电通信网路						
邮电局、所	（处）	2070	2370	2424	102.3	4.3
邮路及农村投递线路总长度	公里	173321	177317	183239	103.3	3.6
长话电路	路	5436	10019	22635	225.9	5.4
电报电路	路	395	376	396	105.3	3.0
2.通信工具拥有量						
传真机	部	111	344	466	135.5	3.8
市话交换机容量	门	416928	800181	1475353	184.4	4.9
电话机	部	312600	564359	941940	166.9	3.6
长途直拨有权用户	户	54922	266528	605146	227.0	5.4
#直拨国际及港澳用户	户	42134	214533	478514	223.0	10.1
市内电话	户	186848	355674	618634	173.9	4.4
#私人和个体工商户	户	75946	203272	428688	210.9	6.4
#住宅电话	户	66456	185815	404107	217.5	5.0
无线寻呼电话用户	户	21874	143851	418148	290.7	7.4
移动电话用户	户		10862	28207	259.7	4.4
3.邮电业务总量	亿元	30700.8	146870.6	242200	164.9	5.2

注:邮电业务总量1990年为1980年不变价,1992、1993年为1990年不变价。

福建省国内商业和城乡居民生活

指　　标	单位	绝对数 1990年	绝对数 1992年	绝对数 1993年	1993年为1992年 %（上年=100）	1993年本省占全国比重（%）
国内商业						
一、社会商业商品购、销、存总额						
1.国内纯购进总额	亿元	198.0	294.8	358.8	121.7	2.9
工业品	亿元	146.0	229.5	290.0	126.4	3.0
农村产品	亿元	50.4	64.3	67.2	104.5	2.7
2.国内纯销售总额	亿元	236.1	282.6	363.3	128.6	2.8
3.年末库存总额	亿元	69.3	70.6	54.2	76.8	1.5
二、社会商品零售总额	**亿元**	**231.97**	**319.77**	**420.07**	**131.4**	**3.1**
1.按用途分						
消费品	亿元	207.74	289.38	383.26	132.4	3.1
售给居民	亿元	197.83	274.69	364.72	132.8	3.4
售给社会集团	亿元	9.90	14.69	18.54	126.2	1.3
农业生产资料	亿元	24.23	30.39	36.81	121.1	2.7
2.按经济类型分						
国有经济单位	亿元	72.12	94.41	119.31	126.4	2.2
集体经济单位	亿元	58.69	67.88	81.88	120.6	2.3
合营	亿元	4.59	9.37	9.47	101.1	8.1
个体	亿元	74.09	119.92	172.96	144.2	5.6
农民对非农业居民零售	亿元	22.47	28.20	36.45	129.3	2.5
城乡居民生活						
一、城镇居民家庭						
1.平均每人生活费收入	元	1481.47	2021.28	2525.25	124.9	108.1
2.平均每人生活费支出	元	1349.27	1884.11	2340.57	124.2	110.9
3.平均每百户年底主要消费品拥有量						
洗衣机	台	71.31	80.68	84.74	105.0	98.1
电冰箱	台	42.21	62.30	64.56	103.6	113.9
摩托车	辆	1.69	3.57	4.57	128.0	129.5
彩色电视机	台	55.03	73.27	77.22	105.4	97.2
二、农民家庭						
1.平均每人纯收入	元	764.41	984.10	1210.51	123.0	131.3
2.平均每人生活消费支出	元	707.97	820.75	1069.79	130.3	139.0
3.平均每百户耐用消费品拥有量						
洗衣机	台	4.01	7.97	10.71	134.4	77.5
电冰箱	台	1.43	2.69	4.12	153.2	135.1
摩托车	辆	1.92	3.74	6.65	177.8	310.7
彩色电视机	台	5.22	10.93	15.93	145.7	146.7

福建省效益指标

指　　标	单　位	绝　对　数			1993年比1992年增减	
		1990年	1992年	1993年	绝对数	%
平均每一社会从业者创造的国民生产总值	元	3515	4820	6829	2009.0	41.7
平均每一农林牧渔业劳动者提供的						
农林牧渔业产值	元	2882.9	3670.9	4846.8	1175.9	32.0
粮食产量	公斤	1133.1	1074.7	1065.6	-9.1	-0.8
棉花产量	公斤				0.0	ERR
油料产量	公斤	22.8	23.8	25.4	1.6	6.7
猪牛羊肉产量	公斤	82.6	90.2	101.8	11.6	12.9
水产品产量	公斤	152.8	191.7	233.4	41.7	21.8
独立核算工业企业主要经济效益指标						
工业增加值率	%		26.03	26.51	0.5	
每百元固定资产原价实现的利税	元	18.39	18.77	24.64	5.9	31.3
资金利税率	%	15.66	11.97	15.26	3.3	
产值利税率	%	11.42	10.64	11.63	1.0	
每百元销售收入实现的利润	元	4.57	4.79	7.13	2.3	48.9
工业成本费用利润率	%	5.35	5.77	8.16	2.4	
流动资产周转次数	次	3.31	1.85	2.11	0.3	14.1
每公里公路负担货运量	吨	5748	5437	4924	-512.9	-9.4
每公里公路负担货物周转量	万吨公里	28.94	24.86	25.41	0.6	2.2
基本建设固定资产交付使用率	%	77.72	46.44	44.00	-2.4	
更新改造固定资产交付使用率	%	87.57	82.35	73.50	-8.8	
建筑业劳动生产率						
按总产值计算	元		21127	28480	7353.0	34.8
按增加值计算	元		5851	7326	1475.0	25.2
建筑业产值利税率	%		5.10	5.4	0.3	
单位工程优良品率	%	26.40	33.00	25.7	-7.3	
建筑业技术装备率	元/人	2182	2131	3888	1757.0	82.4
建筑业动力装备率	千瓦/人	3.5	3.4	4.2	0.8	23.5

福建省人均指标

指　　标	单　位	1990年	1992年	1993年	1993年比1992年	
					增长量	增长率
国内生产总值	元	1573	2264	3310	1046	46.2
农业总产值	元	771	971	1262	291	30.0
工业总产值	元	1792	2956	4940	1984	67.1
职工平均工资	元	2162	2777	3477	700	25.2
居民消费水平	元	837	1124		187	15.6
农民	元	722	926		141	16.0
非农业居民	元	1385	2061		394	13.8
年末实有耕地面积	公顷	0.04	0.04	0.04	0.00	0.0
粮食产量	公斤	296.5	289.7	277.4	-12.3	-4.2
棉花产量	公斤					
油料产量	公斤	6.0	6.2	6.6	0.4	6.5
水果产量	公斤	25.5	37.8	49.1	11.3	29.9
猪牛羊肉产量	公斤	21.6	24.3	26.5	2.2	9.1
水产品产量	公斤	40.0	51.7	60.8	9.1	17.6
钢产量	公斤	17.4	20.0	19.7	-0.3	-1.5
布产量	米	7.6	7.4	10.9	3.5	47.3
邮电业务总量	元	241.7	47.4	77.3	29.9	63.1
社会消费品零售额	元	700.3	934.2	1223.3	289.1	30.9
每万人口高等学校在校学生数	人	18.8	18.5	20.4	1.9	10.3
每万人口中等专业学校在校学生数	人	19.8	21.1	23.8	2.7	12.8
每万人口中学在校学生数	人	353.3	398.4	408.6	10.2	2.6
每十万人口医院数	人	4.0	3.9	3.8	-0.1	-2.6
每万人口医生数	人	12.0	12.3	12.2	-0.1	-0.8

注：1.国内生产总值指标1990年为国民生产总值数据。

2.居民消费水平增长量和增长率为1992年同1991年之比。

广东省加大改革力度　拓展开放领域

周　毅

一、国民经济持续、快速发展

1993年，是广东省为发展社会主义市场经济迈出新步伐的一年，也是紧抓机遇加速建设的一年。国民经济保持了持续、快速、健康发展，各项社会事业取得了新的成就。全年国内生产总值3140亿元(当年价，下同)，按可比口径计算，比上年增长21%；工农业总产值5974亿元，比上年增长31%。

(一)工业生产保持高速增长，经济效益显著提高　全年完成工业增加值1264亿元，比上年增长36.6%；工业总产值5088.45亿元，增长36.5%。乡及乡以上工业总产值中，国有企业增长14.6%，集体企业增长44.6%，三资企业为主的其它经济类型增长42.6%，轻重工业同步增长。全年轻工业完成产值3188.26亿元，比上年增长37.5%；重工业完成产值1900.19亿元，增长34.5%。1993年工业经济效益综合指数由上年的102.1提高到121.3。其中工业产品销售率达96.1%，比上年提高0.6个百分点；资金利税率达13.1%，提高2.8个百分点；全员劳动生产率(按增加值计算)由15067元提高到22286元。预算内国有工业企业亏损额下降37.6%。

(二)农业生产发展，农村工作获得新成就　1993年，各级党委和政府加强了对农村工作的领导，增加了对农业的投入，大力发展高产、优质、高效农业，农业生产的整体效益提高。全省在多次遭受严重自然灾害的情况下，全年农业生产总值886亿元，仍比上年增长3.5%；农业增加值达558亿元，比上年增长3%。林、牧、渔业均有较大的发展。全年造林面积达11.14万公顷；共有105个县(市、区)实现绿化达标，提前两年基本完成全省绿化任务。主要畜产品产量增长，畜牧业生产有新的提高。全年水产品产量280.75万吨，比上年增长11.8%。乡镇企业持续高速发展。全年乡镇企业总收入2200亿元，比上年增长48.9%。全省解决了13万人的温饱和100万人的脱贫问题。

(三)固定资产投资快速增长，投资结构继续得到改善　全年全社会固定资产投资1461.14亿元，比上年增长58.5%。其中国有单位投资1033.55亿元，增长71.3%；集体单位投资295.94亿元，增长41.4%；城乡居民个人投资131.65亿元，增长20.6%。国有单位投资中，基本建设投资570.89亿元，增长68.6%；更新改造投资196.29亿元，增长52.7%；商品房投资247.28亿元，增长96.9%。在1993年的投资中，第一产业投资11.17亿元，增长37.1%，所占比重由上年的1.7%下降到1.5%；第二产业投资338.37亿元，增长59%，所占比重由45.6%下降到44.1%；第三产业投资417.64亿元，增长69.6%，所占比重由52.7%上升为54.4%。

(四)商品销售增加，市场繁荣活跃　1993年全社会商品零售总额1402.6亿元，比上年增长32.3%，扣除价格因素，实际增长11.9%。消费品零售额1316.46亿元，增长33.8%，其中城镇增长40.5%，农村增长18.8%。在各类消费品零售中，穿着商品和耐用消费品增幅较大，其中彩电增长38%，录音机增长45.8%，洗衣机增长38.5%，电冰箱增长36.1%，服装增长40.3%，食用商品有增有减。生产资料市场活跃。全省物资供销企业生产资料购进和销售总额分别比上年增长31.4%和30.5%。全年农业生产资料零售额比上年增长13%。1993年社会商品零售物价比1992年上升18.2%。

(五)外贸进出口及利用外资创新纪录　广东省1993年外贸出口开拓多元化市场，走多元化发展的道路。出口总额373.94亿美元，比上年增长11.8%，占全国外贸出口额的比重为28.6%，连续八年居全国之冠。全省外贸出口额超5亿美元的市有：深圳、广州、佛山、汕头、东莞、江门、珠海、中山、惠州、肇庆市；出口额超亿美元的行业有：纺织、轻工、土产、食品、工艺、丝绸、畜产、五矿、机械、外贸开发、化工、茶叶、粮油等。进口总额409.5亿美元，增长26.8%。进出口商品结构进一步改善，传统初级产品出口减少，省内紧缺的原材料及投资设备类产品进口大幅度增长。1993年全省新签利用外资合同19012宗，比上年增长47.2%；合同规定利用外资348.97亿美元，增长75.7%；实际利用外资96.52亿美元，增长98.6%。三资企业发展较快，截至1993年末，登记注册的三资企业达44705个，比上年末增加69.6%。在外资利用中十分注重调结构、重规模、上水平、求效益。并且大力改善投资环境，放开一些利用外资领域和内销比例，促使外资投向更趋合理，项目质量有所提高。1993年广东省举办了香港、德国两个大型招商贸易洽谈会，有力地促进了全省利用外资工作向广度和深度拓展。截至1993年末，到广东省投资的国家和地区由上年的38个增为45个。1993年实际利用外资增长1倍以上的市有：河源、阳江、潮州、梅州、茂名、清远、江门、惠州、湛江、广州、东莞、肇庆等12个市。

(六)财政增收，金融和保险业持续发展　全年财政收入346.2亿元，增长56.4%；财政支出334.2亿元，增长51.9%，收支平衡，略有盈余。1993年，全省认真整顿金融秩序，及时纠正金融工作中出现的问题。同时，大力组织存款，合理运用信贷资金，保证全省重点项目建设、工农业生产以及农副产品收购等合理资金需要，促进了金融的稳定。全年银行各项存款余额达2719.79亿元，比上年末增加342.87亿元，增长14.4%。城乡储蓄存款余额1874.51亿元，增加414.5亿元，增长28.4%。银行各项贷款余额2237.34亿元，比上年末增加423.46亿元，增长23.4%。全年累计，各家银行现金投放与回笼轧差后，净投放235.8亿元，比上年多投放144.25亿元。保险事业加快发展。1993年各类财产险承保总额9531.05亿元，比上年增长58.8%，保险公司共处理国内外财产险赔案27.94万件，支付赔款共32.93亿元，为19.29万人支付人身保险赔款1.74亿元。

(七)增加科技教育投入，促进科技教育事业蓬勃发展　1993年，省委、省政府决定按全省国民收入扣除第一产业收入部分1%的比例筹集专项基金，主要用于发展教育、科技事业。在所筹集的专项资金中安排近1亿元用于高新技术研究开发、重点实验室建设、科研所改造以及自然科学基金、科技风险基金、工业性试验基金和部分社会科学项目等。在专项资金中安排6.2亿元用于改善全省办学条件，提高教师待遇。

科技：1993年，全省共获得国家级和省级科技成果奖励185项。受理专利申请5020项，专利授权4546项，分别比上年增长7.8%和1.7倍。高新技术产业加快发展。1993年末，全省有国家级高新技术开发区6个、省级3个，高技术产业带1个。全省共认定高新技术企业166家，高新技术产品770种。国有企事业单位共有自然和社会科学技术人员72.73万人，比上年增长9.3%。县及县以上国有独立研究开发机构505个，高等院校办科研机构362个，大中型工业企业办科研机构773个。全年签订各类技术合同7605项，合同金额10.43亿元，分别比上年增长8.5%和63.2%。

教育：1993年全省在学研究生3983人，增加13.2%；高等院校在校学生11.7万人，增加20.1%。各类中等职业技术学校在校学生41.5万人，比上年上升2.5个百分点。初中在校学生244.04万人，小学在校学生832.14万人，小学学龄人口入学率达99.5%，全省普及九年义务教育的县(区)已达58个。成人高等本、专科在校学生12.52万人，成人中专学校在校学生16.43万人，分别比上年增加65.4%和21.7%。全年扫除青壮年文盲3.96万人。此外，文化、体育等事业继续蓬勃发展。

(八)城乡居民收入增加，居住环境改善　1993年，全省城镇居民人均生活费收入4277元，比上年增加34.3%，扣除价格因素，实际增长10.1%；农村居民人均纯收入1675元，增加28.1%，扣除价格因素，实际增长6.1%。城镇竣工住宅面积2195.89万平方米，农村竣工住宅面积2687.65万平方米，城乡居住条件继续改善。全社会各级职业介绍所发展到1000多家，全年城镇新安排就业人员48.28万人；年末失业率为2.02%。截至1993年末，全省已有502.41万职工和113.98万离、退休人员参加社会养老保险，比上年增加14.3%。年末职工人数为881.52万人，城镇私营企业从业人员和城镇个体劳动者有142.3万人，比上年增加39.78万人。全省有57%的乡镇建立了农村社会保障网络；城镇各种社区服务设施进一步完善。

二、加大改革力度，增强经济发展后劲

(一)加大改革的力度，以转换企业经营机制为主的各项改革取得了新的成绩　全省有200多家综合改革试点企业转换经营机制成效显著，对全省企业的改革起了示范作用。股份制改革扩大了试点范围，1993年新批准设立股份有限公司159家，有7家公司股票上市交易，上市股票1.8亿股，总金额达13.6亿元。同时加强了对股份公司和证券市场的管理。推进农村股份合作制，目前各类农村股份合作制企业已发展到3万多家。为发展社会主义市场经济，紧紧抓住了发育市场体系方面的各项工作。全省大力建设商品交易专业市场和大型综合性商场，培育期货市场，推动各种生产要素市场的发展。使城乡各类市场建设规模不断扩大，市场交易量稳步增长。生产资料市场进一步扩大，目前通过市场获得的各类生产资料，已占全省生产资料消费量的98%左右。全省有90%以上的市、县已实行了土地有偿使用制度。与此同时，社会保障制度也稳步发展。扩大了社会养老保险制度的覆盖面；推行失业、医疗、工伤保险和社会保险基金营运管理等改革。

(二)抓好重点建设，增强经济发展后劲　1993年动员各方面的力量，努力抓好能源、交通、通信、水利等基础设施和重点建设，缓解薄弱环节对发展经济的制约，增强全省的综合实力。全省45个重点项目投资计划基本完成。广深高速公路已有63公里建成通车；广梅汕

铁路客运至河源；京九铁路广东段主要隧道桥梁工程全面展开；"东深"供水三期扩建工程提前完工。全年新增发电装机容量383万千瓦；新增高速公路150公里，一、二级公路1349公里，铁路158公里；新增电话交换机容量220万门。

(三)优化经济结构，提高和发展三大产业 1993年，广东省在保持国民经济快速增长的同时，注意进一步优化经济结构和产业结构，着力提高经济效益。在三大产业中，第一产业的素质有所提高，第二产业的比重增加，第三产业有新的发展。从三大产业的增长速度来看，第三产业增加值1023亿元，增长14.6％，高于全国平均增幅5.3个百分点；第二产业的增加值1559亿元，比上年增长33.3％，高于全国平均增幅12.9个百分点；第一产业增加值558亿元，增长3％，低于全国平均增幅1个百分点。从产业结构看，一、二、三产业增加值占全省国内生产总值的比重是17.8％、49.6％、32.6％。与全国相比，广东省第三产业所占比重仍比全国高5.6个百分点。

(作者所在单位：广东省政府研究室)

广东省国民经济综合指标发展概况

指　　标	单　位	绝	对	数			1993年为以下年%	
		1978年	1985年	1990年	1992年	1993年	1978年	1992年
一、基本情况								
1.土地面积	万平方公里					17.79		
2.行政市数	个		17	19	26	38		146.2
地级市	个		9	18	20	20		100.0
县级市	个		8	1	6	18		300.0
3.人口								
年底总人口数	万人	5064	5656	6346	6525	6607	130.5	101.3
男	万人	2587	2910	3255	3347			
女	万人	2477	2746	3091	3178			
出生率	‰	22.14	20.60	22.26	19.31	18.34	82.8	95.0
死亡率	‰	5.44	6.33	5.76	6.17	5.84	107.4	94.7
自然增长率	‰	16.70	14.27	16.50	13.14	12.50	74.9	95.1
4.从业人员数	万人	2276.0	2731.1	3216.4	3397.0	3479.6	152.9	102.4
城镇从业人员	万人					1022.2		
国有经济单位	万人	369.0	449.4	528.1	559.7	566.6	153.6	101.2
集体经济单位	万人	148.6	203.3	207.6	216.6	199.8	134.5	92.2
联营经济单位	万人					8.7		
股份制经济单位	万人					18.4		
外商投资经济单位	万人					21.2		
港澳台投资经济单位	万人					62.9		
其他经济单位	万人					2.3		
私营企业	万人				26.2	39.5		150.8
个体	万人	2.6	81.7	67.9	76.4	102.8	3953.8	134.6
乡村从业人员	万人	1757.5	2038.6	2363.0	2436.3	2457.4	139.8	100.9
二、综合经济指标								
1.国内生产总值	亿元	184.73	553.05	1471.84	2293.54	3225.30	1746.0	140.6
第一产业	亿元	55.31	171.87	384.59	465.83	559.67	1011.9	120.1
第二产业	亿元	85.68	225.44	587.04	1053.63	1625.29	1896.9	154.3
#工业	亿元				861.12	1318.82		153.2
建筑业	亿元				192.51	306.47		159.2
第三产业	亿元	43.74	155.74	500.21	774.08	1040.34	2378.5	134.4
#运输邮电	亿元				140.88	188.95		134.1
商业	亿元				160.55	223.31		139.1
2.人均国内生产总值	元	369.46	987.59	2395	3575	4938	1336.5	138.1
三、投资								
1.全社会固定资产投资额	亿元		186.59	406.71	938.51	1637.33		174.5
#国有经济	亿元	20.04	131.11	269.46	600.98	883.18	4407.1	147.0
#基本建设投资	亿元	17.85	94.07	172.71	336.38	534.18	2992.6	158.8

续 表 1

指 标	单 位	绝 对 数					1993年为以下年%	
		1978年	1985年	1990年	1992年	1993年	1978年	1992年
更新改造投资	亿元	2.19	32.31	59.10	128.57	183.87	8395.9	143.0
其他固定资产投资	亿元		4.73	4.95	10.46	25.43		243.1
#集体经济	亿元		24.73	56.33	204.08	303.29		148.6
2.基本建设房屋建设								
房屋施工面积	万平方米	1118.0	3251.1	1771.5	2512.0	2927.8	261.9	116.6
#住宅	万平方米	462.0	1479.5	602.8	965.2	1094.0	236.8	113.3
房屋竣工面积	万平方米	527.0	1361.9	806.4	1065.6	1189.4	225.7	111.6
#住宅	万平方米	244.0	722.4	310.3	404.2	537.4	220.2	133.0
四、财政收支								
地方财政收入	亿元	39.46	65.46	131.02	222.64	346.25	877.5	155.5
地方财政支出	亿元	27.03	60.84	150.69	219.61	334.20	1236.4	152.2
五、物价指数(上年=100)								
1.全社会零售物价总指数	%	100.4	113.6	95.6	105.8	118.2		
#消费品	%		114.8	95.7	106.6	119.8		
食品类	%			94.6	108.1	122.0		
衣着类	%			106.0	102.4	106.1		
日用品类	%			99.1	101.0	111.8		
文化娱乐用品类	%			92.2	98.5	106.1		
书报杂志类	%			104.6	103.7	124.8		
药及医疗用品类	%			98.6	109.8	114.6		
建筑装璜材料类	%			88.3	114.1	142.3		
燃料类	%			100.3	109.1	121.5		
2.居民消费价格指数	%		114.8	97.5	107.3	121.6		
城镇居民	%	100.3	117.1	97.4	108.4	122.0		
农民	%	100.5	111.2	97.6	105.9	120.6		
3.固定资产投资价格指数	%				124.6			
六、居民生活								
1.居民消费水平	元	196	506	972	1420			
农业居民	元	152	394	715	935			
非农业居民	元	410	919	1768	2839			
2.职工平均工资	元	615	1375	2929	4027	5322	865.4	132.2
国有经济单位	元	638	1443	3000	4059	5422	849.8	133.6
城镇集体经济单位	元	558	1195	2508	3510	4389	786.6	125.0
其他经济单位	元			3972	5157	6435		124.8

续 表 2

指 标	单 位	绝 对 数					1993年为以下年%	
		1978年	1985年	1990年	1992年	1993年	1978年	1992年
3.劳动力负担人数								
每一农村劳动力	人	2.45	1.77	1.74	1.77	1.75	71.4	98.9
每一城镇就业者	人	1.80	1.77	1.74	1.73	1.73	96.1	100.0
4.收入(平均每人)								
农村居民家庭纯收入	元	193.25	495.31	1043.03	1307.65	1674.78	866.6	128.1
城镇居民家庭								
生活费收入	元	401.88	900.72	1983.84	3183.78	4277.23	1064.3	134.3
5.居住面积(平均每人)								
农村住户住房面积	平方米	10.51	14.84	17.39	18.77	20.56	195.6	109.5
城镇居民家庭住房面积	平方米	5.47	8.55	12.13	14.32			
七、国际旅游								
1.接待旅游人数	万人次			541.48	687.47			
#外国人	万人次			56.36	93.55			
2.旅游外汇收入	万元			341187	589439	574887		97.5
商品性收入	万元			155475	232601	241487		103.8
劳务性收入	万元			185712	356838	333400		93.4
3.涉外饭店数	个			604	728	798		109.6
#国有单位	个			368	445	487		109.4
中外合资	个			27	41	45		109.8
集体单位	个			65	77	84		109.1
八、工商企业基本情况								
企业数	万户		30.2	34.9	42.1	52.5		124.7
从业人员	万人		923.3	1189.4	1452.1	1734.9		119.5
注册资金	亿元		835.4	1667.3	2779.8	4532.8		163.1
国有企业								
企业数	万户	0.5	9.3	9.6	12.0	14.7	2940.0	122.5
从业人员	万人	142.4	383.6	476.5	598.7	696.1	488.8	116.3
注册资金	亿元	103.0	555.6	1024.0	1574.8	2263.4	2197.5	143.7
集体企业								
企业数	万户	2.8	20.7	24.2	28.7	35.7	1275.0	124.4
从业人员	万人	184.2	529.0	647.4	766.7	913.9	496.1	119.2
注册资金	亿元	31.2	263.0	49.9	829.7	1370.1	4391.3	165.1
联营及其他企业								
企业数	户		2650	10888	13435	20633		153.6
从业人员	万人		10.8	65.5	86.6	124.9		144.2
注册资金	亿元		16.8	152.4	375.3	899.3		239.6
私营企业								
户数	户			21736	32833	45882		139.7
从业人员	万人			30.5	47.6	64.2		134.9
注册资金	亿元			23.7	66.8	16.0		24.0

广东省固定资产投资和建筑业

指标	单位	绝对数			1993年为1992年%（上年=100）	1993年本省占全国比重（%）
		1990年	1992年	1993年		
一、固定资产投资						
1.全社会固定资产投资	亿元	406.71	938.51	1637.33	174.5	13.1
国有经济	亿元	269.47	600.98	883.18	147.0	11.5
集体经济	亿元	56.33	204.08	303.29	148.6	13.6
联营经济	亿元			6.93		12.4
股份制经济	亿元			40.35		17.4
中外合资经营	亿元			79.54		18.3
中外合作经营	亿元			51.99		73.1
外资	亿元			2.95		6.0
港澳台与大陆合资经营	亿元			26.38		20.2
城乡个人	亿元	80.91	133.45	190.02	142.4	12.9
其他经济	亿元			3.89		18.9
2.基本建设投资	亿元	172.71	336.38	534.18	158.8	11.6
#农林牧渔业	亿元	4.68	6.65	3.74	56.2	8.1
采掘业	亿元			9.36		2.7
制造业	亿元	96.76	136.46	91.56	67.1	10.4
电力、煤气及水电生产和供应业	亿元			107.39		14.0
建筑业	亿元	1.21	1.93	22.78	1180.3	19.8
交通运输、仓储和邮电通讯业	亿元	30.33	103.54	121.11	117.0	13.4
批发、零售贸易和餐饮业	亿元	3.49	9.52	9.05	95.1	4.4
2.施工项目						
基本建设	个		4553	4558		5.0
更新改造	个	3399	4452	3878	87.1	6.0
3.新增固定资产						
基本建设	亿元		206.01	274.80		10.0
更新改造	亿元	57.38	96.41	127.32	132.1	8.3
二、建筑业						
施工企业个数	个	651	871	1721	197.6	8.2
年末从业人员数	万人	61.77	86.51	85.42	98.7	7.5
自有机械设备总功率	万千瓦		254.2	556.2	218.8	11.2
总产值	万元	1017243	1985963	4560600	229.6	14.0
#建筑工程产值	万元	972816	1931306	4282545	233.6	15.0
安装工程产值	万元			229335		6.8
增加值	万元	881200	1925100	824084	42.8	9.8
企业总收入	万元		1921183	3781176	196.8	11.9
施工房屋建筑面积	万平方米	4477.3	6657.2	10330.8	155.2	15.8
竣工房屋建筑面积	万平方米	2345.4	2727.5	3593.3	131.7	12.5
企业利税总额	万元	59968	164663	230269	139.8	14.3

广东省利用外资及外资企业情况

指标	单位	绝对数			1993年为1992年%（上年=100）	1993年本省占全国比重（%）
		1990年	1992年	1993年		
一、利用外资						
1.对外签订利用外资协议项目	个	3042	9769	16768	171.6	20.1
对外借款	个					
外商直接投资及其他	个	3042	9769	16768	171.6	20.1
2.对外签订利用外资协议项目金额	万美元	310415	1984828	3470412	174.8	28.2
对外借款	万美元	23941	69727	140772	201.9	12.5
外商直接投资及其他	万美元	286474	1915101	3329640	173.9	29.7
3.实际利用外资额	万美元	201541	474641	984313	207.4	25.3
对外借款	万美元	43310	104530	228737	218.8	20.4
外商直接投资及其他	万美元	158231	370111	755576	204.1	27.2
4.外商直接投资协议投资额	万美元	268958	1885764			
农林牧渔业	万美元	2635	23555			
工业	万美元	228019	1096360			
建筑业	万美元	14008	67952			
运输邮电业	万美元	1658	93224			
商业饮食业物资供销业	万美元	6623	20928			
房地产管理、公用事业服务业	万美元	13240	549912			
其他	万美元	2775	33833			
二、外国及港澳台在华投资企业情况						
年末企业数	个	12232	26365	44705	169.6	2.7
合资经营	个	5670	11898	19331	162.5	17.9
合作经营	个	5218	1006	17284	1718.1	67.9
独资经营	个	1344	4461	8090	181.3	23.6
从业人员	人	1713673	3930840	6344032	161.4	35.0
#外方	人	63567	142031	230594	162.4	40.1
投资总额	万元	9095689	6615171	********	198.8	34.4
注册资本	万元	5749409	4313423	8401836	194.8	34.2
#外方	万元	3663746	2966829	5856975	197.4	39.0
三、外商投资企业出口额	**亿美元**	**37.38**	**107.87**	**104.78**	**97.1**	**41.5**

广东省农村经济

指　　　标	单　位	绝　　对　　数			1993年为1992年 %（上年=100）	1993年本省占全国比重（%）
		1990年	1992年	1993年		
一、基本情况						
1.乡镇个数	个	1651	1668	1643	98.5	3.4
村民委员会	个	23845	25405	24083	94.8	3.0
乡村人口数	万人	5241.0	5512.5	5572.2	101.1	6.1
2.乡村劳动力	万人	2363.0	2436.3	2457.4	100.9	5.6
#农林牧渔业	万人	1600.7	1541.5	1464.8	95.0	4.4
工业	万人	248.5	287.1	323.2	112.6	8.8
建筑业	万人	138.8	154.2	167.2	108.4	8.9
交通运输业和邮通讯业	万人	48.0	54.7	62.3	113.9	7.8
批发、零售贸易业、餐饮业及仓储业	万人	63.8	77.8	84.1	108.1	8.9
3.耕地面积	千公顷	2524.6	2443.6	2356.5	96.4	2.5
4.农作物播种面积	千公顷	5671.5	5487.2	5145.6	93.8	3.5
#谷物	千公顷			2754.8		3.1
油料	千公顷	514.7	332.9	350.5	105.3	3.1
棉花	千公顷					
5.农业现代化水平						
农业机械总动力	万千瓦	1278.8	1477.3	1618.8	109.6	5.1
乡、村办水电站个数	个	1632	9627	8826	91.7	19.5
乡、村办水电站发电能力	万千瓦	58.9	116.9	102.4	87.6	21.3
农村用电量	亿千瓦小时	56.9	100.0	127.7	127.7	10.3
农用化肥施用量	万吨	162.4	177.6	165.7	93.3	5.3
灌溉面积	千公顷	1795.1	1601.4	1499.5	93.6	3.1
6.农民家庭平均每户生产性固定资产原值	元	1386.0	1806.3	2997.4	165.9	153.7
#农林牧渔业机械	元	188.3	235.3	228.6	97.2	65.3
工业机械	元	69.6	54.8	41.6	75.9	61.9
运输机械	元	287.8	478.5	1027.5	214.7	323.7
7.农林牧渔业总产值	亿元	538.6	668.3	899.0	103.8	8.2
农业	亿元	298.0	360.8	486.5	97.0	7.4
林业	亿元	28.5	32.9	35.5	101.7	7.2
牧业	亿元	143.0	174.8	223.2	111.5	7.4
渔业	亿元	69.2	99.9	153.9	120.1	17.4

注:本表价值量指标除农业产值指数按可比价格计算外,其它均按当年价格计算。

续 表 1

指 标	单 位	绝 对 数			1993年为1992年 %（上年=100）	1993年本省占全国比重（%）
		1990年	1992年	1993年		
二、主要农产品产量						
粮食	万吨	1896.9	1774.3	1601.5	90.3	3.5
谷物	万吨			1422.0		3.5
#稻谷	万吨	1677.7	1565.3	1390.9	88.9	7.8
小麦	万吨	21.9	14.6	9.6	65.8	0.1
玉米	万吨	13.5	15.9	15.8	99.4	0.2
棉花	万吨					
油料	万吨	58.9	61.4	67.2	109.4	3.7
水果	万吨	328.6	418.8	402.4	96.1	13.4
猪、牛、羊肉	万吨	148.4	172.7	179.7	104.1	5.6
奶类	万吨	5.6	5.8	5.8	100.0	1.0
禽蛋	万吨	18.8	23.5	27.1	115.3	2.3
水产品	吨	2076577	2510603	2807500	111.8	1.5
海水产品	吨	1245332	1474174	1584600	107.5	1.5
淡水产品	吨	831245	1036429	1222900	118.0	1.6
三、乡镇企业基本情况						
企业单位数	万个	11.3	12.0	139.0	1158.3	5.7
#乡办企业	万个	2.4	2.5	2.8	112.0	6.5
村办企业	万个	9.0	9.5	10.2	107.4	8.2
从业人员	万人	337.6	420.2	915.5	217.9	7.4
乡办企业	万人	154.9	185.2	209.2	113.0	7.3
村办企业	万人	182.8	235.0	287.1	122.2	9.9
营业收入	万元			16876876		9.7
利润总额	万元			1229318		11.2
#应交所得税	万元			101416		6.0
实交各种税金	万元	209283	403897	562778	139.3	8.7
利税总额	万元			1803850		10.1
工资总额	万元	809397	1373969	2005160	145.9	15.1
固定资产净值平均余额	万元			5214938		13.8
流动资产年平均余额	万元			6163098		11.0
本年银行(信用社)贷款余额	万元	1451467	2697431	3539048	131.2	11.8
每百元固定资产原值实现利润	元	10.2	14.0	18.0	128.6	84.9
每百元资金实现利润	元			10.8		93.1
每百元资金实现利税	元	12.0	13.5	15.9	117.8	83.7
每百元营业收入实现利润	元			7.3		115.9
每百元固定资产原值实现营业收入	元			246.7		73.1
每百元营业收入占用流动资金	元			36.5		113.0

注：乡镇企业经济效益指标″1993年本省占全国比重″是″本省为全国平均数百分比″。

广东省工业经济

指　　标	单　位	绝　对　数			1993年为1992年 %（上年=100）	1993年本省占全国比重（%）
		1990年	1992年	1993年		
一、基本情况						
1.企业单位数						
#独立核算工业企业	个	24112	25536	29995	117.5	6.7
按经济类型分						
国有企业	个	4259	4360	5074	116.4	6.3
集体企业	个	17907	17104	17732	103.7	5.1
按轻重工业分						
轻工业企业	个	15706	16577	18456	111.3	7.9
重工业企业	个	8406	8959	11539	128.8	5.1
按规模分						
大型企业	个	288	273	373	136.6	8.3
中型企业	个	693	1119	1260	112.6	8.9
小型企业	个	23121	24144	28362	117.5	6.4
2.工业总产值						
#独立核算工业企业	亿元	1379.98	2696.47	4085.36	137.3	10.3
按经济类型分						
国有工业	亿元	713.88	1118.86	1371.58	105.6	6.2
集体工业	亿元	428.86	711.43	991.37	130.3	8.3
按轻重工业分						
轻工业	亿元	893.36	1678.39	2415.12	135.2	15.2
重工业	亿元	486.62	1018.08	1670.25	141.2	7.0
按规模分						
大型企业	亿元	386.29	698.52	1138.33	142.2	7.7
中型企业	亿元	290.92	709.90	827.37	103.7	11.0
小型企业	亿元	702.77	1288.05	2119.67	153.9	12.1
二、独立核算工业企业主要指标						
工业增加值	亿元			1253.92		9.8
资本金	亿元			5403.57		26.4

续 表 1

指 标	单 位	绝 对 数			1993年为1992年 %（上年=100）	1993年本省占全国比重（%）
		1990年	1992年	1993年		
流动资产	亿元			2414.69		9.8
长期投资	亿元			201.07		11.3
固定资产原值	亿元	843.88	1485.36	2099.05	141.3	8.1
固定资产净值	亿元	633.35	1114.82	1606.69	144.1	8.7
无形及递延资产	亿元			113.23		9.9
流动负债	亿元			2215.03		9.8
长期负债	亿元			837.65		8.1
所有者权益	亿元			1465.82		9.1
产品销售收入	亿元	1287.91	2537.04	3921.01	154.6	10.3
产品销售成本	亿元	1128.89	2125.99	3122.13	146.9	10.4
产品销售税金及附加	亿元			185.60		8.0
产品销售利润	亿元			451.30		10.4
利润总额	亿元	28.54	115.34	211.80	183.6	13.2
利税总额	亿元	121.50	248.78	397.40	159.7	10.1
三、主要工业产品产量						
化学纤维	万吨	11.58	18.18	20.17	110.9	8.9
纱	万吨	12.11	14.35	13.83	96.4	2.8
布	亿米	4.59	7.07	11.56	163.5	5.6
糖	万吨	184.50	227.50	201.57	88.6	26.1
机制纸及纸板	万吨	104.13	134.20	229.11	170.7	11.0
家用电冰箱	万台	105.75	126.92	123.70	97.5	20.7
电视机	万台	327.60	432.04	609.28	141.0	20.1
#彩色电视机	万台	262.37	367.04	447.49	121.9	31.2
家用洗衣机	万台	143.01	185.28	250.74	135.3	28.0
原煤	亿吨	0.09	0.10	0.10	100.0	0.9
原油	万吨	49.05	285.69	350.97	122.8	2.4
发电量	亿千瓦小时	343.98	459.00	572.77	124.8	6.8
钢	万吨	116.96	147.66	168.86	114.4	1.9
成品钢材	万吨	133.74	168.59	190.94	113.3	2.5
水泥	万吨	2070.91	3223.27	3937.61	122.2	9.8
平板玻璃	万重量箱	435.72	548.60	652.31	118.9	5.9
金属切削机床	万台	0.67	0.77	0.99	128.6	3.8
汽车	万辆	1.12	2.93	3.64	124.2	2.8

广东省运输和邮电

指　　标	单 位	绝　对　数			1993年为1992年%（上年=100）	1993年本省占全国比重（%）
		1990年	1992年	1993年		
一、运输业						
1.全社会货运量	万吨			98637		8.8
国家铁路	万吨			4438		2.8
地方铁路	万吨			716		11.9
公路	万吨	63767	76442	78983	103.3	9.4
水运	万吨	11862	14461	14500	100.3	14.8
2.全社会货物周转量	亿吨公里			758.8		2.5
国家铁路	亿吨公里			229.8		1.9
地方铁路	亿吨公里			2.96		9.5
公路	亿吨公里	346.3	431.6	406	94.1	10.0
水运	亿吨公里	110.4	122.7	120	97.8	0.9
3.运输工具拥有量						
民用汽车拥有量	万辆	40.2	60.8	82.44	135.6	10.1
载客汽车	万辆	14.8	20.9	27.34	130.8	9.6
载货汽车	万辆	24.7	38.5	51.62	134.1	10.3
其他机动车	万辆			5.07		5.6
民用运输舶船拥有量						
机动船	艘	40059	33408	30154	90.3	9822.1
驳船	艘	5869	4635	3319	71.6	5.1
帆船	艘	593	266	146	54.9	1.4
二、邮电通讯业						
1.邮电通信网路						
邮电局、所	（处）	2573	2696	2927	108.6	5.1
邮路及农村投递线路总长度	公里	239059	243240	256875	105.6	5.0
长话电路	路	20845	45230	76032	168.1	18.1
电报电路	路	712	793	995	125.5	7.5
2.通信工具拥有量						
传真机	部	294	1438	1840	128.0	15.0
市话交换机容量	门	1807395	3050332	4999435	163.9	16.4
电话机	部	1554259	2630790	3869235	147.1	14.8
长途直拨有权用户	户	429754	1168185	2171503	185.9	19.5
#直拨国际及港澳用户	户	390988	1002629	1793080	178.8	38.0
市内电话	户	720525	1310043	1979137	151.1	14.1
#私人和个体工商户	户	375841	807279	1316773	163.1	19.5
#住宅电话	户	456177	905696	1410963	155.8	17.6
无线寻呼电话用户	户	190505	705935	1321678	187.2	23.5
移动电话用户	户	11146	82987	244455	294.6	38.3
3.邮电业务总量	亿元	148460.	570570.6	942500	165.2	20.4

注：邮电业务总量1990年为1980年不变价，1992、1993年为1990年不变价。

广东省国内商业和城乡居民生活

指标	单位	绝对数			1993年为1992年%(上年=100)	1993年本省占全国比重(%)
		1990年	1992年	1993年		
国内商业						
一、社会商业商品购、销、存总额						
1.国内纯购进总额	亿元	702.9	936.6	1156.9	123.5	9.4
工业品	亿元	538.1	730.4	896.2	122.7	9.4
农村产品	亿元	156.7	190.3	240.2	126.2	9.6
2.国内纯销售总额	亿元	780.4	993.9	1246.2	125.4	9.7
3.年末库存总额	亿元	258.8	254.6	262.2	103.0	7.1
二、社会商品零售总额	**亿元**	**732.25**	**1060.41**	**1399.70**	**132.0**	**10.3**
1.按用途分						
消费品	亿元	667.36	984.16	1313.99	133.5	10.7
售给居民	亿元	619.42	912.80	1209.47	132.5	11.1
售给社会集团	亿元	47.94	71.36	104.52	146.5	7.6
农业生产资料	亿元	64.89	76.25	85.71	112.4	6.3
2.按经济类型分						
国有经济单位	亿元	291.49	401.89	523.54	130.3	9.7
集体经济单位	亿元	153.21	204.17	269.45	132.0	7.5
合营	亿元	19.94	34.37	50.02	145.5	43.0
个体	亿元	187.61	297.07	393.25	132.4	12.8
农民对非农业居民零售	亿元	79.98	122.91	163.44	133.0	11.4
城乡居民生活						
一、城镇居民家庭						
1.平均每人生活费收入	元	2135.00	3183.78	4277.23	134.3	183.1
2.平均每人生活费支出	元	1983.86	2830.62	3777.43	133.4	179.0
3.平均每百户年底主要消费品拥有量						
洗衣机	台	80.75	87.24	90.66	103.9	105.0
电冰箱	台	52.77	63.59	65.97	103.7	116.4
摩托车	辆	3.31	8.11	12.37	152.5	350.4
彩色电视机	台	74.52	87.62	91.34	104.2	115.0
二、农民家庭						
1.平均每人纯收入	元	1043.03	1307.65	1674.78	128.1	181.7
2.平均每人生活消费支出	元	850.98	1060.29	1391.01	131.2	180.7
3.平均每百户耐用消费品拥有量						
洗衣机	台	4.26	5.54	10.56	190.6	76.4
电冰箱	台	1.17	2.17	5.08	234.1	166.6
摩托车	辆	1.84	4.04	8.19	202.7	382.7
彩色电视机	台	9.80	16.38	23.10	141.0	212.7

广东省效益指标

指　　　标	单 位	绝　对　数			1993年比1992年增减	
		1990年	1992年	1993年	绝对数	%
平均每一社会从业者创造的国民生产总值	元	4647	6824	9380	2556.0	37.5
平均每一农林牧渔业劳动者提供的						
农林牧渔业产值	元	3760.3	4701.2	5981.0	1279.8	27.2
粮食产量	公斤	1158.1	1102.2	1065.4	-36.8	-3.3
棉花产量	公斤				0.0	ERR
油料产量	公斤	36.0	38.1	44.7	6.6	17.3
猪牛羊肉产量	公斤	90.0	107.3	119.5	12.2	11.4
水产品产量	公斤	126.8	156.0	186.8	30.8	19.7
独立核算工业企业主要经济效益指标						
工业增加值率	%		25.20	30.69	5.5	
每百元固定资产原价实现的利税	元	14.40	16.75	18.93	2.2	13.0
资金利税率	%	12.35	10.29	11.23	0.9	
产值利税率	%	8.80	9.23	9.73	0.5	
每百元销售收入实现的利润	元	2.22	4.54	5.40	0.9	18.9
工业成本费用利润率	%	2.53	5.43	5.97	0.5	
流动资产周转次数	次	3.67	1.86	1.89	.0	1.6
每公里公路负担货运量	吨	11664	13679	12828	-851.0	-6.2
每公里公路负担货物周转量	万吨公里	63.34	77.23	65.94	-11.3	-14.6
基本建设固定资产交付使用率	%	60.57	61.24	51.40	-9.8	
更新改造固定资产交付使用率	%	97.09	74.99	69.20	-5.8	
建筑业劳动生产率						
按总产值计算	元		26984	31789	4805.0	17.8
按增加值计算	元		7305	5744	-1561.0	-21.4
建筑业产值利税率	%		7.4	5.0	-2.4	
单位工程优良品率	%	40.1	40.7	53.0	12.3	
建筑业技术装备率	元/人	2397	2908	5037	2129.0	73.2
建筑业动力装备率	千瓦/人	3.5	3.3	6.9	3.6	109.1

广东省人均指标

指　　标	单位	1990年	1992年	1993年	1993年比1992年	
					增长量	增长率
国内生产总值	元	2395	3575	4938	1363	38.1
农业总产值	元	971	1137	1369	232	20.4
工业总产值	元	3075	5368	7977	2609	48.6
职工平均工资	元	2729	4027	5322	1295	32.2
居民消费水平	元	972	1420		310	19.3
农民	元	715	935		169	15.5
非农业居民	元	1768	2839		678	21.0
年末实有耕地面积	公顷	0.04	0.04	0.04	0.00	0.0
粮食产量	公斤	306.7	273.7	243.9	-29.8	-10.9
棉花产量	公斤					
油料产量	公斤	9.5	9.5	10.2	0.7	7.4
水果产量	公斤	53.1	64.6	61.3	-3.3	-5.1
猪牛羊肉产量	公斤	24.0	26.6	27.4	0.8	3.0
水产品产量	公斤	33.6	38.7	42.8	4.1	10.6
钢产量	公斤	18.9	22.8	25.7	2.9	12.7
布产量	米	7.4	10.9	14.4	3.5	32.1
邮电业务总量	元	42.5	88.0	143.5	55.5	63.1
社会消费品零售额	元	1078.9	1518.3	2001.2	482.9	31.8
每万人口高等学校在校学生数	人	15.5	15.0	17.8	2.8	18.7
每万人口中等专业学校在校学生数	人	19.6	20.2	23.5	3.3	16.3
每万人口中学在校学生数	人	378.3	393.4	422.2	28.8	7.3
每十万人口医院数	人	3.0	3.0	3.0	0.0	0.0
每万人口医生数	人	13.1	13.4	13.6	0.2	1.5

注：1.国内生产总值指标1990年为国民生产总值数据。

2.居民消费水平增长量和增长率为1992年同1991年之比。

广西壮族自治区经济发展纪实

周训光

一、经济建设成就令人瞩目

1993年，广西壮族自治区各族人民加快改革开放步伐，认真贯彻中央各项宏观调控措施，全自治区国民经济在上年高速增长的基础上继续健康发展，经济、科技、教育、文化、卫生、体育等各项社会事业都取得新的发展。全年国内生产总值733亿元，比上年增长19.6%，其中第一产业增加值260.78亿元，增长6.7%；第二产业增加值303.48亿元，增长39.4%；第三产业增加值208.39亿元，增长14.3%。地方财政收入有较大幅度增长；人民生活得到明显改善。

(一)农业生产全面增产增收 1993年，广西壮族自治区各级政府认真贯彻中央农村工作会议精神，加强对农业生产的领导，在计划经济体制向社会主义市场经济体制转换过程中，积极引导广大农民以市场为导向，调整和优化农业内部结构，大力推进农业先进生产技术，走高产、优质、高效的路子，从而确保农业生产获得全面增长。自治区1993年粮食单产和总产均达到历史最高水平；水果、黄红麻、烤烟、茶叶、油料、肉类和水产品等，均比上年有较大幅度的增长。农民人均纯收入比上年增加128元，第一次达到全国当年人均收入的同等水平。

这一年，在粮食生产方面，全自治区水稻种植面积比上年减少70.35万亩，但由于各级党政领导和广大群众的共同努力，加上风调雨顺，玉米、黄豆和红薯等旱粮大幅度增产，自治区粮食总产达1495万吨，比上年增长2.6%。

1993年，畜牧、水产业也得到了新的发展，产值达98亿元(按1990年不变价计算)，占全自治区农业总产值的25%，创历史最高水平。钦州、防城港和北海等3个地市则发挥沿海优势，大力发展海产品，全年水产品总产达56.5万吨，比上年增长26.77%。

1993年全自治区林业生产取得新的成绩，造林总面积达78.6万公顷，比上年增长15.9%。其中松脂产量24.5万吨，增长19.1%，油桐籽4.6万吨，增长2.1%。

(二)工业生产保持较高增长速度 1993年，自治区工业企业继续深化改革，实行工业结构调整，加快国有企业尤其是效益好的大中型企业的技术改造，选择34个生产拳头产品的骨干企业作为技改重点，共完成更新改造投资55亿元，比上年增长61%。与此同时，从资金、能源调度上优先保证畅销产品的生产和新产品的开发，从而使工业产品产销率稳定提高，经济效益明显好转。1993年，完成工业增加值262.55亿元，比上年增长40.5%，工业增加值占国内生产总值的比重由上年28.8%上升到33.9%。在乡及乡以上独立核算工业增加值中，国有工业增加值159.8亿元，增长33.6%。随着市场机制的逐步增强，非国有工业发展迅速，集体所有制增加值达36.1亿元，增长41.5%；其他经济类型(含“三资”企业)增加值4.17亿元，增长47.7%。

1993年，重工业发展明显快于轻工业，比重上升，乡及乡以上独立核算轻工业增加值82.35亿元，比上年增长38.3%；重工业增加值120.09亿元，增长39.7%。由于受到投资拉动的影响，投资品产量普遍大幅度增长，部分滞销产品产量下降。

1993年，工业经济效益有所改善，全自治区乡及乡以上独立核算工业企业综合指数达110.76，工业产品销售率达96.9%；资金利税率为14.8%；成本利润率为6.5%；流动资金周转次数1.86次；工业增加值率29.2%；全员劳动生产率(按增加值计算)为18175元。作为自治区经济主要支柱之一的蔗糖，1992—1993年榨季产量为230.45万吨，跃居全国首位，糖由上年滞销转为畅销，全行业扭亏为盈，实现税利大幅度增长，为改善自治区工业效益发挥了重要作用。但仍有一部分工业企业经济效益较差，经营面临许多困难。

在深化改革，促进经济发展的热潮中，自治区工业重镇柳州市致力于转变政府职能，努力为工业企业创造良好的外部环境，做好服务工作，30家工业企业脱离“婆婆”实行“无主管局”领导，放开手脚自主经营发展；900多家工业企业实行八种不同形式的经营承包责任制，在竞争中焕发了生机；32家工业企业被改组为股份制企业，共筹措股金达9.5亿元。全自治区唯一一家上市股——柳工股就诞生在柳州市。这些举措给柳州市工业企业带来明显的经济效益。1993年，柳州市实现工业产值142亿元，全市亿元工业大户从上年的25家增至35家，亿元工业企业净增产值占全市工业净增产值的80％以上。工业企业扭亏增盈成绩喜人，亏损面降至4.7％。

(三)固定资产投资结构趋向合理 1993年，自治区党委和政府认真贯彻中央提出的“要充分发挥广西作为西南地区出海通道的作用”的指示，根据具体区情，千方百计筹措资金，增加投入，加强基础设施和基础产业建设。在贯彻中央有关宏观调控过程中，对在建项目进行了排队，相对集中财力、物力，保住了一批能源、交通、通信及重要原材料项目的续建和开工。全自治区社会固定资产投资完成221.25亿元(含城乡个体)，比上年增长56.9％，是改革开放以来投资最大，增幅最高的一年。其中国有单位完成171.4亿元，增长1.1倍；集体所有制单位投资17.56亿元，增长13％；个人投资32.55亿元，与上年大体持平。国有单位新开工项目3196个，比上年减少760个，占全部新开工项目的48.8％。其中新开工大中型项目6个，比上年减少3个。

在国有单位投资中，基本建设103.89亿元，比上年增长1.2倍；更新改造47.23亿元，增长61.6％；商品房建设17.2亿元，增长3倍；其他2.84亿元，增长79.9％。

第三产业投资大幅度增加，比重上升，重点突出；交通运输和邮电事业投资明显增多。在国有单位投资中，第一产业3.53亿元，比上年增长14.1％，所占比重由上年的3.75％下降到2.06％；第二产业77.91亿元，增长77.1％，比重由上年的53.3％降到45.5％。其中能源16.90亿元，增长46.4％，原材料工业27.70亿元，增长1倍，机械、轻纺工业投资增幅不大。第三产业投资89.7亿元，比上年增长1.5倍，其中交通运输和邮电业29.86亿元，比上年增长1.5倍。

重点建设工程速度加快。全自治区34个重点项目完成投资53.47亿元，比上年增长61.7％。一批新项目相继上马。交通方面，南梧二级公路全线通车，南昆铁路南宁至那厘段已完成铺轨任务，钦州港两个万吨级起步码头已建成；北海港两个3万吨级泊位、梧州机场、柳州机场建设速度加快；柳州至桂林高速公路、防城至钦州高速公路、桂林两江国际机场先后开工。能源和原材料方面，岩滩电站二号机组、天生桥电站二号机组、天生桥至广州500千伏送电工程，平果至林村和黎塘至玉林两个220千伏变电工程已经投产，全自治区发电量达172.6亿千瓦小时，比上年增长12.8％。百龙滩电站、柳州火电厂、盘县火电厂(合作项目)、岩滩水电站三号和四号机组、柳州500千伏变电站及平果铝厂、贺县纸浆厂等重点工程项目都紧张施工。

(四)乡镇企业异军突起 广西继续把加快发展乡镇企业作为振兴经济的一项重要措施来抓。乡镇企业经过两年高速运行之后，发展势头继续强劲。1993年，全自治区乡镇企业总收入达到735.69亿元，比上年增长143.6％，实现翻番目标，增长幅度连续三年蝉联全国第一；完成总产值693.63亿元，增长148.59％；实现利税总额63.4亿元，增长111.08％，成为自治区经济发展中的重要支柱。

目前，自治区乡镇企业的走势，一是全面发展。已经走在前面的桂东南沿海地区继续高速发展，1993年玉林地区乡镇企业总收入达302.7亿元，相当于上年全自治区的总和；钦州地区跨上64.79亿元的台阶，增长173％；北海市和梧州地区也以169.59％和131.78％的增幅大步向前；原来成为“短腿”的几个市郊县开始崛起，包括郊区、郊县在内的柳州市、桂林市的增幅均在163％以上；过去步子缓慢的桂西北追了上来，百色、河池、桂林三地区分别增长1.04倍、1.34倍和1.52倍；位于桂中的柳州地区以及西南部的南宁地区，都以1.7倍的速度奋起。二是实力增强，涌现出一批强县(市)、强乡(镇)、强村(街)。总收入达10亿元以上的县、市、郊区22个。玉林市60.8亿元，合浦县57.75亿元，博白县40.98亿元；贵港、桂平、北流、平南四县市均突破30亿元；全自治区亿乡(镇)共241个，其中5亿元以上16个；1000个村(街)超过5500万元。三是政策到位，重奖勇夫。自治区党委和政府制订了乡镇企业奖励办法，并从自治区财政拨出300万元作奖金，激励发展乡镇企业。

(五)交通有发展，邮电出现新跨越 交通邮电发展较快，1993年完成增加值46.33亿元，比上年增长20.1％。货物运输量5395万吨，比上年增长2.6％；货物运输周转量375.8亿吨公里，比上年增长5.3％，其中铁路322.4亿吨公里，比上年增长6.2％；公路2.8亿吨公里，比上年下降22.3％；水运50.6亿吨公里，比上年增长1.6％。旅客运输量12689万人次，比上年下降14.8％。旅客运输周转量174.8亿人公里，比上年增长12.7％，其中铁路110.3亿人公里，比上年增长34.2％，公路59.8亿人公里，比上年下降11.5％，水运4.7亿人公里，比上年下降12.6％。港口货物吞吐量1214.27万吨，比上年增长21％。但从总的来看，交通运输滞后于经济发展的问题依然突出，尤其是铁路供需矛盾大，公路运输潜力没有充分发挥。

邮电通讯事业快速发展，出现历史性跨越。全年完成邮电业务总量7.80亿元，比上年增长69.81％，增长速度居全国第3位。特快专递、无线寻呼、移动电话如雨后春笋，迅速在自治区各地市县兴起。年末城市市话用户达到24万户，比上年增长52.7％，全自治区县城以上全部实现了市话自动化。

(六)搞活城乡市场，改善人民生活 1993年，国内市场平稳发展，集团消费受到抑制，市场繁荣，购销两旺，消费品供应充足，全年实现社会商品零售总额342.76亿元，比上年增长25.2%，扣除价格因素，实际增长5.26%，消费品零售额305.03亿元，增长29.7%；农业生产资料零售额37.73亿元，下降2.7%。在消费品零售额中，城市138.81亿元，比上年增长43.1%；县城76.06亿元，增长25.8%；农村90.16亿元，增长16.1%。下半年贯彻国家宏观调控措施，使社会集团消费增幅明显下降，全年社会集团消费品零售额18.57亿元，比上年增长23.3%，增幅比上半年回落13个百分点。

各种经济类型的商品零售额全面增长，国有单位零售132.11亿元，比上年增长25.7%；集体所有制单位零售额71.44亿元，增长10.6%；合营单位零售额0.6亿元，增长29%；个体经济零售额达102.72亿元，增长33.9%，增幅居各种经济类型之首。从社会商业各类消费品的零售量看，粮食、猪和猪肉零售量略有下降，而食用植物油则增长17.3%，鲜蛋增长8.25%，食糖增长32.9%，棉布和各类服装分别增长18.5%和18.1%；主要耐用消费品增幅较大，其中录像机增长80.3%，彩色电视机增长15.2%，洗衣机增长53.1%，电风扇和家用电冰箱分别增长33.0%和20.2%。

1993，广西加快市场建设，完成市场建设投资4.74亿元，新建和扩建各类市场234个，新增市场面积近100万平方米。在逐步放开价格的同时，坚持抓好“菜篮子”工程，商品供应充裕，市场繁荣。人民生活继续改善，城镇居民人均收入2611元，农民人均纯收入885元，扣除物价上涨因素后分别增长12.3%和4.3%。年末城乡居民储蓄余额413.4亿元，比上年增长49.3%。

二、对外经济有较大发展

1993年，广西自治区党委和政府在实施进一步扩大对外开放、促进外向型经济有一个大发展的战略中，坚持“以外经促外贸，以引进促改造”和实现对外贸易多元化的方针，形成多层次、全方位的对外开放新格局；采取多种形式和灵活措施，拓宽利用外资渠道，扩大利用外资规模，提高利用外资的总体水平，继续改善投资环境，用好优惠政策。与此同时，加强对外资投向的引导，认真做好利用外资项目的选择，将基础设施、基础产业、企业技术改造和资金密集型项目作为外资投向的重点，适当提高利用外商投资在第三产业的比例，积极做好招商引资工作，试办金融，旅游、商贸型的外商投资企业。

在对外贸易方面，通过深化改革，努力改变传统的对外贸易体制，拓宽出口经营渠道，逐步形成以外贸专业公司、工贸公司、生产企业和三资企业为主体的多层次、全方位的出口创汇格局。加强出口商品生产基地建设，建立稳固可靠的货源基础；努力实施出口市场多元化战略和“以质取胜”战略，优化出口产品结构；外贸企业坚持一业为主、多种经营的方针，正确处理出口创汇与经济效益的关系；加强贸工、贸农、贸技结合，实现优势互补，逐步形成在国际市场上有竞争力的外向企业集团。

由于认真贯彻执行中央和自治区的方针政策，1993年广西外经外贸工作取得了令人瞩目的成就。

(一)利用外资取得新突破　1993年，共批准外商直接投资项目2544项，协议总金额66.85亿美元，协议外资额38.37亿美元，实际利用外资8.85亿美元，分别比上一年增长1.2倍、2.3倍、2.7倍和3.9倍。全年签订利用国外贷款项目18项，协议金额2.35亿美元，实际利用1.06亿美元。

1993年，有36个国家和地区来广西投资，比上年增加15个。其中投资项目最多，投资金额较大的国家和地区主要有：香港1853项，金额26.57亿美元(金额为协议外资额，下同)，台湾220项，2.54亿美元；美国114项，1.56亿美元；澳门92项，9411万美元；日本31项，3913万美元；新加坡30项，9305万美元；泰国27项，6286万美元；马来西亚17项，4325万美元；加拿大17项，1806万美元；澳大利亚10项，1120万美元；德国8项，981万美元；英国5项，2.04亿美元；新西兰5项，226万美元；越南5项，150万美元；法国4项，2636万美元。

按投资方式分类：中外合资1599项，23.27亿美元(金额为协议外资额，下同)，中外合作365项，3.93亿美元，外商独资514项，10.95亿美元；补偿贸易5项，1879万美元；加工装配61项，402万美元。

按投资地区分类(不含加工装配项目)，南宁市201项，2.27亿美元(金额为协议外资额，下同)；柳州市109项，1.34亿美元，梧州市106项，1.52亿美元，桂林市210项，6.54亿美元；北海546项，13.18亿美元；防城港市95项，1.61亿美元；南宁地区61项，8479万美元；柳州地区30项，2663万美元；梧州地区203项，1.85亿美元；桂林地区62项，3736万美元；钦州地区163项，1.65亿美元；玉林地区419项，4.88亿美元；河池地区37项，2224万美元；百色地区31项，2263万美元；自治区直属单位114项，1.54亿美元。

按行业分类(不含加工装配项目)：农林养殖业60项，2557万美元；轻工、纺织、食品、工艺行业共1138项，10.93亿美元；石油、机械和设备制造业共28项，2064万美元；化工75项，5669万美元；电子75项，9077万美元；交通运输业18项，3738万美元；建筑业158项，2.34亿美元；房地产业805项，19.97亿美元；宾馆餐饮服务业184项，2.28亿美元；其他行业36项，3611万美元。国外贷款18项，主要分布在邮电通信、城市供水、机械、纺织和化工等行业。年内投产的外商投资企业1107家。其中盈利企业465家，占投产开业的42%，持平企业316家，占28.55%，亏损企业326家，占25.45%。

全年有200家外商直接投资企业提供产品出口，出口额2.34亿美元，占广西外贸出口的比重17.6%。其中，三资企业出口1.45亿美元，比上年增长35.2%；补偿贸易出口1506万美元，比上年下降19%；加工装配出口7349万美元，比上年下降15.2%。主要出口产品有机械、电子、化工、医药、轻工、纺织、服装、食品、工艺品、矿产品和建材等。

(二)对外经济合作成绩斐然 1993年签订对外承包工程和劳务合作合同140项，合同总金额12040万美元，比上年的增长11.69%；营业额8877万美元，比上年增长78.61%；年末在国(境)外各类劳务人员1724人。承包工程分布在巴基斯坦、越南、冈比亚、肯尼亚、俄罗斯、日本、美国(塞班)、香港等23个国家和地区；项目涉及民用建筑、公路建设、水利工程及企业技改工程等。

接受国际组织及双边援助项目2个。其中澳大利亚政府提供援助的都安县扶贫项目，从1990年7月开始实施，1993年7月完成，澳方援助金额460万澳元(折合360万美元)，用于都安县发展种植、养殖业和发展林业、建设公路、修建山区水柜，培训技术人员等，对都安县农民脱贫起到了积极作用。另一项是澳大利亚政府通过爱心组织提供援助，金额5万美元，用于都安县培训农村医生，收到了较好的社会效益。

在越南、老挝等国家和地区举办非贸易性企业6家，中方投资金额208万美元。

(三)对外贸易又上新台阶 1.进出口贸易大幅度增长。1993年进出口总额205083万美元，比上年增长25.17%。其中进口总值72592万美元，比上年增长36.9%。在进口总额中，三资企业进口值10012万美元，比上年增长170.1%；易货贸易进口30428万美元，比上年增长23.2%；出口总值132491万美元，完成年度计划的106%，比上年增长20%。出口总值中一般现汇贸易出口72431万美元，比上年下降13.1%；三资企业出口14524万美元，完成年度计划1.1亿美元的132%，比上年增长35.2%；易货贸易出口36445万美元，完成年计划1.5亿美元的243%，比上年增长188%，其中对越边境贸易14974万美元，比上年增长29.7%；来料加工装配和对口合同出口7585万美元，完成年计划的58.3%，比上年下降22.3%；补偿贸易出口1506万美元，完成年度计划60%，比上年下降19%。

2.出口商品结构进一步优化。按农、轻、重分类，农副产品出口16608万美元，占出口总值2.5%，比上年下降0.89%；轻纺产品75000万美元，占出口总值56.6%，比上年增长18.5%；重工业产品40883万美元，占出口总值30.9%，比上年增长32.4%。按国际贸易标准分类，初级产品出口39092万美元，占出口总值29.5%，比上年增长3.7%，工业制成品出口93399万美元，占出口总值70.5%，比上年增长27.7%。其中机电产品出口13942万美元，占出口总值10.5%，比上年增长50.12%。

3.大宗出口商品增加。1993年出口额在500万美元以上的商品计有45种，比上年多四个品种。其中出口额在500—1000万美元以下的有大米、木薯干片、茶叶、桂油、鹅鸭绒毛、羽绒服装、绸缎、自行车、劳保手套、瓦楞芯纸、电池、工艺鞋、钻石、草芒制品、矽铁、锑铝合金、船舶等19种，出口额12403万美元，占出口总额的9.36%。出口额1000—2000万美元的有活大猪、水海产品、啤酒、桂皮、竹制品、猪革皮、陶瓷、矽锰合金、锑、硅、滑石、重晶石、柴油机、电子元器件、棉织品、棉针织品等16种，出口额20261万美元，占出口总额的15.29%。出口额在2000万美元以上的有白砂糖、锡、服装、松香、棉布、罐头、锌、炮竹烟花、首饰、水泥等10种，出口额46149万美元，占出口总额的34.83%。以上45种商品出口金额78813万美元，占出口总额的59.49%。

4.进出口市场多元化。1993年自治区商品出口到94个国家和地区，在稳定发展港澳、欧共体、日本、北美等传统大市场的同时，积极发展同周边国家和发展中国家之间的贸易，特别是对原苏联及东欧国家的贸易取得较大发展。1993年居出口前10名的贸易伙伴依次是香港，54660万美元；越南，17046万美元；俄罗斯，12410万美元；日本，7863万美元；美国，7336万美元；波兰，3036万美元；荷兰，2437万美元；乌克兰，2245万美元；德国，2233万美元；法国，1813万美元。按地区分，对港澳地区出口额为55620万美元，占出口总值的42%，比上年同期下降1.9%；对欧共体出口10391万美元，占出口总额的7.8%，比上年下降3.6%；对独联体及东欧国家出口21271万美元，占出口总值的16.1%，比上年同期增长452.2%；对东盟国家出口4042万美元，占出口总值的3.1%，比上年增长0.2%。

1993年从38个国家和地区进口商品。其中从港澳地区进口额为21665万美元，占进口总值27.8%，比上年增长247%；从欧共体进口2903万美元，占进口总值3.7%，比上年下降5.5%；从独联体及东欧国家进口17638万美元，占进口总值的22.6%，从东盟国家进口3950万美元，占进口总值的5.1%，比上年增长96.8%。

1993年广西1000美元以上的进口国和地区是：香港21574万美元，越南18995万美元，俄罗斯8040万美元，乌克兰4547万美元，日本2666万美元，美国2390万美元，德国1724万美元，马来西亚1566万美元，保加利亚1280万美元，新加坡1267万美元，意大利1225万美元，瑞典1069万美元，台湾1044万美元。

进口产品结构：生活资料5826万美元，占进口总值8%，比上年增长16.3%；生产资料66766万美元，占进口总值92%，比上年增长53.3%。按国际贸易标准分类，初级产品11201万美元，占进口总值15.4%，比上年增长97.4%；制成品61391万美元，占进口总值84.6%，比上年增长40.5%。进口额在500万美元以上的商品有：压缩机145473台，631万美元；电子元器件633万美元；铜3006吨，549万美元；汽油27800吨，799万美元；天然橡胶10809吨，777万美元；合成纤维5045吨，562万美元；椰子油9211吨，607万美元，香蕉57853吨，926万美元；汽车803辆，1234万美元；钢材801901吨，23616万美元；柴油50889吨，1143万美元；化肥56443吨，1357万美元；化工原料23648吨，2308万美元；棕榈油40099吨，2491万美元；水产品13350吨，1399万美元；胶合板34948立方米，17774万美元。

(作者所在单位：广西外经贸委政策法规处)

广西壮族自治区国民经济综合指标发展概况

指　　标	单　位	绝	对	数			1993年为以下年%	
		1978年	1985年	1990年	1992年	1993年	1978年	1992年
一、基本情况								
1.土地面积	万平方公里					23.67		
2.行政市数	个		11	12	12	14		116.7
地级市	个		5	5	5	6		120.0
县级市	个		6	7	7	8		114.3
3.人口								
年底总人口数	万人	3402	3873	4261	4380	4438	130.5	101.3
男	万人	1753	2005	2238	2300			
女	万人	1649	1868	2023	2080			
出生率	‰	24.69	19.46	20.20	20.19	19.58	79.3	97.0
死亡率	‰	5.79	5.05	6.60	7.28	6.35	109.7	87.2
自然增长率	‰	18.90	14.41	13.60	12.91	13.23	70.0	102.5
4.从业人员数	万人	1456.0	1831.0	2108.5	2217.4	2277.1	156.4	102.7
城镇从业人员	万人					385.4		
国有经济单位	万人	199.0	222.0	258.6	277.1	287.9	144.7	103.9
集体经济单位	万人				53.5	48.4		90.5
联营经济单位	万人					0.5		
股份制经济单位	万人					3.5		
外商投资经济单位	万人					3.1		
港澳台投资经济单位	万人					1.5		
其他经济单位	万人					0.3		
私营企业	万人				1.8	3.6		200.0
个体	万人		21.0	28.9	31.4	36.6		116.6
乡村从业人员	万人	1219.0	1534.0	1767.8	1850.2	1891.7	155.2	102.2
二、综合经济指标								
1.国内生产总值	亿元	75.95		392.83	572.30	788.05	1037.6	137.7
第一产业	亿元	30.88		175.61	229.13	266.62	863.4	116.4
第二产业	亿元	24.84		118.45	187.48	321.96	1296.1	171.7
#工业	亿元				161.44	273.89		169.7
建筑业	亿元				26.04	48.07		184.6
第三产业	亿元	20.23		98.77	155.69	199.47	986.0	128.1
#运输邮电	亿元				35.00	39.78		113.7
商业	亿元				33.61	47.45		141.2
2.人均国内生产总值	元	226		933	1318	1791	792.5	135.9
三、投资								
1.全社会固定资产投资额	亿元		42.07	68.57	140.22	272.24		194.2
#国有经济	亿元	9.61	24.74	44.16	92.68	169.26	1761.3	182.6
#基本建设投资	亿元	9.61	16.74	21.29	52.21	109.84	1143.0	210.4

续 表 1

指 标	单 位	绝 对 数					1993年为以下年%	
		1978年	1985年	1990年	1992年	1993年	1978年	1992年
更新改造投资	亿元		7.12	16.96	34.17	52.77		154.4
其他固定资产投资	亿元		0.88	0.72	1.76	2.72		154.5
#集体经济	亿元		2.47	5.47	15.40	32.14		208.7
2.基本建设房屋建设								
房屋施工面积	万平方米	568.9	845.5	546.9	976.1	1091.5	191.9	111.8
#住宅	万平方米	229.8	413.7	231.3	395.8	439.6	191.3	111.1
房屋竣工面积	万平方米	289.6	413.6	294.7	493.9	568.1	196.2	115.0
#住宅	万平方米	121.2	229.2	130.9	217.7	271.1	223.7	124.5
四、财政收支								
地方财政收入	亿元	14.32	20.18	46.80		86.00	600.6	
地方财政支出	亿元	20.78	29.75	65.00		97.40	468.7	
五、物价指数(上年=100)								
1.全社会零售物价总指数	%	100.0	111.2	100.1	104.6	118.9		
#消费品	%		112.3	100.2	104.8	120.1		
食品类	%			97.9	106.3	125.6		
衣着类	%			108.9	102.3	109.7		
日用品类	%			102.1	100.7	111.2		
文化娱乐用品类	%			97.7	95.7	101.5		
书报杂志类	%			114.2	101.7	107.5		
药及医疗用品类	%			99.2	110.7	111.7		
建筑装璜材料类	%			93.3	115.2	135.4		
燃料类	%			108.8	115.9	147.8		
2.居民消费价格指数	%		113.0	101.1	105.9	122.0		
城镇居民	%	99.8	114.7	98.3	107.0	123.3		
农民	%			104.4	105.4	119.1		
3.固定资产投资价格指数	%				117.9	131.2		
六、居民生活								
1.居民消费水平	元		311	576	709			
农业居民	元		270	467	550			
非农业居民	元		581	1196	1594			
2.职工平均工资	元	543	1077	2049	2634	3368	620.3	127.9
国有经济单位	元	559	1126	2135	2733	3432	614.0	125.6
城镇集体经济单位	元	462	880	1624	2134	2838	614.3	133.0
其他经济单位	元			1934	2393	4241		177.2

续 表 2

指标	单位	绝对数					1993年为以下年%	
		1978年	1985年	1990年	1992年	1993年	1978年	1992年
3.劳动力负担人数								
每一农村劳动力	人		2.00	1.79		1.81		
每一城镇就业者	人		2.00		1.80	1.76		97.8
4.收入(平均每人)								
农村居民家庭纯收入	元	119.50	302.96	639.45	731.69	892.07	746.5	121.9
城镇居民家庭生活费收入	元	289.00	683.00	1448.06	1886.01	2611.76	903.7	138.5
5.居住面积(平均每人)								
农村住户住房面积	平方米		14.00	16.00		18.10		
城镇居民家庭住房面积	平方米		9.00	11.00				
七、国际旅游								
1.接待旅游人数	万人次			51.83	59.48			
#外国人	万人次			15.34	27.90			
2.旅游外汇收入	万元			36595	55061	50468		91.7
商品性收入	万元			7312	9003	7355		81.7
劳务性收入	万元			29283	46058	43113		93.6
3.涉外饭店数	个			53	63	69		109.5
#国有单位	个			34	38	44		115.8
中外合资	个			11	16	17		106.3
集体单位	个			2	5	4		80.0
八、工商企业基本情况								
企业数	万户		8.1	10.2	13.5	17.1		126.7
从业人员	万人		235.3	284.5	335.4	395.4		117.9
注册资金	亿元		269.4	317.6	500.5	830.5		165.9
国有企业								
企业数	万户	0.3	2.2	3.5	4.6	5.6	1866.7	121.7
从业人员	万人	69.9	123.1	163.8	185.8	210.2	300.7	113.1
注册资金	亿元	59.2	133.1	234.8	348.1	509.7	861.0	146.4
集体企业								
企业数	万户	0.9	5.9	6.6	8.7	11.3	1255.6	129.9
从业人员	万人	39.5	110.8	116.6	143.8	176.9	447.8	123.0
注册资金	亿元	7.8	50.4	770.8	129.2	249.2	3194.9	192.9
联营及其他企业								
企业数	户		321	699	1172	1885		160.8
从业人员	万人		1.4	4.1	5.8	8.3		143.1
注册资金	亿元		0.9	4.9	23.2	71.6		308.6
私营企业								
户数	户			1618	2097	3631		173.2
从业人员	万人			3.9	4.4	7.1		161.4
注册资金	亿元			2.2	3.9	182.9		4689.7

广西壮族自治区固定资产投资和建筑业

指标	单位	绝对数			1993年为1992年%（上年=100）	1993年本省占全国比重（%）
		1990年	1992年	1993年		
一、固定资产投资						
1.全社会固定资产投资	亿元	68.57	140.22	272.24	194.2	2.2
国有经济	亿元	41.17	92.68	169.26	182.6	2.2
集体经济	亿元	5.47	15.40	32.14	208.7	1.4
联营经济	亿元			2.31		4.1
股份制经济	亿元			4.99		2.2
中外合资经营	亿元			15.63		3.6
中外合作经营	亿元			1.42		2.0
外资	亿元			3.31		6.7
港澳台与大陆合资经营	亿元			2.96		2.3
城乡个人	亿元	21.93	32.14	36.22	112.7	2.5
其他经济	亿元			1.77		8.6
2.基本建设投资	亿元	21.29	52.21	109.84	210.4	2.4
#农林牧渔业	亿元	1.37	2.51	2.36	94.0	5.1
采掘业	亿元			1.22		0.3
制造业	亿元	9.81	21.38	22.21	103.9	2.5
电力、煤气及水电生产和供应业	亿元			17.58		2.3
建筑业	亿元	0.25	0.68	8.44	1241.2	7.3
交通运输、仓储和邮电通讯业	亿元	1.98	8.05	13.67	169.8	1.5
批发、零售贸易和餐饮业	亿元	1.27	2.96	4.50	152.0	2.2
2.施工项目						
基本建设	个		4520	4735		5.2
更新改造	个	1884	2592	2204	85.0	3.4
3.新增固定资产						
基本建设	亿元		32.60	58.69		2.1
更新改造	亿元	16.17	25.31	37.22	147.1	2.4
二、建筑业						
施工企业个数	个	208	215	292	135.8	1.4
年末从业人员数	万人	14.97	18.86	24.20	128.3	2.1
自有机械设备总功率	万千瓦		57.1	108.1	189.3	2.2
总产值	万元	171546	310319	686803	221.3	2.1
#建筑工程产值	万元	156737	286075	625331	234.7	2.2
安装工程产值	万元			46071		1.4
增加值	万元	136600	260400	176126	67.6	2.1
企业总收入	万元		253440	630973		2.0
施工房屋建筑面积	万平方米	744.2	1131.0	1509.6	133.5	2.3
竣工房屋建筑面积	万平方米	375.0	496.7	606.6	122.1	2.1
企业利税总额	万元	11907	15770	43902	278.4	2.7

广西壮族自治区利用外资及外资企业情况

指　　标	单　位	绝　对　数			1993年为1992年 %（上年=100）	1993年本省占全国比重（%）
		1990年	1992年	1993年		
一、利用外资						
1.对外签订利用外资协议项目	个	114	1156	2478	214.4	3.0
对外借款	个					
外商直接投资及其他	个	114	1156	2478	214.4	3.0
2.对外签订利用外资协议项目金额	万美元	13749	104438	384985	368.6	3.1
对外借款	万美元		1680	1300	77.4	0.1
外商直接投资及其他	万美元	13749	102758	383685	373.4	3.4
3.实际利用外资额	万美元	6260	19881	89756	451.5	2.3
对外借款	万美元	2697	1680	1300	77.4	0.1
外商直接投资及其他	万美元	3563	18201	88456	486.0	3.2
4.外商直接投资协议投资额	万美元	12523	145001			
农林牧渔业	万美元	317	1512			
工业	万美元	7329	57700			
建筑业	万美元	26	1752			
运输邮电业	万美元		124			
商业饮食业物资供销业	万美元	31	4423			
房地产管理、公用事业服务业	万美元	2003	73278			
其他	万美元	2817	5090			
二、外国及港澳台在华投资企业情况						
年末企业数	个	445	1915	4368	228.1	0.3
合资经营	个	286	1249	2867	229.5	2.7
合作经营	个	127	403	755	187.3	3.0
独资经营	个	32	263	746	283.7	2.2
从业人员	人	40327	128634	338576	263.2	1.9
#外方	人	640	2493	11091	444.9	1.9
投资总额	万元	391197	379805	1077515	283.7	2.8
注册资本	万元	109148	245304	692836	282.4	2.8
#外方	万元	124255	137096	397331	289.8	2.6
三、外商投资企业出口额	**亿美元**	**0.45**	**0.76**	**1.45**	**191.7**	**0.6**

广西壮族自治区农村经济

指　　标	单 位	绝 对 数			1993年为1992年 %（上年=100）	1993年本省占全国比重（%）
		1990年	1992年	1993年		
一、基本情况						
1. 乡镇个数	个	1359	1356	1364	100.6	2.8
村民委员会	个	14769	74951	75034	100.1	9.4
乡村人口数	万人	3710.6	3796.6	3833.0	101.0	4.2
2. 乡村劳动力	万人	1767.8	1850.2	1891.7	102.2	4.3
#农林牧渔业	万人	1589.1	1602.5	1572.8	98.1	4.7
工业	万人	37.2	48.7	56.4	115.8	1.5
建筑业	万人	33.3	40.4	47.5	117.6	2.5
交通运输业和邮通讯业	万人	13.0	16.0	20.0	125.0	2.5
批发、零售贸易业、餐饮业及仓储业	万人	20.4	25.8	28.4	110.1	3.0
3. 耕地面积	千公顷	2595.6	2610.8	2606.6	99.8	2.7
4. 农作物播种面积	千公顷	5141.3	5373.8	5385.2	100.2	3.6
#谷物	千公顷			2981.9		3.4
油料	千公顷	295.1	203.8	235.8	115.7	2.1
棉花	千公顷	1.5	5.3	3.8	71.7	0.1
5. 农业现代化水平						
农业机械总动力	万千瓦	784.2	854.2	939.1	109.9	3.0
乡、村办水电站个数	个	305	2262	2596	114.8	5.7
乡、村办水电站发电能力	万千瓦	8.3	11.9	13.3	111.8	2.8
农村用电量	亿千瓦小时	12.6	17.0	19.0	111.8	1.5
农用化肥施用量	万吨	86.2	103.5	105.4	101.8	3.3
灌溉面积	千公顷	1490.5	1513.8	1496.9	98.9	3.1
6. 农民家庭平均每户生产性						
固定资产原值	元	1082.6	1330.6	1426.7		73.2
#农林牧渔业机械	元	139.0	185.5	224.6	121.1	64.2
工业机械	元	54.9	73.5	67.4	91.7	100.3
运输机械	元	97.7	113.1	138.6	122.5	43.7
7. 农林牧渔业总产值	亿元	238.5	317.0	390.1	107.2	3.5
农业	亿元	136.2	172.8	214.2	101.3	3.2
林业	亿元	18.1	26.8	27.5	104.2	5.6
牧业	亿元	75.4	100.5	125.6	119.3	4.2
渔业	亿元	9.0	17.0	22.8	126.6	2.6

注：本表价值量指标除农业产值指数按可比价格计算外，其它均按当年价格计算。

续 表 1

指 标	单 位	绝 对 数			1993年为1992年 %（上年=100）	1993年本省占全国比重（%）
		1990年	1992年	1993年		
二、主要农产品产量						
粮食	万吨	1363.1	1418.9	1456.5	102.6	3.2
谷物	万吨			1386.5		3.4
#稻谷	万吨	1200.8	1242.9	1228.3	98.8	6.9
小麦	万吨	2.2	1.6	1.7	106.3	0.02
玉米	万吨	120.0	121.9	154.4	126.7	1.5
棉花	万吨		0.1	0.1	100.0	0.03
油料	万吨	25.2	29.3	36.9	125.9	2.0
水果	万吨	91.6	161.2	184.3	114.3	6.1
猪、牛、羊肉	万吨	90.6	115.0	132.8	115.5	4.1
奶类	万吨	0.9	0.9	1.0	111.1	0.2
禽蛋	万吨	6.6	8.8	10.5	119.3	0.9
水产品	吨	323493	445744	565100	126.8	0.3
海水产品	吨	202672	284350	348400	122.5	0.3
淡水产品	吨	120821	161394	216700	134.3	0.3
三、乡镇企业基本情况						
企业单位数	万个	2.4	3.0	121.2	4040.0	4.9
#乡办企业	万个	0.9	1.0	1.2	120.0	2.8
村办企业	万个	1.5	2.0	2.5	125.0	2.0
从业人员	万人	51.0	64.3	366.4	569.8	3.0
乡办企业	万人	34.4	41.5	48.9	117.8	1.7
村办企业	万人	16.7	22.8	28.1	123.2	1.0
营业收入	万元			1903081		1.1
利润总额	万元			121576		1.1
#应交所得税	万元			11758		0.7
实交各种税金	万元	24162	48628	69425	142.8	1.1
利税总额	万元			171067		1.0
工资总额	万元	56497	105630	180842	171.2	1.4
固定资产净值平均余额	万元			441615		1.2
流动资产年平均余额	万元			418053		0.7
本年银行(信用社)贷款余额	万元	92340	182604	274084	150.1	0.9
每百元固定资产原值实现利润	元	5.6	13.8	22.1	160.1	104.2
每百元资金实现利润	元			14.1		121.6
每百元资金实现利税	元	12.5	17.6	19.9	113.1	104.7
每百元营业收入实现利润	元			6.4		101.6
每百元固定资产原值实现营业收入	元			346.5		102.6
每百元营业收入占用流动资金	元			22.0		68.1

注：乡镇企业经济效益指标”1993年本省占全国比重”是”本省为全国平均数百分比”。

广西壮族自治区工业经济

指　　标	单　位	绝　对　数			1993年为1992年 %(上年=100)	1993年本省占全国比重（%）
		1990年	1992年	1993年		
一、基本情况						
1.企业单位数						
#独立核算工业企业	个	8981	9323	11066	118.7	2.5
按经济类型分						
国有企业	个	2510	2496	2614	104.7	3.2
集体企业	个	6323	6619	8026	121.3	2.3
按轻重工业分						
轻工业企业	个	5097	5271	5601	106.3	2.4
重工业企业	个	3884	4052	5465	134.9	2.4
按规模分						
大型企业	个	109	72	89	123.6	2.0
中型企业	个	219	384	406	105.7	2.9
小型企业	个	8653	8867	10571	119.2	2.4
2.工业总产值						
#独立核算工业企业	亿元	298.92	457.04	690.24	127.6	1.7
按经济类型分						
国有工业	亿元	239.59	357.57	481.24	111.9	2.2
集体工业	亿元	54.14	87.50	147.44	152.1	1.2
按轻重工业分						
轻工业	亿元	161.71	228.06	301.62	117.8	1.9
重工业	亿元	137.21	228.98	388.62	139.5	1.6
按规模分						
大型企业	亿元	80.88	113.72	189.81	134.5	1.3
中型企业	亿元	74.93	159.28	215.72	115.2	2.9
小型企业	亿元	143.11	184.04	284.72	134.8	1.6
二、独立核算工业企业主要指标						
工业增加值	亿元			238.11		1.9
资本金	亿元			263.82		1.3

续 表 1

指 标	单 位	绝 对 数			1993年为1992年 %（上年=100）	1993年本省占全国比重（%）
		1990年	1992年	1993年		
流动资产	亿元			400.59		1.6
长期投资	亿元			28.48		1.6
固定资产原值	亿元	228.49	306.43	397.75	129.8	1.5
固定资产净值	亿元	166.76	221.50	295.95	133.6	1.6
无形及递延资产	亿元			15.45		1.3
流动负债	亿元			361.15		1.6
长期负债	亿元			165.91		1.6
所有者权益	亿元			267.74		1.7
产品销售收入	亿元	282.90	439.06	688.83	156.9	1.8
产品销售成本	亿元	234.25	360.14	527.17	146.4	1.8
产品销售税金及附加	亿元			49.89		2.1
产品销售利润	亿元			83.91		1.9
利润总额	亿元	11.24	15.32	35.65	232.7	2.2
利税总额	亿元	41.69	53.50	85.54	159.9	2.2
三、主要工业产品产量						
化学纤维	万吨	1.37	1.99	1.88	94.5	0.8
纱	万吨	6.48	7.48	7.66	102.4	1.5
布	亿米	1.77	2.00	2.08	104.0	1.0
糖	万吨	138.64	214.78	234.92	109.4	30.5
机制纸及纸板	万吨	33.50	53.91	75.10	139.3	3.6
家用电冰箱	万台	1.11	1.11	0.23	20.7	.0
电视机	万台	18.01	17.73	21.52	121.4	0.7
#彩色电视机	万台	4.51	5.62	4.78	85.1	0.3
家用洗衣机	万台	0.67	0.31	0.09	29.0	.0
原煤	亿吨	0.10	0.11	0.12	109.1	1.0
原油	万吨	12.00	3.21	3.08	96.0	.0
发电量	亿千瓦小时	125.62	153.06	174.50	114.0	2.1
钢	万吨	52.41	68.60	81.68	119.1	0.9
成品钢材	万吨	45.48	63.73	73.16	114.8	0.9
水泥	万吨	765.28	1167.10	1426.49	122.2	3.6
平板玻璃	万重量箱	147.55	154.04	193.30	125.5	1.7
金属切削机床	万台	0.20	0.48	0.65	135.4	2.5
汽车	万辆	1.45	3.72	5.22	140.3	4.0

广西壮族自治区运输和邮电

指　　　标	单　位	绝　　对　　数			1993年为1992年 %（上年=100）	1993年本省占全国比重（%）
		1990年	1992年	1993年		
一、运输业						
1.全社会货运量	万吨			23499		2.1
国家铁路	万吨			2482		1.6
地方铁路	万吨			704		11.7
公路	万吨	14162	14015	18480	131.9	2.2
水运	万吨	1201	1666	1833	110.0	1.9
2.全社会货物周转量	亿吨公里			487.2		1.6
国家铁路	亿吨公里			294.5		2.5
地方铁路	亿吨公里			3.17		10.2
公路	亿吨公里	97.7	112.1	119.2	106.3	2.9
水运	亿吨公里	41.5	63.4	70.3	110.9	0.5
3.运输工具拥有量						
民用汽车拥有量	万辆	12.4	15.8	19.33	122.3	2.4
载客汽车	万辆	3.9	5.9	7.51	127.3	2.6
载货汽车	万辆	7.9	9.2	11	119.6	2.2
其他机动车	万辆			0.57		0.6
民用运输舶船拥有量						
机动船	艘	10740	11023	12069	109.5	3931.3
驳船	艘	791	509	735	144.4	1.1
帆船	艘	448	413	171		1.6
二、邮电通讯业						
1.邮电通信网路						
邮电局、所	（处）	1416	1443	1456	100.9	2.6
邮路及农村投递线路总长度	公里	165212	166057	166100	100.0	3.2
长话电路	路	2079	4048	9991	246.8	2.4
电报电路	路	367	385	360	93.5	2.7
2.通信工具拥有量						
传真机	部	87	242	399	164.9	3.3
市话交换机容量	门	219132	355186	545512	153.6	1.8
电话机	部	203640	309267	418632	135.4	1.6
长途直拨有权用户	户	3071	46996	152964	325.5	1.4
#直拨国际及港澳用户	户	1574	24584	60061	244.3	1.3
市内电话	户	89108	157585	240700	152.7	1.7
#私人和个体工商户	户	10033	32246	59708	185.2	0.9
#住宅电话	户	16951	49036	100169	204.3	1.3
无线寻呼电话用户	户	5438	48507	159879	329.6	2.8
移动电话用户	户		2019	14674	726.8	2.3
3.邮电业务总量	亿元	14235.2	45986.5	78300	170.3	1.7

注：邮电业务总量1990年为1980年不变价，1992、1993年为1990年不变价。

广西壮族自治区国内商业和城乡居民生活

指标	单位	绝对数			1993年为1992年%(上年=100)	1993年本省占全国比重(%)
		1990年	1992年	1993年		
国内商业						
一、社会商业商品购、销、存总额						
1.国内纯购进总额	亿元	170.5	212.4	253.4	119.3	2.1
工业品	亿元	119.8	153.0	195.0	127.5	2.0
农村产品	亿元	48.3	57.9	56.2	97.1	2.2
2.国内纯销售总额	亿元	203.2	259.9	313.1	120.5	2.4
3.年末库存总额	亿元	88.9	84.9	84.5	99.5	2.3
二、社会商品零售总额	**亿元**	**206.45**	**283.61**	**337.20**	**118.9**	**2.5**
1.按用途分						
消费品	亿元	175.44	243.62	299.74	123.0	2.4
售给居民	亿元	165.39	227.90	281.20	123.4	2.6
售给社会集团	亿元	10.05	15.72	18.54	117.9	1.3
农业生产资料	亿元	31.02	39.99	37.46	93.7	2.8
2.按经济类型分						
国有经济单位	亿元	69.31	107.61	127.95	118.9	2.4
集体经济单位	亿元	58.49	65.81	70.65	107.4	2.0
合营	亿元	0.38	0.52	0.54	103.8	0.5
个体	亿元	57.32	81.11	102.24	126.1	3.3
农民对非农业居民零售	亿元	20.93	28.57	35.82	125.4	2.5
城乡居民生活						
一、城镇居民家庭						
1.平均每人生活费收入	元	1448.06	1886.01	2611.76	138.5	111.8
2.平均每人生活费支出	元	1338.10	1739.89	2303.03	132.4	109.1
3.平均每百户年底主要消费品拥有量						
洗衣机	台	81.22	84.43	87.84	104.0	101.7
电冰箱	台	34.84	49.88	52.96	106.2	93.4
摩托车	辆	0.79	1.60	2.52	157.5	71.4
彩色电视机	台	38.61	61.46	65.24	106.2	82.1
二、农民家庭						
1.平均每人纯收入	元	639.45	731.69	892.07	121.9	96.8
2.平均每人生活消费支出	元	419.28	616.33	704.98	114.4	91.6
3.平均每百户耐用消费品拥有量						
洗衣机	台	1.16	1.13	1.13	100.0	8.2
电冰箱	台		0.09	0.43	477.8	14.1
摩托车	辆	0.17	0.30	0.56	186.7	26.2
彩色电视机	台	0.65	1.26	2.51	199.2	23.1

广西壮族自治区效益指标

指标	单位	绝对数			1993年比1992年增减	
		1990年	1992年	1993年	绝对数	%
平均每一社会从业者创造的国民生产总值	元	1891	2608	3507	899.0	34.5
平均每一农林牧渔业劳动者提供的						
农林牧渔业产值	元	1572.6	2068.4	2457.2	388.8	18.8
粮食产量	公斤	855.0	867.5	917.4	49.9	5.8
棉花产量	公斤		0.1	0.1	0.0	0.0
油料产量	公斤	15.8	17.9	23.2	5.3	29.6
猪牛羊肉产量	公斤	56.8	20.3	83.6	63.3	311.8
水产品产量	公斤	20.3	27.3	35.6	8.3	30.4
独立核算工业企业主要经济效益指标						
工业增加值率	%		27.50	34.50	7.0	
每百元固定资产原价实现的利税	元	18.24	17.46	21.51	4.1	23.2
资金利税率	%	16.09	11.43	14.15	2.7	
产值利税率	%	13.94	11.71	12.39	0.7	
每百元销售收入实现的利润	元	3.97	3.49	5.18	1.7	48.4
工业成本费用利润率	%	4.80	4.25	5.91	1.7	
流动资产周转次数	次	3.07	1.71	2.03	0.3	18.7
每公里公路负担货运量	吨	3911	3758	4801	1042.6	27.7
每公里公路负担货物周转量	万吨公里	26.98	30.06	30.97	0.9	3.0
基本建设固定资产交付使用率	%	88.54	62.44	53.40	-9.0	
更新改造固定资产交付使用率	%	95.34	74.07	70.50	-3.6	
建筑业劳动生产率						
按总产值计算	元		18693	27039	8346.0	44.6
按增加值计算	元		5432	6934	1502.0	27.7
建筑业产值利税率	%		4.7	6.4	1.7	
单位工程优良品率	%	21.4	26.1	27.5	1.4	
建筑业技术装备率	元/人	2996	3022	3207	185.0	6.1
建筑业动力装备率	千瓦/人	5.2	4.6	4.6	0.0	0.0

广西壮族自治区人均指标

指　　标	单位	1990年	1992年	1993年	1993年比1992年	
					增长量	增长率
国内生产总值	元	933	1318	1791	473	35.9
农业总产值	元	600	765	885	119	15.6
工业总产值	元	840	1339	2055	716	53.5
职工平均工资	元	2049	2634	3368	734	27.9
居民消费水平	元	576	709		57	4.3
农民	元	467	550		34	3.8
非农业居民	元	1194	1594		158	3.5
年末实有耕地面积	公顷	0.06	0.06	0.06	0.00	0.0
粮食产量	公斤	324.1	326.0	330.3	4.3	1.3
棉花产量	公斤	0.00	0.02	0.02	0.0	0.0
油料产量	公斤	6.0	6.7	8.4	1.7	25.4
水果产量	公斤	21.8	37.0	41.8	4.8	13.0
猪牛羊肉产量	公斤	21.5	26.4	30.1	3.7	14.0
水产品产量	公斤	7.7	10.2	12.8	2.6	25.5
钢产量	公斤	12.5	15.8	18.5	2.7	17.1
布产量	米	4.2	4.6	4.7	0.1	2.2
邮电业务总量	元	6.3	10.6	17.8	7.2	67.9
社会消费品零售额	元	417.1	559.8	679.8	120.0	21.4
每万人口高等学校在校学生数	人	9.0	9.7	11.6	1.9	19.6
每万人口中等专业学校在校学生数	人	17.0	17.2	20.8	3.6	20.9
每万人口中学在校学生数	人	335.0	367.2	372.2	5.0	1.4
每十万人口医院数	人	3.6	3.5	3.4	-0.1	-2.9
每万人口医生数	人	12.1	12.0	11.6	-0.4	-3.3

注：1.国内生产总值指标1990年为国民生产总值数据。

2.居民消费水平增长量和增长率为1992年同1991年之比。

海南省经济建设向现代化目标迈进

邢福民

一、国民经济持续快速发展

1993年，海南全省国民生产总值204亿元，比上年增长22.8%。其中第一产业增加值75.5亿元，增长10.5%；第二产业增加值62亿元，增长51.6%；第三产业增加值67亿元，增长15.3%。这些经济指标的增长速度均超过了年度计划和“八五”计划的要求，也高于建省以来的年平均增长水平。

(一)农村经济全面发展 农业坚持以增加农民收入为目标，以市场为导向，大力调整农村产业结构，加强农业基础建设，认真贯彻“科技兴农”方针，努力发展“两高一优”农业和乡镇企业，促进农村经济全面发展。全省农业总产值88.6亿元，比上年增长11.3%。主要农产品产量中，除粮食、糖蔗受干旱影响产量有所下降以外，油料、蔬菜、瓜类、水果产量均超过历史最好水平，初步形成规模效益。其中蔬菜比上年增长22%，水果比上年增长26%。热带作物种植面积达44.17万公顷，基本保持上年水平，其中产出橡胶干胶19.86万吨，比上年增长6%，椰子9780万个，增长12.3%，槟榔10995吨，增长31.3%，腰果738吨，增长21.4%。畜牧业生产有较快发展。猪牛羊肉总产量17.98万吨，比上年增长14.8%，禽肉总产量6.99万吨，增长55.7%，禽蛋产量17350吨，增长24.6%。渔业生产再上新台阶。全省水产品总产量32.44万吨，比上年增长26.1%，水产养殖面积4.03万公顷，比上年增加0.03万公顷。乡镇企业高速发展，总产值达45.7亿元，比上年增长84.3%。由于农村产业结构的调整，部分农村劳动力向第二、第三产业转移。1993年，全省从事第二、第三产业的农村劳动力达35.72万人，比上年末增加6.25万人。

(二)工业生产速度与效益同步提高 深化工业企业改革，全面转换经营机制，优化结构，加快企业技术进步，积极招商引资，提高企业经济效益，使全省工业再上新台阶。工业产值达100亿元，首次突破百亿元大关，工业增加值达28.10亿元，比上年增长36.2%。各种经济类型工业全面增长，在工业增加值中，国有工业增加值16.12亿元，比上年增长12.1%；集体所有制工业增加值1.44亿元，比上年增长34.8%；其他经济类型工业增加值7.27亿元，比上年增长119.9%。轻重工业均有较快增长。全省轻工业增加值18.67亿元，比上年增长30.4%；重工业增加值9.43亿元，增长49.4%。在主要工业产品产量中，钢材、汽车、水泥、人造板等产品和依靠技术进步的罐头、饮料、摩托车等轻工业产品增长较快。工业产品产销衔接较好，企业经济效益有较大改善，工业产品销售产值比上年增长33.6%，产品销售率为93.3%，工业经济效益综合指数为86.6%，比上年提高11.4个百分点。建筑业迅速发展，全年建筑业增加值33.67亿元，比上年增长72.7%。

(三)固定资产投资大幅度增长 全社会固定资产投资完成169.38亿元，比上年增长94.6%；基本建设投资完成89.66亿元，比上年增长1.07倍；更新改造完成投资9.29亿元，比上年增长74.8%；商品房完成投资57.53亿元，比上年增长90.4%。重点建设项目的投资总量和建设进度都创建省以来的最新纪录。大广坝水电站第一台6万千瓦机组已并网发电，新增220千伏输电线路148公里；新增高速公路129公里、港口吞吐能力803吨；新增程控电话交机容量10.5万线、长途电话线路4320条；南山电厂1994年上半年发电和凤凰机场1994年7月通航已有保证。

(四)对外招商引资成效显著 开展“海南国际招商年”活动，成功地举办了海南建省五周年暨第二届海南国际椰子节、'93中国(香港)海南介绍会、'93海交会、第三届海南乡团联谊会及海南科技博览会等大型对外招商活动，有效地推动对外经济合作的发展。全年新签订利用外资合同3106宗，比上年增长68.4%，合同投资额64亿美元，增长81.8%；实际利用外资9.7亿美元，增长82.7%。在全年批准外商投资合同中，客商直接投资合同3091宗，增长68.9%，合同规定客商直接投资56.07亿美元，增长74.4%，实际利用客商直接投资7.34亿美元。截止1993年底，海南省工商管理部门核准登记的外商投资企业7269户，认缴注册资金100.4亿美元。1993年，国外技术引进工作进一步加强，全省执行国外项目102项，派出培训人数达1060人，比上年增长71%，共聘请各类外国专家1292名，其中经济专家约1120人次。

(五)对外贸易保持上升势头 进一步深化外贸体制改革，放宽外贸出口政策，对部分出口商品配额进行公开招标，引入竞争机制，促进外贸的发展。全年进出口贸易总值达25.69亿美元，比上年增长51.7%，其中对外贸易出口总值9.02亿美元，增长2.3%。口岸进口总值16.67亿美元，增长1.65倍。

(六)旅游业继续发展 1993年初，省政府确定了旅游业作为海南经济发展的龙头产业，抓好旅游的总体规划，加快重点旅游开发区和重点旅游项目的建设，加大宣传促销力度，开拓旅游客源市场，加强旅游企业经营管理，提高服务质量，使旅游业不断发展。至年底，全省共有涉外旅游宾馆酒店96家，其中评定星级的23家，宾馆酒店客房住房率达74.3%。全年共接待国内外旅游者255.44万人次，比上年增长15.9%。旅游外汇收入3.52亿(外汇券)，比上年增长13.2%。

(七)财政收入大幅增长，金融形势趋于稳定 全年地方财政收入完成29.1亿元，比上年增长94.5%；财政支出38.5亿元，增长51.9%。1993年财政收入的增长是海南省历史上最快的一年。金融形势在宏观调控中趋于稳定，全省国家银行1993年末存款余额340亿元，比年初增长23.2%；贷款余额300亿元，比年初增长43.0%；城乡居民储蓄年末余额184亿元，比年初增长63.2%。

(八)城乡市场活跃，人民生活水平不断提高 全省市场繁荣，消费需求旺盛，市场商品零售大幅度增长。社会商品零售总额77.36亿元，比上年增长32.6%。其中消费品零售额73.73亿元，比上年增长34%，城乡集市贸易成交额36.57亿元，比上年增长55.5%，市场物价受消费需求拉动上涨幅度偏高，1993年全社会零售物价总水平平均比上年上涨23.9%。城镇居民人均生活费收入2774元，增长32.5%，农民人均纯收入1016元，增长13.9%。

二、改革开放迈出新步伐

(一)以发展要素市场为重点，积极培育和发展市场体系 全省农产品期货市场、物资生产资料市场，资金市场、技术市场、劳务市场、房地产市场、人才市场等生产要素市场有了较快发展。全省粮价完全放开以后，主要生产资料计划价格与市场价格并轨，生活资料价格全部实现市场调节，劳务价格、外汇调剂价格、房地产等价格，在国家宏观调控之下，也基本放开。

(二)按照“宽审批、严管理”的原则，实行新的企业登记制度 1993年，颁布实施了《海南省企业法人登记管理办法》，将原来的审批登记制改为直接登记制，除金融、保险等24种企业按国家有关规定需报批外，其他企业一律直接向工商行政管理部门申请登记。这项改革简化了申办企业的手续，放宽了经营范围，打破了各种经济类型企业登记和经营条件的限制，进一步提高了工作效率，大大方便了境内外投资者，同时也从制度上堵塞了产生不正之风的漏洞，促进了廉政建设。1993年9月，海南省人民代表大会常务委员会正式通过了《海南经济特区企业法人登记管理条例》，使新的企业登记制度以法规形式正式颁布施行。

(三)推进规范化的股份制改革 1992年海南省人大颁布了《海南经济特区股份有限公司条例》，1993年设立省证券委员会，明确提出积极推进规范化的股份制改革，扩大股份制试点范围，突破基础设施建设由国家包办的观念，推动股份制向基础设施和基础产业倾斜。1993年全省新批准设立股份有限公司75家，主要从事机场、电力、高速公路等基础设施建设和经营的股份公司6家，股本总计37.95亿元；主要从事重点区域基础设施建设的8家，股本总计18.9亿元。1993年还发布了《海南省企业法人互相持股试点办法》，在企业法人之间开展了相互持股试点工作，按照国际证券市场惯例实行规范化操作。全省已有6家公司法人股在省内公有制企业之间流动，为完善产权转让制度，促进生产要素的优化配置起到了积极作用。

(四)按照国际惯例，在海口市进行了税收征管制度改革 新的税收征管办法取消了税务专管员管户制度，改变了过去从税务登记、纳税鉴定、纳税申报到税款入库都由税务专管员包办的状况，对企业纳税全面使用计算机管理，由纳税人直接缴纳或通过社会中介机构代理办税。同时强化税收稽查工作，设立税务法庭，初步建立起纳税人主动申报纳税、社会中介机构代理办税、电脑系统照章计税、司法机关依法办案的税收征管新制度。1993年9月，为了进一步完善新的税收征管制度，进行了税收、银行一体化改革，为企业纳税提供了更加方便快捷的服务。新的税收征管制度实施后，纳税人上门申报率大大提高，按期主动上门申报纳税的业户已达80%以上，海口市1993年工商税收比上年增长了1.17倍。

(五)促进国有企业转换经营机制 对国有企业进行了三项改革试验：一是对一批工业企业取消了政府主管部门，实行董事会领导下的经理(厂长)负责制。二是对省商贸系统所属企业取消政府主管部门对经理(厂长)的行政任命，引入竞争机制，实行公开聘任。三是取消所有预算内企业，使全社会的企业都实行自负盈亏。这些改革改变了过去政府直接管理企业的旧体制，促进了政府职能转变，加强了政府的宏观管理，取得了很好的效果。

(六)社会保障制度改革迈出了较大的步子 进一步扩大社会保障的覆盖面，社会保障的社会化程度进一步提高。截至1993年11月底，全省参加社会保障的单位达9016个，参加人数达72.97万人。为了健全社会保障体系，促进社会保障法制化，海南省人大常委会审议通过了《海南省城镇从业人员养老保险条例》、《海南省城镇从业人员失业保险条例》、《海南省城镇从业人员工伤保险条例》，并于1994年1月颁布施行。

(七)逐步形成了从沿海到内地的多层次、多形式的开放新格局 1992年经国务院批准，正式设立了洋浦经济开发区、海口保税区和三亚亚龙湾国家旅游度假区，省政府制定了《海南省海口保税区管理办法》，省人大审议通过了《海南省洋浦经济开发区条例》，并相应制订了海关等10多个管理规定。清澜、八所、海基基、桂林洋及海口市金盘、港澳、金融贸易、海甸岛东部等重点开发区已逐步铺开，初具规模。1993年，海南省采取抓住重点，以点带面的开发战略，对各类开发区进行了认真的清理整顿，决定集中精力抓好洋浦、海口保税区及三亚亚龙湾国家旅游度假区等大型重点成片开发区。当年末，海口保税区和洋浦经济开发区相继封关运作。进洋浦经济开发区登记注册企业5534家，注册资本累计人民币111.6亿元，港币5.66亿元，美元3142万元。海口保税区进区企业已有103家，投资总额达6.66亿元人民币、5800万元港币、2310万美元。东风港、金牌港、八所港等口岸工业基地和白马井、东方边贸口岸所在地，外商投资踊跃、形势看好。

(作者所在单位：海南省政府办公厅调研室)

海南省国民经济综合指标发展概况

指标	单位	绝对数					1993年为以下年%	
		1978年	1985年	1990年	1992年	1993年	1978年	1992年
一、基本情况								
1. 土地面积	万平方公里					3.39		
2. 行政市数	个			3	4	5		125.0
地级市	个			2	2	2		100.0
县级市	个			1	2	3		150.0
3. 人口								
年底总人口数	万人	528	598	663	686	701	132.8	102.2
男	万人	270	309	345	357			
女	万人	258	289	318	329			
出生率	‰	24.19	14.55	24.86	21.31	20.81	86.0	97.7
死亡率	‰	4.62	4.13	6.29	6.07	5.26	113.9	86.7
自然增长率	‰	19.57	10.42	18.60	15.24	15.55	79.5	102.0
4. 从业人员数	万人	220.0	267.0	303.7	321.2	320.2	145.5	99.7
城镇从业人员	万人					121.6		
国有经济单位	万人	74.0	89.0	95.5	99.6	90.3	122.0	90.7
集体经济单位	万人	6.0	9.0	8.9	9.0	7.1	118.3	78.9
联营经济单位	万人					0.7		
股份制经济单位	万人					1.1		
外商投资经济单位	万人					0.9		
港澳台投资经济单位	万人					1.2		
其他经济单位	万人					0.9		
私营企业	万人				4.1	9.6		234.1
个体	万人		5.0	7.7	9.1	9.8		107.7
乡村从业人员	万人	140.0	164.0	190.1	196.2	198.6	141.9	101.2
二、综合经济指标								
1. 国内生产总值	亿元			95.01	141.68	225.15		158.9
第一产业	亿元			46.57	54.13	77.73		143.6
第二产业	亿元			20.12	38.34	70.51		183.9
#工业	亿元				20.36	34.37		168.8
建筑业	亿元				17.98	36.14		201.0
第三产业	亿元			28.32	49.21	76.91		156.3
#运输邮电	亿元				8.52	14.03		164.7
商业	亿元				8.56	13.03		152.2
2. 人均国内生产总值	元			1473	2126	3328		156.5
三、投资								
1. 全社会固定资产投资额	亿元			39.21	87.04	166.66		191.5
#国有经济	亿元	3.35	12.46	30.59	79.42	121.31	3621.2	152.7
#基本建设投资	亿元	3.27	10.06	22.07	43.36	89.31	2731.2	206.0

续 表 1

指 标	单 位	绝 对 数					1993年为以下年%	
		1978年	1985年	1990年	1992年	1993年	1978年	1992年
更新改造投资	亿元	0.08	2.04	4.34	5.31	9.28	11600.0	174.8
其他固定资产投资	亿元		0.36	0.04	0.52	0.77		148.1
#集体经济	亿元			5.63	3.98	10.79		271.1
2.基本建设房屋建设								
房屋施工面积	万平方米			286.8	390.7	513.0		131.3
#住宅	万平方米			99.3	126.2	162.2		128.5
房屋竣工面积	万平方米			154.2	195.5	210.6		107.7
#住宅	万平方米			62.4	78.3	100.2		128.0
四、财政收支								
地方财政收入	亿元	1.36	1.67	7.39		29.00	2132.4	
地方财政支出	亿元	3.16	5.90	17.42		37.69	1192.7	
五、物价指数(上年=100)								
1.全社会零售物价总指数	%		112.8	100.6	108.7	123.9		
#消费品	%			100.0	108.8	123.8		
食品类	%			100.3	111.6	129.2		
衣着类	%			108.3	101.6	103.9		
日用品类	%			95.1	101.2	110.7		
文化娱乐用品类	%			98.3	99.6	100.9		
书报杂志类	%			108.8	100.9	101.1		
药及医疗用品类	%			98.3	103.7	102.1		
建筑装璜材料类	%			93.4	111.2	160.3		
燃料类	%			99.3	108.5	126.4		
2.居民消费价格指数	%			102.1	108.7	123.3		
城镇居民	%		113.1	99.6	109.0	123.7		
农民	%			108.1	103.4	116.5		
3.固定资产投资价格指数	%							
六、居民生活								
1.居民消费水平	元			708	1051			
农业居民	元			541	794			
非农业居民	元			1344	1987			
2.职工平均工资	元		1020	1982	2720	3138		115.4
国有经济单位	元	583	1029	2003	2715	2938	503.9	108.2
城镇集体经济单位	元		925	1549	2282	2932		128.5
其他经济单位	元			3232	4093	6291		153.7

续表 2

指标	单位	绝对数					1993年为以下年%	
		1978年	1985年	1990年	1992年	1993年	1978年	1992年
3.劳动力负担人数								
每一农村劳动力	人		2.00	1.88		1.87		
每一城镇就业者	人		2.00		1.97	1.95		99.0
4.收入(平均每人)								
农村居民家庭纯收入	元		406.00	696.22	842.79	991.99		117.7
城镇居民家庭生活费收入	元		746.00		2094.72	2774.35		132.4
5.居住面积(平均每人)								
农村住户住房面积	平方米			18.00		19.67		
城镇居民家庭住房面积	平方米		6.00	8.00				
七、国际旅游								
1.接待旅游人数	万人次			18.87	26.99			
#外国人	万人次			2.46	3.93			
2.旅游外汇收入	万元			13001	31137	35228		113.1
商品性收入	万元			9336	24668	27212		110.3
劳务性收入	万元			3664	647	8016		1238.9
3.涉外饭店数	个			48	67	69		103.0
#国有单位	个			40	45	46		102.2
中外合资	个			3	5	6		120.0
集体单位	个			2	3	3		100.0
八、工商企业基本情况								
企业数	万户			2.9	3.6	4.7		130.6
从业人员	万人			111.5	143.6	181.7		126.5
注册资金	亿元			203.3	366.4	1121.1		306.0
国有企业								
企业数	万户			1.4	1.8	2.5		138.9
从业人员	万人			72.9	102.3	118.9		116.2
注册资金	亿元			144.3	227.3	554.9		244.1
集体企业								
企业数	万户			1.3	1.5	1.9		126.7
从业人员	万人			29.4	29.9	42.1		140.8
注册资金	亿元			26.9	73.9	316.5		428.3
联营及其他企业								
企业数	户			1596	2290	3807		166.2
从业人员	万人			9.3	11.3	20.7		183.2
注册资金	亿元			32.2	65.3	249.7		382.4
私营企业								
户数	户			2135	3837	9379		244.4
从业人员	万人			2.9	4.6	10.4		226.1
注册资金	亿元			7.4	19.7	103.1		523.4

海南省固定资产投资和建筑业

指　　标	单位	绝　对　数			1993年为1992年%（上年=100）	1993年本省占全国比重（%）
		1990年	1992年	1993年		
一、固定资产投资						
1.全社会固定资产投资	亿元	39.21	87.04	166.66	191.5	1.3
国有经济	亿元	30.59	79.42	121.31	152.7	1.6
集体经济	亿元	5.63	3.98	10.79	271.1	0.5
联营经济	亿元			3.28		5.9
股份制经济	亿元			8.00		3.4
中外合资经营	亿元			0.56		0.1
中外合作经营	亿元					0.0
外资	亿元			3.05		6.2
港澳台与大陆合资经营	亿元			2.25		1.7
城乡个人	亿元	2.99	3.64	6.66	183.0	0.5
其他经济	亿元			1.17		5.7
2.基本建设投资	亿元	22.07	43.36	89.31	206.0	1.9
#农林牧渔业	亿元	2.12	3.08	2.54	82.5	5.5
采掘业	亿元			0.06		.0
制造业	亿元	6.71	11.37	16.52	145.3	1.9
电力、煤气及水电生产和供应业	亿元			7.56		1.0
建筑业	亿元	0.07	0.30	5.97	1990.0	5.2
交通运输、仓储和邮电通讯业	亿元	3.47	6.81	17.19	252.4	1.9
批发、零售贸易和餐饮业	亿元	1.18	3.09	3.59	116.2	1.8
2.施工项目						
基本建设	个		1170	1167		1.3
更新改造	个	410	324	7	2.2	.0
3.新增固定资产						
基本建设	亿元		30.53	37.87		1.4
更新改造	亿元	2.52	4.09	6.36	155.5	0.4
二、建筑业						
施工企业个数	个	127	120	215	179.2	1.0
年末从业人员数	万人	6.08	5.85	4.56	77.9	0.4
自有机械设备总功率	万千瓦		20.1	37.2	185.1	0.8
总产值	万元	62758	102186	120504	117.9	0.4
#建筑工程产值	万元	60818	99726	117396	119.8	0.4
安装工程产值	万元			2052		0.1
增加值	万元	72100	179800	44240	24.6	0.5
企业总收入	万元		98488	96086		0.3
施工房屋建筑面积	万平方米	202.8	244.9	248.5	101.5	0.4
竣工房屋建筑面积	万平方米	112.9	136.3	107.4	78.8	0.4
企业利税总额	万元	2686	5369	6278	116.9	0.4

海南省利用外资及外资企业情况

指　　标	单　位	绝　　对　　数			1993年为1992年 %（上年=100）	1993年本省占全国比重（%）
		1990年	1992年	1993年		
一、利用外资						
1.对外签订利用外资协议项目	个	252	1830	3091	168.9	3.7
对外借款	个					
外商直接投资及其他	个	252	1830	3091	168.9	3.7
2.对外签订利用外资协议项目金额	万美元	14291	232339	423599	182.3	3.4
对外借款	万美元	1396	6225	4122	66.2	0.4
外商直接投资及其他	万美元	12895	226114	419477	185.5	3.7
3.实际利用外资额	万美元	11698	51480	74832	145.4	1.9
对外借款	万美元	1396	6225	4122	66.2	0.4
外商直接投资及其他	万美元	10302	45255	70710	156.2	2.5
4.外商直接投资协议投资额	万美元	252	1830			
农林牧渔业	万美元	12882	226114			
工业	万美元	804	9448			
建筑业	万美元	5562	56808			
运输邮电业	万美元	1618	11353			
商业饮食业物资供销业	万美元	44	2445			
房地产管理、公用事业服务业	万美元	398	2720			
其他	万美元	4170	141993			
		286	1347			
二、外国及港澳台在华投资企业情况						
年末企业数	个	1205	2829	7390	261.2	0.4
合资经营	个	471	1244	2290	184.1	2.1
合作经营	个	359	219	306	139.7	1.2
独资经营	个	375	1366	4794	351.0	14.0
从业人员	人	63845	156805	179426	114.4	1.0
#外方	人	4844	12850	22313	173.6	3.9
投资总额	万元	481178	545029	1377099	252.7	3.6
注册资本	万元	380008	415720	984819	236.9	4.0
#外方	万元	273516	332791	803594	241.5	5.4
三、外商投资企业出口额	**亿美元**	0.33	0.25	0.70	275.9	0.3

海南省农村经济

指　　标	单　位	绝　对　数			1993年为1992年%（上年=100）	1993年本省占全国比重（%）
		1990年	1992年	1993年		
一、基本情况						
1. 乡镇个数	个	304	305	303	99.3	0.6
村民委员会	个	2605	2655	2654	100.0	0.3
乡村人口数	万人	447.4	460.5	464.4	100.8	0.5
2. 乡村劳动力	万人	190.1	196.2	198.6	101.2	0.4
#农林牧渔业	万人	162.2	166.7	162.8	97.7	0.5
工业	万人	3.8	4.4	5.4	122.7	0.1
建筑业	万人	5.8	5.9	6.9	116.9	0.4
交通运输业和邮通讯业	万人	3.7	3.9	5.0	128.2	0.6
批发、零售贸易业、餐饮业及仓储业	万人	4.8	5.0	5.6	112.0	0.6
3. 耕地面积	千公顷	435.1	435.7	431.5	99.0	0.5
4. 农作物播种面积	千公顷	821.3	868.3	884.4	101.9	0.6
#谷物	千公顷			420.2		0.5
油料	千公顷	67.5	47.3	48.5	102.5	0.4
棉花	千公顷					
5. 农业现代化水平						
农业机械总动力	万千瓦	127.3	147.3	158.5	107.6	0.5
乡、村办水电站个数	个	57	133	118	88.7	0.3
乡、村办水电站发电能力	万千瓦	1.3	1.5	1.4	93.3	0.3
农村用电量	亿千瓦小时	0.9	1.2	1.2	100.0	0.1
农用化肥施用量	万吨	12.2	15.0	14.7	98.0	0.5
灌溉面积	千公顷	142.6	183.3	175.1	95.5	0.4
6. 农民家庭平均每户生产性固定资产原值	元	2296.3	2199.1	3387.4	154.0	173.7
#农林牧渔业机械	元	936.9	429.6	734.4	170.9	209.9
工业机械	元	26.7	36.6	94.4	257.9	140.4
运输机械	元	310.5	547.7	585.4	106.9	184.4
7. 农林牧渔业总产值	亿元	64.7	82.5	120.3	111.3	1.1
农业	亿元	26.8	33.3	53.5	105.1	0.8
林业	亿元	16.8	20.7	23.9	106.2	4.8
牧业	亿元	13.7	17.3	25.0	126.1	0.8
渔业	亿元	7.4	11.2	17.8	123.9	2.0

注：本表价值量指标除农业产值指数按可比价格计算外，其它均按当年价格计算。

续 表 1

指 标	单 位	绝 对 数			1993年为1992年 %（上年=100）	1993年本省占全国比重（%）
		1990年	1992年	1993年		
二、主要农产品产量						
粮食	万吨	169.6	193.3	184.1	95.2	0.4
谷物	万吨			153.1		0.4
#稻谷	万吨	144.2	159.8	150.1	93.9	0.8
小麦	万吨					
玉米	万吨	2.5	4.0	1.5	37.5	0.01
棉花	万吨					
油料	万吨	4.5	5.7	6.2	108.8	0.3
水果	万吨	15.3	13.8	19.4	140.6	0.6
猪、牛、羊肉	万吨	12.1	15.7	17.9	114.0	0.6
奶类	万吨	0.1	0.1	0.1	100.0	0.02
禽蛋	万吨	1.2	1.4	1.7	121.4	0.1
水产品	吨	167464	257361	329800	128.1	0.2
海水产品	吨	145555	224661	287700	128.1	0.3
淡水产品	吨	21909	32700	42000	128.4	0.1
三、乡镇企业基本情况						
企业单位数	万个	0.2	0.3	11.8	3933.3	0.5
#乡办企业	万个	0.1	0.1	0.2	200.0	0.5
村办企业	万个	0.1	0.1	0.1	100.0	0.1
从业人员	万人	6.7	6.7	35.2	525.4	0.3
乡办企业	万人	5.5	5.3	6.3	118.9	0.2
村办企业	万人	1.2	1.4	1.7	121.4	0.1
营业收入	万元			148448		0.1
利润总额	万元			13303		0.1
#应交所得税	万元			772		0.05
实交各种税金	万元	1345	2920	5851	200.4	0.1
利税总额	万元			18673		0.1
工资总额	万元	8927	13380	24128	180.3	0.2
固定资产净值平均余额	万元			62623		0.2
流动资产年平均余额	万元			38888		0.1
本年银行(信用社)贷款余额	万元	11791	13995	15676	112.0	0.1
每百元固定资产原值实现利润	元	9.8	13.4	14.7	109.7	69.3
每百元资金实现利润	元			13.1		112.9
每百元资金实现利税	元	12.9	17.2	18.4	107.0	96.8
每百元营业收入实现利润	元			9.0		142.9
每百元固定资产原值实现营业收入	元			163.7		48.5
每百元营业收入占用流动资金	元			26.2		81.1

注：乡镇企业经济效益指标"1993年本省占全国比重"是"本省为全国平均数百分比"。

海南省工业经济

指　　标	单　位	绝　对　数			1993年为1992年 %（上年=100）	1993年本省占全国比重（%）
		1990年	1992年	1993年		
一、基本情况						
1.企业单位数						
#独立核算工业企业	个	844	860	1305	151.7	0.3
按经济类型分						
国有企业	个	443	451	585	129.7	0.7
集体企业	个	339	307	421	137.1	0.1
按轻重工业分						
轻工业企业	个	466	484	710	146.7	0.3
重工业企业	个	378	376	595	158.2	0.3
按规模分						
大型企业	个	10	6	12	200.0	0.3
中型企业	个	50	49	82	167.3	0.6
小型企业	个	784	805	1211	150.4	0.3
2.工业总产值						
#独立核算工业企业	亿元	36.08	60.70	104.41	143.7	0.3
按经济类型分						
国有工业	亿元	29.38	48.62	69.49	116.0	0.3
集体工业	亿元	1.93	3.24	6.01	162.8	0.1
按轻重工业分						
轻工业	亿元	24.89	39.79	63.58	133.8	0.4
重工业	亿元	11.19	20.91	40.83	167.5	0.2
按规模分						
大型企业	亿元	6.23	14.16	29.40	176.6	0.2
中型企业	亿元	15.65	21.26	27.84	115.3	0.4
小型企业	亿元	14.21	25.29	47.17	158.0	0.3
二、独立核算工业企业主要指标						
工业增加值	亿元			29.33		0.2
资本金	亿元			57.48		0.3

续 表 1

指 标	单 位	绝对数			1993年为1992年%（上年=100）	1993年本省占全国比重（%）
		1990年	1992年	1993年		
流动资产	亿元			77.92		0.3
长期投资	亿元			8.87		0.5
固定资产原值	亿元	43.15	61.67	78.42	127.2	0.3
固定资产净值	亿元	34.43	49.78	60.18	120.9	0.3
无形及递延资产	亿元			9.27		0.8
流动负债	亿元			75.09		0.3
长期负债	亿元			36.00		0.3
所有者权益	亿元			59.13		0.4
产品销售收入	亿元	36.54	58.41	90.24	154.5	0.2
产品销售成本	亿元	32.43	50.38	72.36	143.6	0.2
产品销售税金及附加	亿元			3.86		0.2
产品销售利润	亿元			10.85		0.3
利润总额	亿元	1.11	1.70	4.28	251.8	0.3
利税总额	亿元	3.47	5.16	8.14	157.8	0.2
三、主要工业产品产量						
化学纤维	万吨			1.43		0.6
纱	万吨	0.32	0.26	0.15	57.7	0.03
布	亿米			0.06		0.03
糖	万吨	30.28	40.15	36.85	91.8	4.8
机制纸及纸板	万吨			1.52		0.1
家用电冰箱	万台	0.01		0.03		0.01
电视机	万台	14.43	9.51	7.13	75.0	0.2
#彩色电视机	万台			4.35		0.3
家用洗衣机	万台					
原煤	亿吨		...	...		
原油	万吨					
发电量	亿千瓦小时			24.69		0.3
钢	万吨	0.10	0.41	0.84	204.9	0.01
成品钢材	万吨			4.15		0.1
水泥	万吨			109.17		0.3
平板玻璃	万重量箱					
金属切削机床	万台					
汽车	万辆			0.32		0.2

海南省运输和邮电

指　　标	单位	绝对数			1993年为1992年%（上年=100）	1993年本省占全国比重（%）
		1990年	1992年	1993年		
一、运输业						
1.全社会货运量	万吨			5622		0.5
国家铁路	万吨			390		0.2
地方铁路	万吨					0.0
公路	万吨	5783	6901	4732	68.6	0.6
水运	万吨	1300	344	500	145.3	0.5
2.全社会货物周转量	亿吨公里			102.3		0.3
国家铁路	亿吨公里			2.3		.0
地方铁路	亿吨公里					0.0
公路	亿吨公里	12.3	20.9	50	239.2	1.2
水运	亿吨公里	3.4	27	50	185.2	0.4
3.运输工具拥有量						
民用汽车拥有量	万辆	3.2	4.9	6.67	136.1	0.8
载客汽车	万辆	1.5	2.7	3.58	132.6	1.3
载货汽车	万辆	1.6	2.2	2.99	135.9	0.6
其他机动车	万辆			0.09		0.1
民用运输舶船拥有量						
机动船	艘	506	1104	961	87.0	313.0
驳船	艘	238	86	155	180.2	0.2
帆船	艘	192	121	88		0.8
二、邮电通讯业						
1.邮电通信网路						
邮电局、所	（处）	406	426	440	103.3	0.8
邮路及农村投递线路总长度	公里	72395	82092	109552	133.5	2.1
长话电路	路	747	1738	4909	282.5	1.2
电报电路	路	95	10	109	1090.0	0.8
2.通信工具拥有量						
传真机	部	3	35	97	277.1	0.8
市话交换机容量	门	81574	131390	238986	181.9	0.8
电话机	部	602602	117266	192020	163.7	0.7
长途直拨有权用户	户	4080	21519	98507	457.8	0.9
#直拨国际及港澳用户	户	3617	16118	43635	270.7	0.9
市内电话	户	35924	78849	127838	162.1	0.9
#私人和个体工商户	户	4605	24988	54720	219.0	0.8
#住宅电话	户	10617	35394	62752	177.3	0.8
无线寻呼电话用户	户	3206	27163	136348	502.0	2.4
移动电话用户	户		1013	10385	1025.2	1.6
3.邮电业务总量	亿元	5073.3	27662.6	54000	195.2	1.2

注：邮电业务总量1990年为1980年不变价，1992、1993年为1990年不变价。

海南省国内商业和城乡居民生活

指　　标	单　位	绝　　对　　数			1993年为1992年 %（上年=100）	1993年本省占全国比重（%）
		1990年	1992年	1993年		
国内商业						
一、社会商业商品购、销、存总额						
1.国内纯购进总额	亿元	31.4	29.1	41.7	143.3	0.3
工业品	亿元	20.9	17.9	27.0	150.8	0.3
农村产品	亿元	10.2	11.2	13.7	122.3	0.5
2.国内纯销售总额	亿元	40.3	44.6	61.4	137.7	0.5
3.年末库存总额	亿元	14.0	14.2	13.0	91.5	0.4
二、社会商品零售总额	**亿元**	**40.00**	**58.33**	**70.19**	**120.3**	**0.5**
1.按用途分						
消费品	亿元	37.19	55.02	66.61	121.1	0.5
售给居民	亿元	34.65	50.88	61.91	121.7	0.6
售给社会集团	亿元	2.54	4.14	4.70	113.5	0.3
农业生产资料	亿元	2.81	3.31	3.58	108.2	0.3
2.按经济类型分						
国有经济单位	亿元	13.83	20.77	22.62	108.9	0.4
集体经济单位	亿元	5.42	6.19	7.24	117.0	0.2
合营	亿元	1.19	2.90	3.60	124.1	3.1
个体	亿元	13.39	21.09	26.76	126.9	0.9
农民对非农业居民零售	亿元	6.17	7.39	9.97	134.9	0.7
城乡居民生活						
一、城镇居民家庭						
1.平均每人生活费收入	元		2094.72	2774.35	132.4	118.7
2.平均每人生活费支出	元		1851.08	2403.81	129.9	113.9
3.平均每百户年底主要消费品拥有量						
洗衣机	台		54.10	61.90	114.4	71.7
电冰箱	台		24.50	33.60	137.1	59.3
摩托车	辆		1.50	3.50	233.3	99.2
彩色电视机	台		69.10	70.20	101.6	88.3
二、农民家庭						
1.平均每人纯收入	元	653.43	842.79	991.99	117.7	107.6
2.平均每人生活消费支出	元	509.71	671.75	725.63	108.0	94.3
3.平均每百户耐用消费品拥有量						
洗衣机	台	1.35	1.11	1.11	100.0	8.0
电冰箱	台		0.28	0.28	100.0	9.2
摩托车	辆	1.15	2.22	3.61	162.6	168.7
彩色电视机	台	3.46	5.97	8.89	148.9	81.9

海南省效益指标

指　　标	单　位	绝　对　数			1993年比1992年增减	
		1990年	1992年	1993年	绝对数	%
平均每一社会从业者创造的国民生产总值	元	3160	4447	7025	2578.0	58.0
平均每一农林牧渔业劳动者提供的						
农林牧渔业产值	元	4172.5	5224.7	7298.9	2074.2	39.7
粮食产量	公斤	799.2	893.6	1117.5	223.9	25.1
棉花产量	公斤				0.0	ERR
油料产量	公斤	21.2	26.4	37.6	11.2	42.4
猪牛羊肉产量	公斤	57.0	72.6	108.6	36.0	49.6
水产品产量	公斤	78.9	119.0	200.2	81.2	68.2
独立核算工业企业主要经济效益指标						
工业增加值率	%		26.12	28.09	2.0	
每百元固定资产原价实现的利税	元	8.04	8.36	10.38	2.0	24.2
资金利税率	%	7.23	6.05	6.81	0.8	
产值利税率	%	9.61	8.49	7.80	-0.7	
每百元销售收入实现的利润	元	3.04	2.90	4.74	1.8	63.4
工业成本费用利润率	%	3.40	3.36	5.13	1.8	
流动资产周转次数	次	2.69	1.40	1.43	.0	2.1
每公里公路负担货运量	吨	4485	4895	3658	-1237.3	-25.3
每公里公路负担货物周转量	万吨公里	9.54	16.16	38.65	22.5	139.2
基本建设固定资产交付使用率	%	90.03	70.41	42.40	-28.0	
更新改造固定资产交付使用率	%	58.06	77.02	68.60	-8.4	
建筑业劳动生产率						
按总产值计算	元		17603	27199	9596.0	54.5
按增加值计算	元		4777	9986	5209.0	109.0
建筑业产值利税率	%		5.0	5.2	0.2	
单位工程优良品率	%	38.2	31.4	33.9	2.5	
建筑业技术装备率	元/人	1802	2785	5307	2522.0	90.6
建筑业动力装备率	千瓦/人	2.9	3.4	8.6	5.2	152.9

海南省人均指标

指　　标	单 位	1990年	1992年	1993年	1993年比1992年	
					增长量	增长率
国内生产总值	元	1473	2127	3328	1201	56.5
农业总产值	元	1056	1282	1734	452	35.2
工业总产值	元	681	1113	1848	735	66.0
职工平均工资	元	1982	2720	3138	418	15.4
居民消费水平	元	708	1051		215	16.0
农民	元	541	794		151	14.2
非农业居民	元	1344	1987		430	17.3
年末实有耕地面积	公顷	0.07	0.06	0.06	0.00	0.0
粮食产量	公斤	260.5	284.3	265.5	-18.8	-6.6
棉花产量	公斤					
油料产量	公斤	6.9	8.4	8.9	0.5	6.0
水果产量	公斤	23.5	22.6	28.0	5.4	23.9
猪牛羊肉产量	公斤	18.6	23.1	25.8	2.7	11.7
水产品产量	公斤	25.7	37.8	47.6	9.8	25.9
钢产量	公斤	0.2	0.6	1.2	0.6	100.0
布产量	米	0.3	1.0	0.9	-0.1	-10.0
邮电业务总量	元	16.2	40.7	77.9	37.2	91.4
社会消费品零售额	元	571.3	809.1	960.5	151.4	18.7
每万人口高等学校在校学生数	人	11.8	12.5	14.8	2.3	18.4
每万人口中等专业学校在校学生数	人	14.1	17.8	21.3	3.5	19.7
每万人口中学在校学生数	人	387.1	385.3	395.1	9.8	2.5
每十万人口医院数	人	6.6	6.4	6.3	-0.1	-1.6
每万人口医生数	人	16.9	16.8	16.0	-0.8	-4.8

注：1.国内生产总值指标1990年为国民生产总值数据。

2.居民消费水平增长量和增长率为1992年同1991年之比。

沿海开放城市选介

抓住新机遇再求新发展的沈阳市

李宏吉

1993年是沈阳市改革开放迈出新的步伐，国民经济和各项社会事业继续大发展的一年。全市实现国内生产总值374.5亿元，比上年增长15.2%。其中，第一产业实现增加值32.2亿元，增长7.5%；第二产业实现增加值188.8亿元，增长19.2%；第三产业实现增加值153.5亿元，增长12.5%。国民经济的持续快速发展。显示了沈阳这一老工业基地的潜在优势和蓬勃发展的生机。

——**各项改革向纵深推进，市场机制在经济生活中的作用日益扩大** 在党的十四大和十四届三中全会精神指引下，沈阳市按照"增强紧迫感，迎接新挑战，建立新体制，再求新发展"的要求，加大了改革的力度，加速向市场经济体制的过渡。一是积极推进企业经营机制的转换，切实落实企业经营自主权。全市已有6099户县区以上独立核算企业实行了"三项制度"改革，涉及职工157万人，占企业职工总数的80%。股份制试点在规范化的前提下，积极稳步地推进。新成立股份有限公司33户，累计已达70户，股本金总额65.4亿元，增量资产占原有资产的42.8%。"划小经营单位"和"企业内部市场化"改革，经过试验在部分大中型企业中推广。国有商业企业正在向集团化、营销连锁化和产权化发展，已有426户小型商业企业实行了"国有民营"。二是稳步推进价格体系的改革。继续推行"五放开"改革，全面放开了粮、油、煤等商品和大部分生产资料的价格，适应了市场经济的要求。三是积极推进养老，失业保险制度改革。全市已有7000多户企业的187万名职工参加了行业、养老保险统筹。农村社会养老保险也开始试点。

——**招商引资成效显著，开发区建设进展迅速** 继续坚持以扩大开放促改革、促改造、促改组、促发展的方针，加大了招商引资的力度，先后举办了香港招商会、第六届三胞联谊会，93沈阳国际经济技术洽谈会、马来西亚招商会、朝国招商会、阿联酋中国沈阳周等大型招商活动，扩大了招商引资的规模，取得显著成效。全年共批准利用外资项目1129个，合同外资额11.8亿美元，分别增长59.9%和25.9%；外商直接投资9.3亿美元，增长47.4%。外商投资开始向资源开发、基础设施建设等领域扩展。1992年全地区直接利用外资已经占全部固定资产投资的三分之一。三资企业发展迅速，全年新批准成立三资企业1108家，年末已注册的三资企业达到2027家，其中549家已投产开业。全年三资企业实现产值61亿元，销售额53亿元，实现利税4.6亿元，分别增长55.6%、43.2%和21.1%，成为沈阳市一个新的经济增长点。对外贸易全面增长，外向型经济建设步伐加快。全年实现进出口商品总额10.9亿美元，比上年增长16.2%，出口7.1亿美元，增长9.1%，其中市自营出口5.4亿美元，增长16.6%；工业制成品出口4.4亿美元，占市自营出口商品总值的比重达到80.4%，出口商品结构进一步优化。构成沈阳经济新格局与中心城市新框架的开发区建设取得了新进展。沈阳经济技术开发区，招商范围扩展到18个国家和地区，进区项目已达259个，协议总投资额59.6亿元；全区完成工业总产值4.7亿元，比上年增长89.4%；实现利税2.6亿元，增长1.3倍。南湖科技开发区初具规模，全区新办高新技术企业392家，开发区技工贸总收入达28亿元，比上年增长1.1倍，其中高新技术产值达16.2亿元，实现利税4.5亿元。辉山风景旅游开发区基础设施建设全面展开，完成投资1359万元。东湖渡假村初具规模，天山浴场、高山缆车等旅游设施投入使用；鉴定招商项目37项，投资总额14亿元，外资额达1.65亿美元，其中19个项目已开工建设，7个项目年内可建成投入运营。铁西工业区、北站商贸金融开发区也都发展迅速。各开发区建设的全面发展，增强了对外开放的吸引力，成为振兴沈阳新的经济增长点。

——**工业生产持续快速增长，经济效益逐步提高** 通过转换经营机制，调整产品结构，加速企业技术改造，扩大新产品开发规模，工业产销保持了快速增长。完成工业总产值670亿元，增长21.2%；实现工业销售产值489.5亿元，增长11.4%，工业产品销售率达到95.2%。国有企业、大中型企业继续发挥骨干作用，生产分别增长6.7%和3.7%，产销率分别达到97.2%和97.1%。集体企业继续保持较高的增长速度，生产增长32.1%。乡镇企业、区街工业生产大幅度增长，成为支持工业增长的重要增长点。乡镇工业产值达196亿元，增长52.4%，区街工业产值达到36.6亿元，增长34.5%。非国有工业产值占工业产值的比重上升到53.8%。工业经济效益同步提高，独立核算工业企业实现利税增长22.7%，实现利润增长41.8%，其中大中型企业实现利税增长27.1%。工业资金利税率，工业净产值率，全员劳动生产率等效益指标均好于上年水平。

——**农业结构调整步伐加快，农村经济全面发展** 通过加强对农村工作的领导和加大投入，加快了"两高一优"农业的建设步伐，进一步巩固了农业在国民经济中的基础地位。农业总产值达到61.5亿元，比上年增长91%。粮食总产量达到318.3万吨，单位面积产量比上年增长1%。蔬菜和畜牧业生产规模进一步扩大，菜、肉、蛋、禽、鱼等产量比上年均有较大幅度增长，满足了城乡居民"米袋子"、"菜篮子"的供应。在稳定农业生产的同时，农村经济全面发展。全市涌现出52个专业生产乡镇，569个专业生产村，农村各类市场发展到232个，年成交额达26.3亿元，增长43%。乡镇企业登上新台阶，全年完成产值237.9亿元，增长62.7%，乡镇企业产值在农村社会总产值的比重已达到79.7%，乡镇企业已成为农村致富和农村经济发展的重要支柱，同时也是促进经济发展的一支重要力量。

——**商贸设施和市场建设步伐加快，流通中心的辐射功能不断加强** 沈阳作为我国东北地区最大的商贸中心，通过市场建设步伐的加快，区域中心市场的吸引力、辐射力的功能不断加强，促进了大市场、大流通、大商贸框架的形成。全年社会商品零售总额达181.3亿元，比上年增长24.3%，实现货币回笼33.6亿元。与中心城市相匹配的市场体系进一步完善，各类消费品市场已发展到510处，沈阳金属交易所、沈阳国际期货有限公司等高层次市场组织开始运营，东北石化市场、东北煤炭市场等区域性生产资料市场已经形成，并开始由现货交易向期货交易方向发展；五爱街批发市场、南塔鞋城等日用消费品批发市场已辐射全省及东北地区，并在国内外享有盛名。1993年全国评出的百强市场中，沈阳占6个；全国十大零售商业企业，沈阳占2个。金融、信息、人才、房地产、科技、劳务等各类生产要素市场也已初具规模，全市已达52处。随着市场建设的发展，第三产业发展迅速，增加值在国内生产总值中的比重已达到41%。

——**城市基础设施建设步伐加快，城市功能进一步完善** 为尽快改善投资环境，提高城市综合服务功能和现代化水平，进一步加大城市基础设施投资力度，共完成城建投资6亿元，超过计划10%。完成住宅竣工面积313.8万平方米，增长28.4%，回迁居民2.6万户，均创历史最高水平。新开、拓宽改造城市道路10条；完成排水工程7项；大伙房引水工程市区管网建设基本完工，增加日供水量20万吨；沈海热网三期工程完工，新增集中供热面积308万平方米；安装21万门程控电话工程目标如期达到，新增用户10万户，市话程控交换机容量达41.3万门，住宅电话用户达14.9万户，增长1.2倍；更新公交车辆250台，重新装备37条运营线路，提高了运输能力；新增煤气用户4万户，气化普及率提高到68%；建成区绿化覆盖率上升到25.1%。全年完成环境污染治理项目27项，完成"三废"治理投资2490万元，大大改善了市区环境质量。

——**"科教兴市"成果明显，各项社会事业有新的发展** 科技体制改革进一步深化，科研同生产的结合进一步加强。各类专业技术人员队伍扩大到51.3万人，拥有县级以上社会科研机构152个，民办科技机构发展到1450个。全年取得科研成果1650项，其中71项获省科技进步奖，153项获市科技进步奖。1176项科技成果得到推广和应用，技术贸易成交额达10亿元。实施"百亿工程"一年来，共启动项目430个，产值达80亿元；农村实施星火技术项目108个，产值达33.5亿元，创利税2.5亿元。教育事业有了新的发展。办学体制改革迈出较大步伐，办学条件进一步改善，教师队伍不断加强，教学质量普遍提高。全市22所普通高校在校生达6.9万人；45所普通中学专业学校在校生达3万人；各类成人高等学校30所，在校生5.2万人。民办学校迅速发展，新开办了40所中等以下民办学校，形成了政府办学为主，社会共同参与，多元办学的新格局。文化事业繁荣兴旺。有线电视试播成功，一年发展用户4万户。卫生事业稳步发展。全年拥有医疗卫生机构1454个，医疗床位3.96万张，比上年增长8.6%。卫生技术人员扩大到5.6万人，增长4.2%，市民就医条件得到改善。体育事业取得新成绩。在国内外重大比赛中，共获97块金牌。

1993年经济和社会事业之所以能持续、快速、健康地发展，主要是着力把握了以下几点：

一是不断地加快改革，深化改革，通过改革促发展；二是调整经济结构，大力培育新的经济增长点；三是加速扩大开放，以开放促改革、促改造、促改组、促发展；四是修订城市总体规划，调整城市结构，重塑城市功能；五是坚持两手抓，两手都要硬的方针，促进社会的全面进步。

国民经济快速增长的大连市

赵成武　胡京梅

1993年，大连市国民经济快速增长。全市国内生产总值达316亿元(当年价)，按可比口径计算，比上年增长16%。

农业生产取得较好收成　1993年全市当年实现农业总产值80.5亿元(1990年不变价格)，比上年增长12.4%；粮食总产量116.8万吨，增长35.4%；水果总产量72.6万吨，增长14.9%，其中苹果产量64.5万吨，增长18.4%，创历史最高水平；地方水产品总产量97.8万吨，增长12.2%。全市畜牧业生产连续15年保持了稳步增长的好势头。肉类总产量为17.1万吨，增长14.8%；完成人工造林面积(成活率在85%以上)1.2万公顷，森林覆盖率继续上升。同时，农业生产条件继续改善。金融系统全年提供农业贷款达23.2亿元。全市年末拥有农业机械总动力202.3万千瓦，增长3.5%；机播面积4.2万公顷，增长2.4%，农业机械化程度进一步提高。

工业生产呈现良好发展态势　1993年，工业战线坚持以市场经济为导向，加快企业经营机制转换和结构调整步伐，在提高经济效益的前提下，继续保持了工业产销的同步及快速增长。全市工业增加值比上年增长36.1%，是改革开放以来增长幅度最高的一年。其中乡及乡办以上独立核算工业企业增加值比上年增长35.9%；实现利税总额45.1亿元，增长61.1%，其中利润总额19亿元，增长75.7%。按新的考核评价方法计算的工业经济效益综合指数为103.19%，比上年提高了13.66个百分点。其中，以增加值计算的全员劳动生产率为15466元/人，人均增加4766元。地方预算内国有工业企业实现销售收入121.2亿元，增长20.3%；创利润总额3.6亿元，增长93%。

工业产销运行速度加快，相互衔接更加紧密。按1990年不变价格计算，全部工业总产值616.2亿元，比上年增长42.3%，扣除不可比因素实际增长37.7%。其中，乡及乡办以上工业企业完成工业产值386.4亿元，增长22.4%，扣除不可比因素，实际增长16.5%；完成销售产值370.4亿元，增长23.4%；产销率为97.8%，提高了1.23个百分点(其中：重工业产销率为99.3%；国有企业产销率为102.7%；大中型企业产销率为101.3%；三资企业为主的其他经济类型工业产销率为94.7%)。

第三产业有了新的发展　全年第三产业完成投资额达88.2亿元，比上年增加1.3倍，使发展第三产业具备了坚实的基础。商业战线，实现社会商品零售总额145.2亿元，比上年增长27.4%，城乡市场规模不断扩大，商品交易日趋活跃。房地产开发业健康发展，房地产业完成投资40.4亿元，对城市功能改造做出了贡献。交通运输生产取得良好成绩，1993年完成货运量19603万吨，比上年增长18.4%；完成货物周转量7552944万吨公里，比上年增长11.9%。全年完成港口货物吞吐量5959万吨，创历史最好水平；空港客运吞吐量首次突破百万人次大关，其中旅客发送量51.9万人次，增长17.8%。邮电通讯事业加速发展。全年完成邮电业务总量6.39亿元，比上年增长55.6%，位居全省14个市同类行业之首，业务收入5.92亿元，增长52.9%；全年电话放号56501户，是上一年的1.9倍，截止1993年底，市话交换机总容量已达到25.25万门，城乡的电话交换设备已全部实现程控化。金融市场进一步扩大，在原有基础上，又开设三家外资银行，同时，在海外首次发行100亿日元公募债券并取得圆满成功。全年旅游业有了进一步的发展，旅游外汇收入9164万美元，比上年增长22.7%；接待国外旅游者10.9万人次，增长16.2%。新发展个体工商户2.9万户，私营企业2100多家。以中国华录为代表的一批现代化企业的建成投产，更为今后经济发展积蓄了后劲。

经济体制改革步伐加快　全市根据国家和省提出的经济改革工作要求，紧紧围绕建设“北方香港”发展战略与建立社会主义市场经济体制这个总目标，加快了改革步伐。在农村，进一步调整和完善家庭联产承包责任制和统分结合的双层经营体制，实行规模经营的粮田、果树、专业菜田所占的比重已分别增加到39.1%、66%和98%，农业社会化服务组织发展到4769个。企业经营机制转换工作取得较好进展。在工业方面，全年共改制设立社会募集公司66户和有限责任公司78户。与此同时，《条例》和资产经营责任制进一步落实。《条例》规定应下放给企业的14项自主权力基本落实到位，全市208户国有大中型企业实行了各种形式的资产经营责任制；企业内部三项制度改革全面铺开。按市场经济发展的要求，稳步推进了价格改革。以养老、失业保险为重点的社会保障制度改革取得了长足进展。城镇住房制度改革已全面启动。

固定资产投资大幅度增长 为加速经济及城市建设发展速度，全社会完成固定资产投资额210亿元，比上年增长1.4倍，投资额及增幅均为改革开放以来最高水平。其中，基本建设投资131.6亿元，增长1.2倍；更新改造投资44亿元，增长1.3倍；农村集体投资33.8亿元，增长2.4倍。固定资产投资领域已由过去国有经济为主导，变为多种经济成份并存、多元投资主体并存的新格局。

新一轮的重点工程和城市基础设施建设已全面展开。华录录像机关键件一期工程已正式投产。20万吨船坞、机车厂改扩建及一批重点技术改造项目进展顺利。列入国家大中型项目的大窑湾港后6个泊位、金窑(金州区至大窑湾)线铁路已全面开工建设；市重点工程的引碧三期一根管工程部分投入使用；连接开发区、保税区、金石滩国家旅游度假区和大窑湾港区的5号公路路基基本形成；华能电厂二期工程、西太平洋成品油码头、站前不夜城、疏港路工程等已开工建设。各区(市)县的热电工程、港口工程等也按计划组织施工。

1993年建成交付使用的项目新增固定资产98.6亿元，可建成形成生产能力(效益)的项目达560个。主要有：港口码头4个泊位，年吞吐能力540万吨；国际候机楼1座，13574平方米；电子计算机外部设备162万台/年；化学纤维2500吨/年；商业网点37处，14.1万平方米；各类学校18285席位，93970平方米；医院床位494张；宾馆、旅社、招待所客房1014间；住宅竣工面积325.3万平方米，5.9万户；新增自来水供水能力6万吨/日。城市道路扩建17.7公里，42.7万平方米。从而，使大连市经济建设及城市建设又登上了一个新的台阶。

对外开放成效显著 进一步扩大对外开放，大力发展外向型经济是全年工作的主旋律。1993年，全市地方进出口商品总值43.6亿美元，比上年增长92%，外贸自营进出口商品总值27.3亿美元，增长43.8%。其中自营出口15.7亿美元，增长26.7%；出口商品供货126.5亿元，增长24.5%，多数品种均有较大幅度增长。招商引资工作登上一个新台阶。全市累计批准外商投资企业3185家，合同金额87亿美元，协议外资金额39.5亿美元。新签对外工程和劳务合作合同214项，比上年增加54项；合同金额8556万美元，增长29.4%；实际完成营业额6478万美元，增长99.5%；外派各类劳务人员5278人次，增长9%。对外交往日趋活跃，良好的投资环境吸引了外商争相来大连设立办事处，境外企业驻大连机构现已发展到1115家。经济技术开发区继续快速发展，引进外商投资项目、协议外资金额、实际利用外资、基础设施投入和固定资产投资5项指标，分别是前8年总和的88.4%、77%、79%、81.8%和120%。保税区基础设施建设全面展开，完成投资9000万元人民币，竣工面积6000平方米，批准进区企业累计已达401家；高新技术产业园区的基本建设，特别是产业化基地建设取得显著成绩，第一家进区企业中国华录电子有限公司已投入资金14.5亿元，录象机关键件生产线投产运行，至1993年底，进区企业已达720家。金石滩国家旅游度假区在边组建、边建设中又有新的发展，全年共签订项目合同55项，合同金额37.3亿元人民币、2.2亿美元；其中已开工项目23项，总投资20.2亿元人民币。各经济开发小区依据各自本身优势，开发建设取得很大进展。与此同时，全市继续举办每年一度的大连国际服装节，大连“小交会”、赏槐会以及国际马拉松比赛等，并取得圆满成功。

利用外资项目倍增 走出国门，境外招商，是大连市加快利用外资工作步伐所采取新的重大举措。通过赴香港、日本以及新加坡、马来西亚举办招商活动，共签订合同308项，协议外资18.6亿美元。全市新批利用外资项目1722项，协议外资19.1亿美元，分别比上年增长1倍和60.5%。其中，外商投资企业1655家，超过前9年的总和；协议外资17.8亿美元，相当于前9年总和的82%，投资国家和地区由上年的33个发展到46个。10个区、市、县都登上了招商引资的大舞台，利用外资成倍增长，发展势头迅猛。全市已形成老市区、新市区、各开发小区以及乡镇、区街全面发展的新局面。同时，已投产营业的企业效益普遍良好。投产营业的1439家企业实现产值(含营业额)109.7亿元，创汇9亿美元，实现利税6.23亿元，为经济加速发展注入了新的活力。

乡镇企业实现了新的跳跃 在利税接近翻一番的基础上，又实现了新的跳跃。总产值由上年的276.7亿元增加到518亿元；乡村两级企业销售收入由上年的194.7亿元增长到330亿元，利税总额由上年的20.9亿元增长到41亿元。其中，乡镇工业产值完成307.1亿元，比上年增长90.8%，占工业总产值的一半。乡镇企业在全市经济发展中已处于举足轻重的地位。与此同时，市内各区街经济发展也取得令人瞩目的成果。

城市建设步伐加快 中外旅客盼望已久的民航国际候机楼已交付使用；新建改建了周水子立交桥、虎滩桥和胜利桥，开通了胜利路西段和鹤大公路黑河段，在中山路繁华地段兴建了14座人行过街天桥；部分建成了引碧三期“一根管”工程，新增日供水能力6万吨；大连市设施先进的游泳馆全面竣工；新引进开通程控电话20万门；市中医医院和儿童医院门诊综合楼主体工程已经封顶；国泰大厦、天富大厦、渤海大厦、天伦大厦、富丽华酒店二期工程，胜利广场地下商城等一批商业设施已开工建设，有的已基本竣工；新市区主干路的土路基全线贯通，新市区建设已全面展开；历时30余年，曾几上几下的东风水库也于去年大坝合拢。

市场建设成果显著 按照搞活大流通、发展大商贸、建设大市场的思路，狠抓市场体系建设。新建了生产资料、生产要素市场10处和期货市场1处，使市场机制在资源配置中的基础性作用得到了较好的发挥；为了丰富群众的“菜篮子”，市政府发动各方面的力量，加大了蔬菜市场的建设力度。全市新建蔬菜一、二级批发市场11处，零售市场36处，早夜市21处，发展贩运大户577户，新建蔬菜市场数相当于前8年的总和。全市成交额超亿元的集贸市场达17处，比上年增长3.6倍；城乡集贸市场成交额47.1亿元，增长76％。

财政状况有所好转 为尽快扭转地方财政收支矛盾突出，赤字逐年增加的状况，市政府强化了财政工作，积极寻求新的财政收入增长点，加强税收征管，实现工商税收48.16亿元，比上年增长29.02％；规范财政分配范围，在一定程度上扭转了财力分散的局面；优化了支出结构，提高了政府对经济建设的支持能力。全年地方财政收入完成43.2亿元，比上年增长35.7％；财政支出完成30.76亿元，增长43.7％，实现了当年财政收支平衡并有所结余，并消化了过去8900万元的滚存赤字，还补上了过去由于财力不足而未能支付的项目欠款，填平了缺口。考虑到国有大中型企业的困难，还在税收政策上体现了“放水养鱼”的方针，给予了优于往年的必要支持。

鸭绿江畔不冻港丹东市

佟文权

1993年，丹东市社会生产持续发展。全市国民生产总值达77.2亿元，工农业总产值159.4亿元，按可比价格计算分别比上年增长19.4％和18.8％，一年来全市经济运行的突出特点是“三高一优两紧一快一降”，即工业经济和投资需求保持了较高的增长速度，物价涨幅过高；投资结构趋于优化；资金紧张，运力紧张；对外开放步伐加快；城市居民生活水平下降。各领域情况是：① 工业经济保持增长，产销衔接状况好转。全年第二产业增加值37.8亿元，比上年增长20.3％。作为第二产业重头戏的工业，克服了资金紧张，运力不足，原材料涨价及市场竞争异常激烈等困难，生产保持了较高的增速。全部工业总产值达132.7亿元，增长20％。其中乡及乡以上工业总产值90.9亿元，增长7.8％。轻重工业比例发生重大变化。受固定资产投资规模扩大的拉动，重工业生产迅速增长，增幅高达22.7％。轻重工业比例由1992年的58.5:41.5变为52.7:47.3。机械冶金、医药、煤炭、服装、化工、电子、建材等行业保持了增长势头。以集体工业为主体的非国有工业迅速发展，增幅达16.9％，国有工业特别是大中型企业仍然活力不强。大中型工业产值48.2亿元，下降0.8％。全市工业产销衔接有所好转。乡及乡以上工业实现销售产值85.9亿元，增长95％；产销率达94.1％，提高0.5个百分点。工业出口稳步增长，完成出口交货值10.6亿元，增长7.3％。工业经济效益有所改善。② 投资需求高速增长，投资结构趋于优化。1993年是丹东市建国以来的投资高峰年。全市基本建设和更新改造投资完成9.5亿元，比上年增长26.7％。在国有单位基建投资中，生产性投资增长1.3倍，占总投资比重的66.4％。第三产业投资3.7亿元，增长23.6％。其中教育、文化、艺术和广播电视事业投资6104万元；交通邮电投资2.1亿元，增长45.7％，使全市的交通状况和邮电通讯能力得到了明显的改善与提高。在国有单位技改投资中，投入机械、轻工、纺织、电子、化工行业2.5亿元，用于增加新产品投资7391万元。重点建设项目进展顺利。大东港二期工程3个新建码头有1个已形成简易生产条件；丹东民航机场改扩建工程已竣工复航；市话程控三期工程增容1.2万门。一批重点技改项目也将如期完成，将成为丹东市新的经济增长点。全年新增固定资产6亿元，增长62.9％。房地产开发建设活跃。全年房地产开发投资完成6.98亿元，是上年的3.1倍。③ 农业喜获丰收，农村经济持续发展。第一产业增加值15亿元，比上年增长19.3％。农林牧渔业总产值23.8亿元，增长12.5％。粮食生产创改革开放以来最好水平，总产量73.8万吨，比上年增长13.6％。主要农产品产量大幅度增长。畜牧业生产也有新的发展。乡镇企业超常规发展，总产值达68.3亿元，增长52.2％。乡镇工业实现利税9.8亿元，增长48.4％。④ 财政收入增加，金融形势趋于平稳。全市地方财政收入7.4亿元，其中地方体制内收入6.89亿元，比上年增长50.9％。地方财政支出6.84亿元，增长20％。各项税收完成8.7亿元，增长40.7％。1993年，金融运行由起伏波动逐步趋于平稳。全年金融形势概括起来就是存款波动起伏，贷款全面增加，银行现金大收大支，出现四个“超十亿元”，即货币净投放超过十亿元，全年银行现金收入133.2亿元，现金支出143.8亿元，分别比上年增长50.8％和49.7％。收支相抵净投放货币10.6亿元，增投2.9亿元。各项存款增量超过十亿元。

一、经济贸易新变化

1993年，丹东市商业市场活跃，消费和经营结构略有变化，正初步形成各种经济成份、各种经营方式、多层次共同经商的格局。市场环境有所改善。全年新建成市场9处，增加营业面积1.25万平方米，一批档次较高的商业设施相继投入使用。全市城乡集贸市场场点已发展到181处，其中市区58处，农村123处。全市社会商品零售总额实现32.9亿元，比上年增长13.2％。其中消费品零售额增长14.9％。全年消费品市场变化的主要特点：一是变化快。上半年持续升温，下半年由旺转平。春节过后，市场出现买金热，随后，冷了几年的电冰箱、彩电、洗衣机等由平转旺，销量增加。上半年零售总额增幅达18％。8月份以后，市场由热转平，增幅逐月回落。二是居民消费高速增长，增幅达16.9％。下半年贯彻中央6号文件，社会集团消费得到有效控制，下降0.9％。三是零售商业好于批发，个体好于国有与集体。个体商业零售额已占社会商品零售总额的25.2％。四是消费的层次化日渐明显，高档名牌商品销势看好。随着市场经济的发展，人们的收入水平逐渐拉开了距离，呈现出高、中、低不同的消费层次，一些名牌服装、皮鞋、金饰品及高档耐用消费品等销量增加。五是城乡集市贸易活跃兴旺，成为城乡居民日常生活不可缺少的重要组成部分。全年实现成交额8.7亿元，增长28.7％，对外贸易及边境贸易等有新的发展。

二、改革开放新举措

1993年，丹东市深化了以转换企业经营机制为重点的改革。一是抓紧实施国有民营(公有民营)试点。全市已有690户企业转制民营。流通系统所属企业有三分之二实行民营和私营。二是股份制试点逐步向广度发展。381户企业进行了股份制试点，股本总金额6亿元，其中国家股占总股本的41％，法人股占38.4％，个人股占20.6％。三是企业“嫁接”改造步伐进一步加快。通过“嫁接”，引进国外资金、技术和管理经验，提高了企业技术水平，优化了产品结构。全市“嫁接式”企业已达200多家。四是企业兼并、拍卖又有新进展。丹东轮胎厂在兼并市化工五厂基础上，又兼并了纺织器材厂；丹东棉织一厂兼并了市毛巾厂，提高了产品深加工能力和市场竞争能力。全市已有31户企业被兼并。市饮服公司有7户企业被拍卖。五是企业内部配套改革进一步深化。企业内部人事、用工和分配等配套改革在118户企业中全面推开。国有大中型企业采取划小核算单位，实行分级管理，完善内部承包责任制，实行风险抵押承包、租赁经营及内部“国有民营”等多种形式，促进了经营机制的转换。六是企业多元化经营取得显著效果。实行一业为主，多种经营，工贸商并举，科工贸一体化，增强了企业活力。主要形式有：利用外资发展多种经营。通过发展第三产业广开门路，安置富余人员，发展多种经营。把企业后勤部门推向社会，拓宽企业经营范围。丹东丝绸一厂开展多元化经营，遏制了效益下滑局面，实现扭亏为盈。七是稳妥地进行投入产出总承包试点。八是进行模拟三资企业管理办法试点。确定17户企业为第一批规范化模拟三资企业管理办法试点单位，并制定了《模拟三资企业管理办法试点的实施意见》，此工作已进入全面实施运转。九是组建和完善企业集团。在巩固和完善原10户企业集团的同时，组建了丹东化纤工业集团公司、辽东建设集团、丹东市对外贸易集团等，使集团公司的整体综合优势得以充分发挥。此外，根据《企业法》和《条例》从12个方面下放了100项权限，政府职能开始有了新的转变。随着生产资料、劳动力、房地产、人才、技术等要素市场相继开业和粮食购销放开，经济活动市场化进程相对加快。不断完善社会保障制度，改革传统的公费医疗制度，住房制度改革开始起步，全市社会保障体系建设进入了新阶段。

加大了对外开放力度，搞了六次对外招商和外引内联的大举动。5月中旬成功地举办了首届东方丝绸节；6月下旬组织了丹东市赴日本、香港招商洽谈团；9、10月份参加了辽宁省人民政府在欧洲举办的展销会和在美国举办的经贸洽谈会等，结交了一大批工商界朋友，提高了丹东的知名度，取得了积极成果。

三、对外经济贸易又上新台阶

1993年，丹东市加快了对外开放步伐，进一步拓宽了对外开放领域，形成了多层次全方位对外开放的新格局，外向型经济有了长足的发展。

(一) 对外贸易持续增长 1993年，丹东市认真贯彻“大外贸”的指导思想，奋力拼搏，开拓进取，对外贸易取得了很大成绩。外贸企业改革不断深化，加速了企业经营机制转换。按照国际市场和出口商品的需求。以销定产，择优选择。加强工贸、农贸、技贸之间的联合，建立和发展出口商品综合生产基地，向着实业化、集团化、国际化发展，形成整体优势。全年完成出口总值5200万美元，比上年增长36％。积极开拓国际市场，努力寻求新的外贸收购网点，使全市外贸出口收购总额完成10.3亿元，外贸出口供货总值实现15.2亿元，均再创历史新纪录，分别比上年增长11.9％和18.3％。技术含量高、高附加值商品出口比重不断上升。在出口供货总值中，工业制成品比重由上年的58％上升到63.2％，特别是反映综合技术水平的机电产品出口供货大幅度增长，比上年增长42.9％，占供货值的比重由上年的7％

上升到11%。充分利用地处边境的优势，边境贸易活跃兴旺。全年实现边境贸易进出口成交额5634万美元，比上年增长82.9%。其中出口额实现3137万美元，进口额实现2497万美元，分别比上年增长49.4%和1.54倍。在进出口总额中，对朝鲜贸易额5277万美元，占边贸总额的93.7%；对独联体贸易额357万美元，占6.3%。从进出口贸易商品类别看，粮油食品类和矿产冶金类分别比上年增长1.07倍和5.41倍。

(二) 对外经济合作跃上新台阶 按着“守约，保质、薄利、重义”的原则和一业为主、多种经营的发展方向，搞好劳务出口。全年新签劳务合同3项，合同金额98万美元，比上年有大幅度增长。外派各类劳务人员207人次，年末在外劳务人员216人，分别比上年增加95.3%和11.9%。对外合作国家及地区由上年的6个发展到8个。全市技术引进和设备进口5项，实际用汇额912万美元，是上年的2.1倍。

(三) 边境经济合作区开发建设有新起色 加快了边境经济合作区的招商和建设，用足用活国家赋予边境经济合作区的各项优惠政策，并积极搞好政策辐射，较好地发挥了边境经济合作区在丹东市对外开放中的龙头作用。招商建设有了新的起色。全年边境经济合作区签订生产性投资项目15个，投资总额3507万美元；出让土地16.6万平方米，合同金额6558万元，江湾工业小区第一家三资企业已开始建设。沿江商贸旅游小区已注册各类企业765户，实现税收2926万元。区内环境进一步改善。

(四) 对外交流进一步扩大 充分利用与朝鲜毗邻的优势，积极开展跨国朝鲜旅游，吸引着众多的国内外游客来丹东旅游观光。国际旅游事业稳步发展。全年共有58个国家和地区的国际游客来丹东市旅游、观光、洽谈贸易，共接待来丹东的海外游客6641人，比上年增长10.1%。实现旅游外汇收入521万元。旅游促经济、促对外开放、促进了全市交通、通讯、城建、商贸、文化、餐饮及旅游商品生产的发展。1993年，丹东市与俄罗斯的阿斯特拉罕市结为友好城市，至此，全市已同日本的德岛市、美国的威尔宁市等国外4个城市结为友好城市。

四、利用外资工作迈出新步伐

1993年，丹东市对外开放步伐加快，采取了一系列对外招商吸资的具体措施，吸引了一大批海外客商前来投资，出现了外商投资空前高涨的好势头。全年共批准利用外资项目213项，比上年增加136项，协议外资金额9761万美元，为历史最好水平，比上年增长1.1倍；实际利用外资1833万美元，增长2.8%。三资企业实现了跳跃式发展。年内新办三资企业213家，接近前8年兴办三资企业总和的两倍。至此，全市已累计兴办三资企业339家，其中合资企业288家占85%，合作企业34家占10%，独资企业17家占5%。外商直接投资呈现出新的特点：一是投资规模扩大，投资国别增加。在新办的三资企业中，外商投资额超过100万美元的有23家，协议金额4995万美元，占全市外商投资协议总金额的51.2%。外商投资的国别已扩展到日本、美国、韩国、加拿大、香港等17个国家和地区。二是投资领域拓宽。外商投资所涉行业已发展到工业和房地产、服务业等第三产业。产业结构分布趋于合理，第三产业明显增加。从外资投向看，第一、二产业167项，协议外资金额5404万美元，占总金额的55.3%；第三产业46项，协议外资金额4357万美元，占44.7%，所占比重比上年提高13.7个百分点。三是外商投资企业生产经营效果显著。在全市已开业的64家三资企业中，1993年实现销售(营业)收入3.9亿元，实现利税2900万元，分别比上年增长60.1%和1.34倍；出口创汇4088万美元，增长49%，占全市出口创汇总额的比重由上年的46.1%上升到53.9%，已成为全市出口创汇的主力。

辽西经济文化中心锦州市

张　超　魏万兴　刘敬东

锦州市早在六十年代曾被国务院命名为“新兴工业城市”。近年来，在市委、市政府正确领导下，坚持以经济建设为中心，不断深化改革，扩大对外开放，与世界上30多个国家和地区有经贸往来和合作关系。利用外资、对外贸易大幅增加，国民经济稳步发展，各业兴旺发达，已跻身于中国强市之林，在1992年度评出的“中国城市综合实力50强”中，居第40位。今天，锦州市已成为经济繁荣、文化发达、交通便利、风光独具的环渤海地区主要开放城市之一和辽东半岛经济开放区的重要一翼，也是吉林、黑龙江两省西部和内蒙古东部广大内陆地区通向海洋走向世界的重要门户，是辽宁省西部经济文化中心城市。1993年，锦州市人民继续贯彻执行党的十四大精神，按照建立社会主义市场经济新体制目标，解放思想，深化改革，把握时机，乘势发展，使改革开放和经济建设步入了蓬勃发展的新阶段。全市国民经济和社会事业健康发展。实现现价生产总值

96.6亿元，按不变价格为84.7亿元，比上年增长16.4%。其中，第一产业增加值22.7亿元，增长11.5%；第二产业增加值46.1亿元，增长20.2%；第三产业增加值27.8亿元，增长14.7%。

一、工 业

1993年工业生产面临资金紧张，原材料涨价，市场竞争加剧等诸多困难，进一步加快企业经营机制转换和产品结构调整，企业产权制度改革迈出了较大步伐，市场机制作用进一步增强，使工业生产保持稳步增长。全市完成全部工业总产值137.8亿元，比上年增长22.5%；乡及乡以上工业总产值94.4亿元，增长7.5%；非国有工业增长较快，其中集体工业总产值增长29.7%；三资企业、私营、个体等工业总产值增长1.4倍。

工业经济效益逐步回升，工业产品销售率为97%，比上年增加3.8个百分点。实现利税8.7亿元，增长6.8%。截止1993年度，全市独立核算的工业企业1.717个，已形成了以石油化工、纺织、机械、冶金、电子、电力、造纸、食品、医药、建材为主门类齐全的工业生产体系，主要产品2000多类，烧结焊剂、电焊条、胶印书刊纸、钒铁、汽车起重机、高压并联电容器等诸多产品享誉中华，畅销海外。

1993年工业系统，坚持采用高新技术改造传统产业，开发适销对路新产品，取得了较好成果，全年共开发新产品322项，投产303项，新创产值5.6亿元。其中有些产品已达到国内外先进水平。锦州电力电容器厂开发的滤波电容器产品，已达到国际先进水平；锦州包装厂的塑料安瓶灌封包装机填补了我国制药机械的一项空白；锦州塑料八厂的聚偏氟乙烯压电薄膜、制药一厂的奥美拉唑、华光电子管厂的真空开关都达到了国内外先进水平。锦州铁合金厂1.5万吨钛白粉工程、金城造纸总厂彩色胶印书刊纸试车投产。

二、农 业

1993年，认真贯彻执行党在农业方面的一系列方针、政策，逐步理顺和完善农村经济发展思路。突破了旧的生产格局，农村产业和产品结构不断调整，在农、林、牧、副、渔全面发展的同时，二、三产业发展步伐不断加快，粮食生产连年丰收，“两高一优”农业方兴未艾，传统的增量农业正在向现代化增效农业转变；乡镇企业异军突起，呈现出快速增长的态势，农民生活水平进一步提高。全市农村社会总产值实现120亿元，比上年增长59.1%，其中，农业总产值36.5亿元，增长18.1%；种植、林、牧业比上年分别增长23.8%、21.6%和30.8%。粮食产量达到186.56万吨，增长18.6%，登上了一个新台阶；全市涌现出35个乡镇企业达亿元的乡镇和太和区的孙家湾村，吉祥村2个亿元村。农民人均纯收入1205元，增长18.9%。

全年造林绿化取得新进展，完成造林面积25.4万亩，育苗1.7万亩，植树297万株，森林覆盖率14%，肉类禽蛋产品创历史最高水平。其中，肉类完成11.8万吨，增长16.9%，禽蛋产量7.14万吨，增长35.9%。

农业机械化，现代化水平不断提高。截止1993年末，全市拥有农业机械总动力85.1万千瓦，大中型拖拉机0.27万台，小型和手扶拖拉机1.33万台，耕地面积429.9万亩，化肥施用量11万吨，农村用电量3.8亿度。坚持不懈地大搞农田基本建设。深入开展“大禹杯”竞赛，治涝、灌溉、治河、水土保持取得新成就，全年完成土石方7795万立方米。

乡镇企业继续保持快速发展势头。乡镇企业总产值实现89.76亿元，比上年增长91.5%。其中，乡镇工业产值59.2亿元，增长72.7%。乡镇企业利税10.1亿元，增长1.1倍，乡镇企业营业总收入77亿元，资金利税率12.2%。从业人员32.8万人，增长31.9%。

三、国内商业和市场物价

1993年，按照“建市场、兴产业、富群众、促发展”的方针，加快了市场建设，货源充足，市场活跃，销售两旺。实现社会商品零售总额43.86亿元，比上年增长15.8%，其中销售品零售额39.35亿元，增长17.7%；农业生产资料零售额4.51亿元，增长1.2%。

各种经济类型的商品零售额全面增长，国有、集体、个体比上年分别增长0.6%、9.7%和34.7%。新改、扩建一批专业批发零售市场。如北镇县的窟窿台蔬菜批发市场和该县沟帮子商业城、义县的金三角商业城，黑山县的综合市场，在商品流通中发挥了重要作用。扩建后的大食品商厦、金鼎、金凌商厦、锦华商场等大型商场成为购物中心，活跃了锦城市场。

生产资料市场购销两旺。物资供销年购进生产资料14.5亿元，增长10.8%；实现销售总值15.7亿元，增长12.6%。

价格改革迈出了较大步伐，价格基本全部放开，实行市场调节，物价总水平得到控制。全社会零售物价总指数比上年上涨12.4%，低于全省平均水平。

四、对外经济贸易

1993年，经过各级政府和广大干部群众的积极努力，我市对外经贸事业空前活跃，对外开放的范围、领域明显扩大，各项指标均创历史最新水平。

利用外资实现新的突破。新签批准外资项目105项，合同总金额10600万美元，吸收外资4017.97万美元，分别比上年增长105%、40.1%和40.0%。其中新批准三资企业102家，比上年翻一番，并超过前13年的总和，总投资10295.7万美元，合同外资金额3729.6万美元，分别比上年增长35.7％和29.8％。

三资企业经济效益和出口创汇有较大提高。本年末，已有55家三资企业正式开业或试营业，实现产值3.29亿元，比上年增长6.2倍；销售收入2.3亿元，增长5.9倍；出口创汇884万美元，增长1.6倍。

对外劳务合作又有新进展，本年累计派出劳务人员1029人次，比上年增长10％。

技术进出口保持了上年水平。本年共签订技术引进项目4个，合同金额686.7万美元；对外签约技术出口合同5项，金额132万美元，已全部执行。

对外贸易保持了较快的增长速度，本市外贸商品收购额14.5亿元，比上年增长16.2％；出口商品供货总值14.31亿元，比上年增长33.6％。

对外经贸工作的主要特点与经验有以下几方面：一是外商投资方向符合我国及本市产业政策的要求。随着我国产业政策的不断调整，重视发展第一产业，积极扶植第三产业已在锦州市外向型经济调整中得到充分体现。其中，签订第一产业项目5个，去年第一产业项目为零；第三产业项目33个，增长7倍。二是外商投资的国家和地区，更加多元化。与锦州市合作的国家和地区有香港、日本、美国、台湾等12个国家和地区。比上年增加4个国家和地区。其中投资合作较多的国家和地区是：香港49项，占48％；台湾11项，占10.8％；美国15项，占14.7％；日本14项，占13.7％。这充分说明对外开放的知名度迅速扩大和软硬环境更加适应外商投资者的要求，良好的社会环境和外商投资企业较好的效益也使越来越多的国外投资者免除了后顾之忧，来锦投资的热潮在不断升温。三是主动出击，集中人力、物力加大对外招商力度，先后组织了赴美国、德国、意大利、香港及泰国等国家和地区招商，特别是市主要领导亲自率队招商，接触了一批大财团、大客户、进一步扩大了对外影响，增强了外商来锦投资的信心。四是狠抓了出口基地建设。在巩固原有出口基地的基础上，又形成了羊毛衬出口集团。此外外贸企业实体化进程加快，投资5000万元，新办出口实体18个，本市已初步形成了以五氧化二钒、烧碱、石脑油和汽油为主的石油化工产品出口基地；以纯棉、印染布服装为主的纺织品出口基地；以焊条、焊剂、真空镀膜机等为主的机电产品出口基地；以花生仁、玉米为主体的粮油出口基地；以裘皮、地毯、毛皮为主的畜产品出口基地；以对虾、海蛰、贝类为主的水产品出口基地；五是扶持出口企业，增强创汇能力。先后组织企业参加大连小交会、春秋两季广交会；办理77个团组，277人次分赴日本、美国等18个国家和地区洽谈贸易和考察市场。帮助企业解决出口商品资金和原材料困难，鼓励企业多口岸多渠道出口。为使更多企业直接进入国际市场，把市进出口公司的对周边国家的易货权扩给40多家企业使用。以锦州港、锦州经济技术开发区为龙头，沿海、沿铁路、沿102国道的开发建设，逐步向腹地辐射发展，初步形成多地区、多层次开发和对外开放的新局面。

五、经济体制改革

1993年，在全面贯彻《条例》的基础上，围绕产权制度改革，推出多种新型资产经营形式，加快了企业转换经营机制，积极稳妥推行股份制试点，到本年末，试点企业已发展到45户，居全省第四位。其中有限责任公司29户，股份有限公司16户，股份有限公司吸收外省市法人入股资金和本市居民闲散资金达十亿多元。对502个城镇集体企业和乡镇企业推行了股份合作制。在小型工商企业广泛推行公有私营，到年末已达544户。同时在女儿河造纸厂等10余户大中型特困企业的分厂、车间引进公有私营机制，实行整体关停、分块启动，为特困企业走出困境闯出了一条新路。有9户企业进行了仿三资企业试点，探索净资金全员风险抵押承包新形式，锦州百货大楼成为东北地区第一家进行这项改革的试点企业。第一建公司率先实行的“项目法施工”改革经验已推广全省。新组建企业集团4户。拍卖小企业33户。同时还兼并劣势企业15户。

六、交通运输和邮电通信业

锦州历来是东北地区与关内的交汇处，是重要的交通枢纽。有8条铁路在锦州汇交，京哈铁路、公路贯穿全区。国家一类开放口岸——锦州港正式对外营运，本年度已建成的“二杂一油”码头，完成吞吐量120万吨，比上年增长6％。与其相配套建设竣工的高天地方铁路，锦州——赤峰、锦州——阜新公路改造，对繁荣东北和内蒙地区的经济，扩大内外贸易发挥了日趋重要作用。锦州机场的扩建改造已近尾声，预计1994年即可开通空中航运。现在锦州市铁路、公路、海运及空港立体交通网已基本形成。

邮电通信事业迅速发展，已成为辽宁西部邮电通讯的区域中心，具有国际先进水平的程序控制通讯系统，可与世界各地进行自动拨号通话。本年度完成邮电业收入1.1亿元，增长44.6％；国内长途电话与传真业务收入分别比上年增长61.8％和90.7％。通信传输能力进一步提高。现有电话机总数7.97万部，增长1.91万部。长途自动交换机容量0.32万路端，增加0.14万路端。无线寻呼用户已达1.4万户，增长2倍，开通了移动通信和自动声讯服务系统。

在市委、市政府的领导下，锦州市人民将牢牢把握历史机遇，充分发挥本市优势，实施超常规，跳跃式发展经济的战略思想，在不远的将来，锦州市必将以渤海之滨对外开放后起之秀的崭新姿态，为一切目光前瞻者所瞩目。

在改革开放大潮中奋力进取的锦西市

周凯　董晖

1993年，是锦西建市的第四个年头。全市各族人民在邓小平同志南巡谈话和党的十四大精神指引下，积极响应省委、省政府提出的“辽宁第二次创业”的号召，继续发扬锐意进取、艰苦创业的精神，加大改革力度、加快开放步伐、加速经济发展，国民经济和社会各项事业都取得显著成绩，是建市以来发展最快的一年。全市国民生产总值达到57.8亿元，比上年增长12%；工农业总产值达到142亿元，比上年增长33.9%。一、二、三产业分别增长14%、10.7%、14%。地方财政收入实现7.21亿元，比上年增长49.8%。

（一）工业在改革中快速发展　党的十四大，为深化改革、扩大开放指明了方向。全市上下紧紧围绕建立社会主义市场经济体制的总目标，大力推进各项改革配套深化，扩大推行了以股份制、股份合作制和公有民营等为主要形式的产权制度改革。经过省、市、县三级体改部门批准的股份制企业达到21户；股份合作制企业达到110户；实行公有民营的企业达到184户，还有一些企业实行兼并、嫁接、转属和拍卖。切实加强了工业生产的调度指挥，采取压贷挂钩、压库促销等一系列措施，促进了产销衔接和工业生产的快速发展。全市完成工业总产值123.8亿元，比上年增长37.4%。其中轻工业增长11.5%，重工业增长17%，特别是乡（镇）村工业高速发展，实现总产值56亿元，增长103.1%。全市乡及乡以上工业产销率达到97.3%，比上年提高3.3个百分点。完成技术改造总投资6亿元，组织实施技术改造项目98项，开发新产品96种。企业各项基础管理进一步加强。经济效益逐步好转，全市的乡及乡以上工业实现销售收入111.3亿元，比上年增长47.8%。

（二）农业和农村经济取得可喜成果　全市认真贯彻中央关于加强农业的政策措施。坚持不懈地加强对农业和农村工作的领导，不断强化农业基础地位。大力增加农业投入，完成农田水利基本建设重点工程847项，新增水土保持面积52万亩。虽然遇到春、秋两季旱灾，粮豆总产量仍达到8.44亿公斤，比上年增长39.6%，是建市后的第二个丰收年。全市完成农业总产值18.2亿元，比上年增长14%。“两高一优”农业建设进一步加快。新开发小麦10万亩；蔬菜面积发展到25万亩，比上年增长12.6%；新栽果树524万株；猪、牛、禽等饲养量均稳步增长，肉、蛋、奶总产量达到8.2万吨，比上年增长18%。水产品开发步伐加快，开发利用滩涂8万亩，浅海养殖5380台筏，分别比上年增长19.4%和37.9%，水产品产量达到5.5万吨，增长14%。全市完成植树28.8万亩，飞播2万亩，分别超计划的22%和10%。努力减轻农民负担。清理、纠正有关农民负担的文件212件，使农民人均实际负担，基本控制在国家规定的标准范围内。贫困地区基本解决了温饱问题。

坚持把乡镇企业作为国民经济重要增长点和支柱来抓，通过层层落实责任制等各项措施，调动了发展乡镇企业的积极性。全市多渠道投入资金5.1亿元，比上年增长2.6倍。新建和实施技术改造项目389项，全市乡镇企业完成总产值78.5亿元，比上年增长103.6%。产值超亿元的乡镇27个，比上年增加18个，超千万元的村达140个，比上年增加100个。

（三）对外开放迈出新步伐，外经外贸迅猛发展　为进一步加大对外招商引资力度，锦西市先后在韩国、德国、美国等国家举办了不同规模的经贸洽谈、招商引资活动。特别是利用’93兴城海会举办的“三会”，签定协议、合同474项，总额达4.6亿元。与日本松本市完成了互访，与美国拉斯维加市和墨西哥察帕拉市达成了友好意向。锦西经济开发区、碣石旅游度假区确定为省级开发区，高桥、高岭、万家等开发区已全方位进行招商引资。我市获得了外贸进出口自营权。全市出口商品供货总额首次突破10亿大关，达到13.6亿元，比上年增长1.5倍。共接待27个国家和地区的友好访问、考察和经贸洽谈团组451个，直接利用外资5212万元，年内新办“三资”企业52家，总户数达到75家，比上年增长2.3倍。接待海外游客939人，完成旅游创汇6万美元。

（四）市场建设步伐加快，城乡市场繁荣活跃　全市新增商饮等营业面积6.9万平方米。累计投资4461万元，新改扩建城乡市场57处。锦西蔬菜批发市场、家具市场和生产资料等大型市场相继建成开业，市场面积由去年的152万平方米增加到181万平方米，市场总数达223处。加速了商品、物资的大流通。全市实现社会商品零售总额26.9亿元，比上年增长20%，完成物资购销总额17.3亿元，增长13.7%，完成集贸市场交易额12亿元，增长41.5%。个体商业发展迅速。全市个体商业零售额达到8.6亿元，比上年增长41.5%。

(五) 大力加强固定资产投资，经济发展后劲进一步增强 全社会完成固定资产投资23.9亿元，比上年增长20.1%。重点建设进展顺利。锦西天然气化工总厂的30万吨合成氨、52万吨尿素装置产出合格尿素；锦西炼化总厂的100万吨延迟焦化装置一次试车成功；绥中港两个3000吨码头一期主体工程、葫芦岛港油码头改造基本完工；葫芦岛锌厂的10万吨电解锌和6万吨粗铜的改造一期工程如期完工；锦西制药二厂建成投产。

(六) 围绕经济发展，大力推进城乡建设 为进一步改善投资环境，坚持城市改造与拓展并举，共完成投资1.6亿元，加强了城市基础设施建设。日供水能力为7万吨的乌金塘水源取水工程如期实现全线通水；锦西车站主体工程完工；市医院病房楼基本完工；龙湾大酒店完成5层主体砌筑；改造和新建市区道路15条；改造和新建城市住宅41.4万平方米；龙湾公园已初具规模。全市完成铺设黑色路面116公里，新建桥梁99座。市区北出口拓宽等4项重点工程和141项公路网化工程全部竣工交付使用。完成通信基础设施建设投资1亿元，是我市历史上投资规模最大的一年。市话交换机总容量达到4.2万门，比上年增加2万门，开通了18个乡镇程控电话，全市综合通信能力显著增强。坚持不懈地对建筑秩序、市场秩序、卫生秩序、交通秩序等进行清理整顿，市容市貌有新的改观。乌金塘水源上游污染得到基本治理，市区20平方公里烟尘控制区工程开始实施，五里河污染治理工程，除1户企业外全部达标入管排放。

渤海明珠营口市

杨玉柱 刘家安 闵忠礼

渤海辽东湾北口的营口市地理位置优越，处于东北亚的核心地带，这里南接大连，北靠辽宁中部城市群，以东北三省和内蒙古东四盟为广阔腹地，水路交通四通八达。拥有一河一海两个港口，年吞吐能力达1000万吨，已开通国际航线100余条，通航40多个国家和地区。新港二期工程正在建设，1995年吞吐量将达到1500万吨，三期工程开始筹备，预计到2000年吞吐量可达5000万吨。长大铁路、哈大公路、沈大高速公路三条交通大动脉纵贯营口全境。

营口市工业门类齐全，拥有轻工、纺织、化工、机械、家电、建材、电子、冶金、造船等37个行业，3000多家工业企业。其中全国最大的锦纶弹力丝生产厂、东北最大的印染厂和全国第四大造纸厂座落在这里。特别是党的十一届三中全会以来，随着改革开放的不断深入，营口市委、市政府针对有港有市、港兴市兴的历史，提出"强农、重工、活商、拓旅、兴城、聚财"的经济发展战略，使国民经济和社会各项事业呈现出蓬勃发展的良好势头。1993年全市完成工农业总产值130亿元，增长18.8%，国民生产总值57.5亿元，增长10%，实现国民收入55亿元，增长8%，财政收入7.06亿元。

1990年联合国开发计划署营口考察团在营口考察时指出："有理由认为，营口在腹地工业基础、自然资源、技术、人才和港口条件等方面的优势，均非目前中国任何经济技术开发区和经济特区可比"。

一、经济和社会发展成就令人瞩目

农业生产持续，稳定发展 近几年来，根据营口市情，不断地完善和深化农村经济体制改革，在巩固发展家庭联产承包责任制和统分结合的双层经营体制基础上，坚持"科技兴农"战略，大力发展"两高一优"创汇农业，采取"三保护、二导向"措施，不断地增加对农业投入，使农业生产持续稳定增长。1993年粮豆社会总产量74.6万吨，增长8%，超过历史最好水平；水果产量31.9万吨，增长11.6；水产品产量近8万吨，与上年持平；肉、蛋类产量4.8和1.9万吨，分别增长11.6%和5%。乡镇企业总产值完成75亿元，增长66.7%。其中工业总产值52亿元，农业总产值18亿元，分别增长48.6%和5.9%。全市产值超亿元乡25个，小康村和小康之家分别达到村、户总数的16%和14%。

工业生产迅猛发展，第三产业异军突起 解放初期，营口是一个仅有几十家轻纺工业企业的城市，经过"一五"、"二五"时期大规模经济建设，在六、七十年代逐渐成为辽宁省轻纺工业基地。党的十一届三中全会后，通过贯彻"调整、改革、整顿、提高"八字方针，使工业结构发生深刻的变化，形成比较齐全的工业体系。现有工业企业3000多家，1300多种产品。其中国家二级企业9户、省级先进企业41户，省优、部优产品214种。1993年实现工业产值112亿元，占全市工农业产值的86%，增长20.7%，实现利税5.77亿元，增长37%，全员劳动生产率(按增加值计算)为7724元/人。第三产业异军突起，基础设施和商业网点建设步伐加快，城乡商品流通日趋活跃，呈现出三大产业并驾齐驱的大好局面。几年来累计投资2.8亿元，改造建设了阎峪、东升综合贸易市场和专业批发市场67处，新建营口商业大厦、华联大厦、鲅鱼圈商业大厦、友谊商店等大型商业中心，形成一批规模大、辐射力强的商品集散地。目前全市各类商品交易市场142处，总面积达101.3万平方米，年成交贸易额达11亿元。1993年第三产业实现产值18.4亿元，增长17.1%，占国民生产总值比重为32%，从业人员25.7万人，占全市劳动者总数的7.6%，已成为我市经济发展新的增长点。

城区建设步伐加快，交通通讯事业日益发展 为了改变城区建设的落后面貌，按照改造老区、开发新区、建设港区的城市总体规划，坚持统一规划，合理使用，综合开发的原则，实行边规划、边拆迁、边施工，边改造的四边战略，加快城区建设的步伐。几年来共完成基本建设总投资额22.46亿元，使城区建设面貌一新。一是重点项目建设步伐扎实。40个重点项目有16个已开工建设，辽河水源工程已形成2万吨的日供水能力，港口二期工程又有新进展，滨海路完成土石方42.9万立方米，老市区15幢高层建筑有10幢完成了主体工程，国际贷款煤气扩建项目已经落实。二是老城区改造和住宅小区建设步伐加快。一批旅游宾馆、客商公寓、海滨浴场、娱乐中心、海陆运输、邮电通讯、仓储区、保税区等设施建设初具规模，教育、医疗、商饮服务、金融保险形成联网，居民居住、购物和文化误乐条件有了很大改善。新增住宅面积200多万平方米，形成集中供热能力1.4万户，集中供热面积达97万平方米，新建设和改造公园6处，城市绿化率比1987年增加37.7%。三是实现城乡道路网络化。累计修建城市主干道35条(段)，街巷道路124条(段)，修建县乡公路240公里，新黑色路面410公里。四是邮电通讯飞速发展。新上程控电话4.5万门，微波通讯已经引入，传真和移动电话开始使用，可与世界198个国家和地区直接通话。电话消费成为居民消费的热点。1993年全地区无线传呼达1.6543万户，比上年增长三倍多;移动电话达976户，比上年增长173.9%;住宅电话达1.0760万户，比上年增长57.1%。

二、外向型经济建设成绩斐然

1985年3月国务院批准营口享受沿海开放城市的某些权限，1988年3月国务院批准辽东半岛及营口所辖两市(县)四区全面对外开放，1992年营口被评为全国40个外商投资环境最优城市之一，经济技术开发区被批准为国家级经济技术开发区。1993年10月由联合国开发组织、中国国际经济技术交流中心、营口市政府共同主办的'93营口国际经贸洽谈会在这里召开。经过几年的努力，全市对外开放工作迅速、健康、稳定发展，无论是速度、规模、领域到水平都发生深刻的变化。

对外贸易 1979年—1993年累计完成外贸出口供货额74.39亿元。其中:79年我市外贸出口供货额仅有17628万元，“六五”期间平均每年递增11.3%，累计完成13.24亿元，占全市工农业总产值的7.86%，分别高于全省平均水平的3.2%，全国平均水平的1.6%。1985年首次突破3亿元大关，居全省第四位，在全国33个出口商品基地中，营口名列第13位，与14个沿海城市比，营口排列第8位。“七五”期间平均每年递增8.7%，1987年实现外贸出口供货额54，654万元，在全省排列第3位。进入“八五”期间又跃上新台阶，1993年实现外贸出口供货额143，830万元，比1990年翻一番。目前已形成14大类300多个品种的出口商品，尤以轻工、纺织类为最多，约占2/3，销往世界50多个国家和地区。其中，与香港、日本、美国、加拿大、菲律宾等贸易量比重较大，是营口市对外贸易的主要市场。近年来，随着开放的不断深入，轻纺工业深加工产品出口进一步扩大，农副产品出口比重逐步下降，机电产品出口迅猛发展，以初级产品为主出口产品结构正在改变，工业制成品出口逐年增长。形成了以外贸公司为龙头，以大中型企业为主力军，有了工贸公司、边贸公司、自营和三资企业参加的五路出口大军。

利用外资 从1979年至1993年，全市共批办利用外资826项。其中技术引进270项，总金额2.61亿美元。兴办三资企业556家，总投资额108827.87万美元，协议外资额36057.64万美元，居全省第3位。其中，资金全部到位的143家，占超过法定缴资期限403家的35%，实际缴资额13189万美元。部分缴资企业181家，占45%，实际缴资额10382万美元，占应缴资金额的37%;没有资金动作79家，占22%。累计到位资金23571万美元。全市投试产企业已达120多家，1993年实现产值107432万元，出口创汇7308万美元，盈利4480万元，上缴税金2226万元。其中产值、利税列全省第3位，出口创汇位居全省第2位。随着三资企业的异军突起，不仅弥补了建设基金不足，引进了先进技术和科学的管理方法，替代了进口产品，开拓国际市场，而且增加了就业，丰富了市场，增加了财政收入，繁荣了地方经济。从1987年兴办第一家合资企业到现在，累计解决就业达1.2万人，实现产值236749万元，出口创汇19700万美元，利润12487万元，上缴税金69030万元。

对外经济技术合作 坚持大经贸战略，外经、外贸，外资工作一起抓，形成“三外”齐上，“三外”联动，三箭齐发的大好局面。从1987年至1993年，全市累计外派劳务人员3474人次，现在外执行劳务人员2276人，为国家创汇3000多万美元;兴办境外投资企业16家，中方投资额166.9万美元，其中营口造纸厂在香港兴办的陆源纸业有限公司等10家合资、独资企业现已开始营业，其它6家企业正在筹建之中，对外技术出口25项，合同金额967.82万美元，使技术进出口工作步入引进—消化吸收—技术出口的良性循环发展的轨道。

新区和小区建设 营口经济技术开发区是1988年经省委、省政府批准的新型经济技术开发区，1992年10月被批准为国家级经济技术开发区，经过五年的开发建设，目前已初具规模。0.5平方公里的初级起步区项目全部摆满，5.6平方公里的扩大起步区实现"五通一平"，项目基本摆满，16平方公里的近期规划区按现有协议基本摆满项目，140平方公里的控制区总体实施方案已经拟定。累计兴办三资企业252家，协议投资额6.1亿美元，内联企业998家，协议投资额13亿元，1993年实现工业总产值9.34亿元。全市九个工业小区完成总体规划布局，基础设施建设正在抓紧进行，起步区面积基本完成"三通一平"，已摆进外联企业43家，内联企业50家。其中河口工业一区、二区和高科技园区及金桥、路南两个工业小区初步具备了省级工业开发小区的水平，争取列入省级开发小区工作正在积极申报。

三、经济和社会发展战略目标

从现在开始，经过30至40年的努力，把营口建设成为东北亚地区，特别是辽东半岛经济圈中多功能、外向型的经济、技术、金融、贸易、交通发达的现代化港口城市。这个战略目标具体分三步走：第一步，经过"八五"后两年的开发建设，到1995年末，国民生产总值达到62亿元，提前五年实现翻两番；第二步到2000年初具规模，国民生产总值达到120亿元，实现翻三番，提前进入小康水平；第三步是2000年以后，再用30年时间，建成现代化港口城市。全市经济发展和人民生活水平要接近中等发达国家的水平。

围绕上述战略目标，充分利用辽宁中部城市群和东北广大腹地的经济优势，以开放为龙头，坚持开放带动、改革驱动、政策调动、科技推动、市场启动的方针，抓好五个经济增长点。

大力发展外向型经济 按照全市对外开放总体战略格局：一是抓好新区和小区建设，到"八五"末，5.6平方公里扩大起步区要全部建成，16平方公里近期规划区完成"三通一平"，140平方公里控制区要制定总体实施方案。到2000年利用外资12亿美元，兴办三资企业1000家，实现工业产值100亿元，外贸出口供货额25亿元，成为辽东半岛开放的重要窗口。二是要抓好小区建设。全市九个工业小区"八五"末全部建成并摆满项目，到2000年全部投产，每个工业小区实现工业产值1.2亿元，产品出口达80%以上。三是抓好高速公路沿线乡镇出口加工区建设，"八五"末各摆进5家以上三资企业，到2000年实现工业产值500万元以上，外贸出口占20%以上。逐步形成以经济技术开发区为龙头，以两港为窗口，以老市区为依托，以沈大高速公路沿线乡镇为两翼，从农村到城市全方位、多层次对外开放的新格局。

加速发展第三产业 发展第三产业的重点要围绕着加速工业化进程，逐步形成旅游业、商贸物流储运业，交通运输通信业、金融保险业、房地产业、科技信息咨询服务业等多层次、多门类、高质量、开放型第三产业体系，成为新的产业支柱，到2000年第三产业实现产值54亿元，占国民生产总值的45%。

大力发展乡镇企业 乡镇企业要以开放为龙头，以创办开发小区，兴办三资企业，发展外向型经济，培植骨干企业为突破口，加速乡镇企业的发展。到八五末，全市乡镇兴办三资企业200家，产值超亿元的骨干企业2家，产值超亿元的乡镇34家，超5亿元乡镇2家，超亿元村6家；到2000年乡镇兴办三资企业达300家，产值超亿元企业10家，全地区66个乡镇场全部实现超亿元产值，超5亿元乡镇5家，超10亿元乡镇2家，超亿元村20家，使乡镇企业提高到一个新水平。

依靠科技进步，加速老企业改造 坚持高起点、高水平、高效益，进一步提高企业的技术水平、装备水平和产品水平，实现产品的更新换代，使工业结构逐步转向高层次化。重点建设和改造一批有特色、有后劲、有带动作用的骨干项目，开发一批系列产品，确立轻纺、化工、机械、冶金工业的主导地位，带动全市工业的振兴。"八五"期间，实施重点技术改造项目5个，重点改造30个企业，总投资额20亿元；"九五"期间，实施重点技术改造项目50个，重点改造企业40个，总投资额39.1亿元。到2000年，要对全市重点工业企业进行一次系统改造，通过技术改造，全市固定资产新度系数达到70%以上，主要技术装备要有25%达到九十年代水平，科技进步在全市国民生产总值中的贡献份额占到40—45%。

富民"升位"中的朝阳市

周治玉

建国以来，特别是经过八十年代的艰苦努力，朝阳市已基本实现了由贫困到温饱的第一个历史性跨越。然而，在全省各市的横向比较中，主要经济指标仍居后进位次。面对这一客观现实，朝阳市委、市政府带领广大干部群众，解放思想，更新观念，重新审视市情，深刻认识到了自身的优势和潜力，在充分调查研究的基础上，经过科学论证，于1992年初提出了全市九十年代经济和社会发展的战略目标——富民“升位”。富民，就是要使全市人民的生活接近或达到小康水平；“升位”，就是要使全市的主要经济指标在全省各市的横向比较中位次前移。富民“升位”的战略目标确立后，市政府紧紧围绕这一战略目标，制定和实施了一系列高点起步、打破常规、跳跃发展的战略措施。经过二年的实践，富民“升位”已取得了明显的阶段性成果，1993年底，各项主要经济指标在全省的位次均有前移，提前两年完成了“八五”计划的主要经济指标。初步统计，全市完成国内生产总值62亿元(现价，下同)，按可比价格计算比上年增长19.7%，分别高于全省和全国平均增长速度5.8和6.3个百分点；全年地方财政预算内收入完成6.85亿元，为预算的167.7%，比上年增长94.1%。这些阶段性成就为进一步加快富民“升位”的步伐奠定了坚实基础。

(一) 农业综合开发成效显著 全市进一步加强了对农业的领导，坚持以市场为导向，大力调整种植业结构，加快发展“两高一优”农业，大搞农田基本建设和山区建设，推进农业的综合开发，取得了明显成效。全年共完成农业总产值34.4亿元(以1990年不变价计算为28.7亿元)，比上年增加11亿元，按可比价格计算比上年增长33.2%；农民人均纯收入928元，按可比价格计算比上年增长13.6%，首次超过全国平均水平。种植业获得全面丰收。粮食、水果、烟叶、蔬菜、中药材产量均创历史最高记录，其中，粮食总产达12.37亿公斤，比上年增长45.2%；水果总产达17.1万吨，比上年增长94.1%；烟叶总产达1.59万吨，比上年增长58.4%，蔬菜总产达114.8万吨，比上年增长58.4%。棉花、油料、甜菜等作物也获得了历史少有的好收成，分别达1.41、3.29和17.4万吨。林业建设取得新成就。1993年全市完成成活率在85%以上的造林面积46.2万亩，造林质量明显提高。畜牧业生产稳步增长。肉产量达11.7万吨，比上年增长18.2%；蛋产量达4.1万吨，比上年增长11.6%；奶产量达0.49万吨，比上年增长2.4%。农业投入增加，生产条件继续改善。今年农用化肥用量(折纯量)6.7万吨，比上年增长8.9%；农村用电量4.42亿千瓦时，比上年增长12%；年末农业机械总动力62.83万千瓦，比上年增长3.8%。以“两杏一枣”经济林基地建设为中心的农田基本建设和山区建设活动，目标切实，措施得力，成效显著，整个建设的规模、质量、效益均好于往年。

(二) 工业生产继续高速增长 1993年，全市工业战线抓住时机，深化企业改革，加快企业经营机制转换和产业结构调整的步伐，在坚持完善承包经营责任制，落实企业经营自主权的基础上，对部分市县工业企业分别采取股份制、公有民营、组建企业集团等形式，进行了产权制度改革，进一步增强了企业活力，使全市工业生产在上年高速增长的基础上继续高速增长。全市全口径完成工业总产值108.5亿元(以1990年不变价计算为87.6亿元)，按可比价格计算比上年增长44.8%，增长速度是改革开放以来最高的一年。其中乡及乡以上工业完成84.6亿元，比上年增长23.5%。在乡及乡以上工业中，国有工业完成65.7亿元，增长14.8%，非国有工业完成18.7亿元，增长55.7%，其中乡办工业完成11.6亿元，增长95.1%。村及村以下工业完成产值23.9亿元，增长158.4%。在产值高速增长的同时，经济效益也迅猛增长。全年乡及乡以上独立核算企业实现销售收入72.3亿元，比上年增长43.7%；利税总额7.9亿元，比上年增加4.4亿元，增长128.2%，扭转了长期在3亿元上下徘徊的局面。其中地方预算内工业企业实现利税6.6亿元，比上年增长189%，盈亏相抵后实现利润总额跃居全省第2位。全市工业经济效益综合指数由上年的62.63提高到88.25，其中资金利税率由4.9%提高到9.95%。产业结构调整迈出了较大步伐，初步形成了具有地方特色的工业体系，钢铁、机械、建材、橡胶和生物化工等重点行业不断发展壮大，形成了一些行业骨干企业，在全省乃至全国都占有一定位置，其中凌源钢铁公司、辽宁轮胎厂已连续几年跨入全国500家最大工业企业行列。在全市工业生产继续高速增长的过程中，市属大型工业骨干企业凌源钢铁公司、辽宁轮胎厂、东风朝阳柴油机公司、朝阳重型机器厂发挥了举足轻重的作用，共实现产值31亿元，利税6.2亿元，为促进朝阳工业经济发展，加快富民“升位”进程做出了突出贡献。

(三) 乡镇企业超常规发展 “乡企兴、朝阳兴”的战略思想在全市上下得以进一步强化，把乡镇企业作为加快经济发展、推进富民“升位”进程最重要、最现实的增长点，加大领导力度和工作力度，使全市乡镇企业出现了超常规、跳跃式发展的新局面。1993年，乡镇企业总产值完成75亿元(1990年不变价)，比上年增长132%；总收入78亿元，比上年增长136.9%；总利润10.5亿元，比上年增长96%。在乡镇企业的发展上，坚持乡村户一起上，大中小一起上，工商运建服一起上的方针，加强统筹规划，制定完善一系列放宽搞活的政策，强化各项激励措施，激发了各地大办乡镇企业的积极性，促进了乡镇企业的全面发展；坚持突出重点，以点带面，组织开展争创全市乡镇企业第一乡、第一村和第一企业的活动，一批带头乡、村和企业相继崛起，全市亿元乡镇、千万元村、千万元企业分别达19个、102个和96个，有力地发挥了辐射带动作用；坚持把上项目作为加快发展乡镇企业的关键环节，集中力量抓好项目落实和实施，尤其是千方百计拓宽投入渠道，探索并走出了一条内集外引为主、银行贷款为辅的筹资新路子，相继上了一批规模较大、技术含量较高的骨干项目，增强了乡镇企业的发展后劲。

(四) 对外经济贸易又有新发展 在推进全市富民“升位”的进程中，坚持把对外开放作为一项重要战略任务来抓，调动方方面面加快对外开放、发展外向型经济的积极性和主动性，开创了外经、外贸工作的新局面。通过广泛开展对外宣传，尤其是通过多种形式的对外招商活动，拓宽了对外联系的渠道，进一步延伸了我市在国际经贸活动中的触角，扩大了对外影响。适应对外开放需要，出台了一系列加快外向型经济发展的优惠政策，提高了涉外工作效率和服务水平，加强了城市基础设施和经济技术开发区建设，积极向国家争取到了对外贸易进出口经营权，进一步改善了对外开放的软硬环境。经过上上下下的不懈努力，全市的外向型经济已经全面起步并取得新进展。全市出口商品供货总值在受国内市场冲击较大的情况下又比上年有较大增长，全年完成出口商品供货总值5.26亿元，比上年增长27.6%。全年注册三资企业已达63家，其中1993年新建三资企业39家，比上年增长2倍；新签利用外资项目73项，合同利用外资额7068万美元，分别比上年增长2.8和6.7倍。全年接待来自世界五大洲30个国家和地区的来访及经贸活动人员508人次，旅游外汇收入73万元(外汇券)。

(五) 城乡基础设施建设跃上新台阶 固定资产投资的高速增长，使城乡特别是中心城市基础设施的建设发生了前所未有的变化，跃上了新台阶。全社会完成固定资产投资21.6亿元，比上年增长76.2%。市委、市政府坚持把扩大中心城市规模、增强其功能作为朝阳扩大开放、加快发展、推进富民“升位”进程的战略重点来抓，大力引进市场经营机制，调动各方面力量参加城市建设和开发，调整了城市总体规划，确定了“双五三城”的发展目标，即到本世纪末把朝阳建设成为50万人口、50平方公里的现代化城市、开放城市、中心城市。继新华路改造取得圆满成功之后，立即组织实施了“5311”工程，建筑面积为5.7万平方米、设施具有国内一流水平、辽西最大的商业城等一大批重点基础设施和公用设施项目已建成并交付使用；坚持把交通运输业放在优先发展的位置，集中力量突出抓好重点项目建设，推动了交通事业的长足进步。对朝阳境内原为战备六级路的101国道按二级路标准进行了改造，路基改造已全部完成，并铺设油路144公里，初步改善了全市交道大动脉的形象。疏港公路的建成通车，为货物出海人境创造了方便条件，进一步强化了“亚沿海”的区位优势。朝阳机场已完成二期改造工程，达到3C级标准，为起降中型客机创造了条件；邮电事业大踏步前进，通信技术手段达到了国内先进水平。市话交换机全部实现程控，长途电话全部进入国内国际直拨网，传输手段实现了数字微波和光缆控制，各县(市)区以及66个乡镇实现了电话直拨。城乡基础设施的明显改善，树立了朝阳的新形象，为进一步扩大对外开放创造了良好条件。

(六) 各项社会事业稳步发展 年末全市有各类公办科研机构23个，企事业单位各类专业技术人员7.2万人，全年共取得科技成果108项，比上年增长27%，其中重大科技成果21项，有14项优秀科技成果获省政府科技进步奖；全市普通高等学校招生655人，在校生1486人，各类中等职业技术学校在校生13766人，各类成人技术培训学校在校生91234人，小学学龄儿童入学率达98.6%，全市已有34个乡镇普及了初中义务教育；在澳大利亚举行的世界女子举重锦标赛上，我市体校输送的运动员孙彩艳夺得59公斤级抓举、挺举、总成绩3枚金牌，破三项世界纪录，我市共获全国比赛金牌14枚、银牌5枚，获省级比赛金牌20枚、银牌12枚、铜牌20枚，我市已连续4年被省体委命名为“群众体育先进市”；全市各级各类卫生机构538个，其中医院200个，拥有医疗床位11923张，各类专业卫生技术人员15136人，万元以上医疗设备达645台(件)，其中CT设备4台，农村医疗网点覆盖率达到98.3%；文化、新闻、出版、广播和电视事业健康发展。

朝阳市的富民“升位”已经取得重大成就，并正在以更大的步伐全面推进，力争到本世纪末使全市的国民生产总值、工农业总产值、财政收入、农民人均纯收入进入全省前8位，跨入全省中等发达地区行列。

快速高效发展的唐山市

孟祥林

1993年，是改革开放以来唐山经济发展速度最快、运行质量最好的年份之一。据初步测算，国民生产总值达到264亿元，比上年增长21.8%。工农业总产值达到432.5亿元，其中工业产值354.3亿元，农业产值

78.2亿元，分别比上年增长28.4%、35%和5.1%。城市居民年人均生活费收入达到2624元，农民年人均纯收入达到1134元，分别比上年增长28.4%和16.9%。

（一）经济体制改革力度加大，步伐加快，在一些重要领域取得实质性进展 围绕建立社会主义市场经济体制的总体目标，以唐山被列入全国城市综合配套改革试点市为契机，紧紧抓住经济发展中的重点、难点问题，着重进行了五个方面的改革探索。一是深入贯彻《条例》，落实企业经营自主权。重点抓了已出台的四个配套文件的落实，废止了920份与《条例》相抵触和自然失效的文件，促进了企业的转机建制。已有120户县区属以上企业实行了全员劳动合同制，14万名职工通过竞争上岗，签订了劳动合同。其中国有大中型企业51户，职工11万人，分别占48.6%和88%。二是产权制度改革向纵深发展。有1136户市县区属工商企业实行了不同形式的改革，占总数的99%；有500户企业进行了“股、托、调、改、租、卖、嫁”改革，占总数的43%。累计批准设立股份制企业45家，其中有限责任公司40家，股份有限公司5家。据对已设立半年以上的10家股份制企业统计，资本金利润率均达到21%以上。路南区电影机械厂和丰润县通用机械厂等5个企业试行国有资产委托经营后，实现利税比上年增长79.5%，资产增值率为13.5%。商业系统有172家企业推行了“国有民营”，占适宜实行面的73.2%。企业组织结构调整迈出新步伐。在工交、物资、建筑、农经等系统，新组建企业集团11家；组织优势企业兼并了23家劣势企业，活化资产存量1.1亿元。三是市场体系建设取得新进展。各类商品市场已达680个，其中综合市场360个，专业批发市场68个，初步形成了大中小相结合、专业批发与零售相结合、布局比较合理、全方位开放的商品市场网络。金融、技术、人才、信息、劳动力市场日臻完善。四是社会保障制度改革向纵深推进。全民企业已有43.7万名职工参加了省级养老保险统筹，统筹率和收缴率分别达到98%和93%，90%的县区属以上集体企业职工实现了市县统筹；全部国营企业和县区属以上集体企业职工参加了待业保险；市属企业医疗保险制度改革推行面已达95%以上。五是政府职能转变迈出重要一步。共撤并非常设机构211个，分流人员3883名。选择市劳动局、工商局、计委、经委等7个部门开始进行转变职能试点。作为全国城市综合配套改革试点城市，在已制定《实施纲要》的基础上，8项综合配套改革的起步性工作已有计划地全面铺开。

（二）以京唐港和海港开发区建设为龙头，以发展外资、外经、外贸为重点，对外开放取得新进展 一是京唐港和海港开发区建设步伐加快。唐山港在1992年7月对国内通航、10月经国务院批准作为一类口岸对外国籍船舶开放的基础上，1993年7月实现了与北京市联合建港，并将“唐山港”更名为“京唐港”。1993年7月18日，京唐港7号、8号泊位正式对国际通航。到年底，完成了1号、2号泊位的主体工程、港池挖泥和3至6号泊位的设计审查。港口运营，离港船只达66艘，货物吞吐量44.5万吨，实现运营收入830多万元。海港开发区已具备道路、供水、供电、通讯等开发条件，接待国内外客商1300多人次，批准立项项目93个，计划投资17亿元，其中海员大酒店、综合服务楼、综合写字楼等9个项目已开工建设。二是利用外资工作取得新成绩。共签订直接利用外资合同321项，总投资8.94亿美元，合同利用外资4.25亿美元。其中新批准三资企业203家，总投资5.63亿美元，注册资本3.88亿美元，合同利用外资2.71亿美元，分别比上年增长55%、63%、61%和94%。在新批准三资企业中，投资总额超过500万美元的有30家，超过2000万美元的有5家，项目质量明显提高。新增投产三资企业43家，累计达到103家，实现工业产值6.6亿元，比上年增长67%。三是外贸出口上了一个新台阶。完成出口商品收购总值29.4亿元，比上年增长44.4%，10个县(市)出口收购值全部超过1亿元，其中迁安、遵化、滦南、玉田和丰南5县(市)均突破2亿元。出口创汇达到5539万美元，比上年增长70.8%。有6家生产企业获得自营出口权，累计达到12家，年出口创汇869万美元。

（三）农业在大旱之年获得丰收，农村经济持续发展 坚持以小康建设总揽全局，在夯实农业基础、稳定粮食总产的同时，以“两高一优”农业和乡镇企业为重点，大力发展有优势、有特色的区域经济。粮食总产达309.6万吨，比上年增产1.4%，连续第五年创历史最高水平。油料总产17万吨，比上年增长6.3%。棉花因播种面积减少，总产9800吨，比上年减收4.1%。蔬菜总产346.5万吨，比上年增长42.3%。林业生产成绩显著，效益突出。完成造林1.45万公顷(不含果树)，其中工程造林1.27万公顷。果品总产32.2万吨，比上年增长31%。畜牧业生产持续发展。肉类总产29.7万吨，禽蛋总产10.1万吨，鲜奶总产5.8万吨，分别比上年增长23.6%、22.2%和15.2%。渔业生产由于受自然灾害影响，水产品总产12万吨，比上年下降22.5%。随着农业资源的深度开发，农业内部结构调整较快，发展“两高一优”农业初见成效。高效益农田面积由上年的4万公顷发展到7.5万公顷，吨粮田达到4.9万公顷，新增优质果树面积1.2万公顷，贝类、河蟹养殖分别达到2.87万公顷和2300公顷，肉牛发展到30万头，肉鸡出栏达到2420万只，有效地促进了农林牧副渔各业的发展和农产品商品率的提高。乡镇企业坚持在发展中调整、在调整中优化，努力增投入、上规模、上水平，保持了快速高效发展的好势头。共完成新建、扩建、改造项目1860项，其中投资百万元以上项目达到330项。乡镇企业总产值243.3亿元，实现利税30.5亿元，分别比上年增长68.8%和46.4%。已建成年产值超亿元的城镇经济小区13个。其中丰南县胥各庄镇经济小区年产值已达15亿元，实现利润1.8亿元；开平区半壁店村工业小区年产值达9.5亿元，被省委、省政府命名为“河北第一村”。

(四) 工业生产迅速发展，产销衔接较好，经济效益明显提高 围绕实施“三优连环战略(即以市场为导向，依靠先进的科学技术，开发优势产品；以优势产品为龙头，创优势企业；以优势企业为核心，组建优势企业集团)，全面组织实施“102050”工程(即抓10个强项，培植20个拳头产品，创50个名牌)，深入开展省提出的“三增一降一提高”活动，促进了全市工业的快速高效发展。主要标志：一是生产快速增长。乡及乡以上工业产值达到228.4亿元，比上年增长18%。按隶属关系划分，中央、省属工业完成63.9亿元，增长11.7%；市属工业完成41.1亿元，增长8.4%；区属工业完成10.9亿元，增长5.3%；县属工业完成46.1亿元，增长15.4%；乡镇工业完成56.5亿元，增长41.9%。按行业划分，重工业完成162.7亿元，增长22%；轻工业完成65.7亿元，增长9.1%。按所有制关系划分，全民工业完成132.4亿元，增长11.1%；集体工业完成89.4亿元，增长29.3%。二是经济效益明显提高。乡及乡以上工业产销率达到98.93%。高于全省全国的平均水平；乡及乡以上独立核算工业企业实现利税40.9亿元，比上年提高82.4%；经济效益综合指数为114.6%，比上年增加22.1个百分点，大大高于全省和全国的平均水平；工业资金利税率为12.5%，工业增加值率为35.2%，工业成本费用利润率为7.2%，工业全员劳动生产率为1.56万元，流动资金周转次数为1.98次。三是国有大中型企业经济运行质量明显提高。国有大中型企业实现利税27.1亿元，占全市的66.3%，比上年增长133.1%，高于平均水平50.7个百分点；经济效益综合指数达129.6%，高于平均水平15个百分点。四是产品结构调整步伐加快。开发鉴定新产品229项(其中省以上新产品161项)，比上年增加61项，并有半数达国内先进水平。实现新产品产值9.6亿元，利税1.5亿元，分别比上年提高63%和107%。五是随着固定资产投资规模的扩大，建筑业得到迅速发展。完成建筑业施工产值33亿元，比上年增长66.1%。建筑工程一次交验合格率达98%，优良品率达44.1%。

(五) 固定资产投资总额增加，结构优化，效果较好 按照“集中谋划、统一指挥、分级负责、协调联动”的原则，以发展“两高一优”农业和“抓强项、创拳头、争一流”为重点，高起点上项目，高水平搞技改，保证了重点项目的早竣工、早投产、早见效。据初步统计，共完成全社会固定资产投资73亿元，按可比口径比上年增长20.86%。其中国有单位投资57.4亿元，集体所有制单位投资4.1亿元，分别比上年增长62.5%和58.4%。在国有单位投资中，基建投资33亿元，技改投资21.3亿元，分别比上年增长55.1%和84.9%。国有和集体单位技改投资完成23.1亿元，比上年增长80.2%，比基建投资增幅高23.7个百分点。共有国有和集体单位投资项目1361个，其中全部建成投产883个，建成投产率为67.1%。年初确定的60个重点项目，已有唐钢2号高炉、市邮电局程控电话、丰南涤纶长丝一期、玉田印机厂、建华陶瓷厂、迁安一纸厂等12个项目全部建成投产或部分投产。新增固定资产41.2亿元，固定资产交付使用率为67%。新增生产能力主要有：原煤3.1万吨，转炉钢6万吨，炼铁87.5万吨，原油6万吨，发电装机容量0.45万千瓦，水泥68万吨，电话自动交换机11.1万门，经济实力和发展后劲进一步增强。

(六) 财政收入大幅度增长，城乡市场繁荣稳定，金融调控能力进一步增强 通过狠抓促产增收、强化税收征管，地方预算内财政收入达到25.1亿元，比上年增长62.7%。丰南、迁安、遵化、玉田、丰润五县(市)财政收入均实现超亿元。地方预算内财政支出20.2亿元，比上年增长72.9%。金融部门认真执行中央银行的货币政策，积极整顿金融秩序，扩大储蓄存款，支持企业生产和重点项目建设，取得了较好成绩。银行系统各项存款余额达到142.8亿元，各项贷款余额达到136.7亿元，分别比年初增加22亿元和28.4亿元；银行现金收支相抵，货币净投放12.95亿元，比上年多投放3.87亿元。市场建设迈出新步伐，投入资金9000万元，新建、改扩建市场54个，其中投资千万元以上市场6个。社会商品零售总额实现92.1亿元，比上年增长17%。城乡集贸市场成交额达38.3亿元，比上年增长27.7%。消费品价格指数比上年上涨14.2%，群众消费心理比较稳定。

(七) 城乡建设取得新进展，城镇管理得到加强 城市建设，以把唐山建成次级国际化大都市为目标，以创建全国卫生城为重点，超前规划，狠抓“硬件”，使城市居民的生产、生活环境有了新的改善。完成城建投资1.29亿元，年初市政府确定的10件“实事工程”均按计划完成。新建城市居民住宅57万平方米。打通西山道等6条道路工程均提前竣工。新增道路长度3.5公里。新购置约25部铰接式大客车提前投入运营。引滦入唐市区供水二期工程正在紧张施工，1995年竣工后，可新增日供水能力10万吨。新增集中供热面积43.1万平方米，热化率达到35.6%。新增煤气用户3581户，气化率达到81.5%。陡河带状公园、大城山公园动物区和还乡河公园相继建成开放。创建国家级卫生城“硬件”工程如期完成，并被建设部命名为“1993年度全国城市环境综合整治优秀城市”。电力建设完成进度计划。邮电通讯事业发展迅速，新增程控电话装机容量11.7万门，电话号码在全省率先由6位数升至7位数，通讯状况大为改善。同时，各县县城的城市功能不断增强，村镇建设有了较大发展。各县(市)注重加强基础设施建设，增投入，上档次，使市政工程建设和管理水平普遍提高。村镇建设完成投资7.3亿元，2.3万户居民迁入新居。村镇规划和建设试点取得较大进展。

提前实现翻两番的秦皇岛市

陈来立

1993年是秦皇岛市改革稳步推进的一年，开放进一步扩大的一年，经济快速发展的一年。全市国内生产总值达到75亿元(1990年不变价，下同)，比上年增长16.3%，提前实现了翻两番。

——**经济体制改革取得新进展**　通过贯彻《企业法》和《条例》，企业的14项自主权得到进一步落实。狠抓企业经营机制转换，股份制改革试点企业已达30家，股本金总额8.5亿元，融资2.1亿元。实行国有民营改革的商业、供销企业达457家。企业内部劳人分改革推广面已达国有企业总数的81%。进一步稳定完善农村家庭联产承包责任制，强化了承包合同的规范化管理，全市有95%的承包合同达到了比较规范的要求；300多家乡镇企业实行了股份经营，农林牧渔各业股份合作制企业已达1063家；全市137个乡镇全部建立了农村合作基金会，吸纳股金3亿元，成为全省三个超亿元市(地)之一。加强了“贸工农一体化、产加销一条龙”服务实体建设，已具雏形的“龙”型服务实体有20多个。

——**对外开放进一步扩大**　投资环境继续得到改善，山海关机场经过扩建，已经具备起落大中型客机的能力，并恢复了至广州、上海、大连的航班；热电厂一期工程第二台机组并网发电；新开河港建成两个5000吨级泊位，投入了试运营；柳村水厂一期工程、山海关水厂扩建工程、程控电话1.8万门等一批基础设施项目相继竣工投入使用。软环境建设进一步加强，为境内外客商来我市投资提供了便捷的服务。沿海一线各类园区开发建设取得较大进展，秦皇岛经济技术开发区扩区5平方公里已获国家批准，整体划入、分期开发的规划方案开始实施。谋划了保税区方案，已报国务院待批；山海关省级经济技术开发区、南戴河省级高新技术产业园区和一批重点乡镇的工业小区，开发建设全面展开。全年批准外商投资企业174家；实际进入外资8261万美元；正式投产的三资企业实现产值17.7亿元，比上年增长173.3%，占全部工业总产值的17.3%；实现利润9263万元，增长81.9%，上缴税金4899万元，增长165.2%。累计在册三资企业385家，实际进入外资2.21亿美元，建成投产三资企业113家；利用外国政府贷款项目8个，协议金额11.99亿美元，资金已全部到位，其中地方项目6个，协议金额1.7亿美元。全社会出口商品供货值9.5亿元，增长24.3%；出口创汇3514万美元，增长38%，其中三资企业出口创汇2326万美元，增长1.1倍。进一步推进了对内开放，批准内联项目137项，协议引进国内资金7.6亿元。

——**农村经济发展形势喜人**　农民负担以乡为单位全部控制在上年人均纯收入的5%以内。农业生产在大灾之年获得丰收，农林牧副渔各业全面增长。农村社会总产值76.9亿元，比上年增长50.8%，其中农业总产值21.8亿元，与上年基本持平，粮食总产93.6万吨，增长2.2%，是历史上第二个高产年份；油料总产4.1万吨，增长40.3%，是近8年来的最好收成。乡镇企业继续高速高效发展，完成总产值52.2亿元，增长67.5%，其中工业产值30.4亿元，增长69.1%；利润总额5.5亿元，增长43.6%；上缴税金2亿元，增长29.9%。亿元产值乡镇达17个，千万元以上产值企业63个，500万元以上产值企业105个。年内有5个乡镇企业进入全省乡镇企业“百颗星”行列，32个进入全省乡镇企业“400强”行列。

——**工业生产速度、效益迈上新台阶**　1993年是工业生产在速度、效益方面创历史最高水平的一年。我们围绕“深化改革，转换机制，调整结构，提高效益”，做了大量的工作。针对企业面临的实际困难，努力克服“瓶颈”制约，通过各种途径，共为32家企业协调流动资金2.5亿元；开发电力资源，使全市电力指标由年初的21万千瓦增加到32.56万千瓦，增长50%；狠抓提高质量、降低消耗和新产品开发三个上台阶活动，狠抓营销，强化管理，引导企业苦练内功，促进了工业生产快速增长，经济效益大幅度提高。工业总产值达到83.7亿元，比上年增长39.4%，提前两年实现了“八五”计划指标，其中乡及乡以上工业完成64.6亿元，增长28.8%；实现利税8.1亿元，增长50%。交通运输、邮电通讯继续发展，秦皇岛港货物吞吐量完成7807.5万吨，邮电业务总收入完成9910.5万元，地方铁路货运量完成254.6万吨，公路货运量完成390.3万吨。

——**固定资产投资继续增长** 在突出加强基础设施建设的同时，紧紧抓住对全市国民经济有重大影响的项目不放，努力增强发展后劲。秦皇岛板材公司中板项目、渤铝二期工程铝板铝箔项目、市浮法玻璃厂汽车玻璃灯罩项目等一批生产性大项目相继建成投产，还有一批在建重点项目进展加快。全社会固定资产投资完成43.6亿元，比上年增长49.3％。进一步加强了城市规划、建设和管理，城市总体规划修编工作全部完成。建安企业完成产值13.1亿元，竣工面积180万平方米，工程优良品率、合格率创历史最好水平。整顿土地市场，加强土地管理，推行了“五统一”，出让土地616亩，总价款7155万元。城市容貌综合治理成效显著，再获“燕赵杯”，实现“三连冠”，进入全国24个环境综合整治优秀城市行列。

——**城乡市场日益繁荣** 在发展和完善生活资料的基础上，加速了生产资料、生产要素市场的培育和发展。全年投资8689万元，新建市场20处，改、扩建各类市场20处，使各类市场达到220处。全年社会商品零售总额达30亿元，比上年增长14.9％。针对价改措施出台较多、物价上涨过快的问题，及时采取稳价措施，加强物价监督，全年零售物价指数为116.2％。

——**财政收入大幅度增长** 加强财源建设，强化财税征管。认真开展了税收财务物价和控购纪律大检查，进行了国有土地出让、城市综合开发等若干专项检查。完成财政收入9.32亿元，比上年增长81.7％。抚宁县、海港区财政收入突破亿元。各银行及其它金融机构存款余额达到75.3亿元，比年初增长28％，各项贷款余额69.3亿元，增长20％。

——**旅游经济效益、社会效益又有新提高** 加强旅游景点建设，投资2.12亿元，新建、续建了一批旅游工程。进一步加强行业管理，旅游服务质量和服务水平有所提高。全年共接待国内外游客669.7万人次，其中海外游客1.68万人次，收入外汇人民币997万元。

——**科技教育对经济的推动作用进一步加强** 广泛开展“科技进步年”活动，组织实施国家、省、市级科技计划139项，均取得可喜成果。有88个科技项目获奖，成果应用率超过50％。深入开展创建科研先导型企业、科技进步型乡镇企业和乡镇科技达标活动，提高了创建水平。全面推进科技兴农，筛选百项先进适用的农业技术进行重点推广，取得了显著的增产增收效果。大力推进科技兴工，重点加强新产品、新技术开发，全市开发新产品并通过技术鉴定的达97项，还有10家高新技术企业、15项高新技术产品待评审认定。技术贸易空前活跃，民营科技机构不断壮大。

全面贯彻党的教育方针，《义务教育法》得到进一步贯彻落实，适龄儿童入学率达到99.6％，小学、初中在校生巩固率达到99.7％和92.9％。职业技术教育形势喜人，投资3000多万元，新建了卢龙、抚宁职教中心，扩建了青龙职教中心，改善了办学结构和专业结构。高等教育、成人教育、幼儿教育、特殊教育都有新的发展和提高。学校办学条件和教师的工作、生活条件得到进一步改善。

——**社会事业取得新的进步** 坚持两种生产一起抓，加大工作力度，人口增长得到控制，据统计，计划生育率为95.78％，高于河北省下达指标3.7个百分点；人口自然增长率为5.92‰，低于省控制指标7.88个千分点。以搞好纪念毛泽东诞辰100周年、七运会秦皇岛赛区开幕式文艺演出等大型文化活动为重点，带动了日常文化活动的开展，丰富了群众文化生活。坚持以预防保健、农村卫生为重点，卫生防疫、妇幼保健工作得到加强，健全规章，完善制度，加强了医德医风建设。成功地承办了全国帆船帆板锦标赛和七运会帆船帆板比赛任务。

在经济快速发展、社会事业不断进步的同时，人民生活得到明显改善。城镇居民人均生活费收入达到2733元，比上年增长26.7％；农民人均纯收入995元，增长11.8％。

我们遵循党的“一个中心、两个基本点”的基本路线和全心全意为人民服务的宗旨，提出了“团结、创新、务实、廉洁、高效”十字方针和“八个坚持”，并注重抓大事、办实事。着眼于加快发展，加强了宏观谋划。组成专门班子，进行了全市经济社会2010年发展战略的研究；深入进行了“以港兴市、以市促港”战略方针的研讨，提出了依港兴工、兴贸、促进城市建设、促进对外开放的新举措；从实际出发，谋划了“依托港口，拓展两线，内联外引，全面开放”的开放思路；以发展“两高一优”农业为目标，提出并实施了“五大工程”；制定并着手实施了规模效益型企业发展规划；出台了利用外资改造老企业的政策规定，大力推进了大中型企业的嫁接改造；确定了把旅游业的开发建设纳入全方位开放格局中，促进区域经济振兴的新思路。为人民群众排忧解难，注重办实事。在财力十分紧张的情况下，区分轻重缓急，努力办好与人民群众生活息息相关的12件实事。

1994年，秦皇岛的经济建设和改革开放将进入一个新的时期。我们要以邓小平同志建设有中国特色社会主义理论为指导，以建立社会主义市场经济体制为目标，紧紧围绕“抓住机遇，深化改革，扩大开放，促进发展，保持稳定”这个大局，勇于实践，埋头苦干，推动两个文明建设取得新成绩，确保国民生产总值1995年翻两番半；本世纪末翻三番半，人民生活提前两年达到小康水平，早日把秦皇岛市建设成为一个以现代化港口、高科技工业、高效益农业和发达的旅游、贸易、金融、房地产业为主要特色的、具有国际水准的现代化文明城市。

在改革开放中快速发展的沧州市

邹双林　陈　哲

一、城市特点

沧州市具有丰富的石油、天然气、海盐和渔业资源，辖区内有大港、华北两大油田，石油地质储量约15亿吨，天然气282亿立方米。两大油田年产原油1212万吨，天然气7.7亿立方米。全市有海岸线95.3公里，海产品年捕捞量达6万吨。沿海地带有40多万亩滩涂，适于开发水产养殖，现已开发养虾池5万亩。盐业资源极为丰富，现有盐田总面积48万亩，年产量150万吨。

资源优势决定了化学工业是沧州市工业中的主导行业，其产值占全市工业总产值的40％。目前已有年处理原油100万吨的沧州炼油厂，年产合成氨30万吨、尿素48万吨的沧州化肥厂和年产烧碱4万吨、树脂2万吨的市化工厂，以及农药化工厂、有机合成化工厂、染料化工厂等化工企业100多家，并有化工部第一勘察设计院、第十三化建公司等一批部属配套企业。还有一批大型化工项目正在建设之中，如总投资8.6亿元年产2万吨甲苯二异氰酸酯项目，年产6万吨稀硝酸项目等。化工部和河北省已确定联合建设沧州化工城。轻工行业现已建立起以塑料加工、造纸、制酒、皮革、鞋帽、钟表、日用机械为主的行业群体。其中塑料加工业在全国处于前列，年加工能力10多万吨，位居河北省第一。

随着市场经济的不断发展，沧州市的大型商场商厦建设速度加快。目前市区及各县市均建有大型综合性商场和较高档的宾馆饭店。其中沧州渤海商业大厦营业面积1.5万平方米，居河北省第二。新建的华信、华泰购物中心、华北商厦也即将开业。肃宁的尚村皮毛市场、河间米各庄汽车配件市场、盐山的蔬菜市场、任丘的钢铁市场、黄骅的商业一条街、沧县的冀东第一集和市区道东小商品批发市场等在河北省，有的在全国享有盛誉。

交通通讯电力事业发达。京沪铁路、京九铁路并行纵贯南北，东西向有正建设的朔港铁路(陕西朔县至黄骅港)。公路有104、106、205、307国道和沧州至石家庄、沧州至保定的省级干道，还有沧黄地方铁路和沧河、沧盐、沧黄等公路，目前全市公路已达4296公里，实现了乡乡通油路。全市市话程控交换机总容量10.03万门，可与世界上189个国家和地区及全国1034个城市直接通话。沧州市的电力供应主要来自华北电网和京津唐电网。现有22万伏变电站5个，11万伏变电站19个，35千伏变电站89个，并有装机容量5.6万千瓦火力发电厂一座。

二、1993年改革开放及经济建设情况

(一) 改革开放步伐加快　1993年，沧州市按照社会主义市场经济体制的要求，在转变政府职能、贯彻落实《条例》，引导企业转换经营机制，对国有大中型及骨干企业采取引进资金、技术进行嫁接改造，建立现代企业制度等方面进行了大胆探索，取得较好的成效。

一年来，全市有9家大中型企业取得了自营出口权，主要出口商品有石油、海盐、烧碱、铸件、小枣、鸭梨、对虾等300多个品种。全市有21家企业实行了嫁接改造，从而提高了企业的技术装备水平，增强了产品竞争能力和企业的发展后劲。对全市314家国有工业企业进行了全面的清产核资，并重新进行了资产登记。新批准股份制企业18家，股本金总额7600万元，融资额达2700万元。实现股份制的乡镇企业达10000多个，占乡村集体企业总数的45％以上。全市519独立核算的商业、供销企业中，有415家已实行了“国有民营”、“公有私营”。全市个体工商业户也已发展到8.8万户，占注册工商企业总数的80％，实现总产值50亿元，占全市社会总产值的25％。同时，农村改革也得到了进一步深化。全市5744个村已有5200个村的860万亩责任田重新签订了承包合同，占耕地总面积的82％，5440个村的920万亩承包地落实了有偿使用制度，占耕地总面积的86％，2082个村的388.67万亩耕地实行了“两田制”或“三田制”，8个村实行了耕地集体统一管理，规模经营。全市各级各类农村服务组织已达33755个。农村合作基金会已发展到10个县市的80个乡镇1300个村，年内融资3000多万元。

1993年，沧州市通过举办和参加招商洽谈会，项目发布会、“吴桥国际杂技艺术节”和“沧州武术节”，广交了一批朋友，开辟了一批客户，引进了一批资金，开放工作有了新的进展。全年签订三资企业合同181项，总投资2.5亿美元，合同引资1.3亿美元，实际利用外资3056万美元，比上年增长46.5％。年内新开工建设的三

资企业48家。同时，还以京津为重点组织了多层次、多形式的横向联合协作活动，引进经济技术项目917个，新增产值13.7亿元。组建企业集团和联合体29个，引进资金11.3亿元。

沧州市自1989年被国务院批准为沿海经济开放区到1993年底，已累计建成投产三资企业127家，当年完成产值5.48亿元，实现利税2878.2万元，出口创汇2843.13万美元。

沧州市三个省级经济技术开发区(市经济技术开发区、吴桥经济技术开发区，黄骅经济特区)，经过近一年的紧张建设，共新修公路6500米，打井9眼，铺设供水管线6公里，排水管道8公里，架设高压输电线路8000米，电话线500对，初步实现了“四通一平”。到目前，各开发区共接待国内外客商2000多人次，批准进区企业250多家，项目总投资额达14亿元。

（二）国民经济发展快速增长 1993年，沧州市继续深化改革、扩大开放，全面理解和贯彻落实中央宏观调控的决策，使整个国民经济发展速度出现了快速增长的态势。全市实现国民生产总值104.2亿元，比上年增长17.7%。高于全省平均速度1.2个百分点。各项经济工作进一步向好的方向发展。

农业生产取得好收成。全年农业总产值完成48.5亿元，比上年增长14.5%。粮食总产量228万吨，比上年增长34%，创历史最高水平；棉花总产量达3.6万吨，油料总产量达4.53万吨，比上年增长47%，梨枣产量分别达18.8万吨和6.5万吨，比上年增长9%和45%。

工业快速增长，产销衔接良好。全市完成工业总产值186.9亿元，比上年增长48%，其中乡及乡以上工业总产值98.6亿元，比上年增长25.6%，增速在全省12个市地中列第三位。工业产品销售率达97%。

乡镇企业超常发展。全市完成乡镇企业总产值162.7亿元，比上年增长73.4%，其中工业总产值122亿元，增长75.9%，总收入达135亿元，增长74.4%，实现利润19亿元，增长60.7%，上交税金3.5亿元，增长21.4%。

商品流通日趋活跃，财政收入稳定增长。全市完成商品零售总额45.9亿元，比上年增长12.5%，完成外贸收购额6.3亿美元，自营出口创汇2131万美元。全年财政收入完成8.2亿元，比上年增长15.7%。

城乡人均收入继续增长，其中城市人均收入2324元，比上年增长28.2%，农民人均收入777元，比上年增长34.7%。年末城乡居民储蓄达101亿元，比上年增长26.5%。

（三）基础设施建设日趋完善 1993年，沧州市在水、电、路、港、讯以及城市公共设施建设等方面都有了新的突破。全国重点跨世纪工程中，与西煤东运第二条大通道配套的黄骅3.5万吨级大港工程可行性研究报告，已通过了国家计委审查；为配合国家南水北调引黄济冀入沧工程，建成了青县流河蓄水闸，完成了泊头送水工程，年底实际接水9000万立方米。在市财政比较紧张的情况下，采取综合开发、滚动建设的办法，在市区完成了总投资8400万元的南北大街和解放中路拓宽及市政工程、人民公园改造一、二期工程等。拓宽后的道路两侧迅速成为各方投资的热点，一年的时间内，共建房184.5万平方米。通过旧城改造和加强城市管理，市容市貌有了很大的改观，高楼林立、交通方便的繁华景象代替了过去的拥挤、破旧和萧条。在通讯建设上，1993年全市新增市话容量3.7万门，农话容量3450门，全部实现了程控交换，总容量达10万门，并开通了移动通信。在电力建设上，年内投资1.2亿元，新建扩建了一些变电站，新增变电容量460.5兆伏安。黄骅电厂一期60×2万千瓦工程的项目建议书已报国家有关部门审批。在交通建设上，完成了京九铁路沧州段的建设，新开通了97公里长的沧港高标准汽车专用公路，从而进一步提高了运输能力。

（四）教育科技事业兴旺发达 1993年，市财政对教育投入1.99亿元，新建校舍13.78万平方米，改造维修校舍14万平方米，建成教职工宿舍5.67万平方米，到年底，全市已有普通大中专学校12所，普通中学534所，农职中学22所，小学5368所，全部在校生104万人，教职工近6万人。全市学龄儿童入学率，小学在校生巩固率，小学毕业率均超过了省规定的标准。此外，还有10所职教中心，其中河间、沧县、青县、任丘等县市的职教中心在办学条件、办学规模和办学效益上均进入了全省先进行列，受到了国家教委和省委、省政府的表彰。全市青壮年非文盲率达98%以上。农村学前班发展到523个，5至6岁幼儿入园率达到94.1%，高出全省平均数6个百分点，幼儿教师专业合格率达80%，青县被国家教委命名为幼儿教育先进县。

到1993年底，全市科研机构达39个，科技先导企业5个，星火示范企业18个。各种类型的科技人员达到58193人，其中高级职称的1165人，中级职称的13455人，初级职称的37292人。年内完成科技攻关项目和星火计划项目48个，其中达到国际先进水平的3项，达到国内先进水平的3项，获省科技进步奖的13项，星火奖的6项。

在改革开放中大步前进的青岛市

王　磊

青岛作为一个沿海开放城市，在全国对外开放格局中具有重要地位和作用，改革开放以来，立足于发挥自身优势，始终坚持把发展外向型经济作为经济发展的战略方向，提出并实施了一系列促进外向型经济发展的重大措施，使对外开放不断向高层次、宽领域、纵深化方向发展。1993年全市共批准利用外资项目1677个，合同外资19亿美元，实际利用外资5.95亿美元，分别比上年增长52.6％、52.4％和73.3％。自营出口创汇达10.02亿美元，比上年增长51.1％。

(一) 确定了"一园三区三线"的对外开放总体布局　1992年以来，根据省委提出的青岛要成为全省改革开放"龙头"的要求，重新调整了开放布局，确定以"一园三区三线"为框架，逐步形成一个各有侧重、优势互补、合力并进的对外开放新格局。

一园，即在崂山区中韩镇建立占地58.5平方公里的高科技工业园，着力吸引国内外科研机构、大专院校和工业企业入园进行高新技术开发。截止今年3月底，已累计批准进园各类企业1424家，其中包括美国电报电话公司、惠普公司、日本三菱重工和中国国防科技大学银河计算机研究所等世界知名的高新技术企业和科研机构，总投资45.4亿元。今年力争有10个投资在1亿元以上的高新技术项目和旅游项目开工投产，逐步建成在全国具有较高知名度和较强辐射能力的高科技开发和转化基地。

三区，即经济技术开发区、保税区、旅游度假区。经济技术开发区与黄岛区实现了体制合一，面积由原来的15平方公里扩展到152平方公里，争取用二三十年时间在胶州湾西岸再建一个新青岛。随着环海公路的即将开通，特别是青岛至黄岛跨海通道提上日程，黄岛开放和开发的热潮日益高涨。目前开发区已批准外引内联项目1449个，其中三资企业项目351个，合同利用外资6.59亿美元。已有"三美电机有限公司"等4家实际利用外资在千万美元以上的企业开工投产。今年要力争跻身全国开发区前5名，真正成为全市外向型经济发展最有活力和后劲的经济区域。保税区位于经济技术开发区临近前湾港的地方，占地2.5平方公里，目前已批准外引内联项目139个，其中三资企业项目95个，合同利用外资6910万美元，完成固定资产投资1.35亿元。石老人国家旅游度假区整个规划18平方公里，起步10.8平方公里，现已洽谈旅游项目280个，合同利用外资达2.33亿美元。其中弄海园、金玉山庄、高尔夫球场以及新加坡环宇集团5平方公里包片开发等项目已开工建设。

三线，即沿济青、烟青、环海公路，建设50个左右的工业园区，集中创办三资企业、"三来一补"和创汇企业。现已开始成为乡镇企业利用外资相对集中的地带。

(二) 不断扩大对外开放的领域　把利用外资的领域扩展到农业、金融业、商业、旅游业、房地产业、基础设施等领域。目前，全市利用外资已扩大到68个行业。金融业利用外资取得突破，驻青岛外资金融机构已达7家，其中香港汇丰银行、日本山口银行在青岛设立的分行已正式开办业务。商业利用外资开始起步，与马来西亚金狮集团合资兴建的青岛第一百盛有限公司，协议投资额近7亿元人民币。饮食服务业累计批准利用外资项目152个，合同利用外资1.3亿美元。房地产业利用外资成绩显著，全市累计批准房地产利用外资项目266个，合同利用外资12.8亿美元，共出让土地935幅，开发建设面积达2407公顷。旅游业和基础设施利用外资也有较大进展，高尔夫球场、五星级海景大酒店、地铁一期工程试验段等一大批大中型外资旅游项目和基础设施项目正在抓紧兴建。

(三) 大力发展乡镇企业外向型经济　把发展外向型经济作为实现乡镇企业第二次腾飞的根本措施。一是不断扩大乡镇企业利用外资的规模。去年全市乡镇批准利用外资项目483个，其中三资企业项目467个，合同利用外资6.16亿美元，分别是过去历年总和的1倍、1.1倍和1.4倍。全市有三资企业的乡镇已占乡镇总数的83.5％。二是加快乡镇企业与外资的嫁接。目前已有500多个乡镇企业成功地实现了与外资的嫁接，加快了企业技术改造步伐。特别是一些原来微利或亏损的乡村企业，通过与外商合资合作，或者把厂房租赁给外商，实现了产品更新，提高了经济效益。三是加快沿"三线"乡镇工业园区建设。在全市已批准的55个沿"三线"乡镇工业园区中，已有10个初具规模，成为外商和国内一些大中型企业投资的热点。目前共兴办三资企业190个，总投资6.55亿美元。乡镇企业外向型经济的发展有力地促进了全市乡镇企业的腾飞。1993年全市乡镇企业总产值480.9亿元，增长75.4％，利税总额达到39.7亿元，增长69.4％，创乡镇企业利税增幅的历史最高水平。乡镇企业出口产品交货值58.2亿元，增长154%，占全市外贸收购总值的61.7%。营业收入过亿元的乡镇有106个，过亿元的村12个，过亿元的企业15个。乡镇企业开始成为青岛经济发展中具有活力的生力军之一。

（四）积极引进国外大公司、大财团投资项目 把引进国外大公司、大财团投资项目作为加快经济结构调整、尽快实现与国际经济接轨的重大措施来抓，下功夫引进一批技术水平高、生产规模大、经济效益好、关联作用大、发展后劲足的外商投资项目。截止1993年底，已有美国电报电话公司、惠普公司、通用电器公司、杜邦公司、可口可乐公司，德国西门子公司、迪高莎公司，瑞士雀巢公司、ABB公司，法国罗纳普朗克公司，瑞典沃尔沃公司，日本三菱重工公司，韩国三星公司，马来西亚金狮集团等40多家世界著名的大公司前来我市洽谈投资，其中已开工建设的有12家，达成投资意向正在谈判的有30多家。

（五）不断改善投资环境 近年来，在资金十分紧张的情况下，多方筹集资金，集中力量加强基础设施建设，使一些长期影响经济发展的主要制约因素得到了缓解。前湾港一期工程、济青公路、烟青公路、胶黄铁路、黄岛电厂二期等一批重大基础设施工程已按期竣工。在软环境方面，国家先后批准青岛设立经济技术开发区、保税区、高科技工业园、石老人国家旅游度假区、民航机场对外籍飞机开放、外资银行和合资商业零售企业。目前，青岛是国家赋予优惠政策最为集中的少数几个城市之一。在用足用好优惠政策的同时，还制定出台了一系列改善对外商服务和管理的有关法规政策，强化和健全了涉外服务体系，实行对外商从接待、谈判、签约、立项、施工建设、投产开业到生活服务等方面的"全方位、参与式、一条龙"系列化服务。目前，在青岛长期居住的外国人已增加到2500人。

山东重要工业基地淄博市

王 鲁 博

一、经济建设

山东省淄博市经济实力雄厚，已跨入了中国大陆城市综合实力50强行列。是山东和全国重要的工业基地之一。现在已基本形成了以重工业为主体，工业门类比较齐全，大中小企业相结合，城乡一体化发展的经济格局。全市实现国内生产总值252亿元，比上年增长47%，其中第一产业增加值24亿元，第二产业增加值为170亿元，第三产业增加值为58亿元，分别比上年增长13.5%、51.6%和49.6%。人均国内生产总值将超过6400元，比上年增长40%以上。

（一）农业稳步发展 全年完成农业总产值32.5亿元，比上年增长10.3%。

1、粮食再获丰收 粮食播种面积434.04万亩，单产为382公斤/亩，总产165.8万吨，与上年相比，单产提高29公斤，总产值增长一成以上。

2、经济作物发展较快 随着大农业的调整，种植结构更趋合理，广大农村因地制宜，使经济作物发展较快。棉花播种面积为18.43万亩，单产95公斤，总产量为1.74万吨，与上年实际相比，单产提高43公斤，增长82.7%，总产量由于面积减少15.57万亩，仅减产1.3%。其中占播种面积3/4以上的高青县单产达到了103公斤/亩，实现了百公斤皮棉县。其他经济作物如花生、蔬菜、瓜果等，与上年相比也都有不同程度的增长。

3、畜牧业稳步发展 随着农村产业结构的调整，淄博市畜牧业又有了长足的发展。大牲畜存养量达到了28.8万头，比上年增长6.3%。

（二）工业高速增长 工业生产在上年较高增长的基础上继续保持了较高的速度，并达到了产销基本平衡，效益明显提高。

1、生产高速增长 1993年完成工业总产值546.86亿元，比上年增长52.9%，其中轻工业完成85.04亿元，重工业完成210.41亿元，分别比上年增长25.1%和19.0%。在按隶属关系分组中，中央及省属企业完成127.5亿元，增长5.5%；市属企业完成63.2亿元，增长9.1%；区县及以下企业完成356.2亿元，增长113.67%。

2、产销衔接较好，基本达到平衡 各工业系统，各工业企业，在生产经营过程中一手抓生产，一手抓销售，采取以销定产等方法，促进了产销平衡。全市完成工业销售产值509.4亿元，比上年增长47.9%，其中乡及乡以上工业完成338.6亿元，增长21%；工业产销率达到95.25%比上年同期增长1.4个百分点。中央及省属企业全年平均为97.34%，高出平均水平2.1个百分点。市属企业为96.85%，略高于平均水平。区县及以下企业为93.59%，低于平均水平1.66个百分点。

3、经济效益明显提高 乡及乡以上独立核算工业企业，实现利税32.43亿元，比上年增长11.7%。销售收入为273亿元，利润总额为12.28亿元，分别比上年增长37.4％和25.1％。

(三) 市场繁荣活跃 1993年实现社会商品零售总额71.8亿元，比上年增长28.4％。其中：居民消费品零售额为56.4亿元，比上年增长33.1％，社会集团消费为8.9亿元，增长25.4％，农业生产资料零售额为6.5亿元，增长1.3％。城乡集贸市场成交额103.4亿元，比上年增长1.35倍。截止1993年底集贸市场已发展到483处，比上年增加13处。

(四) 金融形势好转，财政收支平衡 金融形势步入正轨。全市存款金额达132.52亿元，比上年增长17.38％，其中城乡储蓄存款为80.66亿元，增长18.52％。贷款余额为136.09亿元，比上年增长21.12％。现金总收入为274.96亿元，总支出279.36亿元，分别比上年增长53.68％和53.51％。货币净投放4.66亿元，比上年增长2.55％。

财政实现收支平衡。1993年实现财政总收入13.58亿元，完成年度预算的112.23％，比上年增长21.25％，财政总支出10.47亿元，完成年度预算的118.63％，比上年增长29.75％，按现行财政体制计算，收支相抵节余68万元，再次实现财政收支平衡并略有节余。至此，已连续9年实现了财政收支平衡。

(五) 人民生活水平显著提高 在国民经济高速增长和城乡市场繁荣活跃的同时，人民群众的物质文化生活水平得到进一步的改善和提高。城市居民人均生活费收入达到2443.70元，比上年增长28.3％。主要耐用消费品拥有量比上年又有增加，住房条件进一步改善，消费水平向高档、营养方面迈出了新的一步。农村人民的精神生活和物质生活均有明显改善。农民人均纯收入为1288元，比上年增长19.56％。农村奔小康步伐加快，全市将有五个区县达到省公布的小康区县标准。

二、对外开放

淄博市自1988年划入山东半岛经济开放区以来，对外开放不断扩大，外向型经济有了长足发展。

(一) 利用外资实现了新的突破 1993年累计批准三资企业1080家，合同利用外资8.88亿美元，实际利用外资2.56亿美元。其中新批三资企业601家，是历年总和的1.25倍；实际利用外资1.36亿美元，是历年总和的1.13倍。招商引资领域由工业企业开始向农业和交通、能源、流通、医疗卫生等其他产业延伸。外资来源扩大到32个国家和地区，一批大公司、大财团、大商社先后来投资或合作。一批投资大、高技术含量、高附加值、高出口创汇的项目相继签约或建设，投资500万美元以上的三资项目达到119个。

(二) 出口外汇大幅度增长 1993年外贸出口收购值达到34.37亿元，比上年增长了69.76％；出口产品扩大到19大类、300多个品种，销往60多个国家和地区。出口创汇1.27亿美元，比上年翻了一番。出口产品水平不断提高，工业制成品比重达到90％以上，创汇农业开始起步。涌现了一批出口收购值过亿元的乡镇，过千万元的村和创汇500万美元以上的企业。

(三) 对外经济技术交流与合作日益活跃 淄博市先后与国外3个城市建立了友好关系，同60多个国家和地区建立了经贸往来关系。办起了18个境外企业。工程承包和劳务输出有了很大进展，对外区域性合作有了良好的开端。

(四) 基础设施建设不断加强，投资环境不断改善 为适应对外开放的需要，淄博市从“软”、“硬”两个方面狠抓了投资环境的建设。硬件方面，突出抓了交通、通讯、城市供水、供气等基础设施的改造和建设，新建了一批规模大、档次高的商贸、旅游和文化娱乐设施，使城市功能和硬件条件明显改善。在软环境建设方面，围绕发展开放型经济，制订了一系列鼓励和优惠政策。同时，简政放权，强化服务，努力提高工作效率和服务质量，提高了三资项目审批效率。抓好三资企业的跟踪服务和管理，使三资企业合同履约率、外资到位率、投产达产率和出口创汇率明显提高。

(五) 高新技术产业开发区和外向型工业加工区建设呈现良好的发展势头，日益成为新的经济增长点 淄博市积极创造条件，建立了国家级高新技术产业开发区和6个省级外向型工业加工区。目前，已累计投资30.22亿元人民币，基础设施竣工面积136万平方米，配套设施日趋完善，吸引一大批三资项目进区建设。进区项目达到340项，已建成投产289项，共实现产值25.85亿元，利税3.59亿元，成为经济的重要组成部分和最富有活力的增长点。

黄河三角洲中心城市东营市

滕 化 迎

滔滔黄河奔流入海，造就了我国最年轻的宝地——黄河三角洲。在这块年轻的土地上，一座新兴的石油工业港口城市——东营市正迅速崛起。1983年10月，国务院批准成立东营市，辖东营、河口两区和广饶、垦利、利津三县，广北、黄河等6个国营农牧渔场，土地总面积8053平方公里，人口163万。东营市是黄河三角洲的中心城市，是国务院批准的沿海经济开放区，也是我国第二大油田——胜利油田所在地。

一、巨大的开发潜力

国内外专家的研究结果表明，黄河三角洲综合资源位居我国三大江河三角洲之首，蕴含着巨大的经济发展潜力。一是广袤的土地资源。东营市土地总面积81万公顷，人均0.5公顷，现有耕地26万公顷，尚有40万公顷荒碱地待开发，且黄河每年新造土地0.2万公顷，是我国东部沿海土地后备资源最多的地区。盛产的黄河大米、棉花驰名中外。二是富集的油气资源。胜利油田已建成年产3350万吨原油的生产能力，其80％的石油地质储量和85％的产量集中在东营市境内。三是充沛的淡水资源。黄河流经我市188公里，年均来水量317亿立方米。四是丰富的盐卤资源。现已探明，东营市滨海平原下卤水总储量约74亿立方米，具有建设年产600万吨原盐的资源条件。新探明储量5900亿吨的大型盐矿，其储量位居全国第二。五是辽阔的滩涂和海洋资源。东营市海岸线长360公里，负10米等深浅海面积4800平方公里，滩涂面积12万公顷，素有“百鱼之乡”和“东方对虾故乡”之称，盛产的东方对虾、三疣梭子蟹、黄河刀鱼、黄河鲤鱼、银鱼、纹蛤等久负盛名。六是雄奇多姿的文化旅游资源。这里是孙武故里，吕剧的发祥地，文化层厚，内涵丰富。黄河入海口以其新、奇、野的自然风光和较高的科研价值被国家批准为国家级自然保护区，并已动工建设国家森林公园。七是优越的地理位置。东营市位于山东半岛和辽东半岛环抱的渤海湾地理中心，北靠京、津、唐经济区，南接胶东半岛，是环渤海经济区与黄河经济带的交汇点，也是连接东北经济区与中原经济区的最佳海陆通道。黄河三角洲这些得天独厚的优势及巨大的开发价值，引起了国家及各级政府的高度重视。党和国家许多领导人先后到这里视察，提出了把黄河三角洲建成油洲加绿洲的设想。1988年，民盟中央、国务院经济发展中心、山东省政府联合在东营市召开了“黄河三角洲经济技术和社会发展战略研讨会”，确立了黄河三角洲的总体开发发展战略，即把黄河三角洲建成石油、石油化工和农牧渔业三大基地，把东营市建成现代化外向型的工业港口城市。1992年山东省委五届九次全会决定把加快开发建设黄河三角洲和建设“海上山东”列为全省的两大跨世纪工程。东营市既是这两大工程的主战场，又是结合部。这一切都表明全面开发建设黄河三角洲的时机已经成熟，并展示出美好的发展前景。

二、辉煌的建设成就

建市十年来，东营市按照中央和省委关于开发建设黄河三角洲的战略决策，团结求实，艰苦创业，深化改革，扩大开放，保持了国民经济的健康快速发展。国民生产总值年均增长18.7％，工农业生产总值年均增长21.7％，外贸出口年均增长51.9％，社会商品零售总额年均增长19.7％。特别是1993年，全市上下抓住机遇，开拓进取，真抓实干，推动全市国民经济及社会事业跨上了新的台阶。从而胜利完成了黄河三角洲第一个发展战略阶段的任务，实现了历史性跨跃。国民生产总值92亿元，比上年增长7.8％；工农业总产值148.2亿元，比上年增长12.4％；第三产业增加值12亿元，增长30％。

（一）农村经济突破性发展 东营市是国家确定的农业综合开发试验区，是全国八大农业开发区之一。几年来，我们坚持以水利建设为龙头，以国土开发为基础，以改造中低产田为重点，以增加农产品社会有效供给为目的，加大投入，综合配套开发，努力建立节水型、生态型、立体型、规模型农业生产体系。在稳定家庭联产承包责任制、完善双层经营机制和社会化服务体系的同时，进一步深化改革，推行了农业综合开发股份制，创办了“劳务银行”，促进农业向产业化、市场化方向发展。充分发挥土地资源优势，围绕“一乡一业、一村一品”，积极推进农业综合开发，大力发展“双高一优”农业。共实施农业开发项目22个，完成投资3732万元，开发利用荒碱地8.7万公顷，改造中低产田3.9万公顷，改良草场0.75万公顷，封育草场3.3万公顷。初步建成粮食、棉花、蔬菜、肉类、林果、浅水藕、淡水鱼、芦笋、芦苇等九大基地。粮食总产量87.3万吨，比上年增长45.5％，创历史最好水平；果品产量2.5万吨，增长47.1％；蔬菜总产39.8万吨，增长22.6％；大牲畜存栏21.08万头，增长13.5％；肉蛋奶总产量7.18万吨，增长20.9％；水产品总量6.1万吨，增长31.1％。全市农村社会总产值37.5亿元，农业总产值17.7亿元，分别增长23.1％和20.8％；农民人均纯收入855元，增长26.7％。

（二）工业迅速发展，已形成新的骨干工业体系 石油工业保持稳定增长，石油产量达到3270万吨，天然气产量达到13.7亿立方米。积极探索油田与地方联合开发油气资源的新路子，组建成立了由地方政府与油田共同投资的股份制企业——东胜精攻石化有限公司，联合对新储藏开发建设。石化工业加速生产规模的扩大，已建成石油加工企业8个，形成200万吨的原油加工能力。成立了山东东营石油化学工业集团总公司，并已着手建设6万吨PVC塑料加工、顺酐、中密度纤维板等一批大中型支柱工业项目。地方工业坚持挖潜、改造、扩建一起上，投入、管理、效益一起抓，1993年完成技改投资3.1亿元，比上年增长40.9%，完成技改项目168项，新增产值5.86亿元，利税9169万元。乡镇企业依靠加大投入，强化管理，继续保持快速发展，企业总数发展到3.89万处，从业人员17.59万人，占全市劳动力总数的31%。实现产值43.9亿元，利税4.11亿元，分别增长69.7%和52.2%。全市已形成石油及石油化工、盐及盐化工、机械制造、造纸、食品加工、建筑建材等为主导的工业体系。工业总产值达到132.8亿元，其中地方工业产值36.8亿元，分别增长13.4%和68.7%。涌现出一批产值过亿元的市造纸厂、黄河口建材开发总公司、黄河口建筑建材企业集团总公司和利税超2000万元的垦利炼油厂、广饶石油化工厂等骨干企业。

（三）流通领域蓬勃发展，多成分多层次的大流通格局基本形成 流通体制改革进一步深化，以转换企业经营机制为重心，在全市国合商业小门店全面推行了“公有民营”改革；组建流通企业集团19家；改组股份制企业5家；并对市直属大中型批发企业实行了“母体裂变、一企多制”，极大地解放了生产力。广饶县粮食局根据市场经济的要求，把银行的现代管理制度与粮食的深加工、经营结合，成功地在全国率先创办了“粮食银行”，在实现生产与流通的结合，促进生产、搞活企业方面走出了一条新路子，受到国内贸易部的充分肯定，并在全国予以推广。改革的深入，促进了流通的活跃，全市实现社会商品零售额24.4亿元，增长34.3%。商业网点个数达到28452个，千人拥有网点17.8个，一个以市区大型现代化网点群为龙头，联结城乡、辐射全市的商业网点网络已经形成。适应市场经济发展需要，加速了市场主体的培育和完善。投资1.6亿元，新建改造了一批集贸市场，全市市场总数达到208处，其中专业批发市场40处，万人市场占有率居山东省第一。生产要素市场蓬勃发展，劳务市场、人才交流市场及生产资料市场已达到13处。已初步形成大中小配套、结构比较合理、功能比较齐全的市场体系。结合市场建设，进一步加大政策力度，组织引导，鼓励扶持，放手发展，个体私营经济迅速成为一支重要的经济力量。全市个体工商户达到36322户，从业人员82万多人；私营企业613家，从业人员8861万人，分别比上年增长27.4%和32.4%。全市从事个体私营经济人员占全市总人口的5.68%，上缴的税金占全市税收收入的12.3%。

（四）对外开放不断扩大，外向型经济迅猛发展 抓住我市被列为沿海经济开放区的良好机遇，按照“全市开放，中部开发，南北竞进，跳跃发展”的总体思路，全市上下强化开放意识，树立“大经贸”观点，把外向型经济作为带动全市经济腾飞的龙头和支柱，全力推进。目前我市已与30多个国家和地区建立了经济技术及文化交流，与美国石油城——米德兰市建立了友好城市关系。充分发挥资源和区位优势，坚持“立足东营、面向全国、走向世界”的方针，认真组织实施市场多元化战略和以质取胜战略，积极扩大对外贸易。一方面加快以国际市场为导向的出口商品生产基地建设，一方面面向全国、广抓货源、多口岸出口，在地区间的产业互补中发挥纽带作用。1993年外贸出口商品总值4.32亿元，比上年增长26.55%，增幅居山东省第二位。规划的十大出口商品生产基地中，六个已基本建成，年出口值过千万元的产品5个，过百万元的产品20多个。同时坚持实业兴贸，开拓经营，兴办外贸直属生产、加工、出口企业10多家。

在利用外资上，坚持“广开市门、广交朋友、广泛合作、共同发展”的原则，加强对外宣传，积极开展对外经贸活动，全方位招商引资。成功地组织参加了山东省香港招商引资暨进出口贸易洽谈会和'93青岛经贸洽谈会，共签订合同协议96项，合同协议外资额14.7亿美元，成为山东省的利用外资大户。越来越多的国内外客商看好黄河三角洲这一风水宝地，纷纷前来参观考察和洽谈合资合作项目。仅1993年，就接待25个国家和地区的400多名客商，来我市参观考察，洽谈合资合作项目。1993年，共批准利用外资项目114项，合同利用外资金额7358万美元，其中批准成立三资企业109家，合同利用外资6036万美元；利用外国政府贷款4项，利用外资额1190万美元；接受国际无偿援助1项，利用外资额132万美元。三资企业累计达到199家，实现产值1.09亿元，销售收入1.05亿元，利税1661万元，出口创汇204万美元。

经山东省政府批准，设立了东营开放开发综合试验区，下设综合开发园、工业开发园和精细化工开发园，总规划面积14平方公里，起步区1.5平方公里，已完成基础设施建设，并全方位展开招商引资，已签订合资项目49个，批准进区建设项目20个，有4家企业建成投产。同时，为进一步加快黄河三角洲的开放开发，东营市划出资源最丰富、位置最优越的地块，规划设立了“黄河三角洲外向型资源综合开发区”，已通过国家级专家评审，正在积极创造条件，争取尽快全面建设。

（五）基础设施日臻完备，投资环境大为改善 认真制订并实施基础设施超前发展战略，以基础设施的发展来牵动和促进黄河三角洲的开发建设。继续加强水利设施建设，引黄提水能力达到455立方米/秒，一次蓄水能力3.6亿立方米。电力供应充沛，220千伏变电站157座，胜利电厂120万千瓦一期工程已并网发电，二期工程及广饶、东城两座220千伏变电站正在建设。交通已形成立体交通网络，全市公路密度达到35.4公里/万平方公里，黄河大桥至东营海港高速公路正在建设；铁路连接胶济线、京沪线两大动脉，已开通东营至南京旅客快车；东营海港已经通航，并开通东营至大连的客货航线，新扩建3×3000吨码头正在加紧施工；东营飞机场被批准为国家二级机场。邮电通信已开通8240门程控电话，市、区、县及60％的乡镇已实现国内国际电话直拨。城市建设步伐进一步加快，在改造完善西城的同时，集中力量规划建设东城，一个崭新的具有东营特色的“黄河口、大油田”组团式新兴城市正在巍然崛起。

三、灿烂的发展前景

按照东营市的总体发展战略，九十年代是东营市开放开发全面展开，基本建成石油、化工、农牧渔业三大基地的重要时期，东营市将紧紧抓住改革开放机遇，充分发挥资源和区位优势，以开放促开发，以开发促发展，大力加快东营市外向型经济发展步伐，尽快把东营市建设成为新型的工业港口城市和适应国内外市场需要的现代化经济区。到2000年，全市国民生产总值达到140亿元，其中地方90亿元，年均分别增长6％和12％；工农业总产值达到235亿元，其中地方140亿元，年均分别增长7％和14％；外贸出口商品总值达到10亿元，出口创汇达到2.3亿美元，三资企业达到500家。

(一) 以点带面，层次推进，逐步建成高产优质高效的石油、化工和农牧渔业三大基地 胜利油田的开发建设，已使黄河三角洲成为我国重要的能源基地，今后将以高新技术为先导，以增储上产为中心，努力使这一基地巩固发展。同时，按照石油工业发展转化的一般规律，加速发展石油化工业，在对现有炼油厂更新扩建、蓬勃发展的基础上，加快6万吨PVC、顺酐项目的建设步伐，并同时抓好30万吨乙烯、25万吨丙烯腈和大型炼油厂等项目的前期论证工作，广泛招揽人才和吸引外资，力争到2000年形成山东第二石化基地的基本框架。农业的发展，将进一步调整产业结构和产品结构，在扩大粮棉开发的同时，充分发挥资源优势，以国际市场为导向，大力发展创汇农业，形成以粮棉、蔬菜、林果、畜牧、渔业、农副产品深加工为主体的农牧渔业基地。

(二) 以东营开放开发综合试验区为龙头，加快黄河口外向型资源开发区的建设，全力推进对外开放，加速外向型现代化经济区的形成 东营开放开发综合试验区作为全市对外开放的窗口和示范区，在现已形成一定规模的基础上，进一步完善基础设施，依托地理及资源优势，加大招商步伐，大力兴办商贸、金融、房地产等第三产业及石油化工业，力争用10年时间，建成一个产业结构优良、出口门类齐全、经济较为发达的高科技、高创汇、高效益外向型经济区。同时，以开发区为龙头，加快黄河口外向型资源开发区的建设步伐。本着“小步快走、分步到位”的原则，计划近期内集中开发条件最好的区块，优先开发国民经济急需的农业、能源、石油化工和盐化工等基础产业，通过资源的转化出口，换取国外的资金技术，进一步促进新兴产业的发展，形成良性循环，形成多元经济和替代产业，推动黄河三角洲经济区的迅速发展和长期繁荣。

(三) 继续加强基础设施建设，推动这一地区经济的快速发展及社会的文明繁荣 一是加快以两路两港为重点的枢纽工程建设。公路建设以强化干线公路建设、提高公路等级、完善网络结构为目标，加快黄河大桥至东营海港高速公路建设，并做好东营至青州高速公路的前期论证及建设工作，实现与济青高速公路对接，成为连接东北经济区与中原经济区、华东经济区与华北经济区的交通枢纽。铁路建设主要是集中力量加快德(州)东(营)铁路及通港铁路的论证建设，尽快形成横贯鲁西北地区的交通大动脉。海港建设“八五”期间建成三个3000吨级泊位，年吞吐能力100万吨以上。在此基础上，逐步建成以石油、煤炭输出为主的具有综合功能的万吨港，年吞吐能力2280万吨，并创造条件开通至世界各有关港口的航线。空港将争取支持，尽快启用。二是加快城市建设步伐，按照总体规划要求，加快基础设施建设，搞好园林绿化和旅游景点建设，加强环境保护，改善生态环境，建成距山东省省会济南市最近的具有较强吸引力的海滨城市。三是加快发展第三产业，突出发展商业、文教卫生、金融保险、信息、旅游等产业，努力把东营市建成为山东省新的商贸中心。四是加强黄河入海流路治理，为东营市的开放开发创造长期稳定的环境。同时东营市以优惠的政策和良好的办事效率为国内外投资者提供服务。

向国际化城市迈进的潍坊市

于 生

1993年是中国改革开放十几年来步子迈得最快、成效最显著的一年。这一年也是潍坊市人民认真贯彻执行邓小平同志南巡讲话和党的十四大精神，解放思想，抓住机遇，加快发展，沿着建设有中国特色社会主义道路开拓前进速度最快的一年，社会、经济、文化等领域一系列巨大变化，重大成就纷纷涌现。潍坊市正在以一座现代化、国际化城市的新形象为目标，全力地塑造自己。

一、国民经济持续快速增长

“发展才是硬道理”，这句话是贯穿在潍坊经济发展工作中的指导思想。1993年的经济工作，克服各种严重困难，坚决贯彻执行中央和省委、省政府加强宏观调控的决策和部署，积极稳妥地解决新形势下出现的新矛盾新问题，取得了国民经济全面、持续、快速、健康发展。全市国民生产总值完成337.2亿元，按可比价格比上年增长41.7%；工农业总产值完成808亿元(现价848亿元)，比上年增长72.5%。这在潍坊市历史上是发展最快最好的。

农业获得丰收，农村经济步出低速增长的迷谷，农业的基础地位得到巩固和加强。通过全面实施农业产业化战略，大力发展高产优质高效农业，农业和农村经济发生了可喜变化。粮食总产达到52.2亿公斤，比上年增长8.7%，创历史最高水平。各类经济作物除黄烟、棉花因面积减少和受灾严重总产下降外，其他普遍增产增收。花生总产达到1.02亿公斤，蔬菜总产达到48亿公斤，分别比上年增长44.8%和45.7%。林牧副渔各业得到较快发展，实有林地面积374.9万亩，比上年增长11.8%，全年造林42.6万亩，比上年增长9.3%，林木覆盖率达到18.3%。畜牧业保持了较好的发展势头。生猪出栏258.9万头，存栏量为200.5万头；大牲畜存养82万头；家禽出栏21694万只；均较上年有不同程度的增长。肉类总产60万吨，比上年增长55%，禽蛋产量21.04万吨，比上年增长46.6%。在积极兴建“海上潍坊”，发展海洋捕捞、海水人工养殖、滩涂立体开发的同时，大力发展淡水养殖，使水产品达到14.19万吨，其中海水产品12.19万吨，分别比上年增长42%和39.7%。农业总产值达到126亿元(现价151亿元)，比上年增长30.8%。乡村工业呈现出加速发展的强劲势头，产值达到474.6亿元，比上年增长133.1%。农业机械总动力361.7万千瓦，比上年增长11.5%，农用拖拉机数量，农用载重车数量，农用排灌机械总动力，农用化肥施用量，农村用电量都呈现出明显的增加趋势。农田基本建设用工1.34亿个，完成土石方1.88亿方。农业投入力度的加大是农业及农村经济获得较大发展的重要因素之一，同时反映出潍坊市对农业基础地位重要性的认识是深刻的。

工业发展速度加快，生产高速增长，经济效益明显提高。针对资金短缺、能源、原材料涨价等困难，坚持不懈地进行企业组织结构和产业、产品结构调整、加快技术改造，加强企业管理，使工业生产实现了速度效益同步增长。工业总产值完成682亿元(现价696.6亿元)，比上年增长84.5%，其中乡及乡以上工业产值完成351.7亿元(现价366.2亿元)，村及村以下工业总产值完成330.4亿元，分别比上年增长51.3%和140.6%；在乡及乡以上工业中，国有工业总产值完成158.7亿元，集体工业总产值完成203.2亿元，乡镇工业总产值完成143.7亿元，分别比上年增长19.1%，83.5%和122.9%。乡及乡以上独立核算工业实现利税24.2亿元，比上年增长37%。经济效益综合指数由上年的89.7%提高到95.9%，资金利税率提高到10.44%，其他各项指标亦有不同程度的好转。

第三产业发展迅速，城乡市场繁荣活跃。第三产业的发展水平从某种意义上说标志着该地区经济、社会发展水平的高低。全市人民立足现实，不断调整产业结构，大力发展第三产业，促进了城乡市场的全面繁荣和经济良性循环。社会商品零售额完成113.9亿元，比上年增长37.7%。集市贸易活跃，集市贸易成交额52.3亿元，比上年增长76.8%。市场物价相对平稳，城镇零售物价总指数为109.1，比上年上升9.1%。其中鲜菜下降10%，充分展示了“菜篮子”工程的成功效用。

财政收支平衡，金融环境改善。全年完成财政收入17.4亿元，比上年增长34.2%，超额完成预算，财政支出比上年增长28.4%，收支相抵，略有结余。1993年末全社会存款余额达到143.9亿元，贷款余额173亿元，分别比年初增长22.2%和16.4%；货币净回笼1.02亿元。

人民群众收入增加，生活水平提高。城镇居民人均收入达到2548元，比上年增加666元，农民人均纯收入达到1238元，比上年增加266元。城乡居民储蓄存款余额达到98.9亿元，比上年增加20.4亿元。

二、改革开放迈大步、出新招

1993年潍坊市的改革在全面深化的基础上，实现了重点突破。企业改革，通过认真贯彻《转换经营机制条例》，狠抓“两改造一拍卖”，收到明显效果。去年全市共有105户县属以上企业进行了股份制改造，有43户县属以上企业被兼并，有2188户小型企业和商业门店实行了拍卖、租赁经营。同时，组建和完善了潍坊同心柴油机集团总公司等55家企业集团。企业内部劳动、人事、分配制度改革也迈出了新的步伐。农村改革在继续稳定完善家庭联产承包责任制的基础上，大力培育完善农村市场体系和社会化服务体系。农副产品专业批发市场已发展到121处，农副产品加工“龙头”企业达到3780家，股份合作制试点单位扩大到600家。另外，按照上级统一部署，全面完成了县乡机构改革任务。外贸、流通、科技、文教、卫生体制改革，以及计划、财税、金融、住房、社会保障制度等方面的改革，也都取得了明显进展。对外开放也实现了突破性进展。

三、城乡建设和重点建设迈出较大步伐

城乡建设集中力量加快了以道路建设为重点的房地产综合开发，以小城镇建设为重点的村镇建设，使城乡规划、建设、管理上了一个新台阶。市政府决定从去年开始集中抓好的15件大事，计划1993年完成的已全部完成。潍坊电厂一期工程一号机组已于年内正式投产发电；机场改造一期工程竣工并通过了国家验收，新辟了至佛山、无锡航线；济青高速公路全线通车(潍坊段为146公里)；潍石路市区段和东环路、北环路工程实现通车；有线电视台建成开播；潍城区一万门程控电话扩容工程、济青光缆潍城至五莲段和济烟微波潍坊段工程全部投入运营；延伸扩大煤气管网工程，增加用户9000个；长胜街等四个居民小区改造工程提前完成回迁任务；潍坊港通过了国家级预可性评审，完成了大坝钻探；青临铁路临朐段全线开工建设；潍坊客运总站已经省厅立项，前期准备工作基本完成。各县市区也都呈现出竞相投资建设的可喜局面。1993年全市完成固定资产投资68亿元，比上年增长47.8%。

投资结构进一步优化。在国有经济投资中，更新改造投资9.3亿元，基本建设投资19.3亿元，分别比上年增长24.0%和55.6%。第三产业投资所占比重达34.2%，其中商业、运输、邮电业投资6.2亿元，占41.3%。高新技术开发区累计总投资达23.8亿元。

四、对外经贸突飞猛进

抓住机遇，加快发展对外经贸事业，积极实施“三外”并举、政策推动、重点突破、总体开放、“变游击战为阵地战”的外向带动战略，对外经济贸易迈上了新台阶。

对外贸易大幅度增长。全年完成出口商品收购值44.8亿元，比上年增长50.2%。其中本省口岸供货28.14亿元，比上年增长30.2%；自营出口创汇2003.1万美元，占年计划的106.6%。利用外资速度明显加快。审批利用外资项目794个，合同外资额8.58亿美元，实际利用外资2.22亿美元，分别比上年增长96%、114%和157%。历年累计审批利用外资项目达1464个，合同外资额14.8亿美元，实际使用4.42亿美元。其中兴办三资企业1346家，涌现出一批在全国、全省拔尖的利用外资“双优”企业，对外借款和租赁业务分别为52项、34项和32项。出口商品结构进一步改善。农副产品收购额占出口总值的23.8%，工矿产品占76.2%，其中机电产品出口3.91亿元，占出口总值的8.72%。开发出口新产品76种，增加收购额9800万美元；深加工出口生产比上年也有较大幅度的增长。外商投资企业“四率”逐步提高。审批的1346家三资企业，外商实际投入3亿美元，外资到位率为23.4%，中方实际投入13.5亿元，资金到位率为26.7%，比上年提高了1.7个百分点。投产三资企业265家，累计投产405家，投产率为30.1%，比上年提高了5个百分点。投产三资企业产值完成40亿元，实现利税2.76亿元，出口创汇1.8亿美元，分别比上年增长3.34倍、5倍和1.87倍。国际经济技术合作有了长足进展。选派出国经贸团组531批、1737人次，先后到近40个国家和地区考察市场，进行经贸合作洽谈。争取国际无偿援助129万元，新签劳务合同23份，合同金额510余万美元，外派劳务508人；新批外国企业驻潍坊机构11家、海外企业7家。重点合作对象有以新加坡为主的东南亚，有以俄罗斯为主的独联体和美国、中东、澳洲、南美等国家和地区。外经贸企业“三化”建设迈出了新步伐。对外经贸自属企业采取参股联营、合资办厂、招商引资和发展出口生产基地、组建企业联合等多种形式，加快了集团化、实业化、国际化建设步伐。对外经贸企业新上技术改造项目20个，总投资3500万元；争取出口基地建设外汇项目3个，无偿使用外汇185万美元；系统内有9个科研项目获国家经贸部科技成果奖。经贸系统自属企业已达165家。

过去的一年，围绕“抓住机遇、加快发展”这个主题，针对国际市场和建立完善的国内市场经济体制，突出做了以下几个方面的工作。

第一，积极组织举办和参与涉外经贸活动，扩大利用外资规模。先后举办了第十届潍坊国际风筝会、对外经贸洽谈会、组织有关行业企业参加了广交会、香港经贸洽谈会、青岛小交会和山东’93新加坡经贸洽谈会，签订了利用外资合同及协议719个，合同协议外资额25.13亿美元。组织34人的大型经贸团组，在市主要领导带领下分赴美、澳招商引资，取得了辉煌成果。通过组织举办参与这些大型涉外经贸活动，扩大了对外影响，实现了利用外资工作的跳跃式发展，为进一步扩大对外开放，开展对外经贸合作奠定了基础。目前美国的培根集团、太平洋世纪集团、新加坡经贸理事会、朝阳会馆和香港新鸿基集团、嘉银银行及日本日立株式会社、长期信贷银行等一些世界有影响的大财团、大商社相继来潍坊市考察洽谈、为全方位对外开放发挥了重要作用。

第二，实施市场多元化战略，积极扩大出口创汇。坚持以本口岸为主，多口岸为辅，自营、代理、三资企业、驻外机构和海外企业一齐上，不仅巩固发展了与全国68家口岸公司的业务关系，还为8家生产企业争取到了自营进出口权。充分理解出口创汇是外经贸工作“重中之重”的深刻内涵，加大工作力度，协调解决出口收

购资金、货源、提前一个月超额完成了年度计划。

第三，坚持积极有效的方针，强化三资企业的管理。在利用外资工作上，一方面在保证外商投资规模不断扩大的前提下，按照国家产业政策，正确引导外资投向。根据市、县、乡三级企业的不同特点，采取不同形式，突出大中型企业利用外资嫁接改造，发挥乡镇企业“船小好调头”的长处，扩大发展“短平快”项目。另一方面，坚持积极有效的方针，强化外资项目管理，努力实现意向变协议，协议变合同，合同变行动。市委、市政府三次召开专门协调会议，帮助部分企业解决实际工作中的困难。逐步扭转对外资项目“重审批、重管理”的倾向，使三资企业的整体素质有了新的提高。

辉煌属于过去。潍坊人有魄力，有能力乘时代东风，奋力开拓进取，在建设有中国特色社会主义的前进道路上创造新的辉煌。

建设中的现代化国际性港口城市烟台市

牟 韶 莉

海滨城市烟台位于山东半岛东部，濒临渤海和黄海，与日本、朝鲜隔海相望，是国家重点开发的环渤海经济圈内的重要城市。作为全国首批14个沿海开放城市之一的烟台，正在改革开放中崛起。1991年，全国“城市综合实力50强”中，烟台列第35位，1991、1992连续两年有5个县市进入全国“百强县”行列;1992年全市国内生产总值在全国54个超百亿城市中居第17位，1993年国内生产总值可达335亿元，增长速度为38.5%;工农业总产值达到904.7亿元，比上年增长74.7%。烟台在经济上的特点有以下几方面。

(一) 工业生产门类齐全，呈现出强劲发展势头 按照“强化主体，拓展两翼，外向导航，全面腾飞”的思路，经过多年的发展，烟台的工业已形成了包括轻工、食品、纺织、机械、电子、冶金、煤炭、建材等门类比较齐全的工业体系，主要产品有2000多种，其中有450多种远销100多个国家和地区。目前，全市乡及乡以上工业企业2713个，其中大中型工业企业226个，经过近几年按照构筑“大(规模)，高(技术)，外(向型)”工业格局的发展思路，大力发展了基础工业、原材料工业和高新技术产业，全市工业经济结构发生了根本变化。氨纶、锦纶、涤纶等化纤工业和钢铁、聚氨酯、合成革、建材、盐化工等一批新兴原材料工业企业相继建成，并进入高产出阶段;数控机床附件、石英振子、电力远动控制系统等机电仪表一体化工业正在迅速崛起。一些技术含量较高、规模优势大、开发程度较强的新兴行业正在形成。1993年全市工业增加值167亿元，比上年增长56%。

(二) 农业形成了以粮油生产和乡镇企业为重点，林牧渔全面发展的经济格局 肥沃的土壤，宜人的气候，机械化作业，使烟台的农业生产在十四个沿海开放城市中一直处于领先地位。全市已有1个县、22个乡镇、1305个村达到小康水平，1993年农民人均纯收入达1349元，粮食产量达318万吨，油料产量39万吨，水果127.7万吨，水产品101.3万吨。烟台市乡镇企业起步早，发展迅速，现已有5万多个，1993年完成产值664亿元，比上年增长129.8%，成为农村经济的重要支柱。

(三) 通讯先进，交通发达 1984年以来，用在改善交通、能源、通讯等基础设施方面的投资达40多亿元。引进了具有国际先进水平的数字程控电话交换机，实现了县以上电话交换程控化，基本建成了各县市区的本地电话网，实现了国际、国内长途直拨，开办了无线寻呼、移动电话等业务。1993年底，程控电话已达11万门，明年将达到23万门，与世界上200多个国家和地区建立了通讯联系，大大缩短了烟台与世界的距离。烟台的交通比较发达。全市公路通车里程4000多公里;境内蓝烟铁路横贯东西，火车直达北京、上海、济南、青岛等地;全市共有大小港口7个，年吞吐量2081.1万吨，其中烟台港年吞吐量1106.1万吨，同100多个国家和地区直接通航，民航已开通国际货运航线，国内客运航班已开通北京、上海、广州、大连、深圳、哈尔滨等十多条航线。

(四) 第三产业发展迅速，领域拓宽 目前已发展到交通、通讯、旅游、房地产、拍卖典当等行业，出现了多家竞争的好势头。全市各类商业网点已达10.9万处，千人拥有商业网点17.3处;城乡集市贸易520处;个体私营业户11万户。预计1993年全市第三产业增加值可达91亿元，占国内生产总值的比重可达27.2%。

(五) 对外开放形成全方位、多层次、多元化的格局 自1984年国务院确定烟台为沿海开放城市以来，烟台先后与日本的别府市、美国的圣迭戈市、新西兰的陶朗加市缔结了友好城市关系，国际交往、经济技术合作领域和规模日益扩大。1992年以来，突出抓了“五区一工程”建设，即烟台经济技术开发区、高新技术产业区、芝罘湾保税区、旅游房地产开发区、农业开放开发区和乡镇企业"龙虎工程",外向型经济呈现出突飞猛进、跳跃式发展的态势。截止1993年底,全市累计批准利用外资项目2695个,合同总投资额39.7亿美元,其中外资19.2亿美元。全市建立了十大农副产品出口基地和十大工业品综合基地,成为全国出口商品综合基地之一。出口商品已发展到15大类,6000多个品种。1993年全市外向型经济呈现出前所未有的好势头。全市新签协议(合同)1312个,协议(合同)总投资25.3亿美元,其中合同外资额13.3亿美元,分别比上年增长81.2%、57%和54.1%,分别是前九年总和的87.8%、94.9%和91.7%。全年实际利用外资5.2亿美元,比上年增长79%,是前九年总和的102.1%,外商出资率为36.8%。

1993年对外贸易大幅度增长,出口商品收购保持了较快的发展速度。全年共完成出口商品收购总值42.3亿元,超额完成省年度计划的25.5%,超市年度计划的8.5%,比上年增长40.3%;出口创汇持续稳定增长,全市全年自营出口完成2.2亿美元,增长22.3%;经济效益大幅度提高,全年共实现利润4088万元,超额完成年度计划的70.3%,比上年增长95.2%,市直18个公司当年经营全部盈利。

总面积达36平方公里的烟台经济技术开发区坚持"照特区模式干、抓机遇大发展"的方针,进一步加大招商力度,完善投资环境,使外向型经济取得突破性进展,全年进出口贸易总额2.1亿美元,其中出口总额0.9亿美元,进口总额1.2亿美元,分别比上年增长32.2%、26.9%、36.3%。全年新签三资企业项目257个,协议(合同)外资额2.7亿美元,实际利用外资0.6亿美元,分别增长63.7%、114.7%和37.7%。

芝罘湾保税区自1992年开始动工兴建,现有保税仓库面积1万多平方米,规划库区面积20万平方米,具备了招商条件。国家又正式批准在区内建立山东省第一家进口汽车保税库,为开展进出口保税业务创造了更为有利的条件。一年来,保税区充分发挥自身优势,利用一系列优惠政策,逐步走向"利用外资改善投资环境,以良好的投资环境吸引外资"的滚动式发展轨道,累计签订三资企业项目17个,协议(合同)总投资5782万美元,其中协议(合同)外资额4510万美元,实际利用外资142万美元。

今后一个时期,烟台市将抓住有利时机,加快改革开放,以五区(经济技术开发区、保税区、旅游房地产开发区、农业开放开发区、高新技术产业开发区)为龙头,以两港三线为纽带,强化四大支撑点,挖掘四大潜力点,实现重点突破,推动国民经济超常规、跳跃式发展。主要发展目标是:在坚持提高质量、优化结构、增进效益的前提下,全市国民生产总值年均递增20.5%~23.2%,力争八年上三个台阶,到2000年实现国民生产总值比1980年翻四番。

第一,进一步加大对外开放力度,加快五区建设　一是大力发展技术开发区,争取到"九五"末,完成45平方公里开发建设。二是积极发展芝罘湾保税区。现在1平方公里起步区已开始运转,3平方公里规模发展前期准备工作正在加紧进行。三是努力开拓旅游、房地产开发区。以市区为中心规划了30平方公里的旅游、房地产开发区,积极对外招商。四是兴办农业开发区。规划了100万亩果园、100万亩浅海滩涂、100万亩荒山荒滩、100万亩农田作为农业开放开发试验区,享受经济技术开发区的优惠政策。通过合资、独资、租赁、出租等方式,吸引外资开发种植业、林果业、水产业、畜牧业,为农业综合开发探索新路子。五是建设高新技术开发区。目前,2平方公里高新技术产业中心区建设迅速,共认定高新技术企业18家,投产、试产12家,创办科研、技术开发机构13家。按照市里培植生长点、建设科技园、形成产业带的设想,到"九五"末高新技术企业达到1000家,年递增速度50%以上,占全市工业增加值的比重达到11%以上。

第二,加快实施"万家企业对外开放"战略,努力构筑"大高外"经济格局　加快国有大中型企业的结构调整和嫁接改造步伐,组建集科研、生产、营销于一体的跨国集团公司,进一步加快重点项目的筛选、论证、签约和建设,发展一批生产规模大、技术含量高、出口创汇能力强的领航企业和拳头产品。进一步推动乡镇企业对外开放,贯彻实施优惠政策,促使它们迅速走向国际市场。千方百计拓宽利用外资渠道,同时,以更优惠的政策吸引外地来烟投资兴办企业。积极创造条件,争取兴办外资银行、筹办证券市场,发展企业内部股份制,最大限度地吸引社会资金,加快重点建设。努力搞好人才引进和培养,做好引进国外智力工作,提高对外开放队伍整体素质与水平。

第三,加强基础设施建设,着力解决好制约城市对外开放的关键问题　加速建设"海陆空"立体交通网络,重点是以"两港三线"(海港、空港、德烟线、蓝烟线、烟大轮渡线)为骨架,形成沟通东北、华北,辐射内地、联结环渤海湾地区乃至全国沿海开放城市,接通欧亚的交通枢纽和大陆桥。邮电通讯建设,争取明年年底每个乡镇和村庄都通上程控电话。加快电力发展步伐,缓解供需矛盾。进一步加强水、暖、气及旅游、服务等基础设施建设,改善城市生活环境。加强以要素市场为重点的市场环境建设,增强经济发展的拉动力。重点是发展金融市场,包括债券、股票、货币市场;改革劳动制度,建立劳动力市场;进一步发展技术和信息市场及商品市场,形成多次层、多形式、多领域相结合的大市场体系,促进烟台人流、物流、信息流的大流通。同时,

大力培育和发展房地产业，加快形成国民经济的支柱产业和外向型经济的龙头行业。引导优化房地产开发投向，促进城市基础设施建设。

第四，进一步强化第一生产力地位，纵深推进科技兴烟战略　加速实施人才开发工程。大力发展基础、职业、高教等各级各类教育事业，围绕生产和管理手段的现代化、经济建设外向化、城市发展国际化，下大本钱培养各类适用人才；面向国内外，创造尊重知识、尊重人才的良好环境和条件；进一步改革人才管理体制，完善人才流动法规，强化人才激励机制，搞活人才、用活人才、重奖人才，最大限度地释放人才的能量。加速实施高新技术产业化工程。以高科技园区为龙头，以高新技术企业为依托，以实施“火炬计划”为主要手段，联合高等院校，加强高科技成果的研制、开发、推广和应用，加快高科技骨干项目的引进和建设，运用高新技术嫁接改造传统产业，努力形成一批具有规模经济、有国际竞争能力的高新技术产业。

第五，进一步加大改革的广度和深度，全面加快向市场经济转轨的步伐　着力转换企业经营机制，加快构建现代化企业制度。积极探索国有资产管理和经营的合理形式和途径，建立现代企业制度；加快调整和改革所有制结构，积极探索多种实现形式、多种财产组织形式，大力发展多种经济成份相互参与的混合式经济。同时，集中精力搞好各项重点领域的改革，进一步转变政府管理经济的职能。

到本世纪末，烟台市市区建成区面积将达到80平方公里，人口达到80万，第三产业占国民生产总值的比重达到50％以上，建成环渤海区域的一流城市。烟台市将成为一个集交通航运、工业加工、商贸金融、旅游度假于一体的综合性、开放式、多功能、现代化的国际性港口城市。

进入快车道的威海市

于　海　平

1993年是威海市各项事业蓬勃发展的一年，全市广大干部职工在市委、市政府的正确领导下，抓住机遇，开拓进取，使全市的各项事业都有了突破性进展，威海经济进入了良性发展的快车道。

一、国民经济

（一）基本设施　1993年威海市在资金紧缺的情况下，仍然加大了对基础设施项目的投入。总装机容量12.5万千瓦的山东华能威海电厂一期工程一号机组提前9个月投产发电，完成投资5.7亿元；威海港5000吨级客滚泊位工程、烟威一级汽车专用路、威海至韩国国际卫星地球站等一批重点工程竣工投产；威海机场二期工程正在进行，联络道、滑行道、联航停机坪等工程业已竣工；桃威铁路建成贯通；开通了威海与韩国的边境直达通信；米威调水工程完成投资2027万元，建成后将完全能够满足威海市的生活及生产用水需要。

（二）农业　1993年威海市粮食生产获得大丰收，总产量达到127.7万吨，比上年增长21.6％；花生生产大幅度增长，总产量达到25万吨，增长80％；果品生产再上新台阶，总产量达到52万吨，增长12万吨；全市农村经济总收入达到249亿元，比上年增长42％；农民生活明显改善，人均纯收入1750元，增加259元，比1988年翻了一番多，继续保持全省领先地位。

（三）工业　全市完成工业总产值396.5亿元，比上年增长77.2％。其中乡及乡以上工业完成产值284.95亿元，比上年增长67.5％；完成销售收入185亿元，增长62％；实现利税22.2亿元，比上年增长68％；实现利润14.6亿元，比上年增长81％；完成出口交货值42亿元，比上年增长54％。与此同时，企业的三项制度和股份制改革工作也取得了显著成效。到目前为止，绝大多数工业企业已完成了劳动人事制度和分配制度改革，86％以上的企业实行了全员劳动合同制，部分企业推行了股份制或股份合作制；市县两级工业主管部门多数已公司化，大大减少了对企业的行政干预，加强了对企业的有效服务，使工业企业进一步增强了活力，更好地适应了市场经济的需要，重点扶持一批骨干企业，到1993年底，产值过亿元的企业由上年的15个发展到49个，利税过千万的企业发展到37个，比上年增加了27个。全年在建技改项目468个，总投资26.5亿元，竣工项目306个。全市出口企业达到340家，出口产品460种，年创汇过500万美元的企业由上年的15户发展到24户。县属以上49％的工业企业、30％以上的工业产品进入国际市场，工业品出口交货值占工业销售收入的比重达到22.3％。

（四）商业　全年实现社会商品零售总额66.7亿元，比上年增长39％，扣除物价上涨因素，实际增长18％；消费品零售额52亿元，增长49％；农业生产资料零售额15亿元，增长12％。各类经济类型商业销售额均比上年有突破性增长。国有商业比上年增长39.3%，集体商业增长37%。其中供销社增长37.6%;私营和个体商业增长34.8%;农民对非农业居民的零售额增长76%。集市贸易成交额迅猛增长，专业集市贸易市场不断扩大。城市集市贸易成交额6.73亿元，比上年增长37%，年末拥有集贸市场158个，比上年增加9个。

(五) 财政、金融、保险 财政预算内收入64846万元，比上年增长45.6%。财政支出63337万元，基本保证了经济建设和各项事业发展的需要，实现了收支基本平衡。金融业成绩显著，年底各项存款余额达89亿元，比年初增加16.7亿元;年末各项贷款余额96.4亿元，比年初增加18亿元。贷款投向结构趋向合理，继续向农业倾斜，农业贷款余额10.6亿元，较上年增加1.1亿元，全年保险费用收入12431万元，比上年增长63.5%。全市有2019家企业参加了企业财产保险，140251户居民参加了家庭财产保险，546943人参加了人身保险。保险公司处理国内财产险赔案14574件，支付已决赔款6520万元，为16361人支付人身保险赔款674万元。

(六) 建筑业 1993年，固定资产投资规模迅猛扩大，建筑业以更高、更快的速度增长。全市共完成建筑业增加值19.2亿元，比上年增长92.2%，县以上全民和集体所有制建筑施工产值6.8亿元，增长126.9%，房屋施工面积147.9万平方米，增长82.9%;房屋竣工率达到46.4%;全员劳动生产率达32702元/人，增长13.9%。

二、对外开放情况

1993年，全市共批准利用外资项目986项，合同外资额及工缴费收入共计71582万美元，实际利用外资18086万美元，分别比上年增长128%、107%和200%。利用外资工作呈现四个特点：一是速度加快。共批准三资企业679家，比上年增长95%，平均每天批准1.9个。批准“三来一补”项目306项，是上年的4倍。二是领域拓宽。在第一、二产业利用外资稳定增长的同时，外商投资逐渐向第三产业扩展。第三产业项目占总数的52.4%，比上年增长125.2%;由相对集中的房地产开发、旅游服务业向能源、通讯等基础设施领域渗透。三是规模扩大。全市批准利用外资项目的平均外资额达104.6万美元，比上年增加11.9%。外商投资过500万美元的项目25个，比上年增加14个。四是范围广泛。利用外资的国别已扩展到26个国家和地区，比上年增加了5个，其中香港、美国、韩国、台湾等仍然是我市的重点投大户，名列前四位。

三资企业经营管理水平明显提高。全市外商投资企业共开工339家，其中，生产性企业287家，全年完成产值31.7亿元，实现利润22319万元，分别比上年增长132%、162%。三资企业自营、代理及“三来一补”出口创汇2.2亿美元，比上年增长2倍。

企业自营出口创汇4006万美元，比上年翻了一番。完成出口商品收购额16.7亿元，比上年增长30%。出口商品结构进一步优化，工业制成品占出口总额的92.5%，其中纯工业品占71.5%，全市新开发出口产品60种，增加收购额4316万元。对外贸易运输规模进一步扩大。外运公司全年完成货运量110万吨，比上年增长20%，共疏通集装箱10500个。

口岸贸易大幅度增长。威海海关进口货物总值42431.82万美元，比上年增长61%。

1993年抓紧实施“借韩兴威”战略和外向带动战略，全市上下形成了浓厚的招商引资气氛。成功地举办了’93威海中韩经贸洽谈会，有力地促进了与韩国的经贸合作与交流。同时还参加了山东省在香港、新加坡举办的大型经贸洽谈会，组织参加了“青交会”，自行筹办了“’93威海中外技术项目暨专利技术转让洽谈会”。这几次大型涉外经贸活动，共签订利用项目、协议759项，协议外资额24.3亿美元。这些活动广泛地联络了客户，开辟了市场，显示了外向型经济发展和自行举办国际性大型经贸洽谈活动的能力，提高了威海在国际国内的知名度。

(一) 对韩贸易的“桥头堡” 威海市与韩国隔海相望，最近处只有90海里，历史上这里就是两国人民友好交往和通商的交通要道，是我国最早与韩国开展贸易的地方。1990年9月16日我国与韩国第一条民间贸易航线——威海至仁川客货航线的开通，特别是两国正式建交和中韩民间贸易协定签定后，威海与韩国经贸合作形势发展转快，关系日趋密切，已成为中韩两国双边贸易的最大“桥头堡”。截止到1993年底，韩国在威海兴建的三资企业累计达234家，合同外资额1.24亿美元。1993年威海市对韩国进出口贸易总额达2.8亿美元，比去年同期增长64%，跃居全国各对韩贸易口岸首位;对韩经贸交流不断扩大，1993年，共接待韩国考察团组800多批，4500多人次；威海派往韩国的经贸考察团组120多批，700多人次，与韩国500多家财团和企业建立了业务关系。1993年威海—仁川金桥轮共航行112个航次，乘运旅客77273人次，其中韩国旅客20169人次，比上年增长19%;疏运集装箱90130个，比上年增长30%。威海是著名的侨乡，在韩华侨约为1.5万人，占韩国华侨的50%，他们利用这种方便条件，为威海牵线搭桥，引进韩资，扩大贸易，做出了很大的贡献。1993年9月16日，又将金桥轮更换为吨位更大的新金桥轮，增强了航运能力，缓解了这一航线的压力，保证了进出口货源的及时输散。

为进一步扩大与韩国的经贸业务，1992年10月12日和1993年7月27日，威海市政府分别在汉城和威海举办了中韩经贸洽谈研讨会。参加会议的韩国企业界人士共达1500多人。这两次洽谈会增进了了解，加深了感情，并就进一步扩大威韩贸易进行了广泛的交流洽谈。威海将充分发挥对韩贸易的“跳板”和窗口作用，为全省及至全国的对韩经贸交流提供信息及服务。

(二) 全面实施市场多元化战略 针对威海处于黄海经济圈与环太平洋经济圈内切点这一优越地理位置，立足韩、港、台、东南亚，大力开拓日美市场，多头出击，跳跃发展，通过参加国内外商品交易会、出国办展推销、邀请客户来访等形式，全面开拓国际市场，收效显著。1993年全市共接待了来自30多个国家和地区的经贸考察团组1500批，9000多人次；派出经贸团组518个，1787人次，分赴北美、亚太及西欧等41个国家和地区。全市新建立客户关系60多个，开辟新市场50个，双边贸易额超过100万美元的国家和地区达到4个。本市的产品自营出口到31个国家和地区，比上年底增加了6个。共签订对外承包工程和劳务合作合同33份，合同额1806万美元，完成营业额1003万美元，外派人数596人次。

(三) 各类开发区建设日趋完善 到1993年底，威海共有国家级开发区2个，省级开发区4个，普遍发展良好。

高技术产业开发区全年批准进区项目215项，总投资33亿元。全年完成固定资产投资9.3亿元；完成基础设施工作量1.7亿元，累计达到3.2亿元。新开工建筑面积63万平方米，竣工20万平方米；修筑道路13公里，铺设水、热、电、污主干管道31公里；3.5万伏输变电工程当年建设，当年运行。4平方公里的集中建设区域及海滨旅游区的主要基础设施工程基本完成。“七通一平”工程基本完工。与此同时，与高新技术产业项目相配套的教育、金融、保险、信息、旅游等第三产业协调发展，整个开发区已经初步形成了新城区的雏形。

经济技术开发区全年完成社会总产值9.8亿元，国民生产总值2.8亿元；出口商品交货值2500万元，出口创汇80万美元。基础设施建设开工面积100万平方米，竣工30万m^2，共批准进区项目535个，其中外资项目79个，合同外资额10066万美元，实用外资1512万美元。基础设施的完善，招商引资的成功以及高层次人才的配备，使威海经济开发区日益成为对外开放的“窗口”和推动威海外向型经济的“火车头”。

另外，荣成经济开发区、文登经济开发区、乳山金岭开发区、威海国际旅游度假区等四家省级开发区也发展良好，均通过了省级政府的考核验收，是吸引外资，招商办厂的理想场所。

经济建设迈出较大步伐的南京市

司 开 明

1993年南京市人民以邓小平同志建设有中国特色的社会主义理论和党的十四大精神为指针，按照市委九届九次全体(扩大)会议确定的“解放思想、乘胜前进”的总体要求，进一步抓住机遇，深化改革，扩大开放，加快发展。特别是下半年以来，贯彻中央加强宏观调控的重大举措，整顿金融秩序，调整投资结构，加强物价管理，取得了积极成效，国民经济获得又快又好的发展。

1993年全市实现国内生产总值325.7亿元，比上年增长16.8%，提前7年实现第二个翻番；人均国民生产总值6241元，比全国平均水平高3500多元，综合经济实力跃上了一个新台阶。

一、工业生产继续保持一定增长速度，经济效益同步增长

工业生产继续保持一定的发展速度，产值、销售、效益实现同步增长。全年实现增加值达190.15亿元，比上年增长18.5%。全市乡及乡以上工业企业累计实现产值537.6亿元，比上年增长22.4%，工业产销衔接好于去年，实现销售产值591.2亿元，同比增长22.4%。轻重工业生产格局发生变化，改变了长期以来重工业超前增长的态势。其中轻工业产值136.03亿元，比上年增长26.9%；重工业产值401.55亿元，增长20.9%；大中型工业企业产值329.85亿元，比上年增长11.7%。

非国有工业发展进一步加快。全年非国有工业产值达220.74亿元，比上年增长56%；其中乡办工业产值达94.2亿元，增长86.5%；其他经济类型工业产值69.6亿元，增长112.7%，非国有工业增加值占全部工业增加值的比重达34.2%。

建筑安装企业加快发展，全年完成工作量35.17亿元，比上年增长46.8%，全员劳动生产率为28348元/人，增长26.6%，建筑业增加值为19.93亿元，比上年增长3.7%。

全年主要工业产品产量如下

产品名称	1993年产量	比上年增长%
钢	89.25万吨	19.1
生铁	83.53万吨	4.6
成品钢材	110.28万吨	31.8
发电量	59.09亿度	2.1
原油加工量	856.51万吨	1.1
水泥	383.97万吨	13.1
合成氨	49.04万吨	4.3
硫酸	38.23万吨	－7.2
烧碱	4.59万吨	6.5
乙烯	30.80万吨	－3.7
化肥(折纯)	39.22万吨	1.6
农药	0.23万吨	－25.8
汽车	7.80万辆	8.6
金属切削机床	8198台	22.7
摩托车	27.68万辆	77.2
布	7255.17万米	－4.7
毛线	0.59万吨	9.3
洗衣粉	7.33万吨	20.6
肥皂	1.02万吨	持平
卷烟	14.78万箱	－31.3
电视机	173.12万台	－18.1
其中:彩电	108.58万台	5.5
组合音响	12.08万台	－23.5
房间空调器	1.72万台	17.0
家用电冰箱	1.42万台	－43.0
微型电子计算机	2842部	－0.1

二、农村经济发展势头较好，结构调整初见成效

农村经济出现了全面增长的新局面，全年实现增加值达21.01亿元，比上年增长3.5%。其中，农业增加值13.01亿元，增长3.3%；林业增加值0.49亿元，增长14.3%；牧业增加值5.5亿元，增长1.9%；渔业增加值2.01亿元，增长7.6%。全年农村社会总产值达246.78亿元，比上年增长82.6%。农村工业、建筑业、运输业和商业、饮食业等非农产业经济增势强劲，占农村社会总值比重为81.2%，比上年提高21.3个百分点。

农作物结构有所调整，粮油棉种植面积减少，经济作物面积增加。粮食总产达16亿公斤，油料总产11万吨，接近上年大丰收水平，全面超额完成了全年目标计划。多种经营稳定发展，其产值在农业总产值中的比重达50%，附加值高、经济效益好的经济作物种植面积增加较多，全年种植业产值比上年增长4.1%。

全年主要农副产品产量如下

产品名称	1993年产量	比上年增长%	产品名称	1993年产量	比上年增长%
粮食	160.32万吨	－2.7	猪肉	109298吨	4.1
油料	10.94万吨	－7.1	牛羊肉	2898吨	－3.1
棉花	3191吨	－31.0	禽蛋	63780吨	持平
茶叶	1643吨	－0.5	牛奶	30121吨	－7.4
蚕茧	1051吨	21.8	水产品	61729吨	10.4
蔬菜	938534吨	10.1			

乡镇工业实现当年翻番。完成产值174亿元，比上年翻了一番；创利税10.8亿元，比上年增长94%，主要经济指标超过历史最好水平。乡镇工业中外向型经济成分大大提高，全年新办三资企业366家，占全市新批总数的27%；外贸出口供货总额8.7亿元，比上年增长71%。全市有67个乡镇和7个村实现工业产值超亿元，乡镇工业发展增强了农村的经济实力。

三、第三产业发展快速、协调

全年实现增加值114.52亿元，比上年增长16.8%。其中运输邮电业增加值19.36亿元，比上年增长18%；商业饮食业29.02亿元，增长15.8%；金融保险业26.79亿元，增长12%；房地产业5.82亿元，增长24.2%；其他服务业33.53亿元，增长19.9%。第三产业占国内生产总值比重达35.2%，比上年提高0.7个百分点。

运输生产有所回落。

全年各类运输业的运输量如下

内容	1993年	比上年增长%	内容	1993年	比上年增长%
货物运输总量	9130.1万吨	－4.4	旅客发送总量	4182万人次	－9.5
其中:铁路	985.0万吨	4.1	其中:铁路	1313万人次	0.1
公路	3366.0万吨	－10.8	公路	2660万人次	－14.2
水运	3749.4万吨	1.4			
管道	1029万吨	－9.6		147万人次	
港口货物吞吐量	4951.6万吨	1.0	水运		－8.0
其中:外贸吞吐量	524.4万吨	38.8	民航	62万人次	22.3

邮电通信事业发展再上新台阶 全年完成邮电业务总量5.82亿元，比上年增长49.8%。年内市内电话升为7位号码，全年新装电话用户8.56万户，比上年多放装4万户。年末全市电话交换机总容量达37.5万门，比上年增长1倍。市内电话用户达22.18万户，增长62.8%。移动电话用户4141户，增加3781户。无线寻呼用户5.79万户，增长145.3%。年末电话普及率为每千人70.72部。继开通900兆无线电话之后，又开通了DDN数据通信网；在京济宁光缆干线开通后，全国第一条五次群通信干线又在沪宁两市间兴建，实现了与南沿海光缆干线的快速接轨，大大提高了全程全网通信能力。

国内消费品市场持续旺销 1993年全年社会商品零售总额达141.31亿元，比上年增长35.2%，是建国以来增幅最高的一年。各种经济类型商品零售额全面增长。全年国有商业企业零售额67.68亿元，比上年增长45.5%；集体所有制单位零售额37.14亿元，增长18.2%；个体商业零售额20.59亿元，增长44.2%；农民对非农业居民零售额15.02亿元，增长30.1%；城乡集市贸易成交额36.19亿元，增长53.4%。

外向型经济继续保持高速增长势头 利用外资工作跃上新的台阶。去年全市新批外商投资企业1340家，比上年增长55%。投资总额19.79亿美元；合同外资11.47亿美元；实际利用外资3.17亿美元。引进项目中，大项目和高新技术项目增加较多，其中千万美元以上项目36个，比上年增长20%，新批三资企业中，外商投资比例达58%，比上年增加6.4个百分点。到1993年底，全市累计批准外商投资企业2508家，实际利用外资金额7亿美元，已累计批准1000万美元以上大项目76个。来投资的国家和地区由上年的34个增加到44个，台商投资企业已占三资企业总数的四分之一以上。三资企业在全市经济中的地位明显上升，产值增长速度达70.9%，产销率99.4%，出口创汇超1亿美元，增长45.7%；涉外税收1.94亿元，增长148.8%。对外贸易稳步增长，全年外贸商品收购总值达26.49亿元，比上年增长98.8%。全年进出口总额6.26亿美元，比上年增长34.82%，其中进口到货2.61亿美元，增加40.67%；出口3.65亿美元，增长32.65%。其中出口增幅比当年国内生产总值增幅高出15.85个百分点。对外经济技术合作进入新的增长阶段。1993年全市劳务承包、海外办厂均创近年来最好成绩。全年新签对外承包工程与劳务合作合同额5467万美元，同比增长72%；完成营业额近4000万美元，增长67%；年末在外人数2054人，增长90%；新批境外企业35家，累计为54家。

游客结构发生变化，旅游收入明显增加 全年来宁旅游、访问以及从事各项活动的海外人士达24.25万人次。其中外国人12.77万人次，增长15.2%；华侨、港澳台同胞11.48万人次，下降27.1%。人均在宁逗留天数由上年的1.98天，增加到2.24天，创历史纪录。全年旅游外汇收入3.54亿元(外汇券，下同)，比上年增长24.5%。其中商品性外汇收入1.22亿元，增长10.9%；劳务性外汇收入2.31亿元，增长32.8%。

固定资产投资总量保持较快增长 全年全民和城镇集体固定资产投资完成额94.61亿元，比上年增长51.1%。全年固定资产投资施工项目1405个，比上年减少244个。年内新开工项目735个，减少210个，其中总投资在1000万元以上的项目97个。全年在建项目总规模400.90亿元，增长55.6%。

城市基础设施建设步伐加快 市政府把有限的资金重点投向城市基础设施关键项目的建设，努力增强城市的综合服务功能。12个国家重点工程和大中型项目全年投资13.45亿元，完成年度计划的95.7%。列入奋斗目标的市政基础设施重点项目"九路二桥"年内全面竣工交付使用。全年城市道路竣工面积57万平方米，绕城公路累计已完成路基土石302万立方米，建成桥梁26座。宁连一级公路和沪宁高速公路南京段如期完成年度计划，南京新机场工程的前期准备进展顺利。

公用事业建设进一步加快 年内更新公交营运车辆90多辆；通过多渠道办气，全年新增燃气用户8万多户，全市气化率达85%，比上年提高10个百分点。

环境保护工作进一步加强 城市环境治理、园林绿化齐头并进。江心洲污水处理厂二期工程和夹江隧道沉井施工完成进度要求，莫愁路输污干管正加紧建设，秦淮河综合整治工程有了新的进展；城市建成区内环境噪声达标区已占50%；全市植树112万株，铺草坪31万平方米，均超额完成计划。去年，南京市在全国环境综合整治定量考核中名列第七位。

财政金融形势有所好转 全市积极培植财源，优化支出结构，完成地方预算内财政收入36亿元，比上年增长51.2%，实现了当年收支平衡。年末，金融机构各项存款余额达315亿元，比年初增加71亿元；各项贷款余额达269亿元，比年初增加59亿元。

保险机构增加，业务扩大 全年承保种类由上年的173种增加到230种。承保金额1509.68亿元，比上年增长94%。保险业务总收入5亿元，增长47%；总支出2.05亿元，比上年增长92%。

房地产业发展迅速 全年新增各类房地产开发公司132家，其中涉外公司43家，全市房地产企业累计达352家，年内完成商品房投资18.42亿元，比上年增长

150.7%。商品房竣工面积159.56万平方米，增长46.8%。其中商品房住宅竣工面积137.31万平方米，增长46.9%。

四、以转换企业经营机制为重点，各项改革取得新的进展

产权制度改革力度加大 全市改组、新建股份制有限公司和有限责任公司41家；完成改制和新建股份合作制企业1325家，总注册资金9.8亿元，入股职工6.6万人；有42家大中型企业进行了模拟三资企业机制改革的试点；“卖租包”改革已从商业企业扩展到小型工业企业，有2204家小型工商企业进行了国有民营、公有私营的改革。产权制度改革的推进，加快了企业自身发展，使企业内部运行机制发生了较为深刻的变化。

市场建设得到加强 全市已建成各类市场430多个，有8家市场年营业额超亿元，全市物资供销企业销售各类生产资料118亿元，比上年增长61.6%。化工、建材、钢材、汽车、机电设备等生产资料市场已形成现货专业市场和期货综合交易所并存的新格局；有9家金融机构相继开通了上海、深圳股市的交易专线、代理成交量超过30亿元。

个体私营经济呈现快速发展的势头 年末全市个体工商户已达9.4万户，比上年增加2万多户，私营企业2650家，比上年增加1800家。合计注册资金总额11亿元，比上年增加7亿多元。

社会保障制度和住房制度改革进一步深化 全市进一步推进了国家基本保险、企业补充保险，扩大了职工养老退休统筹和养老、待业保险的覆盖面。全市参加社会养老保险统筹和职工待业保险的单位均有4000多家，人数均在100万以上。继市区推行住房制度改革之后，五县房改方案全面出台实施，并建立了住房公积金制度和住房资金管理中心，初步形成了售、租、建并举，多种形式推进的格局。

政府转变职能和机构改革试点稳步推进 按照“政企分开，政事分开，宏观管好，微观放开”的原则，南京市把转变政府职能同转换企业经营机制结合起来，强化政府职能部门为基层服务意识，努力为企业服务。机构改革试点工作进一步扩大到5县、4局、1区。推行国家公务员制度和全市机构改革工作也已开始起步，为下一步全面改革进行了必要的准备。

坚持改革开放加快经济发展的连云港市

江 华

1993年，连云港市认真贯彻党的十四大和邓小平同志南巡讲话精神，克服困难，锐意进取，全市的经济建设、改革开放和各项社会事业都保持了良好的发展势头。

一、着力调整结构，培育新的经济增长点，国民经济有了较快发展

在过去的一年里，连云港市始终抓住经济建设这个中心，在服从国家宏观调控的前提下，依靠科技进步，调整经济结构，大力发展农业，加快发展工业，放手发展第三产业，并从市情出发，扩大外引内联，搞活市场流通，发展乡镇工业和个体私营经济，大力培育新的经济增长点，实现了全市国民经济的较快增长。全市实现国民生产总值75亿元，较上年增长24.7%；实现工农业总产值152.84亿元，增长25.5%；实现财政收入5.89亿元，增长46.2%。

农村经济稳步发展，产业结构调整步伐加快 农业生产在大灾之年获得较好收成，粮、棉、油总产分别为190.33万吨、2.32万吨和11.72万吨；多种经营产值21.31亿元，比上年增长20.5%；全市农业总产值达到46.65亿元，比上年增长10.5%，是近十年来增幅最大的一年。新办了一批贸工农一体化的龙头企业，带动了全市优质粮油、优质棉、蔬菜、蚕桑、林果、水产品等商品基地的建设。农产品及其加工品出口供货值已达到11.3亿元，较上年大幅度增长。乡镇企业发展有了新的突破。全年乡镇工业实现产值41.4亿元，比上年增长80.3%。乡镇工业产值占全市工业产值的比重已达40%。全市形成工业产值超亿元的乡镇13个，超千万元的村24个，利税超百万元的企业26个。

工业生产速度加快，经济效益有所改善 工业生产主动适应宏观经济环境的变化，克服众多增本减利因素和资金等生产要素紧缺的困难，实现了产值、销售、利税的同步增长，工业产值较上年增长33.3%，独立核算工业企业销售和利税分别增长34.3%和29.3%。产品结构调整的力度加大。单个产品销售收入超过千万元的达到80个，全市有12个企业实现销售收入超过亿元或利税超过千万元。工业企业技术进步的步伐加快。开发市级以上新产品222项，鉴定投产101项，企业加快了走向市场的步伐，在全市工业企业中普遍推行并完善销售承包责任制，大力搞活营销，积极开拓产品销售

市场，去年工业产品产销率比上年有所提高。全市工业企业还认真开展扭亏增盈工作，对亏损大户实行分类指导，确定扭亏增盈的工作目标，使一些亏损大户扭转或减少了亏损，整个工业的经济效益逐步得到提高。

商贸流通等第三产业迅猛发展，财税金融工作进一步加强 全市城乡商品购销两旺，市场活跃。全年实现社会商品零售总额37.3亿元，较上年增长26%；城乡集贸市场总成交额13.5亿元，增长1倍。新建了一批较大的综合性商贸设施，新建和改造了一大批蔬菜、饮食、服务等小型商品网点，方便了群众生活。个体私营经济有了长足发展。全市已登记注册的个体工商户达10.3万户，从业人员15.6万人，私营企业已发展到450家，从业人员6400余人。金融部门在整顿金融秩序的基础上，加大筹资力度，狠抓内部挖潜，努力增加资金供应，年末全市银行贷款余额达到69.2亿元，较上年增长14.2%。

科技教育事业稳步发展，与经济的结合日益加强 进一步增强了科学技术是第一生产力的观念，大力推进“科技兴市”战略，加强科技与经济的结合，全市新上科技项目119项，鉴定各类新产品208项，成果推广率达95%以上。以氨纶、新型药用包装材料、模塑料等为代表的技术先进、附加值高、市场覆盖面大的新的产品群正在形成。全市科技兴农工作取得较好成效。实施农业科技项目150项，投入经费1850万元。共推广间作套种、秸秆氨化饲料、虾贝混养等农业实用新技术50项，在发展“三高一创”农业中发挥了重要作用。尊重知识、尊重人才的良好社会风尚进一步形成，去年共表彰奖励了37名取得显著成绩的科技人员，选拔推荐了27名享受国家特殊津贴的优秀中青年专家，确认专业技术职务任职资格13253人。全市大力普及义务教育，年内又有25个乡镇达到初级中等义务教育办学标准。教育质量普遍有了提高。小学和初中毕业生升学率分别达到85.41%和37.46%，普通中学向大中专院校输送新生7285人，较上年有较大幅度增加。高等教育适应建立社会主义市场体制对人才的需求，扩大办学规模，调整专业设置，市属大中专院校招生人数比上年增长29%。成人教育、特殊教育继续得到发展，全市有14.5万名职工参加职业培训学习，30万名农民参加实用技术培训，城乡劳动者的文化、科技素质有了一定的提高。

二、充分发挥优势，扩大外引内联，对外开放迈出了新的步伐

“三外”工作有了新的突破，外向型经济持续健康发展 全市完成出口商品供货值17.12亿元，地方自营出口创汇7325万美元，分别较上年增长47.3%和92.3%；新批三资企业386家，实际利用外资6488万美元，分别增长50.2%和1.18倍；完成对外承包劳务营业额1414万美元，增长1.06倍。采取借权经营办法，扩大进出口贸易，并通过积极争取，使一批工业企业取得了进出口经营权。新开辟了广东、浙江、广西、辽宁等十几个外贸口岸。外贸商品市场除传统的北美、西欧、东亚等地外，又新扩展了中亚、北欧的十多个国家和地区。利用外资有了较快发展，嫁接式的合资企业、独资企业、包片开发、私营企业与外商合资都有了新的进展。外商投资企业生产经营状况进一步改善，全年出口创汇3800万美元。对外经济技术合作的渠道进一步拓宽，已扩展到建材、化工、纺织、远洋捕捞等20多个行业；劳务和技术合作的对象目前已扩展到30个国家和地区。横向经济联合也保持了良好的发展势头，全年引进内联项目110个，内联资金2.9亿元。与山西太原、四川绵阳等四个地市结为友好城市。

经济技术开发区继续保持良好的发展势头，建设步伐明显加快 全年完成开发面积1.1平方公里，累计完成开发面积5.2平方公里。河东小区已具备“三通一平”，新光小区、虎山工业区、蝙蝠山生活区、华盖山公建区和菲律宾工业区已初步具备开发条件，一批主要供电线路、交通和生活干道已投入使用，投资环境进一步完善。全年新批准外资企业70个，合同利用外资5100万美元，实际利用外资2217万美元。内地大企业、军工企业进区兴办内联和中外合资项目也有较大进展。中信机电公司、江南压铸总厂等大型企业相继进区投资建设。氨纶、正大、中金等一批建成投产的大中型项目，已取得良好的经济效益。去年全区实现产值5.78亿元，增长75.8%；实现利税4645万元，增长5.4倍；出口创汇3179万美元，增长57.1%。

港口、口岸工作取得了新的成绩 口岸地区各单位按照市场经济的要求，提高综合管理水平，以优质服务和规范管理吸引货源。路港贸检关通力协作，在全国口岸中率先进行联检制度的改革，提高了泊位利用率和港口生产效率。同时，集中力量清理口岸各项收费，降低港口综合费用水平，大大增强了港口的吸引力。在铁路运力紧张情况下，港口吞吐量达到1416.6万吨。经过努力争取，交通部正式批准墟沟港区一期工程开工报告，恢复连云港至韩国釜山的集装箱班轮航线，争取到中远总公司确定连云港为集装箱班轮基本港口。加强了连云港经阿拉山口—德鲁日巴至中亚各国的陆桥运输线疏理工作，为今后大陆桥运输正常化创造了条件。

三、加大改革力度，增强经济活力，整个经济的市场化程度得到提高

企业改革的力度不断加大 各级政府特别是各工业主管部门，把认真贯彻《条例》，转换经营机制作

为建立社会主义市场经济体制的基础工程和企业改革的中心环节来抓，较好地促进了企业14项权力的落实。以多种形式的产权制度改革为突破口，加快转换企业经营机制，对一批企业分别实行了一厂多制、外资嫁接、仿三资企业或乡镇企业经营管理的试点。到去年底，全市县、区属以上企业通过承包、租赁、出让、拍卖等形式转为国有民营、公有私营的企业已有186家，全市乡镇企业实行公有民营的已有386家，改制面已达10％以上。年内经省市两级批准进行股份制试点的县、区属以上企业36家，股本总额已达1.84亿元，首家经省批准改造成为向社会法人定向募股的元升实业股份有限公司的改制工作已进入实施阶段。全市乡镇集体企业经批准实行股份合作制试点的已有137家，年内新组建企业集团9家，完成5家优势企业对5家劣势企业的兼并。

市场体系的培育和建设有了较快发展 把培育市场、建设市场作为建立社会主义市场经济体制的一项基础性工作来抓，全市新建成各类商贸、物资市场16个，总投资1亿元，总面积35.24万平方米。全市已正式投入运行的各类商品集贸市场208个，年成交额已突破10亿元，金融、科技、人才、劳务、信息、房地产等要素市场的建设也有新的发展。市人才市场一年来共接待洽谈人员3000多人次，从外地引进急需人才120多名，为770名科技人员办理了流动手续。市证券市场已同上海证券交易所联网，开展了易地发行股票业务。

社会保障体系建设有了较大进展 全市共有2284个企事业单位24.7万名职工参加了社会养老保险，初步形成了国家、企业、个人三方负担的社会养老保险新格局。已有1566个企事业单位20多万职工参加了社会待业保险，向待业职工发放了生活救济金、粮油补贴和医疗费，重新安置就业1564人。农村养老保险由点到面得到稳步发展。

四、加强基础设施建设，切实改善投资环境，对内对外的吸引力明显增强

重点工程建设取得了较大成绩 连云港庙岭港区二期工程已全部竣工并通过验收；全国最长的拦海大堤西大堤顺利合拢，为连云港港口的大规模建设和连岛的进一步开发揭开了新的一页。交通事业有较快发展，宁连一级公路连云港段，完成投资1.51亿元，超额完成年度计划；完成了新牛公路新浦至飞机场段的路面改造工程；云台山隧道建成通车；东陇海铁路一期和复线工程超额完成投资计划；在资金十分紧张的情况下，动员全市各方面的力量，组织机场二期工程大会战，确保了工程的按期竣工和航班的复航。能源、通讯事业进一步发展，市话扩容2.1万门，完成了市区和三县寻呼网的改造工程，新增长途线路992条。城市市政设施建设取得较好成效。一批群众较为关心、对改变城市面貌关系较大的道路建设有了较大进展，全年新铺道路5125米。管道煤气建设有了新的进展，新增用户2000户。城区新增公共绿地14.42公顷，人均公共绿地由3.02平方米增加到3.27平方米，绿化覆盖率达22.16％。海州水厂二期改造工程基本完成，全市日供水能力已达20万吨。

房地产综合开发迈出较大步伐 年内新成立房地产开发公司88家，规划定点建设项目99个，开发土地面积4.87平方公里，到位资金4.76亿元，在建项目累计投入5.5亿元，商品房施工面积85万平方米，是上年的2.1倍，其中新开工面积59万平方米，是上年的4倍。竣工面积25万平方米，是上年的1.6倍。旧城改造和翻建危旧公房取得较好成效，一批住房特困户居住条件得到改善。建筑行业取得较大发展，完成施工产值13.8亿元，增长36.4％。外出施工人数已达5.3万人，施工队伍遍布19个省区，完成产值7亿元。土地管理逐步走上依法管理的轨道，全市复垦开发土地1.87万亩。

城市的规划、管理水平逐步提高 先后完成了连云港市城市总体规划的修订、论证和审查工作，城市的规划面积内原来的50.5平方公里扩大到114平方公里。编制了连云港经济技术开发区发展规划大纲和云台山风景名胜区总体规划大纲。完成了宋跳工业区总体规划以及城区10个地块的控制性详细规划。城市环境综合整治和自然保护取得一定成效，市容市貌、环境卫生的管理进一步加强，人民群众的生活环境有所改善。

国民经济保持良好发展势头的淮阴市

徐应生　尤其中　王海东

1993年，江苏省淮阴市国民经济继续保持较好的发展势头，各项社会事业取得了新的成就。全市实现国民生产总值160.4亿元，比上年增长26.9％，其中第三产业增加值35.1亿元，比上年增长33.5％；完成工农业

总产值327.8亿元，比上年增长25.9%，其中农业总产值109.3亿元，增长14.3%；工业总产值218.6亿元，增长32.7%；财政收入11.47亿元，比上年增长50.1%；农民人均纯收入823元，比上年增加44元。

一、农 业

农村进一步完善家庭联产承包责任制，加大产业调整力度，农业显著增长。全年农、林、牧、渔业增加值达到66.5亿元，比上年增长23.9%，其中农业增加值46.44亿元，增长25%，林、牧、渔增加值20.21亿元，增长21.6%。

农业生产稳定增长，种植业结构加快优化。在扩粳缩杂的同时，扩大菜、桑、果和豆类、玉米和薯类的种植面积。粮食总产与丰收的1992年基本接近，油料、麻类、蚕茧、水果等比上年有不同程度的增产。

林业生产建设和绿化工作取得新的成绩。造林面积4467公顷，比上年扩大47.43%；四旁植树2241万株，减少13.27%；村及村以下木材采伐34.06万立方米，增加14.33%；农田林网面积64.89万公顷，扩大0.54%；实有林地7.07万公顷，扩大1.81%。

畜牧业保持全面增产的良好势头。肉类总产量38.27万吨，比上年增长13.10%；家禽出栏量5103.91万只，比上年增长6.65%。渔业生产再创新水平。水产品总量20.97万吨，比上年增长34.94%，其中淡水养殖产量14.85万吨，增长44.47%。

农业生产条件继续改善。农业机械总动力330.76万千瓦，比上年增长3.36%；小型拖拉机22.07万台，增长3.13%，其配套农具35.45万部，增长3.05%；农用排灌动力机械69.31万千瓦，增长2.38%；化肥施用量46.5万吨，增长3.2%；农村用电量6.49亿千瓦时，增长4.85%。

农村经济持续增长。乡镇企业总产值137.92亿元，利税9.96元，分别比上年增长40.33%和35.33%，农村工业、建筑业等非农产业经济占农村经济的比重为51.67%。

二、工 业

积极推进改革，深入贯彻落实《全民所有制工业企业转换经营机制条例》，进一步搞活国有大中型企业，加快经营机制转换和产品结构调整步伐，努力实现工业生产在优化结构、提高效益基础上的继续较快增长。全年完成工业增加值52.92亿元，比上年增长31%，占国民生产总值的33%。

重工业发展快于轻工业，轻工业增加值34.26亿元，比上年增长29.5%；重工业增加值18.66亿元，比上年增长33.4%。主要工业产品产量均有不同程度增长。

工业经济效益明显提高。乡及乡以上独立核算工业企业经济效益综合指数由上年的89.1%提高到92.9%，其中，资金利税率为13.14%，比上年提高1.1个百分点；流动资金全年周转次数由上年的1.73次加快到1.96次；全员劳动生产率(按增加值计算)比上年增长43.6%。乡及乡以上工业企业利税总额达15.6亿元，比上年增长36.3%。产销衔接进一步好转，乡以上工业产销率由上年的93.3%提高到94.7%。能源利用进一步提高，城镇以上工业企业万元产值综合能耗下降12.4%。但是，产成品资金占用仍然偏高，部分企业亏损状况亟需改善。

三、固定资产投资

固定资产投资继续稳定增长。全社会完成投资29.8亿元，其中城镇集体以上所有制单位完成23.4亿元，比上年增长47.4%。国有单位完成投资17.1亿元，比上年增长35.6%；集体及股份制联营企业完成投资5.4亿元，比上年增长115.7%；房地产开发完成投资0.8亿元，比上年增长15.2%；城镇工矿区私人建房完成投资2.1亿元，比上年增长37.8%；农村乡、村企业投资4.4亿元，比上年增长156%；在国有单位投资中，基本建设投资8.8亿元，比上年增长3.9%；更新改造投资8.3亿元，比上年增长100.1%。

投资结构有所优化。在国有单位投资中，第二产业投资11.3亿元，比上年增长43.8%，第三产业投资5.7亿元，比上年增长28.9%，第三产业投资比重达33.3%。在国有单位投资中，不仅更新改造投资上升幅度大，而且设备、工具、器具投资比重也由上年的33.5%上升到46.3%，用于增加品种，提高质量，节约能源和三废治理方面的投资达6.6亿元，比上年增加100.6%。国有单位开工规模达44.2亿元，比上年上升23.6%，施工项目个数为644个，比上年减少36个，项目小型化现象有所改观。但农、林、牧、渔、水利业投资持续下降的势头仍没有得到遏制，下降幅度达39.8%。

基础设施建设取得较大进展，重点工业生产项目建设速度较快。市区一号桥和淮安大桥接线工程已经竣工，新淮铁路沂河北46公里压道开通，境内宁连一级公路全面开工，华能淮阴电厂第一台20万千瓦机组已投入正常运行，四万吨尿素、合成纤维、浮法玻璃以及名优酒扩建工程等重点项目的建设按照预定计划进行。

全年新增的主要生产能力有：原煤开采2.5万吨，酒2.8万吨，卷烟4万箱，水泥17.5万吨，拖拉机2000台，电炉钢2万吨，电动机5万千瓦，同时新增了市内电话交换机4.1万门，通讯电缆延长304公里。

四、对外经济

对外贸易持续增长。全市出口供货额达33.98亿元，完成全年指标的113.27%，比上年增长57.97%；出口供货额占全市国民生产总值比重达24.45%，比上年提高6.9个百分点。自营出口开始起步。1992年8月，国家经贸部批准市外贸公司享有进出口经营权，同时先后批准6家生产企业拥有进出口经营权。这些企业全年出口成交1769.42万美元，实际出口616.08万美元。主要出口品种有皮鞋、貂皮帽沿、毛巾、马靴、工艺鞋等。出口商品主要销往香港、日本、美国、罗马尼亚等国家和地区。

利用外资步伐进一步加快。新批三资企业230家，比上年增加1倍，协议外资9433.06万美元，比上年增长206%；实际利用外资2992.7万美元，比上年增长590%；三资企业出口创汇1555.5万美元，比上年增长206%；新开业投产三资企业69家，比上年增加近3倍。截止1993年底，累计批准三资企业369家，协议外资1.56亿美元，实际利用外资4346.93万美元，开业投产企业93家。外资合作的领域逐步扩大。合作的伙伴由原来的港澳台地区，已发展到日本、加拿大、美国、英国、德国、俄罗斯、利比里亚、澳大利亚、法国等18个国家和地区。引进外资已由原来的第二产业扩展到一、二、三产业，特别是一、三产业引进外资明显增多。

对外经济技术合作不断扩大。对外承包工程和劳务合作新签合同额达1525万美元，比上年增长28.3%；营业额1672.3万美元，比上年增长213.4%；外派劳务人数533人，比上年增加1倍多，是历年来外派人数最多的一年。全市发挥了劳务输出和对外承包工程的两大优势。对外合作的领域有了新拓展，范围涉及建筑、水利、渔业、海洋捕捞业、农业、医疗卫生事业、纺织、机械等行业。劳务人员和技术人员分布在俄罗斯、几内亚、毛里塔尼亚、科威特、埃及、德国、苏丹、也门、坦桑尼亚、日本、香港、美国、加拿大及东南亚、台湾等15个国家和地区。

发展外向型经济的环境进一步改善。全市投入大量人力、物力和财力，建成了一批交通、能源、通讯等重点工程项目，发展外向型经济的硬环境有了一定的改变。宁连公路马武段已通车，华能电厂一期工程一号机组已并网发电，城乡程控交换机容量已突破14万门，各县(市)全部开通了数字程控交换机，建成开通了覆盖全市的移动通讯系统，实现全省移动电话联网自动漫游。同时，软环境也有一定改善。相继出台了鼓励外商投资的若干政策规定，市、县都成立了外商投资领导小组，专门负责外商投资管理工作，负责协调三资企业生产经营活动以及提供法律、会计等方面的服务，提高了办事效率。全市平均每三天新批两家三资企业，这在淮阴的历史上是前所未有的。

开发区建设初具规模。启动区的"五通一平"等基础设施建设已初具规模，累计投入资金3500万元。启动区内已累计批准进区项目85个，总投资9.22亿元，合同外资5100万美元，其中，生产性项目25个，总投资4.52亿元，三资企业18个，总投资5.1亿元。由于开发区的出色成绩，市开发区被省政府批准为省级重点开发区。

五、财政、金融、保险

全市财政收入11.47亿元，比上年增长50.1%。其中工商税收11.42亿元，比上年增长49.4%。财政支出13.21亿元，比上年增长31.2%。

金融形势稳定。金融机构各项存款余额102.26亿元，比年初增加14.5亿元。存款增加额继续保持大于贷款增加额的状况，全年净投放货币7409万元，比上年少投放7856万元。

保险事业有较快发展。人民保险公司系统国内财产保险承保总额145.5亿元，比上年增长8.58%。全市有2001户企业参加企业财产保险，140万户居民参加家庭财产保险，213户人参加人身保险。保险公司共处理国内财产险赔案2.7万件，支付赔款4410万元，为7058人支付人身保险金400万元。

经济社会和改革开放取得新进展的盐城市

蔡晓钧

1993年，盐城市围绕"三年实现经济翻番"和提前两年完成"八五"计划的奋斗目标，抓住发展机遇，加大改革力度，推进对外开放，不断适应宏观环境变化，努力克服前进中的各种困难，经济建设和社会事业都取得了新的进展。全年完成国民生产总值165.7亿元，比上年增长29.6%，人均国民生产总值2125.56元，增长29.3%；工农业总产值396.5亿元，增长33.8%；财政收入9.67亿元，增长47.9%，财政支出10.95亿元，增长30.1%。

(一) 农村经济稳定发展，工业经济增长较快 农业生产在遭受多种自然灾害不利的情况下，主要农产品仍获较好收成。粮食总产439.87万吨，增长0.9%，列居全省第3位;棉花总产15.76万吨,比上年减少8.7%,仍居江苏省第一;油料总产14.52万吨,增长2.3%,创历史最高水平。多种经营取得了突破性的发展。作为全市富民兴农工程和农村经济发展的突破口,已集中力量形成了一批具有一定规模的专业生产基地,新建了一批专业市场和加工龙头企业,全年实现产值65.61亿元,首次超过种植业,有60多个乡镇实现人均千元的目标。全市农民来自多种经营的收入已占农民人均纯收入的46.7%,多种经营的主要产品都有不同幅度增长。蚕茧3.30万吨,增长10.0%,居江苏省第2位;生猪出栏364万头,增长60%;牛羊肉产量2.21万吨,增长27.1%;禽蛋产量36.95万吨,增长38.7%,仍居江苏省第一;水产品产量28.45万吨,增长26.7%,创历史之最,鳗鱼、对虾等特种水产品在江苏省继续占居重要的生产基地地位。农村产业结构通过强化科技兴农和农业社会化服务体系建设得到进一步调整,农村经济全面发展。全市农村实现社会总产值317.7亿元,增长49.4%,乡村集体工业首次突破百亿元,建筑业、运输业、商业都得到较快增长,种植业与林、牧、副、渔业比重由上年51.2:48.8变为45.1:54.9,非农产值占农村社会总产值58.16%,比上年提高3个百分点。

工业经济在宏观紧缩、困难较大的情况下,以改革为动力,狠抓市场开拓,推进结构调整,搞好生产要素平衡,仍然保持了较高的增长速度。全市完成工业总产值275.08亿元,比上年增长40.6%,其中乡及乡以上工业总产值195.91亿元,增长32.4%。从所有制类型看,全民所有制工业增长16.8%,集体所有制工业增长34%(乡属工业增长55.8%)。从行业类型看,重工业的发展明显快于轻工业,在全市乡及乡以上工业产值中,轻工业完成125.46亿元,增长30.7%;重工业完成70.45亿元,增长35.7%。工业经济效益有所好转。全年乡及乡以上工业增加值49.2亿元,比上年增长67.9%,按增加值计算的全员劳动生产率为9818元;全市销售收入176亿元,增长50.4%,产销率达94.8%;利税总额10.76亿元,增长32.4%,人均创利税2147元,增长27.4%;资金利税率为11.9%,提高4.3个百分点;流动资金周转次数由上年的1.7次加快到2.06次。工业产品质量和新产品开发工作有了新的发展。全年开发市级以上新产品514个,其中省级以上230个,有385个新产品投产,实现销售额26亿元,新产品产值率为16.5%。150种主要工业产品质量稳定提高率为90%。采用国际标准和国外先进标准验收合格的产品260项。实施骨干企业、名牌产品战略已取得了明显的成效。全市重点支持42家骨干企业发展规模经济,全力培植15个在全国能够形成名牌效应的拳头产品。这42家企业在全市乡以上工业中,年销售收入占1/4,利税占1/3,利润占1/2。列为全国500强销售额企业的江苏燕舞集团生产的“燕舞”牌收录机获本年度全国市场产品竞争力调查评比第一名。乡镇企业江苏森达集团参展中国首届鞋业大王博览会,被评为全国十大鞋王之一,并跃居榜首,该集团开发的18个系列千余种皮鞋畅销国内市场。

(二)固定资产投资规模加大,基础设施建设得到加强 进一步调整投资结构,努力增强经济发展后劲。全年完成投资额28.16亿元,比上年增长58.74%,新增固定资产21.39亿元,增长40.63%。生产性投资20.58亿元,增长56%;非生产性投资7.58亿元,增长66.96%。对生产性投资实行重点倾斜扶持政策,技术改造投入的规模、速度超过了以往任何一年,当年竣工技改项目197个。基础性工业投资加大,能源工业投资7.76亿元,占全部工业投资比重由上年11.17%,提高到46.27%。第三产业投资比重也有所上升。随着固定资产投资规模加大,建筑业生产发展迅速。全年实现建筑业产值31.3亿元,比上年增长近1倍。全市建筑业从业人员达20万人,近半数人员在市外建筑市场近百个工程施工,完成经济收入4.5亿元,已成为我市经济发展中的一个新兴产业。

为尽快改善投资环境,把交通建设列为经济发展的重中之重,全年投入资金1.4亿元,集中力量对公路、航港及机场进行改造。年内204国道盐城南段改造工程80公里按二级甲型公路标准全线竣工通车,北段工程按一级公路标准基本完成了路基土方工程,盐宁一级公路完成年度建设计划;盐宝线航道整治通过省级验收;盐城机场跑道改造工程完成一期工程任务;通榆河工程正式开工,完成工程量800多万土方。射阳港过驳平台建设有了新的进展。确定了新长铁路在盐城市境的走向。王港、中山港进行了兴建深水大港的条件论证。全年完成货运量5264万吨,货物周转量817511万吨/公里,完成客运量3615万人次,客运周转量40.14亿公里。邮电通信事业发展加快,全年完成邮电业务总量16685万元,业务收入12841万元,分别比上年增长53.6%、51.7%。全市市话普及率已达7.85部/百人,农话到户话机4万部。全市9个县(市、区)全部实现通讯程控电话,形成了以电话通讯为主体的市、县、乡、村四级联网的通信网络。

(三)国内市场繁荣兴旺,财经工作稳步前进 全市国内市场货源充裕、购销两旺,买方市场进一步形成,受国家宏观调控的影响,上半年由旺转淡,下半年由淡转旺,运行起伏变化较大。全年实现社会商品零售总额73.96亿元,比上年增长22.2%,其中消费零售额增长25.2%,社会集团消费品零售额增长37.9%,农业生产资料零售额增长6.40%。在社会消费品零售总额中,国有商业增长18%,集体商业增长12.4%,个体商业增长

43%;市区零售额增长51.4%，县及县以下零售增长16.5%。年内顺利地放开了粮油购销价格，放调了煤、电、油等一批基础产品价格，没有引发市场过大波动。市区生活费用价格数达116.5%，消费品零售价格指数114.5%，服务项目价格指数136.9%，市场价格水平上涨幅度偏高。市区商业网点建设加快，招商场实行二期工程改造，年交易额突破2亿元，成为苏北一流的大型室内市场，竹林商业城、华联商厦等一批大中型现代化购物中心相继建成开业。县城及乡镇集贸市场发展迅猛，全市各类商品市场已达510多个，实现成交额22亿元，比上年增长71.4%。市场的中介组织初露端倪，有效地沟通了政府和各类市场主体的联系，保进了贸易流通的繁荣。

金融运行在宏观调控的大背景下，通过各级政府和各银行机构的有效工作，积极创造条件，调整信贷结构，优化信贷投向，努力克服资金紧缺的严峻困难，尽力保证地方经济建设的需要。各级金融机构大力组织存款，年末全社会各项存款余额100.93亿元，与年初相比，增加20.50亿元;其中居民储蓄存款占71%，各项贷款余额110.22亿元，增加15.08亿元。全年净投放货币14.15亿元，比上年增加1.2亿元。保险业务收入2亿元，增长32.2%，已有67万户居民参加了家庭财产保险，149万人参加了人身保险。

(四) 以转换企业经营机制为重点，各项改革向深层次、综合配套推进 1993年，盐城市经济体制改革围绕加快建立社会主义市场经济体制，促进全市经济稳定、持续、快速发展，以转换企业经营机制为重点，全面推进各项改革，取得了实质性的进展，增强了经济运行的动力和活力。企业股份制推行面不断扩大。已组建和正在组建的股份有限公司9个、有限责任公司17个。江苏悦达股份有限公司经国家体改委、证券委批准，向社会公开发行股票，并在上海证券交易所上市，在国内产生了一定的影响。在规范化股份制试点的同时，全市已组建乡镇股份合作制企业1400多家，入股职工10万多人，新增股金2亿多元。县属以上集体企业有130家实行股份合作制，股金总额2.49亿元。在65户大中型企业推行了分厂制(分公司制)，对55户小型企业进行了“公转民营私营”的改革，并选择了一些国有企业进行了净资产增殖分成的分配改革试点。发展规模企业势头良好，组建了比较规范的省级企业集团9个、市级企业集团11个。全市已有18户优势企业兼并了20户劣势企业。企业破产拍卖工作有了重大突破，盐城市服装厂被依法宣告破产还债，被市内一家大型国有企业所购买，债权债务清偿完毕，全部职工妥善安置，没有引发负面影响，这在江苏省破产企业中是资产最大、职工人数最多的一家。企业劳动、人事、分配制度改革进一步深化发展。作为国家劳动部试点城市之一，有90%企业推行了全员劳动合同制，92%的全民企业和70%的集体企业实行“工效挂钩”和工资定额包干，对企业经营者分配普遍实行了“速度规模效益分档工资制”。社会保险制度改革推出新举措。突破了企业职工养老费用社会统筹的模式，改变按标准工资计发养老金的旧规，实行职工社会养老金与社会平均工资、企业与个人缴费、工资与物价指数“三挂钩”，国家劳动部对这一改革已予肯定并要求在全国推广。市场体系建设取得了新进展。当年新建各类商品市场68个，其中年成交额1000万元以上30个，劳动力、房地产、金融、信息技术等要素市场也开始形成，市场机制在经济生活中发挥愈益重要的作用。地方政府职能转换也有所加快，逐步运用市场机制对经济运行实行有效调控，一些县区、乡镇进行了机构改革的先行试点。

(五) 对外开放进一步扩大，外向型经济发展进程加快 对外贸易快速增长。完成出口供货总值45.14亿元，比上年增长78%，占国民生产总值比重达27.3%。全市821家企业和139个乡镇有出口供货实绩，12大类出口商品值超过亿元。年内获得外贸自营权，实际自营出口1165万美元，三资企业自营出口2048万美元，分别增长164.5%、166%。兴办三资企业取得新的突破。当年新批三资项目508项，合同利用外资额1.09亿美元，分别增长109.9%和26.6%，实际利用外资2734.6万美元。新增开业投产三资企业243家，实现产值10.8亿元，利润5198万元，创汇6619万美元。第三产业项目外资投资也开始起步，累计开业投产三资企业达到368家，实际利用外资4849万美元。外资来源趋于多元化，已有28个国家和地区的客商来我市投资合作。3家企业获得1993年度全国外商投资“双优”企业称号。外经合作有了新的发展。新批海外企业12家，境外投资总额172.6万美元，新派劳务人员291人次，年末在外人数为780人，新签对外劳务承包项目合同额833万美元，完成营业额618万美元，分别增长192.5%和99.7%。经济开发区建设以吸引外资为重点获得重大进展。省级盐城市经济开发区和省级射阳县经济开发区突出项目开发，加强投资环境建设，全方位开展招商引资，努力寻求合作伙伴，达到了开发一片，建成一片，收效一片的预期效果。年内两个开发区在4.4平方公里起步区投入资金2.65亿元，完成了“五通一平”基础设施建设，基本具备了现代企业进区生产经营的良好条件。进区项目已有97个，其中利用外资项目42个，项目总投资1.13亿元，合同利用外资额4487万美元。盐城市开发区已有15个工业性和经营性项目投产或营运，投资总额7485万元。市域其它县(市、区)以外向开拓为导向，陆续兴办起一批工业小区，大都已初见成效。

1993年经济运行和社会发展存在的主要问题是:工业产品结构问题仍比较突出，亏损企业和亏损额增加;农业比较效益下降，农民实际收入增长缓慢;财政收支矛盾突出，物价上涨幅度较大;社会事业发展仍较滞后，投资环境改善不快等，这些都有待在今后发展中加以逐步解决。

以港兴市的南通市

陈鸿庆　胡际春

与大上海隔江相望的南通市，1993年紧紧抓住浦东及沿海沿江地区开放开发的重大机遇，不断深化改革、扩大开放，使国民经济继续保持快速发展的强劲势头。全年实现国民生产总值232亿元，工农业总产值529亿元，财政收入19.36亿元，分别比上年增长28.5%、37.4%和38.4%，均创历史最高水平。经济的大跨度发展，把有“扬子第一窗口”之誉的南通推入全国大中城市“综合实力50强”和“投资硬环境40优”的行列。

南通具有得天独厚的区位、港口优势，地处沿江沿海“T”字型经济发展战略带的交汇中心，滨江濒海，又临近国际主航道。全市拥有430多公里江海岸线和200多万亩沿海滩涂，其中有可建万吨级码头的江岸线30多公里，可建5万吨级以上深水泊位的海岸线40多公里。沿江沿海有8个港区，分布在市区和启东、如东、海门、如皋等县(市)，水深域广，是长江流域的进出口枢纽，也是上海港理想的分流港；市内还有6条通江大河。发展创汇农业、港口工业、水运交通等潜力巨大、条件优越。这一市情特征，不断为人们所认识和掌握。1993年，南通市加速实施“以港兴市”战略，在改革开放的大潮中，努力促使区位优势向现实生产力转化。

一、加快大交通建设和企业产权制度改革，为经济发展注入活力

1993年，南通市继续把改善对外交通作为优化投资硬环境的重中之重，广泛动员各方面力量，引入现代融资机制，加大基础设施的投资力度。抓紧实施大交通建设规划，统筹安排港口、公路、河道、航空的建设和铁路的筹建工作。年内204国道南通段、南通至常熟汽渡、南通船闸、狼山港二期工程以及江海港区大型仓储设施等均已建成并投入使用。宁通一级公路南通段等高等级公路正在抓紧施工，430公里长的县级道路“黑色化工程”基本完成。新长铁路南通段工程业经国家批准即将开工建设。过江隧道项目前期准备工作进展顺利，已组建了中外合资南通长江隧道发展有限公司，计划2000年前建成约10公里长的“全天候”长江公路隧道。南通机场开通了至北京、广州航线，营运情况良好。目前，全市已初步形成了以港口为中心的江海河贯通、水陆空配套的交通网络。邮电通信事业进步较大，全年邮电系统固定资产投资达4.256亿元，超过建国以来前44年投入的总和，邮电的业务量也破纪录地增长65%，成为经济发展名符其实的先行官。1993年程控交换机容量和市话用户增长数均居历年之首，市区BP机和“大哥大”用户增长速度为上年的4倍和7倍。农话扩容3倍，用户4.8万户。农话自动化率已达94.5%，居于全省首位。1993年底，宁通光缆南通段工程竣工，使发向省内外的通讯信号驶上“高速公路”，4500多条国际、国内长途电路更为畅通。

1993年继续以贯彻《条例》为主线，以大力推行股份制为重点，采取多种改革措施，努力化解经济运行中的矛盾和困难。全市建立了改革工作网络，实行部门分工负责制，强化典型示范，以点带面，加强综合协调。相继出台了《南通市股份合作制企业实施细则》、《南通市企业公有民营试行办法》等文件，为企业改革的顺利进行和重点突破及时提供政策保障。年内以国有大中型企业为主体，改制设立定向募集和社会募集的股份有限公司16家，新组建有限责任公司159家，在江苏名列前茅。以乡镇企业为重点大面积推行股份合作制，全市已有股份合作制企业3108家。268家中小型工商企业试行公有民营，使一批微利亏损企业逐步走出困境。企业产权转让呈现良好势头，对178家企业实行了兼并；194家企业被拍卖出售，5家企业依法破产。企业三项制度改革继续推进，有200多家企业试行全员劳动合同制或岗位技能工资制；职工养老保险的覆盖面进一步扩大，市区国有、集体和“三资”企业的参保率已近100%；待业保险制度有所完善，提高了待业保险费的计缴、发放标准，扩大了享受对象的范围。

与此同时，南通市还围绕加快与国际惯例接轨，坚持远学深圳、近学浦东，抓好简政放权、改善管理、强化服务诸环节，不断提高办事效率。对外商投资企业全程服务，继续实行一个窗口对外，外引内联工作逐步规范化、制度化。港务、交通、港监、商检、船检、海关以及对外经贸、口岸管理等部门协力奋进，确保了口岸安全畅通，有力地促进了经济建设。如今，中外客商纷至沓来，沿江岸线的利用率已高达80%，沿海岸线正在抓紧兴建深水泊位和进行重大工业项目布点。

二、利用良好的基础条件和港口优势，高起点地调整和优化产业结构

农村经济面向市场改善布局，在保持传统农业特色的同时，大力发展多种经营、乡镇工业和建筑业，建设“海上南通”，配套推进“以港兴市”战略的实施。南通是全国著名的粮、棉、油生产基地，1993年战胜了频繁而严重的自然灾害，夺得正常年景收成。全年粮食总产316.6万吨(其中谷物总产281.8万吨)，油料总产19.3万吨，均与上年基本持平，为该市历史上第二大丰收年；棉花因灾减产较多，总产8.22万吨。多种经营总收入在农业总产值中所占比重较上年增长6个百分点。生猪生产基本稳定，家禽饲养量和禽蛋、蚕茧产量均创历史新水平；水产业产量达26.32万吨，其综合经济效益居全省第一。全年农业总产值83.52亿元，比上年增长5.8%。乡镇工业产值比上年增长46%。以乡镇建筑队为主体的建筑大军全年施工产值达75亿元，经济收入25亿元。

工业经济围绕加速发展，积极引进国外先进适用的技术装备，强化对传统工业的技术改造，依托区位优势着力培育新兴产业。南通是我国近代工业的肇始地之一，早在1895年，清末状元、民族实业家张謇就在该地兴办纺织工业。经过近一个世纪的发展，全市已形成以轻纺为主，机械、电子、化工、医药、建材、船舶、冶金、电力等相配套的现代工业体系。1993年完成工业总产值508.13亿元，比上年增长44.5%。轻、重工业增长趋于同步，分别增长41.3%和38.4%。全年工业企业完成技改工作量32亿元，比上年增长58.4%，超过“七五”期间技改投入的总和。技术引进签约成交额5503万美元，比上年增长64%。利用外资改造老企业项目814个，比上年增加301个。企业新产品开发能力有所提高，全年完成新产品开发项目786个，其中省级以上新产品402项，占全省13.4%，有168项达到国内外先进水平。企业经济效益有所提高，全市乡以上工业企业产销率达96.9%，比上年增长了3.2个百分点。利用港口、岸线优势，招商引资取得较大进展，除了醋酸纤维、数控机床、高速客轮制造等大项目进一步发挥效益外，一批利用长江水运和淡水资源的重点工程陆续上马兴建。中远集团在通建成拥有全国乃至远东地区最大船坞的远洋轮维修基地之后，1993年又在狼山港区开工建设全国最大的现代化拆船基地。新兴的港口工业逐步成为南通工业主体的轮廓初现。

南通市把发展第三产业作为调整优化产业结构的战略重点，1993年坚持“大交通、大流通、大市场”的发展方向，以加大投入为手段，着力推进市场建设，搞活流通，促使第三产业跃上一个新台阶。全年第三产业增加值达54.5亿元，比上年增长34.5%，其占全市国民生产总值的比重达23.5%，首次超过第一产业，产业结构得以改善。第三产业内部结构日趋合理，新兴行业发展迅速，金融保险业、房地产业的增加值分别达到13.4亿元和4.9亿元，其增幅均达35%以上。商业饮食业、金融业作为全市第三产业的主体，其增加值总和占整个第三产业增加值的50%以上。年内市场建设迈出大步，全市新建扩建各类市场164个，累计集贸市场总数达613个，已初步形成门类比较齐全的商品流通市场体系。一批特色市场已在省内外形成较强的辐射能力。生产资料期货市场起步势头良好。全年社会商品零售总额103.17亿元，比上年增长29.8%。个体私营经济增长较快，年末全市个体工商户有11.43万户，从业人员15.37万人。

三、抓住港口和开发区两个重要的经济生长点，全方位地扩大对外开放

港口和开发区是外引内联的门户和窗口。南通市在实施“以港兴市”战略中，根据国内外市场导向，加快科技进步步伐，以开发区建设为依托，以港口开发为突破口，大跨度地发展外向型经济，初步形成了“大进大出”的经济运行新格局。全市对外贸易持续增长，1993年出口供货总额达149亿元，比上年增长74.5%，已占全市工农业总值的23%；外贸生产企业已发展到2000多家。六县(市)外贸公司和30家外贸生产企业均也获得出口经营权。全年自营出口创汇6.2亿美元，比上年增长56.8%。利用外资势头强劲，年内新批三资企业1166家，比上年增长97.3%，累计三资企业达1951家；合同利用外资5.2亿美元，实际利用外资1.5亿美元，分别增长70.2%和144%。外资来源和投资领域不断扩展，1993年底止来南通投资的国家和地区已增加到47个，正逐步由以传统产业为主向基础设施、高科技领域转移，从第二产业向一、三产业延伸。已投产的三资企业经济效益继续看好，全年完成销售收入45.11亿元，增长108%，实现利税5.9亿元，增长65%。有6家进入全国500家最大规模三资企业，22家跻身于全国创汇、创利“双优”三资企业行列。外经工作取得新突破，全年新签对外劳务合同5517万美元，增长92.3%；新办境外企业41家，比上年增长3倍多。

凭借区位、港口优势，国家级的南通经济技术开发区已驶上经济发展的快车道。1993年实现国民生产总值6.59亿元，比上年增长195.5%。工业总产值19.02亿元，是前七年总和的1.74倍，比上年增长242%，其中三资企业完成产值15.9亿元，占总量的83.6%；实现产值超千万元的企业有19家，其中超亿元的3家。工业产品产销率达95.8%。全年实现利税2.8亿元，比上年增长190.8%，是前七年总和的1.67倍。进出口贸易完成2.1

亿美元，比上年增长135.3%，其中出口创汇达到1.23亿美元。对外经济技术合作大步进展，年内新签对外劳务合同金额和完成劳务营业额均比上年增长4倍以上。该开发区坚持基础设施先行，遵循“为投资者服务、让投资者盈利”的招商宗旨，以兴办一批技术含量高、能支撑局面、有发展后劲的工业大项目为目标，简化手续、优化服务，使外引内联能力不断增强。1993年新批三资企业81家，超过前七年的总和，项目平均投资额超300万美元，其中超500万美元的有14个，全年协议利用外资和实际利用外资分别比上年增长29.4%和75.8%。累计兴办三资企业146家，投资总额达4.2亿美元。内联企业连年大幅度增长。目前区内已建成全国最大规模的年产12万立方米胶合板生产企业和年产20亿片电脑软盘生产基地。市辖各县(市)区开发区建设年内取得较大进展，有6个升格为省级开发区，其它自费开发工业小区也收到一定实效。

对外开放也促进了外事旅游的发展，1993年南通市接待了塔吉克斯坦共和国主席拉赫莫诺夫等贵宾，全年来南通访问、考察、旅游的海外宾客达2.21万人次，旅游外汇收入1360.54万元外汇人民币。

南通市充分利用对外开放口岸的优势，抓住浦东及长江经济带开发开放契机，大力推进港口开发建设。1993年新建成万吨级泊位6座，使已投入使用的万吨级泊位达到16座，同时还有8座万吨级泊位在建。其中包括装备自动化程度为沿江第一流的矿石中转线，使沿江各大钢铁企业所需的矿石、钢坯大部分从南通中转；与港商合办沿江第一个饲料市场和专用装卸线，全年中转出口的饲料总量达58.2万吨，创历史新水平。新建有4座2.5万吨级泊位、92万立方米储库的江海港区已初步形成华东地区最大的石化油品基地。全年南通港货物吞吐量突破1300万吨，经济收入超亿元；全市港口群吞吐总量连年超过2500万吨。随着内地经济的高速发展，对长江水运的需求正迅猛增长，长江口迫切需要兴建深水大港，以承担“大吞大吐”使命。经勘探论证，南通所辖的吕四港和洋口港是兴建5万吨级以上深水泊位的理想选址，目前这两个沿海港区的开发业经大量的前期工作，正处于规划、项目布点和起步阶段，已引起国内外的高度重视，诸多大财团、大企业纷纷前往洽谈投资合作。25万吨级单点系泊国际原油中转工程、原煤中转码头和大型火力发电厂等重点项目正在论证待批或即将开工建设。

1993年改革开放“以港兴市”，促进了南通经济的快速发展，也使城乡居民得到实惠，生活质量有了很大改善。全市扩建、新建了煤气、供水等一批公用基础设施，以治理工业污染为重点的环境保护工作取得新进展。城市危房改造竣工面积4万平方米，农村改水新增受益人口24.07万。职工和农民收入稳步增长。

太湖明珠无锡市

丁佑民

无锡——这颗璀灿的太湖明珠，经过三千多年吴文化的源远流长和近代工业的积累，奠定了今日无锡快速发展的基础。无锡以发达的经济、协调的产业、良好的环境跻身于我国十三个较大城市，十五个经济中心城市之列，蜚声全国。

一、良好的投资环境——投资环境跨入全国40优之列

(一) 优越的自然、地理环境 无锡位于江苏省东南部，东邻苏州，距上海128公里；西接常州，距南京183公里；环抱太湖，与浙江省交界，距杭州188公里；北依长江，有天然良港——江阴黄田港。

无锡境内地势平坦，土壤肥沃，河渠纵横，农业自然条件十分优越，自古有鱼米之乡的美誉，又集“黄金水道——长江”和“黄金海岸——东海”之地利，区位优势十分明显。全市总面积4650平方公里，总人口426万人。

无锡属亚热带季风海洋性气候，四季分明，气候温和，年平均气温15.5°C。降水量1067毫米，无霜期达226天，日照1923.6小时。

(二) 迅速完善的投资环境 一是无锡市由铁路、公路、空运、水运组成了立体交通，进出十分方便。目前，有九条公路干线通向沪、宁、苏、杭等重要城市，正在建设中的沪宁高速公路横贯无锡全境，货物依托沪宁铁路、国际集装箱中转站，往南可直发香港，往北可直运欧亚大陆30多个国家和地区；距上海虹桥机场仅二小时路程，无锡机场可起降大型客机，并开通了北京、福州、佛山、惠阳等定期航班；水运依托长江，京杭运河和太湖水系，有7条水运干线通往各地，市区离张家港、江阴黄田港仅40公里。目前正在规划建设江阴长江大桥、新长铁路。交通网络进一步完善，投资环境进一步改善。

二是无锡的通讯事业发展很快，全市城乡，已初步实现电话程控化、传输数字化，全市城乡拥有电话30多万部，电话普及率在江苏省居领先地位，电话可直拨世界156个国家和地区，同时与美国、日本等27个国家和地区开辟了特快邮递业务。

三是无锡电力供应有足够保障，由香港中信公司参与投资兴建的全国最大的火力发电厂——利港电厂，装机总容量将达260万千瓦，第一期2台35万千瓦机组已并网发电，第二期即将开工建设，无锡市还拥有一批地方中小型火力发电厂。无锡水资源丰富，目前城市日供水能力80万吨，完全可以满足生产和生活的需要。市区燃气气化率达到70.6％，完成环保治理目标73项，对58家重污染企业进行了重点治理。

二、国民经济各业发展迅速——城市综合实力跨入50强之列

(一) 综合实力不断增强　1993年，无锡市国民经济呈现了跨越式发展。全市国民生产总值达到426亿元，比1992年增长40.1％，高出全国27.1个百分点，高出全省21.6个百分点。国民生产总值居全国大中城市第6位，人均国民生产总值首次突破1万元。社会商品零售总额完成120.4亿元，增长42.5％。外贸供货总额完成202.2亿元，增长61.5％。财政收入完成34.6亿元，增长52.6％。全市乡以上固定资产投资完成123.6亿元，增长38.5％。消费品零售价格指数为119.3％。无锡市在全国大中城市综合实力评比中被评为50强，无锡市所辖的无锡县、江阴市、宜兴市在全国综合实力百强县的评比中分别列第1位、第2位和第14位。

在经济高速增长的同时，无锡经济发展表现出以下四个特点：一是产业结构继续优化，经济效益提高。二是开放型经济步伐加快、比重提高。三是固定资产投资结构得到调整，基础设施、基础产业的投入增加。四是财政收入和人均收入有较大幅度增长。

(二) 工业生产素质提高　围绕“三上一创”(上规模、上水平、上效益、创后劲)，全市工业加快产业结构调整，加快企业机制转换、加快国内外市场开拓，加大投入力度，自觉适应宏观调控、积极改善经济运行环境，城乡工业实现了持续快速增长。1993年，全部工业产品销售收入完成1103亿元，比1992年增长55.1％。乡以上工业产销率达95.4％，比1992年提高2个百分点。全市工业利润实现41亿元，增长69.7％，工业企业综合效益指数达101.5％，比1992年提高9.9个百分点，全员劳动生产率达16719元，增长45.6％，主要工业产品质量稳定提高率达91.4％。技术改造完成项目1447项，投入技改资金60亿元，增长26％。新组建各类企业集团62家，累计达到109家。交通运输业在国民经济的发展中积极当好“先行官”，客、货运量比1992年增加，经济效益和服务质量有了提高。安全生产状况有所改善。

(三) 农业生产获得丰收　围绕“三高一创”(高质、高产、高效、创汇)，提高社会化服务水平，提高土地资源的开发和保护能力，加强农业基础设施建设，生产水平进一步提高。全市农业产值达35.6亿元，比1992年增长6.9％。粮食总产149.9万吨，水稻单产比上年增加48公斤。全市水利投入2.3亿元，农业服务体系中，新增乡级农技站10个，村级综合服务站150个;投入农机建设资金8000多万元。示范推广了一批高产优质品种。积极发展适度规模经营、各级各类规模经营的小农场达866个，比1992年增加260个，规模经营的面积占商品粮田面积的30％。依法保护耕地，遏制了乱占耕地的违法现象。全市划定了一批基本农田保护区。完成土地复垦开发16772亩，并规划5年内完成5万亩的土地复垦计划。

(四) 第三产业发展势头良好　围绕培育大市场、促进大流通、发展大旅游的要求，实施政策导向，拓宽发展领域，强化调控管理，第三产业发展速度进一步加快。全市第三产业增加值129亿元，比1992年增长55.8％，占国民生产总值的比重达30.3％，比1992年提高3个百分点。各类市场建设规模较大，起点较高，速度较快，全市批准大中型商业设施建设项目80多个，其中开工项目30多个，全市新增商业网点2万多个。新建了一批以批发为主的粮油、蔬菜、水产、果品等商品交易市场;改、扩、新建了一批上档次的农贸市场。全市有8个商场零售额超亿元，在82个专业商品批发市场中成交额亿元以上的有14个，初步形成了以主导行业和骨干市场为核心的商贸流通体系。

第三产业从业人员110万人。全市社会商品零售总额120.4亿元，比1992年增长42.5％。金融保险有了发展，全市城乡各类金融机构1115个，从业人员13451人。社会服务保障事业发展较快，67％的职工参加了失业保险。

认真抓好市场和物价管理，积极开展了打击制售假冒伪劣商品、走私贩私等专项治理活动，加强物价监控，采取有力措施，遏制物价上涨过快过猛的势头。整顿金融秩序、规范金融行为，城市信用合作机构有了发展，证券交易业务逐步扩大，科技、经济、信息、审计、法律等新型第三产业发展速度加快。

(五) 乡镇工业调整提高　至1993年底，无锡市乡(镇)村两级工业拥有企业1.5万余家，职工近109万人，固定资产217.3亿元，自有资金42.6亿元。乡(镇)村两级工业完成产值994.95亿元，比1992年增长50.3％，

占整个农村社会总产值96.5%，占全市工业产值75%，在全市经济总量中“三分天下有其二”。全市120个乡(镇)中，有86个乡(镇)的工业销售收入在3亿元以上，其中超过10亿元的有30个。所有乡镇均有出口产品，供货总额134.5亿元，比1992年增长93%，累计创办“三资”企业2318家，合同利用外资14.9亿美元。乡镇工业已成为无锡经济的重要支柱，国家财政收入的主要来源，外贸出口产品生产的重要基地。

三、改革、开放成绩斐然

(一) 经济体制改革不断向广度和深度发展 围绕建立社会主义市场经济体制的要求，大胆探索，积极试验，经济体制改革进展较快。通过贯彻落实《全民所有制工业企业转换经营机制条例》，企业的各项经营自主权逐步落实到位。企业内部改革不断深化，7种形式的综合改革试点企业扩大到139家，各试点企业推开了用工、用人和分配制度改革，13.3万名职工实行了全员劳动合同制，8.1万名职工实行了岗位技能工资制。加快了产权制度改革的步伐，全市探索建办各类股份制企业621个，股本总额31.7亿元。继续完善农村双层经营承包责任制，推行和完善适度规模经营，进一步加强社会化服务体系建设。积极进行放开粮油购销价格和经营的改革，蔬菜产销体制改革进展顺利，流通领域“四搞活”继续深化，小型商业企业“转、租、卖”以及“公有民营”的试点工作分批进行，以物资配送为主要内容的物资综合改革试点健康发展。社会保障体系初步形成，全市参加养老社会保险的机关、企事业单位3900多家，在职人员扩大到59.6万人，离退休人员16.4万人；1900多家企业、39.7万名职工参加失业保险。计划、金融、财税、科技体制和住房制度等方面的改革也都迈出了新的步伐。

(二) “三外”工作成效显著 围绕三外齐抓，水平、规模、效益齐上，积极开拓国际市场，加快资金、市场、产品、技术、管理等与国际经济接轨的步伐。利用外资又上新台阶。一是规模扩大，全市已批外商投资企业3163家，总投资1000万美元以上的项目64个。二是水平提高，与国际著名大公司、大财团合作、合资数量增加，利用外资成片开发有了良好开端，“无锡——新加坡工业园”正式签约奠基。三是成效显著，1993年外资实际到位5.3亿美元，增长70.2%，新开业投产外商投资企业741家，创利税8.8亿元，大部分外资企业经营状况良好，增强了外方投资者的信心。外贸出口持续增长，收购总额完成193.5亿元，增长90.5%，自营出口完成5.5亿美元，增长75.1%。外经工作取得较大突破，1993年新办境外企业50家，是前12年总和的3.8倍；完成对外工程承包、劳务合作营业额3000万美元。开发区建设初具规模，无锡高新技术产业开发区已通过国家验收，正式授牌。到1993年底，全市累计进区项目562个，总投资达110亿元，其中外资项目190个。无锡太湖国家旅游度假区发展较快，一批项目正在加快建设。

(三) 无锡国家高新技术产业开发区 无锡高新技术产业开发区规划于1990年12月，并于1991年5月经国家科委批准列入我国第一个火炬带——苏锡常火炬带内，1992年6月大规模动工建设，1992年11月经国务院批准为国家级高新技术产业开发区，正式步入国家级高新技术产业开发区的行列。

开发区位于无锡市东南郊、距市中心6公里，沿沪宁铁路与沪宁二级公路呈带状布局。

开发区内基础设施建设已初具规模。目前已建成道路15公里，1994年底，可基本形成区内道路网。日供水能力为8万吨，日引排污水能力为3万吨，日供煤气能力为3万立方米，规划1996年投入运行日供气能力为200吨的热电中心。已建成110KV变电所一座，已开通800门国际国内直拨程控电话，最终形成10万门的通讯容量。

开发区根据国家产业政策和无锡地区的科技优势、工业基础，鼓励引进下列高新技术项目：1、微电子和电子信息技术；2、空间科学和航空航天技术；3、光电子和光机电一体化技术；4、生命科学和生物工程技术；5、材料科学和新材料技术；6、能源科学和新能源、高效节能技术；7、生态科学和环境保护技术；8、地球科学和海洋工程技术；9、基本物质科学和辐射技术；10、医药科学和生物医学工程；11、其它在传统产业基础上应用的新工艺和新技术。对认定的高新技术企业和产品，开发区实施包括税收、进出口货物关税、进出口业务、设备折旧等在内的各项优惠待遇。开发区鼓励境外投资者以下列方式进行投资：1、独资企业；2、合资企业；3、来料加工；4、购置房产；5、土地开发；6、租赁企业；7、法律、法规允许的其它形式的投资。

开发区设有管理委员会代表无锡市人民政府对开发区范围内的经济、科技和社会事业实行统一领导和管理，依法制定和实施开发区的行政管理规定，协调各部门和各单位有关开发区的工作；制定并组织实施开发区经济和社会发展规划；审批投资额在3000万美元以下各类投资项目，处理开发区涉外事务和进出口业务；综合管理开发区劳动工资和人事事项；统一办理开发区内土地的征用、开发和转让手续，负责审查开发区建设规划。

经过一年多的建设，开发区内基础设施建设已初具规模，项目引进和项目建设已形成气候，支撑服务体系已形成框架，政策法规体系正逐步形成，与国际惯例相兼容的机制初具雏形，呈现出良好的发展态势，正成为中外客商投资的热土。

加速实施沿江经济发展战略的苏州市

徐洪斌　沈元冈

概况　1993年，苏州市紧紧围绕经济建设这个中心，抓住机遇，深化改革，扩大开放，加快发展，全市经济和社会发展继续呈现良好的势头。全市完成国民生产总值500亿元，工农业总产值1948亿元，财政收入36.6亿元，分别比上年增长39％、47％和55％，"八五"计划三年完成的目标基本实现。特别是通过沿江经济发展战略的实施，各级各类开发区建设加速推进，港口经济和环湖旅游产业蓬勃发展，现代城镇群体迅速崛起，加上中新合作开发建设苏州工业园区的确定，一个以县(市)为依托、东园西区古城居中的中心城市为龙头的现代化新苏州大布局的框架已经形成。1993年4月22日，国务院正式批准苏州为较大的市，赋予了苏州部分地方立法权限。

农业　在受灾之年夺得了正常年景的收成。全市粮食总产263.6万吨，油料11.8万吨，粮食收购53.5万吨，都超额完成了任务。棉花因面积调减和灾害影响，总产2.5万吨，比上年下降29％。水产总产21.5万吨，增长3％；蚕茧总产1.7万吨，增长44％；果品、牛奶等也实现了增产增收，多种经营总收入增二成以上。农业结构调整和创汇农业，都取得较好成绩。望虞河工程完成土方1000万立方米，望亭立交水下工程竣工；环太湖大堤建成7座控制闸，累计已建成50座。农田水利、圩堤加固和城乡防洪保安工程建设进展顺利。农业机械化、规模经营、农副产品基地建设都有了新进展。

工业　在调整中持续快速健康发展。全市实现工业总产值1881亿元，增长49％，工业销售收入和实现利税，分别增长60％和44％，产销率为95.4％，比上年提高3.5％。工业结构调整步伐加快，全年完成技改工作量68亿，增长18％。市县新兴工程、振兴工程苏州铜材有限公司高精度铜板带、吴江盛泽印染总厂涤纶纺丝等一批重点项目相继竣工投产。常熟发电厂两台30万千瓦机组并网发电，狮山、彩虹输变电工程建成启动。乡镇企业又上新水平，全年完成产值1385亿元，销售产值1271亿元，利税62亿元，分别增长55％、64％和69％。全市乡乡镇镇都实现了工业产值超亿元，涌现了近30个超10亿元的乡镇，60多个超亿元的村，100多个超亿元的企业，有76个企业进入了全国最大规模企业的行列，60个企业跻身全国乡镇企业500佳，乡镇企业集团和群体也有了新的拓展，现有乡镇企业集团100家。

第三产业　全市第三产业增加值133亿元，增长50％，占国民生产总值比重为26.6％，比上年提高2.1％，市区占国民生产总值的比重达到35％。城乡新办三产企业1500家。金融保险事业稳步发展，交通客货运输量继续增长，邮电业务量大幅度上升，科技三产获得新的发展，市场建设积极推进，又有37个市场开业，全市目前拥有各类专业市场650多个，中国东方丝绸市场、常熟招商场等大型骨干市场，已成为搞活流通、促进生产的重要阵地。全年完成社会商品零售总额163亿元，增长33％。商业、供销社系统的商品销售总额均增长60％以上。旅游业进一步发展，全年接待海外旅游者35.6万人次，旅游外汇券收入2.15亿元，增长46％。

外贸、外资、外经　全年完成进出口总额17亿美元，自营出口15亿美元，增长61％，其中三资企业出口创汇11亿美元，主要出口商品商检合格率达98％以上。新批三资企业2532家，合同外资48.1亿元，实际利用外资15.1亿元，增长67％。呈现的主要特点，一是大项目增多，新批项目单项平均利用外资190万美元，比上年增43万美元，500万美元以上的项目有336个，占全部投资总额的64％，其中1000万美元以上的有219个；二是三产项目增多，新批564个项目，合同外资18亿美元，占合同外资总额的38％；三是独资企业增多，新批342家，合同外资12.7亿美元，占合同外资总额的26％；四是技术层次高的项目增多，日本的松下、英国的迈大、台湾的声宝等一大批国际著名的大公司纷纷前来投资合作。全市累计已有三资企业6055家，开业投产3322家，累计实际利用外资25.5亿美元。完成海外工程和劳务合作创汇营业额4460万美元，增长36％，新批海外企业140家，累计273家，开业107家。

基础设施建设　全年完成交通建设投资8.7亿元，接近"七五"投资的总量。沪宁高速公路苏州段、318国道吴江段和太仓嘉浏一级公路土方工程，以及204国道苏州东段主干道拓宽改建工程、苏沪机场路昆山段基本完成，十苏王线吴江南段，张杨公路，吴县的木东公路及旅游度假区专线公路和苏州至常熟的苏虞公路扩建工程都已完成，全年建设公路200多公里。太湖大桥建设进展顺利。太仓石化码头主体工程完工。张家港港口二期工程西港区以及地方码头竣工投产，目前已建有15个万吨级码头，年吞吐能力720万吨。光福机场顺利开航。邮电通信上了一个大台阶，全市通信网实现了交换程控化和传输光缆数字化，装备技术水平基本上达到或接近九十年代国际先进水平，电话机总容量达47万门，其中市区17万门，城乡电话普及率为每百人6部，其中市区16部。市政府在市区举办的十四件实事基本完成，建成主干道27公里，桥梁28座;南园路桥的建成、人民桥北卡口的改造、娄门路的拓宽，改善了古城区三大交通卡口的状况;东环路、阊胥路的改造，为形成外环、中环路奠定了基础;干将路东西段的建成，相门、干将大桥的实施和乐桥立交工程的开工，为全线贯通古城东西主干道赢得了时间。新建住宅120多万平方米，拆除危旧房屋64万平方米，修复危房10万平方米，特困户解困近千户;部分供水低压区和低压易涝地区得到初步改造;完成14万平方米绿化任务。

科教文卫　科技兴市战略全面实施，苏州火炬建设有新发展，全市培育了32家高新技术企业，促进了传统产业的改造。实施了各类科技计划437项，有144项科技成果获得市科技进步奖。科技兴农步伐加快，国外智力引进工作取得积极成果，技术贸易机构已发展到650家，合同金额突破5000万元。教育事业进一步发展，九年制义务教育和高标准扫除青壮年文盲工作被国家教委免检通过。普及高中段教育步伐加快，全市初中毕业生升学率为59%，升入职业技术学校与普高学生的比例为1:0.64，全市高中阶段教育自费生、委培生占招生总数的25%。学前教育和特殊教育都得到了加强。成人教育培训九十万人次。农村全面推行了“经科教结合”以及普教、职教和成人教育“三教统筹”。校办企业发展走在全国大中城市前列，全年总产值36.7亿元、利润2.5亿元，分别比上年增长18%和43%。文艺创作和演出在全国和省重大艺术活动中获得好成绩。吴江、张家港市的乡镇在全国率先建立万册图书馆。全市三分之一以上乡镇达到农村初级卫生保健规划目标，农村新增饮用自来水人口55万人。继太仓、常熟之后，昆山市又消灭了血吸虫病。张家港市通过了“国家卫生城市”省级考核和全国爱卫会专家调研检查。全市计划生育率为99.94%，人口出生率控制在10‰以内。优秀运动员不断涌现，在全国和省级比赛中夺得62枚金牌。苏州经济广播电台建立，有线电视台开播。

人民生活　农民人均收入2215万元，城镇职工年均工资4200元，分别增长38%和23.7%，扣除价格上涨因素，仍有一定增长。城乡居民储蓄149亿元，增长26.2%;人均储蓄2620元，增长25.9%。

中新合作苏州工业园区　这是苏州对外开放和现代化建设史上的一件大事。在党中央、国务院的高度重视下，在省委、省政府的直接领导下，经过中国、新加坡双方的共同努力，合作开发建设苏州工业园区已经国家正式批准，并由两国政府签署了协议，开创了两国合作的新模式。这个项目的提出是在1992年10月，新加坡李光耀资政、王鼎昌副总理访问苏州之后，双方积极加以推进，1993年5月11日，苏州市人民政府同新加坡劳工基金(国际)公司签署了关于合作开发工业园区的原则协议;8月12日又同新加坡开发财团签署了主要商务条款协议;10月18日至26日以中共江苏省委书记、省长陈焕友为团长、国务院特区办主任胡平为高级顾问的江苏省政府代表团访问了新加坡，陈焕友省长与新加坡贸易与工业部部长丹那巴南签署了新加坡政府机构向苏州市提供经济和公共管理“软件”备忘录，章新胜市长与新加坡苏州园区开发财团主席沈基文签署了开发苏州工业园区的商务协议。1994年2月11日国务院正式下达了《关于开发建设苏州工业园区有关问题的批复》。2月26日李岚清副总理和李光耀内阁资政代表中新两国政府在北京签署了《关于合作开发建设苏州工业园区的协议》，李鹏总理、新加坡吴作栋总理，以及省、市主要领导和国务院有关部门的领导出席了签字仪式。当天，章新胜市长与裕廊镇管理局主席王康钦签署了《关于借鉴运用新加坡经济和公共管理经验的协议书》，与新加坡开发财团主席沈基文签署了《关于合作开发苏州工业园区商务总协议书》。这些重要协议的签署，标志着苏州工业园区开始进入实质性的启动阶段。

苏州工业园区位于苏州市区城东金鸡湖地区，它的发展目标是：按照建立社会主义市场经济体制的要求，借鉴吸收新加坡的管理经验，紧密结合中国的国情，把它建设成为与国际经济发展相适应的高水准的工业园区。在工业园区致力于发展以高新技术为先导，现代工业为主体，第三产业和社会公益事业相配套的现代化经济;经过积极探索和努力，既出物质文明成果，又出精神文明成果。园区项目的主要特点是，吸收外资和吸收新加坡管理经验相结合，开发形式上在符合国家产业政策前提下，以双方财团(公司)组成的合资公司为主，进行商业性项目开发;管理形式上在坚持和维护我国国家主权的前提下，自主地、有选择地借鉴新加坡发展经济和公共管理方面对我适用的经验。工业园区按照统一规划、分期开发的精神，首期开发建设面积8平方公里，规划发展面积可按70平方公里考虑。整个园区将用十年左右时间建成，首期开发区将充分利用邻近古城的有利条件，建成一个以现代化工商业为主体，适应金融业和旅游业发展的中心小区。

开发区建设　继国家批准苏州高新技术产业开发区、张家港保税区、昆山经济技术开发区、苏州太湖国家旅游度假区四个国家级开发区后，省里又批准了张家港、常熟、太仓、吴县、吴江、苏州浒墅关经济开发区，以及太仓浏家港港口开发区等7个省级开发区，加上众多的乡镇工业小区，全市形成了多层次、多类别、全方位开放的新格局，成为国际著名跨国公司、专业公司和财团竞相投资合作的热点。据统计，到1993年底11个国家级和省级开发区内实现“四通一平”以上的面积50多平方公里，基础配套设施投入29亿元，累计进入项目1300多个，总投资55亿美元，其中三资企业800多个，合同外资28亿美元左右。全市乡镇工业小区投入资金25亿元，落实进区项目2000多个，其中三资企业占三分之二，合同外资20亿美元。

'93中国苏州国际丝绸旅游节 由中国纺织总会、国家旅游局、国家航天局、中国丝绸工业总公司和苏州市人民政府联合组办的'93中国苏州国际丝绸旅游节，于9月20日至25日在苏州隆重举行。这次活动，突出了对外开放、扩大交往和合作的主题，突出了经济贸易的重点，突出了丝绸和旅游的地方特色，突出了丰富多彩和让更多的群众参与。节日期间，举办了对外贸易洽谈会、第二届中国国际丝绸学术会议、工业精品、科技成果展销会、苏州国家级开发区情况介绍会、虎丘、太湖山水特色旅游、文化活动、姑苏丝绸路大型文艺服饰专场演出等，参加丝绸旅游节的海外嘉宾和客商明显多于往年，其中境外嘉宾30多批近200人，海外客商1557人，来自39个国家和地区。旅游节期间，对外贸易成交2.11亿美元；外资新签意向及可行性协议合同124项，合同外资7.4亿美元；新签举办海外企业意向书33项、海外承包工程14项、合同金额1503万美元；对内贸易成交15.8亿元。

期货市场 经国家批准的苏州商品交易所期货市场，按照国际规范要求运行，为培育高层次市场进行了成功的探索。全年累计成交钢材2155万吨，从1993年4月起新增的茧丝绸期货交易，到年底共成交桑蚕丝1320吨，期货成交总金额680亿元。直接进入交易池交易的期货会员单位已由上年的33家发展到104家，分布在全国17个省(市)的20多个行业，一个以交易所为核心，会员为骨架，客户为辐射面的会员制和委托代理制体系已初具规模。

奋进的张家港市

戴宝焕　王国强

1993年，张家港市紧紧围绕经济建设这个中心，牢牢抓住机遇，坚定不移地朝着把张家港建成国际化、现代化繁荣港城的目标奋进。全市经济建设持续高速高效发展，各项社会事业取得了新的成果。1992年以63亿国民生产总值在全国综合经济实力百强县中获得了第四名，1993年全市国民生产总值超100亿元，比上年增长58.3%；国民收入88亿元，比上年增长48.5%；人均国民生产总值达到12345元。工农业总产值360.1亿元，比上年增长57.9%；财政收入4.31亿元，比上年增长55.6%；社会商品零售总额17.1亿元，比上年增长35.7%。

(一)工业经济高速高效增长，发展后劲明显增强 1993年全市积极实施抢发展机遇，抢投入产出，抢调整结构，提高经济效益的“三抢一提高”的发展思路，全市工业经济继续保持高速高效增长的发展势头。全市实现工业产值350.9亿元，比上年增长60%；全市工业销售收入268.5亿元，利税20.25亿元，净产值65.79亿元，分别比上年增长57.8%、66.1%和65.9%。全员劳动生产率比上年增长69.6%，定额流动资金周转次数比上年加快了0.26次。在经济总量增长的同时，全市抢抓机遇，加大投入，全年新批项目加上年结转项目达965项，计划总投资92.5亿元；已完成投资工作量45.6亿元，其中引进设备的投资总额达1.75亿美元；已有562个项目竣工投产。全市销售收入超亿元的厂、村达到53家。“四新”产品比上年增长15%。全年共采用国际标准45项，同时标准产品产值率达12.5%。

(二)外向型经济持续快速发展，整体素质不断提高 全市全年完成外贸出口供货额99.2亿元，比上年增长40%；完成自营进出口额3.18亿美元，其中市对外贸易(集团)公司完成自营进出口额7820万美元，其中自营出口5070万美元，自营进口2750万美元。一跃进入1993年中国进出口额最大的500家企业排名榜，名列第311位，三资企业自营出口2.4亿美元，比上年增长84.6%。外贸生产骨干企业有54家供货额超过5000万元，有5家工厂获得了自营进出口经营权。全年新批办三资企业464家，合同外资11.16亿美元，注册外资6.89亿美元，分别比上年增长25.6%和43.5%。全市逐年累计建办三资企业1100家，累计合同外资20.96亿美元。注册资本500万美元以上的大项目有54个；第三产业项目有74个，独资项目45个。到帐外资达3.59亿美元，逐年累计5.2亿美元。全年新增投产开业企业312家，累计达到720家。初步形成了高支毛纱、仿真丝、高标水泥、冶金、金属制品等新一代的规模型产品。全年新批办海外企业57家，累计83家，投资总额2745万美元，有38家企业投产开业。新签工程承包合同额4553.9万美元，在外劳务人数261人，完成海外工程营业款2288.9万元，是上年的4倍。

(三)对外开放进一步扩大，开发建设取得实质性进展 经国务院批准的全国唯一的内河港保税区——江苏省张家港保税区，起步区2.5平方公里范围的“五通一平”已基本完成，两座海关监控口已全部竣工，进入封关准备阶段。地面建设逐步铺开，区内外11幢高层建筑已经动工，为保税区配套的五座码头，已有2座竣工投入营运。至1993年底，保税区已批办三资企业111家，累计合同外资3.17亿美元，到帐外资1.2亿美元。在开发建设保税区的同时，张家港市还加快了“四带一区”的开发建设步伐。一是张杨公路高新技术带。全长33公里，路基宽70米，混凝土路面宽40米，已有31只项目进区定位，总投资达6亿元。二是沿江公路基础工业带，已有12只项目签约并到位动工。三是204国道新的生产力密集带，两侧兴建了一批精品市场，规模型专业市场，正成为第三产业新的活跃地段。四是沙锡公路经济开发带，也展开了开发规划的实施工作。五是乡镇工业小区建设迈开了步伐。一个以张家港港口、张家港保税区为龙头，以“四带一区”为骨架全方位的大开放、大开发的新格局已基本形成。

(四)三大产业协调发展，经营领域不断拓展 在工业经济快速发展的同时，全市农业和第三产业也不断加强。1993年全市三麦获得了单产287公斤的好收成，水稻创下了单产580公斤的历史最高水平，棉花在遭灾严重情况下，亩产超过了64公斤。全市还建成了10个市级规模型副食品基地和18个镇级副食品基地。第三产业也有了较快的发展，全市三产增加值27.2亿元，比上年增长134%，占国民生产总值的比重由1992年的19%提高到27%。全市批租土地109幅3746亩，合同出让金5亿元，到帐2.3亿元。三产投入有了新的增加，投资超千万元的项目27个，年内竣工7个；各类专业市场建设也有新的突破，一批有一定规模和档次的专业市场，如全国最大的妙桥针织精品市场和塘桥纺织城等已突破了单一农贸市场的传统格局。

(五)科技与经济紧密结合，科技含量明显提高 全面实施“科技兴市”战略，扎扎实实开展创建科技先进市活动，经国家科委验收评审，进入“全国科技工作先进市”行列。依靠科技发展经济取得明显成效，全市已有120只高新技术产品，有3家企业被确认为省级高新技术企业。“科技兴农”工作，在新品种选育、新技术推广应用、农副产品深度加工等方面，加快了成果转化步伐。全年安排工业科技发展项目79项，其中省级以上星火计划8项，已完成53项。全年办理专利申请11项，累计达到133项。有51项科技成果获得科技进步奖。科技体制改革进一步深化，各类科研机构和科技管理网络得到新的发展，新建厂办科研机构12家，累计76家。开发新型墙体材料产品4种，科普工作广泛开展，促进了全社会的科技进步。

(六)企业改革向纵深推进，建立社会主义市场经济体制步伐加快 股份制工作按照“坚决搞、务求好、不能乱”的指导思想，取得突破性进展。全市已批办股份制企业358家，其中市属集体企业76家，镇村企业292家；总股值33亿元，超额完成了上级部门下达的股份合作制企业改革试点任务。大力推进企业组织结构调整，加快了中小型企业小而特、小而专、小而联的优化组合步伐。全市省级企业集团发展到24家，其中镇办企业18家，居全省第一；本市批准的市级企业集团11家。企业集团的组建，有力地增强了企业的投资功能、外向功能、调控功能、扩销功能和融资功能，提高了竞争能力。依托龙头企业，兼并微利、亏损企业，促进了生产要素的优化组合。企业内部劳动、人事、分配三项制度改革有了新的进展。市属企业改革成效显著，发展步伐明显加快，经济总量跃居江苏省各县(市)之首。

(七)城镇建设面貌大变，投资环境日趋完善 城区加快了建设进程，市府所在地杨舍镇投入1.8亿元新改造了环城东路、环城南路、西环路等7条主次干道，新铺改造人行道4.4万平方米，新埋设直径300毫米以上自来水管道4.6公里、雨污水管道11公里。新装改装路灯373盏。铺设草坪9.8万平方米，植树5.2万株。拆除旧房4.7万平方米，安置300多户。全市竣工建筑项目360项，其中市区竣工180项，面积45万平方米。南北货超级商场、商业大厦、工艺大厦、国贸酒店等一批富有时代气息、新颖别致的建筑拔地而起。日供水5万吨级的第二自来水厂已于上半年供水。日处理2万吨级的城市生活污水处理厂一期工程开始动工建设。市区港区镇投入资金4300万元，新铺混凝土路面、沥青路面5.29万平方米，铺设下水道9.9公里。保税区投入资金近亿元，完成了中华路、长江东路混凝土路面铺设和日供水6000吨级临时水厂建设。

交通运输：全长33公里、混凝土路面宽40米的张杨公路拓宽延伸工程基本结束。改建市、镇油路27公里。新建改造公路桥梁7座、农桥88座。沿江公路桥梁开始施工。交通运输全年完成货运周转量9500万吨·公里，完成客运周转量7600万人·公里。

邮电通信：新建并开通了9个镇的程控电话局，全市程控电话设备容量突破5.2万门。扩容了张家港到苏州四次光缆数字传输。新建市区、港区两个移动通信基站，扩容开通了移动通信A网和B网，并开通了无线自动寻呼和168全自动声讯系统。

电力设施建设：35千伏东莱、花园和保税区善政变电站相继建成投运，另外南沙、西张、塘桥、杨舍及三兴变电站的增容工程基本完成。全年供电量14.9亿千瓦时，比上年增长20.13%。

环境保护：市区建成区内百分之百建成了烟尘控制区。市区新增废水日处理能力600吨，使日处理废水能力达到9152吨；饮用水质达标率达到98.3%。

(八)精神文明建设步步深入，各项社会事业取得可喜成绩 以经济建设快速发展的同时，张家港市的精神文明建设也步步深入。以"热爱张家港，建设新港城、奉献在岗位"为主题的精神文明创建系列活动坚持不断，全市干部群众的精神面貌、思想道德素质发生了可喜的变化。

教育等社会事业：九年制义务教育成果巩固提高，高考录取总数和比例在苏州市继续保持领先地位。中等教育结构进一步优化，职业教育取得突破性进展。全市残疾儿童入学率达94.3%，荣获"全国特殊教育先进市"称号。用于改善办学条件的资金比上年增加1694万元，新建成了梁丰高级中学等一批窗口示范学校。文化工作全年入选国家级的各类作品有30件。镇级图书馆建设在全国率先达标，有21个镇跨入省文化先进镇行列，被文化部命名为"全国文化先进市"。广播电视事业又新建农村有线广播标准村130个，有线电视台建成并开播。计划生育人口出生率由上年的11.29‰下降到9.89‰，节育措施落实率达99.95%，被评为"全国计划生育先进市"。体育事业在全国比赛中夺得金牌3枚，获省级团体冠军1个、省级比赛金牌1枚。

城乡人民：农民人均年纯收入2338元，增长53%，城镇职工平均收入4500元，增长34%。城乡居民年末储蓄余额26.49亿元，比上年增长39.3%，人均储蓄3130元，比上年增加876元。全市又有5414户农民翻建了新房，建筑面积近100万平方米。新增饮用自来水人口7.7万人，受益面达70.3%，比上年增加10.7个百分点。

跻身'93全国综合实力百强县(市)第二位的江阴市

严 伯 英

1993年，江阴市国民经济持续、快速、健康发展，港口建设和滨江开发加快步伐，城市基础设施建设加速推进，科教文卫事业协调发展，城乡人民生活水平继续提高。据市统计局统计测算，国内生产总值113.12亿元，比上年增长44.93%，人均国内生产总值首次超过万元；一、二、三产业增加值分别占国内生产总值的比例为7.34%、64.66%、28.00%；工农业总产值(不变价)381.78亿元，比上年增长44.72%；财政收入6.29亿元，比上年增长61%，其中工商税6亿元，增长66.30%；财政支出3.23亿元，增长153.6%。农村综合实力被国家统计局评为1993年全国百强县(市)第二名。

(一)农业在向市场经济转换中稳定发展 在粮油购销价格放开的新形势下，进一步深化农业改革，调整农业内部结构，增加科技投入，加强农业基础设施，强化社会化服务，为农业走向市场创造条件。第一产业增加值8.3亿元，比上年增长13.95%。农业总产值10.53亿元，比上年增长4.87%，其中：种值业4.18亿元，比上年减少0.91%；牧业2.66亿元，增长3.1%；渔业1.31亿元，增长36.46%。主要农副产品产量：谷物42.69万吨，其中稻谷31.07万吨，三麦11.60万吨；油料3825吨；蚕茧87吨；水果3129吨；蘑菇447吨；肉类29436吨，其中猪肉28209吨；家禽441.42万羽，鲜蛋7084吨；肉猪出栏37.06万头，年末存栏38.62万头；牛奶1297吨；水产品1.54万吨，其中淡水产品1.42万吨。

城区"菜篮子"工程建设进一步加强，新增蔬菜地面积360亩。造林面积703亩，植树361.21万株。1993年进入江苏省平原绿化先进县(市)行列，并通过林业部平原绿化先进县(市)验收。

1993年投资5000多万元用于水利农机建设，完成水利土石方1079万方，加固加高江港圩堤71公里，疏浚三级河道114条。改造中低产田4.92万亩。复垦废弃土地3408亩。年末拥有农机总动力72.67万千瓦，比上年增长37.66%。化肥施用量(折纯)2.95万吨。农村用电量1.01亿千瓦小时，增长17.85%。

农业规模经营加快。新建小农场139个，新增规模经营面积3万亩。

(二)工业在宏观调控中持续增长 第二产业增加值73.15亿元，比上年增长41.22%，其中工业增加值68.18亿元，增长39.80%；建筑业增加值4.97亿元，增长64.07%。

工业战线抓住机遇，深化改革，坚持以市场为导向组织生产经营，工业经济持续快速增长。全市三级工业企业3425个，其中市属企业191个，镇办864个，村办2370个。三级企业中大中型企业47个，其产值占三级工业总产值的16.2%。职工人数55.61万人，其中乡镇企业44.41万人。有工业产品5000多种，主要产品质量稳定提高率90.36%。采用国际标准和国外先进标准验收产品43只。产品有标率达88%。不变价工业总产值完成371.22亿元，比上年增长46.31%，其中市属工业38.70亿元，增长13.49%；镇办工业170.75亿元，增长46.28%；村办工业146.10亿元，增长61.70%。不变价工业销售产值完成358.76亿元，增长57.30%；其中市属38.57亿元，增长21.56%；镇办165.99亿元，增长57.20%；村办139.26亿元，增长74.14%。工业产品销售率为96.76%，比上年提高4.96个百分点。全市30个镇中，周庄等3个镇工业产值超20亿元，2个镇超15亿元，8个镇超10亿元。工业产值或销售超亿元的厂村达80家，其中18个农村现代化示范工业产值计达48亿元，村均2.6亿元。

工业经济效益稳步增长。三级工业利税总额为20.85亿元，增长39.56%；亏损企业亏损面由上年的9.12%下降到8.34%；资金利税率15.02%，工业增加值率19.49%，均与上年持平；全员劳动生产率(按增加值计算)19234元/人，比上年提高56.87%；全部流动资金周转3.05次，加快0.41次。但三项资金仍居高不下，年末总额54.61亿元，比上年末增长42.62%，其中应收款占78.03%，成品资金占21.31%。

建筑业主要生产指标快速增长。全市完成建筑业总产值21.13亿元，比上年增长94.57%，其中市属企业完成7.23亿元，镇村企业10.95亿元。建筑施工企业完成房屋施工面积228.65万平方米，房屋竣工面积168.12万平方米。据市镇建筑企业统计，按总产值计算的全员劳动生产率为3.15万元/人，比上年增长45.03%。

(三) 第三产业在培育市场中有新的突破 许多镇和部门跳出老框框，探索适合本地发展三产的路子，正逐步形成几种类型：依靠市区及近郊有利地域条件办三产的城市辐射优势型、沿交通干线建市场的交通优势型、以钢材等金属材料为经营特色的商品聚集优势型、走向全国广设网络的信息流通优势型以及人文景观优势型等。销售结构及营销策略上走一业为主、集团经营和贸工结合的道路。三产总收入238亿元，比上年增长45.1%；增加值31.67亿元，增长67.03%；税收额1.75亿元，增长57%。三产增加值占国内生产总值的比重比上年增加3.7个百分点。

交通运输和邮电业发展较快，全年增加值5.8亿元，比上年增长74.08%。新建油路53条、95公里，310个村道路黑色化，占56.2%。城区道路形成二环六纵六横框架，并与滨江开发区连成一体。共完成货运总量725.81万吨，比上年增长3.14%；货运周转量90158万吨公里，增长62.01%；完成旅客发送量352.82万人次，比上年减少14.16%；客运周转量13723.8万人公里，减少0.52%；汽车渡江量251万辆，比上年增加35万辆。邮电业务总量10018万元，比上年增长99.86%，其中特快专递、无线寻呼、移动电话业务有较大增长。拥有电话机5.37万部，比上年增加2.5万部，其中市内电话机2.96万部，农村电话机2.41万部，BP机5858台，移动电话854部。市话普及率24.69%。城乡基本实现电话程控化。

供电量达15.74亿千瓦时，比上年增长9.22%；全社会用电量18.24亿千瓦时，增长12.73%，其中工业用电增长10.96%，城乡居民生活用电增长41.46%。通过全国农村电气化先进县(市)和江苏省用电标准化县(市)的考核验收。建成5个11万千伏变电所。

商业流通经受住市场形势大起大落的严峻考验，继续保持增长势头。全市完成经营流通销售额230亿元，比上年增长95%。商业和物资供销业增加值16.10亿元，增长82.29%。社会商品零售总额27.32亿元，增长65.95%。消费品零售额25.95亿元，增长72.15%，其中，对居民的零售额22.26亿元，增长70.76%；对社会集团的零售额3.69亿元，增长81.09%；农业生产资料零售额1.37亿元，与上年持平。市供销企业集团公司年销售额达65亿元，利税突破亿元，名列全国县级市榜首。专业市场建设步伐加快，完成市场成交额26亿元。纺织市场、江阴食品城、金三角建材市场、山观钢管市场、长泾羊毛市场和城中农贸市场等6个专业市场，销售额均超亿元。其中纺织市场成交额达10亿多元，列入全国38个大型专业市场之一，并与金三角市场一起进入全省10大专业市场之列。

金融保险事业适应经济发展的需要，加速发展。1993年末全市各项存款41.08亿元，比上年末增长26.04%；各项贷款34.44亿元，增长25.86%。存款额大于贷款6.64亿元。全年现金总收入90.83亿元，总支出103.08亿元，收支相抵货币净投放12.96亿元，比上年多投放3.24亿元。保险业务收入7381万元，比上年增长37.82%；支出2704万元，减少6.65%。

新兴行业崭露头角，势头良好。房地产业全年完成增加值2亿元，比上年增长62.84%。年末城区拥有房地产开发公司20家，其中与外商合资的3家。商品房施工面积69.36万平方米，竣工53.12万平方米，销售商品房面积29.93万平方米，均比上年有大幅度提高。全年共有偿出让土地845亩，吸收资金1亿元。此外，仓储劳务、人才、科技咨询、居民生活服务和旅游等行业市场进一步发育，经济信息、期货交易市场越来越为人们所重视，省证券公司江阴业务部已正常运行。

(四) 外向型经济在扩大开放中开创新局面 外贸出口高速增长，自营出口成倍翻番。出口商品供货总值67.02亿元，比上年增长61.11%，其中市属企业完成19.5亿元，镇村企业47.52亿元，分别增长50%、67.62%；出口商品供货总值超亿元的镇和行业公司计有22家，超5亿元的有祝塘镇和纺织公司2家。完成外贸自营出口1936万美元，比上年增长287.2%。有外贸生产企业503家，有外贸自营出口权的企业12家，出口商品达425种，出口口岸117个。

利用外资量增质高。新增三资企业305家；合同利用外资4.1亿美元，实际到帐外资1.52亿美元，比上年增长149.56%；新增开业企业271家，比上年增长127.73%。历年累计批准三资企业927家，合同利用外资8.73亿美元，实际到帐外资2.24亿美元，开业三资企业421家。随着投资环境的改善和经济开发区建设步伐的加快，三资企业规模变大，领域拓宽、档次提高。投资总额1530万美元的中外合资华澄钢缆有限公司已竣工投产；总投资5400万美元的中国贝卡尔特钢帘线有限公司、投资1800万美元的中外合资龙马机械有限公司和投资1100万美元的中外合资滨江热电有限公司等一批高新技术企业正在加紧建设中；总投资1.3亿美元的中外合资兴澄钢铁有限公司已正式签约。据206家三资企业统计汇总，计完成工业产值23.65亿元，销售收入20.75亿元，分别比上年增长3.4倍和3.2倍；完成出口创汇8230万美元，增长1.7倍；实现利税总额1.52亿元，增长1.4倍。

外经工作步伐加快，投资地域增多。新批境外企业30家，累计33家。境外合作地域已增加到11个国家和地区(上年3个国家)，境外合作项目已有机械制造、机械维修、织造、制衣、革制品、餐饮等业(上年仅工业)。对外劳务输出137人，比上年增长63.1%；承包劳务合作营业额727万美元，比上年增长1.7倍。

国际旅游业进一步发展。1993年到江阴旅游的国际人士达2967人，比上年增50.6%；旅游外汇收入达95万美元，增长118.5%。

(五) 技改投入在质态提高中逐步优化 全市1993年完成社会投资40.47亿元，比上年增长72.07%，是改革开放以来增长最快的一年。其中工业投资31.46亿元，增长67.07%(市属工业5.66亿元，镇村工业25.8亿元)。技改投入结构逐步趋向优化，设备投资的比重提高，先进装备主要是引进设备的比重提高，平均单个项目的投资额提高。经市政府确定的工业性重点重大项目48个，经调整停建缓建项目4个。确定44个重点重大项目批准总投资32.5亿元，用汇2.95亿美元，其中投资超千万元的有30个。已开工项目42个，累计完成投资13.7亿元；有21个项目竣工投产，其中5000万元以上的项目有12个。由于立足高起点，注重大投入，在投资规模、整体水平、建设进度等方面均取得突破性进展，对工业经济结构的调整，增强区域经济的发展后劲，产生了积极而重要的作用。新增固定资产32.81亿元，比上年增长89.8%。形成工业固定资产23.54亿元，比上年增长68.7%，其中市属工业2.63亿元，增长180.29%；镇村工业20.91亿元，增长60.64%。

(六) 企业改革在转换机制上取得较大进展 1993年着重抓“三改”，即改革产权关系，改建企业集团，改造弱亏企业。改革产权关系主要是扩大股份制试点，组建各类股份制企业333家，总股本13.05亿元，其中吸纳市内外社会法人股11.03亿元，个人股2.02亿元。组建企业集团，以骨干企业、拳头产品为“龙头”，发展各种形式的集团企业。有省级集团21个，市级集团19个。转化弱亏企业，对一些产品缺市场、发展缺后劲、机制缺活力的企业采取措施，限期扭亏增盈；对转化无望的，实行关停并转或拍卖租赁。据不完全统计，并转、租卖的企业有100家左右。同时，围绕转换职能推进机关改革，人员有所精减，办事效益提高。住房及社会保障制度等改革也相继进行，使之与企业改革相互配套、相互促进。

瑰丽的人间天堂杭州市

宋建新　钱荣南

杭州市在1993年中继续加大改革力度，加速开放步伐，推动经济保持较高的增长速度。

一、社会经济持续快速增长

(一)工业生产高速增长，经济效益明显提高 1993年杭州市工业系统以市场为导向，深化企业改革，加快企业经营机制的转换，积极调整和优化产业、产品结构，使工业生产保持高速增长的势头。全年工业增加值210.1亿元，比上年增长43.6%。工业总产值866.64亿元，比上年增长42.7%。工业经济运行质量提高，产销同步增长，全年工业销售产值860.02亿元，比上年增长43.3%，产销率达到96%。乡镇工业迅速发展，新增产值已占全部工业新增产值的69.7%。大中型工业企业生产保持良好势头，产值达到278.16亿元，占全市工业总产值的32%，在市属乡及乡以上工业中，大中型工业企业的产值已占69.5%。一些适销对路的产品生产有较大增长，80种主要工业产品产量比上年增长的有58种，其中，洗衣机、空调器、服装、单相电度表等10余种产品的增幅均在50%以上。

工业企业的经济效益进一步提高。全市乡及乡以上工业企业实现利税65.35亿元，比上年增长48.2%；工业资金利税率达15.49%，流动资金周转速度也比上年加快。

(二) 农业生产获得较好收成，农村经济稳步发展　为调动农民对土地长期投入的积极性，推进了农业适度规模经营。同时，针对市场需求进行农业结构调整，促进高产、优质、高效农业的发展。全年农村经济总收入410.46亿元，比上年增长61.8%。农业总产值46.76亿元，比上年增长6.7%。全年粮食总产量177.14万吨，超额完成了指导性计划的要求。肉类产量14.67万吨，比上年增长4.8%；家禽出栏2257.66万只，增长14.2%；禽蛋产量4.17万吨，增长13.4%；淡水产品5.71万吨，增长7%；生产蔬菜121.81万吨，增长11%；水果7.44万吨，较上年增长1倍以上。

开发性农业产品的生产取得了明显进展，建成了一批名特优新产品基地。为加快"菜篮子"工程建设，市郊改造和新增了一批蔬菜基地，新建和改造一批肉鸡场、蛋鸡场、蔬菜批发市场及其加工企业，市副食品基地生产的禽、蛋、奶、鱼、蔬菜已占市场供应量的大部分，基本上满足了城市居民生活的需要。

(三) 以商品流通和旅游业为重点的第三产业蓬勃发展　全年第三产业增加值116.46亿元，比上年增长26.8%。为发挥旅游胜地的优势，杭州市举办了'93西湖国际游船节和西湖国际马拉松比赛。全年共接待境外旅游者45.96万人次，旅游收汇4.6亿元(外汇人民币)。

全市商业以加快国合商业企业经营机制转换为重点，积极进行多种经营形式的改革。对部分老企业进行了股份化改造，1993年末全市已组建规范化股份公司6家，还有一批中小型商业企业改组为有限责任公司或推行股份合作制。全市95%以上的国合商业企业实行了经营、用工、价格、分配"四放开"；小型商业企业则采取改、租、包、卖及合伙合股经营。截至1993年末，全市实行个人或合伙承包租赁的商店375家。城乡各类市场发展到485个，其中有消费品市场440个，全年成交额达130亿元，比上年增长1.53倍。此外，生产要素市场已初具规模，地产市场、技术市场、货运交易市场、房地产市场、企业产权交易所等相继建立。金融市场、劳动力市场、人才市场也得到进一步的发展。1993年全市社会商品零售总额154.84亿元，比上年增长30.5%，扣除物价上升因素，实际增长11.3%。

(四) 城市基础设施建设步伐加快，市容环境继续改善　大力加强交通设施建设。萧山临浦大桥、环城快速公路石桥段竣工通车；钱塘江第三大桥开工建设；杭甬及沪杭高速公路杭州段、京杭运河市区河段整治工程等项目进展顺利。市区庆春路道路拓宽工程基本完成通车。叶青兜桥和新朝晖路、曙光路、文三路部分路段相继建成，城站广场、延安路南端、凤起路等改建工程也相继开工建设。祥符水厂水源保护(二期)工程已全面建成。"八五"供水应急工程、运河杭州段截污处理第三污水干管工程已如期开工，市区新发展煤汽用户3.5万户。新增变电容量42万千伏安，配电容量10万千伏安。市话交换机容量已达30万门，移动电话用户迅速增加，通讯条件大为改善。加强了市区交通和市容卫生管理，西湖风景名胜区及历史文化古迹的环境保护良好。杭州市继续保持"全国环境综合治理十佳城市"荣誉称号。

二、对外经贸和外资利用成效显著

(一) 外贸进一步拓宽出口渠道，扩展国际市场　全年外贸出口供货总值111.87亿元，比上年增长65.7%。外贸自营出口4.68亿美元，增长54.5%。外贸供货出口的国家和地区增为90个，比上年增加10多个。

(二) 外商投资增势良好，利用外资额迅速增加　1993年，杭州市对欧洲一些发达国家进行访问和考察，又在新加坡、香港等国家和地区组织外贸和投资洽谈，赴日本进行旅游招商，从而吸引了东南亚、日本、欧洲一些国家的企业家来杭州进行贸易洽谈和投资开发。1993年，全市新批三资企业1078家，比上年增加495家；总投资22.23亿美元，其中协议外资12.19亿美元，分别比上年增长78%和1倍；实际利用外资3.57亿美元，增长2.7倍。新增三资企业总投资在1000万美元以上的项目达到59个，总投资12.3亿美元，在新批三资企业中生产型企业占85%。

(三) 对外经济技术合作继续发展　1993年，全市批准"三来一补"合同100项，合同金额1462.76万美元，实收工缴费329万美元。新办境外企业5家，境外工程承包和劳务合作业务也有较大发展。

(四) 扩大对外开放加速推进开发区建设　作为杭州市对外开放重点的国家级开发区——杭州经济技术开发区、高新技术开发区、之江国家旅游度假区和萧山经济技术开发区已全面启动。四个开发区按照"统一规划，项目起步，滚动开发"的方针，以高标准、高质量的要求，高速度地进行开发，取得了明显的进展。至1993年末，四个开发区进区的项目已达438个，总投资为11.12亿美元和18.27亿元人民币，其中三资企业142家，协议外资7.55亿美元，实际吸收外资2.31亿美元。

三、经济体制改革日趋深入

1993年，工业企业的改革向纵深推进，《全民所有制工业企业转换经营机制条例》赋予企业的经营自主权已基本落实，增强了企业经营机制适应市场经济的能力。产权制度的改革开始起步，有13家工业企业进行了股份有限公司的试点，组建企业集团44家。市属预算内企业全部实行了税利分流。全市城乡股份合作制企业已有423家。实施企业兼并217对；全市累计已有规范化企业集团62家。个体私营经济继续得到发展。社会商品零售额中，市场调节价比重已扩大到97.7%。住房制度和市级公费医疗改革方案已实际运转。社会养老保险和待业保险的实施范围已扩大到城镇所有企业及个体工商户。以土地批租为主要内容的土地使用制度改革进一步深化，地产市场开始步入规范化轨道。农村改革在稳定家庭联产承包制前提下，进行了土地使用权流转制度的探索。

新兴对外贸易口岸宁波市

陈 健 胜

1993年，浙江省宁波市进一步深化改革，扩大开放，经济和社会发展都取得了新的成就。

一、国民经济继续保持较高的增长势头

1993年国民生产总值达301亿元，比上年增长34%，是改革开放十五年来增长最快的一年；第一产业增加值41亿元，比上年增长8.9%；第二产业增加值188亿元，增长42.1%；第三产业增加值72亿元，增长29%。

(一)“一优两高”农业有了良好起步，农村经济全面发展 1993年初放开粮食购销和价格以后，在努力保持粮食供需基本平衡的同时，进一步调整农业结构，提高经济效益。农业总产值达到54.9亿元，比上年增长11.8%。其中，农业产值31.86亿元，增长6.9%，林业产值1.78亿元，增长29.4%，牧业产值10.41亿元，增长10.7%，渔业产值10.85亿元，增长26.8%。全年粮食播种面积467万亩，粮食总产量达170万吨。开发农业和创汇农业有较大拓展，新增水产养殖、经济林和经济作物面积55万亩，水产品、水果、茶叶、竹笋等产量均比上年有较大幅度增加，农产品外贸收购比上年增长30%以上。农业基础设施建设得到加强，姚江流域治理一期、横山水库扩容、黄坛水库除险增容等工程基本完成，平潭、梅溪等水库正在抓紧建设，1993年全市新建标准海堤31公里，累计已达282公里。全市50.7万亩荒山已基本绿化，提前一年实现基本消灭荒山的目标。农村社会化服务体系建设得到加强，全市绝大多数镇(乡)和80%的村建立了农业服务组织。农业适度规模经营继续发展，涌现出一大批股份合作企业和农业龙头企业。乡镇企业保持强劲发展势头，1993年乡镇工业总产值达到467亿元，比上年增长62%，占全市工业总产值的66%。

(二)工业生产持续高速增长 全市工业总产值完成707亿元，比上年增长45.5%。经济效益有所改善，产销基本平衡。全市乡及乡以上工业企业完成产值、销售收入、实现利税分别比上年增长33.2%、51.2%和42.1%。全市工业产品销售率达96.3%。技术改造步伐加快，全市完成技改投资39.6亿元，比上年增长86%。开发新产品3600多个，新产品产值率达到10.8%。主要产品质量稳定提高率达92.7%。老企业“嫁接”取得新的进展，全年新批“嫁接”企业550家，全市60%国有企业实行了“嫁接”。

(三)交通、邮电事业进一步发展 1993年，宁波铁路、公路、水路、民航等各种运输工具的客、货运量全面增长，港口货物吞吐量达到5321万吨，比上年增长21.8%。新建、改建公路250公里，全社会货运量增长17.8%。民航国内航线扩展到17条，开通了港龙航空公司香港至宁波包机。全市邮电业务总量5.11亿元，比上年增长72.5%。程控电话扩容、移动通讯二期工程以及长途电信枢纽大楼等先后建成投入使用，大大提高了全市的通信能力。1993年末市内电话用户10.65万户，比上年净增3.35万户；农村电话7.94万户，净增3.02万户。移动电话用户达到7961户，比上年末净增6514户；无线寻呼用户5.80万户，净增3.84万户。

(四)固定资产投资高速增长 全社会完成固定资产投资126亿元，比上年增长65.7%。其中国有单位投资42.91亿元，增长32.5%；集体所有制单位投资44亿元，增长83.3%；私人投资14.58亿元，增长17%；商品房建设投资24.85亿元，增长2.38倍。投资结构继续得到调整，用于第三产业的投资迅速增长。在国有单位固定资产投资中，第三产业投资20.6亿元，比上年增长121%，所占比重由上年的28.8%上升到48%。用于能源、原材料工业投资为6.3亿元，用于交通、邮电通信部门的投资为8.32亿元，增长122%。

(五)城乡建设步伐加快 适时开展宁波市城市总体规划调整工作，完成了一批城市专业规划和功能区规划；对市区及城近郊区的重要道路干线进行了改造和建设；新增居民液化气用户3.5万户，截至1993年末累

计达到8.2万户;城市日供水能力达到50万吨,比上年提高6.4%。全市城镇住宅竣工面积504万平方米,其中市区竣工面积80万平方米。市区完成了对人均居住面积3平方米以下特困户的解困工作,人均居住面积达到8平方米,居民住宅成套率达58%。

(六) 重点工程进展顺利 全市在建的20个国家、省、市重点工程项目,完成投资11.94亿元。象山大目涂围垦、镇海石化总厂二期、北仑港电厂一期2号机组、浙化善高公司离子膜烧碱工程等9个重点项目建成投产。

(七) 财政、金融形势稳定,城乡市场繁荣活跃,人民生活继续改善 全市财政收入28.2亿元,比上年增长41.5%。1993年末金融系统各项存款余额201.3亿元,比年初增加40.8亿元,其中城乡居民储蓄余额98亿元,比年初增加18.8亿元。1993年末各项贷款余额211.6亿元,比年初增加51.3亿元。金融市场初具规模,证券交易活跃。全年各类有价证券成交额达66亿元,比上年增长5.67倍;外汇调剂市场交易额9.2亿美元,增长31%。短期资金同业拆借总额622亿元,增长1.5倍。年末全市共有金融机构1486家,比上年增加155家。保险事业进一步发展。全年各类保险承保总额797亿元,比上年增长57.5%。保险业务种类比上年扩展12种。保险业务总收入逾4.48亿元。社会商品零售总额达126亿元,比上年增长41%。市场建设得到加强。路林市场一期、望湖桥市场一期、宁波轻纺城等相继竣工开业。在经济发展的同时,城乡人民的生活水平继续提高。全市城镇居民和农民人均收入分别达3793元和2060元,剔除物价因素实际增长20%和6.5%。

二、进一步深化改革,扩大开放

(一) 围绕建立社会主义市场经济体制,以企业经营机制改革为中心,积极推进综合配套改革 全市50多家企业进行贯彻《条例》新机制运行和税利分流、比照中外合资企业等试点。按照国家规范改组和设立股份有限公司、有限责任公司63家,中元股票和华联股票先后在深圳和上海上市。组建企业集团39家,一批"小微亏"企业被兼并、拍卖、出售和转让。个体和私营企业发展较快,1993年商品零售额约占全市社会商品零售总额的四分之一。全市已建成各类商品市场550多个、综合性生产资料市场18个,试办了期货经纪有限公司和宁波保税区石化交易所。房地产、金融、劳动力、技术等要素市场日趋活跃。实施了城镇职工待业保险新制度,市级机关、事业单位公费医疗改革和企业劳保医疗改革相继推开。市区和各县(市)房改陆续铺开,土地使用制度改革取得新的进展。政府机构改革在转变职能等方面作了有益的探索。宁波市被列为全国综合配套改革试点城市之一。

(二) 对外开放步伐加快,对外贸易和利用外资取得突破性进展 1993年全市外贸进出口达16.9亿美元,比上年增长69.4%,其中自营出口达到11亿美元,增长41.3%,增幅居全国前列,出口额已占浙江省出口总额的25%,在全国列入计划考核的45个城市中位居第22位。全市外贸收购总额达119.8亿元,增长101.6%。全年新批外商投资企业1015家,总投资18亿美元,合同利用外资10.72亿美元,实际到位外资3.5亿美元,到位率35%,比全国平均水平高13个百分点。目前,全市累计批准外商投资企业2088家,总投资46.3亿美元,合同利用外资30.51亿美元,实际到位外资5.38亿美元(不包括间接利用外资)。一批国际大财团、大企业先后来宁波投资,提高了宁波市利用外资的规模和档次,1993年,新批准1000万美元以上的大项目达35个,全市外商投资企业的平均总投资额已上升到220万美元以上。全年新签劳务工程承包合同总金额3230万美元,比上年增长42%;累计兴办境外企业61家,批准外商驻甬办事处150家。经济技术开发区利用外资、外贸出口和经济效益在全国16个开发区中处较好水平;3个省级开发区和各县(市、区)级工业小区兴办项目近1000项。宁波保税区首期开发的中区和东区正式投入运行,并兴办项目700多项。由中信公司投资开发的大榭岛,正在抓紧以总体规划、大桥建设为重点的各项前期工作。美国、日本、以色列、希腊等20多个国家和地区的外商纷纷前来大榭岛考察,洽谈合作项目。涉外机构进一步健全,口岸工作得到加强,国际旅游业欣欣向荣。1993年接待海外旅游者6.6万人次,比上年增加57%。旅游收入7300万外汇券人民币,增长82%。宁波空港开放和外资银行的设立,使全市对外开放层次进一步提高。

东南沿海的繁荣商城温州市

叶 建 中

1993年,温州市人民满怀信心地投身于第二次创业的浪潮之中。经过全市人民的奋发努力,国民经济和社会各项事业持续、快速、健康地发展,各项主要经济指标均创历史新水平。全市国内生产总值达180.8亿元，比上年增长36.5%，其中第二产业107.8亿元，增长55%，第三产业49亿元，增长24.5%。

一、国民经济快速发展，经济实力显著增强

（一）农村经济稳定发展，农业结构调整步伐加快 全市农村社会总产值287.98亿元，增长71.7%。粮食总产量144.35万吨，超额3.1%完成省下达计划。畜牧业生产相对稳定，羊、兔、家禽等饲养量均有较大提高。水产品总产量22.4万吨，比上年增长5.7%，创历史最高水平。林业生产实现森林蓄积和林地面积双增长。乡镇企业超常规发展，工业总产值206.66亿元，增长1.04倍；利税总额22.5亿元，增长84%。农业基础设施投入增加，建成水利工程9879处，新增有效灌溉面积50.44万亩。扶贫工作加强了力度，全市共投入扶贫资金1.2亿元，水、电、路及教育等基础设施建设有了新进展。综合开发山区和海岛各种资源取得新成效，全年有近10万人脱贫。农业经营机制逐步向股份制转变。百亩以上土地规模经营大户从上年的16户增加到91户，经营面积扩大到1.42万亩。股份合作农场、渔业股份合作实体、林业股份合作联合体发展迅速。农业结构调整向"一优两高"和基地化方向发展。中、优质早稻种植面积占早稻种植总面积的72%。蔬菜、瓜果等经济作物种植面积扩大到23.43万亩，比上年增加5.07万亩。出现了一批区域性的土特产、畜牧业和水产养殖基地。

（二）工交生产持续高速发展，质量明显提高 工业生产增势加快，各种类型企业生产全面发展。全年工业总产值350.36亿元，比上年增长71.2%。部分国有、集体企业调整结构，实行以"三产促二产、以商兴工；一业为主、多种经营"的方针，取得明显效果。乡以上工业总产值179.2亿元，增长41.4%；销售产值168.32亿元，增长43.2%。技术改造和新产品开发步伐加快。技术改造在建项目467项，其中投资在1000万元以上的项目40项，总投资8.29亿元，全年完成投资额6.84亿元。全市列入国家重点新产品试制计划10项，其中达到国际水平5项。交通及通讯事业发展迅速。温州港年吞吐量首次突破500万吨大关。民航温州站全年完成旅客运载量83.3万人(次)，居全国机场第22位。邮电业务总量全年完成3.78亿元，增长82.4%。

（三）基础设施建设重点突出，城乡面貌又有新的改观 全年完成固定资产投资59.56亿元，比上年增长103.1%。金温铁路温州段18公里的路、桥、洞全面开工。锌冶炼工程、城市供水工程、疏港过境公路建设步伐加快。东海油田后方基地、城南大道东段、机场国际候机楼工程已动工兴建。瓯江二桥、珊溪水利枢纽工程、七里港一期工程已获准列项，前期工作正在进行。育英儿童医院、220千伏蒲州输变电、蒲瑞输电线路已建成投入使用。新增程控电话8.71万门。市区人民东路等8条路段拆迁改建进展顺利。温州新城开始兴建。全市竣工商品房28万平方米。104国道线乐清段、平阳段、苍南段以及分泰线改造按计划进行，瑞安段已竣工通车。新建县、乡公路167公里，沟通5个乡(镇)。市区城建项目完成投资量8350万元，增长60.8%。城市绿地面积增加，供水、供电、通讯等设施得到更新。

（四）实施科技兴市战略，提高经济技术素质 科技改革不断深化，投入明显增加。全市各级财政给予科学事业费和科技三项费用总投入1229万元，比上年增长39%。全民科研所实行结构调整和人员分流，创办经济实体或与企业结合开发新产品，发挥了人才技术优势。民办科研机构继续发展，专利工作取得新进展，一批科技成果应用于生产取得明显经济效益。经市级以上鉴定的科技成果170多项，有34项填补国内空白，12项为国内先进。"火炬"、"星火"和重点攻关等科技计划按期完成率81.4%，新增产值4.99亿元、利税8300万元。

（五）教育和教学结构有所调整，学校管理体制改革继续深化，教育质量逐步提高 筹资渠道进一步拓宽，教育费附加和集资、捐资总额1.21亿元，新建、扩建、改建校舍28.1万平方米。师资队伍建设进一步加强，基础教育和职业教育、成人教育都有较大发展，各类专门人才、实用人才的培养数量有较大的增加。学龄儿童入学率由98.6%提高到99.3%；大中专在校学生11915人，增长20.1%；全年扫除文盲1.4万人。

（六）银行信贷和财政收入提高 存款增加，金融系统年末存款余额137.2亿元，比上年增长27.3%。信贷规模扩大，资金使用效益提高。全市批准设立金融机构89家，成立了城市信用中心社、交通银行温州支行。金融系统贷款比上年增加21.59亿元，增幅为36.4%；资金运用率达到73.3%，比上年上升37.6个百分点。财政收入增长明显加快，全市财政收入17.8亿元，增长53.4%；财政支出13.6亿元，增长40.8%。

（七）城乡市场繁荣，居民收入增加 全社会商品零售总额90.14亿元，比上年增长36.3%。流通领域更加活跃，市场购销两旺。城乡集贸市场成交额74亿元，增长68.7%。个体工商户发展迅速，达20.1万户，年营业额59.12亿元，比上年增长85.62%。各种经济类型商业零售额全面增长，国有商业增长4.7%，供销社商业增长7.6%，集体商业增长51.4%，个体商业增长38.8%。人民生活进一步改善。城市居民人均生活费收入3870元，农村居民人均纯收入1474元，扣除物价因素，实际增长12.2%和8.4%。

二、围绕建立社会主义市场经济体制总目标拓展改革开放领域

（一）转换企业经营机制，推进产权制度改革 认真贯彻实施《全民所有制工业企业转换经营机制条例》，切实落实企业的自主权，把国有、集体企业推向市场。鼓励、支持小、穷、亏国有和集体企业，实行改、租、卖、转或兴办“三产”。产权制度改革以股份制和国有民营为突破口，取得了明显的进展。全市经国家批准上市股票的股份有限公司1家，省批准上市的股份有限公司2家，正筹建中有2家。另外，还在新组建450家股份有限公司和有限责任公司，并在二轻、商业、教育、卫生等系统开展股份制改组试点工作。股份合作企业发展到36887家，比上年增长1.2万家。国有、集体资产在产权制度改革中保值增值，提高了资产运营效率。企业组织结构调整步伐加快。兼并工业企业79家，其中国有企业25家。以资产为纽带、股份制为主要形式，新组建企业集团16家，累计已达35家。

（二）强化中心市场作用，发展开放、有序的市场体系 全市统筹规划，新建扩建了一批骨干商品市场。全市年成交额1000万元以上的市场发展到84个，其中亿元以上的有16个。同时，采取各种措施，促进了资金、劳务、信息、技术、生产资料和房地产等要素市场的发展。鼓励、支持企业和个人跨区经营，促进地方市场开放和辐射能力的提高。全国各地众多的“温州村”、“温州街”、“温州城”，成为温州商品、技术、信息交流的“窗口”，推动了温州的资本原始积累。市场管理进一步强化，秩序逐渐规范。全面贯彻落实《产品质量法》、《反不正当竞争法》、《消费者权益保护法》等法律、法规，制定具体措施，加强商品市场监控，制止违法经营和不正当竞争，保障企业和个人正常经营活动不受干预。1993年全市查处各类经济违法案3628件，其中万元以上大案533件。

（三）转变政府职能，改善对经济工作的领导 政府各部门努力提高宏观管理和间接管理的水平，强化以发展战略和规划管理为中心的宏观管理职能。根据经济和各项事业发展的需要，适当调整了城市总体规划，制定了质量立市的规划。许多经济部门强化行业管理和服务，简政放权取得新进展。建立和发展了多种经济成份的审计、会计、法律、咨询等事务所，为市场经济服务。

（四）继续推行社会保障制度改革，建立和完善社会保障体系 一体化养老保险已推广到全社会，失业保险的范围扩大到城镇各类企业职工，社会保险基金的调剂功能明显增强。全市已有36.33万人参加社会养老保险，32.4万职工参加失业保险，使9万多名离退休人员和近千名的职工享受到基本养老、失业保险待遇。农村农民养老保险制度改革开始起步。城镇住房制度改革正在展开，住房公积金制度已开始推行。

（五）外向型经济加速发展，开放领域更加广阔 外贸出口规模和效益同步增长，自营出口能力增强。全社会外贸供货额27.61亿元，比上年增长60.5%；自营出口1.04亿美元，增长81.5%。外贸出口产品档次有所提高，国际市场进一步拓展。开发出口新产品150多个，截至1993年末与温州市直接贸易的国家和地区由上年49个增加到63个。利用外资大幅度增长。共批准成立外商投资企业377家，总投资额6.5亿美元，增长108%。协议利用外资3.54亿美元，增长43.2%；实际利用外资5744万美元，增长130%。已有250家三资企业开业，全年销售收入9.89亿元，创利税7654万元。对外经济合作继续发展。派出各类劳务人员1489人次，增加82%；劳务合作营业收入236万美元，增长35%。新批境外企业4家。温州经济技术开发区建设和招商引资进展良好。全年投入1.7亿元资金用于基础建设，首期开发的1.8平方公里的“五通一平”已经完成，建成厂房和各类用房11.5万平方米，形成了初具规模的工业建筑群。通过向国内外招商等形式引进项目229个，总投资9.3亿元。扶贫经济开发区、农业新技术开发示范区以及重点工业卫星镇的工业小区开发建设都取得了进展。

接轨浦东开发区的嘉兴市

史纯粹　孔康华

1993年，嘉兴市深化改革，扩大开放，在加强宏观调控过程中实现了国民经济的持续加速发展。全市国内生产总值达到160.3亿元，比上年增长30%，比1980年增长3.59倍，提前七年实现了翻两番的奋斗目标。

一、经济总量增加，运行质量提高

在改革开放大潮的推动下，1993年嘉兴市的社会经济发展达到了新的水平。全市工农业总产值(90不变

价）达431.6亿元，比上年增长44.7％，财政预算收入14.29亿元，增长29.2％。

（一）农业基础稳定，坚持抓好粮食生产，发展“一优两高”农业 1993年全市农业总产值38.1亿元，与上年基本持平。主要农产品夺得好收成，全年粮食播种面积达到500.8万亩，粮食总产量183万吨，超过了年初确定的计划指标。粮食品种进一步优化，稻麦良种覆盖率达到95％。经济作物和高效种养业发展迅速，蚕茧总产量5.4万吨，油菜籽总产量8.8万吨，肉类总产量11.7万吨，水产品总产量5.1万吨。蔬菜播种面积639万亩，增长12.1％，水果种植面积5.4万亩，增长54.5％，特种水产养殖增长68.3％。名特优新品种生产基地已达170多个。农田水利建设再掀高潮，全年完成投工2544万工、土石方2559万方，疏浚河道161公里，新建和改建泵站1038座，加高加固圩堤521公里。“科技兴农”向纵深发展，农业社会化服务有了提高。

（二）工业快速增长 全市工业总产值达到393.5亿元，增长51.6％，是历史上增长率最高的一年。乡镇工业发展更快，全年总产值达265.2亿元，增长72.7％，占全部工业总产值的比重达到67.3％，取得了“三分天下有其二”的优势。经济效益明显改善，全市乡及乡以上工业企业产销率达到97.8％，比上年提高6.9个百分点；实现利税21.6亿元，增长57.7％，创历史最好水平，其中实现利润8.33亿元，增长56.5％。主要工业产品质量稳定，监督抽查合格率为86.86％，比计划提高6.86个百分点。

（三）基础工业和基础设施建设步伐加快 着力加强能源、交通、通讯设施等方面的建设。在能源建设方面，装机总容量360万千瓦的嘉兴电厂一期2台30千瓦机组已进入安装阶段；秦山核电厂二期2台60万千瓦机组已开始动工建设；电网建设完成21个项目，净增变电容量13.285万千伏安，全年总供电量达到31.25亿千瓦时，比上年增长17.18％。在交通建设方面，新建县乡公路37.3公里，改造公路132.1公里，实现了全市140个乡镇全部通公路。沪杭高速公路前期工作进展顺利，1994年可以开工兴建。乍浦港一期配套工程、嘉兴铁水中转港工程正抓紧实施。全市港口和内河航道吞吐能力继续提高。运输总量完成3408万吨，较上年增长4.7％。在通讯设施方面，1993年嘉兴市在浙江省率先建成C_3本地电话网，市和所辖5县（市）对外使用统一区号，电话号码由六位数升为七位数。至1993年末城乡电话用户达9.93万户，电话普及率达每百人3.88部，移动电话用户3235个，无线传呼用户新增2.34万户，累计达3.63万户。

（四）商品流通空前活跃 全市新办商业企业5421家，比上年增长36％。全社会商品零售总额83.3亿元，增长35.2％，其中消费品零售额70.8亿元，增长43.4％。市场建设取得了较大进展，中国茧丝绸交易市场、乍浦商城、嘉兴粮油批发市场相继建成，嘉兴洪合羊毛衫市场、桐乡濮院羊毛衫市场、嘉兴农产品批发市场、嘉兴南方丝绸市场、海宁许村被面市场、嘉善商城等一批已开业的大中型市场逐步形成规模效应，年成交额在亿元以上的市场有10个，其中洪合羊毛衫市场、濮院羊毛衫市场和嘉善商城已跻身于全国百强市场行列。

（五）人民生活继续改善 城镇居民人均生活费收入3441元，扣除物价上涨因素，增长16.1％；农民人均生产性纯收入1961元，扣除物价上涨因素，仍比上年有所增长。城乡居民人均储蓄1979元。全市城镇新建住宅88.9万平方米，居民人均住房面积9.7平方米，比上年增加3.2％；农村新建住宅332.55万平方米，农民人均生活用房面积45.9平方米，增加6.6％。

二、扩大对外开放 发展外向型经济

嘉兴市地处沿海经济开放区，为发挥本地优势，1993年更加明确地提出以外向型经济为龙头，带动整个国民经济发展。

（一）引进外资迈出大步 嘉兴市市政府把引进外资作为1993年的重点工作。在引进项目上，强调数量、质量并重，大中小并举，一二三产业同上；在审批程序上，强调搞好服务，简化手续，提高办事效率和服务质量，并贯彻落实相应的政策措施。使引进外资工作取得了突破性进展。全年新批三资企业419家，超过了前八年的总和，比上年增加86％；协议利用外资2.04亿美元，增长1.8倍，实际利用外资5139万美元。截至1993年末全市累计已批准三资企业728家，协议利用外资3.12亿美元，实际利用外资8730万美元。三资企业建成投产速度加快，仅1993年新开业的三资企业有204家，当年末累计282家三资企业共实现产值26.5亿元，产品直接出口值1.44亿美元，比上年增长1.28倍。

（二）外贸出口创历史最好水平 为适应外贸体制改革的需要，嘉兴市强化“大经贸”观念，以自营出口为重点，积极扩大出口创汇。全市新成立保税集团1家，保税仓库和工厂各2家。新批准自营出口生产企业9家，有自营进出口权的外贸公司2家。同时多层次、多渠道、多形式，全方位扩大招商，举办和参加各种经贸洽谈会、产品展销会，寻求新的出口增长点。全年完成地方出口值2.6亿美元，比上年增长75％，完成外贸供货总值55.3亿元，增长97.3％。外贸供货总值占国内生产总值的比重，从上年的25.4％上升到34.5％。与此同时，外经工作取得进展，在境外兴办工贸企业6家，另有14个项目已经报批。

（三）拓展对外开放及招商引资领域　1993年着力加强经济开发区和工业小区的建设。对嘉兴、乍浦、嘉善、桐乡四个经济开发区和海宁盐仓农业综合开发区全面开展基础设施建设，并吸引了一大批客商前来投资。位于市区西北部的嘉兴经济开发区，1993年建成道路7公里，新建厂房和公寓9万平方米，批租土地880亩，已有106家企业进区开展业务，其中三资企业27家，协议利用外资2565万美元。各县(市、区)和一批乡镇还结合村镇建设将分散的乡镇工业相对集中于工业小区，而且加快了区内的基础设施建设，改善了投资环境，使其成为吸引外商投资新的"热点"。

三、加大改革力度　促进体制转轨

为培育和发展社会主义市场经济，1993年嘉兴市进一步加大城乡改革力度。

（一）农村改革　以放开粮食购销体制和价格为契机，引导农民走向市场，加快了农村经济向市场经济转轨的步伐。同时，根据农村二、三产业发展迅速，农业劳动力转移较快的情况，按照土地"三权分离"的原则，积极探索建立土地使用权流转机制，因地制宜地推进了农业适度规模经营。

（二）企业改革　围绕转换经营机制，首先抓好一批对全市经济发展起支柱作用和龙头作用的骨干企业，特别是国有大中型企业。通过产权制度改革，优化生产要素配置，促进企业上规模、上档次、上水平，增效益。1993年，全市新批股份有限公司2家，累计6家；有限责任公司20家，累计23家，这两类股份制企业共募集市外及职工个人资金7000多万元，为企业注入了新的活力。新批省、市级企业集团12家，累计16家，扩大了优势企业的经营规模，推动了存量资产的优化组合。全面推行城乡股份合作制，新批股份合作制企业512家，其中乡镇企业466家，内部职工参股率达72％，新吸入股金1.36亿元，占企业总股本金的30％，增强了企业的凝聚力和发展后劲。其次，对产品无销路及长期亏损的企业采取租赁、兼并、拍卖和破产等形式进行改造。1993年兼并企业167家，租赁企业629家，拍卖企业131家，破产和关停企业167家。其三是在保证公有制占主导地位的前提下，放手发展个体私营经济，市发出了《鼓励发展个体、私营经济办法》。截至1993年末，全市已有个体工商户95979户，私营企业1118个。

长江三角洲南翼首批开放的绍兴市

绍兴市政府办公室供稿

新中国成立以后，经过40多年的建设，绍兴已成为初步繁荣昌盛的新型城市。改革开放更促进绍兴市，社会经济得到迅猛发展，成为长江三角洲南翼开发开放的重点城市。

一、生机勃勃的经济建设

1993年，绍兴市国内生产总值达188.18亿元，比上年增长36.1％，在全国数十个省会和中心城市中其增幅居第八位。综合经济实力在浙江省11个市(地)中居第三位。

（一）农业　优越的自然环境，适宜的气候条件和精耕细作的耕种方式，使绍兴的农业形成了以粮食生产为主，农林牧副渔全面发展的格局，并成为全国亩产"超千斤"的地区之一。通过实行以家庭联产承包责任制为核心的一系列改革，大力推广"科技兴农"，积极发展"高产优质高效"农业，广泛开展吨粮田工程建设，使农业生产稳步发展。1993年，全市农业总产值36.2亿元，比上年增长5.8％；棉、麻、油、茶、桑、果、渔等多种经营全面发展，建设了一批农副产品基地，其中有全国和浙江省的粮食、畜牧、特产、水产和经济林等基地25个；兴办各类农产品加工销售龙头企业1400多个，涌现出许多专业村和专业户。起步于70年代末的乡镇企业，"多轮"驱动，在提高中加快发展。1993年全市乡镇企业总产值365.44亿元，增长65.7％，成为全市国民经济的支柱力量。个体私营经济蓬勃发展，1993年创产值73亿元，增长172％，涌现了一批上规模、上水平的个体私营企业。

（二）工业　经过几十年的发展，绍兴已形成以轻纺为主体，纺织、机械、食品为支柱，兼有冶金、化工、建材、电子等初具规模的工业结构。1993年全市工业总产值539亿元，比上年增长56.7％，是改革开放以来的又一个增长高峰。各县(市、区)具有各自的特色产业和骨干产品。嵊县、新昌县和诸暨市南部地区已初步形成以轴承、柴油机、喷灌机、电除尘器、锻压设备为拳头产品的机械工业和以本地资源为原料的毛麻纺织加工业以及有色金属、非金属矿产业；在市区、绍兴县和上虞市北部平原地区特别是萧甬铁路和杭甬公路两侧，已形成了以纺织、机械、酿造、陶瓷及其他耐用消费品工业为重点的工业经济。近年来，绍兴工业注重打基础、上水平，改组改造了一批重点骨干企业，不少企业的技术装备已达到国际八十年代末的水平，有450多个产品被评为国优、部优和省优产品，在市场上有较强的竞争力。1993年，全市预算内国有工业企业产值增长29.9％，销售收入增长36.6％，实现利润增长25.3％，基本达到同步增长。市直预算内工业企业消灭亏损。全市乡及乡以上独立核算工业企业十项经济效益指标综合考评得分居全省第二。

（三）商贸 以区域产业优势为依托，加快专业市场建设是绍兴市的一大特色。截至1993年末，全市各类市场成交总额80.35亿元，增长91.4％，其中93个专业市场，成交额63.24亿元，仅“中国轻纺城”就达35亿元，居全国十大专业市场的第二位；诸暨西江珍珠市场的成交额在同类专业市场中为佼佼者。还有绍兴纺织原料染料市场、诸暨大唐庵轻纺原料市场、新昌羊毛衫市场、嵊县浙东领带服装城及上虞松厦伞件市场等均各具特色，在全国、全省都有较大影响。此外，生产资料及人才、劳务、金融、技术等要素市场和中介机构开始启动。通过逐步推广“四放开”经验，购销活跃，城乡市场繁荣。1993年社会商品零售总额66.99亿元，比上年增长34.2％。全市有商业、饮食业、服务业网点68000多个，在市区新建了供销大厦、越城大厦、国商大厦、华谊大厦、越都商厦等一批颇具规模、设施配套的大型商场，改变了商业网点散、小、旧的状况，大大改善了购物环境。

（四）人民生活状况 随着经济的发展，绍兴城乡居民的收入有了较大幅度增长，生活水平进一步提高。1993年，全市城镇职工人均生活费收入3711元，增长52.1％；农民人均纯收入1879元，增长24.3％。群众的消费结构发生了明显的变化，吃、穿、用各类商品的消费档次有了较大提高，城市基本普及了彩电、冰箱、洗衣机，并正在向农村延伸，电话、录像机、空调器等新一代高档消费品正在进入居民家庭。人民群众的生活质量有了较大改善，城镇居民人均居住面积已达到8.62平方米，并建成了一批新农村示范村。

二、改革开放向纵深推进

（一）经济体制改革开始向深层突破 1993年，认真贯彻《国有工业企业转移经营机制条例》，制定了贯彻《条例》的实施意见，对撤地建市以来的部分政策性文件和规范性文件进行清理。选择9家企业进行转制试点。228家企业实施三项制度改革。商业、供销、粮食、物资等系统90％以上的企业实行“四放开”。产权制度改革取得了实质性进展。市产权交易中心开业，新组建11家规范化股份公司和24家有限责任公司，绍百大楼股份有限公司股票和绍兴信托受益证券已公开上市交易。470余家乡镇企业实行各种形式的股份合作制，农业股份合作制实体达到2170余个。国有商业中开始实施“国有民营”，50％以上的基层供销社试行了“社有个营”。新组建企业集团21家，一批企业实行了兼并。全民集体企业职工实行基本养老金计发办法。住房制度改革全面展开。

（二）实施全方位开放 近年来，绍兴市坚持开发开放一起抓，不仅在外资、外贸、外经工作上取得新的成就，而且还不断拓展与国际间的交流合作，初步形成了全方位对外开放的格局。1983年来，先后与日本福光町、芦原町、西宫市和丹麦欧登塞市建立了友好关系。1988年，绍兴市及所属绍兴县、上虞市、嵊县被国务院批准为沿海经济开放区。1992年6月，国务院、省政府把绍兴列入长江三角洲南翼先行规划、先行发展的6个重点城市之一。绍兴以此为契机，大力发展开放型经济。1993年，新批三资企业630家，合同利用外资3.84亿美元，分别是历年总和的1.68倍和1.85倍。利用外资的领域拓宽，已由纺织、服装等加工行业拓展到电子、通讯等新兴行业和农业、能源、交通等基础产业及第三产业和文化艺术领域。档次有了提高，总投资1000万美元以上的项目24个，单个平均规模达到160万美元。外资来源多元化，1993年又新增16个国家和地区来绍兴市投资，外商投资者已由原来的港、澳、台和日本扩展到东南亚、北美和西欧，至1993年末，全市有三资企业1005家，总投资16.8亿美元，合同利用外资5.9亿美元。对外贸易迅速发展，1993年，全社会外贸收购60.8亿元，增长50％，绝对额和增长幅度均居全省前列。出口商品主要有黄酒等传统名特产和羽绒制品、丝绸服装、化工医疗、自行车、蓄电池、轴承等12大类400余种。绍兴酿酒总公司等19家企业获得自营出口权以后，不仅新开辟了32个国家和地区的市场，而且在境外新办企业11家。

（三）开发区建设方兴未艾 继绍兴经济开发区之后，1993年，绍兴市柯桥经济开发区和上虞经济开发区又被列为省级经济开发区。全市7个县级以上经济开发区和工业小区建设进展顺利。绍兴经济开发区面积9平方公里，紧靠老城，享有国家级经济技术开发区的优惠政策和市级经济审批权限，它将按国家级开发区标准建设成为以工业为主、外向型经济为主、出口创汇为主且技术层次较高的新兴产业区。目前首期2.07平方公里范围的基础设施建设已基本完成，道路骨架工程向二期延伸，地面建设竣工39万平方米。已引进项目36个，其中外资项目11个，利用外资4000多万美元。另外区内的纺织原料市场已开业，还有2家企业已建成投产，重型瓦楞纸生产线等13个项目开工建设。开发区作为绍兴市对外开放的“窗口”和城市建设的主战场，各项工程建设已有了良好的开端。

三、日臻完善的投资环境

近年来，绍兴市致力于软硬投资环境的建设，特别是交通、能源、通讯等基础设施建设力度加大，投资环境日趋改善。1992年，绍兴市被列为首批中国投资硬环境40优城市之一。1993年，又被评为全国城市环境综合整治优秀地级市。

(一) 交通 特定的区位优势，使绍兴市水陆交通十分便利。浙赣铁路、杭甬铁路穿境而过。公路纵横交错，有国道，省道线10条，已实现乡乡通公路。在建的杭甬高速公路，由西向东通过本市，1995年将建成通车。全省第一个"自行筹款、自行建设、自行收费、自行还贷"的"四自"工程——104国道绍兴段"南连北建"改造工程竣工通车。104国道上虞段、嵊县段、新昌段和省道杭金线高等级公路改建已动工兴建。毗邻的杭州、宁波两地机场有通往国内大城市及香港等地的民用航线，并办理世界各国的航空联运业务。拟建的杭州国际机场离绍兴市区仅30公里。全市水路通航里程1549公里，主要通航河道有浙东运河、浦阳江、曹娥江等，浙东运河东达宁波港，西连京杭大运河，进出口货物可由相邻的宁波港和上海港承运。上虞盖北外海码头已着手建设。

(二) 通讯 绍兴市通讯便捷，已形成传真通信、电子电传、微波通讯、无线寻呼、程控电话、可视电话、国内外长途直拨和国内、国际邮件特快传递等多种现代化通讯、通邮手段，跻身于全国邮电通讯事业先进城市行列。1993年，全市邮电计费业务量达2.51亿元，较上年增长67.7%。随着全市本地自动电话网开通，无线寻呼全市联网以及市话号码升七位，全市通讯能力大为增强。1993年末，全市有程控交换电话21.4万门，其中市区5.44万门，市、县之间开通了大容量的光缆通讯，实现了乡乡通电话、城乡一体的数字化、程控化通讯网络，市区可与世界186个国家、地区和国内200多个城市直接通话。

(三) 电力 绍兴市电力较为充沛，电网结构日趋完备。仅市区有500千伏变电所1座，220千伏输电线8条，变电所2座，变电容量48万千伏安;110千伏输电线13条，变电所10座。市区有装机容量16.5万千瓦的水力发电站和火电厂与大电网并网运行。1993年，滚动修正了全市电网规划，500千伏北绍二回路已投运，绍瓶二回路绍兴段开始施工，柯岩、上虞、嵊县等5个220千伏和12个110千伏输变电工程有的已投入运行，有的正在建设中。

(四) 城市基础设施建设 绍兴市按照城市总体规划的要求，在严格保护古城和水乡特色的前提下进行了旧城改造，城市基础设施、公用事业建设迈出了较大步伐。拓宽和延伸了市区解放路、胜利路、人民路、环城东路、环城西路等，已在兴建中兴路，城市主干道总长度60公里;整修了400余条小街小巷。建成府河街、轩亭口仿古建筑商业街。新建和改建了胜利西桥、城南大桥等90余座桥梁，三层互通式昌安立交桥即将动工兴建。扩建了水厂，建设了排污一期工程和管道煤气等市政设施。大力治理工业污染，分批搬迁和治理污染严重的工厂，在府山周围实现了"无烟区";新建了"截污引水"工程，将市区污水用管线集中输送到离城17公里的三江外海，将城外清水通过翻水站定时注入城内，大大改善了市区河道水质。市区和各重点城镇大气质量达到国家二级标准。市区初步形成了点、线、面结合的绿化网络，城市绿化覆盖率达15%。完善环卫设施，加强城市卫生和交通秩序管理，基本保持了市容市貌的整洁。1992年被评为全国卫生城市和浙江省文明卫生城市。

(五) 金融保险 全市有金融机构1000余个，初步形成了以人民银行为领导、专业银行为主体、多种机构并存的金融体系。除信贷外，还开发了投资、保险、信托、信用、租赁、拆借、证券交易、股票市场、外汇调剂等多种业务。1993年末，存款余额为127.48亿元，比上年末增加28.68亿元，增长29%，其中城乡居民储蓄存款83.05亿元，比上年末增加22.1亿元，增长36.3%，贷款余额为112.96亿元，增长32.2%。1993年，全市财产保险承包总额267亿元，增长9.9%;各级保险公司共处理财产险索赔1.22万件，支付赔款1970万元。

经济发展再创新记录的福州市

何 善 忠

1993年是福州市历史上经济增量最大、发展速度最快的一年，全市国内生产总值达201亿元，比上年增长33%;人均国民生产总值3736元，比上年增长33.9%;城市居民人均生活费收入达2846元，比上年增长21.7%;农民人均年纯收入达1387元，比上年增长25.1%。

(一) 发展"高产、优质、高效"农业，农村经济持续增长 全年农业总产值达60亿元，比上年增长10%;粮食总产量达129.6万吨，与上年基本持平。全年水果总产量达17.9万吨，比上年增长11.4%；水产品总产量达69.9万吨，比上年增长11.3%。林业生产稳步发展，完成造林更新16.9万亩、沿海防护林二期工程3.5万亩、幼林抚育61.8万亩、封山育林53万亩。乡镇企业蓬勃发展，全年实现总产值210.4亿元，比上年增长82.6%。废止涉农负担项目241项，减轻农民负担2.5亿元，人均58元。贫困乡村农民人均年纯收入达920元，比上年增长12%。

（二）工业经济稳步发展，实现速度、效益、销售同步增长 全市工业总产值达313亿元，比上年增长36.6%；其中乡以上企业的工业产值235亿元，比上年增长27.2%。非国有工业企业实现产值229亿元，占工业总产值75%。工业产销率为97.1%，比上年提高3个百分点；其中国有工业、三资企业的产品产销率分别为97.3%和97.2%。全市大中型工业企业的产品产销率达99.3%，比全国标准值高出1.8个百分点。全市国有工业企业完成技改投资8亿元，比上年增长32.7%。

（三）加大改革力度，各项改革全面配套推进 国有企业在产权制度改革、转换经营机制方面进行了有益的尝试，有9家国有工贸企业改制为股份有限公司，13家国有工贸企业改制为有限责任公司，10家集体工业企业实行股份合作制，3家企业公开发行上市股票。28家工业企业引进外资实行各种形式的嫁接改造，市属国有工业企业嫁接改造面达51%。192家国有商业企业和11家工业企业实行“国有民营”试点。38家工贸企业实施兼并、合并。全市组建了18家科工贸一体化、产供销一条龙的生产经营型企业集团。社会保障制度改革逐步完善，统一机构、统一政策试点开始起步。职工养老保险和待业保险逐步向“三资”、乡镇、街居、个体和私营企业推开，个人投保比重增大，养老金和待业金标准有所提高。国有土地使用制度改革继续走在全国前列，建立了规范化地产交易市场并投入运营。机构改革的前期工作进展顺利，市直机关有18个单位进行内部机构调整和人员分流，共分流人员200多人。以出售公房和推行住房公积金制度为主要内容的住房制度改革正在实施中。此外，金融体制、投资体制、科技体制、教育体制等方面的改革也取得可喜的进展。

（四）对外开放进一步扩大，外向型经济保持强劲发展势头 利用外资创历史最好水平，全年批准外商投资项目1134项，比上年增长68%；总投资38亿美元，比上年增长113%；协议外资33.1亿美元，比上年增长128%；外商实际到资6.3亿美元，比上年增长121%。项目总投资、协议外资、三资企业出口总值和工业产值四项指标均居福建省榜首。外商投资企业整体效益有所提高，全年乡以上三资企业工业产值达100亿元，比上年增长46.6%；出口额达7.3亿美元，比上年增长93.8%。28个开发区、投资区和成片开发小区已成为外商投资的热点地区。福州保税区按照国际惯例，在全市率先进行项目、税务、海关登记制试点，全年引进项目102个，总投资1.8亿美元，进出口贸易额达1.1亿美元。元洪开发区已引进项目19个，总投资8.7亿美元。罗源湾投资区已初具规模。

对外贸易成倍增长，实现了三年翻两番的目标。全市出口商品总值达15.1亿美元，比上年增长130.2%；其中进出口总值达9.4亿美元，比上年翻了一番，净增出口额4.7亿美元。新签劳务出口合同额5614.6万美元，比上年增长48%；完成营业额4118.7万美元，比上年增长49%。全年接待境外旅游者16.3万人次，旅游外汇收入达2.8亿元外汇券人民币。

（五）加快基础设施和市政建设步伐，投资环境日臻完善 全社会固定资产投资完成85亿元，比上年增长60%；其中国有固定资产总投资58亿元，比上年增长53%，成为福州市历年来年度安排基础设施项目最多、投资规模最大的一年。316国道闽清段、福清海口大桥、元洪3万吨码头、西区水厂一期工程等9项重点工程已建成或基本建成。公路“先行工程”完成总投资1.8亿元，新开工公路116.8公里。

市政工程建设和城市管理、环境保护得到加强。鳌峰大桥、五里亭立交桥、二环路东段工程和三高路提前建成并实现全线通车。建成了国货东路、湖东东路、五四北路以及福新东路、福兴西路、长乐北路一期工程。市区增设了一批公交站点、线路，购置了65部公交营运车辆。新增日供水能力30万吨。新增程控电话机8.6万部。新增煤气用户16596户、液化气用户2万户。新建成20座集装箱垃圾转运场，新建改建70座水冲式公厕，整治了5条卫生达标街道。续建金鸡山、鳝溪、左海等公园，新增公共绿地30.9公顷，投资环境和城市面貌得到较大改善。

旧城改造和新区建设步伐加快，带动了房地产业的健康发展。“三坊七巷”、太平洋城、元洪城等一批重点利用外资的旧城改造项目陆续破土动工。“解困”工程迈出步子，已开工修建“解困”住宅面积30万平方米，可“解困”2441户。市区住房成套率达54%。

（六）加强宏观调控，市场繁荣，财政增收，金融稳定，经济环境明显改善 1993年全市金融系统各项存款余额达215.2亿元，比年初增加40.2亿元；各项贷款余额145.6亿元，比年初增加30.7亿元；城乡居民储蓄存款余额达105.6亿元，比年初增加15亿元。全年财政收入21.4亿元，增幅达52.6%，高于同期经济增长速度，实现财政收支平衡，略有节余。搞活商品流通，城乡市场繁荣活跃。全年社会商品零售总额达84.7亿元，比上年增长27.6%。加快培育和发展商品市场体系，发展了一批证券交易场所和市场中介组织，新建、改建了双坂副食品批发市场和象园食品综合商场一期工程以及全省最大的亚峰蔬菜批发市场一期工程等一批集贸市场。进一步完善副食品产销扶持政策，加强“菜篮子”工程建设并增加财政投入，提高了生猪、蛋品收购的补贴标准。

(七) 实施“科教兴市”战略成效显著，社会各项事业全面进步 高科技园区发展迅速，马尾、洪山、仓山三个园区全年共实现产值8.7亿元，利税7400万元。全市实施国家、省、市级“火炬”计划项目14项，实施“小星火”计划项目85项，38个科技示范乡镇有29个产值超亿元，2个超10亿元。继续深化教育体制改革，全市各地已100%宣布实施初等义务教育，实施初级中等义务教育的人口覆盖率达71%。新建、扩改建中小学、幼儿园校舍26.8万平方米。市皮肤病院门诊综合楼和林如高正骨医院门诊楼工程已完成。农村卫生“三项”建设任务进展顺利。成功地举办了国际武术观摩交流大会、第三届中国戏剧节暨第十届中国戏剧“梅花奖”颁奖活动，闽剧《丹青魂》荣获第三届“文华新剧目奖”。筹建有线电视台并实现省市有线电视联网。在第七届全运会上，福州市运动员有13人次获得金牌。计划生育工作坚持“三为主”方针，取得显著成效，人口自然增长率控制在10‰以内。深入开展“双拥共建”、“知我榕城、共建福州”等群众性的精神文明建设活动，建成省级文明单位107个、市级文明单位564个、军警民共建点600多个和综合型、商贸型、窗口型、新村型等文明片区30多个。

对外开放向更高层次发展的厦门市

沈灿煌　苏春成

一、国民经济快速、健康发展

1993年，厦门市完成国内生产总值108亿元，按可比价格计算，比上年增长27.24%。其中第一产业增长10.14%，第二产业增长33.28%，第三产业增长22.27%。产业结构进一步合理，第二、三产业增加值占国内生产总值的比重分别由上年的52.4%和37.3%上升为54.9%和37.4%。

(一) 工业生产稳步增长，经济效益进一步好转 全年完成工业总产值178.9亿元，增长35.5%，产销率达95.6%，销售收入比上年增长38.3%。预算内国有工业企业实现利税增长100.5%。全年共开发新产品121项，新产品产值12.8亿元，比上年增长33.2%。全市重点产品质量稳定提高率为86.2%。外向型工业迅速增长，三资工业产值占全市工业产值的比重由上年的57.1%提高到61.2%，全年工业产品出口交货值占工业销售产值的31.3%。同时，交通邮电事业持续发展，全年全市交通系统客、货运量分别比上年增长13.5%和20.7%；邮电业务总量4.27亿元，比上年增长59.5%。全年市话交换机容量达16.78万门，增长87.5%，城市电话普及率达27.92%。

(二) 农业生产稳步增长，开发性农业有所突破 我市进一步调整农村经济结构，两高一优农业和乡镇企业发展迅速。农业总产值12.5亿元，比上年增长3.29%。粮油单产提高，肉禽蛋奶鱼和蔬菜、瓜果等副食品产量有较大增长，乡镇企业总产值30亿元，比上年翻一番，占农村社会总产值由上年的57.9%提高到76.3%，成为农村经济的一大支柱。

(三) 商贸兴旺市场繁荣 围绕建立大市场，发展大商业，加快商业企业经营机制的转换，合理组织商品流通，城乡市场货源充足、购销两旺。全年全市社会商品零售总额达54.56亿元，比上年增长19.2%。有15家企业商品零售突破1亿元，有10家企业利税超500万元。同时商业企业新签约利用外资兴办合资合作项目16个，投资额达9605万美元。新投产的中鹭、大世界休闲中心、友谊城贵族KTV等都取得良好的经济效益。

(四) 固定资产投资迅猛增长，投资环境进一步改善 全年完成社会固定资产投资58.9亿元，比上年增长77.8%。城市基础设施建设进一步加强，全市国有单位基本建设投资30.8亿元，比上年增长1.16倍，其中工业投资6.25亿元，增长1.28倍；交通运输邮电通讯业投资7.29亿元，增长1.74倍；公用事业投资5亿元，增长81.6%。

(五) 人民生活继续改善 1993年，全市城镇居民人均年生活费收入4033元，扣除物价上涨因素，实际增长5.2%。农民人均年纯收入1690元，增长20.7%。城乡居民储蓄存款比上年增长40.5%。

二、对外经济和横向经济联合持续发展

(一) 引进外资保持强劲的增长势头 1993年共批准外商直接投资合同655项，比上年增长51.3%，合同投资总额28.82亿美元，其中外资24.04亿美元，分别

比上年增长52.4%和41.6%。新开业外资企业391家，外商实际到资10.37亿美元，比上年增长84.2%。外商到资数及增长数均居全国四个经济特区市的第二位。同时批准外商驻厦代表处165家。1993年引进外资的主要特点：一是生产性项目仍占主导地位，占70%；二是港台项目占绝大多数，港资与台资项目分别占43.4%和39.5%，同时，美国、日本、英国在厦新增企业35家；三是投资规模加大，协议外资比率提高，外商到资率和开工率高，外资比率为83.8%，外商到资率达43.1%，开工率达59.7%，平均单项投资额440万美元，千万美元以上的项目创历史最好水平，共87个；四是引进项目层次高，高新技术项目达42个；五是三资企业绝大部分盈利，盈利面达80%以上，有107家企业增资，增资额达1.22亿美元。

（二）对外贸易继续保持较高的增长速度 全市外贸进出口总值40.9亿美元，比上年增长44.1%，其中外贸出口23.5亿美元，增长33.4%。外贸出口绝对值居全国计划单列市和四个特区城市的第二位，增长速度居第一位。1993年外贸发展的主要特点：一是出口范围继续扩大，仅地方贸易公司经营商品的出口国家和地区已达109个，比上年增加11个；二是远洋运输贸易发展较快，出口到美国、意大利和荷兰的产品分别比上年同期增长了69.5%、128%和185%；三是出口商品结构得到改善，纺织、轻工、工艺、粮油三大类商品出口占全市地方贸易公司出口总值的70%。

（三）对外经济协作稳步发展 全年新批境外企业10家，批准立项13家，投资总额175万美元。签订劳务输出合同89个，合同金额和营业额均比上年有较大增长。

（四）横向经济联合取得新的成绩 1993年新增内联企业550家，引进内地资金9.8亿元，分别比上年增长58%和124%，历年累计全市内联企业2086家，引进资金23.3亿元。

三、加快改革开放的新举措

（一）把握机遇大力开拓，促进对外开放向更大范围、更高层次发展。

——加快实施自由港某些政策。确定了厦门本岛和鼓浪屿为设置特区管理线的范围，并正在抓紧管理线的建设和管理法规的制定。象屿保税区已投入运转，作为加快实施自由港政策的试验区。为加速实施自由港政策的具体法规及实施方案已经基本形成。

——加大引进步伐，积极利用外资。市政府决定，下放外商投资项目审批权，调动了各部门、各县区的积极性，提高了办事效率。在引进上继续坚持台港侨外资并举，大中小项目并重的方针，主动出外招商，并抓好一年一度的贸洽会和全国外商投资企业产品展销会。在签订项目的同时，进一步加强了对外商投资的服务和管理，尤其是对重大利用外资项目和重要项目做好协调工作，组织专门力量跟踪服务，促使企业早开工、早投产，提高项目的履约率、到资率和开工率。

——积极开拓国际市场，致力出口市场多元化，扩大对外贸易。1993年，在国家银根紧缩，汇率一度大起大落，国内出口商品收购价格上扬，全国一般现汇贸易出现负增长的形势下，厦门特区外贸采取有力措施，建立出口商品基地，积极拓宽外贸经营渠道，调整出口产品结构，调整经营策略，促使对外贸易继续保持较高的增长速度。全年口岸进出口达40.9亿美元，比上年增长44.1%，其中出口23.54亿美元，增长33.4%，出口绝对值和增幅均居全国前列。

（二）加大改革力度，社会主义市场经济体制改革取得新进展。

——按照建立社会主义市场经济体制的总体目标要求，加快改革步伐。市政府制定了《厦门市贯彻全民所有制工业企业转换经营机制条例的补充规定》，深化企业劳动人事制度、工资分配制度和社会保障制度的改革，进一步落实了企业各项经营自主权。市政府还制定了关于股份制企业试点、股票发行与交易、证券市场管理等三个暂行办法。积极推进企业股份制改革，批准了16家规范化的股份制企业，厦门灿坤有限公司B种股票和厦门工程机械有限公司等四家A种股票已挂牌上市。同时，选择了7家国有企业作为国有资产管理体制改革的试点企业，将国有资产委托国有资产投资公司进行管理，实现国有资产经营权和所有权分开，为企业走向市场创造经验。大力发展企业集团，积极推进企业改组、联合、兼并，实现生产要素优化组合，形成规模经济，增强整体竞争优势，共批准成立了九家集团公司。

——进一步推进投资体制改革，成立了路桥、机场等五家投资总公司，实行政府投资企业化经营，形成筹资、建设、经营、还贷一杆子到底的投资管理体制。

——价格改革进一步深入，厦门市粮油和农副产品价格已全面放开。生产资料除煤炭、农药、化肥等少数物资实行国家定价外，95%以上的物资价格均已放开。基本取消了指令性计划产品生产，绝大部分企业都按照市场需求组织生产和自主作价。按产值计，全市保持国家指令性计划产品生产的比重已不到3%，95%以上的产品和商品价格已由市场调节。同时，还调整了公交票价、煤气、液化气、自来水、客运车辆出租票价及民用电价，解决了这些企业长期依靠财政补贴、自身无力发展的问题。

——社会保障制度改革迈出了步伐。一是住房制度改革的总体方案已经完成，出台了住房提租补贴和出售公有住房的办法，为推进住房商品化的进程创造条件；二是完成社会保险制度综合改革方案的制订工作，包括建立养老、工伤、医疗、待业一体化的保险体系；建立国家、企业、个人三者共同承担责任的社会保险统筹资金制度；建立统一的社会保险管理体制，三是颁布了《厦门市城市居民最低生活保障暂行办法》，对低收入家庭给予适当的生活补助。

——积极建立市场体系。成立了房产交易所、土地交易所、土地评估所以及5个证券交易所和7家期货市场。目前厦门市房地产市场、金融、证券、技术、劳务、人才等市场已初步发育成型。

(三) 转变投资主体，多方筹措资金，加快基础设施建设 厦门市把加强基础设施建设作为调整优化经济结构，改善投资环境，增强经济发展后劲的主要工作来抓，打破传统计划经济观念，改变依赖国家搞建设的做法，实行量力而行和积极筹措相结合的做法，努力转变投资主体，多方筹措资金，开拓基础设施建设的新局面：一是加强基础设施的规划设计工作，做到每年竣工一批，续建一批，立项开工一批，规划设计一批，有组织、有计划地推进基础设施建设；二是加快投资体制改革步伐，先后成立路桥等五家投资公司，实行政府投资企业化经营；建立投资项目责任制，使投资项目法人化，形成企业筹资、建设、经营、还贷的投资管理体制；实行多元化投资，开辟国家、地方、企业、外商、债券、金融、内联等多方筹资的渠道，较好地解决建设资金不足的问题；三是积极利用外资，努力开拓外商投资领域，采取合资开发、土地转让、政府间贷款等方式，引进外资参与基础设施建设；四是调动县区的积极性，实行简政放权等一系列优惠政策，调动县区和基层的积极性，有力地推进了杏林、集美台商投资区、同安、湖里工业区等重点区域的开发和建设，改善投资环境。

大力推进区域经济发展的漳州市

黄秉奎　林水土

漳州市积极推进区域经济发展，1993年全市国内生产总值97.3亿元，比1992年增长26.2%，与福建省同步提前7年实现翻两番的目标。在改革开放的大潮中，漳州市提出区域发展战略，并在实施中不断完善。这个区域发展战略就是：对接特区，以港兴市，突出三点，开发一线，建设五区。

——**对接特区**。漳州与厦门、汕头经济特区山水相连，两个特区的发展离不开漳州的支援，漳州的发展更是离不开两个特区，主动地承接两个特区的辐射，使这个特有的区位优势得到充分发挥，对外经贸合作取得很大进展，1993年全市新批准三资企业423家，实际利用外资2.53亿美元，比1992年增长1.4倍。现有三资企业已达1千多家。

——**以港兴市**。漳州市充分发挥地处东、南海交汇处，拥有680公里海岸线的优势，在改革开放的春潮中努力实施"以港兴市"的发展战略，花大力气打通漳州出海口，着手抓紧3.5万吨级泊位的漳州港一号码头建设，进一步完善东山港口设施，并扩建外运船队。来日，不仅漳州的货物可经由这里出口，就是闽西、粤东、赣南、湘南的一些产品也可以经由漳州市属的港口出海外销。

截至1993年末，漳州市沿海5个县(市)已拥有51座码头，其中有8个外运港口、码头。新建成东山港两个5000吨级泊位码头和一个3000吨级石油专用码头，还建成旧镇港500吨级泊位码头和石码港300吨级泊位码头，并建立了一支拥有30多艘货轮，1万多吨运载能力的外运船队，开辟了香港、澳门、新加坡、菲律宾航线，轮船一昼夜可以驶抵香港。使漳州商品形成了生产、运输、出口一条龙，不仅减轻了厦门、广东、上海等港口的压力，而且大幅度增加地方产品的出口创汇能力，漳州自营商品出口从往年的几十种发展到1993年的100多种，1993年全市外贸出口总值3.13美元，比1992年增长34.3%。

——**突出三点**。漳州市在实施区域经济发展战略时，突出九龙江下游、漳州市区和东山岛三个重点，引导外商投资兴业从沿海向内陆山区延伸，从城市向农村拓展。

——**开发一线**。就是福建通往广东的大通道即324国道线，它穿过龙海市、漳州市区、漳浦云霄、诏安县，与厦门、汕头经济特区相连接。是福建商品进入广东、香港的主要陆域通道。截至1993年，沿线已兴建诏安闽粤边界贸易加工区，漳浦绥安工业开发区、漳州蓝田工业开发区和福建省中外合资土地成片开发试点小区——龙海角美工业综合开发区。

漳州市"建设五区"的规划正在实施之中，1993年获得初步成效。

(一) 以招商局中银漳州经济开发区为重点，建设以港口工业和第三产业为支柱，具有对台"三通"口岸

功能的港口工业区 规划开发面积18平方公里，开发区地处九龙江三角洲，从1993年初开始，在九龙江南岸首期开发4公里，已全面铺开工程建设。至1993年底已完成投资总额1亿多元，完成挖填土石方近千万立方米，一大片平地出现在海岸线上。

招商局中银漳州经济开发区以高标准、高起点、高水平的要求，充分发挥合资各方的优势，借鉴招商局集团开发与管理蛇口工业区的成功经验，从港口建设起步。开发区第一座码头于1993年6月开工，1994年底可以竣工，正式投产。这座码头的设计吞吐能力为每年80万吨，其中散杂货60万吨，标准集装箱3万个。与此同时，一条路面宽达50米，长14公里疏港公路也在紧张施工中，为码头投入使用搞好配套开发区将根据闽东南经济发展战略要求，陆续兴建客运码头、煤码头、油气码头、各类散杂货码头和集装箱码头，使漳州港成为具有完备的设施和先进管理水平的现代化港口。目前正在按规划实施，突出发展海洋中转运输、船舶维修和物料供给，以及电子、精密机械等高科技产业、带动金融、保险、商贸、房地产、旅游各业的发展，逐步建成多功能、全方位、现代化、集团化的外向型企业开发区。

1993年，开发区内的市政建设，水、电、路、通讯等基础设施建设也在同时进行。开发区与福建省电力工业局组建合营公司，首期工程建设8万千瓦输电线路，1994年可由大电网直接供电。开发区自行筹建经营的自来水厂，首期日供水8万吨，中期日供水40万吨，将从九龙江北溪引接40多公里管道，直接供水。程控电话纳入漳州话网，1993年装机容量1000门。根据总体规划，开发区在布局上分成三大片，每片分别设置港区、工业区、高科技园区、商贸生活区和旅游区，为区内生产、生活服务的市政设施及交通设施，分别与各片区配套，形成既相互独立又相互协调、生产与生活系统配套的格局，争取用12至13年的时间，完成整个开发区的建设。

1993年是开发区投建的第一年，工程建设速度快、气魄大，并抓紧建设新型的管理模式，不失时机地开展招商，使开发区的开发建设有了一个良好的开端。

（二）以漳州市区为中心，建设以发展金融、商贸、房地产业为重点，以轻纺、医药、食品、机械为支柱，科教文卫等社会服务事业配套发展的二、三产业发达区 漳州金融发达，中国人民银行和其他专业银行、保险公司在市区都有分支机构。还有股份制银行——兴业银行和城市信用合作社。福建闽发证券漳州有限公司也于1993年同上海股市连网，股票交易活跃。漳州市场繁荣，客商云集，商贸领域不断拓展，既有现货买卖，又有期货交易，使漳州大量的地产品进人国内外市场。特别是这里丰富的农副产品成为厦门、汕头特区和闽西市场的货源。大批量冬季蔬菜除源源不断地北调外，有的还经速冻销往日本、香港、台湾市场。

漳州市目前已拥有102家房地产开发公司，其中，外资开发公司有44家，注册资本65512万元；内资开发公司有58家，注册资本5182万元。这些房地产开发公司大都集中在漳州城区。在国家宏观调控下，房地产业得到健康发展，所建的不同等级的住房，适应不同层次消费者的需求。尤为注意顾及经济收入较低的居民承受能力，1993年建成解决困难户住房714套。

1993年漳州以轻纺、医药、食品、机械为支柱的产业进一步朝着规模经济方向发展。漳州的拉舍尔毛毯在海外颇为畅销；荣获国家金质奖的荔枝牌“片仔癀”驰名中外，是全国同类产品创汇最多的名牌产品；荣获国家银质奖的水仙牌风油精，以优取胜，销售量占全国同类产品的60％以上；还有农用运输车、关节轴承、柴油机、编织机等机械产品也已形成一定的生产规模。

（三）以东山岛为重点，建立具有闽南滨海特色，联结厦门、汕头经济特区的跨省旅游港口经济区 “东海绿洲”东山岛，绿树遍布，生态环境优良，四季如春，终年无霜，风景优雅迷人。旅游资源极为丰富。岛上铜陵镇西北郊的九仙顶，也称水寨大山，明戚继光曾在这里屯兵，抗击倭寇；民族英雄郑成功东渡台湾之前，在这儿设过水操台，训练水师。历代名人慕名登游此山，且留下20多处摩崖石刻。在离九仙山不远处，有座铜山古城，是明代著名学者黄道周的出生地。这座古城临海砌石，环山建成，至今已有600多年历史，现已修葺一新。这儿有座武庙，台湾、港澳同胞和海外侨胞纷纷前来朝拜，香火兴旺。这里还有天下第一奇石——铜山风动石。与这座古城隔海相望的东山塔屿，风光绮丽迷人，是黄道周读书处。

距铜陵镇1公里，有近年新开发的旅游胜地马銮湾海滨浴场。海面开阔，水质优良，风浪小，是游览、游泳的好去处。每年盛暑时节，国内外游客纷至沓来。东山岛经国家批准开辟为滨海森林公园，经福建省批准被辟为旅游经济开发区和创汇农业试验区，国务院又将东山岛列为经济技术开发区。香港太平洋企业集团有限公司已在东山岛东南面海滨投资兴建“百亿新城”。这个项目于1992年12月在香港签约，总投资人民币100亿元以上，占地14平方公里，预计10年左右全部建成，现工程建设进展顺利。

（四）以福建南大门诏安县为重点，主动承接广东辐射，建立以贸易、加工为主的闽粤边界贸易加工区 诏安闽粤过界贸易加工区，处在福建与广东交界的汾水关附近。这里与粤东山水相连，是闽粤交通要冲，国道324线穿境而过，每昼夜往返闽、粤、港澳的车辆达1万多部。距广东汕头市区仅有78公里，与台湾只有一水之隔，距百门港仅有10多海里，水陆交通极为便利。这里是福建对台湾、香港、澳门和东南亚开放的前沿阵地，也是福建移植广东经验，接受汕头经济特区辐射最为近捷的地带。该加工区以项目定规模，首期500亩的开发、建设任务已基本完成。专供区内使用的1000门程控电话缆线、日供4000吨自来水厂、1万伏高压输电线路和排水、排污管道都已外接铺设到位，通用厂房，仓储、贸易大楼、商业街、商品市场、写字楼等工贸设施已相继投入使用，海关、银行、宾馆、酒楼、公寓、别墅、学校、娱乐中心等也都成龙配套。

这个边贸工业区实行引进资金开发建设，边投产、贸易，边获取经济效益，起到良好的投资效应。开发区以1万元开办费起家，经过5年来的艰苦创业，如今在区内已兴办70多家企业，加工区管委会已拥有固定资产300多万元，截至1993年底，已缴纳税收6000多万元，居福建省开发区纳税之冠，与此同时，广东的汕头、潮州、澄海等地在这座边贸新城设置贸易机构；福建省烟草公司、造纸工业公司、石油公司等在区内设立直属贸易机构；边界贸易加工区开发公司也分别在汕头、福州设立分支机构，在汕头开办有进出口权的工贸公司，承接汕头经济特区的辐射，以特区为“窗口”及时捕捉对外经贸合作和商品信息，把整个边贸加工区推向世界大市场。

现在，闽粤边界贸易加工区已形成一定的开发开放格局，具备了更大规模开发建设的优越条件，根据以项目定规模，经福建省政府批准，第二期1965亩续用土地正在抓紧开发，吸引更多的海内外客商前来投资建设，来日的边贸新城将是商贾云集，成为名符其实的福建对台湾、香港、澳门和东南亚开放的前沿阵地。

(五) 以九龙江上游的平和、南靖、长泰、华安和沿海岸线地区为主，建成以市场为导向，以基地为基础，以加工为龙头，以贸易为纽带的贸工农一体化的现代农业开发区　漳州市1993年在抓紧粮食生产的同时，引导广大农民以国内外市场为导向，调整、优化农产品结构、广种名、优、特、稀水果。如清代贡品“官溪蜜柚”和“坪山柚”、“文旦柚”等，扩种台湾香蕉、泰国芒果和本地优质品种皇帝龙眼、鸡蛋龙眼、早晚熟荔枝、早熟枇杷、晚熟芦柑等，不断提高漳州水果在海内外市场的竞争能力。漳州内陆贫困山区的平和县，农民种植“官溪蜜柚”一项，1993年就出现3000家“万元户”。漳州沿海的漳浦、云霄、东山县在东山湾养殖的万亩翡翠贻贝喜获丰收，平均亩产6吨以上，亩产值1万多元。沿海渔民在海湾内吊养扇贝效益显著，不仅使当地常年有鲜活成贝登场应市，而且大量直销台湾、香港和深圳等地。

市场经济日益发达的泉州市

王　仁　山

1993年是泉州市加快发展社会主义市场经济的一年。在经济发展上，采取了一些较为重大的举措：以组建企业集团促进规模经营，以引进大型骨干项目促进基础设施、基础工业的完善和发展，以兴办工业小区促进小城镇建设，以实行专业化、系列化生产促使区域经济形成，以拓展大市场、大流通推动大产业的发展，以搞好大规划、开辟大交通推动大泉州的建设，以政企分开、简政放权为重点进行政府职能的转变。全市社会政治稳定，综合改革迈出大的步伐，外引内联取得新的突破，经济发展保持高速度，宏观调控见成效，经济运行态势良好，城乡市场繁荣，人民生活水平继续提高，社会事业全面进步。

1993年全市国民生产总值达207.62亿元，比上年增长67.64%，比1980年翻了3番。国内生产总值198亿元，增长69.2%。工农业总产值336.9亿元，增长80.3%。在国内生产总值中，第一产业增长6.6%，第二产业增长84.1%，第三产业增长83.4%。预算内财政收入16.58亿元，增长65.5%。社会商品零售总额103.7亿元，增长53.75%。城市居民人均生活费收入3400元，农民人均纯收入1546元，分别增长38.4%和29.4%。

(一) 工业生产实现速度和效益同步提高　工业生产大幅度增长。全市工业总产值达300亿元，较上年增长97.4%。其中国有工业产值20.34亿元，增长36.89%，企业利润总额1.2亿元，增长198%。乡以上工业10项主要经济效益指标，在全省综合评比中名列第一。产品销售率、资金利税率、流动资金周转次数、全员劳动生产率、工业增加值率，均超过国家标准水平。市直41家国有工业企业与外商合资成立的中侨集团(后来，因泉州胶鞋厂、泉州胶鞋二厂、泉州染织总厂属于省外贸联营企业，经协商退出中侨公司，线厂和麻纺厂合并为一家，所以实际合资为37家)，一年多来生产经营平稳发展，企业效益明显提高。1993年，中侨集团完成销售收入4.39亿元，比上年增长15.28%，产销基本平衡；上缴各种税金3903.45万元，增长47.49%；实现利润1808万元，同口径相比，较上年增长4.39倍。乡镇工业产值249亿元，增长114.2%，三资工业产值90亿元，增长93%。个体私营经济蓬勃发展。新办个体私营企业1.3万多户，总数达8万多户，年产值27.8亿元，销售额35亿元，上缴税金3.86亿元。

(二) 农村经济全面发展 认真贯彻落实中央农村工作会议精神，发出了《加强农业和农村工作的决定》和《加快山区开放开发的决定》，制订出《农村奔小康初步规划》。深化农村改革，累计重新签订规范化耕地承包合同111万份，签订茶、果、林承包合同7.8万份，水产承包合同7.4万份。全市农业总产值37.94亿元，增长5.9%。粮食单产每亩提高5公斤，总产109.87万吨。食物总量增加10万吨。新植果树22.58万亩，超计划50.5%；改造茶果园9.4万亩。水果总产17.4万吨，水产品总产35万吨，肉类总产14.98万吨，分别增长15.6%、25.96%和9.5%。造林19.2万亩，超计划6.7%。农村集体经济实力显著增强，村级纯收入平均达15万元，增长40%。乡镇企业继续向规模化、集团化、外向型发展。全市乡镇企业总产值299亿元，增长120.8%，占全省总数的28.3%；上缴税金8.8亿元，实现利润20.1亿元，分别增长71.47%和119.73%。新组建乡镇企业集团35家，累计45家。已兴建乡镇企业工业小区400多片，工业大厦1000多座。

(三) 综合改革试验迈出大的步伐 1993年3月，国家体改委确定泉州市作为全国综合配套改革试点城市。泉州便以此为契机，全面推进综合改革试验。

1. 进行国有资产管理体制改革，转换企业经营机制。颁布了《泉州市国有资产管理试行规定》，推行国有资产有偿占用。135家国有工业企业，分别采取移植三资企业管理办法、中外合资合作经营、厂内职工承包、合股经营等形式，加快经营机制的转换。国有内贸企业推行税利分流，797家独立核算企业有80%实行“统管分营”和“国有民营”。155家二轻集体企业有122家采取规范化股份制、股份合作制、合资合作和“一厂多制”等形式转换机制，有20家企业通过合并、兼并进行组织结构调整。全市组建规范化股份制公司9家，其中股份有限公司3家，豪盛(福建)股份有限公司已向社会发行股票，并在上海挂牌交易。

2. 进一步健全社会保障体系。实行养老保险社会统筹的国有、集体和三资企业已达1672家，参保人数10.5万人；参加待业保险的企业1248家，职工10.87万人；有313家三资企业的1.25万名员工参加雇主责任保险。

3. 积极稳妥地改革住房制度。《泉州市城镇住房制度改革实施方案》及配套的实施细则已经出台。

4. 继续推进机构改革。精简一些专业经济管理部门，已分流机关人员500多名。一批企业化管理的事业单位，已转为企业。

(四) 开放型经济蓬勃发展 全市新批外商投资企业1527家，合同外资23.47亿美元，分别增长56%和119%。新投产三资企业755家，实际利用外资5.88亿美元，分别增长109%和98%。累计批准外商投资企业3925家，总投资288亿元，合同外资42亿美元，已投产企业1996家，实际利用外资11.7亿美元。其中，投资额在1000万美元以上的项目，总数已达96个(内1993年投产的有60个)。台资企业累计已批497家，利用台资5.1亿美元。已开办的企业出现增资热，有122家企业增资1.15亿美元。1993年新批三资企业的合同外资额和实际到资额均超过前14年的总和。全市三资企业完成产值90.28亿元，出口6.97亿美元，实现利润4.43亿元。接受“三胞”兴办公益事业的捐款2.9亿元，引进生产设备1900台(套)。十多年来累计已引进各种机械设备12.4万台(套)，其中有许多是代表国际八十年代末、九十年代初技术水平的先进生产线，提高了本市产品对内对外的辐射力。经福建省政府批准的27个成片土地开发区，已有16个动工开发，实际到资2.27亿美元，完成投资10.77亿元，开发面积8.45平方公里，完成建筑面积82.9万平方米，引进生产项目182个，其中竣工投产74个，在建30个。对外贸易进一步扩大，全市出口商品总值48.8亿元，增长57%，出口商品总值占全市国民生产总值的比重达24.4%。国有外贸企业实现自营出口5365万美元，增长11.33%。已有4家生产企业获自营进出口经营权。大宗出口商品不断增多，出口总值超亿元人民币的商品已有服装、纺织品、鞋、陶瓷、石制品、包袋、雨伞、玩具、塑料制品、电子制品、皮革制品、日用工艺品、茶叶和其它轻工业品等10余种。“三来一补”实收工缴费944.6万元，新拓展了原油对外加工业务，对外加工装配由传统劳动密集型向资金、技术密集型发展。对外经济技术合作合同金额5732万美元，实际完成营业额3024万美元，外派劳务5060人。

在扩大对外开放的同时，积极拓展对内横向经济联合。新办内联经济技术实体204个，投资总额59.06亿元，引进外地资金22.53亿元。内联项目累计已达553个，总投资74.47亿元，其中超亿元的项目有19个。1993年10月份还组织泉州市的500家企业生产的4000多种产品在首都北京举办了侨乡商品展销会，取得了较大成果。

(五) 基础设施和基础工业建设进一步加快 首先是确保福建省和市里的重点建设项目如期展开。福厦高速公路泉厦段试验路施工顺利；福建炼油厂后5套生产装置全面投料试产成功；泉州第三水厂取水口工程即将完成；漳(平)泉(州)肖(厝)铁路、深沪码头、官桥变电站、安溪兰田水电站、湄洲湾南岸供水工程、晋江下游防洪堤加固、永春化肥厂技改等项目正加紧建设。

其次，开展了“公路建设年”活动。省道305线、306线等公路改造工程全面实施。全市先行工程项目开工130公里，建成水泥路面39.6公里，建成路基92公里。新建和续建县乡公路94条，总长505公里。水路运输有较大发展。新增14个运输公司、115艘船舶；开通了泉州至香港客运双程航线，以及至日本、香港的集装箱运输航线。泉州晋江机场的筹建工作正加紧进行。

其三，提出实现“四个一百万”的目标，即钢铁生产100万吨，水泥生产100万吨，发电增容100万度，程控电话扩容到100万门。新上了一批基础工业项目。年产30万吨的三益钢铁有限公司首期工程已完工投产，万山、三安、中联等钢铁厂正在建设或筹建。以上钢铁项目年生产能力可达85万吨。晋江柴油机发电厂已正式动工，德化火电厂已进行“三通一平”，南安、永春、安溪、泉州等火电厂均在筹建。这些发电项目，装机容量达20万千瓦。年总产达74万吨的5个水泥项目正在兴建或筹建。年产10万吨的沥青厂、2万吨的氯碱厂和1万吨的聚丙稀厂，均已动工兴建。

邮电通讯设施进一步完善。程控电话扩容到30万门；移动电话网络覆盖全市，并与全省各地联网；容量达50万门的无线传呼系统已经开通。

(六) 全面展开大泉州建设 按照建设大泉州的构想，对中心城市、城市群体、重点村镇的建设进行全面规划。截至1993年末，已经完成了泉州市城市总体规划修编、历史文化名城保护规划和古城控制性详细规划，以及市区防涝排涝、八卦沟整治、清源山风景名胜区的规划，其中一部分正在实施。审批中心市区高层建筑68幢，远太大厦、蟠龙大厦、华联商厦等9幢已动工建设。东湖公园春节期间已经开放。各县(区、市)城市建设也加快了步伐，沿海一线的城市群体正在崛起。全市完成了95个乡(镇)和260个中心村的规划调整。一些地区出现改造旧村、建设新村的热潮。有4个镇、30个村被省政府评为明星镇、明星村。

城乡市场的规划建设又有新的进展。，国合商业网点开工项目52个，完工6个。兴建、改建集贸市场39个，投入资金1.84亿元，建筑面积30万平方米，是改革开放以来市场建设投入资金最多、工程量最大的一年。

加速侨乡现代化建设的晋江市

林长衍　吴清辉

福建省晋江市撤县建市以来，完成了行政体制的重大历史变革，迈入建设现代化侨乡新型城市的进程。1993年，全市人民认真贯彻市委确定的五个“坚定不移”方针，实施晋江发展战略，坚持“三个层次、一线三点、辐射全市”的区域经济格局，加快工业化、城市化建设步伐，又创经济社会发展新局面。

一、国民经济快速发展，综合经济实力不断增强

(一) 经济发展速度与效益大幅度同步增长 1993年全市国民生产总值65.24亿元，比上年增长86.51%；人均国民生产总值6872元，比上年增长85.98%；国民收入52.01亿元，比上年增长72.5%；工农业总产值112.48亿元，比上年增长85.18%，其中农业总产值6.62亿元，比上年增长5.25%，工业总产值105.86亿元，比上年增长94.42%；财政收入3.51亿元，比上年增长59.44%；农民人均纯收入2121元，比上年增长23.82%。

(二) 遍布全市的工贸体系带动镇村经济全面发展 1993年乡镇工商企业总数达1.8万多家，乡镇企业总产值122.36亿元，比上年增长117.14%，其中工业产值109.45亿元，比上年增长97.92%，提供税收2.5亿多元，占全市财政收入的71.43%。1992年全市15个镇中有13个镇进入全省百强乡镇行列，其中青阳、安海、英林、金井分获第一、三、四、九强；全省十强村中，洋埭、岭畔、烧灰榜上有名。1993年，陈埭、磁灶、青阳、安海工农业总产值均超10亿元，并涌现出洋埭村等4个产值超2亿元、11个超亿元的明星村。全市实现了村财政收入年均20万元人均集体收入20元以上的目标。

(三) 综合经济实力的“区位”进一步前移 三年前晋江市跻身全国百强县市第55位，1992年跃居22位又是全国明星县市第28位；1993年名列全省十佳县市之首；乡镇企业的实力名列全省榜首及全国第28位。

二、经济结构继续优化

一年来，认真贯彻中央关于加强宏观调控的决策，实施整顿和规范拆借秩序，清理金融自办公司；扩大储蓄存款，严格现金投放；增加贷款，保证重点；清理房地产等。在整顿金融秩序、调整产业结构等方面取得显著成效，国民经济一、二、三产业得到不断调整，1993年一、二、三产业比例为9.4:58.6:32。整个国民经济

呈现总量扩大、结构优化、后劲增强的良好发展态势。

(一) 农业以市场为导向,向“两高一优”转化 粮食产量前两年均获丰收,1993年由于自然灾害和土地大量减少等因素,粮食减产1.97万吨,但肉、蛋、果、水产品产量逐年增长,食物总量比上年增加8.4万吨。农业投入增加,农业综合开发能力不断增长,山美水库晋江灌区综合开发一、二期项目通过国家级验收,乌漏沟等水系实施治理初见成效,沿海防洪堤抗灾能力显著增强,农田水利建设连年位居泉州市前列。改造中低产田10万多亩,围海造田扩大耕地3829亩。种植果树7710亩,工程造林5740亩,荣获全国“平原绿化先进县”和“治沙先进县”称号。

(二) 工业向扩大规模、创新创优、增强市场竞争力的方向发展 1993年成立8个集团公司,82家行业协会,开发164个乡镇工业小区,建设标准厂房300万平方米。企业管理水平和产品质量有了新的提高。1993年技改投入3.3亿元,产品质量创优达标的有71家,计量定级150家,开发新产品32种,获部优及省优的产品38项,有21家企业生产的产品列为泉州市“闯天下”产品,还有4种产品在国际上获奖在第二届中国专利新技术、新产品博览会上,晋江市科乐精细化工研究所的“自热蚊香”和恒源科技开发公司的“中空纤维超滤器”两个产品获金奖。产品监检覆盖面为80%,监检抽查合格率在70%以上。

(三) 第三产业向多形式、多层次、多元化发展 1993年第三产业增加值达20.24亿元,比上年增长120.96%,占国内生产总值的32%,比上年增加5个百分点。各种经济成分的商贸服务业近万家,近十万供销大军在全国各地设立晋江产品专柜和推销网点6千多个,同24个国家和地区建立经贸关系。1993年全市社会商品零售总额25.01亿元,比去年增长39.96%;全社会出口商品总额24.33亿元,比去年增长91.57%;边贸出口总额5亿多元,对台小额贸易也十分活跃;国合商业销售总额3.7亿元,实现利润628万元,名列全省前茅;银行各项存款余额24.89亿元,各项贷款余额15.38亿元,城乡储蓄存款余额16.68亿元,分别比去年底增长12.68%、38.43%和11.2%;市区五大市场初步形成,安海批发市场、晋南服装市场、清濛粮油批发市场新建及华洲水产品市场迁建已完成前期筹备工作;房地产市场和资金、劳务、人才、技术、信息、设备及原辅材料等各种生产要素市场正在形成。全市现有各类专业市场29个,面积6.59万平方米,商业网点遍布全市。

三、改革开放更加深入全面地发展

以改革统揽全局,加快步伐,加大力度,各个领域的改革层面正逐步深入 首先,积极推进政府职能转变,认真贯彻省政府15条优惠政策,扩大各镇经济管理权限,落实各项配套措施,企业“审批”制改为“登记”制。供销系统成功地组建集团公司,粮食、商业、物资等单位做好职能转为经济实体的准备。

其次,内联经济有了突破性进展。立足市情,大力吸引国内资金、技术和人才,发展跨地区、跨行业、跨所有制的联合和合作,制定了内联企业的优惠办法。重点引进国内资金投向基础工业、原材料工业和高新技术行业,促进全市工业结构逐步优化,同时积极开发内联形式的第三产业项目。今年全市内联企业呈现出“三多一补”的特点:一是兴办内联企业大项目多,仅生产性项目14家,投资额千万元以上占60%;二是科技型企业多;三是生产服务型企业多;四是引进了一些填补空白的内联项目,如已开发生产的耐低温且透气性、弹性及抗湿滑等性能优良的新型鞋底材料、石英地板材料等。内联经济的兴旺为晋江市的经济建设注入了新的活力。

其三,企业经营机制转换取得进展。全面完成国有工业企业第二轮经营承包责任制各项指标,二轻系统推行股份合作制;普遍开展以人事、用工、分配三项制度为重点内容的改革;6家国有企业实施转产、合资、租赁,实行以“公有民营”为特征的经营形式,推进了经营机制的转换。

其四,农村改革更加深入。稳妥推进农业适度规模经营,全市承包10亩以上的粮油蔗专业户593户,承包经营面积2.83万亩,促进农业向专业化、产业化、社会化发展;加强农业服务体系建设,基本形成市级服务专业化,镇级服务区域化,村级服务普遍化,户办服务多样化。创办46个镇、村级农村合作基金会,筹资额近亿元,融通资金1.25亿元。同时还采取切实措施扶持经济发展相对滞后的乡村增强活力,“奔小康、建新村”活动取得一定成效。废止和纠正了19项涉及农民负担的收费项目和标准,减少农民负担约200万元。

其五,土地使用制度改革全面发展。制定了《土地使用权出让实施办法》,试行非农业建设用地有偿使用,市区重点规划及全市经营性项目用地实行“五统一”制度,在加强管理、统筹开发,科学利用等方面积极探索并取得一定经验。

四、对外开放形成多层次、全方位、宽领域的新格局

(一) 1993年晋江市外商投资继续呈现迅速发展的势头,取得较好的社会效益和经济效益 至1993年底,全市共批准外商投资企业1512家,开业投产759家(外资企业开业率50.2%);合同总投资105.39亿元,实际到资30.2亿元(到资率28.65%);合同外资16.17亿美

元。1993年三资企业总产值37.43亿元，出口值3.5亿美元，上缴国家税收7619万元，实现利润17045万元，分别是1992年的207％、179％、206％、232％；是历年总和的103％、81％、91％、133％，安排劳动就业7万多人；企业的履约率、投产率、到资率、出口率均居全省首位。1993年项目增资4.07亿元，利用外资7130万美元。外商投资区域从原有的港、澳、台扩展到东南亚、欧美等十三个国家和地区；投资项目有农、林、牧、渔业、五金机械，电子，轻工，纺织服装，食品饮料，包装袋，制鞋，塑料，印刷，建材，商贸，旅游，土地开发，房地产等行业。

(二) 全方位拓展对外经贸渠道 引进外资从以港、澳为主发展至日本、韩国、新加坡、菲律宾、美国等国家；从引进资金为主逐步向引进技术、设备、人才、管理及信息方面拓展；把境外引进的资金和技术作为重要基础，加快内联企业的发展步伐，引进"三益"、"中辉"、"晋明"等一批规模较大、建设较快的企业；扩大中俄、中缅、中越、中蒙边境贸易；与此同时晋江市在港、澳创办经济实体也有实质性进展。

(三) 多层次开展对外经贸合作 乡镇企业成为利用外资的主体，投资额和利用外资额分别占合资、合作项目的92％和88％；国有，二轻系统合资合作项目已达21个，合同投资和利用外资分别为9747万元和1203万美元。形成以支柱产业为龙头，以先进设备、技术为骨干，以生产性企业为主体，以服务行业为配套的多层次外商投资企业体系。

(四) 对外经贸合作领域不断拓宽 一批与外资合营的农业综合开发项目初具规模；外商投资建立的第三产业项目48个，总投资5.7亿美元；外资投入市政基础设施在电力建设方面取得重大突破。另外，外商投资建设的安平、福埔、东海垵三个成片开发项目到资额占注册资金的49%。其中，东海垵开发区进展最快，水、电、路配套设施基本形成，引进的15个生产项目有2家投产，总投资1亿多美元；安平开发区已完成土方170万立方米；引进项目12个，有1家投产；福埔开发区完成土方69万立方米，SM国际广场项目施工队伍已进场，开始基础工程的施工。

对外交流以建市庆典、侨联成立四十周年及菲律宾晋江同乡总会成立等庆典活动为标志，进入一个崭新的阶段。近几年来先后接待来自13个国家和地区的华侨团体289个，6470人次；侨胞捐建公益事业总值1.8亿元，小型生产工具4064台(套)，价值近亿元，居全省之冠。民间团体在文化、艺术、体育等方面的对外交流日益频繁。

五、城市基础设施建设全面铺开

(一) 市区道路、房屋建筑加速进行 市区五条主干道完成路基桥涵工程，东干道开通，街区改造完成拆迁9.06万平方米，新建及在建3.1万平方米。曾井小区主干道形成，第二实验小学的校舍已建成投用。八八商业城、融丰综合大厦、五星大厦和机关职工宿舍区等建设已现维形。嘉诚鞋城、银利家私城建设项目进展迅速，工商银行、建设银行和农业银行大厦以及艺都大厦、青少年宫等均已投建。市区的敏月公园已正式开放。市区环卫设施不断改善。

深沪码头已完成主体，实现简易停靠，第二期万吨级码头工程开始建设；市域十条公路干线改造工程基本完成，新修和改造公路13条77公里，专养公路全部铺设"黑色"路面，实现村村通公路，全市通车里程639公里，以每百平方公里通车里程98公里实绩居全国前列；晋江青阳机场扩建改造工程已动工兴建，预计于1995年建成试航。

(二) 电力建设发展迅速 先后兴建龙湖、青阳、安海、磁灶、内坑、池店6座110千伏输变电站，龙湖变电站已全负荷投运，供电能力增加3倍。投资2.5亿元，年发电量2亿度的中外合作"晋源柴油机发电厂"开工建设，预计1994年底投运。

(三) 供水网络继续增加 1993年完成市区3万吨自来水扩建工程，市区供水工程正加紧实施，东石、金井、深沪等镇自来水厂已供水。全市自来水日供水量增加到5.65万吨。

(四) 通讯设施不断改善 程控电话总容量达7.2万门，拥有14个程控电话母局和模块局，其中安海为全省最大镇级母局，洋埭为全省第一村级模块局，现有移动电话2千多户，传呼机2.3万户，并建成青阳、龙湖、磁灶、金井四个移动电话机站；全市100％行政村和98％自然村通电话。1993年全市邮电业务总量达2.06亿元，比上年增长144.52％。

南方对外经济贸易中心广州市

林 进 炎

一、国民经济持续、快速、健康发展

1993年，是广州市经济建设和改革开放阔步前进，各方面工作取得显著成绩的一年。全市人民在市委、市政府的领导下，认真贯彻了党的十四大精神和国

家关于加强宏观经济调控等一系列政策，抓住市场经济体制改革机遇，开拓进取，使国民经济保持快速、协调、健康发展的良好局面。全年国内生产总值达710亿元，比上年增长23%，人均国内生产总值11490元，比上年增长21%。综合经济实力进一步增强，广州市的中心城市作用得到进一步发挥。

(一) 工业生产持续快速增长 全市工业增加值300.37亿元，与上年相比(下同)增长28.80%；工业总产值(1990年不变价格)926.79亿元，增长30.44%；工业销售产值(1990年不变价格)905.53亿元，增长31.48%。其中国有工业增加值增长15.70%，集体所有制工业增长47.50%，其他经济类型工业增长74.18%。工业发展呈现了"一个主体，两翼齐飞"的格局。

轻、重工业大体同步增长。全市轻工业增加值210.98亿元，增长29.37%；重工业增加值89.39亿元，增长27.68%，轻重工业增加值占全市工业增加值比重分别为70.24%和29.76%。

外向型工业有新发展。乡及乡以上工业企业全年出口产品产值187.62亿元，增长25.01%，占全市工业总产值的21.17%；全市"三资"企业工业增加值67.72亿元，增长75.49%，占全市工业增加值比重22.55%。

工业生产结构有所调整。全市初步形成十大主要工业行业，一批主要产品产量规模增长。其中摩托车增长98.10%，电梯增长65.76%，程控交换机增长351.70%，味精增长32.80%，水泥增长31.15%，钢琴增长30.75%，电池增长20.50%，标致汽车增长2.02%，年工业销售产值超亿元企业由上年的92家增加到168家，实现利税超千万元工业企业由上年的86家增加到153家。

企业技术改造步伐加快，产品质量稳步提高。全年市属工业系统完成技术改造项目102项，技术改造投资额18.94亿元，增长27.14%。市属工业系统重点考核的525种工业产品，质量稳定提高率达到97.65%。全年已鉴定成功的新产品446种，新花色品种9904种。

工业经济效益提高。全市乡及乡以上独立核算工业企业经济效益综合指数达到133%，比上年提高22.8个百分点，其中工业产品销售率为97.84%，提高0.66个百分点，工业资金利税率14.08%，工业成本费用利润率6.45%，工业增加值率29.24%，全员劳动生产率28171元(按增加值计算)，流动资产周转次数1.81次。

(二) 交通运输业有较大发展 公路、铁路、水运、航空等专业运输部门完成货运总量11955万吨，增长5.76%；货物周转量2887亿吨公里，增长3.76%，其中公路、铁路、水运航空的货物周转量分别增长13.96%、9.45%、3.37%和14.13%；完成客运量9656万人，增长27.86%，旅客周转量191亿人公里，增长14.16%，其中公路、铁路、航空的客运周转量分别增长14.36%、26.04%和1.13%。港口货物吞吐量7539万吨，增长16.40%。广州白云机场旅客运载量达927万人次，连续六年居全国大城市机场旅客运载量首位。

邮电通信事业有较大发展。全市邮电业务总量21.90亿元，增长64.84%；新增市话交换机容量24万门，年末市话交换机总容量达63万门，增长53.28%；年末市话电话机数达76.5万部，增长40.99%。年末全市新增无线寻呼机用户17.37万户，累计39.12万户，新增移动电话用户4.15万户，累计6.67万户。市话普及率达到20.5部/百人，连续两年居全国大城市首位。开通并向社会提供可视图文的电信服务，程控电话新业务使用户数达到44.31万户。

国际通讯事业进一步发展。至1993年年末，广州国际长途电路达3119路，增加1338路。国际特快专递可通达202个国家和地区，国际和港澳台邮电业务总量达6.15亿元，增长53.75%。

(三) 农村经济稳步发展 1993年广州市农业克服了自然灾害的影响，生产与上年基本持平。全市农业增加值40.58亿元，农业总产值(1990年不变价格)50.79亿元，其中种植业产值27.30亿元，林业产值0.54亿元，畜牧业产值15.12亿元，渔业产值5.77亿元。农业商品化程度有所提高，农业商品产值49.43亿元，增长7.32%，农业商品率由上年的78.04提高到79%。乡镇企业发展迅速，总收入318亿元，增长51.89%；乡镇企业总产值291亿元，增长59%。

调整农业生产结构，"优质、高产、高效"农业有新发展。全年粮食总产量90.77万吨，优质稻谷种植面积占播种面积七成以上，比上年提高17.8个百分点；糖蔗总产量117.73万吨，减少49%；名优水果种植面积扩大，水果总产量32.91万吨；蔬菜产量169.66万吨，增长14.19%；鲜蛋产量增长6.90%；水产品产量增长16.65%；肉类总产量增长17.08%；"三鸟"出栏量增长32.41，生猪出栏量增长6.19%，年末生猪存栏量达105.23万头。

农业生产条件得到改善。1993年全市农业生产第一线资金投入有所增加，其中市财政拨款1.60亿元，增长54.32%。年末全市拥有农业机械总动力23.16亿瓦，增长10.29%；农业载重汽车1.83万辆，增长13.66%；农村用电量15.10亿千瓦小时，增长5.89%。

(四) 城乡市场空前繁荣，购销畅旺 1993年社会商品零售总额307.27亿元，增长41.14%，创历史最高水平。其中，消费品零售额296.93亿元，增长41.72%；农业生产资料零售额10.34亿元，增长26.17%。

各种经济类型商品零售额全面增长。国有商业零售额增长43.96%，集体商业零售额增长39.99%，私营和个体商业零售额增长38.85%，“三资”企业零售额增长45.95%。用的消费品销售额有较大增长，其中录音机增长61.1%，照相机增长29.7%，洗衣机增长63.6%，电冰箱增长55.7%，彩色电视机增长14.2%，摩托车、家用空调机、抽油烟机成倍增长。

市场规模不断扩大，正向大市场、大流通、大商业格局迈进。年销售额超亿元的大型零售商店和饮食企业由1992年的8家增加到14家，成交额超亿元的大型集市贸易市场15个。1993年新建各类市场54个，新增面积共58万平方米，分别增长45.95%和1.72倍。市属物资供销业生产资料购进总额116.23亿元，增长50.96%；销售总额113.04亿元，增长39.19%。主要物资消费量明显增加，其中铝材增长15.5%，水泥增长17.57%，煤炭增长8.56%。

广州市已形成以消费品市场为主，生产资料市场、资金市场、房地产市场、劳务市场、技术市场、信息咨询市场相配套的形式多样、具有一定规模的市场体系。其中：各类消费品市场共有422个，生产资料市场22个，技术市场6个，其他各类市场初具规模。

（五）固定资产投资结构继续调整，能源、交通、原材料等重点项目建设加快 全市国有单位固定资产投资达229.25亿元，增长50.77%。其中，市属国有单位固定资产投资完成170.77亿元，增长76.8%。市确保的乙烯、珠电、环城高速公路等20个重点项目进展顺利，其中有5个项目投产或基本建成。

（六）城市建设成绩显著 1993年用于城市建设投资额达28.47亿元，增长1.06倍，城市建成区面积扩展为206.6平方公里。广州环城高速公路北环线15公里段开通使用，珠江隧道出入口疏解工程已经通车。耗资近2亿元的东风路改造工程完工并交付使用，新建立交桥5座，高架路1条，人行天桥7座，人行隧道1条。改善了市区道路网络。日供水能力新增16万立方米，铺设自来水管道137公里，油制气管道469.3公里，管道煤气用户由上年末的11.92万户增加到19.62万户。

年末城市道路总长度1379公里，增加18.8公里，道路总面积1378万平方米，增加58.6万平方米，排水管道长1317公里，增加40公里。市区公共汽（电）车营运车辆2338辆，增长35.85%；客运量7.74亿人次，增长16.61%；客运周转量42.55亿人/公里，增长20.95%。

全年城市供电量78.43亿千瓦小时，增长14.49%；售水量9.95亿立方米，增长6.48%；液化石油气销售量增长8.16%，居民燃气普及率为60.5%。公用、环卫设施和园林绿化建设取得了新成绩。

（七）人民生活水平不断提高 1993年城市居民人均年生活费收入4984元，增长33.91%，扣除价格上升因素，实际增长7.13%。城市居民家庭耐用消费品拥有量继续增加，年末平均每百户家庭拥有空调器19台，增长95.88%，摩托车8.7台，增长24.29%，彩色电视机99.3台，增长4.2%，洗衣机97.3台，增长4.29%。照相机50.7架，增长11.92%，淋浴热水器46台，增长58.62%，抽油烟机40.33台，增长53.23%。农民人均年纯收入2653元，增长23.24%，平均每百户农村居民家庭拥有彩色电视机48台，增长33.33%，电冰箱24台，增长2倍，摩托车22辆，增长1.44倍。

1993年全市职工工资总额130.2亿元，增长34%，职工年平均货币工资6272元，增长30.88%，扣除价格上升因素，实际增长4.7%。

城乡居民储蓄存款继续增加。1993年末城乡居民储蓄存款余额447.9亿元，增长30.85%。

二、经济体制改革取得新的进展

围绕广州十五年基本实现社会主义现代化，建立现代化国际大都市战略目标，市委、市政府紧紧抓住建立社会主义市场经济体制改革机遇，对加快政策优势向体制优势转变进行积极探索，大胆尝试。经国家体改委批准，广州被批准列为全国综合配套改革试点城市，有力地推进了广州市市场经济改革进程，取得了新进展。

（一）国有企业转换经营机制步伐加快 结合贯彻《企业法》和《条例》，制订了全民所有制工业企业转换经营机制条例的实施细则，在1992年试点的基础上，全面推进企业“放开经营、综合改革”。针对国有企业中，部分运转决策缓慢，经济效益低下，连年亏损，债务包袱沉重等问题，采取了重组国有企业财产结构，理顺企业产权关系，做好企业职工的安置等配套改革措施，加快了现代化企业制度的建立。选择了市机电局等11个单位进行设立国有资产投资经营公司、授权集团公司和大型企业经营管理国有资产的试点。企业股份制迈出了重要一步，经工商登记成立的股份有限公司从上年的21户增加到37户。白云山制药、珠江实业开发等6家股份有限公司经国家证监会批准，向社会公开发行了2.47亿元股票，并分别在深圳和上海上市。广船、骏威和中雪公司在香港发行股票获得成功，广州电力发展股份有限公司法人股在NET系统上市。先后组建了广东轻工机械等12个企业集团，并对集团的股份化、国际化进行了探索。

（二）流通领域改革继续深化，消费品市场和生产资料市场建设加快了步子 十大购物中心和十大批发中心建设大部分已进入实施阶段。广州市首家大型货仓式批零自选商场“天河南大广客隆”开业，探索了现代化商业发展的新路子。期货市场稳步发展。至1993年末，经核准登记的期货经纪(咨询)公司有37家，广州商品(期货)交易所于1993年底开业。

(三) 金融体制改革稳步发展 1993年，股票、国库券及企业债券的发行工作比较顺利。全年发行有价证券总额达62.86亿元。二级市场日趋兴旺，全市股民人数达30万；已有28家证券机构开通了深、沪股票交易业务，全年有价证券转让总额达62.94亿元。金融组织体系进一步完善，深圳发展银行、招商银行等区域性商业银行广州分行正在筹备之中。已有7家外资银行在广州设立了分行，另有多家外资银行也即将在穗设立分行。保险行业共开办了300多个险种，保险市场形成有序竞争格局，全年保险业务收入达13亿元。首家外资保险机构日本住友海上火灾保险株式会社广州办事处在穗设立。

(四) 其他方面改革全面推进，形成了改革的整体合力 加快了科技成果商品化、市场化的步伐；社会保障制度改革稳步推进，对职工工伤保险实行了社会统筹，对养老金发放实行基础养老金与社会平均工资挂钩，附加养老金与缴费年限、缴费工资挂钩，基本养老金与社会工资增长率比例挂钩；制定了《关于加快个体和私营经济发展的决定》，继续鼓励个体和私营经济的发展，并依法加强管理；农村、物价、住房等方面的改革进一步深化。

三、对外经济贸易再度取得新进展

1993年，广州市在对外经济贸易中，进一步深化外贸体制改革，转换企业经营机制，及时调整政策，继续扩大对外开放领域，改善投资环境，加强对外招商，开拓多元化出口市场，促进了对外经济贸易的发展。全年外贸进出口总额53.85亿美元，增长34.74％，外贸商品总额达32.53亿元，增长32.34％；利用外资在1992年合同外资一年超过改革开放以来13年总和的基础上新签合同2620项，又创历史最高水平；合同利用外资70.48亿美元，增长49.6％；实际利用外资14.64亿美元，增100.9％。

(一) 外商直接投资踊跃，利用外资增长强劲 全年新签直接利用外资合同1275项，增长6.9％；合同利用外资68.36亿美元，增长52％；实际利用外资12.78亿美元，增长130.7％。客商来源除港、澳、台外，扩展到美国、日本、德国、新加坡、泰国等国家和地区。其中部分颇具实力的国际性财团、跨国公司和大型商社，如德国的西门子、日本的松下、本田、美国的通用电器，P&G及香港的和记黄埔、新世界、新鸿基来穗与有关企业签定合同。

(二) 对外经济合作领域向广度和深度发展 1993年登记注册的“三资”企业达5498家，比上年增加2207家。利用外资着重投向城市基础设施、服务体系和其它改善投资环境的建设项目，在加快老城区的成片开发和新区的高难度现代化楼宇建设的基础上，对外经济合作领域在金融、商业、旅游、仓储、物资、咨询等行业进行了大胆的探索。

(三) 大中型、高新科技合资合作项目明显增多 1993年平均每个外商直接投资项目利用外资额为536万美元，其中500万美元以上大中型项目共236个，投资总额共68.9亿美元，利用外资60.3亿美元。这些项目主要有机械制造、钟表、汽车、煤气生产、船舶修理、电力供应、公路桥梁、房地产开发、仓储运输等。1993年，广州市在香港举办的高新科技项目介绍会上签订了一批高新科技项目，如移动通讯系统、家用传真机、图像传输终端等。

(四) 引进技术设备取得突破性的进展 在对外经济交往中，高起点、高标准引进国际先进技术和设备，加快重点工程建设。地铁总公司与德国西门子集团就广州地铁1号线部分设备引进签订了协议书。该项目利用德国混合贷款7亿马克，并与英美四家公司签订了防灾报警、自动灭火、车站设备监控、冷水机风机等6个系统的设备引进协议。

(五) 出口市场日趋多元化 1993年，在发展港澳和欧美传统市场的基础上，大力开拓拉美、中东、周边国家以及非洲等市场，出口的国家与地区已达140多个，结合开拓多元化市场，境外企业发展迅速，全年新批17家，为历年之最，中方的投资额达665万美元。另有投资计划的81家，拟投向的国家和地区包括：亚洲44家，欧洲17家，美洲13家，非洲4家，澳洲3家。劳务输出全年签订合同比上年增长近1倍。

(六) 广州经济技术开发区、南沙经济技术开发区、广州保税区和莲花山工业加工区加快了建设，对外经济合作和对外贸易有了新的发展 加强了与海外友好城市的经济、技术和文化交流，增进了友谊，进一步密切了与海外侨胞、港澳台同胞的联系和合作。1993年9月，在加拿大蒙特利尔市举行的世界大都市协会第四届大会上，广州市被接纳为世界大都市协会正式会员，成为我国第一个参加该协会的城市。市政府提请市人大常委会审议通过了59名华侨、港澳同胞、外籍华人和外国友好人士授予“广州市荣誉市民”的称号，在海内外产生较大影响。举办了大型人才交流集市，引进了一批科技和经济管理人才。

加速完善市场经济体系的深圳市

深圳市政府办公厅综合处

1993年，深圳市继续抓住机遇，迎接挑战，开拓进取，加快发展，各项工作迈上新的台阶，国民经济继续保持快速健康发展，改革开放有新的突破。

一、综合经济实力继续增强

1993年，深圳市经济在连续多年快速增长的基础上，继续保持高速健康发展。国内生产总值413.54亿元，比上年增长30%。镇及镇以上工业总产值487.68亿元，增长36.6%，其中出口产值261.39亿元，占总产值的53.6%。农业生产在自然灾害频繁和耕地面积减少的情况下，实现总产值9.28亿元，基本维持上年水平。专业运输货运量482.7万吨，客运量9929.7万人次，分别增长6.7%和24.9%；港口货物吞吐量2541万吨，增长29.9%。邮电业务总量17.4亿元，增长52%。社会消费品零售总额161.44亿元，增长38.8%。外贸进出口总额148.8亿美元，增长23.4%，其中出口总额83.35亿美元，增长18.2%。预算内财政收入67.25亿元，增长56.5%。金融形势较为稳定，人民币各项存款余额比上年末增加102.01亿元，各项贷款余额比上年末增加126.16亿元。股票证券市场交投活跃，全年成交额1378.1亿元，市价总值1334.12亿元，分别比上年增长214.4%和169.5%。高新技术及其产业有新发展，多媒体技术和专用集成电路设计技术的应用开发在国内处于领先地位，形成了计算机及其软件、微电子及基础元器件、通信、机电一体化、新材料、生物工程等六大高新技术产业群。高新技术产品产值占工业总产值的比重为13.4%，

在经济持续、快速、健康发展的同时，整体经济效益继续提高，工业增加值率30.2%，提高3.9个百分点；工业资金利税率13.5%，提高1.7个百分点；工业全员劳动生产率2.86万元/人(按净产值计算)，增长37.1%；工业企业亏损额1.56亿元，下降45.6%。商品毛利率12.5，增加2.1个百分点。

随着经济的高速增长和综合经济实力的不断增强，深圳对国家的贡献逐年增大。1993年中央直接从深圳征收的税利共47.8亿元，其中海关总收入25.3亿元(关税14.62亿元，代征税8.43亿元，车辆购置费2.03亿元，其它0.22亿元)，国家银行上缴利润22.5亿元。深圳上缴中央和省财政共8.9亿元(其中上缴中央5.6亿元，上缴省3.3亿元)。

二、投资环境明显改善

深圳以建设多功能、现代化、国际性城市为目标，集中力量抓基础设施建设，完善城市功能，全年完成基本建设投资172.25亿元，比上年增长58.9%。1993年，先后完成了10项水源和供配水工程，新增日供配水能力53.5万吨，现在全市日供配水能力达170.5万吨。妈湾电厂一期一号30万千瓦机组、南山燃机电厂12.3万千瓦机组相继建成投产，增加装机容量42.3万千瓦，现在全市发电装机容量达184万千瓦。城市水电供应基本得到保证。深南大道拓宽工程按期完成，北环快速干道主车道建成通车，雅园、滨河和罗芳3座大型立交桥投入使用。列入国际中转港之一的盐田港5万吨级集装箱泊位已经建成，疏港铁路、公路全线贯通．一期工程已通过国家验收并投入使用。现在，全市已建成市政道路300多公里，形成了由8个港区组成的东、西部港口群，拥有500吨以上泊位92个，其中万吨级以上泊位21个。1993年，港口货物吞吐量2541万吨。深圳机场已开通46条国内航线，3条国际航线，全年客运量达254.6万人次，成为全国繁忙空港之一。电讯方面，1993年，全市市话扩容30万门，新增无线移动电话1.85万门。目前，深圳电话交换机总容量达79.96万门，已开通境外227个城市和国内1913个城市的直拨电话。

三、建立社会主义市场经济体制的步伐加快

1993年，深圳围绕率先建立社会主义市场经济体制的目标，加大改革力度，各项改革有新突破。

(一) 建立现代企业制度取得新进展 深圳从1986年就开始了企业股份制改造的试验。为了把这项工作纳入规范化、法制化的轨道，1993年，深圳市人大审议通过并颁布实施了《深圳经济特区股份有限公司条例》和《深圳经济特区有限责任公司条例》，加快了企业股份制改造和有限责任公司改造的步伐。至1993年底，全市按照公司化要求完成股份制改造的企业182家，其中上市公司30家，内部股份公司152家。深圳取消了企业的行政级别，建立了新的企业分类定级体系，将国有企业分为三类九级。企业以规模大小确定类别，以效益高低划分级别，以国际通用的资产、利税、销售三大指标体系评价企业，把净资产和利润总额两项指标作为考核企业的主要依据。企业的类别每两

年重新评价确定一次，并且与企业员工的待遇挂钩。目前，全市已经完成了137家市属一级国有企业的分类定级工作。与此同时，取消了企业干部、工人的界限，实行了企业员工制和全员劳动合同制，打破了工人中固定工、合同工与临时工的界限，统称为“企业员工”，做到职位能上能下，员工能进能出，工资能升能降。企业有权按照公平考核、竞争上岗、择优选用的原则，自主决定管理人员和工人的聘用或解雇。

(二) 为转变政府职能推出新举措 早在1987年，深圳便成立了全国第一家国有资产管理机构——深圳市投资管理公司，逐步实施政府行政管理职能与资产管理职能的分离，国有资产管理与经营的分离，国家所有权与企业法人所有权的分离。1993年，又成立了市国有资产管理委员会及其办公室，进一步确立了由市国有资产管理委员会、市投资管理公司、集团(总)公司三个层次的国有资产管理新体制。1993年初，深圳按照政府向市场放权、向企业放权、向基层放权的要求，制定颁布了《深圳经济特区贯彻<全民所有制工业企业转换经营机制条例>实施办法》，进一步落实了《条例》规定的14项企业自主权，在企业的设立和经营范围、投资开发、进出口经营、员工出港出国、招工用人等方面，给了企业更大的权利，使企业真正成为市场经济的主体。

(三) 进行企业登记制度的改革，将新设企业的审批注册制改为准则登记制 制定了《关于简化审批程序减少审批环节的若干规定》和新的《企业登记管理规则》，规定除限制发展的产业、产品和特种、控制、专营、专卖的行业和项目须审批把关以外，投资者或企业可直接到工商行政管理局依法进行登记注册或办理变更手续，不再经政府有关部门立项审批。对外商投资企业，实行“一站式”的联合审批。

为了适应发展市场经济的要求，1993年，深圳进行了第五次机构改革，撤并了一些职能重叠、业务交叉的机构，政府机构由原来44个调整为37个，建立了比较精干的行政管理体制。与此同时，加快了公务员制度改革步伐，正式颁布了《深圳市国家公务员管理办法》，对公务员的录用、考核、培训、回避、职务升降、任免、辞职辞退等作出了具体规定。广东省人民政府批准了深圳市《国家公务员制度实施方案》，公务员制度改革进入实施阶段。

(四) 市场体系进一步发育完善 1993年，深圳在建立市场体系方面又迈出了新的一步，成立了面向国内外、面向多种经济成份的区域性产权交易所，形成了产权交易市场；建立了由科技成果交易中心、技术经纪行、无形资产评估事务所等机构组成的综合配套的技术市场体系；发展完善了股票证券市场，初步形成了立足华南、辐射全国的证券交易中心；扩大劳动力和人才市场的覆盖面，逐步健全服务网络；整顿规范了房地产市场，对一、二、三级市场实行不同力度的管理；商品市场体系逐步完善，农产品批发市场有了新发展，有色金属期货市场、期货联合交易所取得了好成果。各类要素市场不断发育成型。

(五) 社会保障服务体系和法规体系不断完善 一是进一步健全了社会服务和监督体系。推行了律师制度改革，鼓励有律师资格的人员申办不占编制的律师事务所，新批准设立合伙制律师事务所32家。此外，还新设立会计师事务所14家、审计师事务所7家，以及一批新的其它社会中介机构。全市严格规范了中介机构的服务职能和法律责任，对市场经济运作起到了协调、服务和监督的作用。二是进一步健全了以养老保险、工伤保险、待业保险、医疗保险和住房公积金为主要内容的社会保障体系，为建立与社会主义市场经济相适应的现代企业制度提供了有利条件。

1992年，全国七届人大常委会第26次会议授予深圳市立法权后，按照建立市场经济体制的要求，制定了近、中期立法规划，计划到1996年底，制定法规129件、规章86件，基本形成社会主义市场经济的法律体系框架。两年来，已颁布法规24件、规章28件

四、对外开放取得新成果

1993年，深圳对外经济合作领域拓宽，规模扩大，层次提高，结构趋向多元化。利用外资呈三个显著特点：一是外商投资势头猛、数额大，直接投资增加；二是大商社、大财团投资增加；三是外商投资高新技术产业和基础设施、基础产业及第三产业增加，利用外资创历史最高水平。

(一) 引进大量外资 全年实际利用外资14.32亿美元，比上年增长100.2%，其中，外商直接投资9.89亿美元，增长120%，新注册外商投资企业3367家，比上年增长94%。截至1993年底，深圳已与191个国家和地区开展了贸易往来，有40多个国家和地区在深圳投资，累计实际利用外资59.8亿美元，全市外商投资企业达9096家。

(二) 扩大保税生产资料市场的覆盖面 1993年，保税生产资料市场吸纳了一批国际财团，以合资、合作、代销、委托代理等多种形式参与经营。保税市场已从1991年开开初期的8个专业市场、19家经营企业，扩大到12个专业市场、40家经营企业，市场覆盖面由特区扩大到全市，全年交易额4亿美元，比上年增长46.2%。

(三) 加速保税区的开发建设 创办于1987年的沙头角保税区，其隔离设施于1992年9月经海关总署验

收合格，投入正式运作。现在，该保税区的企业已发展到150多家，1993年创产值12.8亿元，创汇8600万美元，居全国13家保税区之首。福田保税区7.2公里的隔离网和3.9公里的巡逻公路已投入使用，隔离设施于1993年2月通过了海关总署验收，21公里的市政道路基本铺通，供水、供电、通讯、排污和生活配套设施也已逐项竣工，1993年协议利用外资55亿港元。

(四) 形成陆海空并举、全方位开放的口岸体系 已建成罗湖、文锦渡、皇岗、沙头角4个陆路口岸和7个海域口岸、1个航空口岸，是全国唯一拥有海、陆、空口岸的城市。1993年口岸入出境人员4800多万人次，比上年增长3.67％，占全国口岸入出境总人数的一半以上；入出境车辆679万多辆次，增长9.67％，占全国入出境车辆总数的80％左右。

面向国际市场加速改革开放的珠海市

中共珠海市委办公室

1993年，珠海市不断把改革开放引向深入，使全市各项建设事业取得新成就。

一、国民经济继续保持快速、协调发展

1993年，珠海市按照中央宏观调控的部署，抓住机遇，及时调整经济结构，积极加快发展，全市国民经济各项主要指标在上年快速增长的基础上，继续保持良好的发展势头。全市完成国内生产总值(90年不变价)136.6亿元，比上年增长27.7％，人均国内生产总值2万余元，连续两年居全省首位；国民收入82.6亿元，社会总产值(1990年不变价)279.3亿元，分别增长24.9％和28.8％。工农业总产值预计201亿元，增长33.6％，其中工业总产值193亿元，销售产值182.77亿元，出口产值87.5亿元，分别增长37.1％、40％和40％；全年预算内财政收入14.78亿，增长83.1％；城乡居民储蓄存款67.4亿元，增长50％；社会商品零售总额51.7亿元，增长34％；新签利用外资协议885宗，增长16.3％，合同规定外商投资总额16.13亿美元，增长23.6％，实际利用外资5.62亿美元，增长72.1％；外贸出口总额10.6亿美元，增长15％。全年接待国际游客43.6万人次，旅游外汇收入8.46亿元兑换券。

二、立足未来，面向国际，扩大开放

(一) 根据特区建设的实际，继续大规模发展基础设施建设，进一步完善投资环境，为珠海进一步扩大对外开放，走向世界打下坚实的基础 1993年，全市的重点基础设施建设取得重大进展。其中，珠海港两个2万吨级泊位已建成，10万吨级煤码头和25万吨级油码头已动工，整个港区的超大型防波堤已进行施工设计，大港池可望在24个月后初具规模。珠海机场已完成软基处理工程，9万平方米的候机楼和航管楼等配套工程已进入后期施工阶段。连接市区和西区至珠海港的珠海大道及沿线6座桥梁全线贯通。西区180万吨/日供水一期工程及部分水厂新和扩建工程，特区二线、香湾大道延伸等项目即将竣工投入使用；11万千瓦洪湾柴油机发电厂、横琴大桥、西区六纵六横道路及通讯扩容、聚酯切片技改扩建、拱北联检楼迁建、图书馆、体育馆、湾仔避风塘整治和圆明新园等工程项目已完成了相当的工程量；广珠准高速铁路客运总站、年产25万吨的PTA项目、372万千瓦珠海大电厂、20万只蛋鸡场迁建、珠海国际赛车场、淇澳大桥等已奠基动工；伶仃洋跨海大桥已经进入实质性的设计阶段。

(二) 全方位引进外资发展经济 随着投资环境不断优化，抓住机遇，成功地举办了“'93香港珠海招商会”和“'93珠海投资洽谈会”；各县区也利用各自优势成功地在港举办了各种招商会，推进了对外经济合作的迅速发展。1993年，全市共批准利用外资合同885项，合同总投资26.51亿美元，合同利用外资16.1亿美元，实际利用外资5.63亿美元，分别增长16.3％、24.6％、23.6％和72.1％。截至1993年底，全市累计已有1408家三资企业投产开业，三资企业全年的工业总产值逾百亿元，比增40％，占全市工业总产值的55.5％，其中出口产值达6.65亿美元，占全市出口总额的63％。1993年全市外商投资有几个特点：一是美国客商明显增多，共签订37个项目，合同外资5697万美元，比上年增长1.2倍和80.5％。匈牙利、俄罗斯和乌克兰等国的客商也开始来投资。二是外商投资规模逐渐加大，全年批准总投资1000万美元以上的项目有62个，占全部项目总数的7％，投资总额13.7亿美元，占54％。三是能源、交通和第三产业项目利用外资增长较大，其中批准工业项目574项，占全部项目的67.9％，项目平均合同利用外资比上年增长36％。四是外商追加投资增多。1993年共批准170家三资企业追加投资3.49亿美元，增加外资总额2.59亿美元，分别比上年增长1倍和94.9％。

外贸出口方面，尽管国际市场偏软，汇率变动较

大，企业成本升高，但全年仍完成10.6亿美元，增长14.9%，其中三资企业增长36.4%。虽然受种种因素影响，增幅不如往年，但各进出口企业在开拓国际市场尤其是欧美市场方面取得重要进展，从而使珠海市产品不再经港澳才能打入国际市场可在竞争激烈的欧美市场中直接占一席之地。标志着外贸工作步入了一个新阶段。

(三) 为加快珠海市经济与国际市场接轨着力完善外商投资"软"环境 着重抓好了进一步完善按国际惯例办事的机制，重点是完善"三大中心"一条龙办公的做法，改进服务，提高效率。内联投资管理服务中心充分利用特区的优势，一方面组织内联企业参加国内外展销活动，帮助他们走出国门，另一方面积极为内地企业穿针引线，鼓励他们创办中外、中中外合资企业。全年共引进内联企业761家，协议投资总额25.4亿元，批办中外、中中外企业83家，协议投资4.4亿元人民币、5920万港元和6840.5万美元；科技协作管理服务中心在引进科技项目、促进科技成果转化为生产力、发展高科技产业、调整和优化产业结构方面取得了较好的成绩。全年共接待了国内外洽谈者2141人次，批办科技型企业23家，引进资金3.94亿元。为适应形势发展的需要，提高基建审批效率，新成立了市规划报建审批管理服务中心，初步解决了"报建难"问题。此外，继续建立了会计师事务所、资产评估事务所、律师事务所等一大批社会中介组织。在全市的经济运作日益与国际市场靠拢的过程中，这些中介机构发挥着越来越重要的作用。

三、大胆探索，积极加快经济体制改革步伐

(一) 以股份制为突破口的企业改革取得新成果 在1992年股份制改革取得较大进展的基础上，致力于一、二级市场的衔接工作，并取得新的突破。一是企业股份制的佼佼者——富华、丽珠、华电3家公司经批准在深交所挂牌上市，其中富华为广东省内(除深圳外)首家在深交所异地上市的公司，丽珠则为广东省首家向全社会公开发售新股的公司，其股份制改造新股发售办法，为广东省探索了一套成功的经验。二是格力、华丰、中富3家内部公司转为公众公司，另有4家具备条件的定向募集公司已申报转为社会募集公司，并做好了上报前的准备工作。三是在法人股流通方面，支持在北京STAQ网上流通的恒通公司定向扩股(法人股)；协助兴业、鑫光、中珠、群星等公司做好法人股上市交易的申报工作。四是严格审批股份制企业。在国家宏观调控的形势下，1993年仍慎重地审批了13家股份公司。五是进一步规范内部(定向募集)股份公司的运作，对这些公司进行了清理、检查，纠正了不规范的做法。同时，认真抓好了企业股份制改造过程中的资产清核工作，明晰了产权关系，有力地保护了国有资产不流失。

(二) 加快市场体系的培育工作 在生产要素市场培育方面，全年累计投入1亿多元，使全市建成的各类市场已达53个、14万平方米，初步形成了大中小、高中低档结合、综合性与专业性互补的市场网络；各县区计划兴建的19个综合性集贸市场和夏湾、洪湾、南水等几个大型生产资料、水产品等专业市场正在加紧筹建，建材、汽车等生产资料市场初具规模；特区保税生产资料市场已有20家保税贸易行开业运作。以长期资金市场为表现形式的证券市场得到较快发展：企业债券发行更趋规范，国库券认购任务如期完成；股票证券市场初具规模，股民投资意识增强，二级市场交投活跃。全市已有10家证券商、15家证券部和1家证券登记公司，其中有13个证券部经营深、沪股票业务买卖，股民达14万人，股票成交额84亿多元。此外，期货市场也开始萌芽。已批准成立了珠海国际、鑫光期货公司和中国期货公司珠海期货服务部等3家期货经纪公司，全市有一大批骨干企业已参与了期货交易。

(三) 社会保险和住房制度改革出现新局面 1993年，成立了社会保险改革领导小组，继续完善在全省率先成立的人寿保险股份有限公司的运作，并首创了售房带养老保险名额等保险新业务，使社会保险制度改革出现新局面。一个包括养老、失业、工伤、医疗在内的社会保障体系正在形成。参加养老保险的单位分别比上年增长了25.13%和29.14%；全市参加待业保险统筹的单位有3488个，投保人员9.28万人；参加工伤保险的企业有3505家，投保人员14万多人，均比上年有较大幅度增长。养老、失业、工伤等最基本的社会保险覆盖面的迅速扩大，为全市进一步实现社会保险一体化奠定了基础。

住房制度改革也加快了步伐。全年经批准在房产局办理房产证的房改住房共有4154户，建筑面积34393平方米，还制定了《住房公积金暂行办法》、《住房基金管理暂行规定》。

四、积极调整结构，促进经济的良性发展

1993年，继续坚持贯彻中央加强宏观调控的政策，并抓住有利时机，以市场为导向，积极采取一系列措施，调整了全市经济的产业结构和产品结构，合理利用资金，科学调整各生产要素的配置，保障了经济的良性发展。

(一) 集中资金加强交通、能源、通讯等基础产业建设 全年共投入30多亿元，重点是加强港口、机场、铁路等对外海陆空联系渠道的建设。在道路建设方面，新增通车里程247.8公里，其中，实现一步到位建为水泥

路面的达30.5公里，并且有相当部分路段超过四级公路标准，全年完成社会客运量1.03亿人次，客运周转量38.27亿人公里，社会货运量2838万吨，货运周转量11.4亿吨公里，分别增长2％、4％、12％和11％；港口货物吞吐量421.3万吨，集装箱吞吐量21.1万个标准箱，分别增长39％和16％。邮电通讯建设步伐加快，至1993年底，市话交换机容量达18万门，开通长途电路3000多条，全市电话拥有量每百人32部，市区电话拥有量每百人50部。全年完成邮电通讯业务量4.2亿元，通讯总量2.3亿元，业务收入3.16亿元，分别增长52.7％、53.5％和48.3％。供水能力不断提高，目前，全市日供水量已达26.98万吨，比上年增加了6.3吨，西区大型供水工程第一期已进入试产阶段，正式投产后将大大提高西区的供水能力。供电方面，全市发电量达15.9亿千瓦时，增长32.6％，随着洪湾和其他电厂建设规模的不断扩大，电力供应紧张状况将大大改善。与此同时，有选择、有重点地抓了工业基础行业的发展，新建和加强了工业模具、玻璃纤维、聚酯切片、完全玻璃等行业的建设，为珠海工业体系的完善和发展奠定了基础。

（二）大力发展高新技术产业 依靠科技进步推动经济发展已成为全市各级领导和广大群众的共识，以提高高新技术产业在全市经济层次的作用为目标，致力于为高新技术产业的发展进一步创造良好的外部环境。继续重奖了在经济建设中有突出贡献的科技人员，首次向8名有突出贡献的中青年专家颁发了“政府特殊津贴”，还首次重奖了有突出贡献的社会科技工作者。现在，全市已有18个项目列入国家级“火炬计划”，27个项目列入省级“火炬计划”，建立了省级工程技术开发中心4个。经省科委认定的高技术企业有13个。实施“星火计划”46项，项目遍布于种植、养殖、水果保鲜、生物制品等行业和领域；据对其中15个项目的初步统计，至今为止已实现产值8013.5万元，创税利2811.6万元，取得了显著的经济效益和社会效益。目前，科技进步因素在全市经济增长中的贡献已达38％。此外，南方微电子产业基地、南方软件工业园等大型高科技企业的奠基开工，西区9.8平方公里国家级高新技术产业开发区的开始运作，充分展示全市高科技产业迅速发展的广阔前景。

（三）积极抓好现有企业的经营改造 在技改方面，1993年共安排技改项目11项，总投资4.6亿元，使企业的生产规模扩大，技术水平和工业产销率不断提高，经济效益进一步好转。全市村及村以上独立核算工业企业完成销售收入156.95亿元，产销率达94.64％，盈利企业的盈利总额增长1.56倍，亏损企业的亏损总额下降了52.19％。一些大的集团公司如格力、东大集团等的产值都在10亿元以上，富华、丽珠、华电、格力、东大、中富等骨干企业利润都在3000万元以上。对于困难多、潜力大的企业，则积极帮助他们摆脱困境。一是支持他们积极引进外资，更新设备，改进技术；二是把地处闹市区的厂房搬到较偏远的地区，原厂地则用于发展商业、酒店等效益较好的第三产业，回收资金后则用于企业技改，扩大生产规模，加快清偿债务；三是结合偿还外债深化企业改革，针对现有的60多家企业在发展初期，由市财政局、国际信托投资公司和珠光(集团)有限公司担保向外举债，对于多年来没有清还的情况，除积极督促有偿还能力的企业尽快清还债务外，对偿还能力不足的企业，责令其出让部分股权或拍卖部分物业抵债，这些措施有效地盘活了资产存量，有利于优化组合。

（四）整顿金融秩序，调整基建计划，优化投资结构，保证正常生产资金供应 在整顿金融秩序方面，重点是清理了金融机构的违章拆借，并控制货币投放的过快增长。到1993年底，全市金融机构存款余额达143.7亿元，其中城乡储蓄存款67.4亿元，分别比上年增长8％和50.1％；贷款余额135.3亿元，增长28％。现金净投放年开始减少，金融秩序基本恢复正常。全面清理了在建项目，缓建了一批建设条件不落实的项目，从而使固定资产投资总额调减了11.8％。在调整投资方案、优化投资结构方面，重点保证港口、机场、电力、供水工程、通信、西区快速干道及桥梁、铁路、横琴岛开发、特区二线、高速公路和伶仃洋大桥等急需的交通、能源等基础设施项目的资金需要，对其他一般性的项目，视实际情况，分期实施。

（五）鼓励个体私营经济加快发展 按照“拓展、搞活、规范”的路子，进一步解放思想，制定和实施适合全市个体私营经济发展的“十一条”，方便个体经营者经济业务来往和对外商务活动；积极为他们进行政策咨询及服务，对暂时有困难者实行“放水养鱼”的倾斜措施，促进了个体私营经济的迅速发展。到1993年底，全市个体工商户已有近3万家，从业人员4.5万人，注册资金3亿多元，分别比上年增长17％、15％和52％；私营企业达3000多家，从业人员3.3万人，注册资金1.85亿元，分别增长1.56倍、1.31倍和2.7倍。个体私营经济商品零售总额34亿元，年产值9.3亿元，分别比上年增长1.67倍和66.5％；为国家上缴税金4.37亿元。

五、配合建立国际性大经济区域的需要，促进农村城市化进程

在保证农村工作和农业生产平稳发展水平的基础上，农村经济最突出的变化，是农村城市化的步伐不断加快。

（一）进一步加强城镇规划管理和完善基础设施　在市统一布署下，各区(县)进一步完善规划，按高标准开展城镇建设，重点加强基础设施建设。全市基本实现村村通公路。斗门县按照大西区的整体规划要求，加强国土和规划管理，着手制订了一整套城市化建设和城市管理法规，并重新制定了县城规划。目前，城区的基础工程已基本完成，各工业开发区、科技工业区的配套建设工程正在加紧施工，贯穿和环绕县内的13条高等级城市干道，已有5条动工兴建。香洲区进一步抓紧村镇建设，并分别以湾仔镇和北岭村作为镇、村建设的重点，规划用三年左右的时间将旧村、镇改造好，经市政府批准自行改建的湾仔镇、前山镇、金鼎镇和43条村，都将规划建设成现代化小城区，现大多数已进入设计、拆迁阶段，不少工程项目陆续建成启用。万山区全面加速海岛开发建设着重改善了交通、能源、通讯条件，并彻底解决了各大海岛开发建设的淡水问题。三灶区以“没有工业，就没有就业”为指导，对所属两镇无偿投资2000万元，用于基础设施建设补贴；另贴息贷款给各个镇1000万元，作镇村工业起动资金，还免收村办工业项目的城市建设配套费，这些倾斜政策有效地鼓励了镇村工业建设迅速发展。红旗区完成了中心区和矿山工业区的功能区规划，进一步完善了中心区一些地段的市政配套设施。平沙区去年的交通、通讯、社会公共和生活设施的建设都有显著的成效，全年共投资1.58亿元，修建了6车道水泥路面的平东大道和南水至三虎的柏油公路，建成了建筑面积为7300平方米的邮电大楼，开通6000门程控电话，集广播、共用天线、差转台、电视台记者站为一体的广播电视中心大楼已落成启用，还完成了新的供水工程和一批住宅，改善了群众的居住条件和用水难问题。

（二）全面推进农村股份合作经济的发展　在全市农村土地统征后，积极鼓励群众把所得征地款集中组织起来，发展合作经济，以取得更大的发展。香洲区前山镇的12个自然村经过两年多的股份合作制试验，对村级经济结构进行了全面改造，有力地推动了农村经济的发展，为全区乃至全市农村经济发展闯出了一条新路子。至1993年底，全市已有7个镇完成农村股份合作制试点工作，23个镇村实行股份企业管理，并出现了香洲区前山镇社区型股份合作制、前山村企业型股份合作制，湾仔镇股份有限公司型股份合作制等多种模式，大大加速了村级经济的发展步伐。全市村办企业完成总产值19.22亿元(90不变价)，比上年增长82%。全市的亿元村上年仅有界涌和翠微两个村，1993年又增加了香洲区的长沙、造贝、南屏、前山、北山和斗门县的成裕围和南门村，共9个亿元村。

（三）乡镇企业获得高速发展　各区(县)都把加速发展乡镇企业，作为加快农村向企业化、城市化、现代化转变的一项主要工作。全市乡镇企业发展到7579家，从业人员14.3万人，总产值52.01亿元，增长45%，其中工业产值45.51亿元，增长60%，实现利润4.05亿元，增长60%。乡镇企业发展的特点，一是注重新办企业上规模，抓好以骨干乡镇企业为龙头组建集团性公司，争取向规模经营要效益，收效良好；二是以市场为导向，大办高新技术企业，籍此依靠科技项目优化产品结构，提高产品质量和竞争力。仅香洲区在北京举办的一次科技项目招商会，就为该区企业新上科技项目39项，总投资2.1亿元，取得良好效益，斗门县仅新上高新技术项目和开发新产品就增产值3.24亿元；三是结合镇村改造工程，积极发展商、贸、饮食、娱乐等行业，增加了农民收入，解决了部分就业问题，促进了第三产业的蓬勃发展。

迈开现代化建设步伐的汕头市

摘自汕头市统计局公报

广东省汕头市1993年继续深入改革，扩大开放，把握机遇，加速现代化建设步伐，国民经济持续、快速、健康发展、各项社会建设取得新的成就。全市1993年国内生产总值119.8亿元，比上年增长24.6%，其中第三产业增加值40亿元，增长20%，占国内生产总值的比重由上年的32%提高到33.4%。

一、农　业

1993年，汕头市加强对农业和农村工作的领导，积极推行农村股份合作经济，实施科技兴农，大力发展高产、优质、高效农业，农业生产整体效益提高。全年完成农业总产值28.34亿元，比上年增长3.3%；农业增加值20.92亿元，增长1.9%，占国内生产总值17.4%。

（一）农产品结构调整加快，优质粮比重提高　因受灾和面积减少，全年粮食总产量64.18万吨，比上年减少9.45万吨，但优质稻面积比上年增加2.7倍。全市稻谷年亩产达到1018公斤，继续保持“吨谷市”水平。“菜篮子”工程取得显著成效，蔬菜年产量达91.59万吨，较上年增长10.2%。

（二）**林业建设上新台阶** 1993年，全市实现绿化达标，被省授予“绿化达标市”称号。

（三）**畜牧业及渔业生产稳步发展** 主要畜牧产品增产，1993年全市肉类（包括猪肉、禽肉）总产量达到6.69万吨，比上年增加2.6％，家禽饲养量达2346.46万只，比上年增长14.5％，全年水产品总产量18.79万吨，比上年增长16.8％。其中海水产品产量16.4万吨，增长15.8％；淡水产品产量2.39万吨，增长23.8％。

（四）**农业生产条件继续改善** 1993年末全市拥有农业机械总动力53.19万千瓦，比上年增长4.2％；全年农用化肥施用量（折纯）5.71万吨，增长4.9％；农用塑料薄膜使用量809吨，增长4.5％；农村用电量2.25亿千瓦时；机耕面积34.94万亩；有效灌溉面积65.6万亩，占耕地面积84.6％。

（五）**乡镇企业在调整中迅速发展** 全市乡镇企业总收入81.80亿元，比上年增长79.5％。农村工业、建筑业、运输业、商业、餐饮业等非农产业比上年增长48.9％，占农村经济的比重由上年的62.3％上升到68.7％。

二、工业和建筑业

（一）**工业生产持续快速发展** 全年完成工业增加值50.18亿元，比上年增长40.8％，是改革开放以来增长幅度最高的一年，占国内生产总值41.9％。全市工业总产值200.68亿元，比上年增长38.7％；其中乡及乡以上工业增长30.4％，乡级以下工业增长66.3％。非国有工业增长快于国有工业，其中三资企业增长35.1％。大中型工业企业加快转换经营机制，全年完成总产值15.45亿元，增长17.1％。在乡及乡以上工业总产值中，轻工业总产值99.22亿元，比上年增长27.8％；重工业总产值45.70亿元，增长36.4％。全年完成工业出口产品产值57.26亿元，比上年增长21.9％。与此同时，工业产品结构有所调整，花色品种增加。

（二）**技改引进和新产品开发有新的进展** 1993年，经委系统工业企业组织实施技改项目81项，技改竣工项目19项。开发新产品151项，其中已投产121项；推出新花色品种2848种。在新产品开发中，通过技术鉴定认可的26项，其中CJ20系列小容量交流接触器、SOE牌级共聚聚脂切片等2项，达到国际先进水平，有笺笔228型笔式输入电脑等4项填补国内空白，14项填补省内空白。

（三）**工业经济效益有所提高** 全市独立核算工业企业1405家，其中，盈利企业1017家，盈利总额4.30亿元，比上年减少4.9％；亏损企业388家，亏损面27.6％，比上年下降3.6个百分点，亏损总额2.04亿元，减亏11.4％；盈亏相抵后盈利2.26亿元，比上年增长1.9％。实现税利总额6.82亿元，增长23.4％。工业综合经济效益指数81％。

（四）**建筑业继续快速发展** 全年完成建筑业增加值8.70亿元，比上年增长25.1％。房屋建筑施工面积1034万平方米，增长58.3％；房屋竣工面积327万平方米，增长14.7％。

三、固定资产投资

（一）**固定资产投资快速增长** 全年全社会完成固定资产投资73.20亿元，比上年增长84.5％。其中，国有单位投资53.82亿元，增长95.0％；集体单位投资10.53亿元，增长83.8％；城乡居民个人投资8.85亿元，增长39.4％。

在国有单位投资中，基本建设投资33.82亿元，增长95.0％；更新改造投资8.24亿元，增长111.8％；商品房建设投资10.41亿元，增长82.6％；其他投资1.35亿元，增长101.5％。集体单位投资中，城镇投资4.66亿元，增长127.7％；农村投资5.87亿元，增长59.1％。

（二）**投资结构继续调整，向基础设施建设倾斜** 在基本建设和更新改造投资中，第一产业投资0.38亿元，增长26.6％，所占比重由上年1.4％下降为0.9％。第二产业投资21.83亿元，增长1.38倍，所占比重由上年的43.2％上升为51.9％，其中用于能源建设的投资为18.05亿元，增长3.44倍，占国有工业投资的比重由上年的45.3％上升到83.3％。第三产业投资19.85亿元，增长68.6％，所占比重由55.5％下降为47.2％，但交通运输邮电通讯业投资为9.31亿元（不含广梅汕铁路汕头段），增长1.15倍，占第三产业投资的比重由上年的36.7％上升到46.9％。

（三）**重点建设项目进展顺利** 1993年列入全市重点建设计划的项目有11个，其中在建项目9个，完成投资17.01亿元，为年计划的97.2％。是近几年来重点项目建设速度最快的1年，其中汕头燃机电厂的3台发电机组已有2台投产，新增发电机组容量7万千瓦；汕头经济特区松山火力发电厂2台机组5万千瓦进入试产。

（四）**投资效益明显** 国有单位和城镇集体单位新增固定资产32.34亿元。新增加的主要生产能力和工程效益有：发电机组容量8.4万千瓦、变电设备能力18.6万千伏安、输电线路长度53.2公里、市内电话自动交换机12.5万门、长途自动电话交换设备3000路端、长途电缆55延长公里，城市道路扩建长度6公里、城市排水管道铺设长度12公里、改建公路27.4公里、医院床位100张、年产水泥10万吨。

四、运输邮电

（一）**运输邮电生产继续发展** 全年增加值6.2亿元，比上年增长16.4％。随着基础设施建设进程的加快，全市交通运输与通讯条件有较大改善，交通“瓶颈”有所缓解。1993年货物周转量达35469万吨公里，比上年增长4.4%，其中，公路运量达8709万吨公里，比上年增长13.4%，航空运量达6255万吨公里，为上年的4倍多；旅客周转量131674万人公里，比上年增加3.6%，其中，公路55274万人公里，民航载客量66712万人公里，比上年增长29.4%；港口货物吞吐量1008万吨，比上年增长48.7%，其中，汕头港吞吐量为662万吨，比上年增加44%。

（二）邮电通讯事业实现新飞跃 全年完成邮电业务总量6.15亿元，比上年增长63.6%。其中特快专递业务增长20%，无线寻呼业务增长89.4%，移动电话业务增长2.12倍。全市移动电话用户达到2.23万户，其中市区1.78万户，平均每百人拥有2部，列全国各城市前茅。全市电话交换机总容量34.76万门，比上年末增长53.7%。年末电话用户总数25.17万户，比上年增长34.1%。市区电话普及率每百人21.62部，居全国中等城市前列。

五、国内商业和市场物价

（一）城乡消费品市场繁荣活跃，商品销售稳中持旺 1993年，全市社会商品零售总额69.43亿元，比上年增长27.6%，扣除价格因素实际增长7.5%。

各种经济类型的商品零售额全面增长。国有单位零售额21.24亿元，增长12.1%；集体单位14.32亿元，增长21.5%；合营单位1.59亿元，增长21.6%；个体商业28.64亿元，增长46.3%；农民对非农业居民的零售额3.6亿元，增长30.9%。

从各类消费品销售情况来看，吃的商品比上年增长28.5%，其中：猪肉增长13.8%，水产品增长31.2%；穿的商品趋向成衣化，各种服装有较大幅度增长；用的商品中，中高档耐用消费品走俏城乡市场，增长迅速。

（二）生产资料市场活跃，销售由旺转平 1993年，物资部门生产资料购进总额24.95亿元，比上年增长95.0%；销售总额25.8亿元，增长86%，扣除价格因素，实际增长44.2%。主要物资消费量明显增长，其中钢材增长42%，水泥增长47%，木材增长29%，煤炭增长25%。

六、对外经济和旅游业

（一）全市对外贸易取得较好成绩 全年出口总值16.89亿美元，比上年增长7.2%。其中，贸易出口9.22亿美元，下降13.8%；三资企业出口7.01亿美元，增长61.1%。“三来一补”出口(工缴费)0.66亿美元，减少8.3%；全年进口总值27.92亿美元，增长60.3%。

（二）利用外资创历史新纪录 1993年，全市利用外资新签协议(合同)1435宗，比上年增长28.4%；协议(合同)规定客商投资额14.04亿美元，比上年增长25.1%；实际利用外资6.86亿美元，比上年增长1.24倍，超过前3年的总和，其中外商直接投资5.97亿美元，增长172.1%。在实际利用外资中，汕头经济特区达5.16亿美元，增长118.3%。外商投资基础设施的项目和资金明显增多。

(原载1994年3月1日《汕头日报》本刊有删节)

珠江三角洲鱼米之乡东莞市

朱 斌 华

一、经 济 建 设

改革开放以来，东莞市抓住机遇，走出一条具有自身特色的经济发展之路，即以乡镇企业为依托，以引进“三来一补”为突破口，大力发展外向型工业，由此启动农村工业化，并以工业化推动农村城市化、城乡一体化的进程，经济发展取得了巨大的成就。1993年，全市国内生产总值108.9亿元，比增28.7%，国民收入87.9亿元，比增24.6%，预算内财政收入9.38亿元，比增66.9%，出口创汇12.3亿美元，比增25.1%。1979年以来累计创汇53.3亿美元。1993年人均国内生产总值、国民收入分别达7891元和6463元；职工人均年工资收入6230元，农村人均纯收入2479元，在国民生产总值中一、二、三类产业之比由1978年的45：43：12转变为1993年的14： 52：34。1993年全市33个镇(区)已有32个工农业总产值超亿元，其中超2亿元的29个，超5亿元的9个，超10亿元的1个。

（一）工业 1993年，全市工业企业总数超过12000家，涉及行业20多个，总产值达185亿元(90年不变价)，产销率94.6%。已基本形成以电子家电、纺织服装、食品饮料、五金机械、建材、医药为支柱产业，后劲足、竞争力强的现代工业体系。1993年，全市年销售产值超1000万元的242家，超5000万元的52家，超1亿元的22家。目前，东莞生产的微型马达畅销国外许多国家和地区，生产的电视中周销往全国各地，并拥有全国较大的敷铜板厂，东南亚较大的咖啡加工厂，具国内领先水平的彩色显像管厂等。敷铜板、注塑机、电子中周、CDC通讯电缆、PTC材料、太阳神生物键口服液、雀巢咖啡及伴侣、多锁匙首饰、玉兰墙纸、21英寸、25英寸彩管、嘉顿利华饼干、威腾系列运动服、津威葡锌奶、虎威皮鞋等一批名优产品在国内外市场享有较高的声誉。

1993年，全市镇以上工业企业产值中，轻工业产值90.42亿元，占工业总产值的67%；重工业产值38.76亿元，占工业总产值的33%；工业生产的特点是涉外工业继续大幅度增长，全年三资企业产品产值50.2亿元，占全部工业产值的27.17%；出口产品产值46.02亿元，占工业总产值的25%。同时，工业企业的经济效益稳步提高。1993年全市独立核算工业增加值率为33.67%，全员劳动生产率比上年提高14.5%；独立核算工业实现利税11.58亿元。特别是国有工业企业的效益回升很快，市经委所辖的国有工业企业已实现扭亏为盈。

(二) 农业 1993年，全市农业继续调整和优化结构，推进了"三高"和"四化"的进程，即"优质、高产、高效"农业和"规模化、集约化、基地化、企业化"经营。整个农业和农村经济呈现欣欣向荣的景象。已建立起市万亩农业高新技术综合开发区以及石龙德星无菌培养植物有限公司、虎门马金山养殖场、厦岗水产养殖场、篁村珍稀动物养殖观光场等一批农业方面的龙头和示范企业。建立了粮食、甘蔗、荔枝、香蕉、橙柑、蔬菜、花卉、水产、生猪、禽蛋等10个农业创汇生产基地。农业产出的科技含量达到40—50%，农业商品率达76%，全市农副产品及加工出口品种达200多种。森林覆盖率达31%，为全国"绿化达标市"。

(三) 第三产业 1993年，全市注册第三产业企业累计达11141家，当年增加值36.6亿元。全市社会商品零售总额51亿元，集市贸易成交额12.9亿元，市场繁荣，商品零售物价指数119.5%。房地产业异军突起，全市注册房地产开发公司80家，1992及1993年累计施工面积587.3万平方米，竣工171.9万平方米，销售371.3万平方米。金融业向融通网络化、市场化、现代化的目标发展。各银行年底各项存款余额为179亿元，比上年增长31.4%；各项贷款余额133.8亿元，比上年增长26.3%。保险、信息咨询产业发展迅速，资金拆借市场、外汇调剂市场、证券交易市场等相继形成，市工商局建成了联合国技术信息促进系统中国国家分部东莞中心站。旅游设施逐步发展，同沙仙鹅湖、厚街环岗湖、黄江百神宫等大型旅游开发项目的协议外商投资超百亿元。邮电通讯事业迅速崛起。1993年市邮电局邮电营业收入达3.79亿元，位居全国城市前列。

(四) 基础设施 1979年到1993年，全市用于交通、通讯、电力、厂房等基础设施建设的投资150亿元。截至1993年末全市各镇(区)和所有的农村管理区都实现了通车、通电、通水、通电话。

1. 交通建设。1980年以来，新建和扩建桥梁187座，截至1993年末全市通车里程2241.3公里，平均每百平方公里有公路90.9公里。特别是近几年，已将境内4条主干公路扩建改造为6车道的超一级公路。原107国道按6车道标准的改造工程和13条通往各镇(区)的联网公路改造成一级公路的工程也已完成80%以上。已辟了太平港直通香港的客运航线，新建成太平港3000吨级货柜码头，还即将动工兴建东莞深水港口及太平客运码头。另外，广州通往香港的广九铁路、广深公路和水路都贯穿东莞境内，正在兴建的京九铁路、广梅汕铁路、广深珠高速公路亦经东莞而过。全市形成了海运、河运、陆运十分便利的交通网络，初步呈现出现代化城市的骨架。

2. 电力建设。国家在虎门兴建了120万千瓦的沙角电厂A厂和70万千瓦的沙角电厂B厂。市投资新建了东莞糖厂发电厂和市发电厂，在建的18万千瓦虎门电厂第一期工程已投人运行，共新增发电能力30.6万千瓦，一批输变电设施已经建成，120万千瓦新电厂正抓紧筹建。1988年以来用电量以平均每年38%的速度增长。1993年全市供电量达43.6亿千瓦时，人均年用电3200千瓦时，用电量在广东省20个市中，仅次于广州、深圳、佛山，居第四位。

3. 通讯建设。率先建成全国第一个城乡数字程控电话通讯网，拥有电话容量20万门，每百人拥有程控电话14.7门；无线电话8500户，无线传呼容量20万户，形成了有线、无线、传真等现代化的通讯系统。

二、对外经贸

随着东莞市投资软硬环境的日臻完善，对外经济技术合作与交流日益频繁。目前，东莞已与香港、日本、美国、英国、意大利、瑞士、台湾等十几个国家和地区建立了经济技术合作关系。到1993年底，已实际利用外资26.92亿美元，引进先进设备70余万台(套)，兴办外商投资企业8814家。利用外资方式由"三来一补"为主转向合资、合作、独资为主，仅1993年，新签"三资"和"三来一补"项目协议3118个，协议利用外资35.6亿美元，实际利用外资9.34亿美元。引进水平不断提高，近年已有瑞士雀巢、泰国正大、香港新世界、香港和记黄埔、韩国三星、美国杜邦等境外一批大企业来东莞市投资或兴办技术合作项目；引进项目的规模不断扩大，1993年，全市平均每个项目合同利用外资金额为114万美元，比上年增长22.12%；在新签合同中，单项协议外资超过500万美元的"三资"项目86个，协议外资15.2亿美元，占全市"三资"协议外资的50.6%，单项协议外资超过1000万美元的"三资"项目47个，协议外资10.8亿美元，占全部"三资"项目协议外资的34.86%；外商投资领域不断拓宽，已由单纯加工业转向电力、生物农业等开发性生产和交通、邮电、商饮业、房地产、旅游业等第三产业，基本形成了多层次、多渠道、大开放的新格局。

1993年，全市的外经贸以较快的速度发展。全年出口值12.6亿美元，比上年增长27.7%。各类贸易全面增长，三资企业出口值6.3亿美元，占出口总值的50%，"三来一补"出口4亿美元，占出口总值的31.7%，贸易出口2.3亿美元，占出口总值的18.3%。

向城乡一体化发展的江门市

江门市政府办公室

广东省江门市地处珠江三角洲西翼，濒临南海，邻近港澳，江门市是全国著名侨乡之一。1993年是江门市经济持续、快速、健康发展的一年。全市国内生产总值170亿元(90年不变价)，比上年增长26.5%，工农业总产值431.7亿元，增长34.83%。

(一) 社会经济持续加速发展 通过增加投入，优化结构，大力发展"三高"农业，使农村经济总收入增长12.8%，林、牧、渔业继续增收，乡镇企业加快发展，总产值达209.3亿元，增长42.1%，利税也增长了51.1%。工业发展迅猛，全年工业总产值390亿元，增长42.07%，产销率达95.5%，效益明显提高，1424家独立核算工业企业实现税利25.46亿元，增长99.69%。国有企业中，鹤山美雅股份有限公司和开平涤纶企业集团股份有限公司均突破10亿元，其中"美雅"以全年实现税利1.7亿元、江门浮法玻璃厂实现税利1.28亿元而显示出良好的经济效益。工业规模扩大，全市超亿元产值企业增加到60家，金羚空调机、江日镜钢、镀膜玻璃、森城化纤等一大批重点项目相继投产。第三产业总产值增长33.32%，商业、金融、旅游、信息及各种中介服务蓬勃发展。经济贸易空前活跃。全年国合商业商品总购进23.49亿元，比上年增长18.2%，商品总销售292.91亿元，增长27.2%。全市新建扩建市场22个，常安广场、浮石市场等一批规模大、功能多的商业中心正在兴建中。市场繁荣，全社会商品零售总额86.4亿元，增长32.3%。积极发展外向型经济，外贸出口企业加快改革，加强管理，大办出口商品基地，多方组织货源，鼓励跨行业经营，全年出口总值达13.67亿美元，比上年增长23.1%，其中一般贸易出口6.5亿美元，三资企业出口5.44亿美元，"三来一补"企业出口1.66亿美元，分别比上年增长20.72%、48.82%和556.55%，在外贸出口多元化、国际化方面迈出了新的一步。财政收入达16.14亿元，增长61.33%，所辖五个县级市财政收入全部突破亿元，城乡储蓄存款余额比上年末增长37.88%，城镇职工年均工资4904元，增长28%，农村人均年收入1882元，增长11.36%。社会综合实力在1992年名列全国大中城市综合实力五十强的基础上，1993年又在全国24个达到小康标准的城市中排第12位。

(二) 改革与开放取得大突破 以股份制为突破口进行企业经营机制改革，《企业法》和《条例》得到进一步落实，23家省、市、县综合改革试点企业大力推行劳动人事、工资分配、财务制度三项改革。12家市综合改革试点企业成效显著，与1992年相比，8家工业试点企业实现利润增长2.4倍，4家商业试点企业实现利润增长1.47倍；新组建企业集团33家。有57家企业立项进行股份制改造，其中23家企业被批准成立股份公司，鹤山美雅股份有限公司股票获准在深圳上市，开平嘉士利股份有限公司和新会涤沦厂股份有限公司的股票在广州南方证券公司上市，已成立的股份公司都促进了生产的发展，产值与利润平均增长31.6%和183.28%；股票市场发展很快，取得深交所会员资格的证券机构增加到4家，股票交易网点由1个增加到9个，二级市场交易活跃，全年股票成交金额是上年的27.8倍。推进社会保险制度改革，建立劳动力市场；积极发展个体、私营经济，目前全市已有个体工商业户8.5万户，从业人员14.6万人，税收总额近4亿元。民营企业中台山市金桥集团公司和国际宝马电器厂独领风骚，产值分别达1.2亿元和1.02亿元。

在扩大开放方面，搞大招商、大发动、进一步改善投资环境。全年共铺建等级公路179.83公里(其中一级公路60公里)，新建改建桥梁39座，建成江门高沙港集装箱码头、公益港货运码头及新会港客运码头，天马和渔塘港作业区、江门水道整治等工程已全面铺开，沿海高速公路、江(门)共(和)高速公路等项目完成了前期工作。新建江门外海发电厂等一批发电厂和6座110千伏变电站，新增发电装机容量13.5万千瓦，西江发电厂和台山发电厂已动工兴建。全市电话装机容量已达30万门，净增11万门，江门、新会、开平、台山实现了电话交换程控化、传输数字化。口岸、海关等联检单位和各有关部门服务大大改进，侨务部门积极牵针引线，使利用外资上了新台阶。1993年初江门市在香港举行春茗暨经济贸易洽谈会，签订利用外资金额12.5亿美元；积极组团参加广东省在香港、德国举办的洽谈会，成果显著；在建市十周年庆祝活动期间，海外同胞捐赠4500万港元，吸引外商向38项工程投资20多亿港元；1993年底又在北京举办了“名优新特产品展示会暨经济贸易洽谈会”，签订贸易合同金额2.46亿元，投资项目金额3.8亿元和1.85亿美元。1993年全市共接受捐赠2.81亿港元，实际利用外资3.47亿美元，比上年增长92.02％。江门市利用外资有如下特点：一是投向大型项目增多，合同投资额千万美元以上的项目56个，比上年增加45个；二是投向交通、能源项目增多，如台山沿海高速公路、江门西江电厂等；三是外资国别增多，去年新增了瑞士、委内瑞拉等国家，美国和台湾地区的投资比重也进一步加大；四是投向技术含量高的项目增多，涌现出一批档次高的电子机械产品项目，如生产液晶显示器、IBM镀膜玻璃的江门亿都半导体有限公司，具有世界先进水平的真空热处理和CNC电解研磨工艺的明原钢膜机械工业有限公司等；五是外资投向第三产业增多，1993年外商投资合同外资金额第一、二、三产业的比例为1.02:63.83:35.16，第三产业所占的比重从上年的21.49％上升到35.16％。结构的优化，项目质量的提高，使江门市利用外资上了新水平。

（三）科技兴市成效显著　1993年也是经济增长中科技含量最高的一年。全市实施科技“五项计划”131项，其中“火炬”计划项目27项，已投产19项。“火炬”项目JJJ牌新型快充高容量镉镍电池系列产品去年产值达11720万元，税利1335万元，创汇400万美元；彩色立体照相机及扩印机当年立项，当年投产；聚炳烯双向拉伸电容薄膜和JEO－180全自动彩色冲印设备获得国家科委优秀“火炬”计划项目奖，江门长润企业集团公司被认定具有省级高新技术企业集团公司的资质。实施“星火”计划项目44项，其中广东美雅股份有限公司的国家级“星火”计划单层、棉绒拉舍尔毛毯技术开发项目创产值6625万元，税利1192万元，创汇360万美元，投入产出率高达1:15.77。组织参加全国“星火”展销会的9个项目有4个获金奖，5个获银奖。组织实施的科技攻关项目20项，部分产品已实现了商品化，如市畜牧研究所的“鸵鸟引进与开发研究”经过一年多的努力，鸵鸟的人工繁殖与养殖技术初步获得成功，填补了国内空白，从1992年底引进8只发展到198只，产值超千万元。市精细化工厂开发的“金利尔AAC胶囊防治爱滋病毒药物”能显著提高人体免疫功能，延缓爱滋病毒感染者病情的发展，属国内首创。市洗衣机厂的模糊控制全自动洗衣机、市电子技术设备厂的R型变压器均步人国际先进行列。到1993年末全市被认定生产高新技术产品企业46家，高新技术产品84个，产值达21.7亿元，比上年增长98.78％。全年共开展技术转让、咨询等技术贸易共82项。1993年10月江门市参加了在法国举行的“法国国际技术博览会”，并获多个奖项。此外，农业科研成果得到大力推广，美国山鸡、原种野鸭开发、万亩优质龙眼综合栽培技术开发、优良香蕉试管苗基地等为种养业提供了种苗和开展试验、推广的条件，推动农业向“三高”方向发展。

（四）城市化建设进程加快　1993年修编了江门市所属各市的1991—2010年的城市总体规划。修编后的规划控制区比原来规划扩大12倍，各县级市的城区以中等城市的建设标准规划、江门市区按五邑中心城市规划布局，城市发展方向调整到江滨和海滨。继1992年台山、新会撤县设市，1993年开平、鹤山又撤县设市，恩平也于1994年3月撤县设市，至此江门市所属各县已全部成为县级市，全市城市群体初步形成。为了加快现代化进程，各县级市均把城区周边镇划为卫星镇，以卫星镇为纽带，增强城市的辐射力和吸引力，带动整个地区向城乡一体化方向发展。城市公共事业设施得到加强，以“路、水、绿、气”为主要内容的公共设施建设发展迅速，环保工作得到加强。城镇居民使用液化石油气达到85％。房地产开发方兴未艾，城市小区建设走上规范化，住宅建设加快，全市人均居住面积10.83平方米，比上年增长0.3平方米，居全国大中城市前列。城市建成区面积增幅大。1993年全市城市建成区总面积69.86平方公里，其中江门市区18.3平方公里，比上年扩大2.3平方公里。

经济建设再掀高潮的佛山市

赵克贵

1993年，佛山市坚持深化改革、扩大开放，组织新一轮经济发展高潮，全市国民经济和社会各项事业取得了新成就。全市国内生产总值291.27亿元（1990年不变价，下同），比1992年增长29.2％，当年价为321.56亿元，人均超过1万元，实现了历史性的突破。第三产业增加值98.31亿元，占国内生产总值的30.6％。国民收入262亿元，增长27.3%。工农业总产值759.8亿元(当年价为825亿元)，比上年增长32.2%，其中，佛山市区(含市直、城区和石湾区)220.59亿元，顺德市229.64亿元，南海市206.69亿元，三水市70.72亿元，高明市32.19亿元。

(一) 工业生产保持高速增长 1993年全市乡以上工业总产值576.68亿元(村及村以下工业为717.94亿元；当年价乡以上为621.13亿元，村及村以下为767.3亿元)，比上年增长35.6%。其中，重工业产值约占32%；轻工业产值约占68%。工业产品销售率95.6%。全市现有工业企业17000多家，产值或销值超亿元的工业企业已发展到178家，比上年增加66家，其中超10亿元企业5家。税利超1000万元的企业110家，其中超亿元的7家。全市工业企业重视调整产品结构，不断开发新产品，1993年共开发新产品298项，比上年增加58项，其中已投产232项，开发新花色品种4721种。

积极组织工业产品出口。全市工业产品出口产值122.85亿元(不变价)，比上年增长20.49%。工业出口产值占总产值的比重达21.6%。出口超1000万美元的企业53家，比上年增加了11家。

电子、纺织、陶瓷、塑料、家电、食品饮料等主导产业继续向“高技术、高层次、高效益”方向发展。电子工业：全年生产彩电37.46万台，无线电元件16.32亿件，半导体器件4.86亿只，微型电子计算机1370万台。市直电子集团公司企业全年完成产值22.57亿元，比上年增长20.6%。塑料皮革工业：全市生产塑料制品27.57万吨、皮革73.5万张、皮鞋2403万双。市直塑料集团公司在全国塑料行业中销售、利润、劳动生产率位居前列，产值达17.4亿元，比1992增长40%。纺织工业：全市生产化学纤维5.2万吨、纱2.48万吨、布2.92万米、丝织品3793万米、服装4783.6万件、印染布4.59亿米、印染丝绸7245万米。市直化纤、纺织、丝绸、服装四个公司的企业共完成产值32.12亿元，增长11%。陶瓷工业：全市生产日用陶瓷3042万件、釉面砖3207万平方米、锦砖529万平方米。市直佛陶集团股份有限公司完成产值18.88亿元，比上年增长46.8%。人均创税利、劳动生产率及主要产品的产量、质量、档次、花色品种、配套率、市场覆盖率等指标居全国同行业前列。轻工日用食品工业：全年全市生产饮料酒14.93万吨，其中啤酒3.37万吨，灯泡1.47亿只，日用玻璃制品2.49万吨。市电器照明股份有限公司重点发展高技术、高附加值特种光源产品，在国际上有一定的竞争力，1993年产值达6.76亿元，实现税利1.11亿元。在全国46个电光源企业中按工业总产值、销售收入、纯利润额排名均列首位。市直轻工公司企业完成产值15.86亿元，增长51.5%。家用电器工业：全年生产电风扇1859.59万台，生产电冰箱75.12万台。全市家用电器行业完成产值26.99亿元，其中市直家电工业公司完成产值3.99亿元。

(二) 农业和农村经济稳定发展 1993年佛山市重视加强对农业的领导，不断增加农业投入，促进农业整体效益的提高。全市农村经济总收入544.9亿元，增长50.5%。农业总产值41.9亿元(不变价，不含村及村以下工业)，比上年增长6%。全年完成农业增加值26.66亿元(当年价)，占国内生产总值8.3%。全市粮食作物播种面积127.18万亩，亩产346公斤，总产量43.94万吨。其中水稻播种面积119.53万亩，总产量42.39万吨，亩产355公斤；糖蔗种植面积8.24万亩，总产量37.4万吨；水果种植面积17.48万亩，年产水果10.25万吨；蔬菜播种面积65.66万亩，总产量115.13万吨；塘鱼连续十五年增产，亩产突破千斤大关，总产量28.64万吨。造林绿化在上年全面达标基础上继续巩固提高。各地积极优化农业生产、品种和组织结构，加速了“三高”农业的发展，“三高”农业种养面积占农业总面积的三分之二，种养品种优质化程度大大提高。农业规模经营有新发展，全市农业商品基地已发展到343个，规模经营户占农户总数的10%。

乡镇企业飞速发展。乡镇工业产值约占全市工业总产值的46.8%，成为佛山市经济的半壁河山。1993年乡镇企业总收入达470.57亿元，增长52.7%。乡镇企业总收入占农村经济的比重达82%。乡镇企业工业总产值368.53亿元(1990年不变价)，增长38.1%。实现利润29.34亿元，上交国家税利21.48亿元，分别增长71.9%和60.7%。全市乡镇企业产值、收入超亿元的企业81家，其中顺德42家、南海26家、三水9家、石湾4家。顺德科龙集团公司产值达19亿元，居全市乡镇企业的首位。

(三) 国内商业贸易发达，城乡市场繁荣兴旺 着力培育市场体系，不断扩大流通规模，开拓国内外市场。全市社会商品零售总额131.48亿元，比上年增长34.2%。城乡集市贸易成交额36.92亿元，增长42.9%。国合商业(不含粮食系统)总购进138.5亿元，总销售150.4亿元，分别比上年增长34.5%和36.6%。积极开拓各类批发、专业市场，发展和形成了一批规范化、现代化、层次高的商业网点。1993年发展各类市场16个，市场建设投资额达9140万元，比上年增加5成，竣工市场面积9.8万平方米。

(四) 对外经济贸易及利用外资进一步发展 积极把握机遇，多渠道、多形式引入外资，利用外资再上新台阶。全市签订各类利用外资合同4574项；合同利用外资28.78亿美元，比上年增长75%；实际使用外资5.66亿美元，增长73%。截至1993年末，全市累计签订外资合同33688项，合同金额68.28亿美元，实际使用外资总额达21.24亿美元。外资企业迅速增加，1993年批准成立三资企业974家，比上年增长41％。外商投资的新特点一是不少国外商号直接到本市投资，这样的三资企业有45家；二是大型投资项目增加，投资总额超1000万美元的三资企业120家，比上年增长1倍。截至1993年底，全市累计建立三资企业3114家，其中已建成投产(开业)的有1473家。

对外贸易活跃。全市出口商品有2000多个品种，以轻纺产品和农副产品为主，工业产品占70％，农业产品占30％，产品远销80多个国家和地区。1993年全市外贸收购总值53.2亿元，比上年增长24％。全市自营出口总值20.55亿美元(按新口径为23.3亿美元)，比上年增长16.6％。其中一般贸易出口6.9亿美元，三资企业出口13.35亿美元，三来一补出口2886万美元。

(五) 基础设施和城乡建设步伐加快，居民生活水平进一步提高　多渠道筹集建设资金，积极利用外资和动员全社会力量捐资搞建设，全年完成能源、交通、通讯等基础设施建设投资共42.8亿元，比上年增长139.4％。能源建设完成投资额16.1亿元，新建成投产的电力装机容量46.6万千瓦，全年自发电量达40.7亿度，占全市总供电量的50％以上，加上省网供电、购电，全市人均用电量达2200多度，其中市区达到5200多度。至1993年末，全市累计建成投入运转的电力总装机容量124.79万千瓦，在建和正在筹建的装机容量159.44万千瓦。交通设施投资23.6亿元，一年完成量约为“七五”期间的两倍。建成的交通项目主要有：佛山汽车站、南海三山国际货柜码头首期工程、325国道乐从立交桥、黄岐大桥、新五斗大桥、顺德三乐公路和三水白沙铁路货场等。全年新铺水泥路191.1公里，桥梁82座。全年货运量5088万吨，客运量3875万人次。其中水陆运输货运量和客运量分别为1841万吨和1922万人次，民航客运量43527人次，航空货运完成626吨。全市现有口岸32个，其中客运口岸4个，货柜场5个，装卸点13个，起运点10个。港口吞吐量为911万吨。全市邮电建设投资3.1亿元，完成电话扩容18.1万门，完成了佛山、南海电话号码升7位工程，新增长途电路1817条，长途程控扩容3190路端。全年邮电业务总量8.83亿元，其中市区2.53亿元，分别比上年增长73.1％和83％。截止1993年底，全市电话装机总容量达47.28万门，其中，市话20.22万门，全部实现程控化；农话27.06万门，程控占95％以上。全市已装电话36.6万部，平均每百人拥有电话12.2部。

1993年佛山市区城市建成区面积达27.12平方公里，比1978年扩大了近3倍，全市城乡建设完成各项投资56.36亿元，投入市政公用设施建设资金超过10亿元。新建、改建道路19万平方米，新增日供水能力25万立方米，新铺供水管道70公里，新增绿化面积5.59公顷。市区小区燃气管道供气试点工程已展开，至1993年底已有2000户居民用上管道燃气。全市城乡新建住宅竣工面积440.13万平方米，其中城镇168.79万平方米，全市城镇人均居住面积为11.02平方米。1993年全市职工人均工资收入6948元，比上年增长32％，农民人均纯收入2671元，增长26.3％。城乡居民储蓄存款不断增加，年末达254.46亿元，比上年末增长26.8％，其中城镇居民储蓄存款余额130.40亿元，增长32％；农村居民储蓄余额124.06亿元，增长21.9％。据年末抽样调查，市区百户居民家庭拥有彩色电视机113台，电冰箱96台，组合音响42台，录放像机52台，洗衣机103台，收录音机97台，摩托车29辆，空调器44台。

(六) 科技、文化、教育事业取得显著成绩　佛山高新技术产业开发区已完成征地4.51平方公里，开发土地3.49平方公里，进入开发区的高新技术项目16个。全市现有9家高新技术企业，民营科技企业和技术商品经营机构97家。1993年，全市实施各类科技项目90项，其中“火炬计划”17项，“星火”计划45项，重点科技攻关计划项目11项，重点科技成果推广计划17项。截至1993年末，佛山市列入“星火”计划项目共305个，列入“火炬”计划项目共60个。全市取得科技成果148项，达到国内领先和先进水平的40项，填补国内空白的32项。全年共获科技奖励99项，其中国家级“火炬”计划优秀项目奖1项；省科技进步奖9项，“星火”计划奖4项；市科技进步奖85项。与此同时，1993年全市共引进各类专业技术和管理人才5096名，其中有高级职称的151人，中级职称的1022人；接纳大、中专毕业生8500多名。此外，文化、教育、卫生、体育等各项社会事业也都有长足进步。

为“追虎赶龙”目标而奋斗的湛江市

庄礼祥

1993年，湛江市抓住机遇、加快发展，实施港口发展战略取得初步成效。经济建设和各项社会事业获得显著成绩。

一、国民经济继续高速发展

1993年在国家实施宏观调控的新形势下，湛江市注意加强对经济运行的分析和协调，进一步调整和优化经济结构，在优化提高第一产业的同时，大力发展第二、第三产业，着重在发展乡镇企业、“三高”农业、交通通信等基础设施和城市建设等方面采取了一系列措施，有效地促进了经济的发展。全年国内生产总值161.2亿元(当年价，下同)，按可比口径比上年增长16.6%；工农业总产值266.74亿元，增长20.2%。

(一) 工业生产高速增长，发展后劲有所增强 1993年，全市工业总产值完成178.2亿元，比上年增长29.4%。工业发展呈现如下特点：一是外向型工业增长速度较快。全市工业出口产品产值13.95亿元，比上年增长20.4%；工业产品出口创汇19243万美元，增长16.8%。二是经济效益有所提高。工业企业经济效益综合指数由上年的59.5%提高到110.1%，其中工业产品销售率由94.4%提高到98.5%，资金利税率由4.5%提高到10.1%，按增加值计算的全员劳动生产率提高80%，独立核算工业企业实现利税增长2.1倍。三是技术改造和新产品开发步伐加快。全市投入工业基本建设和技术改造的资金达26.8亿元，占全社会固定资产投资完成额的47.5%，有湛江东兴石油有限公司、湛化复合肥等45个项目建成投产或试产，开发一批新产品。四是“三个一”企业有新的发展，工业总产值超一亿元的企业23家，比上年增加2家；税利超一千万元的企业27家，增加18家；创汇超一百万美元的企业32家，增加5家。与此同时，进一步强化企业管理和安全生产工作，提高了企业管理水平。

(二) 农村经济稳步发展，乡镇企业有新的突破 1993年，湛江市进一步加强对农业的领导和增加投入，推行科技兴农，农林牧副渔各业均有新发展，并继续向“三高”方向推进。全市农业总产值88.54亿元，比上年增长5.4%。主要农产品产量，除粮食、糖蔗总产分别比上年下降1.8%和10.4%外，其余均有不同程度的增长。水产品总产量34.75万吨，比上年增长3%，仍居全省领先地位。畜牧业的优质高值品种增加，肉类总产量22.82万吨，比上年增长4.8%。完成造林10.2万亩，进一步巩固和发展了绿化达标成果。以加固江海堤防和整治大中型灌区为重点的农业基础设施建设有新的进展，共投入资金8889.3万元，投放工日1900多万个，完成各类水利工程3600宗，进一步改善了农业生产条件。乡镇企业五项主要考核指标都比上年有较大幅度的增长。其中乡镇企业总产值72.9亿元，总收入83.6亿元，实现利税8.8亿元，分别比上年增长50.2%、50.3%和43.2%，是本市乡镇企业发展史上增幅最大的一年。全年共投资8亿多元，新上一批项目，其中建成投产的226项，涌现一批先进乡镇、明星企业和先进企业。

(三) 基础设施和基础产业建设步伐加快，投资环境进一步改善 1993年，湛江市下大力气抓了交通、通信、能源等基础设施、基础产业和市政设施建设。全社会固定资产投资完成56.4亿元，比上年增长68.5%；其中基本建设投资26.6亿元，更新改造投资10.9亿元，分别增长63.5%和107.8%。在投资结构上实行了对工业、交通运输、通信等产业和部门倾斜，工业投资26.8亿元，交通通信投资11.2亿元，分别比上年增长61.5%和198.1%。新建公路78.1公里，扩建公路182公里。新增港口泊位2个。全年港口吞吐量2302万吨，其中湛江港1737万吨，分别比上年增长20.5%和14.7%。新开湛江至上海、成都、贵阳、昆明等民航航班。新增程控电话8.8万门，大部分乡镇以上已基本开通程控电话，市、县移动电话实现了联网，全市完成邮电业务总量2.95亿元，比上年增长1倍。与此同时，城乡规划、建设、管理和环境保护工作进一步得到加强。高标准、高起点加快了城市总体规划、小区规划和县城、建制镇规划修编。市投资8000多万元，完成市区人民南路等7条、总长11.1公里道路的改扩建。各县和乡镇投资1.08亿元，兴建一批市政工程。建筑业和房地产业有新的发展，全市建筑业完成总产值20.58亿元，比上年增长37.75%；房地产开发公司完成开发工作量3.25亿元，开发土地面积230.86公顷。其它各项市政公共事业也取得了新成绩。

(四) 财政收支平衡，金融运行逐步好转 1993年，市财政收入11.44亿元，比上年增长38.87%；财政支出10.89亿元，比上年增长37.33%。金融系统认真整顿金融秩序，积极组织资金，努力解决重点项目建设、工农业生产和农副产品收购等方面所需资金，1993年末金融机构各项存款和贷款分别比年初增加31.2亿元和33.1亿元。保险业不断发展，各类财产承保总额比上年增长40.7%。

(五) 市场繁荣，社会购买力提高，人民生活进一步改善 多渠道筹集资金11044万元，新扩改建各类市场47个、总面积15.92万平方米，其中钢筋水泥结构占80%以上，新建成3个规模较大的钢材市场和汽车交易市场。劳务、人才、信息、资金等要素市场不断完善。1993年社会商品零售总额90亿元，比上年增长32%，扣除物价因素，实际增长9.7%。城乡集市贸易成交额40.93亿元，比上年增长31%。城市居民人均生活费收入3324元，比上年增长38.5%，农民人均纯收入1222元，增长20.1%，扣除物价因素，分别增长8.5%和5%。全年城镇新安排就业人员3.96万人，比上年增长24.5%，城镇待业率下降到2.1%。1993年末城乡居民储蓄存款余额97.5亿元，比上年增加33.9%。城市居民人均居住面积11.89平方米，农村居民人均居住面积22.8平方米，分别比上年增加6.4%和1.8%。

二、各项改革逐步深化

1993年，围绕建立社会主义市场经济体制这一目标，湛江市以转换企业经营机制为重点，大胆探索和实践，推进了各项改革。

(一) 企业改革的试点继续扩展 企业三项制度改革试点扩大到全市制糖企业和国有企业。股份制试点加快，股份公司加强了规范化管理，经营水平和经济效益普遍提高，综合改革试点由24家工商企业增加到110家，成立有限责任公司21家，组建企业集团25家，其中工业9家，商业16家，促进了企业组织结构的优化。

(二) 社会保障制度和住房制度改革取得实质性进展 成立了市社会保险事业局，实施职工养老保险一体化统筹，社会保险覆盖面达到99%。住房改革进入全面实施阶段，并把房改同旧城改造、住房解困结合起来，取得较好的效果。

(三) 转变政府职能有了良好开端 1993年，市委、市政府颁布了十几个有关简政放权的文件。初步下放了应该下放给县(区)的权，调动了县(区)积极性。基本完成了粮食、商业、外贸、建筑联合公司转变职能的工作，相应组建了六大集团公司。市直工业的八大行政性公司，正逐步改组为独立核算、自负盈亏的经济实体。市、县(区)机构改革方案也在加紧制订。

三、对外开放和招商引资取得突破性进展

在进一步认识湛江地缘优势的基础上，不断拓宽思路，扩大开放，注重实效，通过举办团拜会、项目介绍会、招商会等多种形式，有效地加强了与国内外的经济贸易合作和技术交流。

(一) 利用外资创历史纪录 全年新签合同698宗，合同金额19.38亿美元，实际利用外资1.82亿美元，分别比上年增长1.4倍、3.1倍和1.7倍，是湛江市利用外资最多的一年，且呈现出外商直接投资增多、规模增大的特点。实际利用外资额中，外商直接投资占1.81亿美元，比上年增长1.75倍。

(二) 对外贸易取得较好成绩 外贸出口比上年增长7.2%，总值达2.43亿美元。新开业投产的三资企业129家，至1993年末共有三资企业389家，盈利6135万元，比上年增长1.89倍；出口创汇8064万美元，增长22.9%，占全市外贸出口总值的33%。

(三) 开发区和试验区开发建设迈出了新的步伐 湛江经济技术开发区完成工业总产值24.7亿元，出口创汇5180万美元，实际利用外资5292万美元，分别比上年增长47.8%、6.2%和5倍；财政收入7175万元，比上年翻了一番。东海岛和海安经济开发试验区开发建设有了良好开端，通过大力加强基础设施建设，吸引了越来越多的外来投资者。

(四) 与周边地区的经济往来和发展区域合作取得显著成效 向国内各地，特别是大西南和珠江三角洲敞开大门，密切与周边地区的经济往来，吸引了国内的资金、技术、人才。全年新增内联企业和独资企业148家，增资达59349.3万元；外地来湛江市设立办事机构新增27家。

深化改革加速发展的肇庆市

卢 嘉 权

1993年，肇庆市正确处理好改革与发展、宏观调控与市场引导的关系，促进了国民经济持续、快速、健康发展。全市国内生产总值226.97亿元，比上年增长34%(绝对值按当年价计，对比按可比价计，下同)；人均国内生产总值3965元，比上年增长48.8%；工农业总产值412.18亿元，比上年增长43.5%。实现了"三个净增超100亿元"：社会总产值比上年净增187亿元，工农业总产值净增147亿元，工业总产值净增120亿元。其中工农业总产值和工业总产值两项指标提前两年实现了"八五"计划的目标任务。

一、工农业生产全面健康发展 人民生活水平继续提高

(一) 工业生产持续快速增长 1993年全市通过深化改革转换企业经营机制，抓住龙头项目加快规模工业发展，采取多形式多渠道筹措资金，强化管理提高效益，工业生产呈现出迅猛发展的态势。全市工业总产值297.52亿元，比上年增长59.2%。其中镇以上工业总产值217.12亿元，比上年增长57.3%；基本做到产销平衡。规模工业进一步发展，后劲进一步增强。全市达到"三个一"(年产值1亿元，税利1000万元，创汇1000万美元)的企业42家。达到"三个五"(年产值5000万元，税利500万元，创汇500万美元)的企业38家，分别比上年增加20家和3家。全市工业开发新产品295个、新增花色品种679个，其中25个产品被评为省优秀新产品，34个产品被评为高新技术产品。肇庆风华电子厂、肇庆京粤磁厂被省确认为高新技术企业。

(二) 农村经济稳定发展，乡镇企业再上新台阶

各级政府切实加强对农业和农村工作的领导，多渠道增加农业投入，大力调整农业生产结构，“三高”(高质、高产、高效)农业和外向型农业有新的发展。农业总产值114.66亿元，比上年增长9.4%。因调减面积，粮食总产201.04万吨，比上年下降6.4%。全市插植优质稻谷面积占全年播种面积的31%，优质优价提高了整体经济效益。经济作物除糖蔗外，其余均有增产。养殖业持续稳定增长。林业全面增产增收，全市12个县(市)区全部实现绿化达标。全市农业利用外资项目累计163项，建成一批农业出口创汇基地，创汇1.22亿美元。乡镇企业持续高速发展，总产值191.5亿元，比上年增长73.9%;其中工业总产值137.9亿元，增长84.5%。89个乡镇工农业总产值冲过亿元线。54个贫困乡镇，年机动财力全部超过30万元。净收入低于1万元的413个贫困经联社已有92个超过1万元。

(三) 经济效益和财政收入有较大幅度增长，人民生活水平继续提高 1993年，全市国民经济的运行，是按照“调整结构，提高质量，增进效益”的指导思想来精心组织安排的，基本上实现了速度与效益的同步增长。一、二、三产业的经济效益都有明显的提高。全市镇以上独立核算工业全年完成税利17.79亿元，盈亏相抵实现利润9.74亿元，其中市直工业企业产品销售税金1.46亿元，实现利润1.03亿元;全市四级乡镇企业上缴税金4.38亿元，税后利润11.8亿元，均比上年有较大增长。生产的发展，效益的提高，带来了财政的增收。各级政府强化财政管理和税收征管，财税收入有较大幅度的增长。全年地方财政收入9.87亿元，比上年增长57.89%;财政支出11.87亿元，比上年增长45.72%。按现行体制结算，收支平衡，略有结余。城乡居民收入继续增加。职工全年人均工资4052元，比上年增长25.6%;农民人均纯收入1502元，比上年增长24.5%。年末金融系统城乡居民储蓄存款余额83.9亿元，比上年增长32.4%。城乡群众居住条件进一步改善。全市国有建筑施工房屋建筑面积512万平方米，竣工面积176万平方米，分别比上年增长90.3%和35.4%。

二、基础设施建设取得新突破，投资环境日臻完善

全年全社会完成固定资产投资81.31亿元，比上年增长86.1%。投入交通、能源、通信等基础设施的资金15.21亿元，比上年增长194%。交通方面，重点抓了公路建设和改造。321、324两条国道改造工程已开工路段228公里，已完成126.1公里，其中321线门口路段大冲至马房的超一级水泥路38.3公里，324线罗定路段35公里、高要至云浮路段52.8公里等路段已基本完成。省道四连线、水谷线、德珠线等改造工程开工路段126公里，其中已经完成80多公里。此外，县道、乡道等地方公路建设改造完成580公里。1993年，国道、省道改造建设共完成投资额10.8亿元，投资之多，建设规模之大，为历年所少有，使全市公路建设取得重大突破。能源方面，重点抓了电力和电网建设。西江电厂第三期扩建工程、云浮5万千瓦和德庆1.7万千瓦电厂项目，正加紧施工或安装设备。都平电站第二台1.5万千瓦发电机组已建成投产。全市在建小水电项目装机容量达10.5万千瓦。全年110千伏以上电网建设投资完成8509万元，新增生产能力220千伏线路60公里、110千伏线路8公里，主变容量10.3万千伏安。全市完成发电量27.61亿千瓦时，比上年增长27.3%。通信方面，新增城乡电话交换机容量10.4万门，总容量达20.4万门。实现了县城以上电话交换程控化和长途传输数字化，全市农村管理区已全部开通电话。建成1个移动电话交换局和7个基地站，增设了西江、黄岗两个程控电话分局，开通珠江联网寻呼“126”人工台和“127”自动台，9个县(市)区开通了人工信息台。全市完成邮电业务总量2.26亿元，邮电通信总量1.63亿元，分别比上年增长65.73%和78.05%。市政建设正努力朝着花园式城市的目标发展。全市城镇市政公用设施总投入2.72亿元，比上年增长75%。

三、对外开放不断扩大，利用外资跃上新水平

全市把外经贸作为经济工作的龙头来抓。在新旧体制转换以及资金紧缺、国际市场不景气的情况下，外贸出口采取灵活应变措施，多方筹措资金，抓好出口商品生产基地，在困难中站稳脚跟并有所发展。按外经贸口统计，全市外贸出口总值6.63亿美元，比上年增长20.2%。利用外资规模扩大，领域拓宽，大财团、大客商来投资大项目日益增多;外资投向从工业向农业、第三产业，尤其是向基础设施建设拓展;外资企业呈现出由市区、县城向乡镇乃至边远山区扩散的态势。全市利用外资签订合同投资总额27.25亿美元，其中外商投资合同金额17.76亿美元，分别比上年增长284%和295%。实际投资总额4.94亿美元，其中外商直接投资3.28亿美元，分别比上年增长152%和99%。利用外资的增幅高于全省平均水平。三资企业管理逐步完善，并努力探索向平等互利、自立自主的方向发展，使企业经营保持良好效益，连续三年保持总体效益盈利。

四、商品流通畅旺，市场稳定繁荣

国合商业在改革中走出困境，购销稳定增长，效益

逐步提高。粮食收购进度快，储备粮任务落实好，“米袋子”充裕，粮食供求平衡。“菜篮子”工程建设加快。城区“菜篮子”工程基地已初具规模，常青菜地面积超过国务院提出城市人口人均3厘的要求，达到3.6厘，全年蔬菜上市量人均每天0.35公斤；蛋鸡生产基地规模为全省之冠；肉类、水产品供求平衡，保障人民生活供给。市场建设进一步加强。全市共投入资金5000万元，建成并投入使用的市场33个，累计全市已有市场371个，面积80.65万平方米。全市社会商品零售总额71.03亿元，城乡集市贸易成交额23.7亿元，分别比上年增长20％和27.3％。全市零售物价总指数比上年上升18.8％。年末金融系统存贷余额分别为126.7亿元和125.7亿元，比上年增长25％和23.3％。全市保险承保总金额279.4亿元，比上年增长36.8％。

五、深化改革迈出新步伐

1993年，全市围绕建立社会主义市场经济体制的改革目标，大力推进各项改革。市政府制订了《关于优化产权结构，建立现代企业制度的若干暂行规定》、《关于进一步推行农村股份合作制的意见》和《关于加快发展第三产业的意见》三个文件，进一步推动了改革深化。深入贯彻《企业法》、《全民所有制工业企业转换企业经营机制条例》和省的《实施办法》，企业14项经营自主权基本得到落实。17家企业已改组为股份有限公司，35家企业正规划进行股份制试点。全市组建企业集团89家，其中工业企业21家，财贸流通企业44家。国合商业门店中，实行国有民营和公有私营的分别占总数的64.8％和31.7％。加强国有资产管理，市及各县(市)区已建立管理机构，开展了清产核资、产权界定、资产评估以及产权转让等试点工作，产权改革迈出了可喜的一步。农村股份合作制发展迅速，有力地推动了乡镇企业的发展。全市农村各类股份合作企业16000多家。市场体系进一步发育。在抓好商品市场建设的同时，积极发展生产资料市场及人才、技术、信息、劳务、房地产等生产要素市场，设立了证券交易市场，成立了证券登记公司，可以进行深圳、上海等上市股票的即时交易。社会保障制度改革稳步推进。市及各县(市)区相继成立了社会保险事业局并开始运作，积极推进养老保险一体化管理，全市参加社会保险的固定职工和合同制职工已占总数的99％。住房制度改革有重大进展，已基本售出应售的公有住房。土地有偿使用及使用权有偿有期出让制度已开始实施，房地产经营逐步走向规范化。云浮市县级机构改革试点工作已基本完成，为政府机构改革提供了经验。此外，财税、金融、计划、投资、科技、文化、教育、卫生等各领域的改革都在继续深化。

六、实施以旅游业为龙头发展第三产业的战略

1993年9月由中共中央政治局委员、广东省委书记谢非亲笔题词，将肇庆市北岭旅游度假区更名为“广东七星岩旅游度假区”，并确定为广东省第一个省级旅游度假区，将其建设速度进一步加快。之后，吸引外商投资合建，目前已签订利用外资合同27个，合同金额达83亿港元，实际利用外资6.4亿港元。首项工程瑞士花园别墅已基本竣工，华侨城26幢别墅已成型封顶，高尔夫球场18个洞的球道已经成型铺植草皮，万康苑、北岭山庄、比华利山庄、金丰城、恒丰苑等一批别具风格的旅游景区也相继动工。星湖风景名胜区正按照不同的功能区进行改造。

1993年，肇庆市旅游部门接待中外游客412.36万人次，城市接待国际旅游者23.46万人次。旅游创汇1544.45万美元，旅游营业总收入6.23亿元，分别比上年增长67％和70.4％。

发挥侨乡优势推进经济发展的潮州市

潮州市政府办公室

潮州市是广东省东部沿海著名的侨乡，既是一座历史文化名城又是对外开放旅游城市。现管辖潮安县、饶平县及湘桥区。总人口226万人。旅居海外的潮籍侨胞、港澳台同胞和外籍华人约110多万人。

一、国民经济迅速发展

潮州市经济发展基础良好，工业在全市经济中占主导地位，现有各种所有制工业企业5.3万多家。已形成陶瓷、刺绣、工艺、医药、食品、电子、建材等30多个主要门类的工业生产体系。农业素以精耕细作著称，是全国有名的粮食高产区之一，近年不断向高产、优质、高效的方向发展，茶叶、水果、鳗鱼等已形成颇具规模的生产基地。特产的凤凰单丛茶及白叶单丛茶多次在全国名茶评比中夺魁；烤鳗出口量连续四年居全国同行业首位。内外贸易活跃，目前有各类经济成份的商业、饮食服务业机构3万多个，流通规模不断扩大。外向型

经济的发展格局已经形成，拥有自营进出口权的企业33家，生产出口产品的企业2000多家，近年来，外商到潮州投资办企业形成热潮，目前全市三资企业达841家。

潮州市在改革开放的浪潮中，发挥黄金海岸的优势，不断加快经济建设步伐。1993年，全市国内生产总值59亿元(当年价)，比上年(下同)增长18.5%；国民收入51.5亿元，增长17%；工农业总产值突破百亿大关，达到108亿元，增长29.14%；社会商品零售总额23.35亿元，增长31.92%；外贸出口总值3.35亿美元，增长32%；财政收入3.92亿元，增长53.61%。各项社会事业蓬勃发展。

(一) 工业产销利同步增长 1993年，全市围绕增强工业发展实力这个目标，努力推进企业改革，转换企业经营机制，对3家国有企业实施股份制改造，对一批亏损企业分别实行兼并、租赁、个人抵押承包或出让部分产权，增强了企业活力；大抓骨干企业的发展，实施兑现"规模效益奖"，全市有五家工业企业产值超亿元；加强技改引进，投资3.9亿元对58个工业项目进行技术改造，其中已有25个技改项目竣工投产，可新增年创产值4亿多元的生产能力。其中，"三环"(集团)股份有限公司、金山瓷砖股份有限公司、华庆陶瓷厂有限公司、吉阳陶瓷厂共4条瓷砖生产线已相继建成投产或试产，年创产值2亿元；进一步开拓市场，扩建国内外市场营销网络，扩大了产品销售，实现了产销和效益同步增长。全年工业总产值84.35亿元，增长36.41%。乡及乡以上独立核算工业企业1993年产品销售收入35.73亿元，增长44.24%；销售税金1.35亿元，增长23.25%；利润总额2.21亿元，增长1.76倍。

(二) 农村经济稳步发展 进一步重视农业和农村工作，落实一系列发展措施。建立各级农业发展基金，完善四级农技推广网络，开发"高产优质"活动，加快了"四大基地"建设步伐，推动乡镇企业不断上规模、上档次、上水平，促进了"三高"农业和乡镇企业全面发展。全年粮食播种面积113.11万亩，总产量47.46万吨，单产达419公斤，比上年增加25公斤。水产养殖基地新增1.58万亩，累计达14.13万亩，总产9.03万吨，增长21%，全市烤鳗出口5635吨，增长60%；茶叶生产基地新增1.75万亩，累计8.65万亩，总产3534吨，增长38%；水果生产基地累计达30.2万亩，因受灾总产12.07万吨，减少22.6%；果蔬加工基地新办果蔬加工企业60家，累计达1180家，加工值2.86亿元，增长30%。乡镇企业通过开展技术改造和推行股份合作制，生产不断发展。全年新办乡镇企业3860家，至1993年底，全市乡镇企业达4.9万户，从业人员42.6万人，企业营业收入60.31亿元，较上年增长44.7%。工业产值44.59亿元，增长43.5%。造林绿化工作扎实开展，已实现全市绿化达标。加强了农业基础建设。投入水利建设资金6900万元，增加扶贫投入，1993年全市投入扶贫资金1890万元，加快了山区和贫困地区脱贫致富步伐。1993年全市农业总产值23.64亿元，比上年增长8.52%。

(三) 对外经济贸易和引进外资创佳绩 1993年，潮州市抓住扩大开放的新机遇，进一步开拓国际市场。踊跃招商引资，参加了在香港、德国和广州举办的各类贸易洽谈会，并利用潮州大道通车庆典时机举行洽谈活动，发展了一批经贸和引资项目。使对外贸易和招商引资工作有了新的突破。全年出口总值达到3.35亿美元，增长62%，出口产品销往五大洲28个国家和地区，全年新办三资企业522家，合同利用外资7.64亿美元，实际利用外资2.17亿美元，分别比上年增长3.5倍和4.6倍。并呈现四个显著特点：一是投资项目规模大，数额增多，平均每个项目的投资额252万美元，比上年增加103万美元，其中投资100万美元以上项目254个，比上年增加171个，1000万美元以上30个，比上年增加27个。二是外资投向和产业结构比较合理，投资第一、三产业的比重为56%，投资第二产业的比重为44%。三是外资来源进一步拓宽，在上年9个国家和地区的基础上，增加了法国、德国、美国、加拿大、印尼、新加坡、马来西亚、泰国等15个国家和地区。四是三资企业产品出口值增幅大，全年出口值1.87亿美元，较上年增长129.9%。

(四) 城乡市场繁荣购销活跃 加强省内外、市内外之间的横向联合和经济协作，大抓骨干商品经营，不断丰富货源，扩大商品的向外辐射，进一步增强市场竞争能力，发展流通规模，提高经济效益。全年国合商业商品总购进29.6亿元，总销售33.2亿元，分别增长25.6%和30.2%。财贸系统流通企业盈亏相抵实现利润2939万元，增长88.4%。通过实施"多渠道建市场、多途径筹资金"的办法，调动各方建市场的积极性，全年共投入资金1.2亿元，新扩建市场9座，建筑面积11.3万平方米，同时出台了一系列措施鼓励个体私营经济发展，全年新发展个体工商户、私营企业4000户。全年集市贸易成交额13.7亿元，增长30.61%。

(五) 金融财税工作有新发展 整顿金融秩序和经济秩序，保证重点项目的顺利进行和企业的正常生产。通过开展"储蓄存款季"活动，千方百计吸收社会闲散资金，盘活存量，改善信贷结构，缓解资金供求矛盾。1993年底全市各项存款余额38.6亿元，比上年底净增3.7亿元，增长10.6%，其中城乡个人储蓄存款余额19.82亿元，净增3.15亿元，增长18.9%；各项贷款余额47.27亿元(其中外汇贷款折人民币3.44亿元)，净增10.34亿元，增长28%。证券业务迅速发展，证券交易延伸到深圳和上海，全年证券交易额达28.2亿元，增长14倍。全市财税收入有较大幅度增长，全年市级库工商税收入3.44亿元，增长50.53%；财政收入3.92亿元，增长53.61%。

二、城乡基础设施建设迈大步

(一) 交通建设 全年共投入公路建设资金9510万元，完成4条公路改造工程；新建扩建县乡公路48.9公里；又有15个村通汽车。到1993年底，全市公路总里程达到1456.4公里，每百平方公里拥有公路里程47.3公里。广梅汕铁路潮州路段征地拆迁工作基本完成，潮州境内二座铁路特大桥正加紧建设中，火车站站区的征地和建设开发工作也在进行。

(二) 能源建设 凤城火电厂一期发电工程已建成投产；鹳巢110千伏输变电站二期扩容工程也已完成；三百门10万千瓦火电厂已动工兴建。庵埠10万千瓦燃油电厂已完成前期可行性研究。至1993年末，全市拥有输变电站19座，火力发电厂5座，大小水电站270多座，年供电量达5亿千瓦时。

(三) 通信建设 投资1.8亿元加强通信设施建设，使全市电话交换机总容量累计达到8.72万门，城乡电话用户达6.5万户，完成长途交换机扩容3360路端，新建移动电话基地站2个，并新开了三条干线邮路。新办了邮政特快专递、160信息台、1680自动声信台、中文寻呼台等业务。

此外，已全面完成城市总体规划的修编工作，投入5000多万元进行城市配套设施建设，竹竿山10万吨水厂扩建工程完成土建工程量50%。维修和新增了一批市政公用设施，修建了一批旅游景点。由潮籍旅泰侨领谢慧如先生捐资为主新建的慧如公园已建成48个景点并对外开放。

三、经济开发区建设顺利展开

广东省政府批准设立的四个经济开发试验区，是潮州市近期经济发展的战略重点，现均已进入兴建阶段。

(一) 柘林湾三百门港区 柘林湾位于饶平县南部，水城面积68平方公里，居汕头、厦门两个经济特区之间，自然条件优越，开发前景十分广阔，可建各类码头泊位92个。规划在原有2个1.6万吨级过驳锚位、1个3000吨级和1个1000吨级码头的基础上，中近期建设各类泊位51个，货物年吞吐量达到4500万吨。省政府已批准设立三百门港经济开发试验区总面积10万平方公里，规划建成石化重工业区，码头、仓储、保税区、轻工、商住区、旅游、度假、商贸区四个功能区，未来的三百门港区将形成一个新型的港口城市。至1993年末，已基本完成开发区总体规划、岸线码头总体规划、东区日供水50万吨和西区日供水40万吨的自来水工程，东线14.5公里的进港公路、东区一期120万千瓦火电厂、3个3万吨级深水码头泊位等10多个项目的规划、测设。与海内外客商签订开发建设合同33宗，合同投资额达11.2亿元，其中11个项目已投建，并成立内外资企业31家。

(二) 潮州经济开发试验区 位于潮州市区西北侧，面积8平方公里，规划建成高新技术、轻工业加工、普通工业加工等小区。已投入7.05亿元建成长5公里、宽50米的中心干道潮州大道和长1.8公里、宽40米的新洋路等道路网络及一批供水、排水、供电、通信等设施，征用的出让地块全部完成平整工作。已与海内外客商签订开发建设合同210宗，总投资额92亿元，有23个项目动工，并成立内外资企业173家。

(三) 潮安庵埠经济开发试验区 位于汕头、潮州、揭阳三市交界处，面积7.6平方公里，分东、西两区开发建设。东区发展民用工业、轻工、仓储和服务配套火车站的建设；西区规划辟为标准工业区、配套生活区和娱乐场所、别墅区、旅游区等。已投入资金1亿多元进行基础设施建设。与海内外客商签订投资合同33宗，投资总额4.38亿美元，办起三资企业34家，并有7家企业投产。

(四) 饶平台商投资试验区 位于饶平县城黄冈镇东部，居国道324线两侧，毗邻福建省，靠近柘林湾深水港，面积3.36平方公里，以引进台资为主，建成工业、商贸等综合开发试验区，该区已完成首期路、水、电、排污等基础设施，建成厂房10万平方米。已引进项目39个，合同外资额4435万美元，已投产的项目24个，创产值6460万元，创汇729万美元。

经济建设持续迈大步的南海市

蔡 镜 常

1993年广东省南海市进一步深化改革，国民经济持续高速发展。全市国内生产总值108.3亿元，比上年增长39.65%，人均国内生产总值首次突破一万元大关；国民收入93.8亿元，比上年增长40.8%；工农业总产值205.28亿元(1990年不变价),比上年增长29.6%,其中工业总产值190.99亿元,农业总产值14.29亿元,分别比上年增长32%和4%;外贸出口总额(含三资企业和供货外地出口)6.7亿美元,比上年增长18.5%;预算内财政收入10.03亿元,比上年增长66.5%;社会商品零售总额34亿元,比上年增长31.7%;农民人均纯收入2890元,城镇职工人均货币收入7012元,分别比上年增长408元和1576元;年末城乡居民人均储蓄存款超过一万元。

一、大力推行股份制,企业转换经营机制的步伐加快

1993年南海市以大力推行工业企业股份制,改革旧的产权制度,建立新的产权制度为重点,加大改革力度,加快企业转换经营机制的步伐,把企业从传统计划经济的轨道转向社会主义市场经济的轨道。

(一) 推行股份制,发展混合型经济,转换企业经营机制中突出抓了五项工作:一是积极推行企业股份制,选择了一批条件比较好的企业,按照规范化的要求,改组为股份有限公司。现在全市经省审批已成立的股份有限公司有7家,总股本达15.53亿元,其中南海发展股份有限公司于去年六月初在法人股市场上市交易,成为广东"四小虎"第一上市交易的股票。全市还有4家企业正在筹建股份有限公司。二是大力推行股份联营,采取"三个任何"的方针,发展混合型经济。这种联营企业,在农村发展比较快,主要是集体与集体、集体与私营、个体与个体等联营。三是在企业内选择一些分厂、车间办中外合资企业,目前在市属工业中已办起了中外合资企业66家。市政府还召开了企业股份制经验交流大会,进一步推动各层次的工业企业走股份制的路子,加快经营机制的转换。混合型经济,一种新的产权所有制结构正在全市逐步形成。四是对一些长期亏损企业和小型企业,采取兼并、拍卖、租赁和抵押承包经营,救活了一批企业。五是继续贯彻《全民所有制工业企业转换经营机制条例》,全面落实企业经营自主权。

与此同时,继续鼓励和支持发展非公有制经济。去年五月,全市召开了一次规模大、规格高的民间企业家表彰大会,鼓励和支持个体和私营企业向更高层次发展,使他们敢于投资、放开手脚从事生产经营。去年,全市个体、私营企业已发展到4.3万多户,从业人员15.2万多人,注册资金8.35亿元,分别比上年增长13.1%、13.9%和15.9%。个体私营经济已成为全市国民经济的重要组成部分,形成了公有制和非公有制经济同时并存、共同发展的新格局。

(二) 加速结构调整,促进产业升级优化,主要抓了加快重点项目建设,优化产业结构;创名优新产品,优化产品结构;发展规模经济和集团企业,优化企业组织结构;发展高新技术产业,优化企业技术结构。把能源、建材、化工、电缆、毛纺、原材料等具有一定优势及同我市资源配置相关的产业,作为发展的重点,实施鼓励与扶持的措施,加速其发展。全市开发新产品26项,开发新花色、新品种300多项;规模经济有很大的发展,集团企业已发展到40多家,全市年产值或销售值超亿元的工业企业有40家,超千万元的330多家。企业的计量管理和技术监督工作也大大加强,对提高企业素质发挥了积极作用。

随着企业改革的不断深化,企业的活力明显增强,全市工业经济实现了持续、快速、高效发展。去年市属工业总产值达43.74亿元,比上年增长44.85%,高于全国、全省和佛山市的增长水平;销售值达41.4亿元,增长46.6%;利税总额突破3亿元,比上年增长56.5%,出现效益增长大于产值增长的喜人局面。乡镇企业工业总产值142.9亿元,比上年增长36.2%;实现利润和上交税金分别增长91%和78.8%。

二、深化农村改革,农村经济出现持续大幅度增长的好势头

(一) 1993年,全市把推行农村股份合作制作为深化农村改革的重点,通过推行以土地入股为中心的股份合作制,解决农村发展中所碰到的问题,以此来推动全市农村改革的进一步深化,为农村经济再腾飞造就一个良好的社会环境。市委、市政府发出了《关于推行农村股份合作制的意见》后,全市选择了164个点推行农村股份合作制,并在市、镇、管理区三级组成了近1500人的工作队分赴农村,帮助基层组织开展这一改革。至1994年初,首批开展的164个点上工作已基本结束,并收到显著的效果,达到了明晰产权,稳定承包,调整关系,改善管理,解决矛盾,合理分配,促进发展的目的。

南海市还注意增加农业的投人,不断改善生产条件,增强农业发展后劲。1993年全市四级对农业的资金投入达9400万元,农田水利建设完成土石方267万立方米。进一步巩固和发展农村社会化服务体系,全市各级已建立起各类农业服务公司(站)1000多个。

(二) 坚持面向市场,继续合理调整农业生产布局,大力发展"三高"农业,使农产品结构进一步得到优化;实行科技兴农,抓好农业技术的试验、示范、推广工作。1993年全市建立粮食优质品种、无公害蔬菜、优质水产、农机等各类示范点共19个,有效地指导和推进了"三高"农业的发展。全市优质谷播植面积占水稻总面积七成,水产养殖、禽畜、蔬菜等也向优质化方向发展。鳗鱼、桂花鱼、加州鲈等名优鱼类养殖面积达1.93

万多亩，比上年增加2000多亩，总产值超过3.72亿元，占塘鱼总产值的63％。

1993年农业虽遭受严重自然灾害，影响部分农产品减产，但由于大力发展了“三高”农业，使农业的整体经济效益仍有所提高，全市农业总收入比上年增长12％。农村经济持续大幅度增长，农民收入增加，农村综合实力进一步增强。全市农村经济总收入达到187.5亿元，比上年增长38％。总收入超过15亿元的镇(区)有2个，超亿元的管理区从上年的19个猛增至34个，集体可支配使用财力100万元以上的管理区达171个，占全市管理区总数的70.7％。

(三) 乡镇企业保持持续大幅度增长的好势头，总收入达到173.9亿元，比上年增长60.4％，产值超亿元的企业从上年的12家增至26家。从而使南海市步入全国发展乡镇企业先进市的行列。

三、整体布局，突出重点，基础设施建设取得突破性进展

南海市实施“整体布局，长远规划，超前发展”的战略，以建设现代都市为目标，加快各项基础设施建设，1993年全市已投入交通、能源、通信等基础设施建设共达18.2亿元，投入之大，建设速度之快，都是前所未有的。

(一) 交通建设突飞猛进。东西、南北两条一级公路主干线及与之配套的18座大桥工程进展顺利，主干线的路基工程已完成90％以上，五斗大桥、逢涌大桥和黄岐大桥已建成通车，其余的十几座大桥正在加紧施工。两条主干线可望如期在1994年9月通车，从而使全市形成一个内方格、外环形并能适应多种运输方式的综合运输网络。西樵过境公路的建设正在加速进行，321国道改造工程已完成路基，正在铺筑水泥路面。1993年全市还新建和改建地方公路54公里。年吞吐量80万吨、可靠泊3000至5000吨货轮的南海港国际码头首期工程预计1994年3月底完成并投入营运。此外，加强了对原有口岸的改造和配套建设，提高了口岸的通过能力，并开通了盐步三眼桥铁路口岸。

(二) 电力建设超前发展，一年迈出一大步。1993年全市地方办电新增发电装机容量达13.05万千瓦，超过了前三年新增的总和，使全市发电装机容量增加到32.36万千瓦。全年总供电量达25.5亿千瓦时，比上年增长45.8％，其中本市自行发电11.7亿千瓦时，占全市总供电量的45.8％，比上年增长51.2％，基本保证了工农业生产和民用电的需求。与此同时，装机容量40万千瓦的南海发电A厂正加紧施工，盐步、大沥、黄岐、小塘等镇(区)亦积极投资兴办自备电厂，全市目前在建的发电工程总装机容量达70万千瓦，预计到“八五”计划后期，全市自有发电装机容量达100万千瓦。

(三) 通信建设实现历史性大跨越。1993年，33万线程控电话扩容的第一期工程13.8万线已胜利完成，新增长途程控交换设备4300路端。目前全市程控电话交换机容量已达19.6万线，长途程控交换设备达5100路端；电话用户已达7.7万户，比上年增长51.47％，电话普及率从1992年每百人7部上升为每百人12部。电话号码由六位数升为七位数，标志着通信发展迈出了跨世纪的一步，电话号码资源可使用到2050年。全市还开通了5个移动电话基地站和5个无线寻呼台，使全市通信服务进入了普及、便捷、高效、多功能的新阶段。预计到“八五”计划末期，将实现全市每户一部程控电话。

(四) 按照建设现代化都市的发展蓝图，各级领导进一步增强了规划意识和管理意识，大力抓好市、镇城区和农村各个层次的城乡建设规划。1993年经省政府批准，扩大市区范围，增设大沥、盐步、黄岐3个镇级街道办事处，使市区范围从原来的84.1平方公里扩展为209.93平方公里。城镇建设步伐加快，各种设施进一步完善，功能和辐射力不断增强。1993年，全市城乡建设总投资25.67亿元，规划建楼房面积480多万平方米，分别比上年增长69.7％和32.1％；其中市区建设总投资9.15亿元，各类楼房建筑面积160多万平方米，各类市政公共设施日趋完善。

四、精心培育市场体系，商品市场不断发展，生产要素市场迅速发育

为适应社会主义市场经济的发展需要，大力培育和发展市场体系。在抓商品专业市场发展的同时，大力培育和发展生产要素市场，使全市初步建立起较完整的市场体系。在发展专业市场中，采取“谁投资，谁受益”的办法，形成市场建设投资主体多元化的新格局。全市集贸市场进一步发展，专业批发市场门类更多。一年内，全市共投资6620万元，建成农贸市场和陶瓷、钢材、电器、铝型材以及药材等专业批发市场共18个，建筑面积15.8万平方米。现在全市已建有集贸市场60多个，各类专业市场20多个，建筑总面积达62.7万平方米。1993年，全市集贸市场和专业市场成交额近70亿元，比上年增长44％。在抓发展和巩固专业市场的同时，大力发展生产要素市场。现在全市已建有金融、证券、房地产、人才、技术、劳务、期货等生产要素市场。从而使市场体系更趋完善，更好地发挥了市场机制在资源配置中的基础性作用。

五、进一步扩大对外开放，加快与国际经济接轨的进程

(一) 把握住扩大开放的机遇，充分利用和发挥投

资环境优越等有利条件，积极拓展各种利用外资的途径，吸引大财团投资大项目，鼓励外商直接投资，优化投资结构，扩宽投资领域。1993年外商投资空前踊跃，合同利用外资达7.88亿美元，比上年增长1.5倍，等于前13年利用外资的总和；实际利用外资达1.28亿美元，比上年增长一倍；新签办三资企业299家，比上年增长88%；补偿贸易签约32宗，比上年增长52.4%；三资企业出口值突破3亿美元，比上年增长33.5%，盈利比上年增长近2倍。

（二）对外贸易稳步发展，外贸出口超额完成国家计划。外贸部门积极开拓国际市场，实施多元化出口战略，以一业为主，多种经营，走实业化集团化道路，从而促进了对外贸易的发展。1993年全市外贸出口总额6.7亿美元（含三资企业和供货外地出口），比上年增长18.5%。其中，自营出口1.55亿美元，超任务33.3%。全市提供商品出口的企业1992家，出口值超百万美元的企业有129家，其中超千万美元的10家。

（三）海关、商检、卫检、动植物检、边检、港监等口岸联检部门为对外开放提供优质配套服务，维护了进出口企业的利益。1993年，平洲港客运量超过20万人次，口岸进出口货运量84.1万吨，比上年增长17.8%。驻外机构管理进一步完善。与此同时，人事、侨务、外事、旅游工作在开放改革中为经济建设服务。人事部门采取灵活、优惠措施，为经济建设吸纳各类专业人才2759名，接收大中专毕业生2139名。侨务政策的进一步落实，广大华侨和港澳同胞爱国爱乡热情更加高涨。1993年，接待回来探亲、观光和创办实业的海外侨胞和港澳同胞8300多人次。华侨和港澳同胞向我市捐款赠物总值8365万港元，兴办各种公益事业120宗。旅游业继续兴旺发达，1993年接待国内外游客169万人次，旅游业收入2.39亿元，比上年增长70%。为进一步开发西樵山的旅游资源，经广东省人民政府批准，西樵山旅游度假区划为省级旅游度假区。

经济建设跃上新台阶的南宁市

李应适

1993年南宁市把握机遇，深化改革，扩大开放，促使全市国民经济和各项社会事业出现了持续加速发展的新局面。

——农业全面增产丰收，乡镇企业高速发展　以市场为导向，引导农民调整和优化农业生产结构，加快发展高效、高产、优质农业和乡镇企业，积极推动农业综合开发。全市农业总产值达到24.37亿元，比上年增长11.58%，在调减水稻种植面积的情况下，粮食总产量达到74.41万吨，增长6.74%；糖蔗产量达到338.9万吨，增长10.95%；蔬菜产量达45.94万吨，增长13.04%；肉类产量达9.02万吨，增长11.50%；水产品产量达2.66万吨，增长24.88%；水果产量达21.35万吨，增长29.64%；新开发菜地面积2500亩，新种各种果林13万亩；完成造林面积16525公顷，郊区造林灭荒已通过验收。

乡镇企业发展速度和经济效益取得新的突破。1993年实现总收入28.85亿元，比上年增长1.72倍；总产值24.8亿元，增长158%；上交税金9140万元，增长79%；实现纯利润1.49亿元，增长124%，提前二年超额完成了“八·五”计划任务。

——工业生产持续增长，经济效益有新的提高　1993年，围绕增强企业活力这一中心环节进一步贯彻落实《企业法》和《全民所有制工业企业转换经营机制条例》，加快了企业改革的各项试点工作，积极推进劳动、人事、分配三项内部制度改革，探索产权制度的改革，全市规范化的股份制企业已达20家。其中新组建的有13家。同时，着力调整产业结构和产品结构，强化市场开拓和销售管理，加大技改投资力度，使工业生产稳步增长。工业总产值完成88.9亿元，比上年增长14.56%。其中乡及乡以上工业总产值完成82.61亿元，增长13%。工业经济效益明显提高，产销率为99.7%，比上年提高3.9个百分点。市属预算内国有企业实现利税4.25亿元，增长27.95%，实现产值、销售、利税同步增长。产品结构调整已见成效，适销对路产品增多，共开发新产品45项，主要工业产品质量稳定提高率达到90%。技术改造和技术引进的规模有较大幅度的增长，全年共下达项目183项，完成111项，完成技改投资5.02亿元，比上年增长74.9%。南宁万力啤酒饮料总公司、南宁橡胶厂已竣工投产，南宁造纸厂的筹建工作取得突破性进展，完成了厂区的“三通一平”，对外合同已于1993年11月30日生效，被国家计委批准为1993年预备开工项目。

——商贸流通更加活跃，第三产业发展迅速　按照“大商业、大流通、大市场”的工作思路，加大流通体制改革的力度，在商业流通企业中，全面推行“四放开”改革，积极进行“国有民营”及比照合资企业和个体经营的改革试点，全市商业系统已有95个门店实行了“国有民营”承包制。非全民所有制的经济有了新的发展，全市个体工商户5万多户，私营企业突破百家。市场建设步伐加快，一批粮油、纺织、百货、副食品批发市场建成投入使用，新增市场建设面积1.2万平方米。建店1万多间，新增营业面积14万平方米。多次举办或参加全国性及区域性商品交易会、订货会、展销会，使各类市场繁荣活跃，全市社会商品零售总额完成55.66亿元，比上年增长38.42%，净增15.2亿元，同时，房地产开发、金融证券、劳务、技术信息、娱乐以及各种家庭服务行业也得到较快发展。

——**金融状况良好，保险业加快发展** 金融部门认真整顿金融秩序，积极清收违章拆借资金，整顿结算秩序，大力组织存款，扩大信贷资金总量，金融秩序明显好转，建立和发展证券市场，多渠道地筹措资金，较好地解决了重点建设项目、大中型企业流动资金和农副产品收购资金的需求。1993年末各项存款余额107.7亿元，比上年增长38.39%。贷款余额65.78亿元，比上年增长26.64%。城乡居民储蓄余额51.81亿元，比上年增长50.25%。保险业发展明显加快，社会保障工作得到进一步加强。全市全民所有制企业合同制职工已基本参加了社会养老保险；固定工养老保险统筹的参加单位440户，占应统筹的93%，参加集体企业养老保险统筹的企业177户，占统筹的71%。全民所有制职工待业保险参加统筹的单位678户，占统筹的95%。去年全市社会保险业务收入2.21亿元，增长27.1%。

——**财政收入增加，税收继续增长** 1993年全市财政收入完成10.65亿元，比上年增长44.93%，其中市财政收入完成7.88亿元，增长43.26%；邕宁县财政收入1.58亿元，增长67.36%；武鸣县财政收入1.41亿元，增长36.21%，做到了当年收支平衡，略有节余。与此同时，采取积极措施，强化税收征管，大力组织税收入库，去年工商税收总额达9.66亿元，增长47.4%。

——**城乡人民收入增加，生活水平有新提高** 随着经济的发展，城乡居民生活也不断得到改善。1993年全市职工平均年工资收入3650.5元；比上年增加36.31%；城镇居民人均生活费收入全年2820元，增加47.42%，提前一年完成“八五”计划指标。农民人均纯收入922元，增加18.42%。

——**对外开放进一步扩大，利用外资打开了新局面** 1993年，认真实施自治区提出的“以‘南北钦防’为重点，带动沿江、沿边，全方位开辟出海大通道”的发展战略和全市“大开放、大引进、大开发、大发展”的工作方针，出台了土地成片开发，鼓励外商投资等新政策、新办法，成立了南宁市外商投资项目联合审批办公室和外商投资咨询服务中心等一条龙服务机构，进一步改善了投资的软硬环境，各级政府、部门进一步增强了对外开放的意识，积极地采取走出去、请进来的招商措施，先后组团参加了自治区在香港举办的投资项目介绍会和出口商品展销暨投资项目洽谈会，共签订项目投资合同107项，总投资9.14亿美元，其中外商合同投资4.3亿美元。出国出境洽谈经济、技术、贸易及其它方面合作的人员共300批，937人次。有18个国家和地区的代表团到南宁市访问和考察。引进外资步伐大大加快，全市共批准成立三资企业201家，比上年增长1.36倍，合同投资总额4.84亿美元，比上年增长3倍，全市实际利用外资总额8238万美元，比上年增长7.4倍。引资渠道进一步多样化，1993年利用世界银行、外国政府和香港中银集团贷款1925万美元。此外，国家计委已批准南宁造纸厂引进芬兰纸浆生产线，使用重点工程专项外汇贷款8600万美元。外商投资领域进一步扩大，已从过去的工业扩大到交通、能源、农业、建筑业、金融、商业、房地产业等领域。大中型项目的比例增加、投资增大，投资500万美元以上的项目就有近30个。南宁机械厂、南宁康乐股份有限公司、针织厂等老企业引进先进技术改造嫁接的大型项目已经起动并组织实施。外经外贸取得进展，全市外贸出口收购总值完成3446万美元，比上年增长2.8%，其中三资企业出口2050万美元，增长6%。边境贸易仍保持着良好的发展势头，对越经济技术合作有了新发展。边贸除保持和发展与越南边境地区的民间贸易外，还深入越南内地积极与越南有实力的国营大型贸易公司建立商贸关系，发展与越南的经济技术合作。1993年，边贸购销总额达5.47亿元，比上年增长29.83%。

作为对外开放窗口和基地的开发区建设步伐加快。南宁高新技术产业开发区中心区1993年完成投资6000多万元，创业大楼、标准厂房、住宅小区建成投入使用，吸收和创办各类开发企业160多家、技工贸产值2.52亿元。南宁经济技术开发区完成投资5000万元，已与外商签订了一万吨铝材加工、3.5万吨铜板纸等一批项目。南宁华侨投资区新建厂房21栋，创办各类企业74家，其中外资企业22家，投资总额1.2亿元，开发区内万门程控电话第一期3000门已经开通。工农业总产值达2.3亿元。大沙田开发区和南钦工业开发走廊的开发也取得新的进展。

——**城市建设步伐加快，基础设施明显改善** 1993年是南宁市历史上基础设施建设工程项目最多，投资规模最大，建设成效明显的一年。全市固定资产完成19.1亿元，比上年增长97.1%。城市交通设施和市政基础设施以加快建设出海通道为目标，安排新建、扩建工程项目42项，计划投资5亿元。现南湖大桥已建成通车，邕江三桥已完成投资6500万元，施工按计划全面展开，邕宁邕江大桥正紧张施工；南梧二级公路已建成通车，南宁至武鸣二级公路路基工程基本完成，南宁至邕宁二级公路工程进展顺利；江南路扩宽工程已建成使用，明秀东路改建工程完成投资30％，东葛路扩宽工程已部分完工。另外，总投资10亿元的“九路一桥”的前期工作正在展开。南宁机场于1993年新增3条航线，每周航班达43次，机场扩建项目已批准落实。北大集装箱码头已投入营运，客运大楼的主体工程基本完成。

邮电通讯设施建设取得突破性进展。1993年改造和新建了一批城乡邮所，新开办了电子信函、图文传真等多项邮政业务。投资3亿元，先后建成并开通了90兆移动电话系统，长途程控扩容2000线工程，南宁至广州、凭祥、北海、武鸣的光缆通信工程，中心片3万门、西郊片2万门程控电话扩容工程及武鸣县2000门程控电话工程等，程控市话交换机容量已由上年的1.5万门增加到6.5万门，实现了全市市话交换程控化。投入近亿元资金，开工建设七个11万伏送变电工程。进行了朝阳和五里亭两个11万伏变电站的设计，燃气轮二期工程已基本竣工。河南水厂扩建工程进入全面施工阶段，南水北调输水工程于1993年10月竣工。为进一步改善全市供电、供水状况发挥重要作用。

1993年，南宁市居民住宅区的建设和旧城改造工程顺利起动，房地产开发稳步发展。南湖、望仙坡、埌东等新区建设已有序地展开，银兴小区等旧城改造项目已陆续竣工，全市已有113家房地产建设开发公司落实了198个项目，总建筑面积达1625万平方米。房屋施工面积303.36万平方米，竣工面积107.94万平方米，同时还完成了一批园林绿地、环境卫生和环境综合整治配套工程。邕宁、武鸣县的城镇建设也取得明显成绩。城乡人民群众的居住条件得到改善。

——加快了科技体制改革和科技成果产品化、商品化的步伐　全市共实施科技计划项目109项，完成95项，组织对66个项目进行科技攻关，开发工业新产品35个，实现产值4500万元。依靠科技兴农取得了新的成绩，实施“万亩新台糖一号甘蔗良种推广应用”等一批项目，使农业产值新增2.4亿元，农民增收600多万元。多渠道增加科技投资也取得新进展，1993年共组织科技三项资金142万元，使用科技贷款3255万元，用于科技成果转化为生产力的投资。涌现出一批产品新、机制活、效益好、有市场开拓能力的科技型民营企业。

加速创造最佳投资环境的北海市

黄燕波

北海市自1984年对外开放以来，特别是1992年以来，遵循中央和广西壮族自治区关于开发建设北海的指示，实施以工业为主导，以港口为中心，综合发展的建设方针，大力进行基础设施建设，积极引进国内外资金、技术、人才和管理经验，抓住机遇，对外开放和经济建设都取得了较大的发展。1993年，全市国民生产总值47.5亿元，比上年增长51％。工业总产值实现42.48亿元，比上年增长58.9％；农业总产值完成23亿元，比上年增长23％；财政收入5.68亿元，比上年增长120.2％。全市人均国民生产总值3682元，城镇居民人均收入4103元，农民人均年收入1445元。

一、对外开放迈出了新的步伐

北海市充分发挥区位、资源、政策的优势，坚持“大开放、大发展”的方针、积极开展招商引资工作，发展与国内各省区的联合协作，扩大对外经贸合作与交流的领域。近年来，北海多次赴香港、新加坡等地举行招商活动，举办“国际珍珠节”，邀请在世界政界、商界实力强、影响大的知名人士以及东南亚各国的一些华裔富商前来访问和考察。使北海市的知名度、开放度空前提高，迅速成为国内外客商纷纷看好的投资热点．外引内联空前活跃，呈现出前所未有的好势头。

（一）利用外资方面，在1992年取得较大突破的基础上，1993年继续保持大幅度增长　引进的大财团和三资项目之多，投资规模和实际利用外资数额之大，外资来源地域和投资领域之广，合同履约率和外资比例之高，都为以往任何年份所不能相比。截止1993年底，全市共审批外商投资企业916家，分布于工业、建筑以及农林牧渔等十多个行业；合同投资总额75.58亿美元，外资来源主要有美国、日本、德国、新加坡和港澳台等18个国家和地区。在投资数额中，生产型项目比例迅速提高，前来投资兴业的外资企业许多是实力雄厚的大财团，如香港嘉里公司、香港新世界发展(中国)有限公司，香港恒基兆业集团公司、香港侨福集团公司、香港长江实业集团、美国都乐集团公司、日本伊藤忠株式会社、韩国大宇集团、泰国正大集团等。

（二）内联方面，区域协作范围之广，新办企业之多，均属前所未有　1992年国内各地到北海兴办内联企业共1026家，注册资金42.35亿元，远远超过前四十年的总和，1993年又新批内联企业2602家，注册资金

88.94亿元，分别比上年增长2.6倍和2.1倍。全国28个省、市、自治区和中央64个部、委及有关部门在北海设立的办事处、联络处189家。内联企业的迅猛增加，各种信息、科技管理、技术人员的涌入，为北海经济建设注入了生机与活力。

二、以基础设施为重点，加强城市建设，初步拉开大北海建设的格局

1984年以来，北海市大力进行基础设施建设，有效地优化了投资环境，扩展了开发空间。随着各条"线"的延伸和各个"点"的启动，形成了以市区为"中心"以廉州镇和铁山港为"两翼"的建设气势，为北海大发展打下了坚实的基础，也为我国大西南联合起来走向世界并参与国际经济交往提供基地、窗口和桥梁，创造了一个良好的投资环境。目前，北海正展开大规模的港口、机场、道路、公共设施等基础设施建设。在市区14条宽50米以上的城市主干道全部动工兴建并陆续通车，由新老干道交织而成的交通网络成为大北海格局的显著标志；连接西南的大动脉钦北铁路和北海火车站正在加紧施工，1994年内可望建成通车；空中航线迅速增加、机场正在扩建，先后开通至广州、深圳、北京、桂林、成都、重庆、贵阳、上海、长沙、汕头、郑州和香港等航线，争取近期开通至昆明、武汉等国内航线和至新加坡、泰国等国际航线；现拥有码头27个(其中万吨级泊位2个)，新港两个万吨级新泊位即将竣工；北海通往香港、新加坡的旅游客轮已投入营运；通讯事业发展迅猛，程控电话已增加到65000门，北海至湛江2400路微波及北海至合浦480路数字微波系统已建成投产，南宁至北海的光缆通讯也已投产；城市供水、供电有所改善。特别是以北海银滩国家旅游度假区为主体的旅游设施和房地产开发为先导产业的建设势头良好，推动了城市建设，使投资环境得到进一步优化。经国家有关方面评选，北海市于1992年已被列为全国投资硬环境40优城市之一。1993年又进一步得到改善。

三、投资结构和产业结构趋于优化，第三产业迅速兴起

北海市实施了一系列优化投资结构和产业结构的重大举措和投资引导，突破了产业结构长期不合理、低层次的旧格局，呈现出日趋合理的发展态势。

(一) 工业经济实力逐步增强，新的产业格局开始培育　冶金、电子、机械、石油化工等技术起点高、资金密集的新兴工业和基础工业得到较大发展，使北海市由一个消费型港口城市发展成为门类比较齐全，具有一定规模和生产能力的工业港口城市。特别是投资总额达200亿元的80万吨钢厂、120万千瓦火电厂、600万吨炼油厂和化纤厂等重大工业项目基础设施工程于1994年1月8日顺利奠基，不仅表明北海市产业结构和投资结构开始步入健康轨道，而且显示了北海的巨大吸引力，标志着北海作为大西南重要通道和北部湾经济增长中心地位的确立。

(二) 农业结构尤其是种植业结构得到较大调整　近年来，北海市继续落实向农业倾斜政策，依靠科技兴农，努力改善生产条件和外部环境，农业生产向高产、优质、高效方向发展，粮食稳中有增，经济作物种植、海洋资源开发大幅度展开，"菜篮子"工程建设加快，万亩蔬菜基地已形成初步格局，乡镇企业成为农村经济的主力军。外向型、创汇型农业实现零的突破，外商独资开发项目——美国都乐食品公司投资4000万美元兴建的6万亩柑桔基地，台湾客商投资种植的3万亩香蕉出口基地等农业综合开发项目已开始启动，为北海市传统农业向现代化、外向型农业的转变开创了新路子。

(三) 以旅游、房地产为先导的第三产业迅速发展　初步形成了以交通运输、邮电通讯、商贸、金融、保险、房地产、服务、旅游、信息、广告等全面发展的新局面。在最具吸引力的房地产开发中，让土地进入市场，再逐步规范，以此刺激经济建设的全面繁荣。目前，房地产开发已转入实质性建设，全市900余家房地产开发公司在建房屋建筑面积285.7万平方米，累计完成投资5.8亿元，20层以上的在建高层建筑就达45幢。房地产投资结构得到合理调整，资金投向逐渐转向需求量较大的中低档住宅建筑。与此同时，旅游资源开发取得进展，旅游设施逐步完善。随着北海银滩国家旅游度假区等一大批旅游基础设施的建成并投入使用，前来北海观光、旅游的人数不断增加，1993年接待国内外游客突破180万人次，比上年增长20%。

四、以市场经济为导向，加快改革步伐

北海市抓住机遇，打破常规，全方位、高强度、深层次地推进社会主义市场经济的改革。在产权制度改革、股份制推行、证券市场培育、国有资产管理、企业集团组建、政府职能转变等方面取得新的进展，给企业注入了生机与活力，有力地推动了经济建设的迅猛发展。现在广西已把北海列为自治区机构改革试点，中央有关部门也把北海列为机构改革的工作联系点，国家土地局也把北海市作为建立搞活土地市场的联系点，这为北海争取中央、自治区的指导和帮助提供了有利条件。只要抓住机遇，拓宽思路，转变观念，北海市的开发建设将掀起新的高潮。

为建设大西南通道策马扬鞭的钦州市

苏 宏 发

钦州市地处广西南部，濒临北部湾，面向东南亚，背靠大西南。八十年代末国务院批准为沿海经济开发区，是改革开放以来崛起的新兴滨海城市。全市总面积4657平方公里，海岸线长311.44公里，1993年总人口107万人。国民生产总值18.7亿元，工农业总产值30.47亿元，地方财政收入1.43亿元。钦州市为钦州地区行署所在地，是全地区政治、经济、文化、教育、科技的中心。

钦州市具有独特的区位优势。钦州位于北部湾顶，处在雷州半岛、海南岛、印支半岛构成的环北部湾扇面的中轴点，又与西南经济协作区构成另一个扇面，也处在轴心位置。钦州市与北海、防城港又构成了北部湾北端令人瞩目的“金三角”。目前，南宁至防城港、南宁至北海两条铁路和两条公路分别呈“人”字形贯穿钦州，使钦州成为交通枢纽。

钦州市的自然资源十分丰富。一是地下资源，地下矿藏有石膏、煤、锰、钛铁、石英砂石灰石、花岗岩、陶土等20多种，其中石膏储量4.7亿吨，陶土贮量仅市郊就达16亿吨，钛铁遍布钦江、茅岭江、大风江流域及沿海一带，储量难以估算。二是土地资源，全市有6万公顷耕地，有26.67万公顷山地。耕地用于种植水稻、甘蔗、杂粮、油料等作物；山地可种水果，也可营造经济林和风景林。三是海上资源，钦州面对钦州湾和北部湾，水面宽阔，鱼类繁多，计有430多种，是个好渔场，可发展海洋捕捞。浅海滩涂9.4万公顷，适宜海水养殖的有2.67万公顷，可养殖鱼、虾、蟹、泥蚶、文蛤、珍珠等。其中青蟹、牡蛎、对虾、石斑鱼被称为钦州湾四大名产，这些水产品畅销港澳地区。既可自然繁殖，又可人工饲养。钦州的珍珠称南珠，润泽晶莹，玲珑圆滑，在国内外享有盛誉。四是旅游资源，钦州地处边陲，是桂南重镇，依山傍海，历史悠久，山川秀丽，有众多的名胜古迹，有不少环境优美、风景别致的景点。钦州古八景之一的“龙泾还珠”，既龙门七十二泾，总面积约10平方公里，位于钦州湾茅尾海南端，龙门岛东北，小岛密布，参差错落，泾深浪静，泾泾相通，驱舟环游，如入迷津；舟行其间，峰回景移，无市井之喧嚣，俨然世外桃源，可开发为旅游度假区。五是港口资源，钦州海岸线长311公里，大多可建港口。现建有渔、商港五个，其中钦州港南面临海，东西北三面山岭环绕，地形隐蔽，风浪小，水域宽阔，可利用岸线7.8公里，港池宽1.5公里，水深10米以上，最深达24.7米，航道宽400米，可建造1至15万吨级码头泊位28个，全部建成后年吞吐量1亿吨以上，是不可多得的天然深水良港。钦州港位于北部湾顶钦州湾中部，距钦州城区仅28公里，至黄埔港520海里，至香港473海里，至海口168海里，至湛江港321海里，至越南海防约150海里。南昆铁路通车后，云、贵、川进出口货物从钦州港出海或上岸，陆地可缩短380至680公里；从钦州港到东南亚以及西欧各大港，比从上海出港减少距离23％至65％。可见，钦州港的建设，对发展大西南的经济，振兴大西南将起着极其重要的作用。因此，孙中山先生早在1918年，在他的巨著《建国方略》中就提出：“改良钦州以为海港”，“凡在钦州以西之地，将择此港以出海”，“在四川、贵州、云南及广西之一部言之，其经济上受益为不小矣”，“所以直接输出入之贸易，仍以钦州为最省俭之积载地也。”近两年，党中央和国务院不少领导人以及云南、贵州、四川、北京、上海、湖南等十多个省市自治区主要负责人，还有许多专家学者，视察或考察了钦州港，国内及港澳地区众多记者团也慕名而至，实地考察后宣传报道了钦州港的开发建设情况。1992年末，李鹏总理在视察建设中的钦州港时，作了“建设大通道，开发大西南”的题词；1993年4月，中共中央政治局常委，全国政协主席李瑞环来钦州视察时指出：“发展广西经济的一项战略性措施，就是加快钦州湾地区的发展。这个钦州湾地区应该包括南宁、北海、钦州、防城这一片。这一区域的发展，对广西乃至整个大西南都具有特殊意义。”钦州市委、市政府根据领导同志的指示和钦州地区的优势，作出了“以港兴市，以市促港”的发展战略，探索一条资源型与外向型相结合、传统经济与“通道经济”相结合的具有钦州特色的发展经济新路子。

首先，为加快钦州港建设，积极开展招商引资活动

1992年8月，钦州市举行了钦州港建港奠基典礼，拉开建设南方大港的序幕。当时钦州港建设未纳入国家计划，自治区仅拨50万元人民币作起步经费，钦州人民不等不靠，奋发图强，自力更生，艰苦奋斗，在地、市领导的号召和带领下，积极捐资投劳，干部群众纷纷解囊，各界捐资2000多万元，于1992年11月底正式投入钦州大港的建设。1993年共自筹、贷款及国家拨款2.1亿元，投入港区建设，到1993年底，建成了两个万吨级码头并于1994年初交付使用。从此钦州湾结束了有海无港的历史，实现了孙中山先生建设南方第二大港的遗愿。先生的孙女孙惠芳女士不远万里，从美国赶到钦州参加开港庆典活动。1993年在建港的同时，还挖掉大小山头几百座，铺设进港一级公路28公里，现已通车；并兴建了通往港口码头的勒沟跨海大桥，动工建设进港铁路。如今港口已通水、通电、通邮。钦州人的建港精神和建港速度，吸引了国内外不少投资者。首都钢铁公司、加拿大金龙远东集团公司、泰国诗哇拉公司、泰国奥兰集团公司、港商胡应湘先生等大财团、客商，纷纷和钦州市签订了开发建设钦州港的投资意向书或合同，部分项目已在筹划实施中。全国28个省、市、自治区、特别是云、贵、川等省，纷纷到钦州设立办事处或办公司，挂牌开业的已达310多家，签订意向性项目250多项，已落实160项。意向性投资达150多亿元，已落实到位12.5亿元。预征、预购土地5万多亩。三资企业已发展到62家，总投资额1.2亿美元。与外商签订合同和协议项目180项，投资额达20亿美元。

其次，加快城市建设，改善投资环境 1993年，钦州市政府依据"以港兴市，以市促港，港市合一"的城市建设思路，调整完善了《钦州市总体规划》及城区、港区34项单项规划，由原来单一区域的城市布局调整为老城区，钦州港区、沙井港区"三区一体"的城市布局，将城市性质定为"沿海工业兼有交通枢纽和商贸集散及旅游等多功能的新兴港口海滨城市，是广西及大西南地区对外开放的门户及最便捷的出海口。"1993年，投入1亿多元，改建、扩建了30至60米宽的人民南路、文峰路、南珠大道、钦州湾大道，动工兴建了80至100米宽的永福大道、进城大道、水东大道等城市主干道；开拓了小江、城中、水东、金桥、钦州港等新规划建设小区，城市面积达35平方公里，为1988年的3.7倍；同时加强了城市供、排水设施和供电设施建设；全市25个乡镇开通了程控电话，传真、传呼机和移动电话相继投入使用，使钦州城市建设有了较大发展，投资环境得到明显改善。

其三，加快资源开发，促进经济加速发展 钦州市既有山又有海，海产、矿产、土地、药材、陶土等资源十分丰富。从而因地制宜的选择了"挖资源，兴钦州"的路子，大力发展资源型工业和农业。充分利用山地造林种果，建设一个"山上钦州"；努力拓展海洋捕捞和海水养殖，建设一个"海上钦州"。1993年，全市种植甘蔗22.48万亩，人工造林41.93万亩，种植水果21.5万亩，水产品产量6.2万吨，都比上年有较大幅度的增长。同时，根据甘蔗生产的发展，扩建了五家糖厂，使蔗糖生产形成了支柱产业。利用药材资源，组建制药集团，大批量生产大力神口服液，畅销国内外市场，半宙制药集团公司年产值达1.3亿元，税利2200万元，成为钦州第一家跻身于广西"百强"的企业，其总经理梁卫荣获第四届"中国十大杰出青年"称号。1993年，全市工业总产值17亿元，比上年增长67.48%；乡镇企业总收入29.63亿元，比上年增长2.45倍，有8个镇和3个居委会乡镇企业总收入超亿元。

1993年，中央正式确定广西作为大西南出海通道。钦州市正处在大通道口，钦州人民决心抓住机遇，和广西沿海钦州湾地区的南宁市、北海市、防城港市人民共同挑起建设大西南出海通道的重担，加倍努力，加快资源开发和钦州港建设，加紧南宁至钦州高速公路的建设，尽快开展钦州江到西江平陆运河的建设，使钦州的区位优势、资源优势和钦州港的功能充分发挥出来，为大西南的开发和振兴作出应有的贡献。

选准突破口经济快速高效发展的合浦县

潘能强

1993年，广西壮族自治区合浦县选准突破口，快速高效地发展社会经济，取得了显著成绩。国民生产总值33.22亿元，按可比价计算（下同），比上年增长49.77%；工农业总产值49.81亿元，比上年增长54.73%；其中工业总产值29.66亿元，增长86.45%；农业总产值20.15亿元，增长19.97%；财政收入1.77亿元，比上年增长83.87%；乡镇企业总收入57.96亿元，总产值55亿元，分别比上年增长1.73倍和1.79倍；职工年均工资3449元，农村居民人均纯收入1497元，分别比上年增长58.1%和29.1%。

一、以农业综合开发为突破口，全面振兴农村经济

合浦县把农业放在经济工作的首位，加强农业基础地位，坚持以市场为导向，以增加农民收入为出发点和落脚点，在确保粮食增产的前提下，全面实施"海上、山上、陆上各建一个合浦"的发展战略，大搞立体化农业，地上种养与耕海开山并举，努力推进农业综合开发。

（一）在发展深海渔业捕捞的同时，利用浅海滩涂

大搞海水养殖 初步建立了珍珠、文蛤、牡蛎、虾蟹和中华乌塘鳢(俗称鲳鱼)五大海养基地，进行规模养殖。1993年，海洋渔业开发取得突破性的发展。全县水产品产量11.03万吨，渔业产值4.18亿元，分别比上年增长34.35％和38.33％；海水养殖面积达8000多公顷，产量2.1万吨，分别比上年增长20.53％和1.87倍；其中养殖珍珠934公顷，产量3745公斤，分别比上年增长55.5％和54.82％。

(二) 发展畜牧业和林果业 全县利用10.8万公顷宜林宜果的山坡岭地，大力发展荔枝、龙眼、芒果、香蕉、黄榄等亚热带水果。同时，利用山坡岭地养鸡、猪、牛、兔、狗及白鸽、肉蛙、蛇等珍稀动物。美国亚洲都乐食品公司在合浦县独资兴办的4000公顷水果基地已启动。1993年，全县生猪出栏32.12万头，家禽出栏1367万羽，分别比上年增长13.1％和63.3％；畜牧业产值3.99亿元，比上年增长26.8％；水果产量1.31万吨，增长39.4％。

(三) 稳定粮食种植面积，努力提高单产 在连续四年增产丰收的基础上，1993年粮食总产37.3万吨，比上年增长1.36％。同时大力发展甘蔗、花生等经济作物，并重点进行冬季农业开发，着手建立万亩蔬菜基地，向城郊型农业转变。1993年，全县甘蔗总产139.24万吨，花生总产2.68万吨，分别比上年增长3.89％和28.21％。

(四) 乡镇企业与农业综合开发同步，向"陆、海、山"全面发展 陆上主要发展传统工业和农产品加工业，以烟花炮竹为龙头，因地制宜地发展造船、丝棉织、麻纺、竹草编织、食品、陶瓷、工艺品、塑料制品等行业。其次，加快发展建筑、建材、交通运输和商饮服务业等。全县有乡镇集体、私营建筑工程队2768个，在北海、深圳、珠海、海南等地承包工程，1993年乡镇建筑业收入达10.2亿元。建材以水泥、红砖为主。全县新建扩建水泥厂13家，年生产能力150万吨，年总产值达6亿元。新发展大小砖厂160家，年产红砖6.5万块。此外，还开发采石场700多公顷。交通运输业以货运、客运为主，乡镇共有运输汽车1850辆，形成了浩大的运输队伍。全县新建了40个村级集镇，大批农民进入村级镇从事商饮服务业。主干公路两旁，以农民为主体办起了数百间饮食店。全县有4万多农村劳动力向第三产业转移，占农村劳力的13％。海上主要搞海洋渔业开发，尤其以海养业为重点。个体捕捞船已发展到2000多艘，海养专业户达2865户。山上种果养鸡专业户已发展到1350户。1993年，全县乡镇企业已发展到5.2万家，从业人员18万人。全县18个镇(乡)企业总收入均超亿元，其中12个镇超2亿元，最高的达7.3亿元。乡镇企业在全县经济结构中已是"三分天下有其二"，发展水平居广西前列。

二、以技术改造和提高效益为突破口，保持工业较高的增长速度

1993年，合浦县着力转换企业经营机制，选定了13家国有企业作为劳动、人事、分配三项制度改革和股份改革试点，使企业面向市场组织经营活动，提高经济效益。与此同时，加快工业老企业的技术改造，加快产品结构的调整和老产品的更新换代，偏重于高新技术、高质量、高附加值产品的开发，向技改要效益。1993年，全县加快技改进度，增强工业发展后劲。全年国有、集体企业技改结转及新开项目82项，总投资3.29亿元，年内已完成投资1.62亿元，有40个项目竣工投产。乡镇企业也上了300多个技改项目。较大的项目有汽车齿轮厂东风EQ—150汽车变速箱技改工程，南康糖厂日榨4500吨技改工程和白沙糖厂制炼车间技改工程等。

通过技改，大力开发新产品，提高产品质量，增强市场竞争能力，经济效益明显提高。全县工业增加值达8.21亿元，比上年增长99.92％；乡以上独立核算工业企业产品销售收入11.8亿元，比上年增长64.95％。全县预算内19家工业企业总产值3.74亿元，比上年增长16.1％；产品销售收入3.77亿元，实现利税6734万元，分别比上年增长85.5％和6.4倍，固定资产增值19.4％，经济效益的增长大大高于总产值的增长。

三、以加快基础设施建设为突破口，不断扩大外引内联

1993年，北海市出现了前所未有的外商投资开发建设热潮，对合浦县拉动很大。全县紧紧抓住这一机遇，大搞基础设施建设，努力营造较佳的投资环境，不断扩大外引内联。全社会固定资产投资7.64亿元，比上年增长2.2倍。对县城建设规划进行了调整，城建规划区由57.5平方公里扩大到142平方公里，控制范围223平方公里。同时抓紧四个开发区的建设和主干道路建设。改建新建了6条主干道路，总长11.3公里，总面积44.2万平方米，相当于前10年县城道路建设的3倍。开通了6000门程控市话、480路数字微波、图文传真以及无线自动寻呼、中文寻呼和移动电话系统，在广西率先建立了本地电话网，实现全县电话等位拨号，架设了广西第一条农话通讯光缆，加紧扩容万门市话。此外，还建立了全县气象通讯网。投资环境的改善，促进了外引内联。1993年，全县审批三资企业项目72项，合同投资额2.49亿美元，实际利用外资3126万美元，分别比上年增长80％、1.2倍和80.1％；注册登记内联企业115个，投资者来自国内20个省(市)，投资总额3.2亿元，比上年增

长3倍;注册资金1.86亿元,其中协作引进资金1.08亿元,分别比上年增长2.7倍和3.3倍。到1993年底,全县累计审批三资企业项目119项,合同投资额3.65亿美元,实际利用外资5146万美元;累计注册登记内联企业191个,投资总额4亿元,注册资金2.4亿元,其中协作引进资金1.34亿元。对外贸易也有新的发展,继续保持自治区内一级的领先地位。出口商品收购总额1.54亿元,自营出口创汇406万美元,分别比上年增长11%和52%。

四、以搞活商业流通为突破口,促进第三产业的发展

1993年,合浦县为适应市场经济的发展,坚持政府领导,统一规划,合理布局,多方兴建,工商部门统一管理的原则,大力兴建市场,积极培育市场。县城西郊、平田等大型综合市场已破土动工。年内投资2000多万元,动工兴建市场11幢,面积4.02万平方米;已建成交付使用4幢,建筑面积2.44万平方米。到1993年底,全县共有集贸市场49道,总面积13.88万平方米。南康、白沙、公馆、山口四个市场,已成为广西乡镇级的一流市场。此外,合浦县还结合村级镇的建设,兴建了一批村级市场。在加快市场建设的同时,制定政策鼓励工商个体户积极进入流通领域,大力发展第三产业。1993年核发个体工商户营业执照3922户,比上年增长19.8%;注册资金3752.7万元。截至年底累计全县工商个体户有1.86万户,注册资金8898.7万元,从业人员2.5万人。1993年全县社会商品零售总额6.48亿元,比上年增长8.96%;集市贸易额6.99亿元,比上年增长66.43%。随着商贸流通的发展,交通运输、邮电通信、金融保险、房地产业等也加快了发展步伐,全县第三产业产值(1990年不变价)10.62亿元,占国内生产总值的34.26%。

蒸蒸日上的椰城海口市

娄 东 风

我国最大的经济特区海南省省会海口市,是中国黄金海岸的宝地,社会经济正进入历史上发展最快的时期。1993年,海口市向着"三到五年再造一个海口"的宏伟目标又跨出一大步。全市经济获得持续、快速、健康的发展,各项社会事业硕果累累。在1992年跨入"中国城市综合实力50强"和"中国城市投资硬环境40优"的基础上,1993年各方面继续保持着全国领先的地位:全国城市环境综合整治定量考核"十佳"城市第一名,全国平原绿化、环保系统、土地管理系统以及全国卫生防疫防治等方面的先进单位称号。

一、国民经济发展状况

1993年,海口市实现国内生产总值70亿元(按当年价计算,下同),比上年增长45.3%;国民收入43亿元,增长47.1%;财政收入15.78亿元,增长119.2%;全社会固定资产投资93.75亿元,增长70.7%;商品进出口总值18.05亿美元(口岸数),增长80%;社会商品零售额37.32亿元,增长55.1%。

(一) 工业、交通持续增长 全市工业总产值完成42.02亿元(按90年不变价计算,下同),比上年增长48.1%;工业销售产值完成39.02亿元,增长54.9%。市属国有工业企业销售收入完成21.06亿元,增长50.8%;税金实现9010万元,增长23.5%;集体工业经济效益也有很大提高。全社会货物周转量完成148.15亿吨公里,增长56.8%;旅客周转量完成26.02亿人公里,增长26%。港口货物吞吐量980.5万吨,增长37.9%。

(二) 农业稳定上升 实现农业产值1.1亿元(按90年不变价格计算,下同),增长5.6%;粮食亩产平均提高13公斤;蔬菜总产量增长21.5%;肉类总产量增长111%;水产品总产量增长14.9%。罗牛山开发区建起了10万只蛋鸡场、400头奶牛场、万头乳猪场还有两座万头瘦肉型猪场。新建邻县蔬菜基地1万亩。全市造林累计6.35万亩,森林覆盖率达19.7%。提前实现了平原绿化指标。乡镇企业发展到3228家,实现总产值6.74亿元,增长78.3%。

(三) 财税增收,金融基本稳定 按照中央要求,整顿金融秩序,强化税收征管,大力组织财政收入。全市财政收入15.78亿元,增长119.2%。全年工商税收14.37亿元,增长115.6%。1993年末,市级银行存款余额101.2亿元,增长7.5%;贷款余额57.9亿元,增长28.1%。

(四) 房地产业继续发展 房地产业在调整中仍保持着一定发展势头。全年房屋建筑施工面积831.58万平方米,竣工面积102.49万平方米;商品房投资完成40.68亿元,增长50.9%;房屋交易面积40.45万平方米,成交金额10.29亿元,增长44.2%。

二、高标准、大规模的城市建设全面展开

1993年是海口市历年城市建设投资最大的一年。

大搞基础设施建设，扩大开发空间，提高城市质量，拉开了高标准、大规模城市建设的序幕，使“再造海口”的城市骨架初见端倪。

(一) 基础设施建设有较大进步 全市较大的市政工程和重点工程总投资4.23亿元，增长163%，1993年完成投资3.45亿元。小市政工程完成投资4431万元，增长148%。疏港大道通车，人民大道延长工程完成，滨海大道西延线一期工程、白龙路扩延工程已接近完成，工业大道在加紧施工，海秀路至海输西线改造全线开工，联接长流组团的三条主干道也相继开工。新建9座人行天桥全部交付使用，大型立交桥南大桥正紧张施工。污水主干管开始铺设。永庄水厂已供水，米铺水厂扩建工程如期展。管道煤气已接通点火3000户。全市有428条小街小巷实现了路面硬化、路边绿化和美化。1993年全市邮政业务总量增长45%，电信业务总量增长98.4%。净增市话容量7.5万门，比上年翻一番，普及率达23.3%，为全国省会城市前列。

(二) 新区建设获新进展 长流组团开发已完成规划、征地等各项准备工作，1号道路施工进展顺利，招商引资达成意向投资40亿元。新埠岛、白沙门游乐城、秀英西北片等新区建设都已启动实现运作。金盘工业区及美国工业村完成工业产值3亿元，出口创汇1500万美元;新引进工业项目34个，总投资达12亿元。永桂工业区已签订合同8项，到位资金1939.75万元。永万工业区、高科技工业园、金融贸易区、海甸岛东部开发区均在加速建设中。

(三) 城市管理进一步加强 完成了13项重点地段修建性详细规划和8项街景规划、17项专项规划，并实现了规划电脑化管理。查处违章建筑案件581起，拆除违章建筑18万平方米。坚持土地“五统一”管理，大规模地开展统一征地工作，积极稳妥地开展土地招标、拍卖活动。全市查出违法占地用地11000宗，没收土地3105平方米，清退土地16.48万平方米。还开展了“两整”(整顿市容卫生、整顿交通秩序)、“四创”(创优美环境、优良秩序、优质服务、文明卫生单位)活动，严格实行“门前三包”，实行层层分片包干，清除卫生死角，大力开展植草种花，整治景点等，完成了20条道路绿化建设，街道环境得到很大改善。同时加强交通秩序整治，使市区交通秩序明显好转。

三、改革开放向深度和广度推进

1993年，海口市为推动社会主义市场经济的大发展，大胆实践，敢于创新，使全市改革开放有新的突破。

(一) 海口保税区顺利封关运作 海口保税区于1993年4月实现封关运作以来，先后颁布了一系列优惠政策和管理办法。联合工商、税务、海关、卫检、商检等部门实行“一条龙”服务，到当年末进区企业已有103家，其中外资企业17家、合资企业7家、内资企业79家，投资总额达2310万美元，5800万元港币和6.66亿元人民币。

(二) 实行税收征管新办法 在全国率先对税收征管办法进行改革，改专管员制度为企业申报制，改分户管理为分项管理，改专管员管理为计算机管理，设立税务代理中心、税务审判庭，初步形成了以法治税的新模式，错征、少征、漏征和人情税大大降低。与上年相比，全市各种税收增长1.15倍。这一改革已被国家财税部门确定为全国税收征管改革的方向。

(三) 进一步完善企业登记制度 1993年，为创造更为宽松的环境，在1992年实行企业和项目登记制改革的基础上，进一步放宽投资经营范围和投资经营方式，企业登记改为直接登记，更加简化程序、简化规范材料和登记表，实行了咨询、受理、审核“一条龙”服务，大大促进了各类企业的迅速发展。全年核准注册登记的企业4571家，注册资金13.95亿元，从业人员67614人，分别比上年增长1.5倍、4.4倍和3.3倍。全年注册登记的私营企业达4854家，个体工商户8862户，分别比上年增长4.7倍和89.8%。

(四) 加快企业经营机制的转换 制定了《贯彻落实＜全民所有制工业企业转换经营机制条例＞的意见》，加快了政企分开和企业市场化进程。市属企业已有11家进行股份制和股份制合作试点，有5家企业已完成股份制改造的前期准备工作，有4家企业通过法人持股和内部职工参股等方式组成有限责任公司，有32家企业引入风险机制实行抵押承包。以上改革为企业参与市场竞争创造了有利的条件。

(五) 扩大社会保险的覆盖面 在过去四项社会保障制度改革工作的基础上，1993年新出台了《海口市个体工商户养老保险暂行办法》和《海口市临时工养老保险暂行办法》，把社会保险机制扩大到了临时工和个体劳动者。全市统筹范围从单一的全民所有制企业扩大到集体、内联、三资、私营企业和个体工商户，统筹对象从固定工、合同工扩大到临时工、受聘人员，使全市参加保险的单位达到3509家，比上年增长43%，覆盖面达80%以上。社会保险面的扩大为促进人才流动和社会稳定发挥了很好的作用。

(六) 经济股份合作制已在农村推广 以农村股份合作经济为主要形式，在探索发展城郊型经济道路上迈出了示范性的新步伐。新华区的秀英村、面前坡村，秀英区的新村、琼华、向荣、长德等村已完成清产核资转入实质性运作;振东区铺开的14个农村股份合作社试点，已有11个挂牌运作。

四、外商投资和外资利用有新的突破

江泽民总书记视察海南、海口时指出:“象海南这样的地方,你们就是应该快一点,改革开放的步子也要大一点,有的事情你们可以大胆地试”。1993年,海口市把江总书记的讲话作为推进外商投资和外贸利用的根本动力,出台了一系列吸引外资新政策和新做法。

进一步完善工商注册登记办法,实行一家一站一条龙服务;放宽注册资金限制,改进验资制度;允许外商以在海口市的不动产向国外银行抵押;允许外商投资港口、仓储、公路、铁路、电力、供水、煤气、航空、海运、城市公共交通和停车场等基础设施建设;允许外商投资从事商业、转口贸易、金融、保险、建筑设计及施工、广告、咨询、律师、会计等行业;允许外商经营旅行社以及兴办医院、学校、福利及其它公益事业。除国家有明文规定者外,其他领域都可以放开让外商投资和参与经营,凡由外商投资的社会效益好而经济效益差的公益事业和公共设施,允许以盈利性开发项目给以综合补偿。同时进一步放宽企业人员出国出境条件,改进和简化审批办法,凡在本市长住和暂住人员,包括“三资”企业的中方人员,都可以申办因私因公出国出境手续。鼓励国外技术专家和在外留学生来本市工作;鼓励境外人员来海口市旅游、暂住,并允许定居或在本市购置不动产。

海口市深入改革开放所形成的总体优势以及市政府各部门转变政府职能,简化办事程序,实施“窗口”化服务,规范政府行为,大大促进了投资环境的改善。使全市以吸引投资为中心的经济发展战略加速推进。全年外资项目协议投资达11.93亿美元,增长73.5%。其中登记外商投资企业986家,协议投资额9.46亿美元,分别比上年增长27.5%和37.7%;实际利用外资4.19亿美元,比上年增长32.2%。全年内资企业协议投资34.9亿元,其中基本建设投资7.25亿元,商品房投资10.79亿元,项目投资16.88亿元。1993年审批境内外驻海口办事处270家。

五、经济贸易活跃市场繁荣

1993年海口市继续采取措施,加大商业流通跨度,发展跨地区、跨省市贸易,进出口贸易和国际贸易,国内、国际期货贸易及相应的商品储运、代购、代销业务;建立各类批发专业市场,扩大批发交易额,提高批发市场集散能力;开设免税生产资料市场、进口汽车免税市场;鼓励外商投资零售商业;继续发展金融证券、房地产市场和期货市场;搞好海口交易中心,发挥其多功能服务的作用,并加快国际贸易中心的建设;鼓励发展信息、咨询、经纪人等各种中介服务业;除国家明文规定的专营商品外,其他商品一律放开、允许经营;进一步完善市场法规,放开经营范围,放活交易形式,加强交易服务,规范市场行为。使全市经济贸易较快发展。

1993年,在继续抓好果菜、粮食、农副产品、生产资料市场建设的基础上,期货、证券、人才投资服务、技术信息等一批高档次有形市场应运而生,全年新建大型各类市场7个。海口交易中心在发展多功能、多方位、综合性市场方面做了有益的探索,得到了国家工商局的高度评价。半年多时间,交易中心成交额达25.75亿元,代理进口121.1万美元。其中房产10.26亿元,地产15亿元,经纪中介额500万元,期货3300万元,一般商品1192万元,取得了较好的经济效益和社会效益。

1993年,全市社会商品零售总额完成37.3亿元,比上年增长55.1%;城乡集市贸易成交额完成9.13亿元,增长90.5%;商品进出口总值18.05亿美元,增长80%;全市自营出口总值为1.41亿美元,增长21%。商业系统适应市场环境,转换经营机制,调整经营策略,改善经营手段,国有商业、供销、物资等系统商品购销均有较大幅度增长。国有商业全年总购进4.6亿元,增长42.8%,总销售4.98亿元,增长37.6%;供销系统总购进1.65亿元,增长58.8%,总销售1.69亿元,增长6.08%;物资总购进5.5亿元,增长30.3%,总销售6.5亿元,增长64.5%;粮食系统总购进9057.7万公斤,增长65.8%,总销售9666万公斤,增长52.2%。

“天涯海角”三亚市

王 怀 中

海南省三亚市围绕发展社会主义市场经济这个中心,加大改革力度,扩大对外开放,推动国民经济继续增长,人民生活不断改善,城市建设取得较大成绩。

一、经济社会发展状况

1993年,三亚市全社会国民生产总值(当年价)完成

24亿元，比上年增长39.2%。国内生产总值(当年价)完成14.5亿元，比上年增长45.0%。全市工农业总产值8.1亿元，比上年增长17.1%。1993年全市经济发展的主要特点是：农村经济在受灾之年仍有新的发展，工交生产适度、效益有新的提高，旅游业兴旺，固定资产投资大幅度增加，城市基础设施建设有新的突破，对外开放向纵深发展，招商引资迈出新的步伐，财政收入大幅度增长，金融形势在调整中趋于稳定，城乡市场活跃。

(一) 农业 农业生产在受灾之年仍获得好收成。全市农林牧渔总产值4.71亿元，比上年增长10.1%；其中农业产值比上年增长12.1%；林业产值比上年增长6.0%；牧业产值比上年增长24.5%；渔业产值比上年增长4.7%。因遇严重干旱，稻谷、糖蔗、花生比上年减产，但粮食总产、蔬菜、水果均比上年增长。粮食总产7.71万吨，比上年增长3.3%，其中稻谷6.15万吨，比上年减产2.6%；糖蔗6.17万吨，比上年减少19.2%；花生351吨，比上年减少29.1%；蔬菜15.39万吨，比上年增长38.3%；水果1.2万吨，比上年增长8.8%。全市热带作物面积32.65万亩，与上年持平，其中橡胶面积29.94万亩，全市干胶产量8844吨，比上年增长6.4%；椰子802万个，比上年减少0.5%；槟榔1958吨，比上年增长4.8%；腰果93吨，比上年增长4.5%。全市造林面积41969亩，比上年增长36.8%；森林覆盖率达39.2%，比上年增长5%。畜牧业生产稳定发展，猪牛羊总肉量6545吨，比上年增长5.0%；猪牛羊出栏量11.03万头，比上年增长10.8%，渔业生产持续发展，全年水产品产量2.40万吨，比上年增长0.6%，水产品养殖面积3443公顷，比上年增长23%。农田有效灌溉面积10万亩，与上年持平。农业机械总动力8355万瓦特，比上年增长17.7%；其中农用排灌机械动力1125万瓦特，比上年增长29.5%。全市农村社会总产值6.80亿元，比上年增长57.0%，其中农村工业、建筑、运输、商业产值9555万元，比上年增长36.6%。乡镇企业总产值达2.19亿元，比上年增长87%，其中乡镇工业产值9255万元，比上年增长154%。

(二) 工业 全市工业总产值3.91亿元，比上年增长47.9%，其中乡及乡以上工业产值3.19亿元，比上年增长35.9%。国有工业产值2.50亿元，比上年增长22.5%；集体所有制工业产值3032万元，比上年增长45.2%；其它所有制工业产值3879万元，比上年增长295%。轻重工业均有较快增长，轻工业产值2.61亿元，比上年增长65.7%；重工业产值1.3亿元，比上年增长21.6%。主要工业品产量，发电1989万度，比上年减少23.9%；原盐2.27万吨，比上年增长51.4%；水泥15.5万吨，比上年增长11.1%；电视机1.52万部，比上年减少24.2%；食糖3425吨，比上年增长34.6%；花岗石板材2.20万平方米，比上年减少9.6%；木材6702立方米，比上年增长22.8%。工业经济效益有所提高，市属预算内国有工业企业实现利税2118万元，比上年增长516.7%；工业产品销售利税率29%，资金利润率29%，成本费用利润率40%。建筑业迅速发展，全市建筑业增加值3.8亿元，比上年增长141.7%，占国内生产总值的26.0%。

(三) 交通邮电 交通运输发展加快。1993年全社会货物运输量完成571万吨，比上年增长72.5%；旅客运输量完成904万人次，比上年增长25.0%。其中铁路货运完成2310万吨公里，比上年增长0.3%；公路货运完成3.95亿吨公里，比上年增长104.6%；水运货运完成970万吨公里，比上年增长26.8%。铁路旅客周转量2112万人公里，比上年减少9.6%；公路旅客周转量6.61亿人公里，比上年增长20.0%；水运旅客周转量591万人公里，比上年减少19.3%；民航旅客周转量1520万人公里，比上年增长233.3%。港口货物吞吐量66万吨，比上年增长66.7%。

1993年完成邮电业务总量3842万元，比上年增长121.0%；年末市话总容量达10000门；市话年末用户8226户，比上年增长53.6%；移动电话用户495户；无线寻呼机用户达8088户。市政十二路四桥配套通信管道工程投资1613万元，是有史以来市政府对邮电事业的最大投资。基本完成狗岭微波站工程，可安装移动电话144个信道，扩大了BB机覆盖范围，并为今后三亚长途传输创造了更好的条件。投资2400万元的移动电话扩容工程也基本完成。

(四) 商业 1993年，全市社会商品零售额3.95亿元，比上年增长14.2%，其中消费品零售额3.78亿元，比上年增长13.5%；农业生产资料零售额1656万元，比上年增长32.1%。城乡集市贸易成交额1.42亿元，比上年增长33.1%。各种经济类型的商品零售额全面增长，其中国有单位零售额1.51亿元，比上年增长16.9%；集体所有制单位零售额2611万元，比上年增长17.8%；其它经济类型零售额1221万元，比上年增长12.4%；个体零售额1.93亿元，比上年增长28.6%。全市累计有集贸市场23个。

(五) 财政、金融 1993年，地方财政收入完成1.40亿元，比上年增长53.7%；财政支出完成2.04亿元，比上年增长53.7%。全年财政收支相抵后，净结余140万元，基本实现“收支平衡，略有结余”的财政工作目标，有力地支持了各项事业的发展，主要工作一是强化了征管，依法治税，使财政收入创历史最好水平；二是强化预算管理，严格控制支出，确保财政收支平衡；三是积极多方筹措资金，支持建设事业。全年共组织各项预算外收入2.92亿元；四是建立乡镇财政试点，培育乡镇财源，促进农村经济发展；五是积极培育新生财源，保证财政收入稳定增长。截至1993年末全市存款余额32.87亿元，比上年末增加10.03亿元，增长43.9%；其中国家银行存款余额26.39亿元，比上年末增长43.3%。全市贷款余额25.24亿元，比上年末增加7.97亿元，增长46%；其中国家银行贷款余额20.54亿元，比上年末增长64.6%。城乡居民储蓄存款10.42亿元，比上年末增长71.4%。

（六）固定资产投资 1993年固定资产投资大幅度增加。全年固定资产投资达22.2亿元，比上年增长169.4%；其中国有单位投资21.51亿元，比上年增长174.6%；集体所有制单位投资1749亿元，比上年增长99.2%；居民个人投资5613万元，比上年增长66.5%。在国有单位投资中，基本建设投资13.03亿元，比上年增长125.7%；更新改造投资4108万元，比上年增长17.7%；商品房投资8.08亿元，比上年增长371.9%。在基本建设投资中，第一产业完成604万元，占0.5%；第二产业完成1.8亿元，占13.9%；第三产业完成10.3亿元，占78.7%。

（七）城镇建设 1993年，市政府把“十三路五桥”等市政建设做为迎接机场通航，加速城市功能综合配套建设，彻底改变三亚城市落后面貌的头等大事来抓。经过一年的奋力建设，大东海路、南边海路西段、滨海路和三亚大桥、金鸡岭桥已竣工使用；月川路、新风路、二环路、金鸡岭路、亚龙湾大道、南山寺路、临春桥、月川桥等正在紧张建设之中。成片开发逐步形成规模。采取自己直接开发、委托开发、出让开发和公开招标开发等形式，投入巨资对21个城市综合小区、旧城改造区和安置区进行开发，面积近万亩。月川、榕根、临春等小区的开发建设进入实质性阶段，有意参与三亚成片开发的国内外客商接踵而至，成片开发初显气候。全年全市房屋施工面积119万平方米，其中住宅62万平方米，房屋竣工面积28万平方米，其中住宅18万平方米。全年全市新增固定资产6.53亿元，固定资产交付使用率29.3%。

（八）居民收入与消费 1993年，城乡居民收入增加，生活继续改善。职工年平均工资3539元，比上年增长21.7%；农村人均纯收入975元，比上年增长11.6%。城乡储蓄持续增长，全市年末城乡居民储蓄存款余额10.42亿元，比上年增长71.4%。居民的金融投资意识增强，购买股票、债券等各种有价证券明显增加。城镇新建住宅竣工面积20.30万平方米，其中商品房住宅8.00万平方米；农村私人新建住宅竣工面积9.66万平方米。全年向干部、职工出售公有住房4823套，面积41.37万平方米。城乡居民消费呈多元化、多层化。

二、外贸及引资招商保持良好势头

（一）外贸 1993年，三亚口岸进出口总额6140万美元，比上年增长38.7%；其中进口总值5817万美元，比上年增长73.1%。全市外贸出口总值3983万美元，比上年减少42.1%。

（二）引资招商 三亚市充分利用'93海南招商年的契机，先后派出大型代表团参加第二届海南国际椰子节、'93(香港)中国海南介绍会和第四届海南乡团联谊会、科技博览会等大型以经贸活动为中心的节庆活动，积极开展对外宣传，扩大招商范围。1993年全市共批准外引内联企业2610家，其中外商投资企业335家，新签订外商直接投资协议335宗，比上年增长137.6%；协议投资额4.48亿美元，比上年增长132.3%；实际利用外资6229万美元，比上年增长62.1%。全市批准国内外省投资企业2275家，协议投资金额78亿元，实际利用外省资金10亿元，分别比上年增长12.2倍、9.07倍和3.57倍。重点项目有：亚龙湾开发股份有限公司跟霍英东集团、香港新鸿基地产新中建合作的总投资14亿元兴建的2个五星级宾馆和度假村，市经贸局与加拿大红枫国际实业有限公司合作投资3.8亿元建设三亚国际购物中心等。

三、开发区建设方兴未艾

三亚市经国家和省批准的开发区有四个。① 亚龙湾国家旅游度假区。亚龙湾是国务院批准设立的开发区。规划面积为85平方公里，其中海域面积50平方公里，陆地面积35平方公里；海岸线长25公里，其中有8公里沙滩，该区分为10个小区进行开发，将建设海上娱乐中心，文化城，豪华高级别墅区、酒店，俱乐部，高尔夫球场，海港新村，游览、钓鱼风景区等。新修亚龙大道已完成约40%的工程量。② 鹿回头旅游开发区。规划面积240公顷，已完成地形测量、地质勘探和设计总体规划，基础设施基本完成，并竣工一批别墅群。③ 海坡旅游度假区。距离市中心12公里，东对凤凰机场，西依天涯海角游览区，南有沙滩和海水。基础设施基本完备，一线地区正加快开发。④ 天涯海角风景名胜区。规划面积10平方公里，主要景点有天涯海角、南天一柱、天涯湾、巴篱湾、马岭等。天涯海角漫游区和购物区正在建设。

此外，还有一批由市里统一规划、成片开发的小区也正在抓紧筹划或进行基础设施的建设。

举措与经验

（海岸城市专题介绍）

按《北京城市总体规划》建设首都

罗亚辉

1993年10月6日，国务院正式批准了《北京城市总体规划》，并作了八条批复。新的《总体规划》按照邓小平同志提出的分三步走的战略，对首都北京到2010年城市发展进行了跨世纪的规划。

《总体规划》明确提出北京城市发展的基本目标是：进一步加强和完善全国政治中心和文化中心的功能，建设全方位对外开放的国际城市，成为文化教育和科学技术最发达、道德风尚和民主法制建设最好的城市；建立以高新技术为先导，第三产业发达，产业结构合理，高效益、高素质的适合首都特点的经济。到2010年，北京的社会发展和经济、科技的综合实力，达到并在某些方面超过中等发达国家首都城市水平，人口、产业和城镇体系布局基本得到合理调整，城市设施现代化水平有很大提高，城市环境清洁优美，历史传统风貌得到进一步的保护和发扬，为在21世纪中叶，为把北京建成具有一流水平的现代化国际城市奠定基础。

《总体规划》较为系统地提出了北京市到2010年城市建设和发展的主要任务。

——**对产业结构进行重大调整，以推动国民经济较快发展**。到2010年人均国民生产总值要比本世纪末达到的水平增加1倍。

经济发展的重点，一是电子、计算机、通讯、新型材料、生物工程等高新技术产业，以及汽车、机械、轻工、食品等行业，办好新技术产业开发试验区和经济技术开发区。北京不再发展重工业，特别是那些耗能、用水、占地多，运输量大、污染扰民的工业。二是邮电通信、交通运输、商业、金融、保险、房地产、旅游、信息、咨询等第三产业。到2010年北京第三产业的比重将由现在的47％提高到60％左右。

——**大力发展科技、教育、文化、卫生、体育事业**。充分发挥科学技术在经济建设中的先导作用，使北京的科学技术水平保持全国领先的地位，并使一些科技领域接近或达到国际先进水平。

建立面向21世纪的教育体系。在全国实施城乡九年制义务教育基础上，普及高中阶段教育，发展高等教育和继续教育。到2010年使受过高等教育的人口比重由现在的10％左右提高到20％以上。

新建高标准的大型文化、体育、卫生设施。各类社会化服务和社会保障体系的建设，要更充分考虑妇女儿童、老年人和残疾人的需要。

——**进一步调整城市结构和总体布局，改善生态环境**。城市建设重点要逐步从市区向远郊区转移；市区建设要从外延扩展向调整改造转移。到2010年，北京市城乡常住人口控制在1250万人左右，其中市区人口控制在650万人左右；城镇体系为"市区—卫星城—中心镇—一般建制镇"四级体系，远郊区发展14个卫星城，140个建制镇，卫星城将按15万人口规模发展。

在北京市朝着现代化国际城市的方向发展过程中，要高度重视并从城市格局、规划设计、宏观环境和文化传统上切实保护古都风貌。比如，要保护和发展传统城市中轴线；保持原有棋盘式道路网络和街巷胡同格局等。还要继续明确划定历史文化保护区和文物保护单位的范围。

环境保护是我们的一项基本国策。既要发展经济，又要保护环境。继续抓紧治理大气、水体、噪声以及废弃物的污染，大规模植树造林，种花种草，绿化美化环境。到2010年，城市污水处理率达到90％以上；城市垃圾基本实现无害处理；市区公共绿地达到人均10平方米，城市绿化覆盖率达到40％以上。

——**加快水源、能源、交通、防灾等城市基础设施**

建设。主要措施有：实施南水北调、京津运河、引陕甘宁天然气进京、低温核供热等工程；完善城市快速道路系统，发展地铁、轻轨交通，建设第二民用机场；提高城市的抗震、消防、防洪能力。

——**大力进行城镇住宅建设，改善市民居住生活环境**。平均每年建成城镇住宅500万平方米。到2010年完成危旧房改造，使城镇人均住宅使用面积达到16.5平方米。每户可拥有一套住宅，家家用上天然气，市区70％的民用建筑可享受集中供热，平均每户居民拥有一部住宅电话，坐在家里可以收看到12个频道的电视节目。在每个居住区内，都配置各种生活服务、文化体育、学校、医疗等设施。

天津市直接利用外资十项措施

林凤兴

1993年，天津市人民政府颁布了扩大全方位对外开放，促进经济发展，直接利用外资的10项措施。

(一)要确定经过拼搏得以实现的突破性目标。 全市每年协议外资额至少不低于20亿美元，并在4个方面创造北方第一：即经济技术开发区在土地开发进度、引进资金规模、实现利税总额及引进国际跨国公司和带动全市工业进步方面成为北方第一；天津港保税区在引进国内外资金、土地开发进度、实现进出口货物总额及促进天津外贸发展方面成为北方第一；全市直接利用外资进行成片土地开发在目前领先基础上，加快进度成为北方第一；全市生产型三资企业的生产总值、利税总额、出口总额及引进国际先进产业方面成为北方第一。

(二)发展天津的“浦东”，大力开发以塘沽为中心的滨海地区。 充分发挥天津港、开发区、保税区的作用，利用海洋、石油化工的优势和海河下游工业区的基础，经过奋斗，使滨海地区初步形成拥有先进技术的加工出口基地，开放度更大的综合性贸易区，并朝着有中国特色的自由港方向发展。

(三)拓宽直接利用外资领域，在4个方面实现重大突破。 即在房地产开发、利用外资建设基础设施、利用外资嫁接改造老企业、发展第三产业方面都有突破。

(四)在重点建设项目上大胆利用外资。 通过大胆而稳妥实验，找到一条节省自身资金、减少高额贷款、以一引二、以一引十的效益型建设重点项目的路子。

(五)用足用好“三区”政策，促进搞活大中型国有企业。 鼓励有条件的工厂迁入“三区”，发展龙头龙尾项目。

(六)加强城市开发建设的配套服务。 为了适应大规模利用外资开发房地产业、进行城市基础设施建设以及搞好外商投资项目配套设施的需要，在市外商投资服务中心的统一协调下，以市建委为主，由规划、建设和水、电、气、热、通讯、交通的主管部门参加，组成一个对全市城市开发建设配套有权威、高效性的服务机构，全权负责对房地产和城市基础设施外资项目的审批，并对外资项目的配套工作进行协调、管理和推动。

(七)建立全方位、多层次的大招商格局。 要求全市各行业、各系统都行动起来，广开渠道，拓展经贸业务，加强面向国外的招商攻势，大力吸引外商投资，积极主动地为投资者提供服务。

(八)内外开放同时并举，吸引更多的国内资金进入天津。 要以优惠的政策吸引各地投资者来津办店、建厂。根据市政府规定，对外地在津投资兴办的企业一律给予优惠政策。

(九)全面配套下放500万美元以下三资项目审批权。 市政府已于1992年将500万美元以下三资企业项目审批权下放到区县局，从1993年下半年起要将该项审批权全面、配套地下放到区县局。

(十)全市一心，各方同力，共同创建国际化大城市应具有的投资环境。 在继续下大力搞好投资环境硬件建设的同时，还要着重抓好两项工作，一是要尽快建立起完善配套的政策法规体系，二是要继续抓好政府部门职能的转变，搞好服务。

天津高新技术产业园区及滨海新区建设经验

林凤兴

天津新技术产业园区始建于1988年3月，1991年3月国务院正式批准为国家级高新技术产业开发区。园区由政策区和武清新建区两部分组成。政策区在位于市区西南部的智力、技术密集地区；武清新建区位于京津塘高速公路与京津公路交界处。园区总规划面积22平方公里，分为7个功能分区，即科研基地、科技贸易街、支撑服务基地、计算机工业小区、南开北草坝小区、侯家台产业区和武清开发区。园区内的企业利用国家和地方政府给予的优惠政策，集中研究开发在国际和国内领先的电子信息技术、新材料技术、机电一体化、生物工程技术、新能源和节能技术，使之迅速形成商品化，推而广之。

天津新技术产业园区建立以来，园区经济超常发展，成为天津新的经济增长点和总体发展战略布局的重要组成部分。到1993年底，园区已有高新技术企业1052家，其中三资企业80家，出口创汇企业12家；企业从业人数24530人。1993年，全园区技工贸总收入22.01亿元，工业总产值16.5亿元，利税总额3.38亿元，出口创汇2277.8万美元；拥有400多家高新技术小企业的鞍山西道科贸街，技工贸收入突破5亿元，利税近5000万元，分别比上年增长一倍以上；园区创业中心在"孵化"企业58家，"毕业"企业7家，能为企业提供25种服务项目。在国家无贷款或少贷款的情况下，科技园区的基本建设已步入全面发展的新阶段。1993年园区开工基建面积30万平方米，完成投资4.39亿元，为加快高新技术产业化创造了条件。1993年园区加入国际科技园协会，同日本九洲地区宫崎工业协会结成友好关系，与世界十多个国家和地区开展多种友好交流活动，扩大了交往与合作，向高新技术国际化迈出了一步。目前，园区已有三分之一以上企业通过各种渠道同境外相关行业建立了合作关系和业务交往。

新技术产业园区在天津市经济发展中发挥了重要作用。一是园区自身发展的高速度、高效益，成为全市经济新的增长点。二是园区以科技和政策优势，在传统企业改造中发挥了辐射作用。三是园区以灵活的运行机制，在经济科技体制改革中发挥了实验和示范作用。

天津新技术产业园区在建设和发展实践中，形成了自己的特点。一是崭新的企业运行机制。园区中的高新技术企业，都是按照自筹资金、自由组合、自主经营、自负盈亏、自我约束、自我发展的"六自"原则创办的，没有国家财政拨款，不占国家人员编制，企业有高度自主权。这种既有风险又有动力的机制，激发了职工的竞争意识和创造精神。二是园区企业都是集科研、生产、贸易多种功能于一体，走的是一条与传统体制截然不同的技工贸一体化的发展道路。三是局部优化的政策环境。国家和天津市曾先后对园区下达过一系列文件，形成了一套较为完整的政策体系。这些优惠政策，对园区高新技术企业起到了吸引、扶植和激励的作用，是园区得以快速发展的重要因素。四是以服务为主体的管理体制。园区实行园区管委会为核心，下辖各种功能区管理机构的两级管理体制。坚持"多服务、少干预"的基本原则，为企业发展提供多层次、全方位的服务。这种管理体制与企业运行机制相互适应，相得益彰。

今后，天津新技术产业园区按照国家科委要求，将继续发展为高新技术产业化基地、改造传统产业的辐射源，发挥对外开放的窗口和深化改革试验区的功能，为振兴天津经济贡献力量。

1993年中共天津市委和市政府为加速振兴全市经济，决定加快滨海新区的开发建设，使滨海新区成为天津市最大的经济生长点。

大有希望的天津经济技术开发区及港口保税区

林凤兴

天津经济技术开发区经国务院批准，于1984年12月6日设立。它是实行经济特区某些优惠政策，集中兴办以工业为主的中外合资、合作企业、外商独资企业占绝对优势的特殊经济区域。

天津经济技术开发区位于天津市东南，紧靠塘沽区和天津新港，京山铁路和京津塘高速公路沿区界通过，天津机场也在附近，是兴办新兴工业区的理想场所。开发区总规划面积33平方公里，其中工业用地23平方公里，生活用地10平方公里。

1986年8月21日，邓小平同志视察天津经济技术开发区，曾欣然挥笔题词："开发区大有希望"。几年过去了，经济技术开发区的创业者们在"以工业为主、以利用外资为主、以出口创汇为主"建区方针指引下，艰苦奋斗，开拓进取，开发目标逐一实现，昔日的盐碱滩地，变成了现代化工业新区。天津经济技术开发区以其优异的业绩，在国内外树立了良好的投资形象。1992年在国务院首批批准的14个沿海开放城市经济技术开发区中，天津开发区的税收、批准企业数、项目总投资、注册资金等8项指标列居首位。1993年天津开发区又有14项指标居全国之首，9项指标居第二位。开发区实现国内生产总值(GDP)25.5亿元，比1992年增长98.5%；实现利润总额11.9亿元，增长130.6%；税收总额4.8亿元，增长109.3%。

1993年是天津经济技术开发区“国际招商年”，利用外资再创历史最好水平。全年批准中外合资经营企业、中外合作经营企业、外商独资经营企业909家，比上年增加447家；协议投资总额12.4亿美元，增长75.8%；利用外资7.6亿美元，增长61.7%。这三项指标均超过或接近建区前八年的总和。在新批准的外商投资企业中，有许多是跨国公司兴办的高新技术大型企业。例如，美国的电话电报公司、AST电脑公司，韩国三星集团、现代集团，澳洲的五金矿产公司等。另外，骨干企业的投产吸引大批配套企业改善经营，“乘数效应”明显。仅为津美饮料有限公司、摩托罗拉(中国)电子有限公司和顶益国际食品有限公司生产配套产品的外商投资企业就达11家。截至1993年底，共有46个国家和地区的1741个外商在天津经济技术开发区投资置业，累计批准外商投资企业1709家，协议投资总额25.3亿美元，注册资本17.2亿美元，利用外资16.6亿美元，外商投资占注册资本的比例为63.23%。工业区每平方米投资密度为265.9美元。截止1993年底，在天津经济技术开发区注册的内资企业2930家，其中1993年注册1612家；累计注册资本73.9亿元，其中1993年36.4亿元，等于建区前八年的总和。

为了扩大开发规模，缓解大批外商投资设厂用地的压力，天津经济技术开发区适时转变土地开发策略，在坚持自身开发为主的基础上，提出了“大胆利用外资，以抓大项目、大财团为重点，全方位融资开发”的新思路。全区已正式签约融资划片开发的有韩国工业园用地1.16平方公里、泰丰工业园区3.45平方公里、海晶工业区2.70平方公里、金泰生活区1.28平方公里，融资划片开发的总面积达8.59平方公里，融资5.5亿元，实现了从借贷开发到滚动开发再到融资开发的战略转变。截至1993年底，全区已开发土地12.6平方公里，其中工业区8.1平方公里，生活区4.5平方公里。

经过9年的建设，天津经济技术开发区基础设施和公用事业日益完善，城市载体功能大大提高，全区综合实力明显增强，作为天津对外开放的窗口，发挥着重要作用。

滨海新区包括天津塘沽区、汉沽区、大港区以及东丽区、津南区的一部分，面积约2000平方公里的天津东部临海区域。天津港、开发区、保税区都坐落在这片土地上。这里既有现成的城市基础设施，又有大片尚未开发的荒地和储量丰富的海盐、石油、天然气、地热资源，还有国有大型骨干企业群，是建设经济新区的理想地域。

加快滨海新区建设的总构想是：以天津港、开发区、保税区为骨架，冶金、化工为基础，商贸、金融、旅游竞相发展，形成一个以新兴产业、外向型经济为主导，基础设施配套，服务功能齐全，面向21世纪的高度开放的现代化经济新区，进而向自由港的方向发展。计划经过10年左右的开发建设，使新区国民生产总值和出口创汇都要占到全市的40%以上。随着这一目标的逐步实现，要形成以老城区支持新区，以新区带动老城区，新老并举，交替发展的局面。

建设滨海新区的具体思路是：第一，着力加快港口建设。港口是天津最大的优势。作为滨海新区中心的天津港，现已建成包括36个万吨级以上的生产舶位62个，并随着中国第一座符合国际标准集装箱码头的落成，它已成为国际集装箱枢纽港。1993年天津港口吞吐量已超过3000万吨，外贸货运量仅次于上海市，居全国第二位，在国内天津港是东北、华北、西北地区的进出口通道。它对国外与160多个国家通航，在新经济区的形成发展中，具有重大的作用。因此，要把港口建设当成重中之重，本着总量增加，功能齐全的原则，加快建设步伐，力争在下个世纪初，把天津港建设成年吞吐能力上亿吨的国际性大港。

第二，进一步发挥开发区、保税区的作用。开发区、保税区既是天津对内外开放的旗帜，又是新经济区比翼双飞的两个翅膀，要下更大力量继续保持在全国领先地位，对滨海新区和全市发挥好示范、带动、服务作用。开发区要加快土地成片开发、滚动开发、全方位融资开发，向着大规模、高层次、技术先进的出口加工区和金融商贸区发展。预计到1997年将开发25平方公里，到本世纪末开发33平方公里。保税区要抓紧扩展区建设，尽快形成仓储、运输、加工等配套服务体系。要更多地借鉴国际上自由贸易区的做法，扩大物资流量，开展转口贸易，成为我国北方最大的国际贸易窗口。

第三，建设好重化工业区。滨海新区原是天津海洋化工和石油化工重点企业集中地区，中国最现代化和仅有的年产50万吨无缝钢管公司的建成又为发展现代冶金工业奠定基础，再加上正在建设和筹建的14万吨乙烯、20万吨聚酯、500万吨炼油等项目，一个新型的重化工业区已初具规模，并显示出其广阔的发展前景。这是投资的重点区域，今后新上的大型工业项目，原则上都要摆在这里。市区有条件的老企业也要向这里转移。滨海新区的企业都要加快转换经营机制，建立全新的企业制度，再造现代化工业的新优势。

第四，加快基础设施建设。滨海新区快速启动，要以基础设施建设为突破口，加强投入。在近年内，建设包括电厂、水厂、桥梁、高速公路等在内的一批具有现代水平的基础设施，进一步提高城市载体功能。

第五，广开资金渠道。建设滨海新区要多渠道地吸引资金，国内国外资金都要用，合资、独资都可以搞，谁来投资建设都欢迎。

天津市政府决定，把开发建设滨海新区，作为全市经济工作的突出重点，统一规划，分区、分步实施，调动各方面的积极性，集中力量，快速启动，将使滨海新区成为天津经济发展最快的地区。

天津港保税区自1991年5月12日经国务院批准设立，是中国北方第一个符合现代国际经济发展要求的保税区。它是国家为了加强对外经济技术合作，扩大国际贸易，促进天津及腹地经济发展，在天津港区内划出一定范围，采取更加开放的特殊政策，实行豁免关税等一系列国际上自由贸易的通行做法，在海关监管下进行封闭管理的境内外区域。天津港保税区的主要功能是以国际贸易为导向，以物资流通为基础，第三产业为主，第二产业为辅，向着国际化、多功能、综合型的方向发展。

天津港保税区坚持边筹建边建设、边建设边招商，在招商中完善基础设施，在完善设施条件中促进企业营运的方针，加快了发展速度。到1992年5月底，保税区起步区1.2平方公里土地出让完毕，现已全部开发成熟地，国务院批准扩展区3.8平方公里，目前已在开发中。至此，天津港保税区规划总面积为5平方公里。

天津港保税区建区两年多，累计完成基础建设投资6亿元(不包括企业投入)。目前，已经有55个国家和地区及国内20多个省市自治区、国家部委直属企业在天津港保税区内兴办企业。截至1993年底，天津港保税区累计批准企业2148家，投资总额16.7亿美元。其中，1993年批准企业1437家，投资总额9.6亿美元，内有外商投资企业1221家，投资总额6.8亿美元，分别占总数的84.96%和70.83%。在招商数量稳步增加的基础上，质量也有较大的提高，招进一批投资大，有影响的企业，1993年保税区批准投资额在500万美元以上的项目21个。在批准企业中，已有600多个企业开始营运，自封关以来，海关办理进出区货物总值累计达10.6亿美元。企业的经营活动包括了国际贸易及为国际贸易服务的货物加工、包装、保税仓储、运输、商品展示、房产、金融、保险、信息等。保税区的功能开始发挥，企业的效益和社会效益不断提高。

浙江省实行“四自”方针　缓解瓶颈制约的做法

浙江省政府办公厅信息处供稿

1993年，是浙江省交通建设改革投资体制，大力推行“自行贷款、自行建设、自行收费、自行还贷”的“四自”方针，加大基础设施建设力度的一年，是建设与管理相结合，狠抓应急措施，努力缓解“瓶颈”制约的一年。为加快交通基础设施建设，进一步缓解干线交通紧张状况打下了较好的基础。

年初的状况　“七五”以来，浙江省交通基础设施有了较大的改善，但由于长期以来投资不足，欠帐很多，与国民经济和社会发展需要极不适应。特别是1992年下半年以来，随着浙江省国民经济的快速发展，不少干线公路、航道的车、船流量以30%左右的速度剧增，使得原本超负荷运行的交通基础设施更趋紧张拥挤，出现了频繁的堵车、堵航现象，社会反响强烈。据1993年初统计，在国、省道干线公路中，共有阻车路段90处，约计1500多公里。其中，严重和较严重阻车路段4处，经常阻车路段27处，时有阻车路段59处；在主要内河干线航道中，共有易堵航段20处，其中，严重堵航段4处，经常堵航段16处。交通基础设施建设滞后与经济发展加快之间的矛盾非常突出，成为制约浙江省经济发展的“瓶颈”。

“四自”工程取得实质性进展　1992年12月，浙江省人民政府发出了《关于加快交通基础设施建设的通知》，明确提出了“四自方针”。根据这一方针，1993年，全省各级政府增加了建设资金投入，采取了突击建设等一系列应急措施。至1993年底，各地报请省政府批准实施的水运“四自”工程1项，公路“四自”工程共46项，计有高速公路和专用公路83公里，一级公路266公里，二级公路469公里。先后已正式动工的12项，其中绍兴“南连北建”2项工程已率先快速建成通车，杭新一级公路富阳段16公里建成半幅，320国道临平过境公路等9个项目正在抓紧施工。嘉兴至王江泾一级公路等14个项目已基本完成前期工作，即将动工，其余项目也正在抓紧前期工作。预计大部分项目可在“八五”期间完成。推行“四自”工程的实践，已对加快缓解干线交通，形成以路养路、滚动发展的机制，确立适应社会主义市场经济的新观念，起到了重要作用。目前，在公路4个严重和较严重卡口中，临浦卡口，新建临浦大桥已于1993年10月中旬建成通车，戴村新桥及接线正在抓紧建设，今年可望交付使用；柯桥卡口，“南连北建”工程已于1993年12月建成通车；温州将军桥卡口，突击架设立交桥，已于1994年春节前建成通车；临平卡口，在提前建境内高速公路的同时，新建的过境二级公路也正在抓紧建设，预计1994年6月底可以竣工。内河干线航道的“瓶颈”航段改善工程，已经开工建设的有5处，正在进行施工准备的有5处，其余正在抓紧做前期工作。在加快建设的同时，公安交警部门加强了交通管理，通过限制拖拉机等低速车在部分干线上行驶等措施，使阻车路段在数量上有所减少，程度上有所减轻。至1993年底，已经初步缓解阻车路段40处，约占总数的44%。航行秩序有所好转，堵航次数有所减少。

"四自"方针路子对头、前景喜人　1993年，浙江省通过改革投资体制，大力推行"四自"办法，积极引进外资，探索股份合作的路子，实行统分结合的项目业主责任制，整个交通基础设施建设的势头很好，形势十分喜人。全年安排总投入25.2亿元，其中"四自"工程10.2亿元，新建沿海码头泊位11个，新增吞吐能力83万吨，新建等级公路914公里，新增高级、次高级路面1847公里，公路总里程达到32838公里。杭甬高速公路各合同标段的建设进度加快，至1993年底工程量已累计完成9.78亿元；杭沪高速公路浙境段已经通过世界银行评估；甬台温高速公路已通过交通部的工程可行性评估；杭金衢高速公路、杭宁高速公路浙境段正在抓紧前期工作。与此同时，330国道丽水至青田二期改建工程、云和赤石岭隧道、舟山老塘山港区二期工程等一批重点项目相继竣工投入使用；省七届人大四次会议提出的"八五"期间新建1200公里县乡道路的目标已经提前实现。

大连市1993年16件实事

赵成武

1993年，大连市政府求实、务实，年初确定了全年要抓紧做好的有关经济建设和人民生活方面的16件实事，经过政府方面的积极工作和全市人民的共同努力，16件实事基本完成，受到市民的欢迎和称赞。现将各项实事完成情况介绍如下：

(一)加大改革力度　国有工商企业经营机制转换的工作取得较好进展，《条例》规定应下放给企业的14项自主权已基本落实到位，全市208户国有大中型工商企业全部落实了各种形式的资产经营责任制；组建各种形式股份制企业1040户，超过计划的108%；建成蔬菜、粮食、小食品、工业消费品、公路货运和联运、汽车、旧机动车、机电产品、物资综合以及商品期货等10类商品交易批发市场；城镇住房制度改革全面启动，市内4区的提租补贴基本到位，筹集住房建设资金1.46亿元。

(二)完成农业三大工程　全市已划定粮田保护区21.46万公顷(321.9万亩)，超计划1266.7公顷(1.98万亩)；新栽植名特优果树584万株，超过计划46%；综合开发利用浅海水面、滩涂8667公顷(13万亩)，超过计划30%；完成水产品产值24.5亿元，比上年增长25%，超过计划5个百分点。

(三)加快十大工业企业技术改造　大连钢厂、大连化学工业总公司、大连水泥厂、大连机床厂、大连第二轧钢厂、大连华录集团、大连制药厂、瓦房店轴承厂和大连冷冻机厂的技术改造已全面启动；全市城乡共完成工业总产值616.2亿元，扣去不可比因素，比上年同期增长37.7%，超过计划20.7个百分点；预算内亏损企业数比上年减少10%，亏损额下降了15%。

(四)乡镇企业增长率"保四十争五十"　全市乡镇企业完成产值518亿元，乡村两级企业销售收入330亿元，实现利税41亿元，分别比上年增长87.2%、69.5%和96.2%，超过计划47.2、29.5和56.2个百分点；新涌现9条"龙"、31只"虎"，超过计划的80%和2.1倍。

(五)引进外资1000项　全市新批直接利用外资项目1655项，协议外资金额17.8亿美元，分别比计划增长65.5%和48.3%。全市自营出口创汇15.7亿美元，超过计划的4.60%。

(六)推进七个对外开放先导区的发展　①开发区十大基础设施工程完成了预定计划，新市区主干道5号路已完成12.5公里土路基工程；全区新批准外商投资企业420家，超过计划40%；完成工业总产值53亿元，出口创汇6亿美元。②保税区完成基础设施投资9000万元，超过计划的50%；批准进区企业324家，超过计划的62%；已开工建设17家。③高新技术产业园区七贤岭产业化基地已完成场地平整工作，由泉村产业化基地发展规划已经完成，星海高技术中心一期工程已经建成，新发展高新技术企业300家，技工贸收入7亿元。④金石滩国家旅游度假区基础设施建设全面展开，引进外资项目15项，合同金额3亿美元。⑤经济开发小区完成基础设施投资3.6亿元，开发土地7平方公里，引进项目320项，超过计划的60%，全年完成工业总产值40.6亿元，超过计划1倍多。⑥大窑湾港一期工程前4个泊位竣工投产，后6个泊位和大窑湾铁路支线已经开工；大窑湾港粮码头项目进展顺利，准备开工。⑦大连足球特区建设取得新进展，已成立各类型的足球俱乐部18个，足球重点学校发展到85个，兴办经营实体(公司)6个。

(七)搞好十四个利用外资重点项目　中国华录电子有限公司和东芝一期工程已竣工投产；中日能源培

训中心主体工程全部完工，正在进行内部装修；大连工业团地的水、电、气、通讯、道路等基础设施建设已基本完成，一批高技术项目已进入团地；振鹏工业城基础设施工程已按计划全面展开；西太平洋石化公司的12套生产设备已有8套开工建设；浮法玻璃土建工程进展顺利；佳能三期主体工程已经完成；胜利广场工程、国际游艇俱乐部三期工程和高尔夫球场均已开工建设；奔德金融大厦正在修改初步设计；东芝二期工程和金杯大厦尚未开工。

(八)兴建十大商业设施 国泰大厦已部分营业，天富大厦进行装修；渤海大厦开始进入地上工程；天伦大厦已灌注基础底板混凝土，富利华酒店二期工程、友谊超级市场业已进入基础处理；糖酒副食品大厦、华威大厦已完成或正在进行动迁，二百新大楼、国际贸易大厦尚未动工。

(九)建设十二项重点基础设施 东风水库大坝已合拢；民航国际候机楼、胜利路西段、周水子立交桥、游泳馆已竣工；引碧三期一根管工程南线建成通水，新增日供水能力6万吨；华能电厂二期工程、西太平洋石化公司成品油码头、疏港路已开工建设；有线电视一期工程已经完成并开始试播；彩电中心一期工程已经竣工；引进程控电话20.84万门，超过计划38.9%。

(十)房地产开发双过百 全市共批准吸引内外资进行房地产开发项目127项，总投资额145.6亿元，分别超过计划的27%和45.6%。

(十一)举办六项大型涉外活动 第五届大连国际服装节各项活动收入1067.2万元，比上届增长47%；服装博览会和服装出口洽谈会内销成交4.75亿元，增长13%；出口成交额7303万美元，比上届有所增长。第七届中国东北地区暨内蒙古出口商品交易会出口成交4.53亿美元，签订经济技术合作项目110项，合同金额5.23亿美元；第五届大连赏槐会住宿和购物两项营业收入9734万元；第七届大连国际马拉松赛共有9个国家、1733名运动员参加，取得较好成绩；'93大连(香港)经贸合作洽谈会成交项目238项，合同金额28.1亿美元，协议外资金额15亿美元，合同金额超过计划181%；'93年大连(日本)经济技术合作洽谈会成交项目66项，合同金额5.8亿美元，协议外资金额3.5亿美元。

(十二)增开四条国际航线 开通了大连至俄罗斯海参崴海上客货班轮航线；大连至韩国仁川海上客货班轮航线，经国家交通部批准，进入最后签订合资协议阶段；大连至俄罗斯海参崴等7条空中航线已获国家民航总局批发的经营许可；大连至日本的空中航线已经中日航空谈判达成初步谅解。同时，开通了大连至波斯湾、大连至南非集装箱班轮航线和大连至新加坡杂货班轮航线。

(十三)扩大金融市场 香港东亚银行、南洋商业银行和日本三和银行在大连开设了分行；日本三井、住友、安田和东京等4家海上火灾保险株式会社在大连设立了代表处；成功地在日本发行公募债券100亿日元；大连合作银行尚未组建。

(十四)抓好"菜篮子"工程 新建蔬菜保护地1005.8公顷(15087亩)，超过计划的50.9%；完成高标准优质菜田地下管网建设724.6公顷(10869亩)，超过计划的8.7%建成兴业、周水子、丹东街、劳动公园、马栏河、黑石礁、中山公园、辛寨子、金山、泉水、金三角等11处一级、二级蔬菜批发市场；建成集贸市场36处；新建早夜市21处，超过计划的3.2倍；发展蔬菜贩运大户577户，超过计划的4.77倍。

(十五)改善居住条件 全市完成住宅配套竣工面积139万平方米，超过计划6.9%；解决教师住房1050套，教师大厦和科学家公寓建设进展顺利；已为1942户特困户解决了住房，超过计划94.2%；新发展燃气户20301户，超过计划1.5%；新增供热面积155万平方米，超过计划3.3%。

(十六)抓紧三个医院建设 市儿童医院门诊综合楼和中医院主体工程已经封顶；市口腔医院前期准备工作已就绪，但尚未开工。

丹东市抽调百名干部帮扶困难企业

佟文权

为稳定丹东的政治经济形势，推进企业转换经营机制，促进全市工业经济上新台阶，1993年9月，中共丹东市委、市人民政府决定，从市直机关和金融部门选派一百名机关干部到市属五十户困难企业开展帮扶工作。经过广大帮扶干部的积极工作，取得了较大成效。

一、帮扶工作任务及工作方法

任务主要是

(一) 调查了解企业亏损原因和生产经营存在的主要问题，积极主动地协助企业制定扭亏增盈措施，并加以实施。

(二) 调查了解企业转换经营机制工作进展情况，帮助选准转制方向，研究解决转制中存在的困难与问题。

(三) 调查了解企业管理存在的问题，协助企业尽快建立健全效益、成本、决策三个中心，从严、细、敢、实入手，整顿财务管理和销售队伍，强化各项管理工作。

(四) 调查了解企业资金沉淀问题，帮助企业完成压缩三项资金任务，参与以法清欠工作，努力盘活资金。

(五) 做好下一年生产、技术、物资、供销合同准备工作。

帮扶工作方法

(一) 做好深入细致的调查研究，认真分析研究企业生产经营中的困难和问题，并协助企业找出困难的症结，提出解决问题的办法。

(二) 深入车间、班组、机台、科室广泛地听取职工群众的意见和合理化建议，协助企业做好思想政治工作，并及时向有关部门反映情况，脚踏实地帮助企业解决实际问题。

(三) 积极参加工厂生产经营决策的各种会议，协助企业认真学习和运用好国家、省、市的有关政策，当好企业的参谋。

二、帮扶工作的主要成效和作用

(一) 进一步增强了各部门、各单位对扭亏增盈工作的关注意识和参与意识，提高了他们以经济建设为中心的工作自觉性。大多数责任单位领导没有把帮扶工作当做额外负担，也没有把此工作仅限于帮扶干部的事，而是从全市工业经济发展的大局出发，予以充分重视，切实负起责任，积极组织机关干部对此工作献计出力。许多经济部门及组织人事、政法监察等非经济部门都在积极探索如何发挥各自的职能作用和工作联系，促进企业扭亏增盈。通过这次帮扶工作，为进一步动员和组织各方面力量，都来关注和参与扭亏增盈工作，打下了一个较好的基础。

(二) 振奋了亏损企业干部群众的精神，促进了人心的稳定。在部分亏损企业中，存在着干部群众精神不振，人心不稳的问题。百名机关干部下派到亏损企业，开展帮扶工作的举措，在被帮扶企业中引起很大震动，使企业干部群众进一步感受到市委、市政府对他们的关注和扶持，加之下派干部的身体力行和勤奋工作，在一定程度上振奋了亏损企业干部群众的精神，起到了稳定人心的作用，同时也密切了机关与企业的关系。

(三) 扭亏取得成果。到年末，扣除新财务制度影响，有8户企业实现了扭亏，占五十户被帮扶企业的16%；有13户企业减亏，减亏额2466万元。这些成绩的取得，固然主要是企业自身奋斗的结果，但责任单位和下派干部也为之付出了较大的努力，起到了较明显的促进作用。

(四) 锻炼了一批干部，促进了他们才干的增长和思想观念的更新。

(五) 积极探索扭亏增盈工作新路子，进一步明确了扭亏增盈工作中一些符合客观实际、有较强力度的指导方针。

三、实际工作中主要作法

(一) 努力抓住企业的主要矛盾，积极参与扭亏增盈措施的制定和实施。下派干部到位不久，便都通过调查研究，初步分析了各个企业亏损的主要原因。在深入调查的基础上，逐个研究和提出影响五十户被帮扶企业亏损的主要问题，并进行了分类分析，然后再对症下药，一厂一法，提出具体扭亏措施。

(二) 认真分析和查找企业管理存在的问题，促进企业强化管理和转换经营机制。针对大多数亏损企业存在管理松弛和滑坡问题的现状，下派干部深入到科室、车间、班组、库房，采取与有关人员交换看法、召开座谈会听取意见、核查帐物等方法，大都找出了企业管理中存在的主要问题，并提出了强化管理工作的具体意见和建议。市计委下派干部对手表公司的管理问题进行了深入细致的调查研究，基本摸清了该企业存在的销售管理混乱，价值400多万元的手表被骗、丢失和滞留在私人手中等一系列经营管理中存在的漏洞，提出了强化管理的意见并形成书面调查报告，受到了企业领导的重视。

(三) 积极联系产品开发和合资经营项目，组织力量协助企业技术攻关。许多责任单位和下派干部利用各种渠道，千方百计为企业联系产品开发和合资经营项目，组织技术攻关。市保险公司下派干部通过与海南及纺织部的关系，积极为绢绸厂牵线搭桥，促进企业产品开发和引进外资。其中与纺织部研究院合作的桃皮绒深加工项目已试生产，产品投放市场后销势看好。与韩国客商合资的服装面料项目已有意向。市计委下派干部积极帮助手表公司联系产品出口业务，已达成了每月向阿联酋出口5000～7000只手表的意向。由他们联系的阿联酋客商已来丹，与企业洽谈了合资生产“万事达”手表出口国外的具体事宜。市科委下派干部帮助灯泡厂将汽车白炽灯系列产品列入市科委科技计划，并落实了2万元开发资金。

(四) 认真调查企业资金沉淀问题，千方百计帮助企业促销压库和清收外欠款。市总工会下派干部经多方联系，帮助油脂化学厂推销15吨硬脂酸和部分闲置物资。市税务局、监察局等单位下派干部克服重重困难，帮助企业清回欠款数十万元。

（五）想方设法筹措资金，积极协调企业的外部关系。市工商银行、建设银行下派干部积极争取，多方沟通，分别为被帮扶企业注入资金30万元和20万元。市交通银行下派干部积极向行里及燃料公司争取支持，为企业筹措到购买重油的30万元资金，使锦江造纸厂的冬季生产用油得到保证。市劳动局、人寿保险公司、审计局等单位下派干部也都为困难企业筹集到一定数额的资金，解决了企业燃眉之急。

丹东市举办东方丝绸节

佟文权

1993年5月12～22日，丹东市成功地举办了'93丹东首届东方丝绸节。这是一次政府搭台，企业唱戏，广泛开展经贸合作与交流，充分展示丹东改革开放和建设成果的大型经济文化活动。对提高丹东的知名度，扩大丹东同国内外的经济联系，促进全市进一步对外开放，具有重要意义。这次活动以其规模盛大、内容丰富、效果明显而载入丹东经济发展的史册。

这次活动取得的主要成果有以下几方面

一是在内外贸易上取得了突破性成果。到5月22日，全市内外贸合同成交总额人民币7.14亿元，其中内贸合同成交额4.26亿元，外贸合同成交额2.88亿元。在内贸成交额中，现货订购额1.28亿元，期货订购额2.98亿元。在外贸成交额中，商品出口合同金额3151万美元，外贸收购合同金额6918万元。

二是在利用资金存量进行合资嫁接方面取得了重大进展。至5月22日，全市共签订合资合作项目合同、协议或意向46项，投资总额1.7亿美元。在所有拟合资合作项目中，已签订合同的33个，投资额3901万美元。丝绸节期间，企业积极利用自己的厂房和设备等吸引外资，有不少企业与国内外大公司、大财团实现了对接。丹东电视机总厂与日本饭山电机株式会社合资兴办艾迪科(丹东)显示器有限公司。同时，这次丝绸节谈成的合资嫁接项目大都符合产品结构调整方向，适应产业结构调整要求。

三是结识了一批新朋友，掌握了一些潜在市场。这次丝绸节，不仅巩固了一批老客户，还结识了大批新朋友。应邀参加丝绸节活动的国内外各界人士共2500人，其中外国和港澳台地区客商328人，是丹东市举办经贸活动来人最多的一次。许多客商对丹东的投资环境、资源、气候、天发前景等都表现出浓厚的兴趣。特别是对琳琅满目的工业产品感到十分惊讶。有的外商看了丹东产品的质量和花色后，当即表示要与丹东建立长期的合作关系。

四是全面检阅了丹东市对外开放的软硬环境。参加这次丝绸节的许多客商高度赞扬丹东的地理位置、经济资源、交通通讯等投资环境。一些老客户称赞丹东的投资环境日臻完善；一些初次来丹的国外客商对丹东赞不绝口，都说丹东很迷人。很多客商对我们特事特办、繁事简办、工作效率高表示赞赏。韩国的车永集先生对丹东能在三天内完成必须的合资项目手续，表示十分满意。通过成功地举办东方丝绸节，提高了丹东的知名度，同时也极大地振奋了全市人民的精神，必将使以丝绸为主的丹东产品进一步走向世界，再造现代东方丝绸文化光辉灿烂的明天。

这次活动的特点有以下几方面

一是突出了丹东的地方特色。有关专家学者研究发现，除西方丝绸之路、海上丝绸之路以外，还有一条鲜为人知的东方丝绸之路。丹东既是这条东方丝绸之路国内段的终点，也是进入朝鲜、韩国、日本等东亚国家的起点，是联结东方丝绸之路，加强内地与东亚各国的经贸联系，增进各国人民友谊的重要枢纽，这条丝绸之路曾给丹东丝纺工业带来繁荣与发展。丹东以轻纺工业著称，丹东丝绸在国内外较有影响，是著名的“柞蚕之乡”。为了弘扬丝绸文化，振兴丹东工业，市政府决定举办'93丹东首届东方丝绸节。目的是以丹东特产丝绸为媒介，广招国内外客商，广泛开展经贸合作与交流。

二是各项活动准备充分。市政府专门成立了丝绸节筹备领导小组，下设办公室，主要领导亲自挂帅，市政府秘书长和几位副秘书长分兵把口，各项准备工作动手早、抓得实。

三是各项服务活动安排得周到细致。为了给参加丝绸节活动的中外客商提供优质服务，从3月18日开始，有关部门就分别对宾馆、饭店、舞厅进行了整顿，并按整顿标准对合格单位颁发涉外接待单位门匾。客商对各项服务普遍表示满意。

四是各部门同心协力，密切配合。为确保丝绸节卓有成效，有关部门先后多次召开调度会、协调会，共组织了18个参展团、216个参展单位，参展产品达3526种5824个花色，充分反映了丹东产品的面貌，受到客商们的一致好评。各部门、各单位通力合作，突出了全市一盘棋思想，确保了丝绸节活动的圆满成功。

五是各级领导亲自抓各项经贸洽谈。丝绸节期间，各企事业单位经贸洽谈工作异常活跃，各级领导都能抓住经贸洽谈这个重点，身体力行，亲自参与，从而使经贸洽谈工作取得了积极的成果。

唐山市的“龙头工程”京唐港

孟祥林

盛世多壮举，伟业应运生。

1993年7月18日。京唐港国际通航典礼隆重举行。梁志忠市长郑重宣布：“京唐港国际通航第一艘货轮起锚开航！”随即，满载着2万吨开滦洗精煤的洪茂海号远洋货轮汽笛长鸣，徐徐驶离京唐港，驶向朝鲜民主主义人民共和国的清津口岸。这一天，将永载唐山史册。

京唐港正式对国际通航，实现了孙中山先生的遗愿，结束了唐山靠海无港的历史，打通了唐山“冲出渤海湾，走向全世界”的黄金水道，是加速环渤海乃至整个“三北”地区开放开发的战略之举。

京唐港原名唐山港，位于唐山市东南95公里处的乐亭县王滩镇境内，东距秦皇岛港64海里，西距天津新港70海里。早在1919年，孙中山先生就在《建国方略》中提出，要在此地建设一个与“纽约港等大”、“为世界贸易之通路”的“北方大港”。新中国成立后，经国家有关部门实地勘测以及德、英、法、日、澳等外国专家考察论证，均认为这里是建设深水大港的理想港址。

为适应改革开放和经济发展的需要，唐山市于1984年作出了建设唐山港的战略决策。经国家和省有关部门批准，唐山港作为河北省重点项目，于1989年8月10日破土动工。唐山港分东、西两个港区，为东、西双挡沙堤环抱挖入式港口，码头采用地下连续墙结构。目前正在建设的西部港区1号港池拟建8个泊位，年吞吐能力为650万吨。其中7#、8#两个1.5万吨级散杂泊位于1992年7月18日对国内开航。1992年10月，唐山港经国务院批准作为一类口岸对外国籍船舶开放，11月通过国家有关部门的验收。1993年7月17日，唐山市与北京市签署联合建港协议，并将“唐山港”更名为“京唐港”。7月18日，京唐港作为一类口岸正式对国际开航，年吞吐能力达到120万吨。当年离港船只达66艘，货物吞吐量44.5万吨，实现营运收入830多万元。1#、2#泊位相继于1992年4月和1993年5月开工建设，预计1994年10月份建成，港口吞吐能力将达到290万吨。3#至6#泊位工程设计已全面完成，1994年4月份陆续开工建设，1995年全部建成。届时，1号港池8个泊位全部竣工投入运营，京唐港吞吐能力将达到650万吨。目前，正在进行西部港区2号港池和东部港区10万吨级矿石专用码头的可行性研究，为“九五”期间大规模建设做准备。按照修订后的规划设想，到2000年，京唐港吞吐能力达到1200万吨；2010年达到2210万吨；到2020年，争取建成年吞吐能力3600万吨的现代化、多功能、综合性、有特色的大型国际贸易口岸。

唐山海港开发区，以京唐港为依托进行建设。规划近期开发面积为44平方公里，包括20平方公里的港区用地。目前正在建设之中的是5.3平方公里的起步区，包括城市主次干道用地0.82平方公里，公建用地1.03平方公里，外贸出口加工用地0.84平方公里，保税区和自由贸易区用地0.77平方公里，住宅用地1.71平方公里，绿化用地0.13平方公里。按照发展设想，海港开发区将优先发展陆海运输业和“两头在外”、“三来一补”的临港加工业以及高新技术产业，不失时机地发展轻工、机械、电子、化工、医药、服装工业和房地产、商贸、金融、旅游、信息服务等第三产业。开发区已具备道路、供水、供电、通讯等基本建设条件。全长77.3公里的坨港铁路已与京山线接轨并投入运营；94公里的唐港公路扩建工程已经竣工；110千伏变电站已投入运行；日供水6000吨的水厂已建成供水；480路数字微波通讯已开通并网，长途电话可直拨世界182个国家和地区。开发区招商引资工作进展迅速。尤其是与北京市联合建港和“7.18”对国际通航，在国内外产生强烈反响，大批国内外客商纷纷前来考察、洽谈和投资合作。1993年，共接待中外客商1300多人次，批准立项项目93个，计划总投资17亿元。目前，已有50个项目划出红线，海员大酒店、综合服务楼、综合写字楼、综合商店等9个项目已开工建设，总投资达1.06亿元，占地面积9公顷，建筑面积10.7万平方米。同时，以出让产权方式，与煤炭部晋煤总公司签订了建港合同(3#泊位)，与开滦矿务局、河北省煤炭厅达成了建港协议(2#、6#泊位)。到2000年，开发区将建成拥有8万常住人口、150家工贸企业、国民生产总值15亿元、出口创汇1亿美元、利税5亿元、建成区面积10平方公里的小型工贸城市。到2010年，建设开发区面积将达到24平方公里，拥有20至25万常住人口，逐步形成城市功能齐全、基础设施配套、港口运输通畅、经济实力较强、第三产业繁荣、科技文教事业发达、人民生活舒适方便、在环渤海湾及整个东北亚地区具有一定影响的新型滨海工贸城市。

京唐港和海港开发区具有明显的区位优势、得天独厚的自然条件和巨大的发展的潜力。一是建港条件优越。这里地处海岸线长、港口少、运输压力大的渤海湾中心地带，位于秦皇岛港和天津新港中间，有长达6公里的宜港海岸线，水深岸陡，不淤不冻，工程地质条件好，具备建设10万吨级深水大港的条件。二是腹地广阔，货源充足。唐山是全国重要的能源、原材料工业基地，煤炭，钢铁、电力、建材、机械、陶瓷、制盐工业在全国占有一定的比重；同时，农业和林、牧、渔业产品产量大，质量好，商品率高。三是港区具有充分的发展余地。按照建设码头、仓储、加工三位一体货主码头的需要，扩大了港区面积，预留了近20平方公里的港区建设用地。四是唐山与北京联合建港，不仅加快了建港步伐，而且可以促进区域经济优势互补，共同繁荣。五是开发区拥有大面积国有滩涂，进行城市建设和对外招商不占粮田、不必征地、无需拆迁。六是港、区统一规划，统一管理，同步开发建设，有利于互为依托，互相促进，共同发展。搞好京唐港和海港开发区建设，充分发挥其物流、人流、金融流、信息流作用，不仅可以使唐山这座百年重工业城市重振雄风，而且可以促进北京、河北乃至整个"三北"地区发展，对加快实施沿海经济发展战略具有重要现实意义和深远历史意义。

1994年1月中旬，邹家华副总理来唐山视察，对京唐港和海港开发区建设给予了充分肯定。前不久，国家在唐山召开了环渤海地区经济规划座谈会，明确提出把京津唐作为环渤海开放开发的重点地区。河北省委、省政府要求唐山要"率先突破，率先发展，当好河北对外开放主战场"。这些，既是对唐山的殷切希望，也是对唐山的极大鼓舞和鞭策。

目前，唐山市已把京唐港作为"龙头项目"和"一号工程"，把海港开发区摆在十分突出的位置，成立了由市委书记张士儒为组长、市长梁志忠为副组长的港口建设领导小组，重新组建了由张和副市长为主任的开发区管委会，修订了港、区建设规划和实施方案，动员全市以港、区建设为己任，齐心协力促龙头，保重点，争分夺秒、全力以赴加快京唐港和海港开发区建设，带动和促进全市的改革、开放和经济发展，确保国民生产总值1994年翻两番，到2000年翻三番，争取翻三番半，成为率先实现现代化的地区之一。

风筝都举办风筝节　坚持十年结硕果

贾延庆

十年前，进出口贸易，引进外资、国际经济技术合作这些专业名词，对普通的潍坊人来说遥远而陌生。弹指十年过去，今天的鸢都大地上，已经没有人对与老外打交道、做生意感到新鲜了。十年功夫不寻常，今天，对外经贸工作已突破了旧有格局，大步走向全面繁荣。这与每年一届的风筝节有很大关系，风筝节集中地展示了全市企业和产品，向外开放，为外商了解潍坊，洽谈投资和贸易提供了方便。

1984年外贸出口商品收购额不足3.6亿元人民币，占当年工农业总产值的4.11%，到1993年，完成出口商品收购值44.8亿元人民币，十年增长11倍多，工农业总产值中的比重增加到5.3%。自营进出口业务从无到有，先后成立了进出口公司、国际经济技术合作公司，拥有直接对外经贸合作签约权；全市11个县市区已有6个获得自营进出口权，2个正在申办之中；获得自营进出口权的企业也达到了13家。

大力吸引外资，让洋人的钱在潍坊的土地上落地生根、开花结果是对外经贸工作取得的重大成果之一。截止到1994年2月底，已累计审批外资项目1523个，合同外资额15.9亿美元，实际使用外资4.66亿美元，兴办三资企业1400多家。涌现出了潍坊中基饲料有限公司、临朐茂德皮革有限公司、昌乐华和拉链有限公司等一批在全国、全省数得着的外商投资"双优"企业。1993年底，开业投产三资企业417家，完成产值40亿元，实现利税2.76亿元，出口创汇1.8亿美元。积极吸引外资，创办三资企业，提高了产业技术、管理水平，发挥了资源优势，带动了相关产业的发展。

国际经济技术合作克服起步晚的不利因素，在短时间内取得了长足的发展。十年来，选派出国经贸考察团组1797批，计5846人次，先后到达50多个国家和地区；争取国际无偿援助1610.6万元，外派劳务人员500余人；在世界各地建立了20多个集生产、经营于一体的海外办事机构，形成内外畅通的信息网络。

成就的取得意味着等量的智慧和汗水的付出。从每年一届风筝会期间必办的大型对外经贸洽谈会，到广交会、哈交会、青岛小交会、香港经贸洽谈会，都留下了对外经贸工作迈向辉煌的足迹。为了抓住机遇，加快发展，每年都要组织由市领导带队的大型经贸团组，直接赴国外招商引资。身负重担出，满载成果回。目前对外经贸合作伙伴已拓展到全球100多个国家，与美、日、韩、港、台及东南亚、欧共体国家建立了良好而稳固的合作关系。

尤为可喜的是，近两年对外经贸工作进入了加速度、超常规、跳跃式发展的黄金时期。1992年利用外资额是改革开放十多年来的总和，1993年在上年的基础上又翻了一番。在1993年第十一届潍坊国际风筝会期间，对外经贸系统发出邀请函件750余份，实到外商180人，系统内推出招商项目200个，组织300多家生产企业的24大类产品、208个品种参加了经贸洽谈展览。日本、韩国、新加坡、马来西亚、美国、英国、德国、加拿大、澳大利亚和香港、台湾等40多个国家和地区的客商与有关企业进行了不同形式的经贸洽谈。签订利用外资项目115个，合同外资额22503.1万美元，比上届风筝会增加4392.5万美元；签订出口合同56份，出口成交额3801.3万美元，自营出口创汇达2000多万美元，签订劳务输出合同4份，合同额53万美元，劳务61人；签订海外企业的有6家，投资额60万美元。

国家在外贸、外汇、金融、财税等领域进行了一系列重大改革，在历史赋予的神圣机遇面前，对外经贸事业必将更加兴盛发达，成为促进经济、社会、文化发展的强大动力，和增进潍坊人民与世界人民友好往来的忠诚使者。

1993年烟台市对外经贸迅猛发展

郭淑云

1993年，烟台市紧紧围绕“大高外”经济格局和建设国际化“大烟台”这一战略目标，全方位对外开放，奋力开拓，推动对外经济贸易进入空前发展的大好时期。

(一)利用外资超常规跳跃式发展，具有以下几方面特点

一是新签利用外资项目取得重大突破。1993年签订利用外资项目1312项，合同外资额13.3亿美元，分别是去年的1.8倍，1.5倍，接近对外开放前九年的总和。外商直接投资发展尤为迅猛，1993年共签订直接投资1266项，合同外资额13.1亿美元，分别是去年的1.8倍，1.7倍，分别是前九年总和的113％，92％。独资企业升温很快，共成交独资项目172项，合同外资额3.4亿美元，分别占全年成交三资企业项目和外资额总数的13.6％，25％，分别是对外开放前九年总和的1.5倍，3.05倍，其中1000万美元以上项目8项，500万美元以上项目13项，外商独资企业正逐步向大中型规模发展。

二是实际利用外资大幅度增长。开放以来，实际引进外资10.2亿美元。1993年实际引进外资5.3亿美元，是1992年的1.8倍，列山东省各地市之首。其中三资企业实际引进外资49350万美元，外商实际投入现金为3.0亿美元，以原材料、机械设备等出资的占1.94亿美元。一年来，引进的外资相当于为全市经济发展增加了40亿元人民币的建设资金。

三是利用外资领域进一步拓宽。去年前来我市投资的国家和地区，由过去的30多个增加到48个，港澳投资仍保持相当优势。截止1993年底，累计投资2807项，合同外资额27.8万美元，日本351项，合同投资额2.7万美元；美国273项，合同投资额2.3万美元；台湾329项，合同投资额3.2万美元；韩国185项，合同投资额7917.8万美元；新加坡62项，合同投资额1.2万美元。

四是大中骨干项目增多，技术含量提高。截止1993年底，全市千万美元以上的项目累计达101项，合同外资额11.7亿美元，占整个三资企业合同外资总额的66％。其中1993年共成交千万美元以上项目53项，合同外资额5.7亿美元，占全年合同外资额的43.8％；成交高新技术项目达26项，合同外资6017.1万美元。其中彩色显像管荫罩项目、聚酯多元醇项目、黄金、白银电解铜项目不仅投资规模大，而且技术含量高，建成投产后，会加快我市电子、化工等行业的更新换代步伐，并带动一批相关行业的发展。

五是三资企业生机盎然，投产企业效益良好。1993年，全市新投产三资企业465家，累计达806家，投产三资企业90％盈利，完成产值68亿元，比去年增长181％，占全市工业产值的9％(烟台市1993年工业产值771亿元)。出口创汇达6.2亿美元，比上年增长224％，占全市出口创汇总值的47％。其中产值超过三千万元的企业50个，利税过二百万元且创汇过二百万美元的企业35家。随着三资企业投产速度进一步加快，经济效益大幅度提高，外商追加投资的兴趣越来越高，全年共有38家企业外方增资，增资3448万美元，还有30家企业延长经营期限。利用外资在抓大项目，高新技术项目的同时，注重引进国际先进技术和先进管理经验，努力开拓国际市场，狠抓产品销售，使三资企业迅速壮大成为一支重要的经济力量。

(二)对外贸易成绩斐然 1993年，烟台市对外贸易企业出口商品收购额达42亿元，以上年增长40％；全市自营出口完成2.2亿美元，比上年增长22％，高出全省平均水平22个百分点。在国内资金短缺，外汇调剂市场价格大幅度上涨的情况下，烟台市外贸出口保持了强劲的增长势头。

一是对外经贸合作空前活跃。1993年外贸对外签订成交合同3亿美元，结交新客户455家，累计达1055家。年内接待来烟客户899批1844人次。为著力开辟国外新市场。一方面采取携样成交的方式，先后在香港、韩国、日本、新加坡举办烟台出口商品会，共接触客户2630家，出口成交5600万美元。另一方面，先后向香港、美国、尼日利亚、阿塞拜疆派出了6个驻外办事机构。目前烟台外贸已在12个国家和地区设立17个驻外贸易机构，出口国别和地区达到72个，比上年增加了15个。

二是拓宽经营领域，增加出口品种。1993年，烟台外贸大力开辟货源渠道，积极开展多口岸出口业务，全年共组织区外货源3.9亿元，比上年增长24%，增加出口创汇8000万美元，向外口岸供货4.1亿元，比上年增长34%，与全国20多个口岸建立了广泛的业务联系。出口商品发展至17大类，600多个品种，年出口收购超过千万元以上的商品达40多个。

(三)外经工作迈出新步伐 1993年烟台市共兴办境外投资企业13个，总投资394万美元，其中外资186万美元。签订对外承包工程和劳务合作合同54项，合同额1051万美元，期末在外人员580个，比上年有大幅度增长。与此同时一批新的对外开放前沿阵地正在形成。芝罘湾保税区的申办、基建等工作有了良好的开端。全市9个外向型出口加工区已全面拉开建设帷幕，基础设施开工建设面积达21.6平方公里，已批准进区项目118个，其中三资企业合同外资额达到1.4亿美元。高新技术产业开发区、农业开放开发区、金沙滩旅游度假区的建设也初具规模，这些区域的开发将大大改善招商引资的环境，提高对外开放的整体辐射力。

张家港市建设卫生城的做法

何坤明　王国强

张家港市自1990年以来，始终坚持“政府组织、地方负责、部门协调、群众动手、科学治理、社会监督”的爱国卫生工作方针；坚持“经济为中心，样样争一流”的指导思想；坚持经济建设、城市建设、卫生建设、思想建设同步协调发展的思路，高标准开展建设洁美、文明、开放的新港城活动，在全国城市卫生检查评比中，1990年获省级卫生城市称号和全国灭鼠单项奖；1992年获全国卫生城市称号，被评为江苏省五佳卫生城市；1993年获全国城市环境综合整治优秀城市称号，并先后通过了苏州市灭蝇先进市和市区5.9平方公里建设烟尘控制区的考核验收，通过了国家卫生城市省级考核和全国爱卫会专家组的调研。创建工作取得了明显成效，具体体现在七个方面：

(一)城市基础设施不断完善 张家港市围绕创建国家卫生城市的目标，提出了城市建设三年任务两年半完成的要求。两年多来，市区杨舍投资1.8亿元，改造老区，开辟新区，拆除了原2平方公里内与城市规划不一致、与城市整体不协调的旧房30多万平方米，新建了市府大院、南北货超级商场、商业大厦、梁丰中学、国贸大厦、中国银行等500项各具特色、富有现代气息的各种建筑，新建了体育训练房、游泳池、文化馆、有线电视楼等一批文化、教育、体育设施；建设了长3.7公里，集园林景点、商业服务为一体的城西路繁华带；开辟了设施一流，富有田园风光的城南度假区；开辟了20多万平方米的花园浜、城北、云盘居民住宅小区；铺设和改造了所有的城市道路，新建了日供5万吨级的第二自来水厂，铺设直径100—1000毫米的自来水管道20多公里、雨污水管26.6多公里。全面改善了城市基础设施，为创建国家卫生城市奠定了坚实的物质基础。

(二)环卫设施建设高标准 两年多来，张家港市投入500多万元，新建和改造了一批公共卫生设施。目前市区35个公厕，有26个是近两年建设起来的，所有的公厕不仅达到了水冲式要求，而且数量、质量和标准都超过了国家卫生城市的标准，其中二类公厕超过标准六个百分点。各主要街道门店都新添了果壳箱，市区各大街小巷都设置了密封式垃圾箱。改装了一批密闭式垃圾装运车，新增了洒水车、灭虫喷药车、运粪车、推土机，“扫地王”，新建了容量为200立方米的粪便无害化处理综合利用沼气池，投资200多万元新建了占地47亩的垃圾无害化处理卫生填埋场。整个市区环卫设施布局合理，配套齐全，粪便和垃圾无害化处理率均达百分之百。

(三)城市绿化美化迈出大步 张家港市按照建设绿色港城的目标，每年都开展群众性的植树活动。两年多来，投入1300万元，用于城市道路绿化和公共场所绿化，新辟公共绿地36万平方米，新植树木20多万株，新建了一干河、夹水沟、城北路、西环路等一批浜河、道路绿带。筹资200多万元，新建了水上公园，投资100多万元，改造扩建了沙洲公园。建城区绿化覆盖率、绿地率、人均公共绿地分别为31.83%、28.17%和6.8平方米。去年还培育盆花60多万盆，设置了三个绿化造型和10个绿化景点。今年全市投入1000多万元，新增绿地32万平方米，新植树木1000多万株。同时结合旧城改造，在市区主要路口、路段增设了“马家泾”、“革命纪念标志”等街头绿化景点，新建了“腾飞”、“江海明珠”等一批城市雕塑，新装了1337盏豪华型路灯，市区所有临街门店都安装了轮廓角灯、彩灯和霓虹灯，点缀了港城夜景。

（四）环境保护工作成效显著 张家港市一方面继续抓好市区工业废水的处理，确保环保设施完好，正常运转，杜绝超标排放，并下决心搬迁了在市区的市化工厂、汰白粉厂、牛奶场等，关、停、并、转、迁移污染企业9家，对市区一蒸吨以上的36台锅炉全部配上了消烟除尘设施，对39台一蒸吨以下的锅炉进行了改造、搬迁，搬迁改造工业炉19座，市区5.9平方公里城区建成了烟尘控制区，市区8个有水污染的企业都配套了废水处理设施，废水处理率达82.8％。另一方面着手城市生活污水的处理。投入2800万元，新建了日处理能力为两万吨级的污水处理厂，一期工程正在加紧施工，可望近期投入使用。全市还投入2000多万元，对全长1200米的小城河进行了综合治理，并填埋了污水潭、塘、河8处。为降低噪声，张家港市从1992年起在市区禁止拖拉机、机动三轮车、卜卜车驶入，大大改善了城市环境。

（五）行业卫生水平全面提高 全市宾馆、旅店、影剧院、舞厅、公共浴室、理发室、游泳池、商场等都按要求，完善设施，配齐物具，合格消毒。市区各大商场都配备充足的照明和机械通风装置，舞厅有合格的吸烟室，影剧院、放像厅都配备良好的通风设施，宾馆、招待所、旅店都配有合格的消毒设备。理发店配备了供头癣、皮肤病患者的专用工具和理发工具消毒箱。游泳池配有水质净化设施，公共浴室配有消毒间和淋浴设备。车站、商场等公共场所禁烟活动成效显著。行业卫生管理日趋规范化、制度化。市区公共场所卫生许可证持有率、从业人员体检率、卫生知识培训率等都达到100％，各类公共场所主要卫生指标合格率达94.06％。市第一农贸市场连续3次被评为全国文明集贸市场。

（六）除害防病取得新进展 全市每年都开展大规模的群众性灭鼠、灭蟑、灭蝇活动，使市区鼠密度下降到不足为害的程度，蟑螂侵害率明显下降，蝇密度得到有效控制。1990年市区所在地杨舍镇获得全国灭鼠单项奖和苏州市灭蟑螂先进镇，1993年市区获苏州市灭蝇先进市称号。防病防疫效果明显。计划免疫“四苗”覆盖率连续4年稳定在98％以上，近年内，市区医院传染病漏报率在2.22％以下，居民传染病漏报率在7.89％以下。1991年、1992年、1993年城区各种急性传染病总发病率分别较上年下降20.15％、21.3％和25.36％，主要肠道传染病发病率分别较上年下降22.68％、25.43％和27.08％，城区无甲、乙类传染病爆发流行疫情，全市已连续15年无脊髓灰质炎病例。

（七）集镇卫生水平得到全面提高 以创建国家卫生城市为动力，全市各镇普遍开展了争创卫生集镇的活动，深入开展以改水改厕为重点的爱国卫生运动，集镇卫生面貌发生了根本性的变化，镇容整洁，道路宽畅，管理加强，秩序井然。各镇集镇都建有足够的水冲式公厕和垃圾箱，主要街道都设有果壳箱。有的集镇还修建了街头景点，开辟了绿化岛、绿化带、新建了小公园、小游园。农村改水步伐不断加快，全市建有5000吨级自来水厂12家，还有两个镇分别建了日产2万吨级和1万吨级的自来水厂，自来水受益面达70％。通过创建，全市有19个镇分别评为省、苏州市和本市卫生先进集体。

张家港市原名沙洲县，原有的基础条件极差，房屋低矮、道路狭窄。近年来经济有了较大的发展，但城市建设却落后于经济的发展。对此，张家港市委、市政府的指导思想十分明确：没有条件，创造条件上，困难再大，真抓实干去克服，说了算，定了干，要干就要干出个样子来。特别是在1992年被评为全国卫生城市以后，市委、市政府继续加大工作力度，及时提出了“以创建国家卫生城市为龙头，以提高市民整体素质为根本目的，实施立足市区，辐射乡镇的创建战略”，继续发扬张家港精神，高标准地创建国家卫生城市。在近两年多的时间内，投资近2亿元，改造了城市基础设施，拆除了一大批旧建筑，铺设和改造了所有的城市道路，如此大的工程量，如此繁重的建设任务，大多是由各职能部门分工负责，主动挑担子完成的。这些都是靠的一股子拼搏精神，靠张家港精神的激励。团结拼搏自加压力，还体现在高标准、高质量的工作态度上。市里明确提出，所有建筑项目和硬件设施都要按照现代化、特色化的要求，瞄准国内外一流水平设计建设。全市各部门、各单位的创建工作，都要做到硬件过硬，软件过关，项项达标，敞开迎检，任何时候都能经得起查，经得起看。近三年来，市区的环境卫生始终坚持常抓不懈，保持经常，并不断提高水平，受到了中外来宾的一致好评。

江阴市面向21世纪　加速建设国际港口城市

严伯英

1993年10月，江阴市市长贡培兴在韩国釜山举行的东亚港口城市经济交流会上，发表题为《面向21世纪，把江阴建设成新型的现代化国际化港口城市》的讲演，引起与会的韩、中、日、澳、俄、越及台湾等国家和地区13个重要港口城市100多位代表的重视和关注。进入90年代以来，江阴市抓住国家实施沿江开发战略和策应浦东开发开放的契机，发挥境内35公里长江“黄金水道”的“黄金地段”和港城相依的独特优势，以港口、开发区、沿江工业带和城市建设为突破口，再造江阴，构筑现代滨江城，努力实现建成现代国际港口城市的战略目标。

立足长远，合理规划和利用岸线，加快港口建设现代化进程。《江阴市长江岸线使用及沿江地带综合开发规划》于1992年编制完成，于1993年2月由市人代会通过。规划岸线使用贯彻“深水深用，浅水浅用，计划使用，港口优用”的方针，分为港口岸线、工业岸线、燃料岸线和铁路、高压走廊预留线5类。截至1993年底，已有使用单位30个，占用岸线计14.64公里，为岸线总长的41.83％。《江阴市港口总体布局规划》委托交通部长江航运规划设计院于1991年11月编制完成。规划江阴港为江海河衔接、以中转散货为主兼泊国际旅游客轮的综合性多功能港口，年吞吐量近期目标1995年达949万吨，中期目标2000年达1965万吨，远期目标2020年达2950万吨，规划江阴港划为鲥鱼港、黄田港、夏港和利港4个港区，分设散货、件杂货、综合货运及客运等作业区。截至1993年底，除对9个万吨级泊位和38座江河装卸码头进行分批扩建改造、增强装卸自动化能力外，江阴港老港区2个万吨级码头建设已完成试桩工作，新港区建设前期准备已近尾声，江苏扬子江船厂专用码头已建成投产，江阴石化公司、长山公司、锦江公司等货主码头正在建设中，港口年吞吐量将在目前550万吨的基础上再上一个台阶。同时注重加快口岸建设，提高服务水平。江阴港在近1年多时间里开辟7条国际航线，有12个国家和地区的货物直运江阴港，外轮靠泊周期达到3.4天。江阴口岸港监、海关、商检、边检、卫检、动植检及船监等7个查验机构经国务院批准已独立开检，外代、外供、外理、外运、集装箱公司等港口服务单位亦均建立，加快了江阴港现代化、国际化的步伐。

以港口为支点，以滨江开发区为核心，建设沿江新型工业带，实现城市经济国际化。江苏省江阴经济开发区作为港口的延伸，高新技术的基地和外向型经济的窗口，已成为江阴这座现代工业港口城市的半壁江山。近两年来，先后投资3.6亿元用于开发区基础设施建设。至1993年底，一期开发建设区6.5平方公里基本实现“六通一平”，配套设施跟上，综合大楼、标准厂房和商品房已陆续竣工。进区的各类项目已有72个，投资总额22.8亿元，其中外资企业29个，投资合计2.85亿美元，合同利用外资1.14亿美元;已竣工投产项目25个，投资额计2.18亿元。一批具有国际先进水平的重大项目云集滨江开发区。此外，区内正抓紧建设公共保税仓库、60万吨级油库、滨江粮库、热电厂以及2个万吨级码头扩建工程等项目，邮电、金融、贸易、港口、仓储等一批“三产”服务项目逐步配套。1993年11月，江苏省政府正式批准江阴经济开发区为省级重点开发区。

与此同时，江阴市调整工业结构，进一步培植和壮大港口城市优势。沿江经济带由滨江开发区向东西两翼展开，形成以冶金、电力、石油化工、修造拆船、新型建材等工业为主的新兴企业群体。市区及沿江8个工业卫星镇的重大项目、高新技术项目逐步向沿江结集，其中精细化工、生物化工和能源工业坐落于市区东西两侧，重工业驻扎城郊，纺织工业向腹地延伸。随着预定1994年开工建设的江阴长江公路大桥和规划中的新长铁路的最终建成，江阴沿江将形成集工业、贸易、港口、旅游、服务为一体的配套开放的经济格局。

大力开展城市环境综合整治，加快城市建设进程，塑造崭新的城市形象，从根本上改善投资环境，提高城市知名度，增强城市辐射力。按照到本世纪末建成现代化港口城市格局的要求，江阴城市发展规划得到进一步完善，制订并实施了老城区改造和城东新区建设等控制性详细规划，并完成了小城镇总体规划的修订工作。自1990年起，江阴市以创建卫生城市为契机，“政府组织，部门负责，全民参与，协同动作”，大规模开展城市环境综合整治，促使城市建设和城市管理上规模、上水平。截至1993年底，投资1.3亿元、总长42公里的“六路工程”已建成通车，使城市骨架面积从原来的28平方公里扩大到54平方公里，市区形成“六纵六横”的道路框架，市区道路分别与长江大桥、沪宁高速公路、35公里滨江大道等主干道相衔接，形成内外贯通，成网成环的道路体系。以前过境、过江车辆穿城而过的问题得到根本解决，中心市区控制各类车辆行驶，降低了噪音和废气污染，交通秩序明显好转。按照方便群众、科学规划、合理定点的原则做好菜场的拓建、新建工作，完善设施，提高档次，使农副产品市场脏、乱、差问题基本得到解决。治理市区“黑龙”，烟尘控制区扩大到17平方公里。投资204万元，彻底改造市区公共厕所，目前市区80座公共厕所全部为冲水式，旱厕已成为历史。城市污水处理厂建成投运，主要设备由国外引进，具有日处理污水2万吨的能力。城东垃圾填埋场顺利建设，城市垃圾全部实行无害处理。城市供水供气能力提高，扩建10万吨水厂工程部分投运，新增800立方米液化气贮罐投入使用。城市绿化、美化成效显著，朝阳、天鹅、黄田港等3座公园和一大批绿地绿带建成，市区新建绿地面积达120多公顷，绿化覆盖率达31.16％，人均公共绿地5.83平方米。人民路、虹桥路、中山路等3条主要街道形成了“一路一树一花，一街一灯一景”的特色。并计划在现有基础上，以环城公园建设为龙头，分步实施“系列工程”，把江阴建设成为园林城市。江阴市继1990年跻身“全国十佳卫生城市”之列、1992年再次被评为“全国十佳卫生城市”并名列县级市榜首之后，1993年通过了国家卫生城市省级考核验收和国家的考核调研，在创建国家卫生城市中取得了突破性进展，被国家建设部授予1993年度全国城市环境综合整治优秀城市称号。

快速建设中的福州保税区

黄 玉 立

福州市委、市府经过调查研究，认真选准自己发展的坐标，提出了今后20年分三步走的“3820”发展战略，计划先用3～5年的时间建成以吸引外资为目标、外向型经济为主体的闽江口金三角经济圈。经济圈的战略构想是：充分发挥福州作为中心城市在闽东南地区的“带头、带动”作用，形成以马尾开发区为前导，市区为依托，以沿海县(市)为南北翼，以闽江流域和闽东北地区为腹地的全方位多层次对外开放大格局。经济圈形成后，将建成两条工业走廊，即福马路工业走廊和福厦路工业走廊。由此可见，马尾开发区在构筑闽江口金三角经济圈的发展战略中将扮演“龙头”的角色，将对整个经济圈的形成和发展发挥带头、带动和辐射作用。

马尾，地处太平洋西岸中部的中心，与宝岛台湾仅一水之隔，与基隆港相距仅149海里，是一条著名的历史航线。风帆往来，朝发夕至。马尾位于闽江下游，闽江流域腹地广阔，约6.1万平方公里，占福建全省面积的一半，其腹地还包括江西、浙江两省的相邻地区。作为“五口通商”口岸之一，马尾港是我国东部许多沿海航线和太平洋西侧不少国际航线的必经之处或周边区域，具有较大的发展国内中转贸易和国际转口贸易的优势。

历史再一次选择了马尾。正当开发区经过八年建设进入全面发展时期之时，1992年11月，国务院又正式批准在马尾开发区内设立福州保税区，面积1.8平方公里。保税区是我国改革开放的最新举措，它享有比特区、开发区更为优惠的政策，更灵活的措施。福州保税区的兴办使马尾率先成为中国沿海经济国际化的启动点，连接国际与国内两大市场的接轨点和拓展国际贸易的“兴奋点”。

福州保税区成立一年多来，敢于创新，勇探新路，虽然获得批准和起步的时间都较晚，但工作抓得紧，发展很快。在短短的一年时间里引进项目198项，总投资5.3亿美元，已批准进区项目103个，投资额1.8亿美元，贸易额超过一亿美元，有35个动工兴建，开工面积20多万平方米，竣工面积7万多平方米。同时，还积累了不少的经验，初步探索出了一个较适合中国保税区运作的新模式。

1. 在管理模式上，严格执行国务院的批复精神，坚持由保税区管委会和保税区海关两家共建、共管，其他部门只允许在区外开展业务。这就跳出了传统管理模式，避免在区内设立众多机构影响保税区的高效运作。

2. 在海关监管方面，坚持最大限度地简化手续，建立了比较科学的监管流程，基本上克服了“二次报关”、“重复报关”问题。同时，按国际惯例办事，简化手续，依法监管，做到既放得开又管得住。

3. 抓紧立法工作，做到有法可依。已公布了《福州保税区管理办法》、《中华人民共和国福州海关对进出福州保税区货物、物品和运输工具的监管实施细则》等法规条例。1993年11月12日，福建省人大八届六次会议又审议批准了《福州保税区条例》，使保税区的建设和发展有了可靠的法律保障。此外，还参照国际上的通常做法，在全省率先推行企业登记制，投资者在保税区内设立企业，只要资信证明和其他有关证件齐全，6天即可拿到营业执照。在实行项目登记制的基础上，目前，正在加快推行海关登记制和税务登记制的步伐，努力使福州保税区真正按国际惯例全面运作起来。

福州保税区的兴办不仅可以成为福州经济国际化的推进器，而且可以成为带动福州经济起飞强有力的引擎。特别是可以在促进海峡两岸“三通”和闽台经济交往中发挥积极的作用。当前，随着两岸人民交往的不断扩大，台商在大陆投资的不断增长，贸易往来的不断拓展，直航乃利益所及，众望所归，势在必行。但是，由于众所周知的原因，两岸实现“三通”目前仍存在许多障碍。在这样特殊的背景下，拥有保税港口的福州马尾保税区，就可以利用其经济制度上的特殊性，区位上的接触性以及“境内关外”的灵活措施，通过经济交往与合作关系缓和同台湾进行贸易往来所带来的一些敏感的问题。福州与台湾有特殊的人文地理关系，马尾又是台商重点投资区之一，是目前台资在大陆投资的热点地区。因此，加快福州保税区建设步伐，将会为闽台经济交往，促进两岸“三通”发挥积极作用。

福州保税区建设目前已全面铺开，二期规划中的有关监管设施也正在紧张的建设之中。为了加快福州保税区的建设步伐，推进福州经济国际化的进程，我们认为，目前应采取以下的发展对策：

1. 建立一种全新的运行模式。

从我国现有13个保税区情况来看，虽然大部分保税区毗邻港口，但由于保税区本身没有港口，其功能单一，难以更好地发挥保税区的作用，同时也给货物进出保税区带来困难，存在“两次报关”问题。

我国保税区的发展前景是保税港，这是一种全新的运行模式。保税港是对保税区发展的一种完善，可以理解为具有港口或包含港口的保税区，是保税措施和保税制度的实施港或港区，是介于保税区和自由港之间的一个经济范畴。

自由港与保税港的区别，主要在于货物进入港区是否允许不办理海关手续和支付关税在港区内自由销售和消费。一般来讲，自由港允许外货在港区内消费和零售，而保税港内的外国货物只是处在保税状态，同时保税港内原则上不住人，不鼓励发展零售业，所以进入保税港内的货物不允许在区内免税自由销售，而要对进港保税货物视其流向而决定是否免税。我们规定，进入保税港的保税货物在复运出口时不生关税，复运进口进入非保税港区或关税区时，须办理海关手续，并支付关税，在保税港内只有享有免税待遇的企业或个人才能购买免税货物。

保税区的“前沿”是货物，保税港的“前沿”除货物之外，还有船舶。虽然保税区和保税港都只是相对于海关手续和关税的一个自由度有限的海关非管区，但自由度的差异是存在的。保税区内海关监管只是库场、货物，而保税港内海关监管除库场、货物外，还涉及港内的其他地方和船舶，尤其还必须遵守保税港所在国关于卫生检疫、移民、船检等方面的法规。

2. 形成一种全新的管理模式。

保税港的设立，首先要对现有港口的条块管理模式产生影响。从马尾港的情况看，建国40多年来，由于条块体制的关系，人为地割断了港、市之间的内在经济联系。使应有的优势没有充分发挥出来。保税港是包含了整个港区或部分港区的特定经济区域，其运行机制势必要求港口管理体制实现“两位一体”，即由港务管理部门与地方管理职能机构形成组合体对保税港进行管理。这是突破港口旧体制的制约，逐步实现“以港兴区，以港兴市”的一个尝试。同时，为适应保税港的发展，必须提高福建省和福州市远洋运输和港口装卸能力与对外贸易的适应度，打破出口货物一家承办、独家经营的状况，加快运输管理体制的改革，搞活大流通，以利于港口对外开放，引进国外航运公司前来开设定期远洋班轮航线，使福州通过保税港更好地发挥连结国内外市场的桥梁和纽带作用。

保税港的口岸联检，也要适应新运行机制的需要。由于保税港具有自由港的某些功能、性质，属于封闭隔离式的特定区域，开设有专门通道的特点，建议采取“口岸专检”和“通道专检”的不同方式代替原有的口岸联检模式。所谓“口岸专检”，是针对边防检查、卫生防疫检查和动、植物检疫。特别是要根据外轮可自由进出保税港的原则，推行人员落地鉴证制度。所谓“通道专检”，主要是针对海关的监管。总的来讲，海关监管实行“一线放宽，二线管住”的原则，即对船舶实行水面“监护”，不进行实际监管；对水面出入保税港的国际中转货物视同境外，可免税在区内装卸、仓储、加工、分拨，海关着重监管通过专门通道进出保税港的货物。

金融的完善是保税港发展的关键。首先要创造条件引进外资银行到保税港内设立分支机构，开展金融业务；其次在充分利用现有保税区的金融政策的同时，努力对现行的外汇管理体制进行根本性改革的探讨与实践；再次，要按国际惯例办事，积极进行保税港离岸金融业务的尝试，把外汇业务按境内业务与离岸业务分开管理，离岸业务的存贷款利率可比照国际市场利率，离岸外汇业务包括存、放、拆、保、抵等均与境内外汇业务实行政策上和经营上的分帐管理、分别核算，并实行资产负债管理而不受国内外汇计划额度的限制。

此外，按照国际惯例与多数国家的自由港、自由贸易区、出口加工区、保税区的做法，我们要在保税港内大力推进工商登记制、税务登记制和海关登记制，以强化法人依法经营的思想，简化办事程序，提高监管的实际质量与水平。

3. 着手于探索，立足于试验。

从办保税区到办保税港，在我国尚属新生事物，没有现成的规章可循，也无经验可借鉴，需要我们去探索去试验。邓小平同志指出：“改革开放胆子要大一些，敢于试验，不能像小脚女人一样。看准了的，就大胆地试，大胆地闯”。对内部而言，我们要按照邓小平同志“中特理论”和大开放思想来武装头脑，不断提高开放意识，为改革开放事业勇于试、敢于闯，只要符合“三个有利于”都可以放开手脚去干一干；从外部来看，必须为“试验”创造并提供一个宽松的社会大环境，支持保税港的发展，使福州保税区能得以尽快建成，发挥其应有的效益，以推进福州经济国际化的进程。

厦门市引资招商的成效与措施

沈灿煌

厦门经济特区创办十三年来，在引进和利用外资发展外向型经济方面取得了巨大成绩。截止1993年底，全市历年累计批准外商投资项目2290项，协议投资总额67.82亿美元，实际利用外资24.5亿美元。其中1993年批准引进外资项目655项，协议外资24.04亿美元，实际利用外资10.37亿美元。外商投资当年履约率、开工率和到资率分别为80％、59.7％和43.1％，均居全国五个特区的首位。

改革开放以来，厦门市利用外资的实际成效非常显著。外资企业已成为厦门市国民经济发展的重要支柱。全市开业投产的三资企业已达1424家，1993年三资企业工业产值占全市工业产值的61.2％，且发展势头迅猛，比重呈越来越大的趋势。已取得了良好的经济效益和社会效益。从经济效益看，虽然目前厦门市绝大部分三资企业尚在免税期，但缴纳的税收已占全市工商税收的28.2％。从社会效益看，外资企业在厦门市提供了20多万个就业机会，不仅解决了本市劳动力的就业问题，而且也为内地解决了十几万人的就业问题。截至1993年末，厦门市利用外资建成了国际机场、东渡深水码头、供水、供电等重点设施，逐步改善了特区投资硬环境，为外商投资向更大规模、更高层次的发展打下了良好基础。

纵观厦门特区利用外资的情况有如下特点:

(一) 引进外资生产性项目比重大　生产性项目占总项目的70％，并且技术层次较高，产品的市场适应性强，设计款式能紧跟和适应国际流行的最新款式，满足客户要求，同时外向度比较大，企业产品出口率达80％以上。

(二) 台资和港资项目比重大　台资和港资项目分别占总项目的39.8％和44.9％。同时欧美和日本等国家的大财团、大商社到厦门投资的企业逐渐增加，截至1993年末，欧美投资企业已超过130家。

(三) 引进项目的协议外资比例、外商到资率及开工率迅速提高　在历年累计批准的项目中，外资比率为81.9％，外商到资率达36.2％，开工率达62.2％。而且外商投资企业经济效益普遍较好，盈利面达89％以上，有500多家企业已增资扩大生产。

厦门经济特区建立以来，在引进外资方面主要采取如下措施:

(一) 利用特区优势制定了相应的引进外资的发展规划　首先是在引进外资的布局上，坚持了在厦门市区着重引进技术水平和附加值较高的制造业及第三产业，杏林、集美台商投资区着重引进资金密集型和技术密集型相结合的工业;海沧工程投资区着重引进原材料和能源工业;同安着重引进外资发展创汇农业。目前杏林台商投资区累计已批准台资外资项目151项，合同外资7.6亿美元，已开业投产71家。集美台商投资区累计批准台资和外资企业130家，总投资2.79亿美元，已开工和投产的企业57家。海沧投资区已确定建设的引进项目总投资约9.8亿美元，正在建设的有翔鹭涤纶纺纤工程、嵩屿电厂等项目。正在洽谈的有轧钢、管材、修造船、油码头等项目。其次，在引进外资初期，主要引进生产型项目，以迅速发展经济和解决劳力就业问题。在此之后，根据经济发展情况，把引进外资的重点放在发展第三产业上来。先后引进外资发展第三产业项目577项，麦当劳、特香鸡、皇家康乐、大世界休闲中心、友谊城贵族KTV等项目相继开业，对繁荣市场和推动第三产业的发展起了很好的作用。

(二) 创造一个良好的投资软硬环境　厦门市为了大力引进外资，加快基础设施建设，努力改善投资硬环境。共投入基础设施建设96.5亿元，建成了厦门国际机场，东渡深水码头以及供水供电等一系列重大基础设施，创造了比较完善的投资环境。目前，厦门已拥有现代化的海陆空交通网络和一批设备齐全的综合服务设施。有年吞吐量居全国第五位的国际机场，已开通国际国内航线44条，有优良的深水码头，连接全国各地的电气化铁路;公路运输四通八达;城市电话普及率居全国大中城市的第二位，程控电话可直拨世界182个国家(地区)和国内大多数城市，厦门电网与全省联接，岛内还有一座7.5万千瓦的电厂，装机容量60万千瓦的厦门嵩屿电厂正在抓紧建设。目前杏林、海沧、集美投资区和厦门“火炬”高技术产业开发区均已具备了较好的投资环境，并开展大规模招商工作。

投资软环境建设方面。特区创建初期就设立了专门审批机构，并注意到手续简便，提高办事效率。在此基础上，1987年厦门市设立了一个高效、灵活并具有较大权限的外资管理机构，即外商投资管理局，实行一个窗口对外，赋予全面的综合管理职能，负责招商和管理工作。随着外商投资规模的不断扩大和档次的提高，1991年又将外商投资管理局充实提高为外商投资管理委员会，在原来职能的基础上，为外商投资提供从合同签订、履约到投产开业后的一系列配套服务。并对已签项目实行专人负责，跟踪服务，促其早履约、早开工、早投产。同时，认真受理外商投诉，切实解决外商在履约及生产经营中遇到的问题，全面提高外商投资的履约率、到资率和开工率。

厦门具有较好的教育基础，有8所大专院校，11所中学及90多家科研机构，创办特区以来已为投资者提供了具有一定专业技术知识的人员。厦门自办二所大学、二所电大及一批职业中专，按外商投资项目对人员的需要设置专业。此外，市政府还专门制定了引进人才的优惠政策，并提供必要条件，为外商投资提供了素质较高的人才。

(三)发挥面对台湾，毗邻港澳的区位优势，注重引进台、港、侨资 提出了“大中小项目并举，港、台、侨、外都欢迎”、“以港引台、以侨引台、以台引台”等策略。通过香港基地引进台资，通过华侨、华人与台湾的多方联系引进台资，通过在厦台商办好现有台资企业的示范效应引进台资。根据台商投资的意愿，鼓励台商投资兴办独资企业。自1985年全国第一家台商进入厦门以来，至1993年底，全市引进台资928家，合同投资额19.25亿美元，分别占全市引进境外资金的39.8％和28.4％，厦门已成为我国台商投资较集中的地区之一。同时，出现了台侨、台外、台港联手在厦门投资兴业的新趋势。

(四) 广开合作渠道，拓展招商领域 采取以项目带开发，有计划、有组织地招商。鼓励外商投资生产性项目、基础设施和第三产业。随着招商引资工作的不断发展，投资领域逐步拓宽，不仅对外商投资建设港口、机场、电厂、码头、自来水厂等基础设施项目采取优惠政策，而且也欢迎外商投资商业、旅游、宾馆、客货运，船舶和飞机维修以及质量认证、法律咨询、会计、保险业务、建筑设计和办私立学校等领域。为广开对外合作渠道和拓展招商区域，一是积极参加每年一届的“福建投资贸易洽谈会”;二是组织境外招商，几年来，厦门市经济代表团先后赴香港、新加坡、英国、美国、德国、日本、马来西亚等国家和地区招商;三是通过广泛开展同港澳台同胞和海外华侨、华人的联系，通过友城渠道，努力争取境外有影响、有实力的大企业、大财团、大商社和跨国公司来厦投资。

沿海开放城市统计资料

沈阳市国民经济主要指标

指标	单位	1992年		1993年	
		地区	市区	地区	市区
年底人口数	万人	577.35	460.89	657.65	464.81
#非农业人口	万人	386.19	368.70	405.10	372.43
土地面积	平方公里	8 515	3 495	13 008	3 495
人口密度	人/平方公里	678.04	1 318.71	505.57	1 329.93
年末劳动力资源总数	万人	389.31	271.38	406.99	283.67
#乡村劳动力	万人	85.66	47.42	102.57	57.63
农林牧渔业产值	万元	404 798	225 036	615 342	262 008
粮食产量	万吨	230.16	102.00	306.40	91.60
蔬菜产量	万吨	196.08	143.00	258.20	152.40
猪牛羊肉产量	万吨	122 188	63 625	175 211	62 750
全部工业总产值(现行价格)	万元	5 003 924	4 683 678	6 750 620	6 196 983
#乡及乡以上	万元	3 999 693	3 868 579	5 169 249	4 939 959
全部工业总产值(1990年不变价格)	万元	4 751 269	4 448 787	5 867 428	5 354 745
客运总量	万人	9 495.07	9 120.07	11 013.89	10 424.89
货运总量	吨	12 029.73	11 984.73	12 728.72	12 638.72
固定资产投资总额	万元	563 552	549 874	735 079	714 392
#住宅	万元	78 655	76 113	109 308	104 205
房地产开发投资额	万元			341 148	339 005
商品房销售额	万元	68 662	67 662	133 862	133 047
地方财政预算内收入	万元	347 669	336 917	452 751	436 227
地方财政预算内支出	万元	239 336	222 149	283 355	253 883
#文教科学卫生事业费支出	万元	53 170	45 844	65 042	52 132
#教育事业费支出	万元	31 145	25 729	40 839	30 904
银行年末各项贷款余额	万元	4 001 880	3 776 210	4 924 439	4 464 418
高等学校数	个	22	22	22	22
高等学校在校学生数	人	62 675	62 675	70 508	70 508
每万名职工中专业技术人员数	人	2 194.19	2 218.80	2 139.44	2 133.27
#中级职称以上	人	373.08	379.67	733.58	731.46
影剧院	个	57	52	59	52
公共图书馆	个	17	15	19	15
卫生机构数	个	1 572	1 494	1 454	1 300
#医院	个	298	235	360	262

大连市国民经济主要指标

指标	单位	1992年		1993年	
		地区	市区	地区	市区
年底人口数	万人	522.90	244.94	527.09	248.67
#非农业人口	万人	232.64	177.70	240.33	181.81
土地面积	平方公里	12 574	2 415	12 574	2 415
人口密度	人/平方公里	415.86	1 014.24	419.19	1 029.69
年末劳动力资源总数	万人	351.47	203.07	351.59	203.13
#乡村劳动力	万人	136.80	49.76	113.64	24.60
农林牧渔业产值	万元	588 644	247 397	820 576	358 526
粮食产量	万吨	86.28	17.57	104.57	17.58
蔬菜产量	万吨	103.77	56.07	113.35	58.21
猪牛羊肉产量	万吨	126 469	49 403	140 269	54 851
全部工业总产值(现行价格)	万元	4 590 910	3 507 676	7 194 173	5 025 213
#乡及乡以上	万元	3 412 839	2 813 798	4 755 643	3 747 632
全部工业总产值(1990年不变价格)	万元	4 330 567	3 250 548	6 162 270	4 319 735
客运总量	万人	9 536.02	6 414.33	9 869.41	6 620.86
货运总量	吨	15 899.35	13 091.35	18 913.59	15 486.59
固定资产投资总额	万元	559 157	513 606	849 747	543 501
#住宅	万元	35 737	30 288	68 293	50 894
房地产开发投资额	万元			405 385	376 273
商品房销售额	万元	82 332	76 795	260 645	241 927
地方财政预算内收入	万元	328 475	268 170	432 060	392 404
地方财政预算内支出	万元	246 411	176 556	307 620	256 684
#文教科学卫生事业费支出	万元	47 300	32 289	55 770	37 978
#教育事业费支出	万元	27 612	17 250	32 952	20 514
银行年末各项贷款余额	万元	3 607 023	3 018 812	4 325 997	3 616 836
高等学校数	个	13	13	13	13
高等学校在校学生数	人	37 956	37 956	42 798	42 798
每万名职工中专业技术人员数	人	1 810.98	1 730.02	1 845.80	1 877.67
#中级职称以上	人	313.23	313.78	641.59	696.12
影剧院	个	140	72	140	83
公共图书馆	个	12	8	12	8
卫生机构数	个	1 233	855	1 127	779
#医院	个	244	125	253	132

丹东市国民经济主要指标

指　　　标	单　　位	1992年		1993年	
		地　区	市　区	地　区	市　区
年底人口数	万　人	234.15	65.94	235.40	66.60
#非农业人口	万　人	88.79	53.53	90.73	54.33
土地面积	平方公里	14 910	563	14 910	577
人口密度	人／平方公里	157.04	1 171.23	157.88	1 154.25
年末劳动力资源总数	万　人	108.33	44.47	155.70	44.68
#乡村劳动力	万　人	52.93	6.65	95.04	6.58
农林牧渔业产值	万　元	185 791	14 468	238 013	17 149
粮食产量	万　吨	64.93	2.10	69.37	1.95
蔬菜产量	万　吨	52.54	12.00	61.49	12.88
猪牛羊肉产量	万　吨	47 115	3 959	53 443	4 629
全部工业总产值(现行价格)	万　元	1 062 528	608 300	1 367 976	712 072
#乡及乡以上	万　元	832 458	564 590	997 435	650 343
全部工业总产值(1990年不变价格)	万　元	1 105 871	615 238	1 335 796	653 019
客运总量	万　人	2 937.01	1 541.01	3 084.27	1 578.27
货运总量	吨	2 952.06	972.06	3 107.06	1 037.06
固定资产投资总额	万　元	75 127	61 945	95 998	76 650
#住宅	万　元	11 737	10 356	11 654	8 369
房地产开发投资额	万　元			69 842	52 594
商品房销售额	万　元	18 570	14 372	20 547	11 164
地方财政预算内收入	万　元	50 387	32 540	74 026	46 482
地方财政预算内支出	万　元	57 038	29 880	68 420	31 959
#文教科学卫生事业费支出	万　元	19 571	9 662	21 425	8 998
#教育事业费支出	万　元	11 540	4 235	14 136	4 553
银行年末各项贷款余额	万　元	646 716	425 345	775 786	477 818
高等学校数	个	4	4	4	4
高等学校在校学生数	人	5 065	5 065	5 852	5 852
每万名职工中专业技术人员数	人	1 398.08	1 362.30	1 403.57	1 377.74
#中级职称以上	人	373.37	403.59	409.05	420.42
影剧院	个	5	3	5	2
公共图书馆	个	8	4	8	4
卫生机构数	个	523	290	518	285
#医院	个	115	37	115	36

锦州市国民经济主要指标

指标	单位	1992年		1993年	
		地区	市区	地区	市区
年底人口数	万人	295.31	74.60	296.77	75.57
#非农业人口	万人	93.12	58.71	97.84	59.74
土地面积	平方公里	9 858	440	10 301	440
人口密度	人／平方公里	299.56	1 695.45	288.10	1 717.50
年末劳动力资源总数	万人	182.08	46.00	182.99	46.60
#乡村劳动力	万人	79.69	7.52	75.00	9.77
农林牧渔业产值	万元	330 035	25 123	463 844	35 221
粮食产量	万吨	157.29	5.23	177.31	5.96
蔬菜产量	万吨	130.35	25.44	172.90	28.06
猪牛羊肉产量	万吨	89 848	4 198	105 864	5 551
全部工业总产值(现行价格)	万元	1 219 083	835 458	1 612 434	1 002 565
#乡及乡以上	万元	989 931	790 180	1 193 200	920 055
全部工业总产值(1990年不变价格)	万元	1 125 244	726 489	1 369 334	774 170
客运总量	万人	3 003.00	1 170.00	2 575.55	947.72
货运总量	吨	4 999	2 491	4 723	2 649
固定资产投资总额	万元	128 110	99 404	193 528	126 238
#住宅	万元	15 791	12 032	28 772	12 643
房地产开发投资额	万元			52 884	52 005
商品房销售额	万元	12 227	11 937	11 535	11 050
地方财政预算内收入	万元	62 633	41 238	85 630	56 314
地方财政预算内支出	万元	63 993	33 880	77 883	43 239
#文教科学卫生事业费支出	万元	18 055	8 367	19 771	8 695
#教育事业费支出	万元	11 714	4 469	12 736	4 389
银行年末各项贷款余额	万元	805 424	499 234	960 145	605 794
高等学校数	个	5	5	5	5
高等学校在校学生数	人	10 704	10 704	12 311	12 311
每万名职工中专业技术人员数	人	1 379.03	1 356.89	1 750.28	1 663.33
#中级职称以上	人	223.92	317.61	452.91	313.92
影剧院	个	15	10	21	18
公共图书馆	个	8	4	8	4
卫生机构数	个	493	292	473	277
#医院	个	168	51	170	54

锦西市国民经济主要指标

指标	单位	1992年		1993年	
		地区	市区	地区	市区
年底人口数	万人	255.69	83.80	256.96	84.76
#非农业人口	万人	62.12	37.11	64.69	39.12
土地面积	平方公里	10 343	2 271	10 343	2 271
人口密度	人/平方公里	247.21	369.00	248.44	373.23
年末劳动力资源总数	万人	115.76	41.37	118.01	42.70
#乡村劳动力	万人	76.44	16.71	81.63	17.16
农林牧渔业产值	万元	161 462	46 112	226 290	65 082
粮食产量	万吨	60.49	15.21	77.93	19.11
蔬菜产量	万吨	55.51	26.85	51.30	25.62
猪牛羊肉产量	万吨	64 657	13 888	73 123	15 776
全部工业总产值(现行价格)	万元	998 233	755 040	1 532 624	1 108 296
#乡及乡以上	万元	803 815	673 254	1 119 800	941 100
全部工业总产值(1990年不变价格)	万元	901 412	665 274	1 222 100	826 700
客运总量	万人	1 929.00	1 131.00	1 930.31	1 091.99
货运总量	吨	3 419	1 807	4 425	2 288
固定资产投资总额	万元	176 856	130 487	208 559	146 744
#住宅	万元	19 195	16 019	19 034	18 049
房地产开发投资额	万元			10 566	8 691
商品房销售额	万元	2 804	2 697	9 364	7 564
地方财政预算内收入	万元	48 205	38 591	72 190	56 651
地方财政预算内支出	万元	52 691	31 394	68 136	43 535
#文教科学卫生事业费支出	万元	12 599	5 085	13 677	5 805
#教育事业费支出	万元	8 357	2 782	9 403	3 319
银行年末各项贷款余额	万元	432 369	243 458	627 342	361 382
高等学校数	个				
高等学校在校学生数	人				
每万名职工中专业技术人员数	人	1 762.35	1 709.78	1 823.76	1 583.07
#中级职称以上	人	198.89	227.28	575.70	588.70
影剧院	个	30	24	26	20
公共图书馆	个	7	4	7	4
卫生机构数	个	299	168	278	114
#医院	个	146	76	146	44

营口市国民经济主要指标

指标	单位	1992年		1993年	
		地区	市区	地区	市区
年底人口数	万人	215.61	58.66	217.52	60.17
#非农业人口	万人	74.58	43.55	76.52	44.88
土地面积	平方公里	5 401	648	5 401	648
人口密度	人/平方公里	399.20	905.25	402.74	928.55
年末劳动力资源总数	万人	133.00	36.36	137.11	40.01
#乡村劳动力	万人	48.60	5.84	53.62	6.11
农林牧渔业产值	万元	184 321	26 048	213 413	29 504
粮食产量	万吨	69.14	9.14	71.51	9.07
蔬菜产量	万吨	31.86	5.50	34.50	5.45
猪牛羊肉产量	万吨	39 061	2 637	44 820	3 714
全部工业总产值(现行价格)	万元	929 717	541 824	1 264 576	764 746
#乡及乡以上	万元	690 840	505 449	912 784	700 614
全部工业总产值(1990年不变价格)	万元	928 205	530 554	1 125 763	711 046
客运总量	万人	3 129.00	1 447.00	3 233.70	1 781.30
货运总量	吨	3 238	2 162	3 490	706
固定资产投资总额	万元	117 478	107 668	160 039	144 671
#住宅	万元	5 017	4 691	11 033	9 765
房地产开发投资额	万元			50 436	47 097
商品房销售额	万元	57 374	57 374	17 386	16 863
地方财政预算内收入	万元	53 608	40 162	70 606	51 702
地方财政预算内支出	万元	46 902	25 838	53 489	29 933
#文教科学卫生事业费支出	万元	13 788	6 932	15 724	6 757
#教育事业费支出	万元	8 526	3 387	10 178	3 992
银行年末各项贷款余额	万元	569 265	380 370	649 451	438 821
高等学校数	个	3	2	3	2
高等学校在校学生数	人	2 858	1 881	2 925	1 926
每万名职工中专业技术人员数	人	1 325.79	1 325.89	1 336.30	1 172.20
#中级职称以上	人	175.09	175.09	426.45	407.31
影剧院	个	4	2	4	2
公共图书馆	个	8	6	8	6
卫生机构数	个	511	309	380	178
#医院	个	101	38	104	41

盘锦市国民经济主要指标

指　　标	单　位	1992年		1993年	
		地　区	市　区	地　区	市　区
年底人口数	万　人	108.37	47.53	109.55	48.54
#非农业人口	万　人	50.73	39.46	52.14	40.55
土地面积	平方公里	3 959	253	3 959	253
人口密度	人／平方公里	273.73	1 878.66	276.71	1 918.58
年末劳动力资源总数	万　人	63.09	31.08	64.12	32.34
#乡村劳动力	万　人	26.41	2.87	27.21	3.30
农林牧渔业产值	万　元	148 003	15 816	194 296	17 591
粮食产量	万　吨	80.64	5.00	80.34	4.90
蔬菜产量	万　吨	19.00	2.00	23.48	1.91
猪牛羊肉产量	万　吨	21 150	1 693	26 124	2 244
全部工业总产值(现行价格)	万　元	940 760	793 928	1 555 878	1 344 293
#乡及乡以上	万　元	889 548	782 632	1 456 689	1 316 817
全部工业总产值(1990年不变价格)	万　元	782 743	652 655	924 526	758 947
客运总量	万　人	1 402.00	1 128.00	1 096.25	852.50
货运总量	吨	2 622	1 729	2 538	2 311
固定资产投资总额	万　元	365 520	359 200	419 556	414 865
#住宅	万　元	18 011	15 937	28 731	28 731
房地产开发投资额	万　元			16 362	13 360
商品房销售额	万　元	3 003	3 003		
地方财政预算内收入	万　元	42 307	36 377	47 931	41 561
地方财政预算内支出	万　元	47 516	30 835	47 683	31 765
#文教科学卫生事业费支出	万　元	6 597	3 264	7 402	4 032
#教育事业费支出	万　元	3 473	1 336	3 842	1 756
银行年末各项贷款余额	万　元	407 337	293 251	503 757	330 137
高等学校数	个				
高等学校在校学生数	人				
每万名职工中专业技术人员数	人	1 456.20	2 095.02	1 550.76	2 045.86
#中级职称以上	人	307.17	542.99	322.43	523.83
影剧院	个	33	20	33	20
公共图书馆	个	4	3	4	2
卫生机构数	个	218	136	203	137
#医院	个	64	22	65	27

朝阳市国民经济主要指标

项　　目	单位	1993年	1992年	1993年比 1992年增长(%)
耕地面积	万亩	588.2	591.7	-0.6
年末总人口	万人	323.0	321.0	0.62
其中：非农业人口	万人	74.6	73.1	2.1
国民生产总值(现价)	亿元	71.5	47.1	36.5
总产出(现价)	亿元	199.9	115.4	45.3
农业总产值(现价)	亿元	34.4	23.4	32.9
粮豆总产量	亿斤	24.7	17.0	45.3
水果产量	亿斤	3.4	1.8	88.9
全部工业总产值(现价)	亿元	110.3	63.5	42.0
乡以上独立核算工业利税总额	万元	9.7	3.4	178.9
国有固定资产投资额	亿元	16.1	8.8	81.5
其中：基建投资额	亿元	8.0	3.4	136.9
社会消费品零售额	亿元	22.9	18.4	24.5
出口商品供货总值	万元	5.3	4.1	27.6
地方财政收入	万元	6.9	3.5	94.7
地方财政支出	万元	9.2	6.2	47.7
全部职工人数	万人	43.3	42.4	2.1
职工工资总额	亿元	11.6	8.3	39.8
城市居民人均生活费收入	元/人	1833	1573	3.2
农民人均纯收入	元/人	928	692	13.6
居民消费品零售物价指数	—	110.7	107.6	—
职工生活费用价格指数	—	113.0	107.9	—
人口自然增长率	‰	8.38	8.49	—

注：本统计表由朝阳市统计局提供

唐山市国民经济主要指标

指标	单位	1992年		1993年	
		地区	市区	地区	市区
年底人口数	万人	667.89	154.22	671.78	155.51
#非农业人口	万人	152.16	107.40	155.64	108.70
土地面积	平方公里	13 472	1 090	13 472	1 090
人口密度	人/平方公里	495.76	1 414.86	498.65	1 426.70
年末劳动力资源总数	万人	378.26	99.32	383.37	98.34
#乡村劳动力	万人	265.44	25.52	256.00	24.79
农林牧渔业产值	万元	751 858	51 754	904 173	62 412
粮食产量	万吨	305.36	20.84	289.62	20.49
蔬菜产量	万吨	243.50	33.38	306.73	37.34
猪牛羊肉产量	万吨	222 011	13 734	243 572	15 283
全部工业总产值(现行价格)	万元	2 932 471	1 452 040	4 722 322	2 221 314
#乡及乡以上	万元	2 225 508	1 257 882	3 330 244	1 859 806
全部工业总产值(1990年不变价格)	万元	2 624 471	1 259 664	3 553 708	1 542 497
客运总量	万人	3 287.00	2 732.00	3 394.30	2 044.90
货运总量	吨	9 768	5 687	8 716	4 414
固定资产投资总额	万元	362 961	200 389	580 945	348 010
#住宅	万元	24 459	16 216	39 783	25 621
房地产开发投资额	万元			19 014	14 441
商品房销售额	万元	16 126	16 126	13 963	10 605
地方财政预算内收入	万元	154 573	94 962	251 423	165 065
地方财政预算内支出	万元	116 888	66 177	202 155	127 839
#文教科学卫生事业费支出	万元	35 125	13 950	60 958	29 670
#教育事业费支出	万元	21 326	7 285	30 263	9 895
银行年末各项贷款余额	万元	1 083 278	654 138	1 358 594	788 605
高等学校数	个	4	4	4	4
高等学校在校学生数	人	6 958	6 958	8 353	8 353
每万名职工中专业技术人员数	人	871.76	912.39	2 022.10	1 770.41
#中级职称以上	人	134.37	168.11	370.09	390.68
影剧院	个	55	37	54	36
公共图书馆	个	14	4	14	4
卫生机构数	个	1 211	444	1 214	463
#医院	个	317	76	325	126

秦皇岛市国民经济主要指标

指标	单位	1992年		1993年	
		地区	市区	地区	市区
年底人口数	万人	252.21	52.91	254.71	54.40
#非农业人口	万人	52.39	38.81	53.75	39.82
土地面积	平方公里	7 523	363	7 523	363
人口密度	人/平方公里	335.25	1 457.58	338.58	1 498.62
年末劳动力资源总数	万人	158.93	42.22	148.10	39.77
#乡村劳动力	万人	109.11	7.73	96.74	7.53
农林牧渔业产值	万元	211 427	21 365	256 083	26 054
粮食产量	万吨	91.52	4.07	73.28	4.15
蔬菜产量	万吨	61.31	16.16	78.00	16.90
猪牛羊肉产量	万吨	72 869	4 467	80 077	4 042
全部工业总产值(现行价格)	万元	608 234	386 291	1 051 051	691 085
#乡及乡以上	万元	506 547	371 046	845 700	657 527
全部工业总产值(1990年不变价格)	万元	600 632	391 431	859 400	529 700
客运总量	万人	1 060.21	858.21	1 015.80	827.00
货运总量	吨	1 478.01	1 123.01	1 478.01	1 136.01
固定资产投资总额	万元	209 204	194 338	236 478	183 798
#住宅	万元	10 624	9 092	19 545	16 882
房地产开发投资额	万元			71 338	62 768
商品房销售额	万元	19 028	16 871	32 622	29 924
地方财政预算内收入	万元	52 228	35 377	93 681	66 563
地方财政预算内支出	万元	40 144	22 623	78 068	50 758
#文教科学卫生事业费支出	万元	12 656	5 474	17 287	6 781
#教育事业费支出	万元	7 790	2 793	10 638	3 495
银行年末各项贷款余额	万元	576 741	443 942	692 522	534 987
高等学校数	个	5	4	5	4
高等学校在校学生数	人	4 978	3 081	5 862	3 551
每万名职工中专业技术人员数	人	1 380.26	1 128.18	992.50	734.41
#中级职称以上	人	194.90	216.18	235.38	218.65
影剧院	个	23	16	3	3
公共图书馆	个	5	1	5	1
卫生机构数	个	602	322	618	340
#医院	个	128	23	174	31

沧州市国民经济主要指标

指标	单位	1992年		1993年	
		地区	市区	地区	市区
年底人口数	万人	135.07	36.62	627.87	37.66
#非农业人口	万人	31.15	25.84	80.25	26.41
土地面积	平方公里	2 698	203	14 053	202
人口密度	人/平方公里	500.63	1 803.94	446.79	1 864.36
年末劳动力资源总数	万人	72.38	18.54	370.52	22.01
#乡村劳动力	万人	54.00	5.31	244.75	5.02
农林牧渔业产值	万元	62 079	6 278	485 387	8 025
粮食产量	万吨	31.40	3.07	195.30	3.19
蔬菜产量	万吨	18.00	7.00	52.94	6.27
猪牛羊肉产量	万吨	11 366	979	74 987	1 015
全部工业总产值(现行价格)	万元	411 942	247 339	1 862 853	363 030
#乡及乡以上	万元	300 352	233 945	972 211	338 508
全部工业总产值(1990年不变价格)	万元	402 397	237 749	1 750 659	360 778
客运总量	万人	416.00	416.00	2 588.45	991.45
货运总量	吨	512	449	4 562	455
固定资产投资总额	万元	44 622	37 343	189 325	91 145
#住宅	万元	6 836	6 207	22 754	14 153
房地产开发投资额	万元			14 891	7 544
商品房销售额	万元	2 131	2 131	5 151	3 775
地方财政预算内收入	万元	25 936	16 736	82 320	21 357
地方财政预算内支出	万元	19 019	11 521	79 368	21 408
#文教科学卫生事业费支出	万元	5 796	2 776	26 829	5 657
#教育事业费支出	万元	3 303	1 278	16 730	2 441
银行年末各项贷款余额	万元	217 371	146 066	837 366	168 814
高等学校数	个	2	2	2	2
高等学校在校学生数	人	2 096	2 096	3 493	3 493
每万名职工中专业技术人员数	人	1 265.23	1 036.19	1 256.59	1 011.34
#中级职称以上	人	279.92	220.07	278.01	214.74
影剧院	个	13	10	22	8
公共图书馆	个	1	1	11	1
卫生机构数	个	343	243		219
#医院	个	72	21	334	23

青岛市国民经济主要指标

指标	单位	1992年		1993年	
		地区	市区	地区	市区
年底人口数	万人	673.11	209.28	675.35	212.06
#非农业人口	万人	224.09	150.81	229.79	157.14
土地面积	平方公里	10 654	1 103	10 654	1 102
人口密度	人／平方公里	631.79	1 897.37	633.89	1 924.32
年末劳动力资源总数	万人	463.16	189.17	465.08	202.59
#乡村劳动力	万人	258.23	38.11	259.18	38.99
农林牧渔业产值	万元	703 433	117 155	989 763	181 996
粮食产量	万吨	267.56	10.61	277.00	10.53
蔬菜产量	万吨	203.03	36.90	270.53	38.76
猪牛羊肉产量	万吨	147 117	7 095	165 102	8 240
全部工业总产值(现行价格)	万元	4 914 252	2 695 960	7 290 439	3 815 671
#乡及乡以上	万元	3 313 693	2 323 282	4 553 572	3 123 587
全部工业总产值(1990年不变价格)	万元	4 938 506	2 661 363	7 039 930	3 573 023
客运总量	万人	5 981.00	3 889.00	7 387.43	5 349.21
货运总量	吨	9 540.45	7 427.45	10 253.64	7 810.64
固定资产投资总额	万元	502 006	439 940	681 930	588 970
#住宅	万元	31 045	25 394	48 496	39 116
房地产开发投资额	万元			197 094	170 162
商品房销售额	万元	32 272	24 916	103 548	92 041
地方财政预算内收入	万元	275 589	229 493	395 976	330 709
地方财政预算内支出	万元	155 696	115 013	217 707	167 967
#文教科学卫生事业费支出	万元	34 345	20 072	40 287	23 189
#教育事业费支出	万元	19 882	9 955	24 539	12 633
银行年末各项贷款余额	万元	2 352 449	1 751 923	2 940 658	2 247 023
高等学校数	个	7	7	7	7
高等学校在校学生数	人	16 470	16 470	23 858	23 858
每万名职工中专业技术人员数	人	2 655.88	2 319.90	2 789.54	2 501.97
#中级职称以上	人	311.33	345.58	511.46	584.15
影剧院	个	108	25	103	25
公共图书馆	个	9	4	10	5
卫生机构数	个	1 562	1 026	1 540	1 039
#医院	个	236	79	237	80

淄博市国民经济主要指标

指标名称	单位	1978年	1992年	1993年	比上年增减%	为1978年的%
总人口	万人	333.58	385.74	387.84	0.54	116.27
社会劳动者人数	万人	158.80	222.70	232.66	4.47	146.51
国内生产总值	亿元	21.27	178.86	273.84	35.60	614.3
其中：第一产业	亿元	3.02	21.92	26.31	15.30	335.9
第二产业	亿元	16.24	116.27	178.59	33.50	569.6
第三产业	亿元	2.01	40.67	68.94	52.60	1347.90
农村社会总产值	亿元	11.04	228.69	450.79	97.12	4083.24
农村经济总收入	亿元	1.55	193.24	385.80	99.65	24890.32
农林牧渔业总产值(1990年不变价)	亿元	11.27	29.47	33.42	13.40	296.54
其中：农业总产值	亿元	9.05	17.34	21.08	21.57	232.93
林业总产值	亿元	0.60	1.17	1.27	8.55	211.67
牧业总产值	亿元	1.60	10.56	10.64	0.76	665
渔业总产值	亿元	0.02	0.40	0.43	7.5	2150
粮食总产量	万吨	97.28	149.09	166.28	11.53	170.93
肉类总产量	万吨	2.13	9.01	9.62	6.77	451.64
农民人均纯收入	元	138	1077	1288	19.59	933.33
工业总产值(不变价)	亿元	59.92	358.64	529.37	47.60	883.46
其中：乡镇工业	亿元	4.21	151.09	289.93	91.89	6886.70
独立核算工业企业						
产品销售收入	亿元	15.30	197.59	283.45	43.45	1852.61
年末固定资产净值	亿元	28.77	192.45	248.74	29.25	864.58
年末固定资产原值	亿元	21.46	138.75	183.07	31.94	853.08
利税总额	亿元	7.92	29.03	30.95	6.61	390.78
公路货运周转量	万吨公里	24161	139553	143104	2.54	592.29
公路客运周转量	万人公里	10167	81269	81777	0.6	804.34
邮电业务总量(不变价)	万元	999	13511	24448	80.95	2447.25
市内电话机总数	部	13938	74463	97895	31.47	702.36
农村电话机总数	部	4042	19067	40833	114.16	1010.22
全社会固定资产投资额	亿元	3.01	60.10	96.72	60.93	3213.29
社会商品零售总额	亿元	6.35	55.93	71.84	28.45	1131.34
城乡集市贸易成交额	亿元	0.48	44.00	103.36	134.91	21533.33
出口商品收购总值	亿元	1.42	13.01	15.49	19.06	1090.85
地方财政收入	万元	43633	103301	135975	31.63	311.63
地方财政支出	万元	10614	82156	104663	27.40	986.08
城乡居民储蓄余额	亿元	1.00	68.06	80.66	18.51	8066
全部职工年末人数	万人	40.82	62.52	62.17	−0.56	152.30
全部职工平均工资	元/人	571	2755	3327	20.76	582.66
各类学校在校人数	万人	74.72	55.91	57.10	2.13	76.42
卫生技术人员	人	10508	16422	17061	3.89	162.36

注：本统计表由淄博市统计局提供

东营市国民经济主要指标

指标	单位	1992年		1993年	
		地区	市区	地区	市区
年底人口数	万人	160.47	63.66	161.41	64.99
#非农业人口	万人	44.93	32.61	49.14	34.85
土地面积	平方公里	7 418	1 998	7 418	1 998
人口密度	人/平方公里	216.33	318.62	217.59	325.28
年末劳动力资源总数	万人	108.48	51.53	113.86	56.20
#乡村劳动力	万人	56.31	11.48	66.05	15.12
农林牧渔业产值	万元	144 683	46 600	213 700	66 334
粮食产量	万吨	60.01	14.24	75.47	19.30
蔬菜产量	万吨	32.46	5.81	43.94	8.04
猪牛羊肉产量	万吨	23 535	7 570	27 642	8 597
全部工业总产值(现行价格)	万元	1 396 676	1 233 058	1 958 222	1 700 452
#乡及乡以上	万元	1 323 547	1 220 087	1 830 141	1 681 247
全部工业总产值(1990年不变价格)	万元	1 171 769	1 019 651	1 325 104	1 099 833
客运总量	万人	495.00	434.00	479.61	455.81
货运总量	吨	1 339	879	1 529	1 299
固定资产投资总额	万元	528 083	515 323	663 723	651 487
#住宅	万元	21 350	19 391	25 783	22 439
房地产开发投资额	万元			7 847	5 861
商品房销售额	万元	105		6 971	6 410
地方财政预算内收入	万元	33 689	25 181	34 023	18 588
地方财政预算内支出	万元	41 508	28 675	49 540	24 373
#文教科学卫生事业费支出	万元	7 897	3 971	9 567	3 332
#教育事业费支出	万元	3 911	1 615	5 427	1 840
银行年末各项贷款余额	万元	480 922	416 348	567 105	459 505
高等学校数	个	2	2	2	2
高等学校在校学生数	人	7 000	7 000	7 809	7 809
每万名职工中专业技术人员数	人	2 080.28	2 370.19	2 251.64	1 922.01
#中级职称以上	人	445.56	460.86	576.39	584.52
影剧院	个	7	3	10	7
公共图书馆	个	3		3	
卫生机构数	个	341	237	309	199
#医院	个	80	27	81	27

潍坊市国民经济主要指标

指　　标	单　位	1992年		1993年	
		地　区	市　区	地　区	市　区
年底人口数	万　人	864.90	115.60	815.99	116.98
#非农业人口	万　人	146.69	49.66	168.94	51.49
土地面积	平方公里	17 302	1 472	15 859	1 472
人口密度	人／平方公里	499.88	785.33	514.53	794.70
年末劳动力资源总数	万　人	442.31	74.74	575.35	97.81
#乡村劳动力	万　人	359.71	44.51	327.87	35.85
农林牧渔业产值	万　元	1 129 991	89 724	1 513 110	130 707
粮食产量	万　吨	500.50	54.00	468.86	54.94
蔬菜产量	万　吨	340.60	24.60	484.15	32.33
猪牛羊肉产量	万　吨	233 840	19 329	231 986	22 716
全部工业总产值(现行价格)	万　元	3 800 813	1 005 123	6 989 156	1 736 205
#乡及乡以上	万　元	2 394 178	752 390	3 617 209	1 107 171
全部工业总产值(1990年不变价格)	万　元	3 855 603	1 021 204	6 835 888	1 657 784
客运总量	万　人	3 010.72	2 463.72	3 901.99	3 045.73
货运总量	吨	5 185	1 047	6 029	2 158
固定资产投资总额	万　元	261 562	112 334	388 526	211 424
#住宅	万　元	19 942	8 035	33 704	18 822
房地产开发投资额	万　元			48 206	36 020
商品房销售额	万　元	15 871	6 388	23 665	13 049
地方财政预算内收入	万　元	133 090	50 608	173 532	82 569
地方财政预算内支出	万　元	108 411	39 695	133 395	54 122
#文教科学卫生事业费支出	万　元	38 162	11 468	41 074	18 294
#教育事业费支出	万　元	24 813	5 795	27 843	10 490
银行年末各项贷款余额	万　元	1 110 419	454 989	1 304 240	803 027
高等学校数	个	3	3	3	3
高等学校在校学生数	人	4 921	4 921	6 067	6 067
每万名职工中专业技术人员数	人	1 666.66	1 396.19	2 803.29	2 147.11
#中级职称以上	人	282.84	292.87	718.91	690.54
影剧院	个	72	18	72	20
公共图书馆	个	12	3	12	3
卫生机构数	个	1 092	550	1 047	634
#医院	个	305	109	282	144

烟台市国民经济主要指标

指标	单位	1992年		1993年	
		地区	市区	地区	市区
年底人口数	万人	629.00	82.97	629.93	84.91
#非农业人口	万人	150.20	48.83	187.54	56.57
土地面积	平方公里	13 507	835	13 507	835
人口密度	人/平方公里	465.68	993.65	466.37	1 016.89
年末劳动力资源总数	万人	427.06	60.72	421.46	59.50
#乡村劳动力	万人	278.29	19.04	356.18	24.18
农林牧渔业产值	万元	932 049	69 227	1 423 432	84 309
粮食产量	万吨	266.32	9.14	275.79	9.69
蔬菜产量	万吨	108.14	8.07	181.80	31.33
猪牛羊肉产量	万吨	122 886	4 164	140 239	3 985
全部工业总产值(现行价格)	万元	4 181 445	847 373	8 033 705	1 140 144
#乡及乡以上	万元	2 427 039	712 465	3 841 973	959 723
全部工业总产值(1990年不变价格)	万元	4 189 537	835 736	7 702 553	1 125 291
客运总量	万人	3 896.40	2 495.40	4 697.81	2 394.24
货运总量	吨	3 288.14	1 496.14	3 621.43	1 747.43
固定资产投资总额	万元	384 576	178 290	449 644	123 689
#住宅	万元	33 843	23 058	29 633	13 486
房地产开发投资额	万元			145 793	121 254
商品房销售额	万元	20 343	9 354	68 496	32 892
地方财政预算内收入	万元	126 446	52 264	175 786	75 441
地方财政预算内支出	万元	99 772	40 355	138 493	58 871
#文教科学卫生事业费支出	万元	35 176	12 428	44 960	13 904
#教育事业费支出	万元	20 826	5 949	27 492	6 635
银行年末各项贷款余额	万元	1 883 317	731 759	2 262 224	871 181
高等学校数	个	7	3	7	3
高等学校在校学生数	人	9 285	6 967	12 099	9 656
每万名职工中专业技术人员数	人	2 586.86	2 507.36	3 028.90	2 990.03
#中级职称以上	人	248.02	298.39	694.82	851.38
影剧院	个	65	9	70	9
公共图书馆	个	11	2	11	2
卫生机构数	个	1 106	389	1 084	404
#医院	个	232	35	257	35

威海市国民经济主要指标

指　　标	单　位	1992年		1993年	
		地　区	市　区	地　区	市　区
年底人口数	万　人	239.32	27.84	240.60	29.37
#非农业人口	万　人	54.53	13.35	56.03	14.33
土地面积	平方公里	5 436	408	5 436	408
人口密度	人／平方公里	440.25	682.35	442.60	719.85
年末劳动力资源总数	万　人	161.40	38.00	165.50	38.50
#乡村劳动力	万　人	142.60	32.10	137.24	29.50
农林牧渔业产值	万　元	646 763	59 944	858 905	87 508
粮食产量	万　吨	105.34	2.45	109.79	3.83
蔬菜产量	万　吨	34.23	2.67	53.78	4.11
猪牛羊肉产量	万　吨	50 510	1 916	51 830	2 344
全部工业总产值(现行价格)	万　元	2 071 653	458 196	3 787 612	815 297
#乡及乡以上	万　元	1 548 879	401 857	2 684 493	678 118
全部工业总产值(1990年不变价格)	万　元	2 234 884	502 330	3 962 892	861 978
客运总量	万　人	2 046.00	1 163.00	1 494.28	953.40
货运总量	吨	1 059	112	1 437	229
固定资产投资总额	万　元	202 123	130 128	279 740	150 878
#住宅	万　元	7 173	4 851	12 365	2 091
房地产开发投资额	万　元			156 013	107 923
商品房销售额	万　元	21 823	16 198	135 760	104 675
地方财政预算内收入	万　元	44 535	13 784	64 846	480
地方财政预算内支出	万　元	45 732	19 440	63 337	13 450
#文教科学卫生事业费支出	万　元	13 828	4 252	18 268	2 763
#教育事业费支出	万　元	8 632	1 827	11 963	826
银行年末各项贷款余额	万　元	782 309	132 058	963 876	134 968
高等学校数	个			3	3
高等学校在校学生数	人	2 741	1 893	2 958	2 958
每万名职工中专业技术人员数	人	2 074.16	1 415.43	2 130.79	1 359.32
#中级职称以上	人	409.85	326.42	688.43	693.73
影剧院	个	37	5	37	3
公共图书馆	个	4	1	4	1
卫生机构数	个	392	154	417	150
#医院	个	78	12	79	12

日照市国民经济主要指标

指　　标	单　位	1992年		1993年	
		地　区	市　区	地　区	市　区
年底人口数	万　人	107.23	107.23	266.82	108.25
#非农业人口	万　人	20.23	20.23	45.64	24.29
土地面积	平方公里	1 915	1 915	5 310	1 915
人口密度	人／平方公里	559.95	559.95	502.49	565.27
年末劳动力资源总数	万　人	58.87	58.87	158.00	65.00
#乡村劳动力	万　人	47.04	47.04	138.83	52.50
农林牧渔业产值	万　元	170 644	170 644	409 576	202 880
粮食产量	万　吨	41.34	41.34	75.42	28.30
蔬菜产量	万　吨	17.08	17.08	58.41	18.54
猪牛羊肉产量	万　吨	31 248	31 248	83 900	30 120
全部工业总产值(现行价格)	万　元	231 623	231 623	802 399	345 217
#乡及乡以上	万　元	126 003	126 003	412 769	167 386
全部工业总产值(1990年不变价格)	万　元	232 092	232 092	774 622	343 154
客运总量	万　人	669.00	669.00	799.16	693.56
货运总量	吨	404	404	319	268
固定资产投资总额	万　元	39 747	39 747	99 141	81 885
#住宅	万　元	3 213	3 213	9 612	7 207
房地产开发投资额	万　元			18 107	17 786
商品房销售额	万　元	4 384	4 384	2 836	2 321
地方财政预算内收入	万　元	10 789	10 789	28 944	19 741
地方财政预算内支出	万　元	12 024	12 024	31 566	22 839
#文教科学卫生事业费支出	万　元	4 014	4 014	11 313	8 107
#教育事业费支出	万　元	2 554	2 554	7 651	5 574
银行年末各项贷款余额	万　元	157 632	157 632	232 768	139 655
高等学校数	个				
高等学校在校学生数	人	274	274	273	273
每万名职工中专业技术人员数	人	2 911.32	2 911.32	3 741.25	3 184.37
#中级职称以上	人	573.00	573.00	565.67	584.50
影剧院	个	5	5	5	3
公共图书馆	个	1	1	4	2
卫生机构数	个	90	90	189	69
#医院	个	28	28	77	27

南京市国民经济主要指标

指标	单位	1992年		1993年	
		地区	市区	地区	市区
年底人口数	万人	510.05	254.69	514.74	258.54
#非农业人口	万人	243.00	214.01	248.90	218.77
土地面积	平方公里	6 516	947	6 516	947
人口密度	人／平方公里	782.77	2 689.44	789.96	2 730.10
年末劳动力资源总数	万人		.	418.39	210.15
#乡村劳动力	万人	139.81	22.40	141.69	19.96
农林牧渔业产值	万元	355 758	60 922	464 235	76 121
粮食产量	万吨	164.83	12.63	155.48	11.06
蔬菜产量	万吨	85	40	94	38
猪牛羊肉产量	万吨	107 984	18 497	112 196	18 455
全部工业总产值(现行价格)	万元	4 909 512	3 956 289	6 939 252	5 162 540
#乡及乡以上	万元	4 554 867	3 840 261	6 159 745	4 872 848
全部工业总产值(1990年不变价格)	万元	4 762 692	3 772 691	6 173 929	4 411 568
客运总量	万人	4 633.74	3 085.74	4 343.39	2 666.39
货运总量	吨	8 415.57	8 150.57	8 112.74	6 616.74
固定资产投资总额	万元	587 616	526 148	771 503	664 722
#住宅	万元	65 929	60 649	49 913	45 125
房地产开发投资额	万元			191 769	172 357
商品房销售额	万元	18 385	15 722	78 913	69 562
地方财政预算内收入	万元	238 431	209 780	360 575	318 104
地方财政预算内支出	万元	117 444	89 038	196 242	157 177
#文教科学卫生事业费支出	万元	33 037	22 271	42 675	29 405
#教育事业费支出	万元	19 850	12 548	25 226	16 034
银行年末各项贷款余额	万元	1 914 112	1 614 663	2 439 013	2 063 911
高等学校数	个	29	28	29	28
高等学校在校学生数	人	70 335	69 950	88 575	87 988
每万名职工中专业技术人员数	人	1 898.88	1 936.67	1 978.04	2 040.81
#中级职称以上	人	474.78	528.57	494.57	552.65
影剧院	个	11	7	13	9
公共图书馆	个	19	13	19	13
卫生机构数	个	1 584	1 192	1 512	1 135
#医院	个	223	112	224	113

连云港市国民经济主要指标

指　　标	单　位	1992年		1993年	
		地　区	市　区	地　区	市　区
年底人口数	万　人	351.04	54.92	353.22	54.80
#非农业人口	万　人	63.29	38.21	64.56	38.48
土地面积	平方公里	6 327	830	6 424	881
人口密度	人／平方公里	554.83	661.69	549.84	622.02
年末劳动力资源总数	万　人	201.97	38.65	221.35	74.35
#乡村劳动力	万　人	155.55	9.67	138.29	8.99
农林牧渔业产值	万　元	383 964	33 589	466 469	38 782
粮食产量	万　吨	202.52	10.33	165.06	9.44
蔬菜产量	万　吨	71.94	7.74	109.00	9.00
猪牛羊肉产量	万　吨	89 351	4 268	104 887	5 661
全部工业总产值(现行价格)	万　元	717 705	408 039	1 061 880	560 862
#乡及乡以上	万　元	617 486	399 395	845 947	538 319
全部工业总产值(1990年不变价格)	万　元	748 249	432 279	997 568	526 327
客运总量	万　人	2 296.74	1 659.74	1 765.61	1 695.01
货运总量	吨	872	654	741	527
固定资产投资总额	万　元	114 990	93 881	145 574	115 700
#住宅	万　元	5 680	3 649	6 787	4 793
房地产开发投资额	万　元			44 065	40 614
商品房销售额	万　元	5 093	2 988	13 720	12 450
地方财政预算内收入	万　元	41 407	29 320	58 903	41 896
地方财政预算内支出	万　元	42 713	21 475	56 460	31 058
#文教科学卫生事业费支出	万　元	14 871	6 317	16 980	7 333
#教育事业费支出	万　元	9 587	3 616	10 891	3 966
银行年末各项贷款余额	万　元	555 256	363 802	627 894	422 003
高等学校数	个	3	3	3	3
高等学校在校学生数	人	3 596	3 596	5 316	5 316
每万名职工中专业技术人员数	人	1 264.33	1 100.13	1 205.10	1 046.26
#中级职称以上	人	109.82	103.24	152.80	171.07
影剧院	个	5	2	41	12
公共图书馆	个	4	1	4	1
卫生机构数	个	630	373	605	348
#医院	个	116	29	117	30

淮阴市国民经济主要指标

指标	单位	1992年		1993年	
		地区	市区	地区	市区
年底人口数	万人	1 010.72	45.17	1 017.11	46.23
#非农业人口	万人	118.14	25.25	122.77	26.01
土地面积	平方公里	19 548	347	19 548	347
人口密度	人／平方公里	517.05	1 301.73	520.31	1 332.28
年末劳动力资源总数	万人	571.96	31.58	580.12	30.96
#乡村劳动力	万人	427.06	10.75	440.73	10.81
农林牧渔业产值	万元	907 254	19 446	1 224 534	25 934
粮食产量	万吨	582.37	12.73	549.54	11.98
蔬菜产量	万吨	158.48	12.21	217.00	17.00
猪牛羊肉产量	万吨	267 480	6 835	296 993	6 837
全部工业总产值(现行价格)	万元	1 636 287	378 707	2 311 452	513 402
#乡及乡以上	万元	1 212 316	368 491	1 671 199	498 558
全部工业总产值(1990年不变价格)	万元	1 647 769	383 372	2 185 740	443 507
客运总量	万人	4 202.00	2 458.00	4 787.33	1 791.60
货运总量	吨	3 683	1 599	3 506	1 494
固定资产投资总额	万元	151 410	95 098	216 840	75 518
#住宅	万元	8 732	3 089	10 297	3 087
房地产开发投资额	万元			8 043	3 333
商品房销售额	万元	6 494	3 626	5 614	2 329
地方财政预算内收入	万元	76 400	30 786	114 703	43 689
地方财政预算内支出	万元	100 679	19 666	132 139	26 137
#文教科学卫生事业费支出	万元	36 937	4 774	46 187	5 384
#教育事业费支出	万元	25 189	2 485	31 535	2 784
银行年末各项贷款余额	万元	797 718	203 389	921 006	251 990
高等学校数	个	2	2	2	2
高等学校在校学生数	人	3 648	3 648	4 200	4 200
每万名职工中专业技术人员数	人	1 593.61	2 766.59	1 444.82	1 900.44
#中级职称以上	人	169.25	331.50	1 038.13	1 164.33
影剧院	个	206	10	13	2
公共图书馆	个	13	1	13	1
卫生机构数	个	1 066	178	1 092	178
#医院	个	327	18	326	17

盐城市国民经济主要指标

指标	单位	1992年		1993年	
		地区	市区	地区	市区
年底人口数	万人	779.20	137.84	779.89	138.55
#非农业人口	万人	125.79	33.57	129.18	35.31
土地面积	平方公里	14 983	1 728	14 983	1 728
人口密度	人／平方公里	520.06	797.69	520.52	801.79
年末劳动力资源总数	万人	394.01	68.09	399.67	69.06
#乡村劳动力	万人	273.89	41.71	285.53	44.34
农林牧渔业产值	万元	968 486	160 473	1 335 685	207 861
粮食产量	万吨	436.13	67.50	405.73	66.30
蔬菜产量	万吨	114.21	12.32	153.00	16.00
猪牛羊肉产量	万吨	232 551	45 982	250 270	51 509
全部工业总产值(现行价格)	万元	1 909 191	629 612	2 784 877	913 474
#乡及乡以上	万元	1 448 250	469 441	2 005 240	658 702
全部工业总产值(1990年不变价格)	万元	1 956 784	648 387	2 750 854	887 975
客运总量	万人	4 791.75	3 053.15	3 616.10	2 572.10
货运总量	吨	5 496.06	1 414.03	5 264.00	1 172.00
固定资产投资总额	万元	162 281	69 610	242 805	103 591
#住宅	万元	13 036	4 721	15 434	5 558
房地产开发投资额	万元			38 787	27 106
商品房销售额	万元	13 564	9 560	20 276	14 119
地方财政预算内收入	万元	65 348	21 537	96 809	33 271
地方财政预算内支出	万元	84 182	22 916	109 547	31 525
#文教科学卫生事业费支出	万元	33 761	8 108	40 221	9 770
#教育事业费支出	万元	22 279	4 885	26 647	5 880
银行年末各项贷款余额	万元	780 156	238 291	866 668	286 072
高等学校数	个	3	3	3	3
高等学校在校学生数	人	5 211	5 211	5 754	5 754
每万名职工中专业技术人员数	人	1 415.51	1 520.84	1 232.06	1 408.60
#中级职称以上	人	81.52	116.30	70.16	111.81
影剧院	个	194	41	194	41
公共图书馆	个	8	1	8	1
卫生机构数	个	879	214	863	213
#医院	个	243	35	241	35

南通市国民经济主要指标

指　　标	单　位	1992年		1993年	
		地　区	市　区	地　区	市　区
年底人口数	万　人	779.86	58.45	781.20	59.71
#非农业人口	万　人	161.65	38.83	191.13	40.63
土地面积	平方公里	8 001	224	8 001	224
人口密度	人/平方公里	974.70	2 609.38	976.38	2 665.62
年末劳动力资源总数	万　人	524.08	44.15	526.20	49.80
#乡村劳动力	万　人	403.98	14.42	391.85	13.83
农林牧渔业产值	万　元	813 835	22 288	1 015 293	25 472
粮食产量	万　吨	317.40	8.19	281.84	7.83
蔬菜产量	万　吨	122.00	8.00	117.57	8.17
猪牛羊肉产量	万　吨	168 765	3 534	168 136	4 098
全部工业总产值(现行价格)	万　元	3 330 126	1 040 641	5 082 869	1 425 557
#乡及乡以上	万　元	2 908 144	994 091	4 343 545	1 339 561
全部工业总产值(1990年不变价格)	万　元	3 515 264	1 030 991	5 081 258	1 331 446
客运总量	万　人	5 188.59	3 964.59	7 002.99	5 238.99
货运总量	吨	3 189.00	996.00	4 755.02	1 409.02
固定资产投资总额	万　元	212 394	121 168	360 952	169 410
#住宅	万　元	12 662	3 962	25 095	8 180
房地产开发投资额	万　元			46 789	22 641
商品房销售额	万　元	15 267	8 131	27 312	11 617
地方财政预算内收入	万　元	139 849	52 752	193 560	75 346
地方财政预算内支出	万　元	80 858	21 526	108 606	29 496
#文教科学卫生事业费支出	万　元	36 561	7 180	45 510	8 713
#教育事业费支出	万　元	23 929	3 274	29 761	3 995
银行年末各项贷款余额	万　元	1 005 948	418 102	1 138 680	510 656
高等学校数	个	4	4	4	4
高等学校在校学生数	人	5 676	5 676	6 787	6 787
每万名职工中专业技术人员数	人	1 304.96	1 423.44	1 329.43	1 381.45
#中级职称以上	人	171.25	294.23	174.46	287.21
影剧院	个	194	19	190	20
公共图书馆	个	7	1	8	2
卫生机构数	个	1 337	311	1 318	303
#医院	个	345	28	337	27

无锡市国民经济主要指标

指　　标	单　位	1992年		1993年	
		地　区	市　区	地　区	市　区
年底人口数	万　人	423.90	94.44	426.53	95.53
#非农业人口	万　人	151.45	84.40	167.18	85.30
土地面积	平方公里	4 650	397	4 650	397
人口密度	人／平方公里	911.61	2 378.84	917.27	2 406.30
年末劳动力资源总数	万　人	277.24	65.66	277.84	66.18
#乡村劳动力	万　人	167.63	7.33	166.64	7.37
农林牧渔业产值	万　元	387 651	21 877	465 619	24 748
粮食产量	万　吨	150.80	0.69	148.00	1.00
蔬菜产量	万　吨	56	9	48	8
猪牛羊肉产量	万　吨	94 291	8 049	67 398	7 670
全部工业总产值(现行价格)	万　元	8 977 537	2 314 376	13 654 552	3 221 005
#乡及乡以上	万　元	5 743 556	1 940 931	8 375 695	2 590 920
全部工业总产值(1990年不变价格)	万　元	9 408 724	2 400 544	13 248 784	3 002 514
客运总量	万　人	5 302.61	3 379.61	5 509.05	3 457.01
货运总量	吨	7 407	2 297	10 439	3 378
固定资产投资总额	万　元	395 349	289 184	489 919	244 885
#住宅	万　元	9 084	6 101	13 395	5 371
房地产开发投资额	万　元			154 966	100 126
商品房销售额	万　元	32 570	18 212	80 566	57 669
地方财政预算内收入	万　元	226 848	118 305	346 247	175 467
地方财政预算内支出	万　元	73 466	35 501	146 039	60 969
#文教科学卫生事业费支出	万　元	26 881	10 989	42 476	16 711
#教育事业费支出	万　元	16 934	6 164	27 293	9 245
银行年末各项贷款余额	万　元	1 227 938	701 372	1 470 775	824 776
高等学校数	个	2	2	2	2
高等学校在校学生数	人	6 501	6 501	7 515	7 515
每万名职工中专业技术人员数	人	1 699.94	1 752.69	1 724.38	1 805.40
#中级职称以上	人	255.09	339.82	310.59	415.12
影剧院	个	124	17	118	13
公共图书馆	个	6	3	7	4
卫生机构数	个	1 105	630	1 093	589
#医院	个	158	38	157	39

江阴市国民经济主要指标

指标	单位	1992年		1993年	
		地区	市区	地区	市区
年底人口数	万人		112.27		112.88
#非农业人口	万人		23.90		24.10
土地面积	平方公里		980		980
人口密度	人/平方公里		1 145.61		1 151.84
年末劳动力资源总数	万人		75.38		73.32
#乡村劳动力	万人		57.70		55.19
农林牧渔业产值	万元		123 635		149 189
粮食产量	万吨		45		43
蔬菜产量	万吨		16		16
猪牛羊肉产量	万吨		27 051		29 436
全部工业总产值(现行价格)	万元		2 371 487		3 635 785
#乡及乡以上	万元		1 403 306		2 018 086
全部二业总产值(1990年不变价格)	万元		2 537 311		3 712 233
客运总量	万人		406.00		350.14
货运总量	吨		1 799		2 201
固定资产投资总额	万元		43 245		97 541
#住宅	万元		784		2 443
房地产开发投资额	万元				21 859
商品房销售额	万元		3 623		
地方财政预算内收入	万元		39 057		62 916
地方财政预算内支出	万元		12 743		31 811
#文教科学卫生事业费支出	万元		5 504		8 244
#教育事业费支出	万元		3 610		4 958
银行年末各项贷款余额	万元		202 500		250 272
高等学校数	个				
高等学校在校学生数	人				
每万名职工中专业技术人员数	人		1 435.08		1 455.78
#中级职称以上	人		91.34		140.27
影剧院	个		31		28
公共图书馆	个		1		1
卫生机构数	个		133		130
#医院	个		34		34

张家港市国民经济主要指标

指标	单位	1992年		1993年	
		地区	市区	地区	市区
年底人口数	万人		84.41		84.64
#非农业人口	万人		10.30		11.85
土地面积	平方公里		772		772
人口密度	人／平方公里		1 093.39		1 096.37
年末劳动力资源总数	万人		48.17		55.55
#乡村劳动力	万人		35.44		34.42
农林牧渔业产值	万元		95 343		118 438
粮食产量	万吨		52.00		30.04
蔬菜产量	万吨		16		12
猪牛羊肉产量	万吨		14 664		13 230
全部工业总产值(现行价格)	万元		2 043 043		3 410 930
#乡及乡以上	万元		1 447 642		2 212 565
全部工业总产值(1990年不变价格)	万元		2 200 799		3 520 715
客运总量	万人		725.00		800.50
货运总量	吨		1 049		822
固定资产投资总额	万元		90 172		190 760
#住宅	万元		3 964		7 707
房地产开发投资额	万元				6 045
商品房销售额	万元		1 811		9 880
地方财政预算内收入	万元		27 694		43 088
地方财政预算内支出	万元		9 388		20 885
#文教科学卫生事业费支出	万元		4 232		6 119
#教育事业费支出	万元		2 729		4 345
银行年末各项贷款余额	万元		171 477		253 280
高等学校数	个		1		1
高等学校在校学生数	人		879		1 088
每万名职工中专业技术人员数	人		1 338.50		1 386.78
#中级职称以上	人		138.20		172.32
影剧院	个		28		28
公共图书馆	个		1		1
卫生机构数	个		134		130
#医院	个		31		31

杭州市国民经济主要指标

指　　标	单　位	1992年		1993年	
		地　区	市　区	地　区	市　区
年底人口数	万　人	582.40	136.30	587.10	138.33
#非农业人口	万　人	174.03	112.72	179.11	115.14
土地面积	平方公里	16 596	430	16 596	430
人口密度	人／平方公里	350.93	3 169.77	353.76	3 216.98
年末劳动力资源总数	万　人	403.65	106.16	411.82	107.86
#乡村劳动力	万　人	256.84	15.89	264.28	16.29
农林牧渔业产值	万　元	497 915	38 932	600 760	51 501
粮食产量	万　吨	190.10	8.20	165.67	6.38
蔬菜产量	万　吨	109.72	23.22	121.81	23.59
猪牛羊肉产量	万　吨	139 976	11 844	146 723	11 827
全部工业总产值(现行价格)	万　元	5 863 872	2 570 913	9 074 185	3 817 899
#乡及乡以上	万　元	4 552 856	2 296 239	6 642 100	3 310 772
全部工业总产值(1990年不变价格)	万　元	6 074 559	2 585 558	8 689 360	3 448 029
客运总量	万　人	6 207.10	1 601.10	13 069.94	7 624.45
货运总量	吨	1 948.10	1 201.10	9 082.40	4 916.40
固定资产投资总额	万　元	339 906	169 287	585 281	294 744
#住宅	万　元	26 640	14 158	47 168	25 335
房地产开发投资额	万　元			218 006	115 116
商品房销售额	万　元	34 281	22 812	70 506	31 633
地方财政预算内收入	万　元	286 394	168 341	394 946	233 670
地方财政预算内支出	万　元	132 841	65 984	185 168	90 545
#文教科学卫生事业费支出	万　元	41 670	16 882	53 316	21 352
#教育事业费支出	万　元	23 527	8 575	30 024	10 486
银行年末各项贷款余额	万　元	2 216 570	1 617 086	2 740 662	2 025 387
高等学校数	个	19	18	19	18
高等学校在校学生数	人	40 938	40 098	47 746	46 792
每万名职工中专业技术人员数	人	1 545.03	1 719.01	1 401.79	1 584.34
#中级职称以上	人	321.56	427.56	319.18	435.11
影剧院	个	164	17	144	10
公共图书馆	个	10	3	10	3
卫生机构数	个	1 767	885	1 730	882
#医院	个	436	58	403	68

宁波市国民经济主要指标

指　　标	单　位	1992年		1993年	
		地　区	市　区	地　区	市　区
年底人口数	万　人	516.72	110.44	519.98	111.84
#非农业人口	万　人	106.82	57.32	109.81	59.30
土地面积	平方公里	9 365	1 033	9 365	1 033
人口密度	人／平方公里	551.76	1 069.12	555.24	1 082.67
年末劳动力资源总数	万　人	365.73	86.71	362.50	77.39
#乡村劳动力	万　人	268.51	35.48	262.20	24.10
农林牧渔业产值	万　元	514 683	73 497	698 928	99 704
粮食产量	万　吨	181.62	36.02	164.75	32.23
蔬菜产量	万　吨	126.89	14.47	152.20	18.97
猪牛羊肉产量	万　吨	81 614	13 606	82 337	14 549
全部工业总产值(现行价格)	万　元	4 757 920	1 728 323	7 273 256	2 471 095
#乡及乡以上	万　元	3 531 475	1 526 396	5 018 200	2 104 033
全部工业总产值(1990年不变价格)	万　元	4 861 022	1 691 716	7 054 483	2 195 297
客运总量	万　人	9 797.30	1 917.30	10 657.90	1 909.09
货运总量	吨	6 469.22	2 829.22	7 438.33	3 140.33
固定资产投资总额	万　元	384 562	291 519	505 906	345 628
#住宅	万　元	12 303	7 466	30 447	17 819
房地产开发投资额	万　元			254 427	166 611
商品房销售额	万　元	43 018	30 413	117 729	66 510
地方财政预算内收入	万　元	198 354	96 919	282 516	137 582
地方财政预算内支出	万　元	119 133	62 758	180 442	92 751
#文教科学卫生事业费支出	万　元	35 797	15 062	48 999	17 862
#教育事业费支出	万　元	18 773	6 862	25 697	7 871
银行年末各项贷款余额	万　元	1 201 446	756 399	1 518 179	881 613
高等学校数	个	4	3	4	3
高等学校在校学生数	人	5 299	4 479	6 608	5 739
每万名职工中专业技术人员数	人	1 243.23	1 306.77	1 180.58	1 282.66
#中级职称以上	人	199.18	244.72	268.47	340.75
影剧院	个	80	16	73	16
公共图书馆	个	9	3	9	3
卫生机构数	个	1 270	609	1 262	602
#医院	个	303	48		49

温州市国民经济主要指标

指　　　标	单　位	1992年		1993年	
		地　区	市　区	地　区	市　区
年底人口数	万　人	678.99	110.17	685.57	111.27
#非农业人口	万　人	102.08	43.27	104.53	44.01
土地面积	平方公里	11 784	1 082	11 784	1 082
人口密度	人／平方公里	576.20	1 018.21	581.78	1 028.37
年末劳动力资源总数	万　人	384.12	73.59	400.16	79.04
#乡村劳动力	万　人	302.15	40.44	327.78	41.76
农林牧渔业产值	万　元	484 418	74 774	445 268	64 839
粮食产量	万　吨	146.56	20.21	126.71	16.07
蔬菜产量	万　吨	57.44	9.81	69.26	11.45
猪牛羊肉产量	万　吨	84 446	10 282	74 344	9 200
全部工业总产值(现行价格)	万　元	1 808 288	754 133	3 407 065	1 332 952
#乡及乡以上	万　元	1 157 197	541 722	1 711 690	806 486
全部工业总产值(1990年不变价格)	万　元	1 907 559	802 427	3 508 444	1 389 470
客运总量	万　人	13 450.61	3 669.61	16 858.62	6 472.56
货运总量	吨	2 355.19	830.19	2 946.49	1 201.49
固定资产投资总额	万　元	109 656	57 989	186 132	102 063
#住宅	万　元	5 131	4 215	6 040	2 754
房地产开发投资额	万　元			107 430	81 284
商品房销售额	万　元	12 494	8 710	25 964	15 910
地方财政预算内收入	万　元	118 946	48 938	186 767	74 377
地方财政预算内支出	万　元	102 991	31 860	146 491	46 394
#文教科学卫生事业费支出	万　元	35 287	9 923	44 855	13 162
#教育事业费支出	万　元	22 748	6 432	29 922	8 729
银行年末各项贷款余额	万　元	593 689	360 462	537 224	256 017
高等学校数	个	3	3	3	3
高等学校在校学生数	人	4 314	4 314	5 195	5 195
每万名职工中专业技术人员数	人	1 121.76	746.50	714.25	528.42
#中级职称以上	人	193.60	203.88	138.10	143.24
影剧院	个	214	33	201	42
公共图书馆	个	11	2	11	3
卫生机构数	个	964	282	963	280
#医院	个	581	53	464	51

嘉兴市国民经济主要指标

指　　标	单　位	1992年		1993年	
		地　区	市　区	地　区	市　区
年底人口数	万　人	320.61	74.74	322.57	75.42
#非农业人口	万　人	61.17	21.86	62.49	22.22
土地面积	平方公里	3 915	968	3 915	969
人口密度	人／平方公里	818.93	772.11	823.93	778.33
年末劳动力资源总数	万　人	226.38	50.57	229.29	58.79
#乡村劳动力	万　人	169.19	34.28	164.39	33.23
农林牧渔业产值	万　元	400 154	92 541	469 166	113 283
粮食产量	万　吨	203.69	58.07	180.03	49.92
蔬菜产量	万　吨	78.19	12.05	82.10	13.40
猪牛羊肉产量	万　吨	93 628	31 851	100 167	34 014
全部工业总产值(现行价格)	万　元	2 532 540	648 220	4 217 137	1 014 886
#乡及乡以上	万　元	1 915 110	521 695	2 999 160	778 333
全部工业总产值(1990年不变价格)	万　元	2 594 229	662 032	3 938 527	943 347
客运总量	万　人	3 769.00	1 090.00	3 436.33	1 100.38
货运总量	吨	3 255	1 742	3 438	1 029
固定资产投资总额	万　元	146 619	52 301	233 077	53 194
#住宅	万　元	8 278	2 223	14 546	5 414
房地产开发投资额	万　元			47 613	22 333
商品房销售额	万　元	12 995	9 288	18 236	9 185
地方财政预算内收入	万　元	109 758	35 934	142 894	47 841
地方财政预算内支出	万　元	51 579	15 745	67 513	21 347
#文教科学卫生事业费支出	万　元	18 046	5 533	21 959	6 546
#教育事业费支出	万　元	9 086	2 517	11 716	3 135
银行年末各项贷款余额	万　元	647 904	229 055	763 828	267 129
高等学校数	个	2	2	2	2
高等学校在校学生数	人	1 937	1 937	2 170	2 170
每万名职工中专业技术人员数	人	1 101.23	885.91	1 175.16	1 179.78
#中级职称以上	人	188.25	157.72	107.30	107.08
影剧院	个	114	25	116	28
公共图书馆	个	6	1	6	1
卫生机构数	个	571	189	560	183
#医院	个	173	41	162	36

绍兴市国民经济主要指标

指　　标	单　位	1992年		1993年	
		地　区	市　区	地　区	市　区
年底人口数	万　人	417.16	28.51	419.62	29.03
#非农业人口	万　人	55.47	18.56	59.91	19.18
土地面积	平方公里	7 901	101	7 901	101
人口密度	人／平方公里	527.98	2 822.77	531.10	2 874.26
年末劳动力资源总数	万　人	287.93	19.87	273.14	20.18
#乡村劳动力	万　人	212.73	6.40	215.74	6.42
农林牧渔业产值	万　元	356 633	9 806	472 245	14 115
粮食产量	万　吨	186.60	5.64	167.34	4.89
蔬菜产量	万　吨	73.44	4.78	81.41	4.33
猪牛羊肉产量	万　吨	123 971	3 201	114 239	3 150
全部工业总产值(现行价格)	万　元	2 901 665	467 261	4 721 229	673 580
#乡及乡以上	万　元	1 948 249	405 935	3 021 667	609 551
全部工业总产值(1990年不变价格)	万　元	3 469 968	523 839	5 403 512	667 039
客运总量	万　人	8 672.00	1 310.00	9 366.34	1 156.95
货运总量	吨	5 757	608	6 186	611
固定资产投资总额	万　元	133 922	58 646	330 091	130 594
#住宅	万　元	8 261	3 155	19 053	6 108
房地产开发投资额	万　元			115 489	72 093
商品房销售额	万　元	9 743	6 415	46 230	29 000
地方财政预算内收入	万　元	115 231	30 328	155 807	40 651
地方财政预算内支出	万　元	55 989	12 913	77 204	17 134
#文教科学卫生事业费支出	万　元	20 739	3 947	25 475	4 698
#教育事业费支出	万　元	12 867	2 035	16 117	2 385
银行年末各项贷款余额	万　元	544 477	182 369	694 938	241 229
高等学校数	个	2	2	2	2
高等学校在校学生数	人	1 430	1 430	1 877	1 877
每万名职工中专业技术人员数	人	1 513.37	1 136.58	1 378.67	1 057.20
#中级职称以上	人	223.15	239.65	99.89	130.16
影剧院	个	123	4	115	4
公共图书馆	个	5	1	5	1
卫生机构数	个	817	160	815	160
#医院	个	298	12	290	17

舟山市国民经济主要指标

指　　标	单　位	1992年		1993年	
		地　区	市　区	地　区	市　区
年底人口数	万　人	97.63	67.04	97.88	67.32
#非农业人口	万　人	21.30	15.84	21.81	16.26
土地面积	平方公里	1 371	988	1 371	988
人口密度	人／平方公里	712.11	678.54	713.93	681.38
年末劳动力资源总数	万　人	62.41	41.60	66.11	45.22
#乡村劳动力	万　人	45.91	30.99	49.04	32.62
农林牧渔业产值	万　元	239 154	153 509	323 371	196 542
粮食产量	万　吨	15.21	12.96	11.66	10.09
蔬菜产量	万　吨	12.26	10.53	11.21	9.37
猪牛羊肉产量	万　吨	10 117	7 981	9 682	7 414
全部工业总产值(现行价格)	万　元	358 110	276 153	465 962	368 534
#乡及乡以上	万　元	310 339	243 641	396 613	320 644
全部工业总产值(1990年不变价格)	万　元	335 442	265 222	411 523	331 250
客运总量	万　人	3 320	2 518	4 415	3 328
货运总量	吨	1 274	907	1 649	1 335
固定资产投资总额	万　元	58 342	47 352	86 270	65 882
#住宅	万　元	2 757	1 913	3 838	2 843
房地产开发投资额	万　元			21 283	18 522
商品房销售额	万　元	3 397	2 926	12 431	10 556
地方财政预算内收入	万　元	25 619	19 852	31 388	23 857
地方财政预算内支出	万　元	25 025	17 802	29 405	20 593
#文教科学卫生事业费支出	万　元	8 906	6 360	11 047	7 772
#教育事业费支出	万　元	4 593	3 185	5 780	3 953
银行年末各项贷款余额	万　元	190 757	141 132	230 458	172 488
高等学校数	个	2	2	2	2
高等学校在校学生数	人	870	870	1 134	1 134
每万名职工中专业技术人员数	人	1 381.32	1 324.42	977.85	964.17
#中级职称以上	人	196.56	199.31	151.35	159.65
影剧院	个	86	62	85	64
公共图书馆	个	4	2	4	2
卫生机构数	个	328	245	261	177
#医院	个	101	66	99	64

莆田市国民经济主要指标

指　　标	单　位	1992年		1993年	
		地　区	市　区	地　区	市　区
年底人口数	万　人	276.03	31.52	279.20	32.23
#非农业人口	万　人	20.78	9.80	21.77	10.53
土地面积	平方公里	3 781	139	3 781	139
人口密度	人/平方公里	730.04	2 267.63	738.43	2 318.71
年末劳动力资源总数	万　人			148.90	21.07
#乡村劳动力	万　人	116.81	11.42	111.91	10.83
农林牧渔业产值	万　元	232 541	29 477	279 796	50 369
粮食产量	万　吨	61.02	5.81	48.39	4.67
蔬菜产量	万　吨	24.45	7.48	30.62	10.83
猪牛羊肉产量	万　吨	63 038	5 899	65 151	5 775
全部工业总产值(现行价格)	万　元	549 268	167 993	867 551	255 690
#乡及乡以上	万　元	323 215	135 963	497 100	185 300
全部工业总产值(1990年不变价格)	万　元	539 117	166 709	811 152	235 703
客运总量	万　人	3 261	1 986	4 175	2 049
货运总量	吨	371	74	253	84
固定资产投资总额	万　元	30 027	17 068	114 323	33 940
#住宅	万　元	1 285	488	5 565	3 547
房地产开发投资额	万　元			19 046	13 331
商品房销售额	万　元	2 768	1 468	5 232	2 234
地方财政预算内收入	万　元	24 266	5 684	36 644	11 069
地方财政预算内支出	万　元	29 877	10 181	39 615	13 829
#文教科学卫生事业费支出	万　元	12 674	3 407	14 757	4 435
#教育事业费支出	万　元	9 486	2 002	10 717	2 603
银行年末各项贷款余额	万　元	169 557	78 239	215 038	103 072
高等学校数	个	1	1	1	1
高等学校在校学生数	人	904	904	839	839
每万名职工中专业技术人员数	人	2 012.14	1 219.52	1 868.54	1 400.44
#中级职称以上	人	186.92	157.18	349.26	568.21
影剧院	个	55	11	54	11
公共图书馆	个	2	1	2	1
卫生机构数	个	140	48	143	56
#医院	个	55	8	57	8

泉州市国民经济主要指标

指　　标	单　位	1992年		1993年	
		地　区	市　区	地　区	市　区
年底人口数	万　人	598.68	49.96	605.99	50.95
#非农业人口	万　人	67.11	19.64	69.94	20.53
土地面积	平方公里	10 865	530	10 886	530
人口密度	人／平方公里	551.02	942.64	556.67	961.32
年末劳动力资源总数	万　人			291.34	32.05
#乡村劳动力	万　人	249.85	15.91	254.81	16.31
农林牧渔业产值	万　元	396 082	23 171	527 321	43 028
粮食产量	万　吨	113.78	7.21	83.16	5.64
蔬菜产量	万　吨	49.63	4.19	58.47	5.92
猪牛羊肉产量	万　吨	114 731	6 465	126 500	7 488
全部工业总产值(现行价格)	万　元	1 599 335	307 654	3 038 055	584 412
#乡及乡以上	万　元	531 597	169 735	1 163 039	207 297
全部工业总产值(1990年不变价格)	万　元	1 519 725	300 865	3 030 940	600 045
客运总量	万　人	4 380.00	2 265.00	7 179.63	1 903.55
货运总量	吨	1 620	319	4 057	87
固定资产投资总额	万　元	157 018	30 626	182 359	67 864
#住宅	万　元	4 095	402	6 216	3 289
房地产开发投资额	万　元			79 439	24 922
商品房销售额	万　元	7 115	639	35 917	17 276
地方财政预算内收入	万　元	100 188	29 242	165 858	24 899
地方财政预算内支出	万　元	96 303	27 031	159 355	17 481
#文教科学卫生事业费支出	万　元	31 014	7 246	42 831	4 441
#教育事业费支出	万　元	20 809	3 542	28 990	3 019
银行年末各项贷款余额	万　元	537 878	158 083	966 137	255 566
高等学校数	个	4	4	2	2
高等学校在校学生数	人	5 386	5 386	2 151	2 151
每万名职工中专业技术人员数	人	1 397.56	910.33	1 356.37	1 059.29
#中级职称以上	人	173.91	176.17	168.79	192.53
影剧院	个	112	8	112	8
公共图书馆	个	7	1	7	1
卫生机构数	个	458	126	458	126
#医院	个	159	23	159	23

漳州市国民经济主要指标

指　　标	单　位	1992年		1993年	
		地　区	市　区	地　区	市　区
年底人口数	万　人	423.33	34.90	426.63	35.32
#非农业人口	万　人	62.57	18.93	64.27	19.42
土地面积	平方公里	12 607	265	12 607	265
人口密度	人／平方公里	335.79	1 316.98	338.41	1 332.83
年末劳动力资源总数	万　人			225.77	20.39
#乡村劳动力	万　人	164.84	7.54	180.66	8.01
农林牧渔业产值	万　元	487 978	23 507	610 231	25 794
粮食产量	万　吨	150.38	3.71	144.77	1.87
蔬菜产量	万　吨	62.20	5.85	82.29	8.80
猪牛羊肉产量	万　吨	108 704	5 049	120 638	5 172
全部工业总产值(现行价格)	万　元	912 262	284 270	1 367 808	383 968
#乡及乡以上	万　元	644 159	257 948	873 943	341 963
全部工业总产值(1990年不变价格)	万　元	928 541	304 418	1 332 559	370 198
客运总量	万　人	2 784.00	1 564.00	2 959.63	1 546.06
货运总量	吨	3 171	741	3 857	1 065
固定资产投资总额	万　元	62 128	30 019	112 741	49 136
#住宅	万　元	4 613	2 371	14 428	5 189
房地产开发投资额	万　元			48 254	25 298
商品房销售额	万　元	7 115	4 281	20 244	10 123
地方财政预算内收入	万　元	64 138	24 976	95 593	40 740
地方财政预算内支出	万　元	61 196	19 504	87 607	32 182
#文教科学卫生事业费支出	万　元	21 076	4 765	24 337	5 712
#教育事业费支出	万　元	13 856	2 013	16 297	2 480
银行年末各项贷款余额	万　元	381 772	154 013	447 792	188 229
高等学校数	个	2	2	2	2
高等学校在校学生数	人	1 799	1 799	2 437	2 437
每万名职工中专业技术人员数	人	1 281.67	980.77	1 326.10	955.66
#中级职称以上	人	129.58	193.42	247.17	266.19
影剧院	个	53	10	9	3
公共图书馆	个	9	1	9	1
卫生机构数	个	491	150	452	140
#医院	个	151	18	148	18

晋江市国民经济主要指标

指标	单位	1992年		1993年	
		地区	市区	地区	市区
年底人口数	万人		94.12		95.19
#非农业人口	万人		9.55		9.83
土地面积	平方公里		649		649
人口密度	人／平方公里		1 450.23		1 466.72
年末劳动力资源总数	万人				53.21
#乡村劳动力	万人		45.97		46.51
农林牧渔业产值	万元		89 642		104 657
粮食产量	万吨		17.02		9.69
蔬菜产量	万吨		6.63		7.51
猪牛羊肉产量	万吨		21 347		20 780
全部工业总产值(现行价格)	万元		572 292		1 124 347
#乡及乡以上	万元		83 717		120 199
全部工业总产值(1990年不变价格)	万元		544 545		1 058 600
客运总量	万人		459.00		553.13
货运总量	吨		63		654
固定资产投资总额	万元		6 612		17 322
#住宅	万元		166		172
房地产开发投资额	万元				6 400
商品房销售额	万元		434		1 441
地方财政预算内收入	万元		22 023		35 076
地方财政预算内支出	万元		15 907		28 104
#文教科学卫生事业费支出	万元		4 800		7 288
#教育事业费支出	万元		3 338		5 262
银行年末各项贷款余额	万元		111 146		119 184
高等学校数	个				
高等学校在校学生数	人				
每万名职工中专业技术人员数	人		998.88		553.19
#中级职称以上	人		47.91		86.36
影剧院	个		14		1
公共图书馆	个		1		1
卫生机构数	个		20		46
#医院	个		17		22

广州市国民经济主要指标

指　　标	单　位	1992年		1993年	
		地　区	市　区	地　区	市　区
年底人口数	万　人	612.20	367.21	623.66	372.63
#非农业人口	万　人	355.84	299.56	375.39	303.70
土地面积	平方公里	7 434	1 444	7 434	1 444
人口密度	人／平方公里	823.51	2 543.01	838.93	2 580.54
年末劳动力资源总数	万　人	440.54	274.36	452.22	306.27
#乡村劳动力	万　人	145.86	38.41	154.19	43.84
农林牧渔业产值	万　元	590 289	229 703	773 560	292 523
粮食产量	万　吨	104.81	15.50	88.14	13.20
蔬菜产量	万　吨	148.58	86.73	169.66	92.40
猪牛羊肉产量	万　吨	96 515	44 156	97 287	43 958
全部工业总产值(现行价格)	万　元	7 905 237	6 108 504	11 422 184	8 332 994
#乡及乡以上	万　元	7 143 664	5 838 912	10 025 262	7 893 046
全部工业总产值(1990年不变价格)	万　元	7 105 259	5 403 571	9 413 666	6 658 634
客运总量	万　人	12 530.37	10 247.37	15 988.00	13 076.00
货运总量	吨	20 958.63	19 028.63	24 082.57	20 317.57
固定资产投资总额	万　元	1 171 978	832 650	1 407 590	1 071 865
#住宅	万　元	88 003	69 439	169 565	147 746
房地产开发投资额	万　元			1 252 387	768 457
商品房销售额	万　元	232 961	189 155	479 665	364 553
地方财政预算内收入	万　元	513 492	453 945	773 690	667 165
地方财政预算内支出	万　元	322 512	270 699	538 187	441 588
#文教科学卫生事业费支出	万　元	83 029	64 763	124 941	92 690
#教育事业费支出	万　元	44 112	31 569	65 474	44 237
银行年末各项贷款余额	万　元	6 512 083	5 371 796	8 356 049	6 838 765
高等学校数	个	26	26	28	28
高等学校在校学生数	人	66 958	66 958	78 901	78 901
每万名职工中专业技术人员数	人	1 612.46	1 717.66	1 670.34	1 721.23
#中级职称以上	人	307.73	347.04	323.79	340.83
影剧院	个	52	30	52	31
公共图书馆	个	12	8	14	10
卫生机构数	个	2 323	2 088	2 094	1 884
#医院	个		124	210	134

深圳市国民经济主要指标

指标	单位	1992年		1993年	
		地区	市区	地区	市区
年底人口数	万人	80.22	80.22	87.69	87.69
#非农业人口	万人	57.39	57.39	64.08	64.08
土地面积	平方公里	2 020	2 020	2 020	2 020
人口密度	人／平方公里	397.13	397.13	434.11	434.11
年末劳动力资源总数	万人			234.60	234.60
#乡村劳动力	万人	12.85	12.85	21.30	21.30
农林牧渔业产值	万元	185 298	185 298	192 880	192 880
粮食产量	万吨	3.00	3.00	0.49	0.49
蔬菜产量	万吨	20.00	20.00	15.14	15.14
猪牛羊肉产量	万吨	34 213	34 213	38 588	38 588
全部工业总产值(现行价格)	万元	3 889 888	3 889 888	6 065 973	6 065 973
#乡及乡以上	万元	3 710 417	3 710 417	5 759 973	5 759 973
全部工业总产值(1990年不变价格)	万元	3 713 800	3 713 800	5 182 753	5 182 753
客运总量	万人	8 218.46	8 218.46	10 347.40	10 347.40
货运总量	吨	1 801.65	1 801.65	2 051.50	2 051.50
固定资产投资总额	万元	1 156 759	1 156 759	1 329 285	1 329 285
#住宅	万元	354 826	354 826	178 930	178 930
房地产开发投资额	万元			500 332	500 332
商品房销售额	万元	344 750	344 750		
地方财政预算内收入	万元	429 599	429 599	672 507	672 507
地方财政预算内支出	万元	420 035	420 035	593 327	593 327
#文教科学卫生事业费支出	万元	44 086	44 086	81 424	81 424
#教育事业费支出	万元	21 128	21 128	42 692	42 692
银行年末各项贷款余额	万元	2 822 180	2 822 180	5 015 868	5 015 868
高等学校数	个	2	2	3	3
高等学校在校学生数	人	3 563	3 563	3 680	3 680
每万名职工中专业技术人员数	人	606.16	606.16	562.59	562.59
#中级职称以上	人	124.66	124.66	115.72	115.72
影剧院	个	61	61	93	93
公共图书馆	个	4	4	4	4
卫生机构数	个	397	397		
#医院	个	45	45	45	45

珠海市国民经济主要指标

指　　　标	单　位	1992年		1993年	
		地　区	市　区	地　区	市　区
年底人口数	万　人	54.97	29.20	57.46	30.92
#非农业人口	万　人	27.17	21.27	30.83	24.12
土地面积	平方公里	1 266	654	1 266	654
人口密度	人／平方公里	434.20	446.48	453.87	472.78
年末劳动力资源总数	万　人	42.41	20.79	26.18	16.11
#乡村劳动力	万　人	15.37	6.05	15.06	5.15
农林牧渔业产值	万　元	109 288	52 907	126 468	53 680
粮食产量	万　吨	14.00	3.40	7.43	1.70
蔬菜产量	万　吨	10.30	6.00	10.32	4.93
猪牛羊肉产量	万　吨	21 239	12 858	19 216	11 266
全部工业总产值(现行价格)	万　元	1 302 471	1 130 032	1 801 038	1 524 464
#乡及乡以上	万　元	1 082 862	930 523	1 582 992	1 349 273
全部工业总产值(1990年不变价格)	万　元	1 426 399	1 253 663	1 930 631	1 506 141
客运总量	万　人	10 080	9 593	10 138	9 634
货运总量	吨	2 534	1 889	3 417	2 740
固定资产投资总额	万　元	486 848	444 012	596 248	525 455
#住宅	万　元	44 287	41 480	56 954	51 485
房地产开发投资额	万　元			187 432	139 874
商品房销售额	万　元	185 830	184 153	92 426	66 588
地方财政预算内收入	万　元	80 717	50 556	147 787	130 179
地方财政预算内支出	万　元	88 105	56 537	157 716	138 674
#文教科学卫生事业费支出	万　元	14 628	6 012	21 756	16 888
#教育事业费支出	万　元			10 452	7 469
银行年末各项贷款余额	万　元	1 052 412	836 858	1 351 595	1 084 517
高等学校数	个	1	1	1	1
高等学校在校学生数	人			120	120
每万名职工中专业技术人员数	人			965.47	1 111.81
#中级职称以上	人			280.85	319.92
影剧院	个	16	10	16	10
公共图书馆	个	2	1	2	1
卫生机构数	个	212	175	208	170
#医院	个	20	13	21	13

汕头市国民经济主要指标

指标	单位	1992年		1993年	
		地区	市区	地区	市区
年底人口数	万人	381.94	89.40	388.12	91.48
#非农业人口	万人	103.00	61.54	119.31	67.42
土地面积	平方公里	2 064	246	2 064	246
人口密度	人/平方公里	1 850.48	3 634.15	1 880.43	3 718.70
年末劳动力资源总数	万人	202.33	54.82	233.34	63.21
#乡村劳动力	万人	151.40	17.48	144.74	16.29
农林牧渔业产值	万元	300 905	38 245	309 143	40 366
粮食产量	万吨	74.00	5.34	49.48	3.05
蔬菜产量	万吨	83.00	9.18	91.59	8.25
猪牛羊肉产量	万吨	41 813	7 422	41 801	8 154
全部工业总产值(现行价格)	万元	1 384 310	973 063	1 977 820	1 261 419
#乡及乡以上	万元	1 047 748	890 867	1 418 668	1 147 047
全部工业总产值(1990年不变价格)	万元	1 446 870	1 024 502	2 011 285	1 281 210
客运总量	万人	1 226.48	881.48	3 545.76	1 710.76
货运总量	吨	230.19	141.19	1 506.40	1 091.40
固定资产投资总额	万元	239 450	208 359	476 831	412 602
#住宅	万元	25 743	23 196	40 890	38 341
房地产开发投资额	万元			104 449	87 760
商品房销售额	万元	103 963	94 206	169 168	149 526
地方财政预算内收入	万元	93 306	75 852	137 705	108 364
地方财政预算内支出	万元	94 725	70 934	142 134	104 035
#文教科学卫生事业费支出	万元	26 296	16 821	37 572	24 461
#教育事业费支出	万元	13 548	7 055	23 208	13 638
银行年末各项贷款余额	万元	957 483	770 408	1 601 879	1 260 963
高等学校数	个	1	1	1	1
高等学校在校学生数	人	3 527	3 527	4 101	4 101
每万名职工中专业技术人员数	人	981.13	826.93	1 488.13	887.20
#中级职称以上	人	91.95	103.86	294.82	204.70
影剧院	个	45	11	38	13
公共图书馆	个	8	5	8	5
卫生机构数	个	128	40	131	43
#医院	个	68	22	69	23

惠州市国民经济主要指标

指标	单位	1992年		1993年	
		地区	市区	地区	市区
年底人口数	万人	239.33	27.29	245.72	29.28
#非农业人口	万人	65.36	19.88	71.25	21.81
土地面积	平方公里	11 158	419	11 158	419
人口密度	人/平方公里	214.49	651.31	220.22	698.81
年末劳动力资源总数	万人	150.19	23.74	150.49	23.81
#乡村劳动力	万人	91.50	3.34	98.03	5.03
农林牧渔业产值	万元	331 213	15 107	391 337	13 828
粮食产量	万吨	82.20	2.39	69.10	1.32
蔬菜产量	万吨	37.77	3.31	49.75	1.83
猪牛羊肉产量	万吨	67 362	6 352	67 295	3 516
全部工业总产值(现行价格)	万元	998 653	549 095	1 712 906	894 184
#乡及乡以上	万元	848 430	535 156	1 418 778	866 842
全部工业总产值(1990年不变价格)	万元	1 087 619	678 472	1 713 199	1 005 591
客运总量	万人	3 612.00	1 173.00	4 564.60	2 203.40
货运总量	吨	2 356	735	2 619	909
固定资产投资总额	万元	235 124	76 278	471 572	183 302
#住宅	万元	32 043	11 956	67 298	22 871
房地产开发投资额	万元			209 362	77 837
商品房销售额	万元	23 829	8 072	113 326	49 442
地方财政预算内收入	万元	57 606	25 610	93 622	36 001
地方财政预算内支出	万元	77 309	31 359	108 904	44 315
#文教科学卫生事业费支出	万元	18 262	6 235	25 588	8 154
#教育事业费支出	万元	11 333	3 265	16 520	3 785
银行年末各项贷款余额	万元	538 911	248 011	761 277	318 231
高等学校数	个	2	2	2	2
高等学校在校学生数	人	2 418	2 418	3 042	3 042
每万名职工中专业技术人员数	人	1 445.09	812.94	1 450.73	857.24
#中级职称以上	人	287.79	272.49	289.20	287.33
影剧院	个	12	3	7	3
公共图书馆	个	5	1	5	1
卫生机构数	个	281	80	284	83
#医院	个	22	7	92	7

东莞市国民经济主要指标

指标	单位	1992年		1993年	
		地区	市区	地区	市区
年底人口数	万人	136.06	136.06	138.92	138.92
#非农业人口	万人	32.71	32.71	33.74	33.74
土地面积	平方公里	2 465	2 465	2 465	2 465
人口密度	人/平方公里	551.97	551.97	563.57	563.57
年末劳动力资源总数	万人	79.49	79.49	181.26	181.26
#乡村劳动力	万人	61.21	61.21	62.56	62.56
农林牧渔业产值	万元	271 292	271 292	261 811	261 811
粮食产量	万吨	37.00	37.00	19.47	19.47
蔬菜产量	万吨	52.00	52.00	57.24	57.24
猪牛羊肉产量	万吨	46 427	46 427	50 566	50 566
全部工业总产值(现行价格)	万元	1 513 767	1 513 767	2 148 844	2 148 844
#乡及乡以上	万元	1 118 207	1 118 207	1 543 049	1 543 049
全部工业总产值(1990年不变价格)	万元	1 359 822	1 359 822	1 869 080	1 869 080
客运总量	万人	9 267	9 267	10 907	10 907
货运总量	吨	2 895	2 895	3 256	3 256
固定资产投资总额	万元	136 618	136 618	216 789	216 789
#住宅	万元	2 933	2 933	33 558	33 558
房地产开发投资额	万元			52 110	52 110
商品房销售额	万元	15 402	15 402	143 684	143 684
地方财政预算内收入	万元	56 204	56 204	93 828	93 828
地方财政预算内支出	万元	38 162	38 162	72 910	72 910
#文教科学卫生事业费支出	万元	17 505	17 505	8 716	8 716
#教育事业费支出	万元	2 580	2 580	2 227	2 227
银行年末各项贷款余额	万元	1 059 794	1 059 794	646 814	646 814
高等学校数	个	1	1	1	1
高等学校在校学生数	人	892	892	1 079	1 079
每万名职工中专业技术人员数	人	1 055.72	1 055.72	1 055.91	1 055.91
#中级职称以上	人	203.17	203.17	193.53	193.53
影剧院	个	50	50	53	53
公共图书馆	个	8	8	11	11
卫生机构数	个	82	82	99	99
#医院	个	6	6	38	38

中山市国民经济主要指标

指　　标	单　位	1992年		1993年	
		地　区	市　区	地　区	市　区
年底人口数	万　人	119.25	119.25	121.67	121.67
#非农业人口	万　人	30.99	30.99	32.88	32.88
土地面积	平方公里	1 683	1 683	1 683	1 683
人口密度	人/平方公里	708.56	708.56	722.94	722.94
年末劳动力资源总数	万　人	98.96	98.96	99.90	99.90
#乡村劳动力	万　人	55.58	55.58	65.60	65.60
农林牧渔业产值	万　元	235 062	235 062	247 139	247 139
粮食产量	万　吨	39.30	39.30	25.89	25.89
蔬菜产量	万　吨	24.60	24.60	34.36	34.36
猪牛羊肉产量	万　吨	25 714	25 714	27 529	27 529
全部工业总产值(现行价格)	万　元	1 411 392	1 411 392	2 239 352	2 239 352
#乡及乡以上	万　元	1 148 542	1 148 542	1 776 731	1 776 731
全部工业总产值(1990年不变价格)	万　元	1 428 849	1 428 849	2 126 141	2 126 141
客运总量	万　人	2 321	2 321	2 752	2 752
货运总量	吨	2 383	2 383	2 604	2 604
固定资产投资总额	万　元	106 372	106 372	211 604	211 604
#住宅	万　元	4 895	4 895	8 907	8 907
房地产开发投资额	万　元			65 264	65 264
商品房销售额	万　元	10 478	10 478		
地方财政预算内收入	万　元	60 919	60 919	94 825	94 825
地方财政预算内支出	万　元	44 055	44 055	75 405	75 405
#文教科学卫生事业费支出	万　元	11 382	11 382	23 608	23 608
#教育事业费支出	万　元	6 619	6 619	14 268	14 268
银行年末各项贷款余额	万　元	1 053 859	1 053 859	1 374 057	1 374 057
高等学校数	个	1	1	1	1
高等学校在校学生数	人	567	567	647	647
每万名职工中专业技术人员数	人	1 806.31	1 806.31	2 371.85	2 371.85
#中级职称以上	人	237.89	237.89	413.93	413.93
影剧院	个	8	8	7	7
公共图书馆	个	2	2	2	2
卫生机构数	个	209	209	144	144
#医院	个	5	5	7	7

江门市国民经济主要指标

指　　标	单　位	1992年		1993年	
		地　区	市　区	地　区	市　区
年底人口数	万　人	360.48	30.99	365.00	32.50
#非农业人口	万　人	102.17	25.53	112.52	27.53
土地面积	平方公里	9 418	129	9 418	129
人口密度	人／平方公里	382.76	2 402.33	387.56	2 519.38
年末劳动力资源总数	万　人	233.18	20.60	295.86	25.11
#乡村劳动力	万　人	167.86	5.10	166.19	5.09
农林牧渔业产值	万　元	517 727	13 946	587 311	14 971
粮食产量	万　吨	143.00		103.79	0.09
蔬菜产量	万　吨	72.00	5.00	80.86	5.13
猪牛羊肉产量	万　吨	77 871	5 686	94 424	6 050
全部工业总产值(现行价格)	万　元	2 792 549	657 483	4 408 337	959 434
#乡及乡以上	万　元	2 378 265	599 626	3 715 372	884 267
全部工业总产值(1990年不变价格)	万　元	2 745 098	658 443	4 091 756	886 171
客运总量	万　人	2 895.00	737.00	4 759.64	2 575.00
货运总量	吨		271	2 242	350
固定资产投资总额	万　元	247 378	73 720	446 025	96 174
#住宅	万　元	12 070	4 908	27 777	5 731
房地产开发投资额	万　元			126 000	46 675
商品房销售额	万　元	56 699	28 552	88 763	32 774
地方财政预算内收入	万　元	100 022	30 712	161 339	49 183
地方财政预算内支出	万　元	80 094	26 273	134 611	42 025
#文教科学卫生事业费支出	万　元	25 131	6 438	39 013	9 096
#教育事业费支出	万　元	16 936	3 504	28 495	6 294
银行年末各项贷款余额	万　元	1 059 612	350 676	1 623 658	414 012
高等学校数	个	1	1	2	2
高等学校在校学生数	人	1 829	1 829	3 929	3 929
每万名职工中专业技术人员数	人	1 812.58	1 179.53	1 912.82	1 366.11
#中级职称以上	人	93.22	131.63	311.29	347.24
影剧院	个	83	7	83	7
公共图书馆	个	6	1	6	1
卫生机构数	个	590	148	580	140
#医院	个	103	8	103	8

佛山市国民经济主要指标

指　　标	单　位	1992年		1993年	
		地　区	市　区	地　区	市　区
年底人口数	万　人	291.15	39.05	299.48	41.38
#非农业人口	万　人	105.74	32.77	113.57	35.15
土地面积	平方公里	3 814	77	3 814	77
人口密度	人／平方公里	763.37	5 071.43	785.21	5 374.03
年末劳动力资源总数	万　人			199.97	31.17
#乡村劳动力	万　人	115.78	4.29	116.70	4.52
农林牧渔业产值	万　元	445 496	20 086	563 827	22 244
粮食产量	万　吨	69.00	1.00	42.64	0.63
蔬菜产量	万　吨	99.00	4.00	115.13	2.96
猪牛羊肉产量	万　吨	120 719	10 587	121 892	10 197
全部工业总产值(现行价格)	万　元	5 407 455	1 571 370	7 672 986	2 214 451
#乡及乡以上	万　元	4 295 508	1 405 641	6 211 348	1 971 470
全部工业总产值(1990年不变价格)	万　元	5 353 430	1 622 071	7 179 434	2 161 926
客运总量	万　人	3 870.66	745.66	3 875.85	966.61
货运总量	吨	4 303	869	5 089	1 249
固定资产投资总额	万　元	517 959	255 194	868 162	361 944
#住宅	万　元	25 543	9 640	19 985	9 084
房地产开发投资额	万　元			229 815	66 257
商品房销售额	万　元	62 356	21 885		
地方财政预算内收入	万　元	217 045	68 725	357 907	103 478
地方财政预算内支出	万　元	168 441	57 665	294 384	92 757
#文教科学卫生事业费支出	万　元	47 927	15 866	86 920	20 246
#教育事业费支出	万　元	24 420	7 216	52 244	10 654
银行年末各项贷款余额	万　元	3 072 910	900 562	3 902 720	1 105 001
高等学校数	个	2	1	2	1
高等学校在校学生数	人	3 790	2 635	4 766	3 171
每万名职工中专业技术人员数	人	929.83	556.25	969.98	1 032.39
#中级职称以上	人	126.67	155.10	200.99	214.25
影剧院	个	7	3	68	4
公共图书馆	个	6	2	6	2
卫生机构数	个	683	280	698	290
#医院	个	73	12	79	15

阳江市国民经济主要指标

指　　标	单　位	1992年		1993年	
		地　区	市　区	地　区	市　区
年底人口数	万　人	232.00	47.20	235.40	48.60
#非农业人口	万　人	47.90	18.80	55.00	24.00
土地面积	平方公里	7 813	437	7 813	437
人口密度	人／平方公里	296.94	1 080.09	301.29	1 112.13
年末劳动力资源总数	万　人	151.00	30.90	154.00	32.00
#乡村劳动力	万　人	119.00	19.20	121.00	18.00
农林牧渔业产值	万　元	299 880	56 300	363 859	67 088
粮食产量	万　吨	73	11	58	8
蔬菜产量	万　吨	29.00	4.00	34.20	4.20
猪牛羊肉产量	万　吨	70 090	10 417	67 799	9 986
全部工业总产值(现行价格)	万　元	337 642	146 149	499 851	183 016
#乡及乡以上	万　元	252 632	109 932	382 819	123 196
全部工业总产值(1990年不变价格)	万　元	379 442	179 989	512 581	212 430
客运总量	万　人	2 960.45	1 515.45	3 156.60	1 700.60
货运总量	吨	3 007	824	2 100	1 216
固定资产投资总额	万　元	41 392	24 691	217 640	172 770
#住宅	万　元	3 468	1 745	3 206	1 043
房地产开发投资额	万　元			45 920	37 200
商品房销售额	万　元	3 373	2 317		
地方财政预算内收入	万　元	23 866	11 097	33 703	16 608
地方财政预算内支出	万　元	30 499	12 393	40 191	18 420
#文教科学卫生事业费支出	万　元	9 307	3 243	12 348	4 768
#教育事业费支出	万　元	6 143	1 748	7 914	2 357
银行年末各项贷款余额	万　元	354 189	208 621	434 578	263 271
高等学校数	个				
高等学校在校学生数	人				
每万名职工中专业技术人员数	人	1 751.40	1 366.71	1 849.44	2 041.67
#中级职称以上	人	201.17	218.43	288.89	341.83
影剧院	个	30	4	31	3
公共图书馆	个	3	1	3	1
卫生机构数	个	147	39	141	36
#医院	个	57	12	57	12

湛江市国民经济主要指标

指标	单位	1992年		1993年	
		地区	市区	地区	市区
年底人口数	万人	567.81	110.68	582.01	114.76
#非农业人口	万人	112.86	43.29	124.47	46.38
土地面积	平方公里	12 471	1 460	12 470	1 460
人口密度	人/平方公里	455.30	758.08	466.73	786.03
年末劳动力资源总数	万人	315.56	58.95	319.44	68.94
#乡村劳动力	万人	221.53	34.47	250.51	38.98
农林牧渔业产值	万元	736 329	88 855	786 314	112 658
粮食产量	万吨	123.79	13.63	98.92	9.79
蔬菜产量	万吨	82.45	11.34	94.54	11.40
猪牛羊肉产量	万吨	157 649	15 982	164 920	16 776
全部工业总产值(现行价格)	万元	1 237 784	647 393	1 778 429	908 873
#乡及乡以上	万元	1 017 004	594 312	1 392 861	831 946
全部工业总产值(1990年不变价格)	万元	1 245 216	594 234	1 605 035	751 354
客运总量	万人	7 803.02	3 619.01	8 496.00	3 969.77
货运总量	吨	7 515.07	4 509.07	8 490.07	5 092.07
固定资产投资总额	万元	225	178 047	408 926	324 120
#住宅	万元	14 918	8 602	18 766	10 421
房地产开发投资额	万元			33 801	28 206
商品房销售额	万元	11 548	10 841	25 312	20 086
地方财政预算内收入	万元	82 398	42 706	114 426	61 246
地方财政预算内支出	万元	79 277	38 944	108 872	60 601
#文教科学卫生事业费支出	万元	25 231	8 605	31 344	10 811
#教育事业费支出	万元	15 591	3 981	20 929	5 637
银行年末各项贷款余额	万元	1 157 798	633 914	1 108 557	606 954
高等学校数	个	4	4	4	4
高等学校在校学生数	人	6 633	6 633	8 794	8 794
每万名职工中专业技术人员数	人	1 061.90	1 152.54	1 149.46	1 230.93
#中级职称以上	人	208.41	316.35	247.60	339.94
影剧院	个	112	16	114	16
公共图书馆	个	7	2	7	2
卫生机构数	个	545	214	530	
#医院	个	148	29	147	29

茂名市国民经济主要指标

指　　标	单　位	1992年		1993年	
		地　区	市　区	地　区	市　区
年底人口数	万　人	542.87	55.92	552.56	57.76
#非农业人口	万　人	73.77	21.18	83.39	22.83
土地面积	平方公里	11 459	487	11 459	487
人口密度	人／平方公里	473.75	1 148.25	482.21	1 186.04
年末劳动力资源总数	万　人	269.43	26.69	302.12	28.82
#乡村劳动力	万　人	226.53	16.22	246.86	18.02
农林牧渔业产值	万　元	677 189	45 751	877 096	63 088
粮食产量	万　吨	156.00	13.00	130.12	9.49
蔬菜产量	万　吨	105.00	14.00	116.86	15.49
猪牛羊肉产量	万　吨	181 618	14 533	189 896	17 821
全部工业总产值(现行价格)	万　元	1 311 972	736 828	2 207 570	1 139 863
#乡及乡以上	万　元	1 001 675	710 905	1 555 960	1 090 761
全部工业总产值(1990年不变价格)	万　元	1 050 771	482 612	1 543 649	593 757
客运总量	万　人	2 573.00	727.00	9 126.00	2 591.97
货运总量	吨	588	521	3 411	2 207
固定资产投资总额	万　元	171 726	139 762	244 256	173 341
#住宅	万　元	24 871	21 028	22 486	19 357
房地产开发投资额	万　元			58 216	28 712
商品房销售额	万　元	5 987	4 653	17 860	12 186
地方财政预算内收入	万　元	48 826	23 010	75 482	38 800
地方财政预算内支出	万　元	49 974	17 435	76 282	32 744
#文教科学卫生事业费支出	万　元	18 049	3 935	24 854	6 005
#教育事业费支出	万　元	12 948	3 837	17 888	2 882
银行年末各项贷款余额	万　元	494 042	215 814	652 515	285 150
高等学校数	个	1	1	1	1
高等学校在校学生数	人	914	914	2 112	2 112
每万名职工中专业技术人员数	人	1 104.41	835.70	1 100.72	910.48
#中级职称以上	人	191.73	119.51	197.17	134.33
影剧院	个	6	2	6	2
公共图书馆	个	5	1	5	1
卫生机构数	个	387	111	416	105
#医院	个	139	14	140	14

肇庆市国民经济主要指标

指　　　　标	单　位	1992年		1993年	
		地　区	市　区	地　区	市　区
年底人口数	万　人	568.75	37.06	576.45	39.36
#非农业人口	万　人	96.79	22.15	129.17	25.14
土地面积	平方公里	22 322	705	22 322	658
人口密度	人／平方公里	254.79	525.67	258.24	598.18
年末劳动力资源总数	万　人	320.34	20.65	326.39	21.53
#乡村劳动力	万　人	238.13	7.41	245.37	7.96
农林牧渔业产值	万　元	874 760	46 013	958 448	49 944
粮食产量	万　吨	215.00	9.00	189.16	6.95
蔬菜产量	万　吨	111.00	4.00	128.79	4.00
猪牛羊肉产量	万　吨	217 592	18 614	238 523	18 599
全部工业总产值(现行价格)	万　元	1 772 744	327 476	2 975 194	497 816
#乡及乡以上	万　元	1 289 247	302 192	2 171 215	461 565
全部工业总产值(1990年不变价格)	万　元	1 720 613	328 231	2 739 909	480 786
客运总量	万　人	3 099.63	698.00	400.13	328.26
货运总量	吨	913	538	8 253	641
固定资产投资总额	万　元	276 910	117 714	452 725	153 936
#住宅	万　元	16 684	7 913	27 403	12 689
房地产开发投资额	万　元			98 749	65 384
商品房销售额	万　元	13 578	6 395	18 015	12 216
地方财政预算内收入	万　元	62 526	16 178	98 722	24 495
地方财政预算内支出	万　元	811 494	24 230	118 752	32 980
#文教科学卫生事业费支出	万　元	27 572	6 385	40 614	8 914
#教育事业费支出	万　元	17	2 628	28 020	4 183
银行年末各项贷款余额	万　元	718 075	205 901	848 152	251 004
高等学校数	个	2	2	1	1
高等学校在校学生数	人	3 569	3 569	3 566	3 566
每万名职工中专业技术人员数	人	1 228.16	1 238.72	1 275.09	1 174.57
#中级职称以上	人	233.00	323.08	282.46	339.48
影剧院	个	58	9	60	5
公共图书馆	个	11	1	11	1
卫生机构数	个	650	158	657	168
#医院	个	194	12	195	14

南宁市国民经济主要指标

指标	单位	1992年		1993年	
		地区	市区	地区	市区
年底人口数	万人	259.42	111.57	264.61	115.17
#非农业人口	万人	91.79	76.59	95.86	80.16
土地面积	平方公里	10 029	1 834	10 029	1 834
人口密度	人/平方公里	258.67	608.34	263.84	627.97
年末劳动力资源总数	万人	159.38	80.80	166.00	77.30
#乡村劳动力	万人	94.09	24.60	97.73	20.10
农林牧渔业产值	万元	210 826	59 544	270 146	72 480
粮食产量	万吨	69.71	11.55	73.11	11.75
蔬菜产量	万吨	40.64	18.61	45.82	19.19
猪牛羊肉产量	万吨	55 278	12 549	61 211	14 970
全部工业总产值(现行价格)	万元	733 894	595 117	1 005 613	746 855
#乡及乡以上	万元	700 242	571 628	909 065	720 877
全部工业总产值(1990年不变价格)	万元	769 388	613 511	921 541	706 397
客运总量	万人	2 909.69	1 930.69	2 449.05	1 583.35
货运总量	吨	2 589.14	1 932.14	5 159.19	4 361.19
固定资产投资总额	万元	91 361	75 411	167 958	132 828
#住宅	万元	18 818	15 236	28 388	23 782
房地产开发投资额	万元			51 435	50 716
商品房销售额	万元	8 232	7 621	41 692	31 492
地方财政预算内收入	万元	82 551	63 105	118 053	89 108
地方财政预算内支出	万元	60 171	40 220	83 287	57 785
#文教科学卫生事业费支出	万元	14 084	7 641	17 201	9 349
#教育事业费支出	万元	9 246	4 431	11 533	5 582
银行年末各项贷款余额	万元	519 416	428 977	657 827	551 576
高等学校数	个	12	11	12	11
高等学校在校学生数	人	21 262	20 952	25 992	25 348
每万名职工中专业技术人员数	人	845.68	724.00	876.52	748.59
#中级职称以上	人	141.54	123.70	243.47	230.01
影剧院	个	36	23	22	10
公共图书馆	个	6	4	8	6
卫生机构数	个	838	651	717	567
#医院	个	76	36	79	38

北海市国民经济主要指标

指　　标	单　位	1992年		1993年	
		地　区	市　区	地　区	市　区
年底人口数	万　人	127.78	21.91	130.33	23.40
#非农业人口	万　人	28.93	12.12	29.89	12.81
土地面积	平方公里	3 337	275	3 337	275
人口密度	人／平方公里	382.92	796.73	390.56	850.91
年末劳动力资源总数	万　人	73.51	15.49	76.05	18.49
#乡村劳动力	万　人	55.49	6.96	55.87	7.92
农林牧渔业产值	万　元	195 571	45 846	260 855	59 379
粮食产量	万　吨	38.55	1.75	34.04	0.94
蔬菜产量	万　吨	12.56	4.38	20.52	3.64
猪牛羊肉产量	万　吨	31 440	4 832	36 106	5 574
全部工业总产值(现行价格)	万　元	265 666	119 501	493 144	198 152
#乡及乡以上	万　元	191 230	103 078	281 506	156 371
全部工业总产值(1990年不变价格)	万　元	267 359	119 864	476 081	167 589
客运总量	万　人	1 148.57	421.00	1 373.02	797.02
货运总量	吨	813.51		797.14	152.14
固定资产投资总额	万　元	51 899	39 194	219 789	194 185
#住宅	万　元	5 577	3 255	6 469	4 110
房地产开发投资额	万　元			77 596	73 384
商品房销售额	万　元	2 590	1 857	42 041	40 709
地方财政预算内收入	万　元	25 809	16 200	56 839	39 171
地方财政预算内支出	万　元	27 032	17 133	52 688	35 162
#文教科学卫生事业费支出	万　元	6 784	3 054	10 464	4 862
#教育事业费支出	万　元	4 185	1 405	6 685	2 469
银行年末各项贷款余额	万　元	289 740	180 862	379 826	248 129
高等学校数	个				
高等学校在校学生数	人				
每万名职工中专业技术人员数	人	1 525.51	1 526.35	1 637.88	1 825.08
#中级职称以上	人	272.06	287.84	296.54	375.08
影剧院	个	18	4	18	4
公共图书馆	个	3	2	3	2
卫生机构数	个	186	112	171	97
#医院	个	33	13	32	12

海口市国民经济主要指标

指　　标	单　位	1992年		1993年	
		地　区	市　区	地　区	市　区
年底人口数	万　人	40.58	40.58	43.28	43.28
#非农业人口	万　人	31.61	31.61	34.19	34.19
土地面积	平方公里	218	218	236	236
人口密度	人／平方公里	1 861.47	1 861.47	1 833.90	1 833.90
年末劳动力资源总数	万　人	33.90	33.90		
#乡村劳动力	万　人	4.27	4.27	4.26	4.26
农林牧渔业产值	万　元	14 064	14 064	19 539	19 539
粮食产量	万　吨	1.00	1.00	1.03	1.03
蔬菜产量	万　吨	6.00	6.00	6.05	6.05
猪牛羊肉产量	万　吨	2 311	2 311	2 745	2 745
全部工业总产值(现行价格)	万　元	319 710	319 710	549 607	549 607
#乡及乡以上	万　元	310 255	310 255	524 732	524 732
全部工业总产值(1990年不变价格)	万　元	279 769	279 769	420 212	420 212
客运总量	万　人	10 115.71	10 115.71		
货运总量	吨	1 278.78	1 278.78		
固定资产投资总额	万　元	272 873	272 873	516 906	516 906
#住宅	万　元	25 386	25 386	40 018	40 018
房地产开发投资额	万　元			403 421	403 421
商品房销售额	万　元	224 085	224 085	217 040	217 040
地方财政预算内收入	万　元	72 025	72 025	157 837	157 837
地方财政预算内支出	万　元	55 247	55 247	96 197	96 197
#文教科学卫生事业费支出	万　元	4 802	4 802	6 981	6 981
#教育事业费支出	万　元	2 349	2 349	3 053	3 053
银行年末各项贷款余额	万　元	452 127	452 127	579 263	579 263
高等学校数	个	2	2	2	2
高等学校在校学生数	人	3 869	3 869	4 328	4 328
每万名职工中专业技术人员数	人	343.37	343.37	301.31	301.31
#中级职称以上	人	68.14	68.14	86.51	86.51
影剧院	个	6	6	6	6
公共图书馆	个	1	1	1	1
卫生机构数	个	205	205	150	150
#医院	个	16	16	18	18

三亚市国民经济主要指标

指　　　　标	单　　位	1992年		1993年	
		地　区	市　区	地　区	市　区
年底人口数	万　人	38.02	38.02	38.69	38.69
#非农业人口	万　人	11.92	11.92	12.51	12.51
土地面积	平方公里	1 887	1 887	1 887	1 887
人口密度	人/平方公里	201.48	201.48	205.03	205.03
年末劳动力资源总数	万　人	18.07	18.07	18.86	18.86
#乡村劳动力	万　人	9.73	9.73	10.00	10.00
农林牧渔业产值	万　元	39 533	39 533	58 480	58 480
粮食产量	万　吨	7.00	7.00	5.59	5.59
蔬菜产量	万　吨	10.00	10.00	14.43	14.43
猪牛羊肉产量	万　吨	3 939	3 939	4 191	4 191
全部工业总产值(现行价格)	万　元	25 946	25 946	43 386	43 386
#乡及乡以上	万　元	22 550	22 550	35 154	35 154
全部工业总产值(1990年不变价格)	万　元	22 279	22 279	33 354	33 354
客运总量	万　人	723.60	723.60	904.00	904.00
货运总量	吨	331	331	571	571
固定资产投资总额	万　元	57 768	57 768	127 774	127 774
#住宅	万　元	2 917	2 917	9 186	9 186
房地产开发投资额	万　元			80 921	80 921
商品房销售额	万　元	779	779	37 776	37 776
地方财政预算内收入	万　元	9 121	9 121	14 021	14 021
地方财政预算内支出	万　元	13 289	13 289	20 414	20 414
#文教科学卫生事业费支出	万　元	3 869	3 869	5 259	5 259
#教育事业费支出	万　元	2 283	2 283	3 302	3 302
银行年末各项贷款余额	万　元	124 796	124 796	174 453	174 453
高等学校数	个				
高等学校在校学生数	人				
每万名职工中专业技术人员数	人	1 342.15	1 342.15	1 487.36	1 487.36
#中级职称以上	人	212.30	212.30	290.80	290.80
影剧院	个	1	1	1	1
公共图书馆	个	1	1	1	1
卫生机构数	个	78	78	58	58
#医院	个	22	22	25	25

经　贸　红　娘

上海第三钢铁厂

经营范围　主营:该厂生产的产品及相关技术的内外销,经营本厂所需的原、辅材料,设备及相关技术的进口,承办“三来一补”业务。兼营:钢铁铸件、水泥、专用码头装卸过驳、钢制品、冶金“四技”服务、工业气体。

主要产品　有5—20毫米热轧普碳中板、造船板、锅炉板、容器板、汽车大梁板和不锈中板;有0.5—4mm热轧普碳薄板、油桶板、合金与碳结薄板、冷轧不锈薄板;有宽2.0米—3.0米、厚8—60毫米、长6—12米的普碳、低合金、锅炉、压力容器、造船、桥梁、汽车大梁、碳素结构、合金工具、海洋用Z向钢板和高强度工程(600—800N/毫米^2)等宽厚钢板;有ϕ12—40毫米螺纹钢筋和20—32毫米的圆钢;有中型工字钢、角钢、槽钢、轻轨、电梯导轨、汽车轮辋钢等异型钢材;有各种大中型铸钢件。

法人代表　张世芳
地　　址　上海浦东新区周家渡上南路300号
电　　话　8839180
电　　报　0169
传　　真　3201284
邮　　编　200126

上海梅林美达食品有限公司

该公司是合作经营企业,由上海梅林食品有限公司和台湾美达食品工业股份有限公司共同合作建办。

一、上海梅林食品有限公司

上海梅林食品有限公司是上海梅林罐头食品厂,在1991年12月25日与上海市食品进出口公司和香港贸基发展有限公司合资建办的。

上海梅林罐头厂,早在三十年代,已获美国和新加坡等国的证书和奖状。六十多年来,梅林继往开来,信誉不衰,梅林名牌已驰名中外。合资二年多的上海梅林食品有限公司,发挥工贸结合优势,在积极调整产品结构,开发新品,提高档次,满足国内外市场需要的同时,转换企业经营机制,逐步向企业集团化方向发展。

二、台湾美达食品工业股份有限公司

台湾美达食品工业股份有限公司创建于1964年,以台湾食品工业界有一定的知名度,产品远销欧美、香港、新加坡等十多个国家和地区,是台湾最早开发中国传统点心罐——八宝粥等系列产品的企业之一。

三、上海梅林美达食品有限公司

上海梅林美达食品有限公司是合作经营企业。由上海梅林食品有限公司和台湾美达食品工业股份有限公司共同合作建办。1993年7月15日开业,投资总额120万美元,注册资本85万美元。

目前,向社会各界推出的系列产品之一——“真的”八宝粥,就是上海梅林美达食品有限公司的荣誉产品。

“真的”八宝粥在上海独领风骚,真正走进了千家万户,“真的”八宝粥获“中华保健精品博览会”金奖,“真的”系列产品获“中华保健精品博览会”最佳销售奖。在用户委员会征求消费者意见时,消费者对“真的”系列产品反应良好。近日“真的”八宝粥还被电台推荐为名、优、新产品。“真的”八宝粥还广受外商青睐,目前已出口西班牙、日本等国家和地区,受到国际友人的承认。

经营范围　生产销售罐头类中国传统点心和天然饮料食品。

主要产品　八宝粥、花生汤、绿豆汤、鲜楂汁、芒果汁、水蜜桃汁、凤梨爽。

法人代表　赵志芳
总 经 理　王俊阳
地　　址　上海市军工路224号
电　　话　5193696 5430188×103
电　　报　3909
传　　真　(021)5193696
邮　　编　200090

上海向华实业总公司

该公司是集工贸农牧于一体的多功能经济实体,下属8个工业企业。生产经营塑料制品、不锈钢厨房设备、调料用具、纸箱加工、无磷热熔胶、配套煤气设备、激光缸体缸套、天然花岗石大理石无脂高效洗衣液、新一代摩托车等，产品销往全国各地，其中激光缸体缸套为全国独家首创，热熔胶国内销量第一。

该公司地处浦东新区张江高科技园区南端，拥有1500亩土地面积，被誉为浦东“花果山”，具有良好的投资环境。

总 经 理 张天虹
地　　址 上海浦东新区军民路82号
电　　话 8916872　8916109
电　　报 84165
传　　真 8916587
邮　　编 201203

上海水产(集团)总公司

该公司是一家注册资金5亿人民币、集产供销、渔工商、内外贸、科研教育于一体;实行自主经营、自负盈亏的国有企业，直属上海市人民政府。

主营 海洋捕捞、海淡水养殖、水产品、水产食品、药品、渔船(修造船)、渔机、绳网及相关产品、鱼需物资等。

兼营 农副产品、餐饮服务、仓储运输、房地产、信息技术服务等。经营方式有制造、加工、批发、零售、进出口、转口贸易等。

总公司具有独立的外贸经营自主权。总公司现有可供批发、加工的各类近海、远洋捕捞的水产品、海淡水养殖水产品;生产各种水产品冷冻小包装、烘烤制品、鱼糜制品、水产膨化食品、鱼肝油、鱼粉、水产营养保健品、药品、水产熟食制品、鱼香肠、鱼品罐头、咸干糟醉品、水发制品等12大类100余种产品;制造加工的主要渔机、绳网和机械产品有各种渔轮、拖轮和其他船舶、各种绳索、渔网线、化纤丝、离合器、舵机、塑料鱼箱、塑料薄膜、浮子、冲压机械、增氧机等。

法人代表、总经理 余明龙
地　　址 上海中山东一路18号
电　　话 3211060
传　　真 3214937
邮　　编 200002

上海东辉电器有限公司

该公司是由杨浦区五角场沪星矽钢电器厂与香港利埠实业有限公司合资组建的中外合资企业，公司专业生产变压器用EI铁芯片，规格由EI35～EI76.2不等，全新引进国外最先进之全自动化气动高速冲床多台，高精度合金模具及大型自动开料机设备等。为满足广大客户对EI铁芯片各种要求，所有材料皆选用进口高级冷轧的钢片卷材(H50，H23，H18，H14)。东辉牌铁芯片具有精度高，毛刺小，磁性良好，质优价实等特点。大批海外、国内客户订购、称誉该类产品，公司可满足客户的特殊规格和加工要求。

法 人 代 表 朱镇华
董事总经理 朱蔓清
副董事长、副总经理 奚金发
地　　址 上海市杨浦区营口路770号
电　　话 5347521　5347522
传　　真 (021)5490121
邮　　编 200433

上海市建筑构件制品公司

该公司是上海最大的专业生产各类混凝土构件和各种规格成型钢筋的大型企业，市场占用率近50%，产品遍及上海四面八方，列为上海工业企业销售收入前百名之内。下设六个建筑构件厂，一个运输队，一个研究所，一个经市教育局核准的中等专业学校和若干个多元经营公司。

经营范围 经过企业经营机制转换，产业结构和产品结构的调整，经营范围已扩展至房地产业、建筑装潢、出租汽车服务、建筑材料经销、境外经济技术合作与贸易、汽车驾驶员培训、加油站、停车场、旅馆、饮食业、商店等多种行业，而发展成为综合性的集团公司。

主要产品 各种规格的成型钢筋加工、商品混凝土、工业和民用的各种规格混凝土多孔板、桥面板、桥面梁、方桩、预应力顶管、管桩、地铁管片和各类非标准的混凝土构件。

法 人 代 表 郑健儿
地　　址 上海市杨浦区黎平路2号
电话(传真) 5437600
邮　　编 200090

上海市通联房地产总公司

经营范围 主营:房地产开发建设、建筑工程承包和房地产业咨询、运输技术咨询服务、经营商品房、房地产租赁及有偿调换。兼营:建筑材料、机电设备、建筑机械、金属材料、木材、装潢材料、室内装潢。

该公司是上海交通邮电系统经营房地产为主的经济实体，由上海海运(集团公司)、交通部第三航务工程局、上海航道局、港务局、锦江航运公司、邮电管理局、铁路局、远洋运输公司、中波轮船公司、长江轮船公司、东方航空公司、上海航空公司、海上安全监督局、船舶运输科学研究所、第三航务工程勘察设计院、上海港口机械制造厂及建设银行上海分行、上海久事公司共十八家实力雄厚的企业联合投资的股份公司，直属上海市人民政府交通办公室领导。

总公司是独立核算、自负盈亏、具有法人资格的房地产开发信用一级、城市综合开发资质二级企业。

总公司自1988年12月开业以来，先后承建了上海浦东罗山新村近80万m^2，居住小区并向社会提供了近8万m^2商品房，取得了较好的经济效益和社会效益，已形成房地产开发建设、咨询服务、销售、物业管理等一条龙经营机制。

法人代表、总经理 傅正国

地　　址 上海市零陵路583号7楼

电　　话 4398539　4399772

传　　真 4398539

邮　　编 200030

上海康宝实业总公司

该公司位于浦东新区的南汇县康桥工业区内，经营范围为手表零件的生产和组装，**主要产品**有宝石花牌各代男女(电子、机械)手表。

康宝实业总公司自1993年4月正式投产后至今，固定资产投资已达600万元，组装宝石花机械表共80万只，实现销售收入2200万元，利税达370万元。1994年8月我们公司将在正式生产厂房投入使用后扩大生产规模，实现企业发展。预计组装宝石花手表70万只，实现销售收入2000万元，销售利税达700万元。

法人代表 张利生

地　　址 上海浦东康桥工业区

电　　话 9094120　8020422

传　　真 (021)8111188

邮　　编 201318

上海浦东新区六团塑料厂

该厂由中外合资上海申源鞋用材料有限公司、上海联谊鞋用材料厂、上海第一皮鞋厂六团胶粘剂联营厂、山东齐海橡塑制品联营厂、六团塑料厂综合经营部等组成，已初步形成了集团型企业。经营范围为生产各类橡塑制品、鞋用胶粘剂、各类运动鞋、网球鞋鞋底及鞋用配套部件。该厂对产品质量有严密的监控系统。

法人代表 乔华昌

地　　址 上海浦东新区六团镇普新路9号

电　　话 8936210　8936016

电　　报 86694

传　　真 8936210

邮　　编 201202

上海浦东城镇实业总公司

该公司主要由霞飞日用化工总公司、盛发实业公司、申城贸易公司、翔盈实业公司、泰丰实业公司、申联科技发展总公司、城镇建筑工程公司、城镇房产经营开发公司等20家子公司组成的集团企业。

该公司经营范围:金属材料、机电设备及配件、化工原料及产品、木材、五金交电、纺织原、辅料及产品、百货、日用杂品、服装、丝绸制品、五金及机械加工等。主要产品有:丝绸时装、绣花拖鞋、动物毛衫、印染机械、锁具、化妆品、电线电缆等6大类3000多个品种。

为配合浦东新区的整体开发，该公司获得1800亩土地使用权五十至七十年，创建上海浦东城镇科技经济开发总公司，从事发展高科技产业。

董 事 长 杨建明

法人代表 凤秀涛

地　　址 上海浦东新区川沙镇川环南路718号

电　　话 8983084

电　　报 9731

传　　真 8921469

邮　　编 201200

上海市美达建筑装潢工程公司

经营范围　主营:建筑安装、建筑装潢、房屋修理、建筑施工。兼营:建筑材料、货运。

主要产品　主要从事室内外装潢、新建、改建、古建筑等设计施工，同时提供竹建、铝合金门窗、水电油漆、家俱等配套服务。

上海市美达建筑装潢工程公司成立于1957年7月，是具有独立法人资格的全民所有制建筑装饰施工企业，具有国家城乡建设部审查核定的建筑装饰施工一级资质，同时又是国家城乡建设部命名十三家国家二级企业中的一家。

公司下设6个子公司，3个工程部和设计室、建材经营部等业务部门，并拥有9家中外合资、合作企业以及3家国内联营企业，其业务范围涉及到餐饮、娱乐、房地产、电讯、服装等。企业技术力量雄厚、管理设施先进，在保持传统工艺特色的基础上，不断吸收、采用国内外先进技术和现代装饰材料，所设计施工的大中型工程项目，均不同程度地受到社会各界好评，在装饰施工界内，享有较高的知名度。

法人代表 冯家骏

地　　址 中国上海市瑞金二路120号

电　　话 4378659　4313605

电　　报 7774

传　　真 (021)4370700

邮　　编 200020

上海千巷汽车镜总厂

经营范围　主营:汽车、摩托车后视镜及零配件。

兼营:钢门、窗。

主要产品 桑塔纳轿车内、外后视镜,奥迪100轿车内、外后视镜,捷达(高尔夫)轿车内、外后视镜,广标504内视镜,依维柯后视镜,东风140后视镜,CG125摩托车后视镜及桑塔纳轿车操纵器总成等。

法人代表 夏道余
地　　址 上海市金山县千巷镇西
电　　话 7211271　7211258
电　　报 8984
传　　真 (021)7211026
邮　　编 201518

中华企业股份有限公司

该公司的前身中华企业公司,是上海解放后第一家从事房地产开发经营业务的国营企业,创建于1954年,现为上海市先进企业、市文明单位。1993年7月28日被正式批准改制为股份制企业,1993年9月24日,公司股票挂牌上市交易。

公司主要经营侨汇房、商品房以及其它各类建筑,同时兼营私房买卖、经租和代经租、内外装修装潢、建材设备、物业管理、综合贸易等业务。

五六十年代,公司率先在沪上建造出售了首批侨汇住宅:华侨公寓和华侨新村,在国内外侨民中影响颇大。八十年代起,公司的经营规模迅速扩大,新辟各类住宅小区、新村、别墅、大楼、公寓、宾馆等商品建筑,总开发量近百万平方米,项目遍布上海市各区县及部分外省市。

法人代表、董事长兼总经理 盛新健
地　　址 上海市浦东新区浦东大道1700弄17号(法定)、上海市江西中路246号(办公)
电　　话 3299250
电　　报 1970
电　　传 (021)3290815
邮　　编 200002

上海电机(集团)公司电机器材厂

该厂是生产"醒狮牌"无氧铜杆(丝),无氧铜漆包线和无氧铜空心管异形材的专业制造厂。地处上海西南,漕河泾开发区,占地面积2万平方米,现有职工400人,各类专业技术人员占18%,拥有较强的技术开发力量和先进的制造技术,加工设备和检测手段。目前已形成年产上引连铸无氧铜杆(丝)15000吨,无氧铜漆包线1300吨的生产规模。产品达到国际八十年代末九十年代初水平。QA漆包线已获美国UL认证。无氧铜空心管异形材是本厂采用上引连铸工艺研制开发的新产品,所确定的"上引连铸——轧制拉伸"生产铜管材,工艺先进合理,为国内领先,经上海市有色金属研究所检测,产品达到国际九十年代水平,该项目已被列入1993年上海市"火炬计划",目前已投资2000万元进行重点技术开发,1994年达到2000吨生产规模。主要用于空调、制冷、建筑、电器、交通等行业,是挡进口打出口的理想产品。

法人代表、厂长 季　荣
地　　址 上海老沪闵路600号
电　　话 4366453
电　　报 9969
传　　真 4701586
邮　　编 200237

上海沪光时装公司

该公司经营范围为服装。以设计新颖、制做精良的女式时装为经营特色,并兼营各式男士服装和童装。公司附设加工部,承接团体及个人的来料来样加工。

总 经 理 乔阿良
地　　址 上海市淮海中路528号—536号
电　　话 (经理室)3721854　(商场部)3270253　(业务部)3270623
邮　　编 200020

男士服装特色商店——启发西服公司

该公司已有近50年历史,坐落在上海市淮海中路上。其自产自销的"启发"牌西服,具有"登、挺、顺、服"及穿着合体,久不走样的特点,深受中外人士欢迎。

启发西服公司的前身是庄启发开设的一家小店,庄氏年轻时在海参崴他叔父处当学徒,由于刻苦钻研,学得高超制作整套男式西服的技艺。1946年庄氏回沪,在当时霞飞路开设小工场,命名为"启发工场"。由于做工考究,当时的英、法、俄国人和社会上层人物慕名前来定制。1949年又在茂名南路锦江饭店底层的一间店面开设了"启发西服店"。进料、裁剪、试衣等均由庄氏把关,对工艺要求十分严格,一丝不苟,以经营男士西服和大衣为特色,由于备料高档,辅料考究,制衣工艺精湛,款式新颖且穿着舒适,加上服务热诚,因而很快饮誉海内外。

后来该店搬迁到淮海中路,店面扩大,成为淮海中路唯一的男士呢绒服装特色商店,它的产品紧跟世界新潮,达到新、轻、薄、挺的特点。新、老工艺相结合。"启发"制作西服,量体准确、裁剪得体,烫功独到,因人而宜。所以吸引着各界知名人士,包括不少外国驻沪使节和国家首脑等。著名文艺界人士黄佐临、张骏祥、童祥苓等都是该店的老主顾。该店还建立了特殊体型顾客的技术档案。"启发"西服以其优良的质量和高超

的制衣技艺吸引着众多的顾客。

总经理　倪兴利

地　　址　淮海中路835—841号

电　　话　4310058

邮　　编　200020

上海爱梯恩梯通信设备有限公司

上海爱梯恩梯通信设备有限公司(AT&T Of Shanghai, Ltd.)成立于1990年3月，由上海市光纤通信工程公司、邮电部通信设备厂、上海久事公司与美国电话电报国际网络系统有限公司(AT&T)共同合资经营。该公司可以向用户提供符合国际及我国邮电通信标准的2Mbit/s系列的所有光纤传输产品，包括复用、线路传输、交叉连接、用户环路、保护切换、数字无线电和各级网络管理设备。这些准同步数字系列和同步数字系列产品，综合了欧洲和美国最尖端技术，可有效地满足90年代通信网络各种要求。

作为世界最大电信公司之一的AT&T，以世界闻名的贝尔实验室为技术后盾，将不断地推出新产品，愿与用户共建现代化的通信网络。本着用户至上，质量第一的宗旨，上海AT&T公司的产品已遍布全国，为国家一级干线以及各省市地区和铁道等专业部门提供高质量、最可靠的产品和服务。1994年初，该公司获得了ISO9001国际质量认证证书，成为全国光通信产业首家获得此证书的合资企业。

董事长(法人代表)　戴鳌前

地　　址　上海市宜山路704号

电　　话　4705858

传　　真　4700441

邮　　编　200233

辽宁轮胎厂

该厂是中国轮胎制造业的重点厂家，始建于1932年，积累了60多年生产管理经验，以生产“长征”牌轮胎而驰名海内外。1992年列全国500家最大工业企业第360位，同行业排序第6位。

该厂在全国同行业第一家实现了“一厂三线”的生产体系，即尼龙斜交胎生产线、全钢丝子午线载重汽车轮胎生产线、半钢丝子午线乘用胎生产线，已经形成了年产135万套轮胎的生产能力。产品现有三大系列七大类100多种规格，能够为各种载重汽车、轻卡车、轿车、拖拉机、工程车、畜力车配套。有14种产品分别获化工部、辽宁省、朝阳市优质产品证书。其主导产品11,00—20,9.00—20,8.25—20,6.50—16均为国家A级产品。“长征”牌斜交胎在1989年首家通过国家级质量认证。特别是引进英国邓录普公司全套设备与技术生产制造的“长征”牌全钢丝子午线载重汽车轮胎，各项技术指标已达到国际标准并获得美国交通部颁发的DOT标准证书。引进美国乘用子午胎关键设备生产的乘用胎，1989年通过部级质量鉴定，专家认定:具有国内先进水平。现在，年产20万套的子午胎二期工程已施工建设。“九·五”期间的“112”工程，即斜交胎、载重子午胎分别达到100万套/年，乘用胎达到200万套/年已着手制订。届时辽轮将竭诚为广大用户提供更好的服务，提供更优质的“长征”牌轮胎。

法人代表　滕瑞远

地　　址　辽宁省朝阳市龙城区向阳街一号

电　　话　(04284)210901　217801　216523

电　　报　6544

邮　　编　122009

东风朝阳柴油机公司

该公司是国家定点生产车用柴油机的大型重点骨干企业。现有职工7100人，各类专业技术人员1253人，其中工程技术人员629人。设备拥有量2893台，固定资产原值18000万元，固定资产净值13000万元。全公司占地面积60万平方米，建筑面积25万平方米。拥有25条生产线，先后引进了日本浪速制芯设备和光谱分析仪，引进了德国BMD公司的高压气冲造型线，丹麦迪砂公司的砂处理设备。铸造生产已居国内同行业领先水平。企业内部设有内燃机研究所、理化计量中心，技术力量雄厚，具有独立进行科学研究、产品开发设计能力。质量检测手段先进，是国家一级计量单位。

公司**主要产品**是车用高速柴油发动机，分为102、133两大系列，102系列又可分为6102和4102两大系列，可分别满足2.5～10吨载货汽车、轻中重型客车和工程机械等配套动力的需要，产品在中汽公司历年质量监督检测中均被评为一等品，多次被评为省优、部优产品。公司1989年被国家批准为大一型企业，国家二级企业。

1993年4月26日，朝柴以资产经营一体化形式汇入东风汽车大家庭，企业生产要素显示出蓬勃的生命力。当年实现利税14000多万元，是前32年利税的总的。实现利润11000多万元，是前32年利润总和的二倍，一举实现腾飞。

法人代表　吴景春

地　　址　辽宁省朝阳市黄河路三段51号

电　　话　219101

电　　报　6593

传　　真　(04284)218252

邮　　编　122000

朝阳重型机器厂

该厂是中国建材机械行业大型骨干企业。年生产能力3万吨。主要生产水泥厂专用设备、破碎设备、筛分设备,洗选设备、墙体材料机械设备、环保设备、输送设备、专用工程机械车辆、通用机电设备等。其中水泥机械可成套供应,从年产4.4万吨到年产60万吨的工艺装备。年产15万吨、24万吨、30万吨的工艺装备是从日本川崎重工引进的软件技术,安装使用后,效果很好。还从西德、美国、日本等国引进六项先进技术,产品技术性能强,工艺先进、质量可靠,受到用户的普遍赞誉。

厂　长　齐中兴
厂　址　辽宁省朝阳市,黄河大街三段22号
电　话　(04284)210501
电　报　6613
传　真　(04284)212704
邮　编　122000

青岛海洋渔业公司渔轮修造厂

概况及经营范围　该厂为国家二级中型企业。是国家中小型船舶修造骨干企业之一,现有在职职工1500余人。占地总面积216,470平方米。年实现工业总产值4000万元。固定资产原值2350万元。各类设备470多台(套)。工厂现有在职中级以上专业技术人员74人。其中高工14人,工程师等中级专业技术人员60人。主营各种中小型船舶制造修理及中外远洋船舶航修。兼营黑色、有色金属铸造、机械加工、船舶配件、一、二类压力容器生产;钢结构工程、装饰工程、物资经销等。

主要产品　有获得省部优产品称号的8154型441kW尾滑道冷冻渔轮和8203G_1型441kW围网渔轮,以及VLS401型600吨冷藏运输船和其他中小型船舶。

法人代表、厂长　郑名驹
地　址　山东青岛市北区小港二路27号
电　话　(0532)2826132
电　报　3342
传　真　(0532)2824655
邮　编　266011

淄博柴油机厂(原淄博渔轮柴油机厂)

经营范围　船用柴油机及柴油发电机组,向心背压式汽轮机及发电机组,风机盘管空调器。

主要产品　300及L250系列船用柴油机,功率范围:294－1177kW(400－1600ps);柴油发电机组,规格:320kW、400kW、500kW、750kW、1000kW。

向心背压式汽轮机及发电机组,规格型号:RFT－400、RFT－500,功率范围:300－1500kW。

风机盘管空调器,规格型号:FP－3.5、FP－5、FP－6.3、FP－8、FP－10、FP－12,安装方式:立式明装、立式暗装、卧式明装、卧式暗装。

法人代表　许　军
地　址　山东省淄博市张店区湖田镇
电　话　(0533)223362　217140　217144
电　报　6010
传　真　(0533)223364
邮　编　255077

垦利县炼油厂

经营范围　汽油、柴油、液化气、沥青、石油焦。

主要产品　90#汽油、70#汽油、0#柴油、－10#柴油、宽馏分柴油、10#建筑沥青、道路沥青系列产品(70#、80#、90#、100#、140#、200#道路沥青)、溶剂油、民用液化气、石油焦等。

法人代表　王克文
地　址　山东省垦利县利河路113号
电　话　(05461)521121　521991
电　报　3550
传　真　(05461)521121
邮　编　257500

东营市胜坨实业集团有限公司

该集团有限公司属镇办集体企业。目前,公司已发展到集工、商、运、建、服和科研为一体,跨地区、跨行业、多品种、多元化、具有较大规模和一定经济实力的企业群体。初步形成了以建筑安装、电器设备、化工、制革、装饰装修和新技术为重点、结构合理、门类齐全的乡镇企业体系。该公司位于黄河三角洲中心,胜利油田腹地,黄河南岸,北靠永(安)莘(县)路,南与东营市中区相连,交通、通讯十分便利。发展企业有着得天独厚的区位、资源优势。

公司下设十五个分厂和两个中外合资企业(东营胜宝制革有限公司、东营港艺装饰有限公司)。现有职工1200余人,其中各类专业技术人员500余人,拥有固定资产2000万元。

主要经营　土木建筑、设备、管道、电器安装、市政工程、石油化工、制革、建筑材料、汽车修理等。主要产品有:MAN石油助排剂、KSH系列浓缩酸、P—216防膨剂、垦化—91酸化缓蚀剂、KWD油(水)井网堵剂、沙发革、服装革、鞋面革、建筑用水泥预制件等。

法人代表　王秀华
地　址　东营市垦利县胜坨镇政府驻地
电　话　(05461)529312　529326
电　报　1001
邮　编　257506

东营市广饶石油化工厂

主要产品 70#、90#汽油;0#、-10#柴油;90#、100#道路沥青;10#建筑沥青;民用液化气。

该厂是一个以石油炼制为主的国营中型(一)企业,现有职工760人,固定资产6200万元,各种产品质量符合国标,其中100#道路沥青荣获山东省优秀新产品一等奖和1989年山东省"星火计划"金奖、10#建筑沥青荣获1993年山东省经贸博览会银奖。1993年该厂完成现价工业总产值1.45亿元,实现利税2693万元,居东营市10强企业第二位。

法人代表 赵光宗
地　　址 山东广饶城北辛桥
电　　话 441074
邮　　编 257342

东营市农垦企业总公司

该总公司是以东营市南郊畜牧场为基础,于1993年8月经东营市政府批准而成立的一家以农业、畜牧业为基础,二、三产业全面发展的全民所有,独立核算、具有法人资格的中<一>型市直属企业。

东营市农垦企业总公司现有固定资产1558万元,职工543人,年实现产值2500万元,创利税250万元,下属11个经济实体,其中三家为中外合资企业,而东营加美养狐有限公司是东营市首家合资企业,具有相当的生产规模和经济效益。总公司机关内设5个职能科室,负责全公司各项工作的协调服务。已形成合理配套的管理模式和生产经营形式。公司的**经营范围**有农业种植、畜牧业养殖、建筑安装、土方工程、化工产品、木器加工、劳保产品、饮食服务及农副产品销售;**主要产品**有:高档聚脂家俱,化工产品、劳保用品、高贵皮毛动物及部分农产品。

东营市农垦企业总公司具有丰富的自然资源优势和得天独厚的地理区域优势,有着广阔的发展前景,在社会主义市场经济的大潮中,深化企业改革,挖掘企业潜力,为逐步建成一个具有城郊特点的现代化的综合性农垦企业而努力奋斗,为建设美丽的黄河三角洲做出积极贡献。

法人代表、总经理 郭丰璞
地　　址 东营市东城区淮河中路
电　　话 332111　332718
电　　报 8916
邮　　编 257091

东营三利食品有限公司

该公司于1993年建成投产,目前已建成芦笋罐头生产线4条,植物蛋白生产线1条,500吨冷库1座,片冻机1台,年设计加工能力2500吨。固定资产总值1800万元,全县拥有芦笋生产基地16000亩,年产笋能力达到3000吨以上。

经营范围 芦笋罐头、饮料、速冻蔬菜、海淡水产品、各种肉类产品等。

主要产品 白笋罐头、绿笋罐头、玉米笋罐头、葡萄、黄桃等水果罐头、速冻青刀豆、绿莱花、蒜台等蔬菜、各种海淡水产品、肉类产品、花生饮料、芦笋饮料等。

法人代表 于培林
地　　址 利津县城津二路36号
电　　话 (05461)621935　621594
电　　报 1120
传　　真 (05461)621854
邮　　编 257400

东营南里实业集团股份有限公司

公司本部位于东营市中心区,下辖22个分支机构,其中合资企业4家。是一个集工、农、商、科、贸于一体的股份制企业。

经营范围 主营:化工石油机械、机电产品和管、阀、泵体、民用器械、房地产开发、建材、兴办三资企业和进出口业务,代理信息、运输、旅游娱乐服务。兼营:水产品、农牧养殖业、五金交电、化工产品、科技仪器、机械电子、办公用品、文体用品、经济技术合作、提供人才咨询服务、维修包装业务。

鲁特公司**主要产品**:潜油电泵及导叶轮系列;鲁昶公司**主要产品**:高尔夫球具、马具、管束、机械配件等各类不锈钢、合金钢精铸件;机电五金公司**主要产品**:生产精铸设备、铝合金制品、充压产品等。

法人代表 李华平
地　　址 东营市五台山路31号
电　　话 (05461)221176　222477
电　　报 6849
传　　真 (05461)221460
邮　　编 257067

江苏六通机械(集团)公司

该公司是机械部最大的拉丝机专业制造企业。是国家二级企业,也是我国500家最大的工业企业之一。拥有自营进出口权,固定资产8000多万元。

该公司是中国最大的拉丝机出口基地,生产具有世界先进水平的活套式、双卷筒式干拉机,翻转式水箱机,还有常规的滑轮式干拉机、水箱机,并配有无酸洗剥壳除锈机,象鼻式自动收线机,工字轮收线机等辅机。产品广泛用于高、中、低碳钢丝及有色金属丝的拉拔。

董事长、总经理　黄锡伦
地　　址　江苏无锡县硕放镇
电　　话　732677　203443　732284　732285
传　　真　(0510)732323
邮　　编　214142

江苏巨桥集团有限公司

该公司有13家企业组成，年生产经营各类呢绒100多万米；防霉防蛀全毛水纹毯3万多米；48s～80s以上精毛条4000吨；40s～80s以上高支无结头毛纱1000吨；各类花色针织服装面料300多吨；POY、DTY涤纶丝3000吨；磺胺甲氧哒嗪80吨，甲砜霉素10吨，潘生丁20吨，磷酸氯硅150吨；氩气凝血器150台、肿瘤治癌器200台等等。各种产品在国内外市场上都享有盛誉。

公司设备先进，管理水平高，员工素质好，产品质量高，有许多产品荣获省优、部优产品。

总 经 理　季建忠
地　　址　江苏省张家港市鹿苑镇巨桥村
电　　话　(05222)471200×3008
电　　报　0495
传　　真　(05222)470986
邮　　编　215616

江苏梁丰食品集团公司

该集团有103家成员企业，其中核心企业1家、紧密层7家、松散层88家。**主要产品**有食品、纺织、印刷、包装和塑料制品五大类100多个品种。产品结构以食品为主，食品又分糖果、巧克力、保健饮料、奶制品和冷饮五类、70多个品种。集团紧密层企业、拥有固定资产1.6亿、自有资金2亿多。核心企业是张家港市乳品一厂，该厂已有25年食品生产历史，现有固定资产1.02亿元，占地8万多平方米，拥有7000吨乐口福麦乳精、4000吨巧克力、2000吨固体保健饮料、2000吨麦精、2000吨糖果、1500吨乳制品生产能力；还有一个1000头奶牛的原料基地、是全省从原料生产到产品一条龙生产的最大食品企业。主要产品“梁丰”牌麦丽素、牛奶朱古力获轻工业部优质产品、首届中国食品博览会银奖、北京国际博览金银奖、金莎巧克力先后获江苏省第七届优秀新产品金奖、北京国际博览会银奖，1992年上海中外食品博览会优秀新产品奖、“万福达”获第三届全国部分市场食品卫生质量监评“年年香金杯”奖。产品畅销国内外，供不应求的势头、经久不衰。

董事长兼总经理　蔡兴华
地　　址　江苏张家港市杨舍镇城西路19号
电　　话　(05222)221624
电　　报　2700
传　　真　(05222)224849
邮　　编　215600

中外合资张家港爱文电脑有限公司

本公司是江苏省“先进技术企业”，主要开发、生产、经营“表形码”系列产品：汉卡、电脑、电脑字典、教材及与“表形码”相关的软件和硬件。年产“表形码”软、硬件50万套。

“表形码”为本公司专利，是一种用电脑键盘符号表示汉字形状的编码，集电脑键盘输入、识字教育、查阅字典和编制索引于一体，形象直观、易学好用，输入速度快，容易普及的优秀汉字系统。其产品“表形码”中文办公系统集汉字操作系统，中西文编辑系统和高级排版打印系统为一体，具有体积小、功能强、应用面广、适应性好、速度快等众多优点，可满足不同层次用户的需要。“表形码”及“爱文”中文办公系统软件荣获“'93江苏科技专利博览会”和“'93首届中国科学技术博览会”两项金奖。在1993年8月的“中国火炬计划成果及高新技术产品展览会”上，“表形码”系列产品引起了中共中央总书记江泽民、国家副主席荣毅仁等党和国家许多领导人的浓厚兴趣。目前，本公司产品“爱文表形码大字符集汉卡”和“爱文表形码微机”已被列入国家级火炬计划。

法人代表　刘志平
总 经 理　李建平
地　　址　江苏张家港市杨舍镇沙洲东路35号
电　　话　(05222)220699
电　　报　2733
传　　真　(05222)220699
邮　　编　215600

张家港市氧化铅厂

该厂是全国最大的氧化铅系列产品生产厂家之一，年生产能力20000吨。**主要产品**有省优产品“颗粒氧化铅”，市优产品“硅酸铅”，国内首创产品“颗粒红丹、不规则颗粒黄丹、硼硅酸铅”，以及红、黄丹等九个产品，本厂1993年被评为江苏省明星企业。

本厂采用封闭式生产工艺，自动化程度高，检测设备先进齐全，确保产品质量。

法人代表　秦建明
地　　址　江苏省张家港市三兴镇
电　　话　(05222)570288　570688
电　　报　9031
传　　真　(05222)570739
邮　　编　215624

张家港市江帆(集团)公司

该公司主要经营毛纺和取暖器两大类系列产品。其中毛纺产品具备从精纺制成到染色加工的一条龙生产能力。产品远销国际市场。多年来受到外商的一致好评。"江帆"牌产品在竞相争夺的国际市场已经享有良好的信誉。全套引进日本的具备90年代国际先进水平的热水器生产设备，为生产优质的取暖器产品提供了可靠的保证。

公司年产24s—36s毛纱3400吨，取暖器产品年产能力达18000台。

总 经 理　赵建军
地　　址　江苏省张家港市蒋桥镇
电　　话　201172　202590
电　　报　7263
传　　真　201003
邮　　编　215627

张家港市味精总厂

该厂是年产2万吨味精的国内大型企业，是江南第一大厂，建筑面积14万平方米，固定资产1.1亿元，工程技术人员160多名，**主要产品**有"菊花"牌味精、L—脯氨酸、L—天门冬氨酸等氨基酸系列产品及"凯利发"系列食品。

工厂技术力量雄厚，工艺设备先进，各项技术经济指标在全国味精行业中名列前茅。"菊花"牌味精1990年荣获江苏省优质名牌产品称号，1991年荣获农业部部优和全国优质保健产品金奖，并获得中国公认的名牌产品称号，本厂还被评为江苏省明星企业。

法人代表　曹开祥
地　　址　江苏省张家港市港口镇
电　　话　(05222)481191
电　　报　7980
传　　真　(05222)480585
邮　　编　215612

张家港市金利实业总公司

该公司生产经营中、高档玩具绒和长毛绒玩具，具有从面料生产到制作成品的优势。**主要产品**有玩具长毛绒、割圈绒、风格纶、滚球绒、印花料、长毛绒玩具等。其中:仿野兔皮、闪光仿真皮、割圈绒、仿山羊绒获得了江苏省新产品称号，仿山羊绒评为苏州市优质名牌产品。规格、品种齐全，并可为客户来样组织生产。主要原辅材料均选用国外优质原料。

公司从台湾、美国、意大利引进了具有先进水平的织造设备和后整理设备，年产毛绒系列产品300余万米，布绒玩具25万余打。检测手段完备，交货及时，质量保证。产品出口十多个国家和地区。

董事长兼总经理　孙晓林
地　　址　江苏省张家港市城西北路57号
电　　话　(05222)223842　221031
电　　报　9982
传　　真　(05222)221619
邮　　编　215600

张家港星港电子有限公司　(张家港市无线电厂)

该公司是上海大众汽车有限公司的定点配套厂，是国内首家专业生产汽车电动窗和中央控制门锁的合资企业。现拥有年产10万套的生产能力。

该公司产品严格按照德国大众技术标准设计生产，工艺先进、质量可靠、标准化程度高。公司技术力量雄厚，检测手段完善，测试设备齐全，并具备模具设计制造、注塑、冲压、装配和检测等全套生产工艺。

在做好为上海大众桑塔纳轿车配套的同时，我公司又开发了"奥迪"、"捷达"、"黎明"等车型的电动窗。

董事长兼总经理　谢志刚
地　　址　江苏省张家港市城西路17号
电　　话　(05222)224385　223041
电　　报　2533
传　　真　(05222)224385
邮　　编　215600

张家港市沙洲客车总厂

张家港市沙洲客车总厂是中汽公司成员厂之一，创建于1969年，已有二十五年历史。现有厂区面积81000平方米，固定资产2800余万元，主要生产设备180多台，专业工程技术人员80余名，年生产能力8000辆。**主要产品**有:SZ沙洲牌6600型系列轻型客车(19、25座)、组装日本丰田海狮小客车和三菱(八座)小客车、邮件运输车和遣送车等各种专业用车，并承接修理国内外各种轿车。

SZ6600型轻型客车曾荣获全国"金盾杯"轻型客车越野比赛"质量金奖"、"性能总分第一"两枚金牌，名列全国参赛者之首。1993年我厂与香港合资了"五洲轻型客车有限公司"和加拿大合资了"大华汽车维修中心有限公司"。在产品结构、质量档次、发展规模、技术质量等方面又迈出了新的一步。我厂还配备了全自动整车检测线，具有一流的检测手段和严格的管理制度。

沙洲牌客车造型美观、结构合理、乘座舒适、操作稳定，是理想的旅游交通工具，产品畅销全国，深受用户欢迎。1992年10月，SZ6600型客车首批出口古巴，走向世界。

董事长、书记兼厂长　施锦成
地　　址　江苏省张家港市乐余镇乐红路16号
电　　话　(05222)660290
电　　报　3049
传　　真　(05222)660100
邮　　编　215621

张家港市丝绒一厂

该厂是生产丝绒系列产品的专业工厂，是国家经贸部命名的外贸出口产品生产基地。具有丝绒、丝织、弹性织物织造、染整、喷花、印花、服装制衣等一条龙生产线。现有固定资产8000万元，厂区面积15万平方米，职工1200人。是一个年产值超3亿、外贸出口超亿元、具有一定规模的综合性企业。

该厂产品质量好、款式新。乔其立绒获部优、省优产品称号。乔其烂花绒、闪光绒、高雅绒获江苏省优质新产品"金牛奖"。雀翎牌服装获国际博览会银奖。生产的高级经编双向弹性织物，具有独特的弹力效果和柔软、爽身透气等性能，是目前国内外市场紧俏的高档泳衣、运动衣、自行车运动服及装饰等理想材料。产品畅销国内20多个省市，远销美国、日本、独联体等20多个国家和地区。

厂　　长　陈菊英
地　　址　江苏省张家港市通运路9号
电　　话　(05222)226729　223179
电　　报　7001
传　　真　(05222)222194
邮　　编　215600

张家港市对外贸易公司

该公司成立于1974年，于1992年8月经原国家经贸部批准获进出口经营权，是张家港市经营范围广泛、实力雄厚的综合性国营外贸企业，是张家港市进出口商品的主要企业。公司主要开展自营、代理进出口业务和"三来一补"、承办中外合资经营合作生产业务和经营技术进出口业务。

公司下属纺织品进出口公司、轻工工艺进出口公司、五矿机械设备化工医药保健品进出口公司、服装进出口公司、针棉织品进出口公司、化工进出口公司、物资设备进出口公司、对外贸易物资公司、粮油食品土产畜产进出口公司、储运包装进出口公司等十个公司一个部，并在美国、日本、香港等地设立经营机构。1993年出口商品逾300多个，同世界30多个国家和地区发生贸易往来，自营进出口总额7820万美元，在1993年中国进出口额最大的500家企业中排名第311家，是江苏口岸出口创汇的骨干企业。

总 经 理　缪润法
地　　址　江苏省张家港市青年路国贸大厦八楼
电　　话　(05222)221157
电　　报　6319
传　　真　(05222)224372
邮　　编　215600

中美合资宁波GQY电子实业有限公司

经营范围及主要产品

该公司经营范围为高亮度背投式组合电视屏及高新技术电子产品制造。本公司使用三项专利技术制造的高亮度背投式组合电视屏是继泛束管、平板像素管、组合电视墙之后的一个新的传播媒体，该系统应用液晶和电脑原理研制而成。它具有画面大(可承制$4.5M^2$至$300M^2$系列)，色彩鲜明，画面逼真，清晰度高(Line 700线)的特点，它既消除了组合电视墙的画面黑框，又解决了泛束管、平板像素管的耗电大、清晰度低、投资高等问题。该产品已由中国国际贸易促进会作为我国高技术产品在美国、韩国、南非和香港等国家和地区举行的世界博览会参展暨订货，并在国内十几座省级城市落户播放，产生显著的经济效益和社会效益。

法人代表　郭启寅
地　　址　浙江省宁波市兴宁路59号
电　　话　(0574)7392331　7333666
　　　　　(转) 122－130
传　　真　7392291
邮　　编　315040

浙江真空包装机总厂

经营范围　主营:包装机械、食品机械、包装材料及制品。兼营:电刷镀设备、五金。

主要产品　葆春牌真空包装机、多功能薄膜封口机、贴体包装机、收缩包装机、自动封箱机、自动封切机、枕式自动包装机、计量灌装机等系列自动包装机、包装材料及制品。

法人代表、厂长　金祥佐
地　　址　浙江省温州市鹿城路185弄19号
电　　话　8229576　8226584
电　　报　1816
传　　真　0577—8236210
邮　　编　325005

广州市石油公司

经营范围主要产品　经营汽油、煤油、柴油、重油、润滑油、脂、液化石油气及石化产品;兼营石油经营设备、储存、油料保税、运输以及润滑油调合加工等业务。

法人代表　冯兴才
地　　址　广州市北京路229号
电　　话　3335890(转各部门)　3346835
电　　报　1038
传　　真　3346835
邮　　编　510030

建设银行湛江分行

建设银行湛江市分行成立于1954年。该行现拥有资产30多亿元，员工1500多人。辖12个县(区)支行(含营业部)，营业网点108个，遍布湛江市两县、三市、五区，形成纵横交错的金融服务网络。还拥有信托公司、租赁公司、财务公司等8个金融性公司和实业公司，与银行主业相互补充，形成功能齐全，品种多样的金融服务体系。

行　　长　王　业
地　　址　湛江市赤坎跃进路79号
电　　话　3332207
邮　　编　524038

广东广液实业股份有限公司

经营范围　液压元件、机械加工、机电产品
主要产品　高性能叶片泵
法人代表　李志泉
地　　址　广东省罗定市泷江路41号
电　　话　(07666)722178
电　　报　5307
传　　真　(07666)725808
邮　　编　527200

广东省郁南县味精厂

该厂是一间专门从事生产经营味精等系列食品的国有中型企业，是全国味精工业协会成员之一，生产设备、工艺先进，技术力量雄厚，配有一整套自给自足的水电、汽供应系统，是国家二级计量企业，省级节能先进企业，和省级企业管理、省级质量管理优秀企业。主要生产、销售西江牌味精，迎美牌β—环状糊精和西江牌即溶茶。其中西江牌味精、迎美牌β—环状糊精是省优产品。

法人代表　彭均海
地　　址　广东省郁南县都城镇工业大道138号
电　　话　(07667)592392　592904
电　　报　0724
传　　真　592801
邮　　编　527100

齐齐哈尔第一机床厂

该厂经营范围主要有机床类产品、炼铁设备、采金设备、矿山机械设备、轧制设备、抽油设备和机床、机械设备的维修及备件。

该厂生产的机床类产品主要有单柱移动立式车床、重型卧式车床、落地车床、轧辊车床、深孔钻镗床、卧式滚齿机、铁路专用机床、汽缸套车镗床、曲轴拐颈车床、曲轴连杆颈专用车床、球面车磨床、电机座镗床和龙门铣床等十六大系列产品；炼铁设备有150m^3、300m^3和750m^3高炉或成套设备；采金设备有:100立升、150立升、200立升采金船产品，建筑卷扬机有:JJK、JJKD、JJM和JJM4等系列产品；矿山机械有:PE—25型250×400、PE—40型400×600鄂式破碎机等产品；轧制设备有:100t、160t、250t(冷)热剪断机等设备。

法人代表　李志东
地　　址　黑龙江省齐齐哈尔市龙沙区安顺路61号
电　　话　(总机)37901　(办公室)479012
传　　真　0452—479057
邮　　编　161005

附　　录

附录Ⅰ　台湾省主要社会经济指标
附录Ⅱ　香港主要社会经济指标
附录Ⅲ　澳门主要社会经济指标
附录Ⅳ　国际对比

附录1-1 面积和人口主要指标
A1-1 MAIN INDICATORS OF AREA AND POPULATION

		1980	1990	1991	1992
面积 (万平方公里)	Area (10 000 sq. km)	3.6	3.6	3.6	3.6
年底人口数 (万人)	Year-End Population (10 000)	1 780.5	2 035.3	2 055.7	2 075.2
男	Male	922.8	1 051.6	1 061.5	1 070.8
女	Female	851.7	983.7	994.2	1 004.4
出生率 (‰)	Crude Birth Rate (‰)	23.4	16.6	15.7	15.5
死亡率 (‰)	Crude Death Rate (‰)	4.8	5.2	5.2	5.3
婴儿死亡率 (‰)	Infant Mortality Rate (‰)	11.0	5.9	5.4	5.6
妇女生育率 (‰)	Fertility Rate (‰)	91.0	62.0	58.0	57.0
人口自然增长率(‰)	Natural Growth Rate (‰)	18.6	11.4	10.5	10.2
结婚率 (‰)	Marriage Rate (‰)	9.9	7.1	8.0	8.2
离婚率 (‰)	Divorce Rate (‰)	0.8	1.4	1.4	1.4
平均期望寿命 (岁)	Life Expectancy at Birth (Year)		73.8	74.3	74.3
男	Male	69.6	71.3	71.8	71.8
女	Female	75.5	76.8	77.2	77.2
人口的年龄构成(%)	Age-specific Distribution (%)				
0-14岁	0-14 Year	32.1	27.1	26.3	25.8
14-64岁	14-64 Year	63.6	66.7	67.2	67.4
65岁及以上	65 Year and Over	4.3	6.2	6.5	6.8
非农户人口占总人口比率(%)	Non-agricultural Population As % of Total Population (%)	69.7	78.8	79.5	80.3
人口密度 (人/平方公里)	Population Density (Persons/sq. km)	494.6	565.4	571.0	576.5

附录1-2 劳动力和就业状况
A1-2 LABOR FORCE AND EMPLOYMENT

		1980	1990	1991	1992
劳动力总人数 (万人)	Labor Force (10 000)	662.9	842.3	856.9	876.5
男	Male	440.6	526.3	535.5	546.0
女	Female	222.3	316.0	321.4	330.4
就业人数 (万人)	Employment (10 000)	654.7	828.3	843.9	863.2
男	Male	435.6	517.5	527.4	538.0
女	Female	219.1	310.8	316.5	325.2
就业人数部门构成(%)	Distribution Employment by Industry (%)	100.0	100.0	100.0	100.0
农、林、渔、猎业	Agriculture,Forestry,Fishing and Hunting	19.5	12.8	12.9	12.3
采矿业	Mining and Quarrying	1.0	0.2	0.2	0.2
制造业	Manufacturing	32.5	32.0	30.9	30.0
电、煤气、水	Electricity,Gas,Water	0.4	0.4	0.4	0.4
建筑业	Construction	8.5	8.2	8.5	9.0
商业	Commerce	16.0	19.7	20.5	20.5
运输、仓储和通信	Transport,Storage,Communications	5.9	5.5	5.5	5.2
金融、保险、不动产和产业服务	Financing,Insurance,Real Estate and Business Services	2.1	4.3	4.3	4.9
公共行政、社会和个人服务业	Public Administration,Community, Social and Personal Services	14.1	16.8	16.8	17.5
失业人数 (万人)	Unemployment (10 000)	8.2	14.0	13.0	13.2
失业率 (%)	Unemployment Rate (%)	1.2	1.7	1.5	1.5

附录1-3 国民生产总值
A1-3 GROSS NATIONAL PRODUCTS

年份 Year	国民生产总值 Gross National Products			人均国民生产总值 Per Capita Gross National Products	
	新台币亿元 (NT ＄100 000 000)	比上年增长%② Annual Growth Rate of Change (%)②	亿美元 (US ＄100 000 000)	新台币元 NT $	美元 US $
1989	39 690	7.3	1 503	198 389	7 512
1990	43 270	5.0	1 609	213 888	7 954
1991	48 212	7.2	1 798	235 699	8 788
1992	53 017	6.0	2 107	256 682	10 202
1993①	58 093	5.9	2 201	278 821	10 566

注:①初步数。②按1986年价格计算。

Note:①Preliminary Figure. ②At 1986 Constant Prices.

附录1-4 国民生产总值用途
A1-4 EXPENDITURES ON GROSS NATIONAL PRODUCTS

单位：新台币亿元 (NT ＄100 000 000)

年份 Year	国民生产总值支出总额 Expenditures on GNP	消费 Consumption	库存增加 Change in Stocks	固定资本形成 Gross Fixed Capital Formation	商品及劳务输出净额 Net Exports of Goods and Services	国外要素所得净额 Net Factor Income from Abroad
1989	39 690	26 898	299	8 553	3 036	904
1990	43 270	30 458	-16	9 475	2 304	1 050
1991	48 212	33 945	288	10 430	2 378	1 171
1992	53 C18	38 111	506	12 078	1 289	1 033
1993①	58 093	41 709	706	13 708	1 003	968

注:①初步数。

Note:①Preliminary figure.

附录1-5 国内生产总值及部门构成
A1-5 GROSS DOMESTIC PRODUCTS BY KIND OF ECONOMIC ACTIVITY

单位：新台币亿元 (NT ＄100 000 000)

年份 Year	国内生产总值 Gross Domestic Products	农林牧渔业 Agriculture Forestry, Hunting and Fishing	矿业 Mining and Quarrying	制造业 Manufacturing	水、电、煤气业 Electricity Gas & Water	建筑业 Construction	商业 Whole Sale Ratail Trade Restaurants and Hotels
1989	38 785	1 896	175	13 802	1 163	1 770	5 669
1990	42 220	1 742	181	14 504	1 218	2 055	6 493
1991	47 041	1 739	186	16 188	1 315	2 291	7 429
1992	51 985	1 832	275	17 079	1 484	2 700	8 478
1993①	57 125	1 978	349	18 068	1 625	3 168	9 409

注:①初步数。

Note:①Preliminary Figure.

续表 1 continued

单位：新台币亿元 (NT ＄100 000 000)

年份 Year	运输仓储及通信业 Transport, Storage & Communications	金融保险不动产及产业服务 Finance Insurance Real Estate Business Services	社会服务及个人服务 Community Social and Personal Services	政府部门 Government Services	私人非盈利部门 Private Non-profit Services to Households	家庭服务 Domestic Services of Households	减：银行服务费 Less: Imputed Bank Sevice Charge	加：进口税 Plus: Import Duties
1989	2 406	6 943	1 893	3 843	133	216	2 415	1 292
1990	2 593	7 979	2 178	4 613	137	248	2 940	1 220
1991	2 897	8 861	2 518	5 349	147	291	3 420	1 250
1992	3 267	9 991	2 924	5 903	164	342	3 926	1 472
1993①	3 649	11 348	3 334	6 387	177	399	4 387	1 622

注：①初步数。

Note: ①Preliminary figure.

附录1-6 农业生产指数
A1-6 INDEX OF AGRICULTURAL PRODUCTION

1991年=100 (1991=100)

年份 Year	总指数 Total	种植业 Crops	林业 Forestry	畜牧业 Livestock	渔业 Fishery
1981	78.6	103.6	302.3	53.2	74.0
1985	88.4	102.8	254.6	71.61	85.8
1990	98.5	97.6	102.4	91.7	108.6
1991	100.0	100.0	100.0	100.0	100.0
1992	97.2	96.4	60.4	102.4	94.4

附录1-7 主要农产品产量
A1-7 OUTPUT OF MAJOR CORPS

单位：吨 (ton)

年份 Year	稻谷 Rice	小麦 Wheat	玉米 Maize	大豆 Soy Beans	土豆 Potato
1970	2 462 644	3 664	57 416	65 174	34 145①
1980	2 353 590	2 839	115 114	25 934	28 093②
1988	1 844 785	2 957	321 194	14 641	42 590
1989	1 864 590	3 039	328 543	10 956	40 834
1990	1 806 596	2 932	339 436	8 140	31 189
1991	1 818 732	3 581	321 322	8 333	36 097
1992	1 627 854	4 326	389 869	8 562	49 198

注：①为1971年数。②为1981年数。

Note: ①Data refer to 1971. ②Data refer to 1981.

续表 1 continued

单位：吨 (ton)

年份 Year	茶叶 Tea	甘蔗 Sugarcane	烟叶 Tobacco	芒果 Mango	香蕉 Banana
1970	25 000	5 990 729	20 800	21 091	461 829
1980	30 000	8 851 347	19 747	90 989	214 323
1988	23 557	6 767 465	20 206	127 543	228 725
1989	22 130	6 627 793	18 484	122 192	198 442
1990	22 299	5 580 953	18 528	112 531	201 440
1991	21 380	4 536 231	20 686	144 730	196 663
1992	20 164	5 857 553	16 393	123 834	195 970

续表 2 continued

单位：吨 (ton)

年份 Year	菠萝 Pineapple	柑桔 Citrus Fruit	牛奶 Cow's Milk	鸡类（万只） Eggs (10 000)	水产品 Fish Catches
1970	338 191	209 115	16 123	105 566①	613 152
1980	228 804	374 383	47 740	252 496②	936 334
1988	228 127	559 526	173 407	383 636	1 360 867
1989	230 738	568 659	182 421	423 801	1 371 687
1990	234 629	528 941	203 830	445 465	1 455 495
1991	241 477	544 251	225 656	428 932	1 316 651
1992	226 279	526 599	246 281	514 641	1 329 534

注:①1971年数。②1981年数。

Note:①Date refer to 1971.②Date refer to 1981.

附录1-8 工业生产指数
A1-8 INDEX OF INDUSTRIAL PRODUTION

1991年=100 (1991=100)

年 份 Year	总指数 General	矿业 Mining	制造业 Manufacturing	电、煤气、水 Electricity Gas & Water	建筑业 Construction
1988	89.88	140.84	90.42	80.14	90.24
1989	93.27	125.30	93.71	85.38	96.00
1990	93.06	109.96	93.02	91.35	96.60
1991	100.00	100.00	100.00	100.00	100.00
1992	104.60	95.86	104.08	106.34	117.13
1993	108.44	94.94	106.49	116.11	150.31

附录1-9 主要工业产品产量
A1-9 OUTPUT OF MAJOR INDUSTRIAL PRODUCTS

年份 Year	棉布 (亿米) Cotton Fabrics (100 000 000 m)	聚胺丝织物 (亿米) Nylon Fabrics (100 000 000 m)	塑料皮布 (亿米) Plastic Leather Clothes (100 000 000 m)	电风扇 (万台) Electric Fan (10 000)	收录音机 (万台) Sound Recorder (10 000)	自行车 (万辆) Bicycle (10 000)
1988	12.77	8.74	5.31	2 765.55	1 185.97	771.71
1989	13.60	11.41	5.53	2 971.78	1 048.43	757.40
1990	12.87	14.01	6.13	2 602.86	879.13	779.50
1991	11.78	15.90	7.01	3 032.65	928.35	836.19
1992	10.92	16.72	7.12	2 683.89	715.54	716.62
1993	9.57	17.85	7.49	1 903.97	619.33	679.37

续表 1 continued

年份 Year	电冰箱 (万台) Refrigerator (10 000)	电子计算机 (万台) Electronic Calculator (10 000)	微型电脑 (万台) Desktop Computer (10 000)	电话机 (万台) Telephone (10 000)	彩色电视机 (万台) Color T.V. (10 000)	照相机 (万台) Camera (10 000)
1988	44.73	6 826.35	227.10	1 832.42	374.32	901.77
1989	42.14	6 927.60	228.01	1 652.24	371.28	890.27
1990	36.72	5 001.43	249.80	1 399.24	240.31	1 176.10
1991	38.88	3 513.82	295.96	1 121.44	245.64	1 216.38
1992	39.55	1 820.81	294.06	1 097.52	174.46	1 024.25
1993		1 288.32	322.60	890.15	142.35	693.48

续表 2 continued

年份 Year	煤 (万吨) Coal (10 000 tn)	天然气 (亿立方米) Natural Gas (100 000 000 cub.m)	发电量 (亿千瓦小时) Electric Power (100 000 000 K.W.H)	机车 (万辆) Motorcycle (10 000)	棒钢 (万吨) Steel Bar (10 000 tn)	水泥 (万吨) Cement (10 000 tn)
1984	201.08	12.66	492.86	65.12		1 423.44
1985	185.79	11.25	525.53	65.56		1 441.77
1986	172.50	10.23	590.28	76.33		1 480.61
1987	149.92	10.57	655.14	94.12		1 566.34
1988	122.55	11.57	716.43	107.94	389.25	1 728.08
1989	78.44	11.58	802.63	110.20	487.12	1 804.32
1990	47.21	11.29	861.23	105.53	575.41	1 845.84
1991	40.26	9.28	946.10	117.41	630.47	1 939.86
1992	33.48	8.72	1 005.29	134.50	733.09	2 146.37
1993	32.81	8.26	1 099.11	148.71	845.94	2 397.08

续表 3 continued

年份 Year	制成材（万立方米） Lumber (10 000 cub. m)	聚氯乙烯（万吨） PVC (10 000 tn)	平板玻璃（万标准箱） Sheet Glass (10 000 Std. Case)	纸板（万吨） Paper Board (10 000 tn)	小汽车（万辆） Car (10 000)
1984		63.96	409.19	140.75	16.23
1985		59.89	433.53	148.74	14.92
1986		72.41	531.56	189.16	17.09
1987		77.31	558.67	202.02	24.73
1988	89.25	77.93	748.38	216.15	26.85
1989	85.74	80.54	710.45	227.42	31.63
1990	69.74	92.10	781.87	250.88	35.39
1991	75.78	97.84	850.35	285.60	39.94
1992	56.50	104.26	938.07	295.04	42.92
1993	39.88	107.85	916.11	282.75	

附录1-10 能源生产和消费
A1-10 PRODUCTION AND CONSUMPTION OF ENERGY

		1985	1988	1989	1990	1991	1992
供给量总计（万大卡石油当量）	**Total Supplied** (10 000 kl oil equivalent)	3 951	5 139	5 240	5 783	5 791	6 339
供给量比重(%)	Distribution of Supplied (%)	100.00	100.00	100.00	100.00	100.00	100.00
煤炭	Coal	21.74	26.21	24.22	23.60	23.40	25.44
石油	Petroleum	52.49	53.29	56.53	54.88	53.47	52.93
天然气	Natural Gas	3.36	2.71	2.68	3.89	5.63	5.10
水力发电	Hydraulic Power	4.35	2.97	3.17	3.51	2.36	3.27
核能发电	Nuclear Energy Source	18.06	14.82	13.40	14.12	15.14	13.26
消费量总计	**Total Consumption**	3 592	4 672	4 863	5 136	5 447	5 751
分部门消费比重(%)	Distribution of Consumption (%)	100.00	100.00	100.00	100.00	100.00	100.00
运输	Transportation	12.35	13.11	14.10	14.46	14.53	15.80
工业	Industry	61.94	61.30	59.58	58.75	58.25	57.47
农业	Agriculture	3.40	3.04	2.86	2.83	2.58	2.38
住宅	Resident	11.26	11.17	11.54	11.55	11.74	11.70
商业	Commerce	2.44	2.92	3.38	3.80	4.17	4.47
其他	Other	6.23	6.18	6.36	6.49	6.58	6.14
非能源消费	Non-energy Use	2.38	2.28	2.18	2.12	2.15	2.04
平均每人能源消费量	Per Capita Energy Consumption	1 887.2	2 361.2	2 430.8	2 538.5	2 662.4	2 784.4
国内能源价格指数(1986年=100)	Domestic Energy Price Index (1986=100)	111.70	85.17	83.81	88.74	96.84	94.58

附录1-11 新建房屋建筑面积
A1-11 CONSTRUCTION OF NEW BUILDINGS

单位:万平方米 (10 000 sq. m)

年份 Year	总计 Total	住宅用 Residential	商业用 Stores & Mercantile	工业用 Industrial	机关学校用 Office & School	其他用 Other
1988	2 977	1 489	478	640	197	172
1989	3 126	1 506	607	624	180	209
1990	3 128	1 242	969	547	156	213
1991	3 200	1 324	947	478	222	229
1992	3 692	1 667	1 011	505	233	277
1993	4 753	2 235	1 445	502	234	338

附录1-12 铁路和公路客货运量
A1-12 RAILWAY AND HIGHWAY PASSENGER AND FREIGHT TRAFFIC

年份 Year	铁路 Railway				公路 Highway			
	客运量（万人） Passengers (10 000 P)	客运周转量（万人公里） Passengers (10 000 p-kms)	货运量（万吨） Freight Traffic (10 000 tn)	货物周转量（万吨公里） Freight Traffic (10 000 tn-kms)	客运量（万人） Passengers (10 000 P)	客运周转量（万人公里） Passengers (10 000 p-kms)	货运量①（万吨） Freight Traffic① (10 000 tn)	货物周转量①（万吨公里） Freight Traffic① (10 000 tn-kms)
1984	13 059	845 813	2 989	249 289	208 736	3 078 919	19 055	919 078
1985	13 127	830 929	2 973	229 984	210 636	3 141 871	18 973	922 338
1986	13 178	831 632	2 865	236 546	208 034	3 048 684	20 022	935 941
1987	13 437	845 851	3 121	249 021	200 761	2 973 980	22 672	1 058 642
1988	13 232	823 304	3 040	227 804	188 878	2 812 120	24 028	1 134 033
1989	12 797	814 490	3 087	211 150	175 419	2 640 236	24 439	1 149 393
1990	13 239	832 257	2 805	187 726	162 081	2 616 896	24 580	1 154 312
1991	13 778	862 101	2 626	196 114	156 093	2 608 701	25 430	1 181 376
1992	14 987	935 740	2 819	213 996	148 096	2 496 918	26 796	1 221 989
1993	15 803	955 227	3 058	201 778	141 441	2 408 650	30 425	1 288 175

注:①仅为民营汽车公司数。

Note:①Data only refer to private truck companies.

附录1-13 邮电业务量
A1-13 TELECOMMUNICATION SERVICES

		1985	1989	1990	1991	1992	1993
国内电信	Domestic						
电报 (万封)	Telecommunications (10 000 Message)	87.78	63.23	36.57	21.60	0.70	0.37
长途电话(万次)	Long Distance Calls (10 000 Calls)	996	917	1 890	1 921	1 300	890
市内电话(万户)	Subscribers Number of city (10 000)	423	582	630	685	742	795
国际电信	International						
电报 (万封)	Telecommunications (10 000 Message)	15.13	6.20	7.42	7.15	7.28	6.11
电话 (万分钟)	Telephone (10 000 Minute)	5 802	18 386	24 193	29 762	36 685	44 231
邮政(投递数)	Postal Services (Number of Delivered)						
函件 (亿件)	Correspondence (100 000 000)	13.64	19.52	19.85	20.08	20.12	21.10
包裹 (万件)	Parcels (10 000)	924.80	1 055.40	1 127.30	1 327.00	1 614.70	1 527.00

附录1-14 商品进出口贸易总额
A1-14 TOTAL IMPORTS AND EXPORTS

年份 Year	按新台币计算（百万元）(NT $1 000 000)			按美元计算（百万美元）(US $1 000 000)		
	进出口总额 Total	出口额 Exports	进口额 Imports	进出口总额 Total	出口额 Exports	进口额 Imports
1984	2 075 558	1 204 697	870 861	52 415	30 456	21 959
1985	2 024 866	1 223 019	801 847	50 828	30 726	20 102
1986	2 424 077	1 507 044	917 033	64 044	39 862	24 182
1987	2 821 479	1 707 608	1 113 871	88 662	53 679	34 983
1988	3 154 905	1 731 804	1 423 101	110 340	60 667	49 673
1989	3 133 520	1 747 800	1 385 720	118 569	66 304	52 265
1990	3 274 586	1 802 783	1 471 803	121 930	67 214	54 716
1991	3 731 557	2 040 785	1 690 772	139 039	76 178	62 861
1992	3 865 024	2 047 963	1 817 061	153 477	81 470	72 007
1993	4 269 582	2 234 841	2 034 741	161 996	84 935	77 061

附录1-15 商品进口来源和出口去向
A1-15 IMPORTS AND EXPORTS BY REGIONS OR COUNTRIES

单位:新台币百万元 (NT $1 000 000)

		1985	1988	1989	1990	1991	1992
商品进口来源	**Imports (Major Destination)**						
德　国	Germany	33 881	63 146	70 535	72 957	81 099	98 882
澳大利亚	Australia	31 981	38 277	43 187	44 655	54 272	51 872
美　国	United States	189 225	372 621	318 143	338 914	379 787	398 159
加拿大	Canada	14 713	27 340	26 479	22 543	27 917	29 754
香　港	Hong Kong	12 743	55 140	58 979	38 914	52 332	44 990
泰　国	Thailand	5 861	9 792	10 352	12 066	15 767	20 809
菲律宾	Philippines	4 153	6 944	6 352	6 351	6 330	7 696
沙特阿拉伯	Saudi Arabia	54 322	35 445	36 579	41 527	45 235	36 930
新加坡	Singapore	11 027	21 203	23 485	37 923	38 914	42 764
荷　兰	Nerthland	8 816	25 780	17 597	19 631	21 604	22 009
意大利	Italy	9 353	18 626	20 882	21 966	21 389	25 263
英　国	United Kingdom	10 471	31 899	24 587	30 944	30 262	33 757
法　国	France	10 056	18 617	21 005	30 370	30 702	35 115
比利时	Belgium	3 823	8 126	7 982	10 583	10 754	10 219
马来西亚	Malaysia	19 183	27 031	23 500	27 014	37 872	46 171
韩　国	Korea,Rep.	7 446	25 774	32 878	36 119	46 960	58 048
日　本	Japan	221 340	424 630	425 032	430 579	507 066	549 101
印度尼西亚	Indonesia	16 509	17 565	18 690	24 871	33 224	35 520
商品出口去向	**Exports (Major Origin)**						
德　国	Germany	32 129	66 922	67 972	85 843	103 775	90 537
澳大利亚	Australia	29 763	38 769	40 480	34 338	36 218	35 894
美　国	United States	588 156	669 983	633 155	583 028	597 742	592 382
加拿大	Canada	37 606	45 224	46 424	41 714	43 502	41 317
香　港	Hong Kong	101 020	159 449	185 501	229 865	332 747	387 519
泰　国	Thailand	9 397	21 514	29 225	38 194	38 733	45 499
菲律宾	Philippines	9 519	17 168	20 473	21 765	22 721	25 720
沙特阿拉伯	Saudi Arabia	23 472	17 989	14 730	12 297	16 455	14 149
新加坡	Singapore	35 215	48 030	52 067	59 136	64 428	62 965
荷　兰	Nerthland	18 215	43 065	41 759	49 785	58 236	55 190
意大利	Italy	9 789	23 827	23 009	26 364	27 545	26 934
英　国	United Kingdom	25 886	54 427	55 403	53 122	55 548	55 419
法　国	France	9 059	26 799	28 675	30 323	36 250	31 432
比利时	Belgium	6 454	13 449	12 208	13 050	14 159	14 274
马来西亚	Malaysia	7 751	12 873	18 258	29 655	39 209	40 226
韩　国	Korea,Rep.	10 092	26 178	29 880	32 513	34 557	28 921
日　本	Japan	137 759	250 393	239 492	223 439	246 339	223 571
印度尼西亚	Indonesia	11 180	18 058	24 575	33 443	32 359	30 545

附录1-16 出口与进口商品分类
A1-16 COMPOSITION OF EXPORTS AND IMPORTS

单位：百万美元 (US $1 000 000)

年份 Year	出口 Exports				进口 Imports			
	出口额 Total	农产品 Agricultural Products	农产加工品 Processed Agricultural Products	工业产品 Industrial Products	进口额 Total	原材料 Agricultural & Industrial Raw Materials	资本货物 Capital Goods	消费品 Consumer Goods
1984	30 456	507	1 324	28 625	21 959	17 270	2 991	1 698
1985	30 726	492	1 387	28 847	20 102	15 458	2 837	1 807
1986	39 862	627	1 959	37 284	24 182	18 270	3 632	2 279
1987	53 679	690	2 559	50 430	34 983	25 906	5 614	3 463
1988	60 667	824	2 497	57 347	49 673	36 598	7 391	5 684
1989	66 304	478	2 579	63 247	52 265	37 696	8 561	6 008
1990	67 214	432	2 579	64 204	54 716	38 542	9 586	6 588
1991	76 178	525	3 046	72 608	62 861	45 501	10 532	6 828
1992	81 470	509	2 975	77 987	72 007	49 868	12 868	9 271
1993	84 935	471	3 013	81 451	77 061	54 147	13 006	9 908

附录1-17 旅游人数
A1-17 VISTOR ARRIVALS AND INTERNATIONAL TOURIST

单位：万人 (10 000 persons)

	1987	1988	1989	1990	1991	1992	1993
总 计 Total	**176.1**	**193.5**	**200.5**	**193.4**	**185.4**	**187.4**	**185.0**
华 侨 Overseas Chinese	25.0	23.8	23.6	22.1	22.5	22.4	24.9
外国人 Foreign Tourist	151.1	169.7	176.9	171.3	162.9	165.0	160.1

附录1-18 消费物价指数
A1-18 CONSUMER PRICE INDICES

(1991年=100) (1991=100)

年份 Year	总指数 General Index	食品类 Food	衣着 Clothing	居住 Housing	交 通 Transportation and Communications	医 药 保 健 Madicines and Medical Care	教 育 娱 乐 Education and Entertainment	杂 项 Miscell-aneous
1984	86.72	87.88	105.40	84.38	97.95	83.81	70.80	96.93
1985	86.58	85.95	104.05	84.70	98.78	86.24	73.70	97.10
1986	87.19	87.95	101.10	84.58	94.79	85.95	76.33	97.09
1987	87.64	89.07	99.30	85.01	93.10	86.50	77.79	96.08
1988	88.77	90.35	100.74	85.60	91.76	86.78	82.13	96.31
1989	92.68	95.97	100.08	89.40	92.43	91.63	85.98	97.46
1990	96.51	99.17	100.12	94.54	94.44	95.40	92.51	98.92
1992	104.47	108.65	101.03	103.50	98.90	104.12	105.23	100.73
1993	107.54	112.18	98.13	107.47	99.59	106.48	111.68	101.70

附录1-19 财政收入
A1-19 NET REVENUE OF TREASURY

单位：新台币百万元 (NT $1 000 000)

		1985	1989	1990	1991	1992
总　计	**Total**	576 039	1 382 533	1 203 171	1 438 686	1 710 801
经常性收入小计	Sub-total of Current	531 075	890 664	1 053 410	997 536	1 218 653
直接税	Direct Tax	150 164	350 821	481 863	437 676	533 161
一般间接税	Indirect Tax	202 944	278 931	312 950	310 832	375 950
专卖收益	Revenue from Monopoly	41 738	47 666	52 921	60 113	58 513
财产利息收入	Revenue from Profit of Public Properties	2 070	3 886	3 916	5 949	7 582
企业所得	Surplus and Revenue of Public Enterprises	76 779	128 210	121 418	94 835	141 045
各项费用收入	Fees	16 267	24 863	25 364	23 846	34 403
罚款和赔款收入	Revenue from Fines & Indemnities	11 497	9 770	11 467	13 815	18 757
捐赠收入	Receipts from Donations and Contributions	565	442	584	620	1 016
工程受益费收入	Special Assessments	2 146	1 190	1 488	895	1 311
杂项收入	Miscellaneous Revenues	26 905	44 885	41 441	48 955	46 915
资本收入小计	Sub-total of Capital	44 964	491 869	149 760	441 150	492 149
财产售卖收入	Sales of Public Properties	10 768	25 500	36 532	37 511	38 088
财产收回	Return of Properties	744	5 402	2 457	14 655	828
财产增值	Value Increment of Properties	16	9	2	229	–
公债收入	Receipts from Loans	24 088	117 397	15 831	145 003	312 903
借贷收入	Proceeds from Issues Public Debts	7 102	313 138	72 885	136 605	89 133
移用以前年度盈余	Moving Budgetary Surplus of Prior Year	2 246	30 422	22 053	107 146	51 197

注：本表按财政年度计算。

Note: This table refers to financial year.

附录1-20 财政支出
A1-20 NET EXPENDITURES OF TREASURY

单位：新台币百万元 (NT $1 000 000)

		1985	1989	1990	1991	1992
总计	**Total**	563 729	1 239 554	1 166 747	1 416 625	1 696 117
经常性支出小计	Sub-total of current	382 713	577 967	702 812	823 188	916 018
一般行政支出	General Administration	54 913	79 513	102 714	126 104	156 900
防务支出	National Defense	130 345	177 800	202 347	219 436	224 357
教育科学文化支出	Expenditures on Education, Science and Culture	83 041	130 261	159 744	189 655	213 483
经济发展支出	Economic Development	29 718	50 538	49 178	49 334	62 831
社会安全支出	Social Security	74 029	119 017	161 462	194 083	217 014
债务支出	Obligations	6 032	10 701	16 755	33 398	30 896
杂项支出	Miscellaneous	4 635	10 132	10 611	11 177	10 537
资本性支出小计	Sub-total of Capital	181 016	661 587	463 935	593 438	780 099
一般行政支出	General Administration	7 055	17 786	23 073	27 174	41 448
防务支出	National Defense	4 897	10 103	8 627	7 663	15 041
教育科学文化支出	Expenditures for Education, Science and Culture	28 825	76 747	71 460	103 382	117 550
经济发展支出	Economic Development	108 303	490 847	253 103	272 753	398 990
社会安全支出	Social Security	14 371	32 550	38 307	40 138	69 844
债务支出	Obligations	17 391	32 202	69 229	141 012	137 226
杂项支出	Miscellaneous	174	1 351	137	1 315	

注：本表按财政年度计算。

Note: This table refers to financial year.

附录1-21 公债发行情况
A1-21 GOVERNMENT BONDS

单位：新台币亿元　　(NT $100 000 000)

年份 Year	台湾省中央级 Tai Wan Provincial			地方省级 Sub-Provincial Gov't			院辖市级 Municipal Gov't		
	发行额 Issues	偿还额 Redemp-tions	余额 Out-standing	发行额 Issues	偿还额 Redemp-tions	余额 Out-standing	发行额 Issues	偿还额 Redemp-tions	余额 Out-standing
1987	460	144	1 051	50	12	137	43	10	120
1988	645	182	1 514	87	15	209	30	16	134
1989	440	256	1 698	124	18	315	101	20	214
1990		424	1 274	134	28	421	3	25	193
1991	1 745	418	2 602	269	56	633	76	27	242
1992	2 250	341	4 511	200	81	752	54	43	252
1993	2 100	475	6 135	200	151	801	73	38	287

附录1-22 主要金融指标
A1-22 PRINCIPAL FINANCIAL INDICATORS

年份 Year	货币供应额(新台币亿元) Money Supply (NT $100 000 000)	流动性负债(新台币亿元) Liquid Liabilities (NT $100 000 000)	储备货币(新台币亿元) Reserve Money (NT $100 000 000)	存款(新台币亿元) Deposits (NT $100 000 000)	放款与投资(新台币亿元) Loans & Investments (NT $100 000 000)	利率(年息%) Rediscount Rate (% annum)	汇率(新台币/美元) Exchange Rates of Selling (NT $/US $)
1988	17 055	53 439	6 928	50 744	33 774	4.500	28.22
1989	19 322	62 383	9 665	59 439	43 907	7.750	26.17
1990	18 782	70 092	10 527	64 946	50 497	7.750	27.11
1991	19 895	84 030	11 282	75 991	61 590	6.250	25.80
1992	22 966	97 950	12 331	91 161	78 972	5.625	25.47
1993	24 866	113 386	13 478	104 892	93 828	5.500	26.72

附录1-23 股票交易
A1-23 TRANSACTIONS OF LISTED STOCK

单位：新台币百万元　　(NT $1 000 000)

年份 Year	上市股票 Listed Stock				股票成交额 Total Trading Value	股票指数(1966年=100) Stock Price Index (1966=100)
	公司数(家) Number	种类(种) Kind	总面值 Total Par Value	总市值 Total Market Value		
1988	163	171	343 579	3 383 280	7 868 023	5 202.21
1989	181	190	421 300	6 174 164	25 407 963	8 616.14
1990	199	213	506 425	2 681 911	19 031 282	6 775.32
1991	221	234	616 707	3 184 028	9 682 738	4 928.83
1992	256	286	735 569	2 545 302	5 917 079	4 271.63
1993	285	325	890 513	5 143 626	9 056 716	4 214.78

附录1-24 入学率和教育经费

A1-24 NET ENROLLMENT RATE AND PUBLIC EXPENDITURES ON EDUCATION AT CURRENT MARKET PRICE

单位：%　　　　(%)

年份 Year	净入学率（6-21岁） Net Enrollment Rate (age 6-21)					6岁以上文盲率 Percentage of Illiterates 6 Years of Age and Over	教育经费 Public Expenditure on Education	
	总计 Total	义务教育（6-14岁） Compulsory Education (age 6-14)	初等教育（6-11岁） Primary Education (age 6-11)	中等教育（12-17岁） Secondary Education (age 12-17)	高等教育（18-21岁） Higher Education (age 18-21)		总计（亿新台币） Total (NT $100 000 000)	占国民生产总值% As % of GNP
1980	69.13	94.78	97.56	70.98	11.07	10.3	741.13①	4.54①
1983	71.81	95.43	96.70	76.14	12.40	9.1	1 109.42	5.58
1984	72.60	95.65	96.29	78.11	12.57	8.8	1 111.21	4.95
1985	75.07	95.65	96.30	78.29	13.88	8.5	1 239.15	9.06
1986	75.01	95.95	96.75	81.50	14.23	8.1	1 378.99	5.14
1987	75.97	96.09	96.97	82.39	14.82	7.8	1 480.48	4.73
1988	77.18	96.40	97.96	82.88	15.95	7.4	1 683.83	4.92
1989	76.66	96.77	97.74	83.88	17.18	7.1	2 005.50	5.33
1990	78.62	97.12	98.04	85.44	18.93	6.8	2 452.80	5.90
1991	79.58	97.97	98.70	86.19	21.01	6.4	3 009.65	6.63
1992	79.35	97.03	98.92	86.46	23.47	6.2	3 532.86	6.69

注：①为1981年数。

Note: ①Data refer to 1981.

附录1-25 科技人员数和科研开发经费

A1-25 NUMBER OF SCIENTISTS, ENGINEERS AND TECHNICIANS AND EXPENDITURES ON R & D

年份 Year	科技人员数（人） Number of Scientists, Engineers and Technicians Engaged in Research and Experimental Development (Headcount)			科研开发经费 Expenditures for Research and Experimental Development		占科研开发经费比重（%） As % of Expenditures for Research and Development (%)	
	总计 Total	科学家和工程师 Scientists & Engineers	技术员 Technicians	总计（新台币亿元） Total (NT $100 000 000)	占国民生产总值% As % of GNP	政府经费 Government	民间经费 Private
1982	23 262	18 386	4 876	169	0.89	58.2	41.8
1983	29 893	18 580	11 313	192	0.91	61.2	38.8
1984	36 526	22 354	14 172	224	0.95	63.3	36.7
1985	36 710	24 600	12 110	254	1.01	63.6	36.4
1986	41 913	27 747	14 166	287	0.98	60.1	39.9
1987	50 254	32 863	17 391	368	1.12	50.8	49.2
1988	52 096	35 437	16 659	438	1.22	56.6	43.4
1989	57 903	39 742	18 161	548	1.38	47.7	52.3
1990	65 582	46 071	19 511	715	1.65	45.8	54.2
1991	69 017	46 173	22 844	818	1.70	52.1	47.9

附录1-26 医院、病床和医务人员情况
A1-26 MEDICAL FACILITIES AND HEALTH PERSONNEL

年份 Year	医疗机构 (所) Number of Medical Care Facilities (Hospitals)	平均每一机构服务人数 (人) Population Served Per Medical Care Facility (persons)	病床数 (床) Beds (Beds)	每万人病床数 (床) Beds Per 10 000 Populations (Beds)	从业医务人数 (人) Health Personnel (persons)	每万人拥有医务人员 (人) Health Personnel Per 10 000 Population
1983	11 951	1 556	57 419	30.65	52 648	28.10
1984	12 013	1 559	62 467	32.86	57 404	30.19
1985	12 323	1 553	74 081	38.47	66 278	34.42
1986	12 533	1 608	80 991	41.63	69 339	35.64
1987	12 199	1 613	86 328	43.88	77 246	39.27
1988	12 215	1 629	88 572	44.50	83 045	41.72
1989	12 267	1 639	86 693	43.12	85 599	42.57
1990	12 902	1 578	89 151	43.80	91 153	44.79
1991	13 661	1 505	92 785	45.14	96 921	47.15
1992	14 468	1 434	96 084	46.30	1 02 977	49.62

附录1-27 家庭设备普及率
A1-27 PERCENT OF FAMILIES OWNING OF HOUSEHOLD APPLIANCES

单位：户/百户 (households/100 households)

年份 Year	彩色电视机 Color T.V. Set	冰箱 Refrigerator	空调 Air Conditioner	洗衣机 Washing Machine	电话机 Telephone	汽车 Automobile	家用电脑 Family Computer
1982	83.12	94.33	17.16	70.52	67.65	7.23	
1983	87.79	95.44	19.72	73.68	74.35	9.30	1.46
1984	90.41	96.13	22.91	75.49	80.51	10.38	1.94
1985	92.31	96.67	23.95	77.84	82.12	11.91	2.32
1986	94.42	97.11	25.45	79.49	85.25	13.63	2.92
1987	95.78	97.41	28.66	81.33	87.20	15.54	3.55
1988	97.34	97.93	34.29	83.97	89.11	19.21	3.95
1989	97.80	98.25	41.74	86.82	91.51	24.90	5.42
1990	98.26	98.37	47.26	88.79	93.08	29.07	6.77
1991	99.16	98.96	52.37	89.53	94.75	33.67	9.57
1992	99.30	98.93	56.14	90.38	95.13	38.94	11.76

附录2-1 人口主要指标
A2-1 MAIN INDICATORS OF POPULATION

	1980	1990	1991	1992
面积 (平方公里) Area (km. sq)				
年底人口数 (万人) Year-End Population (10 000)	506.0	570.5	575.5	581.2
出生率 (‰)Brith Rate (‰)	17.0	12.0	12.0	12.3
死亡率 (‰)Death Rate (‰)	5.0	5.2	5.0	5.3
婴儿死亡率 (‰)Infant Mortality Rate (‰)	11.2	6.2	6.4	4.8
人口自然增长率(‰)Rate of Natural Increase (‰)	12.0	6.8	7.0	7.0
结婚人口 (人)Marriage Population (Persons)	51 111	47 168	42 568	45 702
离婚人口 (人)Divorce Decrees (Persons)	2 421	5 551	6 295	5 650
平均期望寿命 (岁)Life Expectancy at Birth(Years)				
男 Male	71.6	74.6	75.1	75.1
女 Female	77.9	80.3	80.6	80.7

附录2-2 劳动力行业构成与失业状况
A2-2 LABOR FORCE AND EMPLOYMENT

	1989	1990	1991	1992
劳动力总人数 (万人) Total (10 000)	275.3	274.8	279.9	279.3
男 Male	175.1	174.8	175.3	176.6
女 Female	100.2	100.0	104.6	102.7
按行业分类 (人) Labour Force by Industry (Persons)				
农业、渔业 Agriculture and Fishing	31 000	23 500	22 400	19 000
采矿业 Mining and Quarrying	600	600	400	400
纺织和服装 Textiles and Wearing Apparel	349 300	232 420	307 800	267 800
制造业 Manufacturing	475 500	437 200	421 200	398 000
电、煤气、水 Electricity,Gas and Water	17 300	18 700	18 200	20 100
建筑业 Construction	234 100	229 100	230 000	237 800
批发、零售、旅馆 Wholesale and Retail Sale,Restaurants and Hotels	693 600	713 000	744 900	762 600
运输、仓储和通信 Transport,Storage and Communications	265 700	272 300	278 100	299 600
金融、保险、不动产和产业服务 Financing,Insurance,Real estate and Business Services	204 400	210 200	231 400	234 900
其它服务业 Other Services	502 900	514 900	539 400	564 100
失业人数 (人) Unemployment (Persons)	29 700	36 600	50 300	54 600
失业率 (%) Unemployment Rate (%)	1.1	1.3	1.8	2.0

附录2-3 国内生产总值
A2-3 GROSS DOMESTIC PRODUCTS

年份 Year	国内生产总值 Gross Domestic Product			人均国内生产总值 Per Capita G D P	
	亿港元 (HK$ 100 000 000)	比上年增长%① Growth Rate %①	亿美元 (US$ 100 000 000)	港元 HK$	美元 US$
1988	4 337	8.3	526	77 059	9 250
1989	4 992	2.8	592	87 784	11 254
1990	5 596	3.2	667	97 968	12 578
1991	6 434	4.1	676	111 799	14 387
1992	7 474	5.3		128 613	16 615

注：①按1980年价格计算。

Notes: ①At 1980 constant market prices.

附录2-4 国内生产总值用途
A2-4 EXPENDITURES ON GROSS DOMESTIC PRODUCTS

单位：百万港元 (HK$ 1 000 000)

年份 Year	国内生产总值 Gross Domestic Product	个人最终消费支出 Private Consumption	政府最终消费支出 Government Consumption	固定资本形成 Gross Fixed Capital Formation	库存增加 Change in Stocks	商品出口 Exports of Goods (f.o.b.)	减：商品进口 Less Imports of Goods (c.i.f.)	劳务出口 Exports of Services	减：劳务进口 Less Imports of Services
1988	433 657	251 803	30 008	115 742	14 132	493 069	501 174	85 490	55 413
1989	499 157	284 581	36 326	134 821	3 463	570 509	565 219	98 040	63 364
1990	558 859	329 192	43 517	153 046	5 728	639 874	645 200	108 556	75 854
1991	643 382	391 314	51 510	177 332	4 098	765 886	782 042	121 496	86 212
1992	747 432	451 757	64 146	206 593	10 959	924 952	958 462	143 522	96 035

附录2-5 国内生产总值部门构成
A2-5 COMPOSITION OF GROSS DOMESTIC PRODUCTS BY KIND OF ACTIVITY

单位：亿港元 (HK$ 100 000 000)

年份 Year	国内生产总值 Gross Domestic Product	农业和渔业 Agriculture and Fishing	采矿业 Mining and Quarrying	制造业 Manufacturing	电.煤气.水 Electricity, Gas and Water	建筑业 Construction
1987	3 676.0	13.6	2.6	757.7	96.9	164.0
1988	4 336.6	14.4	2.3	831.8	102.0	199.0
1989	4 991.6	14.2	2.2	896.5	108.6	249.4
1990	5 588.6	14.3	2.1	922.4	126.1	298.4
1991	6 429.3	14.4	2.2	926.9	135.2	344.9
1992	7 454.1	14.7	2.4	930.4	156.4	364.7

续表 1 continued

年份 Year	商业、饭店、旅馆 Wholesale, Retail Sale and Import/Export Trade, Restaurants and Hotels	运输、仓储、通信 Transport, Storage and Communications	金融、保险、不动产和产业服务 Financing, Insurance Real Estate and Business Services	房屋所有权 Ownership of Premises	社团服务和个人服务 Community, Social and Personal Services
1988	985.2	380.5	794.4	435.3	602.0
1989	1 140.0	422.1	940.3	517.3	692.2
1990	1 305.4	505.3	1 118.3	581.4	803.3
1991	1 556.2	577.5	1 388.9	665.5	945.6
1992	1 872.4	676.0	1 682.9	775.6	1 107.3

附录2-6 制造业生产指数
A2-6 INDICES OF MANUFACTURING INDUSTRY

(1986年=100) (1986=100)

年 份 Year	总 计 Total	食品、饮料和烟草 Food, Beverages and Tobacco	服装(不包括针织品和鞋类) Wearing Apparel, (Except Footwear and Knitting)	纺织品(包括针织品) Textiles (Including Knitting)	造纸和印刷 Paper Products and Printing	化学品、橡胶非金属矿产品 Chemicals, Rubber, Plastic and Non-Metallic Mineral Products
1984	91	80	91	77	86	88
1985	87	93	84	80	86	88
1986	100	100	100	100	100	100
1987	116	108	115	114	126	107
1988	123	122	114	111	153	104
1989	124	127	116	117	167	95
1990	123	142	113	115	182	90
1991	124	147	110	120	201	85
1992	126	155	111	125	235	81

续表 1 continued

年份 Year	塑料产品 Plastic Products	有色金属、金属制品和非电气机械 Basic Metals and Fabricated Metal Products Non-Electrionic Machinery	电子电气产品、专业设备及光学仪器 Electrical and Electronic Products, Machinery, Professional Equipment and Optical Goods	家用电子电气产品 Consumer Electrical and Electronic Products	电子电气机械及零配件 Machine, Equipment, and Apparatus, Parts and Components	其它 Others
1984	89	93	90	95	94	119
1985	87	89	89	86	94	89
1986	100	100	100	100	100	100
1987	106	116	126	136	132	109
1988	101	138	145	136	158	114
1989	88	126	147	131	166	105
1990	76	113	149	133	164	104
1991	70	111	153	132	178	99
1992	65	106	156	127	205	97

附录2-7 制造业企业指标（1991年）
A2-7 MAIN INDICATORS OF MANUFACTURING INDUSTRY (1991)

		企业数（个） Number of Establishments	从业人员（人） Number of Persons Engaged	雇员工薪（亿港元） Compensation of Employees (HK$ 100 000 000)	总产出（亿港元） Gross Output (HK$ 100 000 000)	增加值（亿港元） Value Added (HK$ 100 000 000)	固定资产新增值（亿港元） Gross Additions to Fixed Assets (HK$ 100 000 000)
制造业合计	Total	43 893	651 404	530.8	3 242.2	926.9	114.3
食品	Food	838	21 310	19.4	101.6	34.7	4.4
饮料	Beverages Industries	12	4 544	6.0	34.4	12.3	-0.5
烟草	Tobacco Manufactures	4	1 353	2.4	50.4	22.7	2.5
成衣	Wearing Apparel	7 443	187 496	131.3	635.1	184.2	13.5
皮革及皮革制品	Leather and Leather Products	415	4 015	2.6	17.7	4.2	0.4
鞋(不包括橡胶鞋和塑料鞋)	Footwear,Except Rubber, Plastic and Wooden Footwear	234	2 619	1.6	8.3	2.2	0.1
纺织品(包括针织品)	Textiles(Including Kintting)	4 684	99 234	85.4	537.4	140.1	18.1
木及木制品(不包括家具)	Wood and Cork Products, Except Furniture	583	2 540	1.5	8.9	2.3	0.2
家具	Furniture and Fixtures,	786	3 894	2.8	12.7	4.3	0.2
纸和纸制品	Paper and Paper Products	1 517	14 804	12.8	82.9	24.1	4.0
印刷出版	Printing,Publishing and Allied Industries	4 978	41 221	38.2	171.3	70.5	12.4
化学和化学制品	Chemicals and Chemical Products	686	7 758	8.2	65.2	20.3	-0.7
石油和煤制品	Products of Petroleum and Coal	5	137	0.2	2.0	0.8	0.1
橡胶制品	Rubber Products	136	1 062	0.8	2.9	1.2	0.2
塑料制品	Plastic Products	3 795	38 725	28.7	163.2	52.4	8.9
非金属制品	Non-Metallic Mineral Products, Except Products of Petroleum and Coal	304	4 487	4.6	49.1	10.3	2.3
有色金属	Basic Metal Industries	160	2 902	3.5	45.7	7.1	1.5
金属制品	Fabricated Metal Products, Except Machinery and Equipment	5 855	46 366	33.1	200.6	59.2	6.5
机械设备及零配件	Machinery,Equipment, Appartus Parts and Components,Not Elsewhere Classified	5 885	41 161	33.3	206.1	63.4	11.1
电子零部件、专用电器、电子玩具	Electronic parts and Components ,Electrical Appliances and Houseware and Electronic Toys	562	33 127	29.4	172.8	54.8	9.4
办公设备	Office,Accounting and Computing Machinery	198	18 660	16.1	223.3	44.7	5.5
通信设备	Radio Television and Communication Equipment and Apparatus	170	9 401	7.9	63.1	15.2	2.1
专业和科学、测量和控制设备	Professional and Scientific, Measuring and Controlling Equipment , Not Elsewhere Classified, and Photographic and Optical Goods	1 369	27 157	21.0	214.7	38.4	6.2
运输设备	Transport Equipment	567	13 634	20.0	44.5	27.2	1.2
其它	Other	2 725	23 798	20.2	128.6	30.2	4. 8

附录2-8 电力、煤气和水消费量
A2-8 CONSUMPTION OF ELECTRICITY, GAS AND WATER

年份 Year	电 力(万亿焦耳) Electricity(terajoules)					煤气(万亿焦耳) Gas(terajoules)			水 (百万立方米)
	民 用 Domestic	商 用 Commer-cial	工业用 Indus-trial	街道照明 Street Lighting	出口大陆 Export to China	民 用 Domestic	商 用 Commer-cial	工业用 Indus-trial	Water (1 000 000 cub. m)
1984	10 817	24 609	18 543	196	2 663	2 476	3 174	257	627
1985	11 519	26 793	18 819	208	3 780	4 036	3 669	273	637
1986	12 808	29 180	21 391	213	4 350	4 593	4 123	327	703
1987	14 022	32 403	23 979	222	4 904	5 254	4 930	399	750
1988	15 711	34 818	24 876	228	5 186	6 127	5 680	440	808
1989	17 075	38 097	25 178	239	6 371	6 943	6 218	510	845
1990	19 037	41 582	24 934	248	6 470	7 596	6 877	583	873
1991	20 586	45 245	25 051	259	11 019	8 133	7 404	701	884
1992	21 716	47 971	24 194	271	17 866	9 152	8 232	823	889

附录2-9 房地产企业的经营概况
A2-9 MANAGEMENT OF REAL ESTATE ENTERPRISES

单位：百万港元　　　　(HK$1 000 000)

年份 Year	企业数(个) Number of Estab-lish-ments	从业人员(人) Number of Persons Directly Engaged	雇员工新 Compen-sation of Employees	各种燃料、电、水和维修等服务消耗 Consumption of Sundry Supplies Fuels Electricity & Water & Maintenance Services	其他经营支出 Miscel-laneous Opera-ting Expenses	房地产开发利润 Gross Margin of Real Estate Develop-ment	服务和租金收入 Service & Rental Income	增加值 Value Added	总盈余 Gross Surplus	固定资产增值 Gross Additions to fixed Assets
1984	3 285	24 762	1 063	1 042	4 265	6 090	8 522	13 171		3 295
1985	3 652	28 913	1 298	1 180	4 230	6 217	10 149	14 087	10 001	-808
1986	3 699	31 728	1 582	1 339	4 793	8 727	10 596	16 819	12 075	915
1987	4 123	33 307	1 759	1 495	4 718	13 906	11 807	22 589	18 223	4 738
1988	4 814	37 992	2 493	1 840	5 778	20 068	16 198	32 196	26 675	5 281
1989	5 522	40 393	2 691	2 170	8 172	23 028	21 830	39 869	31 051	10 364
1990	6 388	40 410	3 355	2 541	9 336	25 359	26 595	45 837	34 869	5 941
1992	7 415	50 754	4 436	3 049	11 776	28 128	30 521	50 795	37 193	8 689

附录2-10 居民住房占有情况
A2-10 HOUSING CONDITIONS OF URBAN AND RURAL RESIDENTS

单位：户　　　　(Number of households)

		1971	1976	1981	1986	1991
合计数	**Total**	846 670	990 290	1 237 643	1 445 689	1 580 072
自有住房的户数	Owner-Occupier	152 874	229 620	345 026	506 926	673 067
一户独租住房的户数	Sole Tenant	384 897	459 140	545 158	657 818	719 954
主要为一户租用的住房户数	Main Tenant	50 160	42 090	48 634	24 353	12 209
部分租用住房户数	Sub-Tenant	170 992	143 240	145 382	73 570	41 505
合租住房的户数	Co-Tenant	34 866	46 570	68 910	85 274	63 683
免费住房的户数	Rent free	52 881	34 980	30 534	31 486	16 969
由雇主提供住房的户数	Provided by Employer (Including All Staff Quarters)		34 650	53 999	66 262	52 685

附录2-11 运输服务企业指标（1991年）
A2-11 INDICATORS OF TRAFFIC SERVICES ENTERPRISES (1991)

单位：百万港元　　　　(HK$1 000 000)

		企业数（个）Number of Establishments	从业人员（人）Number of Persons Engaged	雇员工薪 Number of Employees	经营费用 Operating Expenses	营业收入 Business Income Receipts and Other	固定资产增值 Gross Assets Additions to Fixed	增加值 Value Added	营业面积（1 000平米）Floor Area (1 000 sq.m)
合计	**Total**	39 134	178 430	19 273	95 751	134 258	13 679	41 181	5 708
公路客运	Land Passenger Transport	19 962	48 662	3 551	6 378	13 457	1 802	9 176	1 323
公路货运	Land Freight Transport	14 328	39 606	2 262	5 572	9 721	729	4 659	133
公路运输服务企业	Supporting Services to Land Transport	97	2 739	227	1 082	1 742	603	797	1 199
海洋运输	Ocean and Coastal Water Transport	392	15 769	2 702	9 136	16 348	3 232	7 541	1 600
内河水运	Inland Water Transport	820	5 955	581	1 199	2 306	451	1 125	97
水运服务企业	Supporting Services to Water Transport	2 112	11 474	1 224	4 446	6 540	702	2 537	534
空运	Air Transport	57	20 509	5 414	15 271	26 635	5 695	10 492	380
与运输有关的服务企业	Services Incidental to Transport	3 411	33 716	3 312	52 668	57 508	465	4 855	443

附录2-12 空运和水运
A2-12 TRAFFIC OF AVIATION AND WATERWAY TRANSPORT

		1986	1987	1988	1989	1990	1991	1992
飞机 (架)	Aircrafts (Number)							
到达	Arrivals	32 438	36 823	43 507	47 140	52 886	54 863	60 488
起飞	Departures	32 436	36 820	43 517	47 160	52 896	54 855	60 490
远洋船只	Ocean-Going Vessels							
入港	Arrivals							
数量 (只)	Number	13 760	14 876	16 411	17 763	18 847	21 178	26 052
注册净吨位 (千吨)	NRT (1 000 ton)	82 371	89 960	98 041	107 637	112 325	119 111	134 682
出港	Departures							
数量 (只)	Number	13 761	14 853	16 365	17 785	18 824	21 217	25 939
注册净吨位 (千吨)	NRT (1 000 Ton)	82 423	90 010	97 756	107 859	112 158	119 302	134 529
内河船只 (只)	River Vessels (Number)							
入港	Arrivals	8 065	8 716	9 862	10 180	10 444	11 219	14 793
出港	Departures	8 066	8 716	9 861	10 184	10 445	11 220	14 797
水翼艇 (只)	Hydrofoil Vessels (Number)							
入港	Arrivals	24 039	25 265	26 506	28 513	30 057	30 631	31 104
出港	Departures	24 039	25 260	26 503	28 514	30 073	30 635	31 108
气垫渡船 (只)	Hoverferries (Number)							
入港	Arrivals	5 759	5 984	5 987	5 377	4 825	4 471	7 097
出港	Departures	5 759	5 985	5 985	5 367	4 822	4 462	7 097
商船 (只)	River Trading Vessels (Number)							
入港	Arrivals	44 096	47 347	52 577	50 216	54 141	57 280	67 343
出港	Departures	43 940	47 232	52 500	50 412	54 262	56 879	67 040

注:NRT=注册净吨位。

Notes:NRT=net registered tons.

附录2-13 国际货运
A2-13 NATIONAL FREIGHT TRAFFIC

单位：万吨 (10 000 ton)

		1985	1986	1987	1988	1989	1990	1991	1992
远洋船	By Ocean-Going Vessels								
卸货	Discharged	2 966	3 510	3 894	4 426	4 579	4 624	5 290	5 842
装货	Loaded	1 003	1 237	1 462	1 706	1 886	1 977	2 355	2 580
内河船	By River Vessels								
卸货	Discharged	526	631	615	601	548	603	672	
装货	Loaded	260	251	326	406	355	326	442	
空运	By Air								
卸货	Discharged	18	20	23	29	31	35	37	42
装货	Loaded	25	33	38	41	42	45	48	53
铁路运输	By Railway								
卸货	Discharged	138	180	189	173	175	185	174	154
装货	Loaded	20	37	37	48	45	37	39	37
公路运输	By Road								
卸货	Discharged	144	212	297	353	410	456	550	642
装货	Loaded	125	170	244	322	386	450	549	574

附录2-14 新增机动车辆登记数
A2-14 NEW REGISTRATION OF MOTOR VEHICLES

单位：辆 (Number of vehicles)

年份 Year	总计 Total	二轮摩托 Motor Cycles	私人小汽车 Private Cars	出租车 Taxis	小公共汽车 Light Buses	货车 Goods Vehicles			
						轻型 Light	中型 Medium	重型 Heavy	专用货车 Special Purpose Vehicles
1984	22 158	1 010	6 569	2 332	1 875		9 494		
1985	29 452	1 028	11 119	2 277	1 236	10 306	2 251	6	41
1986	34 330	1 100	13 816	2 391	689	12 815	2 321	52	23
1987	47 367	1 601	19 967	2 897	497	17 572	3 663	84	27
1988	49 713	2 070	24 281	2 911	666	13 987	3 765	260	19
1989	52 679	3 189	28 097	3 673	874	11 902	3 223	194	49
1990	53 496	3 278	28 926	3 880	747	10 855	3 434	155	70
1991	54 748	4 018	31 131	3 928	836	8 459	4 254	111	41
1992	68 450	3 911	41 878	3 065	727	11 630	5 323	266	33

附录2-15 电话服务情况
A2-15 TELEPHONE SERVICES

单位：千条 (1 000)

年份 Year	申请数 Number of Applications	用户电话线 Number of Exchange Lines			线路能力 Effective Capacity (Exchange Lines)
		安装数 Installed During Period	中止数 Ceased During Period	年底实际使用数 Working at End of Period	
1984	248	235	148	1 641	1 905
1985	280	265	164	1 742	1 998
1986	286	274	171	1 844	2 108
1987	335	326	180	1 989	2 213
1988	376	366	201	2 154	2 441
1989	412	402	251	2 305	2 544
1990	457	449	306	2 447	2 688
1991	518	491	342	2 596	2 823
1992	554	523	341	2 778	2 997

附录2-16 商业、旅店服务业企业指标（1991年）
A2-16 INDICATORS OF BUSINESSES ENTERPRISES AND HOTEL SERVICES (1991)

单位：百万港元 (HK$1 000 000)

		企业数（个）Number of Establishments	从业人员（人）Number of Persons Engaged	雇员工薪 Compensation of Employees	经营费用 Operating Expenses	物品的购置 Purchases of Goods for Sale	库存变动 Changes in Stocks	销售额和其他收入 Sales and other Receipts	增加值 Value Added	固定资产增值 Gross Addition to Fixed Assets	营业面积（千平方米）Floor Area (sq.m 1 000)
合计	**Total**	**170 678**	**973 113**	**81 621**	**182 827**	**1 372 412**	**15 757**	**1 701 036**	**167 614**	**30 109**	**21 519**
批发企业	Wholesale	21 298	85 498	5 166	11 460	120 343	1 847	140 149	10 649	888	2 095
零售企业	Retail	55 525	213 904	12 661	25 240	142 189	3 986	187 154	24 411	2 430	3 822
进出口贸易公司	Import/Export	82 468	434 764	45 184	127 867	1 090 983	9 796	1 312 965	107 781	16 265	11 038
饭店	Restaurants	9 713	197 722	14 524	12 472	17 412	105	47 317	17 451	3 320	2 107
旅馆	Hotels	1 649	39 516	3 944	5 723	1 466	24	13 141	7 113	7 062	2 337
小计	Sub-Total	170 653	971 404	81 478	182 762	1 372 392	15 757	1 700 727	167 404	29 964	21 400
政府和非赢利机构的批发和零售贸易企业	Government and Non-Profit institutions	6	919	75	14	8		129	92	4	62
旅店和招待所	Restaurants and Hotels	19	790	68	51	11		180	118	142	56
小计	Sub-total	25	1 709	143	65	20		309	210	145	119

附录2-17 商品进出口贸易总额
A2-17 TOTAL IMPORTS AND EXPORTS

单位：亿港元 (HK$100 000 000)

年份 Year	商品贸易总额 Total	商品进口额 Imports Value	商品出口 Domestic Exports		商品转口 Re-exports		商品贸易平衡 Merchandise Trade Balance
			金额 Value	比上年增长% Annual Change%	金额 Value	比上年增长% Annual Change%	
1984	4 448.1	2 233.7	1 379.4	32.1	835.0	48.3	-19.3
1985	4 665.7	2 314.2	1 298.8	-5.8	1 052.7	26.1	37.3
1986	5 524.8	2 759.6	1 539.8	18.6	1 225.5	16.4	5.8
1987	7 560.0	3 779.5	1 952.5	26.8	1 828.0	49.2	0.9
1988	9 918.7	4 988.0	2 176.6	11.0	2 754.1	51.0	-57.3
1989	11 332.9	5 627.8	2 241.0	3.0	3 464.1	26.0	77.3
1990	12 824.1	6 425.3	2 258.8	1.0	4 140.0	20.0	-26.6
1991	15 448.7	7 789.8	2 310.5	2.0	5 348.4	29.0	-131.0
1992	18 802.5	9 553.0	2 341.2	1.0	6 908.3	29.0	-303.4

附录2-18 商品主要进口来源和出口去向
A2-18 IMPORTS AND EXPORTS BY REGIONS OR COUNTRIES

单位：亿港元 (HK$ 100 000 000)

年份 Year	商品主要进口来源 Imports(Major Supplier)					商品主要出口去向 Domestic Exports(Major Destination)				
	中国大陆 China	日本 Japan	中国台湾 Taiwan	美国 United States	韩国 Republic of Korea	美国 United States	中国大陆 China	联邦德国 Federal Republic of Germany	英国 United Kingdom	日本 Japan
1984	557.5	526.2	173.5	243.8	72.9	613.7	112.8	96.0	105.0	51.5
1985	589.6	533.5	209.0	219.0	82.9	576.9	151.9	80.8	85.5	44.8
1986	816.3	564.0	239.8	232.0	109.7	642.2	180.2	110.9	99.2	62.1
1987	1 173.6	719.1	333.4	322.4	169.6	728.2	278.7	149.4	129.1	94.9
1988	1 556.3	930.1	443.5	413.5	262.6	728.8	380.4	162.4	155.2	114.4
1989	1 966.8	932.0	515.9	462.3	254.7	721.6	432.7	157.6	146.4	130.3
1990	2 361.3	1 033.6	580.8	517.9	281.6	663.7	474.7	179.9	135.0	120.8
1991	2 933.6	1 274.0	745.9	588.4	349.4	628.7	544.0	193.2	137.1	116.7
1992	3 543.5	1 661.9	870.2	705.9	441.6	646.0	619.6	159.6	125.4	110.0

附录2-19 商品转口的主要来源和去向
A2-19 RE-EXPORTS BY REGIONS OR COUNTRIES

单位：亿港元 (HK$ 100 000 000)

年份 Year	商品转口主要来源 Re-Exports(Major Origin)					商品转口主要去向 Re-Exports(Major Destination)				
	中国大陆 China	日本 Japan	中国台湾 Taiwan	美国 United States	韩国 Republic of Korea	中国大陆 China	美国 United States	联邦德国 Federal Republic of Germany	日本 Japan	中国台湾 Taiwan
1984	281.1	187.0	51.1	85.2	23.1	280.6	121.1	10.9	46.3	48.7
1985	346.3	225.0	95.6	94.7	36.7	460.2	147.1	16.1	54.9	43.3
1986	516.0	185.8	86.8	104.1	36.0	408.9	223.6	28.2	66.8	59.4
1987	842.7	246.0	126.8	135.9	61.9	601.7	324.5	57.6	97.7	96.9
1988	1 315.3	377.1	212.1	191.5	130.5	949.0	494.8	89.8	174.2	141.3
1989	1 882.7	390.0	269.6	223.3	112.8	1 034.9	720.3	135.0	222.7	164.8
1990	2 404.1	422.8	302.8	244.9	116.1	1 109.1	877.5	234.1	243.8	212.5
1991	3 156.9	572.2	416.9	265.9	150.2	1 533.2	1 108.0	320.7	295.7	247.7
1992	4 037.8	849.7	544.4	321.1	193.9	2 121.1	1 485.0	374.7	331.0	261.6

附录2-20 政府财政收入
A2-20 GOVERNMENT REVENUE

单位：百万港元 (HK$ 1 000 000)

项 目	Item	1985/86	1989/90	1990/91	1991/92	1993/93
政府总收入	**Total Government Revenue**	**43 695.3**	**82 430.2**	**89 523.8**	**114 699.9**	**135 310.9**
营业收入	Operating Revenue	36 461.5	73 430.4	81 400.2	99 972.9	119 255.4
直接税	Direct Taxes					
所得税及利得税	Earnings and Profits Tax	16 602.8	33 549.3	36 340.6	44 869.5	55 061.4
间接税	Indirect Taxes					
赌税	Bets and Sweeps Tax	2 546.8	4 829.6	5 884.2	7 109.9	7 818.3
企业税	Entertainments Tax	95.2	128.7	135.8	140.8	14.4
旅店税	Hotel Accommodation Tax	135.2	270.7	269.2	265.9	314.1
印花税	Stamp Duties	1 696.0	5 463.9	5 938.6	9 569.0	13 409.1
机场税	Air Passenger Departure Tax	543.3	668.9	718.0	1 120.3	1 255.1
港口和隧道税	Cross Harbour Tunnel Passage Tax	165.8	195.6	197.4	200.3	201.1
关税	Duties	3 092.1	4 627.6	5 729.3	6 844.0	7 215.7
一般稽征	General Rates	1 769.5	1 662.7	3 038.9	3 493.6	4 423.5
车辆税	Motor Vehicle Tax	634.2	1 735.2	2 053.8	3 437.1	4 940.0
专利税和特种税	Royalties and Concessions	377.5	746.2	816.0	885.9	1 135.7
其他收入	Other Revenue					
各种罚款	Fines,Forfeitures and Penalties	363.9	578.2	652.0	885.5	891.6
财产和投资	Properties and Investments	516.1	2 336.6	1 341.0	1 572.5	1 821.0
贷款、偿还、捐赠和其他收入	Loans,Reimbursement,Contributions and Other Receipts	1 073.0	1 705.3	2 172.0	2 777.5	3 798.0
公用事业	Utilities	2 633.0	4 857.2	5 616.8	6 649.7	7 173.9
各种小帐	Fees and Charges	3 101.4	5 132.3	5 992.0	7 169.8	8 014.8
利息	Interest	1 115.7	4 942.4	4 504.6	2 981.6	1 766.8
资本收入	Capital Revenue	7 233.8	8 999.8	8 123.6	14 727.0	16 055.5
直接税	Direct Taxes					
不动产税	Estate Duty	390.7	489.6	655.7	683.2	1 025.0
间接税	Indirect Taxes					
出租车牌费	Taxi Concessions	51.2	208.3	136.4	302.4	–
其他收入	Other Revenue					
土地转移	Land Transactions	3 894.6	212.0	241.4	412.2	266.9
债券发行收入	Proceeds from the Issue of Bonds	–	–	–	–	–
其他	Others	443.0	24.9	240.8	85.6	233.4
各种基金	Funds					
基建工程储备基金(工程帐户)	Capital Works Reserve Fund (Works Account)	586.4	7 457.8	4 002.5	9 074.4	8 957.3
基建工程储备基金(储备帐户)来自债券发行收入	Capital Works Reserve Fund (Reserve Account)-Proceeds from the Issue of Bonds	–	–	–	1 098.3	2 519.2
资产投资基金	Capital Investment Fund	–	–	2 340.7	2 468.2	2 367.7
贷款基金	Loan Fund	–	–	506.1	602.7	686.0
发展贷款基金	Development Loan Fund	668.9	518.2	–	–	–
学生贷款基金	Student Loan Fund	56.8	89.0	–	–	–
家庭基金	Home Ownership Fund	1 142.2	–	–	–	–

附录2-21 政府财政支出
A2-21 GOVERNMENT EXPENDITURES

单位：百万港元 (HK$ 1 000 000)

		1985/86	1989/90	1990/91	1991/92	1992/93
政府总开支和股票投资	**Total Government Expenditure and Equity Investments**	40 845.1	71 366.5	85 556.7	92 191.4	113 332.0
营业开支	Operating Expenditure	29 832.3	50 205.9	61 468.8	71 677.1	85 023.4
经常开支	Recurrent Expenditure					
工资	Personal Emoluments	10 963.3	18 855.0	23 442.8	25 286.5	25 851.9
与职员有关开支	Personnel Related Expenses	1 183.1	1 802.6	2 396.4	3 182.6	3 275.1
退休金	Pensions	1 226.4	1 949.1	2 541.1	3 401.5	4 435.9
部门支出	Departmental Expenses	2 906.4	3 850.1	4 552.3	4 781.7	4 437.1
其他费用	Other Charges	4 837.7	8 401.6	9 711.7	10 939.3	11 770.0
各种补贴	Subventions					
教育	Education	4 227.8	7 075.8	8 736.7	9 728.2	10 921.1
卫生	Medical	1 060.3	1 789.6	2 273.6	5 452.2	11 181.3
社会福利	Social Welfare	448.5	954.2	1 253.5	1 586.7	1 824.0
大学及专科	University and Polytechnic	1 561.5	2 763.8	3 400.3	4 356.8	5 613.6
职业培训	Vocational Training Council	260.0	571.7	705.7	814.0	901.4
其他杂项	Miscellaneous	490.6	1 033.5	1 363.6	1 243.8	1 380.8
其他非经常开支	Other Non-Recurrent	666.7	1 128.9	1 091.1	903.8	3 430.7
总资本支出和股票投资	Total Capital Expenditure and Equity Investments	11 012.8	21 160.6	24 087.9	20 514.3	28 308.6
资本支出	Capital Expenditure					
厂房、设备与工程	Plant,Equipment and Works	370.7	515.7	759.7	746.5	628.9
防卫费用协定	Defance Cost Agreement	34.7	27.1	16.0	11.5	11.9
各种补帖	Subventions					
教育	Education	173.0	106.4	157.5	126.9	173.2
卫生	Medical	43.5	23.1	22.9	141.6	126.2
社会福利	Social Welfare	0.6	-	-	-	-
大学及专科	University and Polytechnic	157.0	0.5	-	-	-
职业培训	Vocational Training Council	113.2	16.7	12.9	15.5	13.3
其他杂项	Miscellaneous	20.2	66.2	189.6	131.9	509.8
债务偿还	Debt Repayment	-	1 000.0	-	-	-
基金	Funds					
基建工程储备基金	Capital Works Reserve Funds(Works Account)/Public Works	5 705.9	16 627.2	15 641.0	16 405.4	19 676.1
非经常开支	Non-Recurrent					
资本投资基金(投资股票)①	Capital Investment Fund(Equity Investments)①	-	-	6 214.3	1 793.8	6 060.7
贷款基金 ①	Loan Fund ①	-	-	1 074.1	1 141.2	1 108.5
发展贷款基金	Development Loan Fund	1 806.0	2 585.6	-	-	-
公共交通基金	Mass Transit Fund	1 743.4	87.1	-	-	-
学生贷款基金	Student Loan Fund	90.2	105.0	-	-	-
家庭基金	Home Ownership Fund	754.4	-	-	-	-

注：①1990年4月1日根据立法会决定包括发展贷款基金、公共交通基金和学生贷款基金。

Note:①These were established on 1 April 1990 by Resolution of the legislation Council. These funds assumed the functions of the former Development Loan Fund, the Mass Transit Fund and the Student Loan Fund.

附录2-22 汇率
A2-22 EXCHANGE RATE

单位：港元/外币 (HK Dollar per Unit of Foreign Currency)

项 目	Item	1985	1986	1987	1988	1989	1990	1991	1992
美元	US Dollar	7.811	7.795	7.760	7.808	7.807	7.801	7.781	7.741
奥地利先令	Sterling	11.27	11.48	14.52	14.17	12.60	14.95	14.53	11.77
德国马克	Deutsche Mark	3.18	4.01	4.91	4.42	4.63	5.20	5.13	4.80
日元	Japanese Yen	0.0390	0.0488	0.0637	0.0626	0.0544	0.0576	0.0622	0.0623
加拿大元	Canadian Dollar	5.60	5.67	5.99	6.57	6.76	6.72	6.74	6.11
澳大利亚元	Australian Dollar	5.34	5.19	5.59	6.69	6.17	6.00	5.92	5.32
新加坡元	Singapore Dollar	3.72	3.60	3.90	4.03	4.13	4.50	4.79	4.73
荷兰盾	Dutch Guilder	2.82	3.55	4.37	3.91	4.09	4.61	4.54	4.27
新台币	New Taiwan Dollar	0.189	0.213	0.262	0.262	0.283	0.271	0.284	0.288
瑞士法郎	Swiss Franc	3.77	4.79	6.07	5.21	5.07	6.08	5.75	5.31
中国人民币	Chinese Renminbi	2.4516	2.0974	2.0879	2.1007	1.6535	1.4927	1.4404	1.3458
比利时法郎	Belgian Franc	0.161	0.196	0.237	0.214	0.224	0.257	0.251	0.236
韩圆	Republic of Korea Won	0.0088	0.0091	0.0098	0.01414	0.0115	0.0109	0.0102	0.0098
法国法郎	French franc	1.04	1.21	1.45	1.29	1.36	1.53	1.50	1.41
意大利里拉	Italian Lira	0.0047	0.0058	0.0067	0.0060	0.0062	0.0070	0.0068	0.0053
泰国铢	Thai Baht	0.297	0.302	0.31	0.317	0.307	0.313	0.309	0.308
印度尼西亚卢比	Indonesian Rupiah	0.007	0.0048	0.0049	0.0047	0.0046	0.0042	0.0041	0.0038
菲律宾比索	Philippine Peso	0.413	0.382	0.370	0.380	0.353	0.260	0.295	0.316
马来西亚元	Malaysian Dolla	3.24	3.01	3.13	2.89	2.90	2.89	2.86	2.97
特别提款权	SDR	8.57976	9.53415	11.00880	10.50723	10.26096	11.09817	11.13018	10.64388

附录2-23 货币供给（年底数）
A2-23 MONEY SUPPLY (YEAR-END)

单位：亿港元　　　　(HK$ 100 000 000)

项　目	Item	1985	1987	1988	1989	1990	1991	1992
流通的法定硬币和纸币	Legal Tender Notes and Coins in Circulation	195	288	341	397	433	492	612
商业银行发行	Commercial Bank Issues	180	269	318	373	409	465	582
政府发行	Government Issues	15	18	23	24	24	27	29
持牌银行及接受存款公司持有的法定硬币和纸币	Authorised Institutions' Holdings of Legal Tender Notes and Coins	26	40	42	55	56	66	90
市民持有的法定硬币和纸币	Legal Tender Notes and Coins in Hands of Public	169	248	299	342	377	426	522
货币供应(定义1)	Money Supply(M1)	453	819	888	949	1 075	1 285	1 556
港元	Hong kong Dollar	418	738	793	852	918	1 118	1 395
外币	Foreign Currency	35	81	96	97	157	167	161
货币供应(定义2)	Money Supply(M2)	3 902	6 770	8 246	9 888	12 101	13 710	15 188
港币	Hong Kong Dollar	1 946	3 109	3 551	4 040	4 719	5 958	6 683
外币	Foreign Currency	1 956	3 661	4 696	5 848	7 381	7 752	8 505
货币供应(定义3)	Money Supply(M3)	4 578	7 434	8 933	10 602	12 880	14 373	15 743
港币	Hong Kong Dollar	2 332	3 428	3 891	4 344	5 035	6 199	6 916
外币	Foreign Currency	2 246	4 005	5 043	6 258	7 845	8 175	8 827

注：定义1=市民持有的法定硬币和纸币+存于持牌银行的活期存款。

定义2=定义1+存于持牌银行的定期存款+银行发出可转让存款证+存于持牌银行的储蓄存款。

定义3=定义2 +存于接受存款公司的存款+接受存款公司发出的可转让存款证。

Notes:(M1)=Legal tender notes and coins with the public,plus customers' demand deposits with licensed banks.

(M2)=M1 plus customers' savings and time deposits with licensed banks,plus negotiable certifates of deposit issued by licensed banks and held outside the monetary sector.

(M3)=M2 plus customers' deposits with restricted licence banks and deposit-taking companies,plus negotiable certificates of deposit issued by restricted licence banks and deposit-taking companies and held outside the monetary sector.

附录2-24 证券交易(年底数)
A2-24 SECURITIES EXCHANGE AND STOCK PRICE INDEX (YEAR-END)

项　目	Item	1985	1987	1988	1989	1990	1991	1992
证券交易额①（百万港元）	Total Stock Exchange Turnover① (HK$ 1 000 000)	75 808	371 406	199 481	299 147	288 715	334 104	700 578
股票价格指数	Index of Share Prices							
恒生指数 (64年7月31日=100)	Hang Seng Index (31.7.64=100)	1 567.56	2 884.88	2 556.72	2 781.04	3 027.47	3 471.54	5 545.97
分部门指数	Sectoral Sub-Indices							
金融	Finance	1 290.40	1 933.37	1 625.69	1 808.10	1 906.92	2 304.06	4 643.61
公用事业	Utilities	1 902.98	3 594.42	3 486.63	3 198.71	3 840.58	4 448.91	6 689.14
财产	Properties	1 952.31	4 257.11	3 847.90	4 535.15	4 874.47	5 843.30	9 215.66
商业和工业	Commerce and Industry	1 376.60	2 536.89	2 317.96	2 686.98	2 797.00	2 981.10	4 379.31
香港指数 (86年4月2日=1 000)	Hong Kong Index (2.4.86=1 000)	–	1 875.34	1 684.70	1 834.45	1 987.88	2 506.60	3 118.10

注:①1986年前数字为4家证券交易公司合并前的总交易数。

Note:①Figures prior to April 1986 were total trading of the four stock exchange companies before the amalgamation.

附录2-25 15岁以上居民教育程度
A2-25 EDUCATIONAL ATTAINMENTS OF POPULATION 15 YAERS OLD AND OVER

项　目	Item		1976		1981		1986		1991	
			人数 Number of Persons	百分比 %	人数 Number of Persons	百分比 %	人数 Number of Persons	百分比 %	人数 Number of Persons	百分比 %
总计:男	**Total**	**Male**	**1 530 510**	**50.9**	**1 961 803**	**52.3**	**2 122 826**	**51.2**	**2 212 947**	**50.6**
女		**Female**	**1 477 110**	**49.1**	**1 787 250**	**47.7**	**2 026 224**	**48.8**	**2 157 418**	**49.4**
文盲/幼儿园:男	No School/ Kindergarten	Male	141 360	4.7	148 670	4.0	148 943	3.6	157 473	3.6
女		Female	466 780	15.5	455 953	12.2	436 948	10.5	399 824	9.1
小学:男	Primary	Male	660 860	22.0	721 146	19.1	653 927	15.9	576 381	13.1
女		Female	534 300	17.7	562 247	15.0	558 987	13.4	524 218	12.0
初中:男	Lower Secondary	Male	286 790	9.5	418 758	11.2	464 708	11.2	506 431	11.6
女		Female	182 970	6.1	260 773	7.0	290 585	7.0	331 299	7.6
高中（包括中专）	Upper Secondary(Comprise Technical Institutes)									
男		Male	303 490	10.1	434 905	11.6	524 736	12.6	576 058	13.2
女		Female	226 010	7.5	361 498	9.6	499 149	12.0	593 213	13.6
大学录取: 男	Matriculation	Male	38 300	1.3	79 161	2.1	105 147	2.5	109 345	2.5
女		Female	22 910	0.8	56 395	1.5	89 383	2.2	105 232	2.4
大专:肄业:男	Tertiary:Non-	Male	30 110	1.0	69 998	1.9	105 784	2.5	126 489	2.9
女	Degree Coursee	Female	16 610	0.6	53 755	1.4	90 608	2.2	108 423	2.5
毕业:男	Degree Courses	Male	69 600	2.3	89 165	2.4	119 581	2.9	160 770	3.7
女		Female	27 530	0.9	36 629	1.0	60 564	1.5	95 209	2.2

附录2-26 各类型教育机构(全日制)受教育人数
A2-26 POPULATION OF EDUCATED IN DIFFERENT EDUCATIONAL DEPARTMENT

单位：人 (Number of pupils)

		1985	1987	1988	1989	1990	1991	1992
幼儿园	Kindergarten							
私立	Private	229 089	225 108	214 703	201 750	196 466	193 658	189 730
小学	Primary							
政府及资助	Government and Aided	480 268	482 253	483 232	483 191	475 054	466 483	452 818
私人	Private	54 635	52 056	51 805	51 259	49 865	49 455	48 807
中学	Secondary and Sixth Form							
政府及资助	Government and Aided	318 965	338 638	347 417	355 349	363 229	375 742	387 640
私人	Private	123 826	107 846	94 623	81 079	68 152	60 597	58 145
特殊教育	Special Education	8 655	7 999	7 971	8 184	7 999	8 224	8 257
教育学院	Colleges of Education							
公立	Government	2 614	2 435	2 355	2 351	2 663	2 452	2 211
技术学院	Technical Institutes							
政府资助	Government Subvented	5 846	10 415	11 296	11 853	12 319	12 003	9 390
大学	Universities							
政府资助	Government Subvented	11 915	12 890	13 254	13 786	14 352	16 400	19 115

附录2-27 医疗卫生条件
A2-27 CONDITIONS OF PUBLIC HEALTH

年 份 Year	医务人员数(人) Medical and Health Workers(Persons)				平均每一医生服务人口数(人) Population Served per Doctor	医院数和病床数 Institutions and Hospital Beds		平均每千人病床 Beds per thousand Population
	医 生 Doctors	牙科医生 Dentists	药剂师 Pharmacists	护 士 Nurses		医院数 Institu-tions	病床数 Hospital Beds	
1988	5 785	1 346	646	25 733	992	91	25 057	4.4
1989	6 025	1 431	678	27 140	950	93	25 059	4.4
1990	6 260	1 532	694	28 660	919	88	25 282	4.4
1991	6 545	1 526	720	30 043	890	82	25 584	4.4
1992	6 818	1 565	784	31 394	866	82	26 440	4.5

附录3-1 人口主要指标
A3-1 MAIN INDICATORS OF POPULATION

年 份 Year	人口总数 (人) Total (Persons)	自然增长率 Natural Growth Rate (‰)	出生率 Crude Birth Rate (‰)	死亡率 Crude Mortality Rate (‰)	婴儿死亡率 Infant Mortality Rate (‰)	结婚率 Crude Marriage Rate (‰)	离婚率 Crude Divorce Rate (‰)
1990	339 510	16.1	20.5	4.4	8.4	5.4	0.3
1991	363 784	15.6	19.4	3.8	7.5	5.7	0.5
1992	380 850	14.1	17.9	3.9	7.3	5.8	0.5

附录3-2 国内生产总值用途
A3-2 USE OF GROSS DOMESTIC PRODUCT

年份 Year	国内生产总值 (现价) (万澳门元) Gross Domestic Product (At Current Market Prices) (MOP 10 000)	私人消费 Private Consumption Expenditure (%)	政府消费 Government Consumption Expenditure (%)	固定资本形成 Gross Domstic Fixed Capital Formation (%)	库存增加 Change in Stocks (%)	出口净值 (出口减进口) Balance (%)
1990	2 789 554	31.97	8.09	20.72	-0.33	39.54
1991	3 211 818	32.48	9.09	24.41	0.31	33.71
1992	4 028 931	30.40	8.10	28.37	0.24	32.90

附录3-3 工业概况
A3-3 INDUSTRY

单位:人;万澳门元 (Persons;MOP 10 000)

年份 Year	企业数 (家) Number of Enterprises	就业人数① Persons Engaged①	采矿业 Mining and Quarrying		制造业① Manufacturing①		电力、煤气 、水 Electricity,Gaz & Water	
			就业人数 Persons Engaged	增加值 Added Value	就业人数 Persons Engaged	增加值 Added Value	就业人数 Persons Engaged	增加值 Added Value
1990	2 277	65 664	36	974	64 609	375 840	1 019	57 247
1991	2 069	61 219	37	1 442	60 124	380 833	1 058	61 481

注:①未包括水泥制造业在内的某些行业部分资料。

Note:①Information concerning some branches of activity,namely cement production activity was suppressed for confidentiality reasons.

附录3-4 能源平衡表
A3-4 ENERGY SUPPLY AND CONSUMPTION

单位:兆焦耳 (Terajoules)

年份 Year	进口 Import					出口 Export		
	总计 Total Energy	轻柴油 Gas Oil and Diesel	重油 Fuel Oil	电力 Electricity	汽油 Gasolene	总计 Total Energy	轻柴油 Gas Oil and Diesel	重油 Fuel Oil
1990	13 975	3564	8274	327	752	20	–	–
1991	14 029	4073	7781	350	760	22	–	–
1992	14 843	3696	8695	379	915	30	–	–

续表 1 continued

年份 Year	出口 Export		库存变化 Stocks Change	内部总消费 Gross Internal Consumption	能源转化 Transformation of Electricity Generation	电厂自耗和输电流失 Distribution and Transmission Loss	总消费量 Final Consumption
	电力 Electricity	石油气 L.P.G					
1990	9	–	252	13 704	-4 461	149	8 953
1991	7	13	-592	14 597	-4 409	162	9 861
1992	14	14	-44	14 906	-4 370	197	10 156

附录3-5 新建楼房
A3-5 NEWLY BUILDINGS COMPLETED

单位:平方米 (Sq. m)

年份 Year	总计 Total		住宅 Residential		商业、服务业 Commercial/Offices		工业 Industial		其它 Other	
	数目(栋) Number	总面积 Gross Floor Area	数目(栋) Number	总面积 Gross floor Area	数目(栋) Number	总面积 Gross Floor Area	数目(栋) Number	总面积 Gross Floor Area	数目(栋) Number	总面积 Gross Floor Area
1990	255	1 056 671	204	651 160	7	42 381	7	125 060	37	238 070
1991	198	1 260 050	164	885 536	7	88 350	9	125 534	18	160 630
1992	196	1 372 695	159	1 034 552	6	81 385	5	88 355	26	168 403

附录3-6 进口商品分类

A3-6 IMPORTS BY CATEGORY OF COMMODITES

单位：百万澳门元 (MOP 1 000 000)

年份 Year	进口额 Import		食品、饮料 Food and Beverages		燃料 Fuels and Lubricants		工业、交通用 Industry and Transport		消费品 Consumer Goods Not Otherwise Specified	
	绝对值 Value	%	绝对值 Value	%	绝对值 Value	%	绝对值 Value	%	绝对值 Value	%
1990	12 343	100.00	1 108	8.98	576	4.66	9 150	74.13	1 499	12.15
1991	14 832	100.00	1 298	8.75	659	4.44	10 626	71.64	2 214	14.93
1992	15 685	100.00	1 461	9.31	666	4.25	10 918	69.61	2 636	16.81

附录3-7 出口商品分类

A3-7 EXPORTS BY CATEGORY OF COMMODITES

单位：百万澳门元 (MOP 1 000 000)

年份 Year	出口额 Export		食品、饮料 Food and Beverages		燃料 Fuels and Lubricants		工业、交通用 Industry and Transport		消费品 Consumer Goods Not Otherwise Specified	
	绝对值 Value	%	绝对值 Value	%	绝对值 Value	%	绝对值 Value	%	绝对值 Value	%
1990	13 638	100.00	127	0.93	2	0.01	2 297	16.85	11 213	82.21
1991	13 326	100.00	170	1.28	3	0.02	2 529	18.98	10 624	79.72
1992	14 080	100.00	253	1.80	3	0.02	2 738	19.50	11 078	78.68

附录3-8 商品进口来源

A3-8 IMPORTS BY SOURCES OF COMMODITES

单位:百万澳门元 (MOP 1 000 000)

年份 Year	欧洲 Europe	非洲 Africa	美洲 America		亚洲 Asia				大洋洲 Oceania
			总计 Total	美国 USA	总计 Total	香港 Hong Kong	日本 Japan	中国大陆 China	
1990	1 221	38	683	634	10 253	5 210	1 423	2 194	148
1991	1 384	40	740	686	12 437	5 166	2 574	3 192	231
1992	1 588	27	874	808	12 963	5 160	2 824	3 204	232

附录3-9 商品出口去向
A3-9 EXPORTS BY REACHES OF COMMODITES

单位：百万澳门元 (MOP 1 000 000)

年份 Year	欧洲 Europe	非洲 Africa	美洲 America		亚洲 Asia				大洋洲 Oceania
			总计 Total	美国 USA	总计 Total	香港 Hong Kong	日本 Japan	中国大陆 China	
1990	5 271	51	5 175	4 931	2 937	1 770	421	616	204
1991	5 514	16	4 464	4 228	3 216	1 743	206	1 123	115
1992	5 242	18	5 231	4 983	3 509	1 763	184	1 402	80

附录3-10 旅游人数和构成
A3-10 TOURISTS AND ITS COMPOSITION BY SOURCES

单位：人 (Persons)

年份 Year	总计 Total	香港 Hong kong	德国 Germany	澳大利亚 Australia	加拿大 Canada	中国大陆 China	美国 USA
1990	5 942 210	4 803 754	19 273	35 142	22 968	2 266	71 739
1991	6 080 268	4 950 584	22 693	31 574	22 354	11 611	68 708
1992	6 219 432	4 931 501	30 724	33 685	23 682	21 979	71 758

续表 1 continued

年份 Year	法国 France	日本 Japan	马来西亚 Malaysia	英国 United Kingdom	新加坡 Singapore	泰国 Thailand	其它 Other
1990	14 930	449 530	33 944	86 759	29 025	68 182	304 698
1991	13 647	421 225	28 822	88 866	28 351	69 010	322 823
1992	16 499	421 333	28 028	93 490	28 029	67 789	450 935

附录3-11 旅馆情况
A3-11 HOTEL

年份 Year	旅馆总数（家） Total	房间数(间) Existing Rooms(Average)			房间利用率 (%) Room Occupancy Rates (%)		
		酒店 Hotels	别墅 Inns	公寓 Boarding Houses	酒店 Hotels	别墅 Inns	公寓 Boarding Houses
1990	98	3 963	58	986	78	57	35
1991	98	3 902	76	937	79	55	34
1992	98	4 990	76	818	67	54	32

附录3-12 消费物价指数
A3-12 CONSUMER PRICE INDEX

（1982年9月-1983年10月=100） (9.1982-10.1983=100)

年份 Year	总指数 Total	粮食 Foodstuffs	住房① Housing① Expenses	燃料及电力 Fuel and Light	服装 Clothing and Footwear	耐用消费品 Durable Goods	交通 Transport and Vehicles	服务 Services	杂项 Miscel-laneous Goods
1990	156.99	159.34	153.21	94.31	132.12	136.62	179.57	188.15	154.93
1991	172.02	172.93	163.23	99.68	136.77	140.17	194.87	221.91	167.97
1992	185.28	187.16	169.73	100.53	138.64	141.68	210.76	252.33	177.47

注：①不包括房租。
Note:①Excluding rent.

附录3-13 政府财政收支
A3-13 PUBLIC REVENUE AND EXPENDITURES

单位：万澳门元 (MOP 10 000)

年份 Year	收入 Total Revenue			支出 Total Expenditures		
	总计 Total	日常收入 Recurrent Receipts	资本收入 Capital Receipts	总计 Total	日常支出 Recurrent Rayments	资本支出 Capital Payments
1990	416 009	328 354	13 210	416 009	231 449	130 582
1991	577 767	456 011	31 650	577 767	327 669	169 924
1992	678 532	539 594	41 050	678 532	427 573	154 671

附录3-14 海外资产负债（年底数）
A3-14 OVERSEAS ASSETS AND LIABILITIES (YEAR-END)

单位：百万澳门元 (MOP 1 000 000)

年份 Year	对外资产 Assets Abroad					对外负债 Liabilities Abroad			海外资产净值 Net Foreign Assets
	总计 Total	黄金白银外汇 Gold, Silver and Foreign Currency	外地银行资产 Other Assets with Banks Abroad	对外贷款 External Credit	对外投资 Foreign Financial Assets	总计 Total	银行短期负债 Short Term Liabilities with Banks	银行中长期负债 Medium/Long Term Liabilities with Banks	
1990	38 138	322	22 922	10 216	3 894	20 102	17 488	610	18 037
1991	48 620	366	33 942	9 201	4 850	22 400	18 879	648	26 220
1992	51 802	454	38 505	5 291	6 693	19 697	17 089	336	32 106

附录3-15 货币汇率(平均兑换价)
A3-15 EXCHANGE RATE (AVERAGE PATACA EXCHANGE RATES)

单位:每百外币兑澳门币 (Patacas to 100 Unit of Foreign Currency)

年份 Year	葡萄牙士姑度 PTE	香港港元 HK$	美国美元 US$	德国马克 DEM	英国英镑 GBP	法国法郎 FRF
1990	5.639	103.00	802.30	497.50	1 432.39	147.67
1991	5.548	103.00	800.41	483.62	1 414.21	142.22
1992	5.927	103.00	797.23	512.21	1 409.98	151.15

续表 1 continued

年份 Year	新加坡元 SGD	澳大利亚元 AUD	日本日元 PHY	瑞士法郎 SF	新西兰元 NZD	欧洲货币单位 ECU
1990	442.93	626.74	5.5629	580.21	479.01	1 022.80
1991	463.51	623.42	5.9517	559.83	463.24	992.53
1992	489.50	586.34	6.3012	569.78	429.37	1 033.63

附录3-16 学校、教师和学生人数
A3-16 NUMBER OF SCHOOLS,TEACHERS AND STUDENTS

单位:(所;人) (School;Persons)

年份 Year	大学 Tertiary			中学 Secondary			小学 Primary		
	学校数 Schools	教师数 Teachers	学生数 Students	学校数 Schools	教师数 Teachers	学生数 Students	学校数 Schools	教师数 Teachers	学生数 Students
1989/1990	3	501	7 685	11	886	17 156	4	980	32 639
1990/1991	7	383	6 857	10	865	17 989	7	1 020	34 972
1991/1992	8	492	6 871	10	843	17 917	8	1 128	37 719

附录3-17 医院和医务人员数
A3-17 NUMBER OF HOSPITAL AND PROFESSIONALS OF HEALTH CARE

年份 Year	医院(所) Hospitals	床位(张) Beds	医生(人) Doctors	护士(人) Nurses
1990	36	966	347	594
1991	32	958	344	653
1992	45	1 141	338	695

附录4-1 国土面积和人口

A4-1 AREA OF LAND AND POPULATION

国外资料来源：联合国《统计月报》1994年3月，联合国粮农组织《生产年鉴》1992年，世界银行《世界发展报告》1993年。
Source:United Nations《Monthly Bulletin of Statistics》March 1994,FAO《Yearbook of Production》1992.
The World Bank《World Development Report》1993.

国家和地区	Country or Area	国土面积（万平方公里） Area (10 000 sq. km)	1992 年中人口数（万人） Mid-Year Population (10 000 Persons)	人口增长率(%) Growth Rate 1981-1990 年平均 Annual average	1991	1992	1992 人口密度（人/平方公里） Population Density (Persons/sq. km)
世界总计	**World**	13 584.0①	547 975.8	1.7	1.7	1.7	40
亚洲	**Asia**	2 760.0	323 333.3	1.9	1.8	1.8	117
中国	China	960.0	117 171②	1.5	1.3	1.2	122
日本	Japan	37.8	12 434.0	0.6	0.3	0.3	329
印度③	India③	297.5	86 190.9	2.1	2.8	2.4	290
印度尼西亚	Indonesia	190.5	19 117.0	2.0	4.7	1.8	100
菲律宾	Philippines	30.0	6 426.0	2.4	2.3	2.2	214
泰国	Thailand	51.3	5 776.0	2.0	1.5	1.5	113
马来西亚	Malaysia	32.9	1 861.0	2.7	2.4	2.4	57
新加坡	Singapore	0.06	282.0	2.2	1.8	2.2	4 700
巴基斯坦	Pakistan	79.6	11 911.0	3.1	3.1	3.1	150
缅甸	Myanmar	67.7	4 367.0	2.2	2.2	2.2	65
孟加拉国	Bangladesh	14.4	11 929.0	2.7	2.4	2.4	828
土耳其	Turkey	78.1	5 878.0	2.8	2.4	2.4	75
蒙古	Mongolia	156.7	231.0	2.8	2.7	2.7	1
朝鲜	Korea D P RP	12.3	2 292.0	1.9	1.9	3.3	186
韩国	Korea Rep	9.9	4 366.0	1.2	0.9	0.9	441
越南	Viet Nam	33.0	6 948.0	2.1	2.8	2.1	211
非洲	**Africa**	3 030.0	68 167.4	2.9	3.0	3.0	22
埃及	Egypt	100.2	5 516.0	2.4	2.3	2.3	55
尼日利亚	Nigeria	92.4	11 566.0	3.0	3.3	3.2	125
欧洲④	**Europe④**	490.0	50 405.5	0.3	0.4	0.3	103
德国	Germany	35.6	8 057.0		0.8	0.7	226
前联邦德国	Fed. Rep.	24.8		0.3	1.4		
前民主德国	Former DR	10.8		-0.1			
英国	United Kingdom	24.4	5 785.0	0.2	0.4	0.3	237
法国	France	55.2	5 737.0	0.5	0.6	0.6	104
意大利	Italy	30.1	5 678.0	0.2	-2.2	0.7	189
原捷克斯洛伐克	Former Czecho-slovakia	12.8	1 573.0	0.2	-0.5	1.0	123
波兰	Poland	31.3	3 836.0	0.7	0.3	0.3	123
匈牙利	Hungary	9.3	1 032.0	-0.2	-0.1	-0.3	111
罗马尼亚	Romania	23.8	2 275.0	0.4	-0.1	-1.9	96
保加利亚	Bulgaria	11.1	896.0	0.2	-0.1	-0.2	81
原南斯拉夫	Former Yugoslavia	25.6⑤	2 393.0⑤	0.7	0.5	93⑤	93⑤
北美洲	**North America**	2 420.0	43 561.7	1.3	1.4	1.4	18
美国	United States	936.3	25 502.0	0.9	0.9	1.1	27
加拿大	Canada	997.1	2 744.0	1.0	1.7	1.5	3
墨西哥	Mexico	197.3	8 954.0	2.1	2.0	1.9	45
南美洲	**South America**	1 780.0	30 447.1	2.2	1.8	1.7	17
巴西	Brazil	851.2	15 628.0	2.2	2.0	1.9	18
阿根廷	Argentina	277.7	3 310.0	1.4	1.2	1.2	12
大洋洲	**Oceania**	850.0	2 751.5	1.6	1.6	1.8	3
澳大利亚	Australia	768.2	1 753.0	1.5	1.5	1.4	2
新西兰	New Zealand	26.8	341.0	0.7	0.9	0.9	13
原苏联	**Former Soviet Union**	2 240.2	29 309.2	0.8	0.7	0.6	13

注：①是指有定居人口的各大洲面积，未包括尚无定居人口的南极洲。如包括南极洲，全世界陆地面积为 14950万平方公里。原资料各大洲数用百万平方公里为单位，其和与世界总计略有出入。②中国为年末人口数。③不包括查谟、克什米尔等地区。④不包括原苏联。⑤1991年数。

Note:①The figure excluded the Antarctic Continent. If included, it would be 149.50 million sq. km. ②Refers to end-year. ③Excluding jammu and kashmir. ④Excluding Former Soviet Union. ⑤Data refer to 1991.

附录4-2 就业状况

A4-2 Employment

国外资料来源：国际劳工组织《劳工统计年鉴》1993年。
Source:International labour Office《YearBook of Labour Statistics》1993.

国家和地区	Country or Area	年 份 Year	就业人数（万人）Employment (10 000 Persons)	就业人数构成(%) Composition of employment(%)			
				农林牧渔业 Agriculture Forestry Hunting and Fishing	矿 业 Mining and Quarrying	制造业 Manufac-turing	水、电、煤气业 Electricity Gas and Water
中 国	China	1992	59432.0	58.6	0.2	17.2	
美 国	United States	1992	11759.8	2.9	0.6	17.0	1.4
日 本	Japan	1992	6436.0	6.4	0.1	24.4	0.5
德 国	Germany	1991	2968.4	3.5	0.8	31.6	0.9
英 国	United Kingdom	1992	2546.3	2.2		26.2	
法 国	France	1992	2233.2	5.1	0.3	20.2	0.9
意大利	Italy	1991	2159.5	8.4	1.1	21.9	
加拿大	Canada	1992	1224.0	4.4	1.3	14.6	1.2
澳大利亚	Australia	1992	769.4	5.3	1.2	14.5	1.4
原苏联	Former Soviet Union	1990	12497.1	18.2		28.3②	
原捷克斯洛伐克	Former Czechoslovakia	1991	771.0	9.9		35.9	
波 兰	Poland	1991	1656.0	26.7	2.9	24.3	0.9
匈牙利	Hungary	1991	485.7	18.7		28.7②	
罗马尼亚	Romania	1991	1078.6	29.8	2.6	31.3	1.4
原南斯拉夫	Former Yugoslavia	1989	669.7	5.0	2.2	38.7	2.2
印 度	India	1989	2596.2①	5.5	4.1	24.1	3.5
印度尼西亚	Indonesia	1992	7810.4	54.9	0.8	10.0	0.2
菲律宾	Philippines	1992	2391.7	45.4	0.6	10.6	0.4
泰 国	Thailand	1990	3084.4	64.0	0.2	10.2	0.4
新加坡	Singapore	1992	157.6	0.3		25.8	0.5
马来西亚	Malaysia	1990	668.5	26.0	0.6	19.9	0.7
巴基斯坦	Pakistan	1992	3075.3	47.4	0.1	12.2	0.8
缅 甸	Myanmar	1992	1573.7	69.1	0.5	7.2	0.1
韩 国	Korea,Rep.	1992	1892.1	16.0	0.3	25.2	0.3
巴 西	Brazil	1990	6210.0	22.8	1.4③	15.2	

续表 1 continued

国家和地区	Country or Area	年 份 Year	就业人数构成(%) Composition of employment(%) 商 业 Wholesale Ratail Trade	运输、仓储及通信业 Transport Storage and Communication	金融、保险不动产及产业服务 Finance Insurance Real Estate Business Services	社会服务及个人服务 Community Social and Personal Services	其 他 Other	失业率 (%) Rate of Unemployment
中 国	China	1992	5.3④	2.6	0.4⑤	5.0⑥	6.2	2.3
美 国	United States	1992	20.7	1.7	5.7	21.6	22.4	7.3
日 本	Japan	1992	22.3	6.0	8.5	21.8	0.4	2.2
德 国	Germany	1991	14.7	5.7	8.3	27.8		14.8
英 国	United Kingdom	1992	69.2				2.4	9.6
法 国	France	1992	16.7	6.4	10.2	33.1		10.2
意大利	Italy	1991	21.6	5.3	4.6	28.0		11.5
加拿大	Canada	1992	23.8	6.3	11.8	31.0		11.3
澳大利亚	Australia	1992	25.2	6.5	11.5	27.3	0.3	10.8
原苏联	Former Soviet Union	1990	7.8	8.2	0.6	25.1	2.0	
原捷克斯洛伐克	Former Czechoslovakia	1991	11.5	6.8	3.8	23.9	0.2	6.6
波 兰	Poland	1991	10.6	6.0	2.1	18.7	0.5	13.3
匈牙利	Hungary	1991	12.4	8.4		25.5⑦		1.7
罗马尼亚	Romania	1991	8.5	6.4	3.0	12.4		8.4
原南斯拉夫	Former Yugoslavia	1989	13.8	7.8	3.1	19.1		16.4
印 度	India	1989	1.7	11.7	5.0	39.7		
印度尼西亚	Indonesia	1992	14.2	3.2	0.7	12.8	0.2	
菲律宾	Philippines	1992	13.7	5.1	1.9	17.8	0.2	8.6
泰 国	Thailand	1990	9.6⑦	2.4		9.9		2.2
新加坡	Singapore	1992	22.6	10.0	10.9	21.5	1.9	2.7
马来西亚	Malaysia	1990	18.2	4.5	3.9	19.9		
巴基斯坦	Pakistan	1992	13.2	5.3	0.9	13.3	0.2	6.3
缅 甸	Myanmar	1992	8.9	2.5	7.5	3.0		
韩 国	Korea,Rep.	1992	22.4	5.3	6.0	15.7	0.1	2.4
巴 西	Brazil	1990	12.8	3.9	2.8	34.9		3.7

注:①只包括国营部门和10人及10人以上的非农业私人企业。②包括矿业和水、电、煤气业。③包括水、电、煤气业。
④为商业、公共饮食业、物资供销和仓储业。⑤仅为金融、保险业。⑥为房地产管理、公共事业、居民服务和咨询服务业、卫生、体育和社会福利事业、教育、文化艺术和广播电视事业以及科学研究和综合技术服务事业。
⑦包括金融、保险、不动产及产业服务。

Notes:①Public sector and establishments of non-agricultural private sector with 10 or more persons employed.
②Including mining, quarrying and electricity,gas and water. ③Including electricity,gas and water.
④Refer to domestic commerce,trade,caterer service,material supply and storage. ⑤Refer to banking and insurance. ⑥Refer to real estate management,public service,tourism and restaurant, residential and consultancy service, Health care, sports and social welfare ,education, culture,art,Radio and television, Broadcasting, Scientifica research and polytechnical services.
⑦Comprise financing, insurance,real estate business services.

附录4-3 国内生产总值和指数

A4-3 GROSS DOMESTIC PRODUCTS AND INDICES

国外资料来源：国际货币基金组织《国际金融统计月报》1994年3月。
Source:International Monetary Fund 《International Financial Statistics》March 1994.

国家和地区 Country or Area				1992 国内生产总值（亿本币） GDP (national currency 100 000 000)	国内生产总值指数（比上年增长%） GDP Indices			
					1990	1991	1992	1993
中国	（人民币元）	China	(Yuan renminbi)	24362.9	3.9	8.0	13.6	13.4
美国	（美元）	United States	(Dollars)	60385.0	1.1	-1.2	2.0	3.0
日本	（日元）	Japan	(Yen)	4648090.0	4.8	4.1	1.5	0.1
德国④	（西德马克）	Germany④	(Deutsche mark)	27942.0	4.9	3.6	0.8	-1.2
英国	（英镑）	United Kingdom	(Pounds)	5961.7	0.5	-2.2	-0.6	1.9
法国	（法郎）	France	(Francs)	69976.0	2.5	0.7	1.3	-0.9
意大利	（里拉）	Italy	(Lire)	15072000.0	2.1	1.3	0.9	-0.7
加拿大	（加元）	Canada	(Dollars)	6885.4	-0.5	-1.7	0.9	2.4
澳大利亚	（澳元）	Australia	(Dollars)	3953.1	1.2	-1.1	2.2	4.1
原苏联	（卢布）	Former Soviet Union	(Rouple)	10000.0②	-2.2	-9.0	-18.5	-12.0
原捷克斯洛伐克	（克朗）	Former Czechoslovakia	(Koruna)	9777.6②	-0.4	-15.9	-8.5	-2.0
波兰	（兹罗提）	Poland	(Zloty)	11385080.0	-11.6	-7.2	1.0	4.0
匈牙利	（福林）	Hungary	(Forint)	28000.0	-4.0	-10.2	-5.0	-1.0
罗马尼亚	（列伊）	Romania	(Lei)	8440.0③	-7.4	-13.7	-10.0	
原南斯拉夫	（新第纳尔）	Former Yugoslavia	(New dinars)	2822.7①	-7.5	-17.0	-24.0	
印度	（卢比）	India	(Rupees)	60950.0②	5.6	1.3	4.0	4.5
印度尼西亚	（卢比）	Indonesia	(Rupiahs)	2565080.0	7.1	6.6	6.0	6.6
菲律宾	（比索）	Philippines	(Pesos)	13503.0	2.7	-0.7	-0.3	2.5
泰国	（铢）	Thailand	(Baht)	25094.0③	10.0	8.6	7.5	7.5
马来西亚	（林吉特）	Malaysia	(Ringgit)	1270.4	9.8	9.0	8.7	8.0
新加坡	（新加坡元）	Singapore	(Dollars)	749.8	8.3	6.7	5.8	9.0
巴基斯坦	（卢比）	Pakistan	(Rupees)	12023.5	5.3	4.7	7.8	7.0
缅甸	（缅元）	Myanmar	(Kyats)	1765.7②	2.7	1.3	1.6	
孟加拉国	（塔卡）	Bangladesh	(Taka)	9065.0	6.6	3.4	4.0	
土耳其⑥	（里拉）	Turkey⑥	(Liras)	2831870.0③	9.1	1.0	5.4	7.0
韩国	（韩圆）	Korea,Rep.	(Won)	2317270.0	9.2	8.5	4.8	5.0
埃及	（埃镑）	Egypt	(Pounds)	1391.0	5.7	1.1	4.4	
尼日利亚	（奈拉）	Nigeria	(Naira)	4555.2	8.2	4.5	4.3	
墨西哥	（新比索）	Mexico	(New pesos)	10332.2	4.5	3.6	2.7	
巴西⑤	（克鲁塞罗）	Brazil⑤	(Cruzeiro)	17789.6	-4.1	0.9	-0.9	
阿根廷	（比索）	Argentina	(Pesos)	2266.4	0.1	8.9	8.7	5.7

注：①1989年数。②1991年数。③1990年数。④1991年以前数字仅指原联邦德国数。
⑤1990年3月16日，克鲁塞罗取代新克鲁扎多。1克鲁塞罗=1克鲁扎多。⑥国民生产总值增长率。

Notes:①Data refer to 1989. ②Data refer to 1991. ③Data refer to 1990. ④Data before 1991,refer to the Federal Republic of Germany. ⑤On March 16,1990 the cruzeiro replaced the new cruzado at an exchange rate of one new cruzado for one cruzeiro. ⑥Growth rate of GNP.

附录4-4 国内生产总值部门构成

A4-4 COMPOSITION OF GROSS DOMESTIC PRODUCTS BY KIND OF ACTIVITY

国外资料来源：联合国《国民核算年鉴》1991年。
Source:United Nations《National Accounts Statistics》1991.

单位:% (%)

国家和地区	Country or Area	年份 Year	农业 Agriculture Hunting Forestry and Fishing	矿业 Mining and Quarrying	制造业 Manufacturing	水、电、煤气业 Electricity Gas and Water	建筑业 Construction
中国	China	1992	23.8		42.2⑤		5.8
美国	United States	1987	2.0	5.0⑤	19.3		4.9
日本	Japan	1991	2.3	0.3	29.0	2.8	9.9
德国(前联邦德国)	Germany	1991	1.3		29.5①		5.4
英国	United Kingdom	1991	1.5			2.8②	5.9
法国	France	1991	3.1	0.5	20.8	2.2	5.3
意大利	Italy	1991	3.3	20.1③		5.2	5.9
加拿大	Canada	1989	2.4	3.2	16.8	2.8	6.3
澳大利亚	Australia	1991	3.0	4.4	14.6	3.4	7.3
匈牙利	Hungary	1991	10.0	3.1	21.5		5.3
罗马尼亚	Romania	1991	18.5		43.6⑤		5.0
保加利亚	Bulgaria	1991	15.4		43.4⑤		4.5
原南斯拉夫	Former Yugoslavia	1990	10.8	2.1	26.2	1.5	6.6
印度	India	1991	28.6	1.9	15.8	2.0	5.1
印度尼西亚	Indonesia	1991	19.5	13.6	21.3	0.7	5.7
菲律宾	Philippines	1991	21.2	1.4	25.4	2.5	5.0
泰国	Thailand	1991	12.8	1.6	28.2	2.1	6.8
马来西亚	Malaysia	1985	21.0		32.0⑤		5.0
新加坡	Singapore	1991	0.2	0.2	28.9	1.8	6.8
巴基斯坦	Pakistan	1991	22.3	0.6	15.4	2.8	3.8
缅甸	Myanmar	1991	58.7	0.6	6.9	0.2	1.7
孟加拉国	Bangladesh	1991	35.1		9.1	1.6	5.9
土耳其	Turkey	1991	16.8	1.9	22.4	2.4	6.4
韩国	Korea,Rep.	1991	8.1	0.4	27.5	2.1	15.4
埃及	Egypt	1989	18.0	4.5	16.7	1.2	5.1
尼日利亚	Nigeria	1991	30.4	37.2	5.7	0.4	3.5
墨西哥	Mexico	1991	7.7	2.1	22.3	1.5	4.2
巴西	Brazil	1989	7.8	30.7③			8.4
阿根廷	Argentina	1991	6.9	2.1	24.4	1.6	4.7

续表 1 continued

单位：%　　　　　　　　　　　　　　　　　　　　　　　　　　　　　　　　　　　　(%)

国家和地区	Country or Area	年份 Year	商业 Wholesale and Retail Trade	运输、仓储及通信业 Transport Storage and Communication	金融保险不动业及产业服务 Finance Insurance Real Estate and Business Services	社会服务及个人服务 Community Social and Personal Services	其他 Other
中国	China	1992	5.9	6.3	16.0⑥		
美国	United States	1987	17.1	6.2			45.5
日本	Japan	1991	12.9	6.5	16.0	16.1	4.2
德国(前联邦德国)	Germany	1991		5.5	12.3		46.0
英国	United Kingdom	1991	12.8③	6.1	21.5	5.7	43.7
法国	France	1991	15.3	5.8	21.6	5.8	19.6
意大利	Italy	1991	18.2	5.7	25.1④		16.5
加拿大	Canada	1989	12.6	5.8	18.5	5.3	26.3
澳大利亚	Australia	1991	17.9	7.4	22.4	17.3	2.3
匈牙利	Hungary	1991	14.3	8.0	7.8	1.2	28.8
罗马尼亚	Romania	1991	8.5	4.5	2.3	3.4	14.2
保加利亚	Bulgaria	1991	7.7	8.1	20.9④		
原南斯拉夫	Former Yugoslavia	1990	7.2	10.3	5.9	13.5	15.9
印度	India	1991	10.9	6.8	7.5	5.4	16.0
印度尼西亚	Indonesia	1991	16.6	5.9	7.0	3.3	6.4
菲律宾	Philippines	1991	15.2	5.9	10.8	5.1	7.5
泰国	Thailand	1991	22.9	7.0	8.8	6.5	3.3
马来西亚	Malaysia	1985	12.0	6.0	24.0④		
新加坡	Singapore	1991	16.7	13.4	27.5	4.1	0.4
巴基斯坦	Pakistan	1991	14.7	7.8	6.4	6.7	19.5
缅甸	Myanmar	1991	22.7	2.4	0.2	2.9	3.7
孟加拉国	Bangladesh	1991	8.2	11.3	10.7	13.4	4.7
土耳其	Turkey	1991	18.0	13.5	7.8	2.2	8.6
韩国	Korea,Rep.	1991	10.6	7.1	15.2	4.2	9.4
埃及	Egypt	1989	20.5	8.5		16.9	8.6
尼日利亚	Nigeria	1991	13.1	2.0	5.6	0.3	1.8
墨西哥	Mexico	1991	24.8	8.8	12.9	10.2	5.5
巴西	Brazil	1989	7.1	5.1	40.0④		0.9
阿根廷	Argentina	1991	15.0	5.2	15.3	24.8	

注：①包括矿业，社会服务及个人服务。②包括核产品。③包括制造业。④包括社会服务及个人服务、商业、建筑业以及运输、仓储、通信业。⑤包括矿业、水、电、煤气业。⑥包括社会服务及个人服务。

Notes:①Comprise mining and quarrying,community social and personal services.②Includes nuclear fuel production. ③Comprise manufaturing.④Comprise community social and personal services,Wholesale and retail trade.transport storage and communication. ⑤Comprise electricity gas and water.⑥Comprise community social and personal services.

附录4-5 政府财政收支

A4-5 REVENUE AND EXPENDITURE OF GOVERNMENT FINANCE

国外资料来源：国际货币基金组织《政府财政统计年鉴》1993年。
Source:International Monetary fund 《Government finance statistics yearbook》1993.

单位:亿本币 (national currency units 100 000 000)

国家和地区	Country or Area	1990		1991		1992	
		财政收入 Total Revenue and Grants	财政支出 Total Exp. & Lend-Repay	财政收入 Total Revenue and Grants	财政支出 Total Exp. & Lend-Repay	财政收入 Total Revenue and Grants	财政支出 Total Exp. & Lend-Repay
中国（人民币元）	China (Yuan Renminbi)	3313	3452	3611	3814	4153	4390
美国（美元）	United States (Dollars)						
中央政府	Central	10859	13040	11599	14324	11567	14460
州政府	State	5777	5468	6078	5981		
地方政府	Local	4944	4807	5239	5191		
德国(前联邦德国)(西德马克)	Germany(Fed. Rep.) (Deutsche mark)						
中央政府	Central	7006	7244	8074	8689		
州政府	State	2758	2912	3055	3201		
地方政府	Local	2021	2051	2204	2240		
英国（英镑）	United Kingdom (Pounds)						
中央政府	Central	2029	2000	2156	2156		
地方政府	Local	661	681	713	727		
法国（法郎）	France (Francs)						
中央政府	Central	26733	27616	28141	29994	28920	31576
地方政府	Local	5857	5877	6191	6245	6465	6625
加拿大②（加元）	Canada (Dollars)						
中央政府	Central	1326	1492				
州政府	State	1355	1387				
地方政府	Local	522	538				
澳大利亚（澳元）	Australia (Dollars)						
中央政府	Central	999	918	1029	1005		
州政府	State	580	603	613	612		
地方政府	Local	92	91	96	96		
原苏联（卢布）	Former Soviet Union (Rouple)						
原捷克斯洛伐克（克朗）	Former Czechoslovakia (Koruna)						
中央政府	Central	4002	4053	4894	5168		
地方政府	Local	1653	1662	1133	1056		
罗马尼亚（列伊）	Romania (Lei)						
中央政府	Central	2979	2899	8228	7800		
地方政府	Local	520	514	902	883		
保加利亚（列弗）	Bulgaria (Leva)	321	364				
原南斯拉夫（新第纳尔）	Former Yugoslavia (New dinars)					678①	770①
印度（卢比）	India (Rupees)						
中央政府	Central	7295	11641	9083	12678	10332	13732
州及省政府	State	6378	7458				
印度尼西亚（卢比）	Indonesia (Rupiahs)						
中央政府	Central	395660	387680	424150	414330		
州、地区或省政府	State	49890	48790	58240	58910		
泰国（铢）	Thailand (Baht)						
中央政府	Central	4112	3118	4851	3667	5117	4292
地方政府	Local	287	244	347	324	359	356
埃及（埃镑）	Egypt (Pounds)						
中央政府	Central	236②	278②				
墨西哥（新比索）	Mexico (New pesos)						
中央政府	Central	964	913				
巴西（新克鲁扎多）	Brazil (New cruzados)						
中央政府	Central	100	118	429	444		
州政府	State	37	43	185	211		
地方政府	Local	16	18	91	96		

注：①与以前年份数据口径范围不一致。②为1989年数据。

Note:①Data after the symbol do not form a consistent series with those for earlier years.

②Data refer to 1989.

附录4-6 中央政府财政收入占国内生产总值比重
A4-6 CENTRAL GOVERNMENT REVENUE AS PERCENTAGE OF GROSS DOMESTIC PRODUCTS

国外资料来源　国际货币基金组织《政府财政统计年鉴》1993年。
Source: International Monetary fund 《Government Finance Statistics Yearbook》1993.
单位：%　　(%)

国家和地区	Country or Area	1980	1985	1987	1988	1989	1990	1991	1992
中　国①	China①	24.28	21.89	20.95	18.67	18.43	18.74	17.84	17.27
美　国	United States	20.85	19.94	20.43	20.01	20.22	19.86	19.84	19.63
日　本	Japan	12.05②	12.43	13.34	13.82	13.87	14.38		
德　国	Germany	28.54	30.24	29.58	28.86	29.46	28.87	30.80	
英　国	United Kingdom	35.10	37.47	35.73	35.93	35.35	36.74	37.05	
法　国	France	39.63	41.75	41.35	40.85	40.51	40.53	40.94	40.63
加拿大	Canada	17.90	18.74	19.71	19.30	20.12			
澳大利亚	Australia	24.85	27.40	28.42	28.23	26.92	26.99	27.11	
匈牙利	Hungary	53.61②	52.14	53.16	56.07	53.55	53.18		
罗马尼亚	Romania	45.28	44.15	47.78	42.48	48.29	34.73	37.42	
原南斯拉夫	Former Yugoslavia	8.12	7.17	7.14	7.66	4.27			
印　度	India	11.85	13.77	14.43	14.05	14.88	13.63	14.74	
印度尼西亚	Indonesia	21.40	20.67	19.19	16.23	16.69	19.47	18.16	
泰　国	Thailand	14.99	16.24	16.23	17.42	18.56	20.41		
马来西亚	Malaysia	26.35	30.15	25.43	25.73	25.73	27.20	28.53	
新加坡	Singapore	25.31	37.99	31.04	27.96	29.52	33.32	32.80	
缅　甸	Myanmar	16.00	13.61	10.48	8.48	9.50	10.70		
韩　国	Korea, Rep.	17.96	17.22	17.21	17.89	18.16	18.58	17.68	18.45
埃　及	Egypt	47.07②	36.74	32.55	32.33	29.43	18.58		
墨西哥	Mexico	15.78	16.50	17.42	17.28	18.29	14.05		
巴　西	Brazil	22.18	26.34	34.23	20.07	22.12	30.48	25.92	
阿根廷	Argentina	21.17	15.62	13.98	9.26	9.85			

注：①为国家财政收入占国民生产总值比重。②1981年数字。
Note: ①Refer to Government revenue as % of GNP. ②Data refer to 1981.

主办单位和协办单位

主办单位 中国社会经济文化交流协会

协办单位 中国人民保险公司

中国东方技术实业公司

北京新华公司

上海大众汽车股份有限公司

上海市第一百货商店股份有限公司

上海石油化工股份有限公司

上海华联商厦股份有限公司

北京市北芪生物养植公司

北京金谷旅游资源开发公司

河南省郑州市商城信用社

多思科技工业园股份有限公司

江苏双沟酒厂

远东经济画报社

中国乡镇企业协会乡镇企业家委员会

中国社会经济文化交流协会

中国社会经济文化交流协会是经中华人民共和国民政部批准成立的全国性社会团体(社团登记证第1400号),具有法人资格。

我国改革开放以来,在经济建设取得巨大成就的同时,文化、学术和对外交流也出现了新的发展。有鉴于此,我国社会、经济、文化界知名人士,于1989年发起组织了这个民间社会团体。协会的宗旨是团结和组织社会、经济、文化界人士开展学术文化活动,推动我国现代化事业,增进国际联谊与交往,推进海峡两岸关系,为改革开放服务。

协会的主要任务是:1.开展民间国际交往和海峡两岸人员交往;2.进行社会经济文化的调查研究;3.发展学术文化交流;4.编辑、出版图书、报刊、音像资料;5.举办展览、演出和学术讲座;6.培训人员;7.开展咨询服务活动和信息交流;8.承办政府有关部门和社会团体委托的事务。

协会人才荟萃,在国内外有广泛的联系和影响,自成立以来,已先后召开过数次国际学术会议,对中国文化与人口问题,农村发展与人口产业转移,亚太地区经济科技发展,周边国家和地区民间贸易等问题进行研讨。通过这些活动,与一些国家和地区建立了联系。举办过中国古现代钱币展览,鸦片战争150周年爱国主义教育展览等数次大型展览会;与台港澳以及美国、意大利、法国、韩国等对口社会团体进行了联系与互访;举行过一些重大国际问题的座谈讨论等活动。面向海内外的大型出版物《中国黄金海岸年鉴》,年出一卷,为深化改革和扩大开放作出了积极贡献。

中国黄金海岸年鉴编辑部组成人员

总　编　辑　罗涵先(兼)

副总编辑　贺人瑞　李俊晞

编　　辑　郑思敏　张凤英　李守臣　胡建刚

特约编辑　周　毅　颜学亮　黄　培

上海联络处　蔡伊兰(主任)

特约撰稿人、特约通讯员

(按姓氏笔画顺序)

于海平　威海市外经贸委办公室秘书
王　磊　青岛市政府综合调研室秘书
王天昌　湛江市政府办公室综合科副科长
王玉兰　丹东市外经贸委综合处副处长
王仁山　泉州市政府办公室副主任
王怀中　三亚市政府综合科
王贵山　辽宁省政府调研室副主任
王国强　张家港市政府办公室秘书
王鲁博　淄博市外经贸委综合科科长
王瑞生　东营市开发区办公室
王翼飞　常州市政府工贸科科长
孔康华　嘉兴市政府办公室
田和友　东营市政府秘书科
司开明　南京市政府对外开放办科长
史纯粹　嘉兴市政府办公室主任
冯小苑　北京市政府研究室综合处调研员
卢嘉权　肇庆市政府体改办副主任
孙进玉　潍坊市外经贸委办公室秘书
孙福宏　山东省外经贸委调研信息处秘书
刘家安　营口市外经贸委办公室主任

刘桂茂　沧州市政府办公室副主任
刘敬东　锦州市外经贸委综合处处长
朱斌华　东莞市政府经济研究室
乔长敏　滨州市外经贸委办公室主任
齐双来　河北省外经贸厅外宣处副处长
江　华　连云港市政府办公室副主任
李小萌　北海市政府办公室主任
李应适　南宁市政府办公厅副主任
李应济　海南省政府办公厅调研室主任
陈　镛　浙江省政府办公厅处长
陈少和　福建省特区办开放地区处处长
陈鸿庆　南通市政府办公室研究室主任
陈健胜　宁波市政府办公室副处长
何广林　深圳市政府办公厅综合处副处长
何伯昌　佛山市政府办公室调研办科长
何善忠　福州市政府办公厅调研科科长
宋建新　杭州市政府办公室副处长
佟百福　锦西市政府办公室副主任
苏宏发　钦州市政府办公室副主任
苏春成　厦门市政府办公厅副主任
苏斐华　秦皇岛市政府副秘书长
严伯英　江阴市政府地方志办公室
杨玉龙　济南市外经贸委信息处
杨立功　唐山市政府副秘书长
邹国芳　江苏省经贸委办公室副主任
严桂芳　盐城市政府研究室科员
林水土　漳州市政府研究室综合科科长
林凤兴　天津市政府研究室处长
林长衍　晋江市计委主任
林进炎　广州市政府研究室秘书
季家明　绍兴市政府办公室副主任
郑向民　中山市政府调研科副科长
郑国强　上海市政府研究室主任科员
范　然　镇江市政府办公室副主任
范忠智　潍坊市外经贸委办公室主任

周兆昌　温州市政府办公室处长
周治玉　朝阳市政府督察室科长
周训光　广西外经贸委政策法规处副处长
周健民　舟山市政府办公室主任
孟祥林　唐山市政府办公室综合处处长
赵成武　大连市外经贸委办公室秘书
赵炳文　淄博市外经贸委综合科副科长
娄东风　海口市政府办公室秘书科秘书
袁广洲　沈阳市政府综合一处处长
徐应生　淮阴市政府办公室主任
徐建中　萧山市政府办公厅综合科科长
徐国平　湖州市政府办公室副主任
郭淑云　烟台市外经贸委综合业务科
黄文昌　阳江市政府内联外引投资办公室副主任
黄建军　无锡市政府办公室联络处处长
黄建钧　慈溪市政府办公室主任
黄惠强　中共珠海市委办公室综合科主任科员
蔡镜常　中共南海市委政策研究室主任
潘能强　合浦县政府办公室副主任

优 绩 企 业 介 绍

中 国 人 民 保 险 公 司

地址：北京市阜成门内大街410号　　电传：22102 22532 PICC CN
电话：6016688 转 3116　6011877　　电挂：42001

中国人民保险公司
THE PEOPLE'S INSURANCE COMPANY OF CHINA

领导成员 Leading Members

董 事 长、总 经 理: 李裕民(中)
副董事长、副总经理: 王宪章(左二)
副董事长、副总经理: 孙希岳(右二)
副　总　经　理: 戴凤举(左一)
副　总　经　理: 吴小平(右一)

中国人民保险公司

1993年业务发展的主要情况

1993年，在邓小平同志建设有中国特色社会主义理论和党的十四大精神的指引下，我国改革开放、经济建设和各方面的工作都出现了新的局面。国民经济的快速发展，为我国保险业的持续高速发展继续开创着良好的外部环境。过去的一年，全系统上下解放思想，实事求是，抓住机遇，促进发展，各项工作都取得了较好的成绩，圆满地完成了1993年全国工作会议和全国分公司总经理会议提出的工作任务。

1993年，全系统(不含海外)业务总收入499.6亿元，较上年增长35.6%，完成年计划的118.0%。其中，保费收入259.1亿元，储金收入240.5亿元，分别比上年增长32.5%和39.1%。国内业务按财产险和人身险分类，财产险业务收入(包括保费和储金)263.5亿元，较上年增长36.3%，完成年计划的117.3%，其中农业保险业务收入14.6亿元，较上年增长29.7%；人身险业务收入(包括保费和储金)193.4亿元，较上年增长36.2%，完成年计划的118.1%。涉外业务保费收入人民币42.8亿元，其中含4.8亿美元折合数，较上年同期增长29.0%，完成年计划的121.7%。

截至1993年底，国内外业务赔款(含给付)总支出278.5亿元，其中：国内财产险(含农险)赔款和给付165.1亿元；人身险给付和赔款89.6亿元；涉外业务赔款人民币23.8亿元，其中含2.5亿美元折合数。

1993年预计实现利润20.7亿元。

——**把握发展机遇，促进业务发展**。各级公司继续坚持以业务发展为中心的思想，紧紧把握国民经济持续快速发展的有利机遇，不失时机地加快发展步伐，促进了各项业务的蓬勃发展。国内财产险保持了36.3%的发展速度，人身险增长幅度达到36.2%，涉外业务增幅达到29.0%。各级公司为了加快业务发展，广泛进行了思想动员，强化各级领导和广大职工的发展观念，端正关于速度与效益辩证统一关系的认识。许多公司深入开展了市场调查和经济预测工作，把握市场动态，制定符合实际的发展规划。建立和完善富有活力的激励机制，开展“双增标兵公司”、“展业能手”等多种形式的社会主义劳动竞赛，有效地调动了各级公司领导和广大职工的积极性，为业务发展增添了动力。

——**加强经营管理，注重提高效益**。在推进业务发展中，各级公司普遍重视了经营管理工作，坚持一手抓发展业务，一手抓经营管理，管理工作滞后的状况有所改善，核算意识和效益观念得到明显增强。一是总公司和各分公司坚决果断地停止和清理金融性担保业务；二是努力调整业务结构，改善了保费业务和储金业务的结构比例，促进了效益性险种的发展;三是科学分析正常赔付率过高的原因,有针对性地采取调控措施,严格理赔制度,堵塞漏洞,使赔付率得到了一定的控制;四是采取有效措施,坚决纠正弄虚作假等不正之风,挤出业务增长中的水份,把业务增长速度建立在比较扎实的基础上;五是开源节流,增收节支,精减会议,控制出访,千方百计落实财务收支计划和上缴中央财政的任务。

——**积极推进改革,转换经营机制**。各级公司根据党的十四大提出的建立社会主义市场经济体制的要求,结合各地的实际,积极稳步地推进内部改革。建立分保机制,深化核算体制改革;改革经营方式,实行一业为主,多种经营,走多元化、集团化的发展道路;实行经营目标责任制,把目标层层分解,严格目标考核,按期兑现奖惩;深化劳动人事制度改革,打破"铁交椅",推行干部聘任制,打破"铁饭碗",试行用工合同制;坚持"效率优先、兼顾公平"的原则,拉开分配差距,探索按岗位责任、技能和工作实绩评定奖金等级的途径等等。

——**改善保险服务,树立良好信誉**。面对日趋激烈的市场竞争,各级公司普遍重视和加强了保险服务工作。一是教育广大职工牢记"忠诚服务,笃守信誉"的职业道德,面向市场,心系保户,坚持上门服务。二是适应市场和广大群众的需求,积极开发新业务,同时对原有的一些险种进行革新改造,增强了适用性;三是利用我公司的防灾优势,积极主动地做好承保后的防灾防损工作,与有关部门联合,开展安全检查,排除事故隐患,减少灾害损失,促进安全生产;四是许多公司发扬艰苦创业精神,自立更生、因地制宜铺设代理网点,满足社会需要,方便广大群众投保;五是适应市场变化和保户的要求,按照国际惯例运用条款和费率,为外商提供满意的服务。

——**落实"约法三章",狠抓反腐倡廉**。各级公司认真学习贯彻中央6号文件和朱镕基副总理在全国金融工作会议上提出的"约法三章",紧密结合保险系统的实际,整顿金融秩序,落实中央、国务院关于加强宏观调控的决策措施。一是限期清理并收回和退还违章拆借资金,全系统共清理违章拆借资金8亿元;二是坚决执行人民银行制定的利率政策,不得擅自提高贷款利率,并对资金运用情况进行了检查和审计;三是对各级公司兴办的多种经营实体认真作了清理,明确了政策,制定了脱钩方案,要求做到产权明晰,依法经营,照章纳税。中纪委二次全会召开后,总公司和各分公司党组(委)按照中央、国务院的部署,坚决开展反腐败斗争。总公司和各分公司紧急召开党组书记、纪检组长会议,传达学习中纪委二次全会精神,部署全系统的反腐败斗争。各公司党组相继召开了民主生活会,对照五条要求,开展自查自纠。从自查情况看,总公司和分公司党组成员的整体素质是好的。各级公司集中力量查办了一批严重以权谋私、权钱交易、贪污受贿、制造假赔案等违法违纪案件。全系统反腐败斗争取得了阶段性成效。与此同时,各级公司狠刹以赔谋私等行业不正之风,核查保险赔案,进行遵纪守法教育,行业不正之风有所遏制,各级领导和广大职工的政治素质得到提高。

北京市人保公司

北京市人保公司自1992年8月开办了《青少年、幼儿疾病住院医疗保险》，截止到1994年4月底投保人数已达73万，其中7810人得到了赔付，金额达400万元。

5月19日，市政府在通县召开"大力推动青少年、幼儿疾病住院医疗保险"现场会。市领导李志坚、何鲁丽、胡昭广出席并讲话。

石景山人保公司为正在市儿童医院治疗的白血病患儿郝哲送来给付保险金18,000元。

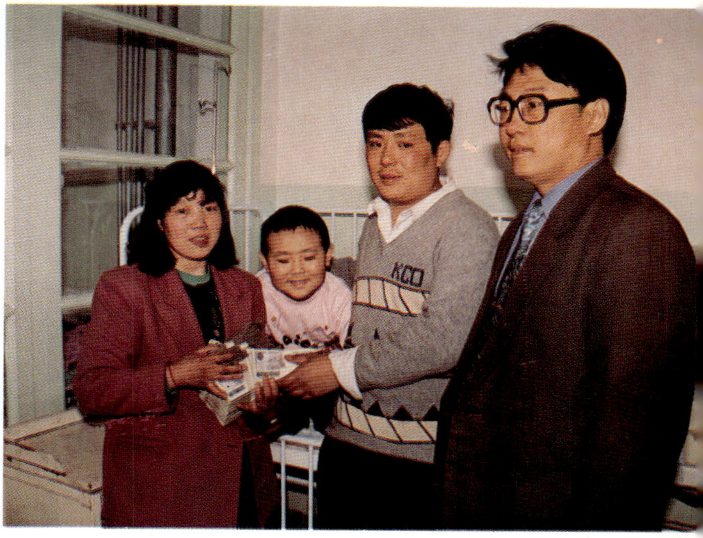

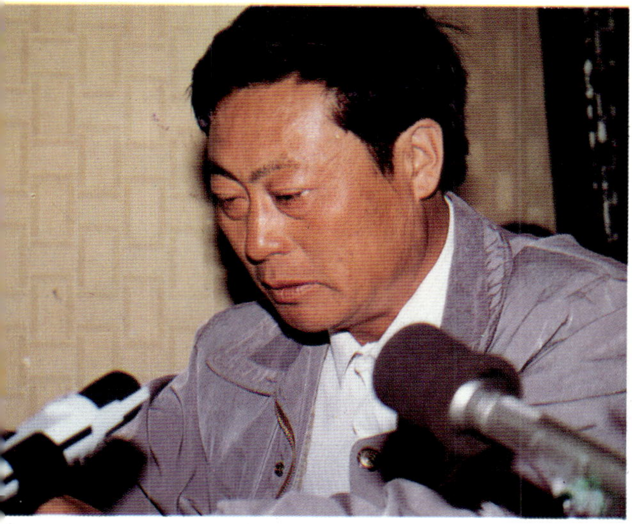

患儿家长胡文明眼含热泪的说：我的儿子没参加住院医疗保险，女儿在学校参加了住院医疗保险，在二个儿女患重病后，共同的遭遇给家庭带来了差距很大的结果。

宣武区人保公司经理(右1)与有关人员来到患白血病的上斜街小学学生杨帆家中，送来给付保险金14878.71元。

丰台区人保公司干部为卢沟桥乡小屯村小学生王亮送来给付保险金2000元。

中国人民保险公司总经理李裕民对来采访的北京晚报记者梁秀伟语重心长地讲:"北京把青少年、幼儿疾病住院医疗保险推向深入,是真正为首都的发展、稳定做贡献的大好事。"

宣武区人保公司利用节假日组织业务人员上街开展咨询活
宣传青少年、幼儿疾病住院医疗保险。

人人为我,我为人人。

密云县人保公司在大力开展"青少年、幼儿疾病住院医疗保
的同时,积极支持本县中、小学生体育运动。

“8 • 5”深圳爆炸事故理赔纪实

骇人听闻的“8 • 5”深圳爆炸事故，深圳人保公司估计赔款1亿元左右。

1993年，深圳人保公司经受了“水与火”的考验。6月份的特大洪水灾害一次赔款1.6亿元，时隔两个月又发生了这次空前的爆炸事件。有人怀疑深圳人保的实力，该公司总经理苏锐石向记者说，请放心，再发生几次这样的赔案，我们也赔得起，不必动用总准备金。

深圳人保公司听到爆炸消息，立即召开会议研究方案。

消防车在往死灰复燃的“中贸发”仓库注水。

深圳人保财产部在现场组织查勘工作。

理赔员在“中贸发”仓库进行货场核损。

香港无线电视台记者采访苏锐石总经理。

市有关部门的领导赴现场组织清理工作。

8月12日深圳人保公司召开预付赔款会。

苏锐石总经理将1500万元人民币预付款支票交给“中贸发”公司总经理。

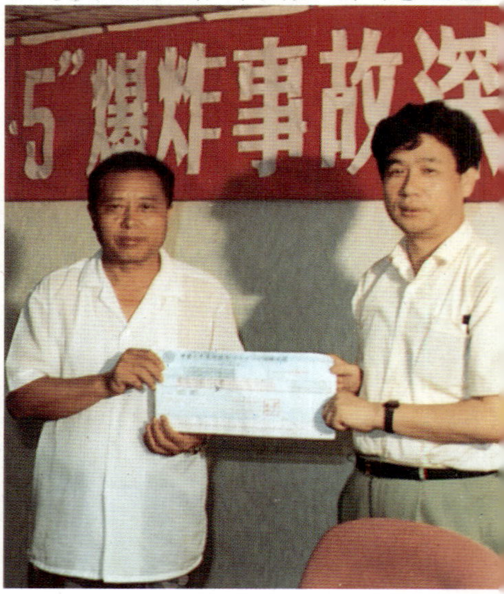

深圳清水河爆炸事故现场一角。

中国东方技术实业公司

中国东方技术实业公司是经国家科委批准成立的全民所有制企业。于1988年4月在国家工商行政管理局登记注册，领取营业执照，注册资金为100万元，企业法人代表华玉伦(高级工程师)。

公司董事长于金藻　　　　　　公司总经理华玉伦

中国东方技术实业公司组建后，先后在黑龙江、大连、青岛及西北地区设立了分公司；在烟台、威海、潍坊、成都、福州、扬州、南京等市以及新疆设立了办事处。并以市场为导向、以科技为依托、研制开发引进了一批具有国际水平和国内领先地位的新产品、新技术。现已成为一个人才济济，跨地区、有影响的公司。1989年全国开始整顿公司之后，东方公司划归航天部，后又于1992年归科技日报社领导。领导关系的更迭，领导班子变动，使刚刚崛起的公司事业蒙受重大损失，公司也只得做相应的调整、整顿，压缩战线，与外省市的分公司、办事处办理脱钩手续。此后公司同仁踏踏实实辛勤耕耘尚存下来的实业与科研工作。

几年来，中国东方技术实业公司的工作经历了艰苦奋斗的历程，走过了风风雨雨，弯弯曲曲的路。"东方"人尝到了创办企业的酸甜苦辣，也建立了自己的企业精神，全公司凭藉这种精神，始终不渝地坚持以高新技术研制开发为主，立足实业，在科技与实业战线上拼搏的创业方向，取得了积极成果。

公司现状：

1.组建了两个饲料厂，摸索了一套适用各种动物的饲料配方，形成了年产饲料万吨，年产值超千万元的生产能力，有较好的经济效益。2.建立了老子饮饮料所，研制出高级天然保健饮料，并通过了部级鉴定，投入了小批量生产，得到了国家有关部门颁发的五种奖励，拟计划建一个老子饮饮料厂，以满足人民的需要。3.在河北遵化县建有金矿一座，亦已投入生产。4.北京装饰装璜公司，北京神泉食品机械公司研制、开发生产的多种食品机械，青岛分公司的

公司领导交谈公司未来

啤酒等产品都已先后上市，均享有一定声誉，现仍在独立经营。

几年内还研制、开发一批填补国家空白或具有国际水平的科技成果。

1.带果肉果汁，已经国家计委批准，被轻工业部列为重点项目，是填补国家空白的产品。2.节能神球，业已通过航天部鉴定，并列入北京市节能办公室联合推广项目，在北京市交通运输行业推广使用后，反映良好。3. 柴油乳化技术，国家科委已列入“火炬计划”后补项目。4.生物复合肥，已申请国家专利，并在国内推广。

公司确信上述七个企业经过整顿定会放出异彩，四项高新技术的开发与合作或转让，也会结出硕果。

中国东方技术实业公司
高级天然饮料——老子饮

一、老子饮——高级天然保健饮料是以我国道家祖传的千年秘方为基础，经过筛选改进精选十余味名贵中草药及天然矿泉水或净化水，运用最新科学技术，采用先进工艺、设备，合理调配精制而成。本产品营养丰富，色泽鲜艳，风味独特，清凉爽口，适口性强。

经过毒理学和抗疲劳、抗衰老及免疫功能实验，卫生指标检测等证实，“老子饮”食用安全，符合国家卫生标准，具有明显的抗疲劳、抗衰老作用和增加免疫功能等保健作用。

二、检测与评定

经中国科学院植物研究所、中国科学院遗传学研究所、中国预防医学科学院营养与食品卫生研究所、中国环保科学研究院环境监测总站、北京市卫生防疫站、中国人民解放军空军总医院等单位检测和鉴定,“老子饮”饮料中含有20多种氨基酸,多种维生素和30多种矿物质元素,还含有酮类化合物,有机酸糖,单宁等有益成分,常饮有养生健体之功能。

本产品已通过了航天部部级鉴定,专家们认为:老子饮的研制符合当前国内外饮料工业的发展方向,在国内同类产品中居领先地位,有国际先进水平,达到了三高:即高起点,即:“老子饮”在饮料工业中为第四代产品,其特征为全天然;高水平,即:在国内外饮料工业中,具有新颖性、创造性和先进性;高性能,即:有显著抗疲劳、抗衰老和免疫功能。

经国际联机检索,未发现与本产品完全类同的产品,故该产品将在国内外具有广阔的市场,会受到广大消费者的欢迎。

本产品曾荣获中国优质保健产品新产品奖,全国卫生保健品及技术信息汇展参观优秀产品奖,中国国货精品博览会金奖及中国优质保健品优秀产品奖,并被选入1992年出版的《中国当代名特优产品大辞典》。

三、评论

“老子饮”已得到航天部、国家体委及全国营养学会的重视和支持。同时已有许多外国客商也纷至沓来,先后有美国、日本、加拿大、泰国、香港、台湾等14个国家和地区的30多个企业就合资、合作开发老子饮等有关事宜,同我公司接触洽谈;国家民委、天津饮料厂、湖北襄樊饮料厂、广州明花保健食品饮料厂、玉田饮料厂等单位要求与我们协作联合办厂等。

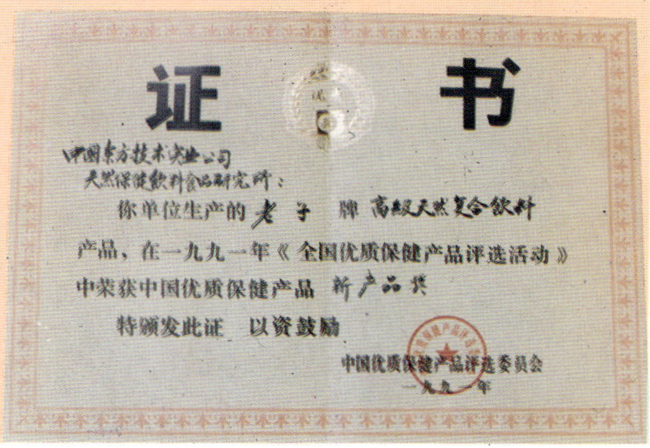

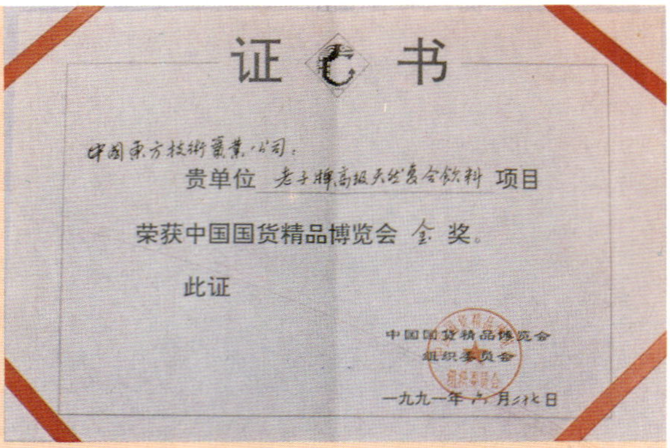

老子饮部份销售到市场，受到社会消费者的欢迎，一位饮用“老子饮”的用户来信讲:“承您惠赠的老子牌高级天然饮料，在京服用后即见奇功，带回海南几瓶，我视若珍宝，每早晚各服一次，每次20ml左右，连服两周，过去我上床总难以入睡，不料这种病治好了，尤其每晚睡前口服，服后20分钟便感觉昏昏欲睡，躺下很快就入睡了。醒来觉得全身是劲，心情倍感轻松愉快，脑子还特别清醒，所以我认为“老子牌饮料还有补脑之功效，实在难得。”一位在南京的台商饮用“老子牌”饮料后说:“我白天工作一天很累，晚上还有很多事要做，服用该饮料后，晚上很晚做事也不感到累，这种饮料很好。”北京市云港医院一位医务人员的母亲患胃病多年，跑尽了北京大医院，都没治好，而饮用一段老子饮后，胃病渐渐好了。总之老子饮问世不久，生产量不大，市场见到不多，就收到了预想效果。

四、展望与打算

“老子饮”是具有国际先进水平的一种保健型饮料、全天然(不含糖精和色素)符合饮料工业发展方向，走入市场时间不长，就得到用户的好评，有广阔的潜在市场，开发这种饮料，必将对人类做出贡献，也必将收到可观的经济效益和社会效益。

拟打算投资2000万元人民币建一个年生产50ml口服液600T20ml浓汁100T的饮料厂，600T口服液销售成本为39.72万，销售价格576万元，100T浓汁销售成本为1504万元，销售价格为4000万元。扣除17%增值税，年纯利可得3024万元。

2000万元，主要用于流动资金，现在公司有一条年产150—200T底料的生产线，为此可增加必要的关键设备，其它设备做些填平补齐。在边生产的同时考虑到下一步投资兴建规模年产6000T底料厂，然后灌装口服液、浓汁，其产值可达12亿，年税利可达63480万元。

北京市北芪生物养植公司

公司领导成员

地址：北京市朝阳区崔各庄乡崔各庄
邮编：100015

北芪生物养植公司领导人
与主管单位领导人在一起

公司简介

北京市北芪生物养植公司是中国核工业总公司所属中国华宇经济发展有限公司的直属企业，是北京朝阳区工商行政管理局正式注册的法人企业。注册资金350万人民币，现有土地50亩，房屋及各类建筑总面积15000M^2，设备8台，汽车2部，总资产合2035万元。

公司开发北芪系列产品，计划分三期工程。第一期大规模种植"北芪菇"。根据市场需求，设计规模为年产2400—10000吨北芪菇；第二期开发北芪菇系列产品，如营养液、天然北芪菇茶、高营养饲料等；第三期以北芪菇为原料，用现代化方法，提取高糖，微量元素硒等；制成口服液及其它形式的医药用品，并开发其医用机理，扩大医治疾病范围。以上三期工程交替进行，计划从93年至96年三年内完成，三期工程共需开发资金约7500万人民币，现已开始进行第一期工程开发，已建成60，000M^2的培养基地和9000M^2的厂房，购置了主要生产设备，样品已经生产，并部分投放市场。

产 品 介 绍

北芪神菇是利用黄芪等名贵野生自然植物培养而成的新型食用菌。经有关部门检验鉴定，该产品18种氨基酸总和、多糖、微量元素等含量均高于普通食用菌。该产品(专利号:931018668)经临床验证，对牛皮癣等皮肤病，有明显食疗作用，长期食用可以有效改善皮肤结构，促进新陈代谢，增强人体免疫功能，实属国内首创。

商标
北芪
250g
北芪神菇
BEIQISHENGU
北京市北芪生物养植公司
北京中医药学会监制

北芪神菇是利用黄芪等名贵野生自然植物培植而成的新型食用菌，经有关部门检验鉴定，该产品十八种氨基酸总和、多糖、微量元素等含量均高于普通食用菌。该产品(专利号：931018668)，经临床验证，“北芪神菇”对牛皮癣等皮肤病，有明显食疗作用，长期食用可以有效改善皮肤结构，促进新陈代谢，增强人体免疫功能，实属国内首创。

营养成份：氨基酸总和：16.235%
赖　氨　酸：1.185%
多　　　糖：9.688%
硒(se)：0.23PPm(硒化合物有抗癌治癌作用)
锌(zn)：77.77PPm

食用方法：用温水浸泡无干芯，凉拌、炖烧均可。食疗日用量50g－75g，第一次浸泡的水用来清洗皮肤，第二次浸泡的水可食用。

卫生许可证号：93京朝食监字14234号

北京市北芪生物养植公司

地址：北京市朝阳区崔各庄乡崔各庄

邮编：100015

河南省郑州市商城信用社

郑州市商城信用社位于郑州市红专路政七街交叉口(办公室电话5946960),是经中国人民银行郑州分行批准,于一九九二年十二月十日正式成立的,具有独立法人资格(法人代表:史金升)的金融机构。

商城信用社的成立得到社会各界人士的高度重视和大力支持。原中国人民银行总行行长李葆华先生亲自为该社题写了社名,中国人民银行河南分行副行长裴群国先生为该社开业剪彩。国内外著名经济专家、金融家费孝通先生、王光英先生、马文瑞先生、罗涵先先生、贾灿宇先生、魏振光先生、李春亭先生等领导关心该社的发展,并先后题词勉励。在市人行和联社的领导下,全体员工以严格的管理和优质的服务走向市场,为活跃社会主义市场经济,推动金融事业的蓬勃发展而努力奋斗。

服　务　项　目

1. 365天全天候营业、节假日、星期天均不休息
2. 办理电脑储蓄、存款、贷款、结算业务
3. 对存款大户电话预约、登门服务、代客办理各种结算业务、代客护送款
4. 代发工资、代办保险
5. 代管有价证券
6. 代办电脑联行卫星转汇
7. 办理经人民银行批准的其它业务

神州风采

社会、经贸、企业先进单位选介

经过改革开放的洗礼，祖国大地日新月异，各条战线都出现了蓬勃生机，它们灿烂夺目，光彩照人。《神州风采》就是为了反映这些生动面貌和喜人景象而设立的。主要是介绍全国各地城镇风貌、企业风采和人物风情。

上海浦东新区六团塑料厂

上海浦东新区六团塑料厂创建于1972年2月，旁靠即将兴建的浦东国际机场和东海华夏水上游乐场，交通方便。现占地面积35,000平方米。该厂属多家合资、联营企业，并设商业网点，形成综合性集团型企业，被评为1993年浦东新区百强工业企业之一。

该厂专业生产多彩橡胶网球鞋大底、邓禄普外底、胶粘结合底、鞋用EVA发泡、鞋用中间垫、“六安特”非药物抗菌防臭中间垫、注塑橡塑底、各类鞋用沿条、鞋用胶粘剂、鞋用去污剂、各色鞋油、不沾油赛氟龙喷涂及电子、电器产品等。其中多彩橡胶网球鞋大底和鞋用中间垫及不沾油赛氟龙喷涂产品分别列入1992年、1993年市“星火计划”项目和市科委新产品项目。

厂长　乔华昌

上海浦东城镇实业总公司

总公司董事长　杨建明

总公司总经理　凤秀涛

上海浦东城镇实业总公司座落于浦东新区东南部最繁华的川沙镇。离上海市区中心20余里，东临即将兴建的上海第二国际航空港8公里。拥有固定资产2.2亿元，1993年有员工7000余人，全年创收14亿元，荣获上海市“发展乡镇企业好，对社会贡献大”先进单位称号。

总公司前身为川沙县城镇乡工业公司，1992年，一批勇于改革创新的领导骨干，在党的基本路线指导下，把单一的工业公司全面改组成集技、工、贸、农、牧业及房地产为一体的综合性多元化的企业集团——浦东城镇实业总公司。改组后的总公司，全体员工奋力拼搏，大胆改革，借鉴新经验，开拓新思路，实现了简政放权、理顺党、政、企三者关系；完善经营机制，推行股份合作制；改革用人制度，并积极开展育才、引才、爱才活动；财政包干，让利于企业；科技兴业，开发了一大批具有国内国际竞争力的新产品，从而1993年的经济效益与1991年同口径比较增长了一倍多。

为了实现新的目标，该公司充分利用浦东开发的优惠政策和所处的地理优势，结合自身的经营、信誉、资金、人才、科技等诸多优势，积极开发新产品，改造老产品，将产品质量提高到一个新的水平，在激烈的市场竞争中力争上游，到“八五”期末，把各业的总收入突破20亿元，创利税2亿元。

浦东“花果山”——上海向华实业总公司

被誉为浦东“花果山”的上海向华实业总公司，地处上海浦东新区张江高科技园区南端。公司拥有1500亩土地面积，发展了八大工业门类和三个农牧企业，成为一个工、贸、农、牧为一体的多功能经济实体。现有固定资产6500万元，职工700多人，1993年总产值6525.46万元，形成了经济综合发展的新格局，五年目标三年实现。

总公司前身是个农牧场，现在的总经理张天虹是当时的场长，在1976年办场初期，仅10万元起家，在自然经济观念束缚下，1987年亏损21万元，负债300多万元。但总经理认真总结了经验教训，首先从全面提高人员素质着手，以扬弃自我，从创新我的改革精神，建立了一个观念更新，团结一致的企业领导班子，并开拓创新，强化企业管理，调整产品结构，生产模式也由劳动密集型向高新技术型转化，终于摆脱了被动局面，使企业经营走上了健康快速发展的道路，公司经济五年获得五次飞跃，企业盈利1988年为3.03万元;1989年48万元;1990年73.75万元;1991年113万元;1992年304万元;1993年411.4万元。工业经济的发展，又去支持农牧业的腾飞，拿出百万元资金投入了“菜篮子”、“米袋子”工程，取得了良好的经济效益和社会效益。1993年投放市场:商品粮16万公斤，各类水果40万公斤，鲜奶25万公斤，鲜蛋6万公斤，猪肉28万公斤。

上海向华实业总公司　总经理　张天虹

建设银行湛江市分行

建设银行湛江市分行(位于湛江市赤钦跃进路)成立于1954年。现拥有资产30多亿元,员工1500多人。辖12个县(区)支行(含营业部),营业网点108个,遍布湛江市两县、三市、五区,形成纵横交错的金融服务网络。还拥有信托公司、租赁公司,财务公司等8个金融性公司和实业公司,与银行主业相互补充,形成功能齐全,品和多样的金融服务体系。

作为经办国家固定资产投资的国家专业银行,长期以来,建设银行湛江市分行积累了管理投资项目的大量经验,培养了一批经验丰富的投资管理专门人才。改革又为湛江建行的发展注入了新的活力,银行存、贷款、结算业务迅猛发展,新的金融服务品种不断涌现。多种银行服务功能与传统职能相得益彰,互相依托,互相促进,有力地促进了各项业务的全方位发展。湛江建行不仅经办了本市湛江港、南油西部公司、湛江化工厂、湛江电厂等一大批重点项目和国家投资项目的建设,还利用贷款支持了本市土地开发与商品房建设、交通、通讯、能源、原材料工业等基础设施和企业的发展,为湛江市经济的发展和人民生活水平的提高作出了重要贡献。

为了适应社会主义市场经济的发展要求,湛江建行新的改革目标已经确定,即要办成以经营中长期固定资产投资信用为特色,全方位、多功能、综合性、现代化的银行企业集团。为此,该行正致力于提高经营手段的现代化水平,大力拓展国际业务,继续创造新的服务品种,完善服务功能,增强筹资能力。同时探索内部管理的新路子,提高资产和负债的管理水平,力争在改革和发展的道路上迈上一个新的台阶,为本市经济的发展作出更大贡献。

湛江建行经办的国家重点工程——湛江港

建设银行湛江市分行行长高级经济师　王业

广东省级重点工程——湛江化工厂10万吨氮磷钾复合肥工程。

湛江建行经办人员深入湛江电厂工地了解情况。

大连万达集团股份有限公司

大连万达集团股份有限公司(位于大连市长江路541号),原是大连市西岗区住宅开发公司,成立于1987年,1992年成为东北第一家房地产集团,1993年经市政府批准,正式成立大连万达集团股份有限公司,现集团公司是以大连万达房地产集团公司为核心,以中国工商银行大连信托投资股份有限公司,大连渤海饭店集团,大连市电业局,大连市煤气公司,大连市自来水公司为主要股东。公司注册资本1.2亿元,房地产开发面积50万平方米以上,年收入8亿元以上,公司还经营酒店、宾馆、商场、出租汽车、仓储、水产、建筑装饰等行业。为发展外向型房地产业,公司在北京、上海、厦门、深圳、广州、番禺以及斐济、香港等地设有分公司,还设立四家中外合资企业。

公司创建七年来,经不断进取,开拓经营已发展成东北地区最大的以房地产开发为主,多种经营并举,专业配套一条龙的综合性大型房地产股份制企业集团,最近市政府决定将举世瞩目的大连市重点工程新开路改造建设任务交由万达集团承担,充分显示出万达集团卓越的社会效益和经济实力。

面对今后的发展,万达人充满信心,在第七届东北小交会开幕之际,万达集团董事长王健林、总经理冷传金表示,要继续加强与海内外各界同仁的友好合作,不断拓宽房地产综合开发的广度和深度,为振兴大连经济,再造“北方香港”做出贡献。

董事长　王健林

大连粮油食品进出口集团公司

大连粮油食品进出口集团
公司总经理　王德金

大连粮油食品进出口集团(位于大连市沙河口区五一路40号),是经大连市人民政府、国家对外经济贸易部核准,大连市工商行政管理局登记注册,以集团核心企业大连粮油食品进出口集团公司22个自属企业、国内外独资、合资企业和县(市)区外贸公司为基础,由省内外200家成员企业组成的集产、供、销为一体,跨地区、跨行业、跨所有制,以进出口贸易为主,综合经营,多层次的法人联合体。

集团核心企业大连粮油食品进出口集团公司拥有固定资产6000万元,经济实力雄厚,实业基础坚实,进出口总额连续6年超亿美元,与世界五大洲60多个国家和地区的500多家国外客商和国内700多家厂商建立了稳定的业务关系。集团是中国进出口额最大500家企业和中国最大500家服务企业之一、国家二级企业、全国经贸行业先进集体。公司以信守合同、讲求信誉的总体形象,在国内外赢得了声誉。

大连粮油食品进出口集团将以崭新的面貌、全新的服务,秉承“信誉第一、客户至上、广交朋友”的经营宗旨,按照社会主义市场经济发展规律,以国际市场为导向,以扩大进出口、增加创汇、提高经济效益为中心,依靠集团群体优势互补的整体功能,对外联合开拓多元化国际市场,对内促进物资交流,繁荣社会主义市场经济,努力实现企业集团经营产品优质高效,经营领域和经营方式多元化,形成企业集团规模效益,向股份制跨国集团过渡。

江苏六通机械(集团)公司

该公司位于江苏无锡县硕放镇，是一个集科研、生产、贸易于一体的跨行业、跨地区、跨门类的中型企业，是机械工业部拉丝制绳设备行业中唯一的国家二级企业，1993年步入“中国500家最大机械工业企业”行列，企业经国家外经贸部批准拥有自营进出口权，公司下设铸造分厂、机械加工分厂、总装分厂、铜材分厂、通信电缆分厂、六菱供销公司、珠海六菱机器有限公司。珠海六菱机械配件公司、总公司办公室、财务部、供销部八个实体三个部分。公司占地面积15.3万平方米，建筑面积8.8万平方米、主要生产设备500多台(套)，现有职工1000多人，其中工程技术人员80多人。拥有固定资产8000多万元，自有流动资金3000多万元，1992年完成产值1.088亿元，销售1.038亿元，1993年完成产值2.38亿元、利税2000多万元。

总经理　黄锡伦

该公司主要生产各种型号、规格“六菱”牌拉丝机及辅机，无氧铜杆及通信电缆。“六菱”牌拉丝机1985年获江苏省新产品奖，1988年获江苏省优质产品称号、1990、1991、1992年多次经国家质量监督检测中心抽检，各项技术质量指标均符合GB10600－89、《拉丝机》标准。公司经过20多年的发展，已具有年生产5000台(套)拉丝机、30万对公里通信电缆的生产能力，并有与之相适应的管理制度和激励机制。产品畅销全国28个省、市、自治区、拥有用户3000多家，产品国内市场占有率达50％以上，在全国金属制品行业中有较高的信誉和知名度。企业一直贯彻内外销并举的方针。通过各种口岸渠道进行出口，积极开拓国际市场，自1985年产品出口以后，品种批量逐年递增，出口范围不断扩大，到目前为止，公司产品已销往泰国、新加坡、马来西亚、菲律宾、巴基斯坦、南也门、伊朗、伊拉克、韩国、澳大利亚、毛里求斯、埃及、约旦、蒙古、独联体以及香港等20多个国家和地区，1991年出口创汇300多万美元，1992年为350万美元，由于公司的产品出口量增多，在国际市场上的覆盖面相应扩大，特别是在东南亚、中东、非洲、拉美地区，用户对公司的产品性能、使用方法已熟练掌握和了解，所以，很多外商与该公司建立了长期良好的业务关系，这为公司产品出口创造了极为有利的条件。开放以来特别是邓小平同志南巡讲话以后，公司的发展速度很快，但是始终坚持能上则上、能快则快，实事求是、量力而行的发展方针，不论是固定资产投入还是技改项目，决不搞负债经营、负债发展，如1991年投资300多万元，建办了珠海六菱机器有限公司、1992年和今年投资4000多万元建办的六通通信电缆厂、六通铜材厂和硕放中心铸件厂，全部是依靠自有资金投入的，所以在目前国家宏观调控的形势下，公司生产经营基本不受影响，预计1994年仍可完成产值3亿元。

在今后的发展过程中，公司将仍然坚持自己的发展方针，以市场为导向，视质量为生命，以效益为中心，国内国际二个市场一起抓，在现有产品出口东南亚、中东、非洲等国家和地区的基础上，逐步向世界各地延伸。巩固发展国内市场占有率，把公司办成能经受任何风浪的“巡洋舰”。同时愿与各兄弟单位在互惠互利的基础上合作。

荣获国家三项专利的
GQY高亮度背投式组合电视屏

中美合资宁波GQY电子实业有限公司(位于宁波市兴宁路59号)研制生产的“高亮度背投式组合电视屏”，采用数控背投原理，具有亮度高($520cd/M^2$)；画面大($4.5\sim300M^2$)；高清晰度(Line 700线)等特点，全电视彩色图像，色彩自然逼真，整体画面无黑框(单屏黑线仅2mm)，能交替播放三种制式的录像节目，备有99个频道的节目选择键，能在任何一个国家接收当地电视和卫星电视节目。备有计算机接口，附有多组音视频插口，可和其他视频设备联网及进行画面的任意切换，并具有画中画等特技功能。可广泛应用于广告、娱乐、电教、军事、通讯、科研等领域，是闹市区、现代化商城、展馆、电视台演播室、体育场馆及信息指挥中心的传播媒体和一大景观。该产品荣获国家三项专利，各项技术指标均达到或超过国际先进水平。中央电视台特别采用GQY电视屏作为1994年春节联欢晚会专用电视屏，《焦点访谈》专栏节目也以GQY电视屏作为背景，得到了广大观众和国家有关部门的肯定。

中国建机企业的骄子——朝阳重

朝阳重型机器厂是中国建机行业的四大骨干企业之一。拥有职工8000名，固定资产1.7亿元，占地面积50万平方米，年生产能力3万吨，设有辽宁省建材工业设计院朝阳分院，辽宁省机械工业对外贸易公司朝阳分公司，可承担建材、矿山、冶金、化工等行业机械产品的设计与制造，集科研与生产于一体。被列为全国500家最大机械工业企业第162位。

该厂产品品质优良，覆盖面广。产品遍布全国30多个地区、600多家用户，同行业销量第一，并出口美国等十多个国家。国内设有13个办事处，还在秘鲁、越南、新加坡等地建有办事机构。奉行多角化经营策略，实行跨行业、跨地区联合，开发行业外产品，特别是新近研制成功的CTW12橡胶履带全地型车，可适用于沼泽、滩途、浅海、雪地、沙漠等一般车辆无法行驶的路况下运输物资和工程作业等。填补了国内空白。高效斗式提升机是引进联邦德国米勒斯公司技术、消化、吸收后开发的新产品。广泛适用于矿山、建材、化工等行业，是物料提升的理想设备。具有提升量大、提升度高、能耗低、性能可靠、寿命长、调整维护简单等优点。水泥包装生产线设备，是引进德国哈弗公司先进技术制造的，该产品具有称量精度高、自动化程度高、粉尘浓度低、工艺流程先进等特点。千吨水泥熟料成套设备，是从日本川崎重工株式会社引进的制造技术，具有结构紧凑、系统阻力损失小、操作方便、适用性强、能耗低等特点。袋式收尘器系列产品是引进美国富乐公司制造技术生产的新产品，具有收尘效率高、应用范围广、体积小、重量轻、操作维护简便、运行安全可靠等特点。

该厂产品技术先进，性能强。有六项从国外引进的先进技术，可提供年产4.4万吨至年产60万吨水泥机械成套设备，使用效果好。工厂装备精良、工艺先进，不断进行技术改造，仅1992、1993两年，就投入技改资金6000多万元，新增作业面积18437平方米。新进50多台大型设备，使工厂装备居全国同行业一流水平，实力和后劲大大增强。

该厂机制合理，经营灵活，市场前景广阔。早在“六五”期间，朝重就以改革著称，成为闻名全国的先进企业。进入“八五”后，企业进一步深化改革，转换经营机制，成为首批辽宁省投入产出总承包五家试点企业之一。率先进行了“三项制度”改革，理顺了内部管理体制，调动起了广大职工的积极性，增强了企业

CTW12橡胶履带全地型车

千吨水泥塑料设备

器厂

活力，全厂上下团结一致，创造了朝重史上又一个辉煌时期。1993年实现利税3270万元，经济效益名列同行业第一。企业集体荣获辽宁省“五一”劳动奖状，厂长齐中兴荣获全国“五一”劳动奖章。

朝阳重型机器厂地处沿海，交通发达。北靠国道101线，可直达北京、沈阳。南由疏港公路通往锦州港，货物出海入境方便。厂内设有铁路专运线，连结京沈铁路。直拨电话已进入国际国内直拨网。地域的优势、灵活的经营机制及现代化的交通通讯设施都为朝重的发展提供了有利的条件。目前朝重在实施新的跨地区、跨行业、跨所有制、跨国界的大经营策略，把朝重建成综合型、外向型企业。

朝阳重型机器厂厂长　齐中兴

袋式吸尘器

水泥包装设备

包装机

高效斗式提升机

包装行业迈进现代化的奠基者

金泰集团浙江真空包装机总厂(位于浙江温州市鹿城路185弄19号)于1982年底创建以来，相继开发生产葆春牌真空包装机、多功能封口机、贴体包装机、收缩包装机、自动封箱机、自动封切机、枕式自动包装机、计量灌装机等系列产品，并多次荣获省优、部优以及国际金奖，1992年荣获国家级星火科技二等奖，受到江泽民、李鹏等中共中央政治局7位常委的亲切接见，产品被确定为我国政府赠送礼品，国家科委还特别发文推广葆春牌系列包装机械，省、市政府先后授予该厂技术进步优秀企业等称号。1992年至1995年投入技改资金1亿多元，建成全国唯一的包装机械生产线，开发生产具有国际水平的拳头产品，技改完成后年总产值可超3亿元，税利达5000万元以上，创汇1500万美元；厂房建筑面积9万平方米，届时，一座新兴的包装工业城将在温州崛起，成为全国包装机械行业规模最大的一家企业。为促进科技进步，建设高标准多功能国际化管理的科技大楼和专家公寓，先后聘请了50多位专家、教授担任顾问，向国内外引进200名专家来厂工作。集中一批优秀专业人才，捕捉研究国际同行的信息和动态，引进消化吸收其先进技术和先进管理，完成产品试制及小批量生产全过程，成为全国包装机械技术开发中心。建设经贸大楼，与中国食品和包装机械工业协会、中国包装总公司等单位共同建立中国包装市场，展销国内行业优秀产品和国际同行产品，使其成为国际化的行业总代理，真正使企业成为科技进步和市场经济结合的典范，温州第二次创业的排头兵。

1991年11月，该厂科技人员向李鹏总理汇报新产品开发情况

1991年3月，厂长金祥佐向宋平同志(当时任中共中央政治局常委)汇报产品出口情况

总厂厂区

罗定市超前编织立体交通网

罗定市市长　陈国柱

中共罗定市委书记　陈汝福

机场——全国县级第一家　罗定市以超前的意识，率先开办全国第一个县级通用航空机场。该机场改建于1991年，现为3－B等级，可供82座客机起降，每天有罗定至广州、深圳、珠海的航班对开，罗定至湛江、海口、桂林的航班也即将开通。并代售广州、深圳至全国各地的机票。罗定机场第三期起降大型客机的扩建工程现正在筹备。

铁路——未来的黄金通道　罗定市至广茂线春湾站接轨的铁路全长62.1公里，力争1995年底建成投入运行。该铁路往南将接通阳江港，往北将延伸至广西的岑溪、玉林，连通黎湛线，并使西南地区往广州方向的铁路运输距离缩短90公里。

公路——全面扩建　国道324线、广海北线和省道德硃线横贯全市，公路四通八达。现正按二级加大、一级加大标准，全面扩建改造成为水泥路。

港口——指日可成　罗定市与郁南县、肇庆港航集团公司共建的南江口口岸码头正加紧筹建，水路交通将进入新的发展阶段。

先进集体——南宁市工商行政管理局

南宁市工商行政管理局局长、党委书记李邦栋1990年获南宁市党风和廉政建设先进个人和自治区工商行政管理系统廉政建设先进个人光荣称号，1992年又荣获自治区工商行政管理系统先进工作者称号

局领导正在学习讨论社会主义市场经济理论

南宁市工商行政管理局是行政执法机关和经济监督部门，肩负着确认企业法人资格，支持鼓励个体私营经济发展、加强市场管理、经济合同管理、商标、广告管理、外资企业登记管理，培育、建设统一的、开放的、竞争的、有序的社会主义市场体系，为改革开放和国民经济发展服务。十年来，在市委、市政府的正确领导下，充分发挥工商行政管理职能作用，搞活流通、促进生产发展，全市现有国营、集体工商企业增长2.38倍。市场面积增长7.66倍、个体户增长1.47倍，三资企业增长328倍，工商行政管理各项业务取得了长足进步。1987年和1992年连续两次荣获自治区和全国工商行政管理系统先进集体，1990年荣获南宁市党风和廉政建设先进单位光荣称号。

南宁市工商行政管理局领导班子认真学习社会主义市场经济理论、不断开创工作新局面。领导班子自身建设做到"坚强、团结、廉洁、高效"，带领全体干部职工拼搏奋斗、各项管理业务踏上新台阶。1988年和1991年连续两届荣获国家工商局和人事部授予"全国工商行政管理系统先进集体"的光荣称号。

和平商场设计新颖，呈"8"字型，建筑面积26603平方米，摊位2000多个，经营五金交电、成衣、布匹、鞋类、干杂等商品、商品品种5000多种，日人流量10万多人，是南宁市最繁荣的市场之一

南宁市大步走向对外开放

南宁市市长　谢汝煊

南宁市紧紧把握住进一步对外开放，实行沿海开放城市政策的历史机遇，认真实施自治区提出的"以'南北钦防'为重点，带动沿江、沿边，全方位开辟出海大通道"的发展战略和本市"大开放、大引进、大开发、大发展"的工作方针，出台了成片开发土地、鼓励外商投资等新政策、新办法，以及走出去、请进来等措施，1993年共与外商签订投资合同107项，总投资9.14亿美元，出国出境洽谈经济、技术、贸易等方面的人员300批，937人次。有18个国家和地区的代表团159批到该市访问和考察。全市共批准成立三资企业201家，比上年增长1.36倍，合同投资总额4.84亿美元，，比上年增长3倍，全市实际利用外资总额8238万美元，比上年增长7.4倍。1993年全市外贸出口收购总值3446万美元，边贸购销总额达5.47亿元。

南宁市朝阳路

南宁市新辟的民族大道

明星乡镇企业——泊南煤矿

山西省晋城市郊区高都镇泊南煤矿始建于1979年，现有职工320名，拥有固定资产300万元，年生产能力为12万吨，是晋城市的明星乡镇企业之一。

建矿十多年来，泊南煤矿通过一系列技术改造，矿井装备水平和抗灾能力不断提高，现已建成部级质量标准化矿井。系开采3号无烟煤，其煤质优良，含水分3.72%，灰分11.53%，挥发分8.12%，固定碳82.2%，硫分0.25%，发热量为7360大卡/公斤。所产九级混块煤获山西省优质产品奖、远销山东、河北、河南等十多个省市。

泊南煤矿从1987年实行经营承包责任制以来，矿长宋三旦带领一班人锐意开拓，奋发进取，不断深化企业内部改革，坚持安全、文明生产，经济效益逐年增进。1993年，总收入突破800万元，实现利税250万元。被区委、区政府和市委、市政府分别授予"先进企业"和"创利税先进企业"光荣称号。矿长宋三旦荣获省委、省政府授予的"乡镇企业家"称号。

近年来，泊南煤矿又立足煤炭资源转化，积极发展替代产业。1991年，开办起一个年产700吨氧化锌的煤化厂，1992年以来，又组建成立了晋城市兴隆冷制食品公司。选用国内90年代最先进的多功能自动化冰淇淋生产线，于93年3月投入批量生产。目前，泊南煤矿正向着实行股份合作制，组建实业集团公司的方向发展。

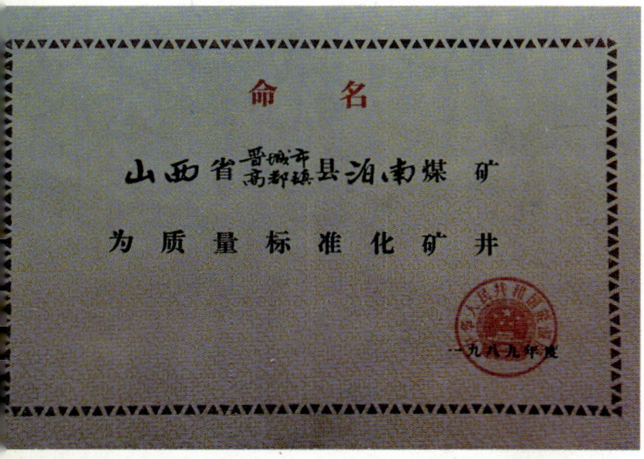
命名

山西省晋城市高都镇县泊南煤矿

为质量标准化矿井

一九八九年度

矿长　宋三旦